1 BACHILLERATO FÍSICA Y QUÍMICA

J.M. VÍLCHEZ GONZÁLEZ, R. CASAS DEL CASTILLO,
L. GARRIDO MARTÍNEZ, A.Mª MORALES CAS,
G. VILLALOBOS GALDEANO, P. TONDA RODRÍGUEZ

USA ESTE CÓDIGO PARA:

acceder al

BANCO DE RECURSOS

disponible en www.anayaeducacion.es

Hazlo siguiendo los pasos que se indican en el apartado «Así es el banco de recursos».

ANAYA

ASÍ ES
TU LIBRO

APERTURA DE UNIDAD

Cada unidad comienza con un breve texto que pretende acercar al alumnado las relaciones entre **ciencia, tecnología y sociedad** a través de alguna aplicación relevante relacionada con los contenidos que se van a desarrollar.

Organizador visual. Con los recursos digitales relacionados con cada apartado.

Compromiso ODS. Actividades para reflexionar en grupo y proponer acciones para alcanzar las metas de desarrollo sostenible propuestas en cada una de las unidades.

DESARROLLO DE LOS CONTENIDOS Y ACTIVIDADES

Los contenidos se estructuran en epígrafes que presentan el contenido teórico acompañado de **imágenes y esquemas** que facilitan la comprensión de los contenidos y actividades de aplicación, tanto propuestas como resueltas.

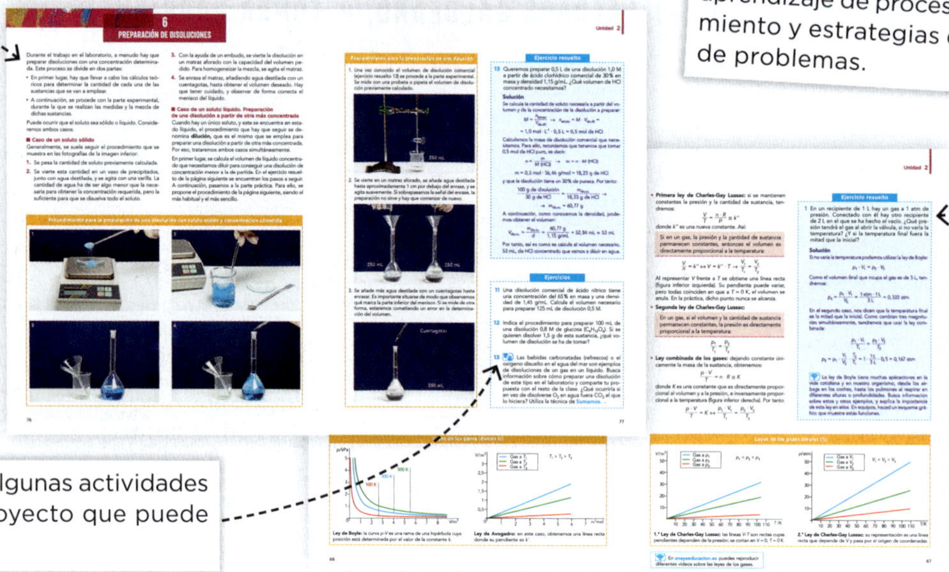

Los **ejercicios resueltos** permiten el aprendizaje de procesos de razonamiento y estrategias de resolución de problemas.

Los **iconos** incluidos en algunas actividades sugieren la clave del proyecto que puede aplicarse en cada caso.

LAS CLAVES DEL PROYECTO

Compromiso ODS

Descubre los Objetivos de Desarrollo Sostenible y forma parte activa de nuestro compromiso para lograr un mundo más igualitario y habitable.

Plan Lingüístico

Pon en práctica tus destrezas comunicativas en los diferentes tipos de texto que te proponemos. El lenguaje siempre está presente, ¡comunícate!

Desarrollo del pensamiento

Trabaja estrategias de pensamiento: reflexiona sobre los contenidos que estás aprendiendo, genera ideas, organízalas, priorízalas, arguméntalas, exponlas...

Aprendizaje cooperativo

Implícate en tu aprendizaje y participa en el de todo el grupo; comprobarás que cooperar mejora el rendimiento y la convivencia en clase.

TIC

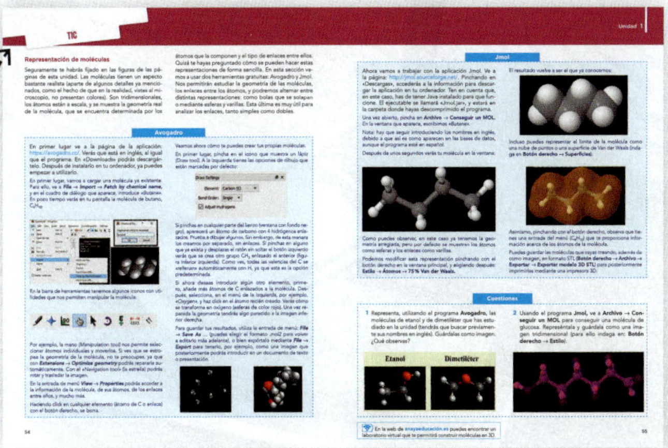

En el estudio de la física y la química, el empleo de las **TIC** merece un tratamiento específico.

ESTRATEGIAS DE RESOLUCIÓN DE PROBLEMAS

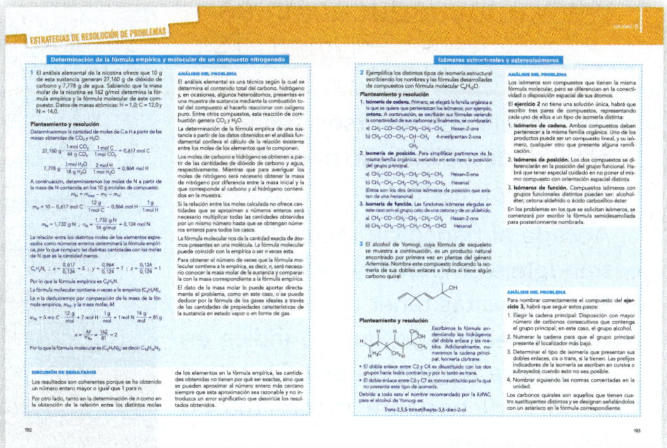

En cada unidad, se incluye la resolución de diferentes problemas, se analizan los enunciados y se discuten los resultados obtenidos.

TRABAJA CON LO APRENDIDO

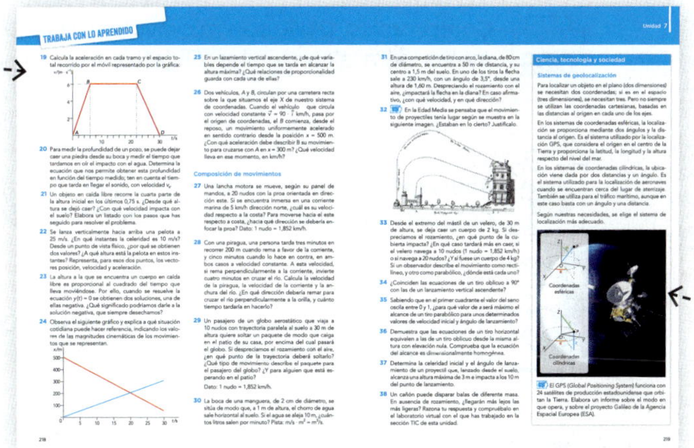

Actividades relacionadas con todos los contenidos estudiados en la unidad, para reforzar dichos contenidos y autoevaluar lo aprendido.

Dispones de las soluciones de todas las actividades numéricas en en anayaducacion.es

Como complemento al apartado sobre **ciencia, tecnología, sociedad y medio ambiente** incluido al inicio de la unidad, se ofrece aquí otro ejemplo de estas relaciones.

Educación emocional

Aprende a conocerte; identifica las situaciones que te generan emociones bloqueantes y gestiónalas con experiencias de autoafirmación constructiva.

Cultura emprendedora

Confía en tus aptitudes y conocimientos, desarrolla la creatividad, adáptate a las situaciones cambiantes y ten una actitud proactiva y responsable.

TIC

Aprende a obtener información, seleccionarla y aplicarla; a planificar, gestionar y elaborar trabajos; a colaborar en Red de forma ética y segura.

Orientación académica y profesional

Valora tus capacidades personales, descubre y despierta tu vocación, entrénate en la toma de decisiones y aprende a orientarte entre distintas opciones.

Evaluación

Descubre diversas estrategias para analizar qué has aprendido y cómo lo has aprendido; entrénate para asumir compromisos o superar dificultades.

ASÍ ES

EL BANCO DE RECURSOS

www.anayaeducacion.es

Un espacio con recursos, técnicas y actividades, diseñado para afianzar tus conocimientos.

Accede al banco de recursos registrándote en www.anayaeducacion.es. Solo necesitas tener un correo electrónico, el código que se indica en la primera página de este libro y el permiso de tu padre, madre, tutor o tutora legales.

Más sobre las claves

RECURSOS RELACIONADOS CON LAS CLAVES DEL PROYECTO

Compromiso ODS, con microvídeos que te ayudarán a conocer cuáles son las metas para alcanzar los Objetivos de Desarrollo Sostenible trabajadas en el proyecto.

Plan Lingüístico, con infografías que te darán las pautas para abordar el trabajo por medio de distintos tipos de textos (descriptivo, narrativo, expositivo, etc.).

Desarrollo del pensamiento, donde se incorporan explicaciones sobre cómo aplicar las distintas estrategias de pensamiento planteadas en el proyecto.

Aprendizaje cooperativo, que incluye la descripción de las técnicas de aprendizaje cooperativo propuestas en el proyecto.

Educación emocional, con orientaciones para superar la inquietud generada en diferentes situaciones de tu proceso de aprendizaje (inicio del curso, enfrentarte a un examen, etc.).

TIC, mediante fichas que reforzarán tu uso saludable, correcto y seguro de las tecnologías de la información y la comunicación.

Orientación académica y profesional, con información sobre diferentes profesiones vinculadas a los contenidos tratados en la asignatura.

Evaluación, se presentan orientaciones para hacer tu portfolio, así como rúbricas y dianas que facilitan tu autoevaluación.

LA INVESTIGACIÓN CIENTÍFICA

Relaciones entre ciencia, tecnología y sociedad

A lo largo de la historia, la evolución de la ciencia ha dependido del desarrollo tecnológico, y este, a su vez, ha sido posible gracias a los descubrimientos científicos. Estos avances, tanto los científicos como los tecnológicos, han influido en cada momento en las condiciones de vida de las sociedades, pero son las sociedades las que, en definitiva, tienen poder de decisión sobre las cuestiones a investigar desde la ciencia y la tecnología, por lo que influyen directamente en la evolución de estas. Debido a ello, se suele hablar de las influencias mutuas entre ciencia, tecnología o sociedad, o relaciones CTS.

En estos momentos, la situación es propicia para estudiar estas relaciones desde una perspectiva global. En una iniciativa impulsada por Naciones Unidas se ha planteado un conjunto de 17 objetivos a conseguir a nivel mundial; se conocen como Objetivos de Desarrollo Sostenible (ODS). La ciencia y la tecnología, no podría ser de otro modo, tienen mucho que aportar a la consecución de estos objetivos.

COMPROMISO ODS

En pequeños grupos, afrontad las siguientes cuestiones.

1 Seguro que conocéis algunos ODS, pero probablemente no tengáis una visión global de ellos. Haced un listado de los 17 ODS y señalad razonadamente aquellos a cuya consecución pensáis que puede contribuir directamente el conocimiento científico-tecnológico.

2 Elegid un ODS que no hayáis señalado en la actividad anterior. Si reflexionáis un poco más, ¿seguís pensando que la ciencia y la tecnología no pueden influir en su consecución? Razonad la respuesta.

3 Realizad una búsqueda en Internet con el texto «La guía de los vagos para salvar el mundo» y visitad el enlace de Naciones Unidas (un.org). Una vez leída la información de esta página, elaborad un informe con aquellas acciones que lleváis a cabo y que favorecen los ODS, y con las que, por el contrario, nunca os habíais planteado pero podríais hacerlo. ¿Se os ocurre alguna más?

Antes de empezar a estudiar esta unidad, consulta la presentación «Qué necesitas saber» en anayaeducacion.es.

LOS RECURSOS EN LA WEB DE ESTA UNIDAD

LA INVESTIGACIÓN CIENTÍFICA

- **Relaciones entre ciencia, tecnología y sociedad**
  - VÍDEO: Objetivos de Desarrollo Sostenible.
  - PRESENTACIÓN: Qué necesitas saber.
- **1 El método científico**
  - DOCUMENTO: Textos expositivos.
  - PRESENTACIÓN: El método científico.
- **2 Magnitudes físicas. Sistema Internacional de Unidades**
  - DOCUMENTO: Como aplicar la técnica: «El espejo».
  - PRESENTACIÓN: Las magnitudes físicas y su medida.
- **3 Análisis dimensional**
- **4 Medida de magnitudes**
  - SIMULACIÓN: Utilización del calibre.
  - PRESENTACIÓN: Normas de seguridad en el laboratorio.
  - PRESENTACIÓN: Material de laboratorio.
- **5 Errores en la medida**
  - ACTIVIDAD INTERACTIVA: Las potencias de diez.
- **6 Significado de las ecuaciones en física y química**
  - SIMULACIÓN: Ajustando la curva.
  - DOCUMENTO: Cómo utilizar una calculadora gráfica.
- **TIC Las hojas de cálculo para la resolución de problemas**
- **Estrategias de resolución de problemas**
- **Trabaja con lo aprendido**
  - DOCUMENTO: Consejos para elaborar tu portfolio.
  - PRESENTACIÓN: Para estudiar.

Y ADEMÁS... Soluciones de todas las actividades numéricas

1
EL MÉTODO CIENTÍFICO

1.1. El origen de la ciencia

La ciencia surge, en primera instancia, por la curiosidad innata del ser humano y la necesidad de entender el entorno que le rodea. De este modo, puede además desenvolverse mejor en él. El objetivo de la ciencia es, pues, explicar el mundo en el que vivimos.

Se trata de un mundo, sin duda, muy complejo, en el que continuamente se están produciendo cambios de todo tipo: unos objetos caen y otros suben, el hierro se oxida, en ocasiones hace viento, las flores se marchitan, etc.

Y estamos tan acostumbrados a estos cambios que lo habitual es que no nos los cuestionemos...; las cosas son como son.

En ocasiones, sin embargo, hay personas que se cuestionan estos fenómenos, por simples que sean, siendo este el origen del conocimiento científico. La ciencia comienza, pues, por el **planteamiento de un problema.**

Pero no puede ser un problema cualquiera; ha de cumplir ciertos requisitos, lo que se relaciona con el modo de encontrar la respuesta.

1.2. ¿Cómo trabajan los científicos?

Identificado el problema, lo siguiente es darle una explicación. Para ello, se procede como sigue (ver figura):

- Se plantean hipótesis. Las hipótesis son explicaciones posibles al problema (conjeturas).
- Se comprueba si lo que se dice en las hipótesis, o algunas consecuencias derivadas de ellas, concuerda con la realidad. Es habitual que para ello haya que diseñar experimentos en los que se recogen datos que, una vez analizados, nos permiten confirmar o no las hipótesis.
- Si las hipótesis resultan confirmadas, se someten a criterio de la comunidad científica y pueden pasar a formar parte del conocimiento científico. En caso contrario, habrá que formular nuevas hipótesis y volver a contrastarlas con la realidad.

Aunque pueda parecerlo, este proceso no es simple, y puede mostrar variantes muy diversas según el objeto de estudio. Se debería hablar, pues, de «los métodos de la ciencia», en plural, aunque por simplicidad se sigue hablando del **método científico.**

Etapas del método científico

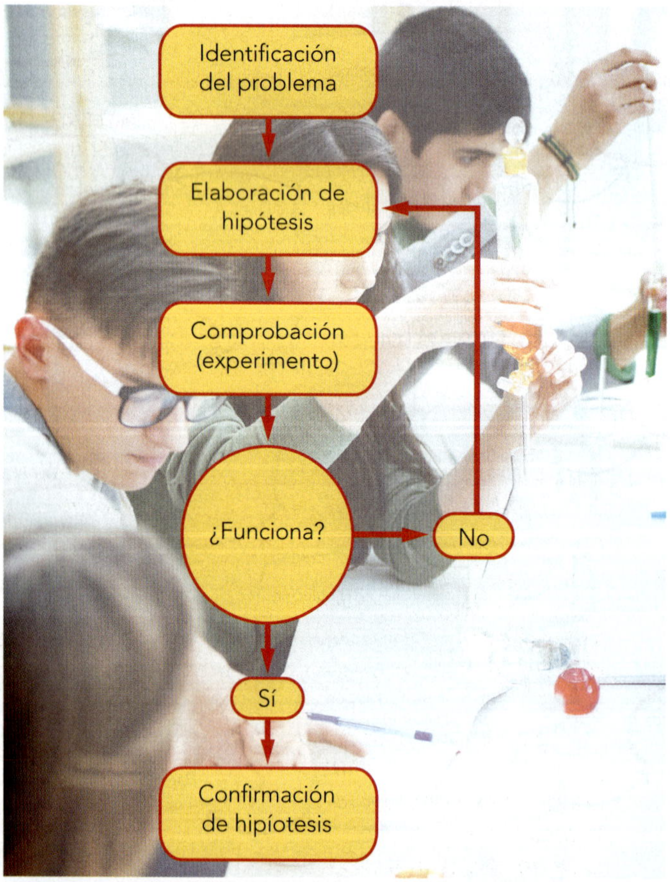

La figura de la izquierda muestra un esquema simplificado del método científico; la explicación de las diferentes etapas que aparecen en él es la siguiente:

- **El problema.** Surge cuando, al observar la realidad, esta parece no concordar con los conocimientos científicos previos que se poseen. Por eso, se dice que **«la observación está cargada de teoría».**
- **Hipótesis.** La elaboración de hipótesis es la fase más creativa del proceso. Pero esta creatividad ha de cumplir unas normas, y lo habitual es que las hipótesis se formulen basándose en el conocimiento científico del momento. Hay ocasiones en las que esto no ocurre, pudiendo dar lugar a una «revolución científica». En cualquier caso, las hipótesis, para ser científicas, han de ser **comprobables experimentalmente.**
- **Comprobación.** Las hipótesis se ponen a prueba contrastándolas con la realidad, lo que habitualmente se hace mediante un **diseño experimental** que permita recoger y analizar datos. De los **resultados** finales se extraerán las **conclusiones** de la investigación, que confirmarán o refutarán las hipótesis. Las conclusiones siempre han de estar **basadas en las pruebas obtenidas.**
- **Leyes y teorías.** Cuando las hipótesis son confirmadas pasan a considerarse leyes (enunciados que describen cómo ocurren los fenómenos) o teorías científicas (si explican por qué ocurren así). **Las leyes describen y las teorías explican.**

En **anayaeducacion.es** tienes disponible una presentación del método científico.

1.3. Visiones inadecuadas de la ciencia

En ocasiones se atribuyen a la ciencia algunas características inadecuadas que debes evitar. Las más frecuentes consisten en considerarla como:

- **Inductivista y ateórica.** Se resalta el papel de la observación y de la experimentación «neutras y objetivas», y **se olvida que estas van respaldadas por las hipótesis y las teorías,** que son realmente las que orientan todo el proceso.
- **Rígida.** Se presenta el método científico como un conjunto de etapas a seguir mecánicamente, y **se ignoran sus aspectos inventivo y creativo.**
- **Aproblemática y ahistórica.** Se transmiten conocimientos ya elaborados y **no se muestran los problemas** que los generaron ni la **evolución** experimentada, que además no es definitiva.
- **Acumulativa.** El conocimiento científico aparece como fruto de un crecimiento puramente acumulativo, y **se ignoran las crisis** que ha sufrido a lo largo de la historia.
- **Individualista y elitista.** El conocimiento científico se muestra como obra de genios aislados, y **se ignora el papel del trabajo en equipo.**
- **Descontextualizada, socialmente neutra.** La ciencia se presenta como un conocimiento independiente, **ignorando las relaciones mutuas entre ciencia, tecnología y sociedad** (CTS).

Por el contrario, el trabajo científico es una actividad muy creativa con la que afrontamos problemas, trabajando en equipo y en relación con la tecnología y la sociedad.

Aunque no siempre es fácil, en este libro intentaremos dar una visión del conocimiento científico acorde con lo que se acepta hoy día.

Ejercicio resuelto

1 En el siguiente relato, identifica las etapas de la metodología científica:

En muchas ocasiones habrás observado que no todos los cuerpos caen con la misma rapidez. Así, si dejamos caer desde la misma altura una pluma y una piedra, la piedra llegará antes al suelo.

En el siglo IV a. C., Aristóteles explicó el fenómeno basándose en el peso de los cuerpos, estableciendo que la velocidad en la caída era proporcional al peso, por lo que los cuerpos pesados caían más rápido que los ligeros.

Nadie cuestionó esta explicación hasta que Galileo, en el siglo XVII, se planteó la posibilidad de que la diferencia de rapidez no se debiera al peso, sino a que los cuerpos, en su movimiento, tenían que ir apartando el aire, y a los ligeros les costaba más hacerlo que a los pesados.

Para comprobarlo, dejó caer dos esferas de distinto peso desde la misma altura y observó que llegaron al suelo prácticamente al mismo tiempo, con lo que pudo asegurar que, en contra de la explicación de Aristóteles, la rapidez con la que caían no dependía de su peso.

Solución

- **Problema:** ¿Por qué la piedra cae antes que la pluma?
- **Hipótesis:** La rapidez con la que caen los cuerpos no depende de su peso.
- **Experimento:** Deja caer esferas de distinto peso desde la misma altura y comprueba que tardan lo mismo en llegar al suelo.
- **Confirmación:** La hipótesis queda confirmada. La velocidad de caída no es proporcional al peso.

Ejercicios

1 En el siguiente relato, identifica las etapas del método científico:

En el último tercio del siglo XVIII se sabía que cuando los metales se calentaban (se calcinaban), en el proceso se ganaba peso. ¿Por qué ocurría esto? En 1774, Lavoisier abordó el fenómeno suponiendo que en la calcinación de los metales estos reaccionaban con algún componente del aire, y a ello atribuyó el aumento de peso. Para comprobarlo, calentó mercurio en un recipiente cerrado y comprobó que el peso total no cambió durante el proceso. Surgió así la «ley de conservación de la masa».

2 Plantea dos problemas, uno que se pueda investigar científicamente y otro que no. Para el primero, enuncia algunas hipótesis científicas.

3 Diseña un experimento, diferente al de Galileo, para comprobar que la rapidez de caída de los cuerpos no depende de su peso.

4 Realiza una búsqueda en Internet titulada «Experimento pluma martillo Luna»; una vez que encuentres el vídeo del experimento que se realizó en la superficie de la Luna, explica qué se podría concluir de él. ¿Qué hipótesis se quería comprobar?

2 MAGNITUDES FÍSICAS. SISTEMA INTERNACIONAL DE UNIDADES

2.1. Magnitudes físicas

En física y en química, las hipótesis han de ser contrastadas con la realidad. Para ello, es necesario poder cuantificar algunas propiedades de los objetos que intervienen en el fenómeno estudiado mediante el uso de magnitudes físicas.

> **Magnitud física** es cualquier propiedad de la materia, o de los fenómenos, medible de forma objetiva.

La masa o la densidad son magnitudes físicas. La fe o el honor no lo son, pues no pueden cuantificarse de forma objetiva.

2.2. Unidades

Para poder cuantificar las magnitudes, es necesario adoptar acuerdos. Uno de los principales pasa por definir qué unidades se utilizarán en su medida.

> **Unidad de una magnitud física** es cualquier cantidad arbitraria de dicha magnitud que se adopta como patrón para su medida.

Al trabajar en equipo es esencial decidir en qué unidades se expresarán las magnitudes. Por ejemplo, la longitud se puede expresar en metros, millas o pulgadas, entre otras.

Tipos de magnitudes

Fundamentales y derivadas

Por convenio, se escoge un cierto número de magnitudes básicas a las que se da la categoría de **magnitudes fundamentales.** Estas magnitudes se definen directamente a partir de propiedades observables de los cuerpos y no como combinación de otras magnitudes.

El resto de magnitudes, que se expresan en función de las fundamentales, se denominan **derivadas.**

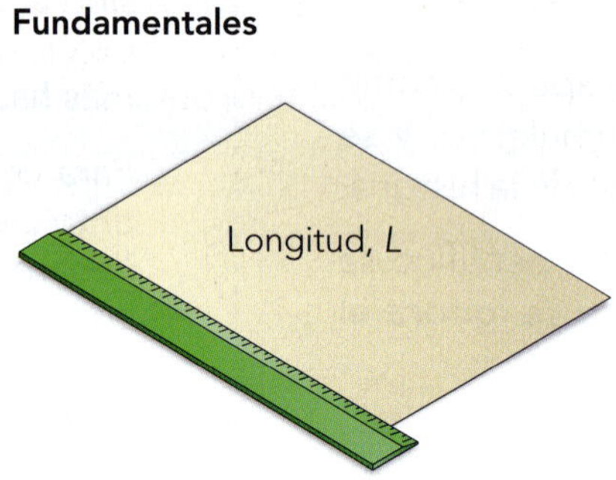

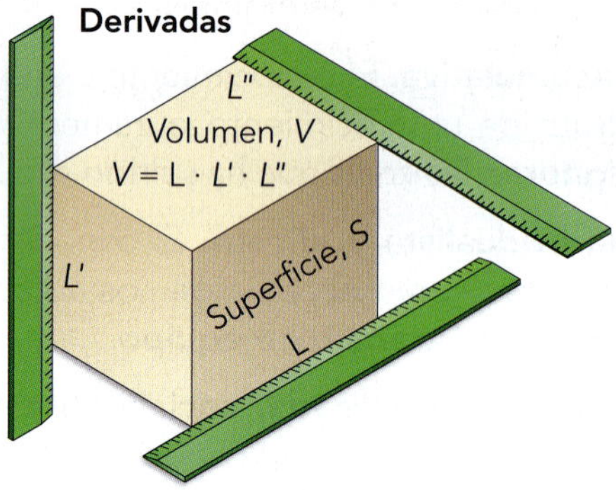

Escalares y vectoriales

Las **magnitudes escalares o numéricas** son aquellas que quedan completamente definidas por un valor numérico y su correspondiente unidad.

Las **magnitudes vectoriales** son aquellas para las que, además, se necesita especificar el punto de aplicación, la dirección y el sentido en que actúan. Una magnitud vectorial se representa geométricamente mediante un segmento orientado, o vector.

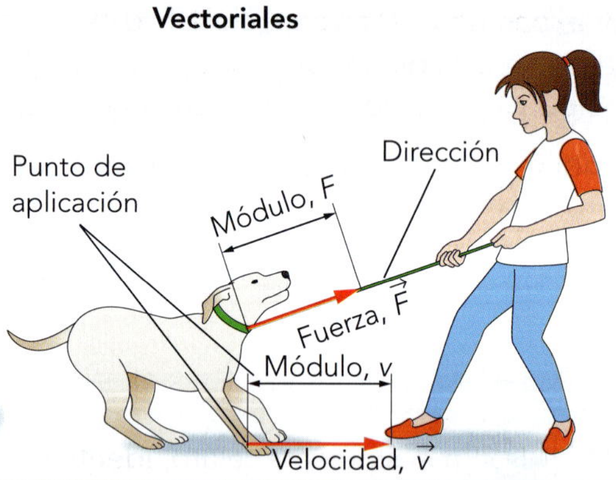

Intensivas y extensivas

Se denominan **intensivas** todas las magnitudes cuyo valor numérico no depende de la cantidad de sistema que se estudia. Así, la temperatura, la densidad y la velocidad son ejemplos de magnitudes intensivas.

Las magnitudes físicas cuyo valor depende de la cantidad de sistema se llaman **extensivas.** La masa y el volumen son ejemplos de magnitudes extensivas.

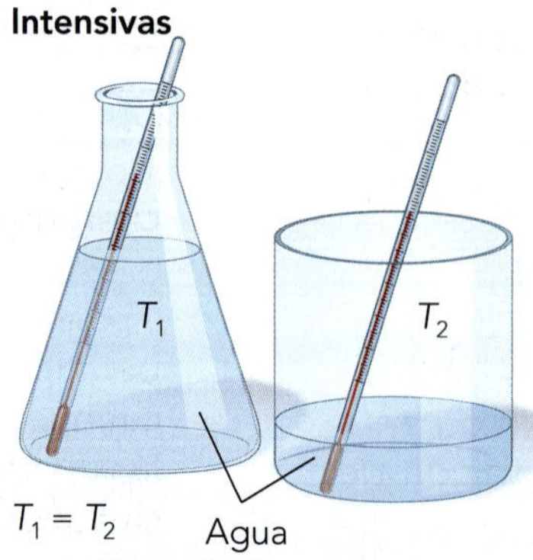

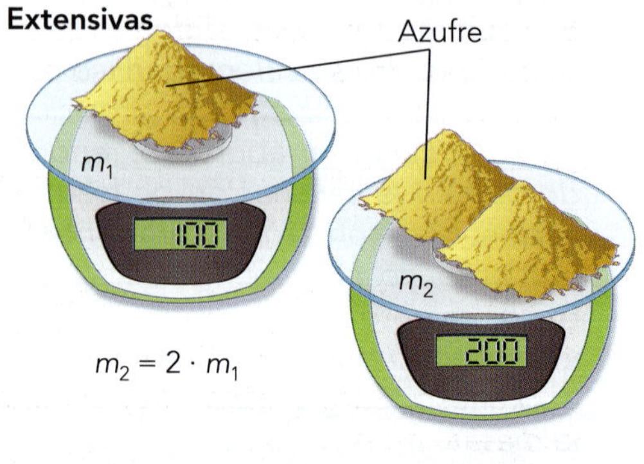

En **anayaeducacion.es** puedes ver un vídeo sobre los múltiplos y submúltiplos.

2.3. Sistema Internacional de Unidades

Aunque para el uso cotidiano cada país utiliza unidades de medida diferentes (por ejemplo, el volumen se mide en nuestro país en metros cúbicos o litros, y en los países anglosajones se expresa en galones o pies cúbicos), la comunidad científica internacional emplea siempre las mismas unidades, las que se recogen en el **Sistema Internacional de Unidades** (SI), tal como se aprobó en la XI Conferencia General de Pesos y Medidas, celebrada en París en 1960.

En la tabla aparecen las definiciones actuales y las unidades de las siete magnitudes fundamentales del SI.

2.4. Otros sistemas de unidades

En ocasiones, aún se utilizan unidades que no son del Sistema Internacional. Casi siempre se debe a razones históricas, pues esas unidades pertenecen a sistemas que tuvieron vigencia en el pasado; es el caso del sistema CGS o el del sistema anglosajón.

Algunos ejemplos de estas unidades son el pie, la caloría, el kilopondio o el milibar. La equivalencia entre estas unidades y las del SI (metro, julio, newton y pascal, respectivamente) se realiza mediante factores de conversión (ver ejercicio 1 de estrategia de resolución de problemas).

Sistema Internacional de Unidades (magnitudes fundamentales)

Las unidades de las magnitudes del SI se han definido, a lo largo de la historia, de diferentes maneras. La última actualización se ha llevado a cabo hace poco, en noviembre de 2018, con la revisión de las definiciones de cuatro de estas unidades: el kilogramo, el amperio, el kelvin y el mol. Las nuevas definiciones entraron en vigor el 20 de mayo de 2019.

En esta ocasión, las unidades se han definido utilizando constantes físicas, lo que asegura su estabilidad a largo plazo. Además, el nuevo SI se ajusta mejor a la tecnología de la que disponemos en este momento.

Las constantes físicas en las que se basan las definiciones, cuyos valores se han determinado con gran precisión, son las siguientes:

- Constante de Planck: $h = 6{,}62607015 \cdot 10^{-34}$ J · s.
- Carga del electrón: $e = 1{,}602176634 \cdot 10^{-19}$ C.
- Velocidad de la luz en el vacío: $c = 299792458$ m/s.
- Frecuencia de la transición hiperfina del estado fundamental no perturbado del átomo de cesio 133: $\Delta\nu$ (Cs) = 9192631770 Hz.
- Constante de Boltzmann: $k = 1{,}380649 \cdot 10^{-23}$ J/K.
- Número de Avogadro: $N_A = 6{,}02214076 \cdot 10^{23}$ mol^{-1}.
- Eficacia luminosa de la radiación de frecuencia 540 THz: $K_{cd} = 683$ lm/W.

Magnitud	Unidad	Símbolo
Longitud	Metro	m
Masa	Kilogramo	kg
Tiempo	Segundo	s
Intensidad de corriente	Amperio	A
Temperatura	Kelvin	K
Cantidad de sustancia	Mol	mol
Intensidad luminosa	Candela	cd

Ejercicios

5 **El espejo.** Pon dos ejemplos de propiedades que sean magnitudes físicas, y otros dos que no lo sean. Para cada una de las primeras, enumera al menos tres unidades, una de ellas la del SI.

6 En el último párrafo del apartado 2.4 se han incluido algunos ejemplos de unidades que no pertenecen al Sistema Internacional de Unidades. ¿Con qué magnitudes están relacionadas? Busca la equivalencia entre estas unidades y las correspondientes del SI.

7 Expresa tu edad en años, días, minutos, y en la unidad de tiempo del SI.

8 Inventa una unidad de longitud, y expresa en ella tu altura.

9 El 11 de diciembre de 1998, desde Cabo Cañaveral, la NASA lanzaba la sonda *Mars Climate Orbiter* para estudiar el clima de Marte. El 23 de septiembre de 1999, debido a un error de cálculo, la sonda quedaba destruida por la fricción con la atmósfera del planeta rojo. Indaga en Internet cuál fue, exactamente, el error cometido. En tu indagación, sigue el esquema simplificado del método científico mostrado en el epígrafe anterior.

En **anayaeducacion.es** tienes una presentación donde ampliar tus conocimientos sobre las magnitudes fundamentales en el SI.

3
ANÁLISIS DIMENSIONAL

3.1. Magnitudes derivadas y dimensiones

Como se ha visto, las magnitudes derivadas se expresan en función de las fundamentales. La celeridad, por ejemplo, se calcula dividiendo el espacio recorrido entre el tiempo que se emplea en recorrerlo ($c = \Delta s/\Delta t$).

También sus unidades se relacionan con las de las fundamentales de las que dependen. Así, la unidad de velocidad se obtendrá como el cociente entre una unidad de longitud y una de tiempo. En el SI es el **m/s,** aunque puede expresarse en otras, como el **km/h,** o el **cm/día.**

De forma simplificada, esto se escribe mediante una ecuación de dimensiones:

$$[c] = \frac{[\Delta s]}{[\Delta t]} = \frac{\mathrm{L}}{\mathrm{T}} = \mathrm{L} \cdot \mathrm{T}^{-1}$$

en la que [c] es la dimensión de la celeridad; L, la de la longitud, y T, la del tiempo. Las dimensiones muestran la relación entre una magnitud cualquiera y las magnitudes fundamentales del sistema de unidades elegido (en nuestro caso, el SI).

En las tablas inferiores se presentan los símbolos adoptados para las dimensiones de las magnitudes fundamentales, y las unidades SI y las ecuaciones dimensionales de algunas magnitudes derivadas.

3.2. Análisis dimensional. Homogeneidad

Una de las aplicaciones más interesantes de las ecuaciones dimensionales es la verificación de la homogeneidad de las ecuaciones físicas; es decir, la comprobación de que las dimensiones de ambos miembros coinciden.

Ejercicio resuelto

2 Imagina que no recuerdas si la presión, *p*, se calcula dividiendo la fuerza, *F*, entre la superficie, *S*, o multiplicando ambas magnitudes.

Solución

Puedes decidirlo comprobando la homogeneidad de las ecuaciones. La ecuación dimensional de la presión es:

$$[p] = \mathrm{L}^{-1} \cdot \mathrm{M} \cdot \mathrm{T}^{-2}$$

Las dimensiones del segundo miembro de la ecuación correcta han de coincidir con esta. Fácilmente se comprueba que:

$$\left[\frac{F}{S}\right] = \frac{\mathrm{L} \cdot \mathrm{M} \cdot \mathrm{T}^{-2}}{\mathrm{L}^2} = \mathrm{L}^{-1} \cdot \mathrm{M} \cdot \mathrm{T}^{-2}$$

$$[F \cdot S] = \mathrm{L} \cdot \mathrm{M} \cdot \mathrm{T}^{-2} \cdot \mathrm{L}^2 = \mathrm{L}^3 \cdot \mathrm{M} \cdot \mathrm{T}^{-2}$$

Por tanto, la presión se calcula como el cociente entre las magnitudes, y no como el producto.

MAGNITUDES FUNDAMENTALES Y DERIVADAS DEL SI

Fundamentales		Derivadas			
Magnitud	Dimensión	Magnitud	Unidad SI	Símbolo	Dimensiones
Longitud	L	Superficie	Metro cuadrado	m^2	L^2
Masa	M	Volumen	Metro cúbico	m^3	L^3
Tiempo	T	Velocidad	Metro por segundo	m/s	$L \cdot T^{-1}$
Temperatura	θ	Aceleración	Metro por segundo al cuadrado	m/s^2	$L \cdot T^{-2}$
Intensidad de corriente	I	Fuerza	Newton	N (kg · m/s^2)	$L \cdot M \cdot T^{-2}$
Cantidad de sustancia	N	Energía	Julio	J (N · m)	$L^2 \cdot M \cdot T^{-2}$
Intensidad luminosa	J	Potencia	Vatio	W (J/s)	$L^2 \cdot M \cdot T^{-3}$

Ejercicios

10 La ley de la gravitación universal de Newton establece que la fuerza con la que dos cuerpos se atraen es directamente proporcional al producto de sus masas e inversamente proporcional al cuadrado de la distancia que las separa:

$$F = G \cdot \frac{m \cdot m'}{r^2}$$

donde *G* es la constante universal de la gravitación. Determina la ecuación dimensional de esta constante y, a partir de ella, su unidad del SI.

11 Un péndulo simple es un dispositivo formado por un cuerpo que oscila sujeto en el extremo inferior de un hilo inextensible de longitud l y masa despreciable. Se puede utilizar para medir la aceleración de la gravedad (*g*) en un lugar determinado, calculándola a partir de la medida del tiempo que tarda en dar una oscilación completa (período, *T*). Justifica qué ecuación le corresponde:

a) $T = 2 \cdot \pi \cdot \sqrt{\frac{l}{g}}$ b) $T = 2 \cdot \pi \cdot \sqrt{\frac{g}{l}}$

4.1. La medida

Decididas las magnitudes a estudiar y las unidades en las que se expresarán, se puede proceder a su medida:

Medir es una operación que consiste en determinar la cantidad de una magnitud comparada con la unidad.

Así, si la masa de una roca es de 3 kg, su masa es tres veces mayor que la de la unidad de masa (1 kg). La medida es el resultado final del procedimiento de medir.

4.2. Instrumentos de medida

Para medir se utilizan instrumentos de medida, aparatos que muestran la estrecha relación entre ciencia y tecnología. El uso de un instrumento adecuado es esencial para la validez de la medida. Así, para medir el grosor de un cabello, inferior a un milímetro, no podrías utilizar una regla común.

Es importante, por ello, que conozcas algunas de las cualidades de los instrumentos de medida:

- **Cota mínima y cota máxima.** Son el menor y mayor valor, respectivamente, que el aparato puede medir. La diferencia entre ambos determina el **rango (intervalo) de medida.**
- **Sensibilidad.** Es la respuesta del instrumento ante las variaciones de la magnitud que mide. Está relacionada con la subdivisión mínima de su escala **(umbral de resolución).**
- **Fiabilidad.** Es la capacidad de un instrumento para suministrar medidas similares cuando se utiliza en las mismas condiciones.

A veces, como cualidades de los instrumentos de medida también se habla de **precisión** y **exactitud,** aunque es más adecuado asociar estas características a la propia medida que al instrumento con el que se realiza.

4.3. Medidas directas e indirectas

Las medidas que se realizan con el uso exclusivo de un instrumento de medida, como la de un tiempo con un cronómetro, se denominan **medidas directas.**

Las **medidas indirectas** se obtienen a partir de medidas directas. Por ejemplo, para medir una celeridad media se miden el espacio recorrido y el tiempo empleado (medidas directas), y se dividen ($v_m = \Delta s/t$).

Cualidades de los instrumentos de medida

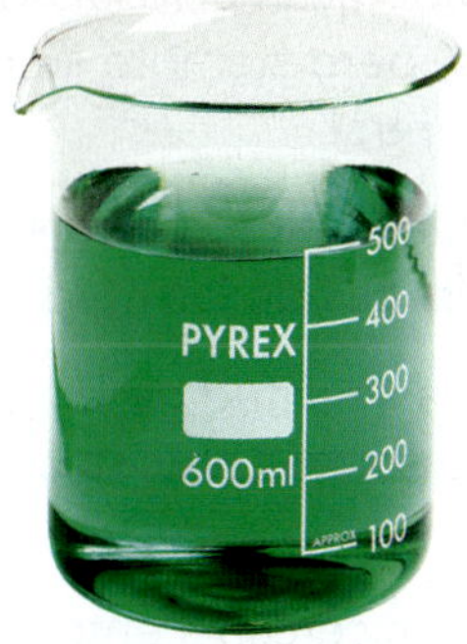

En este vaso de precipitados, la cota mínima es de 100 mL; la máxima, 500 mL; el rango de medida, 400 mL, y el umbral de resolución es de 100 mL. ¿Podríamos medir con él, por ejemplo, 20 mL, 370 mL o 600 mL? ¿Por qué?

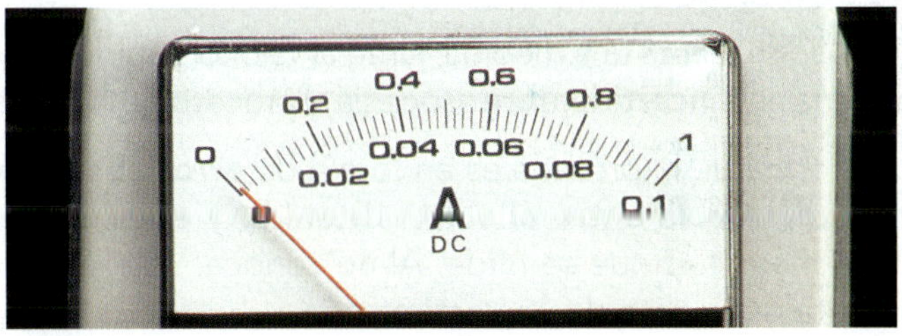

Este amperímetro presenta doble escala. La cota máxima de la escala superior es de 1 A, y la de la inferior, 0,1 A. La superior tiene un umbral de resolución de 0,02 A, y la inferior, de 0,002 A. Con ninguna se obtendría como medida 0,333 A.

Ejercicios

12 **Cabezas pensantes.** No siempre las magnitudes fundamentales se miden de forma directa, y las derivadas, de forma indirecta. Piensa ejemplos de cada tipo en el que esto no ocurra.

13 Se realizan medidas con una balanza de cota máxima 100 g y umbral de resolución 0,1 g. Indica razonadamente qué valores no pueden haber sido obtenidos con ella:

a) 32,4 g. b) 0,43 g. c) 110,8 g.

14 Indica con qué instrumentos podemos medir la longitud, la intensidad de corriente, la velocidad y la fuerza.

15 En **anayaeducacion.es** encontrarás una animación interactiva que te ayudará a utilizar correctamente el calibre. ¿Qué magnitud mide este instrumento? Explica cómo medirías el grosor de una hoja de papel, de forma directa y de forma indirecta.

En **anayaeducacion.es** puedes consultar dos recursos sobre el material y las normas de seguridad en el laboratorio.

5
ERRORES EN LA MEDIDA

5.1. Errores de medida. Precisión y exactitud

Cualquier medida de una magnitud está afectada por un **error experimental.** Atendiendo a la causa que los produce, podemos diferenciar:

- **Errores sistemáticos.** Son debidos al equipo de medida o al operario que lo maneja. Por tanto, pueden corregirse, o minimizarse. Modifican el resultado siempre en el mismo sentido: por exceso o por defecto.
- **Errores aleatorios.** Son fortuitos e impredecibles, por lo que escapan al control del experimentador; **no se pueden evitar.** Modifican el resultado de la medida en cualquier sentido, pero siempre se distribuyen alrededor de un valor central.

Conocida la naturaleza de los errores, se pueden establecer las características de las medidas:

- **Precisión.** Indica la similitud de las medidas realizadas. Una medida es tanto más precisa cuando menor sea el error aleatorio.
- **Exactitud.** Refleja la cercanía entre las medidas y el valor real de la magnitud. Exige que haya precisión, pero también ausencia de errores sistemáticos.

Diferencia entre precisión y exactitud

Los **errores aleatorios** son impredecibles, y generan **dispersión** (imprecisión) en todas las direcciones.

Los **errores sistemáticos** producen **resultados desviados** en la misma dirección (precisión sin exactitud).

Las **medidas precisas y exactas** presentan poca dispersión y se agrupan en torno al valor real (exactitud).

5.2. Error absoluto y error relativo

Cuando se realiza una medida, junto al valor obtenido se ha de señalar la **incertidumbre** asociada al proceso de medida.

Una forma de expresarla es en forma de **error absoluto,** ε_a, o **diferencia entre el valor obtenido y el valor real** de la magnitud que se mide. Al no conocer este último, se trata realmente de una **estimación.**

Otra forma es mediante el **error relativo,** ε_r, que se define como el **cociente entre el error absoluto y el valor de la medida.** El error relativo indica la calidad de una medida. Así, un mismo error absoluto, ε_a = 1 mm, origina un error relativo grande si medimos una longitud de 1 cm (ε_r = 0,1; 10 %), y pequeño si se trata de 10 m (ε_r = 0,0001; 0,01 %).

Ejercicio resuelto

3 Un coche circula a 100 km/h. Si el error relativo del velocímetro es del 10 % (ε_r = 0,1), calcula el error absoluto de esta medida.

Solución

$$\varepsilon_r = \frac{\varepsilon_a}{v} \rightarrow \varepsilon_a = \varepsilon_r \cdot v = 0{,}1 \cdot 100 = 10 \text{ km/h}$$

Esto significa que la velocidad del coche estará comprendida entre los 90 km/h y los 110 km/h.

Ejercicios

16 ¿Puede ser una medida precisa pero inexacta? ¿Y lo contrario? Propón algún ejemplo para apoyar tu razonamiento.

17 Cuando se mira la hora en un reloj que se retrasa, ¿se está cometiendo un error sistemático o aleatorio? Razona tu respuesta.

18 Si mides tu altura con una cinta métrica, y el error absoluto de la medida es de 1 cm, ¿cuál es el error relativo? Exprésalo mediante valor numérico y porcentual.

19 Explica la diferencia entre exactitud y precisión. ¿Qué errores reducen la exactitud manteniendo la precisión?

5.3. Estimación de errores en medidas directas

Para minimizar la influencia de errores aleatorios en el proceso de medida, se hacen **mediciones repetidas** y se tratan estadísticamente. Así, como **valor de la medida** se toma la **media aritmética** ($\overline{x}$) de las mediciones realizadas:

$$\overline{x} = \frac{x_1 + x_2 + ... + x_n}{n}$$

donde x representa la magnitud que se está midiendo, y n, el número de medidas realizadas.

La incertidumbre del valor medio se calcula a partir de la **dispersión estadística** (Δx) de los distintos valores respecto a la media aritmética:

$$\Delta x = \sqrt{\frac{(x_1 - \overline{x})^2 + (x_2 - \overline{x})^2 + ... + (x_n + \overline{x})^2}{n \cdot (n-1)}}$$

Se tomará como **error absoluto** de una medida directa el **mayor valor** de entre la dispersión estadística y el umbral de resolución del aparato.

5.4. Cálculo de errores en las medidas indirectas

En el caso de medidas indirectas, el error se calcula matemáticamente a partir de los errores de las medidas directas de las que dependa. El cálculo dependerá de la ecuación que liga las magnitudes:

- Si una magnitud, z, se expresa como **suma o resta** de otras dos, x e y, el **error absoluto** de z se calcula **sumando los errores absolutos** de x y de y:

$$z = x \pm y \rightarrow \varepsilon_a(z) = \varepsilon_a(x) + \varepsilon_a(y)$$

- Si se trata de **productos o de cocientes,** es el **error relativo** el que se obtiene por **suma de los errores relativos:**

$$z = x \cdot y \ ; \ z = \frac{x}{y} \rightarrow \varepsilon_r(z) = \varepsilon_r(x) + \varepsilon_r(y)$$

A partir de este error relativo se podrá obtener el error absoluto de la medida indirecta de la magnitud z, procediendo del mismo modo que en el ejercicio resuelto de la página anterior.

Notación científica

Con frecuencia, la utilización de las unidades del SI nos obliga a manejar números muy grandes, o muy pequeños. La constante de Avogadro es 602 214 200 000 000 000 000 000 mol^{-1}, y la carga del electrón tiene un valor de –0,000 000 000 000 000 000 160 2 C.

Para utilizar mejor estos valores, se emplea la **notación científica,** que consiste en escribir los números con una sola cifra entera, seguida de las cifras decimales necesarias, y multiplicadas por una potencia de 10 con exponente entero, positivo o negativo. La constante de Avogadro, en notación científica, se escribe como 6,022 142 · 10^{23} mol^{-1}, y la carga del electrón, –1,602 · 10^{-19} C.

Las potencias de 10 se pueden expresar con prefijos, de origen griego o latino, que actúan como múltiplos o submúltiplos de la correspondiente unidad.

En la tabla se presentan algunos de los prefijos más usados.

Prefijo	Símbolo	Factor
tera	T	10^{12}
giga	G	10^{9}
mega	M	10^{6}
kilo	k	10^{3}
hecto	h	10^{2}
deca	da	10
deci	d	10^{-1}
centi	c	10^{-2}
mili	m	10^{-3}
micro	µ	10^{-6}
nano	n	10^{-9}
pico	p	10^{-12}
femto	f	10^{-15}

Ejercicios

20 Se realizan cinco medidas de la longitud de la mesa del laboratorio, obteniendo estos valores, en cm: 120,6; 120,4; 120,5; 120,4; 120,3. ¿Cuál sería el valor de la medida? ¿Y los errores, absoluto y relativo?

21 Expresa estas cantidades en notación científica:
a) 75 600 000 g. b) 0,000 000 025 V. c) 149 800 000 km.

22 Cuando se miden las dimensiones de un objeto plano rectangular se obtiene: a = 40,05 ± 0,01 cm y b = 120,1 ± 0,1 cm. Determina la superficie y el error absoluto de la medida.

23 Selecciona en cada pareja la cantidad superior:
a) 0,0055 m^3 y 5,5 mL. b) 612 cg y 0,0612 kg.

Trabaja con la aplicación «Las potencias de diez».

5.5. Expresión numérica de la medida

Toda medida, directa o indirecta, ha de expresarse indicando el valor numérico obtenido y su incertidumbre, sin olvidar la unidad que corresponda a la magnitud que se mide. La forma general de expresarlas es:

Magnitud = valor ± error absoluto (unidad)

Además, el error absoluto solo puede tener una **cifra significativa** (solo una distinta de cero), esto es, no afectada por el error. Si se obtiene un error con más de una, se procede al **redondeo** siguiendo las siguientes reglas:

- Si la primera cifra que se descarta es menor que 5, la cifra anterior no se altera (Así, 0,5**4**2 ≈ 0,5; 1**3**,27 ≃ 10).
- Si la primera cifra que se descarta es mayor que 5, o 5 seguido de cualquier dígito distinto de cero, la anterior aumenta en una unidad (0,5**5**2 ≈ 0,6; 1**6**,27 ≃ 20).
- Si la primera cifra que se descarta es 5 seguido de cero, y la cifra anterior es impar, esta aumenta en una unidad, pero, si es par, permanece sin alterar (0,5**5**0 ≃ 0,6; 0,6**5**0 ≃ 0,6).

Expresado el error de forma correcta, se procede al redondeo del valor numérico, de modo que la posición de la última cifra significativa coincida con la del error.

El error de paralaje

Un error común al medir con instrumentos graduados (probetas, termómetros, dinamómetros, etc.) es el **error de paralaje,** consecuencia de un mal ángulo de observación (figura inferior).

Al realizar estas medidas, se ha de situar el ojo a la misma altura de la marca que estamos midiendo. En el caso de la imagen que acompaña, justo en el borde inferior del menisco que forma la superficie del agua en la probeta.

Lectura incorrecta

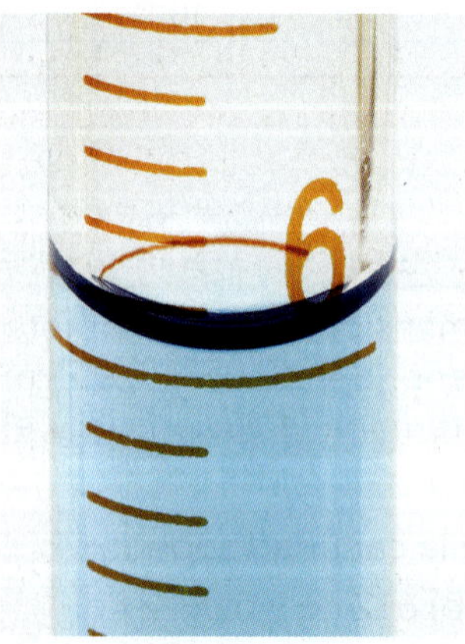

Lectura correcta

Ejercicio resuelto

4 Con un cronómetro que aprecia 0,1 s se toman seis medidas del tiempo de caída de un objeto desde una altura determinada. Se obtienen los siguientes valores:

$$t_1 = 3{,}1\ \text{s} \ ; \ t_2 = 3{,}2\ \text{s} \ ; \ t_3 = 3{,}4\ \text{s}$$

$$t_4 = 3{,}7\ \text{s} \ ; \ t_5 = 3{,}5\ \text{s} \ ; \ t_6 = 3{,}4\ \text{s}$$

Expresa correctamente el resultado de la medida, y calcula el error relativo.

Solución

El valor medio y la dispersión estadística, calculados como se indica en el texto (página anterior), son:

$$\bar{t} = 3{,}383\ \text{s} \ ; \ (\Delta t)^2 = 0{,}007\,611\,13\ \text{s}^2 \ ; \ \Delta t = 0{,}087\ \text{s}$$

Como el error estadístico es menor que el umbral de resolución del cronómetro, se tomará este último como error absoluto de la medida ($\varepsilon_a = 0{,}1$ s).

El resultado, redondeando adecuadamente, es:

$$\boxed{t = 3{,}4 \pm 0{,}1\ \text{s}}$$

El error relativo se calcula a partir de este resultado:

$$\varepsilon_r = \frac{\varepsilon_a}{t} = \frac{0{,}1\ \text{s}}{3{,}4\ \text{s}} = 0{,}0294$$

Se habrá cometido, pues, un error relativo del 3%.

Ejercicios

24 Expresa correctamente las medidas de las actividades 17 y 18 de la página anterior.

25 Para medir la celeridad de un móvil se procede a medir el espacio que recorre y el tiempo que tarda en hacerlo. Se realizan tres medidas de cada magnitud, obteniendo los siguientes valores:

$$\Delta s_1 = 49{,}9\ \text{cm} \ ; \ \Delta s_2 = 49{,}9\ \text{cm} \ ; \ \Delta s_3 = 50{,}0\ \text{cm}$$

$$t_1 = 1{,}47\ \text{s} \ ; \ t_2 = 1{,}51\ \text{s} \ ; \ t_3 = 1{,}50\ \text{s}$$

a) Determina el umbral de resolución de los instrumentos de medida utilizados.

b) ¿Cuál es la celeridad?

c) ¿Y el error relativo?

26 ¿Qué puedes concluir de las diferencias entre las cantidades numéricas 2,0; 2,00; 2,000, procedentes de la medida experimental de una magnitud física?

27 ¿Sería correcto decir que una medida de tiempo da como resultado $t = 1{,}35 \pm 0{,}15$ s? ¿Por qué?

En **anayaeducacion.es** puedes ver como utilizar una calculadora gráfica.

6 SIGNIFICADO DE LAS ECUACIONES EN FÍSICA Y QUÍMICA

6.1. Relaciones de proporcionalidad

Una ecuación es una expresión matemática que relaciona magnitudes. Permite averiguar el valor de una conociendo los valores de las demás. Pero su utilidad no es solo cuantitativa; también encierra **relaciones de proporcionalidad** entre las magnitudes, que nos proporcionan información de sus dependencias mutuas.

Se dice que dos magnitudes, M_1 y M_2, son independientes cuando al variar una la otra permanece constante. Sin embargo, si al variar una (M_1) varía también la otra (M_2), se dice que **M_2 depende de M_1.** Caben entonces diversas relaciones de proporcionalidad; por ejemplo:

- M_2 es **directamente proporcional** a M_1. Si se duplica M_1, M_2 se hace doble; si se triplica M_1, M_2 se hace triple; etc. Matemáticamente, $\mathbf{M_2 = k \cdot M_1}$ (donde k es constante).
- M_2 es **inversamente proporcional** a M_1. Si M_1 se hace doble, M_2 se reduce a la mitad (1/2); si M_1 se triplica, M_2 se hace la tercera parte (1/3); etc. Matemáticamente, $\mathbf{M_2 = k/M_1}$ (k constante).
- M_2 es directamente proporcional a M_1^2. Si duplicamos M_1, M_2 se hace 4 veces mayor ($2^2 = 4$); si M_1 se hace triple, M_2 se hace 9 veces mayor ($3^2 = 9$); etc. Matemáticamente: $\mathbf{M_2 = k \cdot M_1^2}$ (k constante).

6.2. Representaciones gráficas

Para comprobar la dependencia entre dos magnitudes, se suelen realizar experimentos en los que modificando los valores de una se miden las variaciones en la otra.

Los resultados se muestran mediante **tablas de datos y representaciones gráficas** con dos ejes cartesianos, uno por cada variable. A partir de la representación gráfica, se identifica la expresión matemática que mejor describa la dependencia entre las magnitudes.

En ocasiones, al representar los datos, se reconoce una relación sencilla entre las variables que nos permite determinar la ecuación matemática que relaciona las dos magnitudes.

Relaciones simples entre magnitudes

Lineales

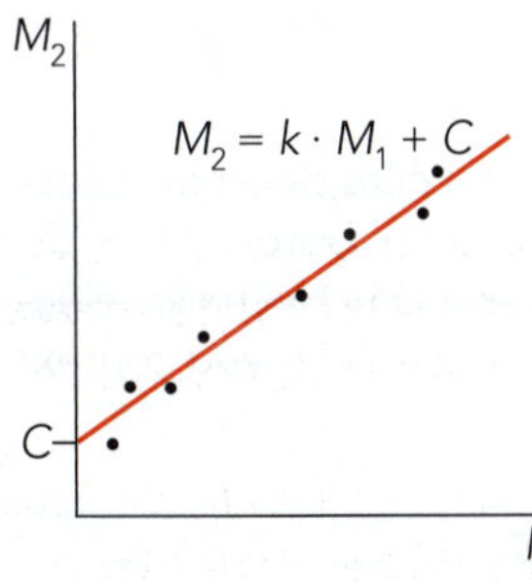

Cuadráticas

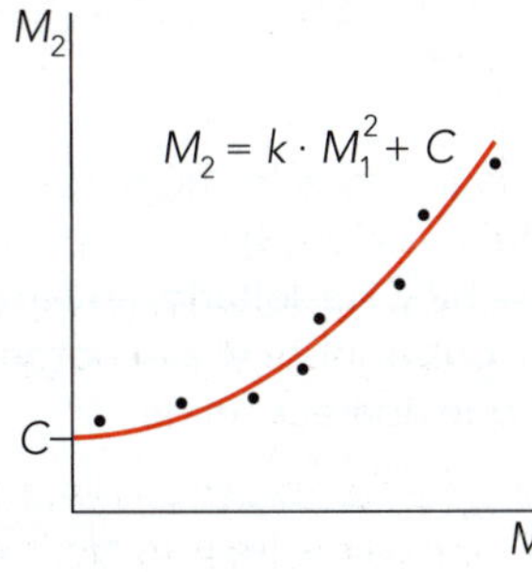

Practica en **anayaeducacion.es** cómo ajustar datos a una curva.

Ejercicio resuelto

5 En la tabla se presentan los datos obtenidos al medir la distancia recorrida por un móvil en distintos instantes de tiempo. ¿Qué relación existe, en este movimiento, entre las dos magnitudes?

Tiempo/s	Distancia/cm
1	2,1
2	7,8
3	18,3
4	31,9

Solución

Si representamos gráficamente estos datos, se observa que la relación es cuadrática. Se podrá escribir, pues:

$$d = k \cdot t^2 \; (k \text{ constante})$$

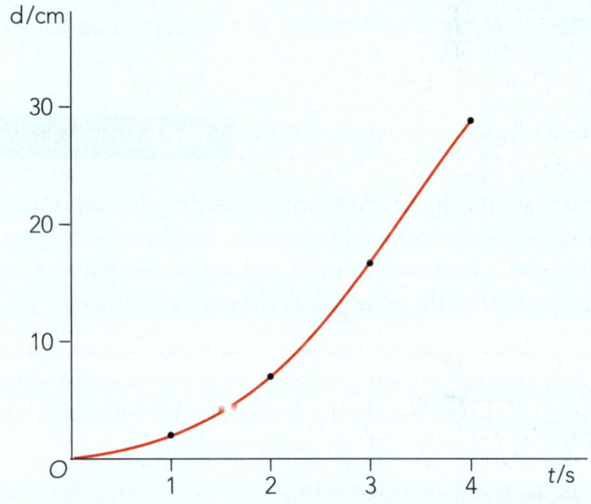

En este caso, $k = 2$ cm/s^2, cuyas unidades corresponden a una aceleración.

Ejercicios

28 Se muestran a continuación parejas de datos tiempo (s) - distancia (cm) medidos en un movimiento: (1, 3,9); (2, 8,2); (3, 11,7); (4, 16,0); (5, 19,9). Preséntalos en una tabla de datos y, a partir de su representación gráfica, determina la relación entre las dos magnitudes físicas.

29 Estudia las relaciones de proporcionalidad en la ecuación $d = m/V$, donde d es la densidad; m, la masa, y V, el volumen.

30 Propón dos ejemplos de pares de magnitudes independientes.

Las hojas de cálculo para la resolución de problemas

Como se ha comentado en la introducción, y habrás podido comprobar, el lenguaje científico tiene un alto componente matemático. Por suerte, en la actualidad contamos con aplicaciones informáticas que facilitan el cálculo en algunos casos.

En este tema has tenido que resolver algunos ejercicios que han requerido la realización de abundantes cálculos y toma de decisiones. Te presentamos a continuación la forma de resolverlos utilizando **hojas de cálculo.** En particular, se utilizará la aplicación Excel, aunque todas se manejan de forma similar, y nos basaremos en un problema concreto.

Seguramente habrás observado en muchas ocasiones una propiedad de los cuerpos elásticos: cuando se aplica una fuerza sobre ellos se estiran o se contraen, y cuando la fuerza cesa vuelven a recuperar su longitud original (si no han llegado a romperse, o a deformarse en exceso).

Pero ¿alguna vez te has preguntado qué relación hay entre la fuerza aplicada y la deformación? Esta será la primera pregunta que nos guíe.

Ejecuta la aplicación y sigue los pasos que te proponemos en el ejemplo inferior, en los que hablaremos de «celdas», de «barra de fórmulas» y de «insertar función». En esta imagen te señalamos dónde encontrarlos.

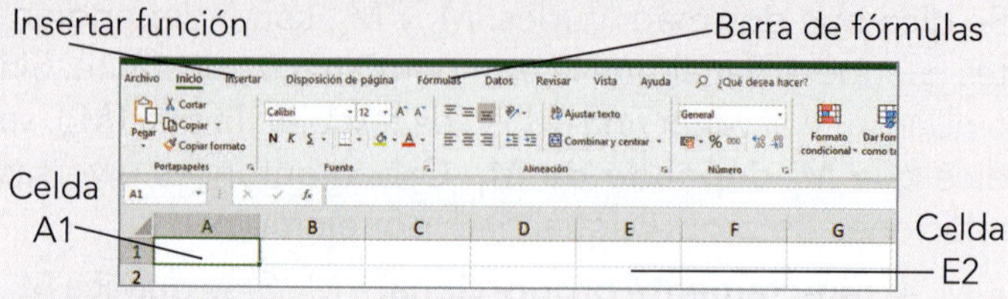

Te interesa saber:

- Si dejas el ratón en reposo sobre cualquier botón de la barra superior, aparecerá una breve descripción de su cometido.
- Si lo que escribes en la barra de fórmulas comienza por «=», el programa entiende que el contenido de esa celda es una fórmula. En caso contrario lo interpreta como dato.

Problema 1. Comportamiento de un muelle

Para estudiar el comportamiento de un muelle, se mide cuánto se alarga cuando, fijado su extremo superior, del inferior se cuelgan objetos de distinta masa (la fuerza aplicada es el peso de estos objetos).

En primer lugar, se realizan tres medidas de la masa de cada objeto (*m*, en gramos). A continuación, cada uno se cuelga tres veces del extremo del muelle, y se mide el alargamiento (Δl, en centímetros).

Los datos obtenidos son:

Objeto	m_1	m_2	m_3	Δl_1	Δl_2	Δl_3
A	20,3	20,5	20,4	1,4	1,5	1,3
B	35,8	36,0	36,1	2,5	2,6	2,6
C	42,2	42,1	42,2	2,9	3,0	2,9
D	50,1	50,3	50,0	3,4	3,4	3,6
E	70,3	70,3	70,4	4,7	4,8	4,7

A partir de estos datos, deduce la relación entre la masa y la elongación.

Paso 1. Creamos la tabla de datos

Copiamos los datos de la tabla en la hoja de cálculo. Debe quedar como en la imagen.

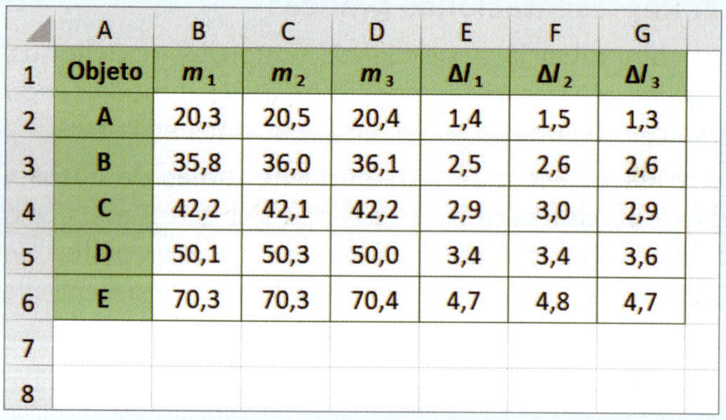

	A	B	C	D	E	F	G
1	Objeto	m_1	m_2	m_3	Δl_1	Δl_2	Δl_3
2	A	20,3	20,5	20,4	1,4	1,5	1,3
3	B	35,8	36,0	36,1	2,5	2,6	2,6
4	C	42,2	42,1	42,2	2,9	3,0	2,9
5	D	50,1	50,3	50,0	3,4	3,4	3,6
6	E	70,3	70,3	70,4	4,7	4,8	4,7
7							
8							

Al texto y a las celdas se les da formato con los botones de la pestaña «Inicio», igual que en Word.

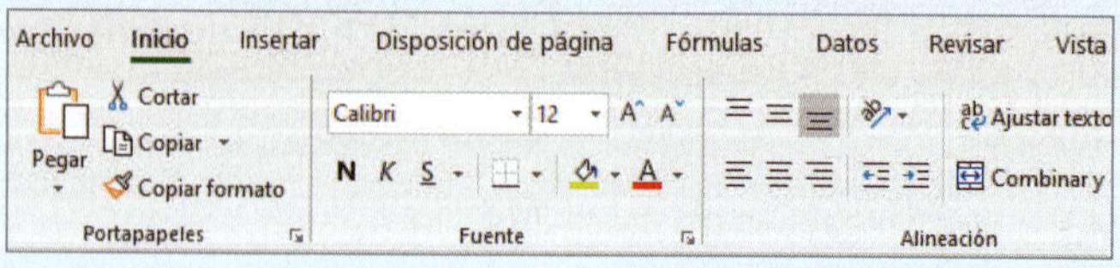

Para que todos los números tengan una cifra decimal, selecciona las celdas B2 a G6 (pinchando con el botón izquierdo sobre B2 y, sin soltarlo, arrastrando hasta G6). Hecha la selección, pulsa sobre ella el botón derecho y, en el menú contextual que aparece, elige:

Formato de celdas → Número → Posiciones decimales: 1

Paso 2. Calculamos los valores medios

En las celdas H1 e I1 escribimos los nombres de las variables que irán en esas columnas: *m_med* y *Δl_med*.

La celda H2 deberá contener la media de las masas medidas para el objeto *A*. Selecciónala y, en la barra de fórmulas, escribe «=PROMEDIO(B2:D2)» y pulsa la tecla **Enter.**

H2 | =PROMEDIO(B2:D2)

	A	B	C	D	E	F	G	H	I	J
1	Objeto	m_1	m_2	m_3	Δl_1	Δl_2	Δl_3	m_med	Δl_med	
2	A	20,3	20,5	20,4	1,4	1,5	1,3	20,4		
3	B	35,8	36,0	36,1	2,5	2,6	2,6			
4	C	42,2	42,1	42,2	2,9	3,0	2,9			
5	D	50,1	50,3	50,0	3,4	3,4	3,6			
6	E	70,3	70,3	70,4	4,7	4,8	4,7			
7										

Observarás que en H2 habrá aparecido un número (20,4). Se trata de la media de los datos que hay en las celdas comprendidas entre B2 y D2; esto es, la media de la masa del objeto *A* (en gramos, que es la unidad de las medidas de masa).

La fórmula también se podría haber escrito pulsando el botón insertar función. Aparece una ventana con todas las funciones de la hoja de cálculo. La función **PROMEDIO** puedes encontrarla entre las funciones estadísticas.

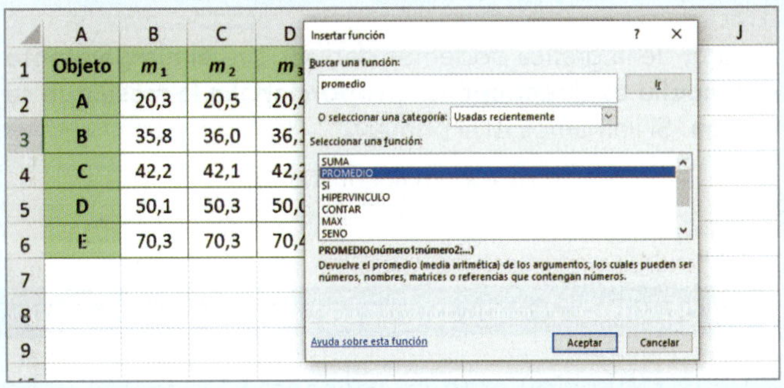

Y aquí llega el verdadero potencial de las hojas de cálculo. Una vez definida la fórmula en una celda, no tendremos que volver a escribirla para las siguientes:

Selecciona la celda H2 y cópiala al portapapeles. Después, selecciona de H3 a H6 y pegas... ¡No pega el 20,4, sino la fórmula que contiene H2! La columna H ya contiene las medias de las masas (pueden aparecer unos símbolos de error que nos advierten de que en las filas hay más datos aparte de los tres utilizados).

Si repites el procedimiento con los alargamientos, tendrás las medias de todas las medidas:

I2 | =PROMEDIO(E2:G2)

	A	B	C	D	E	F	G	H	I	J
1	Objeto	m_1	m_2	m_3	Δl_1	Δl_2	Δl_3	m_med	Δl_med	
2	A	20,3	20,5	20,4	1,4	1,5	1,3	20,4	1,4	
3	B	35,8	36,0	36,1	2,5	2,6	2,6	36,0	2,6	
4	C	42,2	42,1	42,2	2,9	3,0	2,9	42,2	2,9	
5	D	50,1	50,3	50,0	3,4	3,4	3,6	50,1	3,5	
6	E	70,3	70,3	70,4	4,7	4,8	4,7	70,3	4,7	

Paso 3. Calculamos las dispersiones estadísticas

En primer lugar, nombramos las variables, que ubicaremos en J1 («m_dis») y K1 («Dl_dis»), y en J2 escribimos la fórmula de la dispersión estadística para la masa del objeto *A*. Recuerda que, en general y para tres medidas, la fórmula es:

$$\Delta x = \sqrt{\frac{(x_1 - \overline{x})^2 + (x_2 - \overline{x})^2 + (x_3 - \overline{x})^2}{3 \cdot (3-1)}}$$

Para escribirla en la barra de fórmulas debes saber:

- La raíz cuadrada se calcula con la función RAIZ().
- Para elevar al cuadrado hay que escribir «^2»
- Hay que tener mucho **cuidado con los paréntesis.**

En la barra de fórmulas, para la celda J2, escribimos:

=RAIZ(((B2-H2)^2+(C2-H2)^2+(D2-H2)^2)/6)

Observa que en las fórmulas, **en lugar de los datos** de las medidas, se escribe el **nombre de las celdas** que los contienen.

Si copias J2 y la pegas en la selección de J3 a J6 tendrás las dispersiones estadísticas de la masa.

Con el alargamiento se procede del mismo modo. Así, en la barra de fórmulas de K2 habrá que escribir:

=RAIZ(((E2-I2)^2+(F2-I2)^2+(G2-I2)^2)/6)

Copia K2 y la pegas en la selección de K3 a K6, y habrás calculado todas las dispersiones estadísticas:

Archivo | Inicio | Insertar | Disposición de página | Fórmulas | Datos | Revisar | Vista | Ayuda | ¿Qué desea hacer?

K2 | =RAIZ(((E2-I2)^2+(F2-I2)^2+(G2-I2)^2)/6)

	A	B	C	D	E	F	G	H	I	J	K
1	Objeto	m_1	m_2	m_3	Δl_1	Δl_2	Δl_3	m_med	Δl_med	m_dis	Δl_dis
2	A	20,3	20,5	20,4	1,4	1,5	1,3	20,4	1,4	0,058	0,058
3	B	35,8	36,0	36,1	2,5	2,6	2,6	36,0	2,6	0,088	0,033
4	C	42,2	42,1	42,2	2,9	3,0	2,9	42,2	2,9	0,033	0,033
5	D	50,1	50,3	50,0	3,4	3,4	3,6	50,1	3,5	0,088	0,067
6	E	70,3	70,3	70,4	4,7	4,8	4,7	70,3	4,7	0,033	0,033
7											

Al igual que antes, las funciones se pueden introducir en la barra de fórmulas mediante el botón «Insertar función».

Como puedes observar, las dispersiones estadísticas son, para todas las medidas, menores que los umbrales de resolución (0,1 g para la masa, y 0,1 cm para el alargamiento); se tomarán estos últimos como errores absolutos. Por ejemplo, para el **objeto *A*** sería:

$$m_A = 20{,}4 \pm 0{,}1 \text{ g} \; ; \; \Delta l_A = 1{,}4 \pm 0{,}1 \text{ cm}$$

Si hubieras necesitado más cifras decimales para los valores medios (en caso de que el error absoluto las tuviera), bastaría con cambiar el formato de celda (como en el paso 1).

Problema 1.

Paso 4. Representamos gráficamente

Con las hojas de cálculo también se pueden hacer representaciones gráficas. Procede como sigue.

Selecciona el rango de celdas desde H2 a I6 (los valores medios de las masas y alargamientos) y, en la pestaña «Insertar», selecciona «Gráfica de dispersión».

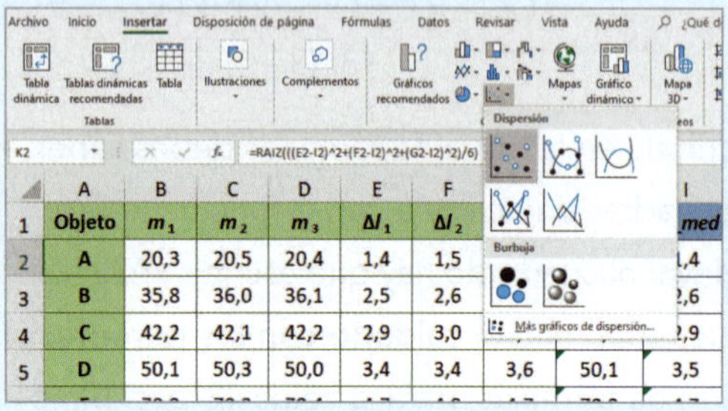

Obtendrás la primera gráfica que se muestra a la derecha.

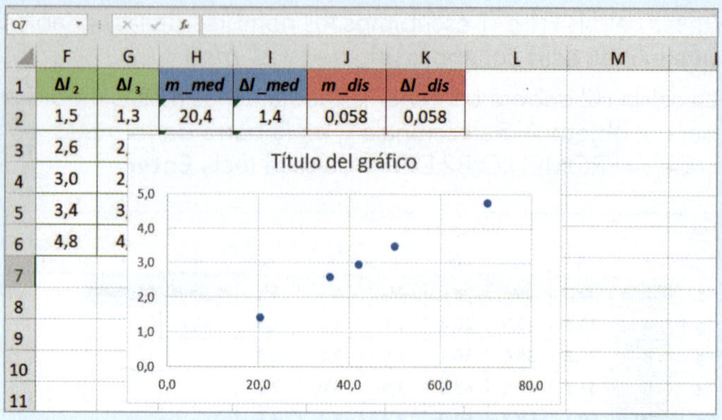

De los valores de los ejes deducimos que en el de abscisas (X) se encuentra la masa, y en el de ordenadas (Y) el alargamiento. Pongamos estos datos en la gráfica, utilizando los botones de la parte derecha de la gráfica.

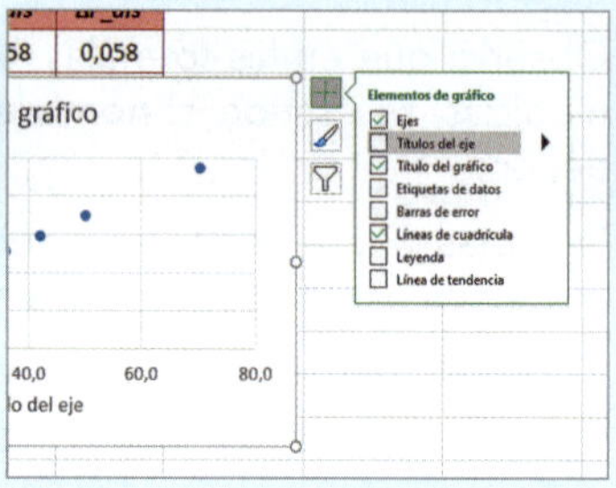

Establece que no aparezca la leyenda, y pon título a los ejes y a la gráfica. Así se obtiene la segunda gráfica de la derecha.

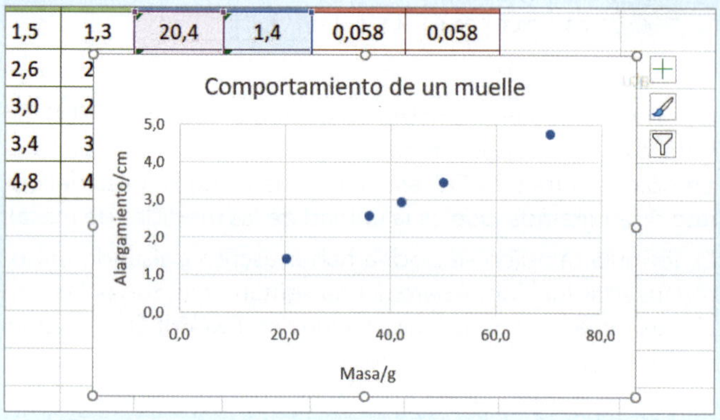

A partir de la gráfica podemos deducir que **el alargamiento del muelle es directamente proporcional a la masa que se cuelga.** Si llamamos Δl al primero:

$$\Delta l = k \cdot m \ (k \text{ constante})$$

¿Has visto qué fácil es realizar las operaciones y representar los datos con hojas de cálculo? Además, todo lo que contengan lo puedes llevar a los procesadores de texto con un simple copio-pego.

Conseguirás una buena presentación para tus informes.

A continuación, vamos a estudiar las masas y los volúmenes de los planetas del sistema solar. Intenta resolver la actividad sin mirar el planteamiento y la solución, y luego comparas.

Para resolver la actividad, necesitas saber que:

- En el lenguaje de las hojas de cálculo, como en algunas calculadoras, $3{,}6 \cdot 10^{23}$ se escribe 3,6E+23.
- El número π se escribe **PI().**
- El volumen de una esfera de radio R es $V = 4/3 \cdot \pi \cdot R^3$.
- Para seleccionar celdas (o conjuntos de celdas) no adyacentes, selecciona la primera y, con la tecla CONTROL pulsada, selecciona las otras.

Problema 2. Los planetas del sistema solar

En la tabla siguiente se presentan las masas y los radios de los planetas del sistema solar; las primeras, en kilogramos, y los segundos, en kilómetros. Calcula y representa, en gráficas de sectores, el porcentaje en masa y volumen que corresponde a cada planeta.

Planeta	Radio/km	Masa/kg
Mercurio	2439,6	$3{,}3 \cdot 10^{23}$
Venus	6051,6	$4{,}9 \cdot 10^{24}$
Tierra	6378,2	$6{,}0 \cdot 10^{24}$
Marte	3397,0	$6{,}4 \cdot 10^{23}$
Júpiter	71492,7	$1{,}9 \cdot 10^{27}$
Saturno	60267,1	$5{,}7 \cdot 10^{26}$
Urano	25557,3	$8{,}8 \cdot 10^{25}$
Neptuno	24766,4	$1{,}0 \cdot 10^{26}$

Planteamiento y resolución

En primer lugar, añadimos una columna para el volumen, que expresamos en notación científica (formato de celda):

D2 | =4/3*PI()*B2^3

	A	B	C	D	E
1	Planeta	Radio (km)	Masa (kg)	Volumen (km^3)	
2	Mercurio	2439,6	3,3E+23	6,1E+10	
3	Venus	6051,6	4,9E+24	9,3E+11	
4	Tierra	6378,2	6,0E+24	1,1E+12	
5	Marte	3397,0	6,4E+23	1,6E+11	
6	Júpiter	71492,7	1,9E+27	1,5E+15	
7	Saturno	60267,1	5,7E+26	9,2E+14	
8	Urano	25557,3	8,8E+25	7,0E+13	
9	Neptuno	24766,4	1,0E+26	6,4E+13	
10					

Seleccionamos las celdas A2 a A9 (nombres) y, con CONTROL pulsado, las C2 a C9 (masas). Hecha la selección, insertamos una gráfica circular (puedes probar con los distintos tipos).

Si pulsamos sobre cualquier sector de la gráfica podemos «Agregar etiquetas de datos». Una vez añadidos, pulsando de nuevo con el botón derecho sobre cualquiera de los datos, pulsamos «Formato de etiquetas de datos» para que los exprese en porcentajes, que es como se piden. Así se obtiene la primera gráfica de la derecha y, siguiendo el mismo procedimiento, la segunda, que corresponde al volumen.

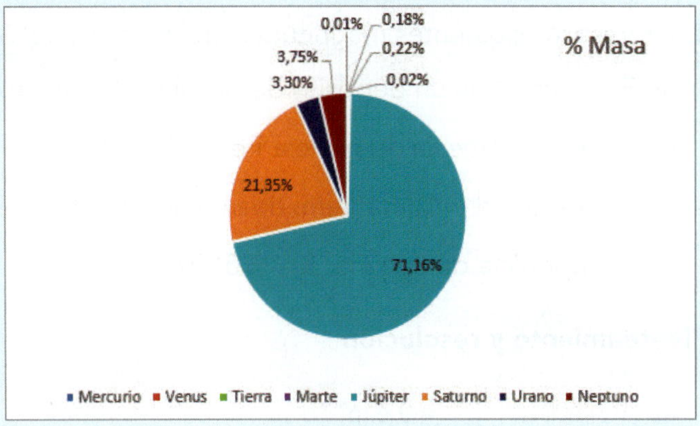

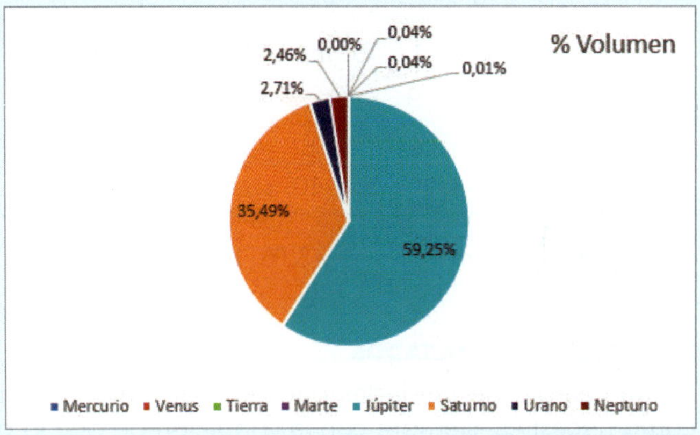

Puedes observar que Júpiter, Saturno, Urano y Neptuno se reparten casi el 100 % de la masa y el volumen del sistema. ¿A que ha sido fácil? ¡Y dará calidad a tus trabajos!

Ejercicios

31 Cuando seleccionas una gráfica, con las pestañas «Diseño» y «Formato» puedes darle el aspecto que quieras; intenta representar la gráfica de volúmenes como sigue:

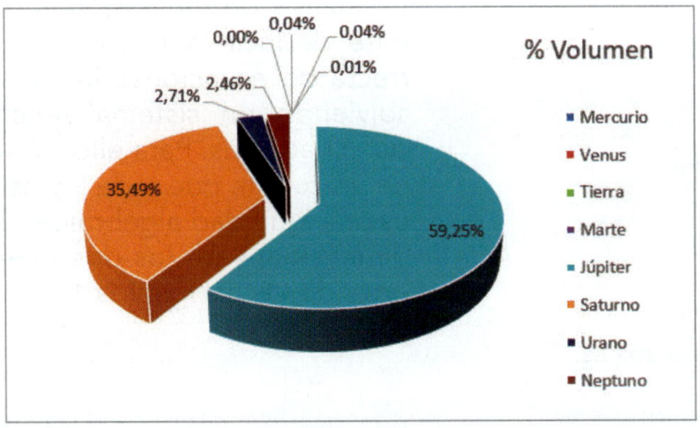

32 A partir de los datos del problema 2, representa las densidades de los planetas, expresadas en el SI, en un diagrama de barras (Dato: $1\ km^3 - 10^9\ m^3$).

33 La tercera ley de Kepler establece que el cuadrado del período orbital de un planeta (el tiempo que tarda en completar una vuelta alrededor del Sol) es proporcional al cubo del semieje mayor de la elipse que describe. Representa los datos en sendas gráficas de barras y calcula la constante de proporcionalidad expresada en unidades del SI (sin error).

Planeta	Período orbital/años	Semieje mayor/km
Mercurio	0,2408467	57 909 175
Venus	0,615 197 26	108 208 930
Tierra	1,0000174	149 597 870
Marte	1,8808476	227 936 640
Júpiter	11,862 615	778 412 010
Saturno	29,447 498	1 426 725 400
Urano	84,016 846	2 870 972 200
Neptuno	164,791 32	4 498 252 900

Sistema Internacional de Unidades

1 Expresa las siguientes magnitudes en unidades del SI:

a) El volumen de un depósito de gasóleo de calefacción: $V = 600$ L.

b) La densidad media del planeta Tierra: $d = 5{,}5$ g/mL.

c) La velocidad máxima permitida en algunos tramos: $v = 120$ km/h.

d) La superficie de España: $S = 505\,992$ km^2.

Planteamiento y resolución

a) $V = 600\ \text{L} \cdot \dfrac{1\ \text{m}^3}{10^3\ \text{L}} = 0{,}6\ \text{m}^3$

b) $d = 5{,}5\ \dfrac{\text{g}}{\text{mL}} \cdot \dfrac{1\ \text{kg}}{10^3\ \text{g}} \cdot \dfrac{10^3\ \text{mL}}{1\ \text{L}} \cdot \dfrac{10^3\ \text{L}}{1\ \text{m}^3} = 5\,500\ \dfrac{\text{kg}}{\text{m}^3}$

c) $v = 120\ \dfrac{\text{km}}{\text{h}} \cdot \dfrac{10^3\ \text{m}}{1\ \text{km}} \cdot \dfrac{1\ \text{h}}{3{,}6 \cdot 10^3\ \text{s}} = 33{,}3\ \dfrac{\text{m}}{\text{s}}$

d) $S = 505\,992\ \text{km}^2 \cdot \dfrac{10^6\ \text{m}^2}{1\ \text{km}^2} = 5{,}05 \cdot 10^{11}\ \text{m}^2$

DISCUSIÓN DE RESULTADOS

En un cambio de unidades puedes usar tantos factores de conversión como necesites, siempre con la condición de que lo que haya en el numerador y en el denominador sea la misma cantidad de la magnitud que sea, aunque expresada en unidades distintas. Irás adquiriendo práctica, y finalmente no te harán falta algunos de estos factores de conversión. Hasta ese momento, te recomendamos que los utilices por seguridad.

ANÁLISIS DEL PROBLEMA

La forma más sencilla y segura de realizar los cambios de unidades es mediante los factores de conversión, que no son más que cocientes que relacionan las unidades de una misma magnitud. Por ejemplo, sabemos que el prefijo kilo significa 1 000 (10^3), por lo que el factor de conversión de kilómetros a metros, o viceversa, puede escribirse como:

$$\frac{1\ \text{km}}{10^3\ \text{m}} \quad ; \quad \frac{10^3\ \text{m}}{1\ \text{km}}$$

Observa en la resolución que los factores se escriben del modo que interese para que finalmente queden las unidades que se desean; así, en el caso del volumen del depósito hemos escrito:

$$\frac{1\ \text{m}^3}{10^3\ \text{L}}$$

Y en el de la densidad de la Tierra:

$$\frac{10^3\ \text{L}}{1\ \text{m}^3}$$

Ecuación de dimensiones

2 La velocidad de caída de un cuerpo, v, depende de la gravedad, g, y de la altura de caída, h. ¿Cómo será la ecuación que relaciona v, g y h?

Planteamiento y resolución

Suponemos que la ecuación buscada tiene la forma:

$$v = k \cdot g^{\alpha} \cdot h^{\beta}$$

donde k es una constante de proporcionalidad. Como tenemos que:,

$$[v] = \text{L} \cdot \text{T}^{-1} \quad ; \quad [g] = \text{L} \cdot \text{T}^{-2} \quad ; \quad [h] = \text{L}$$

Resulta:

$$\text{L} \cdot \text{T}^{-1} = (\text{L} \cdot \text{T}^{-2})^{\alpha} \cdot (L)^{\beta} \ \rightarrow \ 1 = \alpha + \beta \ \text{ y } \ -1 = -2 \cdot \alpha$$

de donde se obtiene que $a = ½$ y $b = ½$. Por tanto, la ecuación buscada es:

$$v = k \cdot \sqrt{g \cdot h}$$

ANÁLISIS DEL PROBLEMA

El análisis de dimensiones permite deducir la estructura correcta de ecuaciones físicas resolviendo un sistema sencillo de ecuaciones. Para ello, se tiene en cuenta que toda ley física es una igualdad algebraica y las dimensiones de los dos miembros de dicha igualdad deben coincidir.

DISCUSIÓN DE RESULTADOS

Observa que la constante k nunca puede calcularse mediante este tipo de análisis, y debe determinarse de forma experimental.

Para determinar estas constantes se han de diseñar experimentos en los que se midan las variables, v y h en este caso, con la mayor precisión posible.

Representaciones gráficas y relaciones entre magnitudes

3 Cuando se aplican diferentes voltajes, ΔV, a un elemento eléctrico, circulan por él las intensidades de corriente, I, que se recogen en la tabla.

El error en las medidas de voltaje (umbral de resolución del voltímetro) es de ±0,1 V, mientras que el error atribuible al amperímetro es de ±0,05 mA.

ΔV/V	1,0	1,9	3,1	4,0	5,1	6,0
I/m$_A$	0,31	0,69	1,02	1,32	1,62	2,03

Representa gráficamente los resultados obtenidos, con sus cotas de error, y deduce, a partir de la gráfica, la relación de proporcionalidad entre ΔV e I.

Planteamiento y resolución

Si representamos cada pareja de datos en una gráfica ΔV-I (ΔV en ordenadas e I en abscisas), se observa cómo los puntos obtenidos se encuentran casi alineados (figura inferior).

Por tanto, la relación entre las dos magnitudes se puede ajustar mediante una recta que pasa por el origen, lo que supone una relación de proporcionalidad directa entre ambas (cuando se duplica el voltaje, también se duplica la intensidad; si se triplica el voltaje, se triplica la intensidad; etc.).

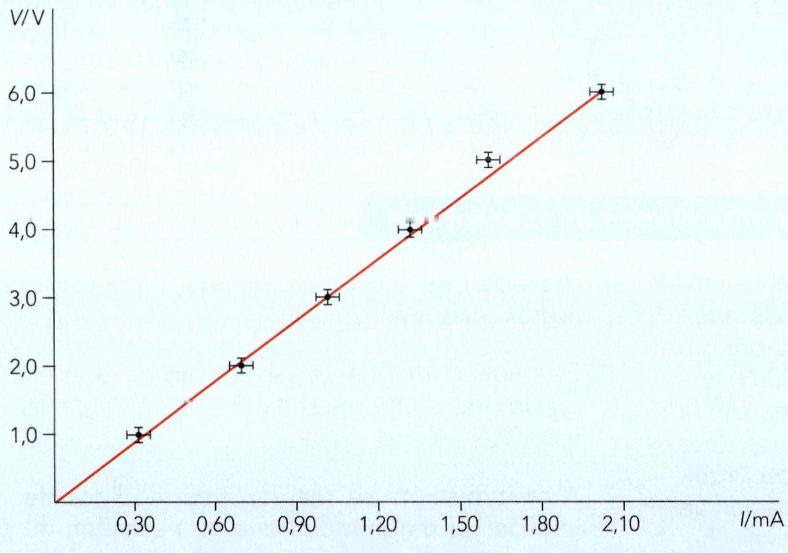

En lenguaje matemático, podemos escribir $\Delta V = k \cdot I$, con k constante. Esta constante es característica del elemento eléctrico utilizado, y recibe el nombre de «resistencia eléctrica», R. Quedaría, pues, que $\Delta V = R \cdot I$, relación conocida como ley de Ohm.

La unidad SI de la resistencia es el voltio partido por amperio, que recibe el nombre de ohmio, y se representa por la letra griega omega ($\Omega = V/A$).

ANÁLISIS DEL PROBLEMA

El hecho de que el error en las medidas de los voltajes sea ±0,1 V significa que, por ejemplo, la primera medida (1,0 V) puede oscilar entre 0,9 V y 1,1 V. En la gráfica, esto queda representado mediante una línea vertical, cuya longitud equivale a 0,2 V, centrada en el punto para el que ΔV = 1,0 V.

Los errores de los voltajes quedan representados, pues, mediante líneas de estas características en cada punto de la gráfica.

Igual ocurre con los errores cometidos en las medidas de las intensidades de corriente; en estos casos mediante líneas horizontales de longitud equivalente a 0,1 mA (±0,05 mA), centradas en cada uno de los puntos representados.

Observa que, en este caso, las medidas experimentales son de buena calidad, y la relación entre las magnitudes es muy clara. Pero no siempre es tan sencillo visualizar esta relación, y en casos más complicados es necesario acudir a programas informáticos diseñados a tal efecto.

El lenguaje de la ciencia incluye, entre sus elementos, **tablas y gráficas.** Debes entenderlas como **formas de comunicar** datos, resultados o relaciones entre magnitudes. Cada vez que veas alguna, piensa en relaciones de proporcionalidad entre magnitudes, y recuerda no leer «uve», sino «voltaje», o decir «intensidad de corriente» en lugar de «i»: **en las ecuaciones físicas, las letras son más que letras.**

DISCUSIÓN DE RESULTADOS

Una vez representados los datos experimentales, existen diversos métodos matemáticos para obtener la línea óptima que relaciona las dos variables. Dicha línea debe repartir los valores experimentales a un lado y otro de forma equilibrada. Si estás interesado en estos métodos, puedes buscar información sobre, por ejemplo, el método de ajuste por mínimos cuadrados.

Cálculo de errores

4 Para medir la densidad de un fragmento de roca se mide su masa con una balanza digital, y su volumen por el de agua desplazado en una probeta. Se realizan tres medidas de cada magnitud, obteniendo los valores de las tablas de la derecha. Expresa la densidad ($d = m/V$) con su error, en g/cm_3.

MASA/g		
m_1	m_2	m_3
39,9	40,0	40,0

VOLUMEN/cm³		
V_1	V_2	V_3
9	9	10

Planteamiento y resolución

Los valores medios y las dispersiones estadísticas de la masa y el volumen son:

$$\overline{m} = 39{,}9\widehat{6}\text{ g} \; ; \; \Delta x_m = 0{,}0\widehat{3}\text{ g} \; ; \; \overline{V} = 9{,}\widehat{3}\text{ cm}^3 \; ; \; \Delta x_V = 0{,}\widehat{3}\text{ cm}^3$$

De la tabla de valores se deduce que el umbral de resolución de la balanza es 0,1 g, y el de la probeta, 1 cm³. Como en ambos casos es mayor que la dispersión estadística, se toma dicho umbral como error absoluto:

$$m = 40{,}0 \pm 0{,}1\text{ g} \; ; \; V = 9 \pm 1\text{ cm}^3$$

La densidad y el cálculo de sus errores relativo (de un cociente) y absoluto son:

$$d = \frac{m}{V} = \frac{40{,}0\text{ g}}{9\text{ cm}^3} = 4{,}\widehat{4}\;\frac{\text{g}}{\text{cm}^3}$$

$$\varepsilon_r(d) = \varepsilon_r(m) + \varepsilon_r(V) = \frac{0{,}1\text{ g}}{40{,}0\text{ g}} + \frac{1\text{ cm}^3}{9\text{ cm}^3} = 0{,}1136111$$

$$\varepsilon_a(d) = d \cdot \varepsilon_r(d) = 0{,}50493\;\frac{\text{g}}{\text{cm}^3}$$

$$d = 4{,}4 \pm 0{,}5\;\frac{\text{g}}{\text{cm}^3}$$

ANÁLISIS DEL PROBLEMA

Cuando se trabaja teniendo en cuenta los errores, son estos los que nos indican en qué cifra se redondea el valor de la medida.

En ocasiones, sin embargo, se resuelven problemas solo con los valores de las magnitudes, y en estos casos se suele expresar el resultado con un número de cifras decimales que coincida con el menor de entre los valores utilizados.

DISCUSIÓN DE RESULTADOS

Observa que las medidas de la masa y el volumen del problema no están expresadas en unidades del SI. ¿Cuál sería el resultado en dichas unidades?

Resolver situaciones de laboratorio

5 Tienes que medir la densidad de un aceite de motor, y en el laboratorio encuentras un kit de determinación de densidades de líquidos formado por: un dinamómetro con umbral de resolución 0,02 N, una probeta con umbral de resolución 1 mL, una esfera metálica con gancho, de 50 g, y un pie soporte. Lees que la experiencia se basa en el principio de Arquímedes, según el cual «todo cuerpo sumergido en un fluido experimenta una fuerza (empuje) vertical y hacia arriba, de módulo igual al peso del volumen de líquido que desaloja».

Lo que hay que hacer, en primer lugar, es medir el empuje: se mide el peso de la esfera (peso real, P_R), se vuelve a medir con la esfera sumergida en el líquido problema (peso aparente, P_A), y el empuje se calcula restando las dos medidas ($E = P_R - P_A$). Una vez hecho esto, basta con utilizar la expresión matemática del principio de Arquímedes para determinar la densidad del líquido. Puedes leer que el empuje se calcula multiplicando la densidad del líquido (d_L) por la aceleración de la gravedad (g) y por una tercera magnitud que no logras reconocer.

Esta tercera magnitud, ¿es la masa de la esfera (m_E), con lo que el empuje sería: $E = d_L \cdot g \cdot m_E$, o su volumen ($V_E$), y $E = d_L \cdot g \cdot V_E$?

A continuación, se realizan tres medidas de cada una de las magnitudes que se necesitan: el peso real y el peso aparente con el dinamómetro, y el volumen de la esfera con la probeta, y se obtienen los siguientes datos, que se utilizarán para determinar la densidad del aceite y el error que afecta a la medida:

P_R/N	0,50	0,48	0,50
P_A/N	0,32	0,32	0,34
V_E/mL	19	19	18

Planteamiento y resolución

Para saber cuál es la magnitud que nos falta, tendremos en cuenta que el empuje es una fuerza; por tanto, sus dimensiones son $[E] = M \cdot L \cdot T^{-2}$. Probemos qué sucede al realizar el análisis dimensional de ambas expresiones:

$$[E] = [d_L] \cdot [g] \cdot [m_E] = M \cdot L^{-3} \cdot L \cdot T^{-2} \cdot M = M^2 \cdot L^{-2} \cdot T^{-2} \neq M \cdot L \cdot T^{-2}.$$

$$[E] = [d_L] \cdot [g] \cdot [V_E] = M \cdot L^{-3} \cdot L \cdot T^{-2} \cdot L^3 = M \cdot L \cdot T^{-2}$$

Solo la segunda cumple el requisito de homogeneidad; por tanto, la densidad del aceite se calcula a partir de ella.

Los valores medios y las dispersiones estadísticas de las medidas son las de la tabla inferior (utiliza la hoja de cálculo). Como las dispersiones estadísticas son menores que los umbrales de resolución de los aparatos, se toman estos últimos como errores absolutos de las medidas. Así, los valores medidos son:

	$\bar{x}$	Δx
P_R/N	$0{,}49\widehat{3}$	$0{,}00\widehat{6}$
P_A/N	$0{,}32\widehat{6}$	$0{,}00\widehat{6}$
V_E/mL	$18{,}\widehat{6}$	$0{,}\widehat{3}$

→

$P_R = 0{,}49 \pm 0{,}02$ N

$P_A = 0{,}33 \pm 0{,}02$ N

$V_E = 19 \pm 1$ mL

El empuje se calcula como diferencia entre dos pesos, por lo que su error absoluto es la suma de los errores absolutos de las medidas de estos:

$$\left.\begin{array}{l} E = P_R - P_A = 0{,}16 \text{ N} \\ \varepsilon_a(E) = \varepsilon_a(P_R) + \varepsilon_a(P_A) = 0{,}04 \text{ N} \end{array}\right\} \rightarrow E = 0{,}16 \pm 0{,}04 \text{ N}$$

El valor de la densidad, en unidades SI, es:

$$d_L = \frac{E}{g \cdot V_E} = \frac{0{,}16 \text{ N}}{9{,}81 \dfrac{\text{m}}{\text{s}^2} \cdot 19 \text{ mL} \cdot \dfrac{1 \text{ m}^3}{10^6 \text{ mL}}} = 858{,}4152 \frac{\text{kg}}{\text{m}^3}$$

Como tomamos un valor de g exacto ($g = 9{,}81$ m/s^2), esta magnitud no interviene en el cálculo del error que, al tratarse de un cociente entre magnitudes, se realiza con los errores relativos:

$$\varepsilon_r(d_L) = \varepsilon_r(E) + \varepsilon_r(V_E) = \frac{\varepsilon_a(E)}{E} + \frac{\varepsilon_a(V_E)}{V_E} = \frac{0{,}04 \text{ N}}{0{,}16 \text{ N}} + \frac{1 \text{ mL}}{19 \text{ mL}} = 0{,}3026$$

Con esto, el error absoluto y la densidad del aceite son:

$$\varepsilon_a(d_L) = d_L \cdot \varepsilon_r(d_L) = 259{,}75 \text{ kg/m}^3$$

$$d_L = 900 \pm 300 \text{ kg/m}^3 = 0{,}9 \pm 0{,}3 \text{ g/mL}$$

DISCUSIÓN DE RESULTADOS

El valor de la densidad del aceite difiere en, aproximadamente, un 30 % respecto al valor obtenido; por tanto, no se trata de una buena medida.

ANÁLISIS DEL PROBLEMA

Para medir la densidad de un sólido o un líquido, se miden la masa y el volumen, y se dividen. Para resolver nuestro problema hubiera bastado, pues, con encontrar una balanza. Eso sí, la masa de un líquido tendríamos que medirla por diferencia entre la masa del recipiente con líquido y la masa del recipiente vacío.

De cualquier modo, observa que existen **distintos modos de resolver situaciones de laboratorio,** lo que puede relacionarse con una de las características principales del conocimiento científico: la **creatividad.**

En la situación descrita, la primera dificultad que encontramos es una fórmula confusa. Se resuelve fácilmente mediante **análisis dimensional.** Piensa en él siempre que no recuerdes bien alguna relación matemática entre magnitudes. **Las letras que aparecen en las expresiones matemáticas son más que letras,** tienen un significado físico.

La toma de medidas requiere gran atención y un uso correcto de los instrumentos. En el caso descrito, en ambos (dinamómetro y probeta) hay que tener cuidado con los **errores de paralaje.**

Tras realizar las medidas, tres por magnitud para **minimizar la influencia de errores aleatorios,** se procede al cálculo de los valores medios y las dispersiones estadísticas. **Como error de la medida directa se toma el mayor valor de entre las dispersiones estadísticas y los umbrales de resolución.**

Lo mismo ocurre con las medidas indirectas; así, en el cálculo del empuje mediante la diferencia entre el peso real y el peso aparente, los errores no se restan, sino que se suman. En el cálculo de errores **siempre se elige la situación más desfavorable.**

Con todo lo anterior, y sin olvidar tener en cuenta las **reglas de redondeo para expresar correctamente las medidas,** llegamos a resolver el problema.

En el **«Portfolio»** del banco de recursos de **anayaeducacion.es**, encontrarás orientaciones sobre cómo elaborar tu porfolio.

TRABAJA CON LO APRENDIDO

El método científico

1 A principios del siglo XIX, Avogadro sugirió que «*volúmenes iguales de gases, en las mismas condiciones de presión y temperatura, contienen el mismo número de moléculas*». En los libros antiguos, a este enunciado se le llamaba **hipótesis de Avogadro,** y en los modernos se habla de la **ley de Avogadro.** ¿A qué crees que se debe el cambio de denominación?

2 En el siguiente relato, ¿qué etapas del método científico reconoces? ¿En qué visiones inadecuadas de la ciencia se incide? ¿Cuáles se combaten?

En el siglo XVII, el funcionamiento de las bombas de succión (extraer el aire del interior de un tubo cuyo extremo está sumergido en un líquido) se explicaba, siguiendo la tradición aristotélica, argumentando que la naturaleza siente «horror al vacío». Por ello, cuando se sacaba el aire del tubo, el agua ocupaba rápidamente su lugar. Galileo cuestionó esta explicación cuando los jardineros de Florencia no pudieron elevar agua de un pozo, mediante una bomba, a más de 32 pies (unos 10 m). ¿Es que el horror al vacío tenía un límite? Fue Torricelli quien, mediante el conocido experimento de la cubeta y el tubo de mercurio, resolvió la situación. Sus conclusiones se pueden resumir en la siguiente frase: «*vivimos en el fondo de un océano de aire que intenta llenar cada espacio, y que pesa y empuja*».

3 Piensa y critica alguna situación de tu vida cotidiana en la que la ciencia se utilice como fuente de autoridad.

4 ¿Por qué crees que se habla de la *ley de la gravitación universal* en lugar de hacerlo de la teoría de la gravitación universal?

5 Demuestra que la ecuación $P = F \cdot v$ es homogénea (P, potencia; F, fuerza; v, velocidad). Cada una de estas magnitudes, ¿es escalar o vectorial?

6 La fuerza, F, que origina un movimiento circular depende de la masa del cuerpo que lo describe, m, la velocidad con la que lo hace, v, y el radio de la circunferencia, r. Determina, por análisis dimensional, la ecuación matemática que relaciona estas magnitudes.

7 Utilizando las ecuaciones dimensionales de las magnitudes físicas derivadas de la tabla del epígrafe 3, encuentra ecuaciones matemáticas que relacionen estas magnitudes, que sean posibles por ser homogéneas.

8 Propón tres ejemplos de magnitudes físicas intensivas y otros tres de magnitudes extensivas, distintos a los ya propuestos en esta unidad. Explica en cada caso por qué son de ese tipo.

Sistema Internacional de Unidades

9 El período de oscilación de un muelle es:

$$T = 2 \cdot \pi \cdot \sqrt{\frac{m}{k}}$$

Determina las unidades de k en el SI.

10 La unidad de presión en el SI es el pascal (Pa). Encuentra la relación de equivalencia entre esta unidad y las unidades SI de las magnitudes fundamentales.

11 Expresa, en las unidades adecuadas del Sistema Internacional, los siguientes datos:

a) v = 100 km/h.

b) d = 750 g/L.

c) S = 320 cm^2.

d) V = 300 hm^3.

La medida

12 Indica qué instrumentos te parecen más adecuados para medir las siguientes magnitudes, así como los rangos de medida y los umbrales de resolución:

a) Las dimensiones de un campo de fútbol.

b) Las dimensiones de un microprocesador.

c) La temperatura de un bebé.

d) El tiempo que tarda un coche de Fórmula 1 en completar una vuelta a un circuito.

e) El volumen de una disolución preparada en el laboratorio de química.

13 Se quiere determinar con un error de ±0,02 s el período de oscilación del péndulo de un reloj que, aproximadamente, es T = 1,4 s. Pero el cronómetro digital disponible tiene una resolución de solo 0,1 s. Diseña un experimento que permita obtener el resultado con el error deseado.

14 Para calibrar una balanza se ha medido la masa de un patrón de 1 kg ocho veces, obteniendo las siguientes lecturas: 1,0015 kg; 0,9999 kg; 0,9998 kg; 1,0012 kg; 1,0003 kg; 0,9999 kg; 1,0001 kg; 0,9997 kg. ¿Cuál es el valor más probable de la masa del objeto? ¿Cuál es el error estadístico?

Relaciones entre magnitudes y representaciones gráficas

15 Estudia las relaciones de proporcionalidad en las siguientes ecuaciones:

a) $I = V/R$ (ley de Ohm, donde I es la intensidad de corriente; *V*, el voltaje, y *R*, la resistencia).

b) $e = c \cdot t$, donde *e* es el espacio recorrido; *c*, la celeridad, y *t*, el tiempo empleado.

c) La expresión matemática que corresponde a la ley de la gravitación universal:

$$F = G \cdot \frac{m \cdot m'}{r^2}$$

donde *F* representa la fuerza de atracción entre dos masas, *m* y *m'*, separadas una distancia *r*.

16 Se estudia la relación entre la altura y el tiempo de vuelo para un objeto en caída libre realizando diversas experiencias, cuyos resultados son:

h/mm	600	800	1 000	1 200	1 400
t/s	0,37	0,42	0,44	0,47	0,56

Representa *t* (ordenada) frente a *h*, frente a h^2 y frente a $h^{1/2}$ y comprueba cuál de las gráficas se puede ajustar con una recta.

17 La ley de Ohm establece que la intensidad de corriente, *I*, que circula por un elemento de un circuito eléctrico es directamente proporcional al voltaje, *V*, aplicado entre sus extremos e inversamente proporcional a su resistencia eléctrica, *R*. ¿Cuál de las siguientes gráficas corresponde a esta ley?

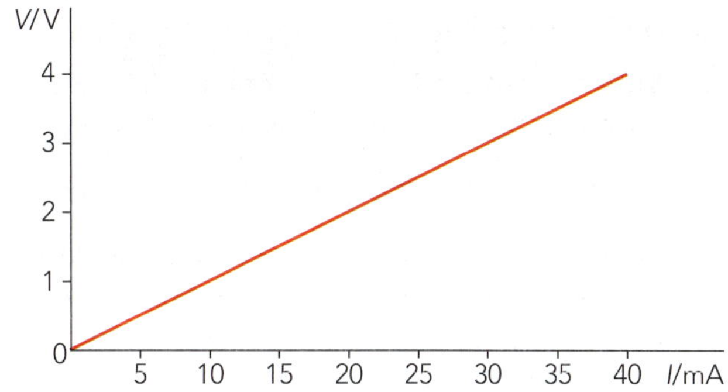

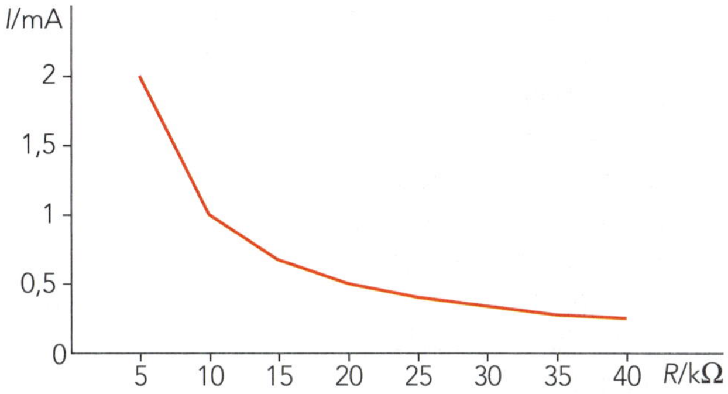

Ciencia, tecnología y sociedad

El metro y el sistema métrico

Entre las nuevas ideas surgidas de la Revolución Francesa, ocupaban un lugar destacado las referidas al papel de la ciencia en el progreso de la sociedad y la humanidad.

De este modo, la recién constituida Asamblea Nacional Constituyente propuso, en 1790, la creación de un nuevo sistema de medida estable, basado en una unidad propuesta mucho tiempo antes: el metro.

Ese metro primitivo se definía como la longitud de un péndulo que efectúa batidas (medias oscilaciones) de un segundo, aunque posteriormente se optó por redefinirlo como la diezmillonésima parte de un cuadrante del meridiano terrestre, para evitar que su valor dependiese de la gravedad terrestre.

Se construyeron patrones de platino e iridio (metales muy resistentes al paso del tiempo) para el metro y el kilogramo que, junto con el segundo (unidad tradicional de tiempo), dieron origen, en 1795, a las unidades del sistema métrico.

Como sabes, el metro y el kilogramo ya no se definen en el SI a partir de patrones, que han pasado a ser reliquias vivientes de las unidades de medida que en otro tiempo fueron la vanguardia de la ciencia. Averigua dónde se guardan los prototipos de estos patrones, su composición y los problemas que ha conllevado su mantenimiento.

Anayaeducacion.es. Consulta el apartado «Para estudiar» en el banco de recursos.

1

LA MATERIA: PROPIEDADES Y TRANSFORMACIONES

Semiconductores y energía solar fotovoltaica

Probablemente te preguntes para qué sirve estudiar química. Echa un vistazo a lo que te rodea: el libro que estás leyendo, el lápiz o el bolígrafo que quizá tengas entre las manos, el móvil o la tableta... Todos estos objetos tienen propiedades que los hacen útiles gracias a la química. De hecho, el desarrollo de esta ciencia, ha modificado nuestra sociedad y nuestra forma de vivir, viajar y comunicarnos, y constituye uno de los pilares más importantes de la Revolución Industrial.

Posiblemente, una de sus principales aplicaciones haya sido la creación de numerosos materiales nuevos. A pesar de que actualmente estamos acostumbrados a usarlos, en realidad su descubrimiento ha sido bastante reciente en la historia de la humanidad. Entre ellos cabe destacar a los semiconductores, cuyas aplicaciones son múltiples: electrónica, energía solar fotovoltaica, óptica y optoelectrónica, y un largo etcétera.

COMPROMISO ODS

ODS

Haced estas actividades en grupos:

1 Buscad información sobre cómo funcionan los paneles solares fotovoltaicos y explicadlo en un trabajo, indicando sus principales ventajas e inconvenientes en lo que al **objetivo 13** se refiere.

2 Andalucía es la comunidad autónoma que más horas de sol recibe al año. Por ello, se han desarrollado centrales para transformar la energía solar en eléctrica y térmica, sobre todo. Buscar qué es la **Estrategia Energética de Andalucía 2020** y comentad si podría aplicarse en el resto del país.

3 Ahora, buscad información sobre la irradiación solar en la superficie de la Tierra. ¿Cuáles son las zonas donde su valor es más elevado? Muchas de ellas pertenecen a países del Tercer Mundo. ¿Creéis que se podrían convertir en productores de energía a nivel mundial? ¿Sería un recurso que les permitiría salir de su situación de escaso desarrollo y alcanzar la **meta 10.1**? ¿Cómo afectaría el desarrollo de la energía solar a la contaminación y al calentamiento global? Redactad vuestras conclusiones y elaborad propuestas de cooperación que responda a las **metas 7.a** y **7.b**.

Antes de empezar a estudiar esta unidad, consulta la presentación «Qué necesitas saber» en anayaeducacion.es.

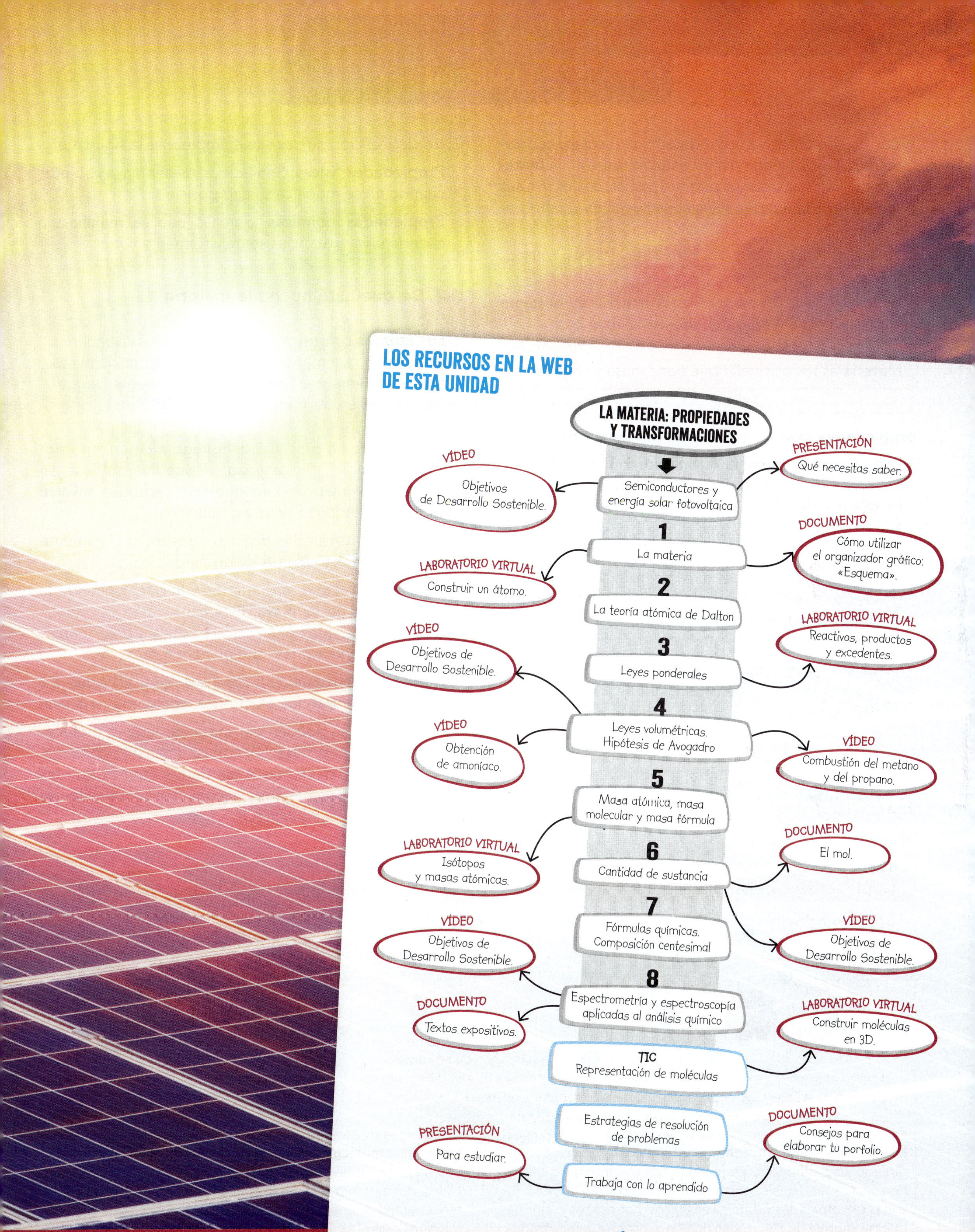

LOS RECURSOS EN LA WEB DE ESTA UNIDAD

LA MATERIA: PROPIEDADES Y TRANSFORMACIONES

- **Semiconductores y energía solar fotovoltaica**
  - VÍDEO: Objetivos de Desarrollo Sostenible.
  - PRESENTACIÓN: Qué necesitas saber.
- **1 La materia**
  - LABORATORIO VIRTUAL: Construir un átomo.
  - DOCUMENTO: Cómo utilizar el organizador gráfico: «Esquema».
- **2 La teoría atómica de Dalton**
- **3 Leyes ponderales**
  - LABORATORIO VIRTUAL: Reactivos, productos y excedentes.
- **4 Leyes volumétricas. Hipótesis de Avogadro**
  - VÍDEO: Objetivos de Desarrollo Sostenible.
  - VÍDEO: Obtención de amoníaco.
  - VÍDEO: Combustión del metano y del propano.
- **5 Masa atómica, masa molecular y masa fórmula**
  - LABORATORIO VIRTUAL: Isótopos y masas atómicas.
- **6 Cantidad de sustancia**
  - DOCUMENTO: El mol.
  - VÍDEO: Objetivos de Desarrollo Sostenible.
- **7 Fórmulas químicas. Composición centesimal**
- **8 Espectrometría y espectroscopía aplicadas al análisis químico**
  - VÍDEO: Objetivos de Desarrollo Sostenible.
  - DOCUMENTO: Textos expositivos.
- **TIC Representación de moléculas**
  - LABORATORIO VIRTUAL: Construir moléculas en 3D.
- **Estrategias de resolución de problemas**
- **Trabaja con lo aprendido**
  - PRESENTACIÓN: Para estudiar.
  - DOCUMENTO: Consejos para elaborar tu porfolio.

Y ADEMÁS... Soluciones de todas las actividades numéricas

1
LA MATERIA

Antes de comenzar, vamos a determinar cuál es, concretamente, el objeto de nuestro estudio; a saber, la **materia.** Para ello, repasaremos primero qué es, cuáles son sus principales propiedades y sus constituyentes, y cómo se clasifica.

1.1. Qué es la materia

Definir de forma exacta qué es la materia es bastante complicado. Para empezar, podemos afirmar que:

> **Materia** es todo aquello que tiene masa y volumen.

Como vemos, para definirla tenemos que recurrir a sus **propiedades,** que se clasifican en dos tipos:

- **Propiedades generales.** Permiten diferenciar lo que es materia de lo que no lo es. Las más importantes son la **masa** y el **volumen.**
- **Propiedades específicas.** Tienen un valor característico para cada tipo de materia. Así, permiten distinguir, por ejemplo, el agua del hierro o de la sal común. Algunas de las que nos encontramos en este grupo son el punto de fusión, el de ebullición, la solubilidad en agua o la dureza.

Una de las propiedades específicas más importantes que vamos a emplear es la **densidad,** que se define como la cantidad de masa por unidad de volumen:

$$d = \frac{m}{V}$$

Su dimensión es $M \cdot L^{-3}$, y su unidad en el Sistema Internacional es el kilogramo por metro cúbico (kg/m^3).

Otra clasificación que se suele emplear es la siguiente:

- **Propiedades físicas.** Son las que presentan los objetos cuando no se modifica su composición.
- **Propiedades químicas.** Son las que se manifiestan cuando unas sustancias se transforman en otras.

1.2. De qué está hecha la materia

> Los **átomos** constituyen las entidades más pequeñas de materia que mantienen las propiedades químicas de cada elemento. Son extraordinariamente pequeños, del orden de 1 angstrom ($1 \text{ Å} = 10^{-10}$ m).

La palabra átomo proviene del griego *atómon,* que significa 'indivisible'. En realidad, sí pueden dividirse en constituyentes menores, aunque esto tiene que llevarse a cabo por métodos físicos, no químicos.

En los átomos se pueden distinguir dos zonas claramente diferenciadas (imagen inferior izquierda):

- **Núcleo.** Es la zona más interna, y la que concentra la mayor parte de su masa. Está compuesto por uno o más protones, que tienen carga positiva, y de un número similar de neutrones, que no tienen carga neta.
- **Nube de electrones.** Es la zona que rodea al núcleo. En ella se encuentran los electrones, con carga negativa.

Varios átomos se pueden unir para dar lugar a **moléculas** (imagen inferior derecha) con características propias, completamente diferentes a las de los átomos que las constituyen. Algunos ejemplos comunes son el oxígeno molecular (O_2) y el agua (H_2O).

Átomo y molécula

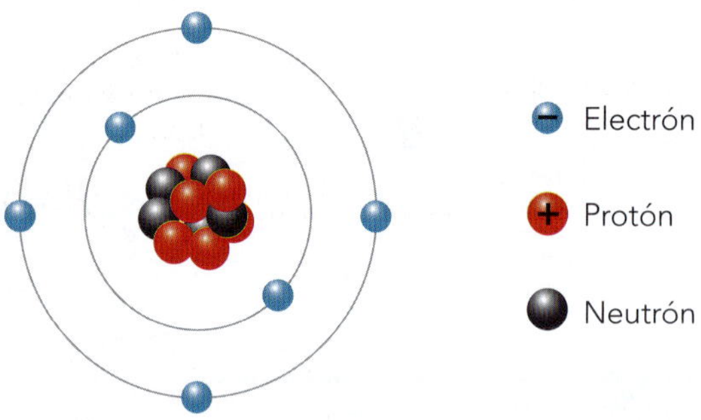

Representación esquemática de un **átomo,** en la que se muestra el núcleo, con los protones y los neutrones, y los electrones girando a su alrededor. En realidad, los electrones no describen órbitas, sino que se encuentran en torno al núcleo, en unas zonas denominadas *orbitales atómicos*. Por eso, es mejor hablar de «nube» de electrones que de «corteza» de electrones.

Los átomos mostrados en a) se pueden unir entre sí para dar lugar a una **molécula** (b). La sustancia que se forma tiene unas propiedades completamente diferentes de los elementos iniciales. Por ejemplo, a temperatura ambiente y presión atmosférica, el hidrógeno y el oxígeno (moleculares) son gaseosos, mientras que el agua es líquida.

En **anayaeducacion.es** puedes encontrar un laboratorio virtual con el que construir distintos átomos.

1.3. Clasificación

Sustancias puras

Las **sustancias puras** están formadas por partículas iguales o por cristales de fórmula empírica definida.

Las sustancias puras no se pueden separar en otras mediante procesos físicos. Además, su composición es constante, independientemente de cómo se formen. Así, el oxígeno molecular puede provenir de la hidrólisis del agua, de la disociación del ozono (O_3) o de la fotosíntesis, pero siempre será O_2.

Se clasifican en (rama izquierda del esquema inferior):

- **Sustancias simples.** Las partículas que las forman son átomos del mismo elemento, o moléculas o cristales formados por un solo elemento. No se pueden descomponer en sustancias más simples mediante procesos químicos. Por ejemplo: hidrógeno molecular (H_2), oxígeno molecular (O_2) o hierro (Fe).
- **Compuestos.** Las partículas que las componen son moléculas o cristales de fórmula empírica definida constituidas por más de un elemento. Por ejemplo: agua (H_2O), dióxido de carbono (CO_2) o cloruro de sodio (NaCl).

Mezclas

Las **mezclas** están compuestas por dos o más sustancias puras. Por tanto, las partículas o los cristales que las constituyen son diferentes.

Es importante señalar que las distintas sustancias que forman una mezcla *no reaccionan químicamente* entre sí. Además, se pueden separar en sus componentes mediante métodos físicos.

Las mezclas se clasifican en (rama derecha del esquema inferior):

- **Mezclas homogéneas.** Las sustancias que las componen no se aprecian por separado, ni a simple vista ni al microscopio.

  Se puede decir que una mezcla es homogénea cuando presenta unas propiedades y composición uniformes en cualquier parte de esta.
- **Mezclas heterogéneas.** Las sustancias simples que la forman se distinguen a simple vista o al microscopio.

  Por tanto, una mezcla es heterogénea si presenta composiciones y propiedades diferentes en alguna de sus distintas partes.

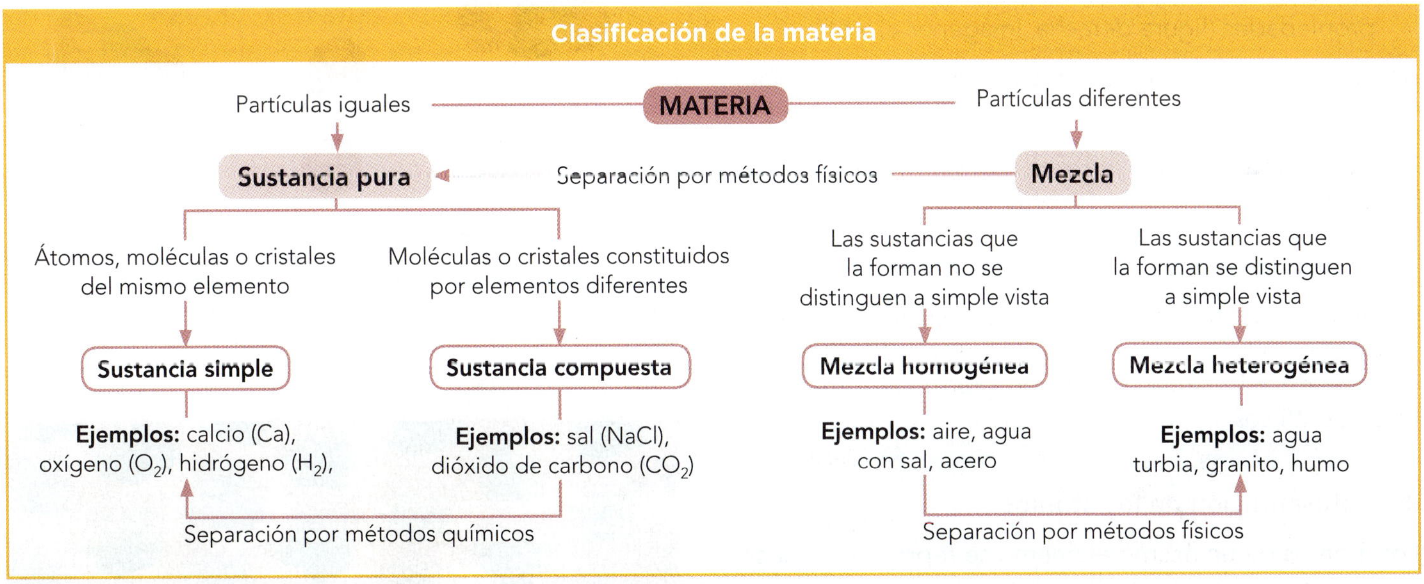

Ejercicios

1 **Esquema.** Dibuja un esquema donde clasifiques los siguientes materiales según lo estudiado en este epígrafe. En caso de que puedan descomponerse en sustancias más simples, di qué tipo de método elegirías, físico o químico.

a) Cable de cobre.
b) Alcohol etílico (C_2H_5OH).
c) Metano (CH_4).
d) Agua sucia.
e) Aire.

2
LA TEORÍA ATÓMICA DE DALTON

A lo largo del tiempo se han propuesto distintas hipótesis sobre la composición última de la materia, siendo las principales:

- Las que consideraban que esta era **continua,** es decir, que se podía dividir indefinidamente en porciones cada vez más pequeñas que seguirían manteniendo las mismas propiedades.
- Las que consideraban que era **discreta,** esto es, que debían existir unos constituyentes básicos e indivisibles.

En 1808, el inglés John Dalton expuso su teoría atómica, enmarcada en la segunda de las corrientes anteriores, que permitió explicar numerosas propiedades de la materia.

2.1. Postulados de la teoría de Dalton

Los postulados en los que se basaba dicha teoría eran los siguientes:

1.° Los elementos químicos están formados por unas partículas muy pequeñas, indivisibles e inalterables, llamadas **átomos.**

2.° Todos los átomos de un mismo elemento son idénticos, y por tanto, tienen masa, tamaño y propiedades iguales.

3.° Los átomos de un elemento son diferentes a los de todos los demás, y por tanto tienen distintas masas y propiedades (figura derecha, imágenes a) y b)).

4.° Los compuestos químicos están formados por la unión de átomos de elementos diferentes. Estos se combinan entre sí siguiendo una relación numérica sencilla (figura derecha, c)).

5.° En una reacción química, los átomos ni se crean ni se destruyen, solo se agrupan de forma diferente.

Como todas las teorías científicas, la de Dalton contenía ideas que aún perduran, mientras que otras se han ido corrigiendo a lo largo del tiempo gracias al trabajo de otros científicos.

■ Representación de los átomos

Los átomos de un mismo elemento se representan iguales, mientras que los de elementos diferentes aparecen con tamaños y colores distintos.

Ahora bien, ni los tamaños ni los colores son reales (los átomos no tienen color), pero se representan así para poder distinguirlos y enfatizar el hecho de que átomos de elementos distintos poseen propiedades diferentes.

Lo mismo sucede con las imágenes de microscopía, realmente no tienen color pero nosotros se lo damos para facilitar su interpretación (imagen inferior derecha).

Átomos y moléculas

a)

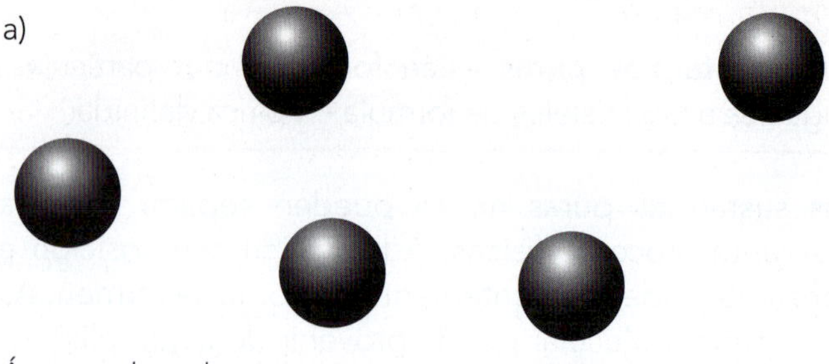

Átomos de carbono.

b)

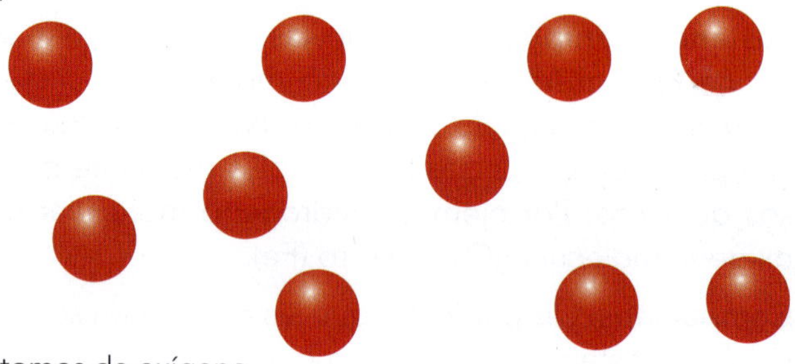

Átomos de oxígeno.

c)

Compuesto formado por átomos de carbono y oxígeno. La relación entre el número de átomos de C y de O es 2:1.

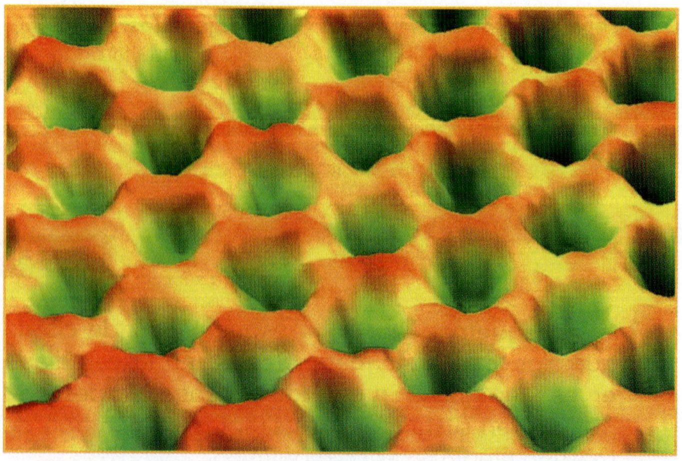

Microscopía de efecto túnel (STM) de una red de grafeno (C).

2.2. Ideas que perduran de la teoría de Dalton

- Actualmente, se sabe que, tal y como Dalton propuso, la materia no es continua, sino discreta.
- También se admite en la actualidad que los átomos de elementos diferentes son distintos, lo que da lugar a que no haya dos sustancias simples que tengan todas sus propiedades específicas iguales.
- Consiguió clasificar la enorme cantidad de materiales que se conocían en **sustancias simples** (formadas por una sola clase de átomos), **sustancias compuestas** (formadas por la unión de átomos de elementos distintos) y **mezclas** (constituidas por átomos distintos que no guardan una proporción constante entre ellos).
- Como los átomos son indivisibles, postuló que se han de combinar siguiendo razones sencillas de números enteros. Esto ocurre en algunos casos. Por ejemplo, el sodio y el cloro se unen en proporción 1:1 para dar lugar a la sal común: NaCl. No tendría sentido escribir $Na_{0,5}Cl_{0,5}$, ya que no se puede dividir un átomo por la mitad.
- Su teoría le permitió ser el primero en publicar una tabla de pesos atómicos relativos al hidrógeno (en el recuadro adyacente se muestra un método con el que se pueden calcular las masas relativas).

  No obstante, tuvieron que pasar bastantes años hasta que se consiguió medir la masa absoluta de los átomos, ya que, al ser tan pequeños, esta era imposible de determinar con los medios que existían en aquella época.

Masas atómicas relativas

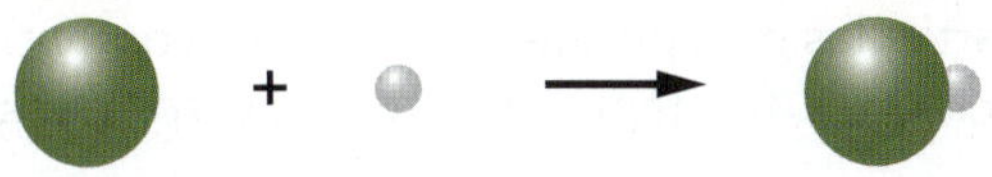

35,5 gramos de cloro + 1 gramo de hidrógeno → 36,5 gramos de cloruro de hidrógeno

Si se sabe que 35,5 gramos de cloro reaccionan con 1 gramo de hidrógeno, y si se supone que el cloruro de hidrógeno consta de un átomo de cada tipo, se tiene que la relación entre las masas de H y Cl es 1:35,5. Asignando, de forma arbitraria, el valor 1 a la masa del átomo de H, se tiene que la masa relativa del Cl es 35,5. De esta forma, Dalton consiguió elaborar la primera tabla de masas atómicas relativas respecto al hidrógeno.

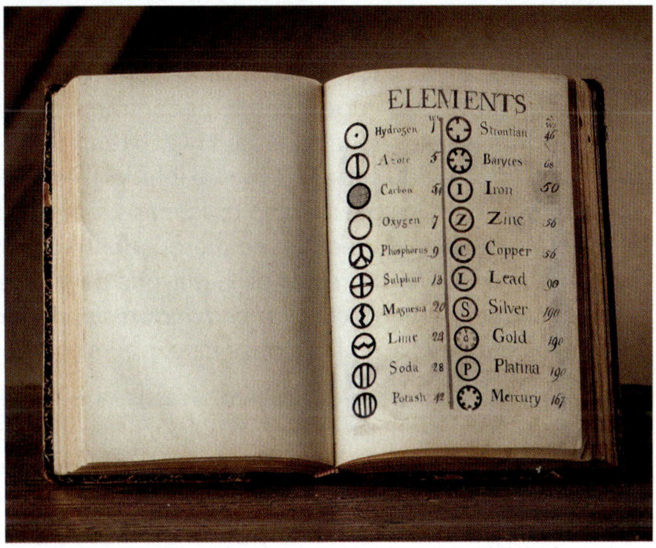

Ejercicios

2 El oxígeno (O) y el carbono (C) se combinan en una proporción 4:3. Si la masa relativa del carbono es 12, calcula la del oxígeno utilizando los postulados de la teoría de Dalton. ¿Qué compuesto hemos supuesto que se ha formado en esta reacción?

3 La proporción en la que se combinan el cloro (Cl) y el sodio (Na) para dar cloruro sódico (NaCl) es 35,5:23. Sabiendo que la masa relativa del átomo de Cl es 35,5, calcula la del Na utilizando los postulados de la teoría de Dalton.

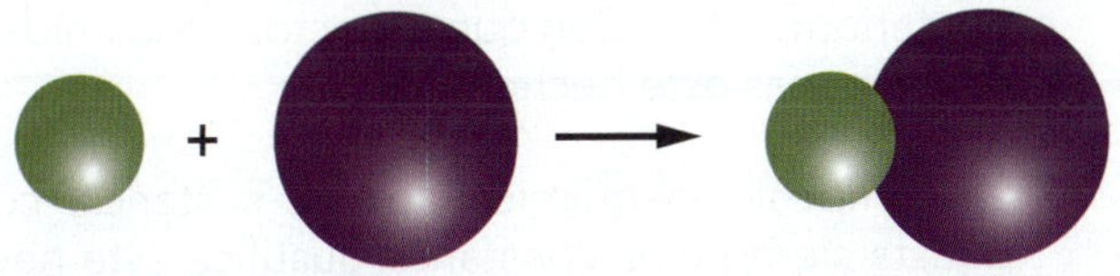

Cl + Na → NaCl

4 El oxígeno (O) se combina con el hidrógeno (H) en una proporción 8:1. Calcula la masa relativa del oxígeno, aplicando estrictamente el 4.° postulado de Dalton. ¿Es correcto este resultado? Explica por qué, indicando qué compuesto se ha supuesto para esta reacción, y cuál es el que se forma en realidad.

5 En una cierta reacción química, se combina azufre (S) con oxígeno (O) en una proporción 1:1. Calcula la masa relativa del S, aplicando estrictamente el 4.° postulado de Dalton. ¿Es correcto este resultado? ¿Por qué?

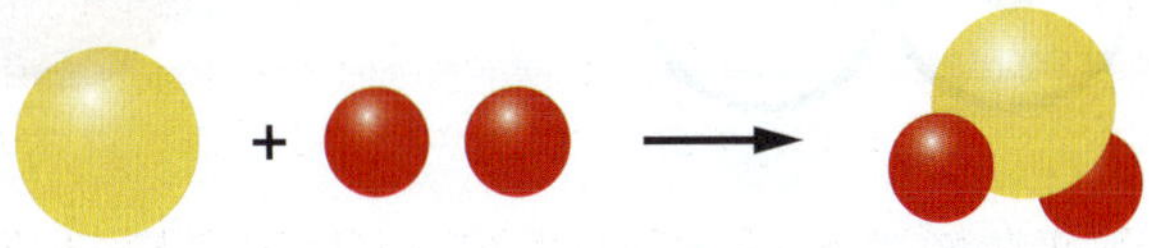

S + O → SO_2

Consulta las soluciones de todas las actividades numéricas en **anayaeducación.es**.

2.3. Ideas modificadas de la teoría de Dalton

- Hoy en día sabemos que los átomos están formados por partículas más pequeñas, como ya comentamos en la sección 1.2. Por tanto, los átomos sí son divisibles.
- Dalton desconocía la existencia de los isótopos: átomos del mismo elemento que tienen diferente masa (debido a que poseen distinto número de neutrones). Por ejemplo, para el hidrógeno existen 3 isótopos: el **protio** (constituido por un único protón), el **deuterio** (con un protón y un neutrón) y el **tritio** (con un protón y dos neutrones).
- No todas las sustancias simples son monoatómicas. Para muchos gases, por ejemplo, la unidad fundamental en ciertos rangos de presión y temperatura es la molécula, como en el caso del O_2, H_2, N_2, etc.
- Tampoco se cumple que todas las moléculas se formen mediante una proporción de átomos lo más simple posible. El ejemplo más importante lo encontramos en la fórmula química del agua, que es H_2O, mientras que según este postulado sería HO (figura inferior). Tampoco la fórmula química del metano es la más simple, CH, sino CH_4. A lo largo del tiempo se fueron identificando las fórmulas químicas correctas de la mayoría de las sustancias, lo cual permitió corregir esta hipótesis, siendo una de las que más modificaciones ha experimentado.
- Todo lo anterior le llevó, en algunos casos, a establecer una medida de masas atómicas relativas incorrecta. Por ejemplo, si la proporción en la que se combinan el hidrógeno y el oxígeno para formar agua es 1:8, y la molécula estuviera formada por un átomo de cada tipo, entonces tendríamos que la masa relativa del oxígeno sería 8. Sin embargo, no es así, como has podido comprobar en el ejercicio 4. En realidad, la molécula de agua está formada por dos átomos de H y uno de O, por lo que para conseguir una proporción 1:8, la masa relativa del oxígeno ha de ser 16. De esta forma, conforme se fueron descubriendo las fórmulas correctas de los compuestos, se pudieron determinar las masas relativas de los átomos.

Molécula de agua según Dalton

Símbolo utilizado por Dalton para representar la molécula de agua.

A new system of Chemical Philosophy

Dalton, en su obra cumbre *A new system of Chemical Philosophy* (*Un nuevo sistema de filosofía química*), no solamente propuso su teoría atómica, sino que incluyó una simbología basada en círculos para representar a los elementos. Con ellos también encontró una forma sencilla de plasmar sobre el papel las reacciones químicas. En la imagen inferior puedes observar algunos átomos y moléculas representados por Dalton en su libro.

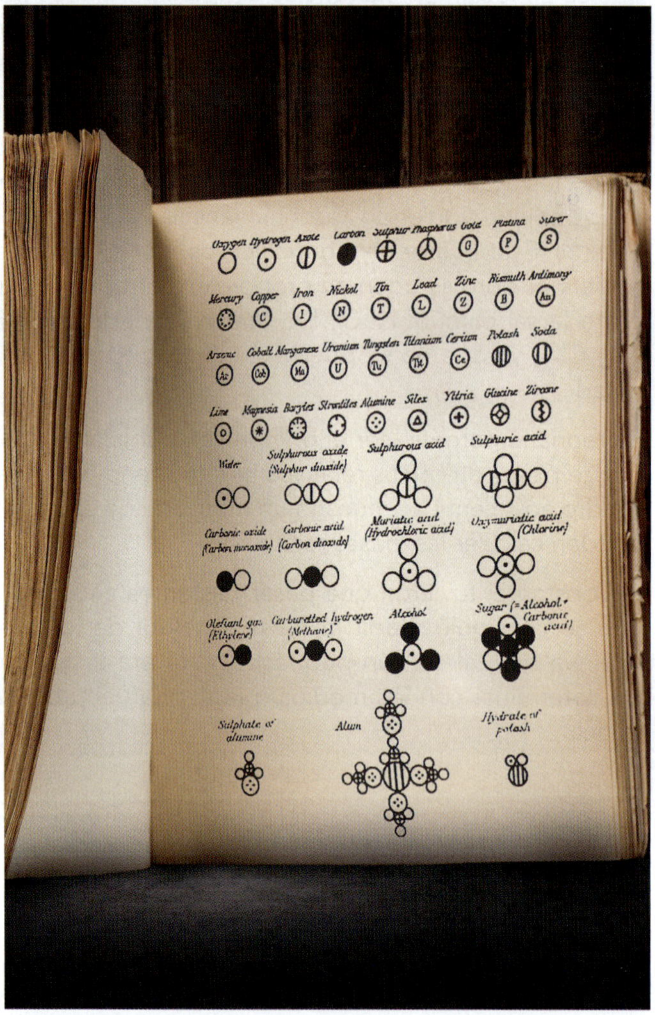

Ejercicios

6 En este epígrafe hemos visto que la teoría atómica de Dalton tiene numerosos aciertos, mientras que algunas de las hipótesis tuvieron que ser revisadas posteriormente. ¿Con qué aspectos de la unidad 1 relacionarías este hecho?

7 La composición química de una sustancia compuesta siempre es constante. Justifica este hecho a partir de la teoría atómica de Dalton.

Ejercicios resueltos

1 Después de la combustión de una cierta cantidad de carbono, se obtienen 14 gramos de una sustancia y 11 gramos de lo que parece ser otra distinta. Un análisis químico revela que dichas sustancias contienen 3,78 y 4,73 gramos de carbono, respectivamente. ¿Se trata del mismo compuesto?

Solución

La masa de oxígeno presente en cada uno de los compuestos se calcula mediante:

$$m_{O,1} = 14{,}00 - 3{,}78 = 10{,}22 \text{ g}$$

$$m_{O,2} = 11{,}00 - 4{,}73 = 6{,}27 \text{ g}$$

Según el cuarto postulado de la teoría de Dalton, los compuestos se forman por la unión de átomos de elementos distintos. Además, se combinan siguiendo una relación numérica sencilla, fija para cada sustancia compuesta.

Por lo tanto, cada uno de ellos ha de estar caracterizado por una cierta proporción entre las masas de oxígeno y carbono, que será la misma si los compuestos son idénticos. Comprobamos que la relación viene dada en cada caso por:

$$\frac{m_{O,1}}{m_{C,1}} = \frac{10{,}22}{3{,}78} = 2{,}67$$

$$\frac{m_{O,2}}{m_{C,2}} = \frac{6{,}27}{4{,}73} = 1{,}33$$

Como las proporciones son distintas, vemos que en realidad se trata de dos compuestos diferentes.

El primero de ellos es el dióxido de carbono (CO_2) y el segundo es el monóxido de carbono (CO). En el primer caso, la relación (de masa) C:O es 12:32 o, simplificando, 3:8. En el segundo, la relación C:O es 12:16, o lo que es lo mismo, 3:4.

2 Se han hecho reaccionar 45 gramos de carbono con oxígeno, y se han obtenido 165 gramos de una de las dos sustancias anteriores. ¿A cuál de las dos corresponderá?

Solución

Se han obtenido 165 gramos de una sustancia que solamente contiene C y O. Por lo tanto, tendremos que la masa de oxígeno presente será:

$$m_O = 165 - 45 = 120 \text{ g}$$

y la proporción entre las masas:

$$\frac{m_O}{m_C} = \frac{120}{45} = 2{,}67$$

Vemos, por lo tanto, que se trata del compuesto 1, es decir, CO_2.

En este ejercicio hemos utilizado el hecho de que la relación entre las masas de los distintos elementos que forman un compuesto es fija, lo que permite identificarlo.

La relación entre la masa de C y de CO_2 es:

$$\frac{m_C}{m_{CO_2}} = \frac{45}{165} = \frac{3}{11}$$

3 Al reaccionar oxígeno (O) y nitrógeno (N), se obtienen los siguientes datos:

Experimento	1	2
Masa de oxígeno (O)/g	8,16	9,32
Masa de nitrógeno (N)/g	1,64	3,75

¿Se trata del mismo compuesto?

Solución

No. Podemos comprobar que la relación N:O es $0{,}876 \approx 7:8$ en el primer caso, y $0{,}437 \approx 7:16$ en el segundo.

Ejercicios

8 Dos muestras de metano (CH_4) se descomponen en carbono e hidrógeno, obteniéndose los siguientes resultados:

Muestra	1	2
Masa de metano (CH_4)/g	16	11,2
Masa de carbono (C)/g	12	8,4
Masa de hidrógeno (H)/g	4	2,8

Comprueba si la proporción de C y H es la misma en ambos casos.

9 Se tiene una masa de 20 g de una de las sustancias del ejercicio resuelto 1. Si contiene 5,4 g de carbono. ¿A cuál de las dos corresponderá?

10 Después de reaccionar hidrógeno (H) y azufre (S), se obtienen los siguientes datos:

Experimento	1	2
Masa de hidrógeno (H)/g	1,92	49,30
Masa de azufre (S)/g	0,12	3,08

Comprueba si se trata o no del mismo compuesto.

Aunque algunas de las leyes ponderales fueron enunciadas antes de que Dalton propusiera su teoría, lo cierto es que esta las explica y nos permite entenderlas mejor. De ahí que las estudiemos en segundo lugar.

3.1. Ley de Lavoisier (o ley de conservación de la masa)

Lavoisier fue un científico francés que vivió durante el siglo XVIII. Se le considera el autor del primer libro moderno sobre química. Realizó numerosas contribuciones, siendo quizás la más conocida el descubrimiento, en 1773, de la ley que lleva su nombre. Aunque fue enunciada en términos del peso de una sustancia, podemos establecerla en lenguaje moderno de la siguiente manera:

> En cualquier reacción química, la masa total se conserva.

Es decir, la masa total de los reactivos es igual a la de los productos, o lo que es lo mismo: «la masa ni se crea ni se destruye, solo se transforma».

Esta ley tiene una explicación sencilla a partir de la teoría atómica de Dalton, ya que establece que los átomos son indivisibles y no se pueden destruir (primer postulado), y que en una reacción química los átomos no desaparecen, sino que se reordenan dando lugar a sustancias diferentes (quinto postulado).

3.2. Ley de Proust (o ley de las proporciones definidas)

En 1799, el químico y farmacéutico Louis Proust estableció la denominada **ley de las proporciones definidas:**

> Cuando dos o más sustancias se combinan para dar lugar a un determinado compuesto, lo hacen en una proporción de masa fija.

Así, por ejemplo, si reaccionan hidrógeno (H) y cloro (Cl) para dar cloruro de hidrógeno (HCl), no lo harán en cantidades cualesquiera, sino siempre en la misma proporción: 1 gramo de H reaccionará con 35,5 g de Cl. Por tanto, 2 g de H necesitarán 71 g de Cl para dar 73 g de HCl. Fuera de esta proporción, sobrará alguno de los reactivos. En efecto, si mezclamos 2 g de H con 98 g de Cl, no obtendremos 100 g de HCl, sino 73 g, y sobrarán 98 − 71 = 27 g de cloro, consumiéndose todo el hidrógeno.

Como puedes comprobar, esta ley es una consecuencia directa de la teoría de Dalton. En la figura inferior se muestra cómo, en efecto, esta permite explicar que la proporción en la que se combinan dos sustancias permanezca fija: si cada átomo de una de ellas reacciona solamente con un átomo de la otra, entonces la proporción entre las masas queda fijada por el cociente de las masas de los átomos. En este caso:

$$\frac{m_{Cl}}{m_H} = \frac{1}{35,5}$$

precisamente la cantidad encontrada experimentalmente.

Ejemplo de reacción química

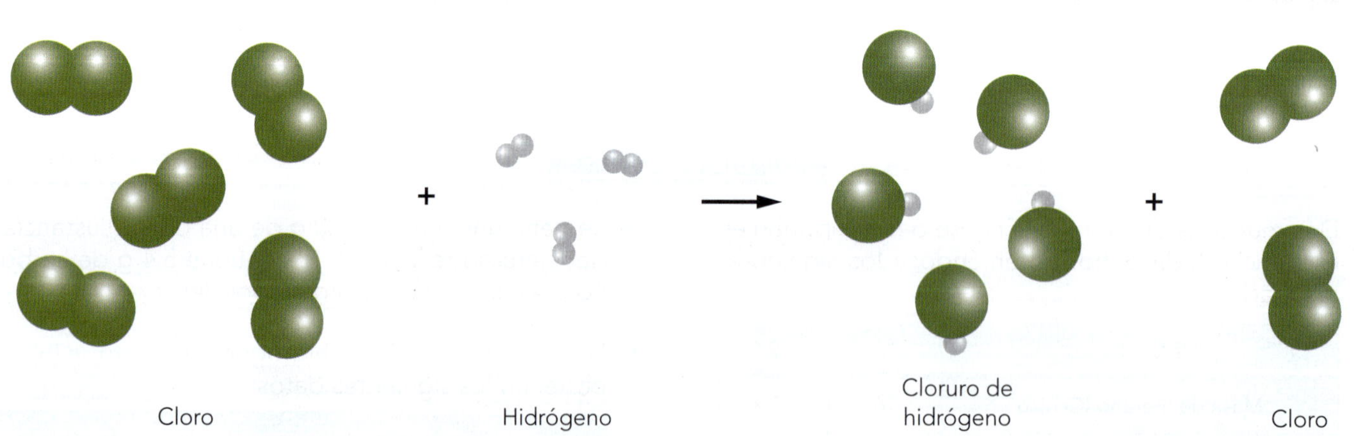

Cada átomo de hidrógeno reacciona con otro de cloro. En la figura se han representado las moléculas diatómicas de cada uno de ellos. Cuando los 6 átomos de H se hayan combinado con 6 de Cl, han de quedar 4 de este último sin reaccionar. Así, la proporción m_{Cl}/m_H en el HCl será siempre la misma.

Además, midiendo las proporciones en las que reaccionan los distintos elementos, pueden determinarse sus masas relativas. De hecho, esto es lo que hizo Dalton para calcularlas, tomando como unidad la masa del elemento más ligero: el hidrógeno.

En la web **anayaeducacion.es** puedes practicar las leyes ponderales en distintas reacciones químicas utilizando el laboratorio virtual que te ofrecemos.

Ley de las proporciones definidas

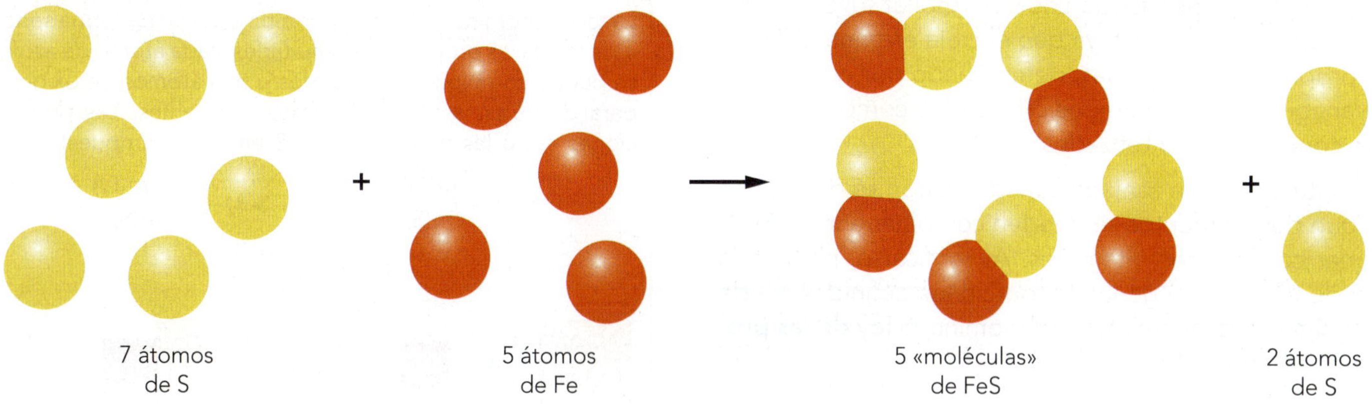

Observa con qué facilidad la teoría de Dalton logra explicar el hecho de que la masa del producto final (en este caso, el FeS) no es simplemente la suma de las masas iniciales.

Las masas que reaccionan han de estar en una proporción determinada, fuera de la cual siempre sobrará alguno de los reactivos. En este ejemplo vemos que sobra azufre, ya que está en exceso.

Ejercicios resueltos

4 Experimentalmente se encuentra que 10 g de azufre se combinan con 17,5 g de hierro para dar 27,5 g de sulfuro de hierro (ver la figura superior).

a) Calcula la proporción entre las masas que reaccionan.

b) Si se combinan 2,4 g de Fe con 3 g de S, ¿qué masa de sulfuro se forma?

Solución

a) La relación entre las masas de hierro y azufre es:

$$R = \frac{m_{Fe}}{m_S} = \frac{17,5}{10} = 1,75 = \boxed{\frac{7}{4}}$$

b) Si ahora tenemos 2,4 g de Fe y 3 g de S, la relación entre las masas es:

$$\frac{m_{Fe}}{m_S} = \frac{2,4}{3} = 0,8 < 1,75$$

Por lo tanto, sobrará azufre. La masa de S que reacciona vendrá dada por:

$$\frac{17,5 \text{ g de Fe}}{10 \text{ g de S}} = \frac{2,4 \text{ g de Fe}}{x \text{ g de S}} \rightarrow x = 1,37 \text{ g de S}$$

Así pues, se forman $2,4 + 1,37 = \boxed{3,74 \text{ g de FeS}}$, y sobrarán $3 - 1,37 = 1,63$ g de S.

5 Experimentalmente se encuentra que 15 gramos de magnesio reaccionan con 10 de oxígeno para formar óxido de magnesio.

a) ¿Qué masa de oxígeno reaccionará con 48 g de magnesio? ¿Qué masa de óxido se obtendrá?

b) ¿Qué masa de óxido de magnesio se obtiene si se combinan 10 g de magnesio con 7 g de oxígeno?

Solución

a) La relación entre las masas de magnesio y oxígeno es:

$$R = \frac{m_{Mg}}{m_O} = \frac{15}{10} = 1,5$$

Por lo tanto, si se tienen 48 g de Mg, harán falta:

$$\frac{m_{Mg}}{m_O} = \frac{15 \text{ g de Mg}}{10 \text{ g de O}} = \frac{48 \text{ g de Mg}}{x \text{ g de O}} \rightarrow \boxed{x = 32 \text{ g de O}}$$

La masa de óxido formado vendrá dada por la suma de las masas iniciales (principio de conservación de la masa):

$$m_{MgO} = m_{Mg} + m_O = 48 + 32 = \boxed{80 \text{ g de MgO}}$$

b) La proporción en la que se encuentran las masas, en este caso, es:

$$R = \frac{10}{7} = 1,43 < 1,5$$

Como vemos, es menor que 1,5, por lo que sobrará oxígeno. Veamos qué masa de O se necesita:

$$\frac{15 \text{ g de Mg}}{10 \text{ g de O}} = \frac{10 \text{ g de Mg}}{x \text{ g de O}} \rightarrow x = 6,67$$

Por lo tanto, se formarán:

$$m_{MgO} = m_{Mg} + m_O = 10 + 6,67 = \boxed{16,67 \text{ g de MgO}}$$

y sobrarán:

$$7,00 - 6,67 = 0,33 \text{ g de O}$$

sin reaccionar.

3.3. Ley de Dalton (o de las proporciones múltiples)

El químico francés Claude Louis Berthollet tuvo una disputa pública con Proust, ya que él creía errónea la ley de las proporciones definidas, defendiendo por el contrario la variabilidad de la composición de los compuestos según como fueran sintetizados.

La controversia fue zanjada cuando Dalton se dio cuenta de que dos elementos se pueden combinar entre sí para formar compuestos diferentes. Al verificarse, para cada uno de ellos, la ley de las proporciones definidas, ha de cumplirse necesariamente la denominada **ley de las proporciones múltiples:**

> Dos elementos pueden combinarse entre sí en más de una proporción para dar compuestos distintos. En ese caso, una masa constante de uno de ellos se combina con masas variables del otro, que guardan entre sí una relación numérica sencilla.

Consideremos el ejemplo de la reacción del azufre con el oxígeno para dar un óxido de azufre. Según las condiciones en las que se lleve a cabo, se pueden formar tres compuestos diferentes (ver figura adyacente). Si se mantiene fija la masa de azufre (por ejemplo, 16 g), se formarán 24 g de SO, 32 g de SO_2 y 40 g de SO_3. La masa de oxígeno en cada caso es de 8, 16 y 24 g, respectivamente. Calculando los cocientes, obtenemos las siguientes proporciones:

$\dfrac{m_O \text{ en } SO_2}{m_O \text{ en } SO} = 2$	$\dfrac{m_O \text{ en } SO_3}{m_O \text{ en } SO} = 3$	$\dfrac{m_O \text{ en } SO_3}{m_O \text{ en } SO_2} = \dfrac{3}{2}$

En todos los casos, el resultado es un cociente de dos números enteros.

La interpretación de esta ley según la teoría de Dalton es muy sencilla. Basta con tener en cuenta que un átomo de S puede combinarse con uno, dos o tres de O, para dar SO, SO_2 y SO_3, respectivamente. Si se mantiene constante la masa de azufre (y por tanto el número de átomos), la proporción de oxígeno es, para cada pareja de compuestos, 2:1, 3:1 y 3:2.

Esta ley ayudó a que la teoría atómica fuera aceptada por los químicos, y puso fin a la controversia entre Proust y Berthollet. No obstante, este último no estaba totalmente equivocado, puesto que existen algunas excepciones a la ley de las proporciones definidas, los denominados compuestos no estequiométricos o bertólidos, en los que la estructura cristalina provoca que las proporciones varíen entre ciertos límites.

Interpretación de Dalton de la ley de las proporciones múltiples

La teoría atómica de Dalton permitía explicar de forma sencilla la ley de las proporciones múltiples: cada átomo de azufre se puede combinar con uno, dos o tres átomos de oxígeno para dar lugar a tres compuestos diferentes. Las proporciones entre las masas de O y S en cada compuesto son:

$$SO \rightarrow \frac{m(O)}{m(S)} \qquad SO_2 \rightarrow \frac{2 \cdot m(O)}{m(S)}$$

$$SO_3 \rightarrow \frac{3 \cdot m(O)}{m(S)}$$

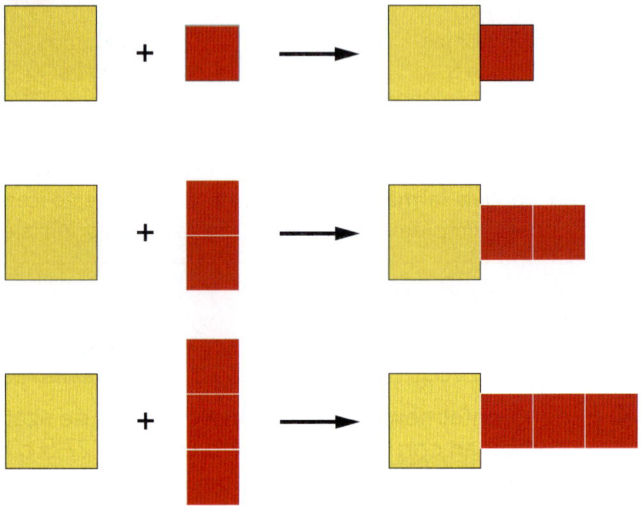

Por tanto, la proporción de masas de oxígeno vendrá dada para cada pareja de compuestos por los números enteros sencillos:

$$\frac{SO_2}{SO} \rightarrow \frac{2 \cdot m(O)}{m(O)} = 2 \qquad \frac{SO_3}{SO} \rightarrow \frac{3 \cdot m(O)}{m(O)} = 3$$

$$\frac{SO_3}{SO_2} \rightarrow \frac{3 \cdot m(O)}{2 \cdot m(O)} = \frac{3}{2}$$

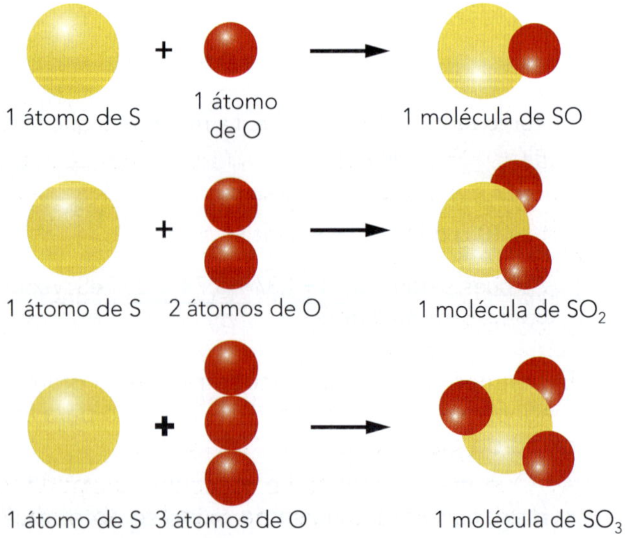

Ejercicio resuelto

6 Al reaccionar oxígeno (O) y nitrógeno (N), se obtienen los siguientes datos:

Experimento	1	2	3
Masa de oxígeno (N)/g	1,25	2,40	0,88
Masa de nitrógeno (O)/g	1,43	5,49	1,50

¿Se trata del mismo compuesto? Si no es así, comprueba que se verifica la ley de las proporciones múltiples, e identifica cada compuesto.

Solución

Veamos cuál es la proporción entre la masa de N y de O en cada caso:

$$\text{Comp. 1: } \frac{m_N}{m_O} = 0,874 \approx \frac{7}{8}$$

$$\text{Comp. 2: } \frac{m_N}{m_O} = 0,437 \approx \frac{7}{16}$$

$$\text{Comp. 3: } \frac{m_N}{m_O} = 0,587 \approx \frac{7}{12}$$

Las tres proporciones son diferentes, por lo que se trata de tres compuestos distintos. No hace falta que llegues a obtener las fracciones irreducibles, basta con ver que las tres proporciones, 0,874, 0,437 y 0,587 son diferentes.

Veamos ahora si se cumple la ley de las proporciones múltiples. Para ello, tomamos una cierta masa de nitrógeno, por ejemplo, 7 g. Al ser las proporciones N:O de 7/8, 7/16 y 7/12, tendremos las siguientes masas de oxígeno:

$$m_O \text{ en compuesto 1} = 8 \text{ g}$$

$$m_O \text{ en compuesto 2} = 16 \text{ g}$$

$$m_O \text{ en compuesto 3} = 12 \text{ g}$$

Por tanto, la proporción de oxígeno para cada pareja será:

$$\frac{m_O \text{ en compuesto 2}}{m_O \text{ en compuesto 1}} = \frac{16}{8} = 2$$

$$\frac{m_O \text{ en compuesto 3}}{m_O \text{ en compuesto 1}} = \frac{12}{8} = \frac{3}{2}$$

$$\frac{m_O \text{ en compuesto 3}}{m_O \text{ en compuesto 2}} = \frac{12}{16} = \frac{3}{4}$$

Como podemos comprobar, las tres masas se encuentran en proporciones de números enteros.

Supongamos que no hubiéramos logrado encontrar las fracciones. Entonces bastaría con tomar 1 g de N, y entonces:

$$m_O \text{ en compuesto 1} = \frac{1}{0,874} = 1,144 \text{ g}$$

$$m_O \text{ en compuesto 2} = \frac{1}{0,437} = 2,288 \text{ g}$$

$$m_O \text{ en compuesto 3} = \frac{1}{0,587} = 1,704 \text{ g}$$

Y las proporciones para las tres parejas serían:

$$\frac{m_O \text{ en compuesto 2}}{m_O \text{ en compuesto 1}} = \frac{2,288}{1,144} = 2$$

$$\frac{m_O \text{ en compuesto 3}}{m_O \text{ en compuesto 1}} = \frac{1,704}{1,144} \simeq 1,5 = \frac{3}{2}$$

$$\frac{m_O \text{ en compuesto 3}}{m_O \text{ en compuesto 2}} = \frac{1,704}{2,288} \simeq 0,75 = \frac{3}{4}$$

Como ves, hubiéramos llegado al mismo resultado. Intentemos identificar los compuestos. Como:

$$\frac{m_O \text{ comp. 2}}{m_O \text{ comp. 1}} > \frac{m_O \text{ comp. 3}}{m_O \text{ comp. 1}} > \frac{m_O \text{ comp. 3}}{m_O \text{ comp. 2}}$$

concluimos que el que tiene menor masa de oxígeno es el primero. Si suponemos que en este la proporción es la más sencilla posible, como postulaba Dalton, se trataría del NO, y entonces el segundo sería NO_2. Como el tercero y el primero están en proporción 3/2, para el compuesto 3 tendríamos $NO_{1,5}$. Este no puede existir, por lo que se tratará del N_2O_3.

Ejercicios

11 Cuando reacciona carbono con oxígeno, se pueden formar dos compuestos diferentes. Se han llevado a cabo dos experiencias en el laboratorio, y se han obtenido los siguientes resultados:

Experiencia	1	2
Masa de carbono (C)/g	12	5
Masa de compuesto/g	28	18,3

¿Se trata del mismo compuesto? Si no es así, comprueba que se verifica la ley de las proporciones múltiples. ¿Qué dos sustancias se han formado?

Ya sabes que el azufre se combina con el oxígeno para dar tres compuestos diferentes. Se ha analizado la composición de cada uno de ellos, y se han obtenido los siguientes resultados:

Compuesto	Masa de azufre (S)/g	Masa de oxigeno (O)/g
A	1,20	1,80
B	1,73	0,87
C	0,20	0,20

Comprueba si se cumple la ley de las proporciones múltiples, e identifica cada compuesto.

4 LEYES VOLUMÉTRICAS. HIPÓTESIS DE AVOGADRO

4.1. Ley de los volúmenes de combinación (o de Gay-Lussac)

El químico francés Joseph Louis Gay-Lussac llevó a cabo, a principios del siglo XIX, una serie de experimentos con gases, como los que se muestran en las figuras a) y b). Los resultados que obtuvo le llevaron a enunciar la **ley de los volúmenes de combinación:**

> En iguales condiciones de presión y temperatura, los volúmenes de los gases que intervienen en una reacción química están en una relación numérica sencilla.

En la figura inferior se muestran dos ejemplos: en a) vemos que 1 volumen de cloro reacciona con 1 volumen de hidrógeno para dar 2 volúmenes de HCl; en b) se muestra cómo 1 volumen de oxígeno se combina con 2 de hidrógeno para dar 2 de agua.

Esta ley supuso un grave inconveniente para la teoría atómica de Dalton, ya que no podía explicarla. A partir de estas experiencias habría que concluir que se crean átomos de O de la nada, en contra de la ley de conservación de la masa. Por ello, Dalton ideó una serie de experiencias con la intención de refutar la ley de Gay-Lussac.

4.2. Ley de Avogadro

La solución vino de la mano del físico y químico italiano Amadeo Avogadro, quien en 1811 enunció su ley, basada en dos hipótesis:

1.ª **Las partículas elementales de los gases** no **son** los átomos, sino **las moléculas.** En nuestros ejemplos, serían: O_2, H_2, N_2, Cl_2, etc.

2.ª En iguales condiciones de presión y temperatura, volúmenes iguales de gases diferentes contienen el mismo número de partículas.

Por tanto, Avogadro concluyó que:

> A igualdad de presión y temperatura, volúmenes iguales de gases diferentes contienen el mismo número de moléculas.

Con estos dos postulados se pudo explicar la ley de Gay-Lussac, salvando a la vez la teoría de Dalton.

En la figura de la página siguiente se aplican a dos ejemplos concretos: la formación del agua y la del cloruro de hidrógeno.

Ley de los volúmenes de combinación

a)

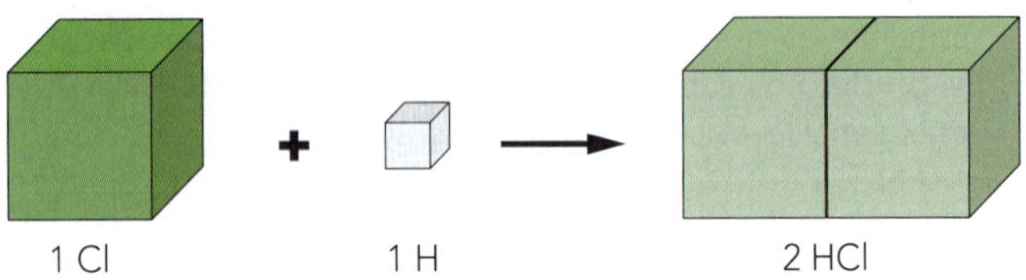

Al hacer reaccionar un volumen de cloro con un volumen de hidrógeno, se obtienen 2 volúmenes de cloruro de hidrógeno. Las relaciones entre los volúmenes son:

$$\frac{V_{Cl}}{V_H} = 1,\quad \frac{V_{HCl}}{V_H} = 2,\quad \frac{V_{HCl}}{V_{Cl}} = 2$$

b)

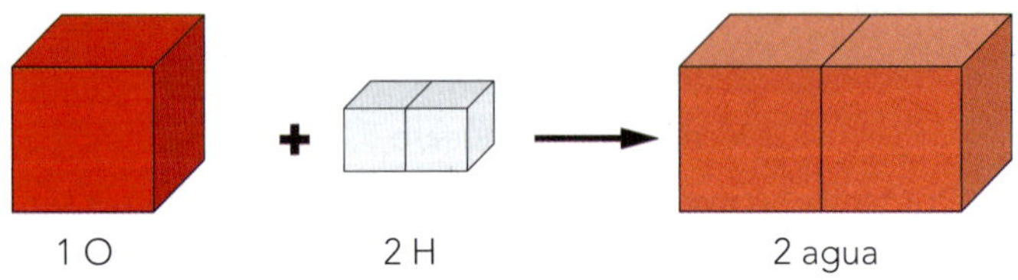

Al hacer reaccionar un volumen de oxígeno con 2 volúmenes de hidrógeno, se obtienen 2 volúmenes de vapor de agua. Las relaciones entre los volúmenes son:

$$\frac{V_H}{V_O} = 2,\quad \frac{V_{agua}}{V_H} = 1,\quad \frac{V_{agua}}{V_O} = 2$$

Crítica de Dalton a esta ley

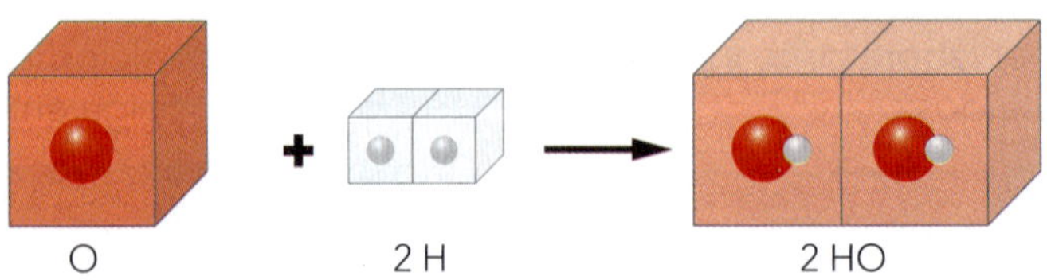

En esta figura se representan, esquemáticamente, los volúmenes mediante cajas y los átomos mediante esferas. Vemos que a cada caja le corresponde una esfera, y viceversa.
Según la ley de los volúmenes de combinación, 1 volumen (y por tanto 1 átomo) de O se combina con 2 volúmenes (y por tanto, 2 átomos) de H para dar 2 volúmenes (esto es, 2 moléculas) de agua. Como Dalton pensaba que la fórmula química del «átomo compuesto» de agua era HO, se concluía que en los productos aparecía un átomo de O de la nada, lo que no era posible.

Interpretación de Avogadro de la ley de los volúmenes de combinación

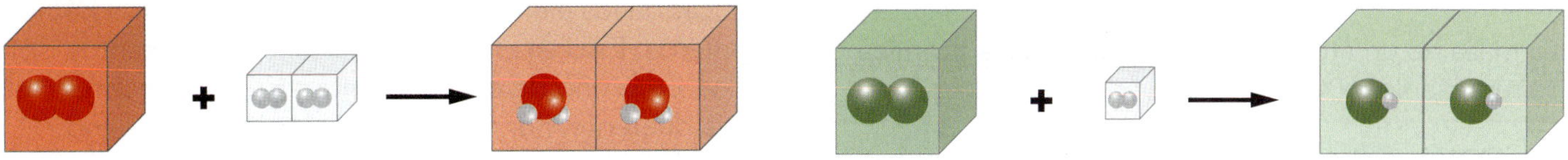

1 molécula de oxígeno + 2 moléculas de hidrógeno → 2 moléculas de agua

1 molécula de cloro + 1 molécula de hidrógeno → 2 moléculas de cloruro de hidrógeno

En la reacción de formación del agua, una molécula de oxígeno reacciona con dos moléculas de hidrógeno para dar dos moléculas de agua. Como su fórmula no es HO, como creía Dalton, sino H_2O, tendremos al final el mismo número de átomos que al principio. Vemos que sucede igual con la reacción del cloro con el hidrógeno. En este caso interviene una molécula de cada tipo para dar dos de cloruro de hidrógeno.

Ejercicios resueltos

7 Se hace reaccionar hidrógeno con oxígeno para dar 40 litros de vapor de agua. ¿Qué volumen de cada uno de los reactivos se ha usado?

Solución

La relación entre los volúmenes de O_2 y H_2O es 1:2, y entre los de H_2 y H_2O es 1:1. Por lo tanto:

$$\frac{1\text{ L de } O_2}{2\text{ L de } H_2O} = \frac{V}{40\text{ L de } H_2O} \rightarrow \boxed{V = 20\text{ L de } O_2}$$

$$\frac{1\text{ L de } H_2}{1\text{ L de } H_2O} = \frac{V}{40\text{ L de } H_2O} \rightarrow \boxed{V = 40\text{ L de } H_2}$$

8 Se tiene un recipiente con 10 g de propano, y otro en las mismas condiciones de presión y temperatura, pero con 3,64 g de oxígeno y la mitad de volumen. Calcula la relación entre las masas de ambas moléculas.

Solución

Como ambos recipientes están en las mismas condiciones de presión y temperatura, debe haber el doble de moléculas de propano ($2 \cdot N$) que de oxígeno (N).

Por lo tanto:

$2 \cdot N \cdot M\,(\text{propano}) = 10\text{ g}$ $\qquad N \cdot M\,(\text{oxígeno}) = 3{,}64\text{ g}$

donde M es la masa molecular.

Dividiendo ambas ecuaciones tendremos:

$$\frac{2 \cdot N \cdot M\,(\text{propano})}{N \cdot M\,(\text{oxígeno})} = \frac{10}{3{,}64} \rightarrow \frac{M\,(\text{propano})}{M\,(\text{oxígeno})} = \boxed{1{,}374}$$

9 Se sabe que 1 L de metano reacciona con 2 L de oxígeno para dar 1 L de CO_2 y 2 L de vapor de agua (todos medidos en las mismas condiciones de presión y temperatura). Determina la fórmula química del metano.

Solución

Como todos están en las mismas condiciones, la relación entre los volúmenes es igual a la que existe entre el número de moléculas que reaccionan:

Moléculas: 1 metano $+\ 2\,O_2 \rightarrow 1\,CO_2 + 2\,H_2O$

Átomos: ? $+\ 4\,O \rightarrow 1\,C + 4\,O + 4H$

Como el número de átomos se conserva, tiene que haber uno de carbono y cuatro de hidrógeno a la izquierda. La fórmula química del metano será entonces: CH_4

Ejercicios

12 Sabemos que un volumen de nitrógeno reacciona con tres volúmenes de hidrógeno para dar dos volúmenes de amoníaco, medidos todos en las mismas condiciones de presión y temperatura. Con estos datos, determina la fórmula química del amoníaco.

13 Un litro de cloro se mezcla con medio litro de hidrógeno, ambos en las mismas condiciones de presión y temperatura, y se obtiene cloruro de hidrógeno. Calcula los volúmenes de los gases resultantes.

14 ODS Se sabe que 2 L de butano reaccionan con 13 L de oxígeno para dar 8 L de dióxido de carbono y 10 L de vapor de agua.

Determina la fórmula química del butano e investiga por qué el uso de este combustible en las grandes ciudades se ha reducido y qué relación existe con el **objetivo 7** para el desarrollo sostenible.

Expón tus conclusiones en una presentación a tus compañeros y compañeras.

En la web **anayaeducacion.es** puedes ver vídeos con otros ejemplos de reacción entre gases: la obtención de amoníaco, la combustión del metano y la del propano

5.1. Masa atómica y masa molecular

Masa atómica

La masa de un átomo X se denomina **masa atómica,** se representa m(X) y su unidad en el SI es el kg.

Sin embargo, se permite el uso de otra unidad, que recibe dos nombres diferentes:

El **dalton** (Da) o la **unidad de masa atómica unificada** (o simplemente, **unidad de masa atómica** u) que es la doceava parte de la masa del átomo de ^{12}C:

$$1\ \text{Da} = 1\ \text{u} = \frac{m(^{12}\text{C})}{12} \approx 1{,}660 \cdot 10^{-27}\ \text{kg}$$

Aunque se pueden emplear los dos, solamente el dalton admite prefijos, p. ej.: kDa, mDa, etc.

Se denominan **isótopos** a los átomos de un mismo elemento químico que tienen masas atómicas diferentes.

Cuando se hace referencia a un isótopo concreto, se añade un superíndice a la izquierda del símbolo del elemento (^{12}C, ^{16}O, etc.). Ese número se denomina **número másico** y se representa mediante la letra ***A***.

Masa atómica relativa y masa atómica

La **masa atómica relativa** de un átomo ^{A}X es el cociente entre su masa atómica y la unidad de masa atómica. Lo representaremos mediante A_r:

$$A_r(^{A}\text{X}) = \frac{m(^{A}\text{X})}{1\ \text{u}} = \frac{m(^{A}\text{X})}{m(^{12}\text{C})/12}$$

Cuando se dice que la masa atómica relativa del oxígeno es 16, se está indicando que su masa es 16 veces mayor que la doceava parte de la masa del átomo de ^{12}C.

Masa atómica promedio

Si observas una tabla periódica, verás que las masas atómicas de los elementos expresadas en u no son números enteros. Esto se debe a la existencia de distintos isótopos, cada uno de ellos presente en una abundancia relativa diferente. Por ejemplo, en el caso del oxígeno:

Isótopo	Masa atómica	Abundancia
^{16}O	15,9949	99,762 %
^{17}O	16,9991	0,038 %
^{18}O	17,9992	0,2 %

Se define la **masa atómica promedio** de un elemento como la media ponderada de las masas atómicas de todos sus isótopos.

La que aparece en la tabla periódica es esta masa promedio, no la de cada átomo individual (ejercicio resuelto 10).

Masa molecular

La masa de una molécula se denomina **masa molecular,** y es igual a la suma de las masas atómicas de los átomos que la componen.

Así, por ejemplo:

- Dióxido de carbono (CO_2):

$$m\,(\text{CO}_2) = 1 \cdot 12{,}01 + 2 \cdot 16{,}00 = 44{,}01\ \text{u}$$

- Butano (C_4H_{10}):

$$m\,(\text{C}_4\text{H}_{10}) = 4 \cdot 12{,}01 + 10 \cdot 1{,}01 = 58{,}1\ \text{u}$$

Masas atómicas relativas

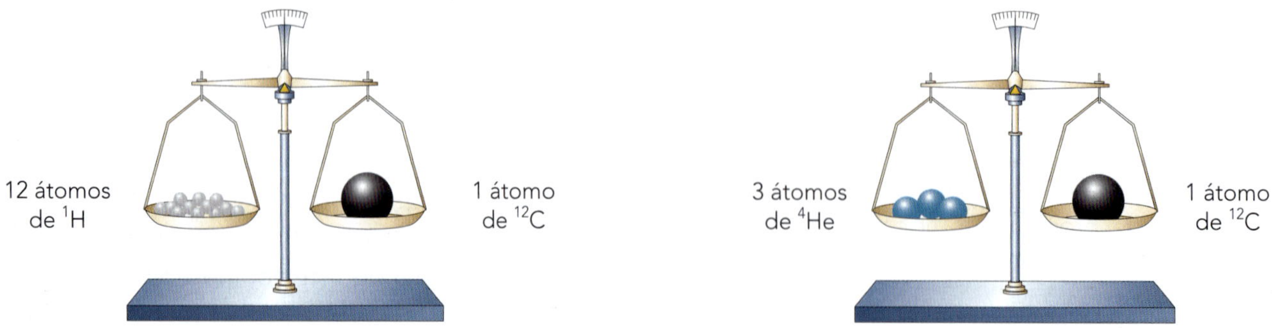

Si pudiésemos colocar en una balanza uno a uno los átomos de un isótopo, podríamos ver cuántos hacen falta para equilibrar a uno de ^{12}C. Por ejemplo: a) 1 átomo de ^{12}C equilibra a 12 átomos de ^{1}H. Por lo tanto, la masa atómica relativa del ^{1}H es 12/12 = 1; b) 1 átomo de ^{12}C equilibra a 3 átomos de ^{4}He. Por lo tanto, su masa atómica relativa es 12/4 = 3.

En **anayaeducacion.es** tienes la posibilidad de practicar con algunos isótopos de ciertos elementos químicos y sus masas atómicas.

Masa fórmula

Hay algunas sustancias que no están formadas por moléculas, como por ejemplo los cristales. En estos casos se utiliza la **masa fórmula,** que es la suma de las masas de los átomos que aparecen en su **fórmula empírica.** Esta se utiliza para conocer la proporción entre el número de átomos de cada elemento. Por ejemplo, la fórmula empírica del cloruro de sodio es NaCl (1:1) (figura inferior), por lo que su masa fórmula es:

$$m\ (\text{NaCl}) = 22{,}99 + 35{,}45 = 58{,}44\ \text{u}$$

5.2. Número de Avogadro

Cuando se trabaja con sustancias reales en los laboratorios, la unidad de masa atómica no es muy conveniente. Es mejor utilizar el gramo para expresar masas. Para ello, es útil considerar el **número de Avogadro:**

$$\boxed{N_A = 6{,}022\,140\,76 \cdot 10^{23}\ \text{mol}^{-1}}$$

Su utilidad radica en las siguientes propiedades:

- La masa de N_A átomos, expresada en gramos, es igual, en número, a su masa atómica expresada en u.
- La masa de N_A moléculas, expresada en gramos, es igual, en número, a su masa molecular expresada en u.

1 molécula de oxígeno tiene una masa de 32 u	→	N_A moléculas de oxígeno tienen una masa de 32 g
1 molécula de CO_2 tiene una masa de 44,01 u	→	N_A moléculas de CO_2 tienen una masa de 44,01 g

Red cristalina del NaCl

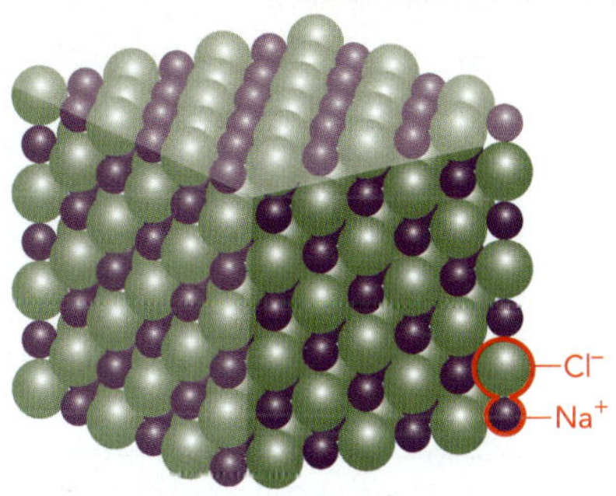

El cloruro de sodio está constituido por dos tipos de átomos, cloro y sodio, en igual proporción, formando una estructura cristalina.

Ejercicios resueltos

10 El cloro se presenta en la naturaleza en forma de dos isótopos, con las abundancias relativas que se muestran a continuación:

Isótopo	Masa atómica	Abundancia
^{35}Cl	34,969 u	75,76 %
^{37}Cl	36,966 u	24,24 %

Calcula su masa atómica promedio.

Solución

Tenemos que calcular la media ponderada, teniendo en cuenta las abundancias:

$$m\ (\text{Cl}) = \frac{34{,}969 \cdot 0{,}7576 + 36{,}966 \cdot 24{,}24}{100} = \boxed{35{,}45\ \text{u}}$$

Este es el valor que encontrarás en las tablas periódicas.

11 Calcula la masa molecular del ácido nítrico y la masa fórmula del cloruro de potasio ¿Se puede hablar en este último caso de masa molecular?

Solución

El ácido nítrico se encuentra en forma de moléculas, cada una de las cuales tiene un átomo de nitrógeno, tres de oxígeno y uno de hidrógeno. Su masa molecular es:

$$m\ (HNO_3) = 1 \cdot 14{,}01 + 3 \cdot 16{,}00 + 1 \cdot 1{,}01 = \boxed{63{,}02\ \text{u}}$$

En el caso del KCl no se puede hablar de masa molecular porque se trata de un compuesto iónico, que forma una red cristalina, en la que los átomos de Cl y K están en proporción 1:1. Por eso, se utiliza la masa fórmula.

$$m\ (\text{KCl}) = 1 \cdot 35{,}45 + 1 \cdot 39{,}10 = \boxed{74{,}55\ \text{u}}$$

12 ¿Dónde habrá más moléculas, en 5 g de oxígeno (O_2) o en 2 g de agua (H_2O)?

Datos: m(H) = 1,01 u; m(O) = 16,00 u

Solución

En primer lugar, calculamos las masas moleculares de ambos compuestos:

$$m\ (O_2) = 1 \cdot 16{,}00 = 32{,}00\ \text{u}$$

$$m\ (H_2O) = 2 \cdot 1{,}01 + 1 \cdot 16{,}00 = 18{,}02\ \text{u}$$

Entonces, el número de moléculas de cada una de las sustancias vendrá dado por:

$$\frac{32{,}00\ \text{g de } O_2}{6{,}022 \cdot 10^{23}\ \text{moléculas de } O_2} = \frac{5{,}00\ \text{g de } O_2}{N\ \text{moléculas de } O_2}$$

$$\rightarrow N = 9{,}41 \cdot 10^{22}\ \text{moléculas de } O_2$$

$$\frac{18{,}02\ \text{g de } H_2O}{6{,}022 \cdot 10^{23}\ \text{moléculas de } H_2O} = \frac{2{,}00\ \text{g de } H_2O}{N'\ \text{moléculas de } H_2O}$$

$$\rightarrow N' = 6{,}68 \cdot 10^{22}\ \text{moléculas de } H_2O$$

Hay más moléculas en 5 g de O_2 que en 2 g de H_2O.

6
CANTIDAD DE SUSTANCIA

6.1. Cantidad de sustancia. Mol

Se define la **cantidad de sustancia** de una cierta entidad X (átomo, molécula, electrón, etc.) como el cociente entre el número de entidades elementales de X, $N(X)$, y el número de Avogadro:

$$n(X) = \frac{N(X)}{N_A} \quad (1)$$

La cantidad de sustancia es una de las siete magnitudes fundamentales del SI. Su unidad es el **mol.**

Un **mol** es la cantidad de sustancia que contiene $6{,}022\,140\,76 \cdot 10^{23}$ entidades elementales de esta. Su dimensión se representa como N .

A la hora de utilizar el mol hay que especificar cuáles son las entidades elementales. Por ejemplo:

- 1 mol de átomos es la cantidad de sustancia que contiene $6{,}022 \cdot 10^{23}$ átomos. Su masa es igual, numéricamente, a la masa atómica expresada en gramos.
- 1 mol de moléculas (o de unidades fórmula) contiene $6{,}022 \cdot 10^{23}$ moléculas (o unidades fórmula). Su masa es igual, numéricamente, a la masa molecular (o masa fórmula) expresada en gramos.

Así, 1 mol de cloro (atómico) tiene una masa de 35,45 g, y 1 mol de CO_2 tiene una masa de 44,01 g.

Como la masa atómica del ^{12}C es $1{,}99264688 \cdot 10^{-26}$ kg, tenemos que la masa de 1 mol de ^{12}C es:

$$m = N_A \cdot m(^{12}C)$$

$$m = 6{,}02214076 \cdot 10^{23} \cdot 1{,}99264688 \cdot 10^{23} = 0{,}012 \text{ kg}$$

Por eso, antes de la última revisión del SI se definía el mol como la cantidad de sustancia que contiene tantas unidades elementales como hay en 12 g de ^{12}C.

6.2. Masa molar

Igual que con el ^{12}C, si tenemos $N(X)$ entidades elementales de una sustancia de masa atómica $m(X)$, su masa será:

$$m_X = N(X) \cdot m(X) \quad (2)$$

Se define la **masa molar** de una sustancia X, $M(X)$, como la masa de un mol de entidades de X, es decir, es la masa de $6{,}02214076 \cdot 10^{23}$ entidades elementales de X. Su unidad en el SI es kg/mol.

Por ejemplo, como hemos visto, la masa molar del ^{12}C es 0,012 kg/mol = 12 g/mol. Observamos entonces que **la masa molar de una sustancia es el valor numérico de su masa atómica, pero expresada en gramos por mol.**

Según esta definición, si hay N_A entidades elementales, tendremos una masa de sustancia igual a su masa molar:

$$N(X) = N_A \rightarrow n(X) = 1 \text{ y } m_X = M(X)$$

sustituyendo en la ecuación (2):

$$M(X) = N_A \cdot m(X) \quad (3)$$

Por otro lado, si multiplicamos y dividimos por N_A la ecuación (2), tenemos:

$$m_X = N(X) \cdot m(X) = \frac{N(X)}{N_A} \cdot m(X) \cdot N_A$$

Considerando las ecuaciones (1) y (3) obtenemos:

$$m_X = n(X) \cdot M(X) \leftrightarrow \boxed{n(X) = \frac{m_x}{M(X)}} \quad (4)$$

Ejercicio resuelto

13 Calcula cuántos átomos hay en 30 g de hierro. ¿A qué cantidad de sustancia corresponden?

Solución

Vamos a resolverlo de dos formas diferentes.

1.ª forma:

La masa atómica del hierro es $m(Fe) = 55{,}85$ u, por lo que N_A átomos de hierro tendrán una masa de 55,85 g. Entonces:

$$\frac{55{,}85 \text{ g de Fe}}{6{,}022 \cdot 10^{23} \text{ átomos de Fe}} = \frac{30 \text{ g de Fe}}{N \text{ átomos de Fe}}$$

$$\boxed{N = 3{,}235 \cdot 10^{23} \text{ átomos de Fe}}$$

La cantidad de sustancia será:

$$n = \frac{m}{M} = \frac{30 \text{ g}}{55{,}85 \text{ g} \cdot \text{mol}^{-1}} = 0{,}54 \text{ mol}$$

2.ª forma:

$$m_{Fe} = N \cdot m(Fe) \rightarrow N = \frac{m_{Fe}}{m(Fe)}$$

Como:

$$m(Fe) = 55{,}85 \text{ u} \cdot \frac{1{,}660 \cdot 10^{-27} \text{ kg}}{1 \text{ u}} = 9{,}271 \cdot 10^{-26} \text{ kg}$$

tendremos entonces:

$$N = \frac{0{,}030 \text{ kg}}{9{,}271 \cdot 10^{-26} \text{ kg}} = 3{,}236 \cdot 10^{23}$$

La cantidad de sustancia se calcula ahora igual que en la primera forma.

6.3. Volumen molar

Recordemos que, según la hipótesis de Avogadro, volúmenes iguales de gases diferentes, en las mismas condiciones de presión y temperatura, tienen el mismo número de moléculas. Eso quiere decir que, a igualdad de presión y temperatura, 1 mol de cualquier gas ocupa el mismo volumen. Usando esta propiedad, se define:

El **volumen molar** de un gas, V_m, es el volumen ocupado por un mol de dicho gas, medido en ciertas condiciones de presión y temperatura.

- En **condiciones normales (c. n.)**, $T = 0\ °C = 273,15\ K$ y $p = 1\ atm = 101\,300\ Pa$, el volumen molar es de 22,4 L.
- En **condiciones estándar (c. e.)**, $T = 0\ °C = 273,15\ K$ y a una **presión estándar** $p = 1\ bar = 10^5\ Pa$, el volumen molar es de 22,7 L.

A lo largo de esta unidad usaremos tanto las condiciones normales como las estándar, por lo que has de prestar mucha atención al enunciado de los ejercicios.

La relación entre el número de moles, n, el volumen, V, y el volumen molar, V_m de cualquier sustancia (medidos, en las mismas condiciones de presión y temperatura) es:

$$n = \frac{V}{V_m} \quad (5)$$

También se puede definir el volumen molar de un líquido o un sólido, pero ahora el valor es diferente para cada sustancia. En el caso de los gases sí se puede definir un volumen para una cantidad de sustancia fija, independiente del gas, gracias a la hipótesis de Avogadro, pero para líquidos y sólidos no existe ninguna ley parecida.

Ejercicios

15 La fórmula de la sacarosa o azúcar común es: $C_{12}H_{22}O_{11}$. Si un sobre de azúcar contiene una masa de 5,00 g de sacarosa, calcula qué cantidad de sustancia habrá, y cuántas moléculas contendrá.

16 Se tiene un recipiente con $1,5 \cdot 10^3$ mol de agua.
Dato: d(agua) = 1 g/L.
Calcula:
a) La masa de agua que contiene.
b) Cuántas moléculas contendrá.
c) Responde a las preguntas anteriores si se tratara de agua oxigenada (peróxido de hidrógeno, H_2O_2).
d) ODS Según el último informe de la ONU, más de 2000 millones de personas en el mundo carecen de acceso a los servicios básicos de agua y saneamiento. Si tuvieras que diseñar un sistema de abastecimiento y almacenamiento de agua respondiendo a las **metas 6.1** y **6.4** de desarrollo sostenible, ¿cómo lo harías? Sabiendo que dispones de bidones de 10 L para almacenar el agua, ¿cuántos bidones necesitarías?

17 Completa la siguiente tabla referida a tres cantidades de trifluoruro de nitrógeno (NF_3) en c. e.

	Vol./L	Cantidad de sustancia/mol	Cantidad de moléculas	Masa de NF_3/g	Masa de N/g
A	6				
B					15
C		2,6			

Ejercicio resuelto

14 Calcula la cantidad de sustancia y cuántos átomos hay en un globo de helio que ocupa un volumen de 1 L en c. n. ¿Y en c. e.? Contesta a estas mismas cuestiones si el gas es hidrógeno (H_2).

Solución

Utilizando la ecuación (5), tenemos:

$$n = \frac{V}{V_m} = \frac{1\ L}{22,4\ L \cdot mol^{-1}} = 0,0446\ mol$$

Y ya podemos obtener el número de átomos:

$$N_{nor.} = n \cdot N_A = 0,0446 \cdot 6,022 \cdot 10^{23} = 2,686 \cdot 10^{22}$$

Observa que el helio es un gas monoatómico, por eso en el enunciado se pide calcular el número de átomos, y no el de moléculas.

Si el gas estuviera en condiciones estándar, entonces el volumen molar sería de 22,7 L, y la cantidad de sustancia:

$$n = \frac{V}{V_m} = \frac{1\ L}{22,7\ L \cdot mol^{-1}} = 0,0441\ mol$$

Y por tanto, tendríamos un número diferente de átomos:

$$N_{est.} = n \cdot N_A = 0,0441 \cdot 6,022 \cdot 10^{23} = 2,656 \cdot 10^{22}$$

Como todos los gases ideales ocupan el mismo volumen cuando están en las mismas condiciones de p y T, la cantidad de sustancia en el caso del hidrógeno, H_2, es la misma que en el caso del helio, pero al ser el H_2 diatómico:

$$N_{nor.} = 2,686 \cdot 10^{22}\ \text{moléc. de}\ H_2 \times 2 = 5,372 \cdot 10^{22}\ \text{át. de H.}$$

$$N_{est.} = 2,656 \cdot 10^{22}\ \text{moléc. de}\ H_2 \times 2 = 5,312 \cdot 10^{22}\ \text{át. de H.}$$

7.1. Fórmula química

En las secciones anteriores hemos estado trabajando con numerosas fórmulas químicas. Ahora vamos a definir este concepto de forma rigurosa:

> La **fórmula química** es una expresión que consta de los símbolos de los elementos que forman la sustancia, acompañados de unos subíndices que indican la proporción en la que se combinan.

Por lo tanto, aporta información sobre la composición de una sustancia (tanto simple como compuesta). Algunos de los ejemplos que hemos visto son: Cl_2, H_2O, NH_3, etc.

Fórmula empírica

> La **fórmula empírica** es aquella en la que se muestra la proporción más simple entre el número de elementos que forman un compuesto.

Por ejemplo, hemos visto que la fórmula del butano es: C_4H_{10}. Si simplificamos para obtener la relación más sencilla, tendríamos: C_2H_5, que sería su fórmula empírica.

Un caso particular consiste en las fórmulas que se proporcionan para los compuestos iónicos, como vimos en la sección 5.1. En ese caso se muestra la proporción entre los átomos de los distintos elementos que componen la estructura cristalina, como es el caso del cloruro de sodio: NaCl.

Fórmula estructural

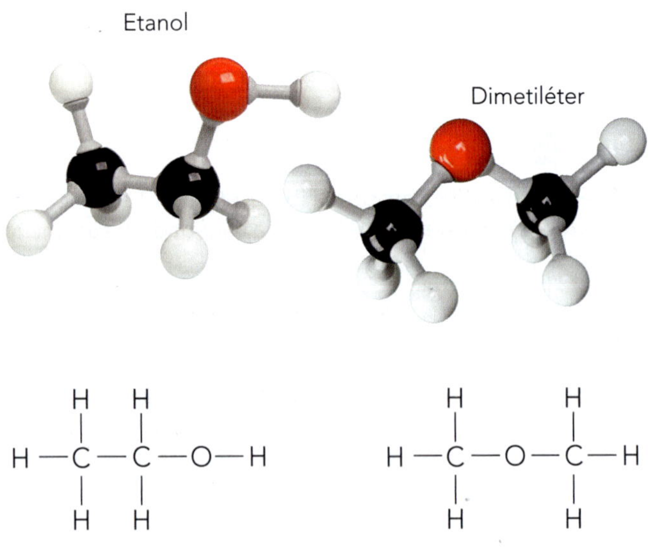

Alcohol etílico

Éter dimetílico o dimetiléter

Fórmula molecular

> Es aquella que expresa el número real de átomos de cada tipo que componen una molécula.

Siguiendo el ejemplo anterior, la fórmula molecular del butano es: C_4H_{10}. Otros serían: H_2O, H_4SO_3, H_2O_2, $C_{12}H_{22}O_{11}$, etc. ¿Sabrías escribir la fórmula empírica de cada uno de estos compuestos?

Un caso particular es la **fórmula estructural,** que aporta información sobre cómo se unen los átomos entre sí dentro de la molécula. Este tipo de fórmula es muy importante porque permite distinguir compuestos diferentes que tienen la misma fórmula molecular, como es el caso del etanol y el dimetiléter, ambos con fórmula química C_2H_6O (ver figura inferior). A este tipo de compuestos se les denomina **isómeros.**

7.2. Composición centesimal y determinación de la fórmula de un compuesto

Cuando se tiene una sustancia de composición desconocida, lo primero que se hace es intentar determinar su fórmula, esto es, conocer qué elementos la componen, y en qué proporción de masa, expresada en tanto por ciento.

> La **composición centesimal** es el porcentaje en masa en el que cada elemento contribuye a la masa de un compuesto.

A partir de esta se puede determinar la fórmula empírica, que, junto con otros datos, como la masa molecular o la densidad molar, permite obtener finalmente la fórmula molecular. En caso de que la muestra se pueda quemar fácilmente, el análisis por combustión permite obtener la masa de carbono e hidrógeno que contenía y, a partir de ahí, calcular la fórmula empírica. En los ejercicios resueltos se muestran algunos ejemplos de estas técnicas.

Ejercicios

18 Cuando se queman completamente 2 g de un compuesto orgánico, formado por C, H y O, se obtienen 4,5418 g de CO_2 y 1,8586 g de H_2O. Calcula su fórmula empírica y su composición centesimal.

19 La vitamina C está compuesta por C, H y O, y tiene una masa molar de 176,14 g/mol. La combustión total de 0,5 g de este compuesto produce 0,750 g de CO_2 y 0,205 g de H_2O. Determina su fórmula molecular y su composición centesimal.

Ejercicios resueltos

15 Calcula la composición centesimal del ácido fosfórico, H_3PO_4.

Solución

En primer lugar, determinamos la masa molecular:

$$m\,(H_3PO_4)=3 \cdot 1{,}01 + 1 \cdot 30{,}97 + 4 \cdot 16{,}00 = 98{,}00 \text{ u}$$

Y ahora, utilizando las masas atómicas, calculamos la proporción en masa de cada elemento:

$$\frac{98{,}00 \text{ u de } H_4PO_3}{3 \cdot 1{,}01 \text{ u de H}} = \frac{100}{x}$$

$$\boxed{x = 3{,}09\,\% \text{ de H}}$$

$$\frac{98{,}00 \text{ u de } H_4PO_3}{30{,}97 \text{ u de P}} = \frac{100}{y}$$

$$\boxed{y = 31{,}60\,\% \text{ de P}}$$

$$\frac{98{,}00 \text{ u de } H_4PO_3}{4 \cdot 16{,}00 \text{ u de P}} = \frac{100}{z}$$

$$\boxed{z = 65{,}31\% \text{ de O}}$$

16 Un gas tiene la siguiente composición centesimal: 81,68% de C y 18,32% de H. Si su densidad molar en c.n. es de 1,97 g/L, determina su fórmula molecular.

Solución

1. A partir de la composición centesimal sabemos que 100 g de compuesto contienen 81,68 g de C y 18,32 g de H. Por tanto, la cantidad de sustancia de cada uno de ellos será:

$$n_C = \frac{81{,}68 \text{ g de C}}{12{,}01 \text{ g} \cdot \text{mol}^{-1}} = 6{,}80 \text{ mol de C}$$

$$n_H = \frac{18{,}32 \text{ g de H}}{1{,}01 \text{ g} \cdot \text{mol}^{-1}} = 18{,}14 \text{ mol de H}$$

2. Ahora dividimos entre el menor, y calculamos la relación entre el número de átomos, lo que nos da la fórmula empírica:

$$C \rightarrow \frac{6{,}80}{6{,}80} = 1; \quad H \rightarrow \frac{18{,}14}{6{,}80} = 2{,}67$$

Como podemos ver, no obtenemos dos números enteros. Pero si multiplicamos ambos por 3, ya tendríamos:

$$C{:}3,\ H{:}8 \rightarrow C_3H_8; \quad m(C_3H_8) = 44{,}11 \text{ u}$$

3. Como se proporciona el valor de la densidad molar en condiciones normales:

$$d = \frac{m}{V} \rightarrow d_m = \frac{M}{V_m}$$

ya podemos obtener la masa molar:

$$M = d_m \cdot V_m = 1{,}97 \cdot 22{,}4 = 44{,}13 \text{ g} \cdot \text{mol}^{-1}$$

Este valor coincide con la masa de la fórmula empírica, luego ambas coinciden: se trata del C_3H_8.

17 El etanol, formado por C, H y O, tiene una masa molecular de 46,08 u. La combustión de una muestra de 5 g de etanol produce 9,5502 g de CO_2 y 5,8655 g de H_2O. Calcula la fórmula molecular de este compuesto.

Solución

1. En primer lugar, determinamos la masa de cada uno de los elementos presentes en la muestra. Como se trata de un compuesto orgánico, todo su carbono pasa a formar parte del CO_2, y todo su hidrógeno pasa al H_2O.

La masa molecular del CO_2 es 44,01 u, de la cual 12,01 u corresponden al C. Por tanto:

$$\frac{44{,}01 \text{ g de } CO_2}{12{,}01 \text{ g de C}} = \frac{9{,}5502 \text{ g de } CO_2}{m_C}$$

$$m_C = 2{,}6062 \text{ g de C}$$

Por otro lado, la masa molecular del H_2O es 18,02 u, de la cual 2,02 u corresponden al H. Por tanto:

$$\frac{18{,}02 \text{ g de } H_2O}{2{,}02 \text{ g de H}} = \frac{5{,}8655 \text{ g de } H_2O}{m_H}$$

$$m_H = 0{,}6575 \text{ g de H}$$

El resto de la masa de etanol que teníamos al principio debe de corresponder al oxígeno, luego:

$$m_O = 5 - 2{,}6062 - 0{,}6575 = 1{,}7363 \text{ g de O}$$

2. A continuación calculamos la cantidad de sustancia que había de C, H y O en la muestra original de etanol.

$$n_C = \frac{2{,}6062 \text{ g de C}}{12{,}01 \text{ g} \cdot \text{mol}^{-1}} = 0{,}2170 \text{ mol de C}$$

$$n_H = \frac{0{,}6575 \text{ g de H}}{1{,}01 \text{ g} \cdot \text{mol}^{-1}} = 0{,}6510 \text{ mol de H}$$

$$n_O = \frac{1{,}7363 \text{ g de O}}{16{,}00 \text{ g} \cdot \text{mol}^{-1}} = 0{,}1085 \text{ mol de O}$$

3. Dividiendo por la menor de estas cantidades, obtenemos la proporción entre el número de átomos de cada tipo que forman el compuesto.

$$C \rightarrow \frac{0{,}2170}{0{,}1085} = 2$$

$$H \rightarrow \frac{0{,}6510}{0{,}1085} = 6$$

$$O \rightarrow \frac{0{,}1085}{0{,}1085} = 1$$

Por lo tanto, la fórmula empírica es C_2H_6O. La masa molecular de esta unidad es 46,08 u, luego esta fórmula coincide con la molecular: C_2H_6O.

8
ESPECTROMETRÍA Y ESPECTROSCOPÍA APLICADAS AL ANÁLISIS QUÍMICO

8.1. Espectrometría de masas

En el epígrafe 5.1 vimos que todos los elementos químicos presentan varios isótopos: átomos que tienen el mismo número atómico (es decir, el mismo número de protones) y distinto número másico (debido a que tienen distinto número de neutrones). La espectrometría de masas es una técnica que permite analizar las propiedades de los distintos isótopos.

Cuando una partícula cargada, de masa *m* y carga *q*, se mueve con una velocidad *v* perpendicularmente a un campo magnético, describe una trayectoria circular cuyo radio depende de la relación entre la masa y la carga (*m*/*q*) mediante la expresión:

$$R = \frac{m \cdot v}{q \cdot B}$$

donde *B* es la intensidad del campo magnético.

Para analizar una muestra, se vaporiza y se ioniza (los átomos pierden un electrón de su corteza, por lo que quedan con carga positiva). Estos iones se aceleran y se introducen en un campo magnético, donde se desvían (ver figura inferior izquierda).

Los distintos isótopos siguen trayectorias circulares de radios diferentes, puesto que todos tienen la misma carga (todos han perdido un electrón, y todos tienen el mismo número de protones), pero distinta masa. Aquellos que tienen un número másico mayor describirán circunferencias con radios mayores, por lo que se desviarán menos, como se muestra en la figura inferior izquierda.

Los iones de los distintos isótopos, así separados, llegan a un detector eléctrico, donde se registran sus posiciones. En cada una de ellas, se genera una corriente eléctrica proporcional al número de iones depositados, por lo que el espectrómetro también permite conocer la abundancia relativa de cada uno de los isótopos (ver figura inferior derecha).

La gráfica así generada se denomina **espectro de masas.**

Espectrometría de masas

Esquema de un espectrómetro de masas

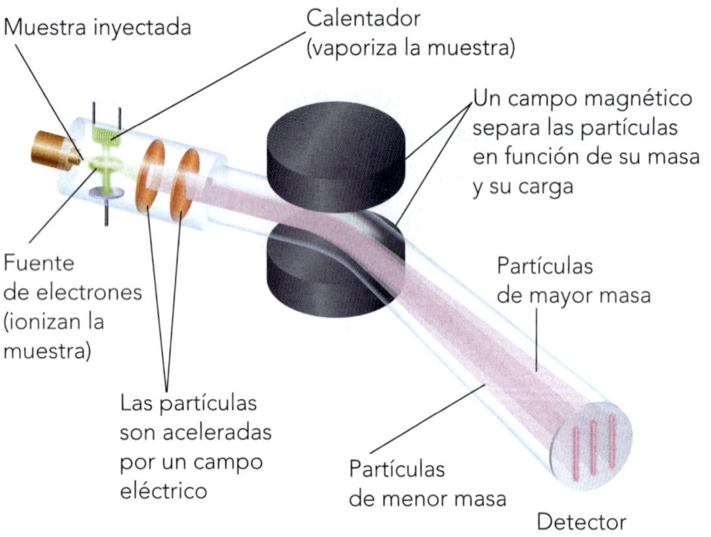

En un espectrómetro de masas, las partículas de mayor masa se desvían menos, porque describen trayectorias circulares de radio mayor.

Espectro de masas del neón

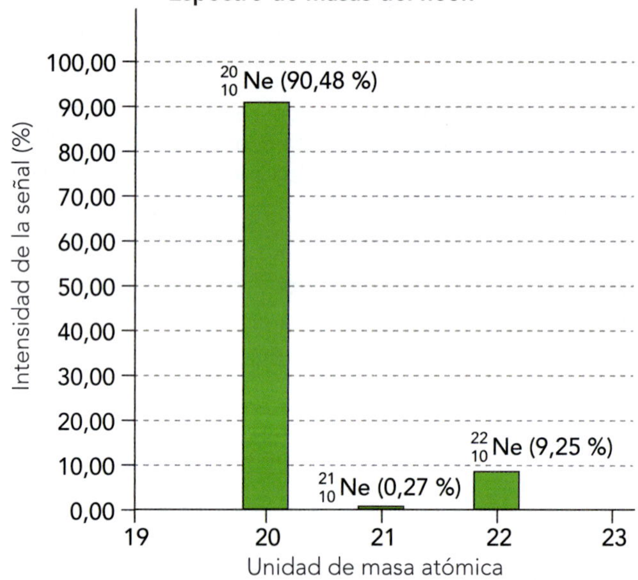

La barra asociada al ^{21}Ne no se aprecia bien en la gráfica debido a que su abundancia relativa es muy pequeña, solamente el 0,27 %.

Ejercicios

20 La espectrometría de masas es tan precisa que resulta muy útil para realizar **análisis isotópicos.** Busca información sobre esta técnica y redacta un texto para explicar algunas de sus aplicaciones.

21 Busca los datos de las masas atómicas de los tres isótopos estables del neón y, a partir del espectro mostrado más arriba, determina su masa atómica promedio.

8.2. Espectroscopía

La espectroscopía es el estudio de la interacción entre las ondas electromagnéticas y la materia. Comencemos, por tanto, repasando las propiedades fundamentales de este tipo de ondas.

Ondas electromagnéticas

Son un tipo de ondas capaces de propagarse por el espacio vacío, ya que consisten en campos eléctricos y magnéticos oscilantes, los cuales no necesitan ningún soporte material para existir e influenciarse mutuamente.

Todas las ondas tienen, al menos, tres magnitudes asociadas que las caracterizan: la **longitud de onda,** que es la distancia entre dos picos o dos valles consecutivos, y que suele denotarse mediante la letra griega λ; la **frecuencia,** *f*, que es el número de oscilaciones o ciclos que realiza esa onda durante un segundo, y la **velocidad de propagación,** *v*, que es la velocidad a la que se desplaza la oscilación por el espacio (figura inferior). Las tres están relacionadas entre sí mediante la expresión:

$$v = \lambda \cdot f$$

La dimensión de la frecuencia es T^{-1}, y su unidad en el sistema internacional es el hercio (1 Hz = 1 s^{-1}).

En el caso de las ondas electromagnéticas, la velocidad de propagación en el vacío es fija, se denota *c* o c_0, y tiene un valor:

$$c_0 \approx 300\,000 \text{ km/s}$$

La luz visible es una onda electromagnética de longitud de onda entre 380 nm y 780 nm (1 nm = 10^{-9} m). El color rojo corresponde a las frecuencias más bajas, y el azul, a las más altas (figura inferior).

El **espectro electromagnético** comprende todas las posibles longitudes de onda. En orden creciente de frecuencia tenemos: ondas de radio o radiofrecuencias, microondas, infrarrojos, luz visible, ultravioleta, rayos X y rayos gamma.

Las ondas más peligrosas para la salud son las llamadas **radiaciones ionizantes:** la luz UV, y los rayos X y γ.

Estas radiaciones son dañinas porque tienen energía suficiente para ionizar la materia y dar lugar a reacciones químicas no deseadas.

Espectro electromagnético

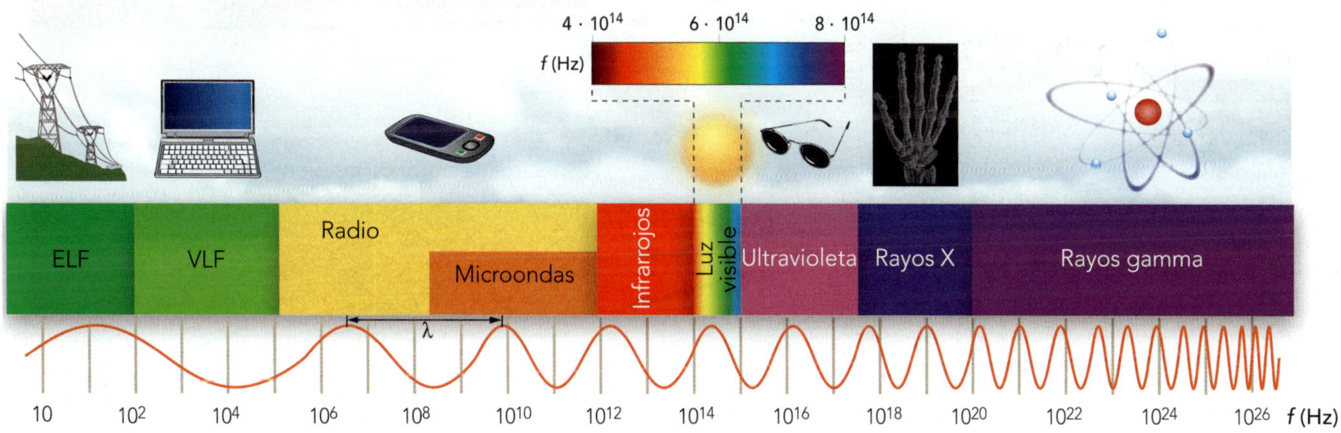

Espectro electromagnético, en el que las distintas ondas están ordenadas hacia frecuencias mayores. ELF y VLF se refieren a las ondas denominadas de extra baja frecuencia y muy baja frecuencia (por sus siglas en inglés).

Las microondas corresponden a las frecuencias altas dentro de las ondas de radio.
Observa que la luz visible corresponde a una región minúscula de todo el espectro.

Ejercicios

22 La luz visible tiene una longitud de onda entre 380 y 780 nm. Calcula las frecuencias asociadas a estos límites.

23 Comprueba las dimensiones del producto $\lambda \cdot f$.

24 Sabiendo que los hornos de microondas trabajan con ondas de una frecuencia de unos 2,45 GHz (1 GHz = 10^9 Hz), calcula la longitud de onda de esta radiación electromagnética.

Espectroscopía atómica

Los átomos pueden absorber y emitir radiación electromagnética. Sin embargo, no lo hacen a cualquier frecuencia, sino solamente a unas muy determinadas, características de cada átomo. A este conjunto de frecuencias (o de longitudes de onda) en las que emiten o absorben radiación se lo denomina **espectro atómico.** Como contienen solamente unas cuantas frecuencias, se dice que son **discretos,** y a cada una de ellas se la denomina **línea del espectro** (ver figura inferior).

Cuando los átomos aislados reciben energía, emiten radiación electromagnética compuesta por unas cuantas longitudes de onda. Estas pueden separarse, por ejemplo, mediante un prisma o una red de difracción, obteniéndose un **espectro de emisión,** consistente en un conjunto de líneas brillantes bien diferenciadas (figura inferior).

Cuando se ilumina una muestra y se analiza la luz que la ha atravesado, se observan unas líneas oscuras (correspondientes a las longitudes de onda en las que se ha absorbido radiación). Se habla, en este caso, de **espectro de absorción.** En la figura inferior se muestran ambos tipos de espectro.

Dado que los espectros son característicos de cada átomo, estudiándolos se puede conocer cuáles son los elementos que están presentes en una muestra dada, y de ellos, qué isótopos hay. Además, la intensidad de las líneas es proporcional al número de átomos, por lo que también se puede conocer su concentración relativa.

Esta técnica supuso una revolución, por ejemplo, en astrofísica, ya que permitió conocer la composición del Sol y de las demás estrellas, así como de las atmósferas de los planetas del sistema solar. También ha servido para identificar la composición de numerosos compuestos nuevos.

Espectro electromagnético

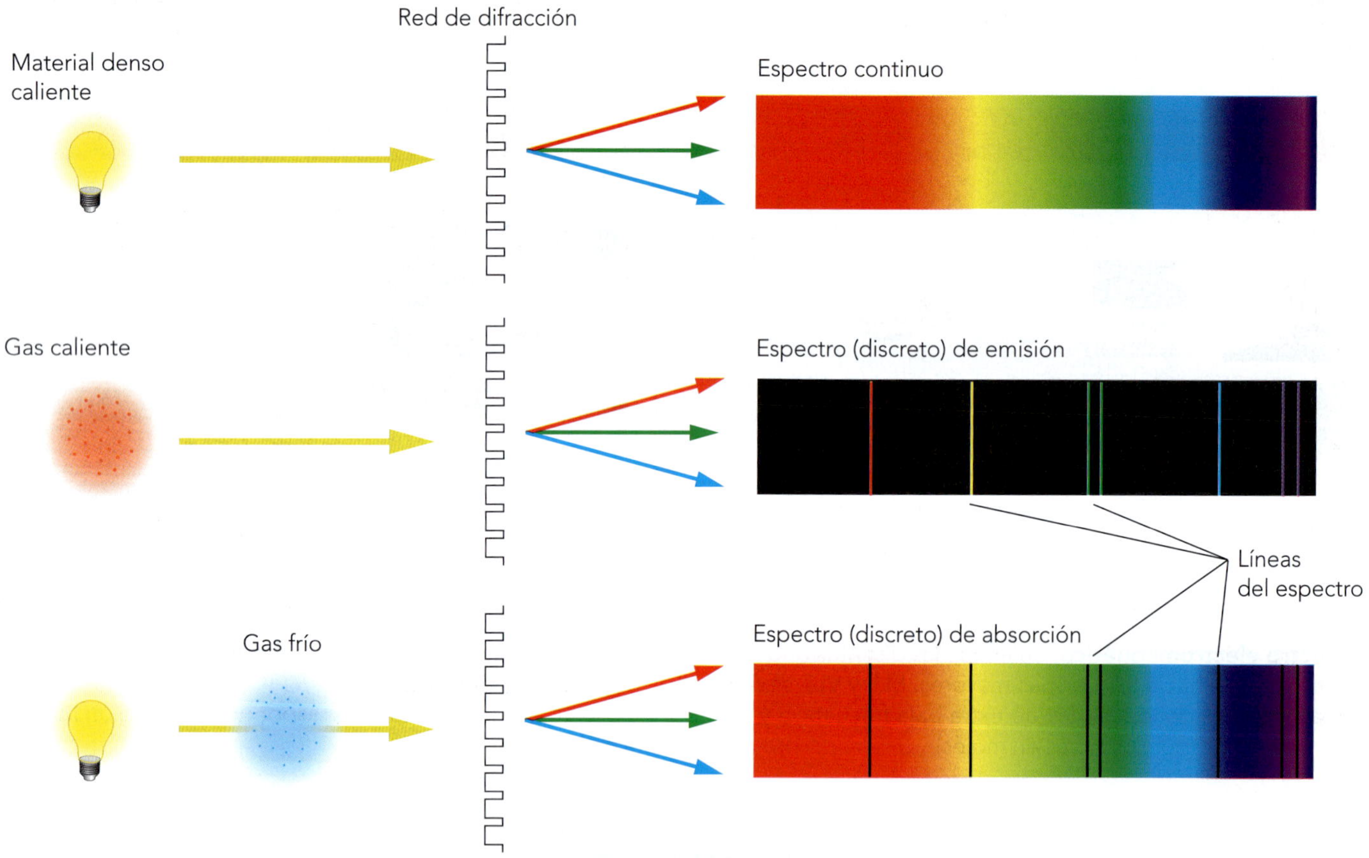

Cuando la materia está en estado sólido o líquido, al calentarse, emite radiación electromagnética en todas las longitudes de onda. Cuando la luz emitida se hace pasar por un prisma o una red de difracción, se descompone, dando lugar al espectro continuo. Sin embargo, en estado gaseoso, cuando los átomos están muy separados entre sí, emite en un conjunto de frecuencias denominado espectro de emisión que, a diferencia del anterior, es discreto, como se muestra en el centro. Si el gas está frío y recibe luz, se absorben ciertas longitudes de onda, formándose unas líneas oscuras sobre el espectro continuo de fondo, como se muestra en la parte inferior. Este se denomina espectro de absorción.

Otros tipos de espectroscopía

No solamente los átomos emiten radiación electromagnética, también lo hacen las moléculas. Así pues, el estudio de los espectros permite conocer no solamente qué elementos hay en una muestra, sino además su composición molecular.

Las moléculas suelen interaccionar fuertemente con la radiación infrarroja (IR), lo que ha dado lugar a una nueva técnica, denominada **espectroscopía infrarroja.** Veamos su fundamento físico:

Las moléculas no son estructuras rígidas, sino que vibran, se flexionan y rotan. Estos movimientos aumentan cuando a las moléculas se les comunica energía, por ejemplo, en forma de radiación electromagnética, y más concretamente, en el rango de los infrarrojos. Cada unión entre átomos dentro de la molécula **(enlace)** tiene asociada una frecuencia característica, lo que genera un espectro de absorción infrarrojo identificativo de cada una de ellas (figura inferior).

Al utilizar radiaciones correspondientes a diferentes regiones del espectro electromagnético, se obtienen distintas técnicas espectroscópicas, como se muestra en la tabla.

Tipo de espectroscopía	Radiación utilizada	Aplicación
Espectroscopía atómica	Visible y UV	Análisis elemental
Espectroscopía Raman	Visible	Identificación de grupos y moléculas: estado sólido
Colorimetría	Visible y UV	Análisis cuantitativo de iones y moléculas en disolución
Espectroscopía de rayos X	Rayos X	Análisis superficial de sólidos y estructura cristalina
Resonancia magnética nuclear (RMN)	Ondas de radio	Moléculas inorgánicas, orgánicas, y de interés biológico
Espectroscopía infrarroja	IR	Enlaces, grupos funcionales, moléculas, polímeros y macromoléculas
Espectroscopía Mössbauer	Rayos γ	Análisis nuclear, detección de isótopos

Espectros de absorción de infrarrojos

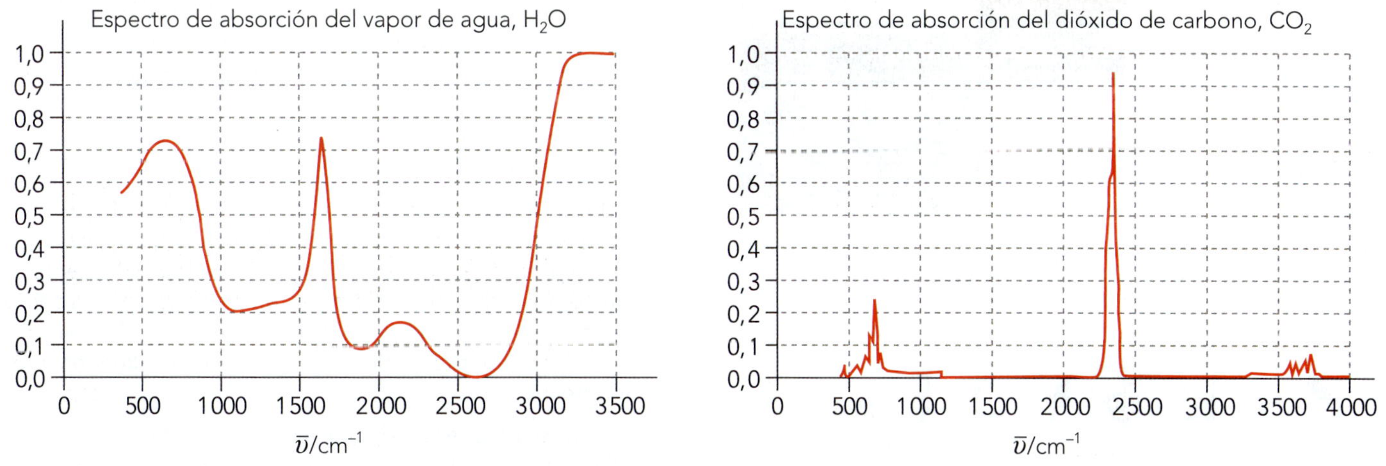

En el eje de abscisas se muestra el **número de ondas,** igual al inverso de la longitud de onda ($\overline{\upsilon} = 1/\lambda$), y en el de ordenadas, el **coeficiente de absorción,** que es una medida de la cantidad de radiación que se absorbe a cada longitud de onda.

Ejercicios

25 **Sumamos.** Observa los espectros de absorción del vapor de agua y del CO_2. ¿A qué longitudes de onda se produce la mayor absorción? ¿A qué zona del espectro electromagnético corresponde? En grupos, y a partir de estos espectros, explicad cómo se produce el efecto invernadero en la atmósfera terrestre y cómo afecta al cambio climático. ¿Qué podríamos hacer cada uno de nosotros para sensibilizar a la población y reducir la emisión de gases contaminantes según la **meta 13.3** de desarrollo sostenible?

Representación de moléculas

Seguramente te habrás fijado en las figuras de las páginas de esta unidad. Las moléculas tienen un aspecto bastante realista (aparte de algunos detalles ya mencionados, como el hecho de que en la realidad, vistas al microscopio, no presentan colores). Son tridimensionales, los átomos están a escala, y se muestra la geometría real de la molécula, que se encuentra determinada por los átomos que la componen y el tipo de enlaces entre ellos. Quizá te hayas preguntado cómo se pueden hacer estas representaciones de forma sencilla. En esta sección vamos a usar dos herramientas gratuitas: Avogadro y Jmol. Nos permitirán estudiar la geometría de las moléculas, los enlaces entre los átomos, y podremos alternar entre distintas representaciones: como bolas que se solapan o mediante esferas y varillas. Esta última es muy útil para analizar los enlaces, tanto simples como dobles.

Avogadro

En primer lugar ve a la página de la aplicación: https://avogadro.cc/. Verás que está en inglés, al igual que el programa. En «*Downloads*» podrás descargártelo. Después de instalarlo en tu ordenador, ya puedes empezar a utilizarlo.

En primer lugar, vamos a cargar una molécula ya existente. Para ello, ve a ***File → Import → Fetch by chemical name***, y en el cuadro de diálogo que aparece, introduce «*Butane*». En poco tiempo verás en tu pantalla la molécula de butano, C_4H_{10}.

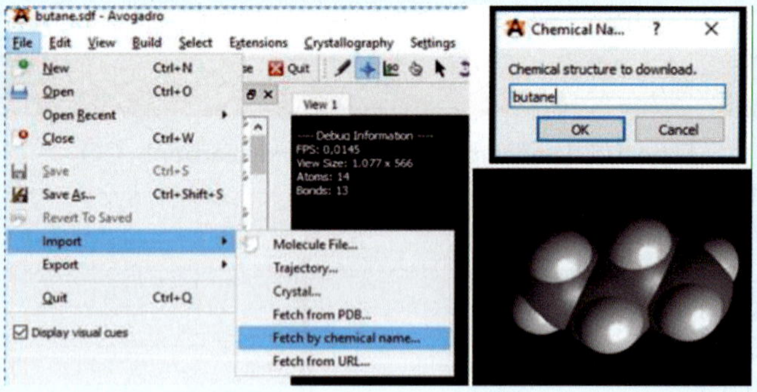

En la barra de herramientas tenemos algunos iconos con utilidades que nos permiten manipular la molécula:

Por ejemplo, la mano (*Manipulation tool*) nos permite seleccionar átomos individuales y moverlos. Si ves que se estropea la geometría de la molécula, no te preocupes, ya que con ***Extensions → Optimize geometry*** podrás repararla automáticamente. Con el «*Navigation tool*» (la estrella) podrás rotar y trasladar la imagen.

En la entrada de menú ***View → Properties*** podrás acceder a la información de la molécula, de sus átomos, de los enlaces entre ellos, y mucho más.

Haciendo click en cualquier elemento (átomo de C o enlace) con el botón derecho, se borra.

Veamos ahora cómo te puedes crear tus propias moléculas:

En primer lugar, pincha en el icono que muestra un lápiz (*Draw tool*). A la izquierda tienes las opciones de dibujo que están marcadas por defecto:

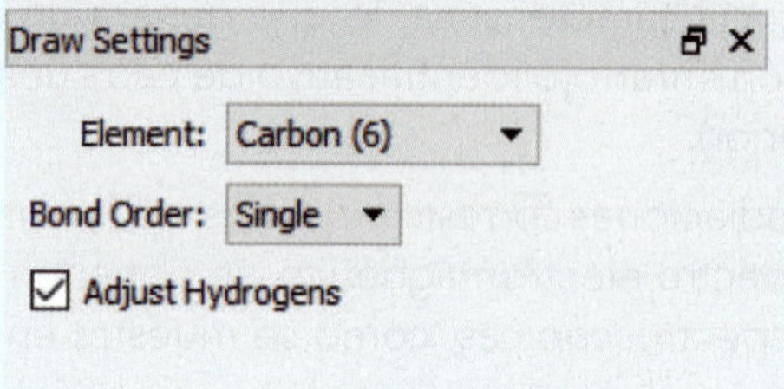

Si pinchas en cualquier parte del lienzo (ventana con fondo negro), aparecerá un átomo de carbono con 4 hidrógenos enlazados. Prueba a dibujar algunos. Sin embargo, de esta manera los creamos por separado, sin enlaces. Si pinchas en alguno que ya exista y desplazas el ratón sin soltar el botón izquierdo verás que se crea otro grupo CH_3 enlazado al anterior (figura inferior izquierda). Como ves, todas las valencias del C se «rellenan» automáticamente con H, ya que esta es la opción predeterminada.

Si ahora deseas introducir algún otro elemento, primero, añade más átomos de C enlazados a la molécula. Después, selecciona, en el menú de la izquierda, por ejemplo, «*Oxygen*», y haz click en el átomo recién creado. Verás cómo se transforma en oxígeno (esferas de color rojo). Una vez reparada la geometría tendrás algo parecido a la imagen inferior derecha.

Para guardar tus resultados, utiliza la entrada de menú: ***File → Save As*** ... (puedes elegir el formato .mol2 para volver a editarlo más adelante), o bien expórtalo mediante ***File → Export*** para tenerlo, por ejemplo, como una imagen que posteriormente podrás introducir en un documento de texto o presentación.

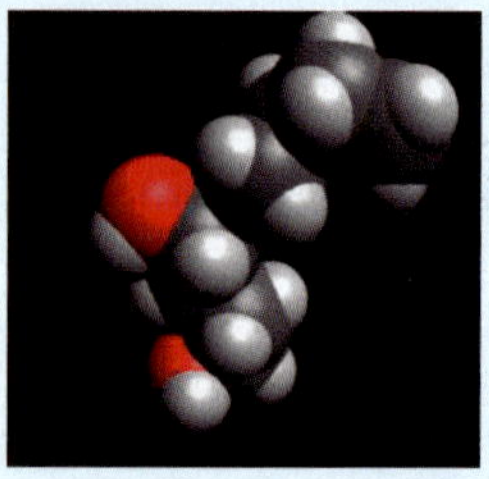

Jmol

Ahora vamos a trabajar con la aplicación Jmol. Ve a la página: http://jmol.sourceforge.net/. Pinchando en «Descargas», accederás a la información para descargar la aplicación en tu ordenador. Ten en cuenta que, en este caso, has de tener Java instalado para que funcione. El ejecutable se llamará «Jmol.jar», y estará en la carpeta donde hayas descomprimido el programa.

Una vez abierto, pincha en **Archivo → Conseguir un MOL.** En la ventana que aparece, escribimos «*Butane*».

Nota: hay que seguir introduciendo los nombres en inglés, debido a que así es como aparecen en las bases de datos, aunque el programa esté en español.

Después de unos segundos verás tu molécula en la ventana:

Como puedes observar, en este caso ya tenemos la geometría arreglada, pero por defecto se muestran los átomos como esferas y los enlaces como varillas.

Podemos modificar esta representación pinchando con el botón derecho en la ventana principal, y eligiendo después: **Estilo → Átomos → 75 % Van der Waals.**

El resultado vuelve a ser el que ya conocemos:

Incluso puedes representar el límite de la molécula como una nube de puntos o una superficie de Van der Waals (indaga en **Botón derecho → Superficies**):

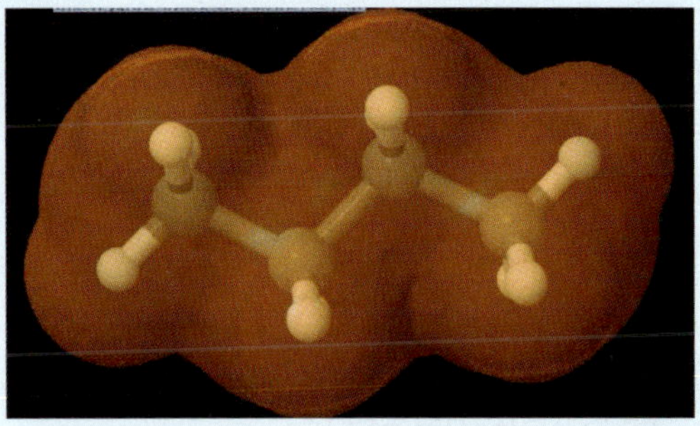

Asimismo, pinchando con el botón derecho, observa que tienes una entrada del menú (C_4H_{10}) que te proporciona información acerca de los átomos de la molécula.

Puedes guardar las moléculas que vayas creando, además de como imagen, en formato STL (**Botón derecho → Archivo → Exportar → Exportar modelo 3D STL**) para posteriormente imprimirlas mediante una impresora 3D.

Cuestiones

1 Representa, utilizando el programa **Avogadro,** las moléculas de etanol y de dimetiléter que has estudiado en la unidad (tendrás que buscar previamente sus nombres en inglés). Guárdalas como imagen. ¿Qué observas?

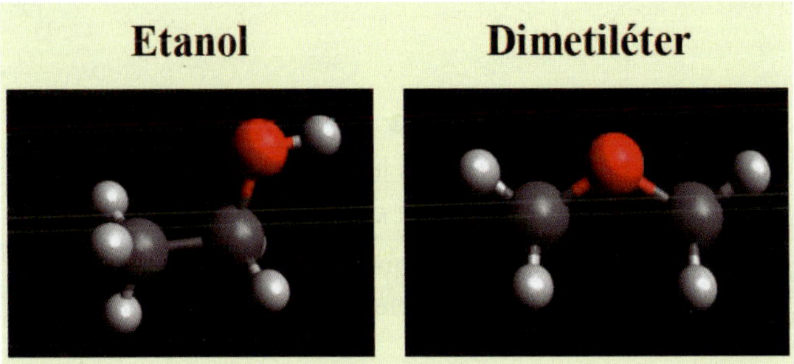

2 Usando el programa **Jmol,** ve a **Archivo → Conseguir un MOL** para conseguir una molécula de glucosa. Represéntala y guárdala como una imagen tridimensional (para ello indaga en: **Botón derecho → Estilo**).

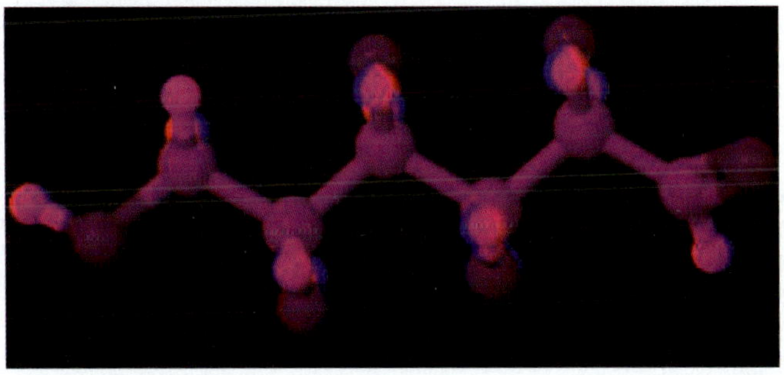

En la web de **anayaeducación.es** puedes encontrar un laboratorio virtual que te permitirá construir moléculas en 3D.

Determinación de la fórmula de un compuesto

1 La composición centesimal de un compuesto orgánico es la siguiente:

C: 54,52 %; H: 9,17 %; O: 36,31 %.

La masa molecular de este compuesto es de 44,06 u. Determina su fórmula molecular.

Planteamiento y resolución

1. En primer lugar, hay que obtener la fórmula empírica, calculando la cantidad de sustancia relativa entre cada uno de los elementos que forman el compuesto. Para ello, se toman, arbitrariamente, 100 g, con objeto de que los cálculos sean más sencillos. Como tenemos los porcentajes, podemos obtener la cantidad de C, H y O:

$$m_C = 54{,}52\ \text{g};\quad m_O = 36{,}31\ \text{g};\quad m_H = 9{,}17\ \text{g}$$

Dividiendo entre sus masas molares, obtenemos la cantidad de sustancia de cada uno que habrá en 100 g de compuesto.

$$n_C = \frac{54{,}52\ \text{g de C}}{12{,}01\ \text{g}\cdot\text{mol}^{-1}} = 4{,}54\ \text{mol de C}$$

$$n_H = \frac{9{,}17\ \text{g de H}}{1{,}01\ \text{g}\cdot\text{mol}^{-1}} = 9{,}08\ \text{mol de H}$$

$$n_O = \frac{36{,}31\ \text{g de O}}{16{,}00\ \text{g}\cdot\text{mol}^{-1}} = 2{,}27\ \text{mol de O}$$

2. Ahora, dividiendo entre la menor de estas tres cantidades, podemos obtener la proporción en la que cada uno de estos elementos se encuentra en la molécula:

$$C \rightarrow \frac{4{,}54}{2{,}27} = 2$$

$$H \rightarrow \frac{9{,}08}{2{,}27} = 4$$

$$O \rightarrow \frac{2{,}27}{2{,}27} = 1$$

3. Así pues, la fórmula empírica será: C_2H_4O. Recordemos que la fórmula molecular es un múltiplo entero de la empírica, por lo que tendrá que ser de la forma: $(C_2H_4O)_n$. Ahora bien, para poder determinar el valor de *n*, han de darnos información que nos permita calcular su masa molecular. En este caso se nos proporciona directamente. Veamos cuál es la masa de la unidad C_2H_4O:

$$m\,(C_2H_4O) = 2\cdot 12{,}01 + 4\cdot 1{,}01 + 1\cdot 16{,}00 = 44{,}06\ \text{u}$$

Como este valor coincide con el que se nos ha proporcionado para la masa molecular del compuesto, podemos concluir que: $n = 1$, y, por tanto, la fórmula química completa ha de ser igual a la empírica:

$$\boxed{C_2H_4O}$$

ANÁLISIS DEL PROBLEMA

Habrás comprobado que la determinación de la fórmula química de un compuesto requiere bastantes datos. Es importante no perderse con ellos, y establecer una pauta de resolución, máxime cuando la información proporcionada por el enunciado no tiene por qué estar en orden.

En particular, los tipos de datos son dos: uno está encaminado a obtener la fórmula empírica; esto es, la proporción en la que se encuentran los átomos que forman el compuesto (apartados 1 y 2). El otro proporciona información sobre su masa molecular, a fin de poder obtener la fórmula química (apartado 3).

Se han tomado 2 decimales, por lo que es conveniente realizar de forma correcta el redondeo, para que todos los resultados tengan el mismo número de cifras significativas.

Recuerda:

Siempre que te enfrentes a un ejercicio de este tipo, es conveniente que sigas estos pasos:

1 Calcula la cantidad de sustancia a partir de los datos que te den.

2 Divide entre el menor de los datos obtenidos, para obtener la proporción en la que se encuentran.

3 Con esto habrás obtenido la fórmula empírica, que puede coincidir con la molecular, aunque no siempre será así.

4 Si son diferentes, se te proporcionará algún dato para calcular la masa molecular, con la cual podrás determinar cuántas veces la fórmula molecular contiene a la empírica. De esta forma puedes obtener el resultado final.

DISCUSIÓN DE RESULTADOS

Se puede hacer el camino inverso y, a partir de la fórmula molecular, calcular la composición centesimal.

Si lo haces, observarás que obtienes los datos de partida. Esta es una buena forma de comprobar el resultado.

Determinación de la fórmula química de un compuesto

2 Supongamos que en el ejercicio anterior, en vez de proporcionarnos la composición centesimal, nos hubieran dicho que la combustión completa de 1 g de esta sustancia produce:

- 1,9981 g de CO_2
- 0,8181 g de H_2O

Determina su fórmula empírica y su composición centesimal.

ANÁLISIS DEL PROBLEMA

La composición centesimal se puede calcular, tanto a partir de la fórmula molecular como de la empírica, ya que lo único que necesitamos para ello es la proporción de átomos en la molécula. Aprovechamos esto para poder contestar al enunciado, a pesar de que no se nos dan datos suficientes como para obtener la masa (y por tanto la fórmula) molecular.

Planteamiento y resolución

1. Como se trata de un compuesto orgánico, todo el carbono que contiene pasa a formar parte del CO_2, y toda la masa de hidrógeno pasa al H_2O. Por lo tanto, si calculamos las masas de C y H que hay en el CO_2 y el H_2O producidos, sabremos cuánta masa de ambos había en 1 g de compuesto, ya que solamente provienen de él.

$$M(CO_2) = 44{,}01\ g \cdot mol^{-1};\quad M(H_2O) = 18{,}02\ g \cdot mol^{-1}$$

Dado que en 44,01 g de CO_2 hay 12,01 g de C, podemos plantear la siguiente proporción para calcular qué masa de C hay en 1,9981 g de CO_2:

$$\frac{44{,}01\ g\ de\ CO_2}{12{,}01\ g\ de\ C} = \frac{1{,}9981\ g\ de\ CO_2}{m_C} \rightarrow m_C = 0{,}5453\ g\ de\ C$$

E igualmente para el hidrógeno: en 18,02 g de H_2O hay $2 \cdot 1{,}01 = 2{,}02$ g de H, por lo que:

$$\frac{18{,}02\ g\ de\ H_2O}{2{,}02\ g\ de\ H} = \frac{0{,}8181\ g\ de\ H_2O}{m_H} \rightarrow m_H = 0{,}0917\ g\ de\ H$$

2. Como ya hemos dicho, todo este carbono e hidrógeno provienen exclusivamente del compuesto original, por lo que el resto de la masa, hasta 1 g, ha de ser de oxígeno:

$$m_O = 1 - 0{,}5427 - 0{,}0917 = 0{,}3656\ g\ de\ O$$

3. Las cantidades de sustancia de C, H y O que hay en 1 g de compuesto serán:

$$n_C = \frac{0{,}5453\ g\ de\ C}{12{,}01\ g \cdot mol^{-1}} = 0{,}0454\ mol\ de\ C$$

$$n_H = \frac{0{,}0917\ g\ de\ H}{1{,}01\ g \cdot mol^{-1}} = 0{,}0908\ mol\ de\ H$$

$$n_O = \frac{0{,}3656\ g\ de\ O}{16{,}00\ g \cdot mol^{-1}} = 0{,}0229\ mol\ de\ O$$

4. Dividiendo entre el menor de estos valores, obtenemos la proporción en la que se encuentran en la molécula:

$$C \rightarrow \frac{0{,}0454}{0{,}0229} \approx 2 \quad H \rightarrow \frac{0{,}0908}{0{,}0229} \approx 4 \quad O \rightarrow \frac{0{,}0229}{0{,}0229} \approx 1$$

Con esto ya tenemos la fórmula empírica: $\boxed{C_2H_4O}$.

Vemos que, sin más datos, es imposible obtener la fórmula molecular.

5. La composición centesimal se puede calcular a partir tanto de la fórmula empírica como de la molecular, puesto que solamente necesitamos la proporción en la que se encuentran los átomos. En este caso utilizamos la fórmula empírica.

En primer lugar, obtenemos la masa fórmula:

$$m(C_2H_4O) = 2 \cdot 12{,}01 + 4 \cdot 1{,}01 + 1 \cdot 16{,}00 = 44{,}06\ u$$

Y, a continuación, los porcentajes en masa:

$$\frac{44{,}06\ u\ de\ C_2H_4O}{2 \cdot 12{,}01\ u\ de\ C} = \frac{100}{x} \rightarrow x = 54{,}52\,\%\ de\ C$$

$$\frac{44{,}06\ u\ de\ C_2H_4O}{4 \cdot 1{,}01\ u\ de\ H} = \frac{100}{y} \rightarrow x = 9{,}17\,\%\ de\ H$$

$$\frac{44{,}06\ u\ de\ C_2H_4O}{16{,}00\ u\ de\ O} = \frac{100}{z} \rightarrow z = 36{,}31\,\%\ de\ O$$

DISCUSIÓN DE RESULTADOS

Puedes comprobar que la suma de los porcentajes es igual al 100 %. Si no fuera así, habría algún error.

En este caso, las masas se proporcionan con 4 decimales. Para ser coherentes, aunque tomemos las masas atómicas con 2 decimales, los resultados intermedios se presentan con los 4 decimales.

Fíjate que, a partir de 1 g de compuesto, se obtiene al final más masa que la que había al principio:

$$1{,}9981 + 0{,}8181 = 2{,}8162\ g$$

Podría parecer que no se cumple la conservación de la masa, pero no es así. Piensa la procedencia de la masa adicional que hay en los productos de reacción.

Recuerda seleccionar el material de trabajo de esta unidad para tu **portfolio.**

TRABAJA CON LO APRENDIDO

La teoría atómica de Dalton

1 Se han analizado tres muestras de cloro y cobre, obteniéndose los siguientes resultados:

Muestra	Masa de cobre/g	Masa de cloro/g
A	2,30	1,28
B	4,00	2,22
C	1,56	1,74

Comprueba si la proporción de Cu y Cl es la misma en todos los compuestos.

2 Se hacen reaccionar hidrógeno y oxígeno, y se obtienen 2,45 g y 1,53 g de lo que parecen ser dos sustancias distintas. Un análisis químico revela que contienen 2,18 g y 1,44 g de oxígeno, respectivamente. ¿Se trata del mismo compuesto?

3 Se tienen tres muestras de sulfuro de hierro. A partir de los datos de la primera fila de la tabla, completa las restantes:

Muestra	Masa de hierro/g	Masa de azufre/g	Masa de sulfuro/g
A	6,00	3,43	
B	2,21		
C			5,12

Las leyes ponderales

4 Se deja un clavo de hierro al aire. Pasado un tiempo, se observa que se ha oxidado, y se comprueba que pesa más que al principio. ¿Se viola la ley de conservación de la masa?

5 Experimentalmente se encuentra que 10,85 g de cromo reaccionan con 5,00 g de oxígeno para dar óxido de cromo (III).

a) ¿Cuánto oxígeno reaccionará con 17,32 g de cromo? ¿Cuánto óxido se obtendrá?

b) ¿Qué cantidad de óxido se obtiene si se combinan 2,00 g de oxígeno y 1,50 g de cromo?

6 Experimentalmente se encuentra que 2,98 g de litio reaccionan con 2,00 g de nitrógeno para dar nitruro de litio.

a) ¿Cuánto litio reaccionará con 8,05 g de nitrógeno? ¿Cuánto nitruro se obtendrá?

b) ¿Qué cantidad de óxido se obtiene si se combinan 3,07 g de litio y 1,85 g de nitrógeno?

7 Si se hacen reaccionar 2,50 g de cinc con 2,50 g de oxígeno, queda un exceso de 1,89 g de oxígeno. Si ahora se hacen reaccionar 1,80 g de cinc con 0,32 g de oxígeno, ¿quedará alguna sustancia en exceso? ¿Qué masa de óxido se formará?

8 El oxígeno puede combinarse con el cromo para dar varios compuestos. Tenemos cuatro de ellos, con las siguientes proporciones en masa de oxígeno:

Muestra	Proporción de oxígeno
A	23,53 %
B	31,58 %
C	38,10 %
D	48,00 %

Comprueba que se cumple la ley de las proporciones múltiples.

9 En una experiencia de laboratorio se combinan 1,54 g de azufre con 2,70 g de hierro para dar un cierto sulfuro de hierro, sin que sobre ninguno de los reactivos.

a) Si se combinan 5 g de S con 6 g de Fe, ¿cuánto sulfuro se formará?

b) En otra experiencia se comprueba que 4,20 g de S han reaccionado totalmente con 3,68 g de Fe. ¿Se obtiene el mismo compuesto que en la experiencia anterior? Comprueba que se cumple la ley de las proporciones múltiples.

Leyes volumétricas. Hipótesis de Avogadro

10 Experimentalmente se encuentra que 1 L de propano reacciona con 5 L de oxígeno para dar 3 L de CO_2 y 4 L de vapor de agua (todos medidos en las mismas condiciones de presión y temperatura). Determina la fórmula química del propano.

11 Tenemos un recipiente con 2 kg de metano y otro, en las mismas condiciones de presión y temperatura, de volumen doble, que contiene 7,98 kg de oxígeno. Calcula la relación que hay entre las masas de una molécula de metano y otra de oxígeno.

12 Un recipiente de volumen *V* contiene 10 g de dióxido de nitrógeno, y otro, de volumen *V*/2, contiene 8,26 g de anhídrido nitroso (medidos ambos en las mismas condiciones). Calcula la relación entre las masas de una molécula de anhídrido nitroso y otra de dióxido de nitrógeno.

13 Reaccionan 0,5 L de nitrógeno con 2 L de hidrógeno. ¿Cuáles son los productos que quedarán al final de la reacción? Calcula sus volúmenes. ¿Cuántas moléculas de amoníaco se han obtenido, si los volúmenes anteriores estaban calculados en c. n.?

14 Experimentalmente se encuentra que 0,25 L de N_2 reaccionan con 0,25 L de O_2, para dar 0,5 L de óxido nítrico, medidos en las mismas condiciones de presión y temperatura. Calcula la fórmula molecular del óxido.

15 Se tienen dos volúmenes iguales en las mismas condiciones de presión y temperatura, uno con 15,46 g de metano y otro con 56,04 g de butano. Si la masa molecular del metano es de 16 u, calcula la del butano.

16 Se tienen dos recipientes en las mismas condiciones de presión y temperatura: uno de 2 L, con 3,929 g de propano, y otro con 6,473 g de butano. Sabiendo que la masa molecular del propano es de 44 u y la del butano de 58 u, calcula el volumen del segundo recipiente.

Masa atómica, masa molecular y masa fórmula

17 Calcula cuántos átomos hay en un lingote de oro de 1 kg. Si su precio es de 35 441,96 euros, calcula la masa y el precio de $2 \cdot 10^{17}$ átomos de oro. Toma un valor para la masa atómica del oro: m (Au) = 196,97 u.

18 Di dónde habrá más moléculas, en 3 g de flúor (F_2) o en 2 g de amoníaco (NH_3). Utiliza los siguientes valores de masa atómica: m (H) = 1,01 u; m (N) = 14,01 u; m (F) = 19,00 u.

19 Calcula cuántas moléculas hay en 25 g de metano (CH_4). Utiliza los siguientes valores de la masa atómica: m (C) = 12,01 u; m (H) = 1,01 u.

20 Calcula cuántas moléculas hay en 30 g de propanol (C_3H_8O). Halla también el número de átomos de C, H y O que contendrá.

Datos: m (H) = 1,01 u; m (O) = 16,00 u; m (C) = 12,01 u

Cantidad de sustancia

21 Si bebes 200 mL de agua, ¿cuántas moléculas has ingerido? Toma una densidad para el agua: d (agua) = 1 g/cm^3.

22 El valor medio de CO_2 expirado es de 450 mL por minuto. Calcula la cantidad de sustancia y la masa de CO_2 emitido en condiciones normales.

23 Calcula la masa, la cantidad de sustancia y la cantidad de átomos que hay en un globo de 3 L de volumen lleno de hidrógeno (medidos en c. e.).

Consulta el apartado «Para estudiar» en el banco de recursos.

24 La fructosa es un tipo de azúcar presente en la fruta, y su fórmula es $C_6H_{12}O_6$. Calcula qué cantidad de sustancia habrá en 2 g de fructosa y cuántos átomos de hidrógeno contendrá.

25 Completa la siguiente tabla con información sobre cuatro cantidades de sulfuro de hidrógeno (H_2S). Todas ellas están referidas a condiciones normales. Toma un valor para la masa atómica del azufre: m (S) = 32,06 u.

	Vol./L	Cantidad de sustancia/mol	Número de moléculas	Masa de H_2S/g	Masa de azufre/g
A	4				
B					25
C				3	
D		0,23			

26 Indica la cantidad de sustancia que hay en un clavo de hierro de 1,5 g de masa. Calcula el número de átomos que contendrá. Utiliza el siguiente valor para la masa atómica del hierro: m (Fe) = 55,86 u.

27 Tenemos un recipiente con 25 g de agua. Calcula:

a) La cantidad de sustancia.

b) Cuántas moléculas habrá.

c) Contesta a las preguntas anteriores si, en vez de agua, tuviéramos «agua pesada», D_2O, donde D hace referencia al deuterio, isótopo del hidrógeno.

Dato: m (D) = 2,0141 u.

28 En un recipiente de 27,66 L de capacidad hay 87,55 g de un gas desconocido, a 0 °C y 1 atm de presión. De entre las siguientes posibilidades, di cuál es el gas: O_2, H_2, Cl_2, N_2, CH_4.

Datos: m (H) = 1,01 u; m (O) = 16,00 u; m (Cl)=35,45 u; m (N) = 14,01 u; m (C) = 12,01 u.

29 Un recipiente contiene 24,08 g de un cierto gas, con $9{,}033 \cdot 10^{23}$ moléculas. De entre las siguientes posibilidades, di cuál es dicho gas: a) O_2, b) H_2, c) Cl_2, d) N_2, e) CH_4. Calcula el volumen del recipiente en condiciones estándar.

Datos: m (H) = 1,01 u; m (O) = 16,00 u; m (Cl) = 35,45 u; m (N) = 14,01 u; m (C) = 12,01 u.

30 Un recipiente contiene 2 L de oxígeno en c. n. Calcula la cantidad de sustancia y la masa de dicho gas. Contesta a la pregunta anterior si, en vez de oxígeno, se tratara de ozono (O_3). ¿Cuál de los dos es más denso?

31 En un recipiente hay 2 mol de ácido sulfúrico (H_2SO_4). Calcula:

a) Su masa en gramos.

b) Su volumen en condiciones estándar.

c) La cantidad de sustancia y la masa de S, O y H que hay en el recipiente.

Utiliza un valor para la masa atómica del azufre: m (S) = 32,06 u.

32 En un recipiente de 125 mL hay oxígeno en condiciones estándar. Calcula la masa de oxígeno y el número de moléculas. Calcula la masa de hidrógeno que reaccionará con esta cantidad de oxígeno y la masa de agua que se formará.

Fórmulas químicas. Composición

33 Para que la extracción de un cierto metal sea rentable, es necesario calcular previamente la composición centesimal del mineral en el que se encuentra. Tenemos tres minerales que contienen cobre: calcopirita ($CuFeS_2$), calcocita (Cu_2S) y cuprita (Cu_2O_2). Si se quiere extraer cobre, ¿cuál de ellos sería más rentable? ¿Y si lo que se quiere es azufre?

Datos: m(Cu) = 63,55 u; m(Fe) = 55,85 u; m(S) = 32,06 u; m (O) = 16,00 u.

34 La cromita ($FeCr_2O_4$), la cincocromita ($ZnCr_2O_4$) y el zafiro (Al_2O_3CrTi) son tres minerales de interés para el ser humano. Ordénalos en orden creciente de porcentaje en masa de cromo.

Datos: m(Fe) = 55,85 u; m(Cr) = 52,00 u; m(O) = 16,00 u; m(Zn) = 65,38 u; m (Al) = 26,98 u; m (Ti) = 47,87 u.

35 La composición centesimal de un tipo de acero es la siguiente: 98 % de hierro y 2 % de carbono. Calcula cuántos átomos de hierro hay por cada uno de carbono. Toma un valor para la masa atómica del hierro: m (Fe) = 55,85 u.

36 La composición centesimal del bronce es 88 % de cobre y 12 % de estaño. Calcula la proporción en la que se encuentran estos dos átomos.

Datos: m (Cu) = 63,55 u; m (Sn) = 118,71 u.

37 Un hidrocarburo contiene un 80,0 % de carbono, siendo el resto hidrógeno. Calcula su fórmula empírica. Si su masa molar es 30,08 g/mol, deduce su fórmula molecular.

38 El ácido acetilsalicílico es el componente principal de la aspirina. Se trata de un compuesto orgánico que contiene carbono (60 %), hidrógeno (4,48 %) y oxígeno. Deduce su fórmula empírica. Sabiendo que su masa molecular es de 180,17 u, obtén su fórmula molecular.

39 El butano tiene un 82,76 % de carbono, siendo el resto hidrógeno. Determina su fórmula química, sabiendo que su masa molar es 58,14 g/mol.

40 La glucosa es un compuesto orgánico que tiene C, O y H. Cuando se queman completamente 0,2 g de glucosa, se obtienen 0,2931 g de CO_2 y 0,1200 g de vapor de agua. Si su masa molecular es 180,18 u, determina su fórmula molecular y su composición centesimal.

41 El benceno es un compuesto orgánico que contiene solamente carbono e hidrógeno. Al quemar 2,5 g de benceno se obtienen 8,4499 g de CO_2 y 1,7299 g de H. Se sabe que un 1 g de benceno, en condiciones estándar, ocupa un volumen de 0,291 L. Calcula su fórmula molecular.

42 El cloroformo tiene la siguiente composición centesimal: C: 10,06 %, H: 0,85 %, Cl: el resto. Sabiendo que su densidad en condiciones normales es de 5,33 g/L, determina su fórmula molecular. Utiliza un valor para la masa atómica del cloro: m (Cl) = 35,45 u.

43 Un óxido de nitrógeno tiene un porcentaje en masa de nitrógeno del 30,43 %. Determina su fórmula empírica.

Espectroscopía y espectrometría aplicadas al análisis químico

44 Se ha analizado, mediante espectrometría de masas, la abundancia isotópica de una muestra de xenón, y se han obtenido los siguientes resultados:

Isótopo	Abundancia relativa (%)
^{126}Xe	0,09
^{128}Xe	1,91
^{129}Xe	26,4
^{130}Xe	4,1
^{131}Xe	21,29
^{132}Xe	26,9
^{134}Xe	10,4
^{136}Xe	8,9

Con estos datos, determina su masa atómica promedio. Representa el espectro de masas que se obtendría.

45 La siguiente figura muestra el espectro de masas de un cierto elemento. Calcula su masa atómica promedio. ¿Podrías identificar de qué elemento se trata?

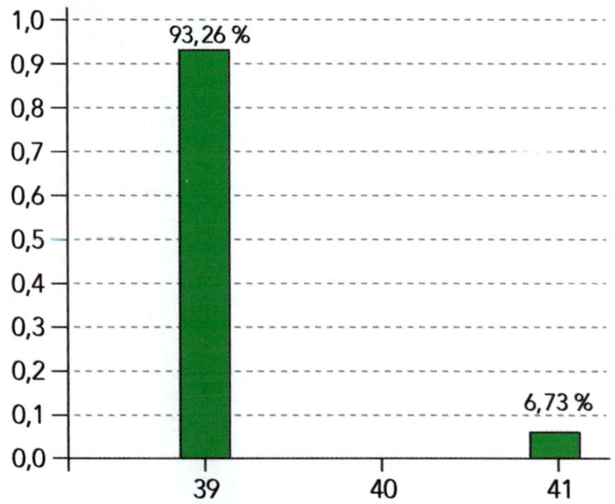

46 Se ha analizado, mediante espectrometría de masas, la abundancia isotópica de una muestra de hierro, y se han obtenido los siguientes resultados:

Isótopo	Abundancia relativa (%)
^{54}Fe	5,845
^{56}Fe	91,720
^{57}Fe	2,119
^{58}Fe	0,282

Con estos datos, determina su masa atómica promedio. Representa el espectro de masas que se obtendría.

47 En la siguiente figura se muestra el espectro infrarrojo del metano. Discute su papel como gas de efecto invernadero.

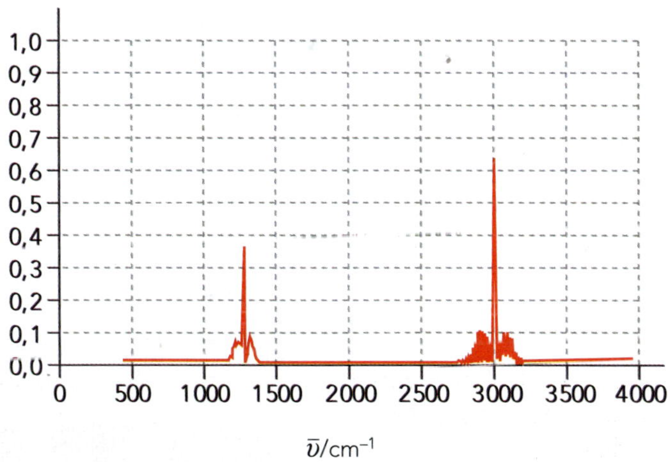

Ciencia, tecnología y sociedad

Isótopos en nuestra vida cotidiana

No todos los isótopos inestables, que se desintegran emitiendo radiactividad, son dañinos para el ser humano. Algunos de ellos tienen grandes aplicaciones en nuestra vida cotidiana y se utilizan incluso para diagnosticar o curar enfermedades. Tal es el caso, por ejemplo, del tecnecio 99, un isótopo radiactivo que se utiliza en una técnica denominada tomografía computerizada por emisión de fotones, mediante la cual se generan imágenes tridimensionales de huesos y tejidos blandos.

El tecnecio permite obtener imágenes muy nítidas mediante las que detectar enfermedades como tumores, desajustes del tiroides, problemas renales y del sistema circulatorio, y un largo etcétera. Además, tiene la ventaja de que la cantidad de radiación que emite es extremadamente baja, por lo que el paciente no se ve sometido a dosis elevadas de radiación.

Esto hace que este isótopo sea utilizado en todos los hospitales del mundo. Se obtiene a partir del molibdeno 99, un isótopo inestable producido en las reacciones que tienen lugar en las centrales nucleares.

El cierre de estas instalaciones en numerosos países está dando lugar a una escasez de tecnecio 99, lo que pone en peligro esta técnica diagnóstica. Por eso, se están buscando nuevas estrategias, combinando avances en física y en química que permitan obtener las cantidades requeridas por los hospitales de este isótopo tan útil.

Como ves, no toda la radiactividad es dañina: bien utilizada, puede salvar vidas.

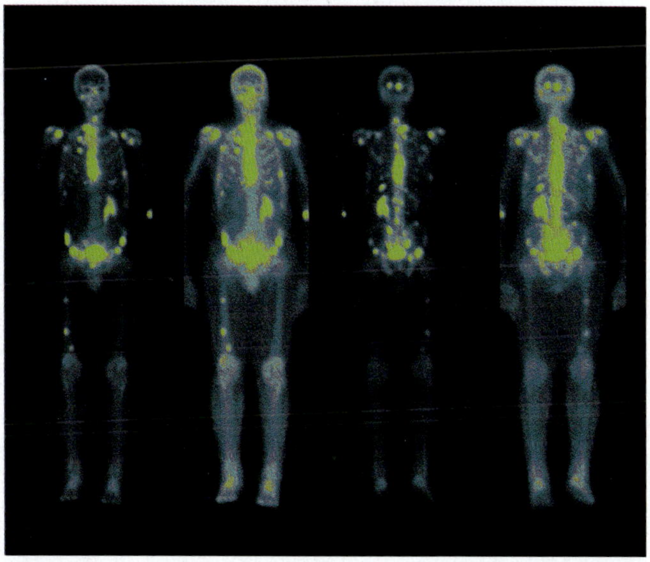

2

ESTADOS DE AGREGACIÓN DE LA MATERIA

El valor del agua

¿Te has preguntado por qué hay diferentes precios para las botellas de agua? ¿O por qué puede no ser recomendable beber agua del grifo dependiendo de en qué ciudad o país estés? El agua es la sustancia más valiosa que hay en nuestro planeta, y la más abundante, pero no todas las personas podemos disfrutarla de igual forma.

El agua es indispensable para la vida debido a sus propiedades tan peculiares, consecuencia del enlace covalente entre sus átomos y de los puentes de hidrógeno que se establecen entre sus moléculas. Así, su capacidad para disolver casi cualquier sustancia la convierte en un gran medio de reacción y transporte. Por ejemplo, las reacciones químicas que tienen lugar dentro de los seres vivos se producen en medio acuoso, los nutrientes y los medicamentos han de estar disueltos para poder ser absorbidos, etc.

Sin embargo, el agua también disuelve sustancias que son perjudiciales o contaminantes, como los residuos de la industria o las bacterias y virus infecciosos. Este es uno de los grandes problemas en los países subdesarrollados, pues las personas consumen agua contaminada o infectada a diario, con todos los riesgos que eso conlleva.

COMPROMISO ODS

ODS

Haced estas actividades en grupos:

1 Formad grupos y elaborad un escrito con los puntos a seguir para llegar a la **meta 3.3** de los objetivos para el desarrollo sostenible.

2 Busca información sobre las metas a alcanzar en el año 2030 relacionadas con el **objetivo 6** para el desarrollo sostenible y piensa qué puedes hacer tú para lograrlas. Idead un proyecto que pueda llevarse a cabo en vuestro centro para hacer un uso responsable del agua.

3 Para trabajar en una potabilizadora de aguas, existen multitud de cursos de formación profesional relacionados con análisis y calidad de aguas, grados universitarios como Química o Ingeniería Química, y cursos orientados al uso de la maquinaria específica de esa industria. También se llevan a cabo proyectos en países en vías de desarrollo en los que puedes colaborar en la creación de infraestructuras básicas. Busca información sobre las **metas 9.1** y **9.a** y piensa cómo pueden lograrse a través de dichos proyectos.

Antes de empezar a estudiar esta unidad, consulta la presentación «Qué necesitas saber» en anayaeducacion.es.

LOS RECURSOS EN LA WEB DE ESTA UNIDAD

ESTADOS DE AGREGACIÓN DE LA MATERIA

- El valor del agua
  - PRESENTACIÓN: Qué necesitas saber.
  - VÍDEO: Objetivos de Desarrollo Sostenible.
- 1 Estados de agregación de la materia
- 2 La ecuación de estado de los gases ideales
  - VÍDEO: Objetivos de Desarrollo Sostenible.
  - VÍDEO: Las leyes de los gases.
- 3 La teoría cinético-molecular. Gases ideales y gases reales
  - VÍDEO: Difusión de los gases.
- 4 Disoluciones
  - VÍDEO: Disoluciones y solubilidad.
- 5 Concentración y solubilidad
  - DOCUMENTO: Informe de investigación.
- 6 Preparación de disoluciones
- 7 Propiedades coligativas
  - DOCUMENTO: Técnica: «Solución a cuatro».
  - DOCUMENTO: Técnica: «Las 6 W».
  - DOCUMENTO: Técnica: «Efecto y alcance».
- TIC: Ampliación de hojas de cálculo
- Estrategias de resolución de problemas
  - DOCUMENTO: Aprender a leer facturas y etiquetas.
- Trabaja con lo aprendido
  - DOCUMENTO: Consejos para elaborar tu porfolio.
  - PRESENTACIÓN: Para estudiar.

Y ADEMÁS... Soluciones de todas las actividades numéricas

1 ESTADOS DE AGREGACIÓN DE LA MATERIA

1.1. Estados de agregación

Los **estados de agregación** de la materia aparecen como consecuencia de dos comportamientos, en cierta manera opuestos, de las partículas que la forman:

- Las **fuerzas intermoleculares** que se ejercen entre ellas son de carácter atractivo, por lo que tenderán a permanecer muy próximas entre sí.
- Por otro lado, la **agitación térmica** hará que se alejen lo máximo posible unas de otras.

Dependiendo de las condiciones de presión y temperatura a las que esté la sustancia, prevalecerá uno de estos comportamientos, dando lugar a los diferentes estados:

- **Sólido:** las partículas se encuentran fuertemente unidas creando una estructura rígida (imagen inferior izquierda). Por tanto, mantienen su forma y volumen ante esfuerzos externos moderados (se dice que tienen baja **compresibilidad**).
- **Líquido:** las partículas se separan ligeramente como consecuencia de su agitación térmica. Dado que las fuerzas intermoleculares disminuyen muy rápidamente al aumentar la distancia, su intensidad decrece lo suficiente como para que tengan cierta libertad de movimiento. De esta forma, pueden rotar y desplazarse unas respecto a otras, aunque no separarse demasiado (imagen inferior centro). En consecuencia, los líquidos tienen las siguientes propiedades:
  - Pueden fluir gracias a la movilidad relativamente elevada de sus partículas.
  - Se adaptan, por efecto de la gravedad, al recipiente que los contiene, por lo que no poseen forma propia.
  - Como las partículas siguen estando muy próximas entre sí, los líquidos aún tienen una compresibilidad muy baja (cuesta mucho disminuir su volumen).
- **Gaseoso:** las partículas se encuentran muy separadas unas de otras, por lo que no interaccionan entre sí, exceptuando algunas ocasionales colisiones entre ellas (imagen inferior derecha). Sus principales propiedades son:
  - Igual que los líquidos, pueden fluir y no tienen forma propia, por lo que se adaptan al recipiente que los contiene.
  - Debido a su gran movilidad, las partículas tienden a estar alejadas unas de otras, por lo que el gas ocupa el máximo espacio posible. Como consecuencia, carecen de un volumen definido, siendo este el del recipiente.
  - Gracias a las grandes distancias intermoleculares, son fácilmente compresibles.

Estados de agregación de la materia

En los **sólidos,** las partículas ocupan posiciones fijas en el espacio, en torno a las cuales vibran, debido a su agitación térmica. En numerosas ocasiones se ordenan formando una red cristalina.

En los **líquidos,** las partículas están aún muy próximas entre sí, pero menos que en los sólidos. Por eso, pueden moverse con una mayor libertad. En consecuencia, decimos que pueden fluir.

En el caso de los **gases,** la fuerza de atracción entre las partículas es muy débil ya que las fuerzas intermoleculares son de corto alcance. Por eso, se expanden por todo el volumen que las contiene.

1.2. Cambios de fase

En ciertas condiciones de presión y temperatura, las sustancias pasan de un estado de agregación a otro, lo que se denomina **cambio de estado** o **de fase** (imagen inferior izquierda). Dos aspectos importantes son:

- **Cada cambio de estado y su opuesto tienen lugar a la misma temperatura.** Por ejemplo, a p = 1 atm, la fusión del hielo y la solidificación del agua líquida tienen lugar a 0 °C, y, del mismo modo, la ebullición y la condensación se producen ambos a 100 °C.
- Durante los cambios de estado, y **mientras coexisten dos fases diferentes, la temperatura siempre permanece constante.**

En la imagen inferior derecha, se muestra la gráfica de calentamiento del agua. Inicialmente, tenemos una masa de hielo a la que aportamos energía. Esto hace que su temperatura ascienda hasta alcanzar los 0 °C, momento en el que dará comienzo el proceso de **fusión.** Mientras dura el cambio de fase, el valor de T permanece constante (línea horizontal marcada como «hielo + agua»).

Una vez que toda el agua esté en estado líquido, si se sigue aportando energía, la temperatura aumenta hasta llegar a los 100 °C. En ese momento, tiene lugar el proceso de **vaporización,** y el valor de T vuelve a permanecer constante hasta que haya pasado completamente a estado gaseoso (línea horizontal marcada como «agua + vapor»).

Si seguimos la línea roja en sentido contrario (de derecha a izquierda), observamos los cambios de fase inversos (**condensación** y **solidificación**) que, como se aprecia, tienen lugar a las mismas temperaturas que los anteriores: 100 °C y 0 °C, respectivamente.

Por último, notemos que la cantidad de energía que hay que aportar para fundir una cierta cantidad de hielo es igual, en valor absoluto, a la que es necesaria extraer para congelar la misma masa de agua líquida; se la denomina **calor de fusión,** L_f.

Del mismo modo, la cantidad de energía que hace falta para vaporizar agua líquida es igual, en valor absoluto, a la que hay que extraer para que condense la misma cantidad de gas; se llama **calor de vaporización,** L_v.

Conviene no confundir el proceso de **ebullición** con el de **evaporación.** Tanto en un caso como en el otro, el líquido pasa a estado gaseoso. Sin embargo, el primero tiene lugar a una temperatura fija e involucra simultáneamente a todo el volumen de la sustancia. El segundo es un fenómeno superficial, y puede ocurrir a cualquier temperatura.

Cambios de fase

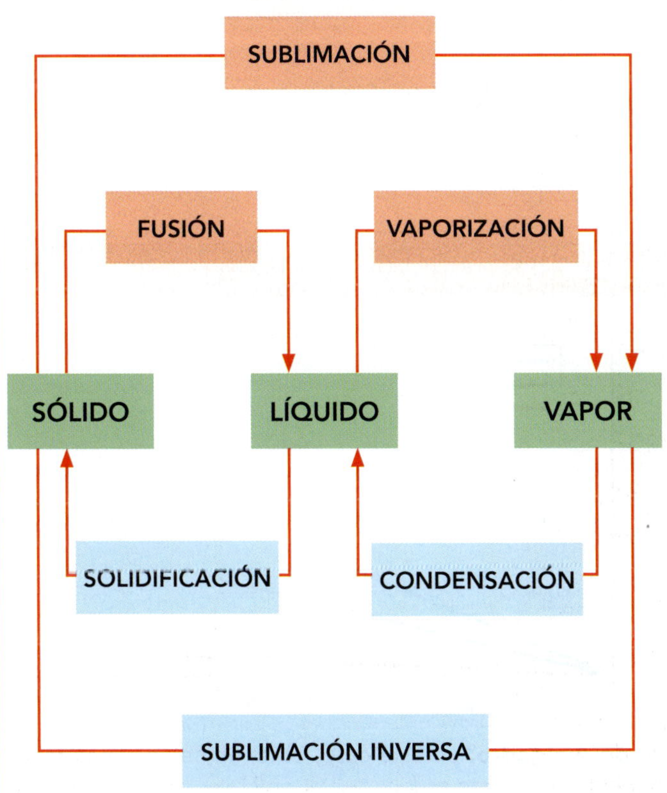

Gráfica de calentamiento del agua

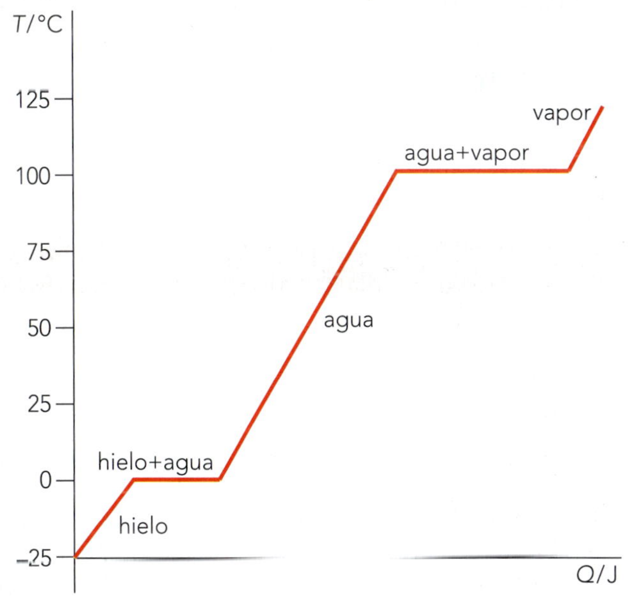

Observamos dos tramos horizontales de temperatura constante: el de fusión y el de ebullición. Durante ambos, la energía se emplea, no en variar la temperatura, sino en debilitar las interacciones que mantienen unidas las partículas. Cuando el proceso ha finalizado, la temperatura vuelve a aumentar.

2
LA ECUACIÓN DE ESTADO DE LOS GASES IDEALES

De los tres estados de agregación de la materia, el más sencillo de analizar es el gaseoso. De hecho, su comportamiento ya había sido estudiado por numerosos científicos en el siglo XVII, descubriendo numerosas leyes empíricas, en principio, aisladas entre sí. Posteriormente, en el siglo XIX, se obtuvo la ecuación de estado de los gases ideales, que permitía unificar todas las anteriores en una única expresión matemática. Veamos cómo podemos obtener las leyes de los gases a partir de dicha ecuación de estado.

2.1. La ecuación de estado

Se llama **ecuación de estado** a cualquier expresión matemática que relacione las variables termodinámicas de presión, p, temperatura, T, volumen, V, y cantidad de sustancia, n.

En el caso de los gases ideales es la siguiente:

$$\boxed{p \cdot V = n \cdot R \cdot T}$$

donde R es la denominada **constante de los gases.** Su valor en el SI es de 8,314 $J \cdot mol^{-1} \cdot K^{-1}$. Si la presión se mide en atmósferas y el volumen en litros, su valor es 0,082 $atm \cdot L \cdot mol^{-1} \cdot K^{-1}$. **La temperatura siempre se mide en kelvin, y la cantidad de sustancia, en mol.**

2.2. Deducción de las leyes de los gases ideales

A partir de la ecuación de estado se pueden deducir matemáticamente todas las leyes de los gases ideales.

- **Ley de Boyle:** Consideremos que la cantidad de sustancia y la temperatura permanecen constantes.

Entonces tendremos:

$$p \cdot V = n \cdot R \cdot T \equiv k$$

donde definimos una nueva constante de proporcionalidad, k. De esta forma, obtenemos la **ley de Boyle:**

Si en un gas, la temperatura y la cantidad de sustancia permanecen constantes, entonces el volumen es inversamente proporcional a la presión:

$$p \cdot V = k \leftrightarrow p = \frac{k}{V} \rightarrow p_1 \cdot V_1 = p_2 \cdot V_2$$

Los subíndices 1 y 2 indican dos condiciones diferentes del gas, donde $p \cdot V$ es constante. Como $k \equiv n \cdot R \cdot T$, el valor de este producto crecerá con la temperatura (figura inferior izquierda).

- **Ley de Avogadro:** Si ahora consideramos constantes la presión y la temperatura, tendremos:

$$\frac{V}{n} = \frac{R \cdot T}{p} \equiv k'$$

donde k' es una nueva constante. Así, se deduce la **ley de Avogadro** (figura inferior derecha):

Si la temperatura y la presión de un gas permanecen constantes, entonces el volumen es directamente proporcional a la cantidad de sustancia:

$$\frac{V}{n} = k' \leftrightarrow V = k' \cdot n \rightarrow \frac{V_1}{n_1} = \frac{V_2}{n_2}$$

donde, 1 y 2 indican dos condiciones diferentes del gas.

Leyes de los gases ideales (I)

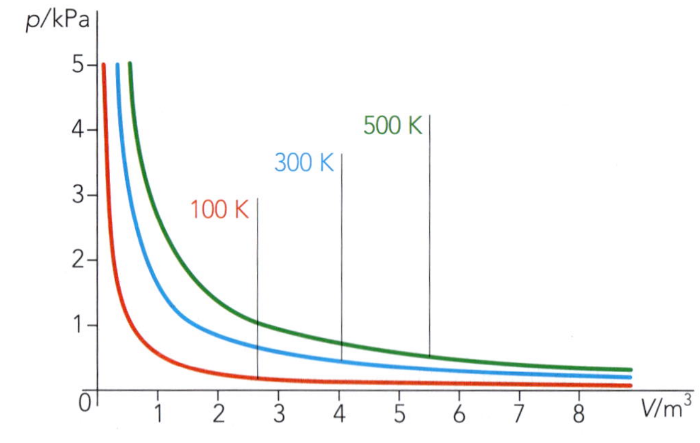

Ley de Boyle: la curva p-V es una rama de una hipérbola cuya posición está determinada por el valor de la constante k.

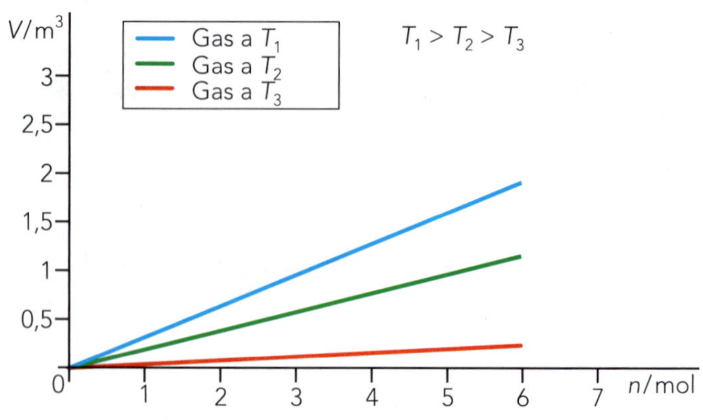

Ley de Avogadro: en este caso, obtenemos una línea recta donde su pendiente es k'.

- **Primera ley de Charles-Gay Lussac:** si se mantienen constantes la presión y la cantidad de sustancia, tendremos:

$$\frac{V}{T} = \frac{n \cdot R}{p} \equiv k''$$

donde k'' es una nueva constante. Así:

Si en un gas, la presión y la cantidad de sustancia permanecen constantes, entonces el volumen es directamente proporcional a la temperatura:

$$\frac{V}{n} = k'' \leftrightarrow V = k'' \cdot T \rightarrow \frac{V_1}{T_1} = \frac{V_2}{T_2}$$

Al representar V frente a T se obtiene una línea recta (figura inferior izquierda). Su pendiente puede variar, pero todas coinciden en que a $T = 0$ K, el volumen se anula. En la práctica, dicho punto nunca se alcanza.

- **Segunda ley de Charles-Gay Lussac:**

En un gas, si el volumen y la cantidad de sustancia permanecen constantes, la presión es directamente proporcional a la temperatura:

$$\frac{p_1}{T_1} = \frac{p_2}{T_2}$$

- **Ley combinada de los gases:** dejando constante únicamente la masa de la sustancia, obtenemos:

$$\frac{p \cdot V}{T} = n \cdot R \equiv K$$

donde K es una constante que es directamente proporcional al volumen y a la presión, e inversamente proporcional a la temperatura (figura inferior derecha). Por tanto:

$$\frac{p \cdot V}{T} = K \leftrightarrow \frac{p_1 \cdot V_1}{T_1} = \frac{p_2 \cdot V_2}{T_2}$$

Ejercicio resuelto

1 En un recipiente de 1 L hay un gas a 1 atm de presión. Conectado con él hay otro recipiente de 2 L en el que se ha hecho el vacío. ¿Qué presión tendrá el gas al abrir la válvula, si no varía la temperatura? ¿Y si la temperatura final fuera la mitad que la inicial?

Solución

Si no varía la temperatura podemos utilizar la ley de Boyle:

$$p_1 \cdot V_1 = p_2 \cdot V_2$$

Como el volumen final que ocupa el gas es de 3 L, tendremos:

$$p_2 = \frac{p_1 \cdot V_1}{V_2} = \frac{1 \text{ atm} \cdot 1 \text{ L}}{3 \text{ L}} = 0,333 \text{ atm}$$

En el segundo caso, nos dicen que la temperatura final es la mitad que la inicial. Como cambian tres magnitudes simultáneamente, tendremos que usar la ley combinada:

$$\frac{p_1 \cdot V_1}{T_1} = \frac{p_2 \cdot V_2}{T_2}$$

$$p_2 = p_1 \cdot \frac{V_1}{V_2} \cdot \frac{T_2}{T_1} = 1 \cdot \frac{1 \text{ L}}{3 \text{ L}} \cdot 0,5 = 0,167 \text{ atm}$$

La ley de Boyle tiene muchas aplicaciones en la vida cotidiana y en nuestro organismo, desde los *airbags* en los coches, hasta los pulmones al respirar en diferentes alturas o profundidades. Busca información sobre estos y otros ejemplos, y explica la importancia de esta ley en ellos. En equipos, haced un esquema gráfico que muestre estas funciones.

Leyes de los gases ideales (II)

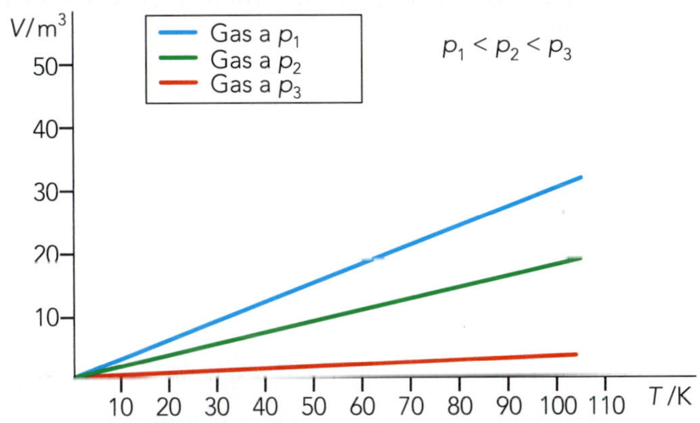

1.ª Ley de Charles-Gay Lussac: las líneas V-T son rectas cuyas pendientes dependen de la presión; se cortan en $V = 0$, $T = 0$ K.

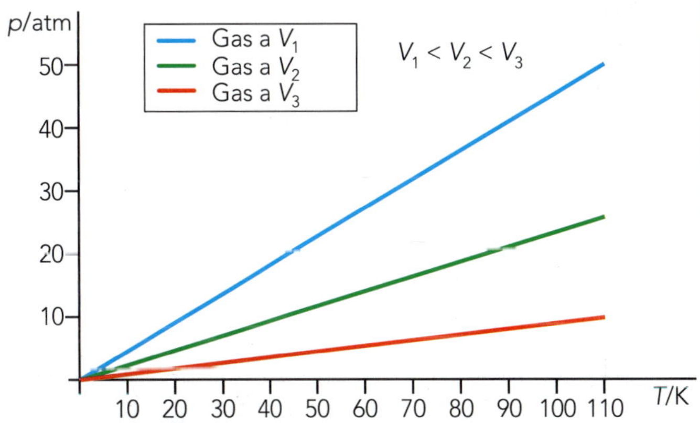

2.ª Ley de Charles-Gay Lussac: su representación es una línea recta que depende de V y pasa por el origen de coordenadas.

En **anayaeducacion.es** puedes reproducir diferentes vídeos sobre las leyes de los gases.

2.3. La ley de Dalton de las presiones parciales

Todas las leyes que hemos estudiado hasta ahora se pueden aplicar tanto si hay un único gas como cuando hay varios juntos, siempre que no estén reaccionando. Esto justifica que las utilicemos, por ejemplo, en el caso del aire, en el ejercicio resuelto 2, aun cuando se trate de una mezcla homogénea.

El problema surge a la hora de plantear qué presión es la que tenemos que emplear en la ecuación de estado, ya que cada gas tendrá la suya propia. En 1801, Dalton enunció la siguiente ley, que resolvía este problema:

> En una mezcla de gases no reactivos, la **presión total** que ejerce la mezcla es igual a la **suma de las presiones parciales** que ejercerían cada uno si estuviera él solo ocupando todo el volumen del recipiente.

Para comprender mejor esta ley, supongamos que tenemos dos cantidades, n_1 y n_2, de dos gases en un cierto recipiente de volumen V a temperatura T. Si cada uno de ellos estuviera aislado, sus **presiones parciales** serían:

$$p_1 = \frac{n_1 \cdot R \cdot T}{V}; \quad p_2 = \frac{n_2 \cdot R \cdot T}{V}$$

Por tanto, tal como establece la ley de Dalton, la presión total será la suma de ambas:

$$p = p_1 + p_2 = \frac{n_1 \cdot R \cdot T}{V} + \frac{n_2 \cdot R \cdot T}{V}$$

Si hubiera más de dos componentes en la mezcla, las presiones parciales se definirían del mismo modo, y la presión total seguiría siendo la suma de todas ellas.

Presión parcial y fracción molar

Se define la **fracción molar** de un gas en una mezcla de gases como el siguiente cociente:

$$X_i = \frac{n_i}{n}$$

donde n_i es la cantidad de sustancia del gas i y n es la cantidad de sustancia total presente en la mezcla:

$$n = n_1 + n_2 + \ldots$$

La presión parcial de cada gas está relacionada con la fracción molar mediante:

$$p_i = \frac{n_i \cdot R \cdot T}{V} = n_i \cdot \frac{R \cdot T}{p \cdot V} \cdot p = \frac{n_i}{n} \cdot p$$

$$\boxed{p_i = X_i \cdot p}$$

Ejercicios resueltos

2 En la botella de un buceador hay 10 L de aire a 5 atm de presión cuando la temperatura es de 10 °C. Si las paredes de la botella aguantan sin reventar hasta 15 atm, ¿cuál es la temperatura máxima a la que se podrá calentar el aire?

Solución

El aire es una mezcla de gases que no reaccionan entre sí, por eso podemos utilizar las leyes de los gases ideales. Como durante este proceso no cambia su volumen, emplearemos la 2.ª Ley de Charles-Gay Lussac: p/T = cte., con T en kelvin.

$$\frac{p_1}{T_1} = \frac{p_2}{T_2} \rightarrow T_2 = T_1 \cdot \frac{p_2}{p_1} = (10 + 273) \cdot \frac{15}{5} = 849 \text{ K}$$

Es decir: 849 – 273 = 576 °C.

3 Una bombona de butano tiene un volumen de 13 L a una presión de 8 atm y una temperatura de 25 °C. ¿Qué cantidad de butano habría si estuviera en estado gaseoso?

Solución

Suponiendo que el butano del interior de la bombona está en estado gaseoso, podemos calcular la cantidad de sustancia a partir de la ecuación de estado de los gases ideales:

$$p \cdot V = n \cdot R \cdot T \rightarrow n = \frac{p \cdot V}{R \cdot T}$$

$$n = \frac{8 \text{ atm} \cdot 13 \text{ L}}{0{,}082 \text{ atm} \cdot \text{L} \cdot \text{mol}^{-1} \cdot \text{K}^{-1} \cdot (25 + 273) \cdot K} = 4{,}26 \text{ mol}$$

Como la masa molar del butano es 58,12 g·mol^{-1}, la bombona contendrá:

$$m = n \cdot M = 4{,}26 \cdot 58{,}12 = 247{,}6 \text{ g}$$

Por esta razón, las bombonas llevan el butano en estado líquido, pues cabe una masa mucho mayor, unos 12,5 kg.

4 A partir de la ecuación de los gases ideales, deduce la siguiente expresión, que permite calcular la densidad conociendo los valores de presión y temperatura:

$$d = \frac{p \cdot M}{R \cdot T}$$

siendo M la masa molar del gas.

Solución

Partimos de la ecuación de estado de los gases ideales:

$$p \cdot V = n \cdot R \cdot T \rightarrow n = \frac{p \cdot V}{R \cdot T}$$

Sabiendo que:

$$n = \frac{m}{M} \quad ; \quad d = \frac{m}{V}$$

relacionamos las ecuaciones de esta forma:

$$d = \frac{m}{V} = n \cdot \frac{M}{V} = \frac{p \cdot V}{R \cdot T} \cdot \frac{M}{V} = \frac{p \cdot M}{R \cdot T}$$

Ejercicios resueltos

5 Un recipiente de 3 L contiene nitrógeno a 3 °C. Con un manómetro se mide su presión, que resulta ser de 800 mmHg. ¿Qué masa de nitrógeno hay? Calcula qué volumen ocuparía el gas en condiciones normales.

Solución

Expresamos la presión en atmósferas:

$$p = 800\ \text{mmHg} = 800\ \text{mmHg} \cdot \frac{1\ \text{atm}}{760\ \text{mmHg}} = 1{,}05\ \text{atm}$$

Calculamos la cantidad de sustancia de nitrógeno:

$$n = \frac{p \cdot V}{R \cdot T} = \frac{1{,}05\ \text{atm} \cdot 3\ \text{L}}{0{,}082\ \text{atm} \cdot \text{L} \cdot \text{mol}^{-1} \cdot \text{K}^{-1} \cdot (3 + 273)\ \text{K}} = 0{,}14\ \text{mol}$$

Sabiendo que la masa molar es de 28,02 g · mol^{-1}, tenemos:

$$m = n \cdot M = 0{,}14 \cdot 28{,}02 = 3{,}92\ \text{g}$$

En condiciones normales, p = 1 atm y T = 273 K, y, entonces, el volumen sería:

$$\frac{p_1 \cdot V_1}{T_1} = \frac{p_2 \cdot V_2}{T_2} \rightarrow V_2 = V_1 \cdot \frac{p_1}{p_2} \cdot \frac{T_2}{T_1}$$

$$V_2 = 3\ \text{L} \cdot \frac{1{,}05\ \text{atm}}{1\ \text{atm}} \cdot \frac{273\ \text{K}}{276\ \text{K}} = 3{,}12\ \text{L}$$

6 Un recipiente de 10 L está a 40 °C. Contiene 20 g de He y 45 g de H_2. Halla la presión total, las presiones parciales y las fracciones molares de cada uno de los gases.

Solución

En primer lugar, calculamos la cantidad de sustancia de cada gas por separado y la total:

$$n_H = \frac{45\ \text{g}}{2{,}02\ \text{g} \cdot \text{mol}^{-1}} = 22{,}28\ \text{mol de H}_2$$

$$n_{He} = \frac{20\ \text{g}}{4{,}00\ \text{g} \cdot \text{mol}^{-1}} = 5\ \text{mol de He}$$

$$n = 22{,}28 + 5 = 27{,}28\ \text{mol}$$

Y, después, las fracciones molares:

$$X_{H_2} = \frac{22{,}28}{27{,}28} = 0{,}8167 = 81{,}67\ \%$$

$$X_{He} = \frac{5}{27{,}28} = 0{,}1833 = 18{,}33\ \%$$

La presión total vendrá dada por la cantidad de sustancia de la mezcla:

$$p = \frac{n \cdot R \cdot T}{V} = \frac{27{,}28 \cdot 0{,}082 \cdot 313}{10} = 70{,}02\ \text{atm}$$

Por tanto, las presiones parciales serán:

$$p_{H_2} = 0{,}8167 \cdot 70{,}02 = 57{,}18\ \text{atm}$$

$$p_{He} = 0{,}8133 \cdot 70{,}02 = 12{,}84\ \text{atm}$$

Ejercicios

1 Deduce las leyes de Boyle y las dos de Gay-Lussac a partir de la ley combinada de los gases.

2 Comprueba que los productos $p \cdot V$ y $n \cdot R \cdot T$ tienen las mismas dimensiones.

3 La densidad de un gas en c. n. es de 1,09 g/L. Si su temperatura asciende a 23 °C y se mantiene constante la presión, ¿qué densidad tendrá ahora?

4 Si las paredes de la botella del ejercicio resuelto 2 pudieran dilatarse de modo que el volumen fuera un 10 % mayor que el inicial, ¿cuál sería ahora la temperatura que alcanzaría el gas sin explotar?

5 Calcula la masa de amoníaco que habrá en un recipiente de 3 L a 22 °C y 713 mmHg. ¿Y si es CO?

6 La composición en volumen del aire es: N_2: 78,08 %; O_2: 20,95 %; Ar: 0,93 %; CO_2: 0,04 %. Calcula las fracciones molares y las presiones parciales de cada gas, así como la presión total ejercida sobre un recipiente de 5 m^3 de volumen que contiene 150 mol de aire a una temperatura de 60 °C.

7 Como has visto, el porcentaje de CO_2 en la atmósfera es muy pequeño. De hecho, suele expresarse como 400 ppm, es decir, 400 moléculas de CO_2 por millón de partículas en el aire. Si buscas noticias sobre la contaminación atmosférica, encontrarás cuál es el máximo permitido en la actualidad y cuál era antes de la Revolución Industrial. ¿A qué crees que es debida esta diferencia? En grupos, elaborad una infografía donde se expliquen qué medidas, a nivel individual y social, se pueden tomar para no superar el máximo permitido de emisiones de CO_2. Utilizad los datos recogidos en la **meta 13.3** de los objetivos para el desarrollo sostenible y la técnica de **Folio giratorio.**

Consulta las soluciones de todas las actividades numéricas en **anayaeducacion.es**.

3
LA TEORÍA CINÉTICO-MOLECULAR. GASES IDEALES Y GASES REALES

La teoría cinético-molecular (TCM) desarrollada, entre otros, por Maxwell y Boltzmann, permitió comprender las leyes de los gases y deducir la ecuación de estado de los gases ideales. A continuación, estudiaremos las hipótesis en las que se basa y analizaremos las limitaciones que presenta esta teoría, que se fueron corrigiendo posteriormente, como en otras ocasiones en el desarrollo de la ciencia.

3.1. Hipótesis de la TCM

Las tres hipótesis principales de la teoría cinético-molecular son las siguientes:

1.ª Los gases están formados por partículas muy pequeñas (átomos, moléculas o iones) que **se mueven continuamente en todas las direcciones, en línea recta y de forma aleatoria.**

2.ª La distancia entre las partículas es muy grande en comparación con su tamaño, por lo que **no se ejercen fuerzas entre ellas.** Es decir, se consideran partículas libres. Esta constituye una de las aproximaciones más fuertes de la teoría.

3.ª Las partículas, en su movimiento, chocan con las paredes del recipiente, y también, de forma ocasional, entre ellas. Estas **colisiones** son completamente **elásticas,** es decir, se conservan la energía cinética y la cantidad de movimiento.

3.2. Utilidad de las hipótesis de la TCM

La importancia de estos postulados radica en que permiten explicar y calcular de forma sencilla las principales magnitudes físicas macroscópicas de los gases ideales a partir de las propiedades microscópicas de sus partículas:

- El **volumen** de las partículas es despreciable frente al del recipiente que las contiene. Por tanto, se puede suponer que estas se mueven libremente por todo el espacio disponible. De ahí que el volumen del gas sea siempre el máximo posible.
- La **presión** interna de un gas se debe a las colisiones de las partículas con las paredes del recipiente. Cuanto mayor sea el número de estas colisiones y la fuerza que ejerzan sobre la pared, mayor será la presión.
- Por el hecho de estar moviéndose, todas las partículas tienen una energía cinética distinta de cero. Su movimiento es aleatorio, por lo que cada una tendrá una energía cinética determinada. El valor medio de esta energía es proporcional a la **temperatura** del gas.

Además, este modelo permitía explicar las leyes conocidas hasta el momento:

- Ley de Boyle: si disminuye el volumen, la distancia que recorren las partículas antes de chocar contra las paredes del recipiente es menor. Así, la frecuencia de las colisiones aumentará y, en consecuencia, la presión.

Teoría cinético-molecular

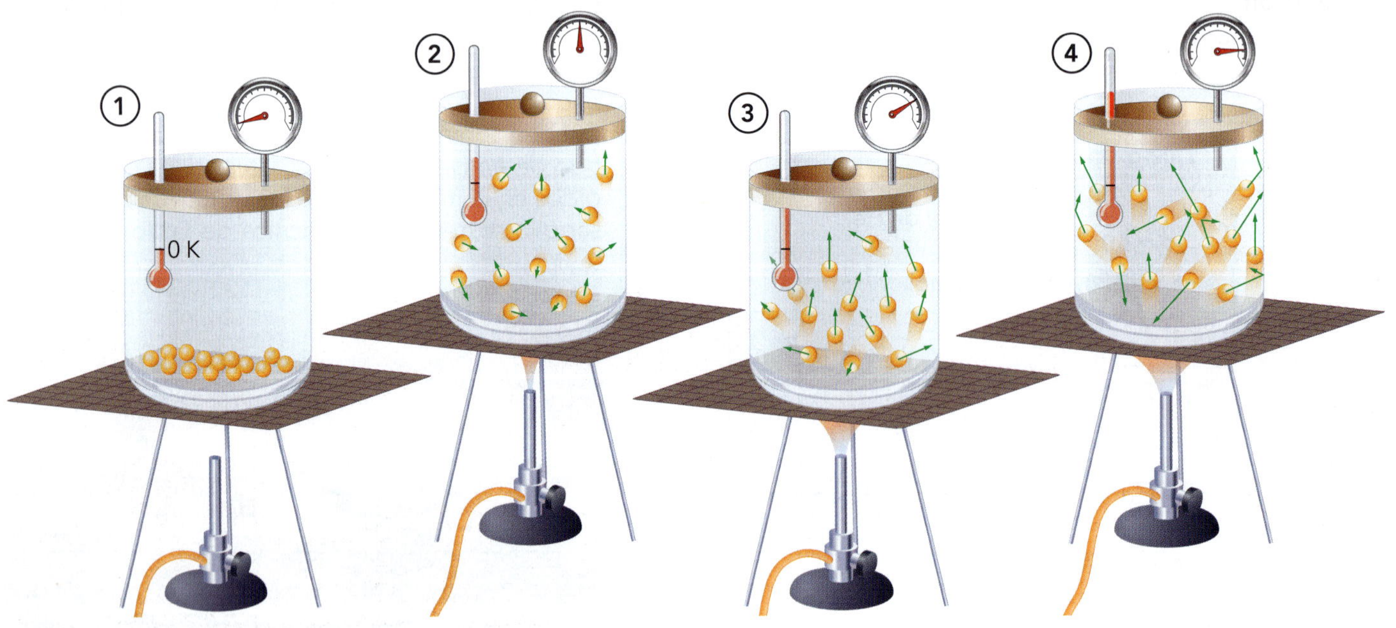

Como vemos en la figura 1, a la temperatura de T = 0 K (cero absoluto), las partículas que forman el gas estarían completamente en reposo, siendo su energía cinética nula.

Al aumentar la temperatura, la velocidad de las partículas también aumenta distribuyéndose de forma aleatoria (figuras 2, 3 y 4); así, a mayor temperatura, mayor energía cinética media.

En la web **anayaeducacion.es** puedes consultar un vídeo sobre la difusión de los gases.

- Primera ley de Charles-Gay Lussac: hemos visto que la presión es inversamente proporcional al volumen, y directamente proporcional a la temperatura. Por tanto, aumentando la temperatura (con lo que *p* aumenta) y también el volumen (con lo que *p* disminuye) adecuadamente, se puede conseguir que la presión permanezca constante.

  En resumen, se comprueba que a presión constante, si aumenta la temperatura, también ha de aumentar el volumen.

- Segunda ley de Charles-Gay Lussac: aumentar la temperatura de un gas equivale a aumentar la energía cinética media de las partículas, por lo que, en promedio, se moverán a velocidades más elevadas. Por tanto, las colisiones con las paredes serán más frecuentes y energéticas, y la presión aumentará.
- Ley de Avogadro: si aumenta el número de partículas, crece proporcionalmente el número de colisiones, y, por tanto, también la presión. Si queremos que la presión y la temperatura permanezcan constantes, hemos de aumentar el volumen del gas.

Así pues, estas hipótesis permitieron explicar bastantes aspectos del comportamiento de los gases. Este fue uno de los grandes éxitos de la teoría, propuesta además en una época en la que la hipótesis atómica era rechazada por numerosos científicos.

3.3. Limitaciones de la TCM

Los **gases reales** no cumplen estrictamente las condiciones de la TCM. En efecto:

- Las partículas se ejercen fuerzas atractivas cuando se acercan lo suficiente. La forma de esta interacción fue propuesta por Van der Waals en 1873.
- El tamaño de las partículas no siempre es despreciable.

El comportamiento real se acerca al ideal para presiones bajas (aproximadamente, menores que 5 atm) y temperaturas moderadas (figura inferior):

- A bajas presiones, las partículas se encuentran muy separadas, por lo que las fuerzas de atracción son despreciables. Al aumentar la presión y disminuir el volumen, disminuye la distancia entre ellas y dichas fuerzas comienzan a actuar, modificando el comportamiento del gas.
- A temperaturas elevadas, las partículas tienen, en promedio, una energía cinética alta y tienden a alejarse entre sí. Al disminuir la temperatura, su movimiento se enlentece y aumenta la densidad del gas, por lo que de nuevo se ponen de manifiesto las fuerzas atractivas.
- Las hipótesis de los gases ideales no permiten explicar que los gases reales condensen, ya que el cambio de fase se produce, como ya hemos visto, cuando las fuerzas intermoleculares predominan sobre la tendencia de las partículas a separarse.

Gases reales y gases ideales

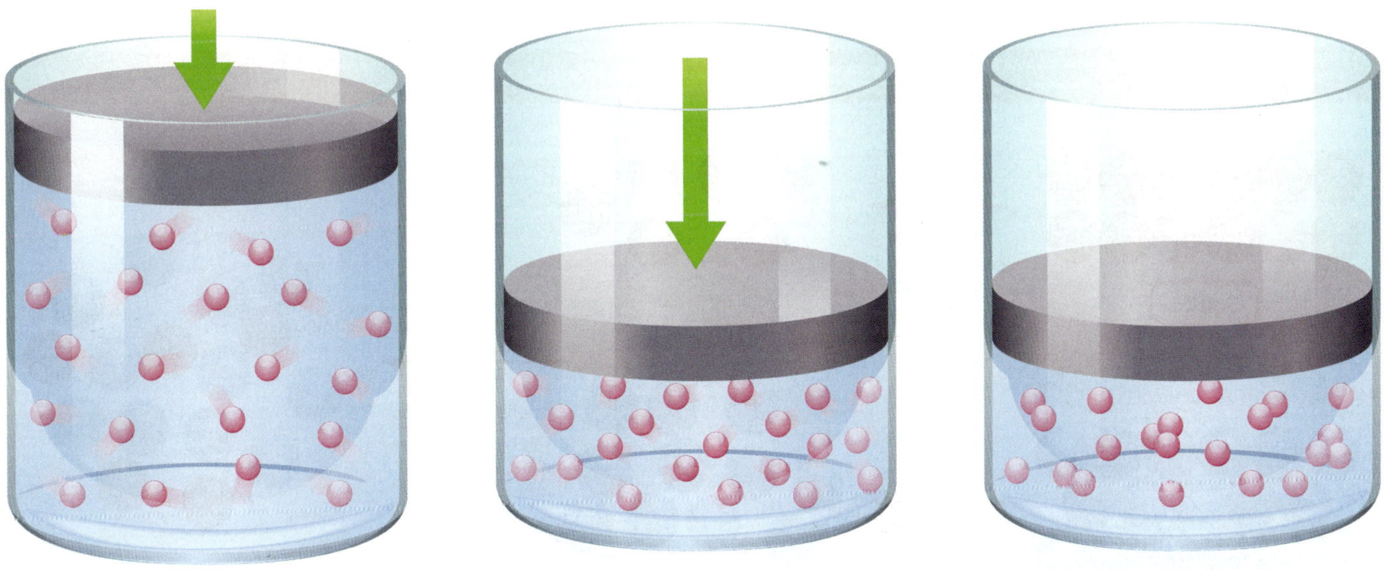

A bajas presiones, las partículas se encuentran muy separadas unas de otras, por lo que no actúan las fuerzas de atracción entre ellas.

Al aumentar la presión, aumenta la densidad, por lo que las partículas están más cerca, y empiezan a actuar las fuerzas atractivas intermoleculares.

Cuando están muy próximas o su movimiento es muy lento, las fuerzas mantienen unidas unas partículas con otras y el gas se condensa.

4.1. Definición y componentes

Una mezcla homogénea está formada por varias sustancias puras que no reaccionan entre sí y que constituyen una única fase. Cuando el tamaño de las partículas no se puede distinguir ni a simple vista ni al microscopio (menor que 1 nm), decimos que tenemos una **disolución.**

Los componentes de una disolución son:

- **Disolvente:** medio en el que se disuelve la otra sustancia. En general, será la que se encuentra en mayor proporción.
- **Soluto:** sustancia que se disuelve en el disolvente. Es la que se encuentra en menor proporción.

Cuando tenemos una **disolución acuosa** siempre se considera que el agua es el disolvente y la otra sustancia es el soluto, independientemente de las masas de cada uno.

4.2. El proceso de disolución según la TCM

El proceso de disolución se puede dividir en tres etapas (figura inferior):

Fase 1. Las partículas del soluto se separan.

Fase 2. Las partículas del disolvente se separan.

Fase 3. Las partículas del soluto se dispersan entre las del disolvente.

Vemos, por tanto, que tenemos que considerar tres tipos de interacciones: soluto-soluto, disolvente-disolvente y soluto-disolvente.

Cuanto mayor sea la interacción entre las partículas del soluto o entre las del disolvente, más difícil será que se produzca la dispersión de ambas. Por el contrario, si estas interacciones son débiles y las fuerzas de atracción entre las partículas del soluto y del disolvente son intensas, entonces el proceso se ve favorecido.

Aunque solamente hemos estudiado la TCM en el ámbito de los gases, prácticamente todas sus hipótesis pueden aplicarse, o adaptarse con ligeras modificaciones, a líquidos y sólidos. Esto permite explicar las principales propiedades del mecanismo de disolución de unas sustancias en otras:

- El aumento de temperatura acelera el proceso debido a dos causas principales:
  - Provoca una mayor agitación de las partículas del soluto y del disolvente, haciendo que sus velocidades de vibración también aumenten. Esto conlleva a que se debiliten las interacciones soluto-soluto y disolvente-disolvente.
  - Cuanto mayor sea la temperatura, más separadas estarán las partículas de soluto, por un lado, y de disolvente por otro, haciendo que las interacciones soluto-disolvente sean más intensas y se favorezca la disolución del primero en el segundo.
- Cuanto mayor sea la superficie de contacto entre soluto y disolvente, más rápido tendrá lugar el proceso de disolución, pues hay un mayor número de partículas de ambos interaccionando. Por tanto, el proceso se verá favorecido cuando el soluto esté pulverizado.

Etapas del proceso de disolución

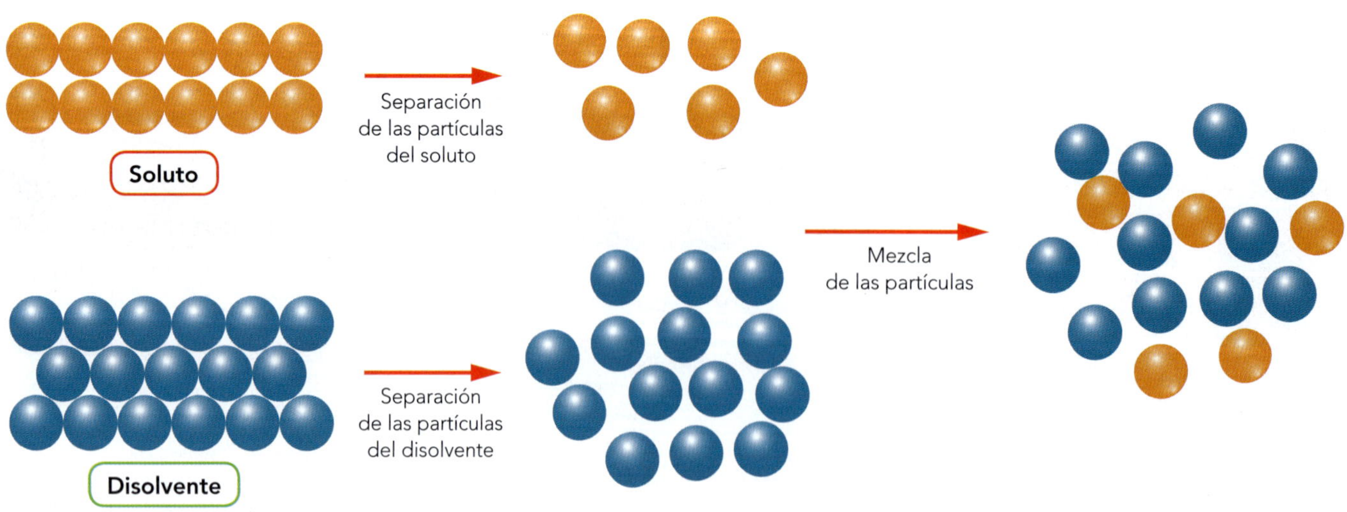

Etapas en las que se divide el proceso de disolución. Todas tienen lugar simultáneamente, no una después de la otra. Sin embargo, es conveniente realizar esta separación para entender qué ocurre a nivel molecular durante este proceso.

5 CONCENTRACIÓN Y SOLUBILIDAD

Para caracterizar una disolución no es suficiente con decir qué partículas forman el soluto y cuáles el disolvente. Además, es necesario proporcionar su concentración:

La **concentración** de una disolución es la cantidad de soluto disuelta en una cantidad dada de disolvente o de disolución.

Veamos cuáles son las principales unidades en las que se expresa esta magnitud.

5.1. Porcentajes en masa y en volumen

- **Porcentaje en masa:** masa de soluto que hay en una masa de disolución, expresado en tanto por cien:

$$\% \text{ (masa)} = \frac{m_{\text{soluto}}}{m_{\text{disolución}}} \cdot 100$$

Es una unidad adimensional, ya que las masas de soluto y disolución se expresan en las mismas unidades. La ventaja principal es que no requiere conocer la masa molar del soluto.

La masa de la disolución es la suma de las masas del soluto y del disolvente:

$$m_{\text{disolución}} = m_{\text{soluto}} + m_{\text{disolvente}}$$

Por ejemplo, si una disolución de agua oxigenada tiene una concentración del 3% en masa, entonces hay 3 g de H_2O_2 por cada 97 g de agua.

- **Porcentaje en volumen:** volumen de soluto que hay en un volumen de disolución, expresado en tanto por cien:

$$\% \text{ (volumen)} = \frac{V_{\text{soluto}}}{V_{\text{disolución}}} \cdot 100$$

Igual que antes, se trata de una unidad adimensional, y hay que expresar ambos volúmenes en las mismas unidades.

Al contrario que las masas, **los volúmenes no son aditivos.** Sin embargo, para poder hacer cálculos, utilizaremos la siguiente aproximación: consideraremos que las disoluciones son **ideales,** es decir, que las interacciones entre las partículas del soluto y las del disolvente son iguales y pueden reemplazarse unas por otras.

No obstante, en la mayoría de los casos, dicha aproximación no se cumple. Se puede comprobar experimentalmente al mezclar alcohol con agua, donde la suma de los volúmenes de ambos líquidos es mayor a la del volumen final: $V_{\text{alcohol}} + V_{\text{agua}} > V_{\text{final}}$. Por ejemplo, en un alcohol sanitario con una concentración del 96% en volumen, hay 96 mL de alcohol en cada 100 mL de disolución y consideraremos que hay 4 mL de agua.

Ejercicios resueltos

7 Una disolución contiene 12 g de azúcar por cada 225 g de agua. Calcula su porcentaje en masa.

Solución

La masa de la disolución será:

$$m_{\text{disolución}} = 12 + 225 = 237 \text{ g}$$

Luego, el tanto por ciento en masa es:

$$\% \text{ (masa)} = \frac{12}{237} \cdot 100 = 5{,}06\,\%$$

8 Una disolución contiene 2 mL de tolueno en 20 mL de benceno. Determina el volumen de disolución necesario para tener 15 mL de tolueno.

Solución

Suponiendo que la disolución es ideal, su volumen será:

$$V_{\text{disolución}} = 2 + 20 = 22 \text{ mL}$$

Luego, el tanto por ciento en volumen es:

$$\% \text{ (volumen)} = \frac{2}{22} \cdot 100 = 9{,}09\,\%$$

Conocido este valor, podemos calcular el nuevo volumen de la disolución:

$$V_{\text{disolución}} = \frac{V_{\text{soluto}}}{\% \text{ (volumen)}} \cdot 100 = \frac{15}{9{,}09} \cdot 100 = 165{,}02 \text{ mL}$$

9 Tenemos una disolución acuosa de NaCl al 15 % en masa. Sabiendo que la densidad de la disolución es de 1,02 g/cm^3, calcula:

a) La masa de soluto que habrá en medio litro de disolución.

b) El volumen de disolución necesario para tener 1 g de sal.

Solución

a) A partir de la densidad y el volumen, determinamos la masa de la disolución:

$$V = 0{,}5 \text{ L} = 500 \text{ mL} = 500 \text{ cm}^3$$

$$m = d \cdot V = 1{,}02 \cdot 500 = 510 \text{ g}$$

Utilizando la fórmula del porcentaje en masa, calculamos la masa de soluto:

$$m_{\text{soluto}} = \frac{m_{\text{disolución}} \cdot \% \text{ (masa)}}{100} = \frac{510 \cdot 15}{100} = 76{,}50 \text{ g}$$

b) Para tener 1 g de sal necesitaremos:

$$m_{\text{disolución}} = \frac{m_{\text{soluto}}}{\% \text{ (masa)}} \cdot 100 = \frac{1}{15} \cdot 100 = 6{,}67 \text{ g}$$

Y con la densidad, calculamos el volumen de disolución:

$$V = \frac{m}{d} = \frac{6{,}67 \text{ g}}{1{,}02 \text{ g/mL}} = 6{,}54 \text{ mL}$$

En **anayaeducacion.es** puedes consultar un vídeo explicativo sobre la concentración de las disoluciones.

5.2. Concentración en masa

La **concentración en masa** es la masa de soluto que hay en un volumen de disolución:

$$c = \frac{m_{soluto}\ (g)}{V_{disolución}\ (L)}$$

Su unidad en el SI es kg · m^{-3}, pero es más útil trabajar en g · L^{-1}.

A pesar de que la concentración en masa y la densidad tienen las mismas unidades, son magnitudes diferentes, puesto que la densidad relaciona la masa y el volumen de la misma sustancia. Así, en una disolución, su densidad es:

$$d = \frac{m_{disolución}}{V_{disolución}}$$

5.3. Molaridad

La **molaridad** o **concentración molar** expresa la cantidad de soluto que hay en un volumen de disolución:

$$M = \frac{n_{soluto}\ (mol)}{V_{disolución}\ (L)}$$

Su unidad en el SI es mol/m^3, aunque lo más habitual es mol · L^{-1} o M.

Por ejemplo, 0,25 L de disolución 2 M de cloruro sódico contiene 0,5 mol de NaCl, es decir, que la masa disuelta de NaCl es:

$$m = n_{NaCl} \cdot M\ (NaCl) = 0,5 \cdot 58,45 = 29,23\ g$$

5.4. Molalidad

La **concentración molal** o **molalidad** es la cantidad de soluto que hay en cierta masa de disolvente:

$$m = \frac{n_{soluto}\ (mol)}{m_{disolvente}\ (kg)} = \frac{m_{soluto}\ (g)}{M\ (soluto) \cdot m_{disolvente}\ (kg)}$$

Su unidad en el SI es mol · kg^{-1} o m.

Su uso es menos habitual respecto a la molaridad, pero tiene una ventaja frente a ella: al no utilizar el volumen, su valor no se ve afectado por los cambios de presión y temperatura. Por tanto, puede medirse con mayor precisión.

5.5. Fracción molar

La fracción molar del soluto, o del disolvente, es la cantidad de sustancia de cada uno de ellos, dividida entre la cantidad de sustancia total de la disolución:

$$X_{soluto} = \frac{n_{soluto}}{n_{soluto} + n_{disolvente}}$$

$$X_{disolvente} = \frac{n_{disolvente}}{n_{soluto} + n_{disolvente}}$$

$$X_{soluto} + X_{disolvente} = 1$$

Se trata de una unidad adimensional. El valor de cada fracción molar es siempre menor que la unidad.

Por ejemplo, una disolución de 4 mol de etanol en 6 mol de agua tiene una fracción molar de etanol de 0,4 y de 0,6 de agua. Como ves, la suma de ambas es 1.

Ejercicios resueltos

10 Se disuelven 50 g de sulfato de cobre (II), $CuSO_4$, en agua, obteniéndose 1 L de disolución con una densidad de 1,2 g/cm^3. Calcula la molaridad y la molalidad.

Solución

La masa molar del $CuSO_4$ es de 159,7 g/mol. Por tanto, tendremos:

$$n_{CuSO_4} = \frac{50}{159,7} = 0,313\ mol$$

y la molaridad será:

$$M = \frac{n_{soluto}\ (mol)}{V_{disolución}\ (L)} = \frac{0,313}{1} = 0,313\ mol \cdot L^{-1}$$

Como la densidad es de 1,2 g/cm^3, la masa total de la disolución es: $m = d \cdot V = 1,2 \cdot 1000 = 1200$ g. Por tanto, la masa de agua será de 1 200 – 50 = 1 150 g, y la concentración molal:

$$m = \frac{n_{soluto}\ (mol)}{m_{disolvente}\ (kg)} = \frac{0,313}{1,15} = 0,272\ mol \cdot kg^{-1}$$

11 Se disuelven 45 g de ácido sulfúrico en 1 kg de agua. Sabiendo que su concentración es 0,5 M y la densidad de la disolución es de 1,18 g/cm^3, calcula su concentración en masa y su molaridad.

Solución

La masa y el volumen de la disolución son:

$$m_{disolución} = 1000 + 45 = 1045\ g$$

$$V_{disolución} = \frac{m}{d} = \frac{1045}{1,18} = 885,6\ cm^3 \approx 0,886\ L$$

Para calcular la molaridad, tendremos en cuenta que 0,5 M significa que tenemos 0,5 mol de soluto por cada litro de disolución. Por tanto, en nuestro caso, tendremos 0,5 mol de H_2SO_4. Así, la molaridad será:

$$M = \frac{n_{soluto}\ (mol)}{V_{disolución}\ (L)} = \frac{0,5}{0,886} = 0,564\ mol \cdot L^{-1}$$

Y la concentración en masa:

$$c = \frac{m_{soluto}\ (g)}{V_{disolución}\ (L)} = \frac{45}{0,886} = 50,8\ g \cdot L^{-1}$$

5.6. Solubilidad

Si tenemos una disolución con una concentración relativamente baja, se dice que es una **disolución diluida.** Al añadir más soluto aumenta la concentración, de modo que cuando esta sea bastante elevada diremos que es una **disolución concentrada.** Si seguimos añadiendo soluto llegará un momento en que este ya no se disolverá más. Cuando se alcanza la cantidad máxima de soluto que se puede disolver, la disolución se denomina **saturada,** y si se supera ese límite, **sobresaturada.**

La **solubilidad** de un soluto en un disolvente es la máxima cantidad de soluto que admite ese disolvente; esto es, la concentración de la disolución saturada de dicho soluto en ese disolvente concreto.

Un soluto será poco soluble en un cierto disolvente si su solubilidad es baja, es decir, si la concentración máxima que se puede disolver es relativamente pequeña. En caso contrario, será muy soluble. La solubilidad depende de la presión y de la temperatura de la disolución (figura inferior).

Experimentalmente se comprueba que:

- En general, la solubilidad de un sólido en un líquido aumenta con la temperatura.
- La solubilidad de un gas en un líquido disminuye siempre con la temperatura.
- La solubilidad de un gas en un líquido, a temperatura constante, aumenta con la presión, verificándose la siguiente ley:

Ley de Henry: la solubilidad de un gas en un líquido a temperatura constante es directamente proporcional a la presión parcial del gas sobre la disolución.

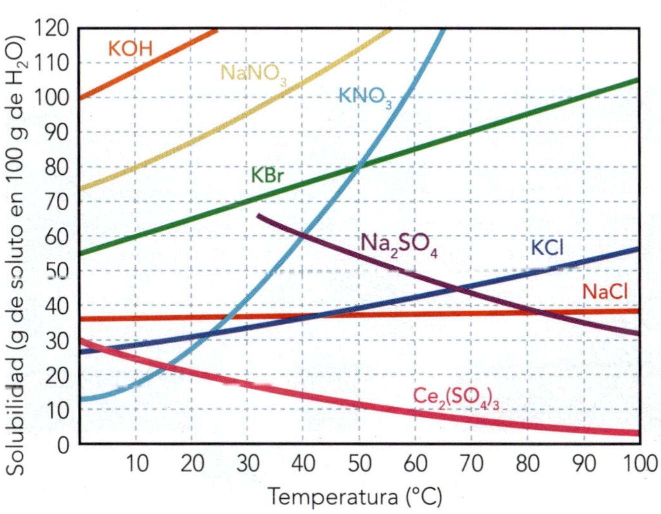

Ejercicio resuelto

12 Calcula la masa de nitrato de potasio que se puede disolver en 1 L de agua a 50 °C (toma una densidad para el agua de 1 g/cm^3). Si estando la disolución saturada a esa temperatura hacemos que esta disminuya hasta 40 °C, ¿cuánto nitrato quedará sin disolver?

Solución

Si d_{agua} = 1 g/cm^3, 1 L tendrá una masa de 1 000 g. Por tanto, la cantidad máxima de KNO_3 que se puede disolver, a 50 °C, es de 800 g (ver gráfica).

Si tenemos, por tanto, 800 g de nitrato de potasio en 1 L de agua a 50 °C, la disolución estará saturada. Al disminuir la temperatura hasta los 40 °C, la solubilidad del KNO_3 pasa a ser de 600 g de KNO_3, por lo que el exceso, 200 g, cristalizará y precipitará hasta el fondo del recipiente.

Por tanto, podemos conseguir una disolución sobresaturada sin necesidad de añadir más soluto, solo variando la temperatura. Lo mismo sucede al cambiar la presión de un gas en un líquido. Busca información sobre el proceso de descompresión al que se someten los buceadores, y redacta un informe sobre los efectos perjudiciales que conlleva el no realizarlo.

Ejercicios

8 Se han preparado 0,40 L de disolución de ácido clorhídrico de densidad 1,18 g/mL, que contiene 4,62 g de HCl. Calcula:

a) La molaridad.

b) La molalidad.

c) El tanto por ciento en masa.

d) Las fracciones molares del soluto y del disolvente.

9 Una disolución acuosa de ácido nítrico tiene una concentración del 40 % en masa en un volumen de 0,5 L. Si la densidad de la disolución es de 1 513 g/L, calcula:

a) La masa de ácido nítrico puro.

b) La molaridad.

c) La molalidad.

10 A partir de lo que has aprendido sobre solubilidad de sólidos en líquidos, diseña una práctica de laboratorio en la que el objetivo sea dibujar las gráficas de solubilidad de, al menos, tres compuestos distintos. Para ello, haz un guion de laboratorio en el que se incluyan el título, la introducción, los objetivos, el material, el procedimiento, los resultados y su discusión, y las conclusiones.

6
PREPARACIÓN DE DISOLUCIONES

Durante el trabajo en el laboratorio, a menudo hay que preparar disoluciones con una concentración determinada. Este proceso se divide en dos partes:

- En primer lugar, hay que llevar a cabo los cálculos teóricos para determinar la cantidad de cada una de las sustancias que se van a emplear.
- A continuación, se procede con la parte experimental, durante la que se realizan las medidas y la mezcla de dichas sustancias.

Puede ocurrir que el soluto sea sólido o líquido. Consideremos ambos casos.

■ Caso de un soluto sólido

Generalmente, se suele seguir el procedimiento que se muestra en las fotografías de la imagen inferior:

1. Se pesa la cantidad de soluto previamente calculada.
2. Se vierte esta cantidad en un vaso de precipitados, junto con agua destilada, y se agita con una varilla. La cantidad de agua ha de ser algo menor que la necesaria para obtener la concentración requerida, pero la suficiente para que se disuelva todo el soluto.
3. Con la ayuda de un embudo, se vierte la disolución en un matraz aforado con la capacidad del volumen pedido. Para homogeneizar la mezcla, se agita el matraz.
4. Se enrasa el matraz, añadiendo agua destilada con un cuentagotas, hasta obtener el volumen deseado. Hay que tener cuidado, y observar de forma correcta el menisco del líquido.

■ Caso de un soluto líquido. Preparación de una disolución a partir de otra más concentrada

Cuando hay un único soluto, y este se encuentra en estado líquido, el procedimiento que hay que seguir se denomina **dilución,** que es el mismo que se emplea para preparar una disolución a partir de otra más concentrada. Por eso, trataremos ambos casos simultáneamente.

En primer lugar, se calcula el volumen de líquido concentrado que necesitamos diluir para conseguir una disolución de concentración menor a la de partida. En el ejercicio resuelto de la página siguiente se encuentran los pasos a seguir. A continuación, pasamos a la parte práctica. Para ello, se propone el procedimiento de la página siguiente, siendo el más habitual y el más sencillo.

Procedimiento para la preparación de una disolución con soluto sólido y concentración conocida

Procedimiento para la preparación de una dilución

1. Una vez conocido el volumen de disolución comercial (ejercicio resuelto 13) se procede a la parte experimental. Se mide con una probeta o pipeta el volumen de disolución previamente calculado.

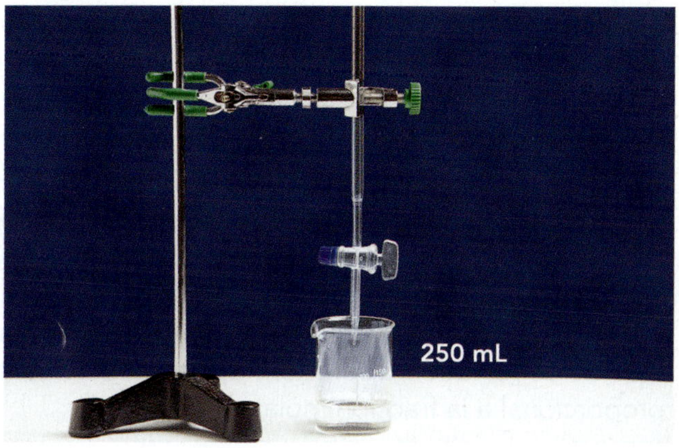

2. Se vierte en un matraz aforado, se añade agua destilada hasta aproximadamente 1 cm por debajo del enrase, y se agita suavemente. Si sobrepasamos la señal del enrase, la preparación no sirve y hay que comenzar de nuevo.

3. Se añade más agua destilada con un cuentagotas hasta enrasar. Es importante situarse de modo que observemos qué marca la parte inferior del menisco. Si se mide de otra forma, estaremos cometiendo un error en la determinación del volumen.

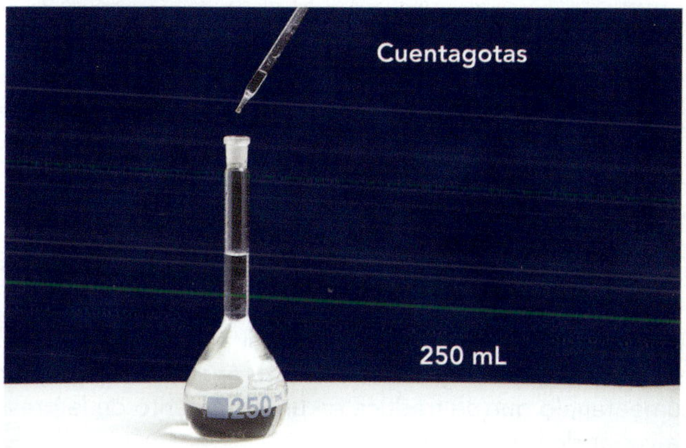

Ejercicio resuelto

13 Queremos preparar 0,5 L de una disolución 1,0 M a partir de ácido clorhídrico comercial de 30 % en masa y densidad 1,15 g/mL. ¿Qué volumen de HCl concentrado necesitamos?

Solución

Se calcula la cantidad de soluto necesaria a partir del volumen y de la concentración de la disolución a preparar:

$$M = \frac{n_{soluto}}{V_{dis.dil}} \rightarrow n_{soluto} = M \cdot V_{dis.dil} =$$

$$= 1{,}0\ mol \cdot L^{-1} \cdot 0{,}5\ L = 0{,}5\ mol\ de\ HCl$$

Calculamos la masa de disolución comercial que necesitamos. Para ello, recordemos que tenemos que tomar 0,5 mol de HCl puro, es decir:

$$n = \frac{m}{M\ (HCl)} \rightarrow m = n \cdot M\ (HCl)$$

$$m = 0{,}5\ mol \cdot 36{,}46\ g/mol = 18{,}23\ g\ de\ HCl$$

y que la disolución tiene un 30 % de pureza. Por tanto:

$$\frac{100\ g\ de\ disolución}{30\ g\ de\ HCl} = \frac{m_{dis.cc.}}{18{,}23\ g\ de\ HCl} \rightarrow$$

$$\rightarrow m_{dis.cc.} = 60{,}77\ g$$

A continuación, como conocemos la densidad, podemos obtener el volumen:

$$V_{dis.cc.} = \frac{m_{dis.cc.}}{d} = \frac{60{,}77\ g}{1{,}15\ g/mL} = 52{,}84\ mL \approx 53\ mL$$

Por tanto, así es como se calcula el volumen necesario, 53 mL, de HCl concentrado que vamos a diluir en agua.

Ejercicios

11 Una disolución comercial de ácido nítrico tiene una concentración del 65 % en masa y una densidad de 1,45 g/mL. Calcula el volumen necesario para preparar 125 mL de disolución 0,5 M.

12 Indica el procedimiento para preparar 100 mL de una disolución 0,8 M de glucosa ($C_6H_{12}O_6$). Si se quieren disolver 1,5 g de esta sustancia, ¿qué volumen de disolución se ha de tomar?

13 Las bebidas carbonatadas (refrescos) o el oxígeno disuelto en el agua del mar son ejemplos de disoluciones de un gas en un líquido. Busca información sobre cómo preparar una disolución de este tipo en el laboratorio y comparte tu propuesta con el resto de la clase. ¿Qué ocurriría si en vez de disolverse O_2 en agua fuera CO_2 el que lo hiciera? Utiliza la técnica de **Sumamos.**

7 PROPIEDADES COLIGATIVAS

Las propiedades de las disoluciones pueden dividirse en dos grupos:

- **Propiedades constitutivas:** son las que dependen de la composición de la mezcla y de la concentración (por ejemplo, la densidad, el color o la viscosidad).
- **Propiedades coligativas:** son las que dependen del número de partículas de soluto, y no de su naturaleza química. Las más importantes son la presión de vapor, las temperaturas de congelación y de ebullición, y la presión osmótica.

En este apartado vamos a estudiar estas últimas.

7.1. Presión de vapor

Ya hemos visto que la evaporación es un proceso común a todos los líquidos que tiene lugar a cualquier temperatura. Se produce porque hay partículas con la suficiente energía como para vencer las fuerzas intermoleculares y escapar a la fase gaseosa.

Si se coloca el líquido en el interior de un recipiente cerrado habrá partículas que pasarán a estado gaseoso, pero, también, otras volverán a la fase líquida (figura inferior izquierda). Cuando se igualan las velocidades a las que ambos procesos tienen lugar, se establece un equilibrio. En esta situación, la presión ejercida por el vapor se denomina **presión de vapor.**

La **presión de vapor** de un líquido es la presión que ejerce la fase gaseosa cuando ambos, líquido y vapor, están en equilibrio.

La presión de vapor aumenta con la temperatura (figura inferior derecha), hecho que la TCM explica gracias a dos efectos que tienen lugar de forma simultánea: por un lado, la energía cinética de las partículas aumenta y, por otro, el número de partículas que pasan a estado gaseoso también se incrementa.

Cuando se disuelve un soluto no volátil en un disolvente, la presión de vapor siempre disminuye. La cuantía de dicha disminución viene dada por la siguiente ley:

La **ley de Raoult** afirma que la disminución de la presión de vapor de la disolución, Δp, es directamente proporcional a la fracción molar del soluto, X_s:

$$\Delta p = p^{\circ} - p = p^{\circ} \cdot X_s$$

donde p° es la presión de vapor del disolvente puro y p es la de la disolución. Como $p^{\circ} > p$, Δp es siempre positivo.

La ley de Raoult se cumple solamente de forma aproximada para disoluciones diluidas con solutos no iónicos. Aquellas que la cumplen de forma exacta se denominan **disoluciones ideales.**

Presión de vapor

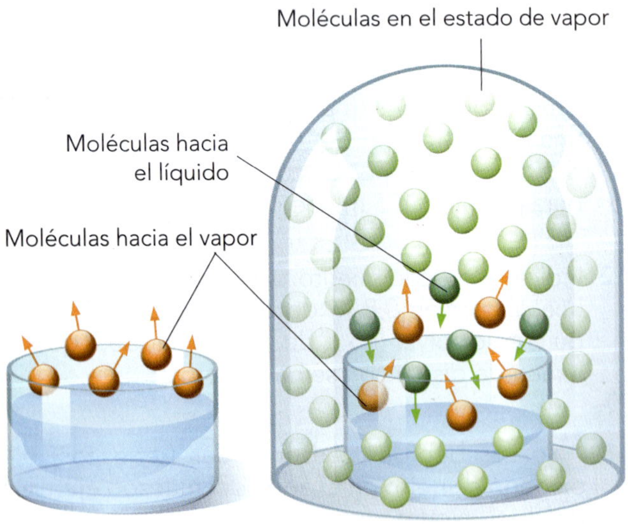

En un recipiente cerrado se tendrán partículas que abandonan la fase líquida, pasando a la gaseosa, y otras que siguen el camino inverso. Cuando el número de ambas se iguala, se alcanza un equilibrio dinámico.

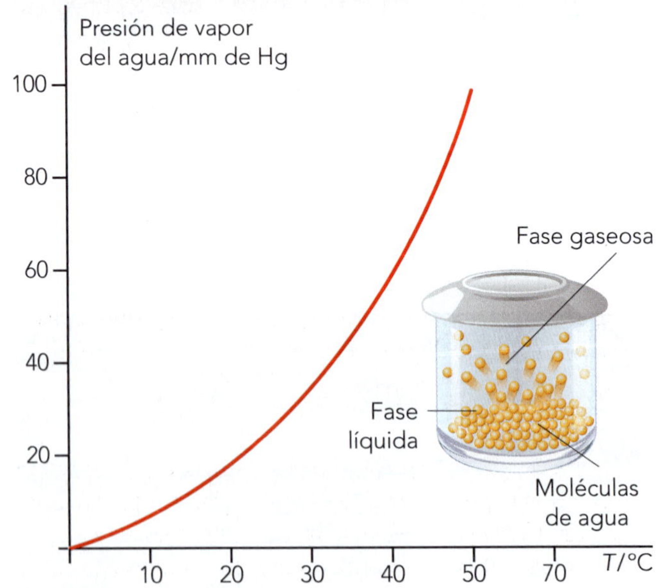

Al aumentar la temperatura, tanto el número de partículas que pasan a la fase gaseosa como su energía cinética media aumentan, lo que se traduce en un incremento de la presión de vapor de la sustancia.

■ Explicación según la TCM

Cuando en un disolvente hay un soluto no volátil, las partículas de ambos se intercalan, dificultándose su movimiento. Por tanto, disminuye el número de partículas que escapan a la fase gaseosa y, en consecuencia, la presión de vapor disminuye.

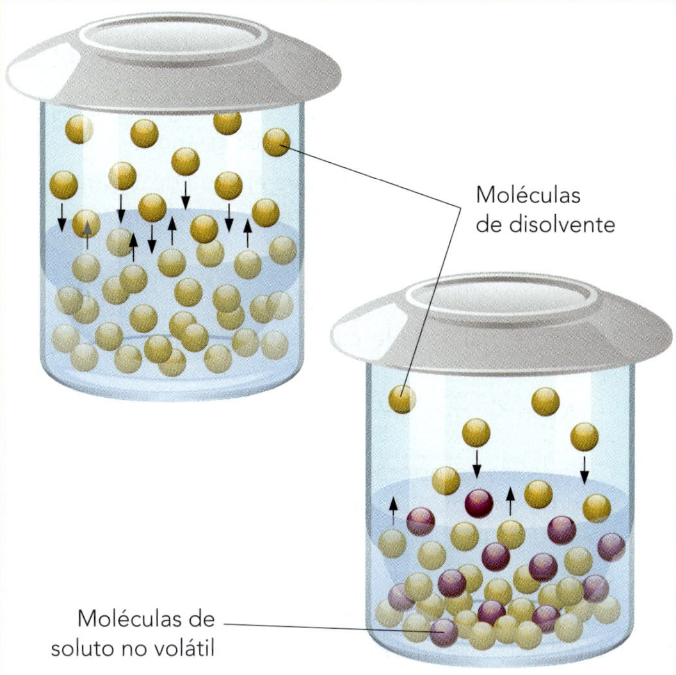

Ejercicios

14 Calcula la masa de urea que hay en 250 g de agua si la presión de vapor del agua pura es de 24,00 mmHg, y la de una disolución acuosa de urea es de 22,87 mmHg.

Dato: *M* (urea) = 60,07 g/mol.

15 La presión de vapor de una disolución, de 100 g de sacarosa en 200 g de agua a una temperatura de 25 °C, es de 23,17 mmHg. Determina la masa molecular de la sacarosa. Si se disuelven 200 g de sacarosa en 100 g agua, ¿cuál será la presión de vapor de esta disolución a 40 °C?

Dato: $p°$ (agua a 40 °C) = 55,32 mmHg.

16 La volatilidad de una sustancia es una medida de su tendencia a abandonar la fase líquida para pasar a la fase gaseosa. La volatilización es el principal tipo de emisión atmosférica en la mayoría de los terrenos en los que existen vertidos tóxicos y estaciones de servicio. Infórmate sobre este hecho y propón alguna solución para paliarlo. Utiliza la técnica **Solución a cuatro.**

Ejercicios resueltos

14 Calcula la presión de vapor de una disolución formada por 10 g de NaCl y 100 g de agua a 25 °C.

Dato: $p°$ (25 °C) = 23,78 mmHg.

Solución

Calculamos la cantidad de sustancia de cada componente, sabiendo que:

$M(NaCl) = 58{,}44$ g/mol; $M(H_2O) = 18{,}02$ g/mol:

$$n_{NaCl} = \frac{m_{NaCl}}{M(NaCl)} = \frac{10\ g}{58{,}44\ g \cdot mol^{-1}} = 0{,}171\ mol$$

$$n_{H_2O} = \frac{m_{H_2O}}{M(H_2O)} = \frac{100\ g}{18{,}02\ g \cdot mol^{-1}} = 5{,}549\ mol$$

La fracción molar del NaCl será:

$$X_s = \frac{0{,}171}{0{,}171 + 5{,}549} = 0{,}03$$

Aplicando la ley de Raoult y teniendo en cuenta el valor de la presión de vapor del agua a 25 °C:

$$\Delta p = p° \cdot X_s = 23{,}78 \cdot 0{,}03 = 0{,}71\ mmHg$$

Así, la presión de vapor de la disolución será:

$$p = p° - \Delta p = 23{,}78 - 0{,}71 = 23{,}07\ mmHg$$

15 Se disuelven 40 g de una sustancia desconocida en 250 mL de agua a 25 °C. Si la presión de vapor de la disolución es de 22,69 mmHg, ¿cuál es la masa molar de dicha sustancia?

Solución

Como conocemos la presión de vapor de la disolución y la del agua pura (ambas a 25 °C), tenemos:

$$\Delta p = p° - p = 23{,}78 - 22{,}69 = 1{,}09\ mmHg$$

Aplicando la ley de Raoult, calculamos la fracción molar del soluto:

$$\Delta p = p° \cdot X_s \rightarrow X_s = \frac{\Delta p}{p°} = \frac{1{,}09}{23{,}78} = 0{,}046$$

Supongamos que el agua pura tiene una densidad de 1 g/mL. Por tanto, tendremos 250 g de agua, es decir:

$$n_{H_2O} = 250\ g/(18{,}02\ g \cdot mol^{-1}) = 13{,}87\ mol$$

La cantidad de sustancia del soluto será:

$$X_s = \frac{n_s}{n_T};\quad 0{,}046 = \frac{n_s}{n_s + 13{,}87} \rightarrow n_s = 0{,}669\ mol$$

Y su masa molar:

$$n_s = \frac{m}{M(soluto)}$$

$$0{,}669 = \frac{40}{M(soluto)} \rightarrow M(soluto) = \frac{40}{0{,}669} = 59{,}8\ g/mol$$

7.2. Temperaturas de ebullición y solidificación

Hemos visto que la presión de vapor aumenta con la temperatura. Así, por ejemplo, cuando el agua alcanza los 100 °C, su presión de vapor es igual a la presión atmosférica, 760 mmHg, y tiene lugar la ebullición.

La **temperatura de ebullición** de un líquido es la temperatura a la que su presión de vapor iguala a la presión exterior, y el líquido hierve.

Por esta razón, **la temperatura de ebullición depende de la presión exterior,** que, en un recipiente abierto, es la presión atmosférica. En el caso del agua, comprobamos que en lo alto de una montaña hierve a una temperatura inferior a 100 °C, ya que la presión disminuye con la altitud.

La presencia de sustancias no volátiles disueltas en el líquido, como hemos visto, provoca una disminución de la presión de vapor, lo que afecta no solo a la temperatura de ebullición sino también a la de solidificación:

- Se produce un **aumento ebulloscópico,** o aumento de la temperatura de ebullición, que depende de la naturaleza del disolvente y de la concentración de soluto, y viene dada por:

$$\Delta T_e = K_e \cdot m$$

donde K_e es la denominada **constante ebulloscópica,** que depende del disolvente, y m es la molalidad.

- También tiene lugar un **descenso crioscópico,** o disminución de la temperatura de solidificación, que viene dado por:

$$\Delta T_c = K_c \cdot m$$

donde K_c es la **constante crioscópica,** que, como antes, depende del disolvente, y m es la molalidad.

Constantes crioscópicas y ebulloscópicas de algunos disolventes

Sustancia	T_c/°C	K_c/(°C · kg · mol^{-1})	T_e/°C	K_e/(°C · kg · mol^{-1})
Agua	0	1,86	100	0,512
Benceno	5,5	5,07	80,1	2,53
Alcanfor	179,8	39,7	204,0	5,95
Ciclohexano	6,5	20,8	80,7	2,92
Cloroformo	−63,5	4,68	61,2	3,88

Ejercicios resueltos

16 El etilenglicol, $C_2H_6O_2$, es una sustancia que se añade al agua del radiador de los automóviles. Se mezclan 250 g de este anticongelante con 1 L de agua. Calcula la temperatura de congelación de la disolución resultante.

Solución

La cantidad de sustancia de etilenglicol añadido es:

$$n_{\text{etilenglicol}} = \frac{m_{\text{etilenglicol}}}{M\ (\text{etilenglicol})} = \frac{250\ \text{g}}{62{,}08\ \text{g} \cdot \text{mol}^{-1}} = 4{,}03\ \text{mol}$$

Suponiendo una densidad para el agua de 1 g/mL, tendremos 1 kg de agua, por lo que la molalidad será:

$$m = \frac{n_{\text{etilenglicol}}}{m_{H_2O}} = \frac{4{,}03\ \text{mol}}{1\ \text{kg}} = 4{,}03\ \text{mol} \cdot \text{kg}^{-1}$$

Usando el valor de la constante crioscópica del agua queda:

$$\Delta T_c = K_c \cdot m = 1{,}86 \cdot 4{,}03 \approx 7{,}5\ °\text{C} \rightarrow T_c = -7{,}5\ °\text{C}$$

17 Calcula las temperaturas de congelación y ebullición de una disolución que contiene 100 g de glucosa, $C_6H_{12}O_6$, en 200 g de agua.

Solución

Sabiendo que la masa molar de la glucosa es 180,18 g/mol, la molalidad de la disolución es:

$$n_{\text{glucosa}} = \frac{m_{\text{glucosa}}}{M\ (\text{glucosa})} = \frac{100\ \text{g}}{180{,}18\ \text{g} \cdot \text{mol}^{-1}} = 0{,}555\ \text{mol}$$

$$m = \frac{n_{\text{glucosa}}}{m_{H_2O}} = \frac{0{,}555\ \text{mol}}{0{,}200\ \text{kg}} = 2{,}78\ \text{mol} \cdot \text{kg}^{-1}$$

Usando los valores de las constantes crioscópica y ebulloscópica del agua, tenemos:

$$\Delta T_c = K_c \cdot m = 0{,}512 \cdot 2{,}78 = 1{,}42\ °\text{C} \rightarrow T_c = -1{,}42\ °\text{C}$$

$$\Delta T_e = K_e \cdot m = 1{,}86 \cdot 2{,}78 = 5{,}17\ °\text{C} \rightarrow T_e = 105{,}17\ °\text{C}$$

Ejercicios

17 Cuando se disuelven 20 g de glucosa en 60 mL de agua, se observa que la disolución congela a una temperatura de −3,44 °C. Calcula la masa molecular del soluto y la temperatura de ebullición de la disolución.

18 Para prevenir los riesgos que provocan las heladas en la circulación, se añade sal en las carreteras. ¿Cuánta sal habrá que mezclar con medio kilogramo de agua para que disminuya la temperatura de congelación a −12 °C?

19 Busca qué es un anticongelante y su composición. ¿Para qué se utiliza en los coches? Utiliza la técnica de Las 6 W.

7.3. Presión osmótica

En las disoluciones líquidas, las partículas de soluto se mueven libremente por el disolvente, ejerciendo una presión sobre las paredes del recipiente que los contiene. Cuando una disolución diluida y otra concentrada están separadas por una membrana **semipermeable,** es decir, que permite el paso de moléculas de disolvente a través de ella, pero no de soluto, se produce el efecto denominado ósmosis:

La **ósmosis** es el paso de moléculas del disolvente a través de una membrana semipermeable, desde la disolución más diluida hacia la más concentrada, hasta que sus concentraciones se igualan.

En la figura inferior se observa que, al pasar una parte del disolvente hacia la disolución más concentrada, esta asciende por el tubo en U, ejerciendo una cierta presión hidrostática sobre la otra rama. Cuando esta iguala a la que ejercen las moléculas de soluto, el ascenso se detiene. A dicha presión se la denomina **presión osmótica.**

Gracias a la analogía entre esta situación y la de los gases, el científico holandés Van't Hoff propuso la siguiente expresión para calcular su valor:

$$\boxed{\pi \cdot V = n \cdot R \cdot T}$$

donde π, es la presión osmótica; *n*, la cantidad de sustancia de soluto; *V*, el volumen de la disolución; *R*, la constante de los gases, y *T*, la temperatura absoluta.

Esta ecuación permite calcular la concentración molar de una disolución, ya que:

$$\pi = \frac{n}{V} \cdot R \cdot T \rightarrow \boxed{\pi = M \cdot R \cdot T}$$

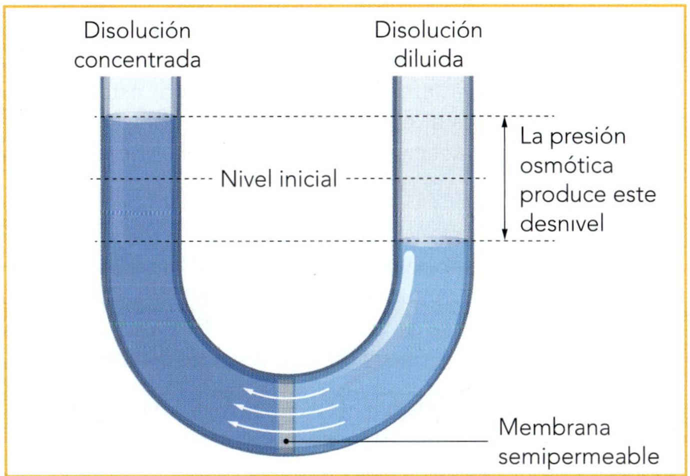

Ejercicio resuelto

18 Calcula la presión osmótica de una disolución de 4 g de sacarosa ($C_{12}H_{22}O_{11}$) en 50 mL de agua, a 20 °C. ¿Cuál sería la altura de una columna de agua que ejerciera esa misma presión?

Solución

La masa molar de la sacarosa es 342,34 g/mol. Por tanto, la molaridad será:

$$n = \frac{4}{342,34} = 0{,}0117 \text{ mol} \rightarrow M = \frac{0{,}0117}{0{,}050} = 0{,}234 \text{ mol/L}$$

Así, calculamos la presión osmótica:

$$\pi = M \cdot R \cdot T = 0{,}234 \cdot 0{,}082 \cdot (20 + 273) = 5{,}62 \text{ atm}$$

Recuerda que para calcular qué altura ha de tener una columna de agua para ejercer esa misma presión, utilizamos la siguiente expresión:

$$p = d \cdot g \cdot h$$

Tomando una densidad de 1 000 kg/m^3, y teniendo en cuenta que 1 atm = 101 300 Pa, tendremos:

$$h = \frac{p}{d \cdot g} = \frac{5{,}62 \cdot 101\,300}{1\,000 \cdot 9{,}8} = 58{,}09 \text{ m}$$

La sacarosa, o azúcar de mesa, es un disacárido formado por glucosa y fructosa. Como ya sabes, dependiendo de la dosis consumida, su ingesta puede ser beneficiosa o perjudicial, igual que muchas otras sustancias. ¿Crees que la ósmosis es importante dentro de nuestro cuerpo? Puedes buscar ejemplos concretos de las funciones que tiene en nuestro metabolismo y comentar tus conclusiones con el resto del grupo. Para ello, puedes documentarte sobre la osmorregulación y recordar que, en nuestro interior, la mayoría de las reacciones y transportes se producen en un medio líquido. Utiliza la técnica de **Efecto y alcance**.

Ejercicios

20 Calcula la presión osmótica que ejercerá medio litro de una disolución que contiene 25 g de glucosa, $C_6H_{12}O_6$, a 40 °C.

¿Cuál es la altura de una columna de mercurio que ejerciera esa misma presión?

Dato: d_{Hg} = 13,69 g/cm^3.

21 Se sabe que 0,50 L de una cierta disolución, que contiene 10 g de un soluto desconocido, ejerce una presión osmótica capaz de contrarrestar la presión de una columna de mercurio de 1 079 mm de altura. ¿De qué soluto se trata: de glucosa ($C_6H_{12}O_6$) o de sacarosa ($C_{12}H_{22}O_{12}$)?

Ampliación de hojas de cálculo

En la unidad inicial, ya tuviste la oportunidad de manejar hojas de cálculo, y explicamos cómo utilizar la herramienta para las fórmulas y cómo representar tus resultados mediante gráficas. En esta ocasión, vamos a utilizar otra herramienta muy útil cuando hay que ajustar datos (tanto teóricos como experimentales) con objeto de establecer relaciones de proporcionalidad entre distintas variables.

Es conveniente que repases los problemas y las actividades que se propusieron en aquella unidad, y que tengas soltura a la hora de seleccionar varias celdas e insertar fórmulas.

Problema 1. Ejercicio de repaso

En el ejercicio resuelto 5 de la unidad inicial se mostraba una tabla con datos obtenidos al medir la distancia recorrida por un móvil en distintos instantes de tiempo. Se concluyó que la relación de proporcionalidad entre ambas variables era cuadrática.

Veamos cómo podemos obtener ahora, fácilmente, la constante de proporcionalidad utilizando una hoja de cálculo.

En primer lugar, creamos la tabla de datos en la que deben aparecer la distancia y el tiempo:

A17 | fx

	A	B
1	Distancia (cm)	Tiempo (s)
2	2,1	1
3	7,8	2
4	18,3	3
5	31,9	4

Creamos otra columna con el tiempo al cuadrado. Para ello, pinchamos sobre la celda C2, y escribimos:

=B2^2

Pulsamos la tecla **Enter,** y volvemos a seleccionar esa celda. Si situamos el cursor en la esquina inferior derecha, veremos que cambia su aspecto, y pasa a tener forma de cruz. Pinchamos y arrastramos hacia abajo hasta la celda C5, y observaremos cómo la fórmula se copia automáticamente en todo ese rango:

C2 | fx =B2^2

	A	B	C	D
1	Distancia (cm)	Tiempo (s)		
2	2,1	1	1	
3	7,8	2	4	
4	18,3	3	9	
5	31,9	4	16	
6				
7				

En la columna C tenemos t^2 (valores de la x), y en la columna A, la distancia, d (valores de la y).

Ahora, calculamos la constante de proporcionalidad entre ambas variables.

Pinchamos, por ejemplo, en la celda D2, y seleccionamos esta junto con la E2:

D2 | fx

	A	B	C	D	E	F
1	Distancia (cm)	Tiempo (s)	Tiempo^2 (s^2)			
2	2,1	1	1			
3	7,8	2	4			
4	18,3	3	9			
5	31,9	4	16			
6						
7						

Escribimos en la barra de fórmulas:

=ESTIMACION.LINEAL(A2:A5;C2:C5)

y, en vez de pulsar la tecla **Enter,** pulsamos la combinación **Ctrl+May+Enter.** Veremos que han aparecido dos números en las celdas D2 y E2:

D2 | fx {=ESTIMACION.LINEAL(A2:A5;C2:C5)}

	A	B	C	D	E
1	Distancia (cm)	Tiempo (s)	Tiempo^2 (s^2)		
2	2,1	1	1	1,99728682	0,04534884
3	7,8	2	4		
4	18,3	3	9		
5	31,9	4	16		
6					
7					

El primer valor corresponde a la constante de proporcionalidad y el segundo a la ordenada en el origen, esto es, el valor en el que corta al eje Y. Como puedes comprobar, el resultado de k es prácticamente 2, como se mencionaba en el ejercicio resuelto, y el resultado es compatible con:

$$d = 2 \cdot x^2$$

Ahora, veamos un método más sencillo aún de llegar al mismo resultado. Supongamos que no hemos creado la columna C, y disponemos únicamente de los valores de la distancia y el tiempo. Si escribimos, en las celdas D2 y E2 la siguiente fórmula:

=ESTIMACION.LINEAL(A2:A5;B2:B5^2)

obtendremos los mismos valores.

Problema 2. Comprobación experimental de la ley de Boyle

Supongamos que realizamos una serie de experiencias en el laboratorio para comprobar la ley de Boyle:

$$p \cdot V = k$$

Después de medir la presión de un gas para distintos volúmenes, obtenemos la siguiente tabla:

	A	B	C
1	*p* (atm)	*V* (L)	
2	11,25	0,25	
3	5,71	0,5	
4	2,81	1	
5	1,92	1,5	
6	1,35	2	
7	0,94	3	
8			

La representación gráfica de estos datos sería la siguiente:

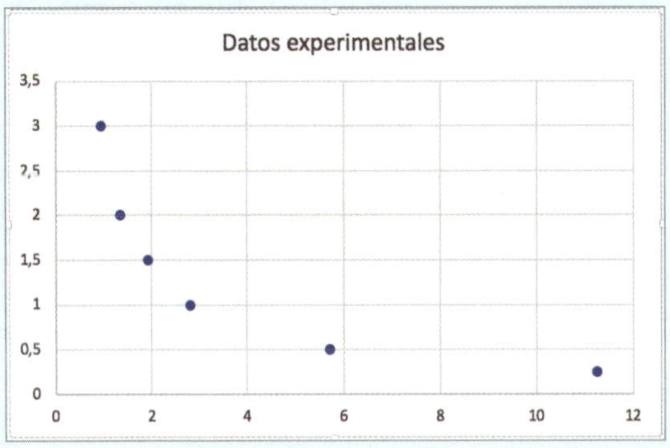

Como intuimos una relación de proporcionalidad inversa, calculamos $1/V$, y ponemos los resultados en una nueva columna (cambiando el formato de las celdas para que aparezcan solamente dos decimales):

	A	B	C	D
1	*p* (atm)	*V* (L)	$1/V$ (L^{-1})	
2	11,25	0,25	4,00	
3	5,71	0,5	2,00	
4	2,81	1	1,00	
5	1,92	1,5	0,67	
6	1,35	2	0,50	
7	0,94	3	0,33	
8				

Ahora, la representación gráfica sería la siguiente:

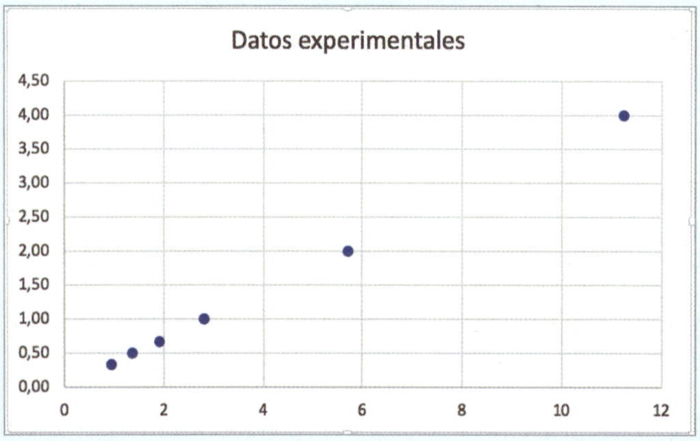

Vamos a hacer un ajuste lineal con objeto de encontrar la ecuación de la siguiente recta:

$$p = k \cdot \frac{1}{V} + b$$

Seleccionamos las celdas D2 y E2, y escribimos en la barra de fórmulas:

=ESTIMACION.LINEAL(A2:A7;C2:C7)

Veremos que aparecen los siguientes resultados:

$$k \approx 2{,}85; \quad b \approx 0{,}006$$

Así pues, comprobamos la ley de Boyle, que, para esta experiencia concreta, tiene la siguiente forma:

$$p \cdot V = 2{,}85 \text{ atm} \cdot \text{L}$$

Supongamos que el gas estuviera a una temperatura constante durante todo el proceso de $T = 22\ °C = 295$ K. A partir de estos resultados, podríamos obtener la cantidad de sustancia de dicho gas:

$$p \cdot V = n \cdot R \cdot T = 2{,}85 \text{ atm} \cdot \text{L}$$

$$n = \frac{2{,}85}{R \cdot T} = \frac{2{,}85}{0{,}082 \cdot 295} = 0{,}118 \text{ mol}$$

Podemos, por tanto, apreciar la utilidad de esta herramienta cuando se trata de relacionar distintas variables e intentamos conocer el tipo de dependencia entre ellas (directa, inversa, cuadrática, etc.).

Cuestiones

1 Revisa el problema 1 de la sección TIC de la unidad inicial. Allí viste que la dependencia entre la masa y el alargamiento era lineal. Utiliza los mismos datos para obtener la constante de proporcionalidad entre ambas. Piensa en qué otras leyes físicas o químicas podrías utilizar esta herramienta.

Cálculos necesarios para preparar una disolución

1 Una disolución comercial de ácido nítrico tiene una concentración del 75 % en masa y una densidad de 1,46 g/mL. Calcula el volumen necesario de esta disolución para preparar 125 mL de disolución 1,75 M de dicho ácido. Si se toman 10 mL de la disolución diluida, ¿qué masa de ácido nítrico puro contendrá?

Datos: M (H) = 1,008 g/mol; M (N) = 14,007 g/mol; M (O) = 15,999 g/mol.

Planteamiento y resolución

Queremos preparar 125 mL de disolución de concentración 1,75 M. Usamos esta información para calcular la cantidad de soluto que necesitamos:

$$n_{\text{soluto}} = M \cdot V_{\text{disolución}} = 1{,}75 \text{ mol} \cdot \text{L}^{-1} \cdot 0{,}125 \text{ L}$$

$$n_{\text{soluto}} = 0{,}219 \text{ mol de HNO}_3$$

Este valor se refiere a la cantidad de sustancia de ácido puro. Sabiendo que la masa molar del HNO_3 es de 63,012 g/mol, la masa que necesitamos es:

$$n_{\text{soluto}} = \frac{m_{\text{soluto}}}{M} \rightarrow m_{\text{soluto}} = n_{\text{soluto}} \cdot M = 0{,}219 \text{ mol} \cdot 63{,}012 \text{ g/mol}$$

$$m_{\text{soluto}} = 13{,}800 \text{ g de HNO}_3$$

Conocida la masa de soluto, calculamos la masa de disolución comercial que necesitamos. Su concentración es del 75 % en masa, lo que quiere decir que, de 100 g de disolución, 75 g corresponden al ácido nítrico. Por tanto:

$$\frac{100 \text{ g de disolución}}{75 \text{ g de HNO}_3} = \frac{m_{\text{disolución}}}{13{,}800 \text{ g de HNO}_3}$$

$$m_{\text{disolución}} = 18{,}400 \text{ g}$$

Esta es la masa de disolución comercial que tendríamos que utilizar. Como el ácido nítrico es un líquido, utilizamos el dato de la densidad para calcular el volumen:

$$V = \frac{m}{d} = \frac{18{,}400 \text{ g}}{1{,}46 \text{ g/mL}} = 12{,}603 \text{ mL}$$

Por otro lado, para calcular la masa de HNO_3 que hay en 10 mL de esta disolución, calculamos la cantidad de sustancia de ácido. Recuerda que su concentración es la de la disolución diluida, 1,75 M. Así:

$$n_{\text{soluto}} = M \cdot V_{\text{disolución}} = 1{,}75 \text{ mol} \cdot \text{L}^{-1} \cdot 0{,}01 \text{ L}$$

$$n_{\text{soluto}} = 0{,}0175 \text{ mol de HNO}_3$$

Ahora, a partir de la masa molar del HNO_3, calculamos la masa de ácido nítrico puro:

$$m = n \cdot M = 0{,}0175 \text{ mol} \cdot 63{,}012 \text{ g/mol} = 1{,}103 \text{ g de HNO}_3$$

DISCUSIÓN DE RESULTADOS

Recuerda que siempre puedes comprobar el resultado realizando los cálculos inversos, esto es, determinando la concentración de 10 mL de una disolución que tenga 1,103 g de HNO_3. Si lo haces, has de obtener M = 1,75 M. Este tipo de cálculos siempre son previos a la realización de la práctica en el laboratorio. Para llevarla a cabo, hay que tener en cuenta los errores que se pueden cometer, pues la precisión del material quizás no sea la adecuada para medir los volúmenes y las masas obtenidos en el ejercicio. Por tanto, es importante saber calcular estos errores y hacer las aproximaciones pertinentes para que la disolución obtenida sea lo más fidedigna posible a los datos del problema.

ANÁLISIS DEL PROBLEMA

En este tipo de problemas se suelen utilizar distintas unidades para las concentraciones, por lo que es conveniente que las manejes con soltura, pasando fácilmente de una a otra.

Además, hay que calcular las masas del soluto y de la disolución comercial. Asimismo, hay que manejar distintos volúmenes: el de la disolución comercial y el de la disolución diluida. Por tanto, hay que tener cuidado en no confundirse con la magnitud que se esté empleando en cada caso.

Por último, ten en cuenta que el procedimiento a seguir depende del enunciado del problema, ya que pueden darnos la concentración en porcentaje en masa, como ha sido este caso, o en otras unidades. Si, por ejemplo, viniera dada en mol/L, podríamos calcular directamente el volumen mediante:

$$V_{\text{disolución}} = \frac{n_{\text{soluto}}}{M}$$

Así pues, este paso tendría que variar de acuerdo a cómo se nos proporcionara la concentración.

Y ADEMÁS...

En nuestra vida cotidiana nos rodean compuestos en disolución, tanto en productos de limpieza, como alimentos, bebidas e incluso medicamentos. Si te fijas en sus componentes, encontrarás en qué proporción está cada uno. Algunos vienen como porcentaje en volumen, otros como porcentaje en masa, y otros referidos a un valor energético. ¿Podrías poner un ejemplo de cada uno? ¿Por qué crees que no se expresa en concentración molar o molal? Expresa tu opinión fundamentada.

Determinación de la masa molecular de un compuesto a partir de las propiedades coligativas

2 Una disolución de 750 cm^3 de volumen, contiene 20 g de una cierta sustancia. Se sabe que su presión osmótica a 30 °C es de 1,94 atm. Indica a cuál de las siguientes sustancias corresponderá el soluto: cloruro de sodio (NaCl), glucosa ($C_6H_{12}O_6$), sacarosa ($C_{12}H_{22}O_{11}$) o sulfato de cobre ($CuSO_4$).

Datos: M (Na) = 22,99 g/mol; M (Cl) = 35,453 g/mol; M (C) = 12,011 g/mol; M (H) = 1,008 g/mol; M (O) = 15,999 g/mol; M (Cu) = 63,54 g/mol; M (S) = 32,064 g/mol.

Planteamiento y resolución

Con objeto de determinar la sustancia, hay que hallar su masa molar. Para ello, obtenemos la concentración de la disolución a partir del valor de la presión osmótica:

$$\pi = M \cdot R \cdot T \rightarrow M = \frac{\pi}{R \cdot T} = \frac{1{,}94}{0{,}082 \cdot (30 + 273)} = 0{,}078\,1 \text{ mol/L}$$

Con este resultado y el volumen de la disolución, calculamos la cantidad de sustancia de soluto:

$$n_{\text{soluto}} = M \cdot V_{\text{disolución}} = 0{,}0781 \text{ mol} \cdot \text{L}^{-1} \cdot 0{,}750 \text{ L} = 0{,}0586 \text{ mol}$$

Como el enunciado dice que había 20 g de sustancia, ya podemos saber, a partir del resultado anterior, su masa molar:

$$n = \frac{m}{M} \rightarrow M = \frac{m}{n} = \frac{20}{0{,}058\,6} = 341{,}3 \text{ g/mol}$$

Para saber cuál de los compuestos es el que buscamos, calculamos sus masas molares y las comparamos con la obtenida en los cálculos anteriores:

$$M\,(\text{NaCl}) = 22{,}99 + 35{,}453 = 58{,}443 \text{ g/mol}$$

$$M\,(C_6H_{12}O_6) = 12{,}011 \cdot 6 + 1{,}008 \cdot 12 + 15{,}999 \cdot 6 = 180{,}156 \text{ g/mol}$$

$$M\,(C_{12}H_{22}O_{11}) = 12{,}011 \cdot 12 + 1{,}008 \cdot 22 + 15{,}999 \cdot 11 = 342{,}297 \text{ g/mol}$$

$$M\,(CuSO_4) = 63{,}54 + 32{,}064 + 15{,}999 \cdot 4 = 159{,}600 \text{ g/mol}$$

Luego, la masa molar más parecida a la que hemos calculado es la de la sacarosa. Por tanto, con casi total seguridad, nuestra sustancia desconocida será sacarosa.

DISCUSIÓN DE RESULTADOS

Puedes comprobar que has obtenido el resultado correcto recorriendo el camino inverso, esto es, calculando la cantidad de sustancia de sacarosa que habrá en la disolución, y a partir de este valor, el de su concentración. Con esta podrás obtener la presión osmótica. Te ha de salir un resultado muy cercano a 1,94 atm (la pequeña diferencia se deberá a errores de redondeo).

Como curiosidad, puedes calcular qué altura ha de tener una columna de agua que ejerza esa misma presión. Para ello, utiliza la fórmula:

$$p = d \cdot g \cdot h$$

con $d = 1$ g/cm^3 y $g = 9{,}81$ m/s^2. Recuerda, asimismo, que 1 atm = 101 300 Pa. Ten cuidado con las unidades, ya que has de emplear el mismo sistema. Así, por ejemplo, si utilizas el valor $g = 9{,}81$ m/s^2, la presión debe estar en el SI (esto es, en Pa), y pasar la densidad de g/mL a kg/m^3.

ANÁLISIS DEL PROBLEMA

Las propiedades coligativas de las disoluciones se pueden utilizar, como ves, para determinar la masa molar del soluto cuando este es desconocido.

Procura utilizar suficientes decimales como para no introducir demasiados errores de redondeo. En este caso, se han propuesto cuatro sustancias con masas molares muy diferentes, pero puede ocurrir que no sea así, y es conveniente ser lo más precisos posible. En la resolución del problema se han empleado cuatro decimales.

Ten mucho cuidado de utilizar las unidades de las distintas magnitudes físicas que intervienen de forma correcta: si la presión osmótica está en atmósferas, has de emplear el valor:

$$R = 0{,}082 \text{ atm·L/(mol} \cdot \text{K)}$$

Pero si estuviera, por ejemplo, en mmHg, tendrías que realizar la conversión a atm. Sin embargo, si estuviera en pascales, podrías utilizar:

$$R = 8{,}314 \text{ J} \cdot \text{mol}^{-1} \cdot \text{K}^{-1}$$

que es el valor de la constante de los gases en el SI.

Y ADEMÁS...

Existe otro valor de R que es menos común, pero que también se utiliza. Su valor es:

$$R = 1{,}98 \text{ cal / (mol} \cdot \text{K)}$$

En este caso, la presión también debe ir en pascales, pero la unidad de energía es diferente y no es la del SI. Si relacionas los distintos valores de R, obtendrás las equivalencias entre el julio y la caloría, y entre el julio y el factor atm · L, que te serán muy útiles en las próximas unidades. Coméntalo con el resto de la clase y utiliza la técnica **Mesa redonda.**

TRABAJA CON LO APRENDIDO

Estados de agregación. Leyes de los gases

1 Calcula la masa de amoníaco que hay en un recipiente de 2,55 L a 30 °C y 725 mmHg. Si se añaden 25 g de amoníaco, sin modificar la presión ni la temperatura, ¿qué volumen ocupará ahora el gas?

2 Un recipiente de 5 L contiene oxígeno a 0 °C. La presión en su interior es de 1 000 mmHg. Calcula la masa de oxígeno y el volumen que ocuparía en condiciones normales.

3 Se tiene un gas, inicialmente en condiciones normales.

a) Si se aumenta su temperatura hasta los 100 °C, manteniendo constante el volumen, ¿qué presión tendrá entonces?

b) Posteriormente, se disminuyen tanto la presión como el volumen a la mitad. Calcula la temperatura que ha de tener el gas al final del proceso.

4 Inicialmente, un neumático se encuentra a una temperatura de 15 °C y a 2,2 atm de presión. Después de estar conduciendo un tiempo, su temperatura aumenta hasta los 55 °C. Si el volumen no se ha modificado, ¿cuál será su presión? ¿Por qué es conveniente comprobar la presión de los neumáticos en frío?

5 Un cierto gas ideal describe el ciclo *ABCD* que se muestra en la figura siguiente:

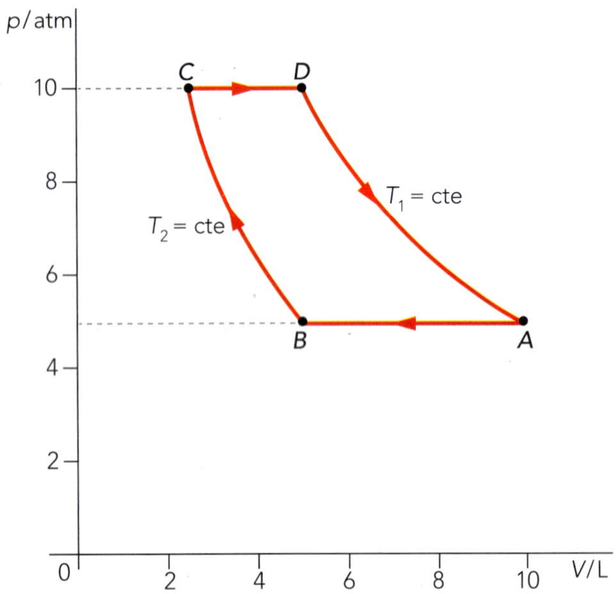

Calcula los valores de presión, temperatura y volumen correspondientes a esos cuatro puntos a partir de los datos mostrados en la gráfica y de los siguientes valores: $p(A) = 5$ atm, $T(A) = 60$ °C y $V(B) = 5$ L.

6 Un mol de un gas ideal describe el ciclo *ABCD* que se muestra en la figura siguiente:

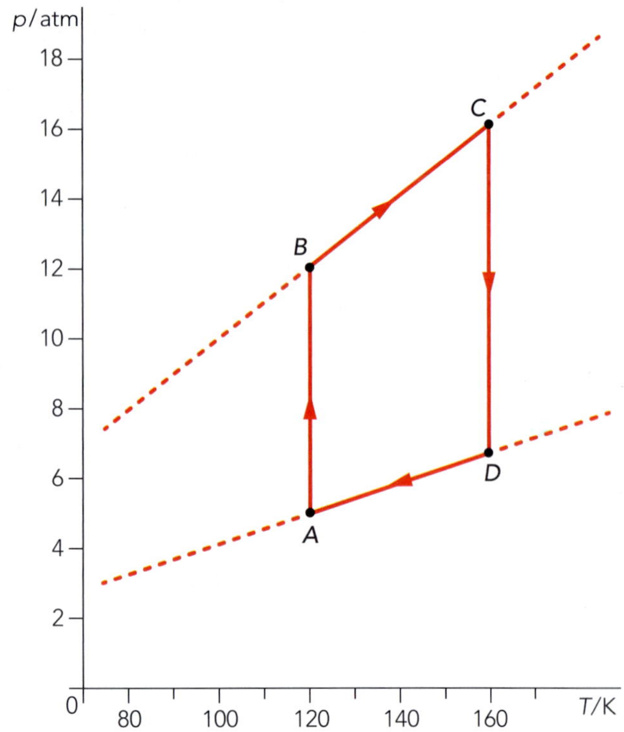

Calcula los valores de presión, temperatura y volumen correspondientes a esos cuatro puntos a partir de los datos mostrados en la gráfica, sabiendo que $p(A) = 5$ atm.

7 Comprueba que el cociente $(p \cdot M)/(R \cdot T)$ tiene dimensión de densidad.

8 Al quemar una cierta cantidad de etileno se obtienen 4,4626 g de CO_2 y 0,9136 g de H_2O. Sabiendo que su densidad a 50 °C y 2 atm es de 0,001 97 g/cm^3, determina su fórmula molecular.

9 Al quemar una cierta cantidad de una sustancia que contiene únicamente C, H y N, se obtienen 2,4000 g de CO_2, 1,4731 g de H_2O y 0,8236 g de NO_2. Sabiendo que, a 350 °C y 1,5 atm, 10 g de este gas ocupan un volumen de 5,76 L, determina su fórmula molecular.

10 Al quemar 1,1 g de propanol, se obtienen 1,270 L de CO_2 y 1,690 L de H_2O, ambos gaseosos y medidos a 1,5 atm y 150 °C. Sabiendo que 2,0 g de propanol ocupan, a 0,98 atm y 127 °C, un volumen de 1,114 L, determina su fórmula molecular.

11 Un gas tiene la siguiente composición centesimal: 81,68 % de C y 18,32 % de H. Si su densidad molar a 1,25 atm y 25 °C es de 2,26 g/L, determina su fórmula molecular.

Recuerda que dispones de las soluciones de todas las actividades numéricas en **anayaeducacion.es**.

12 La combustión de una muestra de 2,23 g de etanol produce 4,2602 g de CO_2 y 2,6165 g de H_2O. Calcula su fórmula molecular sabiendo que 7,533 g de etanol gaseoso, a 100 °C y 2 atm ocupan 2,5 L.

13 Un recipiente de 10 L a 25 °C contiene 10 g de O_2 y 10 g de N_2. Calcula la presión parcial de cada gas, así como la presión total que ejerce la mezcla.

14 En un recipiente hay 45 g de CO_2 y 60 g de N_2. La presión total es de 500 mmHg. Calcula la presión parcial y la fracción molar de cada gas.

La teoría cinético-molecular. Gases ideales y gases reales

15 La ecuación de estado de los gases ideales constituye una buena aproximación cuando las temperaturas son elevadas y las presiones relativamente bajas. Una de las principales correcciones a dicha ecuación se debe al físico Van der Waals, quien en 1873 propuso la siguiente expresión:

$$\left(p + \frac{a \cdot n^2}{V^2}\right) \cdot (V - n \cdot b) = n \cdot R \cdot T$$

donde V es el volumen que ocupan n moles de sustancia, y a y b son constantes características de cada gas.

Rellena una tabla con las presiones, obtenidas mediante la ecuación de los gases ideales y la de Van der Waals, que ejercerían 1,5 mol de aire que ocuparan un volumen de 7,5 L, para las siguientes temperaturas: −150 °C, −100 °C, −50 °C, 0 °C, 25 °C, 50 °C. Calcula los errores relativos, en tantos por ciento, entre ambos valores de la presión y discute los resultados. Puedes utilizar una hoja de cálculo para automatizar las operaciones.

Concentración

16 Una disolución está formada por 12 g de hidróxido de calcio y 100 g de agua. Sabiendo que la densidad de esta disolución es de 1050 kg/m^3, calcula la molaridad, la molalidad y la fracción molar del soluto.

17 Una disolución acuosa de $Ca(OH)_2$ tiene una concentración del 6 % en masa. Sabiendo que su densidad es de 1,050 g/cm^3, calcula la molaridad, la molalidad y la fracción molar del soluto.

18 Se disuelven 500 mg de bicarbonato de sodio, $NaHCO_3$, 500 mg de cloruro de sodio, NaCl, y 50 g de glucosa, $C_6H_{12}O_6$, en 750 mL de agua. Calcula:

a) La fracción molar de cada soluto.

b) La concentración de cloruro de sodio, en g/L, si se añade agua hasta completar un litro de disolución.

19 Se disuelven 18,2 g de NaCl en 0,5 kg de agua, obteniéndose una disolución con una densidad de 1,025 g/mL.

a) Calcula la concentración en masa, la molaridad, la molalidad y la fracción molar de NaCl.

b) ¿Cuántos gramos de NaCl habrá en 225 mL de disolución?

20 El alcohol sanitario tiene una concentración de 96°, lo que equivale a decir que es del 96 % en volumen. Calcula, para una botella de 250 mL:

a) El volumen de alcohol puro que contendrá.

b) Si se añade agua destilada hasta completar 1 L de disolución, calcula el nuevo % en volumen para el alcohol.

21 Tenemos 300 mL de una disolución de HCl al 25 % en masa y con una densidad de 1,05 g/cm^3. Calcula:

a) La concentración en masa.

b) La molaridad y la molalidad.

c) La fracción molar de soluto.

d) ¿Qué masa de HCl habrá en 25 mL de disolución?

22 La tintura de yodo es una disolución de yodo molecular y yoduro de potasio en etanol, que se ha usado desde hace muchos años como antiséptico para el tratamiento de heridas menores. También, se emplea como desinfectante de la piel o para limpiar heridas. Se prepara tintura de yodo añadiendo 2 g de I_2 sólido y 2 g de yoduro de potasio a 100 mL de etanol (C_2H_6O). Se sabe, además, que la densidad del etanol puro es de 0,790 g/mL. Calcula:

a) La molaridad, la molalidad y la fracción molar de ambos solutos.

b) El porcentaje en masa de todas las sustancias de la disolución.

23 Se prepara un producto de limpieza consistente en medio litro de una disolución 0,5 M de ácido clorhídrico.

a) Calcula qué masa de HCl contendrá la disolución.

b) Si se mezcla con medio litro de otra disolución 2 M de HCl, ¿qué molaridad tendrá la disolución resultante?

24 En la gráfica siguiente se muestra cómo varía la solubilidad de cierto soluto en agua con la temperatura:

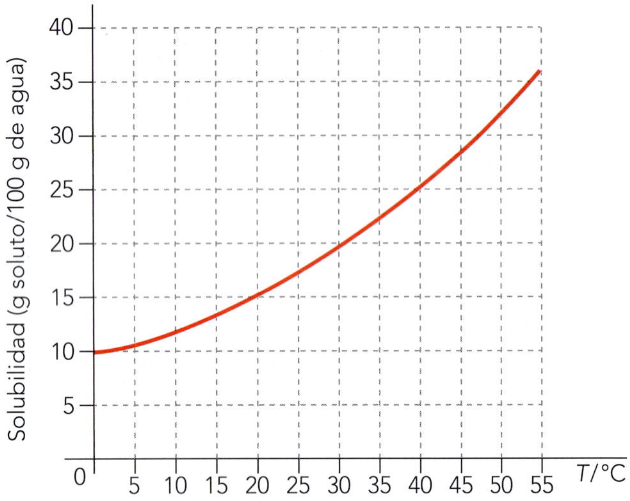

a) Si se mezclan 40 g de soluto con 250 g de agua a 30 °C, ¿se disolverá todo el soluto? ¿Y si la temperatura es de 0 °C?

b) Explica qué ocurre si se disuelven 50 g de soluto en 200 g de agua a 40 °C y, después, se deja enfriar la mezcla hasta los 20 °C.

25 Utilizando las gráficas de solubilidad vistas en el epígrafe 5, calcula el volumen de agua, en litros, que serán necesarios para disolver 3 kg de bromuro de potasio a 30 °C. Suponiendo que tenemos una disolución saturada, si ahora la temperatura disminuye hasta los 10 °C, ¿qué masa de soluto precipitará?

Preparación de disoluciones

26 Explica cómo prepararías 250 mL de una disolución 0,4 M de sulfato de sodio (este soluto es sólido). Si para una reacción química se necesitan 5 g de esta sustancia, ¿qué volumen de disolución se debe tomar?

27 Se tienen 350 mL de salfumán (ácido clorhídrico en agua), al 37 % en masa, con una densidad de 1,19 g/cm^3. ¿Qué volumen de esta disolución será necesario para preparar 250 mL de disolución 0,18 M? Calcula la masa de HCl que hay en 1 mL de disolución concentrada y en 1 mL de disolución diluida.

28 Se disuelven 5,00 mL de ácido clorhídrico concentrado del 38 % en masa y densidad 1,181 g/cm^3 en agua, hasta obtener una masa final de 120,00 g. Calcula, de forma aproximada, la molaridad y la molalidad de la disolución diluida.

29 Tenemos una botella de 1 L de ácido nítrico comercial, del 96 % de pureza en masa y una densidad de 1,50 g/cm^3.

a) Calcula la cantidad de sustancia de HNO_3 que habrá en una botella de ácido nítrico comercial.

b) Calcula el volumen que es necesario tomar para preparar 125 mL de una disolución 1,25 M de ácido nítrico.

30 Se mezclan 22 g de etanol (C_2H_6O, d = 0,791 g/cm^3) con 110 g de agua, obteniendo 135 mL de disolución.

a) Determina la molaridad, la molalidad, la concentración en masa, la concentración en volumen y la fracción molar del soluto.

b) ¿Cuál es la densidad de la disolución?

c) Se quieren conseguir 125 mL de una disolución diluida, de concentración 1,2 M, a partir de la anterior. ¿Qué volumen de la concentrada habrá que tomar?

d) Se necesitan 3,00 g de etanol para cierta reacción química. ¿Qué volumen de la disolución diluida habrá que tomar? ¿Y de la concentrada?

Propiedades coligativas

31 Calcula las temperaturas de ebullición y congelación de una disolución que contiene 50 g de sal en 1 L de agua (toma una densidad para el agua de 1 g/mL). Utiliza los valores de K_c y K_e proporcionados en la unidad.

32 Se añaden 20 g de un soluto no volátil a 500 g de agua, de manera que la temperatura de congelación disminuye 0,41 °C. Determina si se trata de glucosa ($C_6H_{12}O_6$), cloruro de sodio (NaCl) o etilenglicol ($C_2H_6O_2$).

33 Se añade una cierta cantidad de glicerina ($C_3H_8O_3$) a 250 mL de agua, de manera que el punto de congelación desciende 7 °C. Calcula la masa de soluto disuelta.

34 Se añaden 500 g de una sustancia anticongelante a 2 L de agua, de manera que el punto de congelación de la disolución es –7,5 °C.

a) Calcula la masa molar de esa sustancia.

b) ¿Qué masa de soluto habría que añadir al agua si queremos que no congele a –20 °C?

c) Calcula la temperatura de ebullición de la disolución con ambas concentraciones.

35 Se prepara una disolución acuosa con un soluto no volátil, de concentración 2,50 m a 40 °C. Calcula la presión de vapor de la disolución a esta temperatura, y las temperaturas de ebullición y congelación.

Dato: $p°$ (agua a 40 °C) = 55,32 mmHg.

36 Una disolución a 5 °C contiene 0,75 mol de un soluto en medio litro de volumen.

a) Calcula la presión osmótica de la disolución.

b) ¿Qué volumen debería tener la disolución para que la presión osmótica fuese la mitad?

c) Calcula la presión osmótica de esta nueva disolución a 30 °C.

37 La presión de vapor del metanol (CH_4O) es 159,76 mmHg. Calcula la masa de glicerol ($C_3H_8O_3$) necesaria para disminuir la presión de vapor de 500 g de metanol hasta 129,76 mmHg.

38 Se disuelven 100 g de proteína de albúmina de huevo en 2 L de agua. Se observa que a una temperatura de 30 °C, esta disolución ejerce una presión osmótica de 27,46 atm. Calcula la masa molar de la proteína.

39 Un recipiente contiene una disolución formada por 25 g de benceno (C_6H_6) y 30 g de tolueno (C_7H_8) a 50 °C. Calcula:

a) La presión de vapor de cada componente (aunque sean compuestos volátiles, utiliza la ley de Raoult).

b) La presión total de la mezcla gaseosa.

c) La fracción molar de cada componente en la fase de vapor.

Datos: $p°$ (C_6H_6) = 271 mmHg; $p°$ (C_7H_8) = 92,6 mmHg.

anayaeducacion.es Consulta el apartado «Para estudiar» en el banco de recursos.

Ciencia, tecnología y sociedad

Disoluciones en los seres vivos

Todos los seres vivos estamos constituidos por células, que están formadas, fundamentalmente, por agua. En ella se encuentran disueltas todas las sustancias que intervienen en las reacciones químicas necesarias para realizar las funciones vitales. Si no fuera así, las reacciones no tendrían lugar, o se harían a un ritmo muy lento, o requerirían de una enorme cantidad de energía.

Además, las células controlan constantemente la concentración de estas sustancias en su interior, ya que su exceso o defecto puede provocar importantes daños, a veces irreparables. Para ello, utilizan una serie de proteínas que se encuentran en la membrana celular y que regulan el paso de iones desde el interior hacia el exterior, y viceversa.

Una de las magnitudes físicas que activan o desactivan estas proteínas es la presión osmótica que, como hemos visto en esta unidad, aumenta con la concentración de la sustancia disuelta.

Es necesario que la concentración de los distintos iones presentes en nuestro organismo sea la correcta, ya que intervienen en multitud de procesos: funcionamiento de nervios y músculos, absorción de alimentos a través del intestino, propagación de señales a lo largo de neuronas, etc.

Por ejemplo, el suero fisiológico se utiliza para hidratar y las bebidas isotónicas para reponer los electrolitos perdidos durante la actividad física.

ODS Busca información acerca de la enfermedad del cólera y cómo actúa la bacteria que la provoca, *Vibrio cholerae*, en el organismo. Esta enfermedad causa miles de muertes al año, especialmente en países del Tercer Mundo. Relaciona tu respuesta con el **objetivo 1** para el desarrollo sostenible y su **meta 1.3**.

Muchos estudios, tanto intermedios como universitarios, están relacionados con la microbiología, la nanotecnología y la medicina. ¿En qué profesiones se desarrollan estas ramas de la ciencia? Piensa en las industrias alimentarias, laboratorios biosanitarios o la investigación de nuevos materiales.

3

REACCIONES QUÍMICAS

Casi todo es química

Durante siglos, las transformaciones de unas sustancias en otras han permitido al ser humano alterar el entorno natural, obtener nuevos materiales a partir de materias primas, cocinar alimentos o fabricar productos de consumo. Podríamos pensar que el ámbito industrial, o de consumo, es el principal objetivo del conocimiento de las reacciones químicas, pero esto no es así. Al tratarse de interacciones entre átomos que, enlazados de un modo u otro, forman sustancias diferentes, el interés de este conocimiento abarca facetas muy diversas.

La bioquímica es la rama de la ciencia que aborda el estudio de las transformaciones de las sustancias en la materia viva. El conocimiento de las reacciones químicas no solo ha permitido obtener un beneficio material, sino desentrañar las íntimas relaciones que ocurren entre las sustancias que conforman a un ser vivo. Esto ha servido para poder prevenir y curar enfermedades y conocer mejor el comportamiento de los organismos frente a su entorno químico.

Por otro lado, la química ambiental nos permite conocer cómo cambia la composición del medioambiente por reacciones en las que se involucran sustancias que no estaban presentes en el medio de forma natural; requiere del conocimiento de la reactividad química de esas sustancias y de la velocidad de sus procesos de descomposición.

COMPROMISO ODS

ODS

Por grupos, contestad a las siguientes preguntas:

1 Buscad información sobre el **objetivo 3** y todas sus metas. Elaborad un informe de investigación en el que expliquéis cómo las reacciones químicas pueden ayudar a conseguir todo lo que propone la ONU.

2 El desarrollo de la química ambiental debe respetar los acuerdos a los que llegan las naciones para terminar con la contaminación y conseguir un entorno limpio y saludable. A partir de la **meta 7.a**, argumentad sobre la importancia en la investigación de reacciones químicas más limpias.

3 ¿Qué otras metas de los ODS están relacionadas con un desarrollo eficaz de las reacciones químicas? Haced una breve exposición de vuestras ideas y elaborad un documento en el que las recojáis.

Antes de empezar a estudiar esta unidad, consulta la presentación «Qué necesitas saber» en anayaeducacion.es.

LOS RECURSOS EN LA WEB DE ESTA UNIDAD

REACCIONES QUÍMICAS

- Casi todo es química
  - PRESENTACIÓN: Qué necesitas saber.
  - DOCUMENTO: Objetivos de Desarrollo Sostenible.
- 1 Reacciones y ecuaciones químicas
  - DOCUMENTO: Cómo aplicar la técnica: «Las 6 W».
- 2 Cálculos estequiométricos
- 3 Cálculos estequiométricos en masa
- 4 Reactivos y productos en estado gaseoso
- 5 Reactivos y productos en disolución
  - DOCUMENTO: Objetivos de Desarrollo Sostenible.
- 6 Reactivo limitante y rendimiento de reacción
  - DOCUMENTO: Cómo aplicar la técnica: «Lluvia de ideas».
- 7 Procesos químicos en un alto horno
  - DOCUMENTO: Objetivos de Desarrollo Sostenible.
- TIC Cálculos estequiométricos
  - SIMULACIÓN: Balanceo de ecuaciones químicas.
- Estrategias de resolución de problemas
- Trabaja con lo aprendido
  - DOCUMENTO: Consejos para elaborar tu porfolio.
  - DOCUMENTO: Informe de investigación.
  - INTERACTIVO: Para estudiar.
  - PRESENTACIÓN: Objetivos de Desarrollo Sostenible.

Y ADEMÁS... Soluciones de todas las actividades numéricas

1 REACCIONES Y ECUACIONES QUÍMICAS

1.1. Reacciones químicas

La descripción de muchos fenómenos pasa por la determinación de cuáles son los cambios que ocurren en el sistema objeto de estudio. Estos cambios pueden, o no, afectar a la composición del sistema; es decir, que, como resultado, aparezcan sustancias que no estaban presentes al principio. Si esto fuera así, a este tipo de cambios se los denomina **reacciones químicas.**

Las reacciones químicas no suelen darse de forma aislada, sino que suelen ocurrir de forma simultánea, o secuencial. Además, en muchas ocasiones, van acompañadas de un cambio físico.

Para tener la certeza de que se está produciendo una reacción química, es necesario llevar a cabo un análisis químico de las sustancias presentes en el sistema. Si el producto de la reacción tiene unas propiedades muy diferentes a las sustancias de partida, esto no sería necesario. Algunas de estas evidencias son:

- Cambio de color en el sistema (en la mezcla de sustancias) como sucede en la oxidación del hierro.
- Variación en el estado de agregación de las sustancias. Dos casos muy claros que podemos observar son: la aparición de uno de los productos de la reacción en estado gaseoso (en forma de burbujeo), o el cambio de solubilidad en los productos, pudiendo desde precipitar y no disolverse, hasta el caso contrario, disolverse uno de los reactivos en el medio.
- Intercambio de energía en forma de luz y calor, haciendo que se modifique la temperatura del entorno, o bien aumentando, o bien, disminuyendo.

Tanto en el laboratorio como en la industria, se influye sobre las condiciones en las que tiene lugar la reacción química. Con esto conseguimos que su evolución sea sencilla y controlable, logrando obtener productos de forma sintética que no sería posible hacerlo de otra manera.

Evidencias de un cambio químico

El hierro altera su color al entrar en contacto con el oxígeno atmosférico.

El cromato de plata aparece como resultado de reaccionar dos sustancias líquidas.

Las burbujas del vaso de precipitados indican la aparición de hidrógeno.

Los fuegos artificiales son una reacción que desprende luz al producirse.

1.2. Teoría atómica y reacciones químicas

Según la teoría atómica, una reacción química es una reordenación de las entidades elementales (átomos, moléculas o iones) que constituyen los reactivos para dar lugar a los productos de la reacción. Una reacción química se representa utilizando la **ecuación química** de la reacción, constituida por:

- Las fórmulas químicas de los reactivos se sitúan a la izquierda del símbolo que significa «cambio» (flecha), y las de los productos, a la derecha.
- Los coeficientes estequiométricos son los números que se sitúan delante de las fórmulas de los reactivos y los productos en la reacción. Indican en qué proporción reaccionan las entidades elementales que los forman.
- El resto de los símbolos que se utilizan informan sobre el estado de agregación de las sustancias, la presencia de catalizadores en el medio y de otras condiciones de la reacción, como la presión y la temperatura.

1.3. Ley de conservación de la masa

Según lo establecido de forma empírica por A. Lavoisier (1785), durante una reacción química, la masa de un sistema no varía. Como ya sabes, esta ley surge como resultado de constatar una regularidad, pues no se había planteado la teoría atómica de forma sistemática, por lo que no existía una explicación al respecto.

Pero, una vez se expuso la teoría atómica, se pudo concluir que la ley de conservación de la masa se explica como consecuencia directa de la interpretación de una reacción química como la reordenación de átomos. Así, se pudo concluir que:

- La masa del conjunto de la reacción no varía, pues los átomos que forman las sustancias, tanto reactivos como productos, no cambian.
- El valor de los coeficientes estequiométricos es tal que se cumple que hay el mismo número de átomos de cada elemento en los reactivos y en los productos.

SÍMBOLOS DE LAS REACCIONES QUÍMICAS

Símbolo	Significado	Ejemplo
(*s*), (*l*), (*g*)	Estado de agregación de la sustancia.	$Fe_2O_3\ (s) + 3\ CO\ (g) \rightarrow 2\ Fe\ (l) + 3\ CO_2\ (g)$
(*aq*)	La sustancia está en disolución acuosa.	$NH_3\ (g) + 2\ O_2\ (g) \rightarrow HNO_3\ (aq) + H_2O\ (l)$
$\uparrow$	Producto gaseoso.	$CaCO_3\ (s) \rightarrow CaO\ (s) + CO_2\ (g) \uparrow$
$\downarrow$	Producto precipitado.	$NaCl\ (aq) + AgNO_3\ (aq) \rightarrow NaNO_3\ (aq) + AgCl\ (s) \downarrow$
$\rightleftarrows$	Reacción reversible o reacción en equilibrio.	$CO_2\ (g) + H_2O\ (l) \rightleftarrows H_2CO_3\ (aq)$
$\xrightarrow{X}$	Cualquier condición específica para que se lleve a cabo la reacción: temperatura, presión, con calor o con catalizador.	$CH_3CH_2OH \xrightarrow[180\ °C]{H_2SO_4} H_2C{=}CH_2 + H_2O$ $CH_3CH_2CH_2CH_2OH \xrightarrow[\text{o NaBr, } H_2SO_4,\ Q]{\text{HBr seco}} CH_3CH_2CH_2CH_2Br$

1.4. Ajuste de reacciones químicas

Para ajustar una reacción química, debemos elegir el valor de los coeficientes estequimétricos correcto. Una ecuación química ajustada nos da información cuantitativa, por lo que nos permite calcular cantidades de reactivos y productos que intervienen en la reacción.

Aunque se pueden utilizar sistemas de ajuste de ecuaciones basados en el planteamiento de un sistema de ecuaciones en el que los coeficientes estequiométricos son las incógnitas, en la mayoría de los casos, un sistema de tanteo es suficiente. Tendremos en cuenta que:

- Se ajustarán, en primer lugar, los elementos que aparecen solo en un reactivo y en un producto, siendo, al menos, una de las sustancias compuesta.
- A continuación, se ajustan las sustancias simples; en ocasiones, habrá que cambiar coeficientes ya determinados para conseguir el ajuste.
- Si algún coeficiente estequiométrico fuese fraccionario, podrían multiplicarse todos los coeficientes de la reacción por el denominador de dicha fracción.

Ejercicio resuelto

1 Ajusta la siguiente reacción química por el método de tanteo y mediante un sistema de ecuaciones:

$$NH_3 + O_2 \rightarrow NO_2 + H_2O$$

Solución

Para la resolución de este ejercicio, utilizaremos los dos métodos de ajuste de reacción: tanteo y sistema de ecuaciones.

I. Método de tanteo.

En primer lugar, identificamos el tipo de elementos que hay en la reacción. Empezamos por el nitrógeno. En este caso, al haber un átomo de nitrógeno a cada lado de la reacción, no lo tendremos en cuenta.

$$NH_3 \rightarrow NO_2$$

Por ello, continuamos con el hidrógeno. Colocamos un 2 delante del NH_3 y un 3 delante del H_2O, quedando ajustada la reacción de la siguiente forma:

$$2\ NH_3 + O_2 \rightarrow NO_2 + 3\ H_2O$$

Como el nitrógeno se ha desajustado, colocamos un dos delante del NO_2:

$$2\ NH_3 + O_2 \rightarrow 2\ NO_2 + 3\ H_2O$$

Por último, contamos los átomos de oxígeno que hay en los productos y ajustamos en la molécula de oxígeno de reactivo:

$$2\ NH_3 + 7/2\ O_2 \rightarrow 2\ NO_2 + 3\ H_2O$$

Para evitar que aparezcan coeficientes fraccionarios, multiplicamos por 2 todos los demás coeficientes:

$$4\ NH_3 + 7\ O_2 \rightarrow 4\ NO_2 + 6\ H_2O$$

II. Método de sistema de ecuaciones.

Asignamos letras a los coeficientes estequiométricos:

$$a\ NH_3 + b\ O_2 \rightarrow c\ NO_2 + d\ H_2O$$

Igualamos las letras que se corresponden con cada átomo:

$$N: a = c$$

$$H: 3 \cdot a = 2 \cdot d$$

$$O: 2 \cdot b = 2 \cdot c + d$$

Asignamos un valor arbitrario a una de las letras. Intentamos que sea una letra que aparezca en varias ecuaciones; por ejemplo: $a = 1$. Así, despejamos en las ecuaciones:

$$a = c = 1 \rightarrow 3 \cdot 1 = 2 \cdot d \rightarrow d = 3/2$$

$$2 \cdot b = 2 \cdot 1 + 3/2 \rightarrow b = 7/4$$

Luego, la ecuación química será:

$$NH_3 + 7/4\ O_2 \rightarrow NO_2 + 3/2\ H_2O$$

Que, multiplicando por 4, obtenemos la misma ecuación ajustada que por tanteo:

$$4\ NH_3 + 7\ O_2 \rightarrow 4\ NO_2 + 6\ H_2O$$

Ejercicios

1 Ajusta estas reacciones químicas de combustión:

a) $C_4H_9OH + O_2 \rightarrow CO_2 + H_2O$

b) $CH_3NO_2 + O_2 \rightarrow CO_2 + H_2O + N_2$

2 Ajusta las reacciones químicas de síntesis:

a) $Fe\ (s) + S_8\ (s) \rightarrow Fe_2S_3\ (s)$

b) $Ni\ (s) + I_2\ (s) \rightarrow NiI_3\ (s)$

1.5. Clasificación de las reacciones químicas

Algunos criterios para clasificar las reacciones son:

- **La velocidad de reacción.** Atendiendo a la rapidez con que se reordenan las entidades elementales, podemos considerar las reacciones como rápidas o lentas.
- **Energía de reacción:** como verás en las siguientes unidades, las reacciones pueden ser:
  - Exotérmicas: implican una liberación de energía, normalmente en forma de calor.
  - Endotérmicas: requieren de un aporte de energía para poder producirse.
- **Estabilidad de los productos.** Cuando se forman los productos de la reacción, estos pueden reaccionar entre sí dando como resultado las sustancias de partida, es decir, revirtiendo la reacción hacia los reactivos. Si esto ocurre, la reacción será **reversible.** Por el contrario, si los productos de la reacción son estables y no reaccionan, la reacción será **irreversible.**
- En función del **reordenamiento de las entidades elementales.** Este criterio permite predecir los productos que se formarán cuando reaccionen determinados reactivos. Así, tenemos:
  - Reacciones de síntesis o adición, donde dos sustancias se combinan para dar una nueva:

$$A + B \rightarrow AB$$

  - Reacciones de descomposición, contrarias a las anteriores; de un reactivo se forman dos o más productos:

$$AB \rightarrow A + B$$

  En estos dos tipos de reacciones, *A* y *B* pueden ser sustancias simples o compuestas, y combinarse en proporción 1:1 o distinta.

  - Reacciones de desplazamiento o sustitución, en las que una sustancia simple, *C*, sustituye parte de un compuesto, *AB*, dando lugar a otra sustancia simple, *B*, y un nuevo compuesto, *AC*:

$$AB + C \rightarrow AC + B$$

  - Reacciones de doble desplazamiento, que suceden cuando dos compuestos, generalmente iónicos, intercambian sus iones:

$$AB + CD \rightarrow AC + BD$$

- **Reacciones en disolución acuosa.** Son aquellas en las que el medio de reacción es el agua, pues facilita el contacto entre los reactivos. Casi todos los procesos que se dan en la naturaleza, y muchos procesos biológicos se dan de esta manera. Los tres grupos principales de reacciones que tienen lugar de esta manera son las reacciones ácido-base, las reacciones de precipitación y las reacciones de reducción-oxidación, que las estudiarás más profundamente en el próximo curso.

REACCIONES QUÍMICAS
Velocidad de reacción
Rápida: $Na_2\ (s) + H_2O\ (l) \rightarrow NaOH\ (aq) + \frac{1}{2}\ H_2\ (g)$ Lenta: $H_2\ (g) + I_2\ (g) \rightarrow 2\ HI\ (g)$
Intercambio de energía
Endotérmica: $CO_2\ (g) + C\ (s) \rightleftarrows 2\ CO\ (g)$ Exotérmica: $C\ (s) + O_2\ (g) \rightarrow CO_2\ (g)$
Estabilidad de productos
Reversible: $FeO\ (s) + CO\ (g) \rightleftarrows Fe(s) + CO_2\ (g)$ Irreversible: $CaCO_3\ (s) \rightarrow CaO\ (s) + CO_2\ (g)$
Reordenación de entidades elementales
Adición: $CH_3 - CH = CH_2 + Br_2 \rightarrow CH_3 - CHBr - CH_2Br$ Descomposición: $2\ HgO\ (s) + Q \rightarrow 2\ Hg\ (l) + O_2\ (g)$ Desplazamiento: $2\ Al\ (s) + 3\ H_2SO_4\ (aq) \rightarrow$ $\rightarrow 3\ H_2\ (g) + Al_2\ (SO_4)_3\ (aq)$ Doble desplazamiento: $Na_2SO_4\ (aq) + Pb\ (NO_3)_2\ (aq) \rightarrow$ $\rightarrow PbSO_4\ (aq) + 2\ NaNO_3\ (aq)$

Ejercicios

3 Dentro de las reacciones ácido-base, encontramos las reacciones de neutralización, que pueden considerarse como reacciones de doble desplazamiento. Teniendo esto en cuenta, ajusta las siguientes reacciones en las que intervienen oxoácidos:

a) $H_2SO_4 + NaOH \rightarrow Na_2SO_4 + H_2O$

b) $H_3PO_4 + Ca(OH)_2 \rightarrow Ca_3(PO_4)_2 + H_2O$

Las 6 W. Busca información sobre las reacciones de neutralización y explica por qué son importantes como técnica de análisis.

4 Clasifica las siguientes reacciones químicas en función de la reordenación de sus unidades elementales:

a) $NH_3 + HCl \rightarrow NH_4Cl$

b) $BaCl_2 + K_2CO_3 \rightarrow 2\ KCl + BaCO_3$

5 El curso que viene estudiarás más detalladamente las reacciones que se producen en disolución acuosa. Busca información sobre los tres tipos de reacciones que se nombran en la teoría de esta página y pon ejemplos de cada una de ellas.

2
CÁLCULOS ESTEQUIOMÉTRICOS

La estequiometría es un término que se refiere a la relación entre las cantidades de sustancias implicadas en una determinada reacción química. Estas cantidades estarán en proporción estequiométrica si, de acuerdo con la ecuación química ajustada, ninguna está en exceso.

A partir de esta proporción, podremos calcular la proporción en masa o en volumen, donde este último solo se utilizará en reactivos en disolución acuosa o en gases.

Conocer la proporción estequiométrica es la base para prever las cantidades de reactivos que reaccionan y las cantidades de productos que se obtienen.

2.1. Magnitudes observables

Cuando se realizan cálculos estequiométricos, se parte de la medida de una o varias magnitudes observables. Distinguimos cuatro casos:

I. Masa de la sustancia pura.

II. Masa y riqueza de la muestra.

III. Volumen y concentración de la disolución.

IV. Volumen de un gas y condiciones de presión y temperatura.

Cada uno de estos casos se abordará en los siguientes epígrafes de la unidad.

Análisis elemental de una combustión

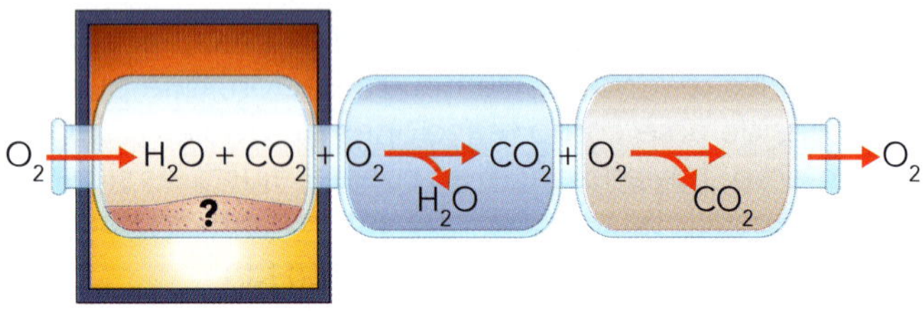

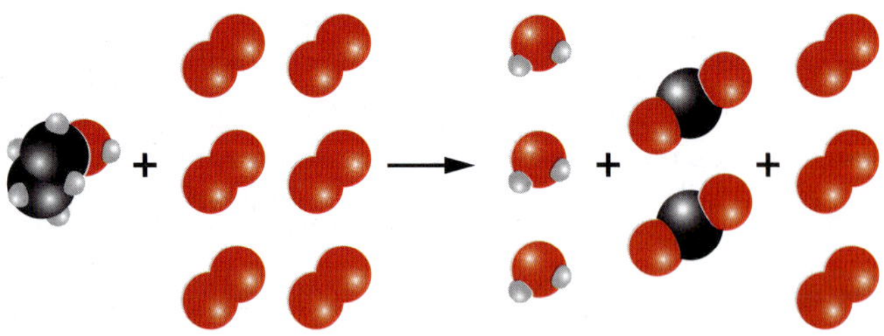

Al hacer reaccionar un hidrocarburo con oxígeno, se producen dióxido de carbono y agua. La cantidad de dióxido de carbono obtenida está relacionada, de forma proporcional, con el número de átomos de carbono del hidrocarburo objeto de análisis. En este caso, dos moléculas de CO_2 por cada molécula de hidrocarburo.

2.2. Secuencia de cálculo

Lo que diferencia los problemas de estequiometría son las magnitudes observables de las sustancias que intervienen en la reacción química de la que partimos. Aun así, es posible aplicar una estrategia de resolución basada en estos pasos:

- Paso previo: ajuste estequiométrico de la reacción e identificación de la sustancia de partida que denominaremos **sustancia dato,** y la sustancia objeto del problema, es decir, la **sustancia incógnita.**
- Primer paso: calcular la cantidad de sustancia dato a partir de la magnitud observable.
- Segundo paso: a partir de la ecuación química, se aplica la proporción estequiométrica; se calcula la cantidad de sustancia incógnita a partir de la cantidad de sustancia dato.
- Tercer paso: calcular la magnitud observable de la sustancia incógnita a partir de la cantidad de sustancia calculada en el paso anterior.

Siguiendo esta secuencia de cálculos, con algunos que se irán añadiendo, dependiendo de las magnitudes observables de partida e incógnita, se podrán afrontar los problemas de la unidad.

Ejercicios

6 Indica el nombre del compuesto desconocido del ejemplo de la ilustración. ¿Cuál es la relación entre la cantidad de sustancia dato (CO_2 o H_2O) y la cantidad de sustancia incógnita (compuesto desconocido, hidrocarburo) en este caso?

Datos: M(C) = 12,01 g/mol; M(O) = 15,99 g/mol; M(H) = 1,01 g/mol.

7 Calcula la cantidad de sustancia de:

a) Una masa de 400 g de NaOH.

b) Carbonato de calcio presente en 100 g de piedra caliza con una riqueza del 74 %.

c) Ácido sulfúrico en 490 mL de una disolución 2 M.

d) Dioxígeno, O_2, en un volumen de 250 L medidos a 298 K y 704 mmHg.

e) Ácido nítrico en 1 litro de una disolución de riqueza, 36,7 %, y densidad, 1225 g/L.

Datos: M(Na) = 22,99 g/mol; M(O) = 15,99 g/mol; M(H) = 1,01 g/mol; M(S) = 32,06 g/mol; M(N) = 14,01 g/mol.

3 CÁLCULOS ESTEQUIOMÉTRICOS EN MASA

3.1. Muestras puras y con impurezas

El caso más sencillo de cálculo estequiométrico es partir de la masa como dato conocido de un problema; es decir, la masa será la magnitud observable. Se diferencian dos situaciones:

- El dato es una sustancia pura; por tanto, para calcular la cantidad de sustancia bastará con utilizar la masa molar de dicha sustancia.
- El dato es una mezcla de la sustancia con otras, que denominamos impurezas. En este caso, será necesario conocer, además de la masa molar, la **riqueza** de la muestra, es decir, la proporción entre la masa de la sustancia y la masa total de la muestra incluidas las impurezas. Se suele expresar en tanto por ciento en masa, y se suponen inertes las impurezas, por lo que no intervienen en la reacción química ni en los cálculos.

A partir de este punto y en adelante, en este tipo de cálculos, se utilizarán los factores de conversión, ya que se trata de relaciones entre las cantidades de dos sustancias, o de un cambio de unidades para una sustancia en concreto.

A continuación, se muestran dos esquemas de cómo aplicar los factores de conversión al cálculo estequiométrico.

Cálculo mediante factores de conversión

1 Magnitud observable de la sustancia dato, A

Si *A* es una sustancia pura, usamos la masa m_A

Si A no es una sustancia pura, usamos la masa y la riqueza (%) de la mezcla.

$$m_A = m_{mezcla} \cdot \frac{R}{100}$$

Cantidad de sustancia dato, n_A

$$n_A = \frac{m_A}{M\,(A)}$$

Ecuación química

2 Cantidad de sustancia incógnita, n_B

Para calcular la cantidad de sustancia de *B*, usamos la relación estequiométrica establecida en la ecuación química.

$$n_B = n_A \cdot \frac{b\ (\text{mol } B)}{a\ (\text{mol } A)}$$

3 Masa de la sustancia incógnita, m_B

Para calcular la masa de *B*, usamos la masa molar.

$$m_B = n_B \cdot M\,(B)$$

Para una reacción genérica: $a\,A + b\,B \rightarrow c\,C + d\,D$, siendo *a*, *b*, *c* y *d* los coeficientes estequiométricos de las sustancias *A*, *B*, *C* y *D*, respectivamente, se pueden agrupar estos tres pasos para calcular la masa de la sustancia incógnita, B, mediante la aplicación de factores de conversión:

$$m_B = m_{mezcla}(\text{g}) \cdot \frac{R\,(A)}{100} \cdot \frac{1\ \text{mol}\ A}{M\,(A)} \cdot \frac{b\ (\text{mol}\ B)}{a\ (\text{mol}\ A)} \cdot \frac{M\,(B)}{1\ \text{mol}\ B}$$

Sustancia dato (1) · Ecuación química (2) · Sustancia incógnita (3)

Ejercicio resuelto

2 El hexafluoruro de azufre, SF_6, fue sintetizado por primera vez por Paul Lebenaur en 1901 por exposición directa entre azufre, S_8, y flúor, F_2, a 300 °C. Calcula la masa, en gramos, de azufre necesaria para que se formen 1,752 kg de hexafluoruro de azufre.

Datos: *M* (S) = 32,00 g/mol; *M* (F) = 19,00 g/mol.

Solución

En primer lugar, escribimos la ecuación química ajustada:

$$S_8 + 24\ F_2 \rightarrow 8\ SF_6$$

Identificamos el SF_6 como la sustancia dato, y el S_8 como la sustancia incógnita, y calculamos sus masas molares:

$$M\,(S_8) = 256\ \text{g/mol}\ ;\ M\,(SF_6) = 146\ \text{g/mol}$$

Ahora, aplicamos el esquema de cálculo y hallamos la masa de la sustancia incógnita:

$$m_{S_8} = 1752\ \text{g}\ SF_6 \cdot \frac{1\ \text{mol}\ SF_6}{146\ \text{g}\ SF_6} \cdot \frac{1\ \text{mol}\ S_8}{8\ \text{mol}\ SF_6} \cdot \frac{256\ \text{g}\ S_8}{1\ \text{mol}\ S_8} = 384\ \text{g}\ S_8$$

Ejercicios

8 Calcula la masa de flúor, F_2, necesaria para que reaccione completamente la masa de azufre calculada en el ejemplo resuelto 2. Comprueba tu resultado aplicando la ley de conservación de la masa.

9 El nitrato de plata se utiliza como antiséptico y desinfectante por vía tópica. La síntesis de esta sustancia se lleva a cabo entre nitrato de aluminio y plata, donde también se obtiene aluminio como producto. Escribe la ecuación química y calcula la cantidad de cada producto (expresada en mol) que se obtiene al reaccionar 16,305 g de plata.

Datos: *M*(Ag) = 107,87 g/mol; *M*(N) = 14,01 g/mol; *M*(O) = 15,99 g/mol; *M*(Al) = 26,98 g/mol.

4.1. Ecuación de estado de un gas ideal

La ecuación de estado del gas ideal relaciona la cantidad de sustancia gaseosa con el volumen que ocupa en función de las condiciones de presión y temperatura:

$$p \cdot V = n \cdot R \cdot T$$

donde p es la presión (en atmósferas); V es el volumen del gas (en litros); n, es la cantidad de sustancia (mol); T es la temperatura absoluta (en kelvin), y R es la constante de los gases, cuyo valor, para estas unidades, es $0{,}082\ \text{atm} \cdot \text{L} \cdot \text{mol}^{-1} \cdot \text{K}^{-1}$.

El uso de esta ecuación debe circunscribirse a la condición en que se puede aplicar la ley de Avogadro, es decir, que el tamaño de las entidades elementales que forman el gas es lo suficientemente pequeño en comparación con el espacio que las separa en el gas. Esta condición se cumple, de forma aproximada, para todos los gases a presiones menores o iguales a 1 atmósfera.

4.2. Factores de conversión

Las relaciones matemáticas entre magnitudes en la ecuación del gas ideal son proporciones, directas o inversas. Por tanto, se pueden aplicar factores de conversión en el cálculo estequiométrico:

- Para un gas en condiciones normales (c. n.) de presión y temperatura (1 atm y 273,15 K), aplicando la ecuación del gas ideal, obtenemos que, para un mol de cualquier gas, el volumen que ocupa es de 22,4 L. Para cualquier otra pareja de valores de presión y temperatura, se debe utilizar la ecuación del gas ideal.
- Si el volumen de todas las sustancias gaseosas que intervienen en la reacción química se mide, o se expresa, en las mismas condiciones de presión y temperatura, la relación entre la cantidad de sustancia, dada por los coeficientes estequiométricos, es igual a la relación entre los volúmenes.

Esquema de cálculo

1 Magnitud observable de la sustancia dato, A

Para un V_A en condiciones de p y T determinadas, podemos calcular la cantidad de sustancia dato, n_A.

Cantidad de sustancia dato, n_A

$$n_A = \frac{p \cdot V_A}{R \cdot T}$$

Ecuación química

2 Cantidad de sustancia incógnita, n_B

Para calcular la cantidad de sustancia de B, usamos la relación estequiométrica marcada por la ecuación química.

$$n_B = n_A \cdot \frac{b\ (\text{mol } B)}{a\ (\text{mol } A)}$$

3 Volumen de la sustancia incógnita, V_B

Para calcular el volumen de B, usamos la ecuación de estado del gas ideal.

$$V_B = \frac{n_B \cdot R \cdot T}{p}$$

Los pasos en el cálculo de la magnitud observable, volumen de un gas, son los mismos; sin embargo, se aplica la ecuación del gas ideal, ya que se trata de sustancias gaseosas.

A partir de la ecuación química:

$$a\,A + b\,B \rightarrow c\,C + d\,D$$

Calculamos el volumen de la sustancia incógnita:

$$V_B = \frac{p \cdot V_A}{R \cdot T} \cdot \frac{b\ (\text{mol } B)}{a\ (\text{mol } A)} \cdot \frac{R \cdot T}{p}$$

Sustancia dato (1) · Ecuación química (2) · Sustancia incógnita (3)

Ejercicios

10 Partiendo de la reacción de síntesis del amoníaco:

$$N_2\,(g) + H_2\,(g) \rightarrow NH_3\,(g)$$

a) En condiciones normales, ¿qué volúmenes de los reactivos son necesarios para obtener 16,8 L de amoníaco?

b) Calcula los volúmenes de los reactivos si la presión del apartado anterior se reduce a la mitad.

Datos: $M(\text{N}) = 14{,}01$ g/mol; $M(\text{H}) = 1{,}01$ g/mol.

11 El hierro metálico reacciona con el ácido nítrico dando nitrato de hierro(II) e hidrógeno gaseoso.

a) Escribe la ecuación química del proceso y calcula el volumen de hidrógeno que se desprende, a 25 °C y 730 mmHg, si reaccionan 726 g de hierro.

b) Busca información sobre el HNO_3 y justifica su uso en la industria por sus propiedades físicas y químicas.

Datos: $M(\text{Fe}) = 55{,}85$ g/mol; $M(\text{H}) = 1{,}01$ g/mol; $M(\text{N}) = 14{,}01$ g/mol; $M(\text{O}) = 15{,}99$ g/mol.

Ejercicios resueltos

3 Calcula el volumen de dióxido de carbono producido en la combustión de 44,8 L de etano, medidos en condiciones normales de presión y temperatura, teniendo en cuenta que los productos de reacción se obtienen a una temperatura de 200 °C y a una presión de 1 atm. ¿Qué volumen de dióxido de carbono se obtendría si este se midiera en c. n.?

Datos: M (C) = 12,01 g/mol; M (O) = 15,99 g/mol; M (H) = 1,01 g/mol.

Solución

Siguiendo los pasos del esquema de la página anterior, resolvemos el ejercicio de la siguiente manera:

En primer lugar, escribimos la ecuación química ajustada:

$$2\ C_2H_6\ (s) + 7\ O_2\ (g) \rightarrow 6\ H_2O\ (g) + 4\ CO_2\ (g)$$

1. Identificamos la magnitud observable de la sustancia dato: el volumen de etano medido en *c.n.* A partir de este dato, calculamos la cantidad de sustancia dato. Para ello, aplicamos la ecuación de estado de los gases ideales:

$$n_{C_2H_6} = \frac{p \cdot V}{R \cdot T} = \frac{1\ \text{atm} \cdot 44{,}8\ \text{L}}{0{,}082 \frac{\text{atm} \cdot \text{L}}{\text{K} \cdot \text{mol}} \cdot 273{,}15\ \text{K}} = 2\ \text{mol}$$

2. A partir de la ecuación química, obtenemos la cantidad de la sustancia incógnita, el dióxido de carbono, CO_2. Esto es posible gracias a la relación que existe entre los coeficientes estequiométricos de las sustancias:

$$n_{CO_2} = 2\ \text{mol}\ C_2H_6 \cdot \frac{4\ \text{mol}\ CO_2}{2\ \text{mol}\ C_2H_6} = 4\ \text{mol}$$

3. Por último, calculamos la magnitud observable de la sustancia incógnita: el volumen, en este caso medido a 1 atm y 200 °C. De nuevo, utilizamos la ecuación de estado de los gases ideales, expresando la temperatura en kelvin:

$$V = \frac{n \cdot R \cdot T}{p} = \frac{4\ \text{mol} \cdot 0{,}082 \frac{\text{atm} \cdot \text{L}}{\text{K} \cdot \text{mol}} \cdot 473{,}15\ \text{K}}{1\ \text{atm}} \approx 155\ \text{L}$$

Si el volumen de CO_2 se midiera en condiciones normales como el etano, bastaría con aplicar la relación estequiométrica a los volúmenes de ambas sustancias:

$$V_{CO_2} = 44{,}8\ \text{L}\ C_2H_6 \cdot \frac{4\ \text{L}\ CO_2}{2\ \text{L}\ C_2H_6} = 89{,}6\ \text{L}$$

4 Una muestra de 1,850 g de un mineral que contiene, entre otras sustancias, $CaCO_3$, se calienta y se descompone en óxido de calcio y dióxido de carbono. El gas formado se recoge en un recipiente de 125 mL, a una temperatura de 298 K y una presión de 85,25 kPa. Calcula la cantidad de $CaCO_3$ presente en la muestra.

Datos: M (Ca) = 40,08 g/mol; M (C) = 12,01 g/mol; M (O) = 15,99 g/mol.

Solución

La reacción química ajustada es:

$$CaCO_3\ (s) \rightarrow CaO\ (s) + CO_2\ (g)$$

La sustancia dato es el gas recogido como producto de la reacción; el dióxido de carbono. Su magnitud observable es el volumen, que coincide con la capacidad del recipiente en el que se ha recogido, medido en las condiciones de presión y temperatura del enunciado:

$$V = 125\ \text{mL} = 0{,}125\ \text{L}$$

$$p = 85{,}25\ \text{kPa} \cdot \frac{10^3\ \text{Pa}}{1\ \text{kPa}} \cdot \frac{1\ \text{atm}}{1{,}013 \cdot 10^5\ \text{Pa}} \approx 8{,}416 \cdot 10^{-1}\ \text{atm}$$

$$T = 298{,}15\ \text{K}$$

Con estos valores, calculamos la cantidad de sustancia dato, utilizando para ello la ecuación de estado del gas ideal:

$$n_{CO_2} = \frac{p \cdot V}{R \cdot T} = \frac{8{,}416 \cdot 10^{-1}\ \text{atm} \cdot 0{,}125\ \text{L}}{0{,}082 \frac{\text{atm} \cdot \text{L}}{\text{K} \cdot \text{mol}} \cdot 298{,}15\ \text{K}} \approx 4{,}30 \cdot 10^{-3}\ \text{mol}$$

Utilizando la relación entre los coeficientes estequiométricos que nos aporta la reacción ajustada, la cantidad de carbonato que se ha descompuesto será:

$$n_{CaCO_3} = 4{,}30 \cdot 10^{-3}\ \text{mol}\ CO_2 \cdot \frac{1\ \text{mol}\ CaCO_3}{1\ \text{mol}\ CO_2}$$

$$n_{CaCO_3} = 4{,}30 \cdot 10^{-3}\ \text{mol}$$

La magnitud observable de la sustancia incógnita es la masa. Por tanto, calculando la masa molar de este compuesto:

$$M(CaCO_3) = 40{,}08 + 12{,}01 + 3 \cdot 15{,}99 = 100{,}06\ \text{g/mol}$$

Podemos, ahora, hallar la masa que hay presente en la muestra:

$$m_{CaCO_3} = n_{CaCO_3} \cdot M(CaCO_3) = 4{,}30 \cdot 10^{-3}\ \text{mol} \cdot 100{,}06\ \text{g/mol} = 0{,}43\ \text{g}$$

Ejercicios

12 El ozono gaseoso reacciona con agua dando H_2 y O_2, ambos en estado gaseoso. Si el volumen de todas las sustancias gaseosas se mide a 299 K y 704 mmHg:

a) Calcula cuántos litros de ozono han reaccionado si se obtienen 10 L de oxígeno.

b) Razona si el volumen de H_2 será mayor o menor que el de O_2 obtenido.

c) Calcula la cantidad de ozono que ha reaccionado y la masa de agua consumida.

13 El clorato de potasio se descompone en cloruro de potasio y dioxígeno.

a) Calcula el volumen de oxígeno, medido en c. n., que se produce si se descomponen completamente 4,09 g de clorato de potasio.

b) Calcula la masa de cloruro de potasio obtenida.

c) Si esta reacción ocurre en un recipiente cerrado no deformable de un litro de capacidad, ¿qué presión soporta el recipiente?

5 REACTIVOS Y PRODUCTOS EN DISOLUCIÓN

5.1. Cálculos en disolución

Muchas reacciones químicas ocurren en disolución acuosa. El cálculo de la cantidad de sustancia pasa, necesariamente, por conocer el volumen de disolución que la contiene y su molaridad.

Si no se dispone de la molaridad de la disolución, se suelen facilitar otros datos como la concentración, la densidad de la disolución, o su riqueza, y, a partir de ahí, es posible calcular la molaridad.

Podemos distinguir entre varios casos:

- La concentración de la disolución que contiene la sustancia incógnita es conocida y el objetivo del cálculo es el volumen de esta disolución.
- El objetivo del cálculo es la concentración de la disolución que contiene la sustancia incógnita.

El cálculo de la concentración de una disolución es el habitual en química analítica. En este ámbito, se utilizan disoluciones de concentración conocida para, mediante su reacción con la disolución problema, obtener la concentración de esta última. La técnica analítica que mide el volumen de una disolución de concentración conocida para poder establecer la concentración de otra disolución es un tipo de volumetría.

Volumetría

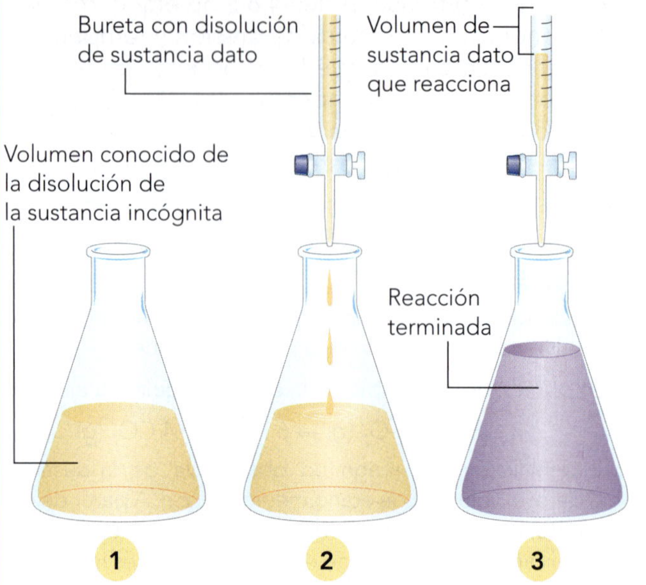

Partimos de un volumen conocido de disolución problema (1) y lo hacemos reaccionar con la disolución dato, vertiéndola desde la bureta poco a poco (2). Cuando se termine la reacción, podremos medir el volumen de disolución dato que ha reaccionado (3).

Esquema de cálculo

1 Magnitud observable de la sustancia dato, A

Para un volumen de disolución V_A, podemos calcular la cantidad de sustancia dato, n_A, usando la molaridad de la disolución M_A.

Cantidad de sustancia dato, n_A

$$n_A = V_A \cdot M_A$$

→ **Ecuación química** →

2 Cantidad de sustancia incógnita, n_B

Para calcular la cantidad de sustancia de B, usamos la relación estequiométrica dada por la ecuación química.

$$n_B = n_A \cdot \frac{b\,(\text{mol}\,B)}{a\,(\text{mol}\,A)}$$

→

3 Volumen de la sustancia incógnita, V_B o M_B

Si la incógnita es el volumen de la disolución, se calcula de esta forma:

$$V_B = \frac{n_B}{M_B}$$

Podemos calcular la molaridad de B usando el volumen de la disolución.

$$M_B = \frac{n_B}{V_B}$$

V_A es el volumen de la disolución que contiene la sustancia dato, y, por tanto, uno de los datos del problema; V_B es el volumen de la disolución que contiene la sustancia incógnita y puede ser uno de los datos del problema, o la incógnita.

A partir de la ecuación química:

$$a\,A + b\,B \rightarrow c\,C + d\,D$$

Podemos calcular el volumen de disolución de la sustancia incógnita:

$$V_B = V_A \cdot \underbrace{\frac{M\,(A)}{1\,\text{L}}}_{\text{Sustancia dato (1)}} \cdot \underbrace{\frac{b\,(\text{mol}\,B)}{a\,(\text{mol}\,A)}}_{\text{Ecuación química (2)}} \cdot \underbrace{\frac{1\,\text{L}}{M\,(B)}}_{\text{Sustancia incógnita (3)}}$$

Ejercicios resueltos

5 Los antiácidos son medicamentos que se utilizan para reducir los efectos ácidos en el estómago. El hidróxido de magnesio es uno de sus principales componentes.

a) ¿Qué masa de hidróxido de magnesio es necesaria para que reaccionen completamente 150 mL de una disolución de ácido clorhídrico 0,108 M?

b) Calcula la molaridad de una disolución de 100 mL de volumen y la masa de hidróxido de magnesio del apartado anterior.

Datos: M (Mg) = 24,31 g/mol; M (O) = 15,99 g/mol; M (Cl) = 35,45 g/mol; M (H) = 1,01 g/mol.

Solución

a) Escribimos la ecuación química ajustada:

$$Mg(OH)_2 + 2\,HCl \rightarrow MgCl_2 + 2\,H_2O$$

Resolvemos el ejercicio siguiendo los pasos del esquema de la página anterior. Identificamos la magnitud observable de la sustancia dato: el volumen de disolución de HCl, V = 0,150 L, y su concentración, 0,108 mol/L. A partir de estos datos, calculamos la cantidad de sustancia dato:

$$n_{HCl} = M_{HCl} \cdot V_{HCl} = 0{,}108\ \frac{mol}{L} \cdot 0{,}150\ L = 0{,}016\,2\ mol$$

A partir de la ecuación química ajustada, obtenemos la cantidad de la sustancia incógnita, el $Mg(OH)_2$:

$$n_{Mg(OH)_2} = 0{,}016\,2\ mol\ HCl \cdot \frac{1\ mol\ Mg(OH)_2}{2\ mol\ HCl} = 0{,}008\,1\ mol$$

Por último, hallamos la magnitud observable de la sustancia incógnita: la masa de $Mg(OH)_2$. Para ello, calculamos la masa molar de esta sustancia:

$$M(Mg(OH)_2) = 24{,}31 + 2 \cdot (15{,}99 + 1{,}01) = 58{,}31\ g/mol$$

Y, a continuación, su masa:

$$m_{Mg(OH)_2} = n(mol) \cdot M\left(\frac{g}{mol}\right) =$$

$$= 0{,}008\,1\ mol \cdot 58{,}31\ g/mol \approx 0{,}47\ g$$

b) La disolución debe tener una concentración tal que en 0,100 L se disuelvan 0,0081 mol de $Mg(OH)_2$, por tanto:

$$M = \frac{m\ (mol)}{V_{disolución}\ (L)} = \frac{0{,}008\,1\ mol}{0{,}100\ L} = 0{,}081\ \frac{mol}{L}$$

ODS Además del $Mg(OH)_2$, ¿qué otros compuestos se utilizan en los antiácidos? ¿Por qué son estas sustancias las elegidas en este tipo de medicamentos? Busca qué tipo de reacción se da en el estómago para explicarlo. Estos medicamentos se llevan usando durante siglos por sus propiedades curativas. A partir de la **meta 3.8**, piensa en la importancia de la inversión económica en la investigación científica para la mejora de la calidad de vida.

6 Para conocer la concentración de una disolución de ácido acético, se hace la valoración de una muestra de 25 mL de este ácido con una disolución 0,105 M de NaOH. Para ello, se hace una volumetría en el laboratorio. En la bureta vertemos el NaOH hasta que el líquido marca 3,50 mL. La neutralización se alcanza cuando el volumen de NaOH en la bureta disminuye hasta la marca de 22,70 mL. Calcula la concentración de la disolución de ácido, sabiendo que la relación entre las cantidades de ambos reactivos según la ecuación química es 1:1.

Solución

La sustancia dato es el hidróxido de sodio, NaOH, del que conocemos su concentración. Para calcular la cantidad de sustancia dato, necesitamos conocer el volumen, magnitud observable, de esta disolución que se ha utilizado en la neutralización con la sustancia incógnita, el ácido acético. Para ello, reproducimos los datos sobre los volúmenes inicial y final que se facilitan en el enunciado sobre cuánto NaOH ha sido necesario para la reacción.

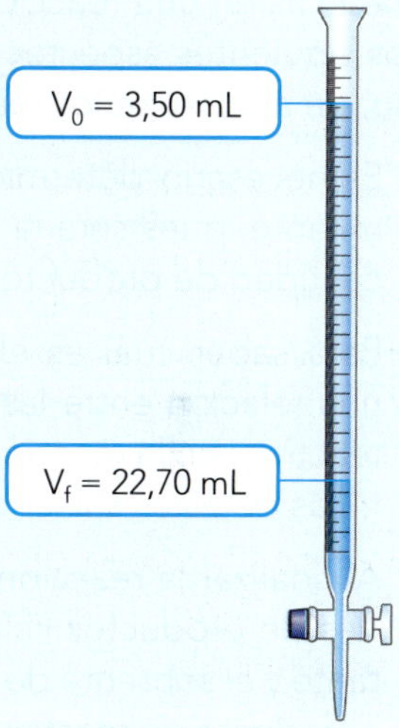

Por tanto, el volumen de NaOH es:

$$V(NaOH) = 22{,}70 - 3{,}50 = 19{,}20\ mL = 0{,}0192\ L$$

Con esta medida y la molaridad de la disolución, calculamos la cantidad de sustancia dato:

$$n_{NaOH} = V \cdot M = 0{,}0192\ L \cdot 0{,}105\ \frac{mol}{L} = 2{,}016 \cdot 10^{-3}\ mol$$

Se indica que la relación estequiométrica entre ambas sustancias es $n_{NaOH}/n_{ácido}$ = 1:1, por tanto:

$$n_{ácido} = 2{,}016 \cdot 10^{-3}\ mol$$

que es la cantidad de sustancia incógnita.

Por último, calculamos la molaridad de la disolución a partir del volumen de partida que teníamos de ácido y de la cantidad de sustancia necesaria para que se dé la reacción:

$$M = \frac{n\ (mol)}{V\ (L)} = \frac{2{,}016 \cdot 10^{-3}\ mol}{0{,}025\ L} \approx 0{,}08\ M$$

Ejercicios

14 Calcula la masa de fosfato de calcio que se obtiene a partir de 125 mL de una disolución de cloruro de calcio 0,100 M y 125 mL de una disolución 0,100M de fosfato de sodio. Escribe la reacción química que tiene lugar entre ambas disoluciones.

15 Calcula la concentración de una disolución de $Ca(OH)_2$ sabiendo que una muestra de 20 mL de esta disolución reacciona completamente con 40 mL de una disolución de HCl 0,1 M, y se obtienen como productos cloruro de calcio y agua.

6.1. Reactivo limitante

Las reacciones químicas pueden existir en diferentes ámbitos, como en los organismos vivos, el medio natural, la cocina, la industria o el laboratorio. En la mayoría de los casos, la relación entre las cantidades de los reactivos presentes no se corresponde a la relación estequiométrica esperada. De esta forma, puede que parte de un reactivo quede sin reaccionar, **reactivo en exceso,** y que el otro reaccione completamente, **reactivo limitante.**

Cuando abordemos el cálculo de cantidades estequiométricas en una reacción química, tendremos en cuenta los siguientes aspectos para saber si tenemos exceso, o no, de alguno de los reactivos:

- Es necesario determinar cuál de los reactivos es el limitante, pues será la sustancia dato, que determina la cantidad de producto que se va a obtener.
- Para saber cuál es el reactivo limitante, se establece una relación entre las cantidades presentes de ambos reactivos en la reacción con las cantidades estequiométricas de estas sustancias.
- Al finalizar la reacción química, se tendrán las cantidades de productos calculadas a partir del reactivo limitante y el sobrante de reactivo en exceso. Esta cantidad excedente de reactivo se calcula como diferencia entre la cantidad inicial presente en la reacción y la cantidad que ha reaccionado estequiométricamente.

Esquema para identificar el reactivo limitante

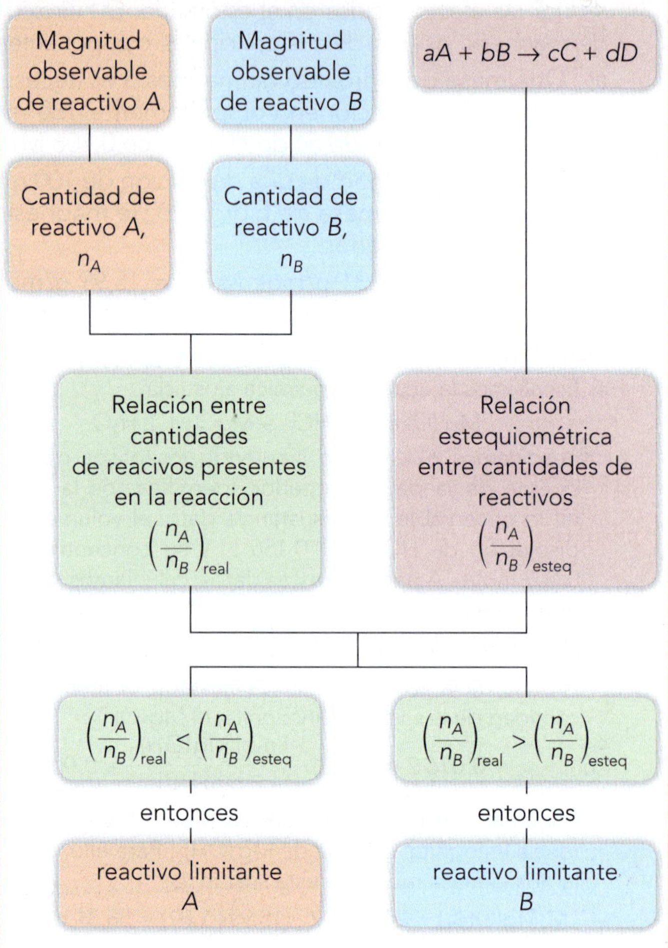

6.2. Rendimiento de reacción

Cuando se obtiene la cantidad máxima de producto en una reacción química, su rendimiento es del 100 %. Pero, en un proceso químico, el rendimiento de una reacción nunca es de ese valor, sino que corresponde a uno menor. Se define **rendimiento porcentual, *R*,** como la relación que hay entre la cantidad de producto obtenida y la cantidad de producto teórica que se debería obtener:

$$R = \frac{\text{cantidad real de producto obtenida}}{\text{cantidad teórica de producto}} \cdot 100$$

Donde la cantidad real de producto se calcula siempre a partir de la reacción química ajustada. Tanto el numerador como el denominador pueden tener dimensiones de masa, volumen o cantidad de sustancia, pero siempre estarán expresados en la misma unidad.

Como es obvio, a mayor valor del rendimiento porcentual, mayor eficiencia tiene la reacción, y más cantidad de producto se obtendrá.

Ejercicio resuelto

7 La reacción de formación de trifluoruro de cloro a partir de sus elementos en estado gaseoso es:

$$3\ F_2\,(g) + Cl_2\,(g) \rightarrow 2\ ClF_3\,(g)$$

A partir de la siguiente representación gráfica, indica cuál es el reactivo limitante de la reacción:

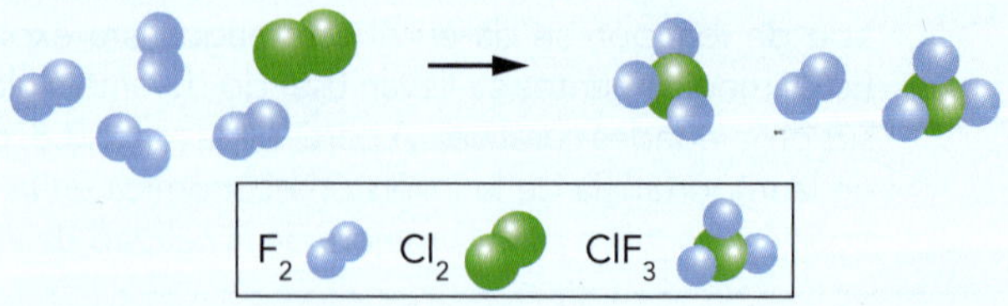

Solución

Si observamos las moléculas que aparecen en los productos, podemos ver que una de las moléculas de flúor no ha reaccionado; por tanto, es el reactivo que estará en exceso. De tal forma, la cantidad de producto obtenida en la reacción vendrá determinada por el cloro, siendo este el reactivo limitante.

Ejercicio resuelto

8 Se hacen reaccionar 100 mL de una disolución 3 M de ácido clorhídrico con 12 g de una muestra que contiene óxido de hierro(III) sin impurezas, formándose tricloruro de hierro y agua. A partir de la reacción química, determina la cantidad de tricloruro de hierro obtenida.

Datos: M (Fe) = 55,8 g/mol; M (Cl) = 35,5 g/mol; M (O) = 16,0 g/mol; M (H) = 1,0 g/mol.

Solución

La ecuación química ajustada, por el método de tanteo es:

$$6\ HCl + Fe_2O_3 \rightarrow 2\ FeCl_3 + 3\ H_2O$$

Para determinar cuál es el reactivo limitante, comparamos la relación entre las cantidades de ambos reactivos con la relación estequiométrica, expresada en cantidad de sustancia. Para ello, a partir de la ecuación química ajustada, obtenemos:

$$\left(\frac{n_{HCl}}{n_{Fe_2O_3}}\right)_{esteq} = \frac{6\ \text{mol HCl}}{1\ \text{mol}\ Fe_2O_3}$$

Calculamos ahora la cantidad de sustancia de ambos reactivos. El ácido clorhídrico está en disolución acuosa, y tiene una concentración M = 3 mol/L. Como disponemos de un volumen de 100 mL = 0,1 L, la cantidad de sustancia será:

$$n_{HCl} = M(HCl) \cdot V_{HCl} = 3\frac{\text{mol}}{\text{L}} \cdot 0{,}1\ \text{L} = 0{,}3\ \text{mol}$$

La magnitud observable del óxido de hierro(III) es la masa. Por tanto, la cantidad de sustancia de Fe_2O_3 la calculamos con su masa molar:

$$M(Fe_2O_3) = 2 \cdot 55{,}8 + 3 \cdot 16{,}0 = 159{,}6\ \text{g/mol}$$

$$n(mol) = \frac{m(g)}{M\left(\frac{g}{mol}\right)} = \frac{12\ \text{g}}{159{,}6\ \text{g/mol}} \approx 0{,}075\ \text{mol}$$

Luego, la relación entre cantidades de ambos reactivos:

$$\left(\frac{n_{HCl}}{n_{Fe_2O_3}}\right)_{real} = \frac{0{,}30\ \text{mol HCl}}{0{,}075\ \text{mol}\ Fe_2O_3} = 4$$

Si comparamos ambas relaciones:

$$\left(\frac{n_{HCl}}{n_{Fe_2O_3}}\right)_{real} < \left(\frac{n_{HCl}}{n_{Fe_2O_3}}\right)_{esteq}$$

Por tanto, el reactivo limitante es el ácido clorhídrico, del cual se tienen 0,3 mol. Con este resultado, y sabiendo que:

$$M(FeCl_3) = 55{,}8 + 3 \cdot 35{,}5 = 162{,}3\ \text{g/mol}$$

calculamos la cantidad de sustancia correspondiente al $FeCl_3$:

$$m_{FeCl_3} = 0{,}3\ \text{mol HCl} \cdot \frac{2\ \text{mol}\ FeCl_3}{6\ \text{mol HCl}} \cdot \frac{162{,}3\ \text{g}\ FeCl_3}{1\ \text{mol}\ FeCl_3}$$

$$m_{FeCl_3} \approx 16{,}23\ \text{g}\ FeCl_3$$

Sabiendo que el reactivo limitante es el HCl, di si es cierto que quedan sin reaccionar 4,0 g de Fe_2O_3, el reactivo en exceso.

Ejercicios

16 En la siguiente reacción:

$$3\ H_2\ (g) + N_2\ (g) \rightarrow 2\ NH_3\ (g)$$

Indica cuál es el reactivo limitante en estos casos:

a) Reaccionan 44,8 L de H_2, en condiciones normales, con 2 mol de N_2.

b) Reaccionan 42 g de N_2 con 1 dm^3 de H_2 a 298 K y 0,98 atm.

c) Reaccionan 2 L de cada reactivo, medidos en las mismas condiciones de presión y temperatura.

17 En una campana de vacío, hermética, de V = 3 dm^3, se introduce oxígeno hasta una presión de 1 atm para quemar completamente 12 g de carbono. Si la temperatura es constante durante todo el proceso y su valor es de 31 °C, calcula la cantidad de CO_2 formada.

Datos: M(O) = 15,99 g/mol; M(C) = 12,01 g/mol.

18 Calcula la molaridad de una disolución de NaOH sabiendo que 250 mL de esta disolución reaccionan completamente con 58 mL de una disolución de ácido clorhídrico 0,02M.

Lluvia de ideas. Si ahora utilizas una disolución de $Ba(OH)_2$, ¿qué molaridad obtienes para esta base? ¿Es la misma que para la de NaOH? Explica tu razonamiento a partir de la comparación de las ecuaciones químicas de las dos reacciones de neutralización.

Datos: M(Na) = 22,99 g/mol; M(O) = 15,99 g/mol; M(H) = 1,01 g/mol; M(Cl) = 35,45 g/mol; M(Ba) = 137,34 g/mol.

19 El dióxido de nitrógeno gaseoso reacciona con agua líquida y se obtienen como productos, ácido nítrico y monóxido de nitrógeno.

a) Escribe la ecuación química ajustada.

b) Si disponemos de 377 g de NO_2 y 102,6 g de agua, ¿cuál es el reactivo limitante? ¿Qué masa del reactivo en exceso queda sin reaccionar?

c) Calcula el volumen de ácido nítrico obtenido.

Datos: M(N) = 14,01 g/mol; M(O) = 15,99 g/mol; M(H) = 1,01 g/mol.

20 El fósforo blanco, P_4, reacciona con hidróxido de sodio y agua según la reacción:

$$P_4 + NaOH + H_2O \rightarrow Na_2HPO_4 + PH_3.$$

a) Si partimos de 438,7 g de P_4, 12,7 g de NaOH y 10,33 g de agua, indica los reactivos en exceso.

b) Calcula la masa de fosfano que se formará.

c) ¿Qué cantidad de Na_2HPO_4 (en mol) se obtiene?

Datos: M(P) = 30,97 g/mol; M(Na) = 22,99 g/mol; M(O) = 15,99 g/mol; M(H) = 1,01 g/mol.

7.1. El alto horno

Un alto horno es una estructura donde se lleva a cabo la producción de **arrabio,** también conocido como hierro colado, hierro de primera fusión o fundición. El arrabio es una aleación de hierro y carbono, con un contenido de este último de entre el 2 y el 5 %. Esta variación en la cantidad de carbono es lo que le confiere unas características que determinarán sus usos en el futuro.

El principal componente del arrabio, el hierro, se encuentra en la naturaleza combinado con otros elementos, como el oxígeno (formando óxidos como el oligisto o hematita, Fe_2O_3, o la magnetita, Fe_3O_4), o con el azufre (formando sulfuros como la pirita, FeS). En un alto horno, los reactivos cambian de estado de oxidación durante la reacción; el mineral que contiene hierro se combina con carbono, de tal forma que el hierro pasa a su estado fundamental, es decir, se reduce, y el carbono se oxida al combinarse con oxígeno, dando lugar a CO_2.

Las materias primas que se introducen en el alto horno para que se produzca la reacción son:

- **Mineral de hierro,** constituido por la **mena** del mineral, es decir, el óxido o el sulfuro de hierro, y la **ganga,** formada por otros compuestos químicos, normalmente impurezas, que pueden reaccionar dando productos no aprovechables en este proceso.
- **Combustible.** Se utiliza **carbón de coque** que, además de ser la fuente de carbono, presenta un elevado poder calorífico, lo que favorece que se alcancen elevadas temperaturas en el alto horno.
- **Fundente.** Se utiliza **piedra caliza,** $CaCO_3$, que a esta temperatura, se descompone en óxido de calcio, CaO, y dióxido de carbono, CO_2. El óxido de calcio reacciona con la ganga del mineral y da lugar a la **escoria** (subproducto del alto horno).

7.2. Reacciones químicas

En un alto horno se producen un entramado de reacciones químicas diferentes que dependen de la parte del alto horno donde ocurren y de la temperatura a la que suceden. El principal proceso químico es la reducción del hierro, que debe tener lugar al mismo tiempo que el proceso contrario, la oxidación del carbono. Durante la reducción, el estado de oxidación del hierro disminuye, y en la oxidación, el del carbono aumenta; es decir, se produce un intercambio de electrones. La reacción global del proceso es:

$$Fe_2O_3\,(s) + 3\,CO\,(g) \rightarrow 2\,Fe\,(l) + 3\,CO_2\,(g)$$

En el cuadro de la derecha se representa un esquema de las reacciones que tienen lugar al mismo tiempo en el alto horno.

Reacciones en un alto horno

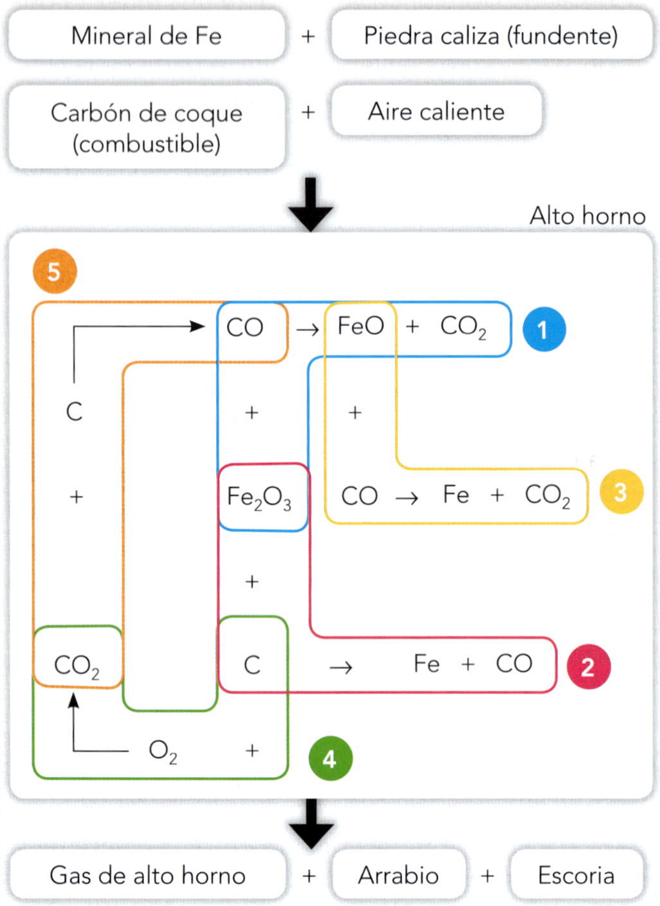

Reacciones producidas en un alto horno:

[1] y [2] Reducción del hierro desde óxido de hierro(III) hasta óxido de hierro(II).

[3] Reducción de óxido de hierro(II) a hierro elemental.

[4] Combustión del carbono, que da como resultado la oxidación desde su estado elemental hasta dióxido de carbono.

[5] Reducción del carbono desde el dióxido de carbono hasta el monóxido de carbono.

Como ves, la reducción del hierro consta de dos etapas hasta llegar a la obtención del metal. Por otro lado, el monóxido de carbono se obtiene en la reducción del dióxido de carbono, generado, a su vez, por combustión del carbono.

Por otro lado, la piedra caliza, utilizada como fundente, se descompone en óxido de calcio y dióxido de carbono debido a las elevadas temperaturas del alto horno:

$$CaCO_3 \rightarrow CaO + CO_2$$

Por último, el óxido de calcio reacciona, a su vez, con el óxido de silicio, presente como impureza en el mineral de hierro, formando silicato de calcio, que es el principal componente de la escoria.

$$CaO + SiO_2 \rightarrow CaSiO_3$$

7.3. El acero

El arrabio que se obtiene del alto horno es la materia prima para la fabricación del acero. Tiene un elevado contenido en carbono que es preciso rebajar en un proceso posterior.

El contenido de carbono en el acero es menor que el 2%, lo que hace que su fragilidad y resistencia sean menores a las del arrabio. Según disminuye el **porcentaje de carbono** en el acero, estas dos propiedades también disminuyen. La presencia de carbono en los aceros varía desde el 0,2% (acero extrasuave) hasta el 0,7%.

Sobre los aceros se aplican **tratamientos superficiales,** principalmente para evitar su oxidación, **tratamientos térmicos,** para eliminar tensiones internas y mejorar propiedades mecánicas, y **tratamientos termoquímicos,** que hacen que la composición de esta aleación no sea únicamente de hierro y carbono, sino que otros elementos puedan estar presentes en la mezcla, alterando las propiedades del acero en función de las aplicaciones a las que se destine.

Ejercicios

21 Busca qué otros elementos pueden estar presentes en la aleación de carbono y hierro. ¿Qué porcentaje de la mezcla representan? ¿Qué aplicaciones tienen estos nuevos compuestos?

22 ¿Qué es el acero inoxidable? ¿En qué se diferencia del acero? Haz una lista de las ventajas y diferencias de cada uno de ellos y ponla en común con el resto de compañeros y compañeras.

23 ODS ¿Qué impacto ambiental tiene la producción de acero? ¿En qué países se produce una mayor producción de acero a nivel mundial? ¿Cómo crees que pueden paliarse estos efectos? Consulta la **meta 13.a** y elabora un decálogo de ideas. Busca información sobre las medidas medioambientales que se están tomando en la industria siderúrgica y piensa si son viables económicamente en nuestro país.

Esquema de un alto horno

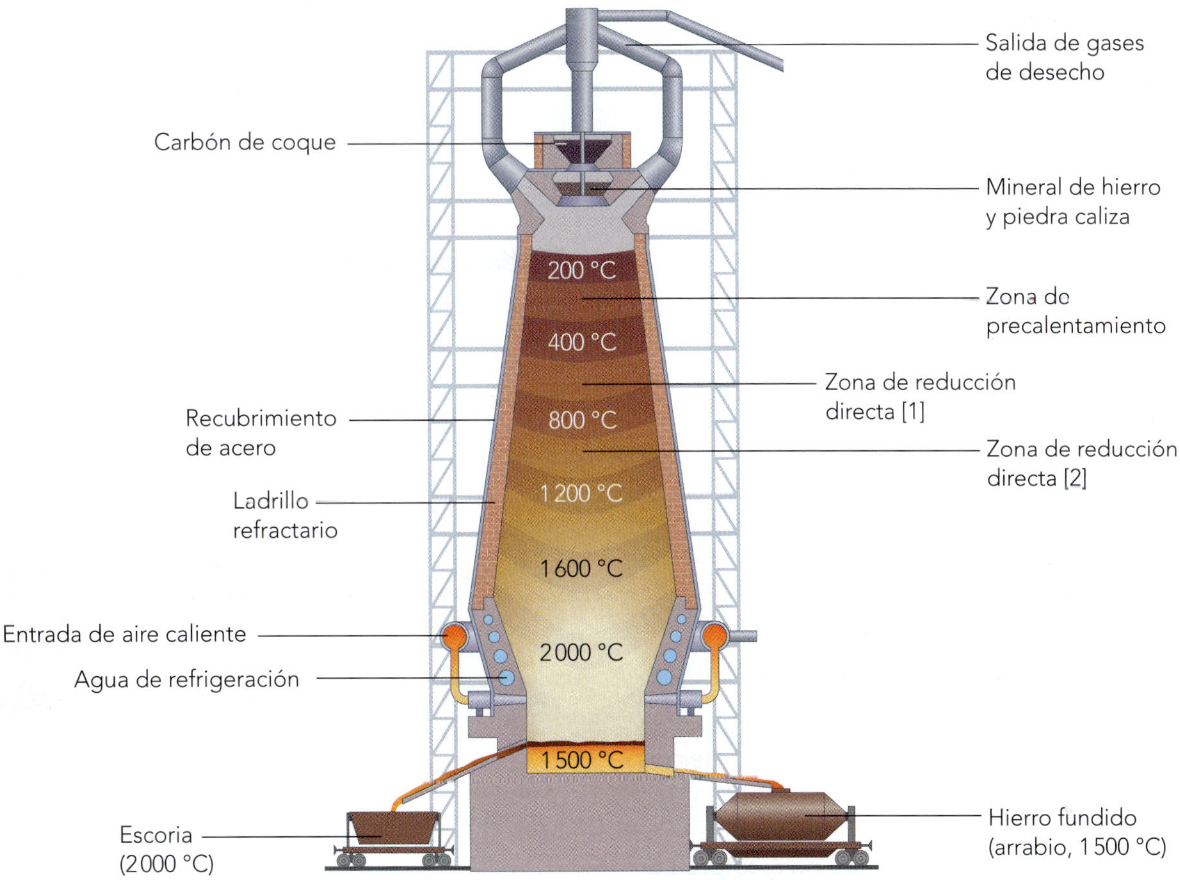

Si el agente reductor es el carbono, la reducción se conoce como directa, mientras que si el agente reductor es el monóxido de carbono, será indirecta. Las reacciones de un alto horno se dan en fase sólida. La fusión de los materiales se lleva a cabo en la zona más baja del alto horno. En la figura superior puedes ver dónde están situadas cada una de las etapas.

Cálculos estequiométricos

Durante el aprendizaje de una disciplina es habitual hacer analogías con ejemplos cotidianos para aclarar algunos conceptos. En este apartado manejaremos una simulación, que puedes encontrar en **anayaeducacion.es**, para comprender el concepto de reactivo limitante, que lleva como título «Reactivos, productos y excedentes».

A continuación, aplicaremos las hojas de cálculo a la resolución de problemas estequiométricos.

Analogías conceptuales

La analogía de la receta de un bocadillo

Empezaremos utilizando la primera parte de la aplicación que plantea contabilizar cuántas unidades de cada ingrediente de un bocadillo sobrarán en función de las unidades del resto de ingredientes. Para ello, debemos idear la receta del bocadillo e ir añadiendo unidades de cada ingrediente hasta conseguir una unidad del bocadillo. El ingrediente no sobrante es el ingrediente limitante.

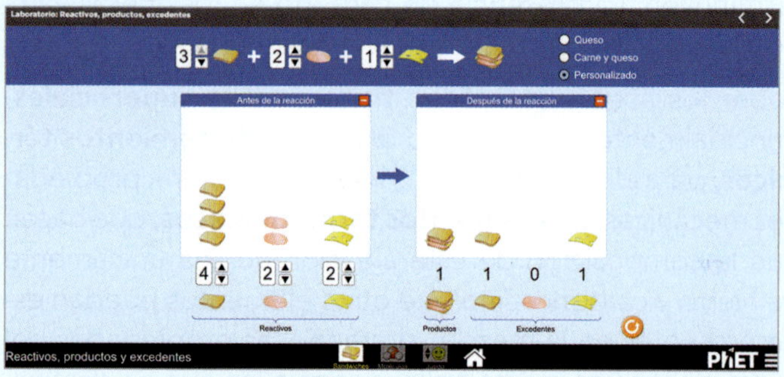

La analogía utilizada es la receta de un bocadillo, en la cual las unidades de cada ingrediente se combinan en una relación numérica sencilla.

Reactivo limitante en reacciones conocidas

La segunda parte de esta aplicación muestra tres reacciones bien conocidas y cuál es el reactivo que va sobrando en cada una en función del número de unidades fundamentales añadidas.

Por último, se puede acceder a un juego, dividido en tres niveles, en el que hay que responder a una de estas dos opciones:

- El número de unidades formadas de los productos y el de los reactivos sobrantes, a partir del número de unidades de partida de los reactivos.
- El número de unidades de partida de los reactivos, sabiendo el número de unidades formadas de productos y sobrantes de reactivos.

En cada caso, se determina el reactivo limitante.

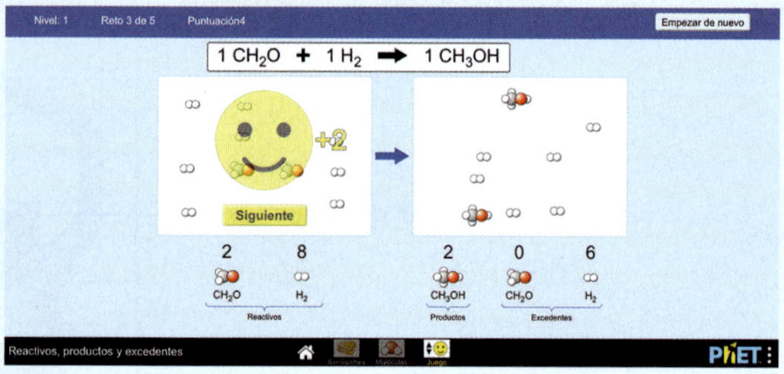

El reactivo limitante es el formaldehído y el reactivo en exceso es el hidrógeno. Llegamos a esta conclusión al comparar la relación entre el número de unidades real y el estequiométrico.

REACTIVO LIMITANTE A PARTIR DE CANTIDADES OBSERVABLES

La determinación del reactivo limitante no es tan sencilla como la propuesta en la aplicación por dos motivos:

1. En la práctica, partimos de magnitudes observables y no de cantidad de sustancia. La relación entre la magnitud observable y la cantidad de sustancia es diferente en cada caso, como hemos visto a lo largo de la unidad y mostramos en el esquema de la derecha.
2. La cantidad de sustancia calculada no siempre corresponde a un número entero, lo que dificulta la imagen mental de las unidades de reactivo, limitante y sobrante.

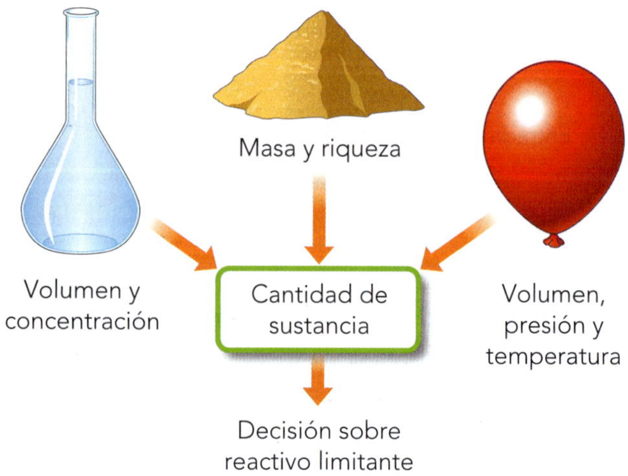

Cálculos estequiométricos con hojas de cálculo

Organizar los cálculos en la resolución de un problema es útil y asegura, en buena medida, el éxito en su resolución. Para ello, recomendamos utilizar una hoja de cálculo y seguir estos pasos:

1. Escribir las fórmulas de los reactivos y productos en la primera fila de la tabla de cálculo.
2. Debajo de cada fórmula, en la segunda fila, será necesario escribir su masa molar.
3. En la tercera fila se colocan los coeficientes estequiométricos, debajo de cada una de las masa molares de las sustancias implicadas.

   Utilizaremos como ejemplo la reacción del aluminio con ácido clorhídrico:

   $$2\,Al + 6\,HCl \rightarrow 3\,H_2 + 2\,AlCl_3$$

Fórmulas	Al	HCl	H_2	$AlCl_3$
Masas molares (g/mol)	27	36,5	2	133,5
Coeficientes estequiométricos	2	6	3	2

   Una vez introducidos los datos relacionados con la reacción química, haremos lo mismo con los datos propios del problema; por ejemplo, calcular la masa de hidrógeno que se desprende al reaccionar 100 g de aluminio.

4. Introducimos la magnitud observable de la sustancia dato en una nueva fila, en la columna de esta sustancia.
5. A continuación, escribimos el cálculo de la magnitud observable de la sustancia incógnita mediante la introducción de la fórmula que contiene los cálculos. Es importante «bloquear» la fila y la columna de la casilla que contiene el dato del problema para posteriormente poder arrastrar el cálculo a las casillas del resto de sustancias.

   Calculamos, así, la masa de hidrógeno, que era la sustancia incógnita, introduciendo este cálculo en la fórmula de la celdilla, como se muestra en la imagen:

   $$m_{H_2} = 100\text{ g Al} \cdot \frac{1\text{ mol Al}}{27\text{ g Al}} \cdot \frac{3\text{ mol } H_2}{2\text{ mol Al}} \cdot \frac{2\text{ g } H_2}{1\text{ mol } H_2}$$

A	B	C	D	E	F
Fórmulas	Al	HCl	H2	AlCl3	
Masas molares (g/mol)	27	36,5	2	133,5	
Coeficientes estequiométricos	2	6	3	2	
Masa (g)	100		=$B$4/$B$2*D3/$B$3*D2		

   Al utilizar una hoja de cálculo es posible, de forma rápida, calcular el resto de las masas de las sustancias que intervienen en la reacción química. Para ello, es necesario bloquear las casillas que contienen los valores de la sustancia dato en el cálculo para poder copiar la fórmula directamente en las casillas del resto de sustancias. Para bloquear una casilla en una fórmula se utiliza el símbolo $ delante de la denominación de la fila o la columna.

   Por último, fácilmente se puede comprobar si los cálculos han sido correctos **verificando la ley de conservación de la masa.**

   En el caso del ejemplo, bloqueamos la columna B, y sus filas correspondientes, pues es la que contiene la información de la sustancia dato. A continuación, arrastramos el cálculo de la fila 5, que es la que contiene la masa de las sustancias. Aplicando este modo de proceder, de forma rápida se tendrán las masas de todas las sustancias que intervienen en la reacción.

6. Introducir una nueva fila en la que se calcule la suma de la masa de los reactivos y de los productos de la reacción. Como la nueva fila introducida no tendrá el mismo número de columnas que las anteriores, se deberán combinar las celdas para que cada una de las nuevas corresponda a dos de las anteriores, tal como se muestra en la imagen:

	A	B	C	D	E
1	Fórmulas	Al	HCl	H2	AlCl3
2	Masas molares (g/mol)	27	36,5	2	133,5
3	Coeficientes estequiométricos	2	6	3	2
4	Masa (g)	100	405,555556	11,1111111	494,444444
5	Suma de masas (g)				
6					
7					

   Así, el cálculo de la suma de las masas es:

	A	B	C	D	E	F
1	Fórmulas	Al	HCl	H2	AlCl3	
2	Masas molares (g/mol)	27	36,5	2	133,5	
3	Coeficientes estequiométricos	2	6	3	2	
4	Masa (g)	100	405,555556	11,1111111	494,444444	
5	Suma de masas (g)	=B4+C4				
6						
7						

	A	B	C	D	E	F
1	Fórmulas	Al	HCl	H2	AlCl3	
2	Masas molares (g/mol)	27	36,5	2	133,5	
3	Coeficientes estequiométricos	2	6	3	2	
4	Masa (g)	100	405,555556	11,1111111	494,444444	
5	Suma de masas (g)	505,5555556		505,5555556		
6						
7						

   Obtenemos un resultado correcto, pues vemos que se cumple la ley de conservación de la masa.

Determinación de la riqueza de una muestra

1 Calcula qué porcentaje de cinc hay en una muestra de 140 g de masa si reacciona completamente con 260 mL de ácido clorhídrico al 35 % en masa y de densidad 1,18 g/mL.

Datos: M (Zn) = 65,4 g/mol; M (Cl) = 35,5 g/mol; M (H) = 1,0 g/mol.

Planteamiento y resolución

La reacción que tiene lugar es:

$$Zn + 2\,HCl \rightarrow ZnCl_2 + H_2$$

La sustancia dato es el ácido clorhídrico, por lo que hay que hallar la cantidad de sustancia que interviene en la reacción. Para ello, primero calculamos su masa molar:

$$M\,(HCl) = 1{,}0 + 35{,}5 = 36{,}5\text{ g/mol}$$

Así, la cantidad de HCl es:

$$n_{HCl} = 260\text{ mL HCl} \cdot \frac{1{,}18\text{ g dis.}}{1\text{ mL HCl}} \cdot \frac{35\text{ g HCl}}{100\text{ g dis.}} \cdot \frac{1\text{ mol HCl}}{36{,}5\text{ g HCl}}$$

$$n_{HCl} = 2{,}94\text{ mol HCl}$$

A continuación, a partir de la estequiometría de la reacción química y la masa molar del cinc, calculamos la masa de cinc que ha reaccionado:

$$m_{Zn} = 2{,}94\text{ mol HCl} \cdot \frac{1\text{ mol Zn}}{2\text{ mol HCl}} \cdot \frac{65{,}4\text{ g Zn}}{1\text{ mol Zn}} = 96{,}2\text{ g Zn}$$

Por tanto, la riqueza de cinc en la muestra es:

$$R = \frac{96{,}2}{140} \cdot 100 = 68{,}7\,\%$$

ANÁLISIS DEL PROBLEMA

El problema es una aplicación directa de lo tratado en la unidad: un análisis real de una muestra en el laboratorio.

Se parte de los datos reales de las sustancias que se encuentran en un laboratorio. En este ejemplo, en el etiquetado del HCl aparecen la densidad de la disolución y la riqueza.

Si se quisiera conocer la concentración molar, o molaridad, de la sustancia dato, haremos un cálculo intermedio de esta forma:

$$M = \frac{n_{soluto}}{V_{disolución}} = \frac{2{,}94\text{ mol}}{0{,}260\text{ L}} = 11{,}31\text{ M}$$

DISCUSIÓN DE RESULTADOS

El resultado obtenido es coherente, puesto que la masa de cinc es menor que la masa de la muestra. En caso contrario, se impondría un repaso de la estrategia y de los cálculos.

Como en todos los problemas de estequiometría, se podría comprobar el resultado parcial de la masa de cinc verificando que se cumple la ley de conservación de la masa.

Determinación de la concentración de una disolución

2 En un bote de HCl, una etiqueta nos indica que su concentración es de 0,1 M. Para saber si es cierto, hacemos reaccionar 100 mL del ácido que contiene el bote con una disolución de carbonato de sodio 0,1 M. El final de la reacción se alcanza cuando se consumen 49 mL de carbonato de sodio. ¿Tendrá el HCl la concentración que indica la etiqueta?

Planteamiento y resolución

La reacción que tiene lugar es:

$$2\,HCl + Na_2CO_3 \rightarrow 2\,NaCl + CO_2 + H_2O$$

La sustancia dato es el carbonato de sodio. Calculamos la cantidad de Na_2CO_3:

$$n_{Na_2CO_3} = 4{,}9 \cdot 10^{-2}\text{ L} \cdot 0{,}1\,\frac{\text{mol}}{\text{L}} = 4{,}9 \cdot 10^{-3}\text{ mol}$$

A continuación, calculamos la cantidad de HCl a partir de la relación estequiométrica:

$$n_{HCl} = 4{,}9 \cdot 10^{-3}\text{ mol } Na_2CO_3 \cdot \frac{2\text{ mol HCl}}{1\text{ mol } Na_2CO_3} = 9{,}8 \cdot 10^{-3}\text{ mol}$$

Por último, calculamos la molaridad de la disolución a partir de su volumen y de la cantidad de ácido que contiene:

$$M_{HCl} = \frac{9{,}8 \cdot 10^{-3}\text{ mol}}{0{,}1\text{ L}} = 0{,}098 \rightarrow \text{no coincide}$$

ANÁLISIS DEL PROBLEMA

En un principio, se trata de un cálculo sencillo de una reacción química que tiene lugar entre dos sustancias que se encuentran en disolución acuosa. Sin embargo, puede parecer que hay datos sobrantes, pues se indica la concentración de ambas disoluciones. Por tanto, partimos de la concentración y el volumen del carbonato de sodio, pues no se nos indica que no estemos seguros de sus valores, y calcularemos la concentración del ácido para comprobar si el etiquetado es correcto o no.

DISCUSIÓN DE RESULTADOS

Se obtiene una concentración de la disolución de HCl menor que la etiquetada. Este resultado puede deberse a que parte del cloruro de hidrógeno contenido en la disolución de ácido clorhídrico se ha volatilizado. Para verificar este razonamiento, convendría buscar los datos de presión de vapor de esta sustancia y, de este modo, establecer si se trata o no de una disolución estable.

Predicción de la cantidad obtenida. Reactivo limitante

3 En la reacción de amoníaco con oxígeno, se producen óxido de nitrógeno(II) y agua. Calcula los volúmenes de NO y H_2O, medidos en condiciones normales, que se obtienen cuando reaccionan 12,75 g de amoníaco con 22,5 L de oxígeno, en estas mismas condiciones.

Datos: $M(N) = 14,0$ g/mol; $M(O) = 16,0$ g/mol; $M(H) = 1,0$ g/mol.

Planteamiento y resolución

La reacción que tiene lugar es:

$$4\,NH_3 + 5\,O_2 \rightarrow 4\,NO + 6\,H_2O$$

Partimos de dos sustancias dato, ambas reactivos de la reacción, por lo que debemos averiguar cuál es el limitante. Para ello, primero calculamos qué volumen de oxígeno será necesario para que reaccionen los 12,75 g de NH_3 completamente. Aplicando los factores de conversión correspondientes, obtenemos:

$$n_{O_2} = 12{,}75\text{ g } NH_3 \cdot \frac{1\text{ mol } NH_3}{17\text{ g } NH_3} \cdot \frac{5\text{ mol } O_2}{4\text{ mol } NH_3}$$

$$n_{O_2} \approx 0{,}94\text{ mol } O_2$$

El volumen de oxígeno que corresponde a 0,94 mol, medido en c. n. ($p = 1$ atm, $T = 273{,}15$ K), utilizando la ecuación de los gases ideales es:

$$p \cdot V = n \cdot R \cdot T$$

$$V = \frac{n \cdot R \cdot T}{p} = \frac{0{,}94\text{ mol} \cdot 0{,}082\dfrac{\text{atm} \cdot \text{L}}{\text{K} \cdot \text{mol}} \cdot 273{,}15\text{ K}}{1\text{ atm}} \approx 21{,}05\text{ L}$$

Dado que el volumen de oxígeno necesario para que reaccione toda la masa de amoníaco es menor que el disponible, el oxígeno estará en exceso y el amoníaco será el reactivo limitante. Por tanto, el volumen de NO se calcula a partir del amoníaco:

$$n_{NO} = 12{,}75\text{ g } NH_3 \cdot \frac{1\text{ mol } NH_3}{17\text{ g } NH_3} \cdot \frac{4\text{ mol NO}}{4\text{ mol } NH_3}$$

$$n_{NO} = 0{,}75\text{ mol NO}$$

A partir de esta cantidad, se calcula el volumen de NO producido:

$$V = \frac{n \cdot R \cdot T}{p} = \frac{0{,}75\text{ mol} \cdot 0{,}082\dfrac{\text{atm} \cdot \text{L}}{\text{K} \cdot \text{mol}} \cdot 273{,}15\text{ K}}{1\text{ atm}} \approx 16{,}8\text{ L}$$

De la misma forma, el volumen de agua que se obtendrá en la reacción es:

$$n_{H_2O} = 12{,}75\text{ g } NH_3 \cdot \frac{1\text{ mol } NH_3}{17\text{ g } NH_3} \cdot \frac{6\text{ mol } H_2O}{4\text{ mol } NH_3}$$

$$n_{H_2O} = 1{,}125\text{ mol } H_2O$$

$$V = \frac{n \cdot R \cdot T}{p} = \frac{1{,}125\text{ mol} \cdot 0{,}082\dfrac{\text{atm} \cdot \text{L}}{\text{K} \cdot \text{mol}}}{1\text{ atm}} \cdot 273{,}15\text{ K}$$

$$V \approx 25{,}20\text{ L}$$

ANÁLISIS DEL PROBLEMA

En este tipo de problemas hay que detectar cuál es el reactivo limitante. Para ello, se elige uno de los reactivos como referencia, es decir, se calcula qué cantidad de masa, volumen o sustancia se necesitará del otro para que la reacción se produzca en proporción estequiométrica.

Una vez calculada esta cantidad, se compara con el dato del problema. Si el dato corresponde a una cantidad menor que la calculada, será el reactivo limitante; si no es así, el reactivo limitante será el utilizado como referencia.

Debemos tener presente que el resto de los cálculos en el problema se harán a partir del dato del reactivo limitante. Por eso, los volúmenes de agua y de óxido de nitrógeno(II) se calculan a partir de la cantidad de amoníaco presente en la muestra. Si quisiéramos saber el volumen de oxígeno que queda sin reaccionar, restaríamos la cantidad de O_2 calculada que hace falta estequiométricamente, a la que hay presente en la reacción. Así, podríamos comprobar que, igual que en el problema anterior, se cumple la ley de conservación de la masa.

DISCUSIÓN DE RESULTADOS

Según lo que has aprendido en la unidad, hay otra forma para verificar cuál de los dos reactivos es el limitante. Repite el ejercicio de esta manera y compara los resultados obtenidos. Como ves, llegas a las mismas conclusiones por caminos diferentes.

Recuerda seleccionar el material de trabajo de esta unidad para tu **portfolio.**

TRABAJA CON LO APRENDIDO

Reacciones y ecuaciones químicas

1 Indica si las siguientes ecuaciones químicas son correctas o no. En caso de que no lo sean, corrígelas:

a) $KClO_3 \rightarrow KCl + 3\,O_2$

b) $2\,HgO \rightarrow Hg + O_2$

c) $Cl_2 + 2\,KBr \rightarrow KCl + Br_2$

d) $C_2H_6 + O_2 \rightarrow 2\,CO_2 + H_2O$

2 Clasifica las siguientes reacciones químicas en función de la reordenación de sus entidades elementales:

a) $2\,Li + Cl_2 \rightarrow 2\,LiCl$

b) $CaCO_3 \rightarrow CaO + CO_2$

c) $H_2SO_4 + Zn \rightarrow ZnSO_4 + H_2$

d) $2\,NaBr + Cl_2 \rightarrow 2\,NaCl + Br_2$

3 Indica si la siguiente afirmación es verdadera o falsa y explica por qué:

«En una reacción química se cumple la ley de conservación de la cantidad de sustancia; esto explica que el número de átomos de cada elemento químico presentes sea el mismo en los reactivos y en los productos de la reacción».

4 Completa los productos de las siguientes reacciones químicas de doble desplazamiento:

a) $FeS + 2\,HCl \rightarrow$

b) $BaCl_2 + Na_2SO_4 \rightarrow$

c) $HCl + NaOH \rightarrow$

d) $Al\,(OH)_3 + HNO_3 \rightarrow$

5 Las dos últimas reacciones químicas de la actividad anterior son reacciones de neutralización, que has estudiado en cursos anteriores.

a) Indica en cada una de ellas cuál es el ácido y cuál es la base.

b) Indica qué tipo de sustancias son los productos de este tipo de reacciones químicas.

c) ¿Qué es la escala de pH?

6 A partir de la información dada, completa la ecuación química:

a) Doble desplazamiento, $Sn\,(OH)_2 + FeBr_3 \rightarrow$

b) Desplazamiento, $Mg + HCl \rightarrow$

c) Desplazamiento, $Zn + Fe\,(NO_3)_2 \rightarrow$

d) Síntesis, $4\,Al + 3\,O_2 \rightarrow$

e) Descomposición, $2\,NaClO_3 \rightarrow$

7 Calcula la cantidad de sustancia presente en cada uno de los apartados. Utiliza para ello, las masas atómicas promedio del sistema periódico.

a) Masa de 100 g de $CaCO_3$.

b) Muestra de 115 g de pirita (mineral de sulfuro de hierro, FeS_2), con una riqueza del 60 %.

c) Un volumen de 250 mL de una disolución de ácido sulfúrico de densidad 1840 g/L y una riqueza del 96,4 %.

d) Un volumen de 50 L de O_2 medidos a una presión de 704 mmHg y temperatura de 25 °C.

8 El aluminio es un elemento químico muy abundante en la corteza terrestre, alrededor del 8 % en masa. La forma más frecuente de encontrar este metal en la corteza es combinado con oxígeno, aunque existen otros compuestos conocidos desde la Antigüedad, como el sulfato de aluminio (empleado para fijar el color en los tejidos). Ordena de menor a mayor las siguientes muestras en función de la cantidad de átomos de aluminio que contengan:

a) Muestra 1: 156 g de hidróxido de aluminio.

b) Muestra 2: 153 g de óxido de aluminio.

c) Muestra 3: 100 g de fosfato de aluminio.

d) Muestra 4: 200 g de sulfato de aluminio.

Dato: M(Al) = 26,98 g/mol.

9 El hexafluoruro de azufre es un compuesto que se utiliza como gas aislante en equipos para distribución de electricidad. Es un gas más denso que el aire por lo que se usa en «espectáculos científicos» para, aparentemente, hacer flotar «mágicamente» barquitos de papel en aire.

a) Busca información sobre los problemas ambientales del hexafluoruro de azufre y valora lo adecuado de su uso en estos espectáculos.

b) Calcula cuántas moléculas de este gas se liberan al llenar una pecera de 5 dm^3 en condiciones de presión atmosférica y 20 °C.

Datos: M(S) = 32,06 g/mol; M(F) = 18,99 g/mol.

10 **Folio giratorio.** El número de Avogadro ha sido siempre sujeto de muchas curiosidades y comparativas por su valor y su historia. Por ejemplo, la altura que alcanzaría una torre de un mol de folios apilados o cómo hacer billonarios a todos los habitantes de la zona euro. Incluso, similitudes entre su nombre y el de alguna fruta (mejor pensarlo en inglés). En equipo, buscad más ejemplos y cread una presentación para mostrarla al resto del aula.

Recuerda que dispones de las soluciones de todas las actividades numéricas en **anayaeducacion.es**.

Cálculos estequiométricos

11 Los usos del dióxido de titanio son variados. Entre ellos, podemos destacar su aplicación como absorbente de radiación UV en protectores solares.

Una reacción de síntesis de dióxido de titanio parte del tetracloruro de titanio como reactivo:

$$TiCl_4 + O_2 \rightarrow TiO_2 + Cl_2$$

a) Ajusta la ecuación química.

b) Calcula las masas molares de los compuestos de titanio de la reacción.

c) Calcula la cantidad de tetracloruro de titanio (en mol) a la que corresponden 237,5 g.

d) ¿Podemos afirmar que se formarán 237,5 g de óxido de titanio si reacciona esa misma masa de tetracloruro de titanio? Explica tu respuesta.

e) Busca información sobre los efectos en la salud y el medioambiente del óxido de titanio.

f) ODS Estudios científicos indican que el dióxido de titanio liberado en los ambientes marinos puede ser perjudicial para ciertas especies. ¿De qué manera? Busca información sobre el **objetivo 14** y di cómo podría reducirse la producción de este compuesto para conseguirlo.

Datos: M(Ti) = 47,90 g/mol; M(Cl) = 35,45 g/mol; M(O) = 15,99 g/mol.

12 El ácido nítrico se utiliza en la fabricación de fertilizantes como el nitrato de amonio. La síntesis del ácido nítrico tiene lugar al reaccionar óxido de nitrógeno(IV) con agua obteniéndose como productos el ácido nítrico y el monóxido de nitrógeno.

a) Escribe y ajusta la ecuación química que representa esta reacción.

b) Calcula la cantidad de agua que reacciona con un mol de óxido de nitrógeno(IV).

c) Indica cuáles de las sustancias que intervienen en la reacción anterior son gases.

d) Además de tener usos imprescindibles en la industria, el ácido nítrico en disolución acuosa es uno de los contaminantes más potentes que forman parte de la atmósfera. De hecho, es uno de los principales componentes de la lluvia ácida. Elabora un informe de investigación en el que recojas las fuentes de emisión de este ácido, cómo ataca a nuestro planeta y las consecuencias que tiene a corto, medio y largo plazo.

Datos: M(H) = 1,01 g/mol; M(N) = 14,01 g/mol; M(O) = 15,99 g/mol.

Cálculos estequiométricos en masa

13 La reacción entre el hidróxido de calcio y el carbonato de sodio es una reacción de doble desplazamiento.

a) Escribe y ajusta la ecuación química.

b) Calcula la masa de carbonato de sodio que es necesaria para que se produzcan 2,5 kg de hidróxido de sodio.

c) Calcula la masa de carbonato de calcio que se ha formado.

d) Calcula la masa de hidróxido de calcio que ha reaccionado. ¿Qué ley ponderal has aplicado?

Datos: M(Ca) = 40,08 g/mol; M(Na) = 22,99 g/mol; M(C) = 12,01 g/mol; M(O) = 15,99 g/mol; M(H) = 1,01 g/mol.

14 La fermentación de la glucosa para producir etanol puede expresarse de acuerdo con la siguiente ecuación química:

$$C_6H_{12}O_6 \rightarrow 2\,CH_3CH_2OH + 2\,CO_2$$

a) Calcula la masa de etanol que se produce a partir de 1 000 kg de glucosa.

b) Calcula la masa de etanol que se produce a partir de la fermentación de 1 000 kg de una materia prima que contiene un 60 % de riqueza de glucosa.

Datos: M(C) = 12,01 g/mol; M(O) = 15,99 g/mol; M(H) = 1,01 g/mol.

15 Tomar y revelar una fotografía en blanco y negro conlleva realizar varias reacciones químicas:

- Activación del ion plata, presente en la película fotográfica, por acción de la luz:

$$AgBr + luz \rightarrow AgBr^* \text{ (imagen latente)}$$

- Reducción del ion plata por acción de hidroquinona ($C_6H_6O_2$):

$$2\,AgBr^* + C_6H_6O_2 \rightarrow 2\,Ag \text{ (negro)} + 2\,HBr + C_6H_4O_2$$

- Eliminación del bromuro de plata sobrante mediante reacción con un fijador (también llamado «hypo»):

$$AgBr + 2\,Na_2S_2O_3 \rightarrow Na_3Ag(S_2O_3)_3 + NaBr$$

a) ¿Qué masa de fijador es necesaria para eliminar de la fotografía 0,15 g de bromuro de plata?

b) Investiga sobre la evolución del revelado fotográfico a lo largo de la historia. Piensa en cómo ha cambiado la fotografía en los últimos años, desde el papel al digital y a la impresión instantánea desde el teléfono móvil. ¿Crees que los productos químicos que se utilizaban para revelar en papel eran tóxicos? ¿Cuál era la importancia de la luz en este proceso?

TRABAJA CON LO APRENDIDO

Reactivos y productos gaseosos

16 El hidrógeno se considera un mejor vector energético frente a derivados del petróleo (combustibles fósiles), ya que no genera dióxido de carbono al producir energía, sino tan solo vapor de agua. Esta transformación se da en una celda de combustible como la que ves a continuación:

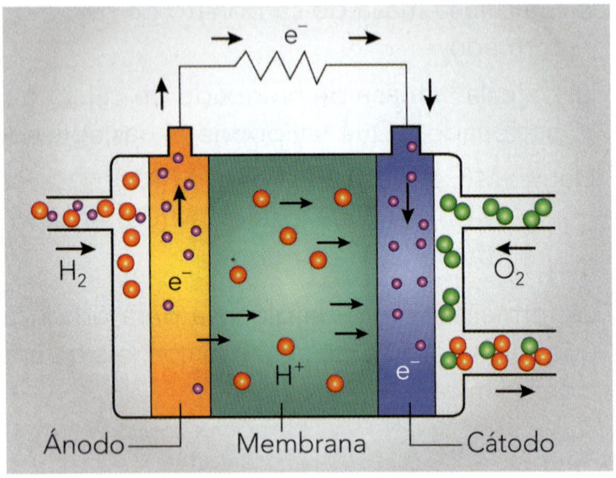

Las celdas de combustible se utilizan para hacer funcionar motores eléctricos. Su principal desventaja es la pureza que requiere el hidrógeno para poder ser utilizado. Una de las formas de obtenerlo es el reformado del metano, cuya ecuación química es:

$$CH_4 + H_2O \rightarrow CO + 3\,H_2$$

a) Calcula el volumen de metano necesario para producir 150 m^3 de hidrógeno medido a 100 °C y 2 atm.

b) ¿Qué cantidad de CO se produce?

c) Investiga sobre otras alternativas para producir hidrógeno a partir de otras materias primas.

d) Indica si es acertado afirmar que el hidrógeno es un combustible.

17 Una de las reacciones en la cual todas las sustancias que intervienen están en estado gaseoso es la síntesis de amoníaco a partir de hidrógeno y nitrógeno. Esta síntesis es una reacción lenta, por lo que es necesaria la presencia de un catalizador:

$$N_2\,(g) + 3\,H_2\,(g) \rightarrow 2\,NH_3\,(g)$$

a) Define qué es un *catalizador* y su función en una reacción química.

b) Busca información sobre el proceso Haber-Bosch y la importancia de fijar el nitrógeno atmosférico para su uso como fertilizante.

c) Calcula el volumen, medido en las condiciones del proceso Haber-Bosch, 400 °C y 200 atm, que se obtiene a partir de 60 mol de hidrógeno.

Reactivos y productos en disolución

18 Una reacción de precipitación consiste en la formación de un sólido poco soluble. Una de las más vistosas es la precipitación del yoduro de plomo(II) a partir de nitrato de plomo(II) y yoduro de potasio.

a) Escribe la ecuación química del proceso y clasifícala atendiendo a la reordenación de entidades elementales.

b) Calcula la masa de yoduro de plomo(II) que se obtiene si reaccionan completamente 100 mL de una disolución 0,8 M de nitrato de plomo(II).

c) Calcula la masa de yoduro de potasio necesario para preparar 100 mL de disolución de tal modo que reaccionaran completamente los 100 mL de la disolución del apartado anterior.

d) ¿Qué técnica de separación utilizarías para recuperar el yoduro de plomo formado?

Datos: M(I) = 126,90 g/mol; M(Pb) = 207,19 g/mol; M(N) = 14,01 g/mol; M(O) = 15,99 g/mol; M(K) = 39,10 g/mol.

19 Se desea determinar la concentración de una disolución de ácido clorhídrico a partir de una volumetría ácido-base, utilizando para ello una disolución de hidróxido de sodio de concentración 0,25 M.

a) Escribe la ecuación química de la neutralización.

b) Sin hacer cálculos, determina la concentración de la disolución de ácido clorhídrico si 100 mL de la misma reaccionan completamente con 50 mL de la disolución de hidróxido de sodio.

c) **Piensa y comparte en pareja.** Comprueba tu respuesta del apartado anterior. ¿Cómo cambiaría el resultado si la estequiometría de la reacción fuera 2:1 para el ácido frente a la base?

20 Calcula el volumen de disolución de ácido sulfúrico 3 M necesario para neutralizar 225 mL de una disolución 2 M de hidróxido de sodio.

Consulta el apartado «Para estudiar» en el banco de recursos.

21 La reacción de cloruro de níquel(II) con hidróxido de sodio es una reacción de doble desplazamiento.

a) Escribe la ecuación química ajustada.

b) Calcula la cantidad de hidróxido de níquel(II) que se forma a partir de la reacción de 200 mL de una disolución 0,100 M de cloruro de níquel(II) con suficiente hidróxido de sodio.

Datos: M(Cl) = 35,45 g/mol; M(Ni) = 58,71 g/mol; M(Na) = 22,99 g/mol; M(O) = 15,99 g/mol; M(H) = 1,01 g/mol.

Reactivo limitante

22 En un vaso de precipitados se han dispuesto 2 g de aluminio en virutas. Una vez tapado, mediante un orificio acanalado se echan 100 mL de una disolución 1,0 M de HCl. El gas formado se recoge mediante burbujeo en otro recipiente. Sabiendo que la reacción es un desplazamiento de hidrógeno por el metal:

a) Escribe y ajusta la reacción química.

b) Calcula la masa de tricloruro de aluminio que se ha formado.

c) Calcula el volumen de H_2 recogido sabiendo que la temperatura es de 20 °C y la presión de 1 atm.

d) ¿Qué sustancia química ha quedado en el vaso de precipitados sin reaccionar?

e) Haz un dibujo del montaje que tendrías que hacer en el laboratorio para poder recoger los dos productos de reacción.

Datos: M(Al) = 26,98 g/mol; M(H) = 1,01 g/mol; M(Cl) = 35,45 g/mol.

23 Establece cuál es el reactivo limitante en la reacción de aluminio con diyodo para dar yoduro de aluminio en los siguientes casos:

a) Caso 1: 2,40 mol de Al y 4,80 mol de I_2.

b) Caso 2: 2,40 mol de I_2 y 4,80 mol de Al.

Calcula la masa de yoduro de aluminio formada en cada caso.

Datos: M(I) = 126,90 g/mol; M(Al) = 26,98 g/mol.

24 Para sintetizar hidruro de sodio a partir de hidrógeno y sodio metálico, se mezclan 6,75 g de sodio y 3,03 g de hidrógeno.

a) Escribe la ecuación química ajustada.

b) Establece cuál es el reactivo limitante

c) Calcula la cantidad de NaH formado.

d) Si se obtienen 4,00 g de NaH, ¿cuál ha sido el rendimiento de la reacción?

Datos: M(Na) = 22,99 g/mol; M(H) = 1,01 g/mol.

Ciencia, tecnología y sociedad

Femtoquímica

Una reacción química es, en esencia, la ruptura de los enlaces de las entidades elementales que forman los reactivos, y la posterior, o simultánea, formación de los enlaces de las unidades de los productos.

Este proceso ocurre en tiempos del orden del picosegundo, por lo que sin la tecnología adecuada es imposible poder observarlo. Para conocer la evolución de una reacción química de este tipo, se dispone de láseres capaces de generar pulsos ultracortos, del orden de los 6 femtosegundos.

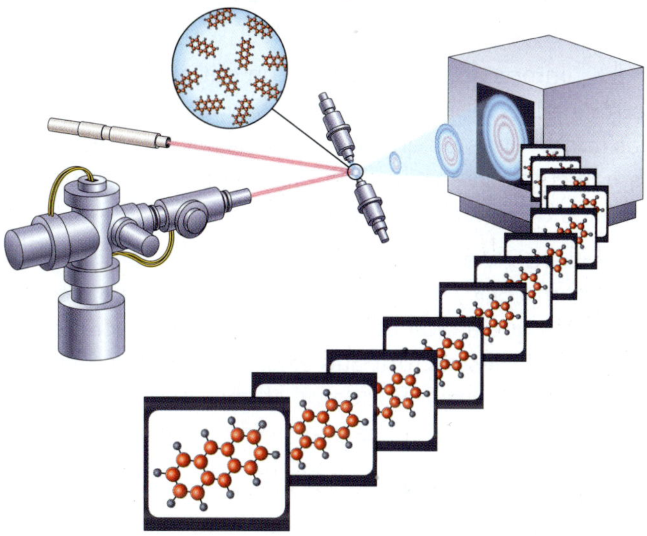

Se lanza un haz de moléculas, y contra él se hace incidir un pulso del láser, que alcanza una molécula; un segundo pulso de láser se lanza contra esa molécula y, una vez reflejado alcanza el detector. Se tiene así una captura del estado de la molécula en ese instante. Repitiendo el procedimiento en pequeñísimos intervalos de tiempo se tiene la «película» de la reacción química.

Esta parte de la química ha permitido conocer reacciones de interés biológico como las interacciones enzima-sustrato, reacciones entre anticuerpos y antígenos o reacciones que involucran al ADN.

Busca información sobre la femtoquímica y la attoquímica. ¿En qué década se desarrolla cada una de ellas? Escribe una reflexión sobre las aplicaciones que podría tener un control tan pormenorizado de las reacciones químicas en el ámbito de la industria y de la investigación. ¿Hasta qué punto los estudios universitarios actuales son suficientes para el desarrollo de estas especialidades? Busca proyectos de investigación que ya estén en marcha y describe sus objetivos.

4

TERMODINÁMICA

Motores, contaminación y cambio climático

No cabe duda de que el avance del transporte ha desarrollado espectacularmente nuestras sociedades. Sin embargo, esto ha tenido un precio: el aumento de la contaminación y la aceleración del efecto invernadero antropogénico, que suponen una amenaza para la humanidad.

En los últimos años, ha surgido un debate sobre la conveniencia de permitir el funcionamiento de los motores diésel debido a que son más contaminantes que los de gasolina. Además, están proliferando los vehículos que utilizan la electricidad como fuente de energía y aquellos denominados híbridos.

Sin embargo, y a pesar de que numerosas compañías hablan de «vehículos limpios» y no contaminantes, no es cierto todo lo que se dice. A esto hay que añadir el incremento en los precios de estos vehículos y la poca infraestructura que existe en nuestro país como para abastecerlos de energía. Podemos afirmar que ha nacido una nueva vía de investigación científica y tecnológica que ya se está desarrollando y que lo seguirá haciendo en el futuro.

COMPROMISO ODS

ODS

Haced estas actividades en grupos:

1 Buscad información sobre el límite de emisiones de CO_2 que ha fijado la Unión Europea para coches y camiones. Por otro lado, indagad sobre las emisiones que presentan las principales marcas en el último año. A partir de estos datos, explicad si será posible alcanzar las **metas 3.9** y **13.a**. Redactad un informe razonado justificando vuestras opiniones.

2 Los vehículos eléctricos están en pleno auge. Existen de dos tipos, principalmente: los híbridos y los híbridos enchufables. Estos últimos han de recargarse conectándolos a la red eléctrica y la mayor parte de las fuentes de energía de nuestro país son no renovables. ¿Pensáis que cambiar todos los vehículos de gasolina y diésel por híbridos enchufables, sin tomar ninguna otra medida, ayudaría a alcanzar las **metas 3.4** y **13.5**? ¿Qué proponéis? Recoged todas las posibles ideas y compartidlas en el aula.

Antes de empezar a estudiar esta unidad, consulta la presentación «Qué necesitas saber» en anayaeducacion.es.

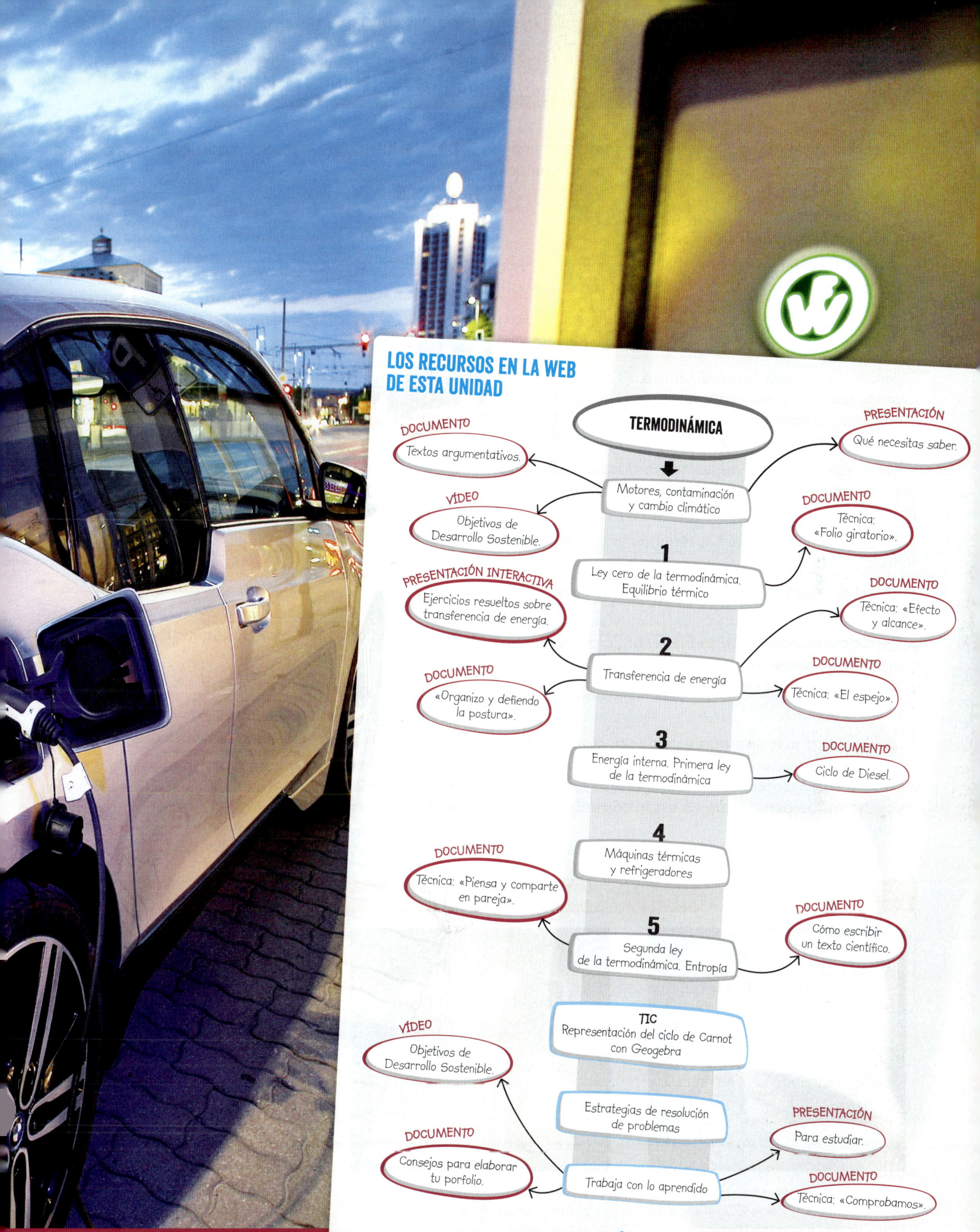

LOS RECURSOS EN LA WEB DE ESTA UNIDAD

TERMODINÁMICA

- Motores, contaminación y cambio climático
  - DOCUMENTO: Textos argumentativos.
  - VÍDEO: Objetivos de Desarrollo Sostenible.
  - PRESENTACIÓN: Qué necesitas saber.
- 1 Ley cero de la termodinámica. Equilibrio térmico
  - DOCUMENTO: Técnica: «Folio giratorio».
- 2 Transferencia de energía
  - PRESENTACIÓN INTERACTIVA: Ejercicios resueltos sobre transferencia de energía.
  - DOCUMENTO: «Organizo y defiendo la postura».
  - DOCUMENTO: Técnica: «Efecto y alcance».
  - DOCUMENTO: Técnica: «El espejo».
- 3 Energía interna. Primera ley de la termodinámica
  - DOCUMENTO: Ciclo de Diesel.
- 4 Máquinas térmicas y refrigeradores
- 5 Segunda ley de la termodinámica. Entropía
  - DOCUMENTO: Técnica: «Piensa y comparte en pareja».
  - DOCUMENTO: Cómo escribir un texto científico.
- TIC: Representación del ciclo de Carnot con Geogebra
- Estrategias de resolución de problemas
- Trabaja con lo aprendido
  - VÍDEO: Objetivos de Desarrollo Sostenible.
  - DOCUMENTO: Consejos para elaborar tu porfolio.
  - PRESENTACIÓN: Para estudiar.
  - DOCUMENTO: Técnica: «Comprobamos».

Y ADEMÁS... Soluciones de todas las actividades numéricas

1
LEY CERO DE LA TERMODINÁMICA. EQUILIBRIO TÉRMICO

Comencemos definiendo algunos conceptos que serán necesarios para lo que sigue y que se deben comprender de forma adecuada.

1.1. Sistemas termodinámicos

En general, conviene separar, real o mentalmente, una cierta porción del universo y considerarlo como una unidad para, así, estudiarlo más fácilmente.

> La parte del mundo físico que queremos estudiar se denomina **sistema termodinámico.** El resto del universo, que no forma parte del sistema, se denomina **entorno** o **ambiente.**

Algunos ejemplos de sistemas termodinámicos son: una sopa cocinándose en una olla, un motor o el cuerpo humano.

Existen tres tipos de sistemas termodinámicos (figura inferior):

- **Abiertos:** pueden intercambiar materia y energía con su entorno.
- **Cerrados:** pueden intercambiar energía con su entorno, pero no materia.
- **Aislados:** no pueden intercambiar ni materia ni energía con el ambiente.

Cuando dos o más sistemas establecen algún tipo de interacción (intercambio de materia y/o energía), se dice que están en **contacto,** aunque ese término no debe hacernos pensar que se estén tocando necesariamente.

1.2. Variables de estado, equilibrio y procesos

> Las **variables termodinámicas** son las magnitudes físicas y químicas que caracterizan a un sistema termodinámico. Un **estado termodinámico del sistema** viene determinado por los valores que toman dichas variables.

Por ejemplo, la cantidad de sustancia, el volumen y la presión de un gas ideal son tres variables termodinámicas, porque estableciendo sus valores podemos conocer completamente el estado de dicho gas.

> Se dice que un sistema está en **equilibrio termodinámico** si no cambia de estado.

Es decir, un sistema está en equilibrio si no se modifican los valores de sus variables de estado. Cuando sí cambian, se dice que el sistema experimenta un **proceso.**

> Un **proceso cíclico** es aquel en el que el estado inicial es el mismo que el final.

En un proceso cíclico, las variables termodinámicas toman el mismo valor en los estados inicial y final.

1.3. Calor y contacto térmico

La energía de un cuerpo se manifiesta de formas diferentes pudiendo transferirse entre sistemas distintos.

Los intercambios de energía pueden tener lugar de varias formas. Quizás la que mejor conozcas sea la transferencia en forma de trabajo. Por ahora, baste decir que, en general, entre dos cuerpos (o entre un sistema y su en-

Tipos de sistemas termodinámicos

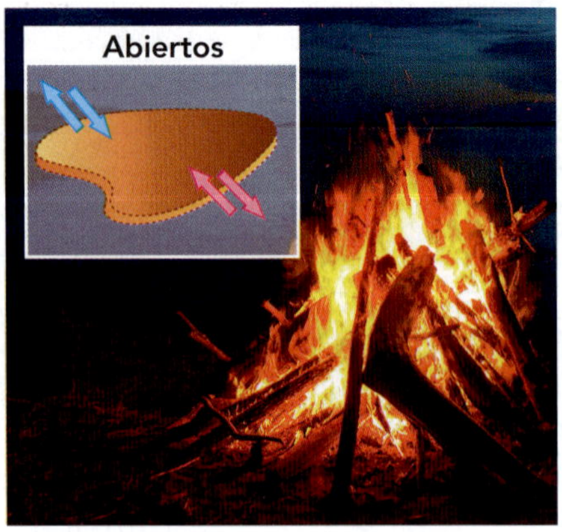

Una hoguera necesita combustible para originarse, y cede CO_2 y agua en forma de gas y energía térmica.

Una bombilla necesita energía eléctrica para emitir luz. Si se corta la corriente, no iluminará.

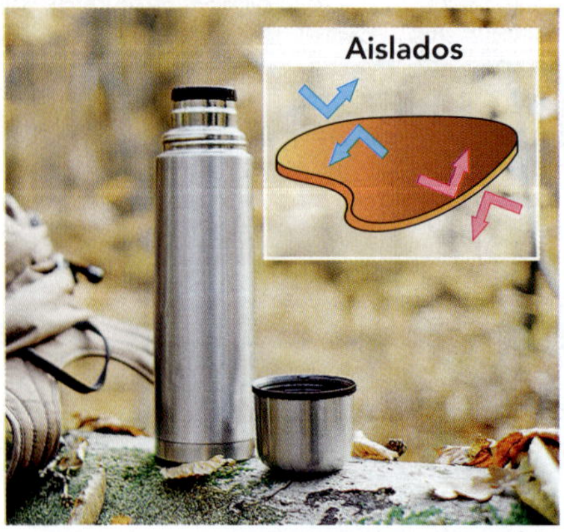

Un termo mantiene constantes las condiciones de la comida con las que se haya introducido en él.

torno) se transfiere energía en forma de trabajo cuando hay desplazamientos relativos de unas partes respecto a otras. Por ejemplo, al mover el émbolo de una jeringuilla se realiza trabajo sobre el fluido encerrado en ella.

Supongamos que tenemos dos sistemas en equilibrio termodinámico y que los ponemos en contacto, evitando, por un lado, todas las interacciones gravitatorias, eléctricas y magnéticas entre ellos y, por otro, cualquier transferencia de energía en forma de trabajo. Experimentalmente, se comprueba que, aún así, puede ocurrir que los dos cambien de estado, llegando a una nueva situación de equilibrio. Por tanto, ha debido producirse un intercambio de energía entre ambos, aunque no haya sido en forma de trabajo mecánico.

Por ejemplo, considera un gas y una cierta cantidad de hielo, ambos aislados del exterior y separados por una pared metálica, rígida. Puede que observemos que la presión del gas varíe al cabo de un tiempo, y que parte del hielo se derrita.

Diremos, entonces, que ha habido una transferencia de energía en forma de **calor.** Observa que, como el trabajo, el calor no es una forma de energía, sino un **mecanismo de transferencia** de esta. Su unidad en el SI es como la del trabajo, el julio (J).

Terminemos diciendo que un proceso es **adiabático** si tiene lugar sin intercambio de calor con el entorno. Cuando se permite que dos sistemas intercambien calor se dice que están en **contacto térmico.** Los límites de un sistema termodinámico se denominan **paredes** (pueden ser reales o imaginarias, ya que lo relevante es que sirven para diferenciar al sistema del entorno), y se clasifican según el tipo de contacto que permiten, como se muestra en la tabla inferior.

Clasificación de las paredes de un sistema termodinámico	
Adiabáticas: no permiten el intercambio de energía en forma de calor (son aislantes térmicos).	Diatérmanas: permiten el intercambio de energía en forma de calor (establecen el contacto térmico).
Rígidas: no permiten el intercambio de energía en forma de trabajo (mantienen constante el volumen del sistema).	Móviles: permiten el intercambio de energía en forma de trabajo (esto es, permiten variar el volumen del sistema).
Impermeables: no permiten el intercambio de materia, aunque sí el de energía.	Permeables: permiten el intercambio de materia y energía entre dos sistemas distintos.

1.4. Equilibrio térmico y temperatura

Cuando se permite el contacto térmico entre dos cuerpos, sus variables de estado pueden variar hasta que vuelven a tomar valores constantes. A partir de ese momento, se dice que los dos sistemas están en **equilibrio térmico** y que los dos cuerpos tienen la misma temperatura. Experimentalmente, se encuentra que siempre se verifica la **ley cero de la termodinámica:**

> Dos cuerpos en equilibrio térmico con un tercero están en equilibrio térmico entre sí.

Por tanto, podemos describir la situación de equilibrio térmico de dos maneras equivalentes:

- Al poner en contacto térmico dos sistemas, no hay transferencia de energía en forma de calor entre ambos.
- Los dos sistemas están a la misma temperatura.

La escala más empleada es la denominada **escala Celsius** (°C), que utiliza dos puntos fijos del agua pura: el valor de 0 °C a su temperatura de congelación, y el de 100 °C a la de ebullición, ambos a 1 atm.

Sin embargo, la unidad en el SI es el **kelvin,** K, relacionada con la anterior mediante:

$$T/\text{K} = 273{,}15 + T/°\text{C}$$

Esta escala de temperatura tiene un profundo significado físico: a 0 K, es decir, –273,15 °C, el valor medio de la energía cinética de todas las partículas sería cero; esto es, se detendrían completamente. Sin embargo, esto no puede ocurrir, por lo que esa temperatura es inalcanzable y esa es la razón de que a esta escala se la denomine **escala absoluta de temperaturas.**

Ejercicios

1 Justifica qué tipos de sistemas son un huevo, el ser humano y un termo con café a 50 °C. ¿Cómo son sus paredes?

2 ¿Crees que es correcto decir: «hoy hace mucho calor»? Explica por qué, analizando la frase según las definiciones de este epígrafe. Haz lo mismo con la expresión: «me cuesta mucho trabajo mantener levantada esta pesa» (supón que la mantenemos levantada, pero en reposo). ¿Crees que es fácil utilizar en la vida cotidiana un lenguaje que sea científicamente correcto? Argumenta tu respuesta con ejemplos concretos que conozcas relacionados con esta asignatura y otras.

3 Por grupos, utilizando la técnica de **folio giratorio**, proponed ejemplos de procesos adiabáticos y no adiabáticos en nuestra vida cotidiana.

2. TRANSFERENCIA DE ENERGÍA

Vamos a profundizar en los intercambios de calor y trabajo entre los sistemas termodinámicos. Posteriormente, los relacionaremos a través del concepto de energía interna, empleando, para ello, la primera ley de la termodinámica.

2.1. Intercambio de energía en forma de trabajo

Como ya hemos comentado, en general, se transfiere energía en forma de trabajo cuando hay desplazamiento de unas partes del sistema respecto a otras.

Consideremos, por ejemplo, un gas encerrado en un recipiente que tiene una pared móvil o pistón (figura derecha arriba). Si se mueve, de manera que el volumen del sistema varía en una cierta cantidad ΔV, manteniendo constante su presión, entonces el **trabajo realizado por el sistema** vendrá dado por la expresión:

$$W = p \cdot \Delta V$$

- Si el volumen aumenta, entonces $\Delta V > 0$, y, por tanto, $W > 0$. De esta forma, el sistema realiza un trabajo positivo sobre el entorno.
- Si el volumen disminuye, entonces $\Delta V < 0$, y, por tanto, $W < 0$. Entonces, el sistema realiza un trabajo negativo sobre el entorno. Esto es lo mismo que decir que el entorno realiza un trabajo sobre el sistema.
- Si no hay cambio de volumen, esto es, $\Delta V = 0$, entonces el trabajo realizado por el sistema es nulo.

Si la presión del sistema no permanece constante, entonces se puede representar p frente a V (figura derecha abajo). En ese caso, el trabajo es igual al área que hay entre la curva y el eje de abscisas. Observa que esto también es aplicable al caso en el que p es constante, ya que entonces el área será la de un rectángulo, y por tanto:

$$W = p \cdot (V_2 - V_1) = p \cdot \Delta V$$

Durante esta unidad y las siguientes, utilizaremos el criterio de signos tradicional para el trabajo. Es decir, consideramos positivo el trabajo realizado sobre el entorno y negativo cuando es el entorno el que realiza el trabajo sobre el sistema. Pero existe otro criterio de signos, el de la IUPAC, donde es positivo aquello que haga aumentar la energía interna del sistema, es decir, tanto el trabajo como el calor.

Para comprender mejor el criterio de signos para el trabajo y repasar cómo utilizarlo, puedes completar la teoría de este epígrafe en la web de **anayaeducacion.es**, donde encontrarás ejercicios resueltos explicados que te facilitarán el aprendizaje.

Intercambio de energía en forma de trabajo

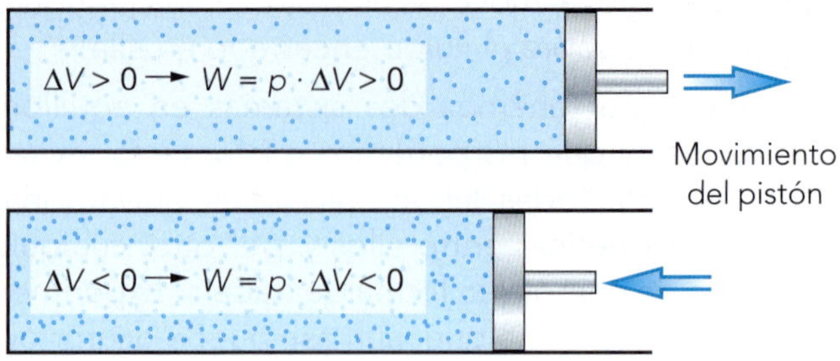

Cuando se modifica el volumen de un sistema, este realiza un trabajo sobre el entorno: positivo si V aumenta, y negativo (esto es, el ambiente realiza un trabajo sobre él) si V disminuye.

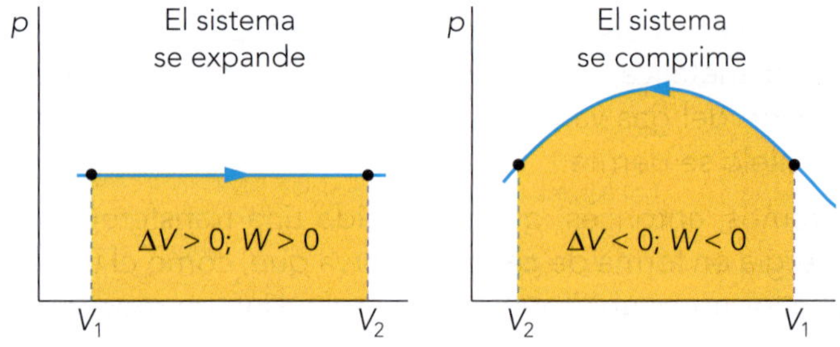

Cuando la presión no permanece constante, el trabajo realizado por el sistema es igual al área comprendida entre la curva p (V) y el eje de abscisas. El signo viene dado por el sentido en el que se recorre dicha curva.

Ejercicios

4 Calcula el trabajo realizado por un sistema que disminuye su volumen desde 1 m^3 hasta 500 L a una presión constante de 2 atm. Interpreta el significado del signo que has obtenido.

5 Comprueba que el producto $p \cdot V$ tiene dimensiones de energía.

6 En la gráfica se muestra un proceso en el que la presión aumenta linealmente con el volumen. ¿Qué trabajo realiza el sistema?

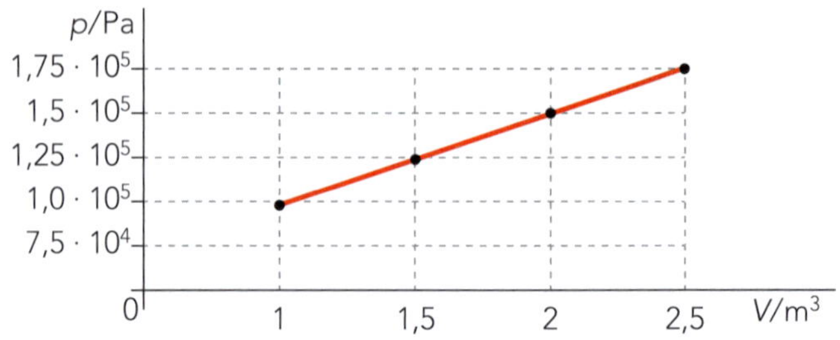

Consulta las soluciones de todas las actividades numéricas en **anayaeducacion.es**.

2.2. Trabajo realizado por un gas ideal

En ciertos casos es muy sencillo calcular el trabajo realizado por un sistema. El ejemplo más importante es aquel en el que un gas ideal sufre un proceso **isotermo,** durante el cual su volumen cambia desde uno inicial, V_1, hasta otro final, V_2. Entonces, realizará un trabajo dado por:

$$W = n \cdot R \cdot T \cdot \ln \frac{V_2}{V_1}$$

donde n es la cantidad de sustancia; R, es la constante de los gases, y, T, la temperatura (constante) a la que tiene lugar el proceso.

Podemos reescribir esta expresión en términos de la presión. Recordando que cuando la temperatura es constante se verifica la ley de Boyle:

$$p_1 \cdot V_1 = p_2 \cdot V_2 \rightarrow \frac{V_2}{V_1} = \frac{p_1}{p_2}$$

y sustituyendo en la fórmula anterior, tendremos:

$$W = n \cdot R \cdot T \cdot \ln \frac{p_1}{p_2}$$

Si utilizamos la ecuación de los gases ideales:

$$p \cdot V = n \cdot R \cdot T$$

obtenemos las siguientes formas equivalentes para el trabajo:

$$W = p_1 \cdot V_1 \cdot \ln \frac{V_2}{V_1} = p_1 \cdot V_1 \cdot \ln \frac{p_1}{p_2}$$

2.3. Intercambio de energía en forma de calor

Hemos definido el calor partiendo de un hecho experimental: los sistemas termodinámicos pueden modificar su estado de equilibrio al ponerlos en contacto, aunque no haya transferencia de energía en forma de trabajo entre ellos. Ahora, podemos definir el calor de forma más precisa:

La transferencia de energía que se produce entre dos cuerpos debida a su diferencia de temperatura se denomina **transferencia** o **flujo de calor,** y se representa por la letra **Q.**

Igual que hicimos con el trabajo, establecemos un criterio de signos:

- $Q > 0$, si el sistema absorbe energía en forma de calor.
- $Q < 0$, si el sistema cede energía en forma de calor.

Para abreviar, emplearemos la palabra «calor» para referirnos a la energía transferida en forma de calor. Recuerda que el calor no es una forma de energía, pues los cuerpos no «acumulan calor», sino que lo absorben y lo transfieren.

La unidad del calor en el SI es el julio, pero es muy común emplear otras unidades, como la caloría (cal):

Una **caloría** es la cantidad de energía necesaria para incrementar la temperatura de 1 g de agua en 1 °C.

Ejercicios

7 Comprueba que el producto $n \cdot R \cdot T$ tiene dimensiones de energía.

8 Un gas ideal experimenta un proceso en el que aumenta su volumen desde 1 m^3 a 200 °C hasta los 673 °C, con una presión constante de 3 atm. Calcula el trabajo realizado por el gas.

9 Un gas ideal realiza el ciclo mostrado en la figura. Si en el punto A tiene una presión de 8 atm y un volumen de 7 L, calcula el trabajo realizado por el gas en cada tramo y en el ciclo completo.

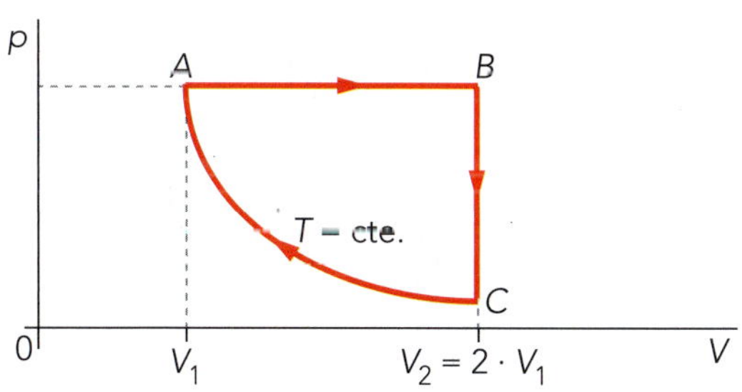

10 Tenemos 0,5 mol de un gas ideal que experimentan una compresión isotérmica a 25 °C mientras su entorno efectúa un trabajo de 1 200 J sobre él. Si la presión final es de 2 atm, ¿cuál era el valor de la presión inicial?

11 Se hierven 90 g de agua a 100 °C y 1 atm de presión. Posteriormente, el vapor se expande, a temperatura constante, hasta ocupar un volumen de 300 L. Calcula el trabajo realizado por el vapor sobre el entorno durante dicha expansión.

12 Los gases se estudian como ideales por facilidad de cálculos suponiendo que sus partículas no ocupan volumen y despreciando las fuerzas intermoleculares. Pero, como viste en la unidad 2, hay una ecuación que se utiliza en el caso de los gases reales, la ley de Van der Waals. Busca el significado de los coeficientes a y b, y explica cómo afectan al factor de compresibilidad de un gas. ¿Se cumplen las leyes de la termodinámica también en los gases reales? Utiliza la técnica **el espejo**.

2.4. Equivalente mecánico del calor

En 1845, el físico inglés James Joule llevó a cabo un experimento en el que una cierta cantidad de agua encerrada en un recipiente con paredes aislantes era agitada mediante unas paletas movidas por un sistema de pesas y poleas (ver figura adjunta).

Comprobó que, cuando las pesas descendían, la temperatura del agua aumentaba, ya que era capaz de transferir, posteriormente, energía en forma de calor. De esta manera, puso de manifiesto que existe una cierta equivalencia entre trabajo y calor. Más adelante veremos que esta, sin embargo, no es completa.

Además, determinó que el aumento de temperatura de 1 g de agua era de 0,24 °C por cada julio transferido. Teniendo en cuenta que 1 cal es el calor necesario para aumentar 1 °C la temperatura de 1 g de agua, la equivalencia entre la caloría y el julio es:

$$1 \text{ cal} = 4{,}186 \text{ J}; \quad 1 \text{ J} = 0{,}24 \text{ cal}$$

Esta unidad se emplea mucho todavía hoy día, aunque no sea la del SI. Por ejemplo, en los alimentos, el contenido energético se contabiliza en kilocalorías:

$$1 \text{ kcal} = 1000 \text{ cal} = 4186 \text{ J}$$

2.5. Calor específico de un cuerpo

Experimentalmente se comprueba que la cantidad de calor necesaria para aumentar la temperatura de una cierta masa de un material es aproximadamente proporcional al cambio de temperatura. La constante de proporcionalidad se denomina calor específico.

El **calor específico, *c*,** de un material es la cantidad de calor necesaria para aumentar 1 °C la temperatura de 1 kg de dicho material.

Por tanto:

$$\boxed{Q = m \cdot c \cdot \Delta T}$$

Sus unidades en el Sistema Internacional son J/(kg · K).

En el agua, el valor del calor específico para aumentar 1 °C la temperatura de 1 g de masa es:

$$c_{agua} = 1 \text{ cal/(g} \cdot \text{°C)} = 4186 \text{ J/(kg} \cdot \text{K)}$$

En el caso particular de los gases, hay que tener en cuenta que los procesos de intercambio de calor pueden tener lugar a presión o a volumen constante. Entonces, se habla de **calor específico molar a presión constante,** c_p, o de **calor específico molar a volumen constante,** c_V, y tendremos:

$$Q_p = n \cdot c_p \cdot \Delta T; \quad Q_V = n \cdot c_V \cdot \Delta T$$

Experimento de Joule

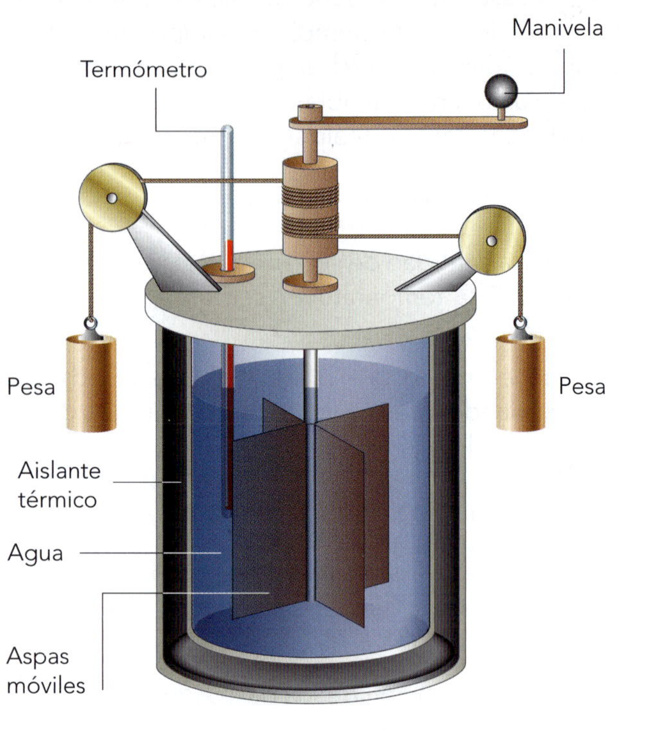

Mediante un sistema de pesas y poleas se transfiere de forma controlada una cierta cantidad de energía en forma de trabajo. Como consecuencia, aumenta la temperatura del agua contenida en el recipiente.

Ejercicios

13 Calcula el calor, en calorías, necesario para calentar 270 g de hierro desde 50 °C hasta 1 100 °C.

Dato: c_{Fe} = 440 J/(kg · K).

14 Una masa de 40 g de oxígeno se calienta a presión constante desde 100 °C hasta 250 °C. Calcula el calor necesario. ¿Y si fuera a volumen constante?

Datos: c_p = 29,4 J/(mol · K); c_V = 21,1 J/(mol · K).

15 Calcula el calor absorbido por 3 mol de un gas ideal que realiza el siguiente ciclo:

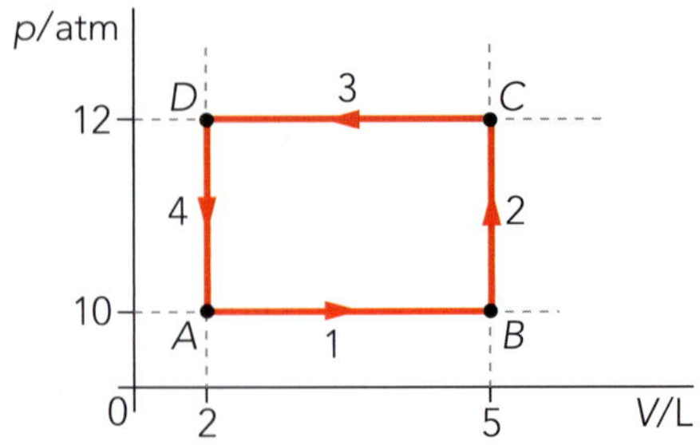

Datos: c_p= 29,1 J/(mol · K); c_V = 20,8 J/(mol · K).

Ejercicios resueltos

1 Se mezclan 200 g de agua a 10 °C con otros 450 g de agua a 85 °C. Calcula la temperatura de equilibrio de la mezcla.

Solución

La energía se conserva, por lo que el calor cedido por el agua caliente ha de absorberlo el agua fría. Denotaremos T_F a la temperatura final de equilibrio (igual para ambos), $T_{0,c}$ a la temperatura inicial del agua caliente, y $T_{0,f}$ a la del agua fría: $T_{0,f}$ = 10 °C y $T_{0,c}$ = 85 °C.

El calor cedido por el agua caliente será:

$$Q_c = m_c \cdot c_{agua} \cdot (T_F - T_{0,c})$$

y el calor absorbido por la fría:

$$Q_f = m_f \cdot c_f \cdot (T_F - T_{0,f})$$

Por conservación de la energía, podemos decir:

$$Q_c + Q_f = 0$$

$$m_c \cdot c_{agua} \cdot (T_F - T_{0,c}) + m_f \cdot c_{agua} \cdot (T_F - T_{0,f}) = 0$$

$$0{,}45 \cdot (T_F - 85) = -0{,}20 \cdot (T_F - 10)$$

$$0{,}65 \cdot T_F = 40{,}25 \rightarrow T_F = 61{,}9\ °C$$

2 Se vierten 300 g de café, inicialmente a 70 °C, en un termo de aluminio, de 120 g, que inicialmente está a 20 °C. ¿Cuál es la temperatura de equilibrio?

Datos: c_{agua} = 4 186 J/(kg · K); c_{Al} = 910 J/(kg · K).

Solución

Tomaremos el calor específico del café igual al del agua. Denotaremos T_F a la temperatura final de equilibrio (igual para ambos), $T_{0,café}$ a la temperatura inicial del café y $T_{0,Al}$ a la del termo de aluminio. Por tanto: $T_{0,café}$ = 70 °C y $T_{0,Al}$ = 20 °C. Igual que antes, utilizamos el principio de la conservación de la energía.

El calor cedido por el café será:

$$Q_{café} = m_{café} \cdot c_{agua} \cdot (T_F - T_{0,café})$$

y el calor absorbido por el termo:

$$Q_{Al} = m_{Al} \cdot c_{Al} \cdot (T_F - T_{0,Al})$$

Por tanto:

$$Q_{café} + Q_{Al} = 0$$

$$m_{café} \cdot c_{agua} \cdot (T_F - T_{0,café}) + m_{Al} \cdot c_{Al} \cdot (T_F - T_{0,Al}) = 0$$

$$0{,}3 \cdot 4186 \cdot (T_F - 70) = -0{,}120 \cdot 910 \cdot (T_F - 20)$$

$$1365 \cdot T_F = 90090 \rightarrow T_F = 66{,}0\ °C$$

Efecto y alcance. Los termos son recipientes que conservan la temperatura en su interior. Se utilizan para transportar alimentos o bebidas, pues, así, sabremos que podremos disfrutar de nuestra comida y bebida calientes donde estemos. Esta aplicación se ha desarrollado de forma rápida y efectiva en la industria textil, dando lugar a la ropa térmica, que mantiene la temperatura corporal y realizar actividades al aire libre sin pasar frío. ¿Crees que esto es importante en la industria química? ¿Y en la alimentaria? Piensa en qué efectos puede tener y comenta sus ventajas y desventajas.

2.6. Calor latente

El **calor latente** de una sustancia es la energía en forma de calor necesaria para que una determinada masa de dicha sustancia cambie de estado.

- **Calor latente de fusión, L_f:** es el calor necesario para fundir la unidad de masa de una sustancia.
- **Calor latente de vaporización, L_v:** es el calor necesario para vaporizar la unidad de masa de una sustancia.

En ambos casos, su unidad en el SI es J/kg. Recuerda que en los procesos de fusión y ebullición, la temperatura del sistema permenece constante. Por tanto, el calor necesario para fundir, Q_f, o vaporizar, Q_v, una masa m de una sustancia se calculan como:

$$Q_f = m \cdot L_f \qquad Q_v = m \cdot L_v$$

Ejercicios

16 Compara los valores de los calores específicos del agua en sus tres estados de agregación y razona por qué varían de esa forma. ¿Crees que ocurrirá con cualquier sustancia? Pon ejemplos para justificar tu opinión utilizando la técnica de **organizo y defiendo la postura**.

Datos: c_{agua}= 4 186 J/(kg · K); c_{gas} = 1 840 J/(kg · K); c_{hielo} = 2 100 J/(kg · K).

17 Se calientan 400 g de agua desde 10 °C hasta que se evapora completamente y se obtiene vapor de agua a 150 °C. Calcula el calor necesario para completar todo el proceso.

Dato: $L_v = 2{,}256 \cdot 10^6$ J/kg.

18 Se mezclan 450 g de agua a 25 °C con 750 g de etanol a 56 °C. Calcula la temperatura de equilibrio de la mezcla.

Dato: c_{etanol} = 2428 J/(kg · K).

19 Tenemos inicialmente 250 g de agua a 25 °C, y 100 g de hielo a –20 °C. Pasado un tiempo, la mezcla se compone de agua y una cierta cantidad de hielo, ambos a 0 °C. Si no se escapa calor al entorno, calcula cuánto hielo quedará sin derretir.

Dato: $L_f = 3{,}34 \cdot 10^5$ J/kg.

20 En una olla de cobre de 2 kg de masa a una temperatura de 150 °C, se vierten 100 g de agua a 25 °C. Calcula la temperatura de equilibrio.

Dato: c_{Cu} = 390 J/(kg · K).

3
ENERGÍA INTERNA. PRIMERA LEY DE LA TERMODINÁMICA

3.1. Energía interna

La **energía interna** de un sistema, U, es la suma de las energías de todas las partículas que lo componen.

En esta definición se incluyen la energía cinética de todas sus partículas, la debida a las interacciones entre ellas, la de los electrones en cada uno de los átomos, etc. Como puedes observar, para determinarla completamente haría falta conocer con exactitud el estado de todas y cada una de sus partículas, algo que, realmente, es imposible. Por esta razón, nunca medimos valores absolutos de la energía interna, sino su variación entre distintos estados.

Además, dado que lo relevante son las diferencias de energía, no hará falta tener en cuenta la energía (cinética, potencial, etc.) macroscópica global del sistema, como un todo.

3.2. Funciones de estado

Una **función de estado** es aquella magnitud cuya variación depende únicamente de los estados inicial y final de un sistema, y no del proceso seguido.

A partir de la definición que hemos dado de energía interna, es fácil deducir que esta magnitud ha de ser una función de estado. Sin embargo, ni el calor ni el trabajo lo son, puesto que dependen del proceso que se haya seguido. Por ejemplo, se puede conseguir el mismo aumento de temperatura de un fluido ejerciendo un trabajo sobre él, como en el experimento de Joule (en cuyo caso $W \neq 0$ y $Q = 0$), o bien, transfiriéndole una cierta cantidad de calor (y entonces $W = 0$ y $Q \neq 0$).

3.3. Primera ley de la termodinámica

Según acabamos de ver, si seguimos dos procesos diferentes para pasar de un estado inicial a otro final, tanto W como Q pueden variar. Sin embargo, **la primera ley de la termodinámica** establece que:

La variación de energía interna de un sistema a lo largo de un proceso, ΔU, es igual a la diferencia entre el calor absorbido y el trabajo realizado.

$$\Delta U = Q - W$$

Es decir, a pesar de que se sigan procesos diferentes para pasar de un estado a otro, la diferencia $Q - W$ es una función de estado, y, por tanto, independiente del proceso (figura inferior). Este hecho se puede enunciar de varias formas equivalentes:

La suma del calor absorbido y del trabajo realizado sobre un sistema se invierte exclusivamente en modificar su energía interna.

O bien:

El calor recibido por un sistema se invierte en modificar su energía interna y en ejercer trabajo sobre el entorno:

$$Q = \Delta U + W$$

Observa que la primera ley no es más que un caso particular del principio de conservación de la energía, aplicado a sistemas termodinámicos.

Funciones de estado y procesos termodinámicos

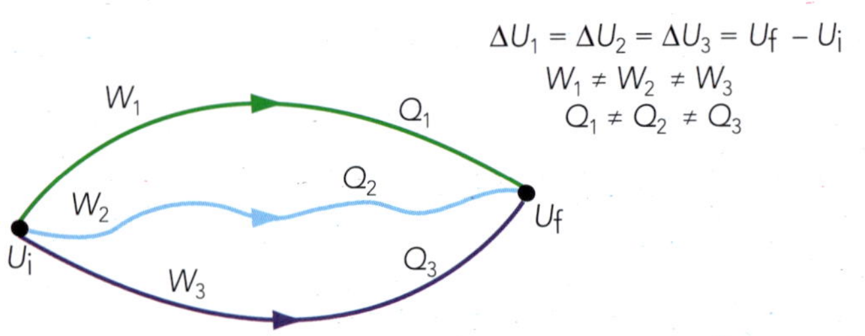

Las variables de estado, como la energía interna, dependen únicamente de los estados inicial y final del sistema termodinámico, no del proceso seguido para pasar de uno a otro.

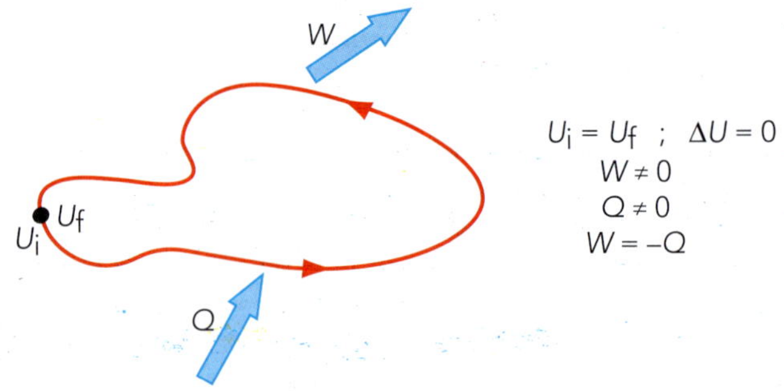

En un proceso cíclico, donde coinciden los estados inicial y final, ΔU valdrá cero, aunque no suceda lo mismo con Q, el calor, y W, el trabajo.

3.4. Tipos de procesos

- **Proceso adiabático:** es aquel en el que el sistema no intercambia calor con el entorno, luego:

$$Q = 0; \quad \Delta U = -W$$

- **Proceso isobárico:** es aquel que tiene lugar a presión constante. Recuerda que, en este caso, $W = p \cdot \Delta V$, y, por tanto:

$$\Delta U = Q - p \cdot \Delta V$$

- **Proceso isocórico:** es el que tiene lugar a volumen constante. Si tampoco se ejerce trabajo sobre el sistema mediante algún otro mecanismo que no comporte cambio de volumen, como las paletas del experimento de Joule, entonces $p \cdot \Delta V = 0$, y:

$$W = 0; \quad \Delta U = Q$$

- **Proceso isotermo:** tiene lugar a temperatura constante. En este caso, tanto Q como W pueden ser distintos de cero.
- **Proceso cíclico:** es aquel en el que los estados inicial y final del sistema son iguales. En la figura de la página anterior, se muestra un esquema de cómo sería un proceso de este tipo. En este caso, tanto Q como W pueden ser distintos de cero, ya que dependen del camino seguido. Sin embargo, como U es una función de estado, se verifica que $U_1 = U_2$, y, así:

$$U_1 = U_2 \rightarrow \Delta U = 0 \rightarrow Q = W$$

- **Sistema aislado:** es el que no intercambia ni materia ni energía con el entorno. Por tanto, la energía interna de un sistema aislado debe ser constante:

$$\Delta U = Q = W = 0$$

Ejercicio resuelto

3 Un sistema termodinámico experimenta dos procesos distintos: $A \rightarrow B \rightarrow D$ y $A \rightarrow C \rightarrow D$. Calcula el trabajo realizado, el calor absorbido y la variación de energía interna a lo largo de cada proceso, sabiendo que: $Q_{AB} = 200$ J y $Q_{BD} = 400$ J.

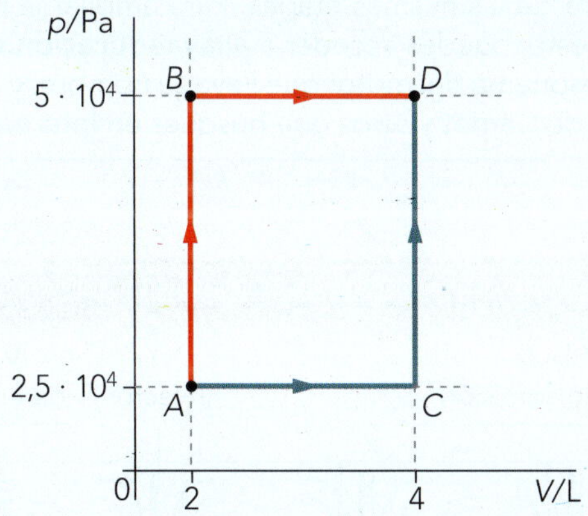

Solución:

Observa que, en este caso, no se dice cuál es el valor del calor específico de la sustancia, por lo que nos tienen que proporcionar el dato del calor absorbido. Analicemos cada proceso:

I) El calor absorbido por el sistema a lo largo del proceso *ABD* es: $Q = 200 + 400 = 600$ J. El trabajo en cada uno de estos tramos es:

W_{AB}: Como aquí el volumen es constante, $\Delta V = 0$, y, por tanto: $W_{AB} = 0$ J.

W_{BD}: En este caso, la presión es constante, por lo que:

$$W_{BD} = p \cdot \Delta V = 50\,000 \cdot 2 \cdot 10^{-3} = 100 \text{ J}$$

Así, el trabajo total será:

$$W = 0 + 100 = 100 \text{ J}$$

Utilizamos el primer principio de la termodinámica para calcular la variación de energía interna:

$$\Delta U = Q - W = 600 - 100 = 500 \text{ J}$$

II) Como Q y W no son funciones de estado, para el proceso *ACD* sus valores serán distintos a los anteriores:

W_{AC}: La presión es constante, por lo que:

$$W_{AC} = p \cdot \Delta V = 25\,000 \cdot 2 \cdot 10^{-3} = 50 \text{ J}$$

W_{CD}: Aquí, el volumen es constante, $\Delta V = 0$, y, por tanto: $W_{CD} = 0$ J.

El trabajo total será:

$$W = 50 + 0 = 50 \text{ J}$$

Que difiere del valor obtenido en el proceso anterior.

En principio, no tenemos información para calcular el calor absorbido por el sistema. Sin embargo, como la energía interna es una función de estado, su variación sí será igual a la del proceso anterior: $\Delta U = 500$ J. Ahora, ya podemos obtener el valor de Q:

$$\Delta U = Q - W \rightarrow Q = \Delta U + W$$

$$Q = 500 + 50 = 550 \text{ J}$$

Comprobamos que, tanto W como Q dependen del proceso seguido por el sistema. Sin embargo, su diferencia, $Q - W$, es igual a la variación de la energía interna, y, por consiguiente, independiente del camino seguido para llegar desde el estado inicial hasta el final. Como ves, el proceso completo que se muestra en la gráfica es cíclico; es decir, tanto si sigue el proceso *ABDCA* como el *ACDBA*, los valores de las funciones de estado deben ser cero. Comprueba que esto se cumple y nombra todos los procesos que ocurren en cada momento. ¿Podrías decir, cualitativamente, cuál es la variación de la temperatura en cada tramo del sistema?

3.5. Energía interna de un gas ideal. Ley de Joule

La energía interna de un gas ideal depende solamente de su temperatura, no de su volumen ni de su presión. A este hecho se lo conoce como **ley de Joule.** Concretamente, si dicho gas experimenta una variación de temperatura, ΔT, la variación de su energía interna vendrá dada por:

$$\Delta U = n \cdot c_V \cdot \Delta T$$

donde c_V es el calor específico molar a volumen constante. De aquí se deduce entonces, que:

> La energía interna de un gas ideal a lo largo de un proceso isotermo ($\Delta T = 0$) es constante ($\Delta U = 0$).

3.6. Procesos cíclicos de interés

Existen algunos procesos cíclicos que tienen especial importancia, no solo teórica, sino por haber sido ampliamente empleados en distintos tipos de máquinas. El más importante, históricamente, es el **ciclo de Carnot,** que consta de los siguientes pasos (figura inferior izquierda):

1. **Expansión isoterma** a temperatura constante T_c (tramo *AB*). Durante esta, aumenta el volumen y disminuye la presión. Para que la temperatura permanezca constante, el sistema debe absorber una cantidad de calor: $Q_c > 0$.
2. **Expansión adiabática** desde la temperatura T_c hasta otra inferior, T_f. En este tramo, el sistema ni absorbe ni emite calor (tramo *BC*).
3. **Compresión isotérmica** a temperatura constante T_f (tramo *CD*). A lo largo de este proceso disminuye el volumen y aumenta la presión, por lo que, para que la temperatura permanezca constante, el sistema debe ceder una cantidad de calor: $Q_f < 0$.
4. **Compresión adiabática** hasta alcanzar, de nuevo, la temperatura inicial T_c (tramo *DA*). A lo largo de este último tramo no hay intercambio de calor con el medio.

Este ciclo es totalmente ideal, ya que los cuatro procesos son totalmente reversibles. Fue introducido por razones históricas, ya que se puede demostrar que cualquier máquina ha de tener un rendimiento que es, como máximo, el de otra máquina que opera mediante un ciclo de Carnot a las mismas temperaturas T_f y T_c.

Otros procesos cíclicos de interés son los de Diesel (en la figura inferior derecha se muestra un motor diésel), Otto (empleado en los motores híbridos), Brayton, Ericsson, etc.

> Igual que el ciclo de Carnot, el ciclo de Diesel consta siempre de las mismas etapas. Para ampliar la información sobre esto, puedes acceder a **anayaeducacion.es** y consultar el esquema del motor que lleva su nombre, y compararlo con el de Carnot y otros que busques en Internet.

Ciclo de Carnot

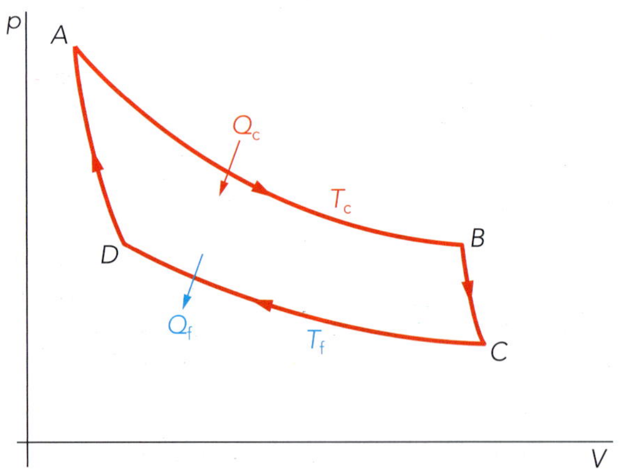

En la gráfica se pueden ver los cuatro tramos de los que consta el ciclo de Carnot. Durante todo el proceso, se supone que el sistema se encuentra siempre en equilibrio, y, por eso, su rendimiento es máximo respecto al del resto de máquinas. Este ciclo se aplica a máquinas térmicas y refrigeradoras.

Motor diésel

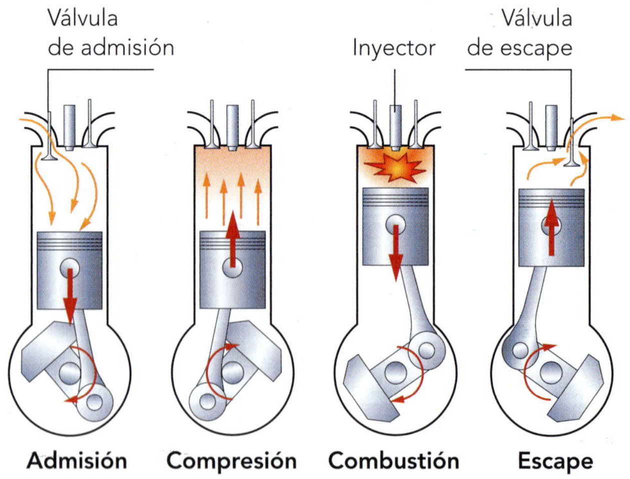

Un motor diésel de cuatro tiempos se compone de los siguientes pasos: admisión, compresión, explosión o combustión y escape. La diferencia de estos motores respecto a los de gasolina es que los diésel no necesitan una chispa para encenderse, sino que lo hacen durante la etapa de combustión, por lo que su rendimiento es mayor.

Ejercicio resuelto

4 El volumen ocupado por 2 mol de un gas ideal a 12 atm de presión es de 4 L. Calcula el calor absorbido, el trabajo realizado y la variación de energía interna si el sistema duplica su volumen:

a) A temperatura constante.

b) A presión constante.

Datos: c_p = 29,1 J/mol·K; c_V = 20,8 J/mol·K

Solución:

La temperatura en el estado inicial es:

$$T_A = \frac{p_A \cdot V_A}{n \cdot R} = \frac{12 \cdot 4}{2 \cdot 0{,}082} = 292{,}7\ \text{K}$$

a) Como el proceso se realiza a temperatura constante:

$$T_B = T_A = 292{,}7\ \text{K}$$

Y por la ley de Joule: $\Delta U = 0$. Por tanto:

$$Q = W = n \cdot R \cdot T \cdot \ln\frac{V_B}{V_A}$$

$$Q = W = 2 \cdot 8{,}31 \cdot 292{,}7 \cdot \ln 2$$

$$Q = W = 3\,371{,}9\ \text{J}$$

b) En este caso, el proceso es isobárico, por lo que:

$$T_B = T_A \cdot \frac{V_B}{V_A} = 2 \cdot T_A \rightarrow T_B = 585{,}4\ \text{K}$$

$$\Delta T = 292{,}7\ \text{K}$$

Por tanto:

$$W = p \cdot \Delta V = 1\,215\,600 \cdot (8 - 4) \cdot 10^{-3} = 4\,862\ \text{J}$$

$$Q = n \cdot c_P \cdot \Delta T = 2 \cdot 29{,}1 \cdot 292{,}7 = 17\,035\ \text{J}$$

$$\Delta U = Q - W = 12\,173\ \text{J}$$

A partir de los resultados obtenidos en el ejercicio, ¿por qué crees que el valor del calor y el trabajo es tan diferente en cada caso? Haz una representación gráfica de la variación del volumen y la presión a temperatura constante, para el primer apartado, y de la variación del volumen y la temperatura a presión constante, para el segundo. ¿Qué leyes se cumplen en cada ocasión?

Ejercicios

21 Calcula la variación de energía interna de un bloque de hielo de 10 kg de masa que se funde completamente. Desprecia el cambio de volumen experimentado durante el cambio de fase.

Dato: L_f = 333 kJ/kg.

22 Supongamos que en el sistema del ejercicio anterior se absorbe durante el proceso solamente una cantidad de calor de 10^5 J. Calcula ahora su variación de energía interna.

23 Un gramo de agua ocupa 1670 cm^3 como vapor cuando hierve a una presión constante de 1 atm. Calcula el trabajo efectuado por el agua al hervir y su variación de energía interna.

Dato: $L_v = 2{,}256 \cdot 10^6$ J/kg.

24 Un sistema termodinámico experimenta el proceso de la figura. Si el trabajo total es $W = -250$ J, calcula la energía interna y el calor absorbido por el sistema. Interpreta el signo de cada una de estas tres magnitudes.

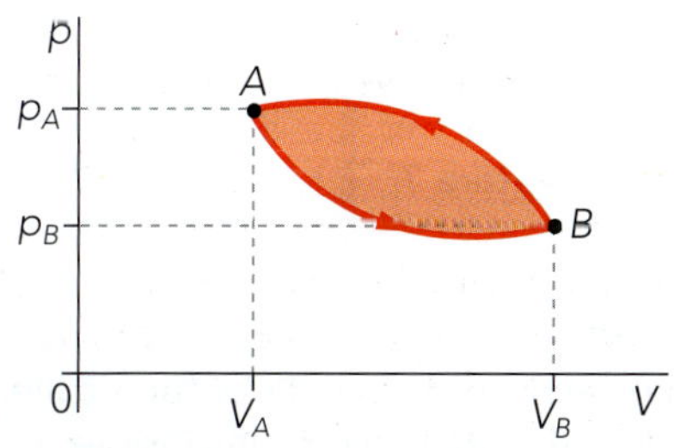

25 En la figura se muestra el diagrama *p-V* de un proceso seguido por 0,25 mol de un gas ideal. El calor absorbido por el gas a lo largo del proceso *BC* es de 368 J. Calcula, para cada tramo, y para el proceso completo: el trabajo ejercido por el sistema, el calor absorbido y la variación de energía interna.

Dato: c_V = 21,1 J/(mol · K).

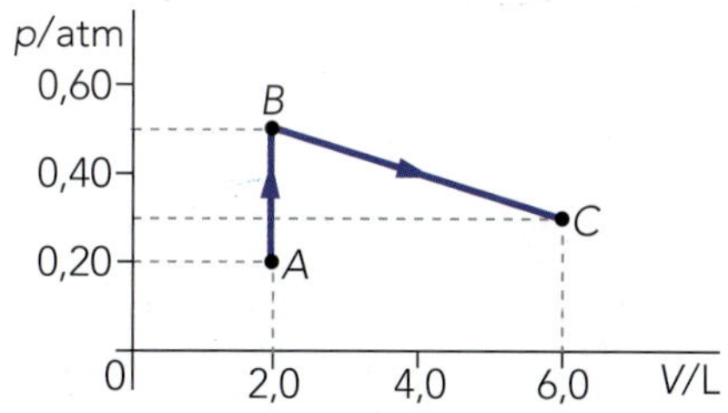

26 Sabemos que 0,5 mol de gas ideal experimentan un ciclo de Carnot siendo las temperaturas de los focos caliente y frío: 227 °C y 27 °C, respectivamente. La presión en el punto *A* es de 100000 Pa. A lo largo del proceso:

El volumen se duplica durante la expansión isoterma *AB*.

– La presión en el punto *C* es: p_C = 8260 Pa.

– En el proceso *CD*, el volumen se reduce a la mitad.

Calcula el trabajo realizado por el sistema y el calor absorbido en cada tramo y en el ciclo completo.

Dato: $c_V = 20{,}8\ \text{J} \cdot \text{mol}^{-1} \cdot \text{K}^{-1}$.

4 MÁQUINAS TÉRMICAS Y REFRIGERADORES

Durante el siglo XIX, los científicos se estuvieron esforzando por comprender los procesos termodinámicos. Desde el inicio de la Revolución Industrial, se utilizaba la máquina de vapor, que permitía mover un pistón impulsado por el vapor de agua que se había calentado mediante la quema de carbón. Se sabía que estas máquinas tenían un rendimiento bajísimo: apenas llegaba al 3%. Sucesivos ajustes y mejoras permitieron aumentar poco a poco la eficiencia, pero no había ninguna disciplina que diera un fundamento teórico a todas esas tentativas. Además, no se conocía qué era el calor. Distintas teorías, como la del flogisto o el calórico, competían entre sí.

En un intento de responder a algunas de estas cuestiones, surgió la **máquina de Carnot,** ideada por un ingeniero militar de la Francia napoleónica, Nicolas Carnot (1796-1832), de ahí su nombre.

4.1. Máquina térmica

Una **máquina térmica** es un dispositivo que toma calor de una fuente, **foco caliente,** emite calor a otra fuente, **foco frío,** y realiza un trabajo sobre el entorno.

Las más fáciles de analizar son aquellas en las que se lleva a cabo un proceso cíclico. En ese caso, según la primera ley de la termodinámica:

$$\Delta U = 0 \rightarrow Q = W$$

Es decir, el calor absorbido es igual al trabajo realizado por la máquina.

Con objeto de estudiar su comportamiento, se emplea una representación esquemática, como se muestra en la figura inferior izquierda. El foco caliente siempre se sitúa arriba, y el frío abajo. El calor absorbido se denota Q_c; el calor cedido, Q_f, y el trabajo realizado, W.

Según el convenio de signos que estamos utilizando:

$$Q_c > 0,\ Q_f < 0 \text{ y } W > 0$$

Empleando la primera ley de la termodinámica:

$$W = Q = Q_c + Q_f = |Q_c| - |Q_f|$$

Idealmente, lo que querríamos es una máquina perfecta, que convirtiera todo el calor absorbido en trabajo (figura inferior derecha). Sin embargo, esto no es posible. Así que, para ver cuánto nos acercamos a esta situación ideal se define el **rendimiento** o la **eficiencia** de la máquina de la siguiente manera:

$$\eta = \frac{W}{Q_c}$$

donde W es el trabajo útil producido por la máquina, y Q_c, la cantidad de calor que ha sido necesario aportarle.

En una situación ideal tendríamos $\eta = 1$. Pero, como hemos dicho, siempre sucede que $\eta < 1$.

Máquinas térmicas

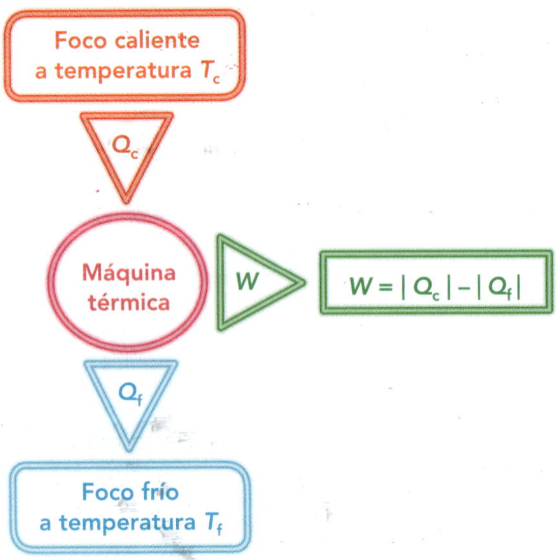

Esquema simplificado de una máquina térmica. El sistema, representado por un círculo, absorbe calor de un foco caliente y lo cede a un foco frío, realizando trabajo sobre el entorno.

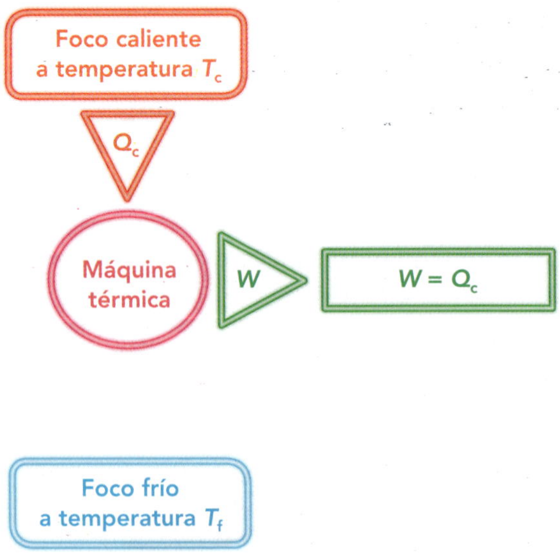

Máquina térmica con rendimiento $\eta = 1$. Durante mucho tiempo se estuvo buscando una máquina que convirtiera todo el calor absorbido desde el foco caliente en trabajo. Sin embargo, tal dispositivo es imposible.

4.2. Motores

Sustituyendo la expresión del trabajo dada por la primera ley en la fórmula del rendimiento, tenemos (figura inferior izquierda):

$$\eta = \frac{W}{Q_c} = \frac{|Q_c| - |Q_f|}{|Q_c|} = 1 - \frac{|Q_f|}{|Q_c|} < 1$$

Carnot demostró que el rendimiento máximo teórico de una máquina térmica era el alcanzado por la que él ideó, que funcionaba mediante un ciclo de Carnot. Este venía dado por:

$$\eta_{máx} = 1 - \frac{T_f}{T_c}$$

donde las temperaturas están en kelvin.

El rendimiento de cualquier otra máquina térmica real ha de estar por debajo de este valor. Observa que, cuanto mayor sea la diferencia entre las temperaturas de los focos frío y caliente, mayor será el rendimiento.

Este descubrimiento fue uno de los caminos que llevó al establecimiento de la segunda ley de la termodinámica que estudiaremos más adelante.

4.3. Refrigeradores y bombas de calor

Un **refrigerador** es una máquina que opera a la inversa de una máquina térmica: extrae calor de un foco frío, emite calor a un foco caliente, y absorbe energía en forma de trabajo (figura inferior derecha). En este caso:

$$Q_c < 0,\ Q_f > 0 \text{ y } W < 0$$

Utilizando la primera ley:

$$W = Q = Q_c + Q_f = |Q_f| - |Q_c| < 0$$

$$|W| = |Q_c| - |Q_f|$$

Como en este caso el interés estriba en extraer calor del foco frío, se define su **eficiencia** mediante:

$$\eta = \frac{|Q_f|}{|W|} \rightarrow \eta_{máx} = \frac{T_f}{T_c - T_f}$$

Si se emplea esta máquina con la intención de calentar el foco caliente en vez de enfriar el foco frío, entonces se denomina **bomba de calor.** Su funcionamiento es el mismo, pero ahora la eficiencia viene dada por:

$$\eta = \frac{|Q_c|}{|W|} \rightarrow \eta_{máx} = \frac{T_c}{T_c - T_f}$$

Máquina térmica

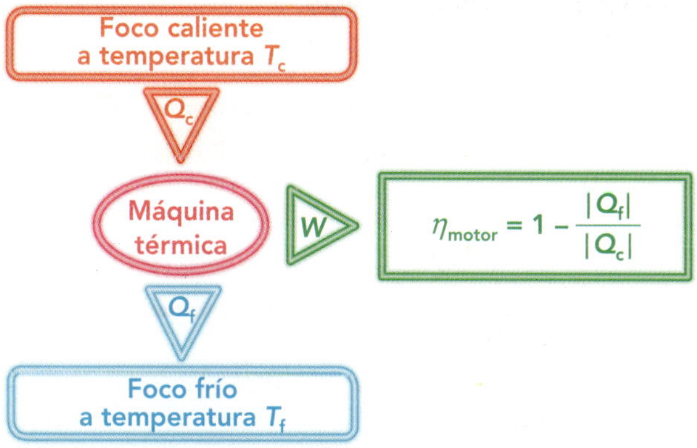

Se utiliza para realizar trabajo sobre el entorno. Por ejemplo, los motores de los automóviles.

Bomba de calor y refrigerador

Se extrae calor del foco frío y se cede al caliente, para lo que se consume trabajo. Por ejemplo, un frigorífico.

Ejercicios

27 Un motor térmico funciona entre un foco caliente a 350 °C y otro frío a 25 °C. Calcula el rendimiento máximo que puede alcanzar.

28 Un motor térmico tiene un rendimiento del 35 %. En cada ciclo extrae 20 000 J del foco caliente. Calcula cuánto calor cede al foco frío, y cuánto trabajo realiza en cada ciclo.

29 Un motor ideal absorbe 1 500 J de calor de un foco caliente a 450 K, y cede calor a un foco frío a 125 K. Calcula el trabajo que realiza, el calor que cede al foco frío y su rendimiento.

30 Se utiliza el gas ideal del ejercicio 26 como máquina ideal para realizar cierto trabajo sobre el entorno. Calcula su rendimiento. ¿Es el máximo posible?

5 SEGUNDA LEY DE LA TERMODINÁMICA. ENTROPÍA

Hemos visto que la primera ley de la termodinámica es un caso particular del principio de conservación de la energía en el que no se prohíbe que el calor y el trabajo se intercambien uno por otro totalmente. Sin embargo, veremos que la segunda ley sí que impone una restricción a este tipo de conversiones. Una vez establecida, introduciremos una nueva magnitud: la entropía.

5.1. Segunda ley de la termodinámica

Como ya sabemos, el experimento de Joule permitió comprender la naturaleza del calor. Mediante un mecanismo que transformaba el movimiento de un cuerpo en agitación de un fluido, se comprobó que cierta cantidad de trabajo mecánico puede convertirse totalmente en calor.

Pero ¿será posible el proceso inverso? Es decir, ¿se puede transformar totalmente una cierta cantidad de calor en trabajo? Si fuera así, podríamos construir una máquina térmica con rendimiento $\eta = 1$. Pues bien, tal máquina es imposible que exista en la naturaleza, y en esto se fundamenta el **enunciado de Kelvin-Planck para la segunda ley de la termodinámica:**

> Es imposible que un sistema efectúe un proceso en el que absorba calor de un foco con temperatura constante y lo convierta por completo en trabajo, terminando en el mismo estado en el que comenzó.

Como ya hemos dicho, la primera ley no prohíbe este hecho: mientras que la cantidad de trabajo generado sea igual al calor absorbido, parece que nada impide esa conversión. La novedad está en que parte del calor absorbido tiene que transferirse a un foco frío, por lo que el rendimiento ha de ser obligatoriamente menor que la unidad. Así, llegamos al **enunciado de Clausius para la segunda ley,** equivalente al anterior:

> Es imposible que un proceso tenga como único resultado la transferencia de calor desde un cuerpo hasta otro cuya temperatura es mayor.

Si esto no fuera cierto, podríamos poner en contacto una bebida fría con otra más caliente y, sin que ocurriese ningún otro efecto, la primera se enfriaría más a costa de que la segunda se calentara más aún. ¡No necesitaríamos frigoríficos! Fíjate que, si bien las máquinas refrigeradoras estudiadas anteriormente transfieren calor de un foco frío a otro más caliente, esto se realiza a costa de consumir cierta cantidad de trabajo.

En la figura inferior se muestra la equivalencia entre los dos enunciados: podríamos utilizar una máquina térmica con rendimiento $\eta = 1$ para conseguir un refrigerador sin suministro externo de trabajo y viceversa; con una máquina frigorífica de este tipo podríamos crear un **móvil perpetuo de segunda especie.**

Equivalencia de los enunciados de Kelvin-Planck y de Clausius

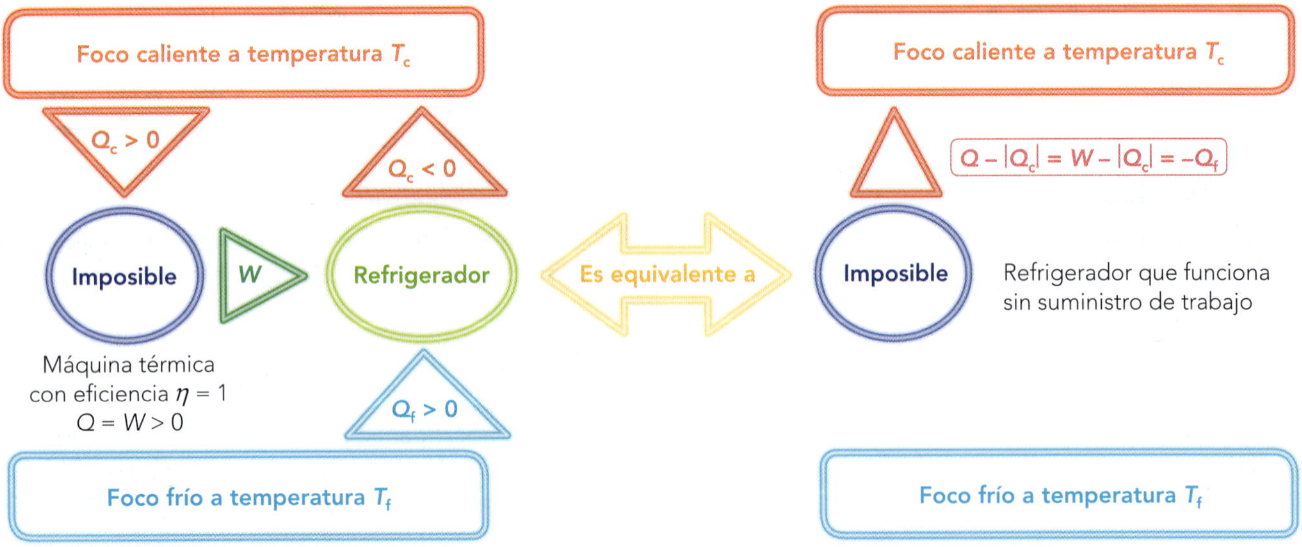

Si fuera posible que una máquina tuviera un rendimiento del 100 %, podríamos convertir todo el calor absorbido del foco caliente, Q_c, en trabajo, W. Si este se suministrase a un refrigerador doméstico, el resultado de unir ambas máquinas sería otro refrigerador que, sin producir ningún otro efecto, conseguiría transferir calor desde el foco frío al caliente.

5.2. Procesos reversibles e irreversibles

Vamos a introducir dos conceptos que serán necesarios en lo que sigue. Observa que todos los procesos termodinámicos que se dan en la naturaleza son **irreversibles,** esto es, tienen lugar en un sentido, pero no en el opuesto. Por ejemplo, un cubito de hielo al aire en verano se derrite. Lo que nunca veremos es que el agua libere energía espontáneamente aumentando la temperatura del aire y convirtiéndose en hielo.

Sin embargo, se puede imaginar un tipo de proceso que sea **reversible,** es decir, que haría evolucionar a un sistema desde un estado inicial hasta otro, mediante una sucesión de estados de equilibrio. Podemos aproximarnos a este tipo de procesos mediante cambios muy pequeños. Por ejemplo, supongamos que tenemos un gas encerrado en un pistón tal que el émbolo puede desplazarse sin rozamiento (figura inferior izquierda). Aumentando o disminuyendo ligeramente la temperatura del gas, el émbolo se desplazará, de modo que el volumen también aumentará o disminuirá, manteniendo siempre su presión igual a la exterior.

Este tipo de procesos son ideales, ya que se considera que, entre los estados inicial y final, el sistema pasa por infinitos estados de equilibrio intermedios. Por tanto, los cambios en las condiciones deben ser extremadamente pequeños y el proceso ha de tener lugar muy lentamente.

5.3. Entropía y segunda ley

La segunda ley de la termodinámica plantea la imposibilidad de que tengan lugar ciertos procesos. Sin embargo, también se puede expresar de forma cuantitativa, para lo cual es necesario definir una nueva magnitud física denominada **entropía,** que se representa mediante la letra *S*.

Fue introducida por Rudolf Clausius (1822-1888) al darse cuenta de que en todo proceso «real» había una cierta cantidad de energía que no podía utilizarse para producir trabajo útil (esto es equivalente al hecho de que en todas las máquinas el rendimiento es distinto a 1). Acuñó el término **entropía** y descubrió que esta magnitud siempre aumenta en los procesos irreversibles. Así pues, otra forma equivalente de formular la segunda ley de la termodinámica es:

> La entropía de cualquier sistema aislado ha de permanecer constante o aumentar, pero nunca disminuir.

Además, se verifican las siguientes propiedades:

- En un proceso reversible, el cambio de entropía del sistema y de sus alrededores es nulo.
- En todo proceso irreversible, la entropía total (del sistema más la de su entorno) siempre aumenta.
- Si un sistema aislado evoluciona por sí mismo, llegará a un estado de equilibrio en el que la entropía sea la máxima posible (figura inferior derecha).

Ejemplo de proceso reversible

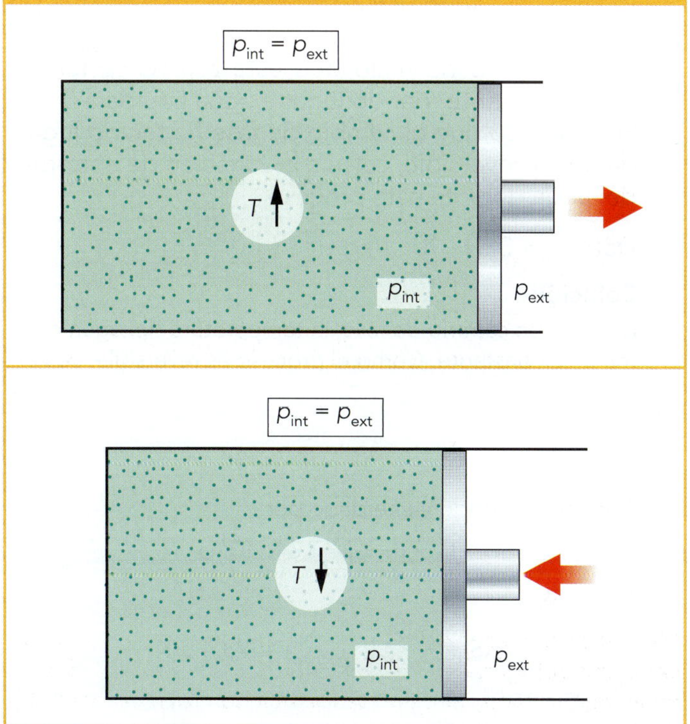

Evolución de un sistema aislado

Si un sistema aislado evoluciona libremente, el estado final será aquel que tenga el máximo valor de la entropía compatible con las condiciones en las que se encuentre.

5.4. Propiedades de la entropía

En general, el cálculo de la entropía para un sistema cualquiera, o de su variación a lo largo de un proceso arbitrario es muy complicado. Sin embargo, podemos enumerar algunas de sus principales propiedades:

- Es una **función de estado,** por lo que únicamente depende de los estados inicial y final del sistema.
- Su unidad en el SI, es J/K.
- En un proceso **irreversible** en el que un sistema absorbe una cierta cantidad de calor, Q, a una temperatura constante, T, se verifica: $\Delta S \geq Q/T$.
- En un proceso **isotermo reversible** a una temperatura, T, en el que se absorbe un calor, Q, se verifica: $\Delta S = Q/T$.
- En un proceso **reversible adiabático** no hay intercambio de calor, $Q = 0$; entonces: $\Delta S = 0$.
- La variación de entropía de un gas ideal que experimenta un proceso **isotermo** viene dada por la expresión:

$$\Delta S = \frac{Q}{T} = n \cdot R \cdot \ln \frac{V_2}{V_1}$$

donde V_1 es el volumen inicial; V_2, el final, y n es la cantidad de sustancia.

Ejercicios resueltos

5 Una caja aislada está dividida en dos compartimentos, ambos de igual volumen, V, mediante un tabique. Uno de ellos está vacío, mientras que el otro tiene 3 mol de un gas ideal. El tabique se rompe y el gas se expande libremente por todo el recipiente. Calcula la variación de entropía en este proceso.

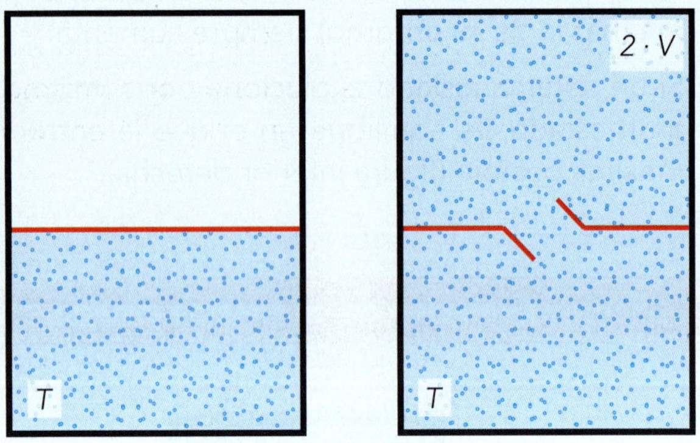

Solución

El sistema está aislado, por tanto, según la primera ley de la termodinámica:

$$Q = 0 \quad ; \quad W = 0$$

$$\Delta U = Q - W = 0$$

Dado que se trata de un gas ideal, se verifica:

$$\Delta U = n \cdot c_V \cdot \Delta T$$

por lo que tendremos también que $\Delta T = 0$. Podríamos pensar, entonces, que el aumento de entropía tiene que ser cero. Sin embargo, hemos de tener en cuenta que se trata de un proceso irreversible, y que la entropía del gas tendrá que aumentar, según lo que hemos visto anteriormente.

Que es un proceso irreversible es fácil de ver: si invertimos las condiciones (por, ejemplo, reconstruyendo el tabique interno que hemos roto), no lograremos que todo el gas vaya al compartimento en el que estaba anteriormente y que el otro quede vacío. Recuerda que, en un proceso adiabático reversible, $\Delta S = 0$. Pero este no lo es.

Por tanto, utilizamos la expresión de la variación de la entropía de un gas ideal en un proceso isotermo, que no depende de si el proceso es reversible o no, ya que S es una función de estado:

$$\Delta S = n \cdot R \cdot \ln \frac{V_2}{V_1}$$

Como $V_2 = 2 \cdot V_1$, tenemos:

$$\Delta S = 3 \text{ mol} \cdot 8{,}314 \text{ J/(mol} \cdot \text{K)} \cdot \ln 2 = 17{,}3 \text{ J/K}$$

Este valor es mayor que cero, de acuerdo con lo que habíamos mencionado.

6 Un kilogramo de hielo que está a 0 °C se funde completamente, dando lugar a agua líquida a 0 °C. Suponiendo que el cambio de fase ha tenido lugar de forma reversible, calcula la variación de entropía del agua durante este proceso.

Dato: $L_f = 3{,}34 \cdot 10^5$ J/kg.

Solución

Durante un cambio de fase, la temperatura del agua permanece constante. Como el proceso es reversible, se verifica:

$$\Delta S = \frac{Q}{T}$$

El calor absorbido viene dado por:

$$Q = m \cdot L_f = 3{,}34 \cdot 10^5 \text{ J}$$

Por tanto:

$$\Delta S = \frac{3{,}34 \cdot 10^5 \text{ J}}{273 \text{ K}} = 1223{,}4 \text{ J/K}$$

5.5. Desorden de un sistema termodinámico

La entropía es una de las magnitudes más extrañas que existen en la física. Fue Ludwig Boltzmann (1844-1906) quien consiguió aclarar su significado al relacionarla con el número de estados microscópicos de un sistema.

Como ya hemos visto, las variables termodinámicas, como energía interna, temperatura, presión, etc., determinan el **estado macroscópico** o **macroestado** de un sistema. Además, este puede determinarse completamente si fuéramos capaces de conocer su **estado microscópico** o **microestado,** caracterizado por las posiciones y velocidades de todas y cada una de las partículas que lo componen.

Distintos microestados pueden determinar un mismo macroestado. Por ejemplo, si intercambiáramos las posiciones de dos partículas cualesquiera, pero no las velocidades, el estado macroscópico quedaría inalterado; es decir, los valores de presión, volumen o temperatura, del sistema, se mantendrían sin cambios.

Se dice que un estado está más **desordenado** que otro si tiene un número mayor de estados microscópicos compatibles con él.

Para entenderlo mejor, considera, por ejemplo, las cuatro monedas de la figura inferior. ¿Qué estado (macroscópico) estará más desordenado? Para responder a esta pregunta, contamos el número de microestados compatibles con cada macroestado.

Vemos que los macroestados «4 caras» o «4 cruces» determinan totalmente el estado de todas las monedas, pues solo hay un microestado posible. Sin embargo, en el macroestado «2 caras, 2 cruces» tenemos 6 posibilidades, por lo que en este caso nuestro grado de ignorancia sobre cómo estarán las monedas será mayor, y el estado estará más desordenado. Podemos concluir, entonces, los siguientes hechos:

- Al poder moverse libremente las moléculas de un gas, el número de microestados (posibles combinaciones de posiciones y velocidades) compatibles con el estado macroscópico será mucho mayor que en el caso de un líquido. Por tanto, **los gases están más desordenados que los líquidos.**
- **El desorden de los líquidos será mayor que el de los sólidos** debido a que estos están formados por partículas que se encuentran ocupando posiciones fijas en el espacio, por lo que hay un menor número de microestados compatibles con su estado macroscópico.
- Cuando un gas se expande, hay un mayor volumen disponible para todas sus partículas, aumentando el número de microestados y, también, su desorden.

Ejemplo sencillo de estados microscópicos compatibles con un estado macroscópico

Macroestados				
4 caras	3 caras, 1 cruz	2 caras, 2 cruces	1 cara, 3 cruces	4 cruces
Número de microestados				
1	4	6	4	1

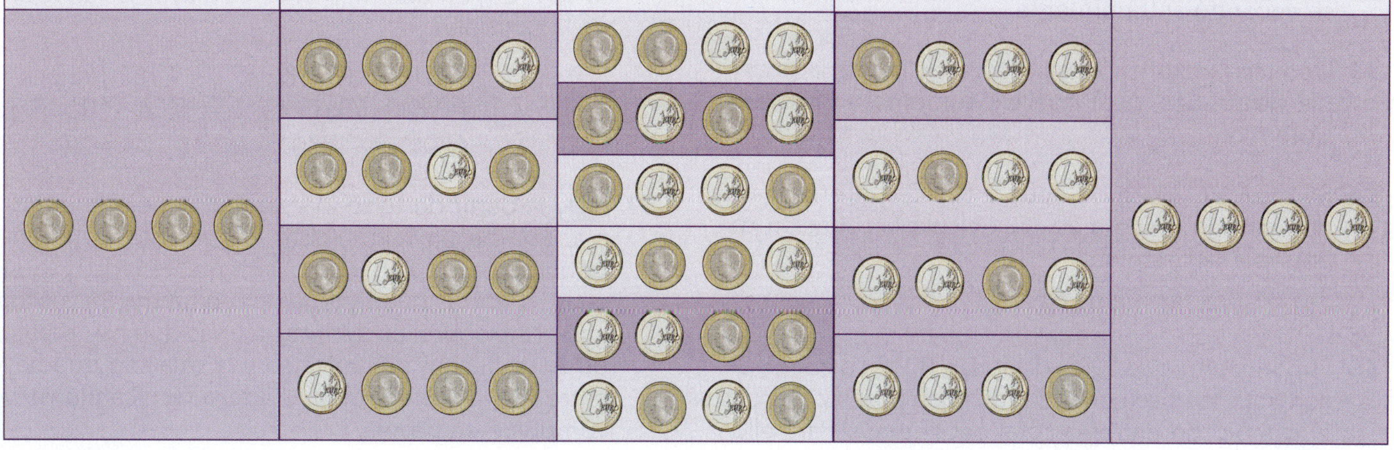

5.6. Entropía y desorden

Como dijimos anteriormente, fue Boltzmann quien logró relacionar la entropía con el desorden. Consideremos un sistema termodinámico que se encuentra en un cierto estado macroscópico tal que existen N estados microscópicos compatibles con él. Entonces, la entropía del sistema viene dada por:

$$\boxed{S = k \cdot \ln N}$$

donde:

$$k = \frac{R}{N_A} = \frac{8{,}314\ \text{J/(mol}\cdot\text{K)}}{6{,}022 \cdot 10^{23}\ \text{mol}^{-1}} = 1{,}381 \cdot 10^{-23}\ \text{J/K}$$

siendo k la constante de Boltzmann, y N_A, el número de Avogadro.

Por ejemplo, en el sistema de las cuatro monedas vemos que el estado «2 caras, 2 cruces» tiene una entropía:

$$S = k \cdot \ln 6 = 2{,}47 \cdot 10^{-23}\ \text{J/K}$$

Esta expresión es muy útil para calcular diferencias de entropía entre los estados inicial y final de un sistema. Por ejemplo, si en el estado 1 existen N_1 posibles estados microscópicos, y en el estado 2 hay N_2, la variación de entropía será:

$$\Delta S = S_2 - S_1 = k \cdot \ln N_2 - k \cdot \ln N_1 = k \cdot \ln \frac{N_2}{N_1}$$

Por otra parte, dado que un sistema está más desordenado cuando tiene asociado un número mayor de microestados, vemos que estos macroestados son precisamente los que tendrán mayor entropía. Por tanto:

- Para una misma sustancia, el gas tiene mayor entropía que el líquido, y este, mayor que el sólido:

$$S_{gas} > S_{líquido} > S_{sólido}$$

- Al aumentar el volumen de un gas, aumenta su entropía.
- Si aumentamos la temperatura de un sistema, aumenta la vibración de las partículas que lo componen. Por tanto, hay más formas de repartir la energía disponible entre todas ellas, con lo que aumentará el número de microestados posibles. Esto conlleva un aumento de su desorden, y, en consecuencia, de su entropía. Así pues, la entropía debe aumentar con la temperatura.

  En particular, supongamos que disponemos de una sustancia que tiene un calor específico constante, c. Si su temperatura aumenta desde T_1 hasta T_2 a lo largo de un proceso reversible, el aumento de entropía vendrá dado por:

$$\boxed{\Delta S = m \cdot c \cdot \ln \frac{T_2}{T_1}}$$

Ejercicios

31 Calcula la variación de entropía en cada uno de los tramos reversibles del ciclo de Carnot del ejercicio 26.

32 Considera que el gas del ejercicio resuelto 5 se hubiera expandido de forma reversible. Por ejemplo, la pared podría consistir en un pistón que esté sujeto de modo que se desplace muy lentamente hasta que el gas ocupe todo el volumen del recipiente. ¿Cuál sería la variación de entropía en este caso? Explica si existe contradicción con el resultado que se encontró anteriormente.

33 Deduce la expresión para la variación de la entropía de un gas ideal que experimenta un proceso isotermo.

34 Se mezclan 200 g de agua a 60 °C con otra masa de agua de 400 g a 20 °C. Calcula la variación de entropía del sistema.

Dato: c = 4 186 J/(kg · K).

35 Supongamos que 500 g de agua a 80 °C se ponen en contacto térmico con 500 g de agua a 10 °C. Calcula el cambio de entropía total del sistema. Para ello, determina la variación de cada uno de los subsistemas por separado. Considera, en primer lugar, que el proceso tiene lugar de forma reversible, y, después, razona qué ocurriría si fuera irreversible. Discute los resultados que has obtenido.

Dato: c_{agua} = 4 186 J/(kg·K).

36 Calcula la variación de entropía cuando se calienta 1 kg de agua a presión constante desde –18 °C hasta 150 °C. ¿En qué momento es mayor la variación de la entropía?

Datos: c_{hielo} = 2 100 J/(kg · K); c_{agua} = 4 186 J/(kg · K); c_{gas} = 1 840 J/(kg · K); L_f = 3,34 · 10^5 J/kg; L_v = 2,256 · 10^6 J/kg.

37 A partir de todo lo estudiado sobre la entropía, escribe un texto sobre el aumento de la entropía del universo como sistema aislado y qué consecuencias puede tener en un futuro. Para ello, infórmate sobre las distintas teorías que hay acerca de la evolución del universo y la relación que hay entre la vida y la entropía. Utiliza la técnica **piensa y comparte en pareja**.

5.7. Procesos espontáneos

Un sistema realiza un proceso **espontáneo** cuando este tiene lugar sin ninguna influencia externa.

Por ejemplo, considera un gas encerrado en un recipiente dividido por un tabique en dos compartimentos iguales. En principio, el gas se encuentra encerrado en uno de ellos. Cuando se rompe el tabique que los separa, el gas se expande por todo el volumen disponible, sin que haya ninguna influencia externa. Se trata, por tanto, de un proceso espontáneo.

Consideremos, ahora, la secuencia de imágenes de la figura inferior. Parecen distintas instantáneas tomadas de un gas cuyas partículas, inicialmente, se encuentran en la esquina superior izquierda del recipiente.

Conforme avanza el tiempo, estas se distribuyen por todo el volumen uniformemente. No es necesario que haya ninguna influencia externa para que este proceso tenga lugar. Por eso, decimos que es un proceso espontáneo.

A nadie se le ocurriría pensar que la secuencia temporal es la inversa, es decir, que al principio el gas estaba distribuido homogéneamente por todo el volumen, y que después, de forma espontánea, las partículas se «ponen de acuerdo» para agolparse en una esquina. Por tanto, existe un orden temporal para los procesos espontáneos: tienen lugar en un sentido, pero no en el contrario.

5.8. Espontaneidad de los procesos irreversibles

Analicemos qué tienen en común algunos de los procesos irreversibles que hemos visto hasta ahora:

- En el caso de un gas que se expande, aumenta el volumen y, por tanto, el desorden del sistema; esto es, el número de microestados.
- Si un cuerpo absorbe cierta cantidad de calor, la agitación de sus partículas aumenta, y, en consecuencia, también el número de microestados.

Es decir, de todos los posibles macroestados que puede alcanzar un sistema, este siempre tiende espontáneamente hacia el que tiene un número mayor de microestados, o lo que es lo mismo, el que está más desordenado.

Por tanto, cuando un gas encerrado en una esquina de una habitación evoluciona de manera que termina ocupando todo el volumen, lo hace porque ese estado final es mucho más probable debido, simplemente, a que el número de microestados en ese caso es enormemente mayor que para cualquier otro macroestado.

Por otro lado, ¿puede ocurrir que el gas, espontáneamente, se vaya hacia una esquina, dejando vacío el resto? Sí, pero la probabilidad de que eso ocurra es tan pequeña que se necesitaría un tiempo muchísimo mayor que la vida del universo para ver un suceso así.

Resumiendo, vemos que la explicación de la segunda ley de la termodinámica es muy simple: para cualquier sistema, el estado macroscópico más probable es el más desordenado, que tiene mayor entropía.

Procesos espontáneos

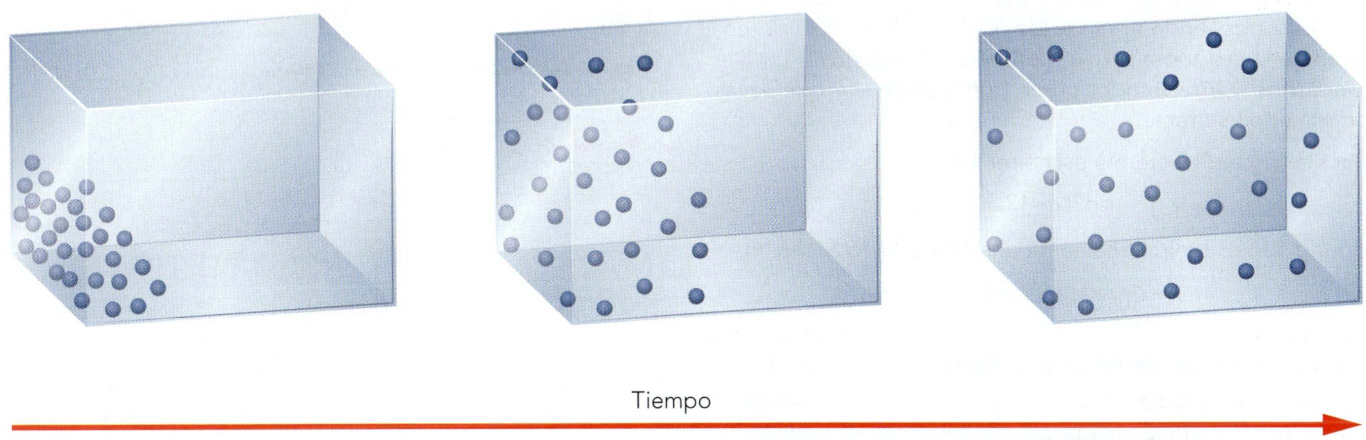

Si al principio tenemos un conjunto de moléculas en una habitación, ocupando una esquina, al transcurrir el tiempo, el gas se expandirá distribuyéndose uniformemente por todo el volumen disponible. Esto nos ofrece una secuencia temporal de procesos que ocurren en un cierto orden, y nos indica en qué sentido transcurre el tiempo.

Representación del ciclo de Carnot con Geogebra

Geogebra es un *software* matemático que combina la representación de figuras geométricas y el álgebra, lo que la convierte en una herramienta muy potente a la hora de estudiar funciones y áreas de figuras complejas.

Te puedes descargar el programa gratuitamente desde su web www.geogebra.org. Una vez que lo tengas en tu ordenador se instala fácilmente.

Nosotros vamos a utilizarlo para representar el ciclo de Carnot del ejercicio 26 de la unidad. Para ello, previamente hemos de conocer la ecuación en el diagrama *p*-*V* de la curva correspondiente a un proceso adiabático de un gas ideal:

$$p \cdot V^{\gamma} = \text{cte}$$

donde γ es el **coeficiente adiabático** del gas y se define como el cociente entre los calores específicos a presión y a volumen constantes:

$$\gamma = \frac{c_p}{c_V}$$

Con esta información, ya podemos representar nuestro ciclo de Carnot.

Ciclo de Carnot

El programa tiene varias vistas; nosotros utilizaremos la que se muestra por defecto: la vista gráfica (figura 1). Fíjate en que arriba a la izquierda, aparece el cuadro de texto **Entrada,** donde se puede escribir (figura 2).

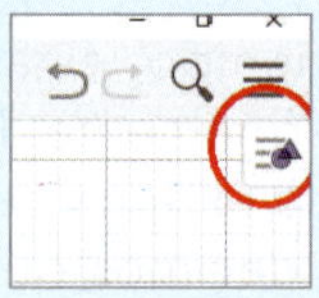

Figura 1. Vista gráfica de Geogebra.

Representación de las isotermas

Vamos a introducir nuestra primera función. Su ecuación será de la forma:

$$p \cdot V = \text{cte}$$

donde cte. $= n \cdot R \cdot T = 0{,}5 \cdot 0{,}082 \cdot 500 = 20{,}5$ atm · L. Escribe entonces:

iso1(x) = 20,5/x

Para poder ver bien la ecuación, pincha con el botón derecho de la vista gráfica, y en el menú desplegable, elige: **Eje X: Eje Y → 100:1.** Para que puedan distinguirse bien las diferentes curvas, trabajamos no con el SI, sino en atm y L. Obtendrás algo parecido a la figura 3 de la derecha. Como son hipérbolas, tienen dos ramas, pero nos interesa solamente la que corresponde al rango de *X* e *Y* positivos. Quizá tengas que hacer *zoom* con la rueda del ratón y mover la vista pinchando y arrastrando; prueba un poco hasta que vayas adquiriendo soltura.

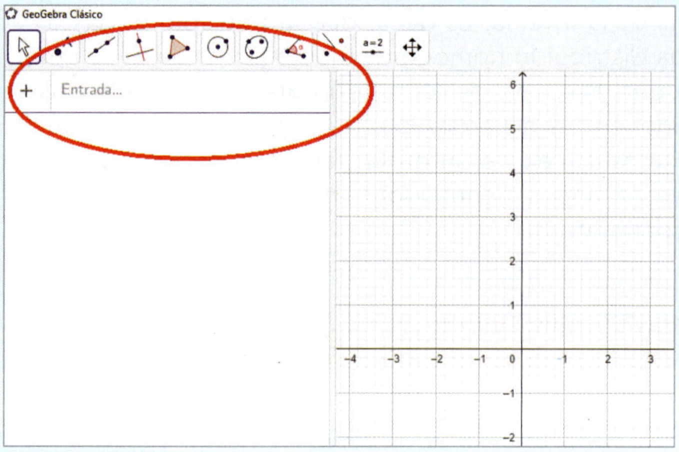

Figura 2. Cuadro de texto entrada.

Para la segunda isoterma escribiremos:

iso2(x)=12,3/x

donde hemos tenido en cuenta que el producto es (fig. 4):

$$n \cdot R \cdot T = 0{,}5 \cdot 0{,}082 \cdot 300 = 12{,}3 \text{ atm} \cdot \text{L}$$

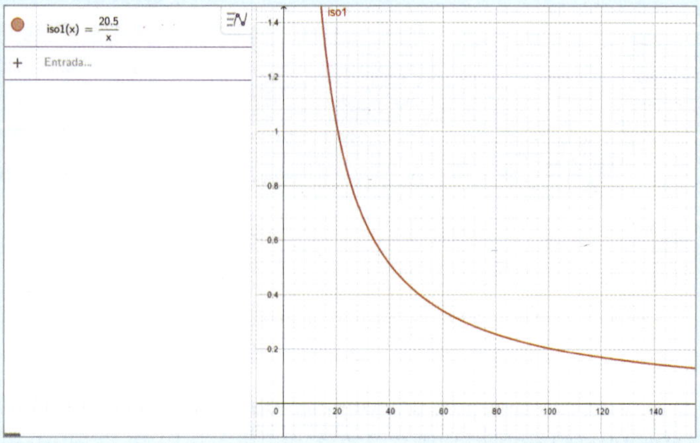

Figura 3. Representación de la primera isoterma.

Representación de las adiabáticas

Dijimos anteriormente que la ecuación de la curva es de la forma: $p \cdot V^{\gamma} = \text{cte}$. En la mayoría de los gases, el coeficiente adiabático toma un valor muy cercano a 1,4, y este es el que consideraremos. Para la función que une los estados *B* y *C*, tendremos:

$$p \cdot V^{\gamma} = p_B \cdot V_B^{\gamma} = 0{,}4936 \cdot 41{,}54^{1{,}4} = 91{,}04 \text{ atm} \cdot \text{L}^{1{,}4}$$

Representación del ciclo de Carnot con Geogebra

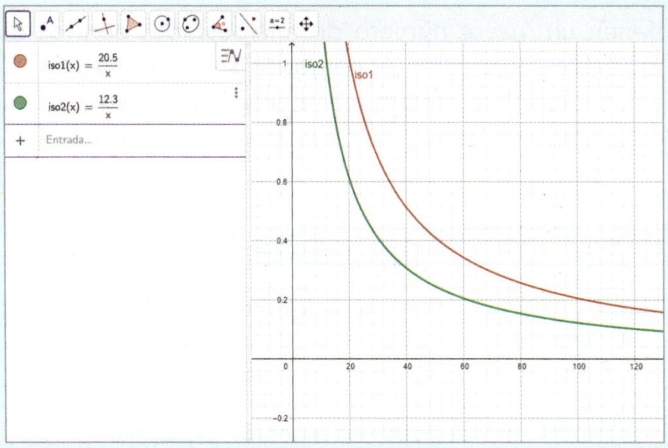

Figura 4. Representación de las dos isotermas.

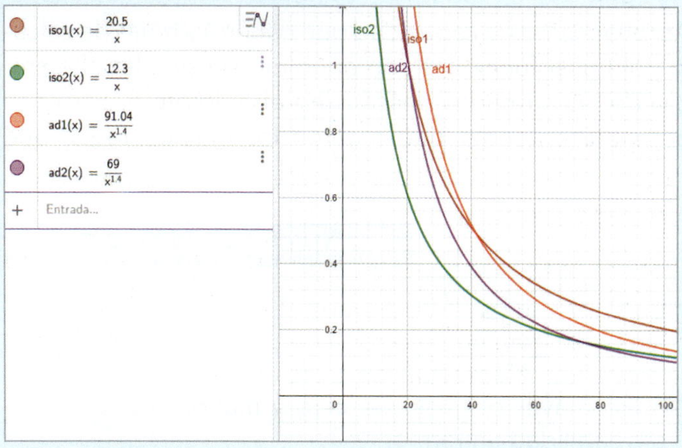

Figura 5. Ciclo de Carnot completo.

A partir de los valores que proporcionaba el enunciado, realiza los cambios de unidades para llevar a cabo los cálculos tú mismo y comprobar el resultado.

Introduciremos, por tanto, en el recuadro de la **Entrada:**

ad1(x) = 91,04/x^1,4

Teniendo en cuenta que la segunda adiabática verifica:

$$p \cdot V^{\gamma} = p_A \cdot V_A^{\gamma}$$

comprueba que su ecuación ha de ser:

ad2(x) = 69/x^1,4

Finalmente, tendrás algo similar a la figura 5.

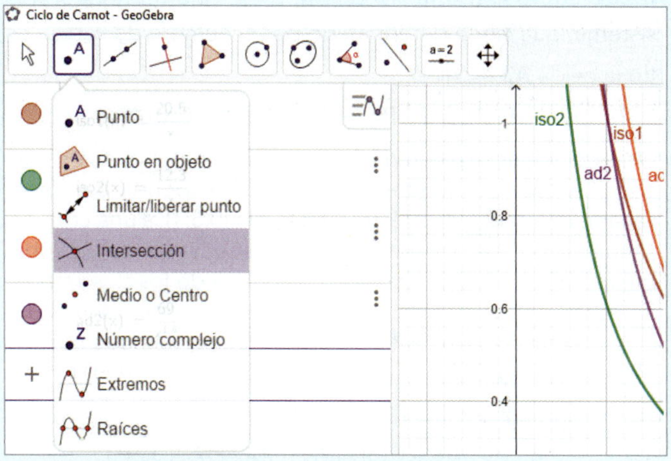

Figura 6. Herramientas de intersección.

Obtención de los estados de equilibrio

Para obtener los estados *A*, *B*, *C* y *D* que caracterizaban a este ciclo, vamos a hacer uso de una herramienta muy útil del programa. Si pinchas en la flecha que hay en la herramienta **Punto,** puedes elegir **Intersección,** que te permite obtener un punto como intersección de dos curvas (figura 6). Seleccionando las funciones ad2 e iso1, obtendrás el punto *A*. Comprueba que sus coordenadas corresponden a los valores (p_A,V_A) del ejercicio, en atm y L. Para los demás estados, tendrás que repetir la operación seleccionando las distintas funciones:

Estado	Funciones
B	iso1 – ad1
C	iso2 – ad1
D	iso2 – ad2

Conseguirás una representación como la de la figura 7. Observa que el programa, automáticamente, te proporciona los valores de la presión y el volumen de los cuatro estados.

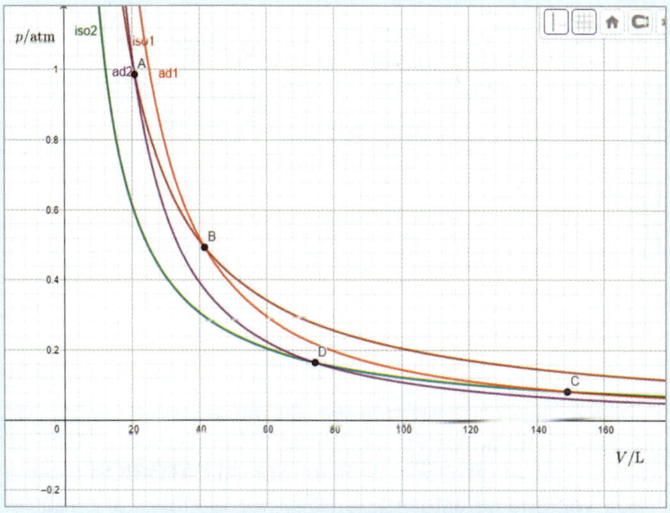

Figura 7. Ciclo de Carnot con los estados *A*, *B*, *C* y *D*.

Simulación de procesos aleatorios y segunda ley

Aprovechamos la capacidad que tienen las hojas de cálculo para usar funciones con el objeto de simular el ejemplo de las monedas descrito en el epígrafe 5. Esto nos permitirá entender mejor cómo los macroestados que tienen un mayor número de microestados son los más probables, y, por tanto, cómo los sistemas macroscópicos evolucionan espontáneamente hacia ellos. Utilizaremos, como en otras ocasiones, el programa Excel.

Simulación de procesos aleatorios en una hoja de cálculo

En primer lugar, simularemos el lanzamiento de 4 monedas un gran número de veces. Para ello, utilizaremos la función **Aleatorio()** de Excel. Esta devuelve un número mayor o igual que cero y menor que uno, con probabilidad uniforme.

Abre tu hoja de cálculo. Deja la primera fila como encabezado («Moneda 1», «Moneda 2», «Moneda 3», «Moneda 4» y «N.° caras»). En la columna E, por tanto, vamos a tener información sobre el macroestado en el que ha quedado el sistema, que viene determinado por el número de caras.

En la celda A2 escribe:

=SI(ALEATORIO()<0,5;"Cara";"Cruz")

De esta manera, generamos un número aleatorio, que si está comprendido en el intervalo [0;0,5) corresponderá a haber sacado una cara, y si está en el intervalo [0,5;1), a una cruz. Así simulamos el lanzamiento de una moneda, con una probabilidad igual a 1/2 de obtener cualquiera de los dos valores. Selecciona la celda, pincha en su extremo inferior derecho, y arrastra con el ratón hasta la posición D2. Ya hemos simulado el lanzamiento de las cuatro monedas.

Por último, en la celda E2 escribe:

=CONTAR.SI.CONJUNTO(A2:D2;"Cara")

Esta función nos devuelve el número de celdas cuyo contenido es «Cara»:

E3

	A	B	C	D	E	F	G
1	Moneda 1	Moneda 2	Moneda 3	Moneda 4	Nº caras		
2	Cara	Cara	Cara	Cruz	3		
3							
4							
5							
6							
7							
8							
9							
10							
11							
12							
13							
14							

Observa que, cada vez que realizas una acción en la hoja de cálculo, cambian los valores de las columnas A a D. Esto se debe a que el resultado de la función **ALEATORIO()** cambia cada vez que se actualiza la hoja; por ejemplo, al pulsar el botón de guardar.

Ahora, vamos a simular la repetición del lanzamiento de las cuatro monedas un número elevado de veces; por ejemplo, 500. Para ello, seleccionamos las celdas desde A2 hasta E2, pinchamos y arrastramos hasta la fila 501. Observa de qué manera tan sencilla podemos repetir el experimento tantas veces como queramos sin tener que llevarlo a cabo en la práctica.

Vamos a contar el número de ocasiones en que han aparecido cada uno de los macroestados. Para ello, escribe en la celda G2 la siguiente tabla:

F	G	H	I	J
	Nº caras	Nº veces		
	0			
	1			
	2			
	3			
	4			

En la H2 escribe:

=CONTAR.SI($E$2:$E$5000;G2)

De esta forma, estaremos contando cuántas veces aparece el contenido de G2 (esto es, "0") en el rango E2:E5000 (es útil dejar la posibilidad de que posteriormente podamos añadir más tiradas sin tener que cambiar estas fórmulas, de ahí que hayamos puesto hasta la E5000). Si pinchas y arrastras, se copiará la fórmula hasta la fila 6, contando cuántas veces ha aparecido 1 cara (contenido de G3), 2 caras (G4), 3 caras (G5) y 4 caras (G6), sin necesidad de escribir esos valores a mano. El resultado se parecerá a lo siguiente:

G	H	I	J
Nº caras	Nº veces		
0	46		
1	133		
2	176		
3	121		
4	24		

Vamos a representar gráficamente este resultado. Selecciona las celdas G2:H6, y en la pestaña **Insertar** selecciona un gráfico de barras. Dependiendo de los resultados que hayas obtenido, el gráfico será aproximadamente como este:

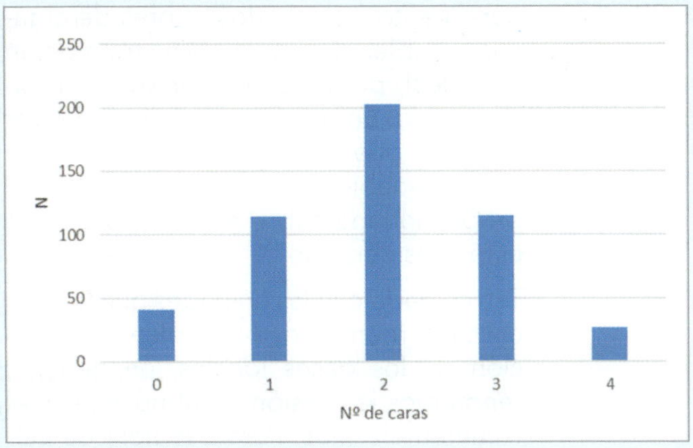

Como ves, el macroestado que aparece en más ocasiones es el que tiene mayor número de microestados, el de «2 caras». Puedes actualizar la hoja de cálculo pulsando el botón de guardar varias veces. La gráfica cambiará, pero siempre obtendrás que el estado más probable es el de «2 caras y 2 cruces», que, como hemos estudiado, es el más desordenado y el que tiene mayor entropía.

Podemos complicar nuestra simulación un poco más. Intenta representar la situación con diez monedas, en vez de cuatro. Para ello, tendrás que crearte 10 columnas, para recoger los estados de las monedas 1 a 10. Asimismo, tendrás que calcular el número de veces que aparecen los once macroestados posibles: desde «0 caras y 10 cruces», hasta «10 caras y 0 cruces»:

M	N	O	P
Nº caras	**Nº veces**		
0	=CONTAR.SI($K$2:$K$5000;M2)		
1	CONTAR.SI(rango; criterio)		
2	88		
3	237		
4	415		
5	488		
6	430		
7	216		
8	77		
9	24		
10	2		
TOTAL	2000		

En este caso, es mucho más improbable que se den los estados con «0 caras» o «0 cruces». Sin embargo, no es imposible: para un número muy elevado de tiradas (en este caso, 2000), en 2 ocasiones se obtienen 10 caras.

Modificando el rango de valores de la gráfica, obtenemos la siguiente representación:

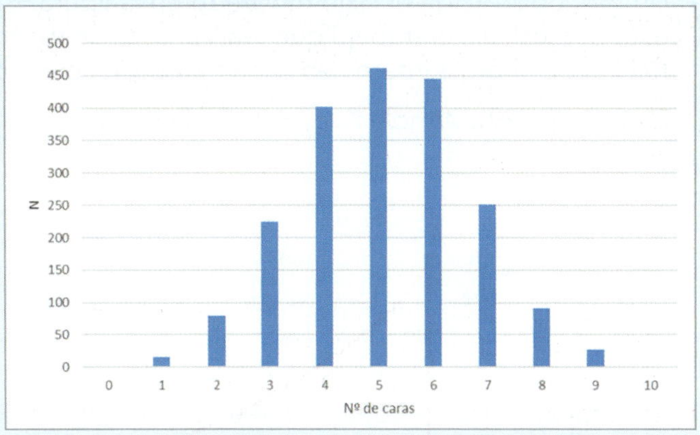

¿Qué ocurrirá si el número de monedas aumenta? Prueba con 50 monedas y 5000 tiradas (se puede hacer de forma bastante sencilla modificando convenientemente la hoja de cálculo):

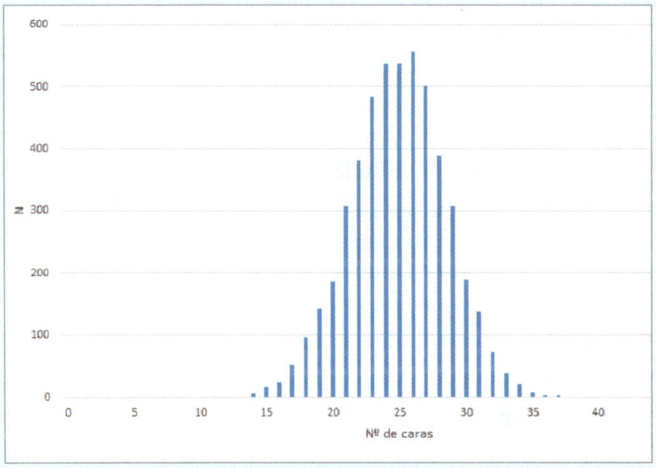

Verás que, conforme aumenta el número de tiradas, los macroestados más probables (aquellos con mayor número de microestados asociados) son los que tienen un número de caras y de cruces parecidos; es decir, los más desordenados.

Ahora puedes comprender mejor lo que ocurre en un gas con un número de moléculas igual al número de Avogadro; el macroestado con un número mayor de microestados es abrumadoramente más probable que el resto. Por tanto, si un sistema evoluciona de forma espontánea, terminará, con toda seguridad, en este estado, que es el más desordenado, y, por tanto, el que tiene mayor entropía.

Cuestión

El número de estrellas que hay en el firmamento es muy alto, pero no puede compararse con el número de Avogadro. Existen diferentes teorías sobre la muerte térmica del universo, una de ellas muy relacionada con la entropía y el aumento del desorden. Busca información sobre este posible fin del universo y argumenta su validez respecto al resto de teorías más relevantes.

Procesos cíclicos

1 Un gas ideal realiza el ciclo mostrado en la figura. Para 2 mol de este gas, calcula el trabajo que realiza, el calor absorbido y la variación de energía interna en cada tramo y en el ciclo completo.

Datos: $c_p = 29{,}1$ J/mol · K; $c_V = 20{,}8$ J/mol · K.

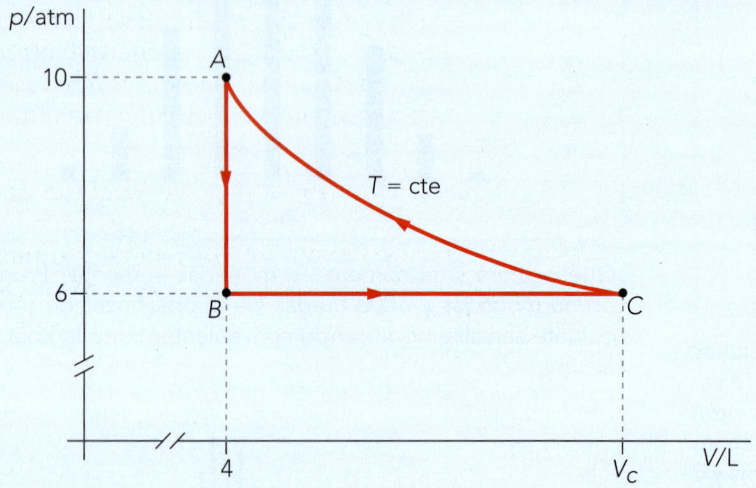

Planteamiento y resolución

En este tipo de problemas, es conveniente analizar cada tramo por separado, atendiendo cuidadosamente al tipo de proceso que se trate. Además, es muy posible que haya que calcular los valores de algunas de las variables de estado en varios estados del sistema.

Tramo *AB*

Este proceso se realiza a volumen constante, por lo que el trabajo es nulo. El calor absorbido viene dado por:

$$Q_{AB} = n \cdot c_V \cdot \Delta T$$

Calculemos las temperaturas en *A* y en *B*:

$$T_A = \frac{p_A \cdot V_A}{n \cdot R} = \frac{10 \cdot 4}{2 \cdot 0{,}082} = 243{,}9 \text{ K}$$

$$T_B = \frac{p_B \cdot V_B}{n \cdot R} = \frac{6 \cdot 4}{2 \cdot 0{,}082} = 146{,}3 \text{ K}$$

Por tanto:

$$Q_{AB} = n \cdot c_V \cdot \Delta T = 2 \cdot 20{,}8 \cdot (146{,}3 - 243{,}9) = -4060{,}2 \text{ J}$$

La variación de energía interna será, por tanto:

$$\Delta U_{AB} = Q_{AB} - W_{AB} = -4060{,}2 \text{ J}$$

Tramo *BC*

Este proceso se realiza a presión constante, por lo que el trabajo viene dado por:

$$W_{BC} = p_B \cdot (V_C - V_B)$$

ANÁLISIS DEL PROBLEMA

En estos problemas será necesario, generalmente, calcular los valores de algunas variables de estado. Si se trata de un gas ideal, podemos utilizar su ecuación de estado. En otros casos, habrá que ver cómo se pueden obtener los valores de dichas variables a partir de la información proporcionada sobre el proceso que se esté considerando.

Ten cuidado con las unidades que utilices en cada momento. Al emplear la ecuación de los gases ideales, en general, tendremos la presión en atmósferas y el volumen en litros. Pero a la hora de calcular el trabajo, tendremos que pasarlo todo a unidades SI: pascales y metros cúbicos, respectivamente.

El trabajo total realizado por el sistema tiene signo negativo, es decir, el entorno realiza un cierto trabajo sobre él. Comprueba que, efectivamente, ha de ser así, pues con el sentido indicado, encontramos que el área bajo la línea curva (proceso *CA*, $W < 0$) es mayor que la correspondiente a la línea horizontal (proceso *BC*, $W > 0$).

¿Podrías calcular la variación de entropía en cada uno de los procesos y en el ciclo total?

Y ADEMÁS...

Observa que en este caso, al ser $W_{AB} = 0$, se cumple trivialmente que:

$$\Delta U_{AB} = n \cdot c_V \cdot \Delta T = Q_{AB}$$

¿Qué ocurriría si al gas se le administrase un trabajo externo? ¿Crees que podría aplicarse esta igualdad? Juntaros por grupos de trabajo y proponed vuestras ideas. Después, compartidlas con los demás compañeros y compañeras.

En este caso, no conocemos V_C, pero como sabemos que el proceso *CA* es isotermo, esto es, que $T_A = T_C = 243{,}9$ K, podemos calcular el volumen mediante:

$$p_A \cdot V_A = p_C \cdot V_C \rightarrow V_C = V_A \cdot \frac{p_A}{p_C} = 4 \cdot \frac{10}{6} = 6{,}67 \text{ L}$$

Entonces:

$$W_{BC} = 607\,800 \cdot (6{,}67 - 4) \cdot 10^{-3} = 1\,622{,}8 \text{ J}$$

donde hemos utilizado el valor de p_B en pascales y los volúmenes en m^3.

Por otra parte, dado que se trata de un proceso a presión constante, el calor absorbido vendrá dado por:

$$Q_{BC} = n \cdot c_p \cdot \Delta T = 2 \cdot 29{,}1 \cdot (243{,}9 - 146{,}3) = 5\,680{,}3 \text{ J}$$

Observa que hemos utilizado que $T_C = T_A = 243{,}9$ K. Así, la variación de energía interna será:

$$\Delta U_{BC} = Q_{BC} - W_{BC} = 5\,680{,}3 - 1\,622{,}8 = 4\,057{,}5 \text{ J}$$

También podríamos haber tenido en cuenta que el proceso *CA* es isotermo, por lo que $\Delta U_{CA} = 0$. Como en un ciclo completo la variación de energía interna ha de ser nula, tendremos:

$$\Delta U = \Delta U_{AB} + \Delta U_{BC} + \Delta U_{CA} = 0 \rightarrow \Delta U_{BC} = -\Delta U_{AB} = -4\,060{,}2 \text{ J}$$

Tramo *CA*

Como hemos dicho anteriormente, la variación de energía interna ΔU_{CA} es nula, por lo que:

$$Q_{CA} = W_{CA} = p_C \cdot V_C \cdot \ln \frac{V_A}{V_C}$$

$$Q_{CA} = 607\,800 \cdot 6{,}67 \cdot 10^{-3} \cdot \ln \frac{4}{6{,}67} = -2\,072{,}9 \text{ J}$$

Donde hemos empleado la expresión del trabajo para un proceso isotermo.

El trabajo total será:

$$W = W_{AB} + W_{BC} + W_{CA} = 0 + 1\,622{,}8 - 2\,072{,}9 = -450{,}1 \text{ J}$$

Y el calor total:

$$Q = Q_{AB} + Q_{BC} + Q_{CA} = -4\,060{,}2 + 5\,680{,}3 - 2\,072{,}9 = -452{,}8 \text{ J}$$

Hay que tener en cuenta que no se obtienen exactamente los mismos valores debido a los errores de redondeo que se han ido acumulando. Sin embargo, dentro de estos márgenes de error, obtenemos que:

$$\Delta U = Q - W = 0 \rightarrow Q = W$$

Como corresponde a un proceso cíclico.

DISCUSIÓN DE RESULTADOS

Observa que, a lo largo de la resolución, hemos hecho algunos cálculos de varias formas diferentes, obteniendo en todos los casos el mismo resultado. Por ejemplo, cuando ha sido posible, hemos calculado la variación de energía interna mediante la primera ley o usando la expresión que hemos estudiado durante la unidad para los gases ideales.

De esta manera, podemos comprobar que estamos resolviendo el problema de forma correcta. Ten en cuenta que siempre es una buena estrategia emplear distintos caminos para llegar a un mismo resultado.

Y ADEMÁS...

Observa que ahora ya somos capaces de relacionar lo estudiado en todos los epígrafes, e incluso en temas anteriores. Por un lado, tenemos que hacer un uso intensivo de las propiedades de los gases ideales. Por otro, utilizamos las herramientas estudiadas a lo largo de todo este tema: cálculo del trabajo realizado por un sistema y el calor absorbido atendiendo al tipo de proceso (epígrafe 2), uso de la primera ley para relacionar energía interna, calor y trabajo (epígrafe 3), cálculo del rendimiento de una máquina (epígrafe 4), y obtención de la variación de entropía de un sistema (epígrafe 5).

Para comprobar si has logrado integrar todos estos conocimientos, calcula el rendimiento de la máquina estudiada en este ejercicio, y la variación de la entropía del gas a lo largo de cada uno de los tramos.

Recuerda seleccionar el material de trabajo de esta unidad para tu **portfolio.**

TRABAJA CON LO APRENDIDO

Transferencia de energía

1 Calcula el trabajo realizado por un sistema que reduce su volumen en 25 cm^3 a una presión constante de 1 atm. Interpreta el valor del signo.

2 ¿Qué trabajo realiza un sistema cuyo volumen aumenta de 0,5 L hasta 1,2 L? La presión varía mediante la expresión: $p/\text{Pa} = 5 \cdot 10^3 + 3 \cdot (V/\text{cm}^3)$.

3 El volumen que ocupan 3 mol de un gas ideal a una presión de 10 atm es de 2 L. En un momento dado, se expande a temperatura constante hasta ocupar un volumen de 10 L. Calcula el trabajo realizado por el gas.

4 Un volumen de 120 cm^3 de agua a 100 °C hierve completamente a 1 atm de presión. Sabiendo que la densidad del vapor de agua a 100 °C es 1 671 veces menor que la del agua líquida a esa misma temperatura, calcula el trabajo realizado por el vapor sobre el entorno.

5 Utilizando un aparato como el que usó Joule, se hace descender una masa de 25 kg, a velocidad constante, una altura de 10 m. El trabajo producido se utiliza para calentar 200 g de agua. ¿Cuánto ascenderá su temperatura?

Nota: Recuerda la expresión de la energía potencial: $E_p = m \cdot g \cdot h$.

6 Se tiene una cierta cantidad de hielo a –25 °C. Se funde mediante una resistencia eléctrica, obteniéndose agua líquida a 40 °C. La cantidad de energía consumida es de 600 000 J. Calcula la masa de hielo que teníamos inicialmente.

Datos: c_{agua} = 4 186 J/(kg · K); c_{hielo} = 2 100 J/kg; $L_f = 3{,}34 \cdot 10^5$ J/kg.

7 En una estufa de gasolina se calientan 0,5 L de agua de 20 °C a 100 °C, y, además, hierven 250 g de ella. Sabiendo que la combustión de 1 g de gasolina libera 42 500 J, ¿qué masa de gasolina se debe quemar para que el proceso del agua tenga lugar?

Datos: c_{agua} = 4 186 J/(kg · K); $L_v = 2{,}256 \cdot 10^6$ J/kg.

8 Una masa de 55 g de nitrógeno se calienta desde 120 °C hasta 300 °C. Calcula el calor absorbido si el proceso tiene lugar a presión constante. ¿Y si es a volumen constante?

Datos: c_p = 29,1 J/(mol · K); c_V = 20,8 J/(mol · K).

9 El gas del ejercicio anterior, que se encuentra a 120 °C, sufre una compresión isoterma hasta que su volumen se reduce a la tercera parte. Calcula el trabajo realizado sobre el sistema.

10 Calcula el trabajo realizado y el calor absorbido por 2 mol de un gas ideal a partir del siguiente ciclo. ¿En qué sentido tendría que recorrerse el ciclo si quisiéramos que este sistema funcionara como un motor?

Datos: c_p = 29,1 J/(mol · K); c_V = 20,8 J/(mol · K).

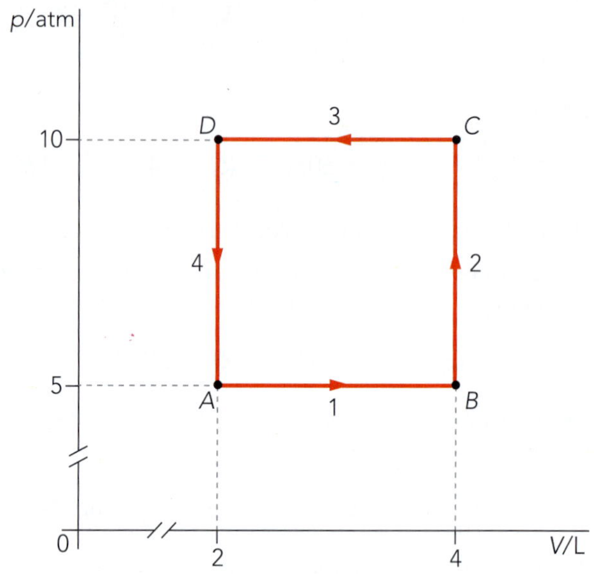

11 Se mezclan 250 g de agua a 25 °C con 540 g de aceite a 100 °C. Calcula la temperatura de equilibrio.

Datos: c_{agua} = 4 186 J/(kg · K); c_{aceite} = 1 675 J/(kg · K).

12 Se mezcla una cierta cantidad de agua líquida a 60 °C con 240 g con vapor de agua a 150 °C sin que escape calor al entorno. Si al final queda únicamente agua líquida a 90 °C, determina la masa inicial de agua líquida que teníamos.

Datos: c_{agua} = 4 186 J/(kg · K); c_{vapor} = 1 840 J/(kg · K); $L_v = 2{,}256 \cdot 10^6$ J/kg.

13 Tenemos 100 g de agua a 20 °C, 25 g de hielo a –5 °C, y 120 g de alcohol a 50 °C. Si se mezclan y no se escapa calor al entorno, determina la fase en la que se encontrará el agua, y su temperatura de equilibrio.

Datos: c_{agua} = 4 186 J/(kg · K); c_{hielo} = 2 100 J/(kg · K); $c_{alcohol}$ = 2 513 J/(kg · K); $L_f = 3{,}34 \cdot 10^5$ J/kg.

14 Te estás tomando 0,3 L de limonada en un caluroso día de verano, y su temperatura es de 30 °C. Para enfriarla, le echas dos cubitos de hielo, de 25 g cada uno, que están a -5 °C. Suponiendo que no hay intercambio de calor con el entorno, calcula la temperatura final. Si hubieras echado 5 cubitos, ¿cuál sería su temperatura?

Datos: c_{agua} = 4 186 J/(kg · K); c_{hielo} = 2 100 J/(kg · K); $L_f = 3{,}34 \cdot 10^5$ J/kg.

Recuerda que dispones de las soluciones de todas las actividades numéricas en **anayaeducacion.es**.

Energía interna. Primera ley de la termodinámica

15 El diagrama *p*-*V* muestra un proceso cíclico. Calcula el trabajo realizado, el calor absorbido y la variación de energía interna a lo largo de cada uno de los tramos y en el ciclo total. ¿Estaría funcionando este sistema como un motor térmico?

Datos: Q_{AB} = 500 J; Q_{BC} = 400 J; Q_{CD} = –950 J.

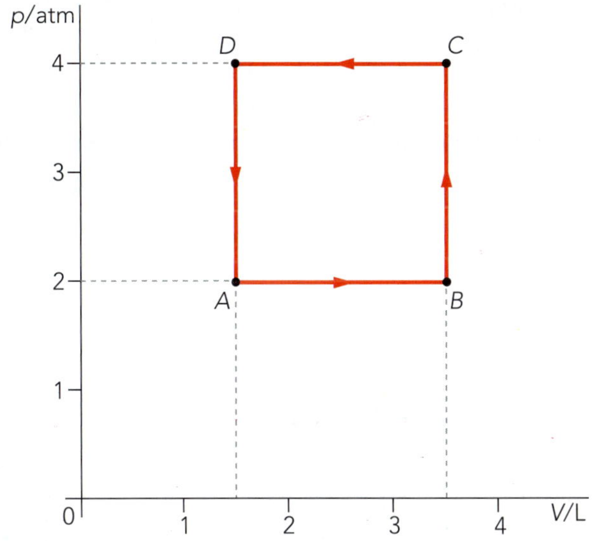

16 El diagrama muestra el proceso cíclico seguido por 2 mol de un gas ideal. Se sabe que el proceso *BC* es adiabático, y se conocen los siguientes valores de la temperatura: T_A = 300 K, T_B = 500 K y T_C = 600 K. Calcula el trabajo, el calor y la variación de la energía interna a lo largo de cada uno de estos procesos y en el ciclo completo.

Datos: c_p = 29,1 J/(mol · K); c_V = 20,8 J/(mol · K).

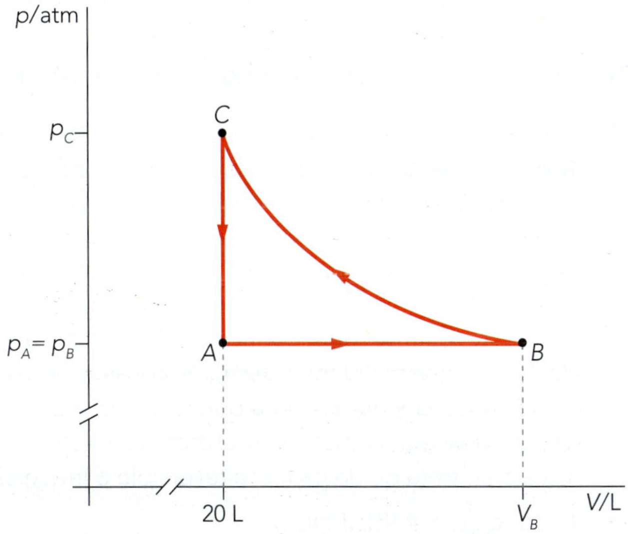

17 El siguiente diagrama muestra el proceso cíclico seguido por 0,0025 mol de un gas ideal. Calcula el trabajo, el calor y la variación de la energía interna a lo largo de cada una de estas etapas y en el ciclo completo.

Datos: c_p = 29,1 J/(mol · K); c_V= 20,8 J/(mol · K).

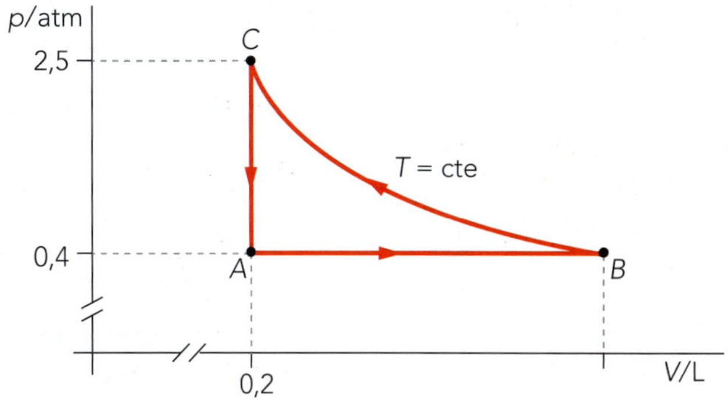

18 Un gas ideal sigue el proceso *ABC* representado en la figura. Si disponemos de 0,4 mol, calcula el trabajo ejercido por el sistema, el calor absorbido y la variación de energía interna para el proceso completo. ¿Y si hubiera seguido el camino *AC* directamente mediante la línea horizontal que une ambos estados?

Datos: c_V = 12,5 J/(mol · K); c_p = 20,8 J/(mol · K).

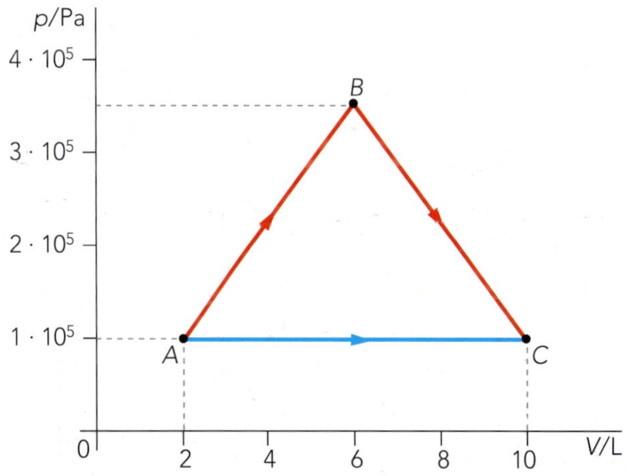

19 Se encuentran encerrados 0,2 mol de aire a una temperatura de 30 °C en un cilindro que dispone de un pistón móvil. Este permite mantener una presión constante en el gas de 1 atm. Si este se calienta hasta una temperatura de 230 °C, calcula:

a) El volumen final del gas.

b) El trabajo realizado en este proceso.

c) El cambio de energía interna del gas.

d) El calor suministrado al aire.

e) El trabajo que habría suministrado si la presión fuera de 0,75 atm. Explica el resultado obtenido.

Datos: c_V = 20,8 J/(mol · K).

Máquinas térmicas

20 Un gas ideal experimenta un ciclo de Carnot, entre un foco caliente a 400 °C y un foco frío a 75 °C. Para 0,4 mol, la presión en el punto *A* es de 3 atm, y el volumen del gas se triplica durante la expansión isotérmica. Además, se sabe que V_C = 114,8 L, y que en la compresión isotérmica este se reduce a la tercera parte.

a) Calcula la presión y el volumen en los puntos *A*, *B*, *C* y *D* del ciclo.

b) Calcula el calor absorbido y el trabajo realizado por el gas ideal, así como su variación de energía interna, en cada tramo y en el ciclo completo.

c) Calcula el rendimiento de esta máquina térmica, y compara su valor con el máximo teórico.

Dato: c_V = 20,8 J/(mol · K).

21 Calcula el rendimiento de un refrigerador que funcionara siguiendo el ciclo inverso al descrito en el ejercicio anterior.

22 Un gas ideal realiza el ciclo mostrado en la figura siguiente:

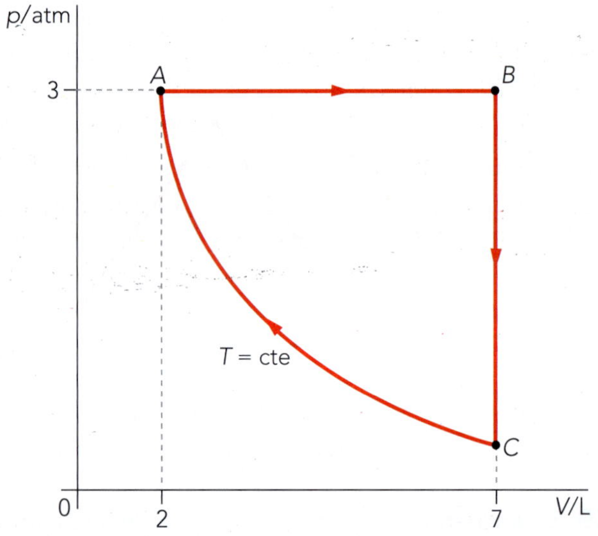

a) Calcula el trabajo realizado y el calor absorbido por 0,5 mol del gas en cada tramo y en el ciclo completo.

b) Calcula el rendimiento de esta máquina y compáralo con el máximo teórico.

Datos: c_p = 29,1 J/(mol · K); c_V = 20,8 J/(mol · K).

23 Un motor de Carnot tiene un foco caliente a 650 K. En cada ciclo, absorbe 600 J y cede 375 J al foco frío. Calcula el trabajo mecánico que realiza la máquina en cada ciclo, su rendimiento y la temperatura del foco frío.

24 Un motor diésel, en cada ciclo, realiza un trabajo de 2500 J y cede a la atmósfera 4800 J en forma de calor. Calcula el calor que debe suministrársele en cada ciclo y su rendimiento. Si la temperatura ambiente es de 25 °C y el rendimiento de la máquina es la mitad que el máximo teórico, calcula la temperatura del foco caliente.

25 Un gas ideal realiza el ciclo diésel mostrado en la figura. Para 2,5 mol de sustancia, este viene determinado por los siguientes datos: T_1 = 500 K, V_1 = 10 L, V_2 = 5 L, p_2 = 27,05 atm, V_3 = 6 L y p_4 = 13,2 atm. Calcula el trabajo realizado y el calor absorbido en cada uno de los tramos y en el ciclo completo. Halla su rendimiento y compáralo con el máximo teórico.

Datos: c_p = 29,1 J/(mol · K); c_V = 20,8 J/(mol · K).

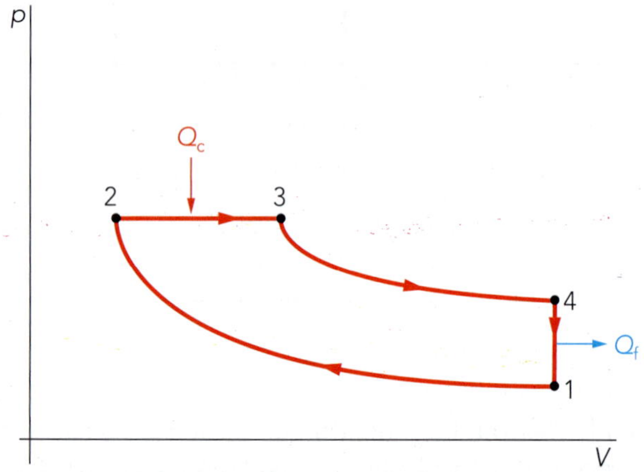

26 Un amigo te dice que ha inventado un nuevo tipo de motor de gasolina enfriado por aire, construido exclusivamente de aluminio, por lo que es muy ligero, y además alcanza un rendimiento del 83%. Justifica si es posible que tu amigo haya encontrado lo que dice.

Dato: temperatura de fusión del aluminio: 660 °C

Segunda ley de la termodinámica. Entropía

27 Se mezclan 10 kg de agua a 80 °C y 20 kg de agua a 20 °C. Calcula la variación de entropía del sistema. Justifica si se trata de un proceso reversible o irreversible.

Dato: c_{agua} = 4186 J/kg.

28 En un recipiente que contiene 700 mL de agua a 25 °C se vierten 450 mL a 70 °C. Si consideramos que la densidad del agua, a cualquier temperatura, es de 1 g/cm^3, calcula la variación de entropía del sistema. Justifica si se trata de un proceso reversible o irreversible.

Dato: c_{agua} = 4186 J/kg.

29 Un recipiente con vapor de agua a 100 °C se introduce en una olla que tiene 1 kg de hielo triturado a 0 °C. La cantidad de vapor es la necesaria para que se funda todo el hielo. Calcula la masa inicial de vapor de agua a 100 °C y la variación de entropía del sistema.

Datos: c_{agua} = 4186 J/(kg · K); L_f = 3,34 · 10^5 J/kg; L_v = 2,256 · 10^6 J/kg.

30 Tres moles de un gas ideal experimentan una compresión isotérmica reversible a 20 °C. Para ello, se realiza un trabajo sobre el gas de 2000 J. Calcula su variación de entropía.

31 Calcula la variación de entropía cuando hierven 250 g de alcohol si su temperatura de ebullición es de 78 °C. Interpreta el signo de esta variación.

Dato: L_v (etanol) = 8,54 · 10^5 J/kg.

32 Nos preparamos un té, calentando 200 g de agua a 80 °C. Después, dejamos que se enfríe a temperatura ambiente, 25 °C, para poder beberlo.

a) Calcula la variación de entropía del té al enfriarse.

b) Considerando que el aire de la cocina no cambia de temperatura mientras el té se enfría, calcula su variación de entropía.

c) Calcula la variación de entropía del sistema formado por el té y el aire. A partir del valor obtenido, justifica si el proceso es reversible o irreversible (considera que se trata de un sistema cerrado).

Dato: c_{agua} = 4186 J/(kg · K).

33 Uno de los grandes retos de los científicos, a lo largo de la historia y en la actualidad, ha sido fabricar un móvil perpetuo (del latín, *perpetuum mobile*) de primera o segunda especie. En esta unidad, nos hemos referido a ellos al hablar de la segunda ley de la termodinámica, pero ¿sabes qué son exactamente? Grandes pensadores como Boyle, Tesla o Leonardo da Vinci intentaron fabricarlos; ¿lo consiguieron? Haz una breve investigación sobre todo lo anterior y extrae tus propias conclusiones. A partir de ellas, ¿serías capaz de diseñar un móvil perpetuo? Comparte lo aprendido con el resto de la clase.

34 ODS Buscad información sobre qué tipo de motor tienen, y cómo se recargan las baterías de los coches híbridos. Pensad si suponen un ahorro en las emisiones de CO_2, y proponed diversas líneas de actuación a fin de alcanzar la **meta 11.6**.

anayaeducacion.es Consulta el apartado «Para estudiar» en el banco de recursos.

Ciencia, tecnología y sociedad

Motores

Desde finales del siglo XVIII hasta nuestros días, los motores han evolucionado enormemente. Los primeros, de vapor, tenían un rendimiento muy bajo y generaban poca potencia. Sin embargo, rápidamente se utilizaron en numerosos campos, como la minería (inicialmente, para la extracción de agua de las galerías, y, posteriormente, para la elevación de cargas pesadas) y el transporte, tanto por tierra como por mar. Esto permitió que los viajes se realizaran en un tiempo mucho menor y que pudieran movilizarse enormes cantidades de material entre puntos lejanos del planeta, lo que propició un auge del comercio y el desarrollo económico de los países industrializados.

A principios del siglo XX, los hermanos Wright hicieron volar el primer avión con motor de la historia. A partir de ahí, se produjo una segunda revolución en el transporte, tanto de mercancías como de pasajeros.

Los motores fueron evolucionando y mejorando, pero no siempre para bien. El ingeniero alemán Wernher von Braun desarrolló, durante la II Guerra Mundial, los cohetes V1 y V2, con los que Alemania bombardeó el sur de Inglaterra durante los últimos meses del conflicto. Una vez acabado, EE. UU. se lo llevó y lo integró en la NASA, donde fue el jefe de desarrollo del cohete Saturno V, que llevó al hombre por primera vez a la Luna.

La evolución de los motores ha sido espectacular. ¿Qué avances podremos ver durante el siglo XXI? Por grupos, elegid algunas ideas para crear un prototipo de motor novedoso que cumpla las leyes de la termodinámica. Infórmate sobre los estudios que necesitarías si quisieras investigar sobre el desarrollo tecnológico de los motores. ¿Qué otras profesiones requieren de este tipo de estudios?

5

ENERGÍA Y ESPONTANEIDAD DE LAS REACCIONES

¿Es verdad o es una exageración?

En alguna ocasión, te has podido encontrar con una persona que no cree que exista el cambio climático, que considera que es una noticia exagerada por algunos grupos ecologistas, pero que no hay un problema real, ¿tendrá razón? Y, en cualquier caso, ¿no debemos respetar su opinión?

Como sabes, las opiniones no fundamentadas no entran en el ámbito de la ciencia. El análisis desde el punto de vista científico, no permite la existencia de creencias dogmáticas. La ciencia está basada en hechos contrastados que solo pueden ser refutados de manera experimental.

Actualmente, existe un amplio consenso en la comunidad científica sobre la existencia de un cambio climático derivado de la acción de la humanidad sobre el planeta. En ese consenso, se incluyen la mayoría de los científicos que investigan el tema. De hecho, hoy en día, las investigaciones ya no se centran tanto en encontrar evidencias del cambio climático, sino en buscar y adoptar medidas encaminadas a minimizar, en la medida de lo posible, los graves impactos derivados del cambio climático.

COMPROMISO ODS

ODS

Haced estas actividades en grupo:

1 El **Panel Intergubernamental sobre Cambio Climático,** o **IPCC,** trabaja para contribuir a la **meta 13.1**. Investigad qué es, quiénes lo componen y cuál es su función. Finalmente, discutid y argumentad si las conclusiones que publica este panel tienen fiabilidad.

2 Pensad en qué pequeños gestos podéis llevar a cabo que contribuyan a la **meta 13.5**. Debatid sobre cuáles de esas ideas estaríais dispuestos a realizar y haced un seguimiento de su cumplimiento por parte de toda el aula durante el tiempo que trabajéis esta unidad.

3 Las energías renovables han tenido un gran desarrollo en los últimos años, pero todavía tendrán más relevancia en el futuro. Investiga qué familias profesionales o qué grados universitarios se ocupan de desarrollar e implantar la tecnología relacionada con este tipo de energía.

Antes de empezar a estudiar esta unidad, consulta la presentación «Qué necesitas saber» en anayaeducacion.es.

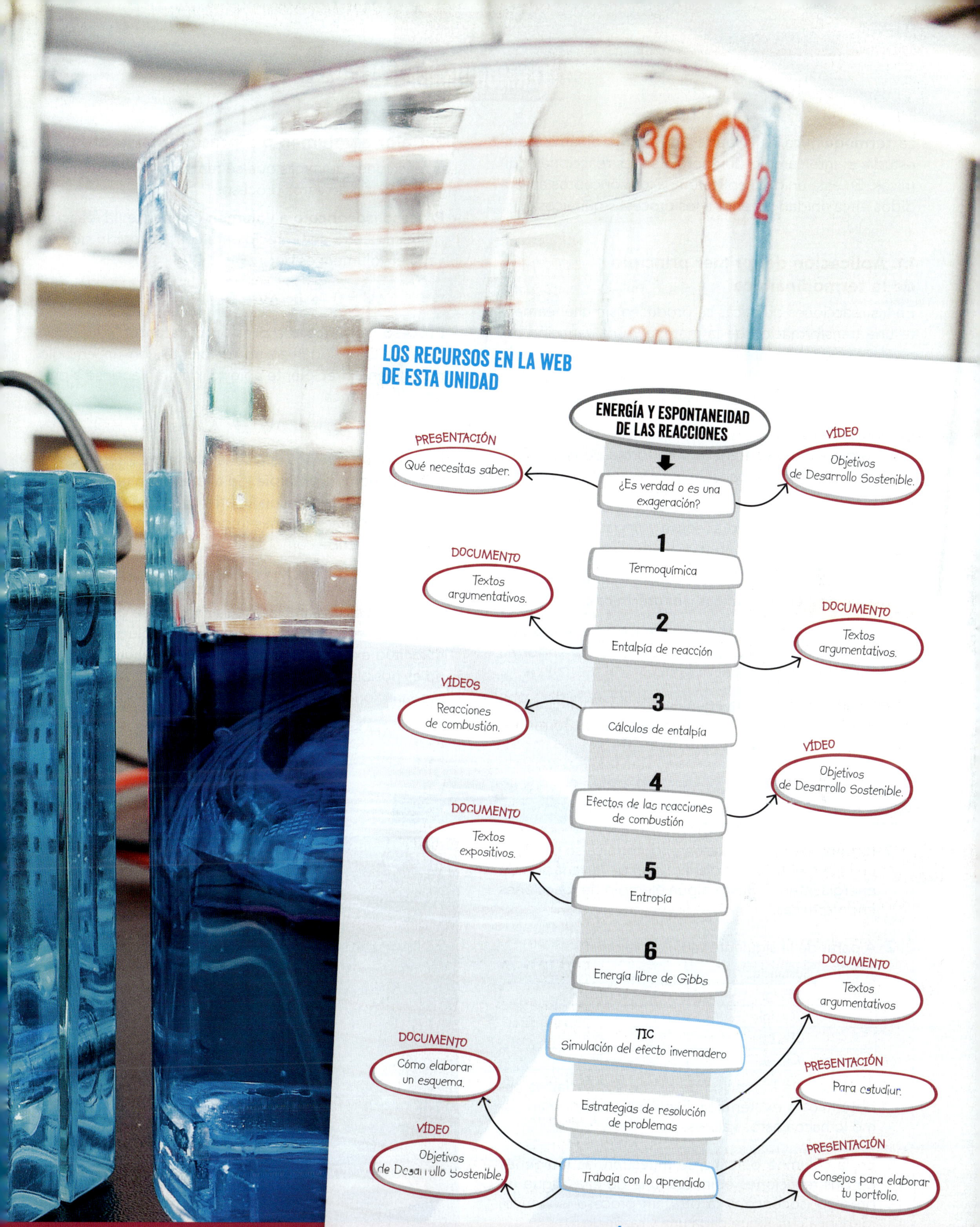

LOS RECURSOS EN LA WEB DE ESTA UNIDAD

ENERGÍA Y ESPONTANEIDAD DE LAS REACCIONES

- **¿Es verdad o es una exageración?**
  - PRESENTACIÓN: Qué necesitas saber.
  - VÍDEO: Objetivos de Desarrollo Sostenible.
- **1 Termoquímica**
- **2 Entalpía de reacción**
  - DOCUMENTO: Textos argumentativos.
  - DOCUMENTO: Textos argumentativos.
- **3 Cálculos de entalpía**
  - VÍDEOS: Reacciones de combustión.
- **4 Efectos de las reacciones de combustión**
  - VÍDEO: Objetivos de Desarrollo Sostenible.
- **5 Entropía**
  - DOCUMENTO: Textos expositivos.
- **6 Energía libre de Gibbs**
- **TIC** Simulación del efecto invernadero
- **Estrategias de resolución de problemas**
  - DOCUMENTO: Textos argumentativos
- **Trabaja con lo aprendido**
  - DOCUMENTO: Cómo elaborar un esquema.
  - VÍDEO: Objetivos de Desarrollo Sostenible.
  - PRESENTACIÓN: Para estudiar.
  - PRESENTACIÓN: Consejos para elaborar tu portfolio.

Y ADEMÁS... Soluciones de todas las actividades numéricas

1 TERMOQUÍMICA

La **termoquímica** es la parte de la termodinámica que estudia el intercambio de energía en las reacciones químicas. En esta unidad, aplicaremos los conceptos aprendidos en la unidad anterior a los procesos químicos.

1.1. Aplicación del primer principio de la termodinámica

En las reacciones químicas se producen simultáneamente una transformación de la materia y una variación del nivel de su energía interna (ΔU):

$$\Delta U = Q + W \quad ; \quad \Delta U = Q - p \cdot \Delta V$$

En la mayoría de las reacciones químicas, esta variación de energía interna se transfiere en forma de calor (Q) y no como trabajo de expansión ($p \cdot \Delta V$).

Según el criterio de signos adoptado, el calor será positivo cuando el sistema lo absorbe y negativo cuando lo libera.

En función de dicha transferencia, distinguimos dos tipos de reacciones: **endotérmicas** y **exotérmicas.**

- **Reacción endotérmica:** aquella reacción química que para llevarse a cabo debe absorber energía en forma de calor, $Q > 0$.
- **Reacción exotérmica:** aquella reacción química que trascurre con una liberación de energía en forma de calor, $Q < 0$.

1.2. Calor a volumen o a presión constantes

Las reacciones químicas que se realizan en el laboratorio siguen alguno de estos procesos:

- **Proceso isocórico o a volumen constante:** la reacción química ocurre en un recipiente cerrado por lo que no varía el volumen; es decir:

$$\boxed{\Delta V = 0 \rightarrow p \cdot \Delta V = 0} \rightarrow \boxed{\Delta U = Q_V}$$

- **Proceso isobárico o a presión constante:** la reacción química tiene lugar en un recipiente con un émbolo móvil o en un recipiente abierto, manteniéndose a presión atmosférica:

$$\Delta U = Q_p - p \cdot \Delta V \rightarrow \Delta U + p \cdot \Delta V = Q_p$$

La magnitud que nos relaciona la energía interna con p y V se denomina **entalpía.** Se expresa con unidades de energía y se designa con la letra H. Es una de las variables termodinámicas más importantes de la termoquímica y se escribe como:

$$\boxed{H = U + p \cdot V}$$

La entalpía es una función de estado que se define a partir de la energía interna, la presión y el volumen. Es una magnitud extensiva, e, igual que para la energía interna, no es posible conocer valores absolutos de su valor, solo sus variaciones. Así, a presión constante, su expresión es:

$$\Delta H = \Delta U + p \cdot \Delta V = Q_p \rightarrow \boxed{\Delta H = Q_p}$$

Ejercicios

1 Razona si en una reacción endotérmica se produce un incremento o una disminución de la variación de energía interna. Busca algún ejemplo de reacciones endotérmicas.

2 A partir de la siguiente tabla de valores:

Sustancia	$Q_{formación}$/(kJ/mol)
CF_4 (g)	–933,6
CCl_4 (g)	–128,2
CBr_4 (g)	29,4
CI_4 (g)	–392,9

Justifica si la formación de dichas sustancias es endotérmica o exotérmica. Explica por qué varían como lo hacen estos valores.

3 En la columna derecha se muestran las imágenes de dos reacciones químicas; una de ellas sigue un proceso isocórico, y la otra, un proceso isobárico. Identifica cuál sigue cada una y razónalo.

a)

b)

1.3. Energía de las reacciones químicas

Según la reacción química se produzca a volumen o a presión constantes, su análisis energético será distinto.

Proceso isocórico ($\Delta U = Q_V$)	
Reacción endotérmica	Como $Q_V > 0$, se produce un aumento de la energía interna.
Reacción exotérmica	Como $Q_V < 0$, se produce una disminución de la energía interna.
Proceso isobárico ($\Delta H = Q_p$)	
Reacción endotérmica	Como $Q_p > 0$, se produce un aumento de la entalpía.
Reacción exotérmica	Como $Q_p < 0$, se produce una disminución de la entalpía.

Para las reacciones que se producen a presión o a volumen constantes, existe una expresión que relaciona los calores a volumen y a presión constantes:

$$\Delta H = \Delta U + p \cdot \Delta V \quad \rightarrow \quad \boxed{Q_p = Q_V + p \cdot \Delta V}$$

Si la reacción química se produce entre sólidos, líquidos o en disolución, no se producirán variaciones apreciables de volumen, por lo que:

$$\boxed{Q_p \approx Q_V}$$

Sin embargo, si la reacción química se produce entre gases ideales a una presión y temperatura determinadas:

$$p \cdot \Delta V = \Delta n \cdot R \cdot T \quad \rightarrow \quad \boxed{Q_p = Q_V + \Delta n \cdot R \cdot T}$$

Siendo Δn la variación de la cantidad de sustancia (en mol) de los gases que intervienen en la reacción.

Ejercicio resuelto

1 En la combustión de una muestra de 10 g de gas butano (C_4H_{10}) a 25 °C de temperatura y a presión atmosférica se desprendieron 495 kJ. Calcula las variaciones de entalpía y de energía interna, en kJ/mol.

Solución

La reacción química ajustada para la combustión de un mol de butano es:

$$C_4H_{10}\,(g) + \frac{13}{2} \cdot O_2\,(g) \rightarrow 4\,CO_2\,(g) + 5\,H_2O\,(l)$$

Como la reacción se produce a p = cte., para un mol de butano: $Q_p = \Delta H = -495$ kJ. En nuestro caso:

$$M\,(C_4H_{10}) = 4 \cdot 12{,}0 + 10 \cdot 1{,}0 = 58{,}0 \text{ g/mol}$$

$$\Delta H = 58{,}0\,\frac{\text{g}}{\text{mol}} \cdot \frac{-495 \text{ kJ}}{10 \text{ g}} = \boxed{-2871{,}0 \text{ kJ/mol}}$$

Por otro lado, la variación de energía interna es igual al calor a volumen constante, por lo que lo obtendremos a partir de la expresión:

$$Q_p = Q_V + \Delta n \cdot R \cdot T \rightarrow Q_V = Q_p - \Delta n \cdot R \cdot T$$

Donde:

$$\Delta n = n_f - n_0 = 4 - \left(1 + \frac{13}{2}\right) = -3{,}5 \text{ mol de gases}$$

Por lo que resulta que:

$$Q_V = -2871{,}0\,\frac{\text{kJ}}{\text{mol}} - (-3{,}5\,\text{mol}) \cdot 8{,}31 \cdot 10^{-3}\,\frac{\text{kJ}}{\text{mol} \cdot \text{K}} \cdot 298\ \text{K}$$

$$\boxed{Q_V = -2862{,}3\,\frac{\text{kJ}}{\text{mol}} = \Delta U}$$

Ejercicios

4 Razona si las siguientes proposiciones son verdaderas o falsas:

a) Si el proceso es isocórico, en una reacción exotérmica, se produce un aumento de la energía interna.

b) Si el proceso es isobárico, en una reacción endotérmica, se produce un aumento de la entalpía de reacción.

c) Si el proceso es isobárico, en una reacción exotérmica, se produce una disminución de la energía interna.

5 Al quemar 25 g de etanol (C_2H_5OH) líquido a presión atmosférica y 25 °C se desprenden 741,6 kJ de energía. Calcula:

a) El calor que se hubiera desprendido en un recipiente cerrado.

b) La variación de entalpía que ha tenido lugar en kJ/mol.

6 Razona si Q_p será mayor, igual o menor que Q_V en las siguientes reacciones:

a) $N_2\,(g) + 3\,H_2\,(g) \rightarrow 2\,NH_3\,(g)$

b) $H_2\,(g) + Cl_2\,(g) \rightarrow 2\,HCl\,(g)$

c) $C\,(s) + O_2\,(g) \rightarrow CO_2\,(g)$

7 Algunas de las centrales térmicas españolas más importantes están situadas en Andalucía; por ejemplo, la Central Térmica Litoral en Almería, o la Central Térmica de Los Barrios en Cádiz. En este tipo de centrales lo importante no son los nuevos productos que se forman en las reacciones, sino la energía que se libera en ellas, pues se transforma hasta convertirla en energía eléctrica. Investiga sobre el funcionamiento de las centrales térmicas convencionales y busca en qué se diferencian de las de ciclo combinado.

2 ENTALPÍA DE REACCIÓN

Como la mayoría de las reacciones químicas se hacen a presión atmosférica, se suele trabajar con el calor a presión constante, es decir, con la variación de la entalpía.

La **entalpía de reacción,** ΔH_r, es la energía intercambiada en forma de calor a presión constante cuando los reactivos se han transformado en los productos.

2.1. Ecuación termoquímica

La **ecuación termoquímica** de una reacción es la ecuación química ajustada de la reacción en la que se refleja el estado físico de cada una de las sustancias y el calor intercambiado con el entorno, normalmente en forma de variación de entalpía. Por ejemplo:

$$C\,(s) + 2\,H_2\,(g) \rightarrow CH_4\,(g) \ ; \ \Delta H = -74{,}6 \text{ kJ/mol}$$

Si $\Delta H < 0$, la reacción es **exotérmica** y desprende energía.

Si $\Delta H > 0$, la reacción es **endotérmica** y absorbe energía.

Si invertimos el orden de la reacción, se modifica el signo de ΔH_r. Por ejemplo, al volver a la situación de partida en la reacción anterior:

$$CH_4\,(g) \rightarrow C\,(s) + 2\,H_2\,(g) \ ; \ \Delta H = 74{,}6 \text{ kJ/mol}$$

Como la entalpía es una variable termodinámica extensiva, depende de la cantidad de materia. Así, si multiplicamos la ecuación química por un número, también lo haremos en la entalpía:

$$2\,C\,(s) + 4\,H_2\,(s) \rightarrow 2\,CH_4\,(g) \ ; \ \Delta H = -149{,}2 \text{ kJ/mol}$$

Ejercicio resuelto

2 La reacción de formación de un mol CS_2 líquido se produce por la reacción de C y S en estado sólido, y transcurre con $\Delta H = 89{,}0$ kJ/mol.

a) Escribe la ecuación termoquímica.

b) ¿Qué calor se absorberá si reaccionan 15 g de S (s)?

c) ¿Qué volumen, medido en cm^3, de CS_2 (*l*) se formará si se absorben 20 kJ?

Dato: $d\,(CS_2) = 1{,}26$ g/cm^3.

Solución

a) La ecuación termoquímica del proceso es:

$$C\,(s) + 2S\,(s) \rightarrow CS_2\,(l) \ ; \ \Delta H = 89{,}0 \text{ kJ/mol}$$

b) Para calcular el calor absorbido, partimos de los 15 g de S (s):

$$Q = 15 \text{ g S} \cdot \frac{1 \text{ mol S}}{32{,}1 \text{ g}} \cdot \frac{89{,}0 \text{ kJ}}{2 \text{ mol S}} = \boxed{20{,}8 \text{ kJ}}$$

c) Para calcular el volumen de CS_2 formado, necesitaremos utilizar su masa molar:

$$M\,(CS_2) = 12{,}0 + 2 \cdot 32{,}1 = 76{,}2 \text{ g/mol.}$$

Así, el volumen de CS_2 formado es:

$$V = 20 \text{ kJ} \cdot \frac{1 \text{ mol } CS_2}{89{,}0 \text{ kJ}} \cdot \frac{76{,}2 \text{ g}}{1 \text{ mol}} \cdot \frac{1 \text{ cm}^3 \ CS_2}{1{,}26 \text{ g}} = \boxed{13{,}6 \text{ cm}^3}$$

Ejercicios

8 La descomposición de un mol de $KClO_3$ sólido genera KCl sólido y O_2 gaseoso. La entalpía de reacción es de –22,3 kJ por mol de $KClO_3$. Escribe la ecuación termoquímica e indica si la reacción es exotérmica o endotérmica.

9 Calcula el volumen de etanol (C_2H_6O) que será necesario quemar para producir 500 kJ de energía, sabiendo que la ecuación química de la reacción de combustión del etanol es:

$$C_2H_6O\,(l) + 3\,O_2\,(g) \rightarrow 2\,CO_2\,(g) + 3\,H_2O\,(l)$$

Datos: $d(\text{etanol}) = 0{,}789 \text{ g/cm}^3 \ ; \Delta H_r = -1\,366{,}8 \text{ kJ/mol}$

10 La reacción de dimerización del NO_2 (*g*) es la siguiente:

$$2\,NO_2\,(g) \rightarrow N_2O_4\,(g) \ ; \ \Delta H = -58{,}2 \text{ kJ}$$

Calcula la variación de energía existente si en vez de formar un mol de N_2O_4 (*g*) se formaran tres.

11 La entalpía de reacción de la oxidación catalítica del dióxido de azufre es de –198,2 kJ:

$$2\,SO_2\,(g) + O_2\,(g) \rightarrow 2\,SO_3\,(g)$$

¿Cuál sería la variación de energía de la reacción si la ajustáramos para obtener un mol de SO_3?

12 En el ejercicio anterior hablamos de una reacción de oxidación catalítica, es decir, que se utiliza un catalizador para que se pueda llevar a cabo. Busca información sobre estas sustancias y explica si crees que esta reacción podría tener lugar sin este agente.

13 En la naturaleza se dan reacciones químicas continuamente. ¿Sabrías poner algún ejemplo? A partir de ellos, di si se trata de reacciones exotérmicas o endotérmicas. ¿Crees que es importante este hecho? ¿Por qué? Imagina que alguna de estas reacciones tuviera lugar de forma contraria a como la tiene, es decir, que un proceso absorbiera calor en vez de desprenderlo. ¿Qué ocurriría? Comparte tu opinión con el resto de compañeros y compañeras.

2.2. Diagramas entálpicos

Un **diagrama entálpico** es la representación gráfica de la variación de entalpía entre los reactivos y los productos en una determinada reacción química. Cada eje nos ofrece una información: el eje vertical indica la variación de entalpía de la reacción, siendo mayor cuanto más alejada se encuentre del origen, y el eje horizontal muestra el avance de la reacción con el tiempo.

La entalpía de reacción aparece como una flecha que parte de los reactivos y termina en los productos.

En ocasiones, no se especifica el valor numérico de la variación de entalpía, sino que se expresa de forma cualitativa, indicando únicamente si se trata de una reacción exotérmica o endotérmica. En el primer caso, la flecha será descendente (gráfica izquierda), y, en el segundo, ascendente (gráfica derecha).

Diagramas entálpicos

Reacción exotérmica

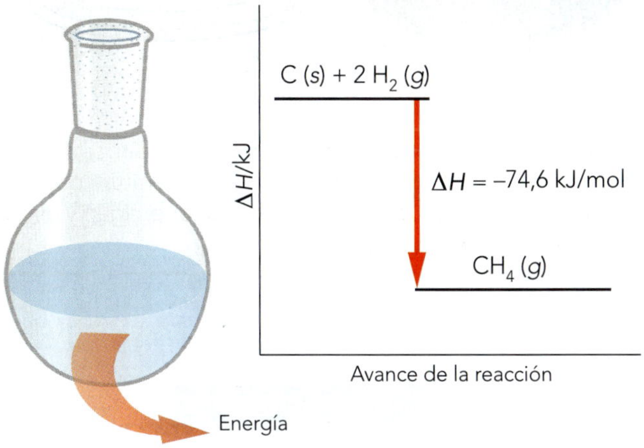

Reacción endotérmica

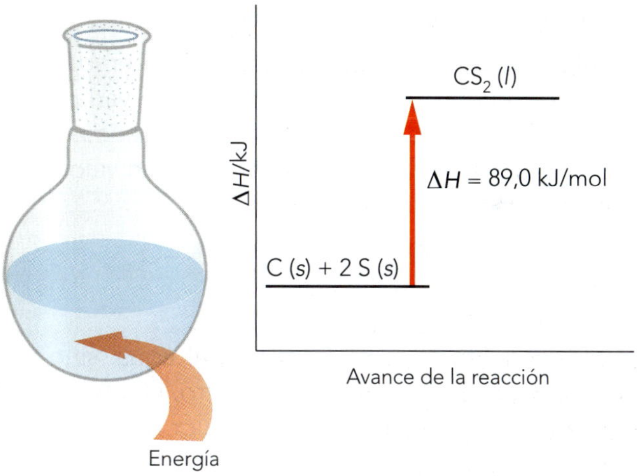

Ejercicios

14 Haz el diagrama entálpico del proceso de formación de un mol de FeS (s) a partir de sus elementos en estado sólido sabiendo que en este proceso se liberan 100 kJ de energía. Explica si es un proceso endotérmico o exotérmico.

15 Escribe la ecuación termoquímica que representa el siguiente diagrama entálpico e indica si la reacción es endotérmica o exotérmica:

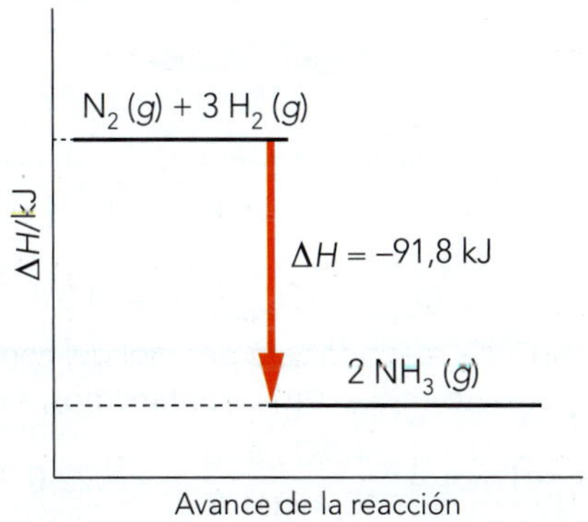

16 Basándote en el ejercicio anterior, representa el diagrama entálpico de la reacción:

$$NH_3\ (g) \rightarrow \frac{1}{2}\ N_2\ (g) + \frac{3}{2}\ H_2\ (g)$$

¿La reacción es endotérmica o exotérmica? ¿Por qué?

17 A partir del diagrama entálpico, calcula la energía de reacción y escribe la ecuación termoquímica:

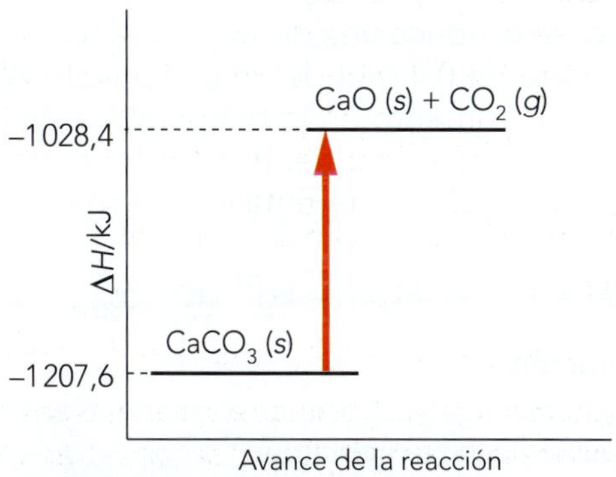

Existen varios métodos para determinar las variaciones de entalpía que se producen durante una reacción. Como veremos, se puede hallar mediante determinación experimental o a través de distintos métodos matemáticos.

3.1. Determinación experimental

La forma más inmediata para determinar la variación de entalpía de una reacción es mediante la medida directa del calor intercambiado en el proceso cuando este tiene lugar en un recipiente adiabático a presión constante: el **calorímetro.**

El calorímetro contiene una masa conocida de agua a una determinada temperatura, en la cual, o se produce la reacción, o está en contacto con el recipiente donde se produce la reacción.

La entalpía de reacción será absorbida o liberada por el agua del calorímetro, lo que provocará una variación de su temperatura. Como el sistema es adiabático, ambas variaciones de energía deben ser iguales en valor absoluto, pero de signos contrarios:

$$Q_{\text{reacción}} + Q_{\text{agua}} = 0; \quad Q_{\text{reacción}} = -Q_{\text{agua}}$$

$$Q_{\text{agua}} = m \cdot c_{\text{agua}} \cdot \Delta T$$

La reacción química no solo calienta el agua, sino también otros componentes del calorímetro, como las paredes, el termómetro o el agitador. El calor que se invierte en esto es específico de cada calorímetro y debe ser tenido en cuenta, o se cometerá un error de medición.

Para que esto no ocurra, se utiliza el equivalente en agua del calorímetro, que se expresa como la masa de agua que absorbería la misma cantidad de calor que el calorímetro para un determinado aumento de la temperatura.

Algunas reacciones, como las de combustión, es conveniente hacerlas en un recipiente adiabático a volumen constante llamado **bomba calorimétrica.** Este método proporciona variaciones de energía interna y no de entalpía.

Calorímetro y bomba calorimétrica

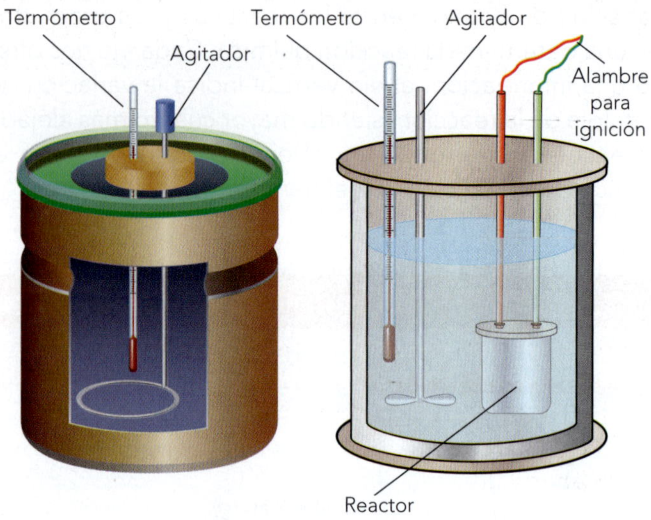

Tanto el calorímetro como la bomba calorimétrica cuentan con un termómetro que permite ver la temperatura que existe en el interior y un dispositivo para agitar el agua y así homogeneizar su temperatura.

Ejercicios

18 Para medir la entalpía de la reacción de neutralización entre el HCl y el NaOH en un calorímetro cuyo equivalente en agua es de 25 g, se mezclan 150 mL de HCl 0,5 M que inicialmente estaba a 20,0 °C con 3,0 g de NaOH sólido. Se comprueba que tras la reacción la temperatura de la disolución asciende hasta 25,7 °C.

Determina la entalpía de neutralización.

Datos: $c_{\text{agua}} = 4\,186\ \text{J} \cdot \text{kg}^{-1} \cdot \text{K}^{-1}$; d (agua) = 1 g/mL.

Ejercicio resuelto

3 En un calorímetro cuyo equivalente en agua es de 22 g, se produce una determinada reacción cuando se parte de 0,4 mol de un compuesto *A*. Esto provoca un aumento en la temperatura de los 100 mL de agua que contiene el calorímetro de 19,8 a 25,3 °C. Obtén la entalpía de reacción por mol de *A*.

Datos: $c_{\text{agua}} = 4\,186\ \text{J} \cdot \text{kg}^{-1} \cdot \text{K}^{-1}$; $d_{\text{agua}} = 1$ g/mL.

Solución

En primer lugar, calculamos el calor que absorbe el agua al aumentar su temperatura.

Como $m_{\text{agua}} = d \cdot V = 1 \cdot 100 = 100$ g de agua, queda:

$$Q_{\text{agua}} = m \cdot c_{\text{agua}} \cdot \Delta T$$

$$Q_{\text{agua}} = (0{,}1 + 0{,}022) \cdot 4186 \cdot (298{,}3 - 292{,}8) = 2\,808{,}8\ \text{J}$$

Como el sistema es adiabático, la variación de energía del agua debe ser la misma que la de la reacción, pero de signo contrario:

$$Q_{\text{agua}} = -Q_{\text{reacción}} = -2\,808{,}8\ \text{J}$$

La entalpía de reacción será por mol del compuesto *A*. Por tanto, para la cantidad de *A* que tenemos, su entalpía será:

$$\Delta H_r = 1\ \text{mol}\ A \cdot \frac{-2808{,}8\ \text{kJ}}{0{,}4\ \text{mol}\ A} = -7022{,}0\ \text{J} = \boxed{-7{,}0\ \text{kJ}}$$

3.2. Ley de Hess

No siempre es posible determinar de forma experimental una entalpía de reacción, por lo que es necesario buscar métodos alternativos. La mayoría de estos métodos se basan en la ley de Hess:

La **ley de Hess** dice que la variación de entalpía que se produce cuando ocurre una determinada reacción es la misma tanto si la reacción se produce en una sola etapa, reacción directa, como en varias etapas.

La ley de Hess se basa en que la entalpía es una función de estado, es decir, que el valor de su variación solo depende del estado en que se encuentre el sistema al inicio y al final del proceso, pero no del modo en el que ha ido evolucionando.

Aplicando esta ley es posible calcular la entalpía de reacción a partir de entalpías de formación, entalpías de enlace o entalpías de combustión.

3.3. Entalpía de formación

La variación de energía que se produce en una reacción química depende del estado físico en el que se encuentren los reactivos y los productos. Por eso, se ha fijado por convenio un **estado físico estándar.**

El estado estándar de una sustancia es su forma pura más estable a la presión estándar, es decir, a 10^5 Pa, aproximadamente 0,987 atm. La temperatura que se suele utilizar en el estado estándar en esta rama de la ciencia es 25 °C o 298,15 K. En el caso de una disolución, este estado corresponde a una concentración de 1 mol/L (1 M). El estado estándar se designa con el símbolo «°».

La **entalpía estándar de formación,** ΔH_f°, de una sustancia es la variación de entalpía correspondiente a la formación de 1 mol de sustancia en su estado estándar a partir de sus elementos también en dicho estado.

Por convenio, la entalpía de formación de un elemento puro a una temperatura determinada en condiciones estándar es cero.

A partir de las entalpías de formación estándar es posible obtener otras entalpías de reacción.

Para calcularla, sumamos los valores de las entalpías de formación de los productos, multiplicadas por sus coeficientes estequiométricos, y le restamos la suma de los valores de las entalpías de formación de los reactivos, también, multiplicadas por sus coeficientes estequiométricos:

$$\Delta H^\circ = \sum a \cdot H^\circ_{f_{productos}} - \sum b \cdot H^\circ_{f_{reactivos}}$$

Ejercicio resuelto

4 Calcula la entalpía estándar de la hidrogenación del etino:

$$C_2H_2\,(g) + 2\,H_2\,(g) \rightarrow C_2H_6\,(g)$$

A partir de las siguientes ecuaciones termoquímicas:

$$\text{I: } C_2H_2\,(g) + \frac{5}{2}\,O_2\,(g) \rightarrow 2\,CO_2\,(g) + H_2O\,(l)$$

$$\Delta H_A = -1301,1\text{ kJ/mol}$$

$$\text{II: } C_2H_6\,(g) + \frac{7}{2}\,O_2\,(g) \rightarrow 2\,CO_2\,(g) + 3\,H_2O\,(l)$$

$$\Delta H_B = -1560,7\text{ kJ/mol}$$

$$\text{III: } H_2\,(g) + \frac{1}{2}\,O_2\,(g) \rightarrow H_2O\,(l);\ \Delta H_C = -285,8\text{ kJ/mol}$$

Dibuja los diagramas entálpicos de la reacción directa y de la reacción por etapas.

Solución

Aplicando la **ley de Hess,** combinamos las tres reacciones (I, II, III) para calcular la entalpía de la reacción. Para ello, multiplicamos por dos la ecuación termoquímica III y a su entalpía, pues el coeficiente estequiométrico de la reacción principal para el H_2 es un dos. Invertimos la reacción II, pues el C_2H_6 es un producto, por lo que cambiamos el signo su entalpía. Por último, sumamos las reacciones y sus entalpías:

$$A\text{: } C_2H_2\,(g) + \frac{5}{2}\,O_2\,(g) \rightarrow 2\,CO_2\,(g) + H_2O\,(l) \qquad \Delta H_A$$

$$B\text{: } 2\,CO_2\,(g) + 3\,H_2O\,(l) \rightarrow C_2H_6\,(g) + \frac{7}{2}\,O_2\,(g) \qquad -\Delta H_B$$

$$C\text{: } 2\,H_2\,(g) + O_2\,(g) \rightarrow H_2O\,(l) \qquad 2 \cdot \Delta H_C$$

$$C_2H_2\,(g) + 2\,H_2\,(g) \rightarrow C_2H_6\,(g)\ ;\ \Delta H_r^\circ = \Delta H_A - \Delta H_B + 2 \cdot \Delta H_C$$

$$\Delta H^\circ_r = -1301,1 - (-1560,7) + 2 \cdot (-285,8) = \boxed{-312\text{ kJ/mol}}$$

Los diagramas entálpicos serían:

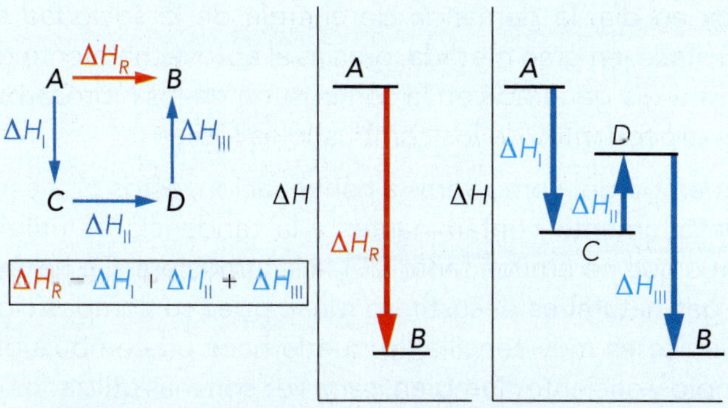

3.4. Entalpía de enlace

En una reacción química se produce una reordenación de los enlaces que unen los distintos átomos, de tal modo que unos enlaces se rompen y otros se forman.

La entalpía de enlace se suele expresar como una energía de disociación.

> La **entalpía de enlace** es un valor medio de la energía que se requiere para romper un enlace dado en una misma especie química.

La energía intercambiada en ese proceso de ruptura y formación de enlaces es otra forma de determinar la entalpía de una reacción.

$$\Delta H^0 = \sum a \cdot H_{\text{enlaces rotos}} - \sum b \cdot H_{\text{enlaces formados}}$$

Siendo *a* y *b* el número de enlaces de cada tipo.

3.5. Entalpía de combustión

Las reacciones de combustión se suelen producir con relativa facilidad, por eso existen datos de entalpías de combustión de muchas sustancias, especialmente de compuestos de carbono.

> La **entalpía estándar de combustión** o **calor de combustión** (ΔH_c^0) de una sustancia es la variación de entalpía que se produce en el proceso en el que 1 mol de dicha sustancia reacciona con O_2 para dar los óxidos correspondientes, cuando todas las especies químicas que aparecen en la reacción están en estado estándar.

En general, cuando la combustión de la sustancia, llamada combustible, sea un hidrocarburo, generará CO_2 y H_2O:

$$C_xH_y\ (g) + \left(x + \frac{y}{4}\right) \cdot O_2\ (g) \rightarrow x \cdot CO_2\ (g) + \frac{y}{2} \cdot H_2O\ (l)$$

Las reacciones de combustión son todas exotérmicas.

La aplicación de la ley de Hess para obtener una determinada entalpía de reacción, usando reacciones de combustión, es un método bastante común.

Hoy en día, la demanda de energía de la sociedad se satisface, en gran medida, gracias al aprovechamiento de la energía generada en la combustión de los hidrocarburos procedentes de los combustibles fósiles.

Sin embargo, como verás a continuación, estos procesos son altamente contaminantes y la tendencia es utilizar otros que no emitan tanto CO_2 a la atmósfera. De hecho, el gas natural es el sustituto ideal, pues su composición química es muy sencilla, lo que le hace un combustible limpio y eficiente. También, cada vez son más utilizados el biodiésel, la energía solar, la eólica, e incluso el hidrógeno.

Energías de enlace expresadas en kJ/mol

Enlace	ΔH	Enlace	ΔH	Enlace	ΔH
H−H	432	H−N	391	H−Cl	427
H−C	413	H−O	467	Cl−Cl	239
C−C	347	C−O	358	H−Br	363
C=C	614	C=O	745	Br−Br	193
C≡C	839	O=O	495	Br−Cl	218

Ejercicio resuelto

5 Calcula la entalpía estándar de la reacción de combustión de la propanona a partir de sus energías de enlace. Utiliza los datos recogidos en la tabla de arriba.

Solución

La reacción que tiene lugar es:

$$C_3H_6O\ (g) + 4\ O_2\ (g) \rightarrow 3\ CO_2\ (g) + 3\ H_2O\ (l)$$

Para saber qué enlaces hay en cada molécula, desarrollamos sus fórmulas moleculares:

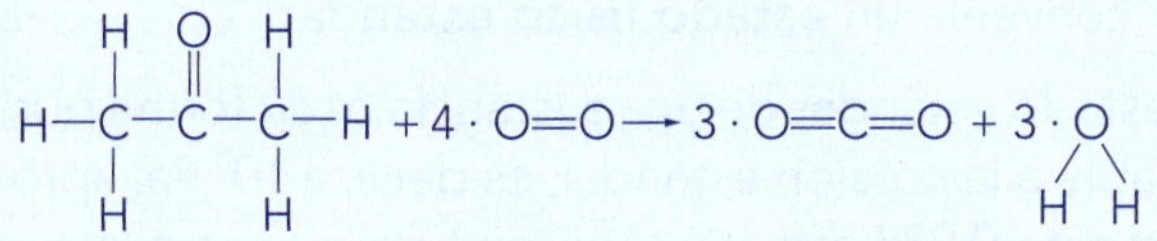

La energía de los enlaces que se rompen es:

$$\sum \Delta H^\circ_{\text{rotos}} = 2 \text{ mol enlaces C–C} \cdot 347 \text{ kJ} \cdot \text{mol}^{-1} + 6 \text{ mol enlaces C−H} \cdot 413 \text{ kJ} \cdot \text{mol}^{-1} + 1 \text{ mol enlaces C=O} \cdot 745 \text{ kJ} \cdot \text{mol}^{-1} + 4 \text{ mol enlaces C=O} \cdot 495 \text{ kJ} \cdot \text{mol}^{-1} = 5\,897 \text{ kJ}$$

Y la de los enlaces formados será:

$$\sum \Delta H^\circ_{\text{formados}} = 6 \text{ mol enlaces C−O} \cdot 745 \text{ kJ} \cdot \text{mol}^{-1} + 6 \text{ mol enlaces O−H} \cdot 467 \text{ kJ} \cdot \text{mol}^{-1} = 7\,272 \text{ kJ}$$

Por tanto, la entalpía estándar de la reacción de combustión de este compuesto es:

$$\Delta H^\circ_r = \sum \Delta H^\circ_{\text{rotos}} - \sum \Delta H^\circ_{\text{formados}}$$

$$\Delta H^\circ_r = 5\,897 \text{ kJ} - 7\,272 \text{ kJ} = -1\,375 \text{ kJ}$$

Como ves, el valor de esta entalpía es negativo, coincidiendo con la premisa de que las reacciones de combustión son exotérmicas. Además, anticipamos que este tipo de reacciones suelen ser espontáneas. ¿Sabes qué significa esto? Busca más ejemplos en la vida cotidiana y di qué tienen en común.

Puedes consultar vídeos de las reacciones de combustión de los hidrocarburos en la web de **anayaeducacion.es**.

Entalpías de combustión expresadas en kJ/mol					
Sustancia	**ΔH°_c**	**Sustancia**	**ΔH°_c**	**Sustancia**	**ΔH°_c**
C (grafito)	−393,5	C_2H_4 (*g*)	−1 411,2	C_3H_7OH	−255,00
H_2 (*g*)	−285,8	C_2H_2 (*g*)	−1 301,1	C_3H_6O (*l*)	−1 788,16
CO (*g*)	−283,0	C_3H_8 (*g*)	−2 219,2	C_6H_6 (*l*)	−3 264,50
CH_4 (*g*)	−890,8	C_4H_{10} (*g*)	−2 877,6	C_6H_{12} (*l*)	−3 919,6
C_2H_6 (*g*)	−1 560,7	C_2H_5OH (*l*)	−1 366,8	$C_6H_{12}O_6$ (s)	−2 813,14

Ejercicio resuelto

6 A partir de las entalpías estándar de formación de cada sustancia (separata final), calcula la entalpía de las reacciones de combustión del metano, etano, propano y butano. Compara los valores obtenidos con los recogidos en la tabla anterior. ¿Qué conclusión puedes sacar de estos resultados?

Solución

Las reacciones de combustión de cada hidrocarburo son:

$$CH_4\,(g) + 2\,O_2\,(g) \rightarrow CO_2\,(g) + 2\,H_2O\,(l)\ ;\ \Delta H^\circ_{c,1}$$

$$C_2H_6\,(g) + \frac{7}{2}\,O_2\,(g) \rightarrow 2\,CO_2\,(g) + 3\,H_2O\,(l)\ ;\ \Delta H^\circ_{c,2}$$

$$C_3H_8\,(g) + 5\,O_2\,(g) \rightarrow 3\,CO_2\,(g) + 4\,H_2O\,(l)\ ;\ \Delta H^\circ_{c,3}$$

$$C_4H_{10}\,(g) + \frac{13}{2}\,O_2\,(g) \rightarrow 4\,CO_2\,(g) + 5\,H_2O\,(l)\ ;\ \Delta H^\circ_{c,4}$$

Para cada una de las entalpías estándar de formación, el cálculo será de la siguiente forma:

$$\Delta H^\circ_r = \sum \Delta H^\circ_{productos} - \sum \Delta H^\circ_{reactivos} = [a \cdot \Delta H^\circ_f\,(H_2O)] + [b \cdot \Delta H^\circ_f\,(CO_2)] - [c \cdot \Delta H^\circ_{hidrocarburo}]$$

Siendo *a*, *b* y *c* los coeficientes estequiométricos. Así, la entalpía de combustión de cada reacción es:

$$\Delta H^\circ_{f,1} = [2 \cdot (-285,8) + (-393,5)] - (-74,6) = -890,5 \text{ kJ/mol}$$

$$\Delta H^\circ_{f,2} = [3 \cdot (-285,8) + 2 \cdot (-393,5)] - (-84,0) = -1560,4 \text{ kJ/mol}$$

$$\Delta H^\circ_{f,3} = [4 \cdot (-285,8) + 3 \cdot (-393,5)] - (-103,8) = -2\,219,9 \text{ kJ/mol}$$

$$\Delta H^\circ_{f,4} = [5 \cdot (-285,8) + 4 \cdot (-393,5)] - (-124,7) = -2\,878,3 \text{ kJ/mol}$$

Si comparamos estos valores con los recogidos en la tabla, vemos que las variaciones son mínimas. Por tanto, podemos decir que el método para calcular las entalpías de las reacciones es válido. Además, según aumenta el número de carbonos en la cadena del hidrocarburo, la energía desprendida en su combustión es mayor. Igual que la cantidad de dióxido de carbono que se emite a la atmósfera. Busca información sobre el índice de octanaje en las gasolinas y explica qué baremos se utilizan para calcularlo. ¿Cómo afecta este parámetro a la emisión de gases contaminantes?

Ejercicios

Nota: para resolver estos ejercicios, utiliza los datos de la separata final del libro.

19 Escribe las ecuaciones termoquímicas correspondientes a la reacción de formación de las siguientes sustancias:

a) Agua, H_2O (*l*).

b) Amoníaco, NH_3 (*l*).

c) Carbonato cálcico, $CaCO_3$ (s).

d) Eteno, C_2H_4 (*g*).

e) Etanol, C_2H_5OH (*l*).

20 Comprueba que se cumple la ley de Hess para la reacción de formación del CO_2 de forma directa o pasando por la formación de CO. Escribe las reacciones correspondientes.

21 A partir de las entalpías estándar de formación, calcula la entalpía de la siguiente reacción:

$$4\,NH_3\,(g) + 5\,O_2\,(g) \rightarrow 4\,NO\,(g) + H_2O\,(l)$$

¿Cuál es la variación de energía si reaccionan 5 L de NH_3 a 10^5 Pa y 25 °C?

22 Escribe la ecuación termoquímica de la reacción con gas oxígeno de 1 mol de gas SO_2 para dar gas SO_3. Calcula su entalpía de reacción a partir de las entalpías de formación.

23 A partir de las entalpías de enlace, calcula la entalpía de la reacción de hidrogenación del etino, C_2H_2, para dar etano, C_2H_6:

$$HC{\equiv}CH\,(g) + 2\,H_2\,(g) \rightarrow CH_3{-}CH_3\,(g)$$

24 Escribe la reacción de formación del vapor de agua y calcula su entalpía utilizando las entalpías de enlace correspondientes. Compara el valor obtenido con el que aparece en la tabla de entalpías estándar de formación. ¿Por qué crees que no coinciden?

25 Aplicando la ley de Hess y a partir de las entalpías estándar de combustión que aparecen en la tabla, calcula la entalpía de la reacción de formación del gas propano (C_3H_8).

26 Partiendo de los calores de combustión, escribe las ecuaciones de combustión correspondientes y calcula la entalpía de la reacción de hidrogenación del benceno (C_6H_6) para dar ciclohexano (C_6H_{12}):

$$C_6H_6\,(l) + 3\,H_2\,(g) \rightarrow C_6H_{12}\,(l)$$

Indica si la reacción es exotérmica o endotérmica y calcula la energía intercambiada cuando reaccionan 10 g de benceno. Utiliza los datos de la tabla.

4 EFECTOS DE LAS REACCIONES DE COMBUSTIÓN

4.1. Repercusiones ambientales de las reacciones de combustión

Las fuentes principales de energía para la generación de electricidad, transporte o calefacción de las sociedades industrializadas se basan en las reacciones de combustión de combustibles fósiles.

Los **combustibles fósiles** son aquellos que proceden originariamente de organismos vivos y que hace millones de años sufrieron un enterramiento que, junto con el aumento de las condiciones de presión y temperatura circundantes, generaron distintas transformaciones dando las mezclas de compuestos que tenemos hoy en día.

Los principales combustibles fósiles son el **carbón,** el **petróleo** y el **gas natural.** Del que existen menos reservas naturales es del petróleo y, al ritmo de consumo actual, puede que se agote en este siglo. Por otro lado, el gas natural es el combustible fósil más abundante y el que tiene un menor impacto ambiental.

Todos estos combustibles están constituidos mayoritariamente por carbono, por lo que sus reacciones de combustión generan CO_2, que no se aprovecha y se expulsa a la atmósfera, provocando su acumulación y generando una serie de graves problemas medioambientales, entre los que destaca el aumento del **efecto invernadero.**

Parte de la radiación solar que llega a la Tierra es absorbida por su superficie y reemitida nuevamente hacia la atmósfera en forma de radiación infrarroja. Esta radiación es absorbida por compuestos como el CO_2, el metano o el vapor de agua, impidiendo que escape hacia el espacio exterior. Esto se produce de forma natural, y, gracias a ello, tenemos en la superficie terrestre unas temperaturas óptimas para la vida.

El agudo incremento de la concentración de los gases de efecto invernadero en la atmósfera, como el CO_2, ha conllevado que este efecto se intensifique. Prácticamente toda la comunidad científica está de acuerdo en que esta es la causa del progresivo aumento de la temperatura global de la Tierra. Como consecuencia de este **calentamiento global** se está produciendo una disminución de los casquetes polares y las superficies glaciares, y un calentamiento general de los océanos. Este deshielo provocará un aumento del nivel de mar, cuyo valor exacto aún está por determinar, que afectará a las zonas costeras, que es donde se concentra la mayoría de la población mundial.

Por otro lado, se cree que este calentamiento global no será homogéneo, hecho que provocará una modificación de los vientos y las corrientes oceánicas, lo que, a su vez, ocasionará un **cambio climático** a escala mundial.

Aumento del CO_2 atmosférico

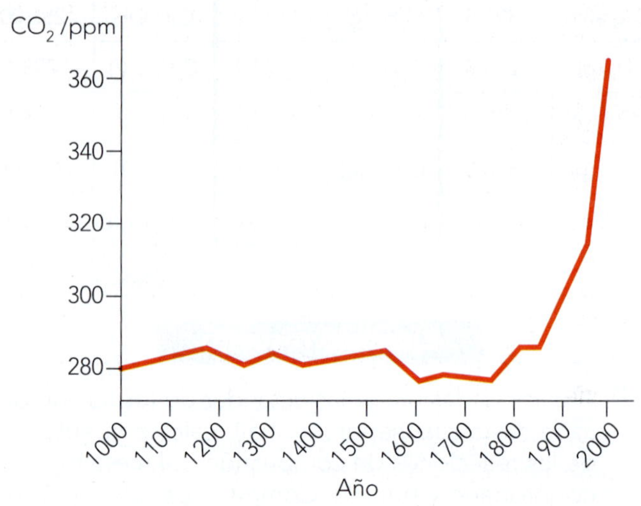

Desde la Revolución Industrial, ha habido un paulatino aumento de la concentración del CO_2 a la atmósfera, incrementándose exponencialmente desde principios del siglo XX.

Efecto invernadero

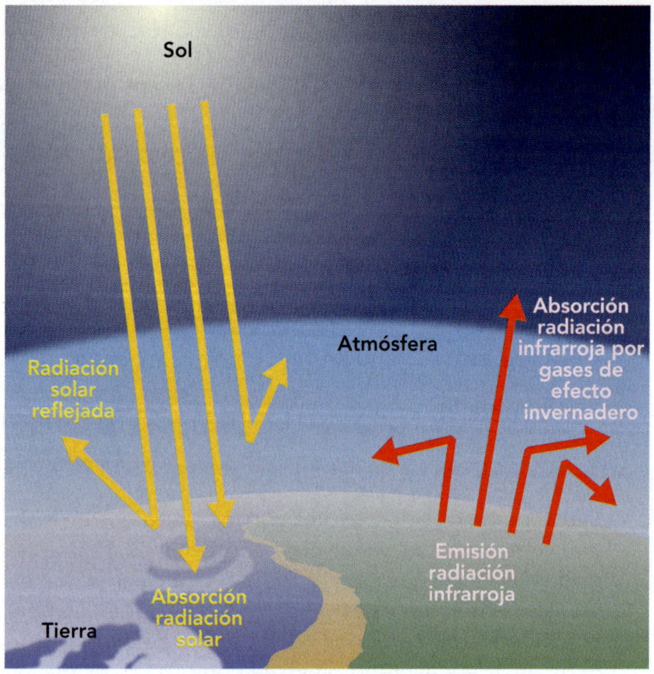

Además del CO_2, existen muchos otros gases de efecto invernadero (GEI), como son el vapor de agua, el metano, los óxidos de nitrógeno (NO_x), el ozono y los clorofluorocarbonos (CFC). Su presencia en la atmósfera debe estar controlada para que no sea perjudicial.

4.2. Actitudes sostenibles

En la actualidad, el cambio climático ya no se puede evitar, pero sí se pueden reducir sus efectos mediante acciones sostenibles para el medioambiente y el desarrollo humano. Dentro de los 17 Objetivos de Desarrollo Sostenible (ODS) de la Agenda 2030 que aprobó la ONU en 2015 en relación con la reducción de CO_2 atmosférico, cabe destacar los siguientes:

- **Objetivo 7. Energía asequible y no contaminante.** Entre las metas de este objetivo está el aumentar considerablemente la proporción de energía renovable en el conjunto de fuentes energéticas. En 2018, en España el 40 % de la energía eléctrica generada procedía ya de las renovables, pero es importante que ese porcentaje aumente en los próximos años.
- **Objetivo 11. Ciudades y comunidades sostenibles.** El 75 % de las emisiones de CO_2 se producen en las ciudades, que es donde además se concentran los mayores problemas de contaminación atmosférica.

  Contribuiremos a este objetivo desplazándonos a pie o en bicicleta y usando el transporte público. También es importante incrementar las zonas verdes existentes y mejorar la gestión de los desechos, reciclando lo máximo posible y reduciendo su impacto ambiental.
- **Objetivo 12. Producción y consumo responsables.** Los recursos naturales son limitados, pero la población mundial no para de crecer. El uso responsable de esos recursos es una prioridad.

  En los hogares se consume el 29 % de la energía total, la cual es a su vez responsable del 21 % de las emisiones de CO_2 que se generan.

  Como consumidores, existen iniciativas con las que podemos contribuir a conseguir este objetivo. Por ejemplo, realizar un consumo comprometido con el medioambiente, reducir los desechos generados mediante actividades de reciclado, reducción y reutilización, hacer las compras en proveedores locales y sostenibles, etc.
- **Objetivo 13. Acción por el clima.** Las emisiones de CO_2 siguen aumentando pese a los distintos esfuerzos. La emisión producida entre 2000 y 2010 fue mayor que la existente en las tres décadas anteriores.

  La incorporación de medidas para combatir el cambio climático dentro de las distintas políticas nacionales, mejorar la educación y la sensibilización respecto a la necesidad de mitigar los efectos del cambio climático y su adaptación, desarrollar el espíritu crítico en la población que permita manejar argumentos contrastados frente a aquellos que siguen negando el cambio climático y desarrollar sistemas de alerta temprana son algunas de las metas a alcanzar en el año 2030 respecto a este objetivo.

Consumo de energía primaria

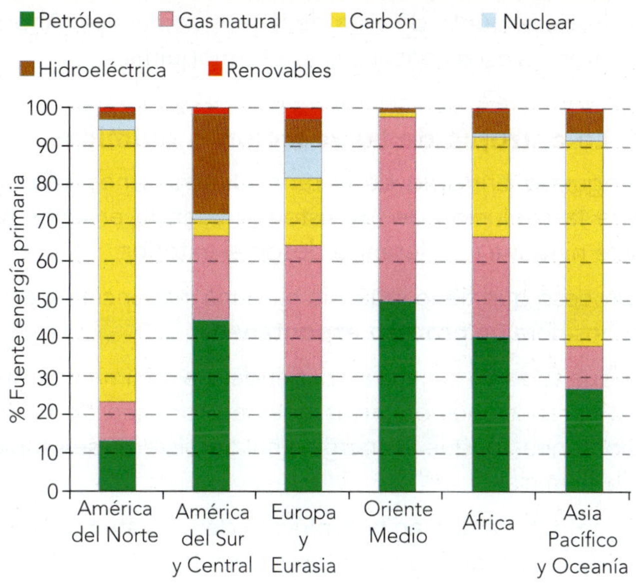

Según los datos recogidos por diferentes empresas energéticas, hasta el año 2011, el gráfico muestra en qué proporción se consumen las fuentes de energía primaria en el mundo. En este predomina el petróleo, excepto en América del Norte, parte de Asia y Oceanía, cuya fuente más importante es el carbón.

Ejercicios

27 Busca la temperatura media de la superficie del planeta si no existiera el efecto invernadero natural. Razona si es compatible con la vida.

28 ODS **Objetivo 7.** La tasa mundial de eficiencia energética hace referencia a la cantidad de energía que se utiliza para poder producir, tanto en la industria como a nivel de hogar. Uno de los principales objetivos para 2030 es mejorar esta tasa de eficiencia energética, para producir más consumiendo menos energía de lo que se hace actualmente. En este objetivo tienen especial interés las energías renovables, pues su uso supone un descenso en la contaminación y un aumento en el acceso a la electricidad en muchos países. En equipos, realizad una investigación sobre este tema y escribid un artículo como si fuerais a publicarlo en un periódico. Después, leedlos en voz alta y comentad vuestras opiniones.

29 Busca información sobre qué es un **sistema de alerta temprana** y cuál es su propósito. Para ello, puedes recurrir a la página web de la UNESCO. A continuación, elaborad un plan de actuación propio y compartidlo con el resto del centro.

5 ENTROPÍA

En la unidad anterior, abordamos el estudio del segundo principio de la termodinámica y del concepto de entropía desde el punto de vista de la termodinámica. Ahora, aplicaremos esos conceptos a la termoquímica.

5.1. La entropía de las reacciones químicas

El segundo principio de la termodinámica nos informa sobre la evolución de los sistemas cuando en ellos no existe ninguna interferencia desde el exterior.

El proceso que tiene lugar sin ninguna influencia externa se considera un **proceso espontáneo.**

Aunque todo en la naturaleza tiende a la mínima energía, existen reacciones químicas que se producen de forma espontánea aunque la energía final del sistema sea superior a la inicial.

Esto se debe a que en la evolución de los sistemas, además de la energía, hay que tener en cuenta también otra magnitud: la **entropía.**

La entropía está relacionada con el número de estados microscópicos compatibles con el estado de un sistema. Se puede considerar una medida del **desorden** existente dentro de un sistema, de tal manera que si el desorden aumenta, también lo hace la entropía, y si en el sistema aumenta el orden, disminuye la entropía.

Así, una sustancia en estado gaseoso tiene mayor entropía que en su estado líquido, el cual, a su vez, será mayor que si esa sustancia estuviera en estado sólido:

$$S_{gas} > S_{líquido} > S_{sólido}$$

Es una función de estado y sus unidades son J/K.

Desde el punto de vista de los procesos químicos, es más conveniente enunciar el segundo principio como:

> El **segundo principio de la termodinámica** afirma que un sistema evoluciona de forma espontánea siempre que la entropía del universo aumente.
>
> $$\Delta S_{universo} = \Delta S_{sistema} + \Delta S_{entorno} > 0$$

En una **reacción exotérmica** se libera energía por lo que el sistema disminuye su entropía. Por tanto, para mantener la entropía del universo constante, se incrementa la entropía del entorno por el aumento de su temperatura.

Sin embargo, en una **reacción endotérmica** se absorbe energía, por lo que el sistema aumenta su entropía, a la vez que el entorno la disminuye, por el descenso de su temperatura, manteniendo constante la del universo.

En ambos casos, el proceso puede ser espontáneo o no, dependiendo de la relación que exista entre la variación de entropía en el sistema y la variación de entropía del entorno, como se puede apreciar en el esquema adjunto.

Entropía y espontaneidad

Reacción exotérmica espontánea

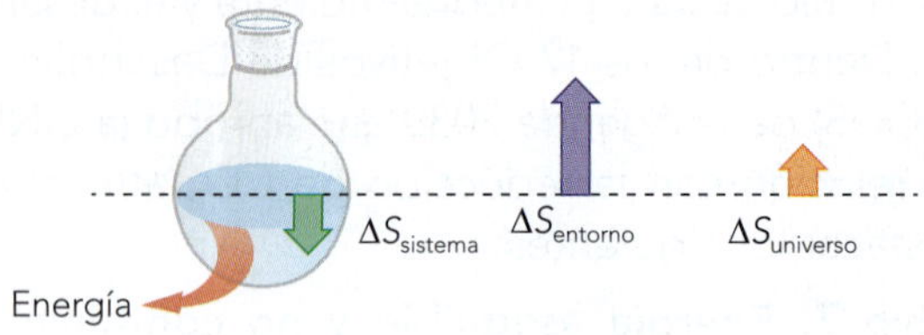

El sistema pierde energía y se ordena, mientras que el aumento de la temperatura del exterior provoca un fuerte aumento de su entropía. Globalmente se produce un aumento de la entropía del universo.

Reacción exotérmica no espontánea

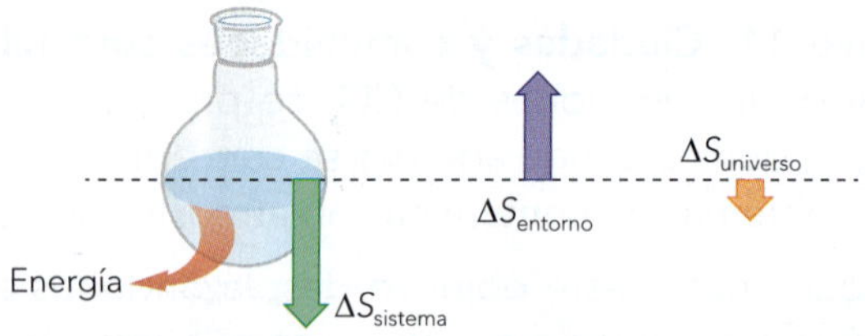

El sistema pierde energía provocando una acusada disminución de su entropía, que no es capaz de compensar el aumento de entropía del entorno provocada por el aumento de la temperatura. Globalmente se produce una disminución de la entropía del universo.

Reacción endotérmica espontánea

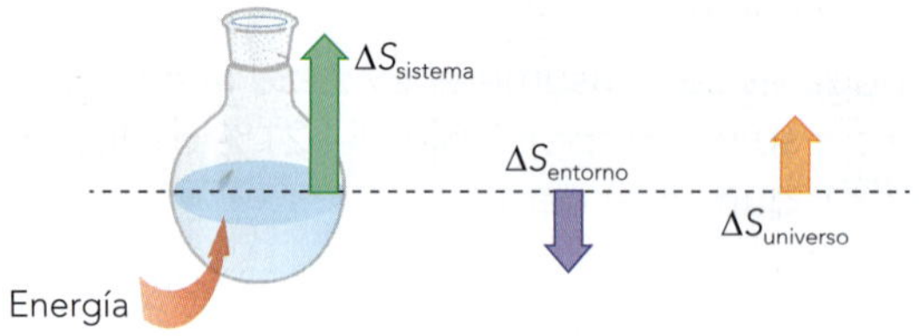

El sistema aumenta su energía volviéndose más desordenado. El entorno disminuye su temperatura y por tanto su entropía. Globalmente se produce un aumento de la entropía del universo

Reacción endotérmica no espontánea

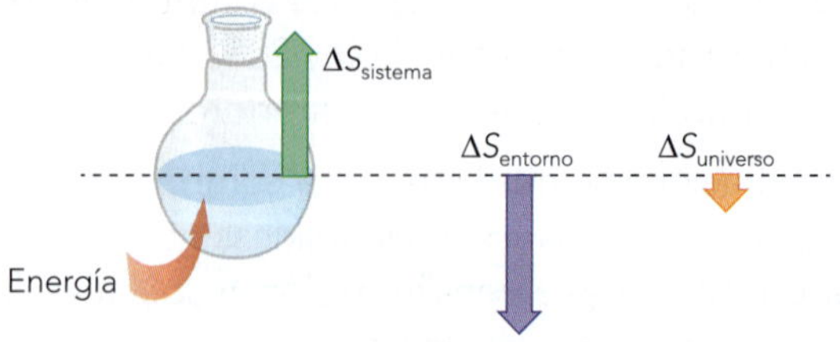

El sistema aumenta su energía volviéndose más desordenado, provocando una importante disminución de la entropía del entorno. Globalmente se produce una disminución de la entropía del universo, provocando que la reacción no sea espontánea.

5.2. Tercer principio de la termodinámica

Al contrario que con las otras variables termodinámicas estudiadas hasta ahora (energía interna y entalpía), sí que es posible determinar valores absolutos de la entropía.

El **tercer principio de la termodinámica** establece que la entropía de una sustancia pura que se encuentre en forma de cristal con ordenamiento perfecto en el 0 K es nula.

Lo primero que se deduce de este principio es que, dado que 0 K es la mínima temperatura que puede existir, la entropía nunca es negativa.

La entropía depende del estado físico de la sustancia, de la temperatura de la reacción y de la complejidad de las moléculas.

Se denomina **entropía molar estándar, $S°$,** a la de un mol de una sustancia a 10^5 Pa y a una determinada temperatura.

Normalmente, se tomarán 298,15 K como temperatura de referencia, aunque hay tablas de valores a distintas temperaturas.

5.3. Entropía estándar de reacción

Igual que se hizo con la entalpía, es posible determinar la variación de entropía que se produce en una reacción química a partir del valor de entropía molar estándar de las sustancias que intervienen en ella.

La **entropía molar estándar de una reacción, $\Delta S°$,** se calcula como la diferencia entre la suma de los valores de las entropías molares estándar de los productos multiplicados por sus coeficientes estequiométricos, menos la suma de los valores de las entropías molares estándar de los reactivos, también multiplicados por sus coeficientes estequiométricos:

$$\Delta S° = \sum a \cdot S°_{\text{productos}} - \sum b \cdot S°_{\text{reactivos}}$$

Siendo *a* y *b* los coeficientes estequiométricos correspondientes.

Aunque las entropías no pueden ser negativas, sí puede existir una variación de entropía negativa.

Esto es debido a las reacciones en las que el orden de la reacción aumenta con el tiempo, es decir, que los reactivos están más desordenados que los productos. Un ejemplo puede ser la solidificación del agua, pues, a una temperatura dada, el agua pasa de estado líquido a estado sólido. También, esta variación negativa de la entropía puede tener lugar cuando un gas se comprime, pues las moléculas tienden a restringir sus movimientos.

Ejercicio resuelto

7 Calcula la variación de entropía estándar de esta reacción química partiendo de los valores de entropía molar estándar que encontrarás en la tabla de la separata final, e interpreta el resultado:

$$N_2\,(g) + 3\,H_2\,(g) \rightarrow 2\,NH_3\,(g)$$

Solución

Debemos aplicar la definición de entropía estándar de reacción:

$$\Delta S° = \sum a \cdot S°_{\text{productos}} - \sum b \cdot S°_{\text{reactivos}}$$

$$\Delta S° = 2 \cdot [S°(NH_3)] - [S°(N_2) + 3 \cdot S°(H_2)]$$

$$\Delta S° = 2 \cdot 192{,}8 - (191{,}6 + 3 \cdot 130{,}7) = \boxed{-198{,}1\ \text{J/K}}$$

Como el resultado es $\Delta S° < 0$, nos indica que el sistema tiende a ordenarse con el avance de la reacción. Este resultado es lógico, ya que:

$$\Delta n_{\text{gas}} = n_{\text{productos}} - n_{\text{reactivos}} = 2 - (3 + 1) = -2$$

Es decir, disminuyen las sustancias en estado gaseoso en los productos respecto a los reactivos. Por ello, se ordena y disminuye la entropía.

Ejercicios

30 Compara razonadamente la entropía molar estándar de las sustancias de cada pareja. Utiliza los datos recogidos en la tabla de la separata.

a) H_2O (*g*) y H_2O (*l*).

b) C_2H_4 (*g*) y C_2H_2 (*g*).

c) C_2H_6 (*g*) y C_2H_5OH (*l*).

31 Predice si en las siguientes reacciones hay un aumento o disminución de entropía:

a) C (*s*) + ½ O_2 (*g*) → CO (*g*).

b) $CaCO_3$ (*s*) → CaO (*s*) + CO_2 (*g*).

c) PCl_3 (*g*) + Cl_2 (*g*) → PCl_5 (*g*).

32 Calcula la variación de entropía de las siguientes reacciones en condiciones estándar a partir de los datos de la tabla de entropías molares estándar incluida en la separata final, e interpreta el significado del signo de dicha variación:

a) C_2H_4 (*g*) + H_2 (*g*) → C_2H_6 (*g*).

b) NO_2 (*g*) → ½ N_2 (*g*) + O_2 (*g*).

c) CH_4 (*g*) + 2 O_2 (*g*) → CO_2 (*g*) + 2 H_2O (*l*).

33 A partir de lo aprendido sobre la entropía en la unidad anterior y en esta, haced grupos y cread un modelo con el que podáis explicar qué es la entropía y por qué es tan importante en la física y la química. Utilizad la técnica de **cabezas pensantes.**

Según lo que hemos visto hasta ahora, para saber si una reacción es espontánea o no, tendríamos que conocer cómo varía la entropía en el universo. Para salvar esta dificultad, necesitamos otra magnitud que nos informe sobre este hecho: la energía libre de Gibbs.

6.1. Concepto de energía libre de Gibbs

La espontaneidad de una reacción química está relacionada con las variaciones de entalpía y de entropía. Además, también debe estar relacionada con la temperatura, pues hay fenómenos que serán o no espontáneos dependiendo de la temperatura a la que ocurra el proceso.

Un ejemplo cotidiano es la fusión del hielo; si la temperatura existente es mayor que 0 °C, el proceso es espontáneo; pero, si existe una temperatura inferior a 0 °C, será necesario actuar sobre el sistema para que esa fusión se produzca.

J. W. Gibbs relacionó todas estas magnitudes con una nueva función de estado denominada **energía libre de Gibbs, *G*,** que se mide en unidades de energía, J/mol:

$$G = H - T \cdot S$$

Como esta magnitud es función de estado, no podemos conocer su valor absoluto, pero sí su variación, que, en condiciones de presión y temperatura constantes, es:

$$\Delta G = \Delta H - T \cdot \Delta S$$

Un proceso será espontáneo cuando su energía libre de Gibbs disminuya en el tiempo. Esto no quiere decir que tenga que producirse de forma inmediata, pero sí que es irreversible. Así, podemos afirmar que:

- Si $\Delta G < 0$, el proceso es espontáneo e irreversible.
- Si $\Delta G = 0$, no existe evolución y el sistema se encuentra en equilibrio.
- Si $\Delta G > 0$, el proceso no es espontáneo.

En la columna derecha se presentan las distintas posibilidades de la variación de ΔG.

El agua es una sustancia que convive en sus tres estados de agregación en la naturaleza.

ΔG y espontaneidad de las reacciones químicas

Reacción exotérmica en la que aumenta el desorden

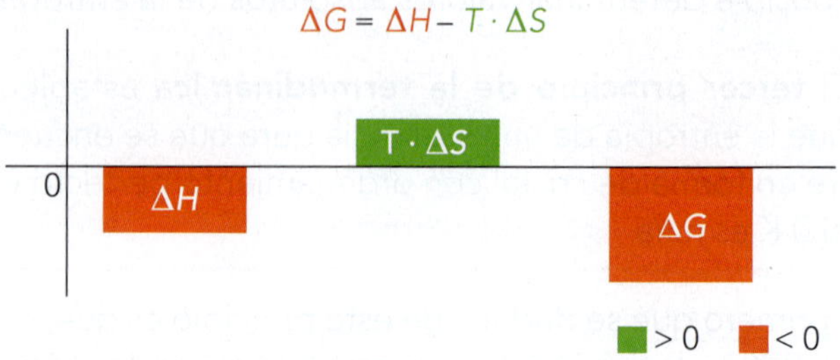

La reacción siempre es espontánea.

Reacción exotérmica en la que disminuye el desorden

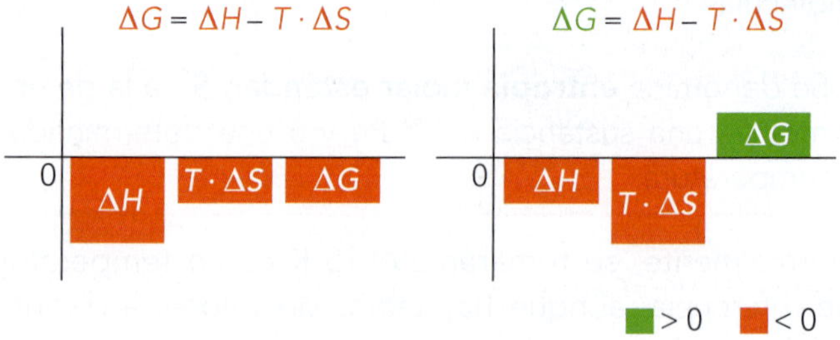

La reacción será espontánea a **temperaturas bajas,** para que el término de entalpía tenga un valor absoluto mayor que el de entropía.

Reacción endotérmica en la que disminuye el desorden

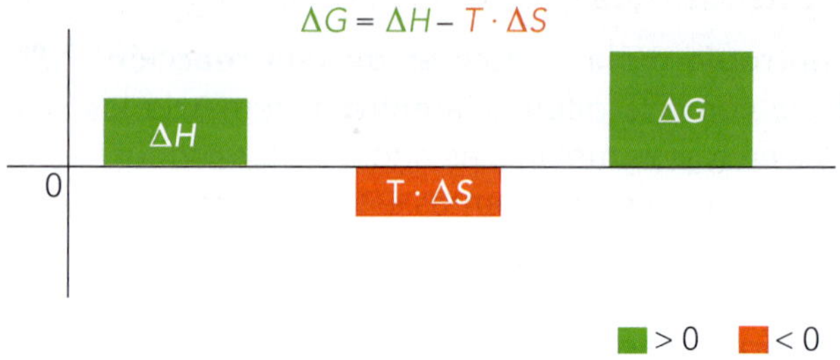

La reacción nunca es espontánea.

Reacción endotérmica en la que aumenta el desorden

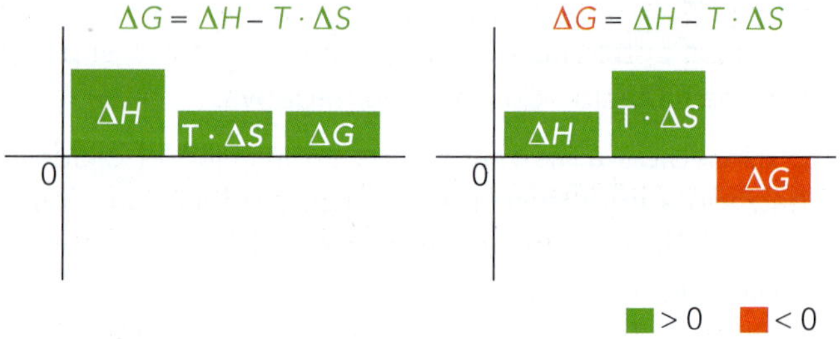

La reacción será espontánea a **temperaturas altas,** para que la entalpía tenga un valor absoluto menor que la entropía.

6.2. Cálculo de variaciones de energía libre

Para la determinación de las variaciones de energía libre de Gibbs, se elige como estado de referencia el estado estándar a una temperatura de 25 °C. En dicho estado, estas variaciones se simbolizan como $\Delta G°$.

Existen varios métodos para determinar la variación de energía libre, tal y como veremos a continuación.

El más inmediato es a partir de las variaciones de entalpía y entropía en estado estándar:

$$\Delta G° = \Delta H° - T \cdot \Delta S°$$

Esta fórmula también nos permite determinar la temperatura de equilibrio, es decir, a partir de la cual o por debajo de la cual un proceso será espontáneo. Ese cambio se produce cuando $\Delta G = 0$.

$$\Delta G = 0 \rightarrow 0 = \Delta H - T_{eq} \cdot \Delta S$$

$$T_{eq} = \frac{\Delta H}{\Delta S}$$

Por tanto, la temperatura de equilibrio será directamente proporcional a la entalpía de la reacción e inversamente proporcional a su entropía. Además, siempre tendrá un valor positivo.

Esto tiene especial importancia en aquellos casos en los que la espontaneidad de la reacción depende de la temperatura a la que se realice el proceso.

Otro método para determinar la $\Delta G°$ de una reacción química es a partir de la energía libre estándar de formación.

La **energía libre estándar de formación, $\Delta G_f°$,** de un compuesto es la variación de energía libre que acompaña a la formación un mol de una sustancia a partir de sus elementos en estado estándar.

Por convenio, la energía libre estándar de formación de los elementos puros en condiciones estándar a una temperatura dada es cero.

La **energía libre estándar de una reacción, $\Delta G°$,** se calcula como la diferencia entre la suma de los valores de las energías libres estándar de los productos multiplicados por sus coeficientes estequiométricos, menos la suma de los valores de las energía libres estándar de los reactivos, también multiplicados por sus coeficientes estequiométricos:

$$\Delta G°_{reacción} = \sum a \cdot \Delta G°_{productos} - \sum b \cdot \Delta G°_{reactivos}$$

Igualmente, como en ocasiones anteriores, *a* y *b* son los coeficientes estequiométricos correspondientes.

Ejercicio resuelto

8 Calcula la variación de energía libre de Gibbs de la siguiente reacción química partiendo de los valores de energía libre estándar de formación que encontrarás en la tabla correspondiente e interpreta el resultado:

$$CH_4\,(g) + 2\,O_2\,(g) \rightarrow CO_2\,(g) + 2\,H_2O\,(l)$$

Solución

Aplicamos la ecuación:

$$\Delta G° = \sum a \cdot \Delta G°_{productos} - \sum b \cdot \Delta G°_{reactivos}$$

$$\Delta G° = \Delta G°(CO_2) + 2 \cdot \Delta G°(H_2O) - [\Delta G°(CH_4) + 2 \cdot \Delta G°(O_2)]$$

Utilizando los valores recogidos en la tabla de datos del final del libro, obtenemos:

$$\Delta G° = -394{,}4 + 2 \cdot (-237{,}1) - (-50{,}5) - 2 \cdot 0$$

$$\Delta G° = -818{,}1\ kJ$$

Que la variación de energía libre sea –818,1 kJ indica que la reacción es espontánea a esa temperatura.

Ejercicios

34 Comprueba que la transformación de carbono en forma de diamante a grafito es un proceso espontáneo. Si esto es así, ¿cómo es posible que, aparentemente, los diamantes no se trasformen espontáneamente en trozos de carbón grafito?

35 Calcula la variación de energía libre que se produce en la combustión del gas metano, CH_4, a partir de la entalpía estándar de combustión que encontrarás en la tabla correspondiente y la variación de entropía que obtuviste para esa reacción en la actividad 32. ¿Es un proceso espontáneo?

36 Basándote en los valores de $\Delta G_f°$ de la tabla de la separata final, calcula $\Delta G°$ de la reacción:

$$N_2O_4\,(g) \rightarrow 2\,NO_2\,(g)$$

A partir del resultado obtenido y los datos que has encontrado, calcula la temperatura a la cual tiene lugar este proceso. ¿Cuál será su temperatura de equilibrio? Compara resultados y extrae conclusiones.

37 Existen infinidad de reacciones que se producen de forma espontánea, como la formación de agua o la oxidación del hierro. Sin embargo, muchas de ellas tardan mucho tiempo en producirse, e, incluso, no lo hacen de forma natural, sino que necesitan de unas condiciones determinadas. Busca información sobre este hecho y coméntalo en clase utilizando la técnica de **cadena de preguntas.**

Simulación del efecto invernadero

La expresión «efecto invernadero» es habitualmente usada por la población en general. Sin embargo, no siempre se hace correctamente ni es un concepto fácil de asimilar.

El empleo de la simulación de PhET sobre el efecto invernadero puede contribuir a aclarar muchas de las nociones relacionadas con este fenómeno.

La simulación del efecto invernadero la encontrarás en la página del PhEt: https://phet.colorado.edu/es/. Accederás a ella desde el buscador de **Juega con simulaciones** o directamente tanto de la parte de física como de la parte de química.

En este apartado, presentaremos cada una de las tres ventanas de las que se compone la simulación con una breve descripción de estas.

A continuación, te presentamos una serie de actividades guiadas para cada una de las ventanas con las que les sacarás todo su potencial.

1. Ventana Efecto invernadero

La ventana **Efecto invernadero** es la que se encuentra abierta por defecto cuando se abre la simulación en la pantalla.

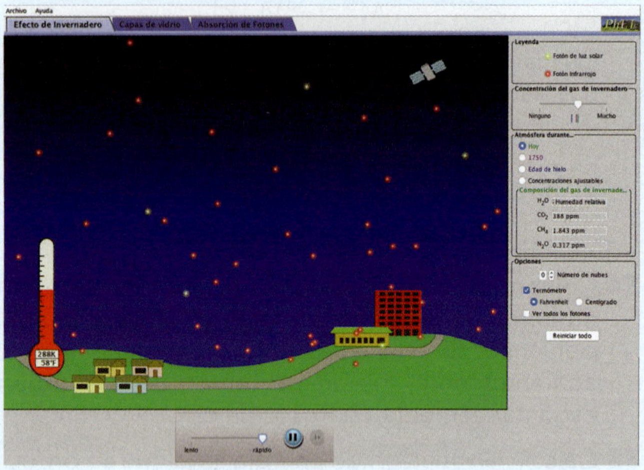

En ella, los fotones de luz visible procedentes del Sol (puntos amarillos) inciden sobre la superficie terrestre, la cual emite fotones de luz infrarroja (puntos rojos), que son los que producen el calentamiento global.

En el menú inferior, se acciona la simulación, se pausa o se hace avanzar paso a paso cuando está pausada. También, se modifica la velocidad del proceso.

En el menú lateral, puedes variar distintos parámetros para estudiar su efecto sobre la temperatura global del planeta. El principal factor es la concentración de los gases de efecto invernadero. Se puede variar a voluntad o elegir la composición de la atmósfera en alguno de los tres momentos que contempla: **Hoy,** en **1750** y en la **Edad de hielo.**

Asimismo, es posible ver el efecto provocado por las nubes, incluyendo, o no, un número variable de ellas.

Por último, también es posible mostrar u ocultar el termómetro así como escoger las unidades de medición de la temperatura.

Cuestiones 1

1 Busca qué es un fotón. ¿Es posible ver los fotones infrarrojos a simple vista? ¿Existe alguna manera de verlos?

2 Comienza la simulación a la velocidad más rápida, usando la atmósfera de **Hoy** y poniendo la escala de temperaturas en grados centígrados. Deja ejecutarse la simulación durante cuatro minutos, completa la siguiente tabla y contesta a las cuestiones.

Tiempo	T/°C	Tiempo	T/°C	Tiempo	T/°C
0 s		30 s		2 min	
15 s		1 min		4 min	

a) ¿Por qué crees que la simulación parte de una temperatura tan baja?

b) Habrás observado que durante los primeros 15 segundos la temperatura desciende en lugar de aumentar. Intenta explicar este resultado.

c) A partir de los 15 s, ¿la temperatura aumenta al mismo ritmo? Interpreta lo que has observado.

3 Repite el mismo procedimiento pero usando la atmósfera de **Edad de hielo** y anota los resultados en una nueva tabla. Compara los resultados de ambos experimentos y argumenta tus conclusiones basándote en la composición de las atmósferas.

4 Predice que pasaría si en **concentración del gas de invernadero** hubieras seleccionado **mucho.** Ahora, realiza la simulación. ¿Has obtenido los resultados que habías predicho?

5 Introduce una nube en la simulación y observa cómo interactúan tanto los fotones de luz visible como los fotones infrarrojos con ellas. ¿Crees que esto podría influir en el calentamiento global?

6 Diseña tú un experimento para estudiar la influencia de las nubes en la temperatura global de la superficie terrestre y emite una hipótesis sobre ello. Posteriormente, realiza la simulación que has diseñado y comprueba si tu hipótesis se cumple o no.

2. Ventana Capas de vidrio

En la ventana **Capas de vidrio** se simula la variación de temperatura que ocurre en un invernadero real.

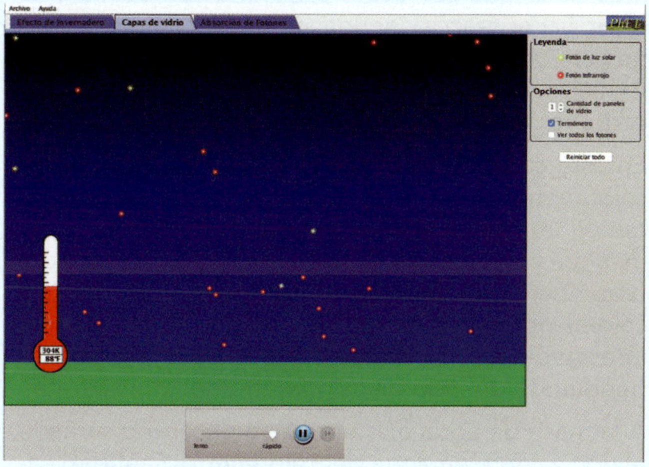

En el menú lateral se varía el número de paneles.

La simulación con capas de vidrio permite apreciar lo que podría pasar si el efecto invernadero se intensificara mucho.

Cuestiones 2

7 Acciona la simulación sin añadir ningún panel. En función de los resultados obtenidos, ¿crees que la atmósfera de esta simulación incluye gases de efecto invernadero? ¿Por qué? Ahora, añade un panel de vidrio. ¿Cómo interaccionan los distintos tipos de fotones con el panel de vidrio?

8 Reinicia la simulación con un panel de vidrio y ahora recoge la evolución de la temperatura de la superficie construyendo una tabla similar a la de la actividad 2. ¿Por qué crees que se obtienen estos resultados?

9 El botón de **pausa** nos ayudará a contar los fotones infrarrojos que se escapan del panel de vidrio al exterior. Comienza añadiendo un solo panel y dejando que se desarrolle la simulación durante 30 s antes de contar los fotones pulsando **pausa.** Repite esta opción dos veces más para sacar una media. Reinicia el experimento con dos paneles y repite el proceso. Por último, haz el experimento con tres paneles. Utiliza estos datos para deducir una relación entre los fotones que salen y la temperatura final en la superficie.

3. Ventana Absorción de fotones

En la ventana **Absorción de fotones** es posible estudiar la interacción tanto de fotones visibles como de fotones infrarrojos con distintos tipos de gases.

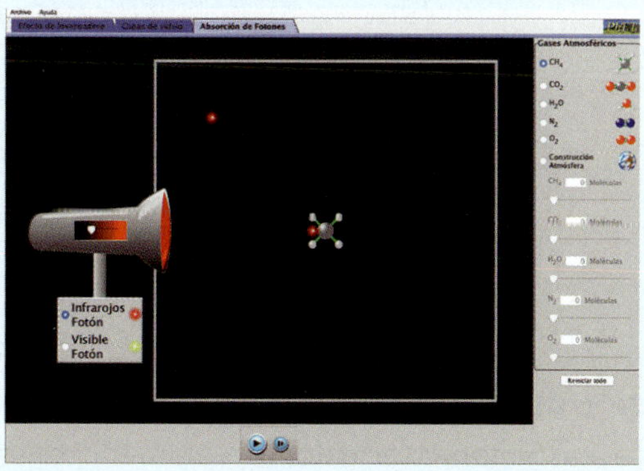

En el emisor de fotones se seleccionan tanto el tipo de fotón, infrarrojo o visible, como el flujo de estos.

En el menú lateral, elegimos el gas sobre el que se quieren medir los efectos de los fotones (CH_4, CO_2, H_2O, N_2 o O_2). En esta opción, se simulan los efectos sobre una sola molécula. También, se puede construir una atmósfera con una composición determinada en la que se pueden incluir varias moléculas de igual o distinto tipo de sustancia.

Cuestiones 3

10 Acciona el emisor de fotones en un flujo alto, selecciona los fotones de luz infrarroja y prueba su efecto en cada uno de los cinco gases. ¿Qué gases pueden provocar efecto invernadero? ¿Por qué? Repite la operación usando fotones de luz visible. ¿Qué resultados has obtenido? ¿Qué puedes deducir de este resultado?

11 La atmósfera es una mezcla homogénea de gases. Observa los resultados que obtienes de la simulación con fotones infrarrojos cuando construyes estas atmósferas: 4 moléculas de CO_2; 15 moléculas de CO_2; 15 moléculas de N_2; 15 moléculas de CH_4; y 15 moléculas de CO_2. Busca información sobre la composición de la atmósfera y construye una que se parezca lo más posible a la real en composición y en concentración de gases.

12 Basándote en los resultados observados, responde a las siguientes preguntas: ¿Qué influencia tiene aumentar la cantidad de un gas como el CO_2 en la atmósfera? El hecho de que haya mucha cantidad de un determinado gas, ¿significa que va a haber efecto invernadero? ¿Cómo influye la presencia de otros gases en el efecto que causa el CO_2?

Determinación del calor de combustión de una sustancia mediante una bomba calorimétrica

1 Se quema una muestra de 10 g de sacarosa, o azúcar común, $C_{12}H_{22}O_{11}$, en una bomba calorimétrica a volumen constante. La bomba contiene 2,5 kg de agua y su temperatura varía desde 22,6 °C hasta 35,6 °C. Calcula el calor de combustión de la sacarosa a volumen constante, a presión constante y a 25 °C.

Datos: M (H) = 1,0 g · mol^{-1}; M (C) = 12,0 g · mol^{-1}; M (O) = 16,0 g · mol^{-1}; c_{agua} = 4186 J · kg^{-1} · K^{-1}; equivalente en agua del calorímetro = 0,517 kg; R = 8,31 J · mol^{-1} · K^{-1}.

ANÁLISIS DEL PROBLEMA

Cuando hablamos de quemar una sustancia, queremos decir que se lleva a cabo una combustión, es decir, hacer reaccionar una sustancia con gas oxígeno para obtener óxidos. En el caso de un compuesto formado solo por C, H y O, se obtienen dióxido de carbono gaseoso y agua líquida.

En este caso, el proceso tiene lugar en una bomba calorimétrica, un dispositivo con un recipiente adiabático en cuyo interior hay una cantidad conocida de agua y donde se introduce la cámara de reacción, o bomba, que es donde se produce la reacción. Los calores obtenidos de un calorímetro pueden ser calores a volumen constante o a presión constante, dependiendo del tipo de calorímetro del que se trate.

A la masa de agua existente será necesario sumarle el equivalente en agua del calorímetro, cantidad característica de cada calorímetro que sirve para tener en cuenta el calor intercambiado con las paredes interiores.

Aunque numéricamente no tenga trascendencia, debido a las unidades del calor específico del agua, la variación de temperatura se debe calcular en kelvin.

Planteamiento y resolución

El calor desprendido, es decir, el calor de combustión a volumen constante, será igual al calor absorbido por el agua y el calorímetro para aumentar su temperatura desde 22,6 °C a 33,6 °C. Así, su valor será:

$$Q_{absorbido} = m \cdot c \cdot \Delta T$$

$$Q_{absorbido} = (2{,}5 + 0{,}517) \cdot 4186 \cdot (306{,}6 - 295{,}6) = 138\,920{,}8 \text{ J}$$

Por tanto, el calor cedido por la combustión de la sacarosa es:

$$Q_{cedido} + Q_{absorbido} = 0 \rightarrow Q_{absorbido} = -Q_{cedido} = -138\,920{,}8 \text{ J}$$

Para calcular el calor de combustión a volumen constante, Q_V, y expresarlo en kJ/mol, calculamos la masa molar de la sacarosa, y, posteriormente, hallamos Q_V:

$$M (C_{12}H_{22}O_{11}) = 12{,}0 \cdot 12 + 1{,}0 \cdot 22 + 16{,}0 \cdot 11 = 342{,}0 \text{ g/mol}$$

$$Q_V = \frac{-138\,920{,}8 \text{ J}}{10 \text{ g}} \cdot \frac{1 \text{ kJ}}{10^3 \text{ J}} \cdot \frac{342{,}0 \text{ g}}{1 \text{ mol}} = -4\,751{,}1 \text{ kJ/mol}$$

En el caso del calor a presión constante, Q_p, será necesario escribir y ajustar la reacción de combustión de la sacarosa:

$$C_{12}H_{22}O_{11} \ (s) + 12\ O_2\ (g) \rightarrow 12\ CO_2\ (g) + 11\ H_2O\ (l)$$

Partiendo de esta ecuación, podemos obtener Q_p a partir de Q_V gracias a la expresión:

$$Q_p = Q_V + p \cdot \Delta V = Q_V + \Delta n \cdot R \cdot T$$

Dado que la variación de cantidad de sustancia de los gases es:

$$\Delta n = n_f - n_0 = 12 - 12 = 0 \text{ mol}$$

Se cumple que:

$$Q_p = Q_V = -4751{,}1 \text{ kJ/mol}$$

Como $\Delta n = 0$, podemos asumir que la temperatura no afectará en el cálculo de Q_p y Q_V. Por eso, no se repite el cálculo a 25 °C. Además, esta temperatura es muy cercana a la de partida, 22,6 °C, por lo que podemos decir que la variación en los valores de Q_V y Q_p no es significativa.

DISCUSIÓN DE RESULTADOS

En este caso, tanto el calor a volumen constante como el calor a presión constante deben ser negativos, puesto que la temperatura del agua del calorímetro aumenta, lo que eso significa que la reacción desprende energía; es decir, es exotérmica.

Por otro lado, al ser una reacción en la que la variación de cantidad de sustancia gaseosa es cero, los valores de los calores a volumen y presión constantes son iguales. Lo mismo pasaría si ninguna sustancia fuera gaseosa.

Determinación de las magnitudes termodinámicas

2 A partir de los datos que aparecen en la tabla, determina la variación de energía libre en condiciones estándar a 25 °C y la temperatura a partir de la cual será espontánea la reacción química:

$$C_4H_8\,(g) + H_2O\,(l) \rightarrow C_4H_{10}O\,(l)$$

Sustancia	ΔH°_c/(kJ/mol)	S°_f/(J · mol^{-1} · K^{-1})
$C_4H_8\,(g)$	–29,8	219,9
$C_4H_{10}O\,(l)$	–342,6	214,9
$H_2O\,(l)$		–237,1

ANÁLISIS DEL PROBLEMA

Para poder determinar la variación de energía libre de Gibbs de la reacción en condiciones estándar, ΔG°, será necesario determinar, primero, tanto la variación de entalpía como la de entropía.

Puesto que nos suministran datos de calores de combustión, la entalpía de la reacción, ΔH°, se calculará aplicando la ley de Hess, de tal manera que, operando con las distintas reacciones de combustión, obtengamos la reacción deseada. Tenemos que tener en cuenta que, si multiplicamos una reacción por un número, su valor de entalpía también queda multiplicado por ese número. Por otro lado, si le damos la vuelta a una reacción, su entalpía cambia de signo.

La variación de entropía de la reacción, ΔS°, la obtendremos por la diferencia entre las entropías molares estándar de los productos menos la de los reactivos, teniendo en cuenta los correspondientes coeficientes estequiométricos.

Finalmente, la variación de energía libre de la reacción se calcula por aplicación de la ecuación:

$$\Delta G^\circ = \Delta H^\circ - T\Delta S^\circ$$

Teniendo cuidado con utilizar siempre las mismas unidades.

En las reacciones en las que ΔH y ΔS tienen el mismo signo, la espontaneidad de la reacción dependerá del valor de la temperatura a la que se realice, ya que la temperatura, al estar en kelvin, siempre será positiva.

El cambio del proceso de espontáneo a no espontáneo, o al revés, se produce cuando $\Delta G = 0$. Para averiguar si el cambio se dará por encima o por debajo de dicha temperatura, tomamos como referencia lo que ocurre en condiciones estándar, a 25 °C.

Planteamiento y resolución

Para determinar la variación de energía libre de la reacción, tendremos que calcular antes las variaciones de entalpía y de entropía. Empezaremos por la variación de entalpía aplicando la ley de Hess. Para ello, primero, escribimos las reacciones de combustión de los hidrocarburos:

$$C_4H_8\,(g) + 6\,O_2\,(g) \rightarrow 4\,CO_2\,(g) + 4\,H_2O\,(l)\,;\ \Delta H^\circ_c = -29{,}8\ \text{kJ/mol}$$

$$C_4H_{10}O\,(l) + 6\,O_2\,(g) \rightarrow 4\,CO_2\,(g) + 5\,H_2O\,(l)\,;\ \Delta H^\circ_c = -342{,}6\ \text{kJ/mol}$$

Y, a continuación, operamos las reacciones y las entalpías:

$$C_4H_8\,(g) + 6\,O_2\,(g) \rightarrow 4\,CO_2\,(g) + 4\,H_2O\,(l)\,;\ \Delta H^\circ_c = -29{,}8\ \text{kJ}$$

$$\underline{4\,CO_2\,(g) + 5\,H_2O\,(l) \rightarrow C_4H_{10}O\,(l) + 6\,O_2\,(g)\,;\ \Delta H^\circ_c = 342{,}6\text{kJ}}$$

$$C_4H_8\,(g) + H_2O\,(l) \rightarrow C_4H_{10}O\,(l)\quad;\quad \Delta H^\circ_c = 312{,}8\ \text{kJ}$$

En segundo lugar, calculamos la variación de entropía de la reacción dada a partir de las entropías de formación de cada sustancia:

$$\Delta S^\circ = \sum a \cdot S^\circ_{\text{productos}} - \sum b \cdot S^\circ_{\text{reactivos}}$$

$$\Delta S^\circ = S^\circ(C_4H_{10}O) - [S^\circ(C_4H_8) + S^\circ(H_2O)]$$

$$\Delta S^\circ = 214{,}9 - [219{,}9 + (-237{,}1)] = 232{,}1\ \text{J/K}$$

Por último, hallamos el valor de la variación de la energía libre de la reacción en estas condiciones estándar ($T = 298$K):

$$\Delta G^\circ = \Delta H^\circ - T\Delta S^\circ = 312\,800\ \text{J} - 298\ \text{K} \cdot (232{,}1\ \text{J/K})$$

$$\Delta G^\circ = 243\,634{,}2\ \text{J} = 243{,}6\ \text{kJ}$$

Como la reacción a 25 °C no es espontánea, averiguamos la temperatura a la que sí lo será. Para ello, hacemos que $\Delta G = 0$, y sustituimos los resultados obtenidos:

$$\Delta H - T \cdot S = 0 \ \rightarrow\ T = \frac{\Delta H}{\Delta S} = \frac{312\,800}{232{,}1} = 1347{,}7\ \text{K}$$

DISCUSIÓN DE RESULTADOS

Como a 1 348 K se produce el cambio y a la temperatura inferior de 298 K el proceso no es espontáneo (su variación de energía libre de Gibbs es positiva, ΔG = 243,6 kJ), esta reacción será espontánea por encima de 1 348 K. Este resultado es coherente con lo visto en la unidad, pues, cuando tanto ΔH como ΔS son positivas, la reacción es espontánea a altas temperaturas.

Recuerda seleccionar el material de trabajo de esta unidad para tu **portfolio.**

TRABAJA CON LO APRENDIDO

Termoquímica

1 Define *reacción endotérmica* y *reacción exotérmica*, indicando, en cada caso, si el calor se absorbe o se libera, su signo y si la energía interna varía aumentando o disminuyendo.

2 En un proceso, un sistema desarrolla un trabajo de expansión de 150 J y absorbe 100 J de calor. ¿Cuánto varía su energía interna?

3 Un sistema aumenta su energía interna en 200 J cuando desarrolla un trabajo de expansión de 500 J. Para ello, ¿necesitará absorber calor o liberarlo? ¿En qué cantidad?

4 Pon un ejemplo de proceso isocórico y otro de proceso isobárico que se puedan producir cocinando.

5 En una reacción química, explica cuándo las variaciones de energía interna y de entalpía coinciden numéricamente.

6 Para la reacción: $A + 2\,B \rightarrow 2\,C$, propón estados de agregación para *A*, *B* y *C* en los que:

a) $Q_p > Q_V$.

b) $Q_p = Q_V$.

c) $Q_p < Q_V$.

Entalpía de reacción

7 Escribe la ecuación termoquímica de formación de un mol de agua líquida a partir de sustancias simples en estado gaseoso, sabiendo que se liberan 285,8 kJ de energía. La reacción, ¿es endotérmica o exotérmica?

8 Dada la ecuación termoquímica:

$$H_2\,(g) + Cl_2\,(g) \rightarrow 2\,HCl\,(g)$$
$$\Delta H = -184,6\ \text{kJ}$$

Calcula la variación de entalpía y escribe la ecuación termoquímica de la formación de un mol de HCl (*g*).

9 En la formación de 1 mol de FeS (*s*) a partir de sus sustancias simples, también en estado sólido, se liberan 100,0 kJ de energía. Calcula las variaciones de entalpía en los siguientes casos:

a) Formación de 3 mol de FeS (*s*).

b) Descomposición de FeS (*s*). Esta reacción, ¿es endotérmica o exotérmica?

10 ¿Cuánta energía se liberará en la formación de 100,0 g de NaCl a partir de la reacción química que se presenta a continuación?

$$HCl\,(aq) + NaOH\,(aq) \rightarrow NaCl\,(aq) + H_2O\,(l)$$
$$\Delta H = -55,8\ \text{kJ}$$

11 Según la reacción de descomposición:

$$CaCO_3\,(s) \rightarrow CaO\,(s) + CO_2\,(g)\ ;\ \Delta H = 179,2\ \text{kJ}$$

Calcula qué masa de $CaCO_3$ se descompone si la reacción absorbe 100 kJ.

12 La ecuación termoquímica de la combustión del butano es:

$$C_4H_{10} + 13/2\,O_2\,(g) \rightarrow 4\,CO_2\,(g) + 5\,H_2O\,(l)$$
$$\Delta H = -2\,877,6\ \text{kJ/mol}$$

¿Qué volumen de butano (C_4H_{10}) habrá sido necesario quemar en condiciones normales para obtener 300,0 kJ de energía?

13 Haz el diagrama entálpico del proceso de combustión de un mol de etano (C_2H_6) gaseoso en presencia de gas oxígeno, para dar CO_2 gaseoso y H_2O líquida, liberándose 1 560,7 kJ.

14 Representa, manteniendo las escalas que has usado en el ejercicio anterior, el diagrama entálpico correspondiente a la reacción:

$$2\,C_2H_6\,(g) + 7\,O_2\,(g) \rightarrow 4\,CO_2\,(g) + 6\,H_2O\,(l)$$

Calcula la entalpía de la reacción.

15 Basándote en el siguiente diagrama entálpico, indica los reactivos, los productos, la reacción química representada, y calcula la variación de entalpía.

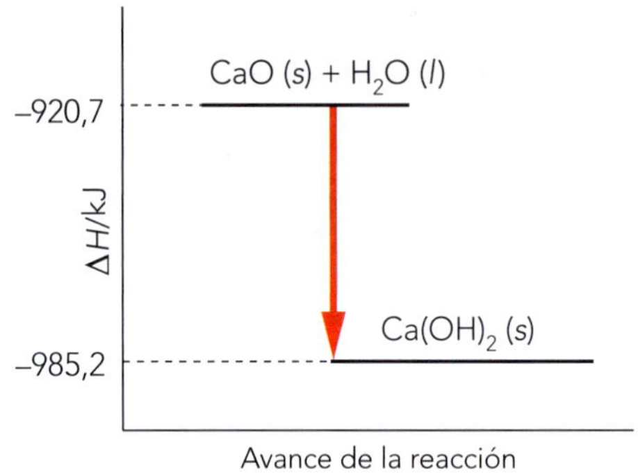

16 A partir de la información contenida en el siguiente diagrama entálpico, escribe la ecuación termoquímica de la formación de un mol de HBr (*g*).

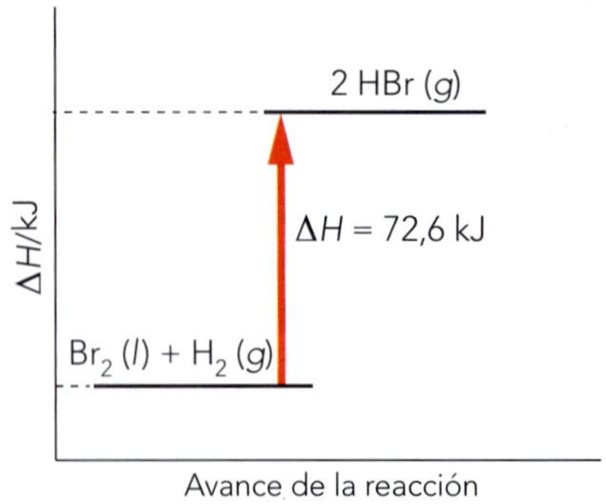

Cálculos de entalpía

17 ¿Cómo construirías un calorímetro casero a partir de materiales que puedas encontrar en tu casa? Normalmente, los calorímetros caseros solo sirven para procesos muy rápidos, ¿por qué crees que es así?

18 Para determinar la entalpía de disolución del NaOH (s) se introducen 5 g de esta sustancia dentro de un calorímetro que contiene 150 g de agua. Inmediatamente se tapa y se comprueba que existe un ascenso de temperatura de 7 °C. ¿Cuál es el valor de la entalpía de disolución?

Datos: $c_{H_2O} = 4\,186\ J \cdot kg^{-1} \cdot K^{-1}$; equivalente en agua del calorímetro = 32 g.

19 En un calorímetro a presión constante se queman 4 g de ácido benzoico, $C_7H_6O_2$, provocando que la temperatura de los 1,5 kg de agua que contiene el calorímetro aumente de los 20,2 °C a los 33,3 °C. Calcula el calor de combustión a presión constante.

Datos: Equivalente en agua del calorímetro: 423 g; $c_{H_2O} = 4\,186\ J \cdot kg^{-1} \cdot K^{-1}$.

20 Formula las ecuaciones termoquímicas de las reacciones de formación de HCl (*g*), SO_3 (*g*) y NO_2 (*g*), indicando en cada caso si son exotérmicas o endotérmicas.

21 Aplicando la ley de Hess, y basándote en las siguientes ecuaciones termoquímicas, calcula la entalpía de formación del H_2O_2 (l):

$$H_2O_2\ (l) \rightarrow H_2O\ (l) + ½\ O_2\ (g);\quad \Delta H = -98{,}0\ kJ$$

$$H_2\ (g) + ½\ O_2 \rightarrow H_2O\ (l);\quad \Delta H = -285{,}8\ kJ$$

22 A partir de las entalpías de formación que encontrarás en la separata final, calcula la entalpía de la reacción:

$$CaCO_3\ (s) \rightarrow CaO\ (s) + CO_2\ (g)$$

23 Basándote en la tabla de entalpías de formación del final del libro, calcula la entalpía de la dimerización del NO_2 (*g*). Indica si es una reacción exotérmica o endotérmica.

$$2\ NO_2\ (g) \rightarrow N_2O_4\ (g)$$

24 Escribe la reacción de formación del HCl, y calcula su entalpía correspondiente a partir de sus entalpias de enlace.

25 Determina la entalpía de la reacción de obtención de cloro por el proceso Deacon que aparece a continuación, basándote en los valores de entalpía de enlace.

$$4\ HCl\ (g) + O_2\ (g) \rightarrow 2\ Cl_2 + 2\ H_2O\ (g)$$

Busca información sobre el proceso anterior y elabora un esquema con las etapas principales y sus usos en la industria.

26 Una bombona de butano, C_4H_{10}, contiene aproximadamente 12,5 kg de esta sustancia. Sabiendo que su entalpía estándar de combustión es de –2877,6 kJ/mol, calcula la energía total que se puede producir con una bombona de butano. ¿Qué volumen de CO_2 en condiciones normales se liberaría a la atmósfera?

27 Fíjate en los resultados obtenidos en el ejercicio resuelto 6 del epígrafe 3.5 y, basándote en ellos, razona cuáles de esos gases liberarán más energía cuando se queme 1 L de cada uno de esos gases a 1 atm de presión y 25 °C . Según ese razonamiento, ¿qué gas emplearías en un sistema de calefacción de carácter doméstico? Cuando en un hogar determinado el depósito de gas se encuentra en el exterior, se recomienda usar propano frente a butano. Busca en Internet los motivos que fundamentan esta recomendación.

28 Escribe las reacciones de combustión del etanol (C_2H_6O), el ácido acético ($C_2H_4O_2$) y el acetato de etilo ($C_4H_8O_2$) y calcula la energía intercambiada en la siguiente reacción de esterificación. ¿Se absorbe o se libera energía en esta reacción?

$$C_2H_4O_2\ (l) + C_2H_6O\ (l) \rightarrow C_4H_8O_2\ (l) + H_2O\ (l)$$

Datos: $\Delta H_c^\circ (C_2H_6O) = -1\,366{,}8$ kJ/mol; $\Delta H_c^\circ (C_2H_4O_2) = -874{,}2$ kJ/mol y $\Delta H_c^\circ (C_4H_8O_2) = -2238{,}1$ kJ/mol.

29 El cianuro de hidrógeno (HCN) se produce industrialmente a través de la reacción del metano (CH_4) y el amoníaco (NH_3) con el gas oxígeno en presencia de un catalizador de platino:

$$2\ CH_4\ (g) + 2\ NH_3\ (g) + 3\ O_2\ (g) \rightarrow 2\ HCN\ (g) + 6\ H_2O\ (g)$$

Calcula la entalpía de esta reacción a partir de las entalpías estándar de reacción indicando si la reacción es endotérmica o exotérmica.

Datos: $\Delta H_c^\circ (CH_4) = -890{,}8$ kJ/mol, $\Delta H_c^\circ (NH_3) = 382{,}8$ kJ/mol; ΔH_c° (HCN) = –671,5 kJ/mol.

Efectos de las reacciones de combustión

30 El petróleo, además de como combustible, sirve de materia prima para muchas industrias. Sus reservas se encuentran concentradas solo en determinados lugares. Busca información sobre las reservas de petróleo existentes y cuánto se estima que durarán en función del consumo actual. Con los datos encontrados, argumenta si es urgente encontrar un cambio de los modelos energético e industrial.

anayaeducacion.es Consulta el apartado «Para estudiar» en el banco de recursos.

31 ¿Sería posible la vida en la Tierra, tal y como la conocemos, si no existiera el efecto invernadero? ¿Por qué actualmente el efecto invernadero tiene consecuencias negativas?

32 En el gráfico interactivo sobre emisiones de CO_2 (kt) que encontrarás en la web de datos del Banco Mundial, busca los datos de emisión de CO_2 a nivel mundial de los años 1980, 1990, 2000 y 2010, y haz un estudio comparativo. ¿Concuerdan con lo que has aprendido en la unidad? ¿Por qué? Comparte tu opinión con el resto del aula.

33 En la quema de los combustibles fósiles, además del CO_2, se producen también óxidos de nitrógeno y azufre que son los responsables de la lluvia ácida. Busca y explica en qué consiste este fenómeno y las consecuencias que provoca.

34 Busca información sobre plantas de generación de electricidad a partir de fuentes renovables que existan dentro de tu comunidad. ¿Son suficientes o habría que aumentarlas? Argumenta tu respuesta.

35 ODS Se debe seguir aumentando el porcentaje de energía eléctrica que procede de fuentes renovables, pero también hay que aumentar la eficiencia energética de las centrales térmicas basadas en combustibles fósiles. Busca ejemplos de este tipo de centrales (centrales de tipo combinado) y di por qué son más eficientes que las tradicionales. Relaciona este hecho con la **meta 7.1**.

36 ¿Por qué crees que incrementar las zonas verdes existentes, hacer un consumo responsable y mejorar la gestión de los desechos, reciclando lo máximo posible, contribuye al desarrollo sostenible? ¿Qué efectos positivos puede tener en tu comunidad? ¿Cómo podrías concienciar a tu entorno para que apoyaran estas iniciativas?

Entropía

37 ¿Qué diferencia hay entre entropía del entorno y entropía del universo?

38 Razona si es posible que se produzca una reacción endotérmica sin que la entropía del universo disminuya.

39 Según el segundo principio de la termodinámica, cuando un sistema evoluciona, la variación de entropía del universo aumenta. ¿Existe algún proceso en el que esta variación es nula? ¿Y negativa?

40 Busca información sobre si es posible alcanzar el cero absoluto de temperatura; es decir, 0 K.

41 Predice el signo de la variación de entropía de las siguientes reacciones y confirma los resultados empleando los datos de entropía molar estándar que se adjuntan:

$$C_6H_6\,(l) + 3\,H_2\,(g) \rightarrow C_6H_{12}\,(l)$$

$$CH_4\,(g) + H_2O\,(l) \rightarrow CO\,(g) + 3\,H_2\,(g)$$

$$H_2\,(g) + I_2\,(s) \rightarrow 2\,HI\,(g)$$

$$Ca(OH)_2\,(s) + CO_2\,(g) \rightarrow CaCO_3\,(s) + H_2O\,(l)$$

Sustancia	$S°/(J \cdot K^{-1})$	Sustancia	$S°/(J \cdot K^{-1})$
C_6H_6 (*l*)	173,4	C_6H_{12} (*l*)	270,2
H_2 (*g*)	130,7	CH_4 (*g*)	186,3
H_2O (*l*)	70,0	I_2 (*s*)	116,1
CO (*g*)	197,7	HI (*g*)	206,6
$Ca(OH)_2$ (*s*)	83,4	CO_2 (*g*)	213,8
$CaCO_3$ (*s*)	91,7		

42 A partir de los datos que aparecen en la tabla, determina la variación de energía libre en condiciones estándar de la siguiente reacción:

$$CH_3\text{-}COOH(l) + CH_3OH(l) \rightarrow CH_3\text{-}COO\text{-}CH_3(g) + H_2O(l)$$

Sustancia	ΔH_c°/(kJ/mol)	$S_f^\circ/(J \cdot mol^{-1} \cdot K^{-1})$
CH_3-COOH (*l*)	–874,2	159,8
CH_3OH (*l*)	–726,1	126,8
CH_3-COO-CH_3 (*g*)	–1 592,2	324,4
H_2O (*l*)	– 285'80	–237,1

Energía libre de Gibbs

43 ¿Son espontáneas todas las reacciones exotérmicas? Razona tu respuesta.

44 Analiza las siguientes gráficas para predecir si el proceso que muestran será espontáneo o no:

a)

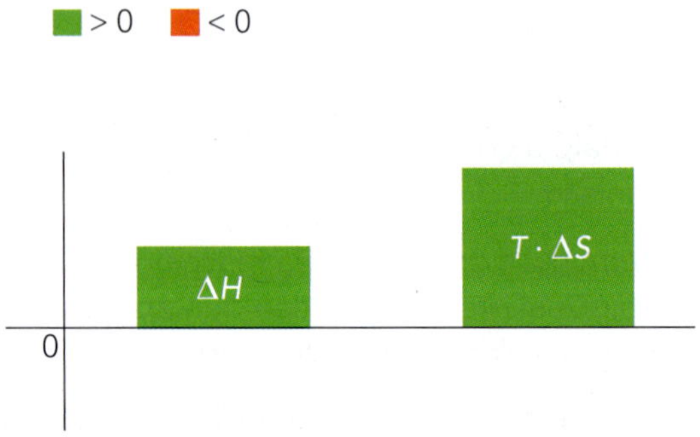

b)

c)

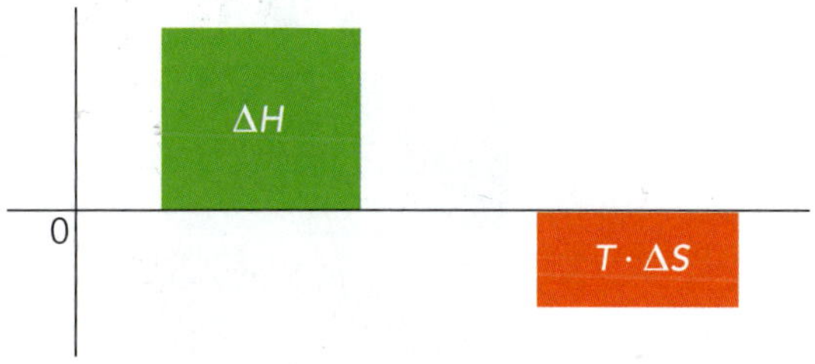

45 Basándote en los datos de energía libre estándar de formación de la tabla de la separata final, calcula si la siguiente reacción de deshidratación del etanol es espontánea:

$$C_2H_5OH\ (l) \rightarrow C_2H_4\ (g) + H_2O\ (l)$$

46 Calcula, a partir de los datos de energía libre estándar de formación, la variación de energía libre de Gibbs en la siguiente reacción. ¿Es un proceso espontáneo?

$$CaCO_3\ (s) \rightarrow CaO\ (s) + CO_2\ (g)$$

47 Determina la energía libre de Gibbs a 25 °C y 105 Pa, basándote en los datos de la tabla adjunta, para la reacción siguiente:

$$2\ HCl\ (g) + Ca(OH)_2\ (s) \rightarrow CaCl_2\ (s) + 2\ H_2O\ (l)$$

Especie	ΔH_f°/(kJ · mol^{-1})	S°/(J · mol^{-1} · K^{-1})
HCl	–92,3	186,9
Ca $(OH)_2$	–985,2	83,4
$CaCl_2$	–795,4	108,4
H_2O	–285,8	70,0

48 Demuestra que el proceso de combustión del etanol (CH_3CH_2OH) a 25 °C es un proceso espontáneo. ¿Será este proceso espontáneo a cualquier temperatura? De no ser así, calcula la temperatura a la que se producirá el cambio de signo de la energía libre, indicando si el proceso será espontáneo a partir o por debajo de esa temperatura.

Datos: $\Delta H_c^\circ = -1366{,}7$ kJ · mol^{-1}; $\Delta S^\circ = -138{,}8$ J · mol^{-1} · K^{-1}.

Ciencia, tecnología y sociedad

La energía de los seres vivos

En los seres vivos se producen multitud de reacciones químicas. En muchas ocasiones, estas reacciones son endotérmicas, es decir, es necesario el aporte de una determinada energía para que la reacción se lleve a cabo. La molécula que generalmente interviene en esos intercambios energéticos es la adenosín trifosfato o ATP que está formada por un nucleótido con tres grupos fosfato. Estos grupos fosfato contienen varias cargas negativas que presentan gran repulsión entre ellas, por lo que será necesario que existan enlaces de alta energía para mantener unidos los distintos átomos.

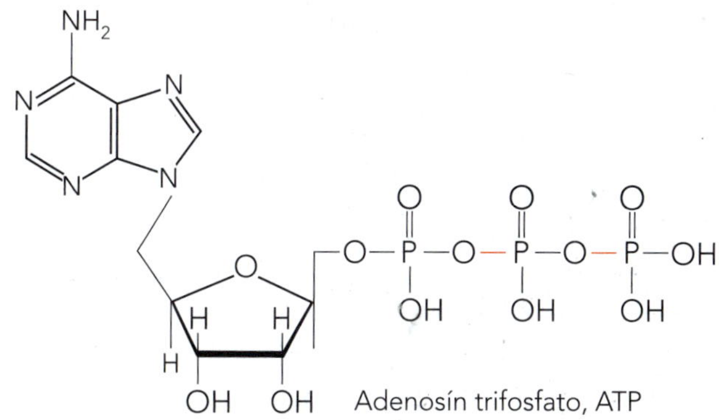

Adenosín trifosfato, ATP

Para ceder su energía, el ATP se hidroliza para dar adenosín difosfato, o ADP y fosfato inorgánico (Pi), según la reacción:

$$ATP + H_2O \rightarrow ADP + H_3PO_4 \quad \Delta G^\circ = -30{,}5\ \text{kJ/mol}$$

Por tanto, la energía está solo en los grupos fosfatos y no en la molécula en su totalidad.

La célula usa el ATP y no directamente los grupos fosfato porque las reacciones se hacen normalmente catalizadas por encimas, lo cual, probablemente, no solo aumente la velocidad de reacción sino que permita una mayor especificidad de los sustratos.

Las moléculas de ATP no son las únicas que poseen este tipo de enlaces de alta energía; ni siquiera son las que liberan mayor cantidad de energía al reaccionar. Compuestos como el fosfoenolpiruvato, el 1,3-difosfoglicerato o la fosfocreatina tienen el mismo tipo de enlace que el ATP y sus valores de ΔH° cuando se rompe ese enlace son de –61,9 kJ/mol, –49,3 kJ/mol y –43,0 kJ/mol, respectivamente. Estos tres compuestos se utilizan para sintetizar nuevas moléculas de ATP.

Asamblea de ideas. Busca las fórmulas desarrolladas de estas tres moléculas orgánicas. ¿Qué semejanzas y diferencias encuentras? Explica los valores de las entalpías de los enlaces en cada molécula.

6

LA QUÍMICA DEL CARBONO

¿Debemos prescindir de los plásticos?

En la actualidad existe un intenso debate sobre la conveniencia del uso de los plásticos debido a los problemas de contaminación que están provocando algunos de ellos, sobre todo los envases de un solo uso.

Los plásticos son relativamente nuevos en nuestras vidas y en el medio ambiente; se empezaron a producir masivamente hace 60 o 70 años. Dentro del término plástico se engloban muchos tipos distintos de sustancias, pero una de las características por las que es tan apreciado es su durabilidad, puesto que, en general, es muy resistente a la degradación.

Durante este tiempo se han generado miles de millones de toneladas de plástico de los cuales casi el 80% no se recicla ni incinera, sino que es abandonado en vertederos o entornos naturales. Este hecho es especialmente grave en los océanos, donde los plásticos son los causantes de la muerte de diversos animales y además se acumulan formando grandes manchas de basuras en distintos océanos.

Por otro lado, no toda la producción de plásticos se dirige hacia la industria de envases de un solo uso. De hecho, está presente en casi todo lo que nos rodea: ropas, enseres, muebles, electrónica, medios de transporte, etc. Sin embargo, hoy por hoy, no existen materiales adecuados o en suficiente cantidad que puedan sustituir todos los polímeros sintéticos en forma de plásticos usados actualmente.

COMPROMISO ODS

ODS

1 Uno de los mayores problemas de los plásticos es el gran porcentaje que queda acumulado en la naturaleza como desecho. Para alcanzar el **objetivo 12** de los ODS, elaborad en grupo una lista de acciones que podríais ejecutar para contribuir a la consecución de la **meta 12.8**.

2 La **meta 14.1** busca prevenir y reducir significativamente la contaminación marina de todo tipo. Elaborad un informe sobre las grandes acumulaciones de plásticos que se están formando en distintos océanos y que tecnologías se están desarrollando para abordar la situación.

Antes de empezar a estudiar esta unidad, consulta la presentación «Qué necesitas saber» en anayaeducacion.es.

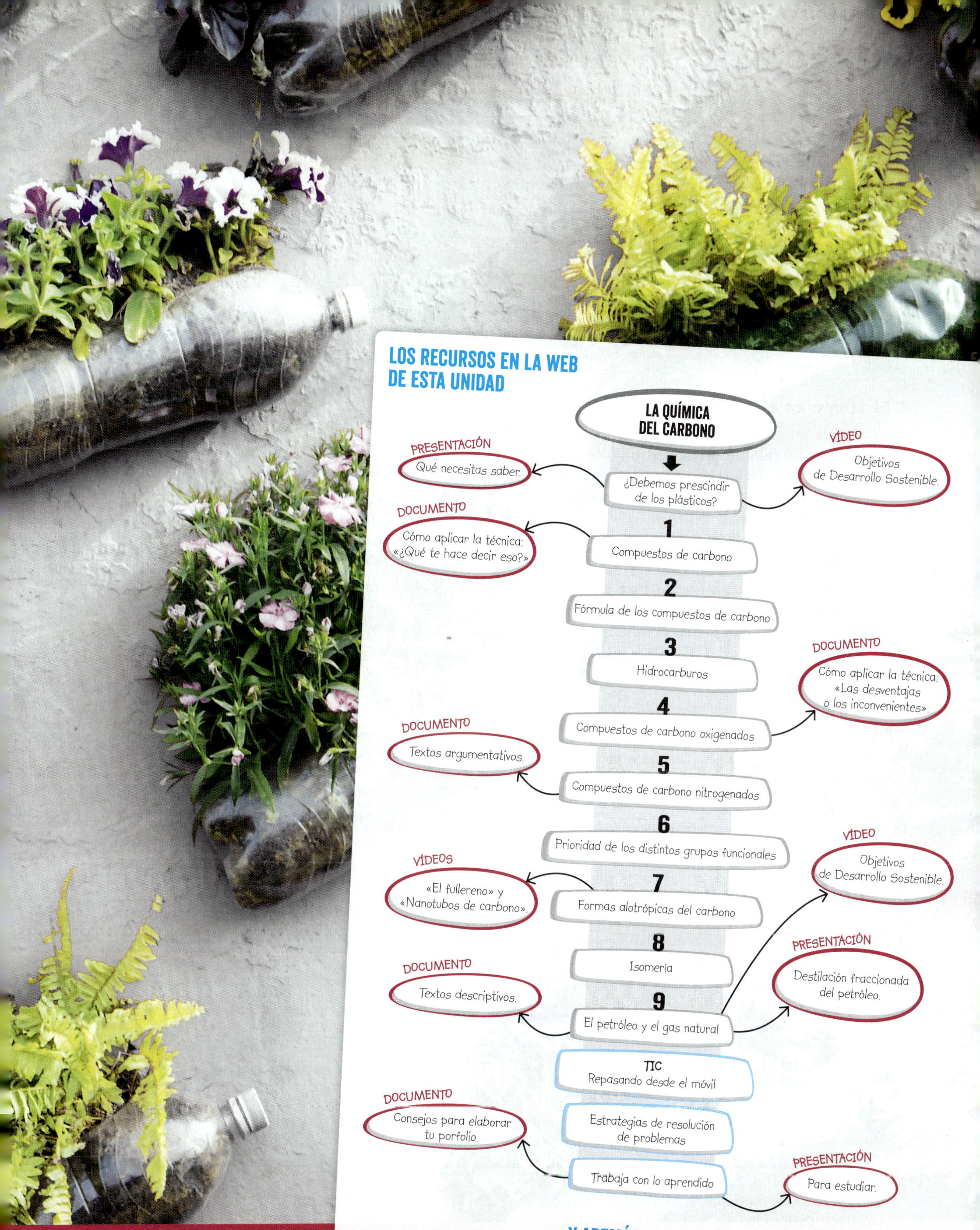

LOS RECURSOS EN LA WEB DE ESTA UNIDAD

LA QUÍMICA DEL CARBONO

- ¿Debemos prescindir de los plásticos?
  - PRESENTACIÓN: Qué necesitas saber.
  - VÍDEO: Objetivos de Desarrollo Sostenible.
- **1** Compuestos de carbono
  - DOCUMENTO: Cómo aplicar la técnica: «¿Qué te hace decir eso?»
- **2** Fórmula de los compuestos de carbono
- **3** Hidrocarburos
- **4** Compuestos de carbono oxigenados
  - DOCUMENTO: Cómo aplicar la técnica: «Las desventajas o los inconvenientes».
- **5** Compuestos de carbono nitrogenados
  - DOCUMENTO: Textos argumentativos.
- **6** Prioridad de los distintos grupos funcionales
- **7** Formas alotrópicas del carbono
  - VÍDEOS: «El fullereno» y «Nanotubos de carbono».
- **8** Isomería
- **9** El petróleo y el gas natural
  - DOCUMENTO: Textos descriptivos.
  - VÍDEO: Objetivos de Desarrollo Sostenible.
  - PRESENTACIÓN: Destilación fraccionada del petróleo.
- TIC: Repasando desde el móvil
- Estrategias de resolución de problemas
- Trabaja con lo aprendido
  - DOCUMENTO: Consejos para elaborar tu porfolio.
  - PRESENTACIÓN: Para estudiar.

Y ADEMÁS... Soluciones de todas las actividades numéricas

1 COMPUESTOS DE CARBONO

El carbono es capaz de enlazarse formando multitud de sustancias distintas. Debido a su importancia, se agrupan en lo que se conoce como **química orgánica** o **química del carbono.**

La **química del carbono** es la parte de la química que se encarga de estudiar las sustancias que contienen principalmente carbono e hidrógeno, pudiendo contener también otros elementos en pequeñas cantidades. Estas sustancias se denominan **compuestos de carbono.**

1.1. El átomo de carbono

El carbono es un elemento no metálico muy abundante en el universo y que presenta cuatro electrones en su capa más externa. Esta configuración electrónica le permite formar cuatro enlaces covalentes con otros átomos de elementos no metálicos.

Lo que diferencia al carbono de otros elementos similares de la tabla periódica es la gran diversidad de compuestos distintos que puede formar. Esto se debe a que es capaz de unirse a otros átomos de carbono mediante una serie de características únicas como son:

- Puede unirse a otros átomos de carbono formando largas cadenas.
- Puede formar ciclos, en los que el último carbono se ha unido al primero.
- Tanto en los ciclos como en las cadenas abiertas, los átomos de carbono se pueden unir a otros carbonos, formando ramificaciones.
- Los átomos de carbono pueden estar unidos por distintos tipos de enlace, formando compuestos distintos.
- Aunque la mayoría de los compuestos de carbono se componen mayoritariamente por carbono e hidrógeno, el carbono también se puede unir a otros elementos llamados heteroátomos como pueden ser el nitrógeno, oxígeno, azufre o fósforo.

Tipos de cadenas de carbonos

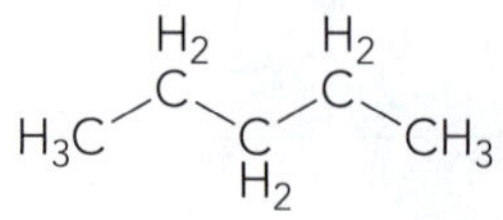

Cadena lineal abierta. Los átomos de carbono están unidos unos a otros de manera consecutiva, pudiéndose recorrer de forma continua toda la secuencia de átomos de carbono. Existen dos carbonos terminales.

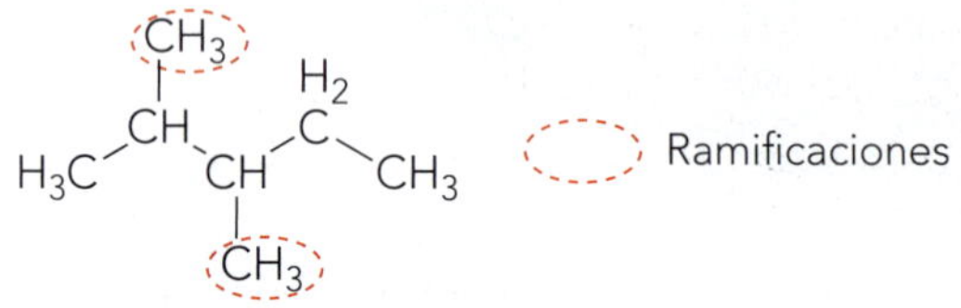

Cadena lineal abierta ramificada. Al menos un átomo de carbono está unido a más de dos carbonos, existiendo tres o más carbonos terminales.

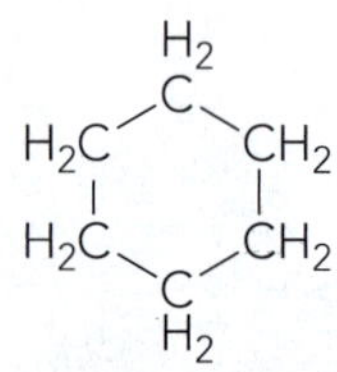

Cadena lineal cerrada o cadena cíclica. Los átomos de carbono están unidos unos a otros de manera consecutiva formando un ciclo. No existen carbonos terminales.

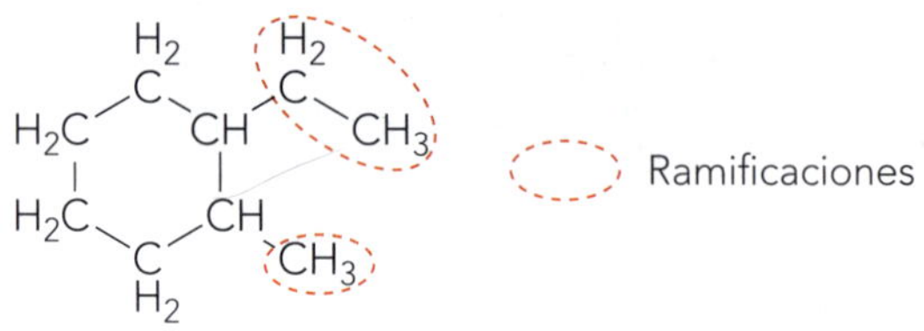

Cadena lineal cerrada o cadena cíclica ramificada. Algunos de los átomos de carbono del ciclo está unido a un carbono adicional, formando la ramificación.

Ejercicios

1 Con lo que sabes hasta ahora, ¿sería el CO_2 un compuesto de carbono? Razona tu respuesta.

2 El carbono es capaz de formar un tipo muy especial de ciclo que es el que tienen los denominados compuestos aromáticos, como el benceno, el fenol o el tolueno. Busca las fórmulas de estos tres compuestos, compáralas y deduce que características tiene este ciclo.

3 **¿Qué te hace decir eso?** ¿Qué características del átomo de carbono, ya enumeradas, se reconocen en la fórmula del mentol que aparece a continuación?

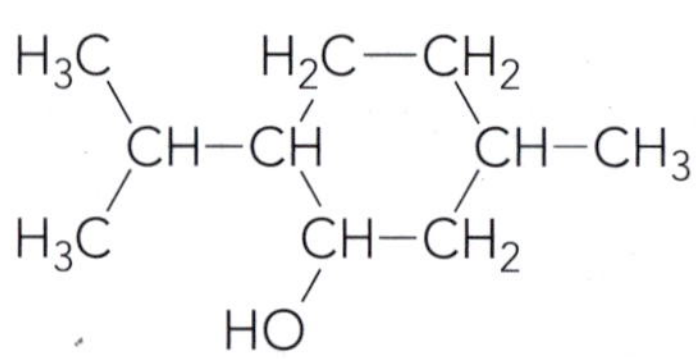

1.2. Tipos de enlace carbono-carbono

Los átomos de carbono se pueden unir a otros átomos mediante tres tipos distintos de enlaces:

■ Enlace sencillo

Los dos carbonos se unen por un único enlace compartiendo un par de electrones. Se representa mediante un guion simple: C−C, por lo que también se conocen como *enlace simple*.

Los átomos unidos mediante enlaces sencillos tienen libertad de giro alrededor del eje que forma el enlace.

Cuando todos los enlaces que forma un carbono son sencillos estos adoptan una disposición tetraédrica, con un ángulo de enlace de 109,5°, por lo que al unirse a otros carbonos de características similares, estos adoptan una disposición en forma de zigzag.

■ Enlace doble

Los dos carbonos comparten dos pares de electrones generando una doble unión. Se presenta mediante un doble guion: C=C.

El enlace doble genera una disposición rígida, por lo que los átomos no pueden girar sobre sí mismos.

Cuando el carbono presenta un enlace doble solo se puede unir a tres átomos distintos, en vez de a cuatro. Lo hace adoptando una disposición plana trigonal con un ángulo de enlace de 120°.

■ Enlace triple

Los dos carbonos comparten 3 pares de electrones formando una triple unión. Se representa mediante un guion triple: C≡C.

Los carbonos enlazados mediante un enlace triple tampoco tienen libertad de giro.

La existencia del enlace triple provoca que el carbono solo se pueda unir a dos átomos distintos en una disposición lineal en la que el ángulo de enlace es de 180°.

Ejemplos de compuestos de carbono

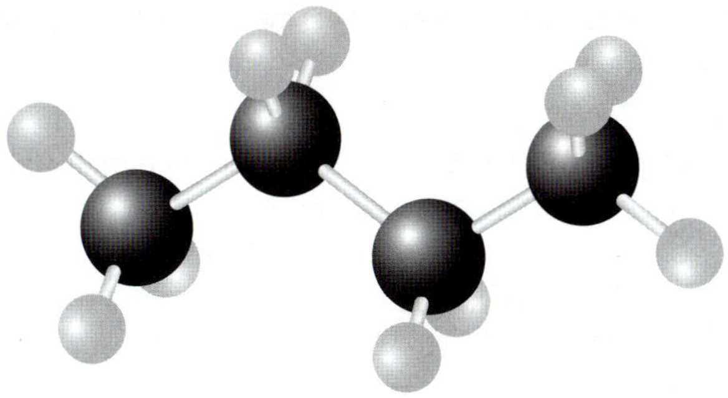

$CH_3-CH_2-CH_2-CH_3$

En el modelo molecular del butano se observa la típica forma de zigzag.

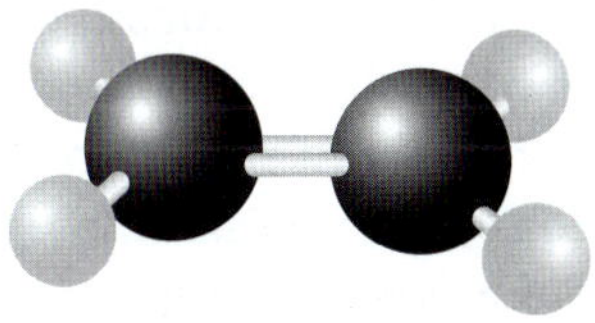

$CH_2=CH_2$

En el modelo molecular del eteno, cada carbono está unido a tres átomos distintos, adoptando una estructura plana.

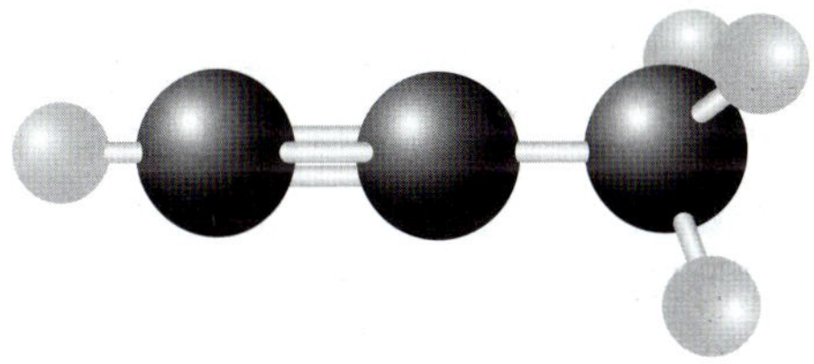

$CH\equiv C-CH_3$

En el modelo molecular del propino, se aprecia como el enlace triple provoca una disposición lineal.

Ejercicios

4 Si un compuesto cuenta con dos carbonos unidos mediante un enlace triple, ¿cuántos hidrógenos tendrá? Escribe su fórmula.

5 Indica si son correctas las siguientes estructuras y corrige las erróneas.

a) $CH_2=CH_2 \quad CH_3$

b) $CH_3-C\equiv CH_2$

c) $CH_3-CH_2-CH_4$

6 ¿Es posible esta disposición para el butano?

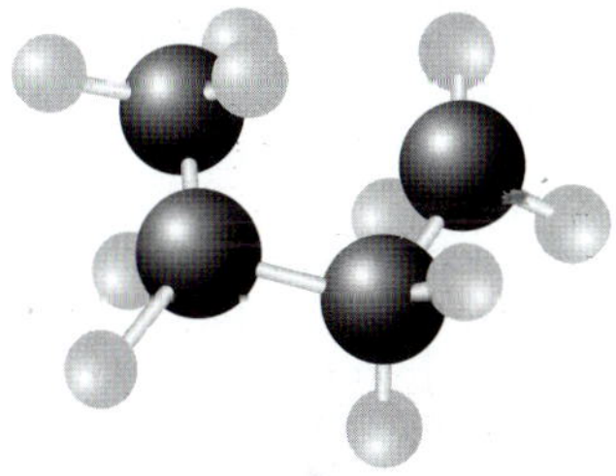

2
FÓRMULA DE LOS COMPUESTOS DE CARBONO

Cuando se trata de un compuesto de carbono no es suficiente conocer el número de átomos que lo componen, sino que es necesario conocer también la distribución de estos átomos, siendo necesarias nuevas representaciones en forma de fórmulas.

En este apartado también aprenderemos a distinguir las partes de las que se compone un compuesto de carbono.

2.1. Tipos de fórmulas

Las formas más sencillas de representar un compuesto orgánico es mediante su **fórmula empírica,** que nos indica la proporción más simple en la que se encuentran los átomos de los distintos elementos de un compuesto; o su **fórmula molecular,** que nos informa sobre el número exacto de átomos de cada elemento presente.

Ambas fórmulas suelen ser insuficientes para poder identificar adecuadamente un compuesto de carbono, puesto que en muchas ocasiones varios compuestos distintos tienen la misma fórmula molecular, son isómeros. En estos casos, es necesario el uso de fórmulas distintas a las usadas para los compuestos inorgánicos.

En la **fórmula desarrollada** se representan todos los enlaces que existen entre los distintos átomos del compuesto. Este tipo de fórmula es muy adecuada cuando se comienza a formular compuestos de carbono.

En la **fórmula semidesarrollada** solo se representan los enlaces que existen entre los átomos de carbono, lo que permite escribir las fórmulas con más rapidez. Es necesario tener un mayor dominio de la formulación.

Existe una variante de la fórmula semidesarrollada, la **fórmula mixta,** en la que además se representan algunos enlaces adicionales, como los que existen entre los carbonos y los heteroátomos.

En ocasiones, la complejidad de las estructuras del compuesto de carbono es tal que se hace necesario una fórmula aún más simplificada; en estas ocasiones se utiliza la **fórmula en esqueleto,** en la cual se representan los enlaces mediante líneas en zigzag, omitiendo los carbonos y los hidrógenos unidos a ellos. Los carbonos se localizan en los extremos y en los cambios de dirección de las líneas. Este tipo de fórmula es especialmente útil con los compuestos cíclicos.

La fórmula empírica de un compuesto orgánico se puede determinar mediante su análisis elemental, pesando los productos resultantes de su reacción de combustión.

Para averiguar la fórmula molecular se necesita, además, información sobre la masa molar del compuesto. Esta información se puede obtener a través de las propiedades coligativas o de la ley de los gases perfectos, si se trata de un gas.

La elucidación estructural que permite establecer la conexión de los distintos átomos y su distribución espacial requiere métodos más complejos, a menudo espectroscópicos.

Tipos de fórmulas del ácido succínico	
Fórmula empírica	$C_2H_3O_2$
Fórmula molecular	$C_4H_6O_4$
Fórmula desarrollada	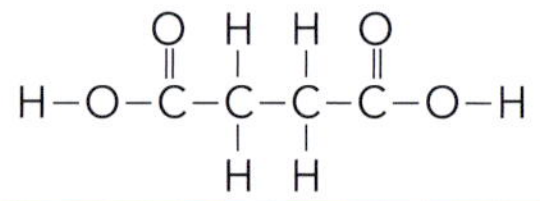
Fórmula semidesarrollada	$HOOC-CH_2-CH_2-COOH$
Fórmula mixta	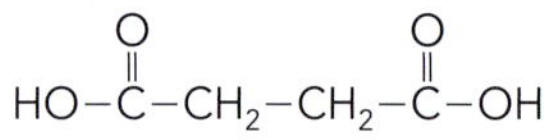
Fórmula de esqueleto	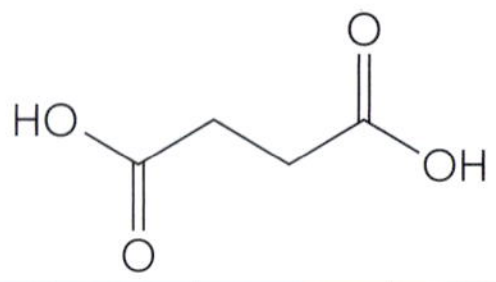

Ejercicios

7 Escribe la fórmula semidesarrollada correspondiente a los siguientes compuestos:

a) 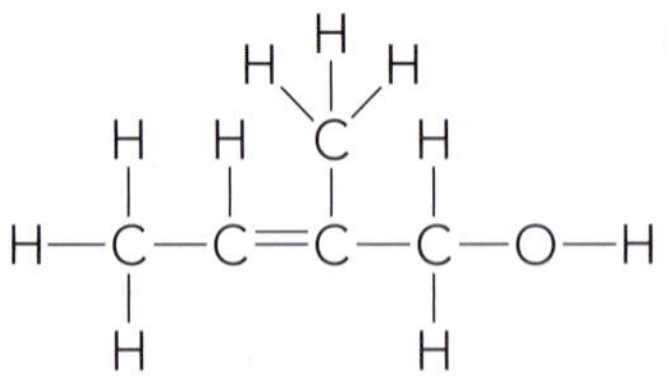

b) 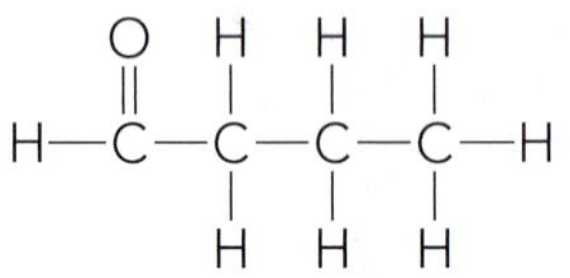

c) 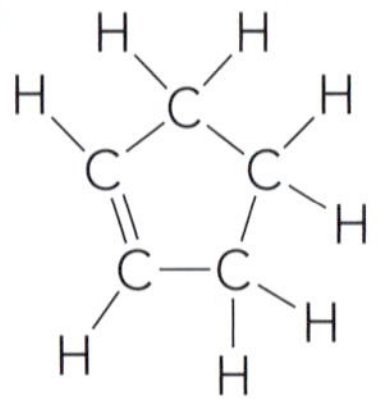

8 A partir de las siguientes fórmulas semidesarrolladas construye las correspondientes fórmulas desarrolladas. ¿Algunos de estos compuestos son isómeros?

a) CH_3-CH_2-CHO

b) $CH_3-CO-CH_3$

c) $CH_3-CH_2-CH_2OH$

d) $CH_3-CH_2-CH(CH_3)-COOH$

e) $CH_3-CO-CH = CH_2$

f) $HOOC-COOH$

Ejercicio resuelto

1 Al quemar con exceso de aire 1,735 g de un hidrocarburo gaseoso, se obtuvieron 5,453 g de dióxido de carbono. Determina: a) La fórmula empírica; b) La fórmula molecular sabiendo que los 1,735 g a 25 °C y 1 atm de presión ocupan un volumen de 0,757 L.

Solución

a) El hidrocarburo tendrá una fórmula general de C_xH_y.

La reacción de combustión que se ha producido ha sido:

$$C_xH_y + nO_2 \rightarrow x\,CO_2 + \frac{y}{2}H_2O$$

Determinaremos la cantidad de C que había en la muestra a partir del contenido en el CO_2 en el que se ha trasformado.

$$5{,}453\ \text{g} \cdot \frac{1\ \text{mol}\ CO_2}{44\ \text{g}\ CO_2} \cdot \frac{1\ \text{mol C}}{1\ \text{mol}\ CO_2} = 0{,}123\,9\ \text{mol C}$$

Calcularemos la cantidad inicial de H que había en la muestra por diferencia entre la cantidad inicial y la masa de carbono, puesto que todo lo que no sea carbono debe ser hidrógeno.

$$m_H = m_{total} - m_C$$

$$m_H = 1{,}735 - 0{,}123\,9\ \text{mol C} \cdot 12\frac{\text{g}}{1\ \text{mol C}} = 0{,}248\,2\ \text{g H}$$

Los moles de H serán:

$$0{,}248\,2\ \text{g H} \cdot \frac{1\ \text{mol H}}{1\ \text{g H}} = 0{,}248\,2\ \text{mol H}$$

Como la fórmula empírica es la proporción más simple en la que se combinan los átomos de los C e H, será la relación entre sus moles.

$$C_{0,1239}H_{0,2482}$$

Para obtener números enteros dividimos entre el valor más pequeño.

$$x = \frac{0{,}123\,9}{0{,}123\,9} = 1 \quad ; \quad y = \frac{0{,}248\,2}{0{,}123\,9} = 2$$

Por lo que la fórmula empírica es CH_2.

b) Para averiguar la fórmula molecular, $(CH_2)_n$, se necesita saber la masa molar, la cual se averigua a través de la fórmula de los gases ideales o perfectos.

$$p \cdot V = n \cdot R \cdot T \quad ; \quad p \cdot V = \frac{m}{M} \cdot R \cdot T$$

$$M = \frac{m \cdot R \cdot T}{p \cdot V}$$

$$M = \frac{1{,}735 \cdot 0{,}082 \cdot (273 + 25)}{1 \cdot 0{,}757} = 56\ \text{g/mol}$$

La masa molar será n veces la empírica; es decir:

$$M = n \cdot (x \cdot 12{,}0\ \text{g/mol} + y \cdot 1{,}0\ \text{g/mol})$$

$$56 = n \cdot (12 \cdot 1 + 1 \cdot 2) = 14\,n\ ;\ n = \frac{56}{14} = 4$$

Por lo que la fórmula molecular es cuatro veces la fórmula empírica; es decir:

$$(CH_2)_4 = C_4H_8$$

Ejercicios

9 El ibuprofeno es un medicamento antiinflamatorio cuya fórmula de esqueleto es la que aparece a continuación. A partir de ella escribe la correspondiente fórmula semidesarrollada.

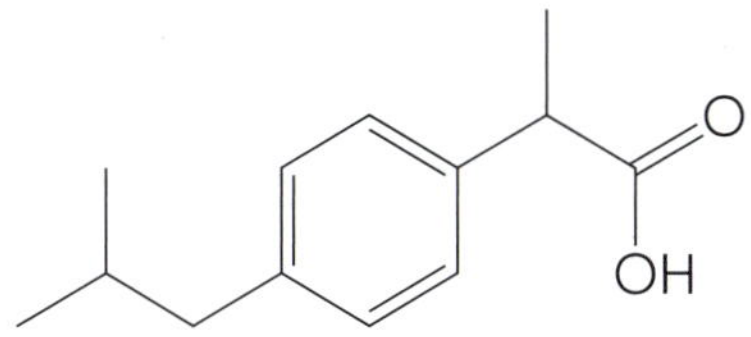

10 Escribe la fórmula de esqueleto del benceno a partir de su fórmula semidesarrollada. Busca en Internet la otra forma de representarse que tiene este compuesto.

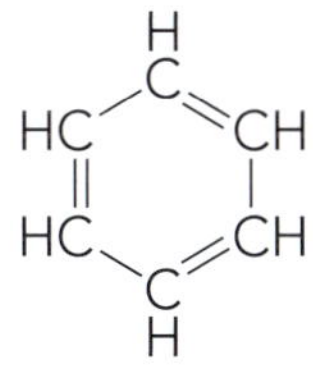

11 En 1,250 g de un compuesto de carbono gaseoso formado únicamente por C, H y O se generan, por combustión con exceso de oxígeno, 1,833 g de CO_2 y 0,750 g de H_2O. Sabiendo que en condiciones normales esos 1,250 g ocupan un volumen de 0,933 L:

a) Determina su fórmula molecular.

b) Construye una fórmula desarrollada que se corresponda con un compuesto de esa fórmula.

12 El ácido adípico es un compuesto de carbono con gran interés industrial puesto que es el precursor de la producción del nailon. Está formado por C, H y O exclusivamente y presenta una masa molar de 146,4 g/mol. Al quemar una muestra de 4,864 g de ácido adípico con exceso de aire se producen 8,789 g de CO_2 y 2,966 g de H_2O. Calcula las fórmulas empírica y molecular del ácido adípico.

2.2. Representación tridimensional

La representación tridimensional de los compuestos de carbono presenta una especial importancia, dado que entre los compuestos de carbono abundan los isómeros, los cuales pueden tener unas propiedades físicas y químicas muy distintas.

A menudo, esa representación tridimensional se lleva a cabo mediante **modelos moleculares,** los cuales pueden ser tanto manuales como digitales. En estos modelos, cada tipo de átomo está representado por un color distinto: negro el carbono, blanco el hidrógeno, rojo el oxígeno y el nitrógeno se representa con el color azul.

Tanto para los modelos físicos como para los digitales existen distintos tipos de modelos moleculares. Los más habituales son los de alambre, varillas, bolas y varillas y esferas.

También es posible representar compuestos de carbono tridimensionalmente mediante fórmulas.

En química, los compuestos de carbono se representan frecuentemente con fórmulas, **fórmulas de cuña,** en las que la perspectiva se ofrece utilizando distintos códigos para los enlaces. Así, el enlace sobre el plano se representa por una línea; el enlace que está por delante del plano, hacia el observador, es una cuña sólida, mientras que el enlace por detrás del plano es una cuña discontinua.

En biología, sin embargo, se suelen utilizar las **representaciones de Fisher.** En ellas las líneas horizontales representan enlaces dirigidos hacia el observador, y los verticales, enlaces por detrás del plano. Los puntos de intersección de las líneas representan átomos de C aunque no se especifican. Esta es la forma más habitual de representar aminoácidos y azúcares.

Modelos moleculares digitales de la L-alanina

Modelo de alambre

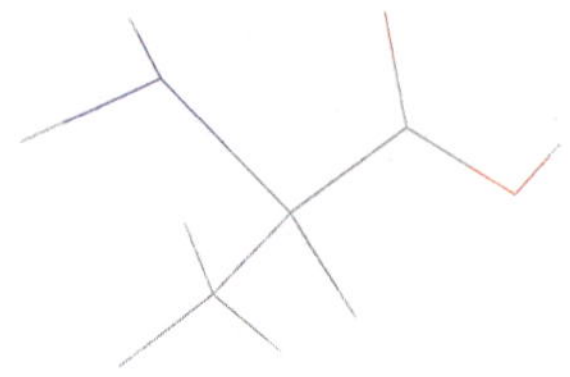

Modelo de varillas

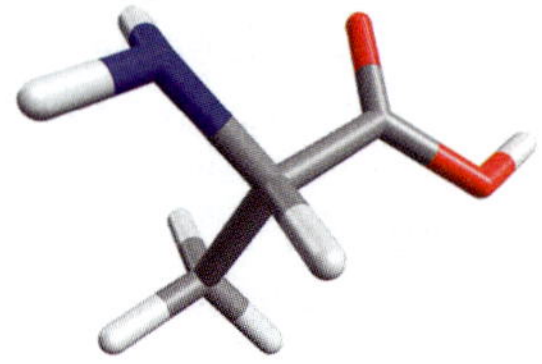

Modelo de bolas y varillas

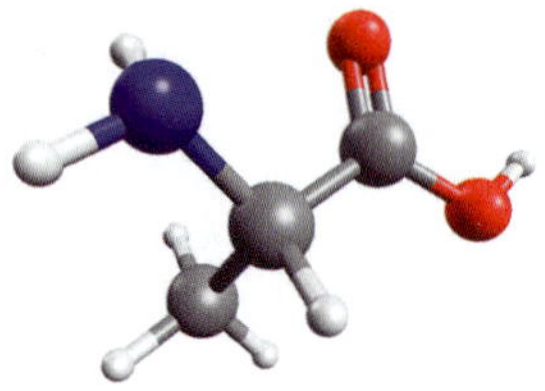

Modelo de esferas

Fórmulas de la L-alanina

Fórmula de cuña

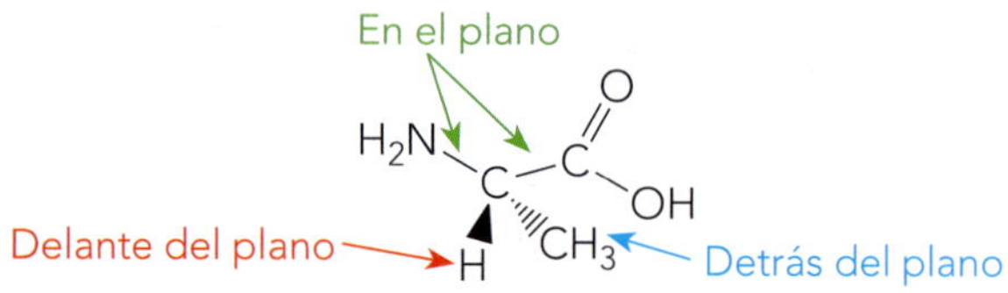

Representación de Fisher

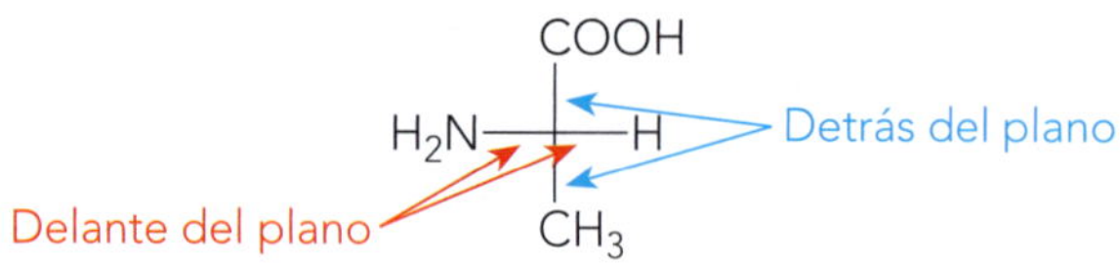

Ejercicios

13 Asocia cada una de las siguientes fórmulas semidesarrolladas con su modelo molecular:

a) CH_3-CH_2OH b) CH_3-O-CH_3 c) CH_3-CHO

1)  2) 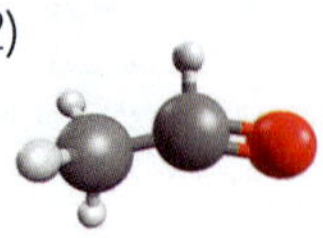 3) 

14 Con modelos moleculares de laboratorio construye las siguientes moléculas: $CH_3-CH_2-CH_3$; $CH_3-C{\equiv}CH$; $CH_3-CH_2-CH_2OH$; $CH_3-CHOH-CH_3$.

15 Representa la fórmula de cuña del 1-aminoetanol correspondiente a este modelo molecular:

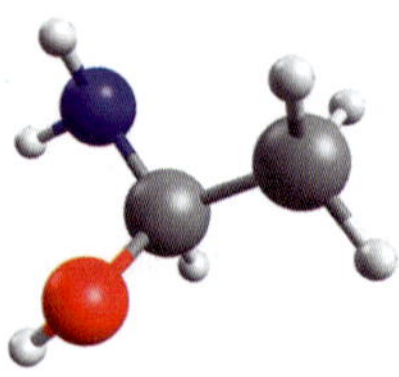

16 Busca en Internet la representación de Fisher de la glucosa y de la galactosa y a partir de ellas escribe sus fórmulas semidesarrolladas. ¿Podrías distinguirlas por sus fórmulas semidesarrolladas?

2.3. Estructura de un compuesto de carbono

En los compuestos de carbono se distinguen las siguientes partes:

Grupo funcional principal

Un grupo funcional es un átomo o grupos de átomos responsables de la reactividad del compuesto y al cual se deben sus propiedades. El grupo funcional principal es el que tiene prioridad frente al resto de grupos funcionales presentes en la molécula, si los hubiera.

Las moléculas que tienen el mismo grupo funcional principal definen una **clase de compuestos.**

Sufijos para designar el grupo funcional principal

Clase de comp.	Sufijo	Clase de comp.	Sufijo
Alcano	*-ano*	Cetona	*-ona*
Alqueno	*-eno*	Éster	*-ato*
Alquino	*-ino*	Ácido carboxílico	*-oico*
Alcohol	*-ol*	Amina	*-amina*
Éter	*éter**	Nitrilo	*-nitrilo*
Aldehído	*-al*	Amida	*-amida*

* No es un sufijo, sino una palabra completa.

Cetona: $CH_3-CO-CH_3$ Propanona

Cuando los compuestos de una clase determinada se diferencian solamente en el número de metilenos ($-CH_2-$) presentes se denomina **serie homóloga.**

Cadena principal

Conjunto de mayor número de carbonos unidos entre sí de forma consecutiva mediante enlaces simples, dobles o triples, que suelen estar unidos a hidrógenos, que contiene el grupo funcional principal. La cadena principal se define, con relación al número de los carbonos de los que conste.

Alcohol: $CH_3-CH_2-CHOH-CH_3$ Butan-2-ol

La numeración de los carbonos de la cadena principal depende de la localización del grupo funcional principal. Así, el carbono sobre el que está el grupo funcional principal debe tener el número más bajo posible.

Prefijos que designan el número de C de cadena principal

n.º de C	Prefijo	n.º de C	Prefijo	n.º de C	Prefijo
1	*Met-*	6	*Hexa-*	11	*Undec-*
2	*Et-*	7	*Hepta-*	12	*Dodec-*
3	*Prop-*	8	*Octa-*	13	*Tridec-*
4	*But-*	9	*Nona-*	14	*Tetradec-*
5	*Pent-*	10	*Dec-*	15	*Icos-*

Sustituyentes

Ramificación carbonada o grupo funcional de prioridad inferior al principal unido a un carbono de la cadena principal.

Un resto carbonado, formado exclusivamente por carbonos e hidrógenos, se conoce también como **radical** y se representa con la letra **R.**

El número que designa el carbono sobre el que está un grupo funcional o un radical determinado se denomina **localizador.** El localizador se coloca mediante un guion delante del nombre del radical o del sufijo del grupo funcional principal.

Cuando sobre una cadena principal concurren varios sustituyentes iguales se añadirá un prefijo multiplicador al nombre que designa al sustituyente (*di-*, *tri-*, *tetra-*, etc.) y tantos localizadores como sustituyentes haya. Los localizadores estarán separados por *comas.*

Si sobre la cadena principal hay varios sustituyentes distintos, estos se ordenaran por orden alfabético sin tener en cuenta los prefijos multiplicadores.

Alcano: $CH_3-CH(CH_3)-CH(CH_3)-CH_3$ 2,3-dimetilbutano

Ejercicios

17 Indica qué clase de compuestos son cada una de las siguientes sustancias y el número de carbonos de su cadena principal: octano, etanol, propanona, ácido etanoico, propanal, metanol y ácido propanoico.

18 Escribe al menos tres miembros de la serie homóloga a la que pertenece el propino ($CH{\equiv}C-CH_3$).

19 Nombra un compuesto con 4 carbonos en su cadena principal y cuyo único grupo funcional es una cetona. ¿Existe algún otro compuesto con la misma fórmula empírica y distinto grupo funcional?

20 Indica qué prefijo le correspondería a la cadena principal de estos compuestos.

a) $CH_3-CH_2-CH_2-CH=CH-CH_3$

b) $CH_3-CH_2-CHOH-CH_3$

c) $HCOOH$

d) $CH_3-CHNH_2-CH_3$

e) $CH_3-CH(CH_3)-CHO$

f) $CH_3-CH_2-CH(CH_2-CH_2-CH_3)-(CH_2)_4-CH_3$

g) $CH_2=CH-CH_2-CO-NH_2$

Los hidrocarburos son compuestos que únicamente están formados por C e H. Dentro de ellos nos encontramos los alcanos, los alquenos y los alquinos, sus correspondientes derivados ciclados (cicloalcanos, cicloalquenos y cicloalquinos) y los compuestos aromáticos.

Aunque no pertenecen propiamente a este grupo, dentro de este epígrafe también estudiaremos sus derivados halogenados, los haloalcanos.

3.1. Alcanos

Son hidrocarburos lineales en los que los átomos de carbono están unidos por enlaces sencillos, por lo que no presentan ningún grupo funcional. Al estar unidos el máximo número posible de hidrógenos a estos hidrocarburos también se los denomina **hidrocarburos saturados,** siendo su fórmula general C_nH_{2n+2}. Para nombrar un alcano se debe:

1. Localizar la cadena con mayor número de carbonos consecutivos, la cadena principal. Elegir el prefijo correspondiente añadiéndole la terminación *-ano.*

   Los carbonos que no pertenezcan a las cadena principal se considerarán sustituyentes y se nombrarán en función del número de carbonos consecutivos que presenten añadiendo el prefijo correspondiente a la terminación *-il.*
2. Localizar los sustituyentes que existan sobre la cadena principal y elegir la numeración que otorgue el localizador más bajo al primer sustituyente.
3. Ordenar alfabéticamente los sustituyentes y añadirlos precediendo el nombre de la cadena principal, tal y como se explicó en el epígrafe anterior.

Propiedades y aplicaciones de los alcanos

Sus puntos de fusión y ebullición aumentan con el número de carbonos, por lo que los primeros miembros de la serie son gases, pasando a ser líquidos incoloros o sólidos blandos a medida que aumenta su masa molar.

Son insolubles en agua y presentan muy poca reactividad, aunque sí reaccionan con el oxígeno para dar dióxido de carbono y agua.

Su principal aplicación es la obtención de energía mediante la reacción de combustión.

Ejercicio resuelto

2 Nombra el siguiente hidrocarburo:

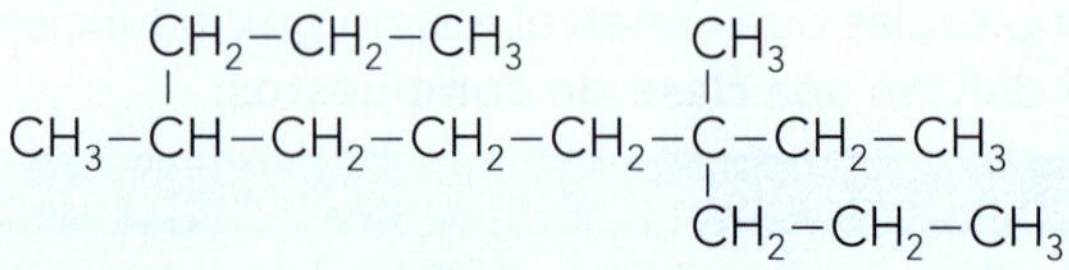

Solución

a) La cadena principal tiene 11 C (undecano) y tres sustituyentes, dos de 1 C (metil) y uno de 2 C (etil).

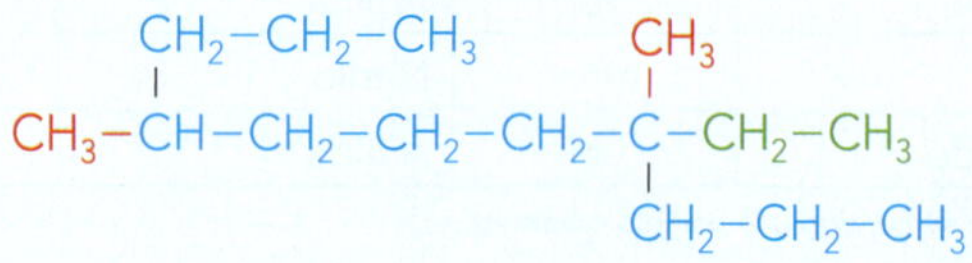

b) Las dos numeraciones posibles otorgan al primer sustituyente el localizador 4. Elegimos la numeración que empieza desde abajo (azul) porque otorga el localizador más bajo a dos de los sustituyentes en vez de a uno.

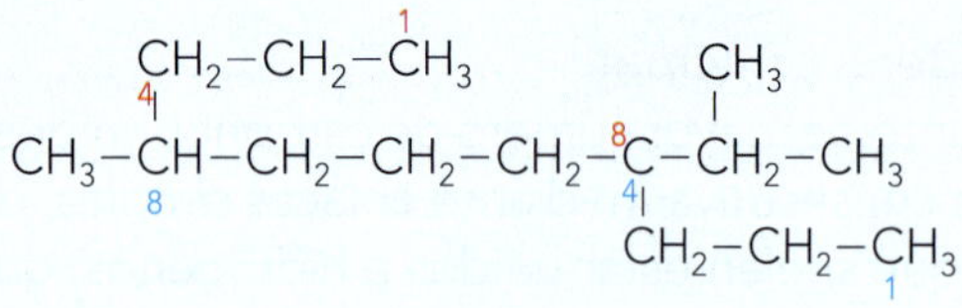

c) El sustituyente etilo precede alfabéticamente al metilo. Se debe indicar los dos grupos metilo con el prefijo *di-*.

4-etil-4,8-dimetilundecano.

Ejercicios

21 Nombra los siguientes alcanos:

a) 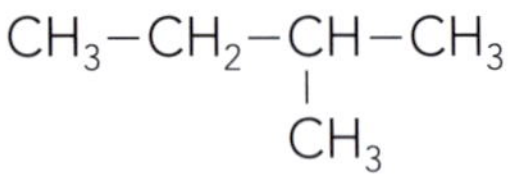

b) 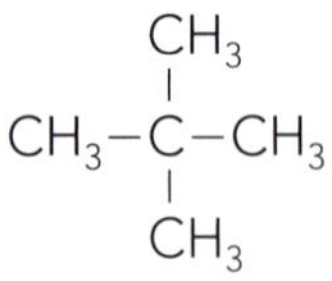

c) 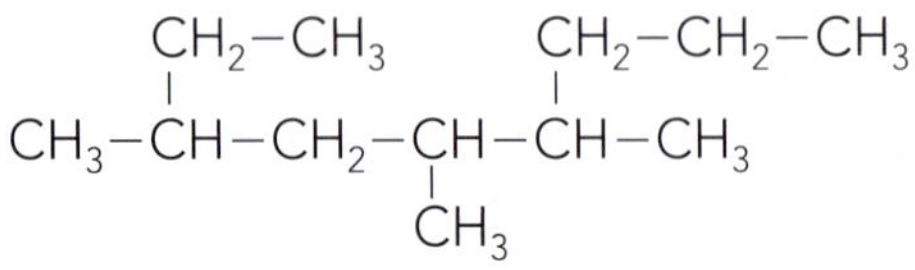

d) 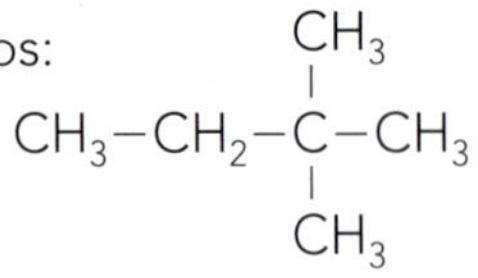

e) 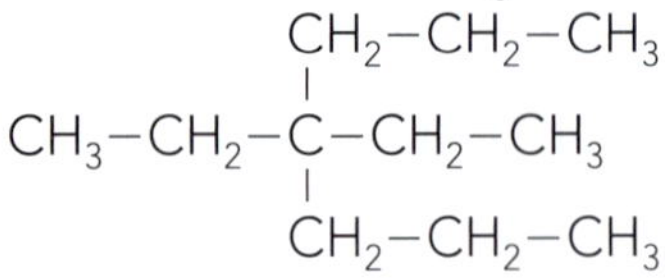

f) 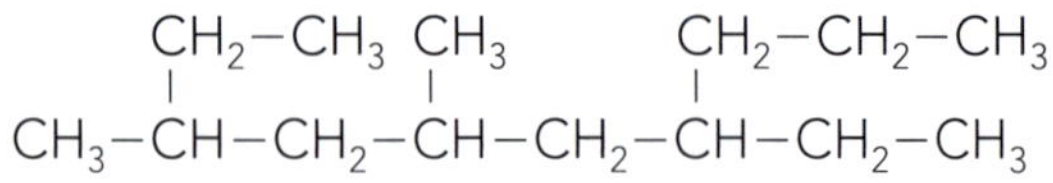

22 Formula los siguientes alcanos:

a) 2-metilpentano.
b) 2,2-dimetilpropano.
c) 2,5-dimetil-3-propilheptano.
d) Tetrametilbutano.
e) 3-etil-2,3,5,5-tetrametiloctano.
f) 5-butil-5,6,7-trietil-2-metilnonano.
g) 4,7,8-trietil-2,7-dimetil-5-propildecano.

3.2. Alquenos y alquinos

Los alquenos son aquellos compuestos que presentan al menos un enlace doble carbono-carbono, mientras que en los alquinos existen como mínimo dos carbonos que se unen por un enlace triple.

Estos compuestos se denominan *hidrocarburos insaturados* porque sus carbonos no tienen el número máximo de hidrógenos que podrían tener. Por cada doble enlace que presente, el hidrocarburo tendrá dos hidrógenos menos que los correspondientes compuestos saturados, mientras que en el caso de los alquinos serán cuatro hidrógenos. Cada *insaturación* supone la pérdida de dos hidrógenos.

Nomenclatura de los alquenos y alquinos

La nomenclatura es similar a la de los alcanos, con las siguientes diferencias:

- La cadena principal debe contener el máximo número de enlaces dobles o triples, aunque no sea la que tenga más carbonos. Si un sustituyente tienen doble o triple enlace se nombrará como -enil o -inil, respectivamente.

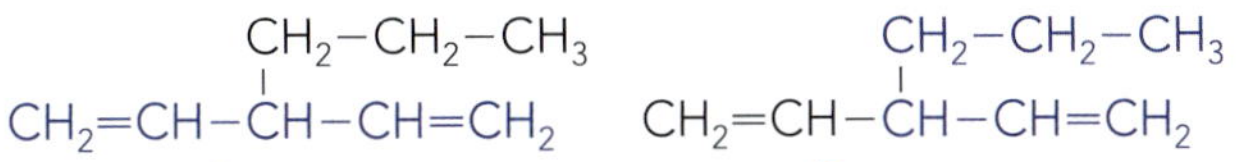

Correcto **Incorrecto**

- Si existen varios enlaces dobles o triples al sufijo *-eno* o *-ino* le precederá los prefijos multiplicadores (*di-*, *tri-*, etc.) teniendo que añadir al prefijo que indica el número de carbono de la cadena principal la vocal *-a*.

$CH_2=CH-CH-CH-CH_3$ penta-1,3-dieno

$CH\equiv C-CH_2-C\equiv C-C\equiv CH$ hepta-1,3,6-triino

- La numeración será aquella que otorgue el localizador menor al enlace doble o triple. Dicho localizador se coloca, separado por guiones, justo antes del sufijo *-eno*, si es enlace doble, o *-ino*, si es triple.

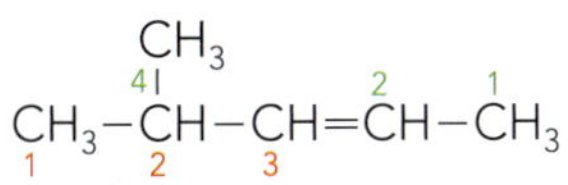

Correcto 4-metilpent-2-eno

Incorrecto 2-metilpent-3-eno

- Cuando existen ambos tipos de enlace, se añade siempre primero el sufijo *-en* y posteriormente el *-ino*. La numeración será la que otorgue el localizador menor al primer enlace doble o triple. En caso de empate, el localizador menor corresponde al enlace doble.

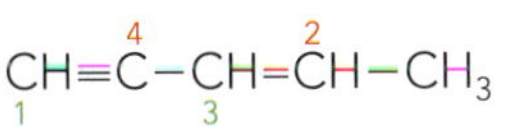 pent-3-en-1-ino

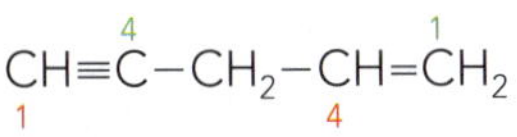 pent-1-en-4-ino

Los puntos de fusión y ebullición de los alquenos o alquinos son similares a lo de los alcanos, aunque en el caso de los alquinos son algo más elevadas. En los alquenos los puntos de fusión varían mucho en función de cómo estén ordenados los átomos unidos a los carbonos con el enlace doble.

Al contrario que los alcanos, los alquenos no son tan estables y reaccionan fácilmente generando nuevos productos. Los alquinos, por otro lado, son incluso más reactivos que los alquenos, debiendo manipularlos con mucha precaución.

Ambas clases de productos tienen muchas aplicaciones, destacando la producción de distintos polímeros.

Ejercicios

23 Nombra los siguientes alquenos y alquinos:

a) $CH_3-CH_2-CH_2-CH=CH-CH_3$

b) $CH_3-CH_2-C\equiv CH$

c) 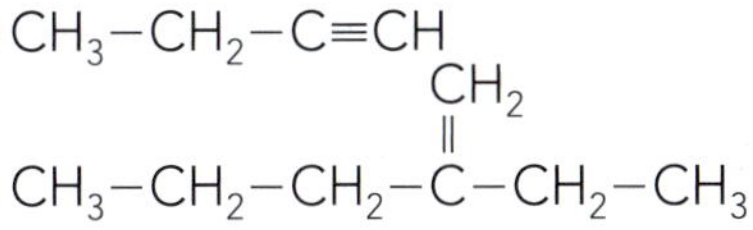

d) 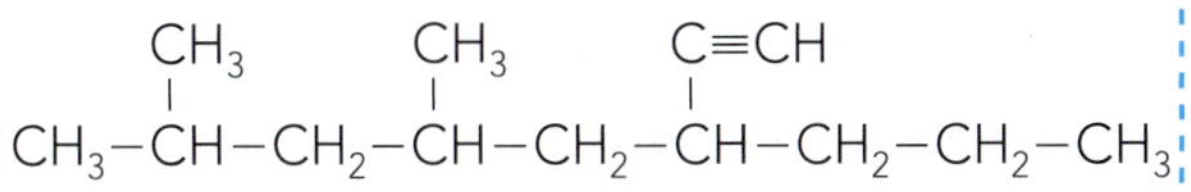

e) $CH_2=CH-CH=CH_2$

f) 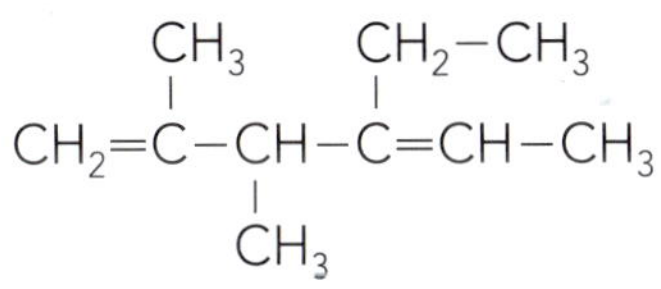

24 Formula los siguientes compuestos:

a) 2-metilbut-1-eno.

b) Butadiino.

c) Metilpropeno.

d) 2,5-dimetilhex-3-ino.

e) 4-etilocta-1,4,6-trieno.

f) 2-pentil-1,3-pentadieno.

g) 6,6-dimetil-3-propilnona-1,4,7-triino.

25 Formula o nombra, según corresponda:

a) $CH\equiv C-CH=CH_2$

b) $CH_2=CH-C\equiv C-CH=CH_2$

c) 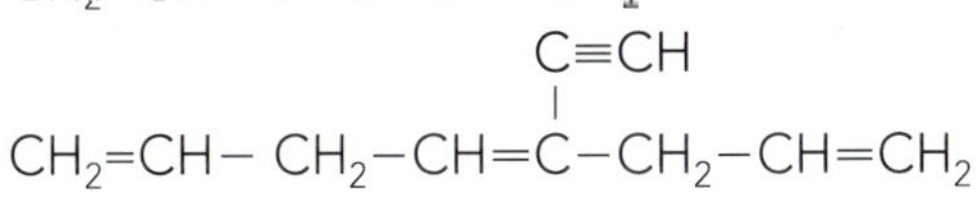

d) 3-butil-4,5-dimetilhex-3-en-1-ino.

e) 7-metiloct-6-eno-1,4-diino.

f) 3-etenil-6-etinilnona-2,7-dien-4-ino.

3.3. Hidrocarburos cíclicos

Los hidrocarburos cíclicos se construyen sustituyendo un hidrógeno de cada uno de los carbonos de los extremos de la cadena principal por un enlace carbono-carbono que los una. Distinguimos dos grandes grupos: los hidrocarburos alicíclicos y los hidrocarburos aromáticos.

■ Hidrocarburos alicíclicos

Este grupo está constituido por todos aquellos compuestos que forman cadenas cerradas de carbonos de longitud variable, excluidos los compuestos aromáticos que veremos a continuación. La cadena cerrada puede ser saturada (cicloalcanos) o insaturada (cicloalquenos y cicloalquinos).

Se nombran añadiendo el prefijo *ciclo-* al nombre que tendría el hidrocarburo lineal correspondiente. El ciclo de menor tamaño es el ciclopropano.

Para formularlo se suele emplear la fórmula de esqueleto, omitiendo los átomos de H y C del anillo.

Ciclopropano

Ciclobutano

Ciclopenteno

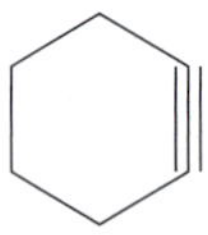
Ciclohexino

En los cicloalcanos sustituidos, la numeración será la que asigne los localizadores más bajos a los sustituyentes.

En los cicloalquenos y cicloalquinos, los localizadores 1 y 2 pertenecen a los carbonos del enlace doble o triple, respectivamente, y marcan el sentido en el que se numeran los sustituyentes.

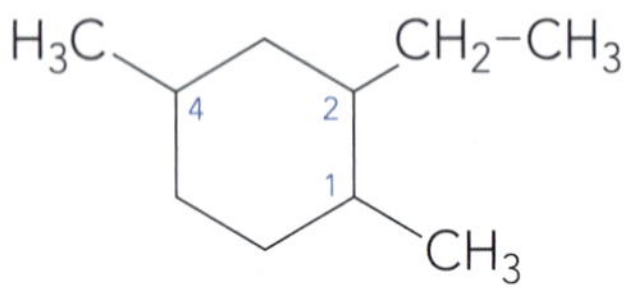

2-etil-1,4-dimetilciclohexano

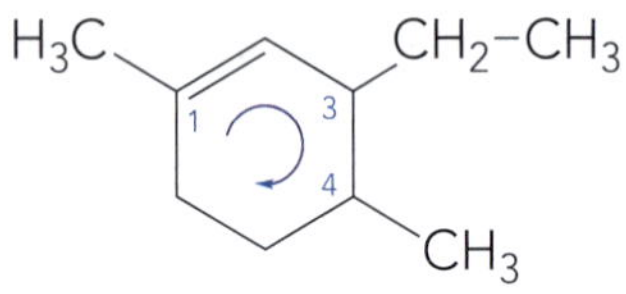

3-etil-1,4-dimetilciclohexeno

En general, al nombrar no se especifica el localizador de la insaturación, porque siempre es el 1.

Sus propiedades son similares a los hidrocarburos de cadena abierta. Los hidrocarburos alicíclicos más usados son el ciclohexano, como disolvente de lacas, barnices, etc., y el ciclopropano como anestésico.

■ Hidrocarburos aromáticos

Los hidrocarburos aromáticos son aquellos que derivan del benceno y se llaman así porque los primeros que se descubrieron desprendían un olor fuerte.

El benceno formalmente es el ciclohexa-1,3,5-trieno, aunque realmente su estructura es más compleja puesto que los dobles enlaces alternan sus posiciones resonando a través de todo el anillo. Debido a esto, el benceno a menudo se representa con un círculo inscrito en vez de especificar los dobles enlaces.

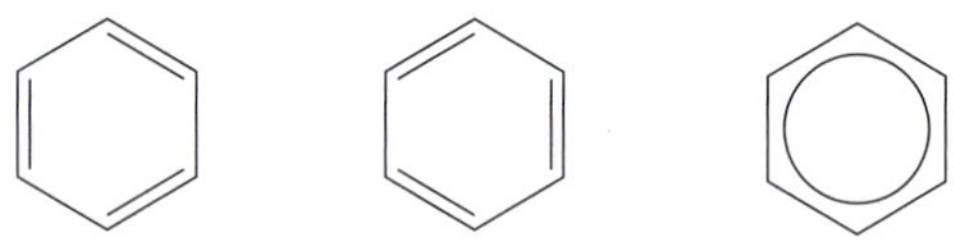
Formas de representación del benceno

Existen compuestos constituidos por más de un núcleo de benceno; son los hidrocarburos policíclicos fusionados como el naftaleno (dos anillos) o el antraceno (tres anillos).

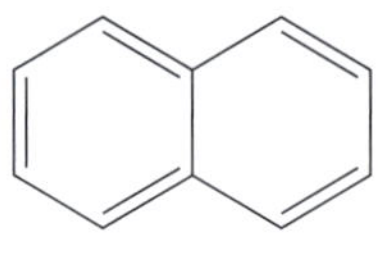
Naftaleno

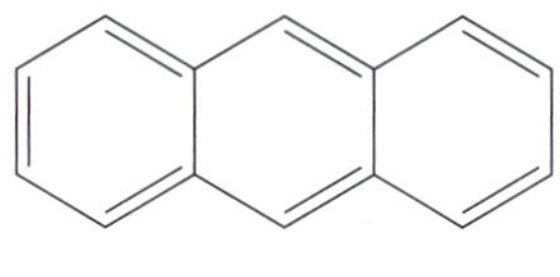
Antraceno

Ejercicios

26 Nombra los siguientes hidrocarburos alicíclicos:

a) 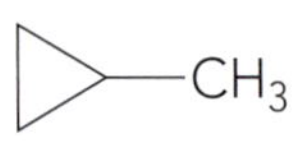

b) 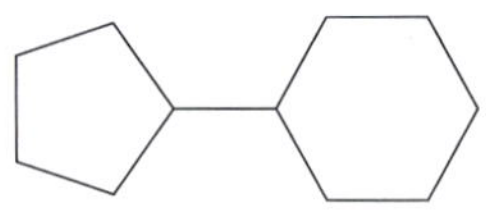

c) 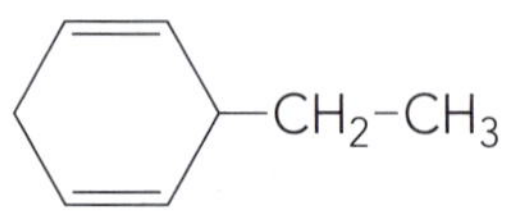

d) 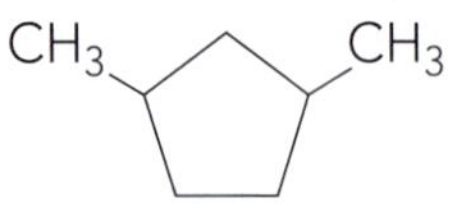

e) 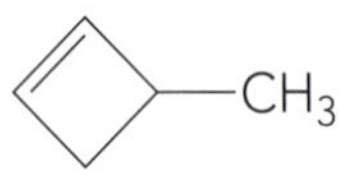

f) 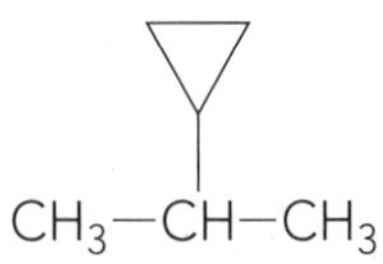

27 Formula los siguientes compuestos:

a) Ciclooctano.
b) Propilciclobutano.
c) 1-ciclobutilpropano.
d) 1,3-dietil-1,4-dimetilciclopentano.
e) Ciclohexa-1,3-diino.
f) 1-metilciclopropeno.
g) 3-metilciclopropeno.
h) Ciclopropilciclohexano.
i) Ciclopentilbut-2-ino.

Cuando el benceno está como sustituyente se nombra como un radical *fenilo*.

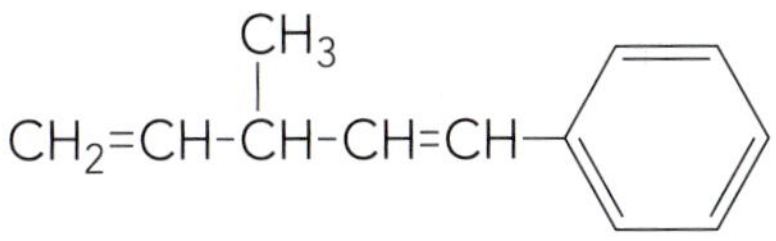

1-fenil-3-metilpenta-1,4-dieno

Los bencenos monosustituidos se nombran añadiendo el nombre del sustituyente a la palabra *benceno*. Algunos compuestos aromáticos tienen un nombre propio aceptado por la IUPAC, debido a su extenso uso.

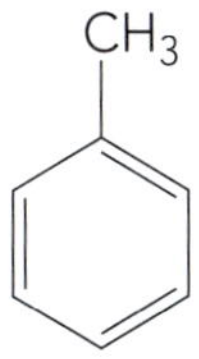

Tolueno

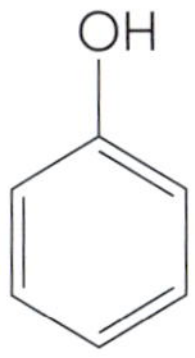

Fenol

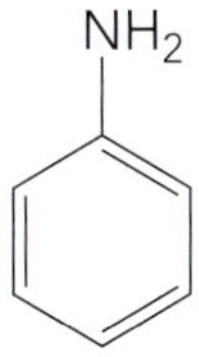

Anilina

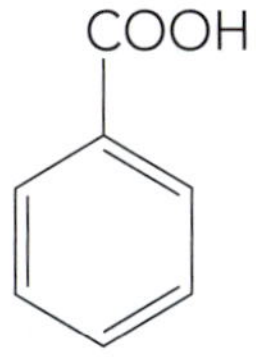

Ác. benzoico

Cuando existen dos sustituyentes se pueden usar los localizadores como se ha hecho hasta ahora o se pueden usar los prefijos *orto-* (*o*-), *meta-* (*m*-) o *para-* (*p*-), para designar las posiciones 1,2; 1,3 y 1,4, respectivamente.

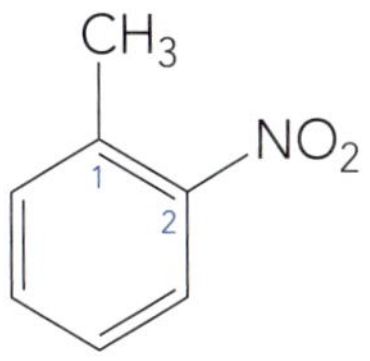

o-nitrotolueno

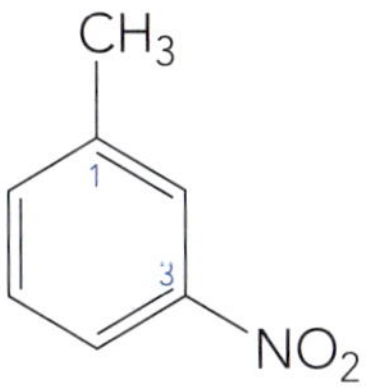

m-nitrotolueno

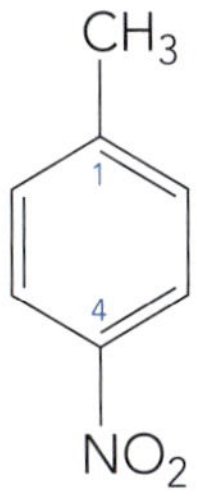

p-nitrotolueno

Si existen tres o más sustituyentes, se numeran de tal forma que se les asigne el localizador más bajo posible y al nombrarlos se ordenan alfabéticamente.

Los hidrocarburos aromáticos son insolubles en agua y tienen unos puntos de fusión y ebullición más altos que los alquenos similares. Sin embargo, sus propiedades químicas son muy distintas puesto que son muy estables y dan unas reacciones muy características. Tienen un uso muy extendido como materia prima para la síntesis de plásticos, pesticidas, detergentes, etc.

3.4. Haloalcanos

Se trata de derivados de los hidrocarburos en los que uno o más hidrógenos se han sustituido por halógenos (F, Cl, Br y I), los cuales, de forma genérica, se representan con la letra **X.**

Los halógenos se consideran siempre como sustituyentes unidos a la cadena principal carbonada. Para nombrarlos, se añade las palabras *fluoro, cloro, bromo* o *yodo*, según corresponda, a continuación de su localizador y se ordenan alfabéticamente con el resto de radicales.

$CH_2{=}C(CH_3){-}CCl_2{-}CH_3$ 3,3-dicloro-2-metilpent-1-eno

Algunos haloalcanos tienen nombre propio aceptado por la IUPAC. Es el caso del triclorometano, el cual también se conoce como cloroformo.

Sus propiedades son muy distintas de los hidrocarburos de los que proceden debido a la gran polaridad del enlace C−X. Aunque siguen siendo insolubles en agua, sus puntos de ebullición son mucho mayores, al igual que su densidad. Son muy reactivos.

Han sido ampliamente usados como disolventes, refrigerentes y propelentes, pero su uso hoy en día es mucho más limitado debido a los graves problemas medioambientales que han generado algunos de ellos.

Ejercicios

28 Los xilenos son bencenos con dos sustituyentes metilo. Pon la fórmula del *o*-xileno, *m*-xileno y *p*-xileno, así como su nombre sistemático.

29 Formula los siguientes compuestos aromáticos: a) clorobenceno; b) *m*-yodofenol; c) 2-etil-1,3-dimetilbenceno; d) 2-fenilpropano; e) anilina; f) 1,2-difeniletano.

30 Nombra los siguientes compuestos:

a)

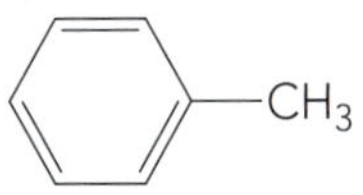

b)

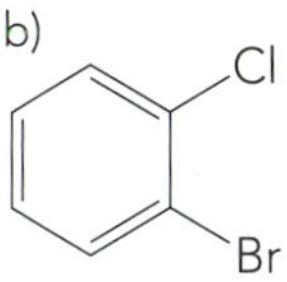

c)

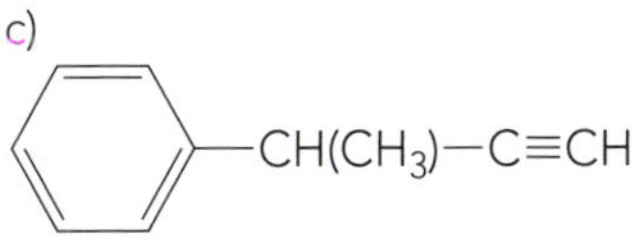

31 Formula o nombra los siguientes haloalcanos:

a) $CHCl_3$

b) $CHF{=}CH{-}CH_2Cl$

c) 2-bromo-2-metilpropano.

d) Tetraclorometano.

e) Clorobut-2-ino.

32 Los CFC o compuestos fluoroclorocarbonados contribuyen significativamente a la destrucción de la capa de ozono de la atmósfera. Trabaja en grupo para hacer un informe sobre su estructura, cómo influyen y la situación actual respecto a la emisión de CFC.

4
COMPUESTOS DE CARBONO OXIGENADO

Uno de los heteroátomos más comunes en los compuestos de carbono es el oxígeno. En este apartado nos centraremos en aquellas sustancias que tan solo contienen como heteroátomos oxígeno, pudiendo aparecer uno o varios oxígenos en un mismo grupo funcional.

4.1. Alcohol

Los alcoholes son compuestos de carbono que podrían considerarse derivados de los alcanos, de tal modo que en ellos al menos un hidrógeno se ha sustituido por un grupo **hidroxilo** (–OH).

La presencia del grupo hidroxilo afecta a la estructura molecular de los alcoholes y por tanto a sus propiedades físicas y químicas. Los alcoholes presentan puntos de fusión y ebullición relativamente altos y una mayor solubilidad en agua. Son bastante reactivos.

Los alcoholes son unos compuestos muy extendidos en la naturaleza, presentan estructuras muy diversas y forman parte de las funciones vitales de los organismos. Como producto comercial también presentan numerosas aplicaciones como disolventes o como combustibles.

Para nombrar un alcohol se sustituye la terminación *-o* de los hidrocarburos por *-ol*. La cadena principal será aquella que contenga el grupo hidroxilo y posea un mayor número de carbonos, otorgando el localizador menor al carbono unido al grupo hidroxilo.

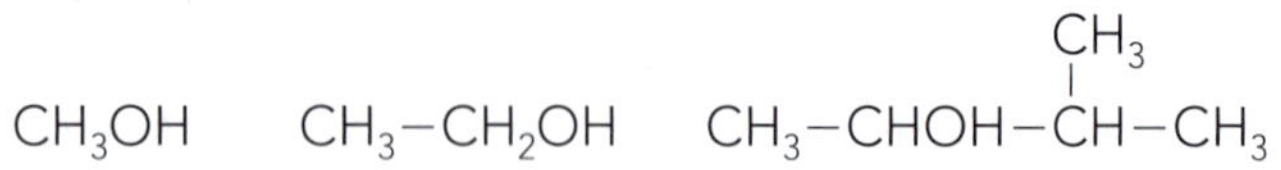

Metanol   Etanol   3-metilbutan-2-ol

Si existen varios grupos hidroxilo se añadirán los correspondientes prefijos multiplicadores (di-, tri-, etc.), respetando las reglas anteriores.

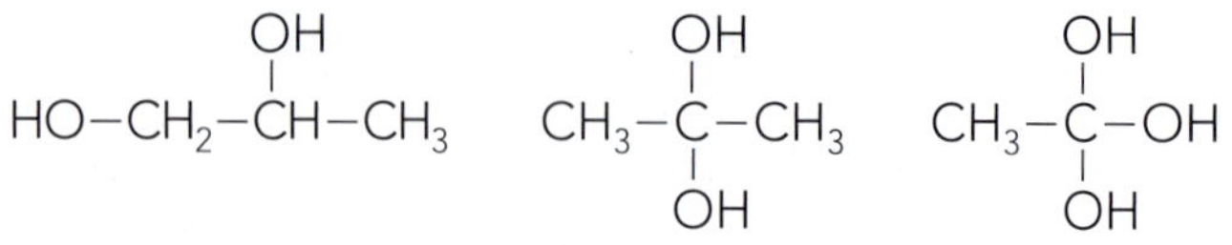

Propano-1,2-diol   Propano-2,2-diol   Etano-1,1,1-triol

Si el alcohol no es el grupo funcional principal, el grupo –OH se nombra como sustituyente, añadiendo la palabra hidroxi tras el localizador.

En función de las ramificaciones existentes, en el carbono que soporta el grupo hidroxilo distinguimos entre:

- **Alcohol primario.** El carbono está unido a un único grupo alquilo.
- **Alcohol secundario.** El carbono está unido a dos grupos alquilo.
- **Alcohol terciario.** El carbono está unido a tres grupos alquilo.

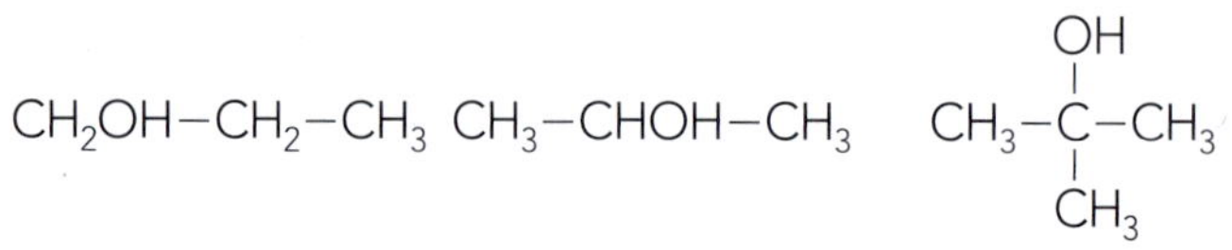

Propan-1-ol   Propan-2-ol   2-metilpropan-2-ol
Alcohol primario   Alcohol secundario   Alcohol terciario

Un alcohol de destacada importancia, dado su papel fundamental en la producción de polímeros como las resinas fenólicas, es el hidroxibenceno o fenol, cuya estructura ya se ha tratado en el epígrafe anterior.

Ejercicios

33 Formula los siguientes alcoholes y clasifícalos según sean primarios, secundarios o terciarios: a) Etanol; b) 3-metilbutan-1-ol; c) Pentan-2-ol; d) Pentan-3-ol; e) 3,4-dietilheptan-4-ol; f) ciclohexanol.

34 Nombra los siguientes alcoholes:

a) $CH_3-CH_2-CHOH-CH(CH_3)-CH_2-CH_3$

b) $CH_2Br-CHOH-CH_3$

c) $CH_3-CHOH-CH_2-CHOH-CH_3$

d) $CH_2OH-CH_2-C(OH)_2-CH_3$

e) 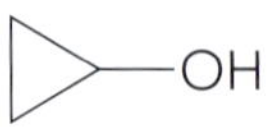

f) 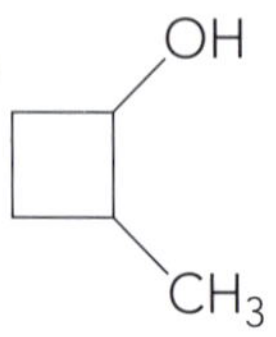

g) 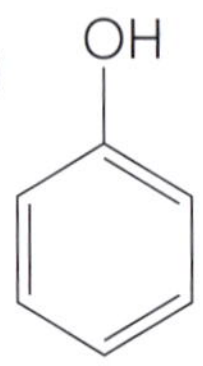

35 Los glicoles son compuestos con dos grupos hidroxilos en diferentes átomos de carbono, normalmente en carbonos adyacentes, aunque no es obligatorio. Formula y nombra tres glicoles y averigua una aplicación común de este tipo de compuestos.

36 **Las desventajas o los inconvenientes.** El bisfenol A, cuya estructura se presenta a continuación, es un compuesto usado en la fabricación de polímeros. Busca información y haz un informe sobre la controversia acerca de sus posibles repercusiones en la salud.

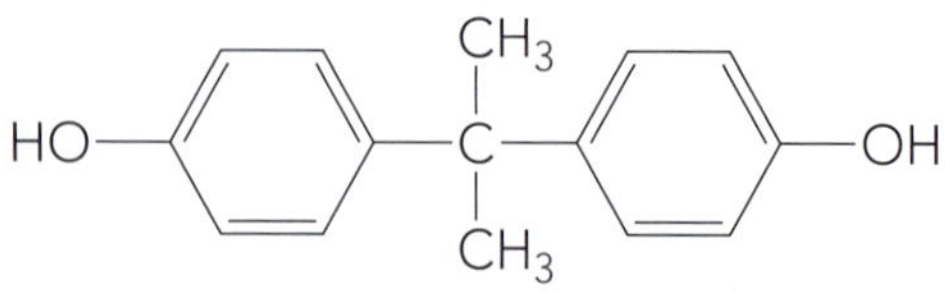

4.2. Éter

Cuando el hidrógeno del grupo hidroxilo de los alcoholes se ha sustituido por un radical alquilo da lugar a los **éteres.**

Los éteres, al contrario que los alcoholes, no son capaces de formar enlaces de hidrógeno, por lo que comparados con los alcoholes de masa molar similar tienen puntos de fusión y ebullición más bajos y no son hidrosolubles.

Son compuestos químicos muy estables, aunque inflamables. Se emplean como disolventes de sustancias orgánicas.

Los éteres se pueden nombrar mediante varias nomenclaturas distintas:

- **Nomenclatura por grupo funcional.** Los grupos unidos al oxígeno se nombran como radicales alquilo, ordenados alfabéticamente y separados por un espacio. Finalmente se añade la palabra éter. Cuando los dos sustituyentes son iguales se puede nombrar como éter *-ílico.*

  $CH_3{-}O{-}CH_2{-}CH_3 \rightarrow$ Etil metil éter

- **Nomenclatura por sustitución.** El radical más sencillo junto con el oxígeno se consideran un sustituyente y se nombra con el prefijo correspondiente al número de carbonos acabado en *-oxi.* El otro radical alquilo se considera la cadena principal.

  $CH_3{-}O{-}CH_2{-}CH_3 \rightarrow$ Metoxietano

- **Nomenclatura por reemplazamiento.** Se emplea en éteres más complejos, como poliéteres. Para nombrarlos se considera que es un hidrocarburo en el que algunos metilenos, $-CH_2-$, han sido sustituido por oxígenos que se designan con el prefijo *oxa-*.

  $CH_3{-}O{-}CH_2{-}CH_2{-}O{-}CH_2{-}O{-}CH_3 \rightarrow$ 2,4,7-trioxaoctano

Éteres cíclicos

Epóxidos

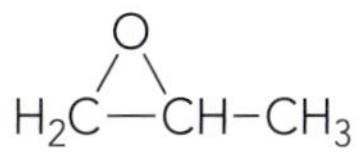

1,2-epoxipropano

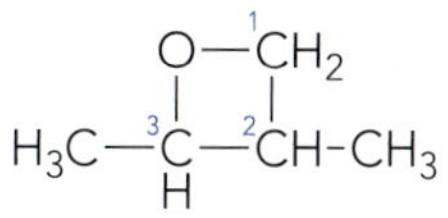

1,3-epoxi-2-metilbutano

Son éteres cíclicos en los que el oxígeno está unido a dos carbonos de una misma cadena. Se designa con el prefijo *epoxi-* precedido de los localizadores de los carbonos a los que se une.

Éteres corona

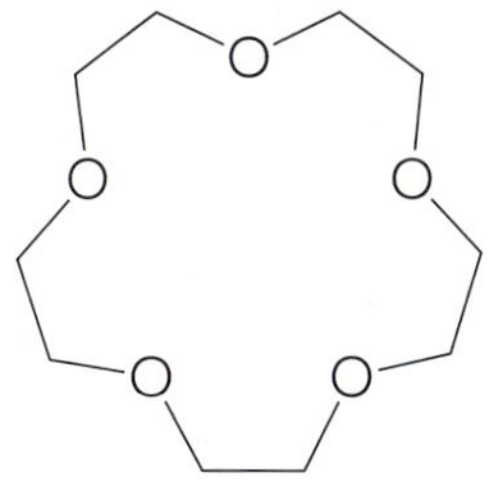

15-corona-5

Número de átomos del anillo = 15

Número de átomos de oxígeno = 5

Los éteres corona son poliéteres cíclicos derivados del etano-1,2-diol. Para nombrarlos se indica el número total de átomos que componen el anillo más la palabra *corona* seguido del número de átomos de oxígeno que existan.

Ejercicios

37 Formula los siguientes compuestos: a) dietil éter; b) etoxipropano; c) butil etil éter; d) fenil metil éter; e) etoxibenceno; f) 2,4,6-trioxaheptano.

38 Utiliza la nomenclatura indicada para nombrar los siguientes éteres:

a) $CH_3{-}CH_2{-}CH_2{-}O{-}CH_2{-}CH_2{-}CH_3$ (grupo funcional)

b) $CH_3{-}O{-}CH_2{-}CH_2{-}CH_2{-}CH_2{-}CH_3$ (grupo funcional)

c) $CH_3{-}CH(CH_3){-}O{-}CH_2{-}CH_3$ (sustitución)

d) $CH_3{-}CH(OCH_3){-}CH_2(OCH_3)$ (sustitución)

e) $CH_3{-}CH_2{-}O{-}CH_2{-}O{-}CH_3$ (reemplazamiento)

39 Averigua por qué el dietil éter o éter etílico se dejó de usar, de forma general, como anestésico.

40 Nombra los siguientes éteres cíclicos:

a) 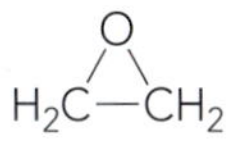

b) 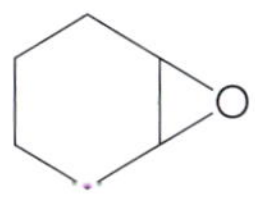

c) 

d) 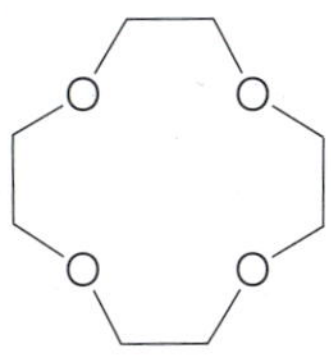

e) 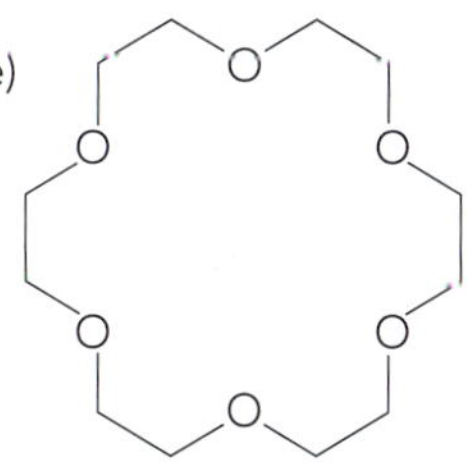

4.3. Aldehídos y cetonas

Tanto los aldehídos como las cetonas presentan un carbono unido con un enlace doble a un oxígeno (C=O o −CO−) llamado grupo carbonilo.

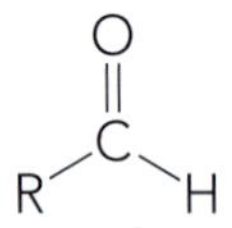

R-CHO

Aldehído

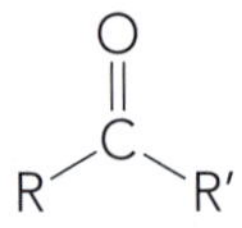

R−CO−R′

Cetona

Mientras que, en los aldehídos, el carbonilo se encuentra sobre un carbono terminal y por tanto unido al menos a un hidrógeno, en las cetonas debe estar dentro de la cadena, unido a dos carbonos.

El carbonilo, al ser un grupo polar, provoca que tanto los aldehídos como las cetonas tengan unos puntos de ebullición mayores que los hidrocarburos de masa molar similar, aunque no tanto como los de los alcoholes. Su solubilidad en agua va disminuyendo según aumenta su masa molar.

Los aldehídos son más reactivos que las cetonas. Ambos se encuentran ampliamente distribuidos en la naturaleza, siendo el grupo principal en los llamados azúcares simples. También son muy usados en la industria química.

Los aldehídos se nombran sustituyendo la terminación *-o* de los hidrocarburos por *-al* y las cetonas por la terminación *-ona*.

En ambos casos, mientras no existan grupos de mayor prioridad, la cadena principal los debe contener y se le asignará el localizador más bajo. En compuestos con ambos grupos funcionales, el aldehído tiene prioridad frente a la cetona.

Cuando la cetona no tiene prioridad se designa con el prefijo *-oxo*, precedido de su localizador.

CH_3-CH_2-CHO	$CH_3-CO-CH_3$	$CH_3-CO-CHO$
Propanal	Propanona	2-oxopropanal

Debido a su extenso uso, algunos de ellos tienen nombres propios.

HCHO	CH_3-CHO	$CH_3-CO-CH_3$
Formaldehído Metanal	Acetaldehído Etanal	Acetona Propanona

Ejercicio resuelto

3 Identifica los grupos funcionales presentes en el azúcar glucosa y nómbralo siguiendo las normas de la IUPAC.

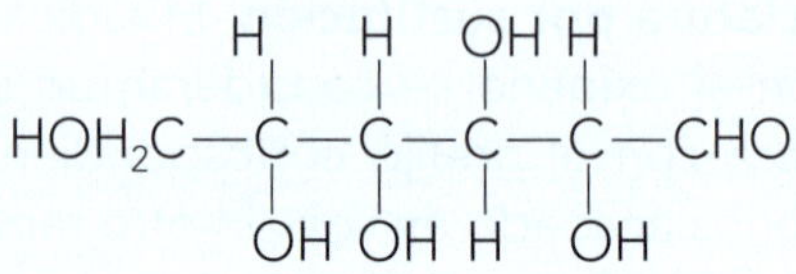

Solución

a) La glucosa contiene un grupo aldehído y 5 grupos alcohol.

b) Comenzamos a numerar desde el carbono del aldehído que tiene prioridad frente al alcohol.

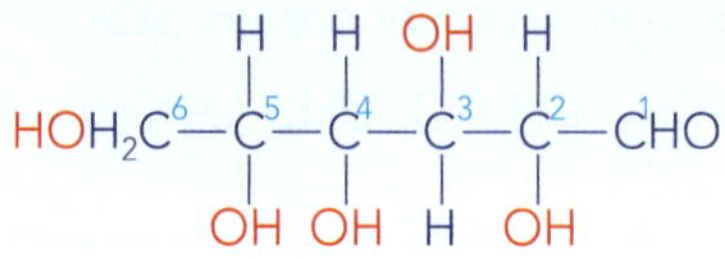

2,3,4,5,6-pentahidroxihexanal

Ejercicios

41 Nombra los siguientes aldehídos o cetonas: a) Butanal; b) butanona; c) etanodial; d) pentano-2,4-diona; e) pentano-2,3-diona; f) propenal; g) hex-4-in-2-ona.

42 Formula los compuestos que aparecen a continuación:

a) $CH_3-CH_2-CH_2-CO-CH_3$

b) $CH_2OH-CH_2-CH_2-CHO$

c) $CH_3-CO-CO-CH_3$

d) $CHO-CH_2-CH_2-CH_2-CH_2-CHO$

e) $CH_3-CH(CH_2-CH_3)-CO-CH=CH_2$

f) $CH_3-CO-CHOH-CHO$

43 La vainillina, $C_8H_8O_3$, es la responsable del aroma característico de la vainilla y es muy empleado en alimentación. Escribe su fórmula sabiendo que su nombre IUPAC es 4-hidroxi-3-metoxibenzaldehído.

44 Piensa en alguna aplicación de la propanona o acetona. A continuación, amplía tus conocimientos buscando en Internet otros usos o aplicaciones.

45 Busca la fórmula de al menos cuatro azúcares simples e infiere cuáles son las características estructurales que los definen. A continuación, nómbralos siguiendo las normas de la IUPAC.

4.4. Ácidos carboxílicos

Los ácidos carboxílicos se caracterizan por presentar una función carboxilo (−COOH), la cual contiene un grupo hidroxilo (−OH) unido a un grupo carbonilo (−CO−).

La función carboxilo es polar y además permite formar enlaces de hidrógeno. Esto provoca que los ácidos carboxílicos de cadena corta sean miscibles en agua y presenten unos puntos de fusión y ebullición altos. A medida que aumenta la longitud de la cadena carbonada, el ácido carboxílico va adquiriendo un carácter anfótero.

Los ácidos carboxílicos tienen gran importancia tanto a nivel industrial como biológico, siendo fundamentales en el metabolismo biológico.

Para nombrar los ácidos carboxílicos nuevamente se usa una nomenclatura de sustitución en la que se antepone la palabra ácido al nombre del hidrocarburo del mismo número de carbonos al que se le sustituye la terminación *-o* por el sufijo *-oico*.

CH_3-CH_2-COOH	$HOOC-CH_2-COOH$
Ácido propanoico	Ácido propanodioico

La función carboxilo tiene prioridad frente a cualquier otra, correspondiéndole el 1 como localizador. El resto de funciones se consideran siempre sustituyentes o secundarias.

$$CH_3-CO-CHOH-CH=CH-COOH$$

Ácido 4-hidroxi-5-oxohex-2-enoico

Los ácidos grasos son ácidos carboxílicos con cadena carbonada larga y sin ramificaciones. Esta cadena carbonada puede presentar dobles enlaces (ácidos grasos insaturados) o no (ácidos grasos saturados).

4.5. Ésteres y otros derivados de ácidos

Los ésteres

Los ésteres son compuestos derivados de la reacción de condensación entre un ácido carboxílico y un alcohol, cuya fórmula general es R-COOR′.

$$R-COOH + R'OH \rightarrow R-COOR' + H_2O$$

Ácido carboxílico + alcohol → éster + agua

Los ésteres se nombran usando tres palabras.

- Término derivado del ácido. Se sustituye el prefijo *-ico* por *-ato*. Ej: Ácido etanoico → Etanoato.
- Los dos términos se conectan con la preposición *de*.
- Término derivado del alcohol. Se sustituye el prefijo *-ol* por *-ilo*. Ej: Metanol → Metilo.

$$CH_3-COOH + CH_3OH \rightarrow CH_3-COOCH_3 + H_2O$$

Ácido etanoico + metanol → etanoato de metilo + agua

Sales de ácidos carboxílicos

En las sales neutras se sustituye el hidrógeno del ácido por un metal y se nombran de forma similar a los ésteres.

$CH_3-COONa$	$CH_3-CH_2-CH_2-COOK$
Propanoato de sodio	Butanoato de potasio

Nombres propios de ácidos comunes

$HCOOH$ Ácido fórmico	CH_3COOH Ácido acético	CH_3-CH_2-COOH Ácido propiónico	$CH_3-CH_2-CH_2-COOH$ Ácido butírico
$HOOC-COOH$ Ácido oxálico	$HOOC-CH_2-COOH$ Ácido malónico	$CH_3(CH_2)_7CH=CH(CH_2)_7COOH$ Ácido oleico	

Ejercicios

46 Nombra o formula los siguientes ácidos carboxílicos:

a) $CH_3-CH_2-CH_2-COOH$

b) $CH_3-CH=CH-COOH$

c) $CH_2=CH-CH_2-COOH$

d) Ácido metanoico.

e) Ácido 3-metilpentanoico.

f) Ácido 3-cloropropenoico.

47 Busca en ilternet la fórmula estructural del ácido graso linoleico y nómbralo siguiendo las normas de la IUPAC. Este ácido, ¿es saturado o insaturado?

48 Formula el propanoato de metilo y el etanoato de propilo.

49 Nombra los siguientes ésteres utilizando las normas de la IUPAC:

a) $CH_3-COO-CH_3$

b) $HCOO-CH_2-CH_3$

50 Formula los siguientes compuestos teniendo en cuenta que derivan de los nombres propios de sus ácidos carboxílicos: a) Acetato de etilo; b) Formiato de propilo; c) Oxalato de sodio.

Los compuestos de carbonos nitrogenados más importantes son las aminas, nitroderivados, nitrilos y amidas. Varios de estos tipos de compuestos, además de tener nitrógeno, presentan también heteroátomos de oxígeno.

5.1. Amina

Las aminas son compuestos formalmente derivados del amoníaco (NH_3) en los que se ha sustituido uno o varios hidrógenos por grupos alquilo, dando lugar a aminas primarias, secundarias o terciarias.

NH_2-CH_3	$CH_3-NH-CH_3$	$N(CH_3)_3$
Amina primaria	Amina secundaria	Amina terciaria

Las aminas son compuestos polares. Al formar enlaces de hidrógeno más débiles que los alcoholes tienen puntos de ebullición más bajos que estos. Por otro lado, la imposibilidad de las aminas terciarias de formar enlaces de hidrógeno provoca que sus puntos de ebullición sean más parecidos a los hidrocarburos de masa molecular parecida.

Las aminas tienen multitud de aplicaciones como puede ser la fabricación de colorantes, cauchos sintéticos o fármacos.

Existen dos tipos de nomenclatura para las aminas:

- **Por sustitución.** Esta nomenclatura es similar a la de los alcoholes, sustituyendo la terminación *-ol* por *-amina*. En las aminas secundarias y terciarias será necesario especificar que el sustituyente alquilo está unido al nitrógeno, incluyendo el localizador N-.

$$CH_3-CH_2-CH_2-NH_2 \rightarrow \text{Propan-1-amina}$$
$$CH_3-CH_2-NH-CH_3 \rightarrow \text{N-metiletanamina}$$

- **Por grupo funcional.** En esta nomenclatura, el grupo amino es la estructura fundamental y los grupos alquilo se consideran sustituyentes.

$$CH_3-CH_2-CH_2-NH_2 \rightarrow \text{Propilamina}$$
$$CH_3-CH_2-NH-CH_3 \rightarrow \text{etilmetilamina}$$

Cuando la amina no es la función principal se nombra como *-amino*.

Biológicamente, las aminas tienen gran relevancia puesto que son un grupo esencial en los aminoácidos, los monómeros de los que se componen las proteínas. En los aminoácidos que componen las proteínas, el grupo amino, NH_2-, y el grupo carboxilo, $-COOH$, están unidos a un mismo carbono, el cual, además, está unido a una cadena lateral, R, que es específica de cada aminoácido.

Las proteínas pueden estar compuestas de hasta 20 aminoácidos distintos, de los cuales 10 se consideran esenciales porque no los puede sintetizar el organismo por sí mismo.

Cada uno de estos aminoácidos tiene un nombre propio, además del recomendado por la IUPAC, y una abreviatura aceptada formada por tres letras.

Nombres comunes de aminoácidos esenciales

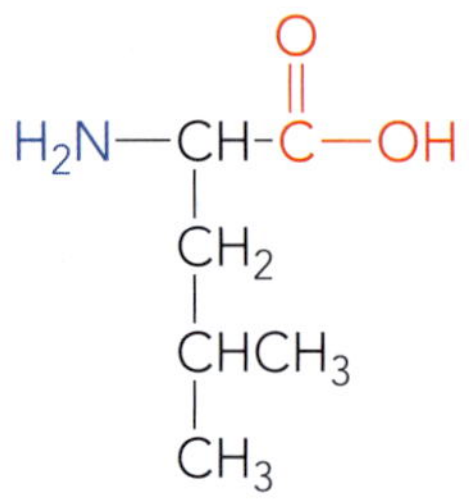

Leucina (Leu)

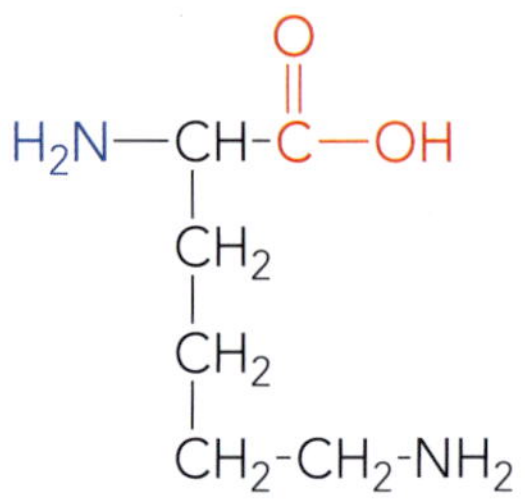

Lisina (Lys)

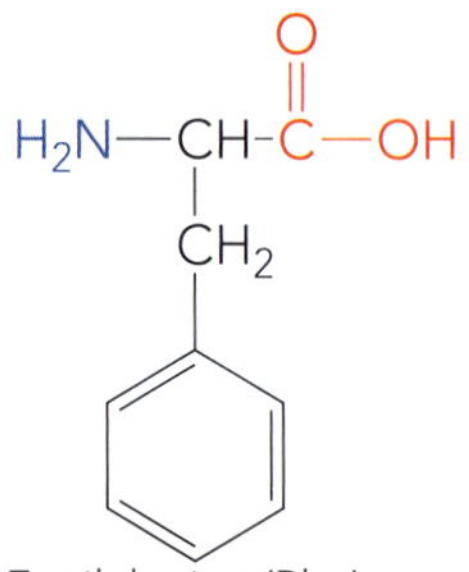

Fenilalanina (Phe)

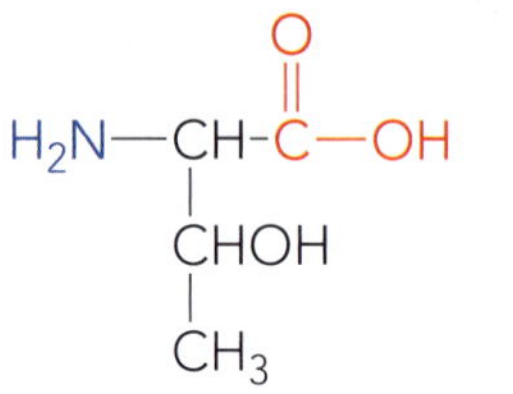

Treonina (Thr)

Ejercicios

51 Formula las siguientes aminas: a) propan-2-amina; b) butilamina; c) prop-2-en-1-amina; d) dimetilamina; e) N-etilbutanamina; f) 3-cloro-N-metilpentan-2-amina.

52 El punto de ebullición normal a 1 atm de presión de la etanamina es de 17 °C, mientras que la del etanol, en esas mismas condiciones, es de 78 °C. ¿Cómo explicas esta diferencia?

53 **Cabezas numeradas.** Muchos neurotransmisores, moléculas que transmiten el impulso nervioso, contienen grupos amino. Ejemplo de ellos son la glicina, el ácido glutámico, el GABA, la dopamina, la noradrenalina o la adrenalina. Buscad en internet sus fórmulas estructurales y trabajad en grupo para nombrarlos siguiendo las normas de la IUPAC explicadas.

5.2. Nitroderivado

En este tipo de compuestos, uno de los carbonos está unido al grupo **nitro,** $-NO_2$.

Los nitroderivados suelen usarse como explosivos puesto que generan reacciones en las que se libera gran cantidad de energía, como es el caso del trinitrotolueno o TNT.

El grupo nitro se considera siempre como un grupo sustituyente, nombrándose con el prefijo *nitro-* precedido del localizador.

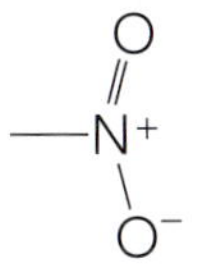

Estructura grupo nitro

$CH_3-CH_2NO_2$
Nitroetano

$CH_3-CH_3NO_2-CH_3$
2-nitropropano

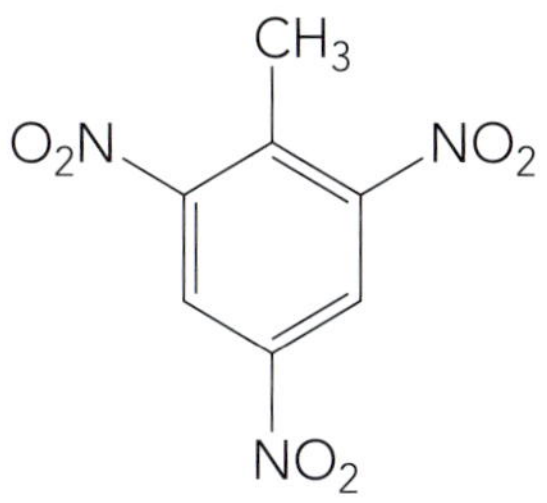

2,4,6-trinitrotolueno
TNT

5.3. Nitrilo

Los nitrilos son derivados del cianuro de hidrógeno, HCN. El grupo **nitrilo,** que da nombra a la clase de compuestos, consiste en un enlace triple al N, $\equiv$N. También es posible considerar el grupo **ciano,** $-CN$, en el que se incorpora el carbono unido al nitrógeno.

La nomenclatura varía en función de si se considera el grupo **nitrilo** o el grupo **ciano** como grupo principal.

- **Grupo nitrilo.** Se nombra como derivado del hidrocarburo correspondiente añadiendo el sufijo *-nitrilo*.
- **Grupo ciano.** El grupo principal se nombra como *cianuro de* más el nombre del radical correspondiente acabado en *-ilo*. En este caso, el carbono del grupo **ciano** no se contabiliza en el resto de la cadena carbonada. Como sustituyente, se nombra con el prefijo *ciano-*.

CH_3-CH_2-CN	CH_3-CH_2-CN	$CH_3-CHCN-CHO$
Propanonitrilo	Cianuro de etilo	2-cianopropanal

5.4. Amida

La amida es otro tipo de derivado de los ácidos carboxílicos. Se forma en una reacción de condensación similar a la de los ésteres. En esta ocasión, el ácido carboxílico reacciona con amoníaco o con alguna amina generando la amida y agua.

$$R-COOH + NH_3 \rightarrow R-CONH_2 + H_2O$$

Ác. carboxílico + amoníaco → amida + agua

Las amidas pueden conservar los dos hidrógenos sobre el átomo de nitrógeno o pueden sustituirse por uno o dos grupos alquilo.

Para nombrarlas se usa como base el nombre del ácido carboxílico del que procede, omitiendo la palabra ácido y sustituyendo el término *-oico* por *-amida*. Cuando exista algún grupo alquilo sobre el nitrógeno se nombrarán como amidas N-sustituidas.

$CH_3-CH_2-CH_2-CONH_2$
Butanamida

$CH_3-CH_2-CONH-CH_3$
N-metilpropanamida

Las amidas son los derivados de ácidos carboxílicos menos reactivos. Tienen la posibilidad de formar enlaces de hidrógeno, por lo que la inmensa mayoría son sólidas a temperatura ambiente. Las de masa molar menor son solubles en agua.

En el campo industrial tiene especial relevancia la síntesis de poliamidas como el nailon o el kevlar. También se puede encontrar en otros polímeros naturales como la seda o la lana.

Como ya hemos comentado, los distintos aminoácidos dan lugar a las proteínas reaccionando entre sí. El grupo carboxilo de un aminoácido reacciona con el grupo amino de otro formando una amida; recibe el nombre de **enlace peptídico.**

Ejercicios

54 Nombra los siguientes compuestos: a) $CH_3-CH_2NH_2$ b) $H_2N-CH_2-CH_2-NH_2$, c) $CH_3-CH_2NO_2$; d) CH_3-CN; e) CH_3-CONH_2; f) CH_3 $CONH-CH_3$.

55 Formula los siguientes compuestos de carbono nitrogenados: a) *p*-nitrofenol; b) cianuro de fenilo; c) 2,3-dimetilbutanonitrilo; d) 2-metilbutanamida; e) N-metilbutanamida.

56 A continuación, se presenta la estructura del glutatión. Averigua de qué aminoácidos está constituido y si las amidas que presenta son las que se suelen formar cuando se unen los aminoácidos.

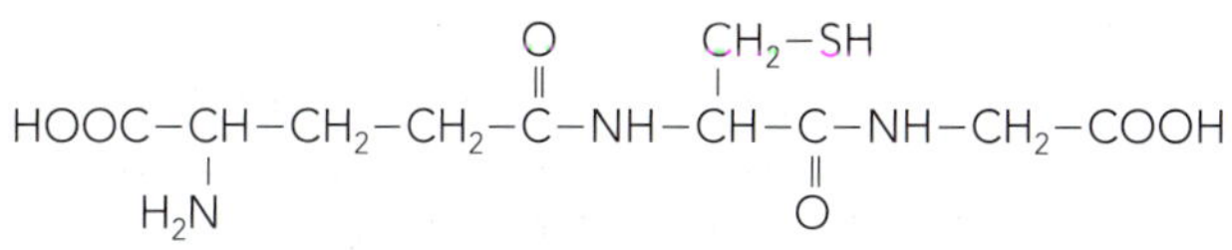

6
PRIORIDAD DE LOS DISTINTOS GRUPOS FUNCIONALES

Los grupos funcionales tienen distinta prioridad u orden. El que tenga mayor prioridad es el que dará nombre al compuesto fijando el prefijo característico.

Orden	Familia	Grupo funcional	Designación f. principal	Designación sustituyente	Ejemplo	f. principal / g. sustituyente
14º	Alcano	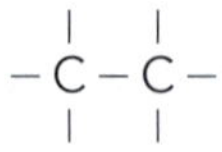	**-ano**	*-il* *-ilo*	CH_3-CH_3 $CH_3-CH(CH_3)-CH_3$	Etano Metilpropano
13º	Nitroderivado	$-NO_2$	**–**	*nitro-*	– CH_3-NO_2	– Nitrometano
12º	Haloalcano	$-X$	**–**	*fluoro-,* *floro-* *bromo-,* *yodo-*	– CH_3-CH_2Br	– Bromoetano
11º	Alquino	$-C\equiv C-$	**-ino**	*-in-*	$HC\equiv CH$ $HC\equiv C-CH_2OH$	Etino Prop-2-inol
10º	Alqueno	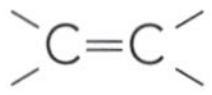	**-eno**	*-en-*	$CH_2=CH_2$ $CH_2=CH-CH_2OH$	Eteno Prop-2-en-1-ol
9º	Éter	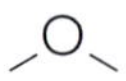	**Éter**	*oxi-*	CH_3-O-CH_3 CH_3-O-CH_2OH	Dimetil éter Metoximetanol
8º	Amina	$-NR_2$ R: H o alquilo	**-amina**	*amino-*	CH_3-NH_2 $CH_2NH_2-CH_2OH$	Metanamina 2-aminoetanol
7º	Alcohol	$-OH$	**-ol**	*hidroxi-*	CH_3-CH_2OH $CH_2OH-CHO$	Etanol Hidroxietanal
6º	Cetona	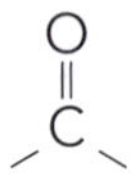	**-ona**	*oxo-*	$CH_3-CO\text{-}CH_3$ $CH_3-CO\text{-}CHO$	Propanona 2-oxopropanal
5º	Aldehído	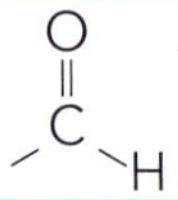	**-al**	*oxo-*	$HCHO$ $HCO-CH_2-CONH_2$	Metanal 3-oxopropanamida
4º	Nitrilo	$\equiv N$ $-CN$	**-nitrilo** **Cianuro de**	*ciano-*	CH_3-CN CH_3-CN $NC-CH_2-CONH_2$	Etanonitrilo o Cianuro de metilo 3-cianopropanamida
3º	Amida	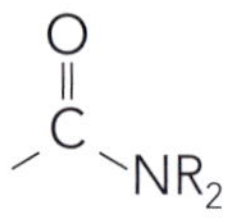 R: H o alquilo	**-amida**	*carbamoil-*	CH_3-CONH_2 $H_2NCO-CH_2-COOH$	Etanamida Ácido 2-carbamoiletanoico
2º	Éster	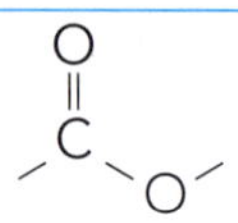	**-oato de -ilo**	*-oxicarbonil-*	$CH_3-COO-CH_3$ $HOOC-COO-CH_3$	Etanoato de metilo Ácido metoxicarbonilmetanoico
1º	Ácido carboxílico	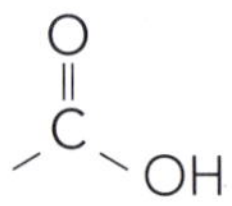	**Ácido -oico**	*carboxi-*	CH_3-COOH	Ácido etanoico

7 FORMAS DE ALOTRÓPICAS DEL CARBONO

La gran diversidad de estructuras que es capaz de generar el carbono no se limita a los compuestos de carbono, como los que hemos estudiado en los epígrafes anteriores.

El átomo de carbono genera una gran variedad de estructuras cuando se combina solo con otros átomos de carbono en distintas formas alotrópicas.

Un **alótropo** es una sustancia formada por un solo elemento pero cuyos átomos se encuentran ordenados formando una estructura distinta con la misma composición.

Las principales formas alotrópicas del carbono son el diamante, el fullereno y el grafito. A estas tres se han sumado en las últimas décadas nuevos compuestos como son el grafeno o los nanotubos de carbono.

■ Diamante

En el diamante, cada átomo de carbono se enlaza a otros cuatro en una distribución tetraédrica generando una red tridimensional de gran fortaleza. Esta estructura genera que el diamante sea una sustancia muy dura con un punto de fusión muy alto e insoluble.

Sus electrones tienen un movimiento muy limitado que hacen que el diamante no conduzca la electricidad y sea un sólido transparente por el que pasa fácilmente la luz.

■ Fullereno

El fullereno presenta una estructura tridimensional cerrada y hueca. Tiene una forma aproximadamente esférica, formada por carbonos que se unen formando pentágonos y hexágonos unidos. Existen varios tamaños, pero el más conocido es el de 60 átomos de carbono.

La primera vez que se describieron fueron sintetizados en el laboratorio, pero posteriormente se han encontrado también en la naturaleza en algunos minerales o como productos secundarios en procesos de combustión.

■ Grafito

En el grafito cada átomo de carbono está unido a otros tres formando una disposición plana. Su disposición geométrica es la del centro y los vértices de un triángulo equilátero, por lo que forman estructuras hexagonales.

Los átomos así distribuidos forman enormes capas bidimensionales superpuestas que presentan gran resistencia, provocando que el grafito tenga un punto de fusión muy alto y sea insoluble.

Pese a lo que pudiera parecer, el grafito es un sólido blando porque las capas bidimensionales están débilmente unidas entre sí y se separan fácilmente unas de otras.

Finalmente, el hecho de que un electrón de cada uno de los carbonos se pueda mover libremente entre las capas provoca que el grafito sea un excelente conductor de la electricidad. El movimiento de estos electrones también genera que sea un sólido opaco de color negro.

■ Grafeno

Los carbonos del grafeno también adoptan la disposición hexagonal de los átomos de grafito, formando una única capa bidimensional de grandes dimensiones. Es un material de gran resistencia, flexible, conductor, hidrófugo, inerte químicamente y transparente.

■ Nanotubos de carbono

Un nanotubo de carbono es como una única capa de grafito que se dobla sobre sí misma juntando sus extremos y generando una estructura cilíndrica alargada.

Constituye un material muy ligero pero resistente. Es flexible y elástico frente a la deformación. Su conductividad depende de su estructura pero algunos son capaces de transportar corrientes de gran intensidad.

En anayaeducacion.es puedes visualizar las estructuras del fullereno y los nanotubos de carbono en movimiento.

Estructuras de las formas alotrópicas del carbono

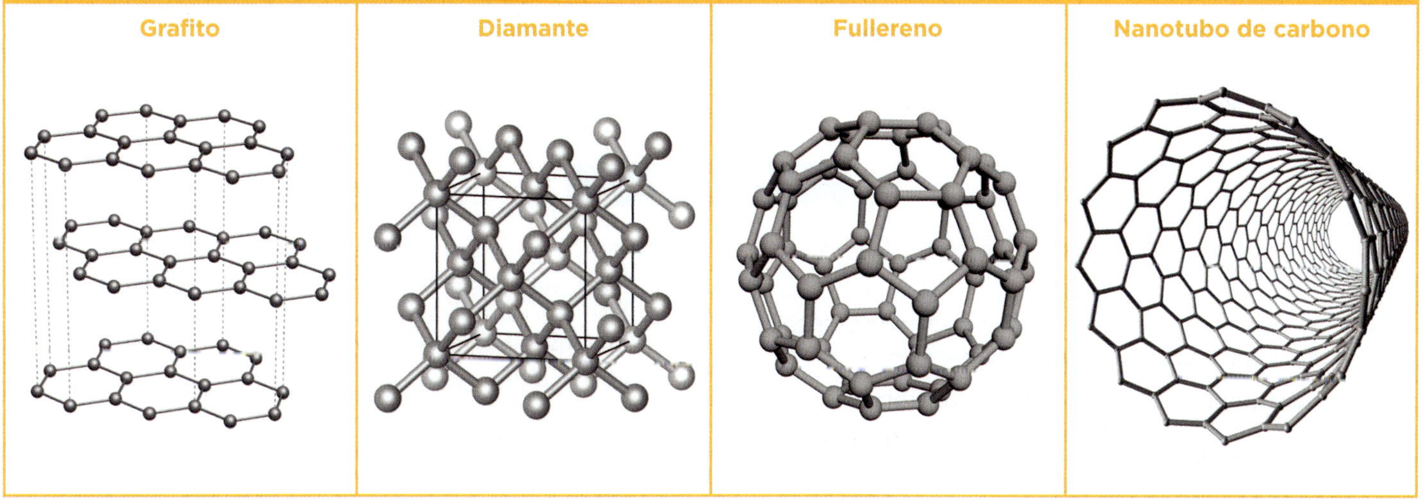

8 ISOMERÍA

Isómeros son aquellos compuestos distintos que presentan una misma fórmula molecular.

La isomería es una propiedad muy común entre los compuestos de carbono debido al escaso número de elementos que intervienen en su composición.

Existen dos tipos de isomería en función de si los compuestos se diferencian en la disposición en la que se unen sus átomos, **isomería estructural,** o, compartiendo la secuencia en la que se unen los átomos, se diferencian en su orientación espacial, **estereoisomería.**

8.1. Isomería estructural

Dos compuestos que presenten isomería estructural pueden tener propiedades físicas y químicas muy distintas.

El orden en el que se conectan los átomos de un compuesto puede modificarse de varias maneras, generando los distintos tipos de isomería estructural:

- **Isomería de cadena.** Los compuestos difieren en la distribución de los átomos de la cadena carbonada.
- **Isomería de posición.** Es debida a la distinta localización de un mismo grupo funcional dentro de cada uno de los compuestos.
- **Isomería de función.** Los isómeros presentan grupos funcionales distintos.

8.2. Estereoisomería

Los compuestos que presentan esta isomería tienen una estructura muy similar por lo que sus propiedades también son parecidas.

Distinguiremos dos isomerías distintas atendiendo al tipo de compuesto que las puedan presentar.

- **Isomería geométrica.** Es característica de compuestos con un doble enlace disustituido no terminal.

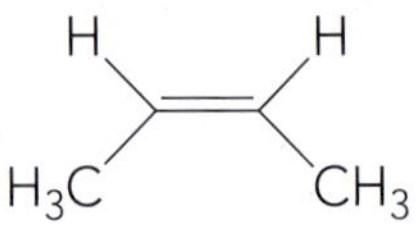

cis-but-2-eno

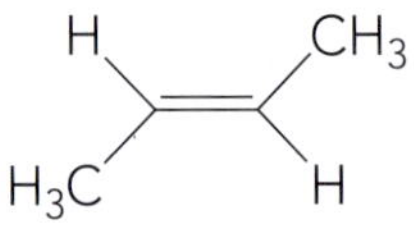

trans-but-2-eno

Se denomina isómero **cis** a aquel que presenta los dos sustituyentes del mismo lado y **trans** al que los presenta en lados contrarios.

- **Isomería óptica.** Se da en compuestos que presentan al menos un carbono enlazado a cuatro sustituyentes distintos.

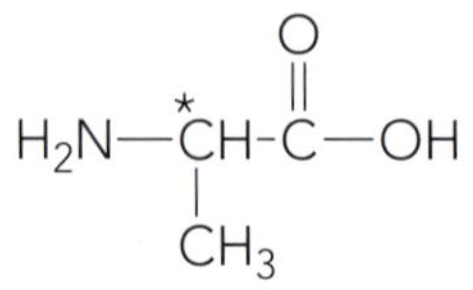

Alanina

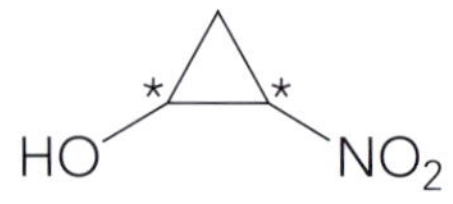

2-nitrociclopropanol

Ese carbono se denomina **carbono asimétrico** o **carbono quiral** y se suelen marcar con un asterisco.

Ejemplos de isómeros estructurales

Isomería de cadena

$CH_3-CH_2-CH_2-CH_3$

Butano

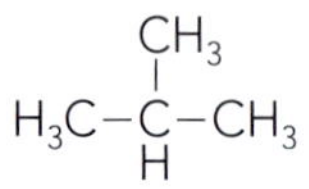

Metilpropano

Isomería de posición

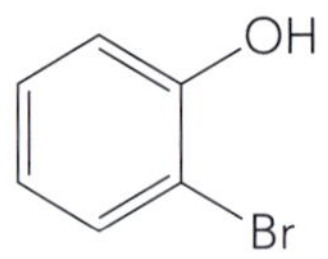

o-bromofenol

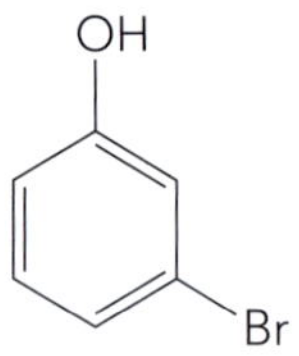

m-bromofenol

Isomería de función

$CH_3-CH_2-CH_2-COOH$

Ácido butanoico

$CH_3-CH_2-COO-CH_3$

Propanoato de metilo

Ejercicios

57 Formula y nombra todos los isómeros de cadena de fórmula molecular C_5H_{12}.

58 Dado el 2-metilbutan-2-ol escribe y nombra todos sus isómeros de posición.

59 Halla y nombra dos isómeros de función de un compuesto de 3 átomos de carbono y un átomo de oxígeno.

60 Indica el tipo de isomería, si existe, que presentan los siguientes compuestos con la 3-metilhexanona. Pon sus fórmulas estructurales:

a) 3-metilhexan-2-ol.

b) 4-metilhexan-2-ona.

c) Heptanal.

d) 4-metilhexan-3-ona.

e) 3-metilhexanal.

f) 3,4-dimetilpentanona.

g) 3,4-dimetilpentanal.

h) 3-etilpentanona.

9 EL PETRÓLEO Y EL GAS NATURAL

Tanto el petróleo como el gas natural son mezclas de distintos compuestos de carbono. Ambos constituyen la principal fuente de energía de la sociedad actual. Además, del petróleo se obtienen los combustibles, necesarios para la mayoría de medios del transporte, y las materias primas de muchas industrias químicas como las de producción de polímeros o detergentes.

9.1. El petróleo

El petróleo es una compleja mezcla de hidrocarburos de tamaños muy diversos y de algunos compuestos inorgánicos. Una vez extraído es transportado hasta las refinerías en las que se somete a distintos procesos.

La **destilación fraccionada** permite la separación de distintas fracciones en función de su distinto punto de ebullición: 1) gases no condensables (metano y etano), gases licuados del petróleo (propano y butano) y naftas ligeras; 2) naftas pesadas y gasolinas; 3) querosenos; 4) gasóleos; 5) fuelóleos, y 6) aceites lubricantes, parafinas y ceras y asfaltos. Las primeras fracciones se siguen tratando hasta aislar sus componentes. Las fracciones más pesadas se suelen someter a destilación al vacío para aprovecharlas mejor.

El **craqueo** es otro proceso al que se somete a algunas de las fracciones anteriores para provocar la ruptura de los hidrocarburos y así poder incorporarlos a la fracción de las gasolinas o darles otros usos. El craqueo puede ser térmico, sometiéndolo a altas temperaturas, o catalítico, mediante el uso de catalizadores, que es más específico y eficiente.

Con el **reformado** se consigue ramificar, ciclar o aromatizar las parafinas. Con ello se pretende obtener combustibles más eficientes, disolventes o materias primas.

Por último, el **refino** son tratamientos que acondicionan adecuadamente determinadas fracciones para su aprovechamiento. Dentro de estos procesos se encuentra la desulfuración, para retirar el azufre de la mezcla; el hidrotratamiento, reacción con hidrógeno para estabilizar las muestras, o la adición de aditivos.

9.2. El gas natural

El gas natural es una mezcla de hidrocarburos gaseosos cuyo componente mayoritario es el metano, existiendo en mucha menor medida etano o propano. Además puede contener otros gases como:

$$CO_2,\ H_2O \text{ o } H_2S$$

Durante su extracción, el metano es separado del resto de gases para evitar problemas en el proceso de licuefacción o en el transporte.

Se transporta licuado a muy bajas temperaturas por barco o a través de gaseoductos hasta las estaciones regasificadoras donde vuelve a recuperar su estado gaseoso y se almacena.

Antes de su canalización para uso doméstico se añade un odorante de olor desagradable para detectar fugas.

9.3. Repercusiones medioambientales

Ya es innegable que el uso actual del gas natural, pero sobre todo del petróleo, está teniendo repercusiones negativas sobre el medioambiente.

Algunas de ellas, como el calentamiento global, ya se han analizado en capítulos anteriores. En esta ocasión nos centraremos en otros efectos negativos de la quema de estos combustibles fósiles, como son la lluvia ácida y el *smog* fotoquímico.

La **lluvia ácida** se forma cuando la humedad del aire reacciona con óxidos de nitrógeno o de azufre procedentes de la quema de combustibles generando compuestos ácidos. La deposición de estos compuestos provoca la acidificación de suelos, aguas interiores y mares y dañan a animales y plantas.

El ***smog* fotoquímico** se produce cuando se combinan ciertas circunstancias climatológicas con una acumulación de contaminantes atmosféricos procedente de los medios de transporte urbanos. En estas circunstancias, una intensa radiación solar provoca que se formen por reacciones fotoquímicas compuestos nocivos para la salud, como el ozono, O_3.

Ejercicios

61 Elabora un informe sobre el proceso de obtención de hidrocarburos a partir del petróleo, incluyendo información sobre sus usos.

Averigua si algunas de ellas son susceptibles de ser sometidas a algún proceso descrito en el texto. Finalmente, reflexiona sobre qué pasaría si las reservas de petróleo se agotaran.

62 ODS Investiga las fuentes de energía renovables que hay en tu comunidad autónoma y reflexiona sobre como se podría contribuir a la consecución de la **meta 7.2**.

63 Propón iniciativas que ayuden a paliar las repercusiones negativas que tiene el uso de estas fuentes de energía no renovables.

En **anayaeducacion.es** podrás encontrar una presentación sobre la destilación fraccionada del petróleo.

Formulación orgánica en el móvil

Existen varias aplicaciones disponibles en dispositivos con sistemas android que usan el juego como método de aprendizaje y nos pueden ayudar a repasar algunos de los conceptos principales aprendidos a esta unidad o ampliar su contenido. Estas aplicaciones a menudo son de uso gratuito, aunque contienen anuncios. En esta ocasión vamos a centrarnos en dos de ellas. En la primera se repasan todo tipo de compuestos formado exclusivamente por H y C, los hidrocarburos. La segunda se basa en compuestos de carbono con distintos tipos de grupos funcionales Las dos aplicaciones tienen una estructura similar como se verá a continuación.

1. Hidrocarburos

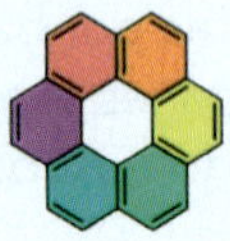

Con esta aplicación es posible repasar la fórmula y el nombre IUPAC aceptado de distintos tipos de hidrocarburos; todos a la vez o por grupos.

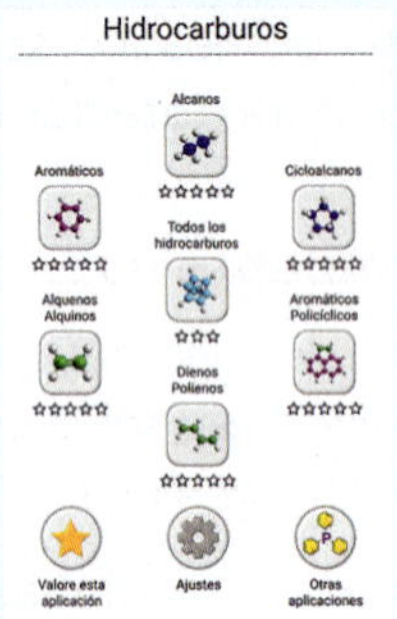

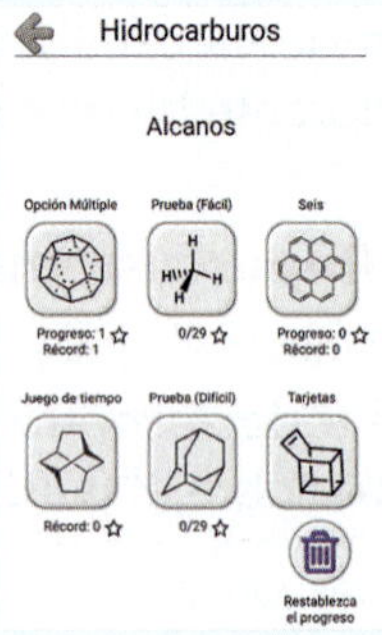

Para cada uno de estos grupos es posible elegir varios tipos de actividades:

- **Opción múltiple.** En esta opción hay que elegir el nombre o la fórmula correctos entre los cuatro que aparecen respecto a la fórmula o nombre, respectivamente, que se está preguntando. La actividad permite tres fallos, en forma de corazones situados en la parte superior, antes de tener que reiniciarla.
- **Prueba (fácil).** Se muestra una fórmula y una serie de letras y el objetivo es ir poniendo las letras del nombre del compuesto en el orden correcto. Con cada compuesto se puede ganar hasta cinco bombillas. Por cada fallo al elegir una letra se resta una bombilla. El programa indica cuándo la letra que queremos colocar no es correcta. Las bombillas ganadas se van sumando a las que ya se tienen. Si queremos que nos muestre una letra gastaremos diez bombillas en la opción mostrar por cada una de las letras.
- **Seis.** Se debe elegir la fórmula del nombre mostrado entre las seis que aparecen. Se permiten tres fallos.
- **Juego de tiempo.** El reto consiste en elegir en un minuto el máximo número de nombres o fórmulas correctos, según corresponda, del compuesto dado entre cuatro posibles. Cada fallo al elegir resta cinco segundos. Se gana el juego si se han identificado correctamente 25 compuestos en un minuto.
- **Prueba (difícil).** Es una actividad similar al otro tipo de prueba pero en esta ocasión se van colocando las letras sin saber hasta el final si las letras colocadas son las correctas. Si se sospecha que una letra de las colocadas no es correcta se puede borrar pulsando sobre ella. Con la opción mostrar se muestran las letras bien colocadas.
- **Tarjetas.** El objetivo de esa actividad es enseñar el nombre o la fórmula de los compuestos que se desconocen pulsando sobre mostrar respuesta. En cada respuesta mostrada es posible elegir si queremos que este compuesto aparezca otra vez en las tarjetas (carita roja) o no (carita verde).

2. Grupos funcionales

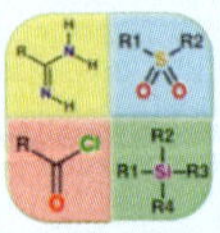

En esta aplicación se trabajan muchos grupos funcionales distintos. En la opción de *fáciles* encontraremos todos los grupos funcionales estudiados en esta unidad más algunos adicionales que servirían como contenidos de ampliación.

Las actividades posibles son similares a las de la aplicación anterior aunque en esta aplicación se presenta una actividad adicional: *Tabla*. En esta nueva actividad se presenta una lista de los distintos grupos funcionales. Pulsando sobre el nombre del grupo funcional aparece su estructura correspondiente y un ejemplo de compuesto que lo contenga.

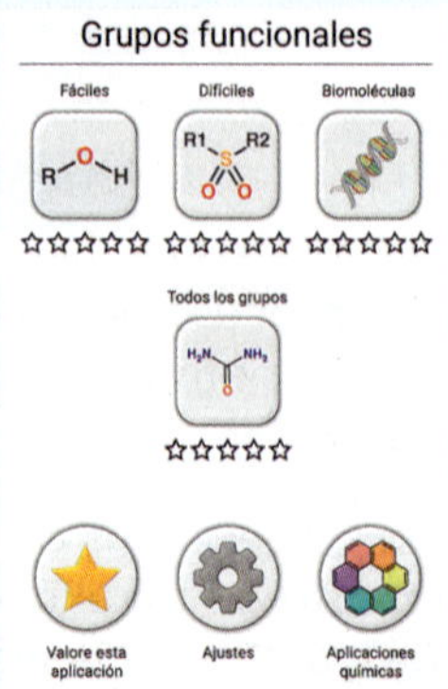

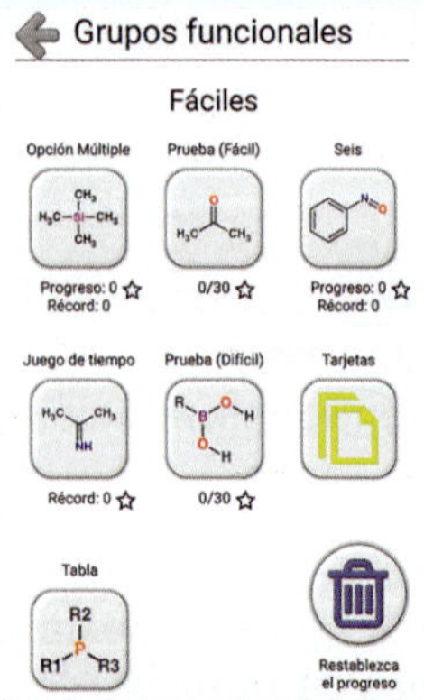

Cuestiones

1 Selecciona la opción de *alquenos y alquinos* y el juego de opción múltiple e intenta conseguir una estrella. Ten en cuenta que en esta aplicación los localizadores de los nombres se colocan al principio del nombre en lugar de donde recomienda la IUPAC.

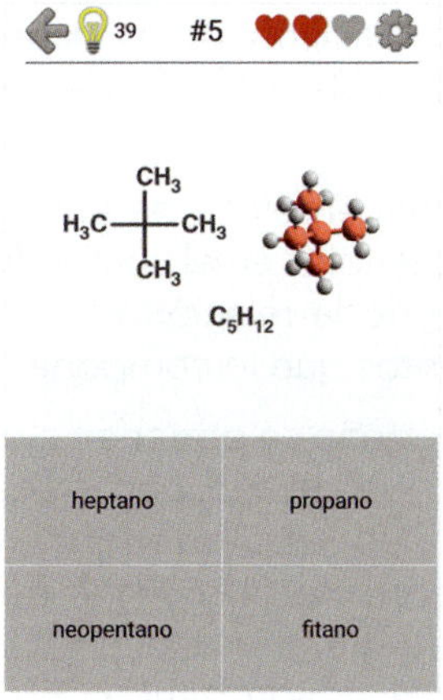

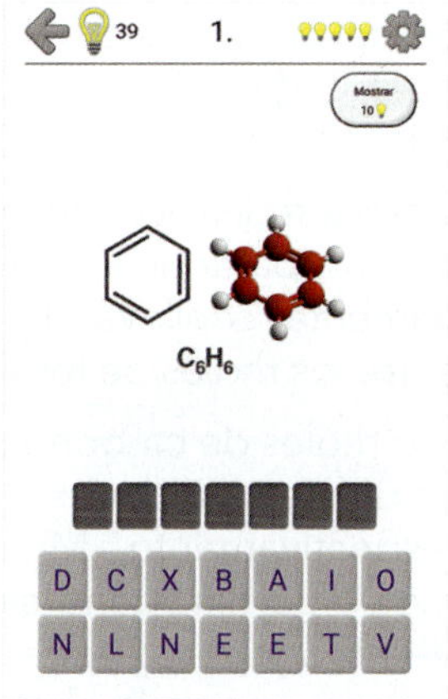

2 Escoge la actividad *Prueba (fácil)* del botón de aromáticos e intenta averiguar al menos 10 nombres. Recuerda que el botón *Mostrar* te dará una letra por cada 10 bombillas conseguidas.

3 Siguiendo con los aromáticos, ahora escoge el botón *Seis* e intenta resolver el mayor número de pantallas que puedas. Si algún compuesto no lo conoces intenta averiguarlo por eliminación de opciones.

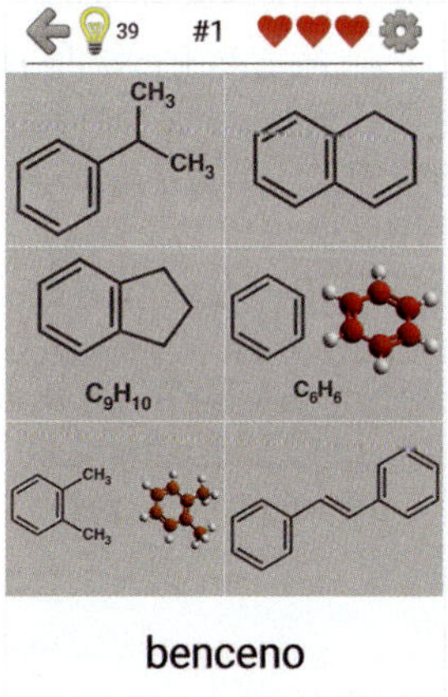

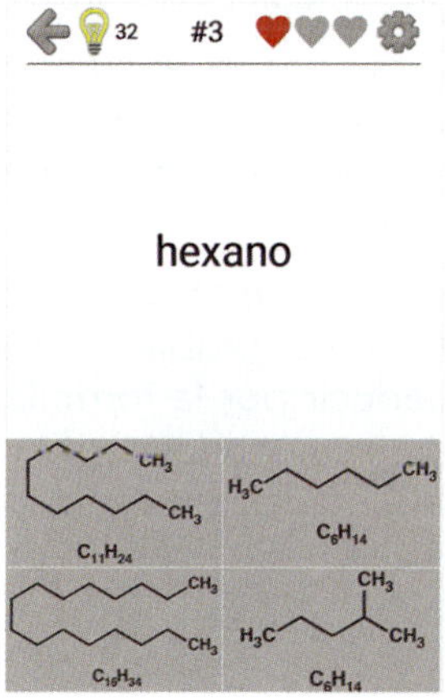

4 Abre *Juego de tiempo* de los alcanos y consigue nombrar o formular el mayor número posible de compuestos en 60 segundos. Cuando acabes compara tu récord con el de los compañeros.

5 Selecciona *Todos los hidrocarburos* y elige el juego que prefieras entre los tres que aparecen.

6 Elige el tipo de compuestos que prefieras pulsando sobre el botón correspondiente. Pulsa el botón de tarjetas de la ventana que aparece a continuación e intenta memorizar los compuestos pulsando *Siguiente* si ya los conoces o *Mostrar la respuesta* si aún no lo conoces. En este último caso selecciona la carita roja o verde según quieras que vuelvan a parecer o no, respectivamente.

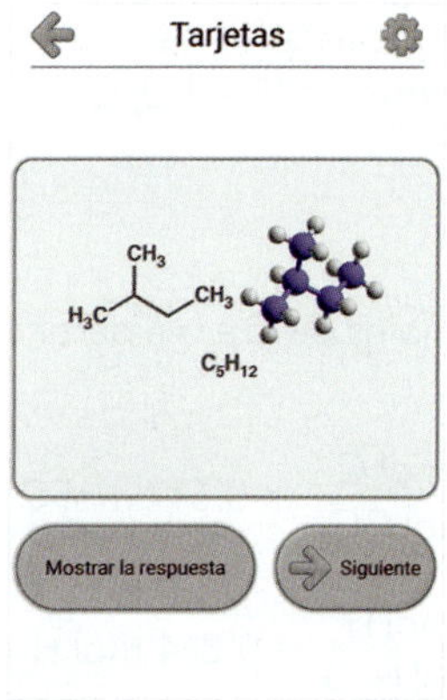

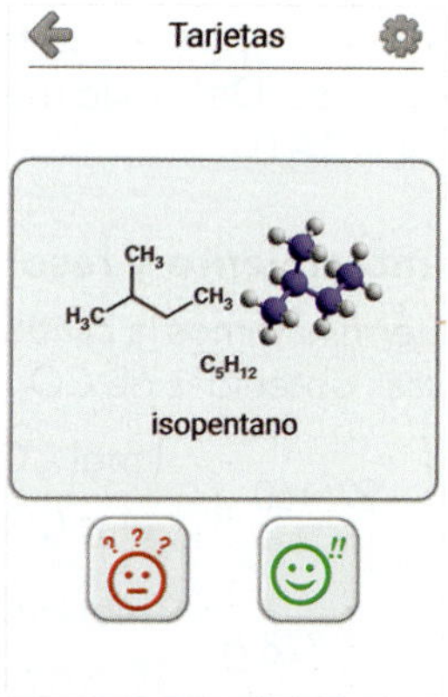

7 Restablece los marcadores a cero pulsando sobre el símbolo de la papelera.

8 Pon el nombre del grupo funcional correspondiente en la *Prueba (fácil)* de los grupos funcionales *Fáciles*, tal y como aparece en el siguiente ejemplo.

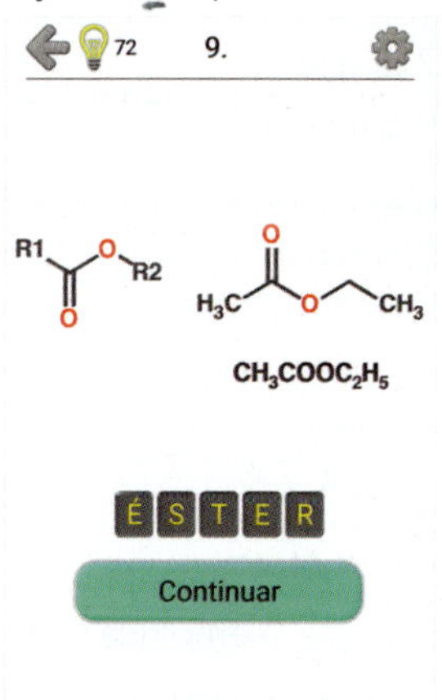

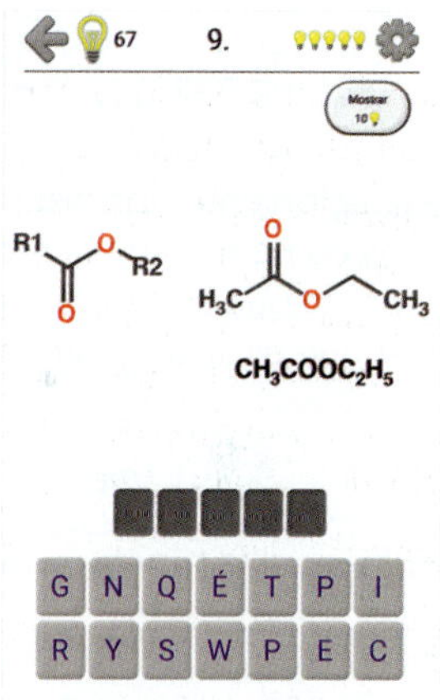

9 Repasa los distintos grupos funcionales y aprende algunos nuevos en la opción *Fáciles* pulsando el botón de *Tabla*.

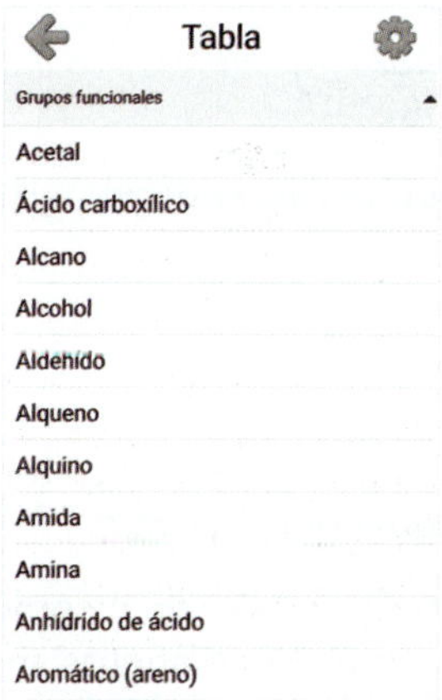

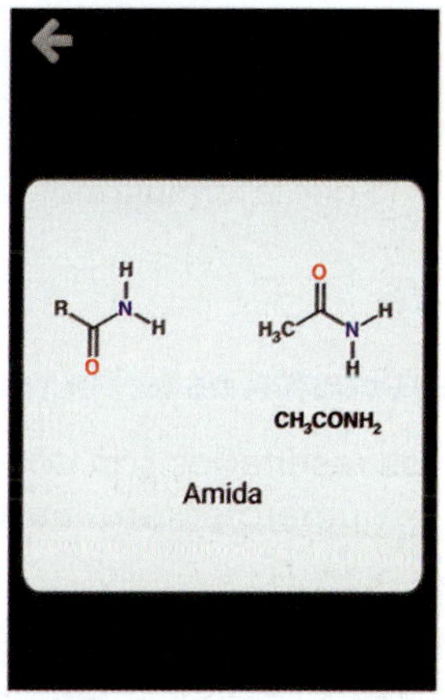

Determinación de la fórmula empírica y molecular de un compuesto nitrogenado

1 El análisis elemental de la nicotina ofrece que 10 g de esta sustancia generan 27,160 g de dióxido de carbono y 7,778 g de agua. Sabiendo que la masa molar de la nicotina es 162 g/mol determina la fórmula empírica y la fórmula molecular de este compuesto. Datos de masas atómicas: H = 1,0; C = 12,0 y N = 14,0.

Planteamiento y resolución

Determinaremos la cantidad de moles de C e H a partir de las masas obtenidas de CO_2 y H_2O.

$$27{,}160\ \text{g} \cdot \frac{1\ \text{mol}\ CO_2}{44\ \text{g}\ CO_2} \cdot \frac{1\ \text{mol C}}{1\ \text{mol}\ CO_2} = 0{,}617\ \text{mol C}$$

$$7{,}778\ \text{g} \cdot \frac{1\ \text{mol}\ H_2O}{18\ \text{g}\ H_2O} \cdot \frac{2\ \text{mol H}}{1\ \text{mol}\ H_2O} = 0{,}864\ \text{mol H}$$

A continuación, determinaremos los moles de N a partir de la masa de N contenida en los 10 g iniciales de compuesto.

$$m_N = m_{total} - m_C - m_H;$$

$$m_N = 10 - 0{,}617\ \text{mol C} \cdot \frac{12\ \text{g}}{1\ \text{mol C}} - 0{,}864\ \text{mol H} \cdot \frac{1\ \text{g}}{1\ \text{mol H}}$$

$$m_N = 1{,}732\ \text{g N}\ ;\ n_N = \frac{1{,}732\ \text{g N}}{14\ \text{g/mol}} = 0{,}124\ \text{mol N}$$

La relación entre los distintos moles de los elementos expresados como números enteros determinará la fórmula empírica, por lo que comparo las distintas cantidades con los moles de N que es la cantidad menor.

$$C_xH_yN_z\ ;\ x = \frac{0{,}617}{0{,}124} = 5\ ;\ y = \frac{0{,}864}{0{,}124} = 7\ ;\ z = \frac{0{,}124}{0{,}124} = 1$$

Por lo que la fórmula empírica es C_5H_7N.

La fórmula molecular contiene *n* veces a la empírica $(C_5H_7N)_n$.

La *n* la deduciremos por comparación de la masa de la fórmula empírica, m_{FE}, y la masa molar, *M*.

$$m_{FE} = 5\ \text{mo C} \cdot \frac{12\ \text{g}}{\text{mol}} + 7\ \text{mol H} \cdot \frac{1\ \text{g}}{\text{mol}} + 1\ \text{mol N} \cdot \frac{14\ \text{g}}{\text{mol}} = 81\ \text{g}$$

$$n = \frac{M}{m_{Fe}} = \frac{162}{81} = 2$$

Por lo que la fórmula molecular es $(C_5H_7N)_2$; es decir: $C_{10}H_{14}N_2$.

ANÁLISIS DEL PROBLEMA

El análisis elemental es una técnica según la cual se determina el contenido total del carbono, hidrógeno y, en ocasiones, algunos heteroátomos, presentes en una muestra de sustancia mediante la combustión total del compuesto al hacerlo reaccionar con oxígeno puro. Entre otros compuestos, esta reacción de combustión genera CO_2 y H_2O.

La determinación de la fórmula empírica de una sustancia a partir de los datos obtenidos en el análisis fundamental conlleva el cálculo de la relación existente entre los moles de los elementos que lo componen.

Los moles de carbono e hidrógeno se obtienen a partir de las cantidades de dióxido de carbono y agua, respectivamente. Mientras que para averiguar los moles de nitrógeno será necesario obtener la masa de nitrógeno por diferencia entre la masa inicial y la que corresponde al carbono y al hidrógeno contenidos en la muestra.

Si la relación entre los moles calculada no ofrece cantidades que se aproximan a números enteros será necesario multiplicar todas las cantidades obtenidas por un mismo número hasta que se obtengan números enteros para todos los casos.

La fórmula molecular nos da la cantidad exacta de átomos presentes en una molécula. La fórmula molecular puede coincidir con la empírica o ser *n* veces esta.

Para obtener el número de veces que la fórmula molecular contiene a la empírica, es decir, *n*, será necesario conocer la masa molar de la sustancia y compararla con la masa correspondiente a la fórmula empírica.

El dato de la masa molar lo puede aportar directamente el problema, como en este caso, o se puede deducir por la fórmula de los gases ideales a través de las cantidades de propiedades características de la sustancia en estado vapor o en forma de gas.

DISCUSIÓN DE RESULTADOS

Los resultados son coherentes porque se ha obtenido un número entero mayor o igual que 1 para *n*.

Por otro lado, tanto en la determinación de *n* como en la obtención de la relación entre los distintos moles de los elementos en la fórmula empírica, las cantidades obtenidas no tienen por qué ser exactas, sino que se pueden aproximar al número entero más cercano siempre que esta aproximación sea razonable y no introduzca un error significativo que desvirtúe los resultados obtenidos.

Isómeros estructurales y estereoisómeros

2 Ejemplifica los distintos tipos de isomería estructural escribiendo los nombres y las fórmulas desarrolladas de compuestos con fórmula molecular $C_6H_{12}O$.

Planteamiento y resolución

1. **Isómería de cadena.** Primero, se elegirá la familia orgánica a la que se quiere que pertenezcan los isómeros; por ejemplo, **cetona.** A continuación, se escribirán sus fórmulas variando la conectividad de sus carbonos y, finalmente, se nombrarán.

   a) $CH_3-CO-CH_2-CH_2-CH_2-CH_3$ Hexan-2-ona

   b) $CH_3-CO-CH_2-CH(CH_3)-CH_3$ 4-metilpentan-2-ona

2. **Isomería de posición.** Para simplificar partiremos de la misma familia orgánica, variando en este caso la posición del grupo principal.

   a) $CH_3-CO-CH_2-CH_2-CH_2-CH_3$ Hexan-2-ona

   b) $CH_3-CH_2-CH_2-CH_2-CH_2-CH_O$ Hexanal

   (Estos son los dos únicos isómeros de posición que existen de una hexanona)

3. **Isomería de función.** Las funciones isómeras elegidas en este caso son el grupo ceto de una cetona y de un aldehído.

   a) $CH_3-CO-CH_2-CH_2-CH_2-CH_3$ Hexan-2-ona

   b) $CH_3-CH_2-CH_2-CH_2-CH_2-CHO$ Hexanal

ANÁLISIS DEL PROBLEMA

Los isómeros son compuestos que tienen la misma fórmula molecular, pero se diferencian en la conectividad o disposición espacial de sus átomos.

El **ejercicio 2** no tiene una solución única, habrá que escribir tres pares de compuestos, representando cada uno de ellos a un tipo de isomería distinta:

1. **Isómeros de cadena.** Ambos compuestos deben pertenecer a la misma familia orgánica. Uno de los productos puede ser un compuesto lineal, y su isómero, cualquier otro que presente alguna ramificación.
2. **Isómeros de posición.** Los dos compuestos se diferenciarán en la posición del grupo funcional. Habrá que tener especial cuidado en no poner el mismo compuesto con orientación espacial distinta.
3. **Isómeros de función.** Compuestos isómeros con grupos funcionales distintos pueden ser: alcohol-éter; cetona-aldehído o ácido carboxílico-éster

En los problemas en los que se solicitan isómeros, se comenzará por escribir la fórmula semidesarrollada para posteriormente nombrarla.

3 El alcohol de Yomogi, cuya fórmula de esqueleto se muestra a continuación, es un producto natural encontrado por primera vez en plantas del género *Artemisia*. Nombra este compuesto indicando la isomería de sus dobles enlaces e indica si tiene algún carbono quiral.

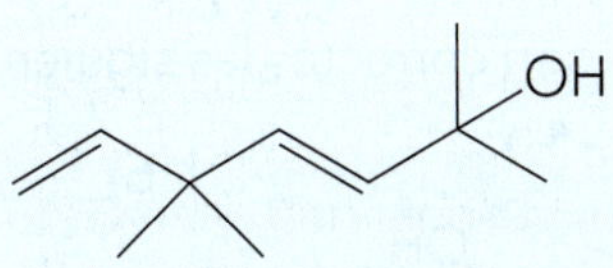

Planteamiento y resolución

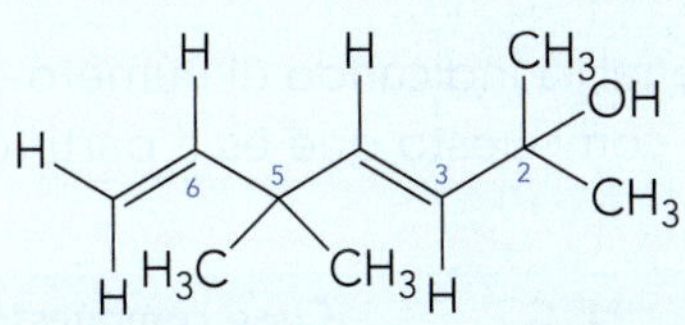

Escribimos la fórmula evidenciando los hidrógenos del doble enlace y los metilos. Adicionalmente, numeramos la cadena principal. Isomería *cis/trans:*

- El doble enlace entre C3 y C4 es disustituido con los dos grupos hacia lados contrarios y por lo tanto es trans.
- El doble enlace entre C6 y C7 es monosustituido por lo que no presenta este tipo de isomería.

Debido a todo esto el nombre recomendado por la IUPAC para el alcohol de Yomogi es:

Trans-2,5,5-trimetilhepta-3,6-dien-2-ol

ANÁLISIS DEL PROBLEMA

Para nombrar correctamente el compuesto del **ejercicio 3,** habrá que seguir estos pasos:

1. Elegir la cadena principal: Disposición con mayor número de carbonos consecutivos que contenga el grupo principal; en este caso, el grupo alcohol.
2. Numerar la cadena para que el grupo principal presente el localizador más bajo.
3. Determinar el tipo de isomería que presentan sus dobles enlaces, cis o trans, si la tienen. Las prefijos indicadores de la isomería se escriben en cursiva o subrayados cuando esto no sea posible.
4. Nombrar siguiendo las normas comentadas en la unidad.

Los carbonos quirales son aquellos que tienen cuatro sustituyentes distintos y se designan señalándolos con un asterisco en la fórmula correspondiente.

Recuerda seleccionar el material de trabajo de esta unidad para tu **portfolio.**

TRABAJA CON LO APRENDIDO

Compuestos de carbono

1 ¿Por qué crees que es más correcto decir compuestos de carbono que compuestos orgánicos?

2 Indica las características del átomo de carbono que hacen posible que se genere una diversidad tan alta de compuestos de carbono.

3 Dado un compuesto con 4 carbonos unidos por enlaces sencillos, representa las siguientes cadenas carbonadas completando las estructuras con tantos hidrógenos como sean necesarios: a) cadena lineal abierta sin ramificaciones; b) cadena lineal abierta con una ramificación; c) cadena lineal cerrada.

4 ¿Puede un carbono que está enlazado por un enlace triple unirse a tres átomos distintos? ¿Y a uno solo?

5 Representa un compuesto de cinco átomos de carbono que presente enlaces sencillos y dos enlaces doble carbono-carbono. Añade tantos hidrógenos como sean necesarios.

6 ¿Es posible esta disposición para el propino?

Fórmula de los compuestos de carbono

7 Escribe la fórmula desarrollada y semidesarrollada correspondiente a la fórmula molecular C_3H_8.

8 Construye al menos tres fórmulas desarrolladas distintas correspondientes a la fórmula molecular C_4H_8.

9 Dibuja las fórmulas desarrolladas o semidesarrolladas, según corresponda, de los siguientes compuestos:

a) $CH_3-CH=CH-CH=CH_2$

b) CH_3OH

c) HCHO

d) $CH\equiv C-CH(CH_3)-CH_2-CH_3$

e) $CH_3-NH-CH_2-CH_3$

f)

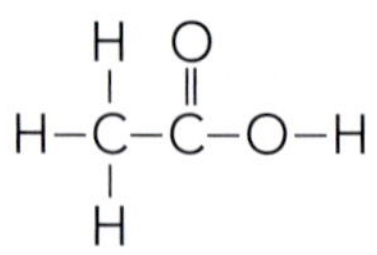

g)

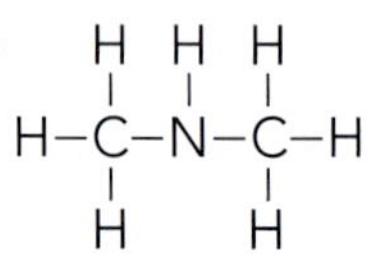

10 Escribe la fórmula desarrollada y la fórmula de esqueleto del octano sabiendo que su fórmula semidesarrollada es:

$$CH_3-CH_2-CH_2-CH_2-CH_2-CH_2-CH_2-CH_3$$

11 La citronela es una sustancia, presente en un género de plantas tropicales, que se usa en perfumería y como repelente de insectos. Obtén su fórmula semidesarrollada a partir de su fórmula en esqueleto:

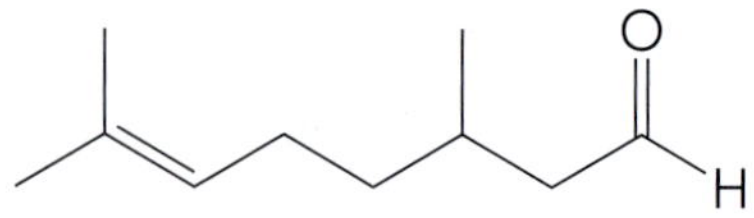

12 Al quemar 1,345 g de un compuesto constituido por C,H y O, se obtienen 1,973 g de dióxido de carbono y 0,807 g de agua. Sabiendo que cuando se vaporizan 2 g de ese compuesto a 20 °C y 0,987 atm ocupa un volumen de 0,811 L, calcula su fórmula molecular.

13 Escribe las fórmulas desarrolladas y semidesarrolladas del fenol a partir de su modelo molecular:

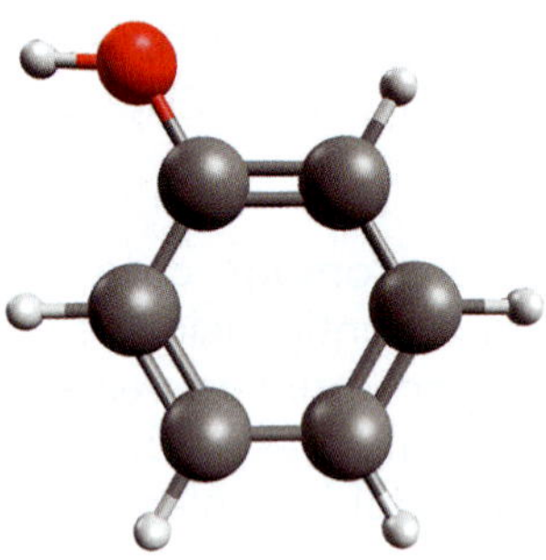

14 Razona si son correctas las siguientes fórmulas:

a)

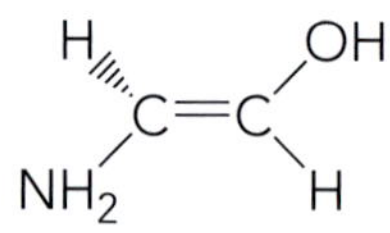

b) H—C≡C◄OH

15 Completa la siguiente tabla indicando el número de carbono y la clase de compuesto que es a partir de su nombre.

Nombre	Nº C	Clase compuesto
Propanal		
Heptino		
Butanamina		
Ácido pentanoico		
Metanol		
Eteno		
Decano		

Recuerda que dispones de las soluciones de todas las actividades numéricas en **anayaeducación.es**.

Hidrocarburos

16 Nombra los siguientes hidrocarburos lineales.

a) 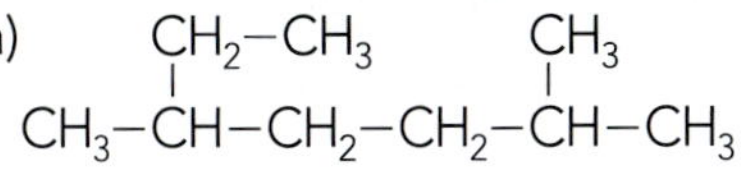

b) 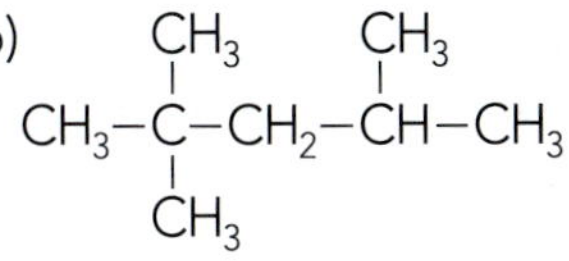

c) $CH_3-CH(CH_3)-CH_2-CH_3$

d) $CH_3-CH_2-CH(CH_2-CH_3)-CH(CH_3)_2$

e) $CH_3-CH=CH-CH_2-CH=CH_2$

f) $CH\equiv C-C\equiv CH$

g) 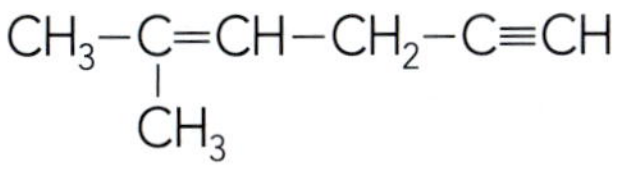

h) 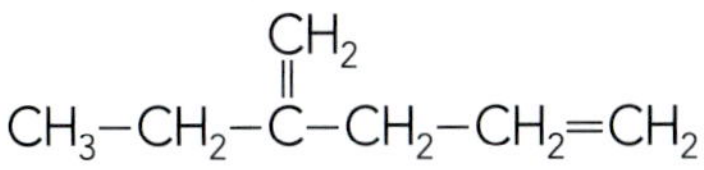

17 Escribe la fórmula semidesarrollada de:

a) 4,4-dietil-2-metilhexano.

b) 4-etil-2,4-dimetilhexano.

c) Metilbutano.

d) Etilpentano.

e) Hexa-1,4-dieno.

f) 2-metilbuta-1,3-dieno.

g) Hexa-1,5-dien-3-ino.

h) 7-etil-6-metildec-6-en-2-ino.

18 Formula los siguientes hidrocarburos cíclicos:

a) Metilciclobutano.

b) 1,2-dimetilciclohexeno.

c) 1,6-dimetilciclohexeno.

d) Ciclopropilciclopentano.

e) 1-ciclopropil-4-metilpent-2-eno.

f) Anilina.

g) *m*-metilfenol.

h) *o*-diclorobenceno.

i) Ácido *p*-metilbenzoico.

j) 1,2,4-trimetilbenceno.

19 Nombra los siguientes compuestos:

a) 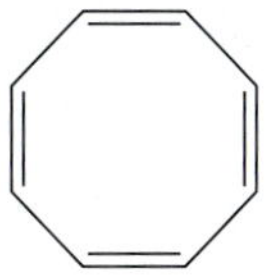

b) 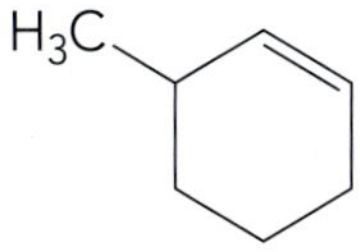

c) 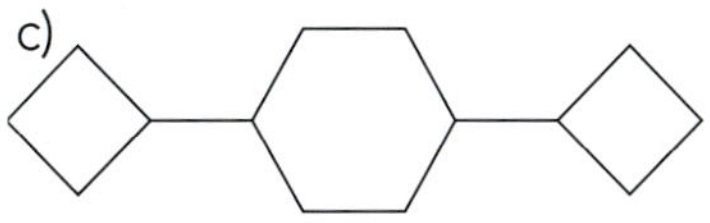

d) 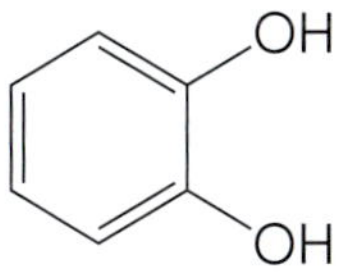

e) 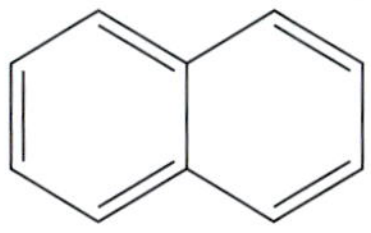

f) 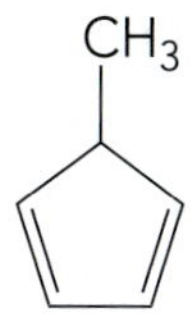

g) 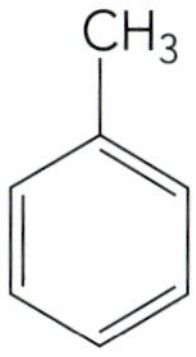

h) 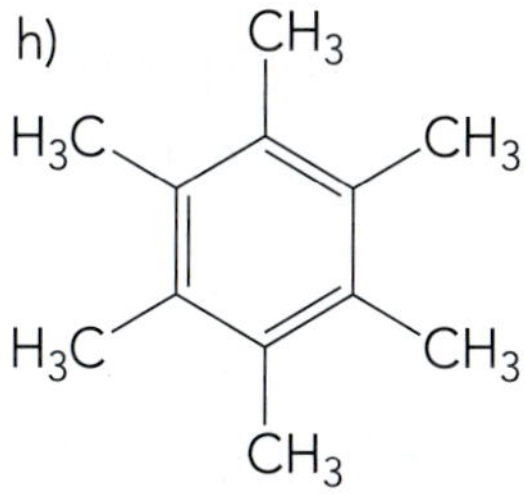

20 Nombra o formula, según corresponda, los siguientes haloalcanos:

a) 2-cloro-3-metilpentano.

b) *o*-dibromobenceno.

c) 1,3-difluoropropino.

d) Triclorometano o cloroformo.

e) $CH_2Cl-CHF-CH_2-CH_2Cl$

f) $CBr_2=CBr_2$

g) $I-C_6H_5$

h) CF_2Cl_2

21 Nombra o formula los siguientes hidrocarburos:

a) $CH_3-CH=C(CH_3)-CH_2-C\equiv CH$

b) $CH_3-CH(CH_2-CH_2-CH_3)-CH(CH_3)-CH(CH_3)_2$

c) 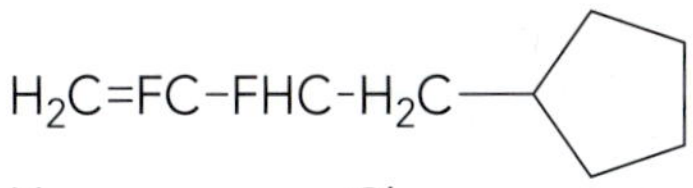

d) 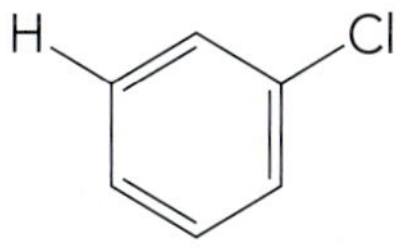

e) 3 etil-2,4,5-trimetil-1,3-diyodoheptano.

f) Ciclopropileteno.

g) Ácido benzoico.

h) *p*-fluorotolueno.

Compuestos oxigenados

22 Formula los siguientes alcoholes:

a) Metanol.
b) Butan-1-ol.
c) Butan-2-ol.
d) Butano-1,3-diol.
e) Butano-2,2-diol.
f) 3-metilbutan-1-ol.
g) 2,3-dimetilbutan-2-ol.
h) 3-metilciclopentanol.
i) Ciclopropano-1,2-diol.
j) *p*-metilfenol.

23 Nombra los siguientes compuestos:

a) $CH_3-CH_2-CH_2OH$
b) $CH_3-CH(CH_3)-CH_2-CH_2-CHOH-CH_3$
c) CH_2Cl-CH_2OH
d) CH_2OH-CH_2OH
e) $CH_3-CH(CH_3)-C(OH)_2-CH_2-CH_2OH$

24 La glicerina o glicerol es el nombre común de un alcohol muy usado en cosmética. Busca su fórmula química y nómbralo siguiendo las recomendaciones de la IUPAC.

25 Formula o nombra según corresponda:

a) $(CH_3)_2O$
b) $CH_3CH(OCH_2CH_3)-CH_2-CH(CH_3)-CH_2-CH_3$
c) $CH_3O-CH_2-CH_2-OCH_3$
d) $C_6H_5-O-C_6H_5$
e) Dipropil éter.
f) Etoxiciclopropano.
g) 2,2-dimetoxipropano.
h) 1,4-dioxaciclohexano.

26 Nombra o formula, según corresponda, los siguientes aldehídos y cetonas:

a) Pentan-3-ona.
b) 3-metilpentanal.
c) But-2-enal.
d) Hexano-2,3,5-triona.
e) HCHO
f) $CHO-CH_2-CH(CH_3)-CHO$
g) $CH_3-CO-CHCl_2$
h) $CH_3-CO-CH(CH_3)-CO-CH_3$

27 Unos ácidos grasos esenciales son los de las series omega-6 (ω-6) y los omega-3 (ω-3) que se caracteriza por tener el primer doble enlace en el sexto carbono o tercer carbono, respectivamente, contando desde el final de la cadena. Formula el ácido eicosa-5,8,11,14-tetraenoico, indica si es un ω-6 o un ω-3 y busca su nombre propio común.

28 Formula los siguientes ácidos carboxílicos y derivados:

a) $CH_3-CH(CH_3)-CH_2-CH_2-COOH$
b) $CH_3-CH(CH_3)-CH_2-CH_2-COOCH_3$
c) $CH_3-CH_2-COO-CH(CH_3)-CH_2-CH_3$
d) $CH_3-CHCl-CH_2-CH(CH_3)-COOK$

29 Los jabones tradicionales son sales de sodio derivados de ácidos grasos. Nombra y formula la sal de sodio que derivará del ácido oleico.

Compuestos nitrogenados

30 Formula los siguientes compuestos nitrogenados:

a) Pent-1,3,5-triamina.
b) Ciclohexilamina.
c) Ácido 2-aminoetanoico.
d) Dinitrometano.
e) 2-metil-1-nitropropano.

31 Nombra los siguientes compuestos:

a) $C_6H_5-NH_2$
b) $CH_2=CH-CH(NH_2)-CH_3$
c) $CH_3CH(CH_3)-CN$
d) $CH_3-CH(NO_2)-CONH-CH_3$

32 Formula y nombra tres aminoácidos indicando si son esenciales o no.

Prioridad de grupos funcionales

33 Escribe el nombre recomendado por la IUPAC para la efedrina, un descongestionante usando en el tratamiento del asma.

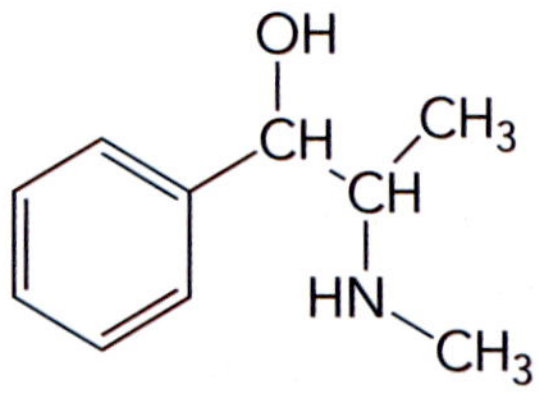

34 El principio activo de la aspirina, el ácido salicílico, se obtuvo inicialmente de la corteza del sauce blanco. Formula este principio sabiendo que su nombre sistemático es ácido *o*-hidroxibenzoico.

35 Escribe el nombre sistemático según las recomendaciones de la IUPAC para el aminoácido lisina, cuya fórmula es:

$$NH_2-CH_2-CH_2-CH_2-CH_2-\underset{\displaystyle NH_2}{\underset{|}{CH}}-COOH$$

36 El gliceraldehído, $C_3H_6O_3$, además del grupo aldehído tiene dos grupos hidroxilo en carbonos distintos. Formula y nombra este compuesto.

37 Uno de los principios activos presentes en los collares antiparasitarios de perros y gatos es el geraniol o 3,7-dimetilocta-2,6-dien-1-ol y de forma natural se encuentra, entre otras plantas, en las rosas. Dibuja la fórmula semidesarrollada de este compuesto y halla su fórmula molecular.

Formas alotrópicas del carbono

38 Asocia las siguientes imágenes con una forma alotrópica del carbono de las que conoces.

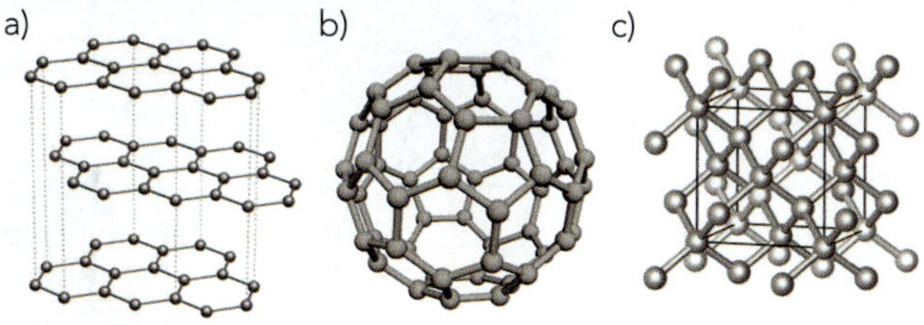

39 ¿A qué se debe que el diamante sea uno de los materiales más duros que existen? Además de las estéticas, piensa en qué otras aplicaciones puede tener este alótropo gracias a su dureza.

40 Si necesitaras construir un objeto con una forma alotrópica del carbono que fuera conductor de la corriente eléctrica, ¿cuál usarías?, ¿por qué?

41 Investiga los posibles usos actuales y futuros de los nanotubos de carbono y recapacita sobre la influencia en la calidad de vida que puede tener.

Isomería

42 Deduce el tipo de isómeros que son los siguientes compuestos respecto al etil propil éter y nómbralos:

a) $CH_3-CH_2-CH_2-CH_2-O-CH_3$

b) $CH_3-CH_2-O-CH(CH_3)-CH_3$

c) $CH_3-CH_2-CH_2-O-CH_2-CH_3$

d) $CH_3-CH_2-CHOH-CH_2-CH_3$; e) $(CH_3\,CH_2)_2-O$

43 Busca las fórmulas de los aminoácidos leucina e isoleucina. Indica el tipo de isómeros que son y señala sus carbonos quirales, si existen.

44 Escribe y nombra todos los alquenos que existan de fórmula C_5H_{10} que no contengan ramificaciones. Si es necesario incluye en el nombre la designación cis/trans.

Petróleo y el gas natural

45 Resume los distintos procesos industriales a los que se somete el petróleo para obtener sus correspondientes derivados.

46 ¿Por qué para el tratamiento del petróleo es necesaria la existencia de una refinería y en el caso del gas natural sOlo hace falta una central regasificadora?

47 Averigua cuál es el gaseoducto más cercano a tu localidad de residencia y el uso al que va destinado el gas que transporta, consumo urbano o industrial.

48 Investiga las repercusiones medioambientales y sobre la calidad de vida que tiene el uso de combustibles fósiles como el petróleo o el gas natural.

Ciencia, tecnología y sociedad

Reacciones de condensación y oxidación de interés biológico

Las reacciones de condensación son aquellas en las que dos compuestos de carbono se unen para formar una molécula mayor con la pérdida de una molécula pequeña.

Pueden formarse en un solo paso gracias a la acción de una enzima o ser producto de un proceso más complejo que involucra mecanismos o ciclos. A nivel biológico, la reacción de condensación por excelencia es la fotosíntesis en la que a partir de CO_2 y agua se forma glucosa, liberando O_2.

$$6\,CO_2 + 6\,H_2O \rightarrow C_6H_{12}O_6 + 6\,O_2$$

Otros ejemplos de reacciones de condensación son aquellas que dan lugar a las proteínas, los triglicéridos o los polisacáridos.

En las reacciones de oxidación de un compuesto de carbono se produce un aumento del número de enlaces entre el carbono y el oxígeno. Un proceso de oxidación siempre está ligado a otro de reducción, reacción redox.

Reacciones redox como las que ocurren durante la respiración celular, la glucÓlisis o el ciclo de Krebs son las que proveen de energía a los organismos vivos.

Busca en Internet información sobre los procesos bioquímicos necesarios para que se produzca la reacción de condensación entre el glicerol y los ácidos grasos que dan lugar a un triglicérido.

7

CINEMÁTICA. MOVIMIENTOS RECTILÍNEOS Y SU COMPOSICIÓN

Desplazamientos seguros

Es posible que alguna vez hayas estado a punto de cruzar la calzada sin percatarte de que el semáforo estaba en rojo porque ibas mirando la pantalla de tu móvil. O quizá hayas tenido que evitar a algún viandante distraído mientras circulabas correctamente con tu bicicleta.

Para evitar estas situaciones, algunas ciudades están tomando medidas como la instalación de carriles bici cuyo pavimento se ilumina gracias a la incorporación al asfalto de partículas capaces de almacenar la energía que reciben de la luz solar y emitirla por la noche. De esta forma, visibilizan nuestra presencia y evitan accidentes de forma autosuficiente y ecológica. Así, podríamos recorrer distancias medias en las ciudades o entre poblaciones cercanas de forma segura en un tiempo aceptable.

Por otro lado, en algunas ciudades se han instalado luces en el suelo de los cruces de peatones que están sincronizadas con los semáforos; así, cualquier persona que camine sin levantar la cabeza estará advertida de la prioridad en el cruce.

COMPROMISO ODS

ODS

En pequeños grupos, contestad a las siguientes preguntas:

1 El aumento de la contaminación del aire se debe, entre otros motivos, al uso abusivo de los vehículos a motor de combustión en las grandes ciudades, donde las continuas aceleraciones y deceleraciones incrementan de forma notable las emisiones contaminantes. ¿Cómo creéis que puede beneficiar el uso de carriles bici como los descritos en el texto? Haced una lista con otras ideas que se os ocurran para contribuir a la consecución de la **meta 11.3.**

2 Además de los carriles bici que lucen, ¿qué otras medidas se han tomado que favorecen la seguridad vial de forma sostenible? A partir de la **meta 11.3,** explicad la importancia de estas medidas y debatid si podrían llevarse a cabo en vuestra localidad.

3 La investigación científica y tecnológica es básica a la hora de hablar de nuevas formas de transporte sostenible, tanto público como privado. Además, es un sector pionero en el desarrollo de nuevas profesiones. Buscad información sobre ellas y los estudios que se pueden cursar para llegar a ejercerlas.

Antes de empezar a estudiar esta unidad, consulta la presentación «Qué necesitas saber» en anayaeducacion.es.

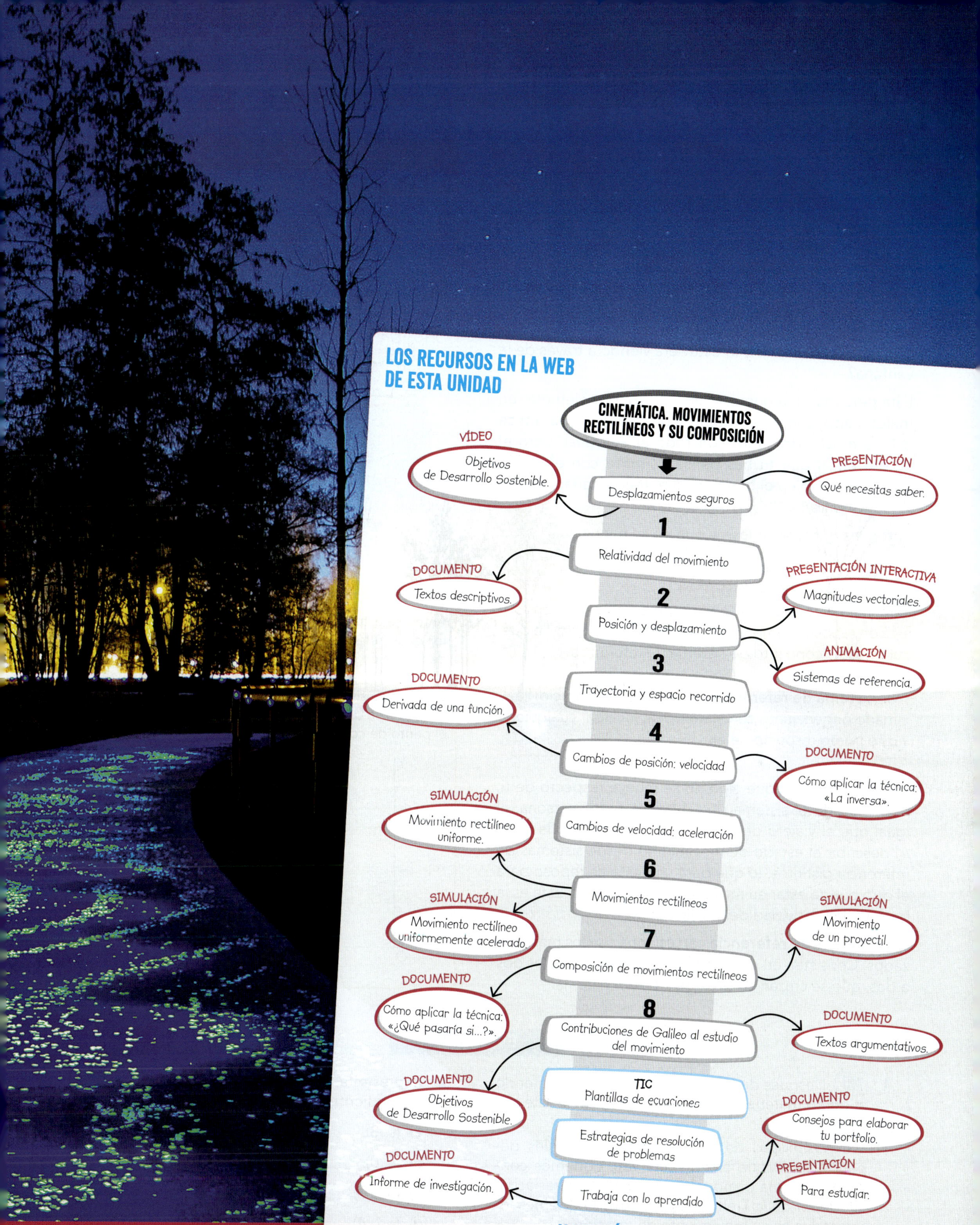

LOS RECURSOS EN LA WEB DE ESTA UNIDAD

CINEMÁTICA. MOVIMIENTOS RECTILÍNEOS Y SU COMPOSICIÓN

- **Desplazamientos seguros**
  - VÍDEO: Objetivos de Desarrollo Sostenible.
  - PRESENTACIÓN: Qué necesitas saber.
- **1** Relatividad del movimiento
  - DOCUMENTO: Textos descriptivos.
- **2** Posición y desplazamiento
  - PRESENTACIÓN INTERACTIVA: Magnitudes vectoriales.
  - ANIMACIÓN: Sistemas de referencia.
- **3** Trayectoria y espacio recorrido
- **4** Cambios de posición: velocidad
  - DOCUMENTO: Derivada de una función.
  - DOCUMENTO: Cómo aplicar la técnica: «La inversa».
- **5** Cambios de velocidad: aceleración
- **6** Movimientos rectilíneos
  - SIMULACIÓN: Movimiento rectilíneo uniforme.
  - SIMULACIÓN: Movimiento rectilíneo uniformemente acelerado.
- **7** Composición de movimientos rectilíneos
  - SIMULACIÓN: Movimiento de un proyectil.
  - DOCUMENTO: Cómo aplicar la técnica: «¿Qué pasaría si...?».
- **8** Contribuciones de Galileo al estudio del movimiento
  - DOCUMENTO: Textos argumentativos.
  - DOCUMENTO: Objetivos de Desarrollo Sostenible.
- **TIC** Plantillas de ecuaciones
- **Estrategias de resolución de problemas**
- **Trabaja con lo aprendido**
  - DOCUMENTO: Consejos para elaborar tu portfolio.
  - PRESENTACIÓN: Para estudiar.
  - DOCUMENTO: Informe de investigación.

Y ADEMÁS... Soluciones de todas las actividades numéricas

1
RELATIVIDAD DEL MOVIMIENTO

1.1. ¿Reposo o movimiento?

Para empezar a estudiar cinemática, es necesario, en primer lugar, definir su objeto de estudio: el **movimiento.** Para ello, observa a tu alrededor y localiza un objeto que no se mueva. ¿Por qué dices que no se mueve?

Posiblemente, habrás pensado en algo que se encuentra junto a ti, encima de la mesa, o en el aula, y habrás argumentado que no se mueve porque, respecto de ti, no cambia de posición. Pero ¿diría lo mismo alguien que pasara en un autobús y lo estuviera viendo a través de la ventana?

Esta persona diría que está en reposo, por ejemplo, un maletín apoyado en el asiento contiguo (que para ti se estaría moviendo, junto con todo el autobús), pero el objeto en el que tú has pensado, junto con el aula y todo el edificio en el que te encuentras, estarían en movimiento para ella.

Entonces, ¿qué se mueve y qué no se mueve?

1.2. Sistemas de referencia

Para poder concretar si un cuerpo se está moviendo o está en reposo, siempre hay que decidir respecto de qué. Surge así el concepto de sistema de referencia.

> Un **sistema de referencia** es un punto del espacio, llamado origen, junto con el modo de localizar cualquier otro punto respecto de él.

Así, cuando dices que algo no se mueve respecto de ti, has centrado el sistema de referencia en tu persona, al igual que el viajero del autobús lo ha hecho en la suya. Al describir el estado de movimiento desde sistemas de referencia distintos, lo que para uno está en reposo para el otro puede estar en movimiento, y viceversa. Esta es la base de la relatividad del movimiento.

Los **sistemas de referencia cartesianos** son los más utilizados. Consisten en dos o tres ejes, perpendiculares dos a dos, que se cruzan en el origen, O, del sistema.

Estudio del movimiento

Punto material

Los cuerpos pueden trasladarse y girar. Este curso estudiaremos solo los movimientos de traslación, para los que se puede considerar que toda la masa del cuerpo se encuentra concentrada en un punto de este, llamado **centro de masas.** De este modo, dado un sistema de referencia, para posicionar el cuerpo basta con localizar este punto, que recibe el nombre de **punto material,** o **partícula.**

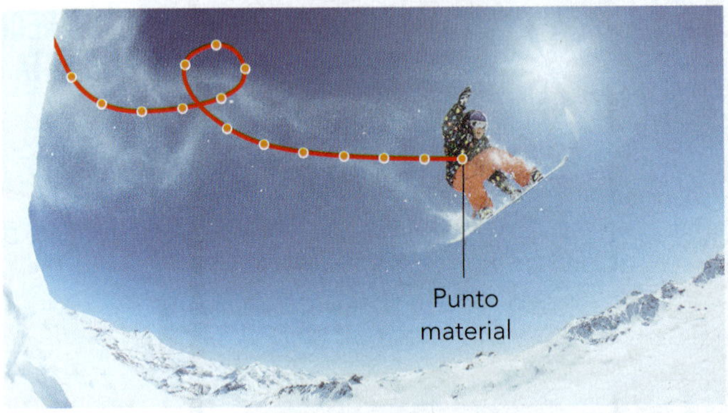

Sistemas de referencia cartesianos

Antes de estudiar un movimiento hay que establecer un sistema de referencia. Este curso estudiaremos movimientos de traslación en el plano, por lo que nos bastará con un sistema de dos ejes cartesianos. La localización de una partícula, en estos sistemas, vendrá dada por sus coordenadas x e y. En el caso que se representa, la partícula se encontraría en el punto de coordenadas (5, 3).

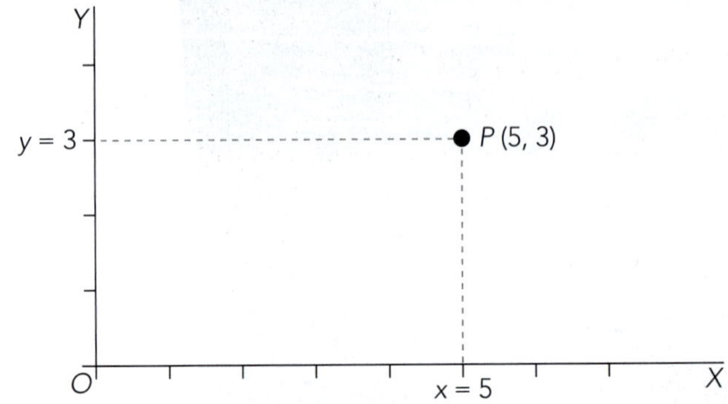

Ejercicios

1 Después de leer el texto del recuadro referido al punto material, explica el significado de este párrafo:

«La posibilidad de utilizar puntos materiales depende de lo que estudiemos. Así, podemos considerar la Luna como tal para estudiar su traslación alrededor de la Tierra, pero no cuando estemos interesados en su movimiento de rotación».

2 Representa, en un sistema de ejes coordenados, los siguientes puntos:

a) (0, 3).

b) (4, 0).

c) (5, – 7).

d) (– 7, 4).

2
POSICIÓN Y DESPLAZAMIENTO

A partir de este momento estudiaremos conceptos que requieren el uso de magnitudes vectoriales: consulta el documento que te ofrecemos en **anayaeducacion.es** para repasarlas.

2.1. Vector posición

La posición de una partícula, respecto a un sistema de referencia, queda determinada por su **vector posición,** $\vec{r}$, cuyo punto de aplicación se encuentra en el origen, *O*, del sistema, y su extremo en la posición, *A*, que ocupa la partícula.

Tiene dimensión de longitud y, como cualquier vector, se puede expresar en función de sus componentes:

$$\vec{r} = \overrightarrow{OA} = x \cdot \vec{i} + y \cdot \vec{j} \quad ; \quad [\vec{r}] = L$$

El módulo del vector posición nos indica la distancia en línea recta entre la partícula y el origen del sistema de referencia elegido.

$$r = \sqrt{x^2 + y^2} \quad ; \quad [r] = L$$

Si la partícula se mueve, la expresión del vector posición queda en función del tiempo:

$$\boxed{\vec{r}\,(t) = x\,(t) \cdot \vec{i} + y\,(t) \cdot \vec{j}}$$

expresión que representa la **ecuación vectorial del movimiento.**

2.2. Vector desplazamiento

Cuando una partícula se desplaza desde una posición *A* a otra *B*, el **vector desplazamiento** $(\Delta\vec{r})$ se define como aquel cuyo punto de aplicación se encuentra en *A*, y su extremo en *B*:

$$\Delta\vec{r} = \overrightarrow{AB} = \vec{r}_B - \vec{r}_A = (x_B - x_A) \cdot \vec{i} + (y_B - y_A) \cdot \vec{j}$$

La dimensión de este vector también es de longitud:

$$[\Delta\vec{r}\,] = L$$

Vector posición y desplazamiento

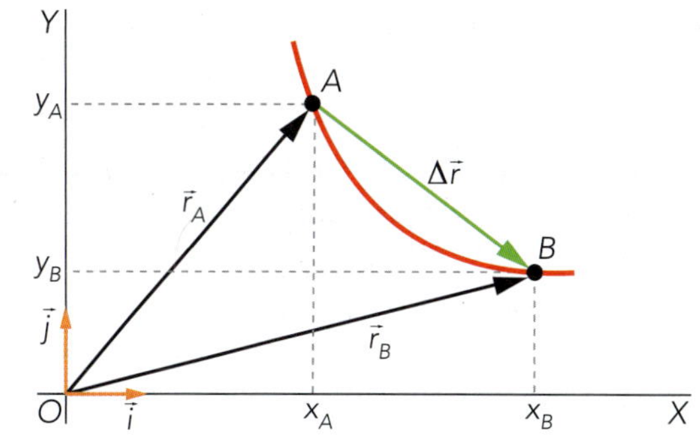

De la figura se deduce fácilmente que $\vec{r}_B = \vec{r}_A + \Delta\vec{r}$.

Ejercicio resuelto

1 Una partícula se desplaza desde el punto *A* (2, 2) m hasta *B* (–3, 1) m. Representa los vectores posición en *A* y *B*, y el vector desplazamiento. Exprésalos en componentes cartesianas.

Solución

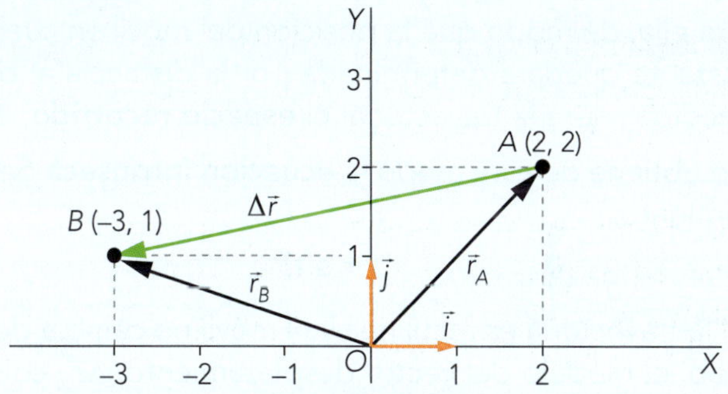

Expresados en componentes:

$$\vec{r}_A = \overrightarrow{OA} = (2 \cdot \vec{i} + 2 \cdot \vec{j}) \text{ m} \quad ; \quad \vec{r}_B = \overrightarrow{OB} = (-3 \cdot \vec{i} + \vec{j}) \text{ m}$$

$$\Delta\vec{r} = \overrightarrow{AB} = \vec{r}_B - \vec{r}_A = (-5 \cdot \vec{i} - \vec{j}) \text{ m}$$

Ejercicios

3 Un móvil se encuentra en las coordenadas $x = 2$ m, $y = 3$ m. Se desplaza 1 m en sentido positivo del eje *X* y 2 m en sentido negativo del eje *Y*. ¿Cuál será ahora su vector posición? ¿A qué distancia se encuentra del origen? ¿Y del punto de partida?

4 El vector posición de una partícula, en un momento determinado, es $\vec{r} = (-2 \cdot \vec{i} + 2 \cdot \vec{j})$ m. Si $\Delta\vec{r} = (-4 \cdot \vec{i} + 3 \cdot \vec{j})$ m es el vector desplazamiento, respecto de una posición anterior, ¿en qué punto se encontraba la partícula?

5 Visualiza la animación «Sistemas de referencia», que encontrarás en **anayaeducacion.es**, para repasar los contenidos que viste el curso pasado sobre el estudio del movimiento.

Consulta las soluciones de todas las actividades en **anayaeducacion.es**.

3 TRAYECTORIA Y ESPACIO RECORRIDO

3.1. Trayectoria

Cuando una partícula se mueve, el extremo del vector posición describe una curva en el espacio que recibe el nombre de trayectoria.

La **trayectoria** es la línea que une las sucesivas posiciones que va ocupando la partícula en su movimiento a medida que transcurre el tiempo.

Una forma de obtenerla es expresando la componente *y* del vector posición en función de la componente *x*, lo que se conoce como **ecuación explícita de la trayectoria:** $y = y(x)$.

Según la forma de la trayectoria, los movimientos se clasifican en **rectilíneos,** cuando es una línea recta, y **curvilíneos,** cuando no lo es (ver figuras inferiores). En el caso particular de que la trayectoria sea una circunferencia, se habla de movimientos **circulares.**

3.2. Espacio recorrido

En ocasiones, si se conoce la trayectoria, puede interesar estudiar el movimiento sobre ella.

Para hacerlo, se toma un punto arbitrario como origen del movimiento (O_T) y se define un sentido positivo sobre ella, de modo que la posición del móvil en cualquier instante quedará determinada por la distancia al origen medida sobre la trayectoria: el **espacio recorrido,** Δs.

Se obtiene de este modo la **ecuación intrínseca** del movimiento:

$$s = s(t)$$

Si la trayectoria es rectilínea y el móvil no cambia de sentido, el módulo del vector desplazamiento, $\Delta\vec{r}$, coincide con el espacio recorrido, Δs, pero si la trayectoria es curvilínea, el espacio recorrido será mayor que dicho módulo, como se aprecia en las figuras inferiores.

Movimientos complejos

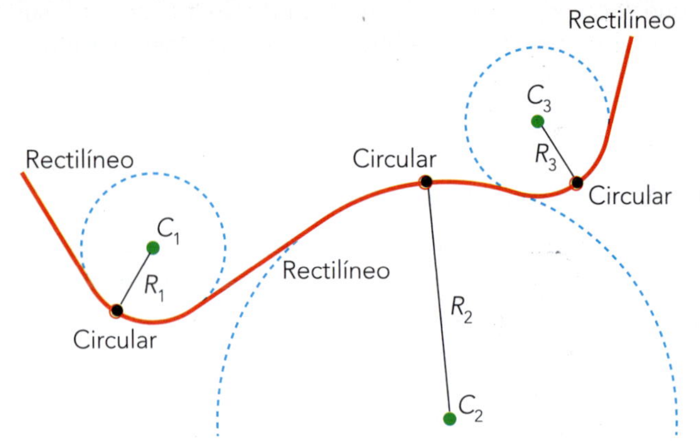

Un movimiento complejo puede ser considerado, por tramos, como **combinación de movimientos rectilíneos y circulares;** de ahí la importancia de su estudio.

Ejercicio resuelto

2 Determina la ecuación de la trayectoria descrita por un móvil cuyo vector posición viene dado por

$$\vec{r} = [2 \cdot t \cdot \vec{i} + (4 \cdot t + 1) \cdot \vec{j}]\,\text{m}$$

Solución

Partimos de las ecuaciones de las componentes del vector posición, llamadas **ecuaciones paramétricas de la trayectoria:**

$$\left.\begin{array}{l} x = x(t) \\ y = y(t) \end{array}\right\} \rightarrow \left\{\begin{array}{l} x = 2 \cdot t \\ y = 4 \cdot t + 1 \end{array}\right.$$

A continuación, se despeja el tiempo de la componente *x* y se sustituye en la *y*:

$$t = \frac{x}{2} \rightarrow y = 4 \cdot \frac{x}{2} + 1 \rightarrow \boxed{y = 2 \cdot x + 1}$$

La trayectoria de este móvil sería, pues, rectilínea, ya que la ecuación obtenida se corresponde con la de una recta.

Trayectoria y espacio recorrido

Trayectoria rectilínea

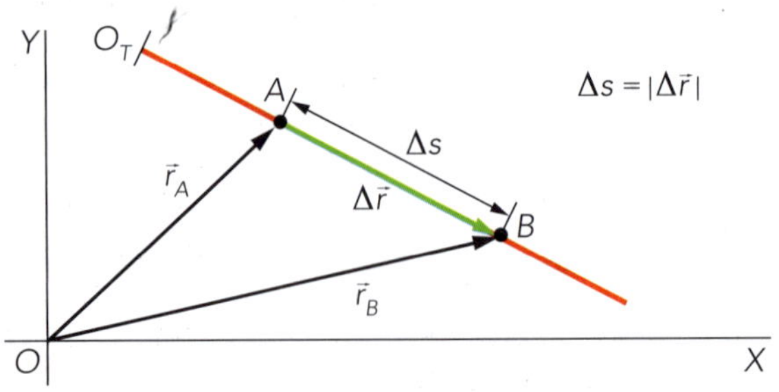

Trayectoria curvilínea

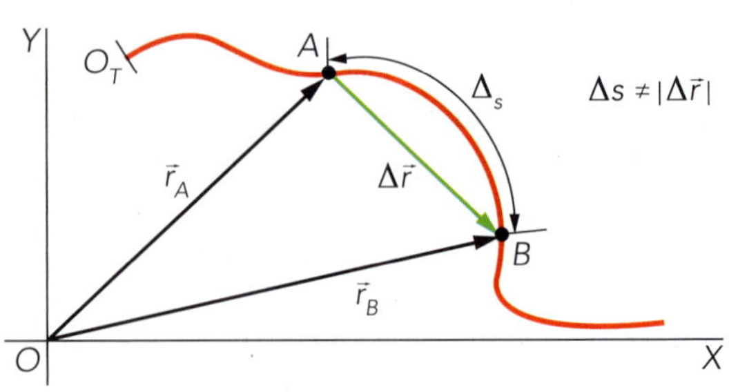

4 CAMBIOS DE POSICIÓN: VELOCIDAD

4.1. Velocidad media

Consideremos una partícula que pasa de la posición *A* a la *B* en un intervalo de tiempo Δt, como se muestra en la figura de la derecha.

Se define la velocidad media como la relación entre el vector desplazamiento y el tiempo invertido en el movimiento:

$$\vec{v}_m = \frac{\Delta \vec{r}}{\Delta t} \quad ; \quad v_m = \frac{|\Delta \vec{r}|}{\Delta t} \quad ; \quad [v_m] = L \cdot T^{-1}$$

El **vector** $\vec{v}_m$ tiene la misma dirección y sentido que $\Delta \vec{r}$, esto es, **secante a la trayectoria.**

4.2. Velocidad instantánea

Para determinar la velocidad en un instante determinado, se procede al cálculo de la velocidad media, pero considerando un intervalo de tiempo infinitesimal $(\Delta t \to 0)$. Se obtiene así la **velocidad instantánea:**

$$\vec{v} = \lim_{\Delta t \to 0} \frac{\Delta \vec{r}}{\Delta t} = \frac{d\vec{r}}{dt} = \frac{dx}{dt} \cdot \vec{i} + \frac{dy}{dt} \cdot \vec{j} = v_x \cdot \vec{i} + v_y \cdot \vec{j}$$

En la figura de la derecha puedes comprobar que, en el paso al límite, $\Delta \vec{r}$ es tangente a la trayectoria, por lo que el vector velocidad instantánea también lo es:

$$\vec{v} = \frac{d\vec{r}}{dt} = \frac{d\vec{r}}{ds} \cdot \frac{ds}{dt} = v \cdot \vec{\tau} \quad ; \quad [v] = L \cdot T^{-1}$$

4.3. Celeridades media e instantánea

Si se conoce el espacio recorrido sobre la trayectoria (Δs) se puede calcular la **celeridad media** (c_m) entre las posiciones *A* y *B* como:

$$c_m - \frac{\Delta s}{\Delta t}$$

Como, $\Delta s \geq |\Delta \vec{r}| \;\rightarrow\; c_m \geq v_m$.

La **celeridad instantánea** se puede obtener a partir de la ecuación intrínseca del movimiento, o de las componentes del vector:

$$c = \lim_{\Delta t \to 0} \frac{\Delta s}{\Delta t} = \frac{ds}{dt} = v = \sqrt{v_x^2 + v_y^2} \quad ; \quad [c] = L \cdot T^{-1}$$

El módulo de la velocidad instantánea coincide con la celeridad instantánea.

Aunque no has estudiado todavía el concepto de **derivada de una función,** lo utilizaremos en este libro para el estudio de magnitudes cinemáticas.

Puedes consultar su definición, así como las derivadas de las funciones más habituales y algunos ejemplos en la separata que acompaña a este libro y en el banco de recursos de esta unidad en la web **anayaeducacion.es**.

Velocidad media e instantánea

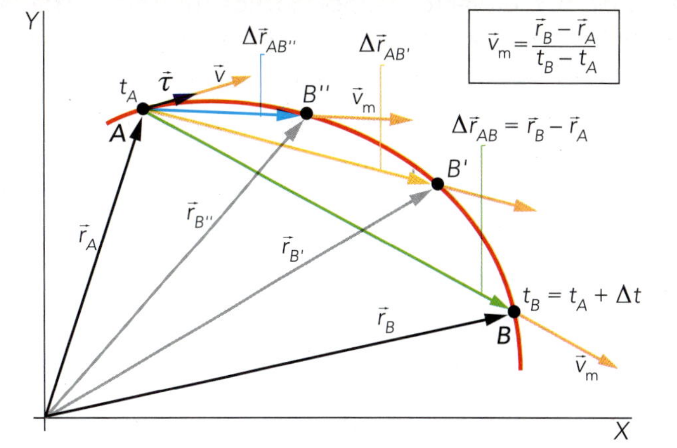

En el paso al límite, $ds = |d\vec{r}|$, y $d\vec{r}/ds$ es un vector unitario $(\vec{\tau})$ en la dirección tangente a la curva.

Ejercicio resuelto

3 Estudia el movimiento del cuerpo del ejercicio resuelto 2 entre $t_1 = 2$ s y $t_2 = 5$ s.

Solución

El vector desplazamiento entre los instantes señalados es:

$$\Delta \vec{r} = \vec{r}(5) - \vec{r}(2) = (6 \cdot \vec{i} + 12 \cdot \vec{j}) \text{ m}$$

Como $\Delta t = t_2 - t_1 = 5 \text{ s} - 2 \text{ s} = 3 \text{ s}$, la velocidad media es:

$$\vec{v}_m = \frac{\Delta \vec{r}}{\Delta t} = (2 \cdot \vec{i} + 4 \cdot \vec{j}) \text{ m/s} \;\rightarrow\; v_m = \sqrt{20} \text{ m/s}$$

La velocidad instantánea es:

$$\vec{v} = \frac{d\vec{r}}{dt} = (2 \cdot \vec{i} + 4 \cdot \vec{j}) \text{ m/s}$$

$$v = \sqrt{v_x^2 + v_y^2} = \sqrt{20} \text{ m/s}$$

La velocidad instantánea no depende del tiempo y coincide, en cada instante, con el vector velocidad media.

Ejercicios

6 **La inversa.** En el texto se dice que la celeridad media (c_m) es mayor o igual que el módulo de la velocidad media (v_m). ¿En qué casos coinciden? Describe un movimiento en el que $c_m \neq 0$ y $\vec{v}_m = 0$.

7 La ecuación del movimiento de una partícula viene dada por $\vec{r}(t) = (t - 2) \cdot \vec{i} + (3 \cdot t^2 + 1) \cdot \vec{j}$, en el SI. Realiza un estudio del movimiento entre $t_1 = 3$ s y $t_2 = 10$ s. (Si no sabes representar la ecuación de la trayectoria, puedes unir las posiciones en varios instantes de tiempo).

5.1. Aceleración media

Al igual que el vector velocidad nos informa sobre las variaciones del vector posición con el tiempo, el vector aceleración lo hace sobre los cambios de la velocidad.

En la figura derecha se representan los vectores velocidad en los instantes t_A y $t_B = t_A + \Delta t$, correspondientes a las posiciones *A* y *B*, respectivamente, y el cambio de la velocidad entre dichos instantes.

Se define la **aceleración media** como:

$$\vec{a}_m = \frac{\Delta \vec{v}}{\Delta t} \; ; \; a_m = \frac{|\Delta \vec{v}|}{\Delta t} \; ; \; [a_m] = L \cdot T^{-2}$$

5.2. Aceleración instantánea

Para calcular la aceleración en un instante determinado, se procede, como en el caso de la velocidad, considerando un intervalo de tiempo infinitesimal. Se obtiene así la aceleración instantánea:

$$\vec{a} = \lim_{\Delta t \to 0} \frac{\Delta \vec{v}}{\Delta t} = \frac{d\vec{v}}{dt} = \frac{dv_x}{dt} \cdot \vec{i} + \frac{dv_y}{dt} \cdot \vec{j} = a_x \cdot \vec{i} + a_y \cdot \vec{j}$$

$$a = \sqrt{a_x^2 + a_y^2} \; ; \; [a] = L \cdot T^{-2}$$

La velocidad puede variar en módulo y dirección. Por eso, por ejemplo, cuando un coche describe una curva hay aceleración aunque lo haga con celeridad constante.

5.3. Componentes intrínsecas de la aceleración

Para el estudio de movimientos curvilíneos interesa utilizar, en cada punto de la trayectoria, un sistema de referencia anclado al móvil, en el que uno de los ejes ($\vec{\tau}$) es tangente a la trayectoria, y el otro ($\vec{n}$), perpendicular a este.

En este sistema de referencia, la aceleración viene dada por sus **componentes intrínsecas:**

$$\vec{a} = \vec{a}_t + \vec{a}_n$$

que reciben el nombre, respectivamente, de **componente tangencial** y **componente normal** de la aceleración.

Con ellas, el módulo de la aceleración es:

$$a = \sqrt{a_t^2 + a_n^2}$$

La **componente tangencial** nos da información sobre cómo varía el **módulo** de la velocidad:

$$\vec{a}_t = a_t \cdot \vec{\tau} = \frac{dv}{dt} \cdot \vec{\tau}$$

La **componente normal** nos informa sobre las variaciones de dirección de la velocidad:

$$\vec{a}_n = a_n \cdot \vec{n} = \frac{v^2}{\rho} \cdot \vec{n}$$

donde ρ es el radio de curvatura de la trayectoria en el punto considerado. Si la trayectoria es circular, ρ será constante, y coincidirá con el radio de la circunferencia.

La aceleración

Aceleración media

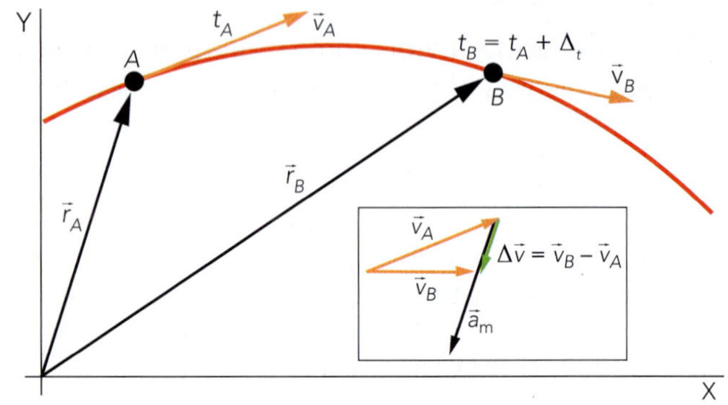

El vector aceleración media, $\vec{a}_m$, tiene la misma dirección y sentido que $\Delta\vec{v}$. La variación de la velocidad de un móvil que se desplaza entre las posiciones *A* y *B* se corresponde con la diferencia entre $\vec{v}_A$ y $\vec{v}_B$; esto es, $\vec{v}_B - \vec{v}_A$.

Aceleración instantánea

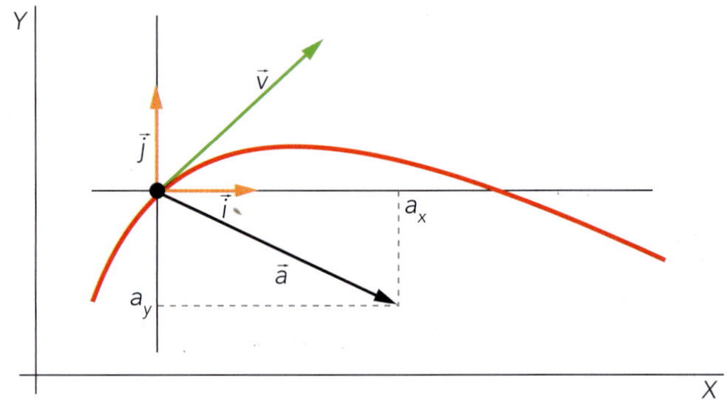

Como la velocidad cambia hacia la dirección en la que la trayectoria se curva, la aceleración estará apuntando siempre hacia la concavidad de la curva. En general, no es ni tangente ni normal a la trayectoria.

Componentes intrínsecas

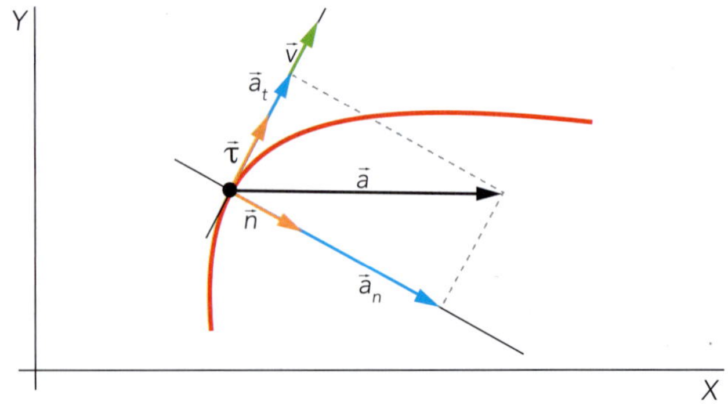

Componentes tangencial, $\vec{a}_t$, y normal, $\vec{a}_n$, de la aceleración de un móvil, $\vec{a}$. En este sistema de referencia, la velocidad solo tiene componente tangencial.

5.4. Tipos de movimientos

Los valores de las componentes intrínsecas de la aceleración nos dan información sobre el tipo de movimiento.

Así, si la componente tangencial es nula, significa que el módulo de la velocidad es constante, y el movimiento se denomina uniforme. Si lo es la componente normal, lo que no varía es la dirección del vector velocidad, y el movimiento es rectilíneo. En la tabla tienes todas las posibilidades.

Con lo que hemos estudiado hasta ahora en esta unidad estamos en disposición de abordar la cinemática de algunos movimientos muy frecuentes en la vida cotidiana. Es conveniente que, conforme avancemos en su estudio, intentes identificarlos en tu entorno.

Movimiento	$a_t = 0$	$a_t = \text{cte} \neq 0$	$a_t \neq \text{cte}$
$a_n = 0$	Rectilíneo uniforme	Rectilíneo uniformemente acelerado	Rectilíneo acelerado
$a_n > 0$, $\rho = \text{cte}$	Circular uniforme	Circular uniformemente acelerado	Circular acelerado
$a_n > 0$, $\rho \neq \text{cte}$	Curvilíneo uniforme	Curvilíneo uniformemente acelerado	Curvilíneo acelerado

Ejercicio resuelto

4 El vector posición de una partícula, en unidades del SI, viene dado por: $\vec{r} = 4 \cdot t \cdot \vec{i} + 2 \cdot t^2 \cdot \vec{j}$. Calcula:

a) El vector velocidad instantánea, su módulo, y la velocidad media en los tres primeros segundos.

b) El vector aceleración, su módulo, y la aceleración media en el intervalo anterior.

c) Las componentes intrínsecas de la aceleración.

d) La ecuación de la trayectoria.

e) El radio de curvatura de la trayectoria.

Solución

a) El vector velocidad se calcula al derivar el vector posición:

$$\vec{v} = \frac{d\vec{r}}{dt} = (4 \cdot \vec{i} + 4 \cdot t \cdot \vec{j}) \text{ m/s} \rightarrow v = 4 \cdot \sqrt{1+t^2} \text{ m/s}$$

Para la velocidad media necesitamos el vector desplazamiento. Como $\Delta t = t_2 - t_1 = 3 - 0 = 3$ s:

$$\Delta\vec{r} = \vec{r}(3) - \vec{r}(0) = (12 \cdot \vec{i} + 18 \cdot \vec{j}) \text{ m}$$

$$\vec{v}_m = \frac{\Delta\vec{r}}{\Delta t} = (4 \cdot \vec{i} + 6 \cdot \vec{j}) \text{ m/s} \rightarrow v_m = \sqrt{52} \text{ m/s}$$

b) Para obtener la aceleración se deriva el vector velocidad:

$$\vec{a} = \frac{d\vec{v}}{dt} = 4 \cdot \vec{j} \text{ m/s}^2 \rightarrow a = 4 \text{ m/s}^2$$

$$\Delta\vec{v} = \vec{v}(3) - \vec{v}(0) = 12 \cdot \vec{j} \text{ m/s} \rightarrow \vec{a}_m = \frac{\Delta\vec{v}}{\Delta t} = 4 \cdot \vec{j} \text{ m/s}$$

c) Comenzamos por el cálculo de la componente tangencial. Para la componente normal utilizamos la expresión que las relaciona: $a^2 = a_t^2 + a_n^2$:

$$a_t = \frac{dv}{dt} = \frac{d(4 \cdot \sqrt{1+t^2})}{dt} = \frac{4 \cdot t}{\sqrt{1+t^2}} \text{ m/s}^2$$

$$a_n = \sqrt{a^2 - a_t^2} = \sqrt{16 - \frac{16 \cdot t^2}{1+t^2}} = \frac{4}{\sqrt{1+t^2}} \text{ m/s}^2$$

d) La ecuación de la trayectoria se calcula por el método habitual, a partir de las ecuaciones paramétricas. Se obtiene la ecuación de una parábola:

$$\left.\begin{matrix} x = 4 \cdot t \\ y = 2 \cdot t^2 \end{matrix}\right\} \rightarrow t = \frac{x}{4}$$

$$y = \frac{x^2}{8}$$

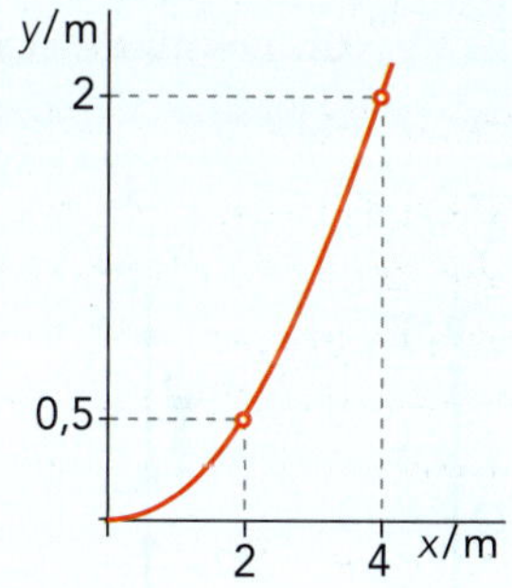

e) El radio de curvatura se calcula a partir de la expresión que lo relaciona con a_n:

$$a_n = \frac{v^2}{\rho} \rightarrow \rho = \frac{v^2}{a_n} = \frac{16 \cdot (1+t^2)}{\frac{4}{\sqrt{1+t^2}}} = 4 \cdot (1+t^2)^{3/2} \text{ m}$$

El radio de curvatura, como es normal en las parábolas, aumenta conforme transcurre el tiempo.

Ejercicios

8 Desde un punto de vista cinemático, ¿cuántos aceleradores tiene un vehículo? Razona tu respuesta.

9 Identifica en tu entorno dos movimientos de cada uno de los tipos presentados en la tabla del apartado 5.4. Indica, en cada caso, el sistema de referencia que has utilizado.

10 El vector posición de un móvil viene dado por:

$$\vec{r}(t) = [3 \cdot \cos(5 \cdot t) \cdot \vec{i} + 3 \cdot \text{sen}(5 \cdot t) \cdot \vec{j}] \text{ m}$$

Calcula las componentes de la aceleración, cartesianas e intrínsecas. Represéntalas, junto al vector posición y el vector velocidad, en dos puntos que tú elijas de la trayectoria.

6 MOVIMIENTOS RECTILÍNEOS

Los movimientos rectilíneos, que ya vimos el curso pasado, son los más simples, pues los vectores desplazamiento, velocidad y aceleración se encuentran en la misma dirección, lo que nos permite trabajar con sus módulos. Tenemos que asignar, eso sí, sentidos positivos y negativos a estos vectores, por lo que seguimos el convenio de signos que se muestra en la figura inferior.

6.1. Movimiento rectilíneo uniforme (MRU)

En él, $a_n = 0$ (rectilíneo) y $a_t = 0$ (uniforme). Al ser nula la aceleración, el movimiento transcurre con velocidad constante, igual en cada instante a la velocidad media.

Elegiremos nuestro sistema de referencia tomando el eje X como dirección del movimiento, el punto x_0 como origen sobre la trayectoria y el instante t_0 como origen de tiempos. La posición x en cualquier instante, t, será:

$$v = v_m = \frac{\Delta x}{\Delta t} = \frac{x - x_0}{t - t_0} \rightarrow \boxed{x = x_0 + v \cdot (t - t_0)}$$

Normalmente, se toma $t_0 = 0$, con lo que queda:

$$x = x_0 + v \cdot t$$

Si, además, tenemos en cuenta el espacio recorrido:

$$\Delta s = \Delta x = x - x_0 \rightarrow \Delta s = v \cdot t$$

Se recorren, pues, espacios iguales en tiempos iguales.

6.2. Movimiento rectilíneo uniformemente acelerado (MRUA)

Es aquel en el que $a_n = 0$ (rectilíneo) y $a_t = \text{cte} \neq 0$ (uniformemente acelerado). Al ser la aceleración constante, esta coincidirá en cada instante con la aceleración media. Si hacemos $t_0 = 0$:

$$a = a_m = \frac{\Delta v}{\Delta t} = \frac{v - v_0}{t - 0} \rightarrow \boxed{v = v_0 + a \cdot t}$$

La ecuación de la posición en función del tiempo se obtiene utilizando herramientas matemáticas que no veremos este curso. Se puede proceder, no obstante, de modo gráfico, como se muestra en la página de la derecha, con lo que resulta:

$$\boxed{x = x_0 + v_0 \cdot t + \frac{1}{2} \cdot a \cdot t^2}$$

Estudio y representación de los movimientos rectilíneos

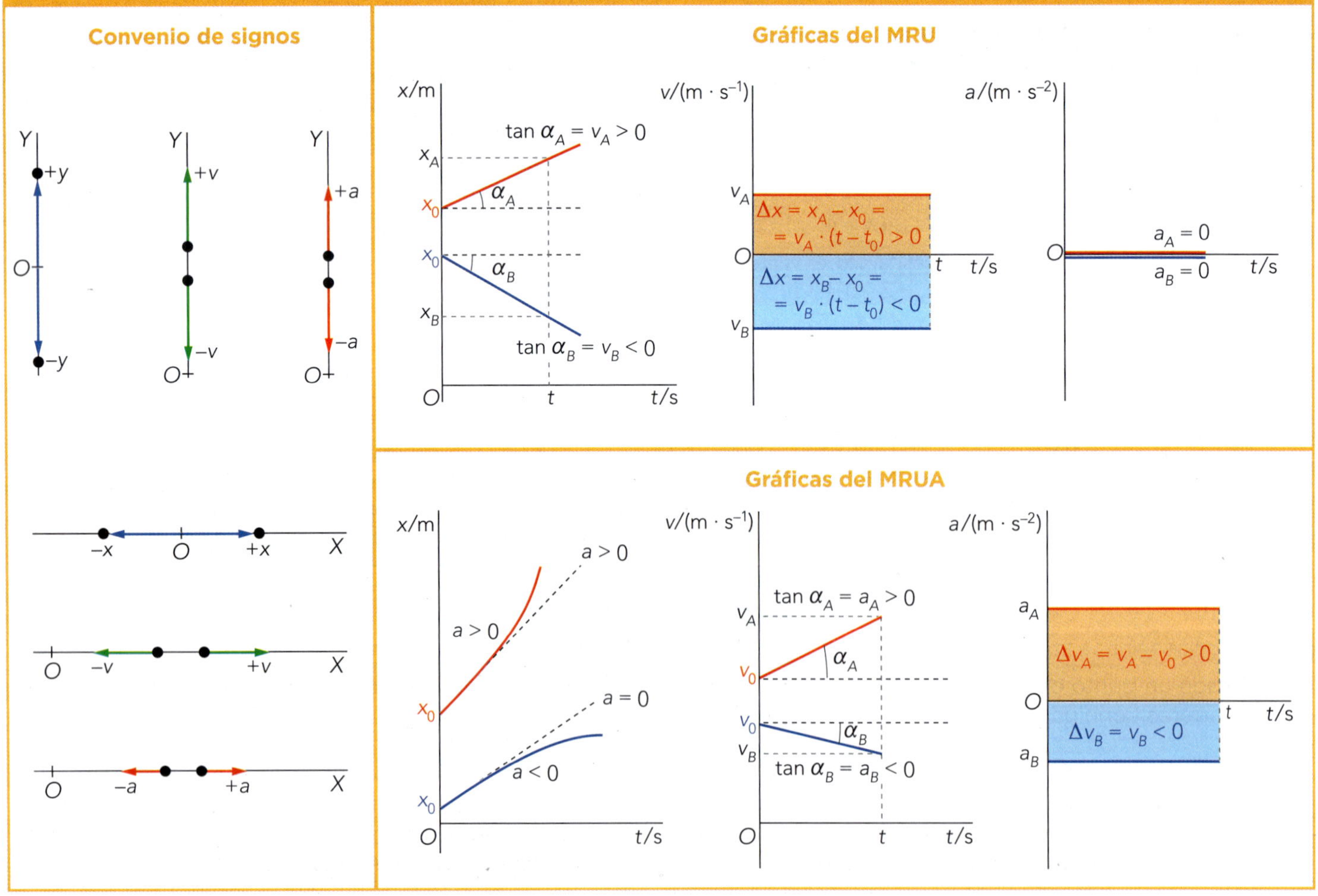

La caída libre y el lanzamiento vertical son MRUA frecuentes en nuestro entorno. Se producen en la dirección vertical, eje *Y*, bajo el efecto de la gravedad terrestre, *g*. Sus ecuaciones son:

- Caída libre ($v_0 = 0$, $a = -g$):

$$y = h_0 - \frac{1}{2} \cdot g \cdot t^2 \quad ; \quad v = -g \cdot t$$

- Lanzamiento vertical ($v_0 \neq 0$, $a = -g$):

$$y = h_0 + v_0 \cdot t - \frac{1}{2} \cdot g \cdot t^2 \quad ; \quad v = v_0 - g \cdot t$$

Método gráfico para la obtención de $x = x(t)$

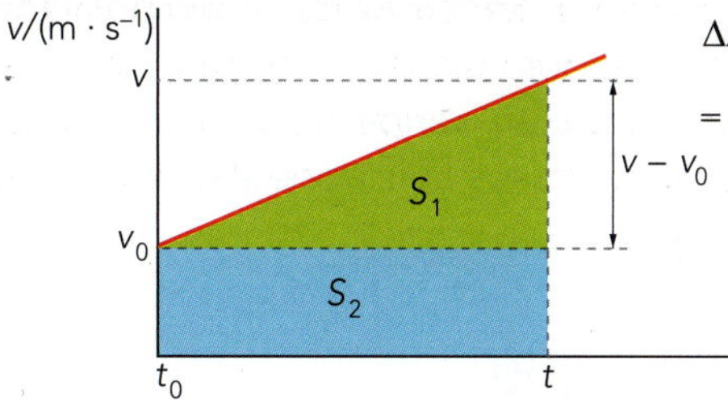

$$\Delta x = x - x_0 = s_1 + s_2 = v_0 \cdot \frac{(v - v_0) \cdot (t - t_0)}{2}$$

Para un intervalo de tiempo, el área limitada por la línea *v*-*t* y el eje de abscisas coincide con el espacio recorrido.

Ejercicios resueltos

5 Un automóvil parte del reposo, y al cabo de 16 segundos su velocidad es de 144 km/h. En ese momento, el conductor frena y el vehículo se detiene en 8 segundos. ¿Qué espacio total habrá recorrido?

Solución

Calculamos la aceleración con la que arranca (a_1) y la de frenado (a_2), utilizando las ecuaciones del MRUA. Durante el arranque, la velocidad inicial es cero, y la final, *v*, y al revés durante el frenado (en ambos casos, $t_0 = 0$):

$$a_1 = \frac{v - 0}{t_1} = \frac{40 \text{ m} \cdot \text{s}^{-1}}{16 \text{ s}} = 2{,}5 \text{ m/s}^2$$

$$a_2 = \frac{0 - v}{t_2} = \frac{-40 \text{ m} \cdot \text{s}^{-1}}{8 \text{ s}} = -5 \text{ m/s}^2$$

Con estas aceleraciones, calculamos el espacio recorrido en cada tramo. El total será la suma de ambos:

$$\left.\begin{array}{l} \Delta x_1 = \frac{1}{2} \cdot a_1 \cdot t_1^2 = 320 \text{ m} \\ \Delta x_2 = v \cdot t + \frac{1}{2} \cdot a_2 \cdot t_2^2 = 160 \text{ m} \end{array}\right\} \rightarrow \Delta x = \Delta x_1 + \Delta x_2 = \boxed{480 \text{ m}}$$

6 Dos coches, *A* y *B*, circulan por una recta, uno hacia el otro, con velocidad constante. El *A* viaja a 25 m/s, y el *B*, a 20 m/s. La distancia que los separa, en un instante determinado, es de 900 m. A partir de este instante, ¿en qué punto de la recta se cruzarán?

Solución

Si situamos el origen en la posición en la que se encuentra el coche *A* en el instante en que empezamos a estudiar el movimiento ($t_0 = 0$), y hacemos coincidir el eje *X* con la dirección del movimiento:

$$x_A = v_A \cdot t \quad ; \quad x_B = x_{B0} - v_B \cdot t$$

Los coches se cruzarán cuando sus posiciones coincidan ($x_A = x_B$):

$$x_A = x_B \rightarrow v_A \cdot t = x_{B0} - v_B \cdot t \rightarrow (v_A + v_B) \cdot t = x_{B0}$$

$$\rightarrow t = \frac{x_{B0}}{v_A + v_B} = \frac{900 \text{ m}}{45 \text{ m/s}} = 20 \text{ s}$$

Se cruzarán, pues, transcurridos 20 s, en la posición, medida desde el origen:

$$x_A = v_A \cdot t = 25 \text{ m/s} \cdot 20 \text{ s} = \boxed{500 \text{ m}}$$

El ejercicio también se puede resolver representando x_A y x_B en una gráfica *x*-*t*:

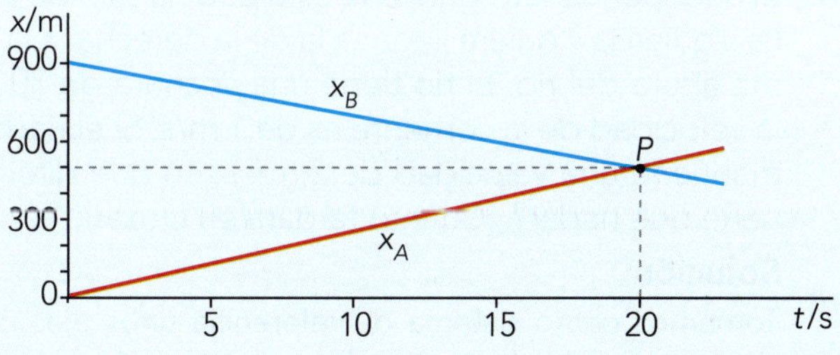

Ejercicios

11 ¿Desde qué altura se ha de soltar un cuerpo para que llegue al suelo con una velocidad de 100 km/h? Representa sus gráficas *y*-*t* y *v*-*t*.

12 Comprueba que las ecuaciones del MRUA son dimensionalmente homogéneas. Repasa, si lo necesitas, la unidad introductoria del libro.

13 Desde una altura de 3 m se lanza un cuerpo, verticalmente hacia arriba, de modo que impacta con el suelo a 20 m/s. Calcula v_0.

14 Desde un globo que está a 15 m del suelo y asciende verticalmente a 2 m/s se suelta un saco de lastre. ¿Cuánto tardará en llegar al suelo?

En **anayaeducacion.es** tienes simulaciones para practicar el MRU y el MRUA.

Algunos movimientos pueden ser estudiados como suma vectorial de movimientos rectilíneos simultáneos. Es lo que se conoce como **principio de superposición** del movimiento, descrito por Galileo, y nos permite descomponer un movimiento en varios movimientos más sencillos. Veamos algunos casos aplicados al movimiento rectilíneo.

7.3. Composición de MRU

El movimiento resultante es otro MRU, cuya velocidad es la suma vectorial de las velocidades de los movimientos que se componen.

Este caso lo podemos observar cuando un móvil se desplaza con una velocidad determinada en el seno de un fluido en movimiento. Sería el caso de un nadador que cruzara un río, o que nadara a favor, o en contra, de la corriente.

Si se componen dos movimientos que tienen la misma dirección, el módulo de la velocidad resultante será la suma de los módulos de los MRU, si estos tienen el mismo sentido, y la diferencia si tienen sentidos contrarios.

En cualquier otro caso:

$$\vec{v} = \vec{v}_1 + \vec{v}_2 + \ldots + \vec{v}_n$$

donde *n* es el número de movimientos rectilíneos que se componen.

Composición de dos MRU

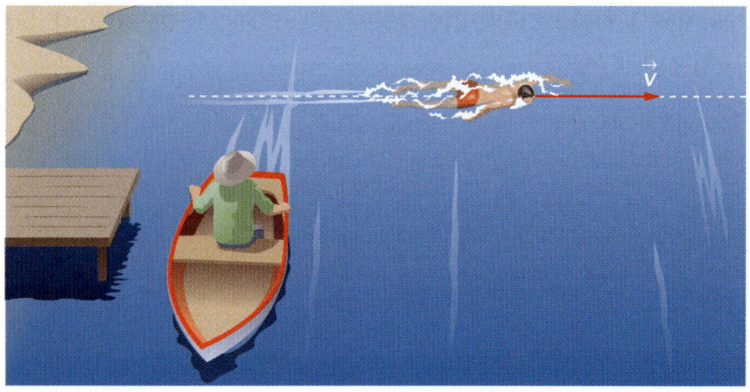

Un observador situado en una barca arrastrada por el río diría que el nadador se desplaza perpendicularmente a la corriente.

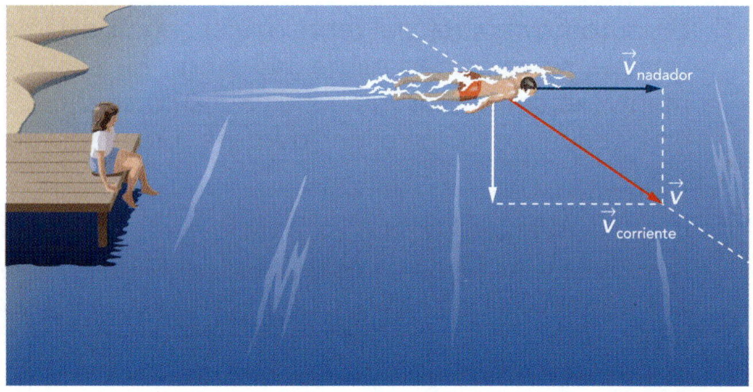

Pero un observador en la orilla defendería que avanza oblicuamente a la corriente: otro ejemplo de la relatividad del movimiento.

Ejercicio resuelto

7 El nadador de las figuras de esta página sale de la orilla izquierda y quiere llegar a la de la derecha, a la misma altura del río. El río tiene una anchura de 30 m, y la velocidad de la corriente es de 1 m/s. Si el nadador mantiene una velocidad de 2 m/s, ¿en qué dirección tiene que nadar? ¿Cuánto tardará en cruzarlo?

Solución

Tomamos como sistema de referencia unos ejes cartesianos, con el origen situado en la posición inicial del nadador, y hacemos coincidir el eje *X* con la dirección del vector velocidad resultante, $\vec{v}$ (es decir, la dirección del movimiento). Por tanto, $\vec{v} = v \cdot \vec{i}$ y la velocidad de la corriente será $\vec{v}_c = -v_c \cdot \vec{j}$ (ver diagrama vectorial).

El movimiento resultante es composición de dos MRU, por lo que $\vec{v} = \vec{v}_n + \vec{v}_c$, siendo $\vec{v}_n$ la velocidad del nadador.

La velocidad del nadador será, pues:

$$\vec{v}_n = \vec{v} - \vec{v}_c = v \cdot \vec{i} - \left(-v_c \cdot \vec{j}\right) = v \cdot \vec{i} + v_c \cdot \vec{j}$$

de donde se obtiene que:

$$v_n^2 = v^2 + v_c^2 \rightarrow v = \sqrt{v_n^2 - v_c^2} = \sqrt{2^2 - 1^2} = \sqrt{3} \text{ m/s}$$

Por tanto:

$$\vec{v}_n = \left(\sqrt{3} \cdot \vec{i} + \vec{j}\right) \text{ m/s}$$

Además, tendrá que nadar en una dirección que forme un ángulo α con el eje *X* tal que:

$$\tan\alpha = \frac{1}{\sqrt{3}} \rightarrow \alpha = \boxed{30°}$$

El tiempo que tarda en cruzar el río, con la velocidad resultante antes calculada resulta:

$$v = \sqrt{3} \text{ m/s} \rightarrow t = \frac{\Delta x}{v} = \frac{30 \text{ m}}{\sqrt{3} \text{ m/s}} = \boxed{17{,}3 \text{ s}}$$

La figura muestra la composición vectorial de velocidades que se produce:

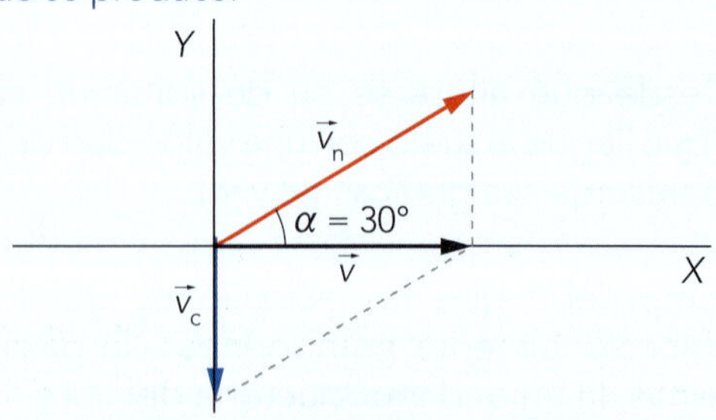

7.4. Movimientos parabólicos

Resultan de la **composición de un MRU y un MRUA en direcciones perpendiculares.**

El caso general es el **tiro oblicuo,** que podemos observar cuando se lanza un objeto con una velocidad inicial que forma un ángulo determinado con la horizontal.

Si situamos el origen en la vertical del punto de lanzamiento y orientamos el eje *Y* vertical hacia arriba y el eje *X* horizontal en la dirección del movimiento, entonces:

$$\vec{v}_0 = \vec{v}_{0x} + \vec{v}_{0y} = v_0 \cdot \cos\alpha \cdot \vec{i} + v_0 \cdot \text{sen}\,\alpha \cdot \vec{j}$$

Eje *X* (MRU)

$$x(t) = v_x \cdot t = v_0 \cdot \cos\alpha \cdot t$$

$$v_x = v_{0x} = v_0 \cdot \cos\alpha$$

Eje *Y* (MRUA, lanzamiento vertical)

$$y(t) = y_0 + v_{0y} \cdot t - \frac{1}{2} \cdot g \cdot t^2 = y_0 + v_0 \cdot \text{sen}\,\alpha \cdot t - \frac{1}{2} \cdot g \cdot t^2$$

$$v_y(t) = v_{0y} - g \cdot t = v_0 \cdot \text{sen}\,\alpha - g \cdot t$$

Las ecuaciones vectoriales del movimiento son, por tanto:

$$\vec{r}(t) = v_0 \cdot \cos\alpha \cdot t \cdot \vec{i} + \left(y_0 + v_0 \cdot \text{sen}\,\alpha \cdot t - \frac{1}{2} \cdot g \cdot t^2\right) \cdot \vec{j}$$

$$\vec{v}(t) = v_0 \cdot \cos\alpha \cdot \vec{i} + (v_0 \cdot \text{sen}\,\alpha - g \cdot t) \cdot \vec{j}$$

A continuación, veremos cómo calcular los principales parámetros (magnitudes físicas) de este movimiento.

- **Ecuación de la trayectoria.** Si se despeja el tiempo de la componente *x* y se sustituye en la componente *y*:

$$t = \frac{x}{v_0 \cdot \cos\alpha}$$

$$y = y_0 + v_0 \cdot \text{sen}\,\alpha \cdot \frac{x}{v_0 \cdot \cos\alpha} - \frac{1}{2} \cdot g \cdot \left(\frac{x}{v_0 \cdot \cos\alpha}\right)^2$$

$$y = y_0 + \tan\alpha \cdot x - \frac{g}{2 \cdot v_0^2 \cdot \cos^2\alpha} \cdot x^2$$

Que es la ecuación de una parábola ($y = a \cdot x^2 + b \cdot x + c$).

- **Altura máxima ($h_{máx}$).** Es el valor de la posición vertical, *y*, cuando $v_y = 0$.

$$v_y = 0 \;\rightarrow\; v_0 \cdot \text{sen}\,\alpha - g \cdot t = 0 \;\rightarrow$$

$$t = \frac{v_0 \cdot \text{sen}\,\alpha}{g} \left(= \frac{t_v}{2}\right) \;\rightarrow\; h_{máx} = y_0 + \frac{v_0^2 \cdot \text{sen}^2\,\alpha}{2 \cdot g}$$

- **Tiempo de vuelo (t_v).** Es el tiempo que tarda el móvil en llegar al suelo. Ocurre cuando la posición vertical es cero, $y = 0$. Suponiendo $y_0 = 0$:

$$y = 0 \;\rightarrow\; t \cdot \left(v_0 \cdot \text{sen}\,\alpha - \frac{1}{2} \cdot g \cdot t\right) = 0 \;\rightarrow$$

$$v_0 \cdot \text{sen}\,\alpha - \frac{1}{2} \cdot g \cdot t_v = 0 \;\rightarrow\; t_v = \frac{2 \cdot v_0 \cdot \text{sen}\,\alpha}{g}$$

Observa, aquí debajo, que cuando calculamos el alcance, utilizamos la expresión del tiempo de vuelo.

- **Alcance (*A*).** Es la distancia horizontal que recorre el móvil. Se obtiene calculando *x* cuando $t = t_v$.

$$A = v_0 \cdot \cos\alpha \cdot t_v = v_0 \cdot \cos\alpha \cdot \frac{2 \cdot v_0 \cdot \text{sen}\,\alpha}{g} =$$

$$= \frac{v_0^2 \cdot 2 \cdot \text{sen}\,\alpha \cdot \cos\alpha}{g} \;\rightarrow\; A = \frac{v_0^2 \cdot \text{sen}\,(2 \cdot \alpha)}{g}$$

Tiro oblicuo

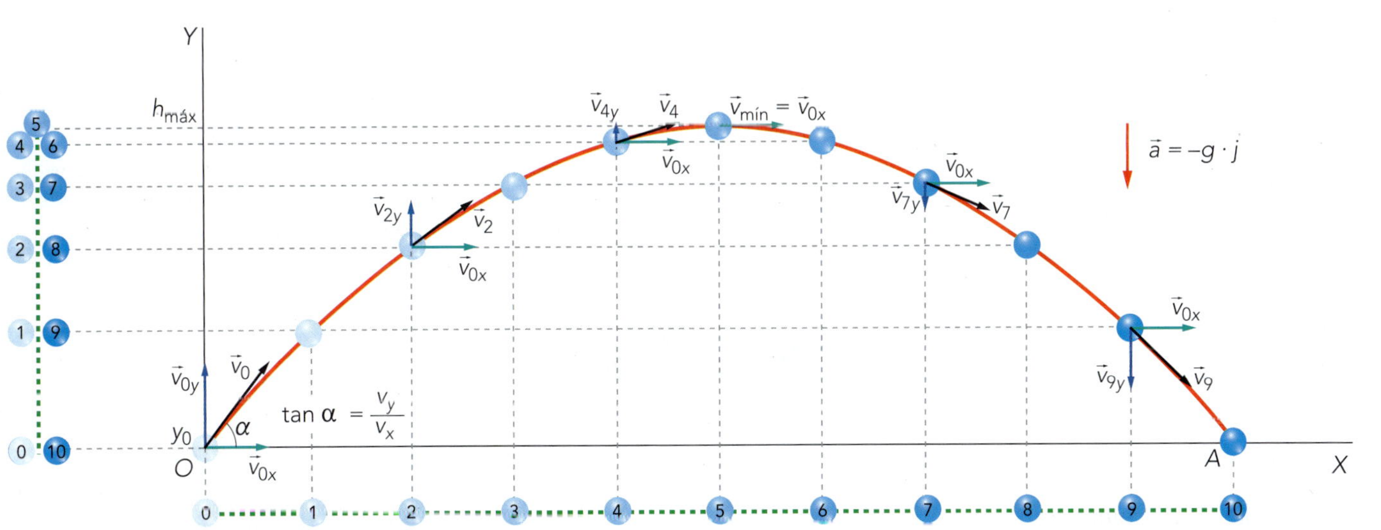

En general, **el movimiento podría empezar en cualquier punto de la trayectoria.** Un caso de interés es aquel en el que comienza en su punto más alto, en el que la velocidad solo tiene componente horizontal. Se habla entonces de un **tiro horizontal.**

En **anayaeducacion.es** puedes comprender mejor estos movimientos con dos simulaciones.

Ejercicios resueltos

8 Desde el borde de un acantilado de 30 m de altura se lanza un proyectil con una velocidad de 100 km/h que forma un ángulo de 40° con la horizontal. ¿A qué distancia del acantilado caerá?

Solución

Observa que en este caso la altura inicial no es cero, como lo era en la figura de la página anterior. Es como si trasladásemos el eje *Y* hacia la derecha:

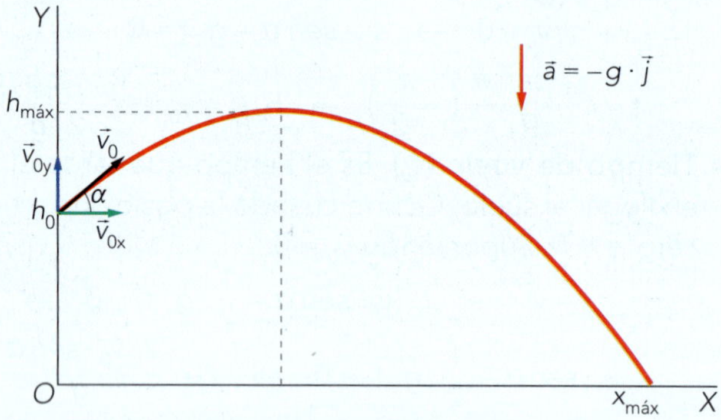

Las ecuaciones de este movimiento son, por tanto:

$$x(t) = v_0 \cdot \cos\alpha \cdot t$$

$$y(t) = h_0 + v_0 \cdot \text{sen}\,\alpha \cdot t - \frac{1}{2} \cdot g \cdot t^2$$

En primer lugar, calculamos el tiempo de vuelo (utilizar unidades del SI). Se impone la condición $y(t = t_v) = 0$. Así:

$$30 + 17{,}86 \cdot t_v - 4{,}91 \cdot t_v^2 = 0 \rightarrow \begin{cases} t_{v1} = -1{,}25\text{ s} \\ t_{v2} = 4{,}89\text{ s} \end{cases}$$

El tiempo de vuelo es, pues, $t_v = 4{,}89$ s (en el momento del lanzamiento $t = 0$).

El proyectil habrá recorrido en este tiempo una distancia horizontal igual a:

$$A = x(t = t_v) = v_0 \cdot \cos\alpha \cdot t_v = 21{,}28\ \frac{\text{m}}{\text{s}} \cdot 4{,}89\text{ s} = \boxed{104{,}06\text{ m}}$$

Nota: Desde un punto de vista físico el tiempo negativo no tiene sentido, pero sí desde un punto de vista matemático: las dos soluciones son los puntos de corte con el eje *X*.

9 Un tenista se encuentra a 8 m de distancia de una red de 1 m de altura. Golpea la pelota a una altura de 2,45 m, de forma que sale despedida horizontalmente con una velocidad de 20 m/s. Calcula:

a) El tiempo que tarda la pelota en llegar al suelo.

b) El ángulo que forma el vector velocidad con el eje *X* en ese instante.

c) La altura a la que pasa la pelota sobre la red.

Solución

Se trata de un tiro horizontal; sus ecuaciones son:

$$x(t) = v_0 \cdot t\ ;\ v_x = v_0$$

$$y(t) = h_0 - \frac{1}{2} \cdot g \cdot t^2\ ;\ v_y(t) = -g \cdot t$$

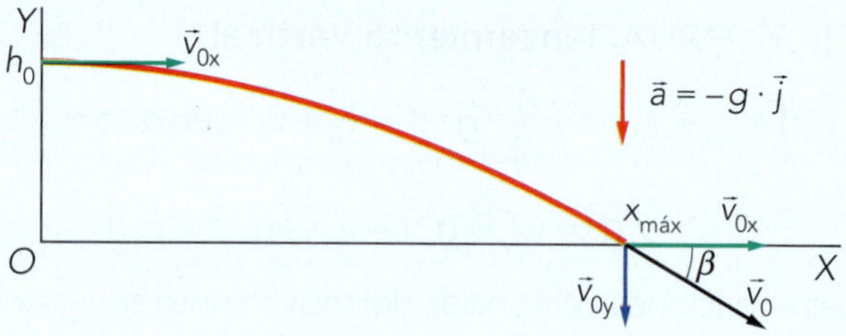

a) El tiempo que tarda la pelota en llegar a la red es:

$$x = v_0 \cdot t = 8\text{ m} \rightarrow 20 \cdot t = 8 \rightarrow t = 0{,}4\text{ s}$$

Tiempo de vuelo ($y = 0$):

$$2{,}45 - 4{,}91 \cdot t_v^2 = 0 \rightarrow \boxed{t_v = 0{,}71\text{ s}}$$

b) El vector velocidad cuando $t = t_v$ es:

$$\vec{v} = v_0 \cdot \vec{i} - g \cdot t_v \cdot \vec{j} = (20 \cdot \vec{i} - 7{,}0 \cdot \vec{j})\text{ m/s}$$

Por tanto:

$$\tan\beta = \frac{v_y}{v_x} \rightarrow \tan\beta = \frac{-7{,}0}{20} = -0{,}35 \rightarrow \boxed{\beta = -19{,}3°}$$

c) Su altura en ese momento, medida desde el suelo, es:

$$y(t = 0{,}4\text{ s}) = 2{,}45 - 4{,}91 \cdot 0{,}4^2 = 1{,}67\text{ m}$$

La pelota pasa, por tanto, $\boxed{67\text{ cm}}$ por encima de la red.

Nota: No hemos detallado las operaciones a realizar en estos ejercicios; comprueba los resultados en tu cuaderno tomando $g = 9{,}81$ m/s^2.

Ejercicios

15 ¿Qué movimiento se obtiene al superponer dos MRUA perpendiculares, ambos con $v_0 = 0$?

16 El nadador del ejercicio resuelto 7 comienza a nadar en la dirección perpendicular al río. ¿A qué distancia del embarcadero de la derecha, situado enfrente del otro, tocaría tierra? ¿Cuánto tardaría?

17 Un jugador de baloncesto lanza el balón desde 2,50 m de altura con una elevación de 37° y encesta en la canasta, situada a 6,25 m de distancia y 3,05 m de altura. ¿Con qué velocidad lanzó?

18 **¿Qué pasaría si** variámos la velocidad de lanzamiento y el ángulo? ¿Con qué valores encestaría?

8 CONTRIBUCIONES DE GALILEO AL ESTUDIO DEL MOVIMIENTO

Galileo Galilei (1564-1642), considerado el padre de la ciencia moderna, utilizó la experimentación en el estudio de la naturaleza. Sus contribuciones a la ciencia fueron numerosas, principalmente en los campos de la mecánica y la astronomía. En este apartado se muestran dos de ellas.

8.1. Principio de relatividad

Como el reposo y el movimiento son conceptos relativos a un sistema de referencia, nunca podremos hablar de la velocidad de un móvil en términos absolutos, sino en tal, o cual, sistema de referencia.

Esta **imposibilidad de determinar la velocidad absoluta** fue estudiada por Galileo, y se conoce como **principio de relatividad.** Profundizaremos en él más adelante.

8.2. Ley de caída de graves

En el siglo XVII se pensaba que la velocidad de caída de los cuerpos era proporcional a su peso; para comprobarlo, Galileo dejó caer desde la misma altura dos esferas de distinto peso, que tocaron el suelo al mismo tiempo.

Demostró de este modo que todos los cuerpos, independientemente de su peso, caían a la misma velocidad. Pero ¿cuál era esta velocidad? En aquella época no era fácil medirla, ya que no se disponía de aparatos para medir tiempos con precisión. Para retardar la caída, Galileo utilizó planos inclinados, por los que dejaba rodar las esferas, y midió, ayudándose con relojes de agua (clepsidras), las distancias que recorrían en intervalos iguales de tiempo.

Llegó a la conclusión de que transcurrido el primer intervalo de tiempo, la esfera había recorrido una unidad de distancia; pasados dos intervalos temporales, la distancia recorrida era de cuatro unidades; después de tres intervalos de tiempo, la distancia era nueve unidades, etc.

Concluyó, pues, que **el espacio recorrido está relacionado con los cuadrados de los intervalos de tiempo** (1, 4, 9, 16, etc.), formulando así la **ley de caída de graves.** En la actualidad, esta ley se enuncia de modo distinto: el espacio recorrido es proporcional al tiempo al cuadrado. Matemáticamente: $s(t) = k \cdot t^2$.

Ejercicio

19 ODS Piensa en la época de las contribuciones de Galileo. ¿Crees que habrían sido igualmente consideradas de haber sido realizadas por una mujer? Para alcanzar las **metas 4.5** y **5.5** indaga en, al menos, dos hitos relevantes de mujeres relacionadas con la educación y otro más con el estudio de la física o la química.

Galileo y el estudio del movimiento

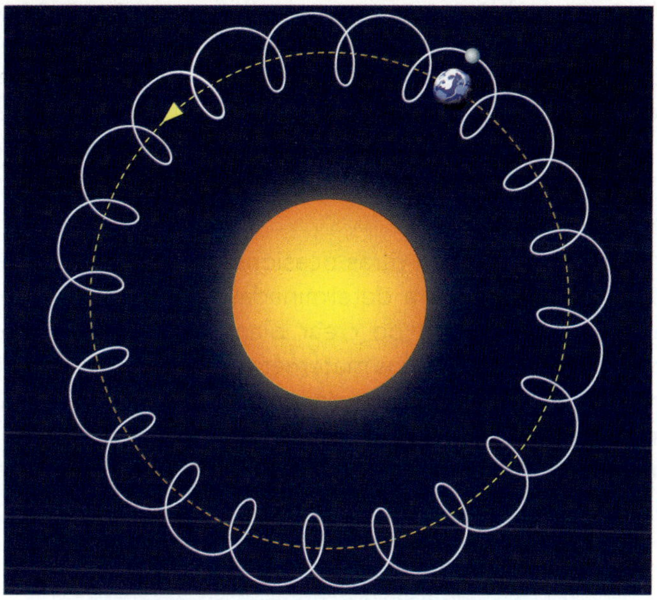

La descripción de un movimiento depende del sistema de referencia. Un observador situado en la Luna la consideraría en reposo. Si se encontrara en la Tierra diría que la Luna describe un movimiento casi circular. Para uno situado en el Sol, describiría una línea helicoidal. Todas las descripciones son válidas.

Ley de caída de graves

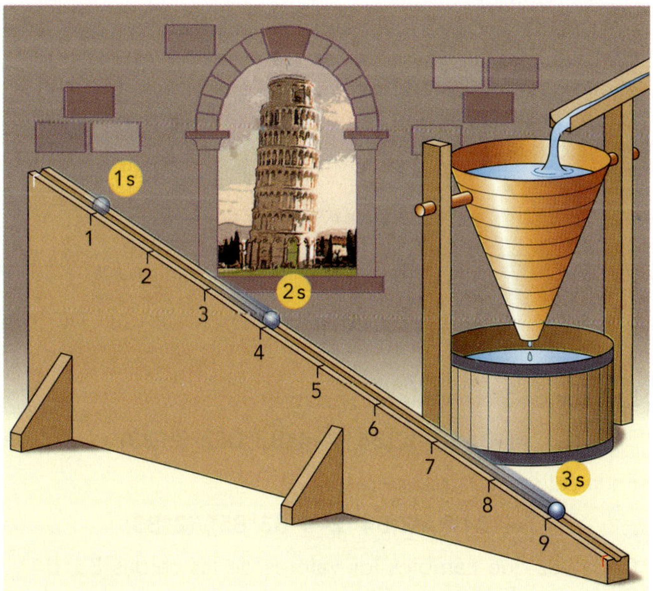

Galileo medía los intervalos de tiempo pesando el agua que caía de la clepsidra, que es, básicamente, un recipiente lleno de agua con un orificio por el que sale esta. Según se vacía, la presión del líquido es menor, y disminuye el flujo de salida. ¿Qué opinas de este instrumento de medida, en relación con lo estudiado en la unidad inicial?

Plantillas de ecuaciones

Resolver problemas es una actividad divertida, aunque en ocasiones algo tediosa y repetitiva. Muchos de los que se te plantean en esta unidad, por ejemplo, requieren la resolución de ecuaciones de segundo grado, o el cálculo de las componentes de la velocidad inicial en un tiro parabólico o del módulo de un vector y el ángulo que forma con la horizontal.

Ya hemos tratado en otras ocasiones el potencial de las hojas de cálculo para determinadas tareas. Planteamos ahora la posibilidad de crear plantillas de ecuaciones para aligerar los cálculos matemáticos en la resolución de problemas. Puedes crear plantillas con las operaciones más frecuentes. De este modo, atenderás los cálculos matemáticos con mayor facilidad y podrás centrarte en el significado físico de los resultados.

Ecuaciones de segundo grado

Las ecuaciones de segundo grado son de la forma:

$$a \cdot x^2 + b \cdot x + c = 0$$

Veamos cómo resolverlas utilizando para ello una hoja de cálculo.

Tienen dos soluciones que se calculan con la expresión:

$$x = \frac{-b \pm \sqrt{b^2 - 4 \cdot a \cdot c}}{2 \cdot a}$$

Evitarás tener que hacer estos cálculos cada vez que tengas que resolver una ecuación de este tipo (por ejemplo, $y = 0$ en un tiro parabólico) sin más que crear una plantilla en una hoja de cálculo, como la siguiente (le puedes dar el formato que quieras):

	A	B	C	D	E
1		Ecuaciones $a \cdot x^2 + b \cdot x + c = 0$			
2	Coeficientes			Soluciones	
3	a =	-4,91		x_1 =	-1,56
4	b =	2		x_2 =	1,96
5	c =	15			
6					

En la celda E3 tendrás que escribir:

=(-B4+RAIZ(B4^2-4*B3*B5))/(2*B3)

En la celda E4, la raíz se resta:

=(-B4-RAIZ(B4^2-4*B3*B5))/(2*B3)

Cada vez que cambies los valores de las celdas B3, B4 y B5 (los coeficientes *a*, *b* y *c*, respectivamente), obtendrás las soluciones de la ecuación de segundo grado que tiene esos coeficientes.

Con lo aprendido en la unidad 1 sobre el uso de condicionales, cambia el código de las celdas E3 y E4 para que no de error cuando el radicando sea negativo, sino que aparezca el mensaje «Radicando negativo».

Trabajamos con vectores

Son muchas las ocasiones en las que tendrás que calcular las componentes cartesianas de un vector a partir de su módulo y del ángulo que forma con el eje *X*. Para ello, has de seguir el siguiente procedimiento:

Paso 1. Creamos un plantilla

	A	B	C	D	E
1		Componentes de un vector			
2	Módulo / (m · s^{-1})			Componentes / (m · s^{-1})	
3	A =	10		A_x =	8,66
4	Ángulo / grados			A_y =	-5,00
5	α =	-30			
6					

Paso 2. Introducimos las expresiones de las componentes vectoriales

Para que la plantilla realice los cálculos correctamente, tendrás que introducir, en primer lugar, las expresiones que corresponden a las componentes del vector; así:

La celda E3 tendrá que contener la función:

=B3*COS(B5*PI()/180)

La celda E4, la misma expresión, pero con el seno:

=B3*SENO(B5*PI()/180)

Observa que el ángulo lo introducimos en grados (celda B5), y para calcular las razones trigonométricas lo multiplicamos por π y lo dividimos por 180. Esto se hace para pasarlo a radianes, pues la hoja de cálculo, por defecto, trabaja en radianes.

Paso 3. Preparación de la operación inversa

También es frecuente la operación inversa: dado el vector en componentes, calcular el módulo y el ángulo. La plantilla sería:

	A	B	C	D	E	F	G
1		Módulo y ángulo de un vector					
2	Componentes			Módulo		Ángulo (rad)	
3	x=	-35,71		40,86		-0,51	
4	y=	19,86				Ángulo (grados)	
5						-29,1	
6							

La celda D3 debe contener:

=RAIZ(B3^2+B4^2)

En F3 se calcula el ángulo en radianes:

=ATAN(B4/B3)

Y en F5 se pasa a grados:

=D3*180/PI()

Debes prestar atención al cuadrante en el que se encuentra el ángulo. Como tan α = tan $(\alpha + \pi)$, en ocasiones deberás sumar 180° al ángulo que obtengas.

Tiro parabólico

Las hojas de cálculo también sirven para resolver problemas concretos. Nos centramos en esta ocasión en el movimiento parabólico, composición de un MRU en el eje horizontal y un MRUA en el vertical, en particular en el caso en que el lanzamiento se realice desde el suelo con celeridad inicial v_0 y ángulo de lanzamiento α.

Paso 1. Preparamos la plantilla de cálculo

Se eligen las celdas en las que introducir los datos, señalando en las superiores a estas a cuál corresponde cada una (por ejemplo, las celdas A2 y B2 para introducirlos, poniendo en las correspondientes de la fila 1 a qué dato corresponde cada una)

Después, se eligen otras tres celdas para realizar los cálculos (por ejemplo, B4, B5 y B6), indicando qué contendrá cada una (en las correspondientes de la columna A). Quedará algo similar a lo que se muestra en la imagen siguiente:

	A	B	C
1	$v_0 / (m \cdot s^{-1})$	α / °	$g / (m \cdot s^{-2})$
2	10	50	9,81
3			
4	$h_{máx}$ / m =	2,99	
5	t_v / s =	1,56	
6	A / m =	10,04	
7			

Observa que hemos dejado que se introduzca el valor de la aceleración de la gravedad, por si quieres estudiar el movimiento en otro planeta distinto a la Tierra.

Paso 2. Introducimos las expresiones de cálculo de variables

Ahora tendremos que introducir las expresiones con las que calcular las variables deseadas a partir de los datos introducidos. Recuerda que no se escribe el dato, sino la celda en la que se encuentra, y que los ángulos hay que introducirlos en radianes:

B4: =((A2^2)*(SENO(B2*PI()/180))^2)/(2*C2)

B5: =2*A2*SENO(B2*PI()/180)/C2

B6: =A2^2*SENO(2*B2*PI()/180)/C2

Una vez hecho esto, cambiando los valores de la velocidad inicial y la altura de lanzamiento se obtienen los nuevos valores para las variables calculadas.

Comprobamos en laboratorio virtual

Para comprobar si nuestra hoja de cálculo realiza bien las operaciones vamos a utilizar un laboratorio virtual. Para ello, entra en la página Web de simulaciones de la Universidad de Colorado (PhET: https://phet.colorado.edu/es/), en las simulaciones de «Física → Movimiento» y pulsa sobre la que se llama "Movimiento de un proyectil".

Laboratorio proyectiles

Dentro del simulador, entra en el apartado "Laboratorio":

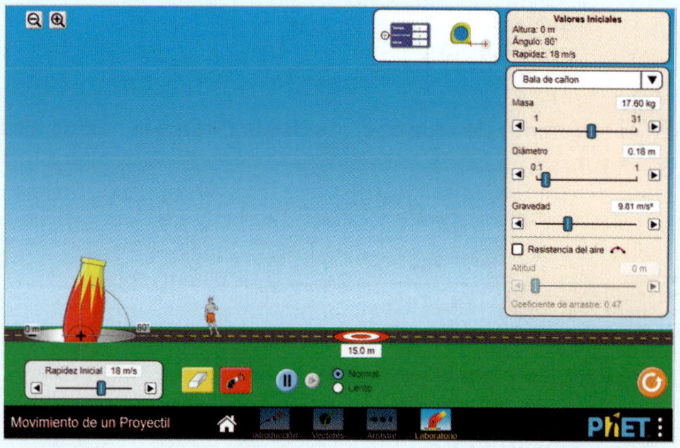

Introduce en tu hoja de cálculo valores para la velocidad inicial y el ángulo de lanzamiento, por ejemplo, v_0 = 15 m/s y α = 65°, y observa el alcance obtenido (A = 17,57 m, redondeado a dos cifras decimales utilizando formato de celdas → número → Posiciones decimales: 2).

En el simulador, fija los valores de la velocidad inicial y el ángulo a los mismos valores anteriores, y mueve la diana del suelo hasta los 17,6 m. Hecho esto, pulsa el botón de lanzamiento (el de color rojo, con un cañón). Si todo ha funcionado, el proyectil debe impactar en la diana.

¡Ha funcionado! Por algo decimos que el conocimiento científico tiene poder de predicción. Comprueba, moviendo el cuadro de variables sobre la trayectoria, que también se han calculado bien la altura máxima y el tiempo de vuelo.

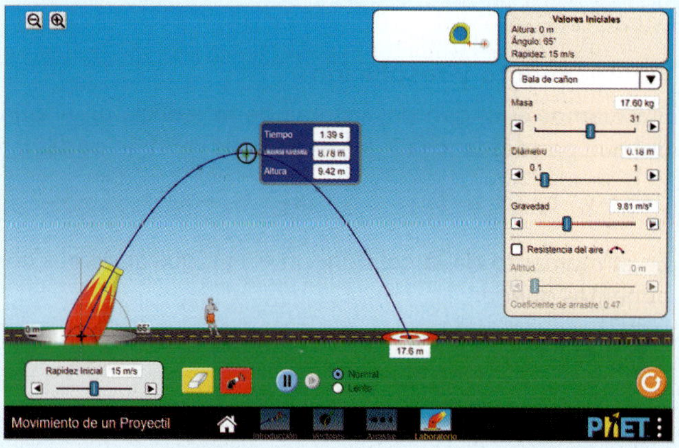

Movimiento rectilíneo uniformemente acelerado

1 Se lanza desde el suelo una moneda verticalmente hacia arriba con v = 15 m/s y, en el mismo instante, y desde una altura de 40 m, se lanza una piedra verticalmente hacia abajo a 5 m/s. ¿A qué altura se cruzan?

Planteamiento y resolución

Ambos cuerpos realizan lanzamientos verticales; el primero ascendente, y el segundo, descendente:

$$\text{Moneda}\begin{cases} y_m = v_{0m} \cdot t - \dfrac{1}{2} \cdot g \cdot t^2 \\ v_m = v_{0m} - g \cdot t \end{cases}$$

$$\text{Piedra}\begin{cases} y_p = y_{0p} - v_{0p} \cdot t - \dfrac{1}{2} \cdot g \cdot t^2 \\ v_p = -v_{0p} - g \cdot t \end{cases}$$

En el momento de cruzarse, los dos estarán a la misma altura ($y_m = y_p$):

$$v_{0m} \cdot t - \frac{1}{2} \cdot g \cdot t^2 = y_{0p} - v_{0p} \cdot t - \frac{1}{2} \cdot g \cdot t^2 \rightarrow$$

$$\rightarrow t = \frac{y_{0p}}{v_{0m} + v_{0p}} = 2\ \text{s} \rightarrow y_m = y_p = 10{,}38\ \text{m}$$

ANÁLISIS DEL PROBLEMA

Para relacionar dos movimientos simultáneos, hay que determinar sus ecuaciones en el mismo sistema de referencia. En este caso, situamos el origen en el punto de lanzamiento de la moneda, con el eje *Y* vertical hacia arriba.

Hecho esto, se imponen las condiciones matemáticas necesarias. Por ejemplo, en un lanzamiento vertical hacia arriba, la velocidad se anula en la altura máxima, lo que se ha utilizado para obtener algunos datos de la discusión final.

Has de acostumbrarte a relacionar el lenguaje matemático con los hechos; así, no leas «v_0» como «uve sub cero» sino como «velocidad inicial»; «g» es la «aceleración de la gravedad», etc.

Comprueba que este problema también se puede resolver representando las posiciones *y-t* de los dos cuerpos en la misma gráfica.

DISCUSIÓN DE RESULTADOS

Los dos cuerpos comienzan el movimiento al mismo tiempo. A los 1,53 s la moneda alcanza su altura máxima (11,47 m), se detiene, y comienza el descenso. En este instante, la piedra está a 20,87 m del suelo.

Tras otros 0,47 s (t = 2 s) ambos cuerpos están a 10,38 m de altura, y sus velocidades son v_m = −4,62 m/s y v_p = −24,62 m/s. Finalmente, la piedra llega al suelo 0,66 s antes que la moneda. Comprueba todos los datos de esta discusión.

Composición de dos movimientos rectilíneos uniformes

2 Un río tiene una anchura de 200 m, y el agua discurre a 10 m/s. Una lancha sale de una orilla, en dirección perpendicular a la corriente, con una celeridad respecto a tierra de 2 m/s. Otra lancha, que navega a contracorriente en línea recta, a igual distancia de ambas orillas, se encuentra en ese momento 750 m aguas abajo. Si ambas lanchas colisionan, ¿a qué velocidad respecto del agua viaja esta segunda embarcación?

Planteamiento y resolución

Si situamos el origen del sistema de referencia en el punto del que parte la lancha 1, las posiciones vendrán dadas por:

$$\vec{r}_1 = v_c \cdot t \cdot \vec{i} + v_1 \cdot t \cdot \vec{j} \quad ; \quad \vec{r}_2 = [x_{02} + (v_c - v_2) \cdot t] \cdot \vec{i} + y_{02} \cdot \vec{j}$$

En el momento de la colisión, $\vec{r}_1 = \vec{r}_2$; igualando sus componentes queda:

- $x_1 = x_2 \rightarrow v_c \cdot t = x_{02} + v_c \cdot t - v_2 \cdot t \rightarrow t = \dfrac{x_{02}}{v_2}$
- $y_1 = y_2 \rightarrow v_1 \cdot t = y_{02} \rightarrow v_1 \cdot \dfrac{x_{02}}{v_2} = y_{02} \rightarrow v_2 = v_1 \cdot \dfrac{x_{02}}{y_{02}} = 15\ \text{m/s}$

ANÁLISIS DEL PROBLEMA

Observa que los movimientos de ambas lanchas son el resultado de la composición de dos MRU, perpendiculares en el caso de la lancha 1, y en la misma dirección y sentidos contrarios en el de la 2. En ambos casos, la velocidad resultante es la suma vectorial de las velocidades que se componen:

$$\vec{v}_{R1} = (10 \cdot \vec{i} + 2 \cdot \vec{j})\ \text{m/s} \quad ; \quad v_{R1} = 10{,}20\ \text{m/s}$$

$$\vec{v}_{R2} = (v_c - v_2) \cdot \vec{i} \quad ; \quad v_{R2} = v_c - v_2 = -5\ \text{m/s}$$

DISCUSIÓN DE RESULTADOS

La lancha 2 ha de viajar a 15 m/s respecto del agua (5 m/s respecto de tierra). Si va más despacio, la lancha 1 se cruzará por delante; si va más rápido, por detrás.

¿Sabrías calcular la posición de la colisión y el espacio recorrido por cada lancha?

Tiro oblicuo

3 Una pelota rueda por un tejado que forma 30° con la horizontal, cuya base se encuentra a 60 m del suelo. Al llegar al extremo comienza a caer con una celeridad de 10 m/s. Calcula:

a) ¿Cuánto tarda en llegar al suelo?

b) ¿Con qué velocidad impacta?

c) Si la calle tuviera una anchura de 30 m, ¿llegaría directamente al suelo o chocaría con la pared del edificio opuesto?

Planteamiento y resolución

Se trata de un tiro oblicuo en el que la componente y de la velocidad inicial es negativa:

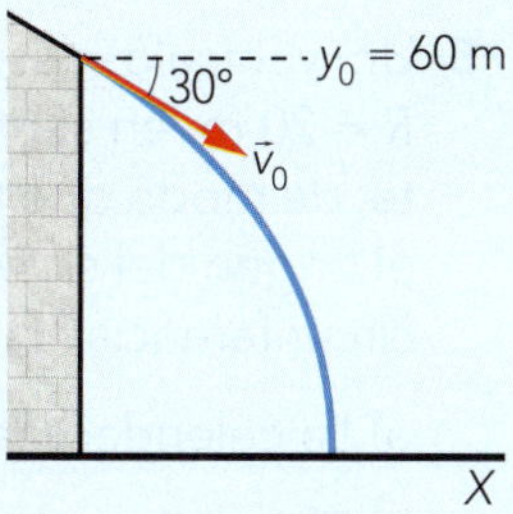

$$\vec{v}_0 = \vec{v}_{0x} + \vec{v}_{0y} =$$

$$= v_0 \cdot \cos 30° \cdot \vec{i} - v_0 \cdot \text{sen } 30° \cdot \vec{j} =$$

$$= (8{,}66 \cdot \vec{i} - 5 \cdot \vec{j}) \text{ m/s}$$

El movimiento resulta de la composición de un MRU en el eje *X*, y lanzamiento vertical con velocidad inicial en el eje *Y*. Las ecuaciones en ambos ejes son:

$$x = v_{0x} \cdot t \ ; \ v_x = v_{0x} \ ; \ a_x = 0$$

$$y = y_0 - v_{0y} \cdot t - \frac{1}{2} \cdot g \cdot t^2 \ ; \ v_y = -v_{0y} - g \cdot t \ ; \ a_y = -g$$

Conocidas las ecuaciones del movimiento, se procede al cálculo de lo que se pide.

a) El tiempo de vuelo se calcula imponiendo la condición $y = 0$:

$$y_0 - v_{0y} \cdot t_v - \frac{1}{2} \cdot g \cdot t_v^2 = 0 \rightarrow$$

$$\rightarrow 60 - 5 \cdot t_v - 4{,}91 \cdot t_v^2 = 0 \rightarrow$$

$$\rightarrow t_v = 3{,}02 \text{ s}$$

b) La velocidad del impacto se calcula la velocidad cuando:

$$t = t_v = 3{,}02 \text{ s}$$

Sustituyendo:

$$\vec{v} = v_{0x} \cdot \vec{i} - (v_{0y} + g \cdot t_v) \cdot \vec{j} = (8{,}66 \cdot \vec{i} - 34{,}63 \cdot \vec{j}) \text{ m/s}$$

Impactará, pues, con una celeridad de 35,70 m/s, formando un ángulo *b*:

$$\tan \beta = \frac{-34{,}63}{8{,}66} = 4 \ \rightarrow \ \beta = -76°$$

c) Calculamos el alcance del tiro, que será el valor de x cuando el tiempo coincida con el tiempo de vuelo.

$$A = x\,(t = t_v) = v_{0x} \cdot t_v = 26{,}15 \text{ m}$$

El alcance es menor que la anchura de la calle, por lo que la pelota llega al suelo sin chocar antes con la pared del edificio de enfrente.

ANÁLISIS DEL PROBLEMA

Con la resolución de este ejercicio ya se han cubierto todas las posibilidades del tiro oblicuo; vemos aquí el lanzamiento desde cierta altura, pero hacia abajo.

Observa que en todos los casos se ha procedido de igual modo. En primer lugar, se plantean las ecuaciones de los movimientos rectilíneos cuya composición dará lugar al tiro oblicuo, prestando especial atención a las condiciones iniciales.

Se ha de tener en cuenta, además, el convenio de signos para posiciones, velocidades y aceleraciones. Aquí se ha adoptado el que se presentó en el apartado 7 de esta unidad, aunque cualquier otro sería igualmente válido.

Tras ello, se ha de traducir el lenguaje verbal a lenguaje matemático, e imponer las condiciones que nos permiten calcular los parámetros solicitados.

El tiempo de vuelo, t_v, es algo que siempre tendremos que calcular, pues nos permite hallar el alcance, *A*, del tiro. No olvides que cuando $t = t_v$, $y = 0$ y $x = A$. En estos problemas, la ecuación $y = 0$ siempre tendrá dos soluciones, y desecharemos la negativa.

En cualquier punto intermedio, **las ecuaciones paramétricas del movimiento, *x*(*t*) e *y*(*t*),** nos permiten determinar la posición del móvil, y la velocidad se obtiene a partir de sus componentes, $v_x(t)$ y $v_y(t)$. Si lo que hay que calcular es la velocidad a una altura determinada, de *y*(*t*) se obtiene el valor del tiempo y se sustituye en las ecuaciones de la velocidad.

Por último, siempre debes recordar que las ecuaciones vectoriales del movimiento se obtienen a partir de las componentes, y que la tangente trigonométrica del ángulo que forma un vector con el eje *X* es el cociente entre su componente *y* y su componente *x*:

$$\vec{r}(t) = x(t) \cdot \vec{i} + y(t) \cdot \vec{j}$$

$$\vec{v}(t) = v_x(t) \cdot \vec{i} + v_y(t) \cdot \vec{j}$$

$$\vec{a} = -g \cdot \vec{j}$$

$$\tan \beta = \frac{\text{componente } y}{\text{componente } x}$$

DISCUSIÓN DE RESULTADOS

La pelota describe una trayectoria parabólica hasta que, a los 3,02 s de quedar libre, impacta con el suelo a 26,15 m de la fachada del edificio con una velocidad de 35,70 m/s que forma un ángulo de –76° con la horizontal.

TRABAJA CON LO APRENDIDO

Relatividad del movimiento. Magnitudes cinemáticas

1 Describe el movimiento del extremo del aspa de un ventilador, desde tu perspectiva, si:

a) Te sitúas justo enfrente.

b) Te alejas perpendicularmente al plano de giro.

c) Andas en dirección paralela a dicho plano.

d) Te sitúas en un lateral del ventilador, viéndolo de perfil.

¿Cuál de estas descripciones es la correcta?

2 Un observador, *A*, está en el interior de un vehículo que circula por delante de una gasolinera, en cuya cafetería hay otro observador, *B*. Razona para cuál de ellos es cierta cada una de estas afirmaciones:

a) El surtidor de la gasolinera está en reposo.

b) Los árboles del arcén se mueven.

c) Un maletín situado en uno de los asientos del coche está en reposo.

d) Un avión que vuela en dirección perpendicular a la carretera se encuentra en movimiento.

3 En cada uno de los siguientes casos, ¿qué móvil va más rápido, el *A* o el *B*? ¿Por qué?

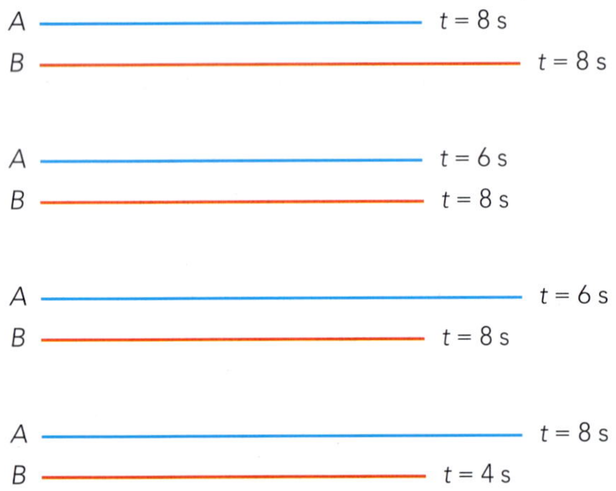

4 Desde una posición determinada, un móvil se desplaza 10 m hacia el este, 20 m hacia el norte, 5 m hacia el oeste y 30 m hacia el sur:

a) Calcula el espacio recorrido, y el módulo del vector desplazamiento.

b) Desde la última posición, ¿qué espacio ha de recorrer, y en qué dirección, para llegar en línea recta al punto de partida?

5 Las ecuaciones paramétricas de un movimiento vienen dadas por:

$$x = t^2 \quad ; \quad y = 5 + 2 \cdot t^2$$

a) Determina la ecuación de la trayectoria y represéntala gráficamente.

b) Calcula el vector desplazamiento entre los instantes:

$$t_1 = 2 \text{ s y } t_2 = 5 \text{ s}$$

c) ¿En algún intervalo de tiempo coincide el módulo del vector desplazamiento con el espacio recorrido?

6 Un vehículo describe una circunferencia de radio $R = 20$ m, en sentido horario con celeridad constante, de modo que tarda 4 s en cada vuelta. Si situamos el origen del sistema de referencia en el centro de la circunferencia, calcula:

a) La celeridad del movimiento.

b) El vector velocidad media entre las posiciones $(0, R)$ y $(R, 0)$.

¿Coincide en este caso la celeridad con el módulo de la velocidad media? ¿A qué se debe?

7 Un móvil se encuentra inicialmente en la posición ($x = 2$ m, $y = 8$ m). Si se desplaza con velocidad media $\vec{v}_m = (2 \cdot \vec{i} - 6 \cdot \vec{j})$ m/s, ¿en qué posición se encontrará en $t = 4$ s? ¿A qué distancia del origen?

8 La ecuación intrínseca de un movimiento viene dada por $s = (3 + 2 \cdot t - 5 \cdot t^2)$ m. Calcula:

a) La celeridad media en los 3 primeros segundos.

b) La celeridad instantánea.

¿Se podría determinar, con estos datos, el vector velocidad? ¿Por qué?

9 ¿Qué significado tiene que la aceleración de un móvil que se mueve en línea recta, supuesta constante, es de 2 m/s^2?

10 Indica si estas afirmaciones son verdaderas o falsas:

a) En un MCU, la aceleración es nula.

b) En un movimiento circular, $\vec{a}_n$ no varía.

c) Si la velocidad y la aceleración forman un ángulo de 30°, la celeridad es constante.

d) Si la velocidad y la aceleración forman un ángulo de 150°, la aceleración tangencial es negativa.

Consulta las soluciones de todas las actividades en **anayaeducacion.es**.

11 El vector posición de un móvil viene dado por $\vec{r} = [(2 - t^2) \cdot \vec{i} - 3 \cdot t^2 \cdot \vec{j}]$ m:

a) Calcula y representa la ecuación de la trayectoria.

b) Determina los vectores velocidad y aceleración instantánea y sus módulos.

c) Calcula los valores medios de estas magnitudes entre $t = 2$ s y $t = 7$ s.

d) Halla las componentes intrínsecas de la aceleración.

e) ¿De qué tipo de movimiento se trata?

12 Para describir un movimiento es necesario fijar un sistema de referencia. Los más utilizados son los cartesianos, pero no son los únicos. Para localizar un punto en el plano también es frecuente usar coordenadas polares. En estos sistemas de referencia lo que se proporciona es la distancia al origen, *r*, y el ángulo que forma el vector posición con el semieje positivo del eje *X*, θ. Se muestra en la siguiente figura.

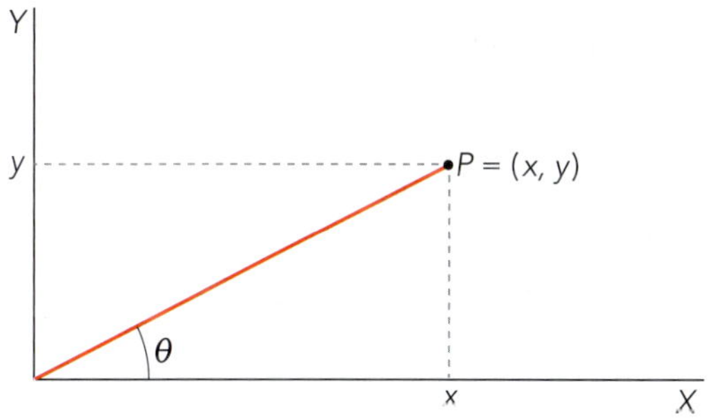

a) Si un objeto se localiza en las coordenadas cartesianas (3, 8), ¿cuáles serán sus coordenadas polares?

b) Si las coordenadas polares de un punto son (4, 120°), ¿Cuáles son las coordenadas cartesianas?

c) ¿Cuáles son las ecuaciones generales para transformar coordenadas cartesianas en polares, y viceversa?

Movimientos rectilíneos

13 Dibuja la gráfica posición-tiempo y velocidad-tiempo de los movimientos de ecuaciones:

a) $x = (-2 + 4 \cdot t)$ m.

b) $x = (3 - 9 \cdot t)$ m.

Determina, en cada caso, los valores iniciales de posición y velocidad y los del instante $t = 3$ s.

14 La gráfica *x-t* del movimiento de un cuerpo es:

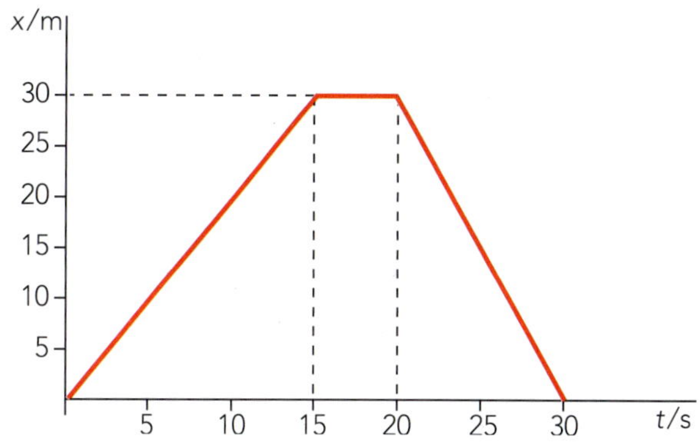

Describe el movimiento en cada tramo, y calcula:

a) Las ecuaciones de la posición y la velocidad en cada tramo.

b) La distancia al origen en $t = 10$ s, $t = 17$ s y $t = 25$ s.

c) El vector velocidad media entre $t = 10$ s y $t = 25$ s.

d) El módulo del vector desplazamiento en cada tramo, y el total.

15 Desde el origen de coordenadas, con una diferencia de 10 s, parten dos móviles en la misma dirección y sentido. El primero se mueve a 15 m/s. ¿A qué velocidad constante ha de moverse el segundo para alcanzarlo en 20 s? Resuelve el problema gráficamente, y comprueba que se obtienen los mismos resultados que si se resolviera numéricamente.

16 Un móvil, inicialmente en reposo, adquiere una velocidad de 20 m/s en 15 s. Determina las ecuaciones de la posición, la velocidad y aceleración. Representa gráficamente estas magnitudes y determina sus módulos en el instante $t = 10$ s.

17 Un camión circula por una recta a 100 km/h. Detrás de él, a una distancia de 30 m, lo hace una moto a la misma velocidad. En un instante ($t = 0$), el motorista decide adelantar al vehículo, invirtiendo 10 s en situarse 20 m delante. ¿Qué espacio recorre cada vehículo durante el adelantamiento?

18 La aceleración de frenado de un vehículo es de 5 m/s^2. Calcula:

a) La distancia de frenado cuando circula a 60 km/h, y cuando lo hace a 120 km/h.

b) La distancia de frenado en ambos casos, si el tiempo de reacción del conductor es de 1 s.

c) Sin tener en cuenta el tiempo de reacción, ¿qué relación existe entre el tiempo y la velocidad inicial?

anayaeducacion.es Consulta el apartado «Para estudiar» en el banco de recursos.

TRABAJA CON LO APRENDIDO

19 Calcula la aceleración en cada tramo y el espacio total recorrido por el móvil representado por la gráfica:

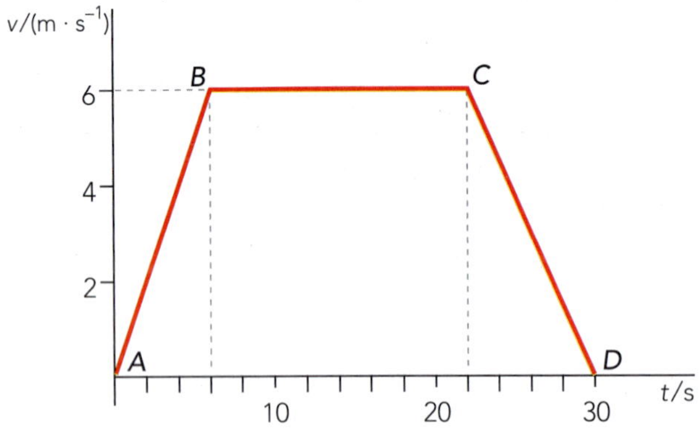

20 Para medir la profundidad de un pozo, se puede dejar caer una piedra desde su boca y medir el tiempo que tardamos en oír el impacto con el agua. Determina la ecuación que nos permite obtener esta profundidad en función del tiempo medido; ten en cuenta el tiempo que tarda en llegar el sonido, con velocidad v_s.

21 Un objeto en caída libre recorre la cuarta parte de la altura inicial en los últimos 0,75 s. ¿Desde qué altura se dejó caer? ¿Con qué velocidad impacta con el suelo? Elabora un listado con los pasos que has seguido para resolver el problema.

22 Se lanza verticalmente hacia arriba una pelota a 25 m/s. ¿En qué instantes la celeridad es 10 m/s? Desde un punto de vista físico, ¿por qué se obtienen dos valores? ¿A qué altura está la pelota en estos instantes? Representa, para esos dos puntos, los vectores posición, velocidad y aceleración.

23 La altura a la que se encuentra un cuerpo en caída libre es proporcional al cuadrado del tiempo que lleva moviéndose. Por ello, cuando se resuelve la ecuación $y(t) = 0$ se obtienen dos soluciones, una de ellas negativa. ¿Qué significado podríamos darle a la solución negativa, que siempre desechamos?

24 Observa el siguiente gráfico y explica a qué situación cotidiana puede hacer referencia, indicando los valores de las magnitudes cinemáticas de los movimientos que se representan.

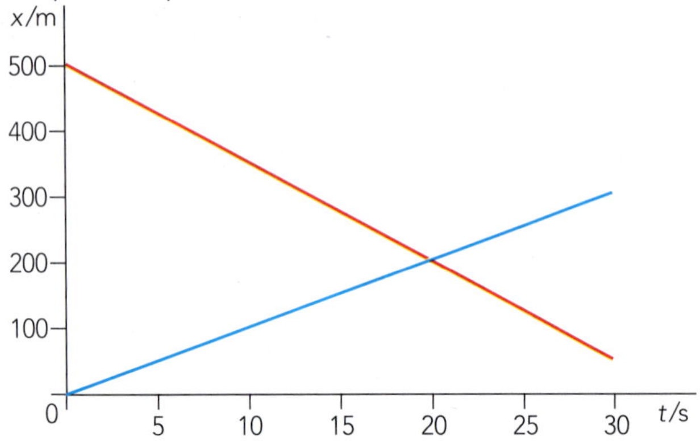

25 En un lazamiento vertical ascendente, ¿de qué variables depende el tiempo que se tarda en alcanzar la altura máxima? ¿Qué relaciones de proporcionalidad guarda con cada una de ellas?

26 Dos vehículos, *A* y *B*, circulan por una carretera recta sobre la que situamos el eje *X* de nuestro sistema de coordenadas. Cuando el vehículo que circula con velocidad constante $\vec{v} = 90 \cdot \hat{i}$ km/h, pasa por el origen de coordenadas, el *B* comienza, desde el reposo, un movimiento uniformemente acelerado en sentido contrario desde la posición $x = 500$ m. ¿Con qué aceleración debe describir B su movimiento para cruzarse con *A* en $x = 300$ m? ¿Qué velocidad lleva en ese momento, en km/h?

Composición de movimientos

27 Una lancha motora se mueve, según su panel de mandos, a 20 nudos con la proa orientada en dirección este. Si se encuentra inmersa en una corriente marina de 5 km/h dirección norte, ¿cuál es su velocidad respecto a la costa? Para moverse hacia el este respecto a costa, ¿hacia qué dirección se debería enfocar la proa? Dato: 1 nudo = 1,852 km/h.

28 Con una piragua, una persona tarda tres minutos en recorrer 200 m cuando rema a favor de la corriente, y cinco minutos cuando lo hace en contra, en ambos casos a velocidad constante. A esta velocidad, si rema perpendicularmente a la corriente, invierte cuatro minutos en cruzar el río. Calcula la velocidad de la piragua, la velocidad de la corriente y la anchura del río. ¿En qué dirección debería remar para cruzar el río perpendicularmente a la orilla, y cuánto tiempo tardaría en hacerlo?

29 Un pasajero de un globo aerostático que viaja a 10 nudos con trayectoria paralela al suelo a 30 m de altura quiere soltar un paquete de modo que caiga en el patio de su casa, por encima del cual pasará el globo. Si despreciamos el rozamiento con el aire, ¿en qué punto de la trayectoria deberá soltarlo? ¿Qué tipo de movimiento describe el paquete para el pasajero del globo? ¿Y para alguien que está esperando en el patio?

Dato: 1 nudo = 1,852 km/h.

30 La boca de una manguera, de 2 cm de diámetro, se sitúa de modo que, a 1 m de altura, el chorro de agua sale horizontal al suelo. Si el agua se aleja 10 m, ¿cuántos litros salen por minuto? Pista: $m/s \cdot m^2 = m^3/s$.

31 En una competición de tiro con arco, la diana, de 80 cm de diámetro, se encuentra a 50 m de distancia, y su centro a 1,5 m del suelo. En uno de los tiros la flecha sale a 230 km/h, con un ángulo de 3,5°, desde una altura de 1,60 m. Despreciando el rozamiento con el aire, ¿impactará la flecha en la diana? En caso afirmativo, ¿con qué velocidad, y en qué dirección?

32 En la Edad Media se pensaba que el movimiento de proyectiles tenía lugar según se muestra en la siguiente imagen. ¿Estaban en lo cierto? Justifícalo.

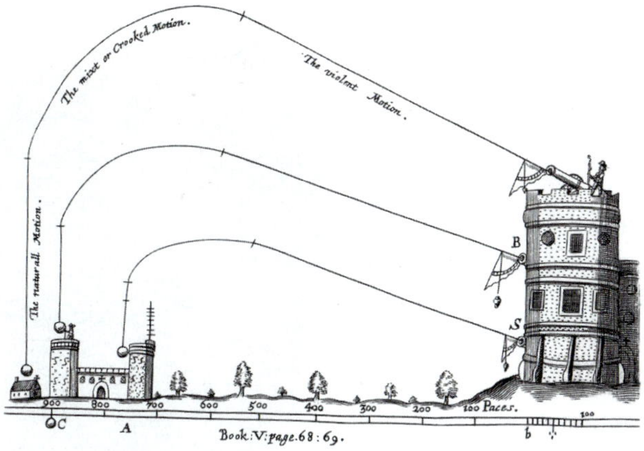

33 Desde el extremo del mástil de un velero, de 30 m de altura, se deja caer un cuerpo de 2 kg. Si despreciamos el rozamiento, ¿en qué punto de la cubierta impacta? ¿En qué caso tardará más en caer, si el velero navega a 10 nudos (1 nudo = 1,852 km/h) o si navega a 20 nudos? ¿Y si fuese un cuerpo de 4 kg? Si un observador describe el movimiento como rectilíneo, y otro como parabólico, ¿dónde está cada uno?

34 ¿Coinciden las ecuaciones de un tiro oblicuo a 90° con las de un lanzamiento vertical ascendente?

35 Sabiendo que en el primer cuadrante el valor del seno oscila entre 0 y 1, ¿para qué valor de *a* será máximo el alcance de un tiro parabólico para unos determinados valores de velocidad inicial y ángulo de lanzamiento?

36 Demuestra que las ecuaciones de un tiro horizontal equivalen a las de un tiro oblicuo desde la misma altura con elevación nula. Comprueba que la ecuación del alcance es dimensionalmente homogénea.

37 Determina la celeridad inicial y el ángulo de lanzamiento de un proyectil que, lanzado desde el suelo, alcanza una altura máxima de 3 m e impacta a los 10 m del punto de lanzamiento.

38 Un cañón puede disparar balas de diferente masa. En ausencia de rozamiento, ¿llegarán más lejos las más ligeras? Razona tu respuesta y compruébalo en el laboratorio virtual con el que has trabajado en la sección TIC de esta unidad.

Ciencia, tecnología y sociedad

Sistemas de geolocalización

Para localizar un objeto en el plano (dos dimensiones) se necesitan dos coordenadas; si es en el espacio (tres dimensiones), se necesitan tres. Pero no siempre se utilizan las coordenadas cartesianas, basadas en las distancias al origen en cada uno de los ejes.

En los sistemas de coordenadas esféricas, la localización se proporciona mediante dos ángulos y la distancia al origen. Es el sistema utilizado por la localización GPS, que considera el origen en el centro de la Tierra y proporciona la latitud, la longitud y la altura respecto del nivel del mar.

En los sistemas de coordenadas cilíndricas, la ubicación viene dada por dos distancias y un ángulo. Es el sistema utilizado para la localización de aeronaves cuando se encuentran cerca del lugar de aterrizaje. También se utiliza para el tráfico marítimo, aunque en este caso basta con un ángulo y una distancia.

Según nuestras necesidades, se elige el sistema de localización más adecuado.

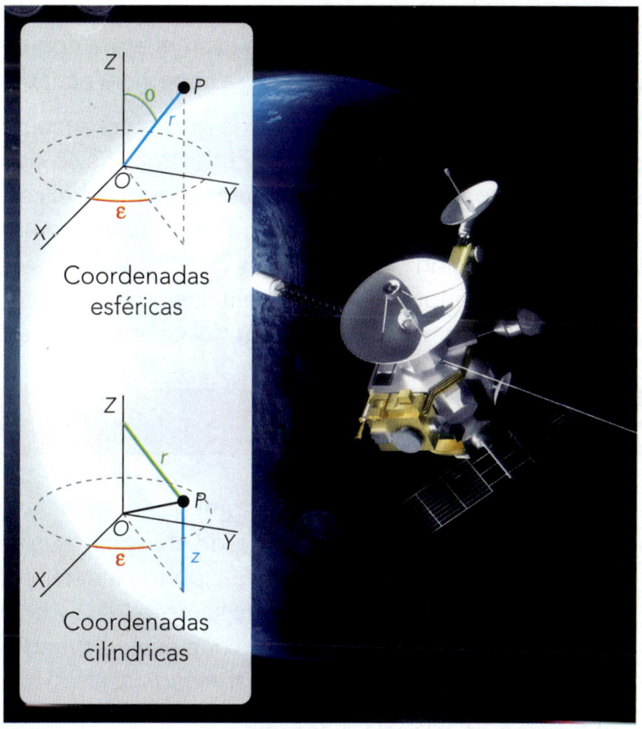

El GPS (*Global Positioning System*) funciona con 24 satélites de producción estadounidense que orbitan la Tierra. Elabora un informe sobre el modo en que opera, y sobre el proyecto Galileo de la Agencia Espacial Europea (ESA).

8

CINEMÁTICA. MOVIMIENTOS CIRCULARES Y OSCILATORIOS

El mar y el movimiento

La humanidad siempre ha sentido la necesidad de moverse y de transportar sus pertenencias consigo. Desde que esto se hacía andando en la prehistoria hasta los vehículos sin conductor en la actualidad, la rueda y el movimiento circular han sido claves en estos avances.

Quizás, el lugar más desconocido en el que se produce este movimiento es en el mar, pues en superficie solo se ve un avance rectilíneo con sus cambios a babor o estribor. Pero son las hélices y las turbinas con su movimiento circular las que provocan que la embarcación pueda desplazarse de esa manera. Los giros de estas paletas a gran velocidad son los que desplazan el agua con fuerza y nos hacen sentir que nos deslizamos por la superficie acuática.

Sin embargo, este transporte ha traído graves consecuencias medioambientales y de saturación turística. El destrozo físico de hábitats subacuáticos y la aparición de ruido causado por las hélices de los barcos han cambiado las condiciones de vida de muchos seres vivos. Por otro lado, la masificación del turismo en poblaciones costeras no solo incrementa el deterioro medioambiental, sino que además obliga a los lugareños a buscar otros hogares por el colapso de las ciudades.

COMPROMISO ODS

ODS

1 Muchos animales acuáticos se comunican, cazan y se guían en sus movimientos por la reproducción de chasquidos, silbidos o sonidos característicos. ¿Cómo pensáis que puede afectarles la aparición de este ruido de hélices? A partir de la **meta 14.2** y la **meta 14.4**, buscad información sobre proyectos que estén llevando a cabo organizaciones, como la UNESCO, y expresad vuestras opiniones.

2 El turismo ha pasado a ser una actividad que, en mayor o menor medida, podemos disfrutar. Pero, en muchos casos produce un malestar allí donde se practica. Teniendo en cuenta la **meta 12.b**, pensad en qué medidas a nivel familiar y grupal se pueden tomar para que el turismo no sea perjudicial para el entorno.

Antes de empezar a estudiar esta unidad, consulta la presentación «Qué necesitas saber» en anayaeducacion.es.

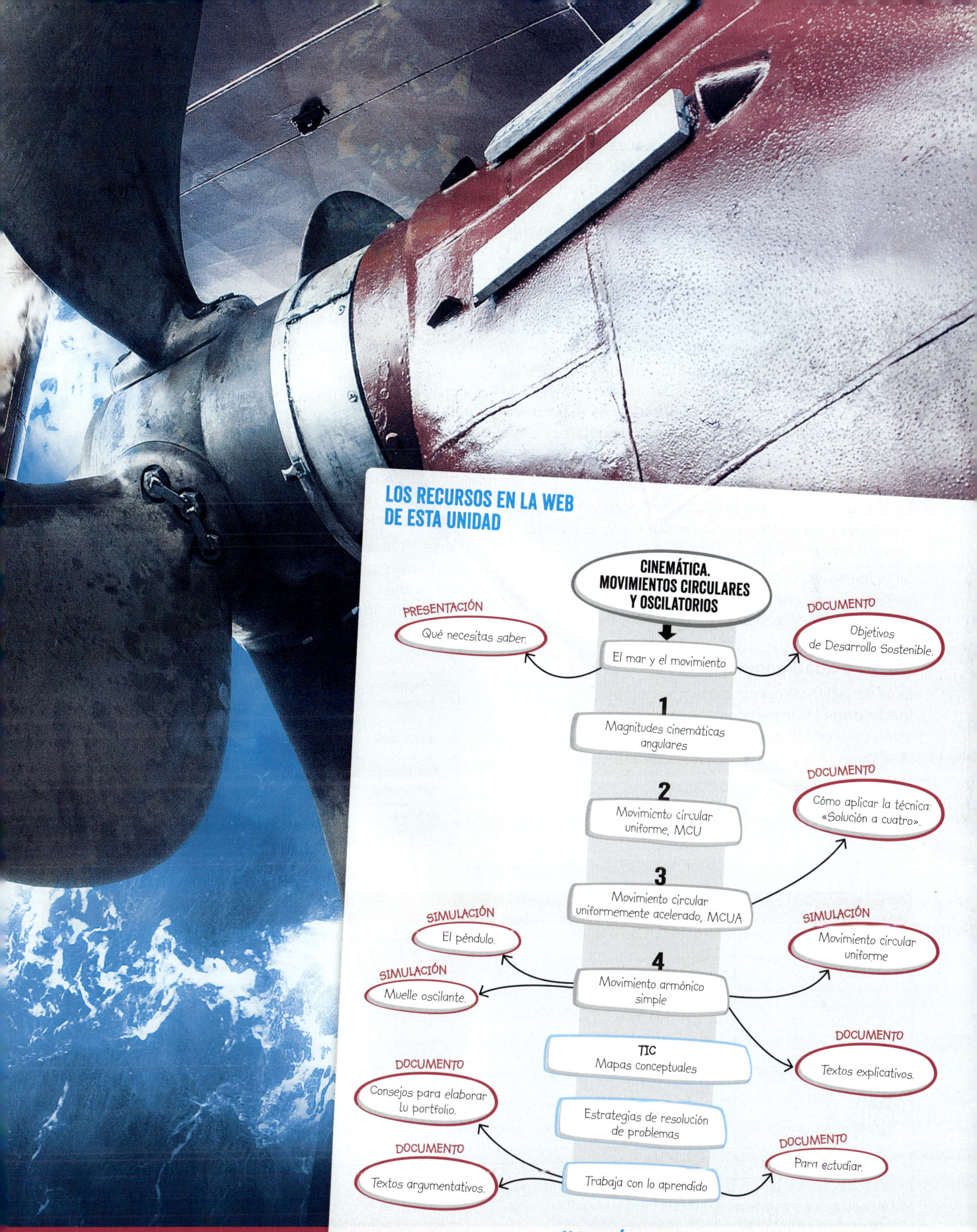

LOS RECURSOS EN LA WEB DE ESTA UNIDAD

CINEMÁTICA. MOVIMIENTOS CIRCULARES Y OSCILATORIOS

El mar y el movimiento
- PRESENTACIÓN: Qué necesitas saber.
- DOCUMENTO: Objetivos de Desarrollo Sostenible.

1 Magnitudes cinemáticas angulares

2 Movimiento circular uniforme, MCU

3 Movimiento circular uniformemente acelerado, MCUA
- DOCUMENTO: Cómo aplicar la técnica: «Solución a cuatro».

4 Movimiento armónico simple
- SIMULACIÓN: El péndulo.
- SIMULACIÓN: Muelle oscilante.
- SIMULACIÓN: Movimiento circular uniforme
- DOCUMENTO: Textos explicativos.

TIC
Mapas conceptuales

Estrategias de resolución de problemas

Trabaja con lo aprendido
- DOCUMENTO: Consejos para elaborar tu portfolio.
- DOCUMENTO: Textos argumentativos.
- DOCUMENTO: Para estudiar.

Y ADEMÁS... Soluciones de todas las actividades numéricas

1
MAGNITUDES CINEMÁTICAS ANGULARES

Los movimientos circulares son aquellos en los que **el móvil describe una circunferencia.** Si se sitúa el origen del sistema de referencia en el centro de la trayectoria, el módulo del vector posición es constante y coincide con el radio. En función de sus componentes cartesianas, $\vec{r}$ se puede expresar como sigue (figura inferior):

$$\vec{r} = x \cdot \vec{i} + y \cdot \vec{j} = R \cdot \cos\phi \cdot \vec{i} + R \cdot \text{sen}\,\phi \cdot \vec{j}$$

Por tanto, conocido el radio de la trayectoria, todas las magnitudes cinemáticas quedan definidas por el valor de ϕ en cada instante. Aunque su estudio, como el de cualquier movimiento, se puede desarrollar utilizando las magnitudes vistas en la **unidad anterior, es más conveniente abordarlo con las magnitudes angulares.**

1.1. Posición angular (ϕ)

Es el ángulo que forma el vector posición con el semieje *X* positivo (figura inferior). Como varía con el tiempo, en general será $\phi = \phi\,(t)$.

Su unidad SI es el **radián** (rad), que se define como el ángulo cuyo arco coincide con el radio de la circunferencia (figura inferior derecha).

1.2. Velocidad angular (ω)

Es la variación temporal de la posición angular. Su valor medio entre los instantes t_1 y t_2 se define como:

$$\omega_m = \frac{\Delta\phi}{\Delta t} = \frac{\phi_2 - \phi_1}{t_2 - t_1} \quad ; \quad [\omega_m] = T^{-1}$$

Su valor instantáneo vendrá dado por:

$$\omega = \lim_{\Delta t \to 0} \frac{\Delta\phi}{\Delta t} = \frac{d\phi}{dt} \quad ; \quad [\omega] = T^{-1}$$

En general, $\omega = \omega\,(t)$. Su unidad en el SI es el rad/s, aunque con frecuencia se utilizan las revoluciones (o vueltas) por minuto (rpm):

$$1 \text{ rpm} = \frac{2 \cdot \pi \text{ rad}}{60 \text{ s}}$$

1.3. Aceleración angular (α)

Es la variación temporal de la velocidad angular. Entre dos instantes, t_1 y t_2, su valor medio viene dado por:

$$\alpha_m = \frac{\Delta\omega}{\Delta t} = \frac{\omega_2 - \omega_1}{t_2 - t_1} \quad ; \quad [\alpha_m] = T^{-2}$$

Siendo su valor instantáneo:

$$\alpha = \lim_{\Delta t \to 0} \frac{\Delta\omega}{\Delta t} = \frac{d\omega}{dt} \quad ; \quad [\alpha] = T^{-2}$$

En general, $\alpha = \alpha\,(t)$. Su unidad SI es el rad/s^2.

1.4. Relación con las magnitudes lineales

Si se sitúa el origen de espacios, *O'*, en la intersección de la trayectoria con el semieje *X* positivo (figura inferior izquierda), la relación entre las magnitudes angulares y las magnitudes lineales es:

	Magnitud lineal	Relación	Magnitud angular
Espacio recorrido	Δs	$\Delta s = \Delta\phi \cdot R$	$\Delta\phi$
Velocidad	v	$v = \omega \cdot R$	ω
Aceleración tangencial	a_t	$a_t = \alpha \cdot R$	α
Aceleración normal	a_n	$a_n = \omega^2 \cdot R$	–

Magnitudes angulares, radianes y grados

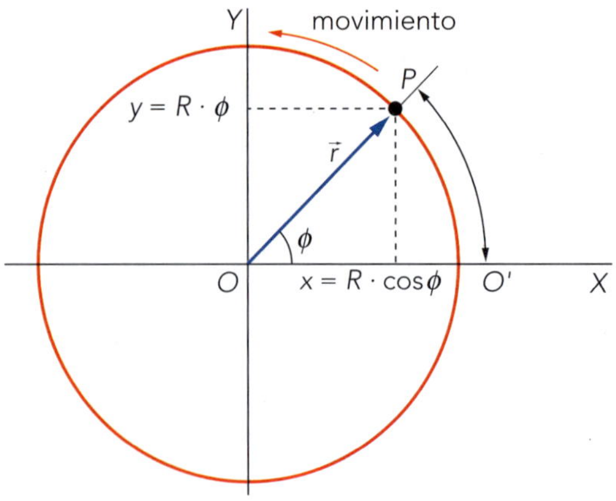

El ángulo que corresponde a una revolución, o vuelta completa, es de $2 \cdot \pi$ rad, y 1 rad = 57,3°; ¿sabrías justificarlo?

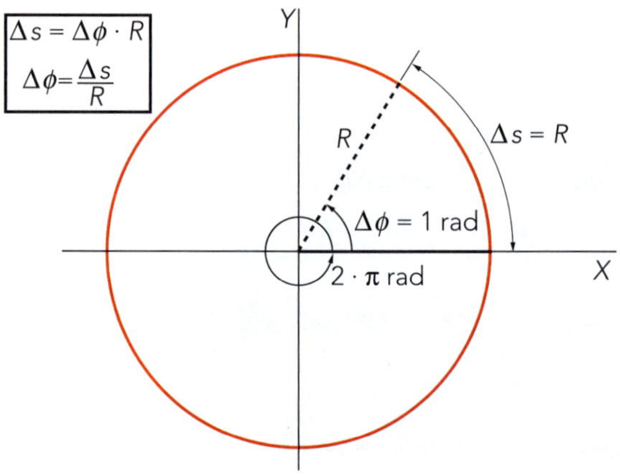

El radián es la unidad del SI para ángulo plano, que es una magnitud **adimensional.**

2 MOVIMIENTO CIRCULAR UNIFORME, MCU

El MCU es aquel en el que el móvil recorre una **circunferencia** con **celeridad constante;** entonces:

$$a_t = 0 \quad ; \quad a_n = \frac{v^2}{R} = \omega^2 \cdot R = \text{cte}$$

2.1. Ecuaciones y gráficas

Al ser nula la componente tangencial de la aceleración, también lo es la aceleración angular. Por tanto, la velocidad angular es constante, e igual en cada instante a la velocidad angular media.

Tomando el origen de tiempos en $t_0 = 0$, para cualquier instante posterior t se cumple:

$$\omega = \omega_m = \frac{\Delta\phi}{\Delta t} = \frac{\phi - \phi_0}{t} \rightarrow \boxed{\phi = \phi_0 + \omega \cdot t}$$

Las ecuaciones y las gráficas del MCU son equivalentes a las del MRU, pero utilizando magnitudes angulares.

2.2. Período y frecuencia

El MCU es un **movimiento periódico,** pues presenta las mismas características cada cierto intervalo de tiempo; por ello, para él se definen dos nuevas magnitudes:

- **Período (T).** Es el tiempo que tarda el móvil en completar una vuelta. En el SI se mide en segundos.
- **Frecuencia (f).** Es el número de vueltas que completa en la unidad de tiempo. Se trata, pues, de la inversa del período ($f = 1/T$). En el SI se mide en s^{-1}, unidad que recibe el nombre de hercio (Hz).

Como en un período (T) el móvil recorre una vuelta completa ($2 \cdot \pi$ rad), podemos establecer las siguientes relaciones:

$$\omega = \frac{\Delta\phi}{\Delta t} = \frac{2 \cdot \pi}{T} = 2 \cdot \pi \cdot f$$

Ejercicio resuelto

1 El período de traslación de la Luna en su movimiento alrededor de la Tierra es de 27,3 días. Si la distancia media entre ambos astros es de 385 000 km, calcula la velocidad angular y la velocidad lineal del satélite; el ángulo barrido y el espacio recorrido en un día, y la aceleración del movimiento.

Solución

Como $T = 27{,}3$ días $= 2{,}36 \cdot 10^6$ s:

$$\omega = \frac{2 \cdot \pi}{T} = 2{,}66 \cdot 10^{-6} \text{ rad/s} \rightarrow v = \omega \cdot R = 1{,}03 \cdot 10^3 \text{ m/s}$$

Tomamos $s_0 = 0$ y $\phi_0 = 0$. En $t = 1$ día $= 86\,400$ s:

$$\phi = \omega \cdot t = 0{,}23 \text{ rad} \rightarrow \Delta s = \phi \cdot R = 8{,}85 \cdot 10^7 \text{ m}$$

Al ser un MCU:

$$a_t = 0 \; ; \; a_n = \frac{v^2}{R} = \omega^2 \cdot R = 2{,}76 \cdot 10^{-3} \text{ m/s}^2$$

Ejercicios

1 La ecuación vectorial del MCU es:

$$\vec{r}\,(t) = R \cdot [\cos(\omega \cdot t) \cdot \vec{i} + \text{sen}\,(\omega \cdot t) \cdot \vec{j}\,]$$

con ω constante. Obtén los vectores velocidad y aceleración, y sus módulos.

2 **Folio giratorio en grupo.** Un móvil describe un MCU de 30 cm de radio a 10 m/s. Calcula:

a) La velocidad angular (en rad/s y rpm).

b) El período y la frecuencia.

c) El número de vueltas que da en 15 minutos.

d) La aceleración.

Gráficas del MCU

Gráfica ϕ-t

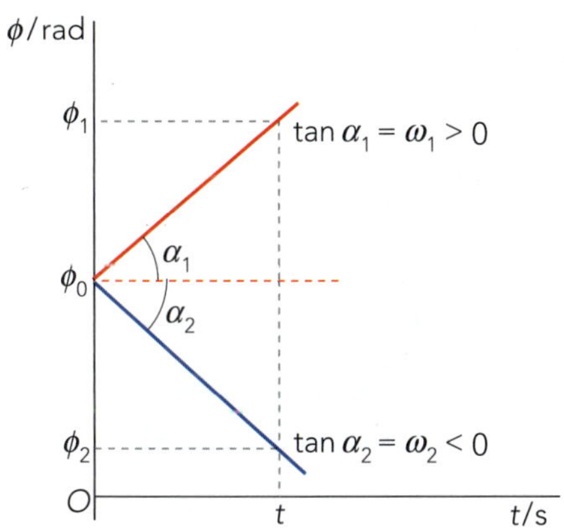

Gráfica ω-t

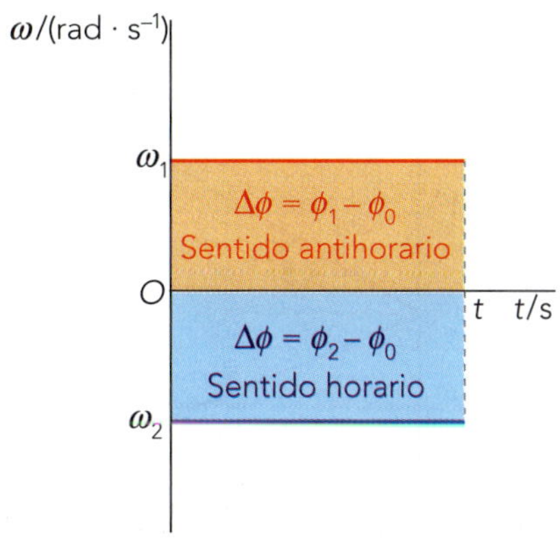

Gráfica α-t

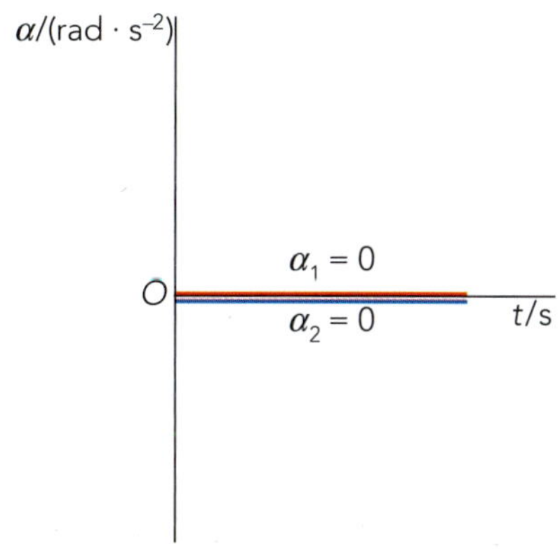

MOVIMIENTO CIRCULAR UNIFORMEMENTE ACELERADO, MCUA

En el movimiento circular uniformemente acelerado (MCUA), el móvil recorre una **circunferencia** con **aceleración angular constante;** entonces:

$$a_t = \alpha \cdot R = \text{cte}$$

$$a_n = \omega^2 \cdot R \neq \text{cte}$$

En estos movimientos no tiene sentido hablar de período ni de frecuencia, pues el tiempo en completar una vuelta no es siempre el mismo.

3.1. Ecuaciones y gráficas

La aceleración angular, al ser constante, coincidirá con la aceleración angular media de cualquier intervalo. Si tomamos el origen de tiempos en $t_0 = 0$:

$$\alpha = \alpha_m = \frac{\Delta\omega}{\Delta t} = \frac{\omega - \omega_0}{t} \rightarrow \boxed{\omega = \omega_0 + \alpha \cdot t}$$

Recuerda que en el MRUA el espacio recorrido se obtenía calculando el área bajo la línea *v-t*. En este caso se procede del mismo modo, pero con la gráfica *ω-t*. Se obtiene así la expresión para la posición angular:

$$\boxed{\phi = \phi_0 + \omega_0 \cdot t + \frac{1}{2} \cdot \alpha \cdot t^2}$$

En las figuras inferiores se representan las ecuaciones y las gráficas del MCUA. Como puedes observar, son equivalentes a las del MRUA, pero con magnitudes angulares.

Las expresiones de las magnitudes lineales en el MCUA son:

$$s = \phi \cdot R = s_0 + v_0 \cdot t + \frac{1}{2} \cdot a_t \cdot t^2$$

$$v = \omega \cdot R = v_0 + a_t \cdot t$$

Ejercicio resuelto

2 A partir de las ecuaciones del MCUA, obtén la expresión matemática que relaciona la velocidad angular con el ángulo barrido. ¿Cuál sería su equivalente para el MRUA?

Solución

Si despejamos el tiempo de la ecuación de la velocidad angular y lo sustituimos en la de la posición angular:

$$t = \frac{\omega - \omega_0}{\alpha} \rightarrow \phi - \phi_0 = \omega_0 \cdot \frac{\omega - \omega_0}{\alpha} + \frac{1}{2} \cdot \alpha \cdot \left(\frac{\omega - \omega_0}{\alpha}\right)^2 =$$

$$= \frac{\omega_0 \cdot (\omega - \omega_0)}{\alpha} + \frac{(\omega - \omega_0)^2}{2 \cdot \alpha} \rightarrow$$

$$\rightarrow \phi - \phi_0 = \frac{2 \cdot \omega \cdot \omega_0 - 2 \cdot \omega_0^2 + \omega^2 + \omega_0^2 - 2 \cdot \omega \cdot \omega_0}{2 \cdot \alpha}$$

Finalmente, se obtiene:

$$\phi - \phi_0 = \frac{\omega^2 - \omega_0^2}{2 \cdot \alpha}$$

Por tanto, la ecuación que relaciona las magnitudes pedidas es:

$$\omega^2 - \omega_0^2 = 2 \cdot \alpha \cdot (\phi - \phi_0)$$

Vista la equivalencia de expresiones entre los movimientos circulares y los rectilíneos, la equivalente para el MRUA es:

$$v^2 - v_0^2 = 2 \cdot a \cdot (s - s_0)$$

Lo que se plantea en este ejercicio es una técnica habitual en física: partir de ecuaciones generales para obtener relaciones concretas entre magnitudes. Es un proceso matemático al que te debes acostumbrar.

Gráficas del MCUA

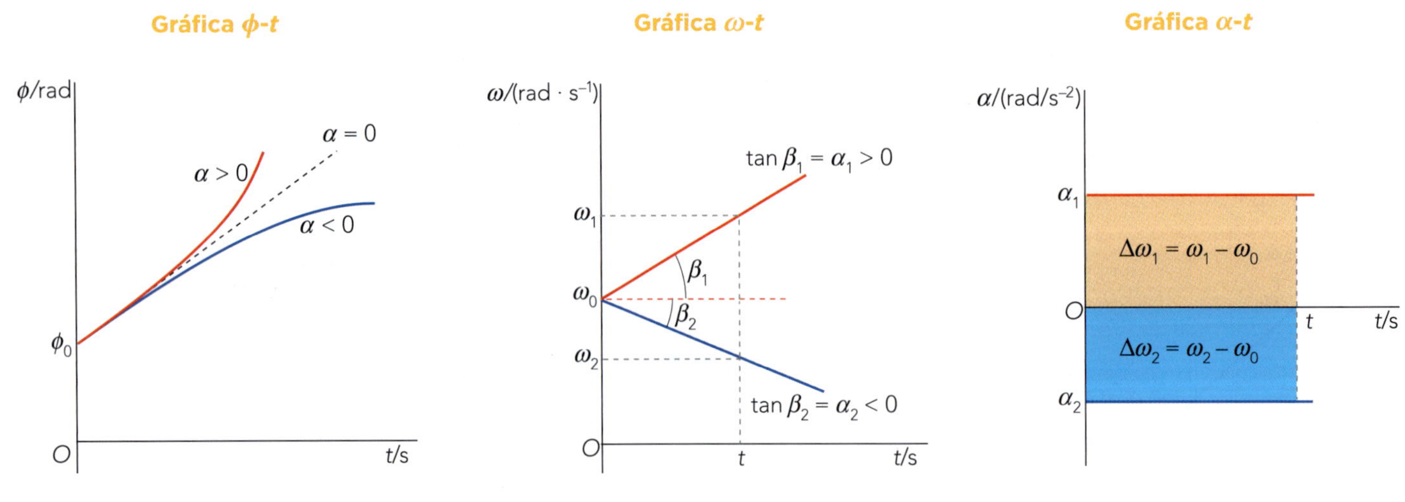

Ejercicio resuelto

3 Un tiovivo de 10 m de radio gira a 6 rpm. Cuando se apaga el motor, tarda 12 s en pararse. Calcula:

a) La velocidad angular inicial en rad/s.

b) La aceleración angular de parada, supuesta constante.

c) El número de vueltas que da hasta detenerse, desde que se apaga el motor.

d) El espacio recorrido por un asiento (caballo) que se encuentra a $r = 5$ m del eje de giro durante la parada.

e) Su velocidad lineal a los 10 s de parar el motor.

f) La aceleración tangencial, normal y total de este asiento en ese instante.

Solución

a) La velocidad angular inicial, en rad/s, es:

$$\omega_0 = 6\ \text{rpm} \cdot \frac{2 \cdot \pi\ \text{rad}}{60\ \text{s}} = \boxed{0{,}63\ \text{rad/s}}$$

b) Se trata de un MCUA con velocidad angular inicial $\omega_0 = 0{,}63$ rad/s y final $\omega = 0$. La aceleración angular es, entonces:

$$\alpha = \frac{\omega - \omega_0}{t} = \boxed{-0{,}053\ \text{rad/s}^2}$$

c) El ángulo barrido desde que se apaga el motor es:

$$\Delta\phi = \omega_0 \cdot t + \frac{1}{2} \cdot \alpha \cdot t^2 = 3{,}78\ \text{rad}$$

Si llamamos N al número de vueltas, se obtiene:

$$N = 3{,}78\ \text{rad} \cdot \frac{1\ \text{vuelta}}{2 \cdot \pi \cdot \text{rad}} = \boxed{0{,}6\ \text{vueltas}}$$

d) El espacio recorrido por el asiento que está a 5 m del eje de giro es: $\Delta s = \Delta\phi \cdot r = 3{,}78 \cdot 5 = \boxed{18{,}9\ \text{m}}$.

e) La velocidad lineal se obtiene a partir de la velocidad angular. Para $t = 10$ s, su valor es:

$$v = \omega \cdot r = (\omega_0 + \alpha \cdot t) \cdot r$$

$$v = (0{,}63 - 0{,}053 \cdot 10) \cdot 5 = \boxed{0{,}5\ \text{m/s}}$$

f) La aceleración tangencial es:

$$a_t = \alpha \cdot r = -0{,}053 \cdot 5 = \boxed{-0{,}27\ \text{m/s}^2}\ \text{(constante)}$$

La aceleración normal a los 10 s se calcula a partir de la velocidad en ese instante:

$$a_n = \omega^2 \cdot r = \frac{v^2}{r} = \frac{0{,}5^2}{5} = \boxed{0{,}05\ \text{m/s}^2}$$

A partir de las componentes intrínsecas se calcula el módulo del vector aceleración:

$$\vec{a} = -0{,}27 \cdot \vec{\tau} + 0{,}05 \cdot \vec{n} \rightarrow a = \sqrt{a_t^2 + a_n^2}$$

$$a = \sqrt{(-0{,}27)^2 + 0{,}05^2} = \boxed{0{,}27\ \text{m/s}^2}$$

Ejercicios

3 Justifica la equivalencia entre rpm y rad/s.

4 **Solución a cuatro.** La velocidad angular de un disco disminuye uniformemente de 700 rpm a 500 rpm en 7 s. Calcula:

a) Su aceleración angular.

b) El número de vueltas que da en ese tiempo.

c) El tiempo necesario para que, desde este momento, el disco se detenga.

5 La velocidad de una rueda de 40 cm de diámetro pasa de 240 rpm a 480 rpm en 10 s. Si ha estado sometida a una aceleración constante, calcula el valor de sus aceleraciones angular y tangencial.

6 Una partícula describe una circunferencia de 25 cm de radio, aumentando su celeridad de forma constante. En un punto *A* de la trayectoria, la velocidad es de 1 m/s, y en otro, *B*, de 2 m/s.

Si el tiempo que tarda en llegar de *A* a *B* es de 0,5 s, determina el módulo, la dirección y el sentido del vector aceleración en el punto *A*.

7 Dos móviles, *A* y *B*, inicialmente en reposo, se encuentran, respectivamente, en las posiciones $(-R, 0)$ y $(R, 0)$. Simultáneamente comienzan a recorrer una circunferencia de radio *R*, haciéndolo *A* en sentido horario y aceleración angular α_1, y *B* en sentido antihorario con aceleración angular α_2:

a) ¿Qué relación debe haber entre α_1 y α_2 para que se encuentren en un punto *P*, cuyo vector posición forma un ángulo de 30° con el semieje positivo *X*?

b) ¿Qué velocidad lineal tendrá cada móvil en ese instante, si $\alpha_1 = 0{,}5$ rad/s²?

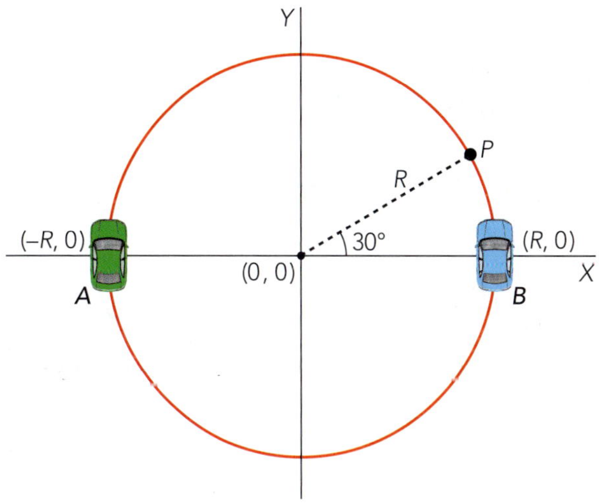

4.1. Movimiento oscilatorio

El **movimiento oscilatorio,** o **vibratorio,** es el movimiento periódico que describe una partícula cuando, sobre una misma trayectoria, se mueve alternativamente en un sentido y en otro respecto de un punto central.

Normalmente se suele reservar el término «vibratorio» para movimientos de períodos pequeños. Así, se habla de las «oscilaciones» del péndulo de un reloj, o las de una masa sujeta a un muelle, y de las «vibraciones» de los átomos de una red cristalina. Es habitual que los objetos grandes «oscilen» y los pequeños «vibren». Cuando no se busca esta diferenciación se habla, en general, de movimientos oscilatorios.

Una característica de algunos movimientos oscilatorios es la de poder expresarlos mediante una combinación matemática de funciones seno y coseno. Estas funciones reciben el calificativo de «armónicas», por lo que estos movimientos también se denominan **movimientos armónicos.**

4.2. Movimiento armónico simple (MAS)

El movimiento oscilatorio más importante es el **movimiento armónico simple** (MAS), no solo por su simplicidad matemática, sino también por representar un modelo muy aproximado para muchos sistemas físicos.

Se dice que una partícula que se mueve sobre una recta (por ejemplo, el eje *X*) describe un MAS centrado en el punto *O*, origen del sistema de referencia, cuando su posición respecto a dicho punto viene expresada en función del tiempo por (ver figura inferior):

$$\boxed{x(t) = A \cdot \text{sen}(\omega \cdot t + \phi_0)}$$

donde A, ω y ϕ_0 son constantes. A continuación, veremos cómo se definen estas y otras magnitudes del MAS.

Magnitudes del MAS

Para describir un MAS utilizamos las siguientes magnitudes:

- **Elongación (x).** Es la posición del móvil en cualquier instante. En el SI se expresa en metros ($[x] = L$).
- **Amplitud (A).** Como la función seno puede tomar todos los valores entre –1 y 1, la elongación estará comprendida entre $-A$ y $+A$. La amplitud es, pues, el valor absoluto de la elongación máxima ($[A] = L$).
- **Fase (ϕ).** El ángulo $\phi = \omega \cdot t + \phi_0$ recibe el nombre de fase del MAS. En el SI se expresa en radianes.
- **Fase inicial (ϕ_0).** Es el valor de la fase para $t = 0$. En el SI se expresa en radianes. Si empezamos a estudiar el movimiento cuando $x = 0$, será $\phi_0 = 0$ o $\phi_0 = \pi$ (según el móvil vaya hacia la derecha o hacia la izquierda, respectivamente). Sin embargo, si hacemos $t = 0$ cuando $x = +A$, la fase inicial será $\phi_0 = \pi/2$.
- **Período (T).** Es el tiempo que emplea el móvil en dar una oscilación completa ($[T] = T$). Dado que el período de la función seno es $2 \cdot \pi$, el período del MAS se puede calcular teniendo en cuenta que la fase en el instante $t + T$ debe superar en $2 \cdot \pi$ a la fase en el instante t:

$$[\omega \cdot (t + T) + \phi_0] - (\omega \cdot t + \phi_0) = \omega \cdot T = 2 \cdot \pi \rightarrow T = \frac{2 \cdot \pi}{\omega}$$

- **Frecuencia (f).** Es el número de oscilaciones que se completan por unidad de tiempo. Se trata, obviamente, de la inversa del período: $f = 1/T$. Su unidad, en el SI, es el hercio ($[f] = T^{-1}$).
- **Frecuencia angular (ω).** En el SI se expresa, como la velocidad angular, en rad/s ($[\omega] = T^{-1}$). De las expresiones anteriores, $\omega = (2 \cdot \pi)/T = 2 \cdot \pi \cdot f$.

El MAS se puede expresar con la función seno o con la función coseno, ya que $\cos \alpha = \text{sen}(\alpha + \pi/2)$.

MAS

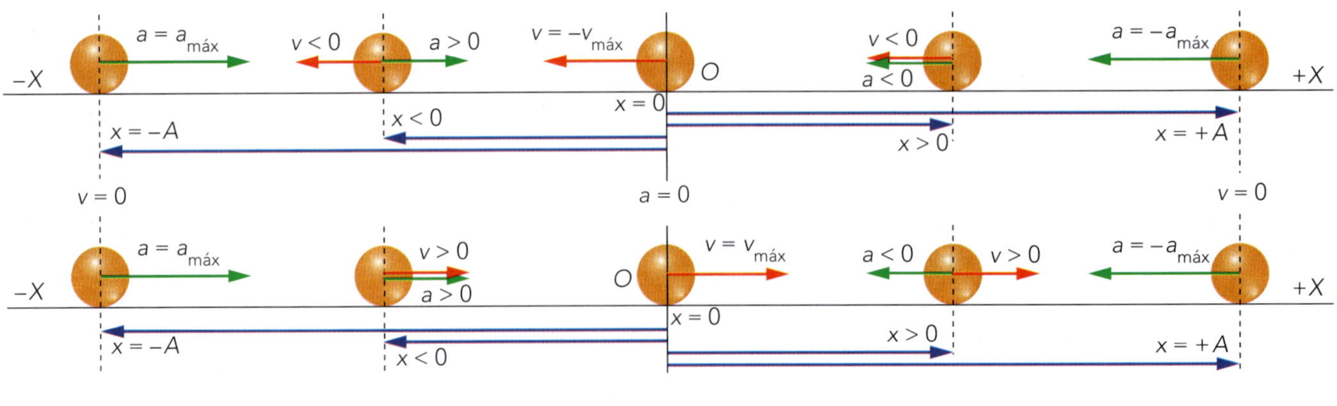

$x = A \cdot \text{sen}(\omega \cdot t + \phi_0)$

En **anayaeducacion.es** podrás observar las magnitudes del MAS en un péndulo y un muelle oscilante.

4.3. Cinemática del MAS

Consideremos una partícula que describe un MAS de ecuación:

$$x\,(t) = A \cdot \text{sen}\,(\omega \cdot t + \phi_0)$$

La velocidad se obtiene a partir de su definición:

$$v\,(t) = \frac{dx\,(t)}{dt} = A \cdot \omega \cdot \cos\,(\omega \cdot t + \phi_0)$$

Como los valores del coseno (y del seno) oscilan entre –1 y 1, la velocidad lo hará entre $-A \cdot \omega$ y $+A \cdot \omega$; por tanto:

$$|\,v_{máx}\,| = A \cdot \omega$$

Además, en los instantes en que $\cos \phi = \pm 1$, $\text{sen}\ \phi = 0$. Por tanto, la velocidad se hace máxima en $x = 0$ y se anula en $x = \pm A$. Será positiva cuando el cuerpo se desplace hacia el semieje X positivo, y negativa al contrario.

La velocidad y la elongación en el MAS se relacionan mediante la expresión (ver ejercicio resuelto 5):

$$v = \omega \cdot \sqrt{A^2 - x^2}$$

Finalmente, para la aceleración se obtiene:

$$a\,(t) = \frac{dv\,(t)}{dt} = -A \cdot \omega^2 \cdot \text{sen}\,(\omega \cdot t + \phi_0)$$

El valor máximo de la aceleración es:

$$|\,a_{máx}\,| = A \cdot \omega^2$$

Este valor se alcanza en los extremos del movimiento, pues cuando *sen* $\phi = \pm 1$, $x = \pm A$. Además, siempre es proporcional, pero de sentido contrario, a la elongación:

$$a = -\omega^2 \cdot x$$

Cuando $x = 0$, $a = 0$, por lo que al punto O se lo llama **posición de equilibrio.** En la figura se representan las gráficas *x-t*, *v-t* y *a-t* del MAS en función del tiempo.

Ejercicio resuelto

4 Una pelota bota repetidamente sobre un suelo horizontal, y en cada rebote alcanza la altura *h:*

a) Este movimiento, ¿es periódico? En caso afirmativo, calcula el período.

b) ¿Se trata de un MAS?

Solución

a) Se trata de un movimiento periódico, pues presenta las mismas características cada cierto intervalo de tiempo constante, por ejemplo, el comprendido entre dos contactos consecutivos con el suelo.

El movimiento descrito es una sucesión de caídas libres desde la altura h sin velocidad inicial, y lanzamientos verticales ascendentes hasta la misma altura. En cada bote, la velocidad final de la caída es, en módulo, la inicial de la ascensión. El tiempo que tarda la pelota en llegar al suelo desde la altura h es:

$$t = \sqrt{2 \cdot h/g}$$

que es el mismo tiempo que invertirá en volver a alcanzar la altura h. Por tanto, el período del movimiento será el doble de este tiempo:

$$T = 2 \cdot \sqrt{2 \cdot h/g}$$

b) Es un movimiento periódico, pero no un MAS. Los argumentos son varios. Por ejemplo, en este caso la velocidad máxima se alcanza en el suelo, y se anula en h (en un MAS la velocidad máxima se alcanza en la posición de equilibrio y se anula en los extremos). Tampoco la aceleración cambia de sentido (siempre es $-g$), ni existe un punto en el que se anule, como sucede en el MAS. Por último, en las ecuaciones que describen el movimiento de la pelota no aparecen funciones armónicas.

Posición, velocidad y aceleración del MAS en función del tiempo

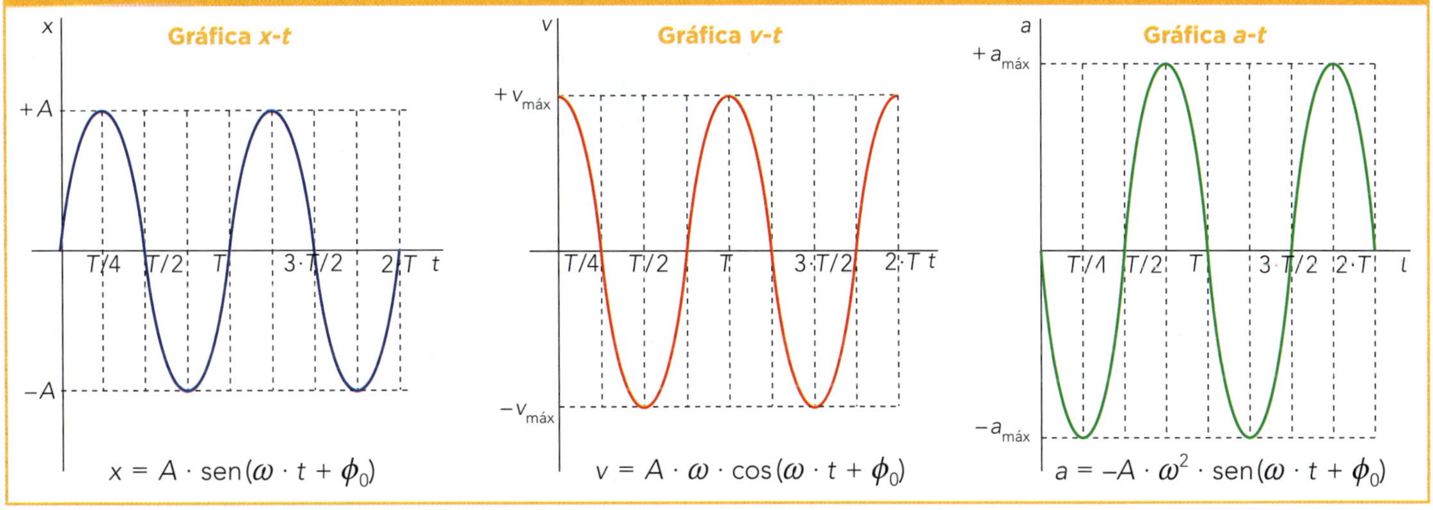

Ejercicios resueltos

5 Encuentra la expresión que relaciona, en un MAS, la velocidad con la elongación.

Solución

Las expresiones de las magnitudes a relacionar son:

$$x(t) = A \cdot \text{sen}\,(\omega \cdot t + \phi_0)$$

$$v(t) = A \cdot \omega \cdot \cos\,(\omega \cdot t + \phi_0)$$

Como $\text{sen}^2\,\alpha + \cos^2\,\alpha = 1$, podemos escribir:

$$v^2 = A^2 \cdot \omega^2 \cdot \cos^2\,(\omega \cdot t + \phi) = A^2 \cdot \omega^2 \cdot [1 - \text{sen}^2\,(\omega \cdot t + \phi_0)] =$$

$$= \omega^2 \cdot [A^2 - A^2 \cdot \text{sen}^2\,(\omega \cdot t + \phi_0)] = \omega^2 \cdot (A^2 - x^2)$$

Por tanto, la expresión que relaciona ambas magnitudes es:

$$\boxed{v = \omega \cdot \sqrt{A^2 - x^2}}$$

6 Un punto material oscila con MAS de amplitud 2 cm y frecuencia 10 Hz. Calcula la velocidad y la aceleración en el instante $t = 0{,}25$ s. ¿Qué valores máximos pueden alcanzar ambas magnitudes? Supón la fase inicial nula.

Solución

Según indica el enunciado:

$$A = 2\text{ cm} \;\; ; \;\; \omega = 2 \cdot \pi \cdot f = 20 \cdot \pi\text{ rad/s}$$

Por tanto, la ecuación del MAS es:

$$x = 2 \cdot \text{sen}\,(20 \cdot \pi \cdot t)\text{ cm}$$

Derivando respecto del tiempo:

$$v = 40 \cdot \pi \cdot \cos\,(20 \cdot \pi \cdot t) = 20 \cdot \pi \cdot \sqrt{4 - x^2}\text{ cm/s}$$

$$a = -800 \cdot \pi^2 \cdot sen\,(20 \cdot \pi \cdot t) = -400 \cdot \pi^2 \cdot x\text{ cm/s}^2$$

Para $t = 0{,}25$ s, $\text{sen}\,(5 \cdot \pi) = 0$, $\cos\,(5 \cdot \pi) = -1$; entonces:

$$x = 0 \;\; ; \;\; v = \boxed{v = -40 \cdot \pi\text{ cm/s}} \;\; ; \;\; \boxed{a = 0}$$

En $t = 0{,}25$ s se encuentra en la posición de equilibrio, en su recorrido hacia la izquierda.

Los valores máximos de las magnitudes son:

$$\boxed{v_{máx} = \pm 40 \cdot \pi\text{ cm/s}} \;\; ; \;\; \boxed{a_{máx} = \pm 800 \cdot \pi^2\text{ cm/s}^2}$$

7 La aceleración de un MAS es, en cm/s^2, $a = -16 \cdot \pi^2 \cdot x$ y la amplitud del movimiento, $A = 4$ cm. Se ha empezado a estudiar el movimiento cuando la aceleración adquiere su valor absoluto máximo en los desplazamientos positivos. Determina:

a) Las ecuaciones del movimiento.

b) La velocidad y aceleración máximas.

c) La velocidad y la aceleración cuando la elongación es la mitad de la amplitud.

Solución

a) De acuerdo con el enunciado:

$$a = -16 \cdot \pi^2 \cdot x = -\omega^2 \cdot x$$

resulta que:

$$\omega = 4 \cdot \pi\text{ rad/s}$$

Del enunciado se deduce también que cuando $t = 0$ la posición es $x = +A$, ya que la aceleración máxima se da en los extremos del movimiento. Con este dato podemos calcular, además, el valor de la fase inicial, ya que, de acuerdo con la ecuación general del MAS:

$$x\,(t) = A \cdot \text{sen}\,(\omega \cdot t + \phi) \rightarrow x\,(t = 0) = A = A \cdot \text{sen}\,\phi_0 \rightarrow$$

$$\rightarrow \text{sen}\,\phi_0 = 1 \rightarrow \phi_0 = \frac{\pi}{2}\text{ rad}$$

Con estos datos, las ecuaciones del movimiento son:

$$x = 4 \cdot \text{sen}\left(4 \cdot \pi \cdot t + \frac{\pi}{2}\right) = 4 \cdot \cos\,(4 \cdot \pi \cdot t)\text{ cm}$$

$$v = -16 \cdot \pi \cdot \text{sen}\,(4 \cdot \pi \cdot t) = -4 \cdot \pi \cdot \sqrt{16 - x^2}\text{ cm/s}$$

$$a = -64 \cdot \pi^2 \cdot \cos\,(4 \cdot \pi \cdot t) = -16 \cdot \pi^2 \cdot x\text{ cm/s}^2$$

b) Los valores máximos de la velocidad y la aceleración son:

$$\boxed{v_{máx} = \pm 16 \cdot \pi\text{ cm/s}} \;\; ; \;\; \boxed{a_{máx} = \pm 64 \cdot \pi^2\text{ cm/s}^2}$$

c) Cuando $x = \dfrac{A}{2} = 2$ cm:

$$v = -4 \cdot \pi \cdot \sqrt{16 - 2^2} = \boxed{-8 \cdot \pi \cdot \sqrt{3}\text{ cm/s}}$$

$$a = -16 \cdot \pi^2 \cdot 2 = \boxed{-32 \cdot \pi^2\text{ cm/s}^2}$$

Ejercicios

8 El movimiento de un oscilador armónico simple, en unidades del SI, viene dado por la expresión:

$$x\,(t) = 0{,}5 \cdot \text{sen}\,(0{,}2 \cdot t)$$

Determina la amplitud, el período y la frecuencia de las oscilaciones. ¿Dónde se encuentra el móvil en $t = 0$?

9 En un MAS la velocidad máxima es 40 m/s, y la aceleración máxima, 45 m/s^2. Calcula la frecuencia y la amplitud de las oscilaciones.

10 Una partícula describe un MAS con un período de 2 s. En el instante inicial se encuentra a 3 cm del origen, acercándose a él a 5 cm/s:

a) Escribe las ecuaciones del movimiento.

b) Calcula la velocidad y aceleración máximas.

c) Determina, para $t = 0{,}5$ s:

I) El valor de la elongación.

II) La velocidad de la partícula.

III) Su aceleración.

4.4. El MAS como proyección del MCU

Un modo simple y útil de generar un MAS es mediante la proyección de un MCU sobre cualquiera de los ejes de un sistema de referencia cartesiano cuyo origen se encuentra en el centro de la circunferencia.

Recuerda que la ecuación vectorial de un MCU que se empieza a estudiar en el punto (*R*, 0) es:

$$\vec{r}\,(t) = R \cdot [\cos(\omega \cdot t) \cdot \vec{i} + \text{sen}\,(\omega \cdot t) \cdot \vec{j}]$$

Por tanto, en cualquiera de las proyecciones sobre los ejes cartesianos se describe un MAS de amplitud *R* (el radio de la circunferencia), frecuencia angular ω (la velocidad angular del MCU) y fase inicial $\phi_0 = 0$:

$$x = R \cdot \cos(\omega \cdot t) \quad ; \quad y = R \cdot \text{sen}\,(\omega \cdot t)$$

En el caso más general, si el estudio del MCU comenzase en una posición angular $\phi_0 \neq 0$, pasado un tiempo *t* su posición angular habría barrido un ángulo $\omega \cdot t$ y sería $\phi = \omega \cdot t + \phi_0$, con lo que las proyecciones cumplirían:

$$x = R \cdot \cos(\omega \cdot t + \phi_0) \quad ; \quad y = R \cdot \text{sen}\,(\omega \cdot t + \phi_0)$$

que son las ecuaciones generales del MAS.

Con esta representación del MAS también se da sentido geométrico a las constantes del movimiento: la elongación es la proyección de la posición del MCU, y la frecuencia angular coincide con la velocidad angular del MCU que genera el MAS.

La velocidad y la aceleración del MAS también son las proyecciones de la velocidad lineal y la aceleración normal del MCU, respectivamente (figura inferior).

Ejercicios

11 Un móvil describe un MCU (R = 0,5 m, f = 0,2 Hz). En $t_0 = 0$ se encuentra en la posición más alta de la circunferencia. Escribe las ecuaciones de los MAS que resultan de las proyecciones sobre los ejes *X* e *Y*, y demuestra que el desfase entre ambos MAS es de $\pi/2$ (cuando en uno de los movimientos una de las magnitudes es máxima, en el otro es cero, y viceversa).

12 Demuestra que el período de un MAS coincide con el del MCU del que procede.

13 Sabiendo que el ángulo plano, expresado en radianes, es una magnitud adimensional, analiza la homogenidad de las ecuaciones del MCU y del MAS.

14 Si proyectamos sobre el eje *X* un MCUA, ¿resulta un MAS? El movimiento, ¿es periódico?

15 Cuando Galileo observó con su telescopio los satélites de Júpiter, describió el movimiento de estos como oscilatorio. ¿Cómo explicarías esto?

En **anayaeducacion.es** puedes encontrar una animación que te ayudará a entender el MAS como proyección de un MCU.

Representación del MAS como proyección de un MCU sobre el eje *X*

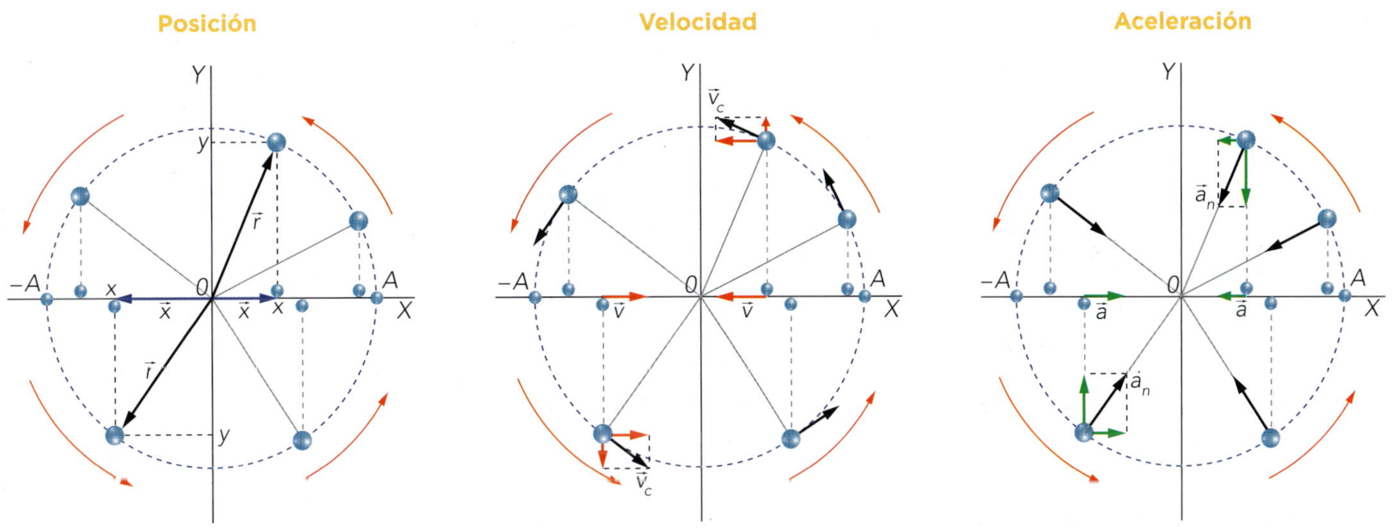

$x = R \cdot \cos(\omega \cdot t + \phi_0)$ $\quad$ $v = -R \cdot \omega \cdot \text{sen}(\omega \cdot t + \phi_0)$ $\quad$ $a = R \cdot \omega^2 \cdot \cos(\omega \cdot t + \phi_0)$

Mapas conceptuales

Los mapas conceptuales son organizadores gráficos del conocimiento. En esencia, son redes de conceptos en las que los nodos son los conceptos en sí, y las líneas que los unen muestran las relaciones entre ellos.

Durante su elaboración puedes constatar si realmente has entendido bien la temática tratada. Se puede considerar, pues, un instrumento para autoevaluar tus conocimientos. Te presentamos a continuación el modo de confeccionarlos.

■ Elementos de un mapa conceptual

En un mapa conceptual podemos encontrar los siguientes elementos:

- **Conceptos.** Son los nodos de la red conceptual, y se representan recuadrados. Lo primero que tenemos que hacer es elaborar un listado de conceptos, que incluya los fundamentales para describir la temática que queramos abordar. No se consideran tales los nombres propios, los verbos, los adjetivos ni las fechas.
- **Palabras-enlace.** Los recuadros que contienen los conceptos se unen mediante líneas sobre las cuales se expresan las relaciones entre ellos. Los términos que definen esta relación se llaman palabras enlace.
- **Proposiciones.** Son frases que constan de dos o más conceptos relacionados por las palabras enlace.

El resultado final debe quedar de modo que cuando leamos una secuencia *concepto-palabra* enlace-concepto la frase tenga sentido.

■ Características de un mapa conceptual

Existen diferentes técnicas para organizar gráficamente la información (esquemas, diagramas de flujo, etc.). Los mapas conceptuales se caracterizan por:

- **Selección.** Antes de construir el mapa conceptual hay que seleccionar los conceptos más importantes. En principio bastará con pocos; siempre estaremos a tiempo de ampliar.
- **Jerarquización.** Los conceptos se ordenan según su importancia. Los de mayor jerarquía se ubican en la parte superior. En ocasiones interesa que el concepto principal se encuentre en el centro del mapa, casos en los que el mapa adquiere aspecto radial.
- **Impacto visual.** La distribución espacial de los conceptos es fundamental para que el mapa sea claro y, en consecuencia, comprensible. Se pueden utilizar colores, o diferentes formas de recuadrar los conceptos, para diferenciar unas partes del mapa, o unos conceptos de otros.

En la figura inferior se muestra un mapa conceptual que recoge las utilidades de los mapas conceptuales... ¡un mapa conceptual sobre mapas conceptuales!

Mapa conceptual sobre mapas conceptuales

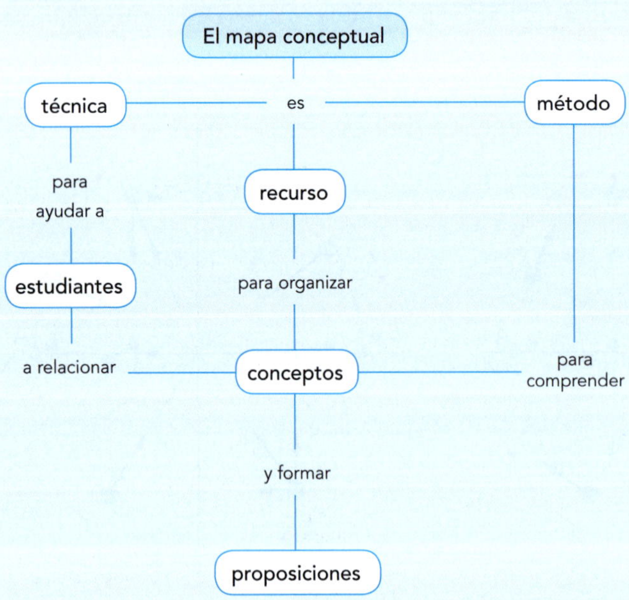

En este mapa conceptual encontramos los siguientes elementos:

Conceptos implicados

Mapa conceptual, técnica, recurso, método, estudiantes, conceptos, proposiciones.

Palabras enlace

Es, para ayudar a, para organizar, para comprender, a relacionar, y formar.

Proposiciones

Todas las frases que se forman leyendo de un concepto a otro de arriba abajo (jerarquía). Por ejemplo (se señalan en negrita los conceptos implicados):

El mapa conceptual *es recurso para organizar* ***conceptos*** *y formar* ***proposiciones****.*

El mapa conceptual *es un* ***método*** *para comprender* ***conceptos*** *y formar* ***proposiciones.***

■ Programa CmapTools

Existe un programa gratuito que facilita mucho la labor de elaboración de mapas conceptuales. Teclea en un buscador «CmapTools» y descárgalo.

Cuando lo ejecutes, aparecerán tres ventanas:

- Ventana «Vistas». Muestra los mapas que has elaborado. La primera vez no contendrá nada.
- Una ventana en blanco para confeccionar el mapa. Si no aparece, selecciona «Archivo → Nuevo Cmap» en la ventana «Vistas».
- Ventana «Estilos». Contiene opciones para dar formato al mapa conceptual.

Haciendo doble clic en la ventana en blanco (tal y como en ella se indica), podemos introducir el primer concepto siguiendo las instrucciones de pantalla:

A partir de ahí, basta con ir introduciendo conceptos y palabras enlace hasta configurar el mapa.

La ventana de estilos es muy importante para dar el formato final al mapa. Como se muestra en la imagen de la derecha, tiene cuatro pestañas.

- **Fuente.** Puedes cambiar el tipo de letra, el tamaño, el color, la alineación, etc.
- **Objeto.** Para cambiar el color, forma, sombra, etc., de los objetos, y alinear unos con otros de distintas maneras.
- **Línea.** Para cambiar el formato de las líneas que unen unos conceptos con otros.
- **Cmap.** Te permite dimensionar el mapa, cambiar el color de fondo, incluir una imagen, etc.

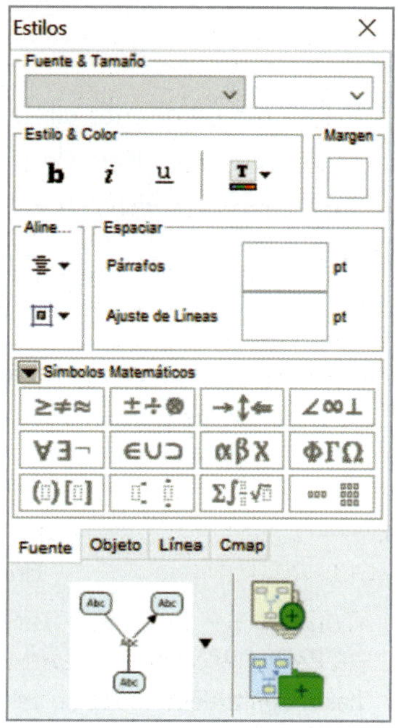

Puedes elaborar, por ejemplo, mapas como el que se muestra a continuación, que resume los contenidos que has estudiado sobre cinemática. Con él puedes construir frases, leyendo en el sentido de las flechas.

Te animamos a usar estos organizadores gráficos, tanto en la elaboración de trabajos como en tus sesiones de estudio, como modo de afianzar conocimientos.

Mapa conceptual sobre cinemática

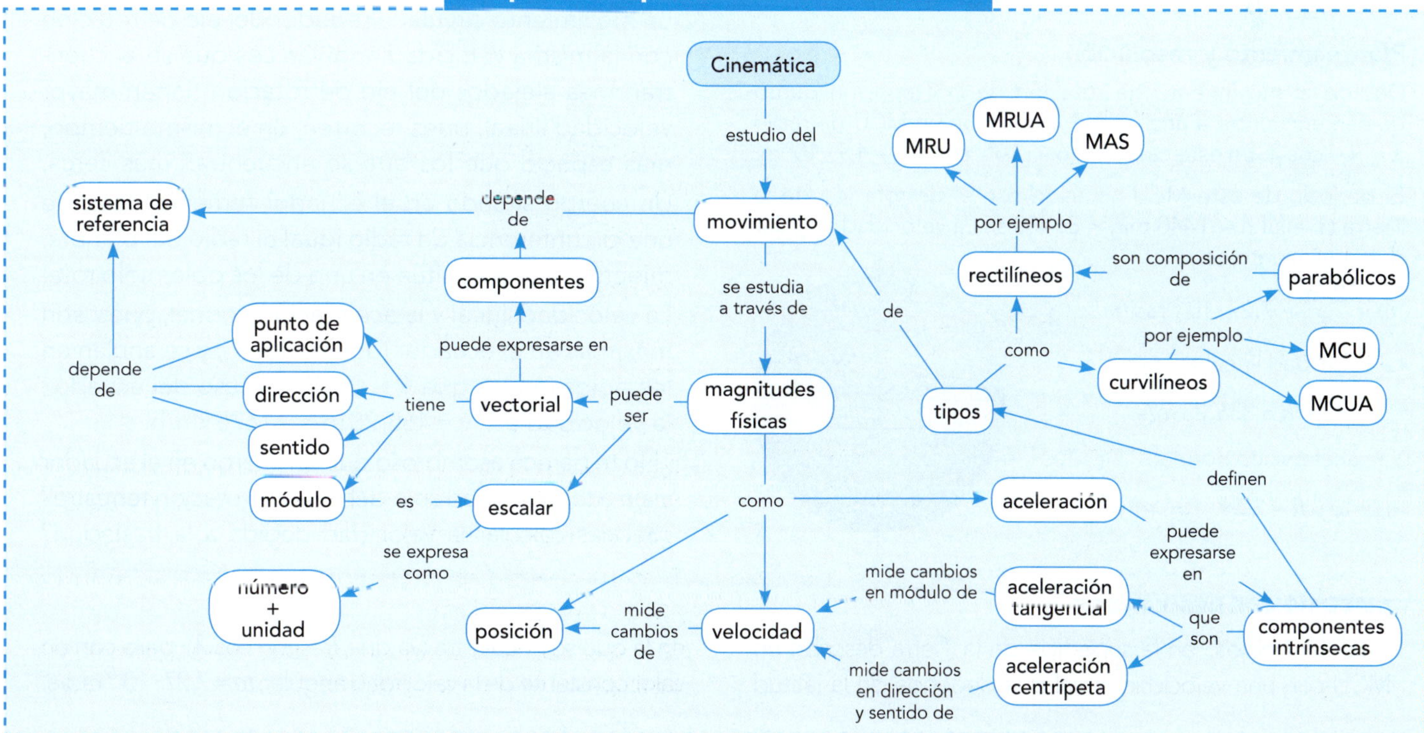

Magnitudes cinemáticas angulares

1 En un movimiento circular, de radio $R = 2$ m, la posición angular viene dada, en función del tiempo y en unidades del SI, por la expresión: $\phi(t) = 4 \cdot t^2 + 2 \cdot t + 1$. ¿Se trata de un MCU, un MCUA, o ninguno de ellos? Determina las magnitudes angulares y lineales del movimiento.

Planteamiento y resolución

Se procede, en primer lugar, al cálculo de la velocidad angular y la aceleración angular:

$$\omega(t) = \frac{d\phi(t)}{dt} = (8 \cdot t + 2)\ \text{rad/s}$$

$$\alpha(t) = \frac{d\omega(t)}{dt} = 8\ \text{rad/s}^2$$

Se trata, pues, de un MCUA, ya que α = cte.

Las magnitudes lineales se calculan a partir de sus expresiones:

$$s = \phi \cdot R = (8 \cdot t^2 + 4 \cdot t + 2)\ \text{m} \ ;\ v = \omega \cdot R = (16 \cdot t + 4)\ \text{m/s}$$

$$a_t = \alpha \cdot R = 16\ \text{m/s}^2 \ ;\ a_n = \omega^2 \cdot R = (128 \cdot t^2 + 64 \cdot t + 8)\ \text{m/s}^2$$

ANÁLISIS DEL PROBLEMA

Como ya sabemos, con las magnitudes cinemáticas angulares se trabaja igual que con las lineales.

La aceleración normal, que en los movimientos circulares siempre va dirigida hacia el centro de curvatura de la trayectoria, se calcula a partir de la velocidad lineal ($a_n = v^2/R$) o de la velocidad angular, como se hace en este caso. No olvides que la ecuación vectorial del movimiento siempre vendrá dada por:

$$\vec{r} = R \cdot \cos\phi \cdot \vec{i} + R \cdot \operatorname{sen}\phi \cdot \vec{j}$$

A partir de ella, como en todos los movimientos, se puede trabajar con las componentes cartesianas de los vectores, aunque en los movimientos circulares es más cómodo hacerlo en el sistema de referencia de las componentes intrínsecas de la aceleración, en el que la velocidad solo tiene componente tangencial.

DISCUSIÓN DE RESULTADOS

Es un MCUA con $\alpha = 8$ rad/s^2 ($a_t = 16$ m/s^2) que parte de $\phi_0 = 1$ rad (siendo $s_0 = 2$ m) con $\omega_0 = 2$ rad/s ($v_0 = 4$ m/s), y $a_n (t = 0) = 8$ m/s^2. Por tanto, la aceleración inicial es: $a_0 = 17{,}89$ m/s^2.

Movimiento circular uniforme

2 Calcula, en unidades SI, la velocidad lineal y la aceleración normal de un punto sobre la Tierra situado en un lugar de 40° de latitud ($R_T = 6{,}4 \cdot 10^6$ m).

Planteamiento y resolución

Debido al movimiento de rotación de la Tierra, un punto que se encuentre a una latitud λ describe un MCU de radio $R = R_T \cdot \cos\lambda$. En este caso, $R = 6{,}4 \cdot 10^6 \cdot \cos 40° = 4{,}9 \cdot 10^6$ m.

El período de este MCU coincide con el de rotación de la Tierra (T = 24 h = 1 440 min = 86 400 s). La velocidad angular del movimiento es:

$$\omega = \frac{2 \cdot \pi}{T} = 7{,}27 \cdot 10^{-5}\ \text{rad/s}$$

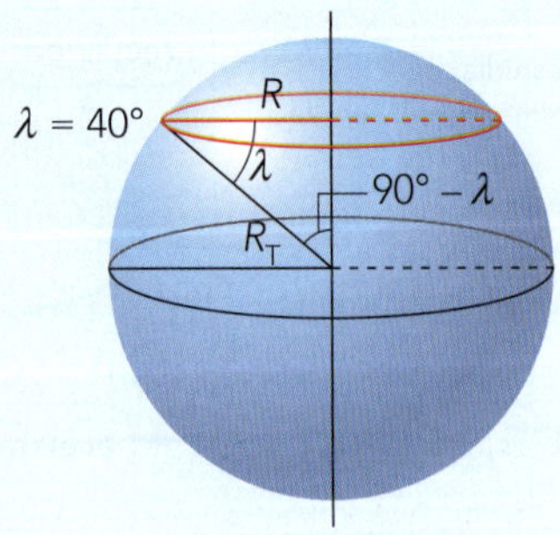

La velocidad lineal es, pues:

$$v = \omega \cdot R = 356{,}23\ \text{m/s}$$

Y la aceleración normal:

$$a_n = \omega^2 \cdot R = 2{,}59 \cdot 10^{-2}\ \text{m/s}^2$$

ANÁLISIS DEL PROBLEMA

Cuando un cuerpo rota, todos sus puntos describen un movimiento circular alrededor del eje de rotación con la misma velocidad angular. Los que se encuentran más alejados del eje de rotación tienen mayor velocidad lineal, pues recorren, en el mismo tiempo, más espacio que los que se encuentran más cerca. Un cuerpo situado en el ecuador terrestre describe una circunferencia de radio igual al radio del planeta, mientras que si se sitúa en uno de los polos solo rota. La velocidad lineal y la aceleración normal, pues, son máximas en el ecuador (donde $R = R_T$) y se anulan en los polos (en los que $R = 0$) . En el caso del ecuador, la velocidad es: $v = 465{,}28\ \text{m/s} = 1675\ \text{km/h}$.

¿No te parece asombroso que un cuerpo en el ecuador viaje a tal velocidad solo debido a la rotación terrestre? ¿Sabrías calcular la velocidad debida a la traslación?

DISCUSIÓN DE RESULTADOS

Cualquier objeto en la superficie de la Tierra describe un MCU con una velocidad lineal que depende de la latitud en la que se encuentra (ya que $R = R_T \cdot \cos\lambda$), pero con un valor constante de la velocidad angular, $\omega = 7{,}27 \cdot 10^{-5}$ rad/s.

Movimientos circulares simultáneos

3 Un móvil describe un MCU de 2 m de radio con velocidad angular $\omega_1 = 2$ rad/s. Cuando pasa por el punto de corte de la trayectoria con el semieje *X* positivo, otro móvil, inicialmente en reposo, comienza un MCUA en el mismo sentido con aceleración angular $\alpha = 1$ rad/s^2. Calcula:

a) El tiempo que tardarán, desde ese instante, en volver a coincidir.

b) El ángulo barrido por ambos hasta el nuevo encuentro.

c) La velocidad lineal de ambos en el momento del encuentro.

d) La aceleración, y sus componentes intrínsecas, cuando coinciden.

Planteamiento y resolución

Las ecuaciones de los movimientos de los móviles vienen dadas por:

- Móvil 1 (MCU): $\phi_1 = \omega_1 \cdot t$; $\omega_1 = \text{cte} = 2$ rad/s
- Móvil 2 (MCUA): $\phi_2 = \frac{1}{2} \cdot \alpha \cdot t_2$; $\omega_2 = \alpha \cdot t$

Los móviles estarán en la misma posición cuando $\phi_1 = \phi_2$:

$$\phi_1 = \phi_2 \rightarrow \omega_1 \cdot t = \frac{1}{2} \cdot \alpha \cdot t^2 \rightarrow t = \frac{2 \cdot \omega_1}{\alpha} = \frac{2 \cdot 2 \text{ rad/s}}{1 \text{ rad/s}^2} = 4 \text{ s}$$

(La otra solución de esta ecuación de segundo grado, $t = 0$, corresponde al instante inicial).

Para calcular el ángulo barrido, utilizamos cualquiera de las ecuaciones de la posición angular; por ejemplo, la de ϕ_1, ya que el cálculo es más rápido:

$$\phi_1 = \phi_2 = \omega_1 \cdot t = 2 \cdot 4 = 8 \text{ rad}$$

La velocidad angular en ese instante es:

$$\omega_1 = 2 \text{ rad/s (cte)} \ ; \ \omega_2 = \alpha \cdot t = 1 \cdot 4 = 4 \text{ rad/s}$$

Como $v = \omega \cdot R$, las velocidades lineales de ambos serán:

$$v_1 = 4 \text{ m/s} \ ; \ v_2 = 8 \text{ m/s}$$

El primer móvil describe un MCU, por lo que la aceleración solo tendrá componente normal, que, además, es constante:

$$a = a_n = \omega_1^2 \cdot R = 2^2 \cdot 2 = 8 \text{ m/s}^2$$

El segundo móvil describe un MCUA, por lo que la aceleración tendrá componente tangencial constante y componente normal variable. En el instante t = 4 s estas valen:

$$a_t = \alpha \cdot R = 1 \cdot 2 = 2 \text{ m/s}^2 \ ; \ a_n = \omega_2^2 \cdot R = 4^2 \cdot 2 = 32 \text{ m/s}^2$$

Por tanto, en ese instante la aceleración es:

$$a = \sqrt{a_t^2 + a_n^2} = \sqrt{2^2 + 32^2} = 32{,}06 \text{ m/s}^2$$

ANÁLISIS DEL PROBLEMA

Para resolver problemas de cinemática, el primer paso es identificar los tipos de movimiento y, a continuación, plantear las ecuaciones que los describen. Posteriormente, se traduce el lenguaje verbal a lenguaje matemático y se sustituyen los datos en las ecuaciones.

Así, la letra ϕ, por ejemplo, indica una posición sobre la circunferencia. Por ello, cada vez que la veas no debes leer «fi», sino «posición angular», representando mentalmente la posición a la que hace referencia.

Y la frase «los móviles coinciden» equivale, físicamente, a decir «sus posiciones angulares son iguales» y, matemáticamente, a «$\phi_1 = \phi_2$». Por tanto, el planteamiento correcto de las ecuaciones que describen los movimientos es esencial para una correcta resolución de los problemas.

Observa también que en los movimientos circulares siempre hay aceleración; en el caso de los uniformes, esta solo tiene componente normal, que es constante, y en el caso de los uniformemente acelerados, existe componente tangencial (constante) y componente normal (variable).

El problema también se puede resolver de modo gráfico. Si representamos las posiciones angulares de los móviles en función del tiempo en la misma gráfica, el punto de corte nos indicará el momento en el que coinciden:

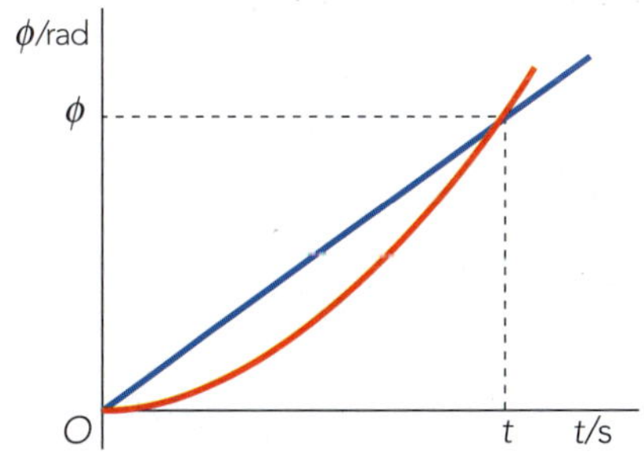

DISCUSIÓN DE RESULTADOS

Los móviles coinciden en $t = 0$, y vuelven a coincidir pasados 4 s, después de barrer un ángulo de 8 rad. En ese instante, el primero, que describe un MCU, lleva una velocidad de 2 rad/s, y el segundo, que parte con MCUA, y velocidad angular inicial cero, de 4 rad/s. La aceleración en el encuentro es de 8 m/s^2 para el primero, y de 32,06 m/s^2 para el segundo.

Movimiento circular uniforme acelerado seguido de tiro parabólico

4 Con una honda de 80 cm de radio se acelera una piedra, desde el reposo, durante 5 segundos con aceleración angular constante, $\alpha = 6\ rad/s^2$. Pasado este tiempo, se suelta y sale lanzada a ras de suelo con un ángulo de 40° respecto a la horizontal. ¿A qué distancia caerá la piedra?

Planteamiento y resolución

En primer lugar, se estudia el MCUA para determinar la velocidad inicial del tiro oblicuo. Como $\omega_0 = 0$, a los 5 s la velocidad angular valdrá:

$$\omega = \alpha \cdot t = 6\ rad/s^2 \cdot 5\ s = 30\ rad/s$$

La velocidad lineal con la que sale la piedra, que es la velocidad inicial del tiro oblicuo, es:

$$v = \omega \cdot R = 30\ rad/s \cdot 0{,}8\ m = 24\ m/s$$

La distancia a la que cae será el alcance de un tiro oblicuo con altura inicial nula, velocidad inicial 24 m/s, y que forma un ángulo de 40° con la horizontal:

$$A = \frac{v_0^2 \cdot \text{sen}\,(2 \cdot \alpha)}{g}$$

$$A = \frac{24^2 \cdot \text{sen}\,(2 \cdot 40°)}{9{,}81} = 57{,}8\ m$$

ANÁLISIS DEL PROBLEMA

En física es frecuente que se encadenen movimientos, de modo que las condiciones finales de uno sean las iniciales del siguiente.

Este ejercicio es un ejemplo, en el que las magnitudes finales del MCUA son las iniciales del tiro oblicuo.

Su resolución no es más complicada que si se tratara de movimientos independientes. Hay que ir resolviendo los movimientos de modo individual e imponer las condiciones iniciales a los que les siguen. Eso sí, cualquier fallo en alguno de ellos asegura una mala resolución del problema global.

DISCUSIÓN DE RESULTADOS

La piedra describe un MCUA durante 5 s hasta que alcanza una velocidad angular de 30 rad/s. En ese momento se suelta y sale despedida con una velocidad de 24 m/s y formando un ángulo de 40° con la horizontal. A partir de ahí describe un tiro oblicuo con un alcance de 57,8 m y un tiempo de vuelo de 3,15 s. El tiempo total del movimiento es de 8,15 segundos.

Movimiento armónico simple

5 A partir de la gráfica *x*-*t* de la derecha, determina la ecuación del MAS.

Planteamiento y resolución

De la gráfica se obtiene que la amplitud del MAS es $A = 3$ m, el período es $T = 8$ s y, en el instante inicial, $x = 2$ m. Con ello, la ecuación del MAS es:

$$x = A \cdot \text{sen}\,(\omega \cdot t + \phi_0) = A \cdot \text{sen}\left(\frac{2 \cdot \pi}{T} \cdot t + \phi_0\right) =$$

$$= 3 \cdot \text{sen}\,(0{,}79 \cdot t + \phi_0)\ m$$

Para calcular la fase inicial imponemos que, en $t = 0$, $x = 2$ m:

$$2 = 3 \cdot \text{sen}\,\phi_0 \quad \rightarrow \quad \text{sen}\,\phi_0 = 0{,}67 \quad \rightarrow \quad \phi_0 = 0{,}73\ rad$$

La ecuación del MAS es, pues:

$$x = 3 \cdot \text{sen}\,(0{,}79 \cdot t + 0{,}73)\ m$$

ANÁLISIS DEL PROBLEMA

Debes acostumbrarte a extraer datos de las representaciones gráficas.

Observa, además, que si hubieses representado el MAS con la función coseno, la fase inicial sería $\phi_0 = 0{,}84$ rad, y la ecuación del movimiento (compruébalo): $x = 3 \cdot \cos\,(0{,}79 \cdot t + 0{,}84)$ m.

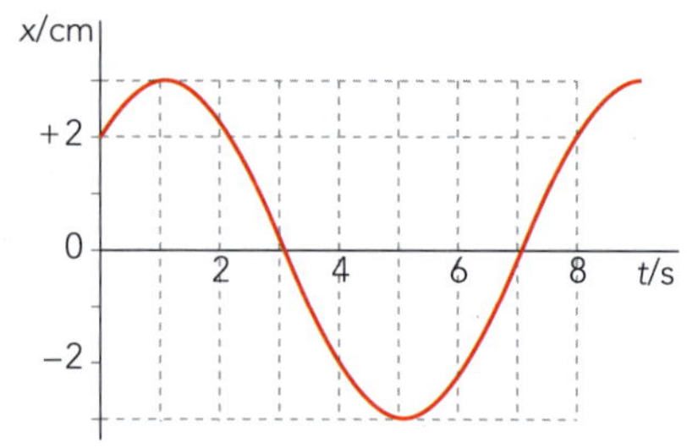

DISCUSIÓN DE RESULTADOS

Se trata de un MAS con $T = 8$ s, por lo que la frecuencia es $\phi = 0{,}125$ Hz, y la frecuencia angular, $\omega = 0{,}79$ rad/s.

El movimiento se empieza a estudiar cuando $x = 2$ m, por lo que la fase inicial es $\phi_0 = 0{,}73$ rad (41,83°).

Movimiento armónico simple como proyección del MCU

6 Un MAS se obtiene como proyección sobre el eje Y de un MCU antihorario de 70 cm de radio y 12 s de período. El móvil que describe el movimiento circular parte de la posición angular $\phi_0 = 60°$. A partir de estos datos:

a) Determina la ecuación del MAS.

b) Representa, basándote en el MCU, la posición del punto que describe el MAS en función del tiempo.

c) ¿Qué espacio recorre el móvil durante el primer segundo? ¿Y su proyección sobre el eje Y?

Planteamiento y resolución

a) La ecuación del MAS (proyección sobre el eje Y) es:

$$y = A \cdot \text{sen}\,(\omega \cdot t + \phi_0)$$

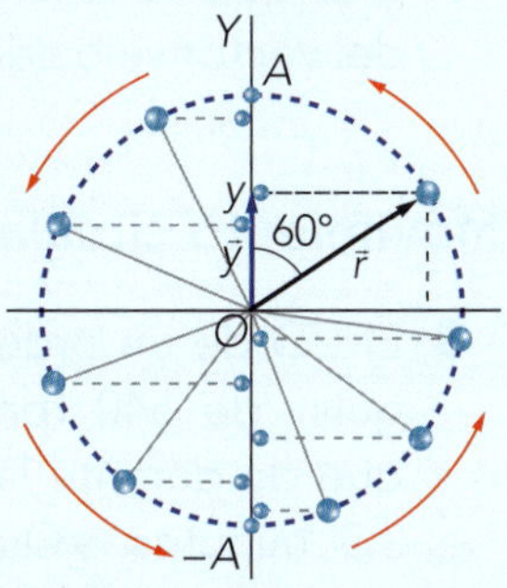

La amplitud del MAS es el radio de la circunferencia (A = 0,7 m) y la frecuencia angular coincide con la velocidad angular del MCU:

$$\omega = \frac{2 \cdot \pi}{T} = 0{,}52 \text{ rad/s}$$

Además, el MCU comienza en la posición angular $\phi_0 = 60° = 1{,}05$ rad, que coincide con la fase inicial del MAS. La ecuación del movimiento es, pues:

$$y = 0{,}7 \cdot \text{sen}\,(0{,}52 \cdot t + 1{,}05) \text{ m}$$

b) La representación y-t del MAS a partir del MCU es:

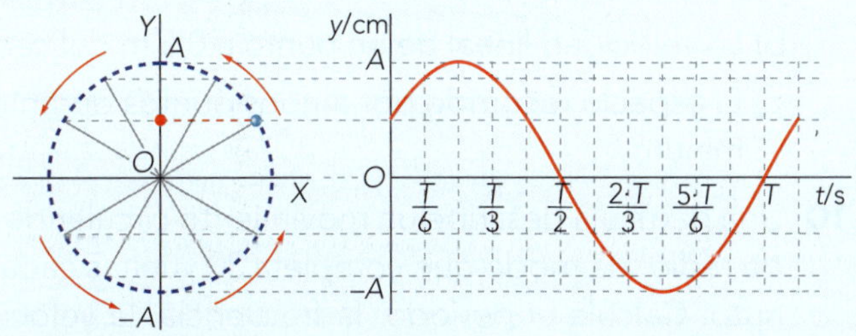

c) El MCU verifica que $\phi = \phi_0 + \omega \cdot t$. El ángulo barrido en el primer segundo es, pues, $\Delta\phi = \phi\,(1) - \phi\,(0) = \omega \cdot t = 0{,}52$ rad. Por tanto, el espacio recorrido por el móvil es $\Delta s = \Delta\phi \cdot R = 0{,}36$ m.

El espacio recorrido por la proyección sobre el eje Y es:

$$\Delta y = y\,(1) - y\,(0) = 0{,}7 \cdot (\text{sen}\,1{,}57 - \text{sen}\,1{,}05) = 0{,}09 \text{ m}$$

DISCUSIÓN DE RESULTADOS

La proyección del MCU sobre el eje Y genera un MAS de ecuación $y = 0{,}7 \cdot \text{sen}\,(0{,}52 \cdot t + 1{,}05)$ m. Durante el primer segundo, el móvil recorre 36 cm sobre la circunferencia, y su proyección recorre 9 cm sobre el eje Y, en sentido ascendente.

ANÁLISIS DEL PROBLEMA

Para determinar la ecuación de un MAS basta con conocer la amplitud, A, la frecuencia angular, ω, y la fase inicial, ϕ_0. A partir del MCU, tenemos que la amplitud coincide con el radio de la circunferencia; la frecuencia angular, con la velocidad angular, y la fase inicial, con la posición angular inicial.

Las gráficas del MAS se pueden obtener también a partir de la representación del MCU. Para ello, como hemos hecho en el apartado b), hay que prestar atención a los intervalos temporales. Por ejemplo, si en el MCU se tardan 4 s en recorrer el primer cuadrante, en el MAS se tardará el mismo tiempo en llegar de 0 a A, y así sucesivamente.

Conocida la gráfica de la elongación, es fácil obtener las de la velocidad y la aceleración, marcando los valores máximo y mínimo que pueden alcanzar ($-A \cdot \omega$ y $+A \cdot \omega$ para la velocidad, y $-A \cdot \omega^2$ y $+A \cdot \omega^2$ para la aceleración) y teniendo en cuenta que para valores máximos o mínimos de elongación la velocidad es cero y la aceleración es mínima o máxima, respectivamente.

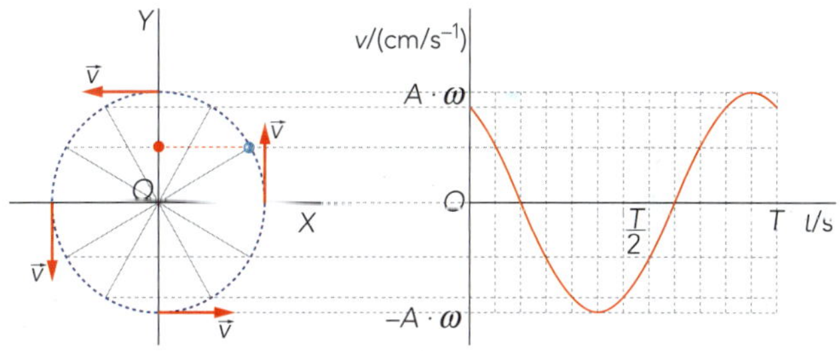

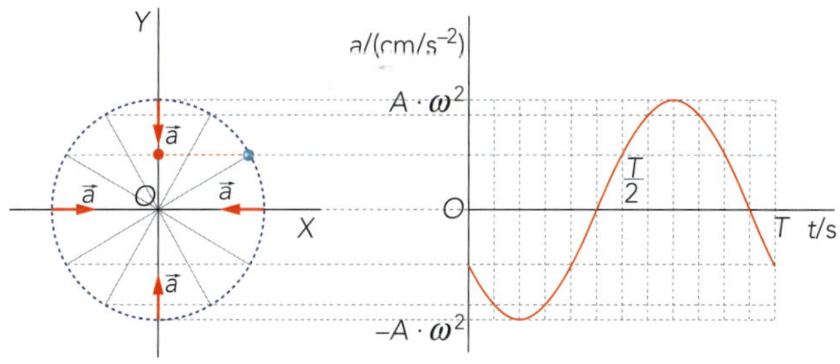

Por último, recuerda que en el MCU se recorren espacios iguales en tiempos iguales (la velocidad angular, constante, nos indica el ángulo barrido en cada unidad de tiempo). No ocurre así en el MAS, en el que el móvil va acelerando y frenando según se acerque a la posición de equilibrio o se aleje de ella, respectivamente.

TRABAJA CON LO APRENDIDO

Magnitudes cinemáticas angulares

1 Una partícula describe una trayectoria circular de 2 m de radio. El espacio recorrido sobre la misma viene dado, en unidades del SI, por la expresión $s(t) = t^2 + t + 2$. Calcula, a los 2 s de iniciado el movimiento:

a) El espacio recorrido.

b) La posición angular y el ángulo barrido.

c) El módulo de las velocidades lineal y angular.

d) El módulo de las aceleraciones tangencial, normal, total y angular.

e) En un dibujo de la trayectoria, representa los vectores velocidad y aceleración; este último a partir de sus componentes intrínsecas.

2 A partir de la siguiente gráfica ω-t de un movimiento circular de radio 1,5 m, que parte de $\phi_0 = 0$, calcula la posición angular, la velocidad lineal, las componentes intrínsecas de la aceleración y la aceleración angular en $t = 2$ s. El movimiento, ¿es uniforme, uniformemente acelerado o acelerado? Justifica tu respuesta.

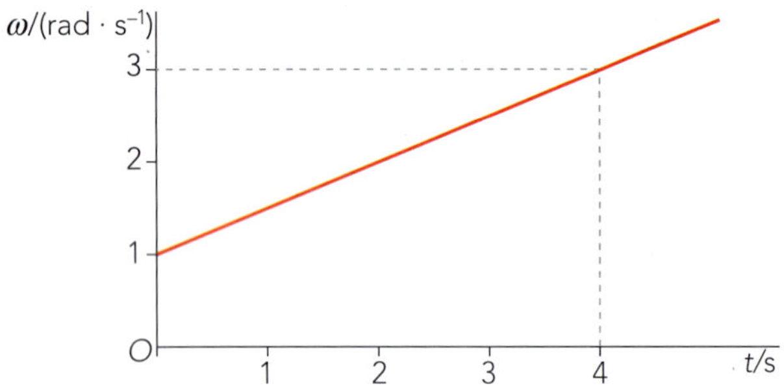

3 La posición angular de un punto *P* de la periferia de una rueda de 50 cm de radio viene dada, en el SI, por la ecuación: $\phi = \pi/4 + 10 \cdot \pi \cdot t + 2 \cdot \pi \cdot t^2$.

a) Determina la veracidad de las siguientes proposiciones:

1. En $t = 2$ s, la posición de *P* es $\pi/4$ rad.
2. En $t = 2$ s, la velocidad angular es $14 \cdot \pi$ rad/s.
3. Entre $t = 1$ s y $t = 3$ s, la aceleración angular media es $2 \cdot \pi$ rad/s^2.

b) Para los enunciados falsos, indica los valores correctos de las magnitudes cinemáticas.

c) Representa las gráficas de las magnitudes cinemáticas angulares en función del tiempo.

4 En los movimientos circulares, la aceleración se calcula, en ocasiones, como $a = \omega^2 \cdot R$, y en otras como $a = \alpha \cdot R$. ¿Se trata de la misma magnitud? ¿En qué casos se ha de utilizar cada una?

5 En un movimiento circular, ¿pueden tener la aceleración y la velocidad la misma dirección? Argumenta tu respuesta de modo gráfico.

6 Cuando se han estudiado las relaciones entre las magnitudes cinemáticas lineales y las angulares se ha visto que, en muchos casos, las primeras se obtienen multiplicando las segundas por el radio de la trayectoria. ¿Esto significa que si el radio es la unidad no hay que diferenciar unas de otras, pues valen lo mismo? Explica tu respuesta.

7 ¿Por qué no se habla de las componentes intrínsecas del vector velocidad?

Movimiento circular uniforme

8 El CD de un ordenador gira con una velocidad angular de 540 rpm. Calcula el número de vueltas que da durante la reproducción de una canción de 3,5 minutos. ¿Qué espacio ha recorrido un punto de la periferia en este tiempo, si el disco tiene 12 cm de diámetro?

9 Un disco circular de 1 m de radio gira con velocidad angular de 50 rad/s. Calcula:

a) La velocidad lineal de un punto de la periferia.

b) La velocidad lineal de un punto a 0,5 m del centro.

c) El espacio recorrido por ambos puntos durante un minuto.

10 Una partícula describe un movimiento circular de 2 m de radio, de modo que completa 30 vueltas cada minuto. Calcula el período, la frecuencia, la velocidad angular, la velocidad lineal y la aceleración.

11 Dos móviles parten del mismo punto de una circunferencia de 20 m de radio y la recorren en sentidos contrarios. Uno tarda 40 s en dar una vuelta, y el otro se mueve a 1 rpm. Calcula el tiempo que tardan en cruzarse y el espacio recorrido por cada uno.

12 Si el período de un MCU se duplica, explica qué ocurre con: la velocidad angular, la frecuencia y la aceleración normal.

En vista de estos resultados, ¿qué relaciones de proporcionalidad hay entre estas magnitudes cinemáticas y el período?

Recuerda que dispones de las soluciones de todas las actividades numéricas en **anayaeducacion.es**.

13 La posición de una partícula viene dada por:

$$\vec{r} = [5 \cdot \cos(\pi \cdot t) - 1] \cdot \vec{i} + [5 \cdot \text{sen}(\pi \cdot t) + 2] \cdot \vec{j} \text{ (SI)}$$

a) Comprueba que se trata de un MCU.

b) Calcula el radio de la circunferencia y la frecuencia del movimiento.

14 Las manecillas de un reloj sin segundero coinciden a las 12:00. ¿A qué hora coincidirán de nuevo por primera vez? Resuelve el problema mentalmente, matemáticamente y gráficamente.

15 ¿Qué clase de movimiento tiene un avión que vuela a una altitud fija con rapidez constante sin cambiar de latitud durante el recorrido?

Movimiento circular uniformemente acelerado

16 ¿Por qué las primeras bicicletas tenían una rueda delantera muy grande y una trasera pequeña? Razona tu respuesta.

17 Un motorista parte del reposo, en un circuito con forma circular (R = 400 m), con MCUA, hasta que a los 50 s alcanza la velocidad de 72 km/h, que mantiene a partir de ese momento. Calcula:

a) La aceleración tangencial en la primera etapa del movimiento.

b) El espacio recorrido durante el MCUA.

c) La aceleración normal en t = 50 s.

d) La velocidad angular media en los primeros 50 s.

e) Tiempo que tardará en dar 100 vueltas al circuito.

f) Representa las gráficas del movimiento.

18 Una rueda (d = 60 cm) gira en torno a su eje a 3000 rpm. Si se frena y tarda 20 s en detenerse, calcula:

a) La aceleración angular, supuesta constante.

b) El número de vueltas que da hasta que se para.

c) El módulo de las aceleraciones tangencial, normal y total de un punto de su periferia una vez dadas 100 vueltas.

19 En un MCUA de 20 cm de radio la frecuencia disminuye de 30 Hz a 3 Hz en 5 segundos. Calcula:

a) La velocidad angular inicial y final.

b) La aceleración angular en ese intervalo.

c) El número de vueltas dadas en esos 5 segundos.

d) La velocidad lineal y las componentes intrínsecas de la aceleración al inicio y al final del movimiento.

20 ¿Qué velocidad angular, en rad/s, ha de tener una centrifugadora industrial para que en un punto situado a 10 cm del eje de giro produzca una aceleración normal 100 veces mayor que la de la gravedad terrestre?

21 A partir de la siguiente gráfica de aceleración angular de un movimiento circular, cuyo inicio ocurre en ϕ_0 = 0 desde el reposo, representa las gráficas de posición y velocidad, angulares y lineales.

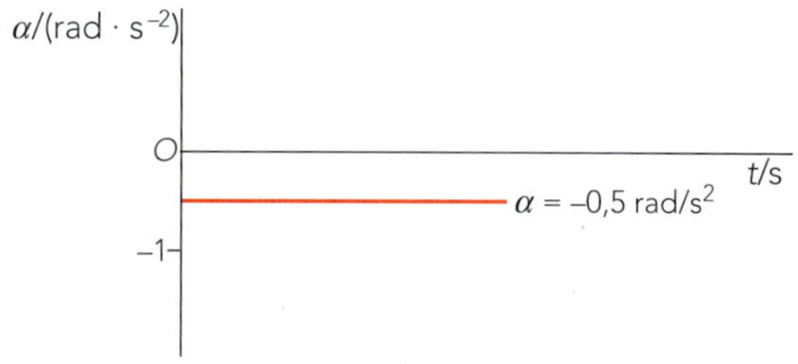

22 Se hace girar una honda durante 10 segundos, desde el reposo, con una aceleración angular de π rad/s^2, momento en el cual suelta la cuerda para dejar salir el proyectil:

a) ¿A qué velocidad sale despedido si la cuerda de la honda mide 60 cm?

b) Si sale desde 15 cm del suelo, con un ángulo de 45°, ¿cuánto tiempo tardará en llegar al suelo? ¿A qué distancia lo hará?

c) ¿Cuánto tiempo tendría que hacer girar la honda para que la velocidad lineal de salida sea doble?

23 Un móvil describe un MCU de 20 m de longitud y 2 s de período, centrado en un sistema de referencia cartesiano. Cuando pasa por el punto de corte de la trayectoria con el semieje Y positivo arranca otro móvil desde el reposo. Si ambos movimientos se dan en sentido antihorario, ¿con qué aceleración angular ha de hacerlo para alcanzar al primero en $\phi = \pi/2$ rad? ¿Qué valor tendrán las componentes intrínsecas de la aceleración de ambos móviles en el momento del encuentro?

24 Las medidas de la posición angular en distintos instantes de tiempo, en un movimiento circular que parte del reposo, arrojan los siguientes datos:

t/s	0	1	2	3	4
ϕ/rad	0	1	4	9	16

Determina el tipo de movimiento circular y representa gráficamente su ecuaciones.

Movimiento armónico simple

25 Un móvil describe un movimiento armónico simple de amplitud *A*. ¿Qué distancia recorre en un intervalo de tiempo igual a un período? Razona la respuesta.

26 En un MAS la elongación, la velocidad y la aceleración son magnitudes periódicas. ¿Coincide el período en los tres casos? Razona tu respuesta.

27 Un móvil describe un MAS de 20 cm de amplitud y 2,5 s de período. Escribe la ecuación de la elongación en los casos siguientes:

a) El tiempo empieza a contarse cuando la elongación es máxima y positiva.

b) El tiempo empieza a contarse cuando la elongación es nula y el movimiento es hacia valores positivos de la elongación.

c) El tiempo empieza a contarse cuando la elongación es nula y el movimiento es hacia valores negativos de la elongación.

28 Un móvil sigue un MAS de 10 cm de amplitud, realizando 2 oscilaciones cada segundo:

a) Calcula la elongación 1/6 s después de alcanzar su máxima separación con velocidad positiva.

b) Representa la posición, velocidad y aceleración en función del tiempo.

29 Una partícula se mueve con un MAS cuya ecuación, en unidades del SI, viene dada por:

$$y = 2 \cdot \text{sen}\left(\frac{t}{2} + \pi\right)$$

Determina:

a) La amplitud, período y frecuencia de las oscilaciones.

b) La posición, velocidad y aceleración cuando la elongación es igual a la mitad de la amplitud.

30 Un objeto colgado de un muelle describe un MAS de 10 cm de amplitud y 0,1 s de período. En el instante inicial el muelle está estirado, ocupando el objeto la posición más baja en su oscilación:

a) Escribe la ecuación del movimiento.

b) Calcula la elongación, la velocidad y la aceleración, transcurridos 10 s desde el inicio del movimiento.

c) Demuestra que la velocidad es máxima cuando el móvil pasa por la posición de equilibrio.

31 Un móvil que describe un MAS tiene una aceleración de 5 m/s^2 cuando su elongación es de 5 cm. ¿Cuál es el período del movimiento?

32 El pistón de un motor de combustión interna describe un MAS de 5 cm de amplitud y 3600 rpm de frecuencia angular. Calcula su velocidad cuando pasa por el punto medio, y la aceleración en los extremos del recorrido.

33 En el instante en que un móvil con MAS se encuentra a 6 cm de la posición de equilibrio, su velocidad es de 1 cm/s. Cuando se encuentra a 2 cm, su velocidad es de 4 cm/s. Calcula el período y la amplitud del movimiento.

34 Un móvil describe un MAS de amplitud A, frecuencia angular ω, y fase inicial $\phi_0 = 0$. Demuestra que la amplitud se puede calcular, en función de las condiciones iniciales del movimiento, con la expresión:

$$A = \sqrt{x_0^2 + \frac{v_0^2}{\omega^2}}$$

Comprueba que esta ecuación es homogénea.

35 Si se duplica la frecuencia angular de un MAS, indica razonadamente como varía:

a) Su período.

b) La frecuencia.

c) La amplitud.

d) La fase inicial.

¿Qué relaciones de proporcionalidad observas entre estas magnitudes angulares?

36 En un MAS, la velocidad, la pulsación, la amplitud y la elongación se relacionan según la expresión:

$$v = \omega^n \cdot \sqrt{A^2 - x^2}$$

Determina n por análisis dimensional.

37 A partir de la siguiente gráfica de la elongación en un MAS:

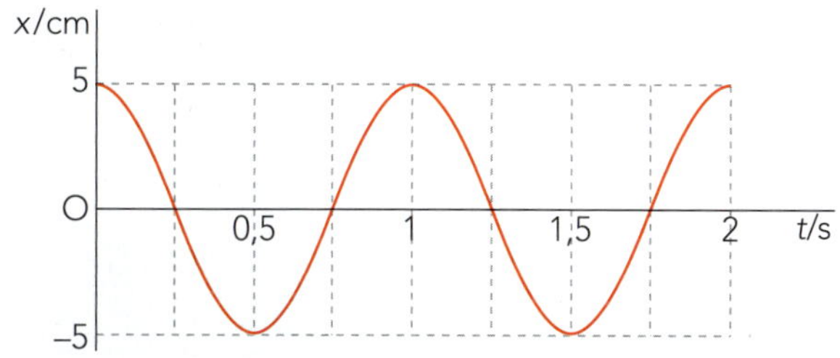

a) Determina el MCU que lo genera como proyección sobre el eje X (en ambos casos, posición, velocidad y aceleración).

b) Representa estas ecuaciones en función del tiempo.

38 Tenemos dos osciladores armónicos de ecuaciones, expresadas en el SI:

$$x_1 = A \cdot \cos\left(\omega \cdot t + \frac{\pi}{2}\right) \quad ; \quad x_2 = A \cdot \cos\left(\omega \cdot t - \frac{\pi}{2}\right)$$

Determina:

a) La posición inicial de ambos y el sentido en que comienzan a moverse.

b) El punto en el que se cruzan.

c) La diferencia de fase entre ambos movimientos.

39 Comenta la siguiente frase:

«Un móvil con MAS puede ocupar posiciones iguales con fases distintas».

40 ¿Existe alguna diferencia entre los estados de movimiento de un MAS en dos instantes en que sus fases son 163° y 1603°? Razona tu respuesta.

Ciencia, tecnología y sociedad

El método del tránsito

Algunos científicos se interesan desde hace tiempo por la posibilidad de que exista vida extraterrestre. A medida que se estudia el universo hay más convencimiento de que lo raro sería que la vida solo se manifestara en la Tierra.

Parece claro que, de existir, ha de ser en astros que cumplan algunas condiciones, siendo la presencia de agua una de las principales. Aparte de los más cercanos (que no lo son tanto) y más estudiados, los que orbitan alrededor del Sol, se han identificado multitud de exoplanetas (que giran alrededor de otras estrellas), algunos de ellos candidatos a albergar vida.

Se han desarrollado varias técnicas de detección de estos planetas extrasolares. Una de ellas, conocida como el **método de tránsitos,** consiste en medir la disminución del brillo de la estrella cuando el planeta pasa por delante de ella, vista desde la Tierra.

Lo que se observa es, pues, el movimiento resultante de observar «de perfil» el que realmente describe el planeta alrededor de la estrella. A partir de estas observaciones, utilizando lo estudiado en esta unidad, se determinan el radio y el período orbital del planeta. ¿Sabrías explicar cómo?

Por último, reflexiona sobre las condiciones que se han de cumplir para poder detectar un exoplaneta utilizando el método de tránsitos.

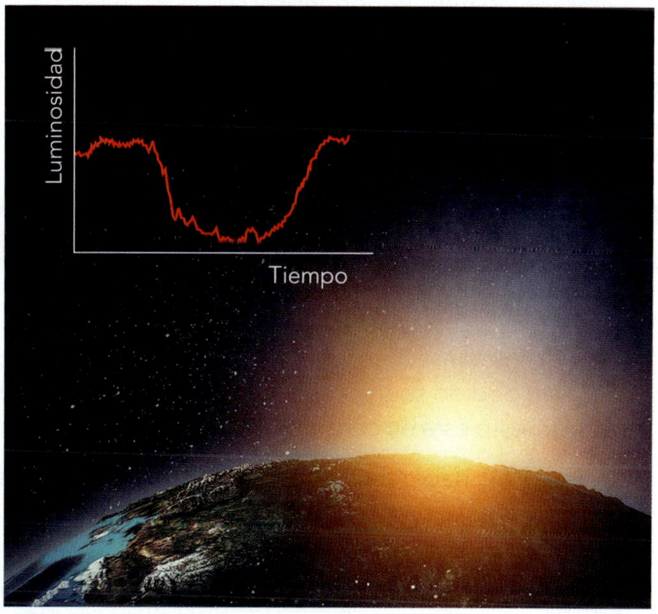

Busca información acerca del planeta Kepler-10c, apodado «mega-Tierra», y descubierto por el método del tránsito.

9

DINÁMICA. LAS FUERZAS Y SUS EFECTOS

Terremotos en el futuro

Entre los principales fenómenos naturales causantes de desastres irreparables en la sociedad, se encuentran los terremotos, esas sacudidas de suelo que pueden ocasionar grandes destrozos. Por su situación geográfica, algunos países son más propensos que otros a sufrir este tipo de catástrofes, pero aún es muy difícil predecir cuándo sucederán. Luego, si son prácticamente inevitables, ¿cómo protegernos ante ellos?

La arquitectura moderna y el diseño de materiales han adaptado los edificios a esta necesidad. Además de existir normativas para la construcción de futuras estructuras, también las hay para reforzar las ya existentes. Para conseguirlo, se recurre a tres características de la materia que tienen mucho que ver con la fuerza que soportan: la resistencia, la ductilidad y la elasticidad. Un edificio, además de ser capaz de soportar su propio peso, tiene que mantenerse en pie en caso de que una gran fuerza lo haga oscilar, para reducir la probabilidad de derrumbe y, con ello, proteger la vida de las personas, que es lo verdaderamente importante.

El coste económico de estas estructuras es tan elevado que no todos los países las pueden afrontar. Además, reforzar edificios antiguos es más costoso que hacerlo en los nuevos. Por eso, de momento, estas medidas son solo adoptadas en los países desarrollados.

COMPROMISO ODS

ODS

1 Busca información sobre los últimos grandes terremotos en nuestro planeta y sus consecuencias. ¿Qué secuelas han dejado en esas zonas? ¿Han podido seguir adelante? ¿Cómo fueron ayudados? Argumentad si esto está en consonancia con la **meta 11.1** y la **meta 17.2**.

2 La **meta 13.1** hace referencia a los desastres naturales que suceden actualmente en el mundo. Explicad cómo se está ayudando a estos países y si serían posibles otro tipo de medidas.

3 Cuando un país en desarrollo sufre una catástrofe de este tipo, adquiere una deuda económica con los países que colaboran en su recuperación. Comentad la importancia de la **meta 17.4** para que no se cronifique su situación.

Antes de empezar a estudiar esta unidad, consulta la presentación «Qué necesitas saber» en anayaeducacion.es.

LOS RECURSOS EN LA WEB DE ESTA UNIDAD

DINÁMICA. LAS FUERZAS Y SUS EFECTOS

- PRESENTACIÓN: Qué necesitas saber.

Terremotos en el futuro
- DOCUMENTO: Objetivos de Desarrollo Sostenible.

1 Las fuerzas como medida de las interacciones
- DOCUMENTO: Cómo aplicar la técnica: «Línea de tiempo».
- DOCUMENTO: Cómo aplicar la técnica: «Lo común».

2 Principios de la dinámica
- DOCUMENTO: Textos argumentativos.

3 Cantidad de movimiento o momento lineal

4 Dinámica de algunos movimientos
- SIMULACIÓN: Fuerzas y movimiento.
- DOCUMENTO: Cómo aplicar la técnica: «¿Qué pasaría si...».

5 Estudio dinámico de situaciones cotidianas
- LABORATORIO VIRTUAL: Fuerzas en el plano inclinado.

TIC Laboratorios virtuales: física

Estrategias de resolución de problemas

Trabaja con lo aprendido
- DOCUMENTO: Consejos para elaborar tu portfolio.
- PRESENTACIÓN: Para estudiar.

Y ADEMÁS... Soluciones de todas las actividades numéricas

1 LAS FUERZAS COMO MEDIDA DE LAS INTERACCIONES

1.1. ¿Qué es la fuerza?

A veces, en física se definen las magnitudes por los efectos que producen; es el caso de la fuerza, con la que se describen las interacciones entre sistemas materiales:

Fuerza es toda causa que produce como efecto, bien una deformación, bien un cambio en el estado de reposo o de movimiento de un sistema. Su unidad, en el SI, es el **newton** (N).

Es importante recordar que las fuerzas:

- **Son magnitudes vectoriales.** Así, para definirlas hay que proporcionar su punto de aplicación, dirección, sentido y módulo (o intensidad).
- Pueden actuar **por contacto** o **a distancia.**
- Al tratarse de interacciones (interacción ≡ acción entre), **nunca se puede observar una fuerza aislada.** Siempre actúan por pares.
- Cuando se aplican varias fuerzas sobre un mismo objeto, el efecto es el mismo que si actuara solo una, que llamamos **fuerza resultante,** o **neta,** que resulta de la composición (suma vectorial) de todas las que actúan.

1.2. Fuerzas por contacto y a distancia

De las fuerzas que observamos en la vida cotidiana, solo actúan a distancia las gravitatorias (responsables del peso de los cuerpos) y las electromagnéticas (responsables de los fenómenos eléctricos y magnéticos).

En muchas ocasiones podemos observar cómo caen los objetos, o cómo se atraen, o repelen, dos imanes o dos cuerpos con carga eléctrica (por ejemplo, en la conocida experiencia de atraer trocitos de papel con un bolígrafo previamente frotado con un jersey de lana). Estos fenómenos, algunos de los cuales estudiaremos más adelante, ocurren sin contacto directo entre los cuerpos que interaccionan.

El resto de fuerzas de nuestro entorno (por ejemplo, la fuerza que ejerce la mesa para sostener este libro, o cuando empujamos o cogemos un objeto) son fuerzas de contacto.

Para el estudio de las interacciones a distancia se introduce en física el concepto de campo, en el que profundizaremos el curso que viene. Hablaremos, así, de los campos gravitatorio, eléctrico y magnético (estos dos últimos unificados en el campo electromagnético).

Representación de las fuerzas

Vector fuerza

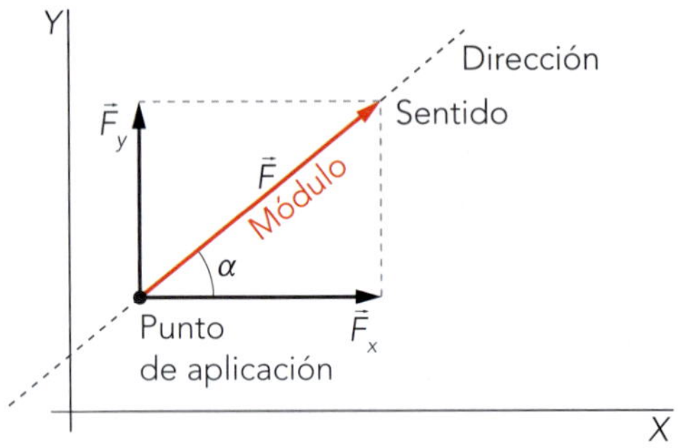

Componentes cartesianas

$F_x = F \cdot \cos\alpha$

$F_y = F \cdot \text{sen}\,\alpha$

Como cualquier magnitud vectorial:

$$\vec{F} = \vec{F}_x + \vec{F}_y = F_x \cdot \vec{i} + F_y \cdot \vec{j}\,;\, F = \sqrt{F_x^2 + F_y^2}\ ;\ \tan\alpha = \frac{F_y}{F_x}$$

Composición de fuerzas

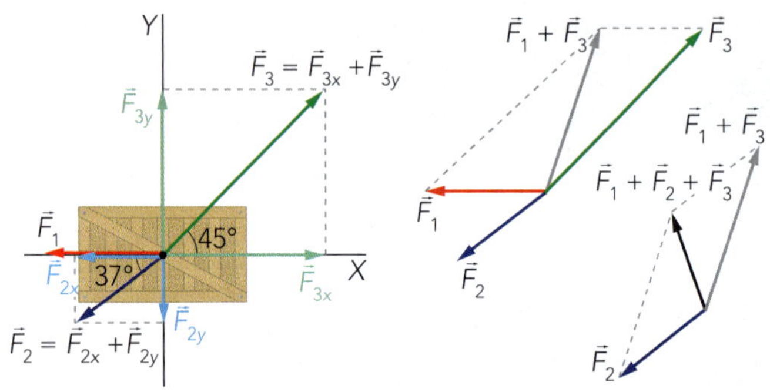

La resultante de varias fuerzas se puede calcular tanto de modo gráfico como a partir de las componentes cartesianas de las fuerzas que actúan. En la separata del libro se explica cómo.

Ejercicios

1 Según lo estudiado, ¿es correcto decir que un levantador de pesas tiene fuerza? Justifica tu respuesta.

2 ¿Es posible que actúen varias fuerzas sobre un mismo objeto, y este no se deforme ni varíe su estado de movimiento? Pon un ejemplo.

3 Las siguientes fuerzas, expresadas en newtons, actúan sobre el mismo cuerpo. Dibuja y calcula la resultante.

$$\vec{F}_1 = -20 \cdot \vec{i} + 30 \cdot \vec{j}\ ;\ \vec{F}_2 = 30 \cdot \vec{i} + 10 \cdot \vec{j}$$

$$\vec{F}_3 = 10 \cdot \vec{i} + 20 \cdot \vec{j}$$

1.3. Interacciones fundamentales

La clasificación de las fuerzas, o interacciones, ha tenido cambios a lo largo de la historia, ya que la ciencia está en continua evolución.

Interacción gravitatoria

En el siglo IV a. C. Aristóteles defendía que las leyes que rigen los movimientos en la superficie de la Tierra eran distintas a las que gobiernan los de los astros. Así se pensó, con más o menos detractores, hasta que a finales del siglo XVII Isaac Newton, con la ley de la gravitación universal, unificó estos dos mundos en uno solo con leyes únicas. Tras esta primera unificación de la historia de la física, se habla de la **interacción gravitatoria** como una de las interacciones fundamentales.

Interacción electromagnética

La segunda unificación llega dos siglos después de manos de James Clerk Maxwell, quien consiguió englobar, dentro de la misma teoría, las interacciones eléctrica y magnética. Desde entonces, se habla de la **interacción electromagnética.**

La unificación de Maxwell hizo pensar a Albert Einstein que el electromagnetismo y la gravitación también podrían englobarse en una única **teoría del todo,** que nunca llegó a encontrar.

Interacciones nucleares

Con estas dos interacciones se podía explicar todo lo observable en la época, y a finales del siglo XIX se pensaba que la física había llegado a su fin. Pero a principios del siglo XX se descubre el núcleo atómico, cuya existencia no se podía explicar con la gravitación y el electromagnetismo. Surgen de este modo la **interacción fuerte,** la más intensa de todas, responsable de mantener unidos los protones y los neutrones en el núcleo, y la **interacción débil,** que explica los fenómenos radiactivos.

El conocimiento actual del universo se basa en cuatro **interacciones fundamentales: gravitatoria, electromagnética, nuclear fuerte y nuclear débil.** Las nucleares no las captan nuestros sentidos, pues son de tan corto alcance que no se aprecian fuera de los núcleos de los átomos.

Nuevas unificaciones

A finales de la década de 1960, Glashow, Salam y Weinberg demostraron que cuando la temperatura media del universo era mucho mayor que la actual la interacción electromagnética y la nuclear débil eran indistinguibles, y quedaban fundidas en la **interacción electrodébil.** Y en 1973, con la colaboración de muchos científicos, se presentó el **modelo estándar,** que engloba las dos interacciones nucleares y la electromagnética. La gravitatoria, sin embargo, se resiste a la unificación.

En la actualidad, la mejor candidata a convertirse en una teoría que unifique las cuatro interacciones fundamentales es la **teoría de cuerdas,** que considera los componentes fundamentales de la materia como «cuerdecitas vibrantes», todas del mismo material pero con distintos contenidos energéticos. Solo nuevos hechos y explicaciones validarán algún día la teoría del todo.

Consideraciones finales

Aunque en el texto solo aparecen los nombres de quienes finalmente enunciaron las leyes y las teorías, los nuevos descubrimientos se basan en trabajos de otros científicos y suelen realizarlos equipos multidisciplinares.

Representación dimensional de la teoría de cuerdas

En la teoría de cuerdas se postulan dimensiones extra a las tres que conoces. Realiza una búsqueda sobre cómo se pueden representar.

Ejercicios

4 Busca información y elabora un informe sobre los trabajos anteriores a la unificación de Maxwell, en los que este se basó para enunciar sus leyes del electromagnetismo.

5 **Línea de tiempo.** Diseña una línea cronológica con las unificaciones comentadas en el texto.

6 Busca información acerca de la intensidad y el alcance de las interacciones mencionadas.

7 Busca en Internet el vídeo del «universo elegante» de Brian Greene. Después de verlo, ¿crees que algún día se llegará a enunciar la teoría del todo? ¿Será una teoría definitiva?

Algunas fuerzas cotidianas

Peso

El peso, $\vec{P}$, de un objeto se calcula como el producto de su masa, **m,** por la aceleración de la gravedad en el lugar donde se encuentre, $\vec{g}$.

En la superficie de la Tierra, $g = 9{,}81\ \text{m/s}^2$, su **dirección** es **vertical** (hacia el centro de la Tierra), y su **sentido, hacia abajo.**

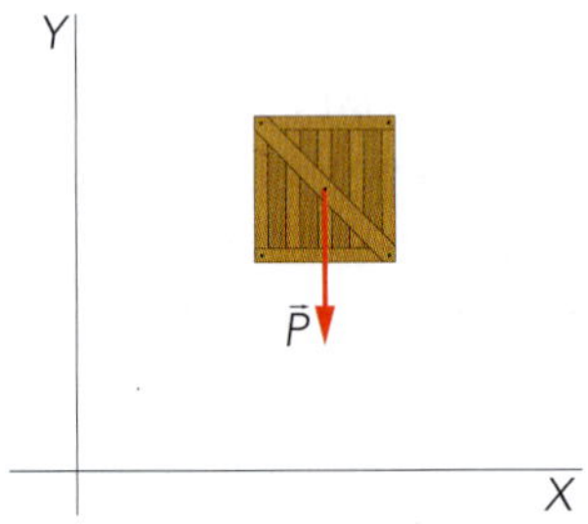

$$P = m \cdot g$$

Normal

Debido a la impenetrabilidad de la materia, cualquier superficie rígida sobre la que apoyemos un cuerpo ejercerá, **mientras haya contacto entre ambos,** una fuerza sobre este.

Se denomina fuerza normal, $\vec{N}$, pues es **perpendicular a la superficie de contacto.**

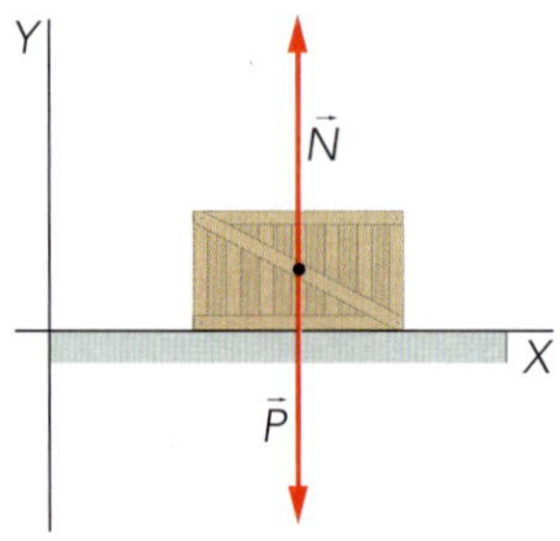

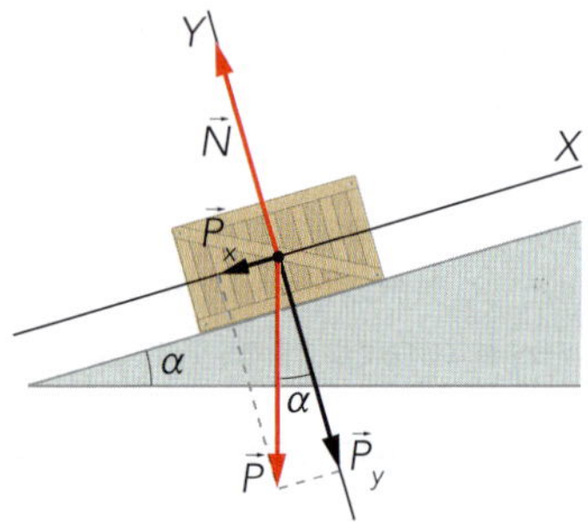

Fuerzas elásticas

Un objeto unido a un sistema elástico deformado, por ejemplo, un muelle, está sometido a una **fuerza recuperadora,** cuyo módulo es proporcional a la deformación de este (ley de Hooke).

La constante *k*, denominada **constante elástica** (o constante recuperadora), depende de las características del muelle o sistema elástico.

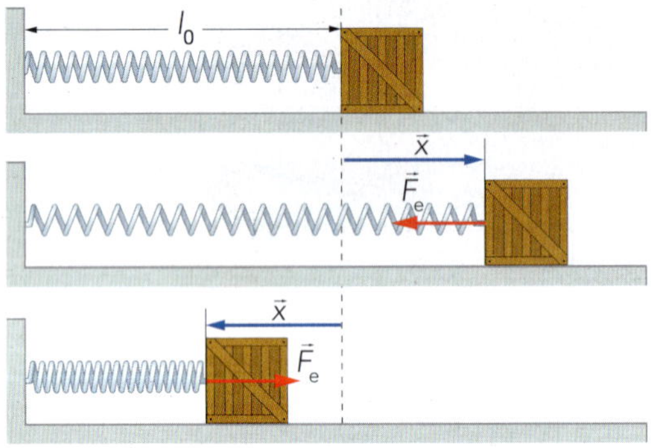

$$F_e = -k \cdot x$$

Tensión

Una de las formas habituales de elevar o arrastrar un cuerpo es tirar de él mediante una cuerda o un cable tensos. Si son inextensibles y de masa despreciable, se pueden sustituir por las fuerzas de tensión que soportan, y transmiten.

Los cuerpos unidos a los extremos de una cuerda tensa tienen la misma aceleración tangencial.

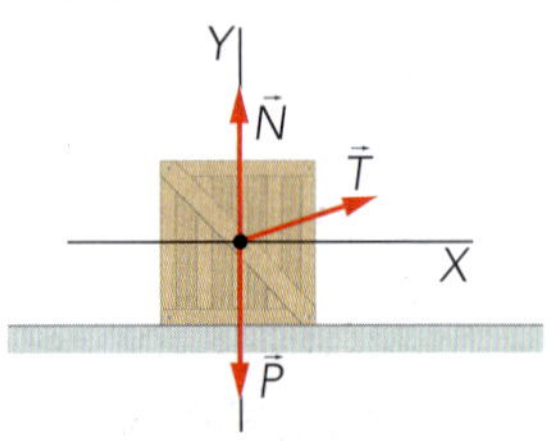

Rozamiento

Cuando deslizamos un cuerpo sobre otro, encontramos una resistencia al movimiento, que se debe, en última instancia, a las irregularidades microscópicas de las superficies.

Surgen de este modo las fuerzas de rozamiento, de **sentido contrario al del movimiento** y **módulo proporcional a la fuerza normal** antes descrita.

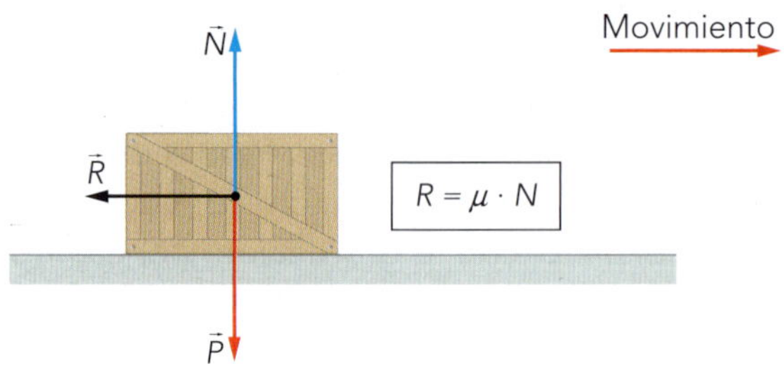

$$R = \mu \cdot N$$

El **coeficiente de rozamiento,** μ, depende de la naturaleza de los materiales.

Se distingue entre el coeficiente **estático,** μ_e, presente cuando el cuerpo no se desplaza (en caso de existir una fuerza neta aplicada, el módulo de la fuerza de rozamiento es igual al de aquella), y el **dinámico,** μ_d, de menor valor, cuando sí lo hace.

Al ser cocientes entre fuerzas, ambos son **adimensionales.**

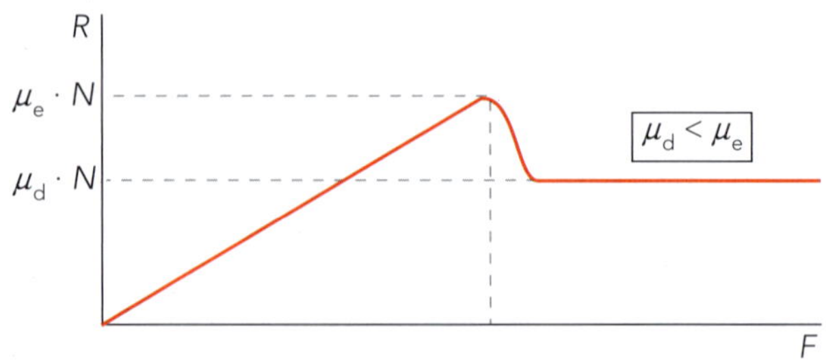

Ejercicios resueltos

1 Dibuja las fuerzas que actúan sobre un cuerpo situado en un plano inclinado con rozamiento, y estudia las condiciones para que haya fuerza neta no nula.

Solución

Las fuerzas que actúan sobre el cuerpo son el peso, la normal y el rozamiento. Utilizamos como sistema de referencia unos ejes cartesianos cuyo eje *X* sea paralelo al plano:

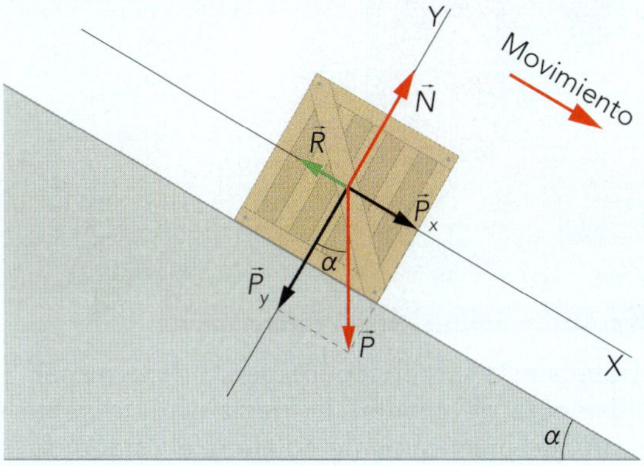

En este sistema de referencia:

$$\vec{P} = P_x \cdot \vec{i} - P_y \cdot \vec{j} \;;\; \vec{N} = N \cdot \vec{j} \;;\; \vec{R} = -R \cdot \vec{i}$$

Por tanto, la fuerza resultante es:

$$\vec{F} = \vec{P} + \vec{N} + \vec{R} = (P_x - R) \cdot \vec{i} + (N - P_y) \cdot \vec{j}$$

En el eje *Y* la resultante es nula, pues si fuese $N > P_y$, el cuerpo se separaría del plano, y si $N < P_y$, penetraría en él. Ninguna de las dos situaciones ocurre, por lo que $N = P_y$.

Por tanto, la condición de fuerza neta no nula se ha de imponer en el eje *X*:

- Si $P_x \leq R$, el cuerpo no desliza, pero no sube, ya que la fuerza de rozamiento se opone al movimiento, pero no lo produce.
- Si $P_x > R$ el cuerpo empieza a deslizar, y la fuerza de rozamiento toma el valor $R = \mu_d \cdot N$. En este caso, la fuerza neta es $\vec{F} = (P_x - \mu_d \cdot N) \cdot \vec{i}$, no nula.

2 Expresa las componentes del peso del ejercicio resuelto 1 en función del ángulo de inclinación, α.

Solución

En la figura, $\vec{P}_y$ es perpendicular a la superficie del plano, y $\vec{P}$ lo es a su base. Por tanto, al ser perpendiculares dos a dos, el ángulo que forman $\vec{P}$ y $\vec{P}_y$ es el mismo que el comprendido entre la base del plano y su superficie. Con esto:

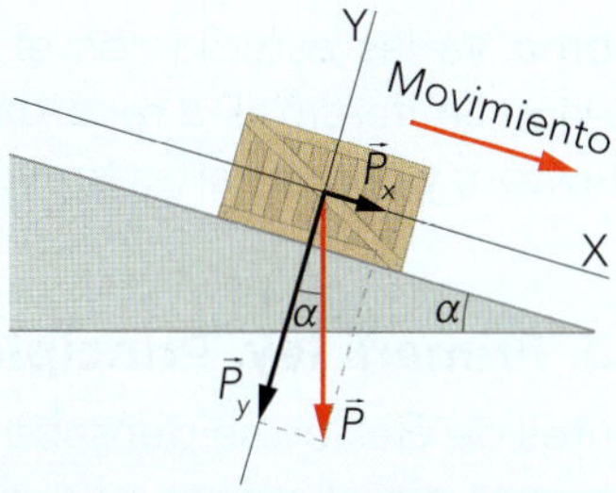

$$P_x = m \cdot g \cdot \text{sen}\,\alpha \;;\; P_y = m \cdot g \cdot \cos\alpha$$

3 Determina la expresión de la fuerza neta que actúa sobre un cuerpo en reposo, sujeto por un muelle, sobre un plano inclinado sin rozamiento.

Solución

El diagrama de fuerzas, en este caso, es:

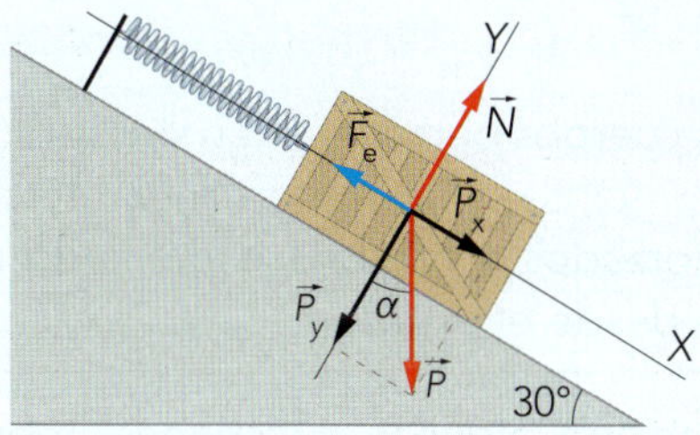

La fuerza neta es la suma de todas las que actúan:

$$\vec{F} = \vec{P} + \vec{N} + \vec{F}_e$$

Expresada en componentes cartesianas:

$$\vec{F} = (P_x - F_e) \cdot \vec{i} + (N - P_y) \cdot \vec{j}$$

$$\vec{F} = (m \cdot g \cdot \text{sen}\,\alpha - k \cdot x) \cdot \vec{i} + (N - m \cdot g \cdot \cos\alpha) \cdot \vec{j}$$

donde *x* es el alargamiento del muelle, o elongación.

Ejercicios

8 **Lo común.** Indica las interacciones, y dibuja los diagramas de fuerzas, de un objeto en caída libre, un cuerpo colgado del techo mediante un muelle y un cuerpo que sube deslizando por un plano inclinado con rozamiento.

9 Calcula tu peso en la superficie de la Tierra. Si la aceleración de la gravedad en la superficie de la Luna es la sexta parte que en la de la Tierra, ¿cuánto pesarías en la Luna? ¿Qué masa tendrías allí?

10 Dibuja las fuerzas que actúan sobre ti cuando estás sentado en una silla, calcula sus módulos, e identifica qué cuerpos las ejercen.

11 Una de las condiciones para que un cuerpo esté en reposo es que la fuerza neta que actúa sobre él sea nula. Sabiendo esto, calcula la elongación del muelle y la fuerza normal en el ejercicio resuelto 3, si la masa del cuerpo es de 60 kg, y $k = 5000$ N/m.

2
PRINCIPIOS DE LA DINÁMICA

Los principios de la dinámica, o leyes de Newton, relacionan el movimiento con la causa que lo produce. Fue Isaac Newton quien, mejorando y sintetizando trabajos anteriores, principalmente de Galileo, los enunció en su obra *Philosophiæ Naturalis Principia Mathematica*, publicada en 1687.

Como ya las estudiamos el curso pasado, en este texto nos limitaremos a recordarlas, tal y como las enunció Newton, y comentarlas brevemente.

2.1. Primera ley. Principio de inercia

Antes de Galileo se pensaba que el estado natural de los cuerpos era el reposo, y que para mantenerlos en movimiento hacía falta una **causa motora** continuada.

Pero Galileo interpretó el fenómeno de otro modo. Si tenemos que aplicar una fuerza para mantener el movimiento es porque existe rozamiento. Si no lo hubiese, un cuerpo mantendría un movimiento rectilíneo uniforme sin necesidad de aplicar fuerza.

Es la idea que refleja Newton en su primera ley del movimiento:

> Todos los cuerpos perseveran en su estado de reposo o de movimiento uniforme en línea recta, salvo que se vean forzados a cambiar ese estado por fuerzas aplicadas desde el exterior.

Esta ley encierra algunas cuestiones importantes que conviene aclarar:

- Contiene una **definición cualitativa de la fuerza** como agente capaz de variar el estado de reposo o de movimiento de los cuerpos, esto es, modificar su velocidad. **La fuerza,** pues, **origina una aceleración.**
- El reposo ($\vec{v} = 0$) y el movimiento rectilíneo uniforme son ($\vec{v} = \text{cte}$) dos estados equivalentes para una partícula material.
- Introduce el concepto de inercia, u oposición a los cambios de movimiento. En las figuras se representan dos situaciones para clarificarlo.

Inercia

La botella está en reposo (respecto de la mesa). Si tiramos rápidamente del mantel, la fuerza actúa durante tan poco tiempo que prácticamente no altera el estado de reposo.

Si un vehículo frena bruscamente, los pasajeros tienden a mantener su estado de movimiento. Por eso salen despedidos hacia adelante.

Ejercicios

12 Según el principio de inercia, explica qué le sucede a un pasajero que viaja de pie en un autobús cuando, de repente, el vehículo:

a) Frena.

b) Acelera.

c) Toma una curva hacia la derecha.

13 Idea un método para comprobar si un vehículo está o no acelerando, utilizando una plomada.

14 Busca en Internet el vídeo «inercia universo mecánico», que trata sobre la inercia. Después de verlo, explica por qué hemos dicho que unos científicos se basan en los trabajos de otros.

Sistemas de referencia inerciales

Un **sistema de referencia inercial, SRI,** es aquel en el que se cumple el principio de inercia.

Pero esto, ¿qué significa? La primera ley de Newton indica que cuando una partícula está libre de fuerzas no variará su estado de reposo o movimiento. Pero... ¿es posible que lo varíe sin aplicar fuerzas? Observemos las figuras que describen el siguiente experimento mental.

Elijamos un sistema de referencia, *S*, anclado a un andén de una estación ferroviaria, y otro, *S'*, anclado a uno de los vagones de un tren a punto de partir y cuyo suelo no ofrece resistencia al deslizamiento. Se coloca, entonces, un objeto que está en reposo en *S* y en *S'*.

Cuando el tren acelera, como no hay rozamiento entre el suelo del vagón y el objeto, este permanece en la misma posición respecto de *S*, y para un observador en el andén se cumple el principio de inercia: el objeto está libre de fuerzas (la fuerza neta es cero), y permanece en reposo.

Pero un observador situado en *S'* vería el objeto, aunque libre de fuerzas, moverse hacia la parte trasera del vagón, **con la misma aceleración** que este pero en sentido contrario (no hay rozamiento, y el tren desliza debajo del bloque, sin arrastrarlo). Para este observador no se cumpliría el principio de inercia. Así, *S'*, acelerado respecto de *S*, es un **sistema de referencia no inercial, SRNI.** Por tanto, si en un sistema de referencia una partícula varía su estado de reposo o de movimiento (tiene aceleración), y no identificamos la fuerza que produce esta variación, hemos de concluir que se trata de un SRNI.

Dado un SRI, todos los sistemas de referencia en reposo o con MRU respecto de él también serán inerciales, y no inerciales los que estén acelerados. El problema es encontrar un sistema de referencia que sea inercial.

Los sistemas de referencia situados en la superficie terrestre describen un MCU; por tanto, están acelerados. No son inerciales en un sentido estricto, pero suponen una buena aproximación en la mayoría de los casos.

Sistemas de referenciia inercial y no inercial

Cuando el tren está parado, el principio de inercia se cumple tanto en *S* como en *S'*. Sobre el objeto no actúa fuerza neta, y este mantiene su estado de reposo.

Cuando el tren acelera, el objeto permanece en reposo en *S*, pero en *S'* comienza a moverse con aceleración $-\vec{a}_0$. *S'* es un sistema de referencia no inercial, acelerado respecto de *S*.

Ejercicios

15 Un observador está sentado en la tribuna de un circuito de motocicletas.

El sistema de referencia de una moto que atraviesa la recta de meta acelerando, ¿es inercial?

¿Y el del director de carrera, que está sentado en la torre de control? Justifica tus respuestas.

16 Visualiza el video de la Universidad de Toronto: «Frames of reference». Puedes encontrarlo, dividido en dos partes, utilizando las palabras clave «sistemas referencia universidad Toronto».

A continuación, responde; ¿existe en el universo algún sistema de referencia inercial?

2.2. Segunda ley. Principio fundamental de la dinámica

La segunda ley de Newton es la más utilizada en la resolución de problemas. Se puede enunciar así:

> El cambio en el estado de reposo o de movimiento de un cuerpo es proporcional a la fuerza que actúa sobre él y tiene lugar en la dirección de la fuerza.

Esto significa que la fuerza se puede expresar, matemáticamente, como el producto de una constante por la aceleración. La constante de proporcionalidad es la masa del cuerpo:

$$\vec{F} = m \cdot \vec{a} \ ; \ [F] = M \cdot L \cdot T^{-2}$$

Cuestiones a considerar de esta ley son:

- En su expresión matemática, la fuerza es la **resultante** de todas las aplicadas sobre el cuerpo.
- $\vec{F}$ tiene la misma dirección y sentido que $\vec{a}$.
- Constituye una **definición cuantitativa, o dinámica, de la fuerza.**
- Permite definir el **newton,** unidad de fuerza del SI, como la **fuerza que, aplicada a 1 kg de masa, le comunica una aceleración de 1 m/s².**
- La primera ley introduce el concepto de inercia, y la segunda nos indica su valor. **La masa es la magnitud que mide la cantidad de inercia de un cuerpo.**
- Se trata de una ecuación vectorial, por lo que, en componentes cartesianas:

$$F_x = m \cdot a_x \ ; \ F_y = m \cdot a_y$$

Fuerzas ficticias o de inercia

En los sistemas de referencia no inerciales, o acelerados, tal y como se ha visto, esta ley no se cumple: la fuerza neta es cero y los cuerpos aceleran.

Parece como si se aplicara una fuerza externa sobre el cuerpo, aunque realmente no es así, pues no existe interacción alguna que la explique. Surgen de este modo las **fuerzas ficticias,** o **fuerzas de inercia,** que deberemos tener en cuenta si queremos aplicar la segunda ley de Newton en sistemas no inerciales.

Las fuerzas de inercia **se calculan multiplicando la masa del cuerpo por la aceleración del sistema de referencia, pero con sentido contrario** (ver figuras de la página anterior). Así, si el estudio de un movimiento se realiza en un sistema de referencia con aceleración $\vec{a}_0$, aparte de las fuerzas habituales (peso, normal, rozamiento, etc.), se habrá de tener en cuenta una fuerza inercial de valor:

$$\vec{F}_{in} = -m \cdot \vec{a}_0$$

Ejercicios resueltos

4 Calcula la aceleración de un cuerpo de 0,5 kg sobre el que actúan las siguientes fuerzas, expresadas en N:

$$\vec{F}_1 = -5 \cdot \vec{j} \ ; \ \vec{F}_2 = -2 \cdot \vec{i} \ ; \ \vec{F}_3 = 4 \cdot \vec{i} + 6 \cdot \vec{j}$$

Solución

La resultante de las tres fuerzas es la suma vectorial:

$$\vec{F} = \vec{F}_1 + \vec{F}_2 + \vec{F}_3 = (2 \cdot \vec{i} + \vec{j}) \text{ N}$$

Despejando la aceleración en la expresión matemática de la segunda ley de Newton se obtiene:

$$\vec{a} = \frac{\vec{F}}{m} = \frac{(2 \cdot \vec{i} + \vec{j}) \text{ N}}{0{,}5 \text{ kg}} = (4 \cdot \vec{i} + 2 \cdot \vec{j}) \text{ m/s}^2$$

$$a = \sqrt{4^2 + 2^2} = \sqrt{20} \text{ m/s}^2 = \boxed{2 \cdot \sqrt{5} \text{ m/s}^2}$$

5 ¿Qué fuerza neta, $\vec{F}$, actúa sobre un paquete que se encuentra en el cajón de un camión que está parado en un semáforo? ¿Y cuando arranca?

Solución

Se toma el sistema de referencia en el camión. Mientras está parado, sobre el paquete actúan el peso y la normal, ambas del mismo módulo, por lo que la fuerza neta es:

$$\vec{F} = \vec{P} + \vec{N} = 0$$

Cuando arranca, lo hace con una aceleración $\vec{a}$, por lo que a las anteriores se añade una fuerza inercial. En este caso:

$$\vec{F} = \vec{P} + \vec{N} + \vec{F}_{in} = \vec{F}_{in} = \boxed{-m \cdot \vec{a}}$$

De ahí que los bultos tiendan a irse hacia atrás al arrancar.

Ejercicios

17 Cuando un ascensor de 3000 N de peso arranca con $a = 0{,}2$ m/s², ¿qué fuerza inercial siente una persona de 70 kg? ¿Qué fuerza ejerce el cable que lo eleva?

18 En el ejercicio resuelto 4, ¿qué fuerza tendríamos que aplicar para que el cuerpo describiera un MRU?

19 En el caso del ejercicio resuelto 5, ¿con qué aceleración máxima puede arrancar el camión para que un paquete de 30 kg no deslice si el coeficiente de rozamiento estático entre el suelo del cajón y el paquete es $\mu_e = 0{,}4$?

2.3. Tercera ley. Principio de acción y reacción

Como vimos en el apartado 1.1, las fuerzas siempre actúan por pares. Las condiciones que cumplen las dos fuerzas de una interacción, que reciben el nombre de **acción** y **reacción,** constituyen el enunciado de esta ley:

> Para toda acción hay siempre una reacción en sentido opuesto e igual en módulo. Las acciones recíprocas de dos cuerpos son siempre iguales y dirigidas en sentidos contrarios.

Si dos cuerpos *A* y *B* interaccionan, y llamamos $\vec{F}_{AB}$ a la fuerza que ejerce *A* sobre *B*, y $\vec{F}_{BA}$ a la que ejerce *B* sobre *A*, la expresión matemática de esta ley es:

$$\vec{F}_{AB} = -\vec{F}_{BA}$$

Algunas consideraciones de importancia son:

- Podemos llamar acción a cualquiera de ellas. La reacción será la otra fuerza, que actúa sobre el otro cuerpo.
- **Actúan simultáneamente,** cada una sobre uno de los cuerpos que interaccionan. Por tanto, nunca podrán anularse, ya que actúan **sobre cuerpos distintos.**
- Este principio, evidente cuando hay contacto, también **se cumple en las interacciones a distancia.**

2.4. Las leyes de Newton y el principio de relatividad de Galileo

En la unidad 7 se enunció este principio como la imposibilidad de determinar la velocidad absoluta de un sistema; ahora se puede enunciar de otro modo:

> Las leyes de Newton se cumplen en todos los sistemas de referencia inerciales.

Si trabajamos en sistemas de referencia distintos se obtienen distintos valores de la posición de un móvil y para su velocidad; pero si estos son inerciales, en todos se obtendrá la misma aceleración.

Así, las leyes que obedecen los fenómenos físicos son las mismas para un observador en reposo que para otro que se mueve con MRU respecto de aquel, de modo que **no existe ningún procedimiento que nos permita diferenciar el reposo del MRU.**

Este principio, también conocido como **principio de invariancia galileana,** fue uno de los primeros introducidos en la física, y básico para el trabajo desarrollado por Newton. Sigue siendo válido después de numerosos experimentos, como el realizado por Michelson y Morley entre 1881 y 1887 para medir, sin éxito, la velocidad absoluta de traslación de la Tierra.

Ejercicio resuelto

6 Identifica con qué interacciona un jarrón apoyado en una mesa. Describe cada par de fuerzas.

Solución

El jarrón interacciona con la mesa (por contacto) y con la Tierra (a distancia). Sobre él solo actúa una de las fuerzas de cada interacción; la otra actúa sobre el cuerpo con el que interacciona. Las fuerzas presentes en el sistema son:

$\vec{F}_{JM}$ → Fuerza del jarrón sobre la mesa, aplicada en esta.

$\vec{F}_{MJ}$ → Fuerza de la mesa sobre el jarrón, aplicada en este.

$\vec{F}_{JT}$ → Fuerza del jarrón sobre la Tierra, aplicada en el centro de esta.

$\vec{F}_{TJ}$ → Fuerza de la Tierra sobre el jarrón, aplicada en este.

En la figura inferior se representan estas fuerzas:

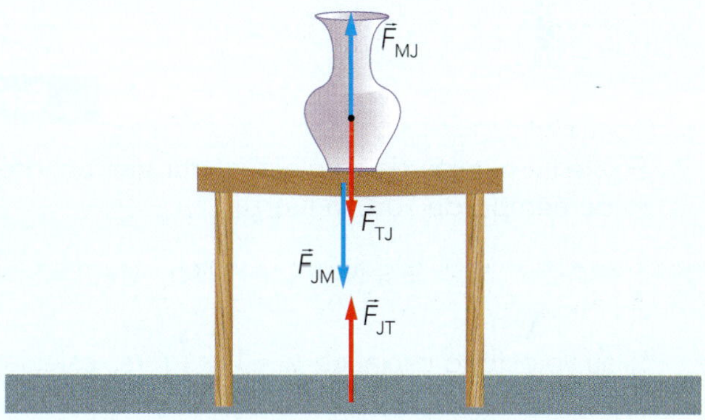

Si el jarrón está en equilibrio, $\vec{F}_{MJ} + \vec{F}_{TJ} = 0$.

Ejercicios

20 **El espejo.** Repite el ejercicio resuelto 6, esta vez centrando el estudio de fuerzas en la mesa en lugar de en el jarrón. ¿Qué condición se ha de cumplir para que la mesa esté en reposo? ¿Qué semejanzas y diferencias encuentras entre ambos estudios?

21 Si consideramos inercial un sistema de referencia situado en la superficie de la Tierra, razona si lo es, o no, el situado en:

a) La terraza de tu casa.

b) Un cuerpo en caída libre.

c) Un ascensor.

3.1. Momento lineal de una partícula

El enunciado original de la segunda ley de Newton no hacía referencia a la aceleración, sino a la variación del movimiento. Lo que Newton llamaba movimiento hoy se llama **cantidad de movimiento:**

La **cantidad de movimiento,** o **momento lineal,** de una partícula es una magnitud física definida como el producto de la masa de la partícula por su velocidad.

Se representa por $\vec{p}$; matemáticamente:

$$\vec{p} = m \cdot \vec{v} \;;\; [p] = M \cdot L \cdot T^{-1}$$

Se trata de una **magnitud vectorial** que tiene la **misma dirección y sentido que la velocidad** y, como esta, depende del sistema de referencia. El momento lineal es un concepto físico de mucha importancia, pues combina los dos elementos que caracterizan el estado dinámico de una partícula: la masa y la velocidad. Su unidad, en el SI, es kg · m/s.

3.2. Variación del momento lineal

Con la definición de aceleración, y suponiendo que la masa de la partícula es constante, obtenemos el enunciado original de la segunda ley de Newton:

$$\vec{F} = m \cdot \vec{a} = m \cdot \frac{d\vec{v}}{dt} = \frac{d}{dt} \cdot (m \cdot \vec{v}) = \frac{d\vec{p}}{dt}$$

Si la fuerza neta que actúa sobre la partícula es constante, esta expresión se puede escribir con incrementos.

Así se obtiene, para la variación de la cantidad de movimiento producida por una fuerza constante, la expresión:

$$\Delta\vec{p} = \vec{F} \cdot \Delta t$$

Observa que **una partícula libre de fuerzas ($\vec{F} = 0$) mantiene constante su momento lineal ($\Delta\vec{p} = 0$).**

3.3. Teorema del impulso mecánico

El efecto de una fuerza sobre un cuerpo depende tanto de su módulo como del intervalo de tiempo durante el que actúa. Para tener en cuenta este hecho, se define otra magnitud:

El **impulso mecánico** de una fuerza es el producto de la fuerza por el intervalo de tiempo durante el que actúa.

Matemáticamente:

$$\vec{I} = \vec{F} \cdot \Delta t \;;\; [I] = M \cdot L \cdot T^{-1}$$

Se trata de una **magnitud vectorial** que tiene la **misma dirección y sentido que la fuerza.** Su unidad en el SI es N · s.

Utilizando esta magnitud se puede enunciar el **teorema del impulso mecánico, o del momento lineal,** que establece que:

El impulso mecánico de la fuerza resultante que actúa sobre una partícula es igual a la variación de su cantidad de movimiento.

Matemáticamente, se expresa como:

$$\vec{I} = \Delta\vec{p}$$

Ejercicio resuelto

7 Sobre un cuerpo de 3 kg actúa, durante un intervalo de tiempo de 10 s, la fuerza:

$$\vec{F} = (9 \cdot \vec{i} - 6 \cdot \vec{j})\,N$$

Si su velocidad inicial es $\vec{v}_0 = 13 \cdot \vec{i}$ m/s, calcula:

a) El impulso mecánico.

b) La velocidad que adquiere tras aplicar la fuerza.

Solución

El impulso mecánico de la fuerza es:

$$\vec{I} = \vec{F} \cdot \Delta t = \boxed{(90 \cdot \vec{i} - 60 \cdot \vec{j})\,N \cdot s}$$

De acuerdo con el teorema del impulso mecánico:

$$\vec{I} = \Delta\vec{p} = \vec{p} - \vec{p}_0 = m \cdot \vec{v} - m \cdot \vec{v}_0 = m \cdot (\vec{v} - \vec{v}_0)$$

$$\vec{v} = \frac{\vec{I}}{m} + \vec{v}_0 = \boxed{(43 \cdot \vec{i} - 20 \cdot \vec{j})\,m/s}$$

Ejercicio

22 Una pelota de pádel llega a la raqueta con una velocidad $\vec{v}_0 = (-12 \cdot \vec{i} + 15 \cdot \vec{j})$ m/s. Después de ser golpeada sale con $\vec{v} = (30 \cdot \vec{i} + 22 \cdot \vec{j})$ m/s. Si la masa de la pelota es m = 58 g, calcula:

a) El impulso de la raqueta sobre la pelota.

b) La fuerza (constante) que ejerce la raqueta sobre la pelota, si están en contacto durante 3 cs.

3.4. Conservación de la cantidad de movimiento

Supongamos dos partículas, *A* y *B*, libres de fuerzas externas, de modo que solo interaccionan mutuamente. La fuerza, supuesta constante, que ejerce *A* sobre *B*, $\vec{F}_{AB}$, provocará una variación en la cantidad de movimiento de *B* igual a:

$$\Delta\vec{p}_B = \vec{F}_{AB} \cdot \Delta t$$

Simultáneamente, la fuerza que ejerce *B* sobre *A* provocará una variación en el momento lineal de *A*:

$$\Delta\vec{p}_A = \vec{F}_{BA} \cdot \Delta t$$

Según la tercera ley de Newton, $\vec{F}_{AB} = -\vec{F}_{BA}$, y se cumple:

$$\Delta(\vec{p}_A + \vec{p}_B) = \Delta\vec{p}_A + \Delta\vec{p}_B = (\vec{F}_{BA} + \vec{F}_{AB}) \cdot \Delta t = 0$$

Por tanto, la variación del momento lineal total, $\vec{p}_A + \vec{p}_B$, es cero, lo que equivale a decir que el momento lineal total se conserva; es decir, es constante:

$$\vec{p}_A + \vec{p}_B = \text{cte}$$

El razonamiento seguido para dos partículas es válido para cualquier número de ellas que constituyan un sistema libre de fuerzas externas, y este resultado constituye el **principio de conservación de la cantidad de movimiento:**

> La cantidad de movimiento total de un sistema de partículas libre de fuerzas externas es constante.
>
> $$\text{Si } \vec{F} = 0 \rightarrow \vec{p} = \text{cte}$$

Es uno de los principios fundamentales y universales de la física, que puede considerarse como un enunciado equivalente de la tercera ley de Newton. En efecto, para un sistema de dos partículas, *A* y *B*:

$$\vec{p}_{0_A} + \vec{p}_{0_B} = \vec{p}_A + \vec{p}_B$$

$$m_A \cdot \vec{v}_{0_A} + m_B \cdot \vec{v}_{0_B} = m_A \cdot \vec{v}_A + m_B \cdot \vec{v}_B$$

$$m_A \cdot (\vec{v}_{0_A} - \vec{v}_A) = m_B \cdot (\vec{v}_B - \vec{v}_{0_B})$$

$$-\Delta\vec{p}_A = \Delta\vec{p}_B$$

> En un sistema de dos partículas libres de fuerzas externas, la interacción produce un intercambio de cantidad de movimiento.

Observemos que el hecho de que el sistema esté libre de fuerzas externas no significa que no se apliquen fuerzas desde el exterior. Pueden existir, pero su resultante ha de ser nula. En todos los casos, eso sí, las fuerzas internas se anulan dos a dos, por lo que **la resultante de las fuerzas internas es siempre nula.**

En fenómenos como **choques** y **explosiones,** en los **motores de reacción,** o en el **retroceso de armas** de fuego, se conserva el momento lineal del sistema, ya que las fuerzas externas son nulas, o pueden despreciarse.

No se conocen excepciones al principio de conservación de la cantidad de movimiento. Cuando algún experimento ha parecido incumplirlo, se ha encontrado alguna partícula que diera cuenta de la aparente vulneración; de este modo se han descubierto muchas de las partículas elementales.

Ejercicio resuelto

8 Calcula la velocidad de retroceso de una pistola de 900 g que dispara horizontalmente una bala de 28,35 g con una velocidad de 355 m/s.

Solución

Tomamos un sistema de referencia en el que las velocidades iniciales son nulas; el momento lineal inicial y final del sistema pistola-bala es:

$$\vec{p}_0 = \vec{p}_{0_{pistola}} + \vec{p}_{0_{bala}} = 0$$

$$\vec{p}_f = \vec{p}_{f_{pistola}} + \vec{p}_{f_{bala}} = m_{pistola} \cdot \vec{v}_{pistola} + m_{bala} \cdot \vec{v}_{bala}$$

La resultante de las fuerzas externas es nula, ya que el peso del sistema pistola-bala queda contrarrestado por la fuerza que ejerce quien lo sujeta. Por tanto, la cantidad de movimiento del sistema se conserva:

$$\vec{p}_0 = \vec{p}_f \rightarrow m_{pistola} \cdot \vec{v}_{pistola} + m_{bala} \cdot \vec{v}_{bala} = 0$$

Se obtiene, pues, para la velocidad de la pistola:

$$\vec{v}_{pistola} = -\frac{m_{bala}}{m_{pistola}} \cdot \vec{v}_{bala}$$

Si se asigna a la velocidad de la bala la dirección y el sentido del semieje *X* positivo:

$$\vec{v}_{pistola} = -\frac{0,02835 \text{ kg}}{0,9 \text{ kg}} \cdot 355 \cdot \vec{i} \text{ m/s} = \boxed{-11,18 \cdot \vec{i} \text{ m/s}}$$

La siguiente figura representa los estados del sistema antes y después del disparo:

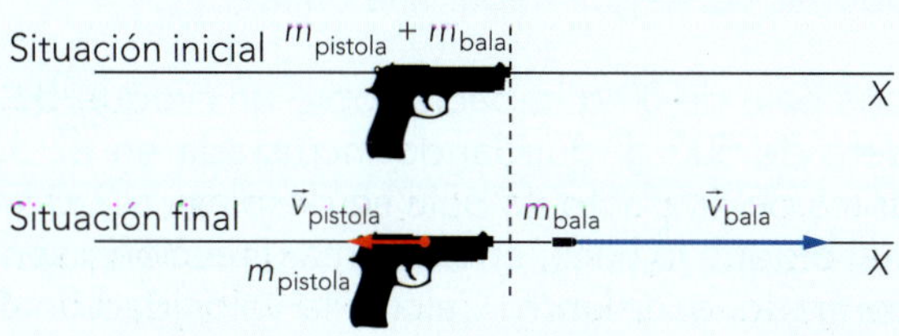

Ejercicios resueltos

9 Una partícula, *A*, de 1 kg, se mueve hacia la derecha a 3 m/s. Choca con otra, *B*, de 4 kg, en reposo, que sale despedida hacia la derecha a 1 m/s. ¿Qué velocidad tendrá la primera después del choque?

Solución

Tomamos el eje X como dirección de los movimientos:

$$\vec{p}_0 = m_A \cdot \vec{v}_{0_A} + m_B \cdot \vec{v}_{0_B} = 1 \cdot 3 \cdot \vec{i} + 4 \cdot 0 = 3 \cdot \vec{i}\ \text{kg} \cdot \text{m/s}$$

$$\vec{p}_f = m_A \cdot \vec{v}_A + m_B \cdot \vec{v}_B = 1 \cdot \vec{v}_A + 4 \cdot 1 \cdot \vec{i} = (\vec{v}_A + 4 \cdot \vec{i})\ \text{kg} \cdot \text{m/s}$$

Si la resultante de las fuerzas externas es nula, el momento lineal del sistema se conserva: $\vec{p}_0 = \vec{p}_f$:

$$3 \cdot \vec{i} = \vec{v}_A + 4 \cdot \vec{i} \rightarrow \boxed{\vec{v}_A = -\vec{i}\ \text{m/s}}$$

La partícula *A*, pues, sale hacia la izquierda a 1 m/s. En la figura inferior se representan las condiciones del sistema antes y después de la colisión:

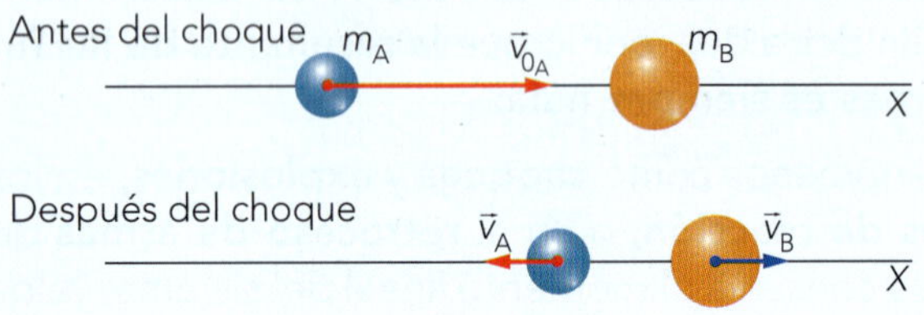

10 Un proyectil ($m = 500$ g), que se mueve con velocidad $\vec{v}_0 = (14 \cdot \vec{i} - 8 \cdot \vec{j})$ m/s, explota en dos fragmentos. Uno, de 150 g, sale con $\vec{v}_A = (130 \cdot \vec{i} - 73 \cdot \vec{j})$ m/s. ¿Con qué velocidad sale el otro?

Solución

Los momentos lineales inicial y final son:

$$\vec{p}_0 = m \cdot \vec{v}_0 = (7 \cdot \vec{i} - 4 \cdot \vec{j})\ \text{kg} \cdot \text{m/s}$$

$$\vec{p}_f = m_A \cdot \vec{v}_A + m_B \cdot \vec{v}_B = 0{,}15 \cdot (130 \cdot \vec{i} - 73 \cdot \vec{j}) + 0{,}35 \cdot \vec{v}_B$$

Si se trata de un sistema libre de fuerzas externas, $\vec{p}_0 = \vec{p}_f$:

$$7 \cdot \vec{i} - 4 \cdot \vec{j} = 19{,}5 \cdot \vec{i} - 10{,}95 \cdot \vec{j} + 0{,}35 \cdot \vec{v}_B$$

$$\boxed{\begin{array}{c} \vec{v}_B = (-35{,}71 \cdot \vec{i} + 19{,}86 \cdot \vec{j})\ \text{m/s} \\ v_B = 40{,}86\ \text{m/s} \end{array}}$$

La figura muestra el proceso de fragmentación:

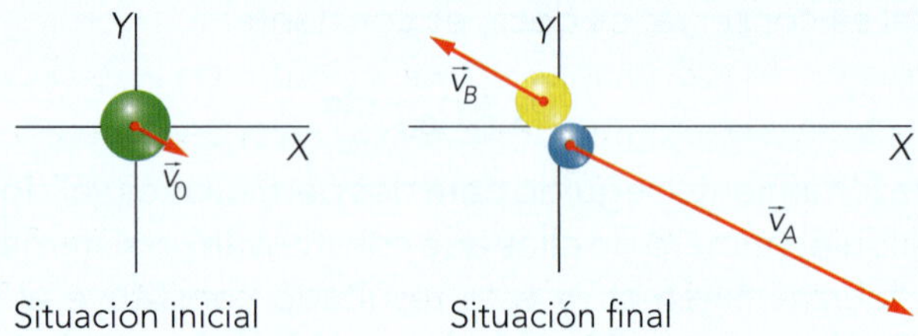

Descubrimiento del neutrino

El curso próximo estudiarás la llamada radiación β, presente en los fenómenos radiactivos. Consiste en la transformación de un neutrón en un protón y un electrón. Pero algo fallaba, pues en el proceso no se conservaba la cantidad de movimiento.

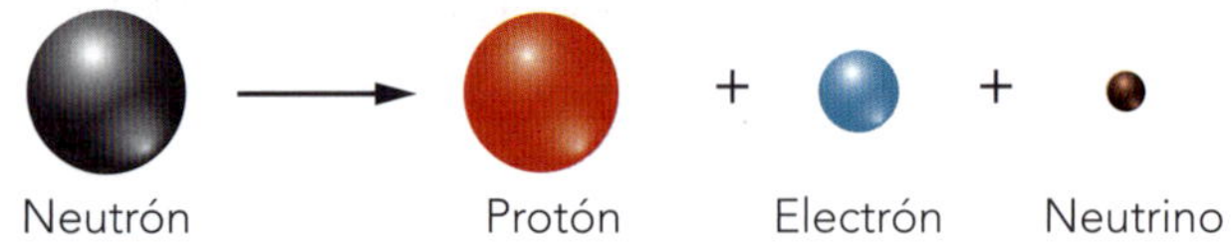

Entonces, o bien no se cumplía el principio de conservación del momento lineal, o en el proceso se producían otras partículas. En 1930, W. Pauli propuso la existencia del **neutrino,** y en 1956, C. Cowan y F. Reines la demostraron.

Ejercicios

23 Si estuvieras en reposo en medio de un lago helado, sobre una capa de hielo sin rozamiento, ¿cómo podrías conseguir llegar a la orilla?

24 Una bala de 30 g impacta sobre un bloque de madera de 500 g, quedando incrustada en él. Justo antes del impacto, la bala se desplaza a 250 km/h, y el bloque lo hace, en la misma dirección y sentido contrario, a 20 km/h. Calcula la velocidad final del conjunto.

25 Comenta la siguiente frase: «El descubrimiento del neutrino es un ejemplo del desarrollo de la física basado en los principios de conservación».

26 Un objeto, de 1,5 kg, se rompe en cuatro pedazos cuando se mueve con $\vec{v}_0 = (40 \cdot \vec{i} - 50 \cdot \vec{j})$ m/s. Un trozo, de 750 g, sale con $\vec{v}_1 = (150 \cdot \vec{i} + 115 \cdot \vec{j})$ m/s; otro, de 0,5 kg, con $\vec{v}_2 = (-25 \cdot \vec{i} - 76 \cdot \vec{j})$ m/s, y el tercero, de 100 g, con $\vec{v}_3 = 43 \cdot \vec{i}$ m/s. ¿Con qué velocidad sale el cuarto?

4 DINÁMICA DE ALGUNOS MOVIMIENTOS

Para aplicar las leyes de la dinámica a los movimientos estudiados en las unidades anteriores, es importante recordar que **la fuerza que aparece en la expresión matemática de la segunda ley de Newton es la resultante** de todas las fuerzas que actúan sobre el cuerpo, que se obtiene como suma vectorial de todas ellas.

4.1. Movimiento rectilíneo

■ Movimiento rectilíneo uniforme

En un MRU no existe aceleración, por lo que la fuerza neta que actúa sobre el móvil es nula. Lo habitual es que el cuerpo esté sometido a fuerzas, como el peso, la normal, el rozamiento, la que se aplica para vencerlo, etc., pero la resultante de todas ellas ha de ser cero.

■ Movimiento rectilíneo uniformemente acelerado

En el MRUA, la aceleración, que solo tiene componente tangencial, es constante y tiene la misma dirección que la velocidad. La fuerza que la origina, según la segunda ley de Newton, debe estar aplicada también en la misma dirección. Si actúa en el mismo sentido que la velocidad, aumentará el módulo de esta; si lo hace en sentido contrario, disminuirá. Además, para producir una aceleración constante, la fuerza que actúa sobre el cuerpo ha de ser, también, constante.

4.2. Movimiento circular uniforme

En un MCU, el vector velocidad, aunque mantiene su módulo constante, cambia de dirección en cada punto de la circunferencia. La aceleración solo tiene componente normal que, además de tener módulo constante, siempre apunta hacia el centro de la circunferencia. Lo mismo le ocurre a la fuerza centrípeta:

$$a_n = \frac{v^2}{R} \rightarrow F_c = m \cdot \frac{v^2}{R}$$

Por tanto, **si un móvil describe un MCU, podemos asegurar que la resultante de todas las fuerzas que actúan sobre él tiene carácter centrípeto.**

4.3. Movimiento armónico simple

El MAS se caracteriza por tener aceleración no constante, que posee la peculiaridad de ser directamente proporcional a la elongación, x. Al aplicar la segunda ley de Newton se obtiene, para la fuerza que origina el movimiento:

$$a = -\omega^2 \cdot x \rightarrow F = -m \cdot \omega^2 \cdot x$$

Puesto que la masa del cuerpo y la frecuencia angular del MAS son constantes, la expresión se puede escribir como:

$$F = -k \cdot x$$

Como podemos ver, coincide con la de la ley de Hooke.

En **anayaeducacion.es** puedes usar una simulación sobre la dinámica del movimiento rectilíneo.

Sistemas de referencia

MRU

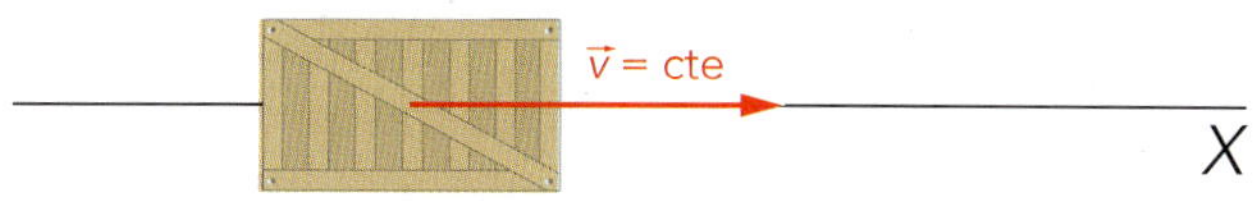

MRUA

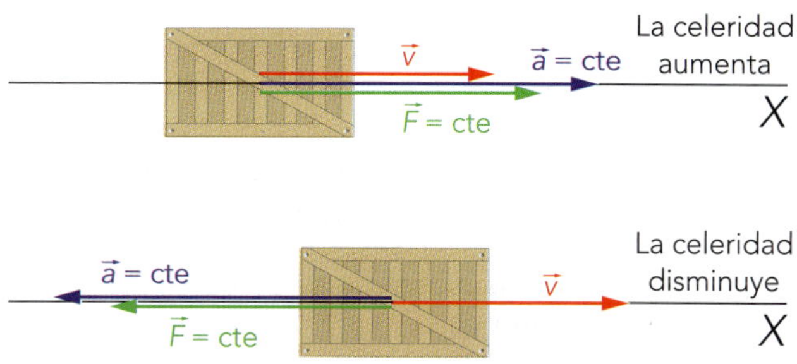

Para el estudio de los movimientos rectilíneos interesa un **sistema de referencia en el que uno de los ejes coincida con la trayectoria.** La velocidad, la aceleración y la fuerza neta serán vectores en esta dirección.

MCU

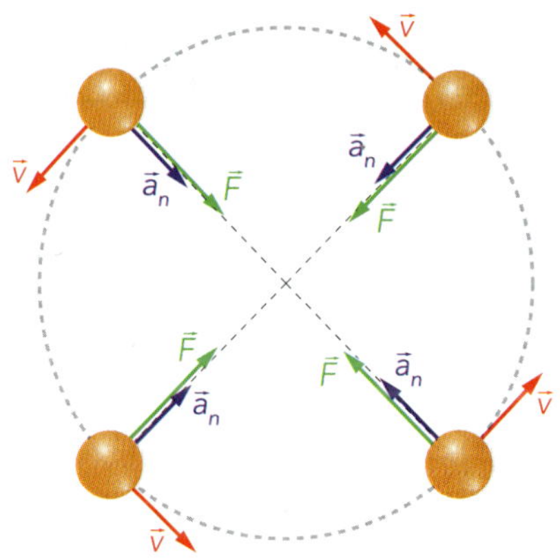

El **sistema de referencia** más apropiado para estudiar los movimientos circulares es el de las **coordenadas intrínsecas,** a pesar de que su orientación no sea la misma en todos los puntos de la trayectoria.

MAS

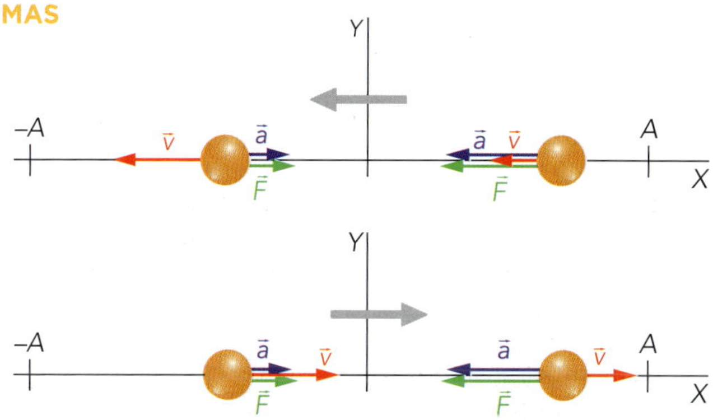

Para el estudio del MAS orientamos **uno de los ejes del sistema de referencia coincidente con la dirección del movimiento, pues así se facilita su estudio.**

5 ESTUDIO DINÁMICO DE SITUACIONES COTIDIANAS

En este apartado, con el que finaliza la unidad, se presentan algunas de las aplicaciones de las leyes de la dinámica a situaciones de la vida cotidiana.

Si observamos nuestro entorno, veremos numerosos fenómenos en los que intervienen pesos, tensiones en cuerdas, rozamientos y, en general, todo tipo de fuerzas.

Su estudio nos lleva a ver que, excepto la fuerza peso, que se debe a una interacción gravitatoria, todas las demás tienen su origen en interacciones electromagnéticas.

En el estudio de las situaciones que se presentan a continuación, seguiremos el mismo procedimiento:

1. Se identifican las fuerzas que actúan sobre cada cuerpo, por contacto o a distancia, consecuencia de las interacciones que experimenta.
2. Se dibujan en un diagrama de fuerzas, aplicadas en su centro de masas (recuerda el concepto de partícula material).
3. Utilizando un sistema de referencia adecuado, según lo visto en el apartado anterior, se calculan las componentes de cada fuerza y las de la resultante.
4. Se aplica la segunda ley de Newton.

Antes de seguir, conviene repasar el apartado sobre fuerzas cotidianas del primer apartado de la unidad.

5.1. Movimiento en un plano horizontal

Se recomienda utilizar un sistema de referencia en el que el semieje X positivo coincida con la dirección y sentido del movimiento. En el caso más general, la fuerza que lo produce (que puede ser la resultante de varias) forma un ángulo con la horizontal (ver figura superior derecha).

La componente X de la resultante es la causa de los cambios en el movimiento, y la componente Y es nula (no hay desplazamiento vertical), lo que nos permite calcular la fuerza normal y, con ella, la fuerza de rozamiento:

5.2. Movimiento en un plano inclinado

El sistema de referencia adecuado es aquel en el que el semieje X positivo coincide con el sentido del movimiento. Como en el caso del plano horizontal, la componente X de la resultante es la que provoca los cambios en el movimiento, y la componente Y es nula.

$$F_x = m \cdot a \quad ; \quad F_y = 0$$

Debemos tener presente que **la fuerza de rozamiento siempre se opone al movimiento.**

Sistema de referencia y fuerzas

Plano horizontal

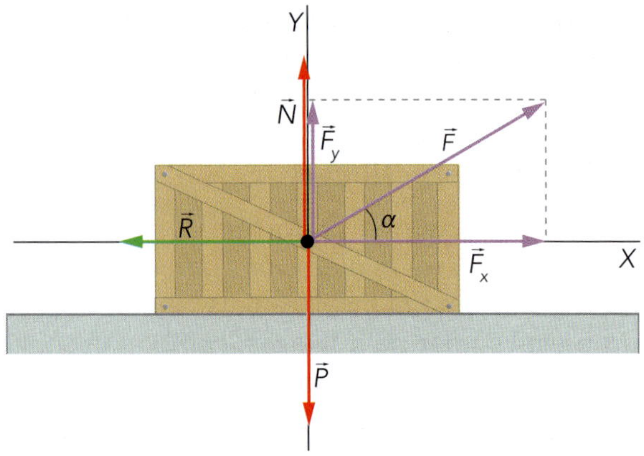

$$F_x = m \cdot a \ ; \ F_y = 0$$
$$F_x - F_R = m \cdot a \ ; \ N + F_y = P$$

Plano inclinado

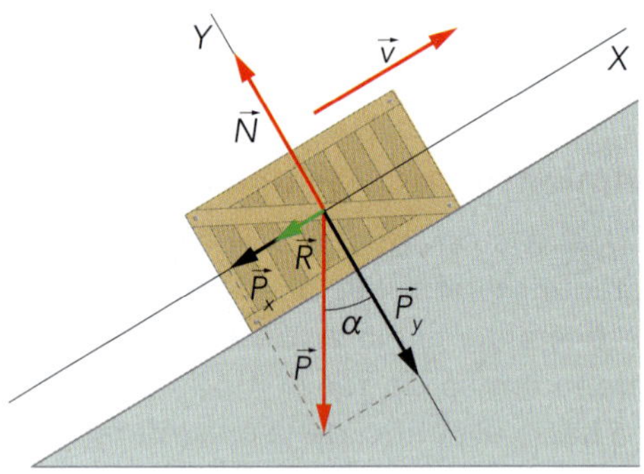

Movimiento ascendente

$-P_x - R = m \cdot a \qquad N = P_y$

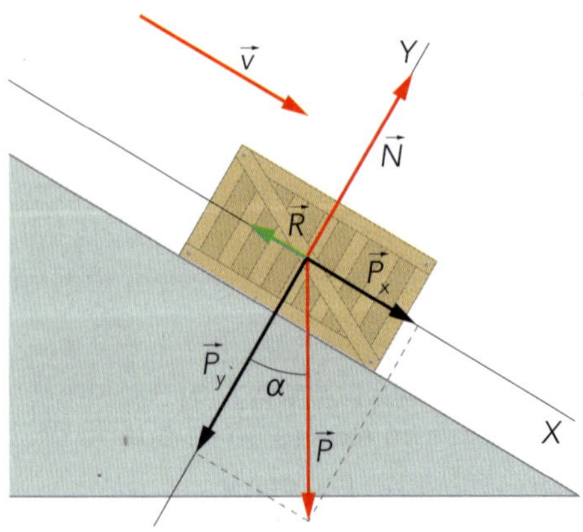

Movimiento descendente

$P_x - R = m \cdot a \qquad N = P_y$

Ejercicios resueltos

11 Un operario empuja dos cajas, de masas m_A y m_B, tal y como se muestra en la figura. Si los coeficientes de rozamiento entre las cajas y el suelo son μ_A y μ_B, determina la aceleración del movimiento.

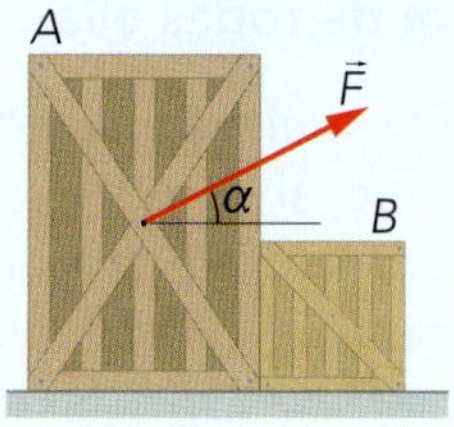

Solución

La figura inferior muestra las fuerzas que actúan sobre cada caja (F_{AB} es la fuerza que *A* ejerce sobre *B*, y viceversa).

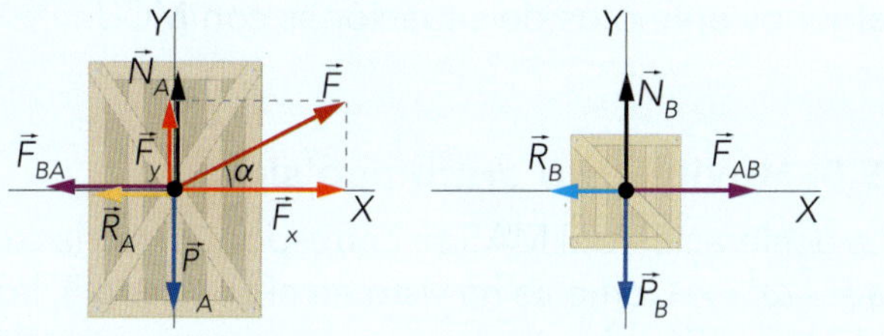

Se aplica la segunda ley de Newton a cada cuerpo en cada eje:

Caja A: $F_x - R_A - F_{BA} = m_A \cdot a_A$; $N_A + F_y = P_A$

Caja B: $F_{AB} - R_B = m_B \cdot a_B$; $N_B = P_B$

Teniendo en cuenta que $a_A = a_B \equiv a$ (se mueven conjuntamente), y que $R = \mu \cdot N$ y $P = m \cdot g$, se obtiene:

$$F_x - \mu_A \cdot (m_A \cdot g - F_y) - F_{BA} = m_A \cdot a$$

$$F_{AB} - \mu_B \cdot m_B \cdot g = m_B \cdot a$$

Como $F_{AB} = F_{BA}$ (son fuerzas de acción-reacción), si sumamos estas dos ecuaciones:

$$F_x - \mu_A \cdot (m_A \cdot g - F_y) - \mu_B \cdot m_B \cdot g = (m_A + m_B) \cdot a$$

Por tanto, la aceleración del movimiento es:

$$a = \frac{F_x - \mu_A \cdot (m_A \cdot g - F_y) - \mu_B \cdot m_B \cdot g}{m_A + m_B}$$

Donde $F_x = F \cdot \cos\alpha$, y $F_y = F \cdot \text{sen}\,\alpha$.

12 Desde el punto más bajo de un plano inclinado un ángulo α respecto a la horizontal, con coeficiente de rozamiento μ, se lanza un cuerpo de masa *m* con una velocidad inicial v_0. El cuerpo sube deslizando hasta detenerse y vuelve hasta el punto de partida. Calcula el tiempo total invertido, y el espacio recorrido.

Solución

La subida es un MRUA con aceleración a_s, que se obtiene a partir de la segunda ley de Newton.

$$-P_x - \mu \cdot P_y = m \cdot a_s \rightarrow a_s = -g \cdot (\text{sen}\,\alpha + \mu \cdot \cos\alpha)$$

El tiempo invertido y el espacio recorrido en la subida se calculan a partir de las expresiones de un MRUA con velocidad inicial $v_{0_s} = v_0$, velocidad final $v_{f_s} = 0$ y aceleración a_s:

$$v_s = v_{0_s} + a_s \cdot t_s \rightarrow t_s = \frac{-v_0}{a_s}$$

$$v_s^2 - v_{0_s}^2 = 2 \cdot a_s \cdot \Delta s \rightarrow \Delta s = \frac{-v_0^2}{2 \cdot a_s}$$

El descenso es un MRUA con aceleración a_d, de valor:

$$P_x - \mu \cdot P_y = m \cdot a_d \rightarrow a_d = g \cdot (\text{sen}\,\alpha - \mu \cdot \cos\alpha)$$

El espacio recorrido en el descenso es también Δs, pero al producirse con aceleración $a_d \neq a_s$, invertirá un tiempo $t_d \neq t_s$. En este caso, es un MRUA con $v_{0d} = 0$, velocidad final v_d y aceleración a_d:

$$v_d^2 - v_{0d}^2 = 2 \cdot a_d \cdot \Delta s \rightarrow v_d = \sqrt{2 \cdot a_d \cdot \Delta s}$$

$$v_d = v_{0d} + a_d \cdot t_d \rightarrow t_d = \frac{v_{fd}}{a_d} \rightarrow t_d = \sqrt{\frac{2 \cdot \Delta s}{a_d}}$$

El tiempo total invertido será la suma de los tiempos de subida y de descenso:

$$t = t_s + t_d = \frac{-v_0}{a_s} + \sqrt{\frac{2 \cdot \Delta s}{a_d}} \rightarrow t = \frac{-v_0}{a_s} + \sqrt{\frac{-v_0^2}{a_s \cdot a_d}}$$

El espacio total recorrido, *e*, será el doble que el de subida:

$$e = 2 \cdot \Delta s \rightarrow e = \frac{-v_0^2}{a_s}$$

Ejercicios

27 Se arrastra un cajón de 35 kg tirando de él con una cuerda que forma un ángulo de 30° con la horizontal. El coeficiente de rozamiento estático entre el suelo y el cajón es $\mu_e = 0{,}3$, y el dinámico, $\mu_d = 0{,}25$. ¿Qué fuerza mínima habrá que aplicar para que el cajón deslice? Si se ejerce una fuerza doble, ¿cuál es la aceleración?

28 Si en el ejercicio resuelto 11, $m_A = 15$ kg, $m_B = 20$ kg, $\mu_A = 0{,}2$, $\mu_B = 0{,}6$, y el operario ejerce la fuerza de modo que $\alpha = 15°$ y $F = 300$ N, ¿qué valor se obtiene para la aceleración? ¿Qué fuerza ejerce un cuerpo sobre el otro?

29 En lo más alto de un plano inclinado 25° con la horizontal se deja un cuerpo de masa *m*, que desciende deslizando con una aceleración $a = 1{,}5$ m/s^2. Calcula el coeficiente de rozamiento, la variación de altura entre $t = 1$ s y $t = 2$ s, y la variación de la cantidad de movimiento en ese intervalo si:

a) $m = 5$ kg. b) $m = 10$ kg.

30 En el ejercicio resuelto 12, los numeradores de la expresión del tiempo total tienen un signo «–», en uno de los sumandos, incluso dentro de una raíz cuadrada. ¿Se trata de un error matemático? Razona tu respuesta.

5.3. Movimiento de cuerpos enlazados

Para estudiar el movimiento de sistemas de cuerpos unidos por cuerdas y/o poleas se considerará que:

- **La tensión es la misma en todos los puntos de una cuerda tensa.** Esto resulta de considerarlas inextensibles y de masa despreciable.
- **Las poleas solo cambian la dirección de la tensión** (se considera que las poleas tienen masa despreciable).
- **Se pueden utilizar sistemas de referencia distintos para cada cuerpo.** En cada caso, haremos coincidir el sentido del movimiento con el semieje *X* positivo correspondiente.
- **La velocidad y la aceleración tendrán módulos iguales para todos los cuerpos del sistema,** como resultado de encontrarse unidos por cuerdas inextensibles.

Los ejercicios resueltos 13 y 14 se ofrecen como ejemplos de trabajo con cuerpos enlazados.

5.4. Movimiento circular uniforme

Cuando un móvil describe un movimiento circular uniforme de radio *r*, como se ha visto en el apartado 4, la resultante de todas las fuerzas que actúan sobre él tiene carácter centrípeto.

La fuerza centrípeta que actúa en un MCU no es, pues, una de las fuerzas aplicadas al cuerpo, sino la resultante de todas ellas.

Las fuerzas aplicadas pueden variar de modo individual, pero al componerlas vectorialmente siempre se obtendrá la misma resultante, constante en módulo y dirigida hacia el centro de la trayectoria:

$$\Sigma\vec{F} \equiv \vec{F}_c = m \cdot \vec{a}_n = m \cdot \frac{v^2}{R} \cdot \vec{n}$$

Los MCU son muy frecuentes y de características muy diversas. En los ejercicios resueltos 15 a 18 se muestran algunos ejemplos de situaciones con MCU.

5.5. Movimiento armónico simple

La aceleración del MAS se corresponde con la expresión: $a = -\omega^2 \cdot x$. Como se ha visto en el apartado 4, las fuerzas elásticas ($F = -k \cdot x$) originan este movimiento, pero también hay otros sistemas físicos en los que, sin presencia de muelles, podemos observarlo.

En los ejercicios 19 y 20 se muestran dos ejemplos típicos de MAS, uno con muelle y otro sin él.

Ejercicios resueltos

13 Dos cuerpos de masas m_1 y m_2 se encuentran unidos verticalmente por una cuerda. Si se tira del primero con una fuerza $\vec{F}$ tal y como se muestra en la figura, calcula la aceleración del sistema y la tensión de la cuerda que los une.

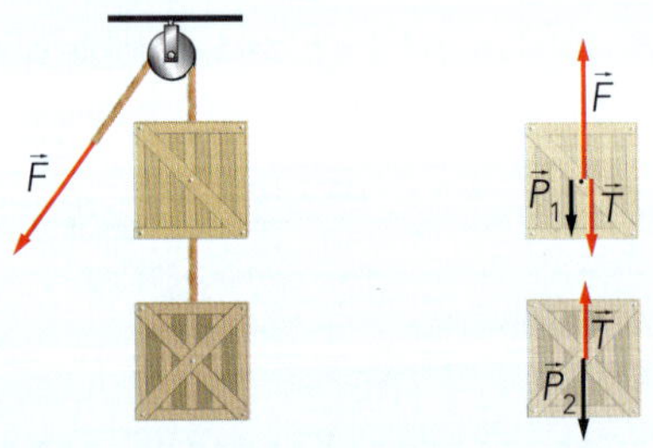

Solución

De la figura superior, y con las consideraciones anteriores:

Cuerpo 1: $F - m_1 \cdot g - T = m_1 \cdot a$

Cuerpo 2: $T - m_2 \cdot g = m_2 \cdot a$

Sumando las dos ecuaciones se obtiene la aceleración:

$$F - (m_1 + m_2) \cdot g = (m_1 + m_2) \cdot a \quad \rightarrow \quad \boxed{a = \frac{F}{m_1 + m_2} - g}$$

La tensión en la cuerda es:

$$T = m_2 \cdot (a + g) \quad \rightarrow \quad \boxed{T = \frac{m_2}{m_1 + m_2} \cdot F}$$

14 Dos cuerpos *A* y *B* se encuentran unidos por una cuerda como se muestra en la figura. Calcula la aceleración del sistema, si se deja libre desde el reposo.

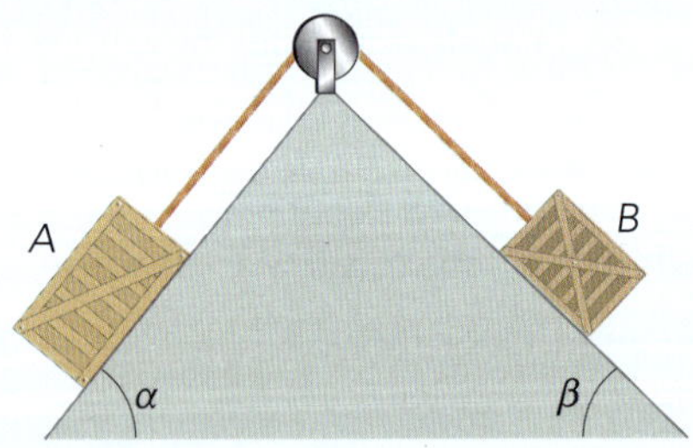

Solución

Lo primero es asignar, de forma arbitraria, un sentido al movimiento; supongamos hacia la izquierda. Se aplica la segunda ley de Newton a cada cuerpo:

$$P_{A_x} - R_A - T = m_A \cdot a \quad ; \quad T - R_B - P_{B_x} = m_B \cdot a$$

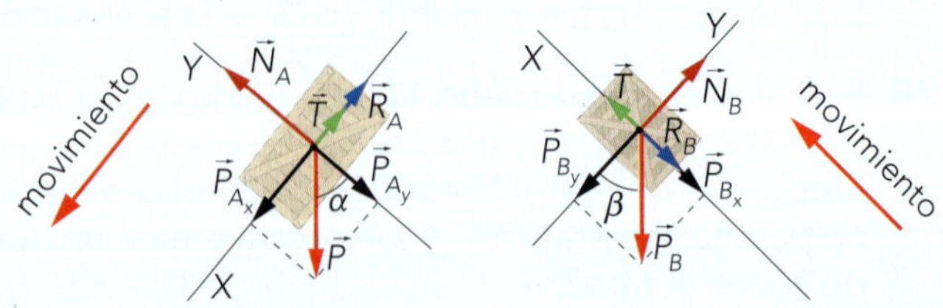

Ejercicios resueltos

Sumando las ecuaciones se obtiene, para la aceleración:

$$a = \frac{P_{A_x} - R_A - R_B - P_{B_x}}{m_A + m_B}$$

Si al sustituir los datos se obtiene una aceleración negativa, habrá que replantear el problema suponiendo que se mueven hacia la derecha. En este caso se obtiene (compruébalo):

$$a' = \frac{P_{B_x} - R_A - R_B - P_{A_x}}{m_A + m_B}$$

Si también es $a' < 0$, el sistema permanece en reposo.

15 Se hace girar un cuerpo de masa m, atado al extremo de una cuerda de longitud L, de modo que describe un MCU con celeridad v en un plano vertical. Calcula la tensión de la cuerda en los puntos más alto y más bajo de la trayectoria.

Solución

Sobre el cuerpo actúan su peso y la tensión de la cuerda. Como se trata de un MCU, la aceleración solo tiene componente normal que, además, mantiene su módulo constante. Su expresión y la de la segunda ley de Newton son:

$$a_n = \frac{v^2}{L} \rightarrow \vec{F}_c = \vec{P} + \vec{T} = m \cdot \frac{v^2}{L} \cdot \vec{n}$$

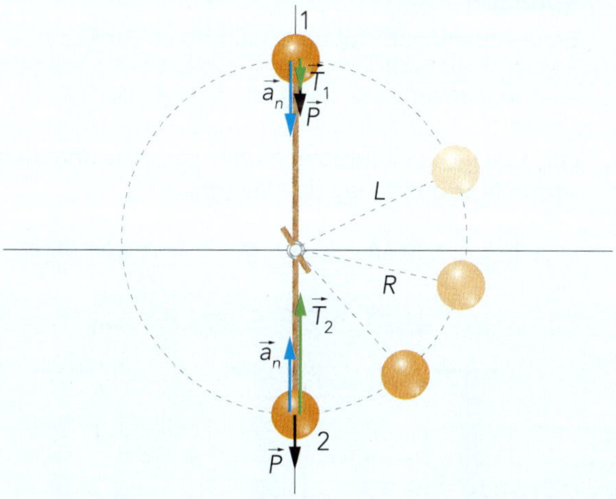

En el punto más alto (punto 1), el peso y la tensión tienen la misma dirección y sentido. La suma de ambos módulos nos proporciona el módulo de la fuerza centrípeta:

$$m \cdot g + T_1 = m \cdot a_n = m \cdot \frac{v^2}{L} \rightarrow \boxed{T_1 = m \cdot \left(\frac{v^2}{L} - g\right)}$$

En el punto más bajo (punto 2), la tensión y el peso tienen sentidos contrarios. Tomando como semieje positivo el que apunta hacia el centro de la trayectoria:

$$T_2 - m \cdot g = m \cdot \frac{v^2}{L} \rightarrow \boxed{T_2 = m \cdot \left(\frac{v^2}{L} + g\right)}$$

Ampliemos el estudio. La tensión en una cuerda nunca puede ser negativa. Así, la velocidad mínima en el punto 1 para que el cuerpo no caiga es aquella para la que $T_1 = 0$:

$$T_1 = 0 \rightarrow \left(\frac{v_{mín}^2}{L} - g\right) = 0 \rightarrow v_{mín} = \sqrt{g \cdot L}$$

Si la tensión máxima que soporta la cuerda es $T_{máx}$, la velocidad máxima que podrá tener el cuerpo en el punto 2 (punto de máxima tensión) para no romper la cuerda es:

$$T_{máx} = m \cdot \left(\frac{v_{máx}^2}{L} + g\right) \rightarrow v_{máx} = \sqrt{L \cdot \left(\frac{T_{máx}}{m} - g\right)}$$

16 Un cuerpo de masa m se une al techo mediante una cuerda inextensible, y se le hace describir un MCU en un plano horizontal con la cuerda formando un ángulo α con la vertical. Calcula la tensión de la cuerda y la celeridad del movimiento, en función de los parámetros del sistema.

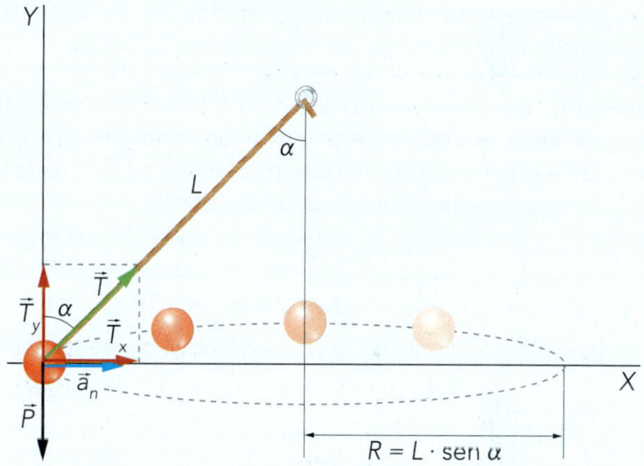

Solución

El dispositivo descrito se llama péndulo cónico (la cuerda describe una superficie cónica). La expresión vectorial de la segunda ley de Newton, en este caso, es:

$$\vec{P} + \vec{T} = m \cdot \vec{a}_n$$

Así:

$$T_x = m \cdot a_n \rightarrow T \cdot \text{sen}\,\alpha = m \cdot \frac{v^2}{R}$$

$$T_y = T \cdot \cos\alpha = m \cdot g \rightarrow \boxed{T = \frac{m \cdot g}{\cos\alpha}}$$

Si se sustituye el valor de T en la primera ecuación se obtiene:

$$\frac{m \cdot g}{\cos\alpha} \cdot \text{sen}\,\alpha = m \cdot \frac{v^2}{R} \rightarrow v = \sqrt{R \cdot g \cdot \tan\alpha}$$

$$\boxed{v = \sqrt{L \cdot g \cdot \text{sen}\,\alpha \cdot \tan\alpha}}$$

Ejercicios resueltos

17 Un coche de masa m describe una curva horizontal de radio r con rapidez constante v.

Si el coeficiente de rozamiento con la carretera es μ, calcula la velocidad máxima con la que puede hacerlo sin derrapar.

Solución

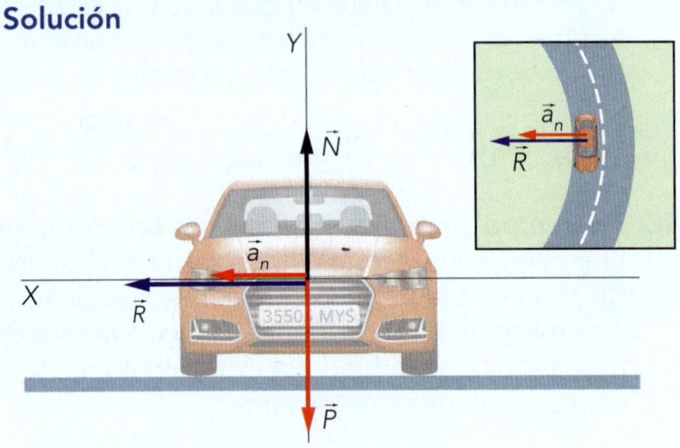

La ecuación vectorial de la segunda ley de Newton, aplicada al vehículo, es, de acuerdo con la figura:

$$\vec{P} + \vec{N} + \vec{R} = m \cdot \vec{a}_n$$

Al llevar un movimiento curvilíneo, el coche está sometido a una fuerza centrípeta, que, en este caso, es la fuerza de rozamiento. Por tanto, tenemos:

$$R = m \cdot a_n = m \cdot \frac{v^2}{r}$$

$$N = P = m \cdot g$$

La velocidad máxima a la que el móvil podrá tomar la curva sin derrapar debe cumplir que $R = \mu \cdot N = \mu \cdot m \cdot g$. Por tanto:

$$\mu \cdot m \cdot g = m \cdot \frac{v_{máx}^2}{r} \quad \rightarrow \quad \boxed{v_{máx} = \sqrt{\mu \cdot g \cdot r}}$$

18 Resuelve el ejercicio anterior, pero en el caso de una curva peraltada (inclinada respecto a la horizontal) un ángulo α.

Solución

En una curva con peralte, el rozamiento y la normal cambian de dirección, pero la fuerza centrípeta sigue siendo horizontal:

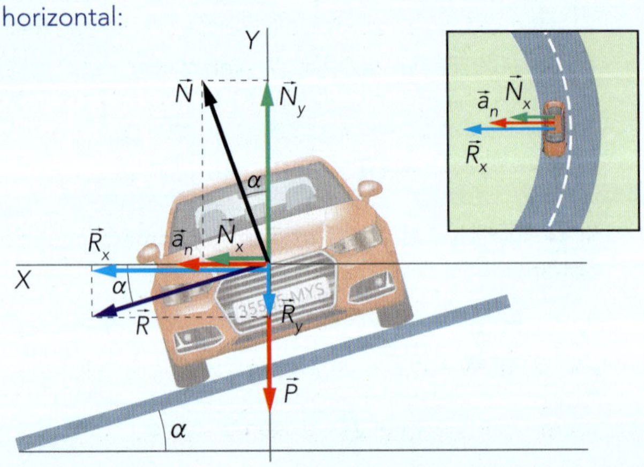

En el sistema de referencia de la figura:

$$N_x + R_x = m \cdot a_n \quad \rightarrow \quad N \cdot \text{sen}\,\alpha + \mu \cdot N \cdot \cos\alpha = m \cdot \frac{v_{máx}^2}{r}$$

$$N_y = R_x + P \quad \rightarrow \quad N \cdot \cos\alpha = \mu \cdot N\,\text{sen}\,\alpha + m \cdot g$$

De la segunda expresión se obtiene, para la normal:

$$N = \frac{m \cdot g}{\cos\alpha - \mu \cdot \text{sen}\,\alpha}$$

Sustituyendo esta expresión en la primera:

$$\frac{m \cdot g}{\cos\alpha - \mu \cdot \text{sen}\,\alpha} \cdot \text{sen}\,\alpha + \mu \cdot \cos\alpha = m \cdot \frac{v_{máx}^2}{r} \quad \rightarrow$$

$$\boxed{v_{máx} = \sqrt{g \cdot r \cdot \frac{\text{sen}\,\alpha + \mu \cdot \cos\alpha}{\cos\alpha - \mu \cdot \text{sen}\,\alpha}}}$$

Observa que si $\alpha = 0$ se obtiene la expresión de la curva plana.

19 De un muelle de longitud L y constante elástica k, fijado al techo en posición vertical, se cuelga un cuerpo de masa m. El muelle se estira hasta alcanzar una longitud l_0, quedando en equilibrio. Calcula la constante elástica del muelle, y los parámetros del movimiento que se produce cuando, desde esta posición, se tira del cuerpo hacia abajo hasta desplazarlo una distancia x, tras lo que se deja libre.

Solución

En la situación inicial de equilibrio se verifica que:

$$\vec{P} + \vec{F}_e = 0 \quad \rightarrow \quad m \cdot g - k \cdot x_0 = 0 \quad \rightarrow \quad k = \frac{m \cdot g}{x_0}$$

con $x_0 = l_0 - L$. Cuando el muelle se estira una distancia x, según la segunda ley de Newton:

$$\vec{P} + \vec{F}_e = m \cdot \vec{a} \quad \rightarrow \quad m \cdot g - k \cdot (x + x_0) = m \cdot a \quad \rightarrow$$

$$\rightarrow \quad -k \cdot x = m \cdot a \quad \rightarrow \quad a = -\frac{k}{m} \cdot x$$

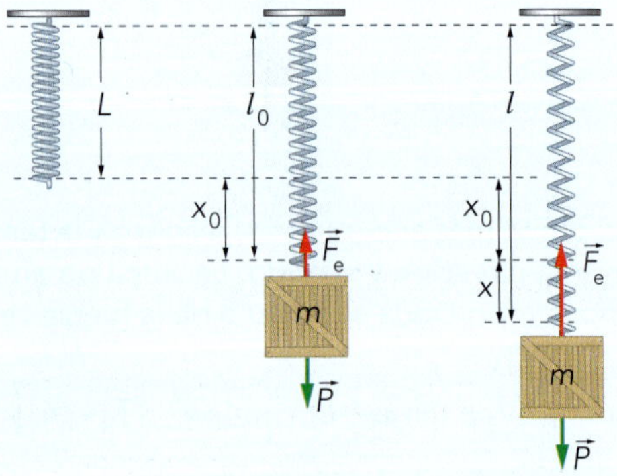

La aceleración es proporcional a la elongación, relación característica del MAS. Como en general $a = -\omega^2 \cdot x$, igualando ambas expresiones de la aceleración se obtiene:

$$\boxed{\omega = \sqrt{\frac{k}{m}} \ ; \ T = \frac{2 \cdot \pi}{\omega} = 2 \cdot \pi \cdot \sqrt{\frac{m}{k}} \ ; \ f = \frac{1}{T} = \frac{1}{2 \cdot \pi} \cdot \sqrt{\frac{k}{m}}}$$

Ejercicios resueltos

20 De un hilo inextensible de masa despreciable y longitud L, fijado al techo verticalmente, se cuelga un pequeño cuerpo de masa m. Determina las características del movimiento que adquiere cuando se deja libre después de desplazarlo de su posición de equilibrio formando un ángulo α con la vertical.

Solución

El sistema descrito recibe el nombre de péndulo simple. Cuando se aleja de la posición de equilibrio, la componente normal del peso se ve contrarrestada por la tensión de la cuerda, y la resultante coincide con la componente tangencial.

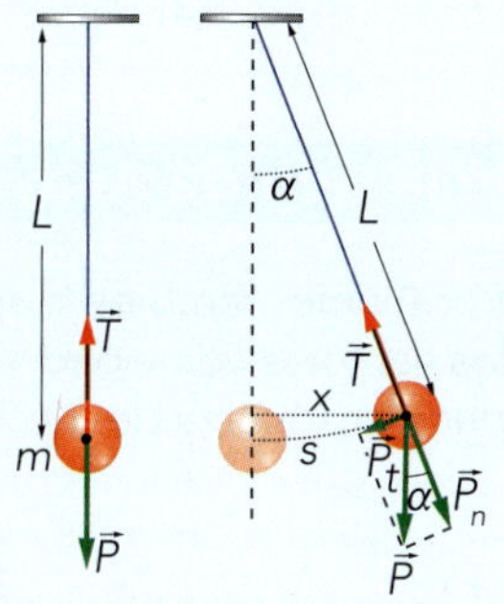

En esta situación, la segunda ley de Newton queda como sigue:

$$P_t = -m \cdot g \cdot \text{sen}\,\alpha = m \cdot a \;\rightarrow\; a = -g \cdot \text{sen}\,\alpha$$

Para **ángulos pequeños,** cuando podamos considerar que la trayectoria curva, s, y la cuerda, x, tiendan a igualarse, se verifica que:

$$\text{sen}\,\alpha = \frac{x}{L} \simeq \frac{s}{L} \;\rightarrow\; a = -\frac{g}{L} \cdot x$$

De nuevo se obtiene una expresión característica del MAS ($a = -\omega^2 \cdot x$), siendo, en este caso: $-\omega^2 = -g/L$. Por tanto:

$$\omega = \sqrt{\frac{g}{L}}\;;\; T = \frac{2 \cdot \pi}{\omega} = 2 \cdot \pi \cdot \sqrt{\frac{L}{g}}\;;\; f = \frac{1}{T} = \frac{1}{2 \cdot \pi} \cdot \sqrt{\frac{g}{L}}$$

El período de un péndulo simple, **para oscilaciones pequeñas,** no depende de la amplitud de las oscilaciones. De ahí que se pueda utilizar para **realizar medidas de la aceleración de la gravedad,** g.

Ejercicios

31 Si en el ejercicio resuelto 14, $m_A = 10$ kg, $m_B = 15$ kg, $\alpha = 45°$, $\beta = 30°$ y $\mu = 0{,}3$, calcula la aceleración y el sentido del movimiento. Si pulimos las superficies hasta hacer $\mu \simeq 0$, ¿cuánto valdrá la aceleración?

32 Una cuerda pasa por una polea. Si de un lado cuelga un cuerpo de 7 kg, y del otro uno de 5 kg, calcula la aceleración del sistema y la tensión de la cuerda.

33 ¿Cuál debe ser la masa del bloque 2 para que el sistema esté en reposo si no existe rozamiento? ¿Y si el rozamiento estático es $\mu_e = 0{,}2$?

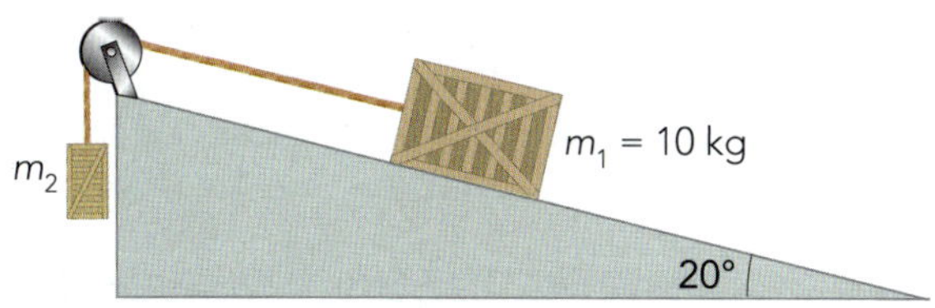

34 Una cuerda ($l = 80$ cm) se rompe al colgar de ella un cuerpo de 15 kg. Calcula la velocidad máxima con que puede girar verticalmente una piedra de 250 g sujeta a su extremo sin que se rompa, y la tensión de la cuerda en el punto más alto de la trayectoria.

35 Un tiovivo consta de un aro horizontal de 3 m de radio del que cuelgan cuerdas de 4 m de longitud. Si en su extremo se sienta un hombre de 80 kg, ¿con qué velocidad angular girará el tiovivo para que la cuerda forme 37° con la vertical?

36 Un vehículo circula sobre una curva peraltada de 60 m de radio. Suponiendo que no existe fuerza de rozamiento, ¿cuál debe ser el ángulo de peralte para que el vehículo pueda tomar la curva a 60 km/h sin derrapar? Manteniendo este ángulo, ¿con qué velocidad podría tomarla si el coeficiente de rozamiento fuese $\mu = 0{,}3$?

37 **¿Qué pasaría si en el** estudio de la curva peraltada se usa un sistema de referencia en el que el eje X sea paralelo al plano de peralte? ¿Se obtienen las mismas expresiones?

38 Un muelle sujeto al techo se estira 5 cm cuando de él se cuelga una masa de 200 g. El sistema se coloca en una superficie horizontal sin rozamiento, con un extremo del muelle sujeto a una pared, y se empuja el cuerpo hasta que el muelle se comprime 10 cm. Calcula los parámetros del movimiento originado cuando el cuerpo se suelta del muelle que está sujeto al techo.

39 Un péndulo simple está formado por una masa de 200 g que cuelga de un hilo de 64 cm. Calcula el período y la frecuencia de las oscilaciones. ¿Cuál es el valor máximo de la fuerza que actúa sobre el cuerpo, si la amplitud de las oscilaciones es de 2 cm? Si al medir el período del péndulo obtenemos el valor 1,65 s, ¿cuánto vale g en ese lugar?

Laboratorios virtuales: Física

En unidades anteriores vimos algunos de los laboratorios virtuales, relacionados con la química, que Anaya ofrece en su web para facilitar la realización de prácticas de laboratorio y la experimentación de manera autónoma. Le toca el turno, ahora, a los laboratorios relacionados con la física.

Los laboratorios virtuales solventan algunas dificultades, inherentes al trabajo experimental, que son una fuente frecuente de errores sistemáticos.

Así, la calibración de los instrumentos de medida, el pulido de superficies, etc., no serán cuestiones que deban preocuparnos ahora; pero no debemos olvidarnos de estos factores cuando diseñemos un experimento real.

Veremos en estas páginas algunas simulaciones disponibles en la web de Anaya que funcionan en cualquier navegador, y también otras accesibles en Internet. Estas simulaciones te pueden servir para comprobar si has realizado bien algunos de los ejercicios de esta unidad.

Simulaciones de física de la web de Anaya

Movimiento con aceleración constante

El objetivo de esta simulación es representar las gráficas del movimiento de un vehículo que circula por una carretera rectilínea.

Las condiciones iniciales del movimiento (posición inicial, velocidad inicial y aceleración) se pueden configurar antes de iniciar el movimiento. Una vez iniciado este, se dibujan las gráficas del movimiento a medida que el vehículo avanza por la carretera.

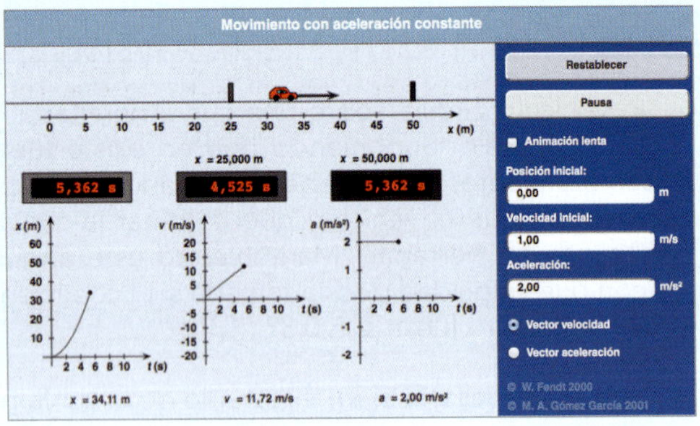

También podemos elegir entre visualizar el vector velocidad instantánea o el vector aceleración.

Movimiento del péndulo

Este laboratorio virtual está equipado con un péndulo, de longitud y masa variables, para permitirnos estudiar su movimiento.

Una vez construido el péndulo de las características deseadas, podemos hacerlo oscilar desde cualquier ángulo y utilizar el cronómetro integrado en la aplicación para tomar medidas del tiempo como lo haríamos en un laboratorio real... ¡o en la superficie de otro planeta!

También podemos incluir un segundo péndulo para comprobar si varía el período cuando modificamos la longitud del péndulo o su masa.

También podemos activar la representación gráfica de la energía del péndulo, que mostrará las variaciones de las energías cinética y potencial que tienen lugar en el sistema.

Por último, también disponemos de la opción de visualizar los vectores velocidad y aceleración instantáneos y de introducir una fuerza de fricción en el sistema oscilante.

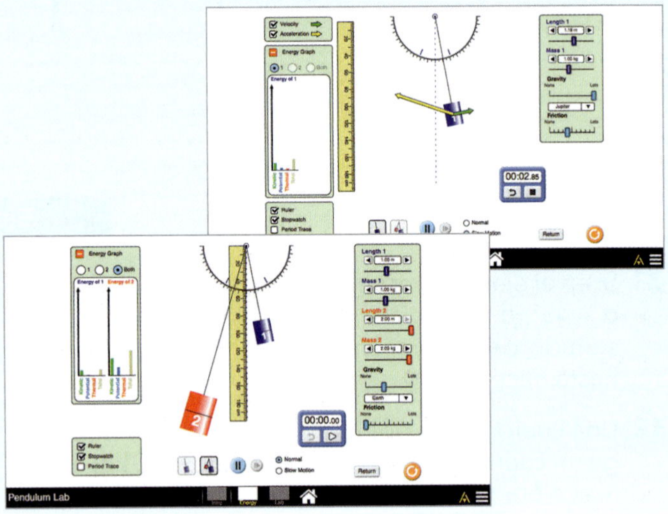

Muelle oscilante

El movimiento de un muelle que cuelga verticalmente es objeto de estudio en esta simulación.

Podemos asignar valores a los parámetros del muelle y observar las gráficas de las magnitudes físicas que intervienen en el movimiento.

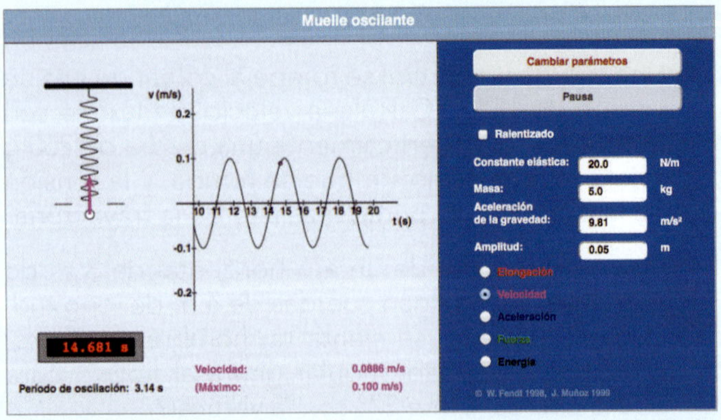

Applets de física

En Internet se pueden encontrar gran cantidad de simulaciones muy interesantes que trabajan sobre todas las ramas de la física.

Suelen encontrarse en forma de miniaplicaciones *(applets)* de Java o Flash integradas en la web. Estas miniaplicaciones requieren tener instalado en el sistema el *software* adecuado para su visualización (la máquina virtual de Java, en el primer caso, y Adobe Flash, en el segundo), además de un navegador compatible y convenientemente configurado.

Recientemente, con la llegada del estándar de programación HTML5, estas simulaciones se están adaptando progresivamente al nuevo formato.

Walter Fendt (http://www.walter-fendt.de/ph6es/)

Entre los *applets* de Física que podemos encontrar en Internet, tienen un papel destacado los diseñados por Walter Fendt.

Su web cuenta con varias colecciones de simulaciones de física, clasificadas por ramas, además de otras de matemáticas y astronomía.

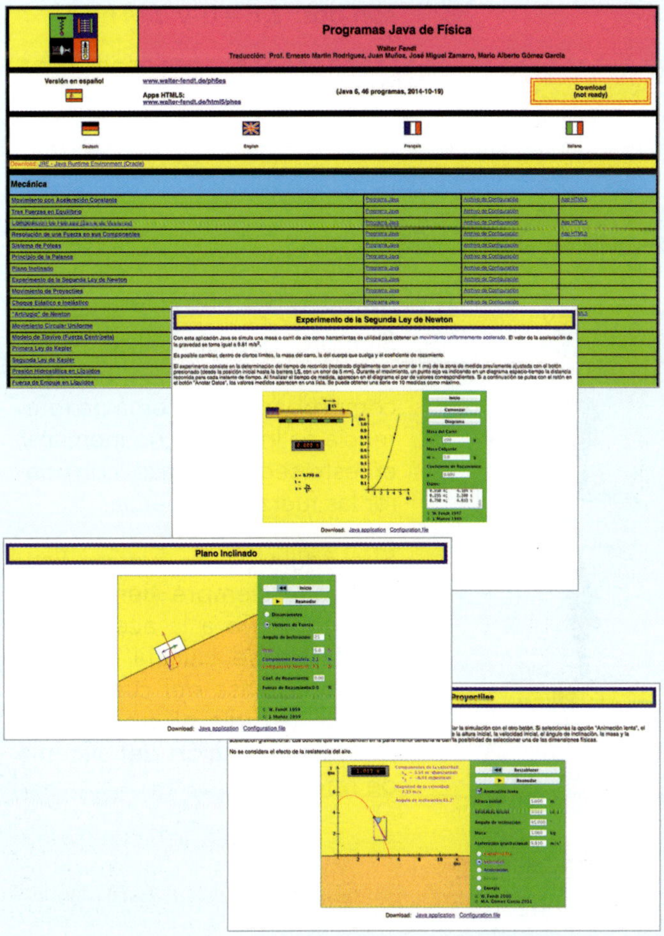

Física con ordenador (http://www.sc.ehu.es/sbweb/fisica/)

Se trata de un curso interactivo de física en el que todos los capítulos están ilustrados con *applets* interactivos que ayudan a entender y a experimentar con los conceptos estudiados en ellos. Está concebido como un curso de introducción a la física general universitaria, por lo que rebasa la complejidad de los contenidos tratados en este libro, pero los *applets* de cinemática, mecánica y dinámica pueden resultarnos muy útiles también en bachillerato.

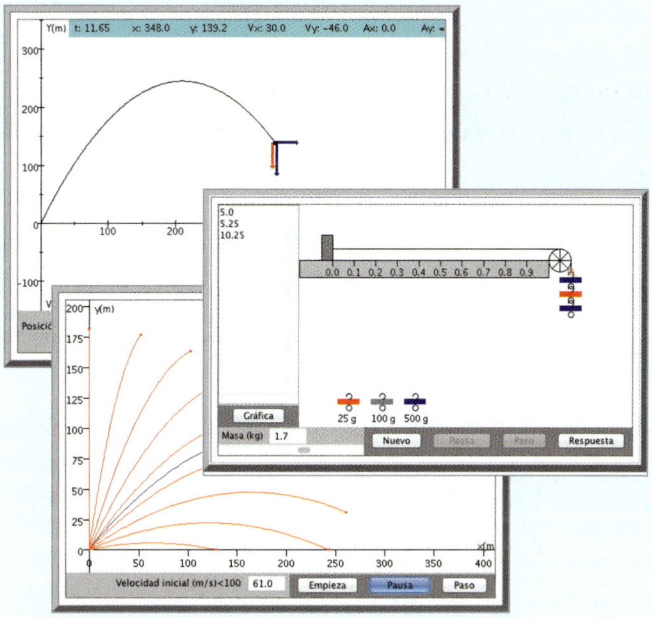

Universidad de Colorado (http://phet.colorado.edu/en/simulations/category/physics/motion)

Ofrece simulaciones y laboratorios virtuales de todas las áreas de la ciencia.

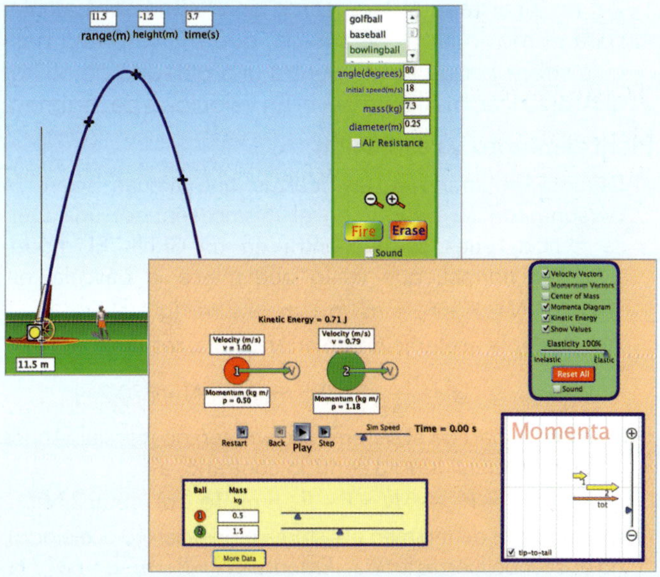

Momento de una fuerza

1 ¿Por qué el hombre que va detrás se muestra tan descansado, y su compañero tan fatigado?

Planteamiento y resolución

Sobre la camillas actúan tres fuerzas: el peso de la futbolista y las que ejercen las dos personas que la transportan. Como la camilla no experimenta desplazamiento vertical, ni gira, se ha de verificar que tanto la suma de fuerzas como la de momentos respecto al punto O han de ser nulas:

$$\vec{P} + \vec{F}_1 + \vec{F}_2 = 0 \rightarrow F_1 + F_2 = P$$

$$\vec{M}_P + \vec{M}_1 + \vec{M}_2 = 0 \rightarrow \vec{r}_1 \times \vec{F}_1 + \vec{r}_2 \times \vec{F}_2 = 0 \rightarrow r_1 \cdot F_1 = r_2 \cdot F_2$$

ya que $\vec{M}_P = 0$, pues $\vec{r}_P = 0$, y $\vec{M}_1$ y $\vec{M}_2$ tienen sentidos contrarios.

De la primera ecuación se obtiene $F_1 = P - F_2$, y sustituyendo en la segunda:

$$r_1 \cdot (P - F_2) = r_2 \cdot F_2 \rightarrow F_2 = \frac{r_1 \cdot P}{r_1 + r_2} = 0{,}2 \cdot P = 196{,}2 \text{ N}$$

$$F_1 = P - F_2 = 784{,}8 \text{ N}$$

DISCUSIÓN DE RESULTADOS

El hombre de delante soporta el 80 % del peso, mientras que el de detrás soporta el 20 %. De ahí que el de delante esté más fatigado.

ANÁLISIS DEL PROBLEMA

Debes recordar el concepto de momento de una fuerza respecto a un punto O: $\vec{M} = \vec{r} \times \vec{F}$, donde $\vec{r}$ es el vector que une el punto O con el punto de aplicación de la fuerza. El módulo del momento es $M = r \cdot F \cdot \text{sen } a$, y si $a = 90°$, $M = r \cdot F$.

Si se trabaja con masas puntuales, las condiciones de equilibrio se reducen a que la resultante de las fuerzas que actúan sobre la partícula sea nula, pero si se tiene en cuenta la forma del cuerpo sobre el que se aplican las fuerzas, estas pueden hacerlo girar sin desplazamiento. Entonces, hay que imponer otra condición de equilibrio: que la suma de los momentos también sea nula. Así, las **condiciones generales de equilibrio** son dos: $\Sigma\vec{F} = 0$ y $\Sigma\vec{M} = 0$.

Fuerzas en el interior de un ascensor

2 Un ascensor tiene una velocidad de régimen, tanto en el ascenso como en el descenso, de 1 m/s, tardando 2 s en alcanzarla al arrancar, o en detenerse. Calcula, para el movimiento de subida, qué marcará una báscula sobre la que se encuentra una persona de 65 kg: a) Al arrancar. b) Al pararse. c) En velocidad de régimen.

Planteamiento y resolución

a) Durante el arranque, las fuerzas que actúan sobre la persona son su peso y, en el mismo sentido, una fuerza ficticia, pues se encuentra en un SRNI. El módulo de la normal, que es lo que marca la báscula, es:

$$N = P + F_{in} = m \cdot g + m \cdot a = m \cdot (g + a)$$

Al calcular la aceleración de arranque, a, resulta, para N:

$$a = \frac{v - v_0}{\Delta t} = 0{,}5 \text{ m/s}^2 \rightarrow N = 670{,}2 \text{ N}$$

b) Durante la parada el sistema es también no inercial. Ahora la fuerza inercial tendrá sentido contrario; así:

$$N + F_{in} = P \rightarrow N = P - F_{in} = m \cdot (g - a) = 605{,}2 \text{ N}$$

c) En velocidad de régimen el sistema es inercial (no acelerado), no existiendo fuerzas ficticias. Entonces: $N = P = m \cdot g = 637{,}7$ N.

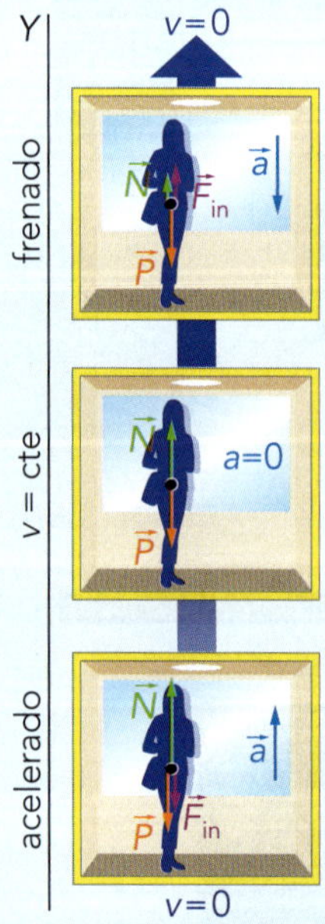

ANÁLISIS DEL PROBLEMA

Siempre que se utilice la segunda ley de Newton, hay que comprobar si el sistema de referencia es inercial o no inercial y, en este segundo caso, considerar las fuerzas de inercia.

El módulo de las fuerzas ficticias, que siempre tienen sentido contrario a la aceleración del SRNI, se calcula multiplicando la masa del cuerpo del que se estudia el movimiento por la aceleración del sistema de referencia.

Conservación del momento lineal

3 Un camión de 10 t circula por una recta a 72 km/h, y en un cruce choca con un coche de 1 t que viaja a 90 km/h por una carretera perpendicular. Si después del choque los dos vehículos permanecen unidos, calcula:

a) La velocidad que adquiere el conjunto, y la dirección en que salen despedidos.

b) El espacio que recorren hasta pararse, si el coeficiente de rozamiento con el suelo es $\mu = 0{,}2$.

Planteamiento y resolución

a) Las figuras siguientes muestran el antes y el después del choque.

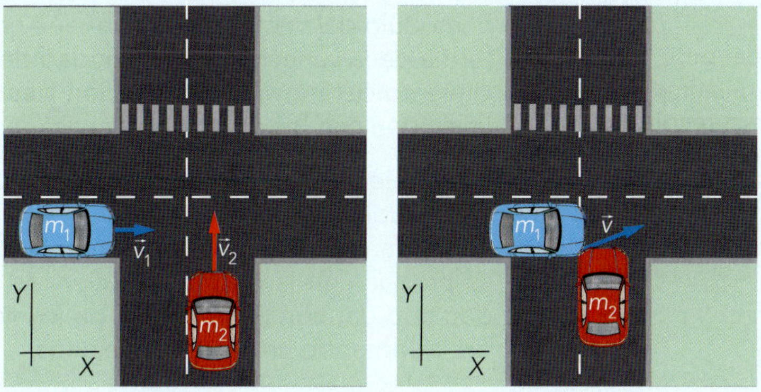

Imponemos la conservación del momento lineal:

$$m_1 \cdot \vec{v}_1 + m_2 \cdot \vec{v}_2 = (m_1 + m_2) \cdot \vec{v} \quad \rightarrow \quad \begin{cases} m_1 \cdot v_1 = (m_1 + m_2) \cdot v \cdot \cos \alpha \\ m_2 \cdot v_2 = (m_1 + m_2) \cdot v \cdot \text{sen}\, \alpha \end{cases}$$

Elevando al cuadrado ambas ecuaciones y sumándolas, se obtiene:

$$v = \frac{\sqrt{m_1^2 \cdot v_1^2 + m_2^2 \cdot v_2^2}}{m_1 + m_2} = 18{,}3 \text{ m/s} = 65{,}9 \text{ km/h}$$

Si ahora se divide la segunda entre la primera:

$$\tan \alpha = \frac{m_2 \cdot v_2}{m_1 \cdot v_1} = 0{,}125 \quad \rightarrow \quad \alpha = 7{,}1°$$

b) Después del choque, el conjunto se detiene debido a la fuerza de rozamiento.

La segunda ley de Newton, aplicada al conjunto que desliza sobre un plano horizontal, queda como sigue:

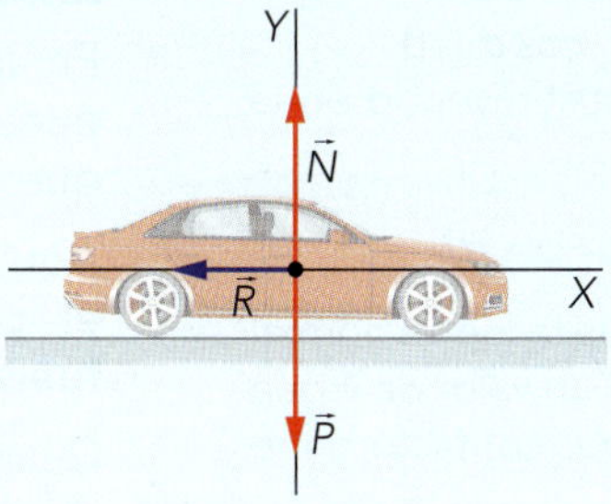

$$\vec{R} = m \cdot \vec{a}$$

$$-\mu \cdot m \cdot g = m \cdot a \quad \rightarrow$$

$$\rightarrow \quad a = -\mu \cdot g = -1{,}96 \text{ m/s}^2$$

Para el cálculo del espacio recorrido se acude a la expresión, ya conocida, derivada de las ecuaciones del MRUA:

$$v^2 - v_0^2 = 2 \cdot a \cdot \Delta s \quad \rightarrow \quad \Delta s = \frac{v^2 - v_0^2}{2 \cdot a} = 85{,}4 \text{ m}$$

ANÁLISIS DEL PROBLEMA

Cuando se impone la conservación del momento lineal siempre se obtiene una ecuación vectorial, que deriva en un sistema de dos ecuaciones, una para cada eje del sistema de referencia.

El modo de resolver este sistema suele ser el utilizado en este ejercicio:

- Primero, se elevan al cuadrado las dos ecuaciones y después se suman, y de este modo se eliminan las razones trigonométricas al ser, por la ecuación fundamental de la trigonometría, $\text{sen}^2\, \alpha + \cos^2 \alpha = 1$.
- Para determinar la dirección del movimiento se dividen, y de este modo se obtiene una sola razón trigonométrica, la tangente o la cotangente, a partir de la cual se obtiene el valor del ángulo.

Todos los ejercicios que se han resuelto en esta unidad han sido de colisiones perfectamente elásticas (no hay pérdida de energía mecánica en el choque) o perfectamente inelásticas (cuando los cuerpos permanecen unidos tras la colisión).

Sin embargo, en la vida cotidiana esto no ocurre de este modo, y en todas las colisiones hay una transferencia de energía al medio mediante calor y emisión de sonido (si hacemos chocar repetidamente dos cuerpos vemos que se produce un aumento de temperatura).

Se define en estos casos el **coeficiente de restitución,** cuyo valor oscila entre 0 y 1, que da idea de la energía que se transfiere al medio. En las colisiones perfectamente inelásticas toma el valor 1.

El despreciar estas transferencias de energía es un ejemplo más de idealización de la realidad: se imponen unas «condiciones ideales» que facilitan una aproximación al estudio de la naturaleza.

Otro ejemplo de idealización, que hemos utilizado en alguna ocasión, es el hecho de despreciar el rozamiento con el aire, o entre dos superficies al deslizar una sobre la otra.

Impulso mecánico y cantidad de movimiento

4 Desde la azotea de un edificio de 10 m de altura se deja caer una pelota de 400 g. Si choca con el suelo y rebota hasta 4,2 m de altura, calcula:

a) El impulso debido al peso de la pelota durante la caída.

b) El impulso recibido en el choque con el suelo.

Planteamiento y resolución

a) Se toma un sistema de referencia con el semieje *Y* positivo hacia arriba. Para calcular el impulso debido al peso necesitamos obtener el tiempo, Δt, que tarda la pelota en llegar al suelo desde una altura h_0 (caída libre); así, resulta:

$$\Delta t = \sqrt{\frac{2 \cdot h_0}{g}} = 1{,}43\ \text{s} \rightarrow \vec{I} = \vec{P} \cdot \Delta t = -m \cdot g \cdot \Delta t \cdot \vec{j} \rightarrow \vec{I} = -5{,}6 \cdot \vec{j}\ \text{N} \cdot \text{s}$$

b) Cuando la pelota choca contra el suelo, además del peso, sobre ella actúa una fuerza durante un pequeño intervalo de tiempo, que no conocemos. En este caso, el impulso lo calculamos mediante el teorema del impulso mecánico, calculando el momento lineal justo antes y justo después del choque, pues $\vec{I} = \Delta \vec{p}$; además, utilizaremos la ecuación $v^2 - v_0^2 = 2 \cdot a \cdot \Delta s$:

- Antes del choque (caída libre): $\vec{v}_1 = -\sqrt{2 \cdot g \cdot h_0} \cdot \vec{j} = -14 \cdot \vec{j}\ \text{m/s}$.
- Después del choque: $\vec{v}_2 = \sqrt{2 \cdot g \cdot h_1} \cdot \vec{j} = 9{,}1 \cdot \vec{j}\ \text{m/s}$.

Por tanto, $\vec{I} = \Delta \vec{p} = \vec{p}_2 - \vec{p}_1 = m \cdot (\vec{v}_2 - \vec{v}_1) = 9{,}2 \cdot \vec{j}\ \text{N} \cdot \text{s}$.

ANÁLISIS DEL PROBLEMA

Para calcular el impulso mecánico de una fuerza constante:

- Si se conoce la fuerza y el intervalo de tiempo durante el que actúa, basta con multiplicar el escalar (tiempo) por el vector (fuerza): $\vec{I} = \vec{F} \cdot \Delta t$.
- Si no se conocen, pero podemos calcular $\vec{p}$ antes y después de la actuación de la fuerza, se aplica el teorema del impulso mecánico: $\vec{I} = \Delta \vec{p}$.

El módulo del vector que se obtiene nos informa de la variación de la cantidad de movimiento del móvil, y su dirección y sentido coinciden con los de la fuerza aplicada.

Estos ejercicios conviene resolverlos con magnitudes vectoriales; pero si el movimiento antes y después de actuar la fuerza se produce en la misma dirección, se pueden abordar con los módulos de los vectores, adoptando un criterio de signos.

Plano inclinado con fuerza aplicada

5 Un bloque de masa *m* baja deslizando por un plano inclinado un ángulo α por la acción de su peso y de una fuerza *F* horizontal que favorece el movimiento. Si el coeficiente de rozamiento plano-bloque es μ, calcula la aceleración en función de la fuerza aplicada, y el valor de *F* a partir del cual el cuerpo se separa del plano.

Planteamiento y resolución

Se aplica la segunda ley de Newton al bloque:

$$\vec{F} + \vec{P} + \vec{N} + \vec{R} = m \cdot \vec{a} \rightarrow \begin{cases} F \cdot \cos\alpha + m \cdot g \cdot \text{sen}\,\alpha - \mu \cdot N = m \cdot a \\ N + F \cdot \text{sen}\,\alpha - m \cdot g \cdot \cos\alpha = 0 \end{cases}$$

Despejando la normal de la segunda ecuación y sustituyendo en la primera:

$$a = \frac{F}{m} \cdot (\cos\alpha + \mu \cdot \text{sen}\,\alpha) + g \cdot (\text{sen}\,\alpha - \mu \cdot \cos\alpha)$$

La condición de contacto entre dos superficies es que la fuerza normal sea $N > 0$. Cuando *F* aumenta, *N* disminuye, y habrá un valor de *F* que haga que $N = 0$, momento en el cual deja de haber contacto entre superficies. Esto es:

$$N = m \cdot g \cdot \cos\alpha - F \cdot \text{sen}\,\alpha > 0 \rightarrow m \cdot g \cdot \cos\alpha > F \cdot \text{sen}\,\alpha \rightarrow$$
$$F < m \cdot g \cdot \cot\alpha \rightarrow F < 754{,}8\ \text{N}$$

Por tanto, si $F \geq m \cdot g \cdot \cot\alpha$, $N \leq 0$, y el cuerpo se separará del plano, siendo este el valor máximo de *F* que asegura contacto entre ellos.

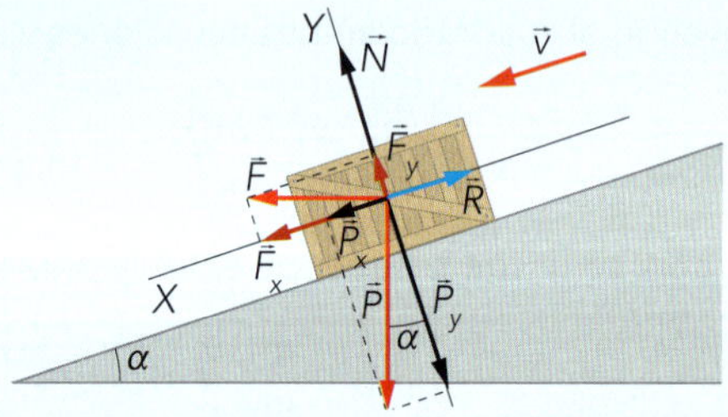

ANÁLISIS DEL PROBLEMA

En los movimientos en planos inclinados pueden participar fuerzas, aparte del peso, que pueden no ser paralelas al plano.

Aquí aparece, además, **una condición para el contacto entre dos cuerpos: que la fuerza normal ha de ser siempre positiva.**

Cuando las fuerzas externas aplicadas al cuerpo hacen que $N = 0$, deja de haber contacto entre las superficies y el bloque se movería de igual modo si quitásemos el plano: hacia la izquierda por la fuerza aplicada, y hacia abajo por su peso.

Masas enlazadas

6 Calcula el módulo de $\vec{F}$ para que los cuerpos, inicialmente en reposo, se desplacen 5 m en 10 s. ¿Qué tensión soporta cada cuerda?

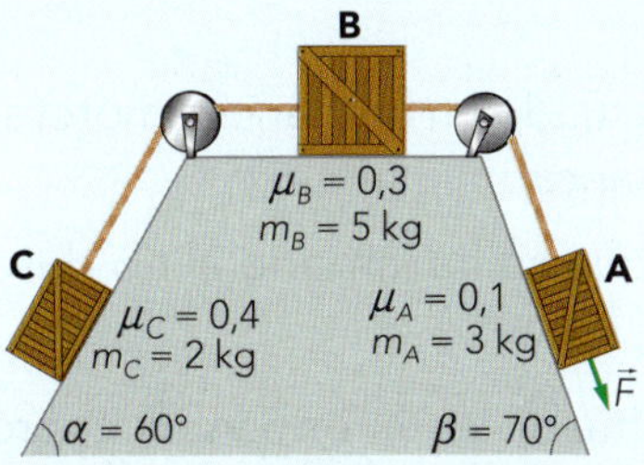

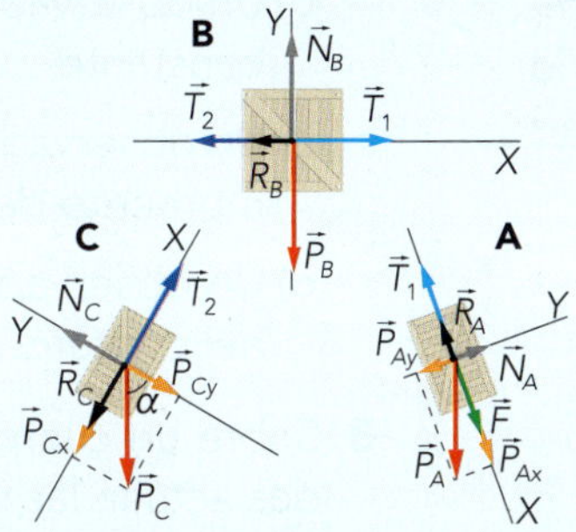

Planteamiento y resolución

Los cuerpos describen un MRUA: $\Delta s = \dfrac{1}{2} \cdot a \cdot t^2 \rightarrow a = \dfrac{2 \cdot \Delta s}{t^2} = 0,1\ \text{m/s}^2$

Al aplicar la segunda ley de Newton:

$$F + m_A \cdot g \cdot \text{sen}\,\beta - \mu_A \cdot m_A \cdot g \cdot \cos\beta - T_1 = m_A \cdot a$$

$$T_1 - T_2 - \mu_B \cdot m_B \cdot g = m_B \cdot a$$

$$T_2 - \mu_C \cdot m_C \cdot g \cdot \cos\alpha - m_C \cdot g \cdot \text{sen}\,\alpha = m_C \cdot a$$

Si se suman estas ecuaciones se obtiene la del sistema:

$$F + g \cdot (m_A \cdot \text{sen}\,\beta - \mu_A \cdot m_A \cdot \cos\beta - \mu_B \cdot m_B - \mu_C \cdot m_C \cdot \cos\alpha - m_C \cdot \text{sen}\,\alpha) = (m_A + m_B + m_C) \cdot a$$

Sustituyendo datos: $F = 9,98$ N, $T_1 = 36,33$ N; $T_2 = 21,12$ N .

ANÁLISIS DEL PROBLEMA

Por complicado que parezca un sistema complejo de masas enlazadas:

- Al estudiar el movimiento de un cuerpo todos los demás se sustituyen por las fuerzas que ejercen sobre aquel.
- Las tensiones a ambos lados de una cuerda tensa inextensible son iguales.
- Las poleas solo provocan cambios en la dirección del movimiento.
- Todos los cuerpos se mueven con la misma aceleración.

Al aplicar la segunda ley de Newton a cada cuerpo se obtiene un sistema de ecuaciones que siempre verifican que su suma elimina las tensiones de las cuerdas, obteniendo una ecuación que solo depende de las características del sistema. A partir de ella se calcula la aceleración del sistema, o la fuerza aplicada, y a partir de las individuales, las tensiones en las cuerdas.

Ley de Hooke y movimiento armónico simple

7 La tabla muestra el peso de tres objetos y las elongaciones que producen al ser colgados de un muelle. Calcula k y la frecuencia con que oscila el sistema formado por el muelle y el cuerpo de mayor masa.

	Cuerpo 1	Cuerpo 2	Cuerpo 3
Peso/N	0,30 ± 0,05	0,65 ± 0,05	0,90 ± 0,05
Δl/cm	3,8 ± 0,1	8,0 ± 0,1	11,5 ± 0,1

Planteamiento y resolución

Con la pareja de datos del cuerpo 1 se obtiene una constante elástica k igual a:

$$k_1 = \frac{F_1}{\Delta l_1} = 7,895\ \text{N/m}$$

$$\varepsilon_R(k_1) = \varepsilon_R(F) + \varepsilon_R(\Delta l) = \frac{0,05\ \text{N}}{0,30\ \text{N}} + \frac{0,1\ \text{cm}}{3,8\ \text{cm}} = 0,193 \rightarrow \varepsilon_a = k_1 \cdot \varepsilon_R = 1,524\ \text{N/m}$$

Así, $k_1 = 8 \pm 2$ N/m; de igual modo, $k_2 = 8,1 \pm 0,7$ N/m, y $k_3 = 7,8 \pm 0,5$ N/m.

Por tanto, el valor de k, su error y el de ω son:

$$k = \frac{k_1 + k_2 + k_3}{3} = 7,967\ \text{N/m} \rightarrow \Delta k = \frac{\Delta k_1 + \Delta k_2 + \Delta k_3}{3} = 1,067\ \text{N/m}$$

Por tanto, la constante elástica del muelle es $k = 8 \pm 1$ N/m , y ω vale:

$$\omega = \sqrt{\frac{k}{m_3}} = \sqrt{\frac{k \cdot g}{P_3}} = 9,3\ \text{rad/s}$$

ANÁLISIS DEL PROBLEMA

Este ejercicio muestra un prodecimiento experimental para determinar la constante elástica de un muelle.

Se miden las deformaciones producidas por varias fuerzas, tomando varias medidas para minimizar errores. Después, con la ley de Hooke, se calcula la constante para cada par de datos. Finalmente, se obtiene la media y el error de estas medidas indirectas.

Al aplicar la segunda ley de Newton al MAS (apartado 4 de esta unidad) se obtiene la expresión que relaciona la frecuencia angular del movimiento con los parámetros del sistema (la masa que oscila y la constante recuperadora).

Repasa los errores en medidas indirectas en el tema preliminar si lo necesitas.

Recuerda seleccionar el material de trabajo de esta unidad para tu **portfolio.**

TRABAJA CON LO APRENDIDO

Fuerzas e interacciones

1 Deseas cambiar de sitio el armario de tu habitación con la ayuda de dos amigos. Primero, lo levantáis entre dos para ponerlo encima de una manta, y luego lo arrastráis: tus amigos tiran de la manta y tú empujas el armario. Indica las interacciones del armario cuando lo estáis levantando, y cuando lo arrastráis por el suelo.

2 Indica, justificando tu respuesta, la veracidad o falsedad de las siguientes afirmaciones:

a) Para arrastrar una barca por un canal hacen falta dos caballerías, una en cada orilla.

b) Dos fuerzas del mismo módulo y sentidos contrarios siempre producen equilibrio.

3 Sobre un cuerpo actúan las siguientes fuerzas: $\vec{F}_1$, de 400 N, está dirigida hacia el este; $\vec{F}_2$, de 200 N, dirigida hacia el sur, y $\vec{F}_3$, de 400 N, dirigida hacia el suroeste formando un ángulo de 30° con la dirección sur. Dibuja el diagrama de fuerzas, y calcula el módulo, dirección y sentido de la resultante. ¿Cuál debería ser el módulo, dirección y sentido de una cuarta fuerza, $\vec{F}_4$, para que la resultante fuese nula?

4 Si estás sentado y tu peso es de 550 N, ¿qué objeto te aplica la fuerza necesaria para que no te hundas, y cuál es su valor? ¿En qué principio de la dinámica has basado tu respuesta?

5 La fuerza resultante para abrir una puerta tirando del pomo es la centésima parte de su peso. Si la masa de la puerta es de 10 kg, y la distancia del pomo al eje de giro es de 1 m, calcula la fuerza necesaria para abrirla si se aplica a 50 cm del eje.

Leyes de Newton

6 ¿Cómo podría comprobar un astronauta, sin instrumentos de medida, si su cápsula espacial está moviéndose o no con celeridad constante?

7 Indica si los siguientes sistemas de referencia son inerciales o no, considerando que el de un observador situado en la orilla es inercial:

a) Un observador situado en la orilla opuesta.

b) Un observador arrastrado por el río con velocidad constante.

c) Un observador situado en una lancha motora en el momento de arrancar.

d) Un observador que se ha lanzado al río desde un helicóptero.

8 Sobre un cuerpo situado en el origen de coordenadas actúan las siguientes fuerzas: $\vec{F}_1$, de 43,3 N, dirigida verticalmente hacia abajo; $\vec{F}_2$, de 25 N, dirigida horizontalmente hacia la derecha, y $\vec{F}_3$, de 50 N, dirigida hacia arriba y hacia atrás formando 60° con la horizontal. Calcula la posición del cuerpo a los 5 s si inicialmente:

a) Estaba en reposo.

b) Se estaba moviendo horizontalmente hacia la derecha a 2 m/s.

9 Cuando un objeto se mueve en el seno de un fluido (por ejemplo, un cuerpo que cae en la atmósfera), la fuerza de rozamiento es proporcional a la velocidad. Sin embargo, la segunda ley de Newton indica que la fuerza es proporcional a la aceleración. ¿Supone esto una contradicción?

10 Siendo la fuerza la misma, ¿produce el mismo efecto al actuar durante 1 s sobre un cuerpo de 10 kg que al actuar 10 s sobre un cuerpo de 1 kg?

11 Calcula la fuerza que tiene que hacer el cable de un ascensor de 500 kg en cada uno de los casos siguientes:

a) Para que suba con una aceleración de 2 m/s^2.

b) Para que suba a velocidad constante de 2 m/s.

c) Para que frene, mientras sube, con $a = 3\ m/s^2$.

Recuerda que dispones de las soluciones de todas las actividades numéricas en **anayaeducacion.es**.

12 En un plano inclinado, la mitad superior carece de rozamiento, mientras que la inferior lo tiene muy elevado. Si por él se deja resbalar un cuerpo, representa su velocidad en función del camino recorrido.

13 Un cuerpo de 30 kg recorre una circunferencia de 50 m de radio con rapidez constante de 20 m/s. Calcula la aceleración del cuerpo y la fuerza que actúa sobre él.

14 Siendo así que a toda acción se opone una reacción, ¿cómo se explica que podamos mover un cuerpo empujándolo si ambas fuerzas se anulan entre sí y, por tanto, deben producir reposo?

15 Mantienes suspendido en el aire un cuerpo pesado mediante una cuerda que sujetas con tu mano. Indica:

a) Las interacciones de la cuerda.

b) Las fuerzas que actúan sobre la cuerda.

c) Sobre qué cuerpo actúa la reacción correspondiente a cada una de ellas.

Momento lineal e impulso mecánico

16 Indica en cuáles de los siguientes movimientos permanece constante el momento lineal:

a) Movimiento rectilíneo uniforme.

b) Movimiento rectilíneo uniformemente acelerado.

c) Movimiento circular uniforme.

17 Sobre un cuerpo de 70 kg, que se mueve con velocidad $\vec{v}_0 = (24 \cdot \vec{i} - 18 \cdot \vec{j})$ m/s, actúa la fuerza $\vec{F} = (-154 \cdot \vec{i} + 168 \cdot \vec{j})$ N durante 20 s. Calcula el momento lineal inicial, el impulso mecánico de la fuerza, el momento lineal final y la velocidad final del cuerpo.

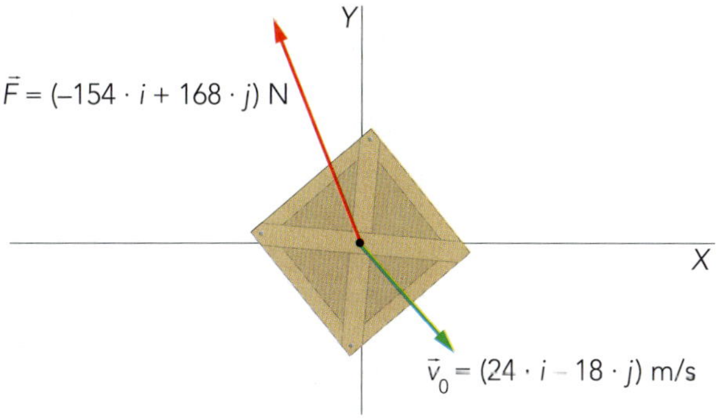

18 Sobre un cuerpo de 40 kg que está inicialmente en reposo actúan, durante 2 minutos, las siguientes fuerzas: $\vec{F}_1 = (150 \cdot \vec{i} + 200 \cdot \vec{j})$ N; $\vec{F}_2 = -392 \cdot \vec{j}$ N; $\vec{F}_3 = (-142 \cdot \vec{i} + 192 \cdot \vec{j})$ N. Calcula la fuerza resultante y su impulso mecánico, el momento lineal final y la velocidad del cuerpo a los 2 minutos.

19 Para hacer un saque, una tenista lanza verticalmente hacia arriba la pelota y, cuando se encuentra a 2 m del suelo y desciende a 2 m/s, la golpea de forma que sale despedida horizontalmente a 25 m/s. Si la masa de la pelota es de 60 g y está en contacto con la raqueta 0,02 s, calcula:

a) El momento lineal de la pelota antes y después de ser golpeada.

b) La fuerza, supuesta constante, que ejerce la raqueta sobre la pelota.

c) La distancia horizontal a la que cae la pelota, respecto de la posición de saque.

20 Un jugador de golf golpea una pelota de 20 g que está en reposo en el suelo, saliendo esta despedida con una elevación de 45°. Si la pelota cae a 125 m del lugar de lanzamiento, calcula:

a) El módulo y las componentes de la velocidad de la pelota después de ser golpeada.

b) La fuerza que ejerce el palo sobre la pelota si están en contacto 0,01 s.

21 Un cohete de 3 kg, que asciende verticalmente a 10 m/s, explota cuando se encuentra a 20 m de altura, fragmentándose en dos trozos. Si uno de ellos, de 2 kg, sale horizontalmente hacia la derecha a 15 m/s, ¿dónde cae el otro?

Estudio dinámico de situaciones cotidianas

22 Una persona de 80 kg cuelga de una cuerda atada a un helicóptero que asciende verticalmente con a = 5 m/s^2. ¿Qué tensión soporta la cuerda? Si la cuerda se rompe cuando de ella se cuelgan 1 200 N, ¿con qué aceleración máxima podrá subir el helicóptero para que la persona no caiga?

23 Para elevar verticalmente un cuerpo utilizamos dos cuerdas: una forma 30° con la vertical y tira hacia la derecha, y la otra tira hacia la izquierda formando 45° con la vertical. Si el peso del cuerpo es de 1 000 N, calcula la fuerza de cada una de las cuerdas para que el cuerpo:

a) Suba con velocidad constante.

b) Baje con velocidad constante.

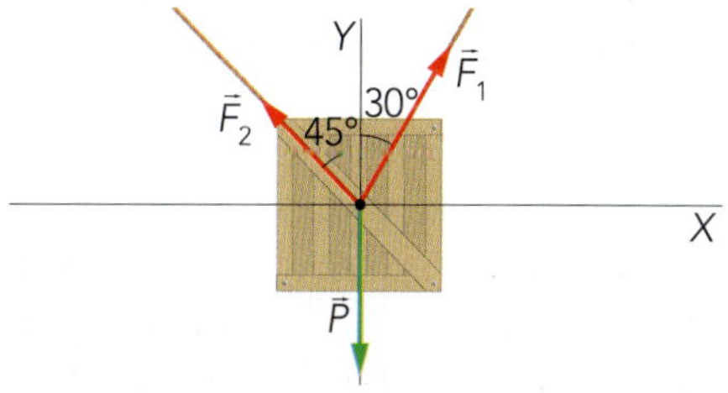

24 Sobre un cuerpo de 2 kg, inicialmente en reposo sobre una superficie horizontal, se aplica durante 4 s una fuerza de 15 N paralela a la superficie. Si el coeficiente de rozamiento entre el cuerpo y la superficie es de 0,5, calcula:

a) La aceleración del cuerpo a los 3 s y a los 5 s.

b) Su velocidad a los 4 s.

c) El tiempo que tarda en pararse, desde el instante inicial.

d) El espacio total recorrido.

25 Atamos una cuerda a una caja de 40 kg que está apoyada en una superficie horizontal y tiramos de la cuerda hacia arriba formando 30° con la horizontal. La tensión de la cuerda justo antes de empezar a moverse la caja vale 116 N. Determina el coeficiente de rozamiento entre la caja y la superficie de apoyo.

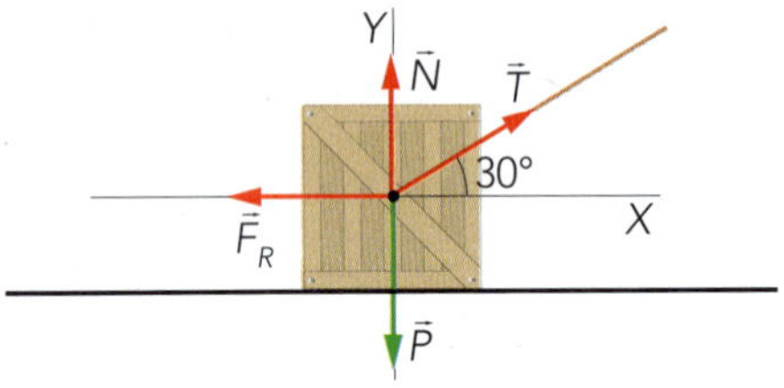

26 Desde una altura h_0 se suelta un cuerpo de masa m que baja deslizando, sin rozamiento, por un plano inclinado un ángulo α respecto a la horizontal, y continúa sobre una superficie horizontal de coeficiente de rozamiento μ. Calcula, en función de este coeficiente, el espacio que recorrerá sobre la superficie horizontal antes de detenerse.

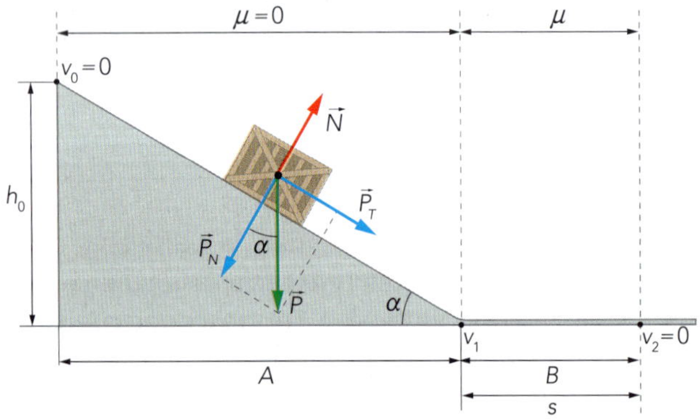

27 Un cuerpo de 3 kg se lanza desde el punto más bajo de un plano inclinado 30° con una rapidez de 6 m/s, sube deslizando hasta detenerse y luego comienza a bajar. Si el coeficiente de rozamiento vale 0,35, calcula:

a) La aceleración de subida.

b) El espacio que recorre hasta detenerse.

c) La aceleración de bajada.

d) El tiempo que tarda en volver al punto de partida.

28 Calcula la máxima velocidad con que un automóvil puede tomar una curva peraltada 17° de 250 m de radio:

a) Si consideramos despreciable el rozamiento.

b) Si el coeficiente de rozamiento vale 0,4.

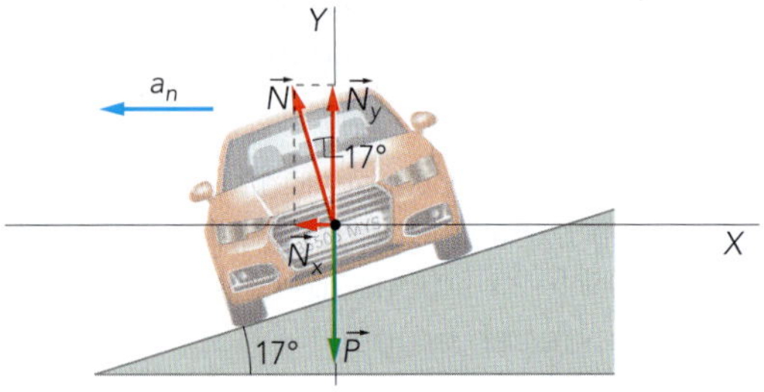

29 Calcula la aceleración de los cuerpos de la figura y la tensión de la cuerda si el coeficiente de rozamiento vale 0,2. ¿Qué ocurre si a los 5 s de iniciado el movimiento se corta la cuerda?

30 En el cálculo de la velocidad máxima con la que un vehículo puede tomar una curva, plana o peraltada, las expresiones obtenidas no dependen de la masa. Sin embargo, sabemos que un vehículo alto y pesado debe hacerlo a menor velocidad que otro más bajo y ligero. ¿Es esto una contradicción? (Repasa el concepto de momento, en el problema 1 de la estrategia de resolución de problemas de esta unidad).

31 Una pequeña bola de 250 g, colgada de un alambre recto de masa despreciable y de 40 cm de longitud, describe circunferencias en un plano horizontal. El alambre forma un ángulo constante de 30° con la vertical.

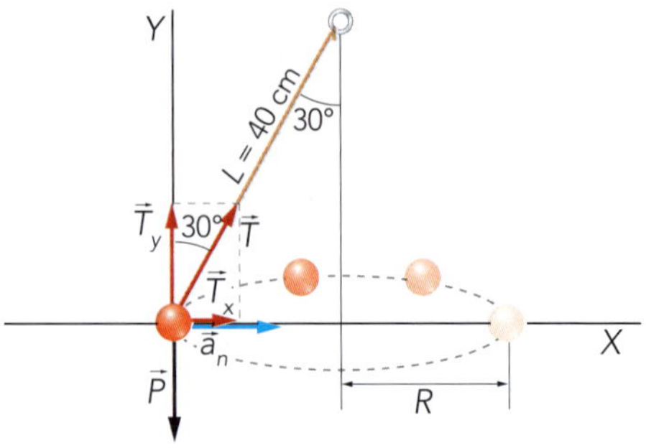

Calcula:

a) La tensión del alambre.

b) El radio de la trayectoria descrita por la bola.

c) La velocidad con la que la describe.

32 Un cuerpo *M*, de 250 g, describe un MCU de 30 cm de radio sobre una mesa horizontal, con un período *T* = 0,25 s. Se encuentra unido a otro cuerpo, de masa *m*, que cuelga verticalmente de una cuerda que pasa por un orificio de la mesa.

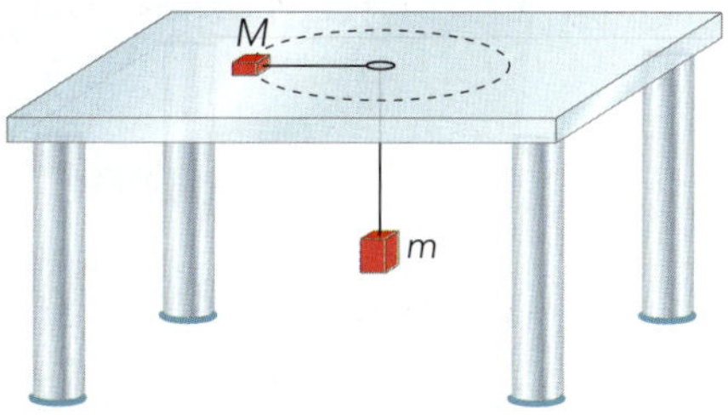

Calcula:

a) La aceleración del movimiento.

b) La tensión que soporta la cuerda.

c) El valor de *m* para que se obtengan los valores del enunciado.

33 Al colocar un bloque de 2 kg suspendido de un resorte se produce un alargamiento de 4 cm. Si, a continuación, se le estira otros 5 cm y se suelta dejándolo oscilar libremente, el bloque describe un MAS. Calcula:

a) La constante recuperadora del muelle.

b) La frecuencia de las oscilaciones.

c) La fuerza máxima que actúa sobre el bloque.

d) La ecuación del movimiento.

34 Un péndulo simple está formado por una cuerda de 6,2 m y una masa puntual de 2 kg que separamos 5° de la vertical y dejamos oscilar libremente. Calcula:

a) El período y la amplitud de las oscilaciones.

b) La tensión de la cuerda y la fuerza resultante que actúa sobre el cuerpo cuando la elongación es máxima.

c) ¿Qué valores se obtendrían en la Luna, si la aceleración de la gravedad en su superficie es la sexta parte que en la de la Tierra?

35 El coeficiente de rozamiento estático entre el soporte de la figura, de masa m_1 = 2 kg, y la taza, de masa m_2 = 100 g, es 0,3. Entre m_1 y la superficie sobre la que desliza no hay rozamiento. Si la constante elástica del muelle es k = 75 N/m, calcula la máxima amplitud que se puede dar al MAS del sistema para que no caiga la taza.

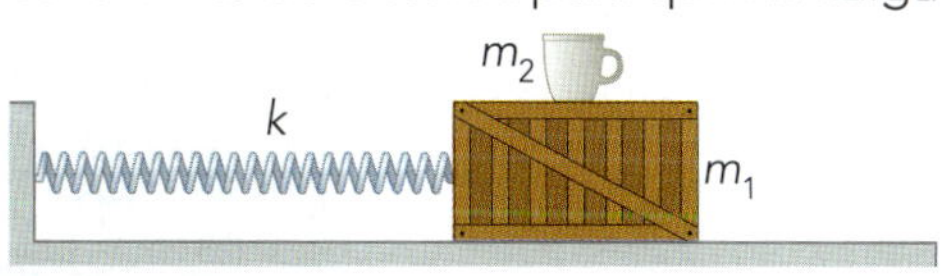

anayaeducacion.es Consulta el apartado «Para estudiar» en el banco de recursos.

Ciencia, tecnología y sociedad

Máquinas simples

La especie humana no se caracteriza por poder ejercer grandes fuerzas. Debido a ello, ante la necesidad de mover o levantar cuerpos pesados, hemos tenido que ingeniárnoslas de otro modo: inventado máquinas.

Las más sencillas, las **máquinas simples,** conviven con nosotros casi desde nuestros comienzos. Son artefactos mecánicos que transforman fuerzas, bien en módulo o en dirección y sentido.

La **palanca** (cascanueces, alicates, carretilla de mano, etcétera), el **plano inclinado** (y el tornillo, como versión «retorcida» de este), la **cuña,** la **polea** o el **torno** son ejemplos de máquinas simples.

Excepto la polea, todas multiplican la fuerza que ejercemos a condición de que su punto de aplicación recorra mayor distancia que el de la resistencia que queremos vencer. En la polea, se modifica la dirección en la que se aplica la fuerza para que nos sea más cómodo ejercerla.

También se han construido artefactos combinando máquinas simples, como el **polipasto** (figura inferior), máquina compuesta de varias poleas, fijas y móviles, con la que podemos levantar grandes masas ejerciendo fuerzas bastante menores al peso correspondiente.

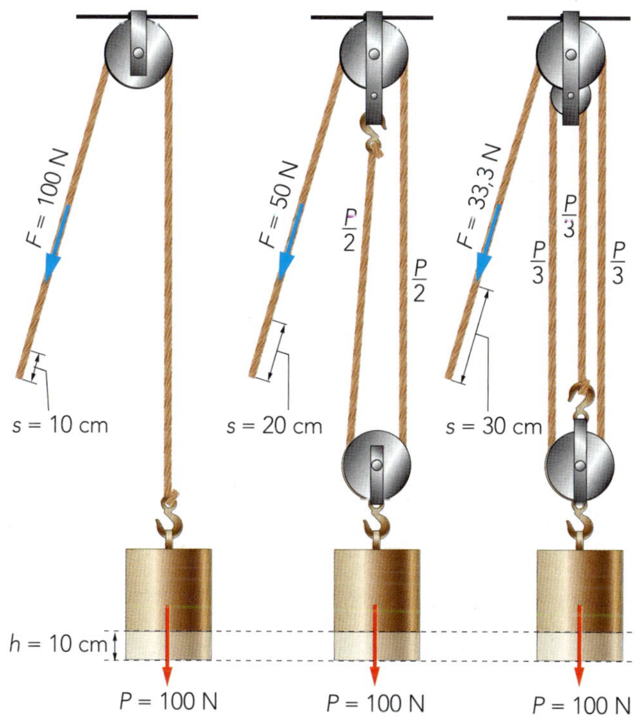

10

TRABAJO Y ENERGÍA

Fuentes de energía y desarrollo sostenible

Prácticamente todos los aparatos que utilizamos en nuestra vida cotidiana funcionan, o bien mediante energía eléctrica, o están basados en motores de combustión. En ambos casos se emplean, fundamentalmente, fuentes de energía no renovables, como el carbón y el petróleo.

Sin embargo, desde hace algunas décadas se está investigando en la generación de electricidad empleando fuentes de energía renovables, como la hidroeléctrica o la eólica.

En la base de estas técnicas se encuentra la conversión de unos tipos de energía en otros. En las centrales hidroeléctricas se aprovecha la energía potencial de una masa de agua para generar electricidad, mientras que en los generadores eólicos se utiliza la energía cinética del aire.

COMPROMISO ODS

ODS

Haced las siguientes actividades en grupos:

1 **La travesía.** Buscad información sobre el consumo eléctrico en diferentes países en la última década. Incluid datos sobre España, algún país de escaso desarrollo, y alguna potencia mundial como EE. UU., China o Rusia. Podéis utilizar «Google Public Data Explorer». A partir de esta información, pensad cómo se podría alcanzar la **meta 7.b**.

2 Buscad información sobre el uso de las principales fuentes de energía renovables en la última década en España, Europa y el mundo, utilizando la herramienta anterior. Compara esos datos con la utilización del petróleo y el carbón. ¿Creéis que con estos datos será posible alcanzar la **meta 7.2**? Redactad un pequeño informe razonado.

3 Pensad qué fuentes de energía podrían desarrollarse, principalmente en España, para alcanzar la **meta 7.a**. Proponed, justificadamente, cuáles podrían ser los principales recursos disponibles en España, evaluando su impacto ambiental.

Antes de empezar a estudiar esta unidad, consulta la presentación «Qué necesitas saber» en anayaeducacion.es.

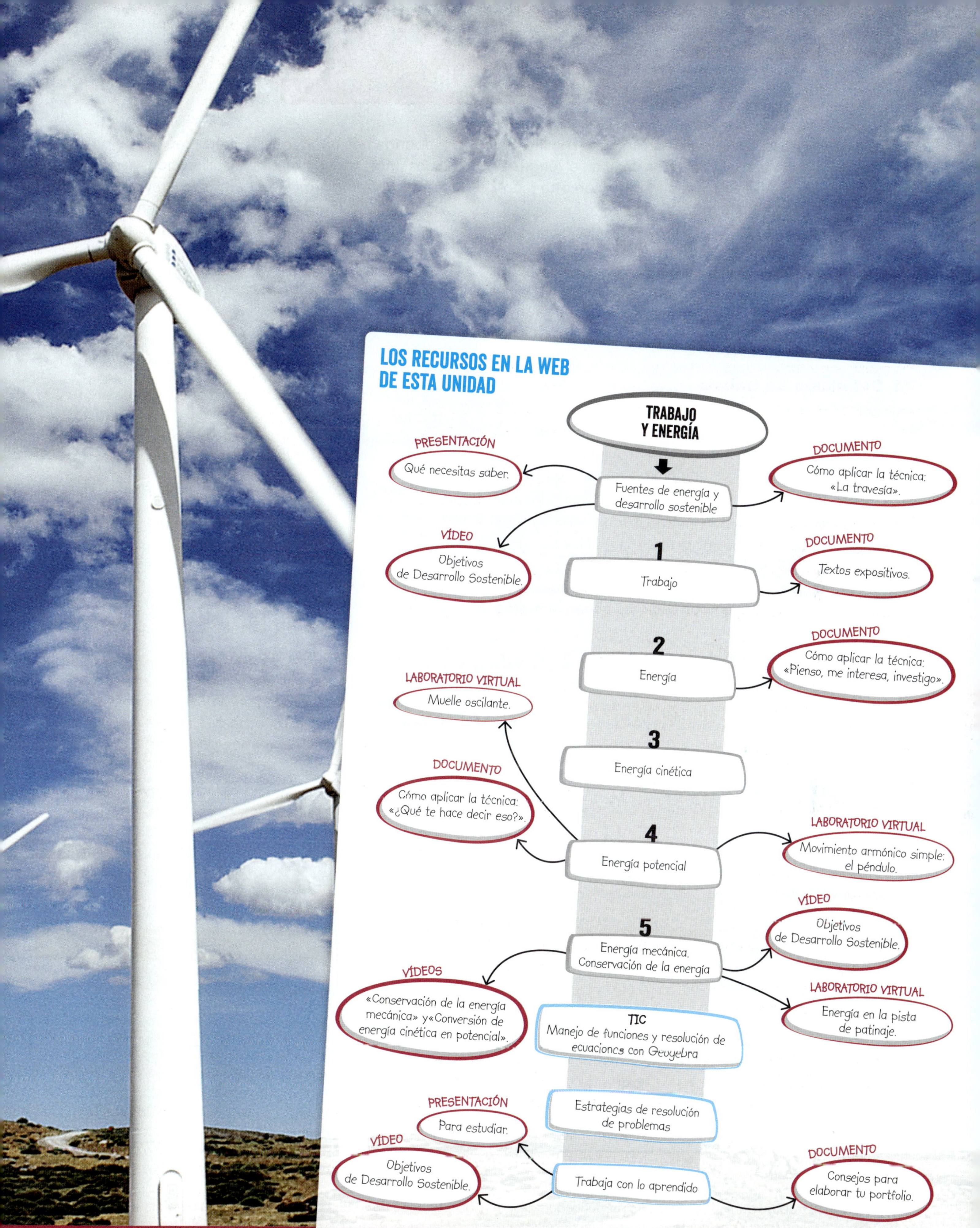

LOS RECURSOS EN LA WEB DE ESTA UNIDAD

TRABAJO Y ENERGÍA

Fuentes de energía y desarrollo sostenible
- PRESENTACIÓN: Qué necesitas saber.
- VÍDEO: Objetivos de Desarrollo Sostenible.
- DOCUMENTO: Cómo aplicar la técnica: «La travesía».

1 Trabajo
- DOCUMENTO: Textos expositivos.

2 Energía
- DOCUMENTO: Cómo aplicar la técnica: «Pienso, me interesa, investigo».

3 Energía cinética

4 Energía potencial
- LABORATORIO VIRTUAL: Muelle oscilante.
- DOCUMENTO: Cómo aplicar la técnica: «¿Qué te hace decir eso?».
- LABORATORIO VIRTUAL: Movimiento armónico simple: el péndulo.

5 Energía mecánica. Conservación de la energía
- VÍDEOS: «Conservación de la energía mecánica» y «Conversión de energía cinética en potencial».
- VÍDEO: Objetivos de Desarrollo Sostenible.
- LABORATORIO VIRTUAL: Energía en la pista de patinaje.

TIC Manejo de funciones y resolución de ecuaciones con Geogebra

Estrategias de resolución de problemas

Trabaja con lo aprendido
- PRESENTACIÓN: Para estudiar.
- VÍDEO: Objetivos de Desarrollo Sostenible.
- DOCUMENTO: Consejos para elaborar tu portfolio.

Y ADEMÁS... Soluciones de todas las actividades numéricas

1
TRABAJO

En la unidad 4 estudiamos un concepto cuyo significado es bastante diferente al que solemos darle en el lenguaje coloquial: el calor. Ahora vamos a trabajar con otra magnitud a la que le sucede lo mismo: el trabajo. En general, empleamos esta palabra para referirnos a cualquier actividad que requiera mucho esfuerzo, como, por ejemplo, cuando decimos que «cada día me cuesta más trabajo subir esta escalera». Sin embargo, vamos a ver que en física tiene otro sentido, pues hace referencia a la energía transferida por una fuerza.

1.1. Definición de trabajo

Vamos a comenzar por el caso más sencillo, para después ir complicándolo progresivamente, lo que nos permitirá definir el concepto de *trabajo* en situaciones cada vez más generales y aplicarlo a un número mayor de problemas.

- Consideremos un cuerpo que recorre un espacio *s* en línea recta mientras que sobre él actúa una fuerza constante, $\vec{F}$, que tiene la misma dirección y sentido que el vector desplazamiento, $\Delta\vec{r}$ (figura inferior izquierda). Esto quiere decir que ambos vectores tienen la misma dirección y sentido.

  Entonces se define el **trabajo** realizado por dicha fuerza como el producto:

  $$W = F \cdot s = \left|\vec{F}\right| \cdot \left|\Delta\vec{r}\right|$$

  Sus dimensiones son:

  $$[W] = [F] \cdot [s] = M \cdot L \cdot T^{-2} \cdot L = M \cdot L^{-2} \cdot T^{-2}$$

  Por tanto, su unidad en el SI será el julio (J):

  $$1\ J = 1\ N \cdot 1\ m = 1\ kg \cdot m^{-2} \cdot s^{-2}$$

- Supongamos ahora que la fuerza, aunque siga siendo constante, no tiene la misma dirección y sentido que el desplazamiento, sino que ambos vectores forman un ángulo ϕ (figura inferior derecha). En este caso, la fuerza tiene dos componentes: una en la dirección del movimiento:

  $$F_{\parallel} = F \cdot \cos\phi$$

  y otra perpendicular a esta:

  $$F_{\perp} = F \cdot \text{sen}\ \phi$$

  De las dos, solamente la componente paralela realiza trabajo, por lo que:

  $$W = F_{\parallel} \cdot s = F \cdot s \cdot \cos\phi$$

  Teniendo en cuenta que $s = \left|\Delta\vec{r}\right|$, tenemos:

  $$W = \left|\vec{F}\right| \cdot \left|\Delta\vec{r}\right| \cdot \cos\phi$$

  Recuerda la definición de producto escalar de dos vectores que forman un ángulo ϕ:

  $$\vec{A} \cdot \vec{B} = \left|\vec{A}\right| \cdot \left|\vec{B}\right| \cdot \cos\phi$$

  Por tanto, ya podemos definir:

  > El **trabajo** realizado por una fuerza constante $\vec{F}$ que actúa sobre un cuerpo que realiza un desplazamiento rectilíneo, $\Delta\vec{r}$, viene dado por:

  $$W = \vec{F} \cdot \Delta\vec{r} = \left|\vec{F}\right| \cdot \left|\Delta\vec{r}\right| \cdot \cos\phi$$

  Observa que el trabajo puede ser positivo, negativo o nulo, dependiendo del valor de ϕ (figura de la página siguiente).

Definición de trabajo

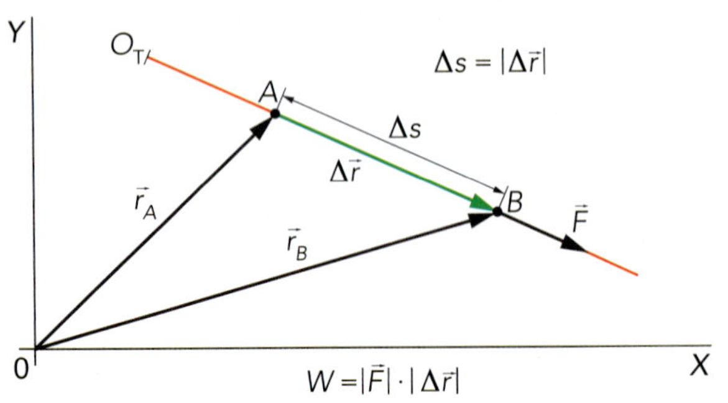

Definición de trabajo para el caso de una partícula que describe un movimiento rectilíneo sometida a una fuerza constante.

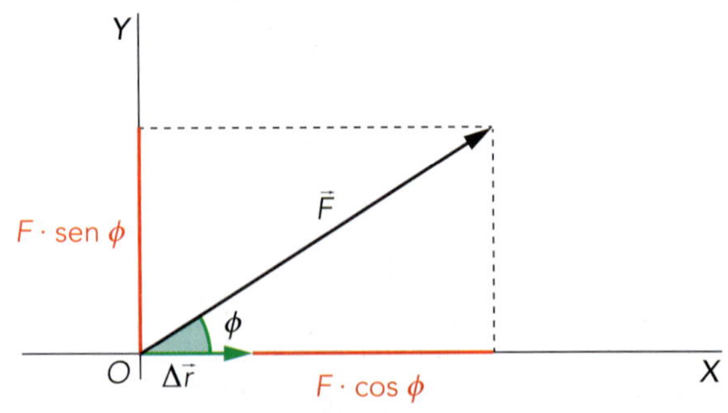

La fuerza tiene dos componentes: una paralela al movimiento, $F \cdot \cos\phi$, y otra perpendicular a este, $F \cdot \text{sen}\ \phi$.

Trabajo positivo, negativo y nulo

$$W = \vec{F} \cdot \Delta\vec{r} = F \cdot \Delta r \cdot \cos\phi > 0$$

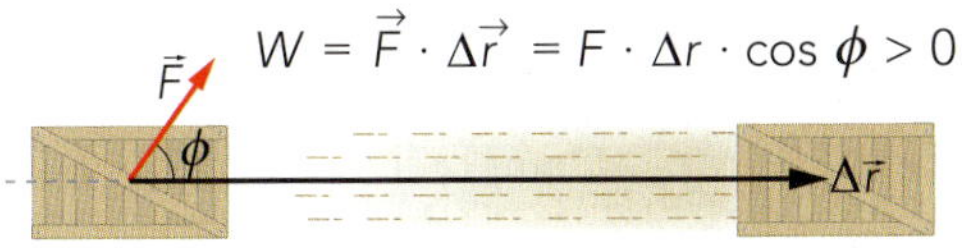

Si $0 \leq \phi < 90°$, entonces $\cos\phi > 0$.

Cuando la fuerza tiene una componente en la misma dirección y en el mismo sentido que el desplazamiento, entonces el trabajo es positivo.

$$W = \vec{F} \cdot \Delta\vec{r} = F \cdot \Delta r \cdot \cos\phi < 0$$

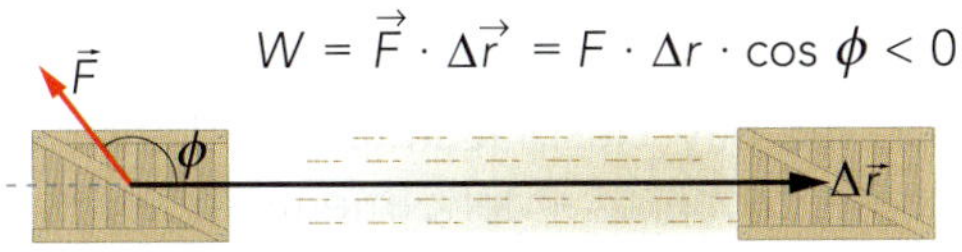

Si $90° < \phi \leq 180°$, entonces $\cos\phi < 0$.

Cuando la fuerza tiene una componente en la misma dirección y con sentido contrario al desplazamiento, entonces el trabajo es negativo.

$$W = \vec{F} \cdot \Delta\vec{r} = F \cdot \Delta r \cdot \cos\phi = 0$$

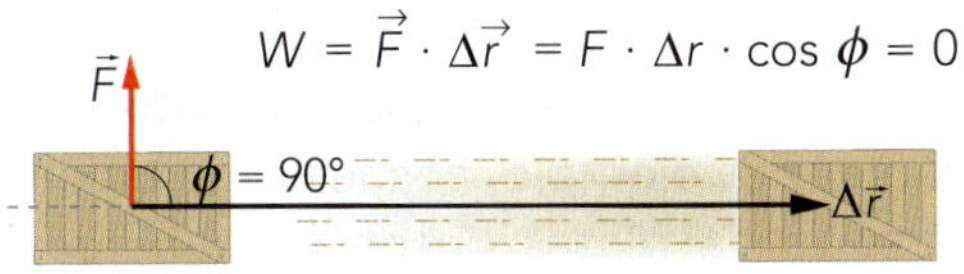

Si $\phi = 90°$, entonces $\cos\phi = 0$.

Cuando la fuerza tiene solamente una componente perpendicular al desplazamiento, entonces el trabajo es nulo.

Ejercicios resueltos

1 Tienes que desplazar 20 m un coche, aplicándole una fuerza de 200 N. ¿Qué trabajo debes realizar?

Solución

Aplicando la definición de trabajo tenemos:

$$W = F \cdot s = 200 \cdot 20 = 4\,000 \text{ J}$$

2 Si en el ejercicio anterior ejercieras una fuerza con el mismo módulo pero formando un ángulo de 30° con la dirección de desplazamiento, ¿qué trabajo harías?

Solución

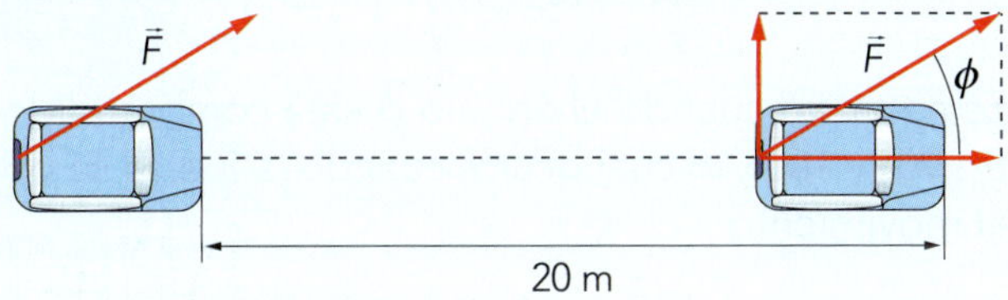

Solamente la componente paralela al desplazamiento realiza trabajo, por lo que:

$$W = F \cdot s \cdot \cos 30° = 200 \cdot 20 \cdot 0{,}87 = 3\,480 \text{ J}$$

Ejercicios

1 La chica de la fotografía lleva una maleta con ruedas, para lo cual ejerce una fuerza de 70 N. Calcula el trabajo que realiza cuando la desplaza 10 m.

2 Se aplica una fuerza sobre el cuerpo de la figura, de 2 kg de masa, de modo que sube por un plano inclinado sin rozamiento con rapidez constante. Calcula el trabajo realizado por dicha fuerza al desplazar el bloque una distancia de 5 m.

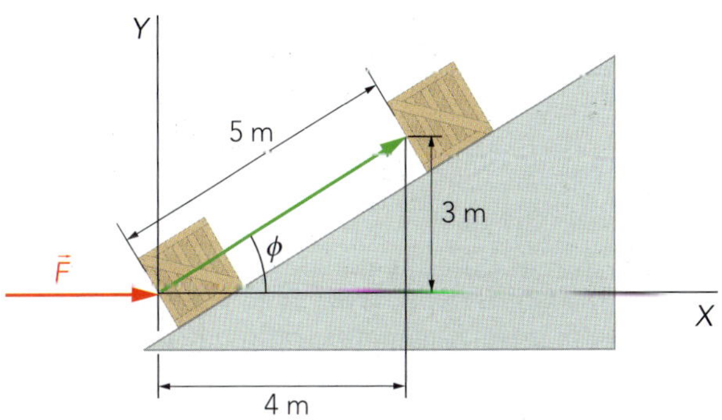

Recuerda que dispones de las soluciones de todas las actividades numéricas en **anayaeducacion.es**.

1.2. Propiedades del trabajo

Observa que el trabajo es una magnitud escalar que se define a partir de dos vectores. Esto tiene la ventaja de ser **independiente del sistema de coordenadas elegido:** siempre podremos escoger los ejes como más nos convenga para resolver nuestro problema, como iremos viendo más adelante.

Además, depende únicamente de la fuerza ejercida sobre un cuerpo y de su desplazamiento, no del tiempo que tarda en realizarlo. Supongamos que queremos levantar una pesa a una altura de un metro. Si la fuerza tiene el mismo módulo, se realiza el mismo trabajo ya sea que tardemos un segundo, un minuto o una semana.

Con respecto al signo del trabajo, podemos destacar los siguientes hechos:

- Hemos dicho que es positivo cuando el ángulo ϕ está comprendido entre 0° y 90°; esto es, cuando la fuerza contribuye al movimiento. Como $\cos\phi = 1$ para $\phi = 0°$, deducimos que el trabajo es máximo cuando $\Delta\vec{r}$ y $\vec{F}$ sean paralelos y tengan el mismo sentido. En ese caso:

$$W = W_{\text{máx}} = |\vec{F}| \cdot |\Delta\vec{r}|$$

- Es negativo cuando el ángulo ϕ está comprendido entre 90° y 180°, lo cual ocurre cuando la fuerza se opone al movimiento.

- Como $\cos\phi = -1$ para $\phi = 180°$, el trabajo será mínimo cuando $\Delta\vec{r}$ y $\vec{F}$ sean paralelos y tengan sentidos opuestos. En ese caso:

$$W = W_{\text{mín}} = -|\vec{F}| \cdot |\Delta\vec{r}|$$

- El trabajo es nulo en tres situaciones:
  - Cuando la **fuerza total** que actúa sobre un cuerpo es **nula.**
  - Cuando **no hay desplazamiento.** Piensa en la pesa que comentábamos anteriormente; una vez que la has levantado, la sostienes durante diez minutos. Aunque te canses, no estás realizando ningún trabajo sobre ella.
  - Cuando la **fuerza** y el **desplazamiento son perpendiculares.** Por ejemplo, sostienes una pila de libros mientras te desplazas desde la biblioteca hasta tu casa. Como la fuerza que tienes que ejercer es vertical, y el desplazamiento es horizontal, tampoco estás realizando trabajo en este caso.

Imagina, por ejemplo, que un cuerpo, atado a una cuerda, realiza un movimiento circular. Como la tensión es perpendicular al desplazamiento en todo momento, no realizará ningún trabajo (figura inferior izquierda). Lo mismo sucede con la **fuerza normal** entre dos superficies: dado que es perpendicular al desplazamiento, no realiza trabajo (figura inferior derecha).

Algunas situaciones en las que el trabajo es nulo

Fuerza centrípeta

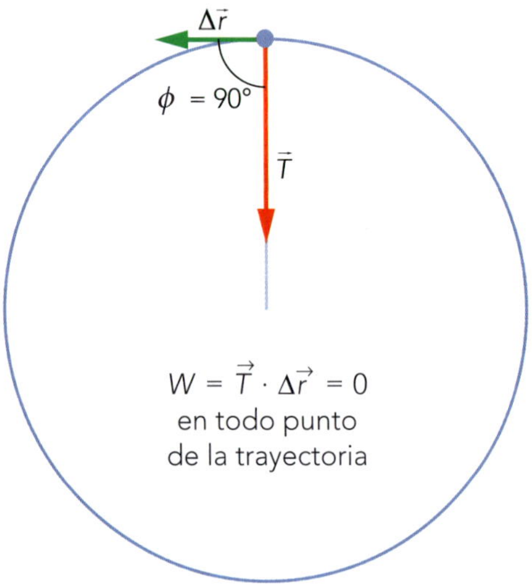

En todos los puntos de la trayectoria, la tensión es perpendicular al vector desplazamiento, por lo que no realiza trabajo. Esto ocurre para todas las fuerzas centrípetas en los movimientos circulares.

Fuerza normal

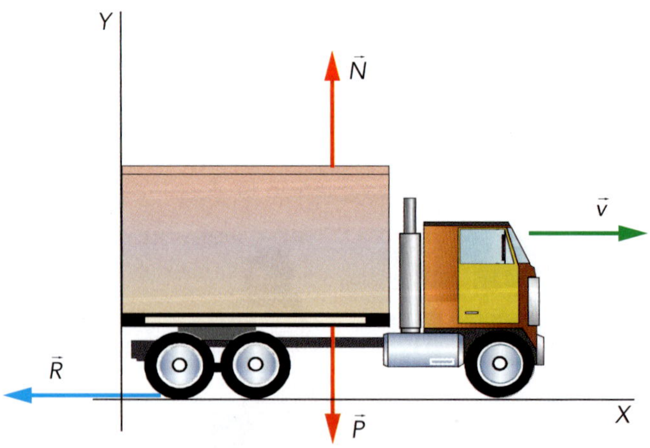

En este caso sucede lo mismo; ni la fuerza normal del suelo sobre el camión ni su peso realizan trabajo, ya que son perpendiculares a la dirección de movimiento. Sin embargo, la fuerza de rozamiento realizará un trabajo negativo.

1.3. Trabajo total

Si sobre un cuerpo actúan varias fuerzas, $\vec{F}_1$, $\vec{F}_2$, ..., $\vec{F}_n$, podemos calcular el trabajo total realizado por todas ellas de dos maneras distintas:

1.ª Se halla el trabajo realizado por cada fuerza, y se suman todas las contribuciones:

$$W = W_1 + W_2 + \ldots + W_n =$$
$$= \vec{F}_1 \cdot \Delta\vec{r} + \vec{F}_2 \cdot \Delta\vec{r} + \ldots + \vec{F}_n \cdot \Delta\vec{r}$$

2.ª Se calcula la resultante de todas las fuerzas y se determina el trabajo que esta realiza sobre el cuerpo:

$$\vec{F} = \vec{F}_1 + \vec{F}_2 + \ldots + \vec{F}_n$$
$$W = \vec{F} \cdot \Delta\vec{r}$$

Ambos métodos son completamente equivalentes:

$$W = W_1 + W_2 + \ldots + W_n =$$
$$= \vec{F}_1 \cdot \Delta\vec{r} + \vec{F}_2 \cdot \Delta\vec{r} + \ldots + \vec{F}_n \cdot \Delta\vec{r} =$$
$$= (\vec{F}_1 + \vec{F}_2 + \ldots + \vec{F}_n) \cdot \Delta\vec{r} = \vec{F} \cdot \Delta\vec{r}$$

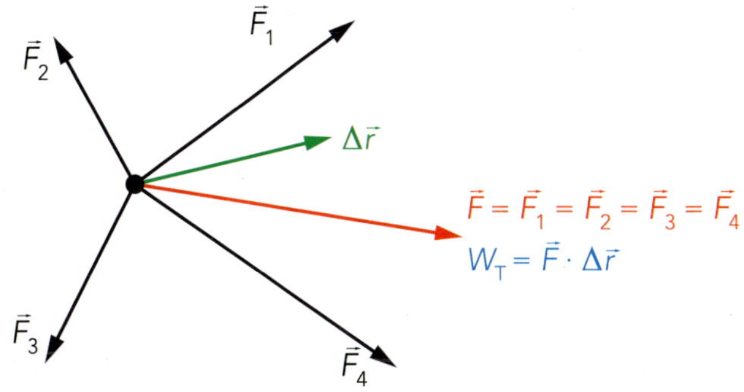

Ejercicio resuelto

3 Se ejerce una fuerza $\vec{F}$ de 50 N sobre un cuerpo de 5 kg de masa mientras se desplaza una distancia de 3 m hacia arriba a lo largo de un plano inclinado 30°. El coeficiente de rozamiento entre el bloque y el plano tiene un valor: $\mu = 0{,}2$. Calcula el trabajo total realizado sobre el cuerpo:

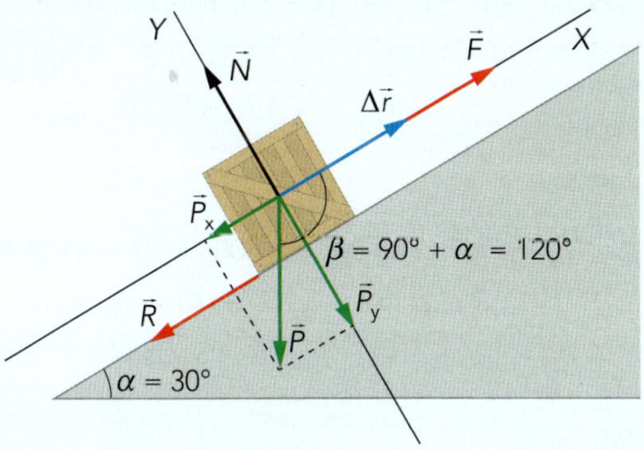

Solución

1.ª Calculamos el trabajo realizado por cada una de las fuerzas:

- Fuerza $\vec{F}$:

$$W_1 = \vec{F} \cdot \Delta\vec{r} = 50 \cdot 3 \cdot \cos 0° = 150 \text{ J}$$

- Normal:

$$N = P_y = m \cdot g \cdot \cos 30° = 5 \cdot 9{,}8 \cdot 0{,}87 = 42{,}6 \text{ N}$$

Sin embargo, el trabajo realizado por esta fuerza es nulo, ya que es perpendicular al desplazamiento: $W_N = 0$ J.

- Fuerza de rozamiento:

$$R = \mu \cdot N = 0{,}2 \cdot 42{,}6 = 8{,}5 \text{ N}$$

Al tener la misma dirección y sentido contrario al desplazamiento, el trabajo realizado será negativo:

$$W_R = R \cdot \Delta\vec{r} = 8{,}5 \cdot 3 \cdot \cos 180° = -25{,}5 \text{ J}$$

- Peso:

$$P = m \cdot g = 5 \cdot 9{,}8 = 49 \text{ N}$$

Observa que forma un ángulo de 120° con el vector desplazamiento.

Por tanto:

$$W_P = \vec{P} \cdot \Delta\vec{r} = 49 \cdot 3 \cdot \cos 120° = -73{,}5 \text{ J}$$

Así pues, el trabajo total será:

$$W = W_1 + W_N + W_R + W_P = 150 - 25{,}5 - 73{,}5 = 51 \text{ J}$$

2.ª Calculemos el trabajo realizado por la resultante:

Como tenemos libertad para elegir el sistema de referencia que sea más conveniente para resolver el ejercicio, lo tomaremos como en la figura: el eje *X* está en la dirección del movimiento y el eje *Y* será perpendicular al plano.

Eje *X*:
$$P_x = m \cdot g \cdot \text{sen } 30° = 5 \cdot 9{,}8 \cdot 0{,}5 = 24{,}5 \text{ N}$$
$$F_{T,x} = F - R - P_x = 50 - 8{,}5 - 24{,}5 = 17 \text{ N}$$

Eje *Y*:
$$F_{T,y} = N - P_y = 0 \text{ N}$$

Luego:

$$\vec{F}_T = 17 \cdot \vec{i} \text{ N}$$

Como el vector desplazamiento también está dirigido a lo largo del eje *X*:

$$\Delta\vec{r} = 3 \cdot \vec{i} \text{ m}$$

Ya tenemos que el trabajo realizado por la fuerza total será:

$$W_T = \vec{F}_T \cdot \Delta\vec{r} = 17 \cdot 3 = 51 \text{ J}$$

Como ves, ambos resultados coinciden.

1.4. Trabajo realizado por una fuerza variable

Cuando la fuerza no es constante a lo largo de la trayectoria, el trabajo se calcula dividiendo esta en un número muy grande de pequeños tramos, de modo que en cada uno de ellos pueda considerarse que la fuerza que actúa sobre el cuerpo es, aproximadamente, constante (figura inferior). Entonces el trabajo viene dado por:

$$W = \sum_{i=1}^{n} \vec{F}_i \cdot \Delta\vec{r}_i$$

siendo $\vec{F}_i$ = cte. en cada $\Delta\vec{r}_i$.

Por tanto, si tomamos el eje X en la dirección y sentido del desplazamiento, el trabajo realizado por una fuerza variable será igual al área comprendida entre la curva $F_{\parallel}(x)$ y el eje de abscisas. Este método es el mismo que se utilizó en la unidad 4 para calcular gráficamente el trabajo mediante un diagrama *p-V*.

Trabajo realizado por una fuerza variable

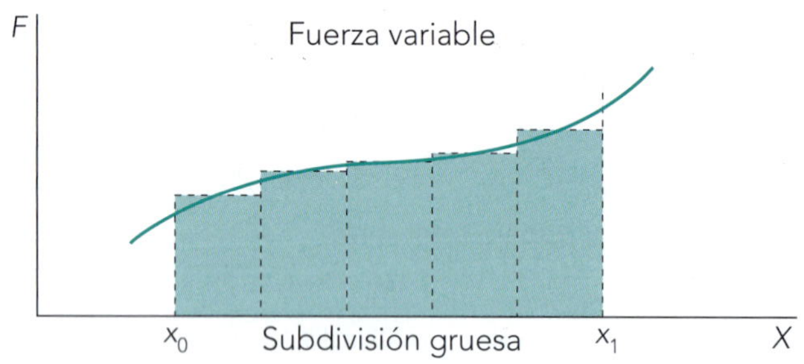

Si la fuerza varía a lo largo de la trayectoria, se hacen *n* divisiones pequeñas sucesivas de la misma. En cada tramo se considera que $\vec{F}_i$ es constante. El trabajo es igual al área de todos los rectángulos de la figura.

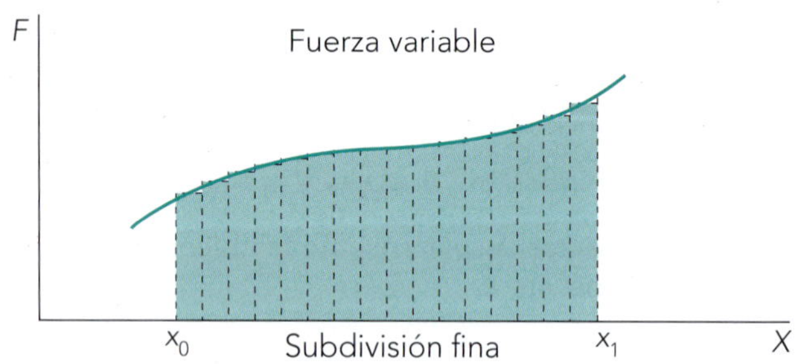

Cuando *n* es muy grande, y por tanto las subdivisiones muy pequeñas, se tiende al valor exacto, dado por el área comprendida entre la curva y el eje de abscisas.

Ejercicio resuelto

4 Un tractor arrastra por el suelo un remolque cargado, de masa total m = 1 250 kg, desplazándolo 5 m. Para ello, ejerce una fuerza constante de 6 500 N. Sabiendo que el coeficiente de rozamiento es μ = 0,25, calcula el trabajo total realizado sobre el remolque.

Solución

Tomemos el eje X horizontal, en la dirección del desplazamiento, y el eje Y vertical, y calculemos las componentes de la resultante en estas dos direcciones.

Eje Y:

$$N + F_y - P = 0 \rightarrow N = P - F_y = m \cdot g - F \cdot \text{sen } 30°$$

$$N = 1250 \cdot 9{,}8 - 6\,500 \cdot 0{,}5 = 9\,000 \text{ N}$$

$$F_{T,y} = N + F_y - P = 0$$

Eje X:

$$F_x = F \cdot \cos 30° = 6\,500 \cdot 0{,}87 = 5\,655 \text{ N}$$

$$R = \mu \cdot N = 0{,}25 \cdot 9\,000 = 2\,250 \text{ N}$$

$$F_{T,x} = F_x - R = 3\,405 \text{ N}$$

Por tanto:

$$\vec{F}_T = 3\,405 \cdot \vec{i} \text{ N}$$

Como:

$$\Delta\vec{r} = 5 \cdot \vec{i} \text{ m}$$

ya tenemos:

$$W = \vec{F}_T \cdot \Delta\vec{r} = 3\,405 \cdot 5 = 17\,025 \text{ J}$$

Observa que la componente vertical de la resultante no realiza trabajo, ya que es nula. De todos modos, aunque su valor fuera distinto de cero, tampoco lo haría porque es perpendicular al desplazamiento.

Repite el ejercicio calculando el trabajo realizado por cada una de las fuerzas y suma todas las contribuciones. Comprueba que obtienes el mismo resultado.

Ejercicio resuelto

5 Supongamos un muelle de constante elástica k, como el de la figura. Tiene enganchado un objeto sobre el que se ejerce una fuerza $\vec{F}$ tal que se alarga una distancia x manteniéndose en todo momento en equilibrio. Calcula el trabajo realizado por la fuerza $\vec{F}$ y por la fuerza elástica.

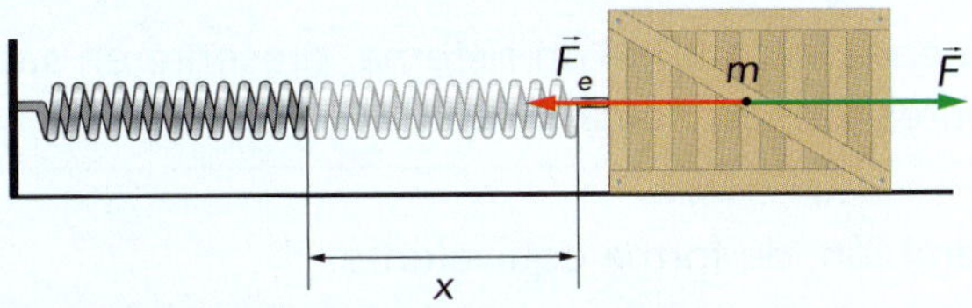

Solución

Recordemos que la fuerza elástica en un muelle viene dada por:

$$\vec{F}_e = -k \cdot \vec{x}$$

donde $\vec{x}$ es el alargamiento. Como se dice que está en todo momento en equilibrio:

$$\vec{F}_e + \vec{F} = 0 \rightarrow \vec{F} = -\vec{F}_e = k \cdot \vec{x}$$

Como vemos, la fuerza $\vec{F}$ tiene la misma dirección y sentido que el desplazamiento. Sin embargo, su módulo varía con x.

La representación gráfica sería la siguiente:

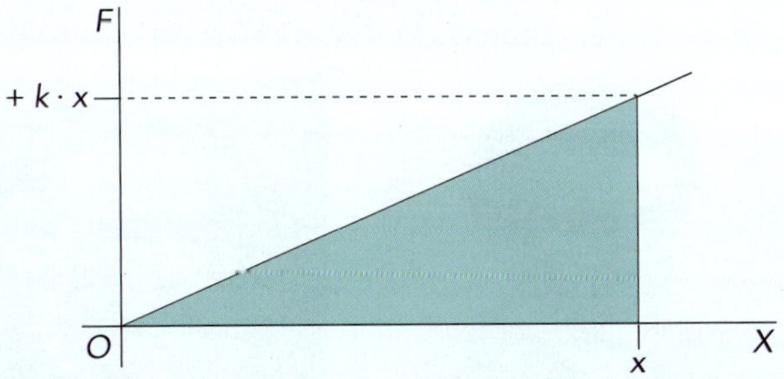

El trabajo viene dado, por tanto, por el área comprendida entre la recta de ecuación $y = k \cdot x$ y el eje de abscisas. Dicha área corresponde a la de un triángulo de base x y altura $k \cdot x$, por lo que será:

$$W = \frac{1}{2} \cdot \underbrace{k \cdot x}_{\text{altura}} \cdot \underbrace{x}_{\text{base}} = \frac{1}{2} \cdot k \cdot x^2$$

Por otra parte, como la fuerza elástica tiene la misma dirección y el mismo módulo que $\vec{F}$, pero sentido contrario:

$$W_e = -\vec{F}_e \cdot \vec{x} = -W = -\frac{1}{2} \cdot k \cdot x^2$$

Ejercicios

3 **Comprobamos.** Una persona de 50 kg de masa está tumbada en un trineo de 15 kg mientras su compañero tira ejerciendo una fuerza constante de 500 N que hace que se desplace una distancia de 50 m, como se muestra en la figura. Tomando un valor para el coeficiente de rozamiento de $\mu = 0{,}3$, calcula el trabajo total realizado sobre el sistema formado por la persona y el trineo.

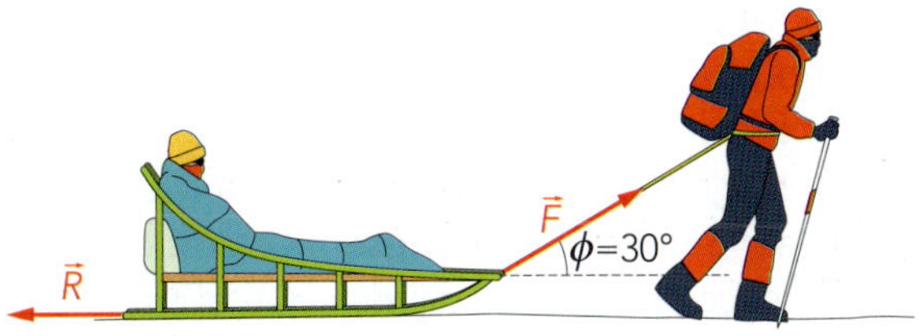

4 Un cuerpo de masa m cae a lo largo de un plano inclinado sin rozamiento, recorriendo una distancia l. Calcula el trabajo realizado sobre el objeto por la fuerza de la gravedad. ¿Depende del ángulo de inclinación, α?

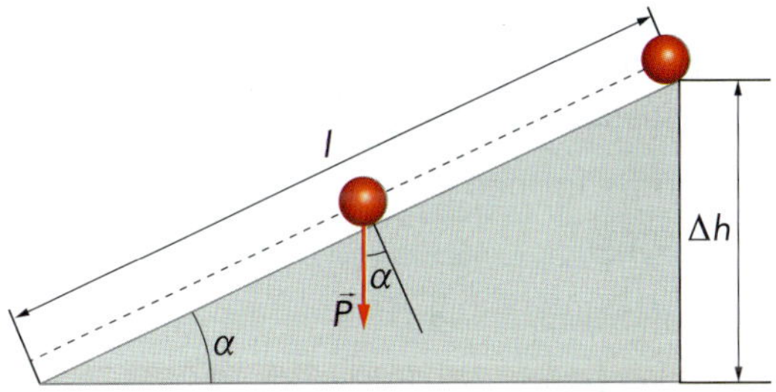

5 El mismo cuerpo del ejercicio anterior cae ahora una distancia Δh verticalmente. Calcula el trabajo realizado en este caso por la fuerza gravitatoria. A partir del resultado de este ejercicio y del anterior, ¿qué podemos concluir acerca del valor del trabajo realizado por la fuerza gravitatoria? Explica tus conclusiones y pon un ejemplo que las justifique.

6 Una fuerza constante $\vec{F} = (5 \cdot \vec{i} + 4 \cdot \vec{j})$ N actúa sobre una partícula que realiza un desplazamiento dado por: $\Delta\vec{r} = (\vec{i} - 5 \cdot \vec{j})$ m. Recordando la expresión del producto escalar de dos vectores a partir de sus componentes, calcula el trabajo realizado por la fuerza sobre el cuerpo.

7 Un cuerpo de 2 kg de masa se desliza sobre el suelo, con un coeficiente de rozamiento $\mu = 0{,}25$. Calcula el trabajo realizado por la fuerza de rozamiento cuando el cuerpo se ha desplazado una distancia de 2 m, 3 m y 5 m.

2
ENERGÍA

Introducimos ahora el concepto de energía, uno de los más abstractos que se estudian en física. De hecho, para los científicos es mucho más fácil enumerar las propiedades de la energía que explicar en qué consiste (en la figura inferior se resume el desarrollo del concepto moderno de energía, que duró varios siglos).

Es más, podemos afirmar que no existe ninguna definición completamente satisfactoria de energía. En algunos textos se describe como «aquella magnitud física que permite a los cuerpos producir o experimentar cambios o transformaciones». Sin embargo, esta definición es bastante ambigua y carece de la precisión que requieren los conceptos científicos. También se suele describir como «aquella magnitud física que permite a los cuerpos realizar trabajo», definición que presenta cierta circularidad, ya que en la sección anterior dijimos que el trabajo se podía entender como la energía transferida por una fuerza.

Sin embargo, es importante notar que, a pesar de estas dificultades, se pueden establecer los siguientes hechos fundamentales:

- La energía se manifiesta de distintas maneras. Se suele hablar de «formas» o «tipos» de energía, aunque esto no sea muy preciso, ya que no existen «distintas energías». Lo que se pretende indicar es que la energía puede ponerse de manifiesto en un cuerpo de varias maneras diferentes.
- Las distintas formas de energía pueden transformarse unas en otras.
- Para cualquier sistema se puede calcular su energía total. Esto se debe a que cada una de las formas en que se manifiesta viene descrita mediante una expresión matemática totalmente precisa.
- Uno de los logros más importantes de la física ha sido establecer la denominada **ley de conservación de la energía,** según la cual:

La energía total de un sistema, presente en sus diferentes formas, no cambia.

O también, de forma equivalente:

La energía ni se crea ni se destruye, solo se transforma.

Aún no se ha encontrado ninguna excepción a esta ley, y no se espera que jamás se halle alguna. De hecho, es tal la confianza de los científicos en ella que constituye una prueba que ha de superar cualquier teoría física nueva: si predice una violación de este principio, se rechaza inmediatamente.

Por último, es interesante mencionar que, como iremos viendo, numerosos problemas de la dinámica pueden resolverse utilizando la noción de energía de forma mucho más sencilla que con las leyes de Newton y el concepto de fuerza.

Desarrollo del concepto de energía

G. W. Leibniz introdujo el concepto de *vis viva*, parecido a la actual energía cinética. La definió como el producto de la masa por la velocidad al cuadrado, buscando cantidades que se conservaran.

En 1802, **T. Young** fue el primero en utilizar el término *energía* en sentido moderno, en vez de *vis viva*. Durante años se debatió si esta era una sustancia (como defendía la teoría calórica) o no.

G. G. de Coriolis introdujo en 1829 el concepto de trabajo con el mismo sentido que hoy día, diferenciándolo de otros términos ambiguos, como potencia mecánica, cantidad de acción o efecto dinámico.

J. P. Joule descubrió en 1842 la ley de conservación de la energía. Él y muchos otros científicos fueron dándose cuenta de que la capacidad de realizar trabajo estaba relacionada de alguna forma con dicha magnitud.

Pienso, me interesa, investigo. Selecciona uno de estos científicos e investiga en su biografía qué aportaciones relevantes realizó al mundo de la ciencia además de las mencionadas en el texto.

3 ENERGÍA CINÉTICA

La energía cinética es la más simple de las manifestaciones de la energía que vamos a estudiar, de ahí que comencemos por ella. Además, enunciaremos el teorema de la energía cinética, y veremos su utilidad en la resolución de problemas.

3.1. Definición de energía cinética

Se define de la siguiente manera:

La **energía cinética** de un cuerpo de masa *m* que se mueve a velocidad $\vec{v}$ viene dada por:

$$E_c = \frac{1}{2} \cdot m \cdot v^2$$

Sus dimensiones son las mismas que las del trabajo:

$$[E_c] = [m] \cdot [v^2] = M \cdot L^2 \cdot T^{-2}$$

Por tanto, su unidad en el SI será el julio (J):

$$1\ J = 1\ N \cdot 1\ m = 1\ kg \cdot m^2 \cdot s^{-2}$$

Observa que se trata también de una magnitud escalar que depende del módulo de la velocidad, pero no de su dirección ni sentido. Además, su valor es siempre positivo.

3.2. Teorema de la energía cinética

Este teorema establece que:

El trabajo total realizado sobre un cuerpo se invierte en modificar su energía cinética:

$$W = \Delta E_c = E_{c,f} - E_{c,i}$$

donde los subíndices i y f indican los estados inicial y final, respectivamente.

Observa que el trabajo total que aparece en la definición es el realizado por *todas* las fuerzas que actúan sobre el cuerpo.

Vamos a demostrarlo en un caso particularmente sencillo: Considera una partícula que realiza un movimiento rectilíneo uniformemente acelerado. Sea $\vec{F}$ la fuerza resultante que actúa sobre el cuerpo. El trabajo realizado por esta viene dado por:

$$W = \vec{F} \cdot \Delta\vec{r} \qquad [1]$$

Al tratarse de un MRUA, la fuerza $\vec{F}$, la aceleración $\vec{a}$ y el vector desplazamiento $\Delta\vec{r}$ tienen la misma dirección. Por simplicidad, consideremos que también tienen el mismo sentido. Entonces:

$$W = F \cdot s \qquad [2]$$

Tal y como pudiste deducir en la unidad 7:

$$s = \frac{v_f^2 - v_i^2}{2 \cdot a}$$

y $F = m \cdot a$; por tanto, al sustituir en [2]:

$$W = (m \cdot a) \cdot \left(\frac{v_f^2 - v_i^2}{2 \cdot a}\right) = \frac{1}{2} \cdot m \cdot v_f^2 - \frac{1}{2} \cdot m \cdot v_i^2 =$$

$$= E_{c,f} - E_{c,i} = \Delta E_c \qquad [3]$$

A pesar de que esta demostración es válida solamente para el caso del MRUA, el teorema se cumple siempre, ya sea que la aceleración sea o no constante, o que el movimiento sea rectilíneo o curvo.

Ejercicio resuelto

6 Calcula la energía cinética de un coche de masa m_1 = 1 000 kg que se desplaza a una celeridad de 60 km/h y de un autobús de 10 000 kg que se mueve a 20 km/h. ¿Cuál es mayor?

Solución

Solamente hay que aplicar la ecuación anterior:

$$E_c = \frac{1}{2} \cdot m \cdot v^2$$

Como vamos a utilizar el SI, pasamos las celeridades a m/s:

$$v_{coche} = 60\ \frac{km}{h} \cdot \frac{1000\ m}{1\ km} \cdot \frac{1\ h}{3600\ s} = 16{,}67\ m/s$$

$$v_{autobús} = 20\ \frac{km}{h} \cdot \frac{1000\ m}{1\ km} \cdot \frac{1\ h}{3600\ s} = 5{,}56\ m/s$$

Tenemos, por tanto:

$$E_{c,\,coche} = \frac{1}{2} \cdot 1000\ kg \cdot (16{,}67\ m/s)^2 \approx 139\,000\ J$$

$$E_{c,\,autobús} = \frac{1}{2} \cdot 1000\ kg \cdot (5{,}56\ m/s)^2 \approx 155\,000\ J$$

Vemos que ambas son similares, aunque la del autobús es ligeramente mayor.

Extraemos de aquí una conclusión importante: al depender del cuadrado de la celeridad, un cuerpo con una masa pequeña puede tener una energía cinética muy elevada. Eso es lo que sucede, por ejemplo, con las balas. A pesar de que su masa es de algunos gramos, su rapidez puede superar fácilmente la velocidad del sonido (340 m/s), por lo que poseen una energía cinética muy grande.

Ejercicios resueltos

7 Si inicialmente el remolque del ejercicio resuelto 4 tenía una rapidez de 1,2 m/s, calcula el valor de esta después de que haya recorrido los 5 m.

Solución

Aquí vamos a empezar a apreciar la potencia de los métodos que estamos desarrollando. En aquel ejercicio se encontró que el trabajo total realizado sobre el remolque era de 17025 J. Por tanto, usando el teorema de la energía cinética:

$$W = \Delta E_c = E_{c,2} - E_{c,1}$$

Es decir:

$$W = \frac{1}{2} \cdot m \cdot (v_2^2 - v_1^2) \rightarrow v_2^2 = v_1^2 + \frac{2 \cdot W}{m}$$

Sustituyendo los valores conocidos:

$$v_2^2 = 1{,}2^2 + \frac{2 \cdot 17025}{1250} = 28{,}68 \text{ m}^2/\text{s}^2$$

De donde ya tenemos:

$$v_2 = 5{,}36 \text{ m/s}$$

8 Un ascensor de 500 kg de masa comienza a caer desde una altura de 20 m. En ese instante, se activa el sistema de seguridad, que ejerce una fuerza de rozamiento constante de 4700 J. Calcula la rapidez con la que llega al suelo.

Solución

Sobre el ascensor actúan dos fuerzas: la del peso y la de rozamiento, como se observa en la figura siguiente:

Elegimos el sentido positivo del eje *Y* hacia abajo, coincidiendo con el movimiento, y calculamos la fuerza resultante:

$$F = P - R = 500 \cdot 9{,}8 - 4700 = 200 \text{ N}$$

El trabajo realizado será:

$$W = F \cdot s = 200 \cdot 20 = 4000 \text{ J}$$

La energía cinética final es desconocida, pero la inicial es cero, puesto que el cuerpo parte del reposo. Aplicando el teorema de la energía cinética, tenemos:

$$E_{c,2} - E_{c,1} = W \rightarrow E_{c,2} = W$$

Por tanto:

$$\frac{1}{2} \cdot m \cdot v_2^2 = W \rightarrow v_2^2 = \frac{2 \cdot W}{m} = \frac{2 \cdot 4000}{500} = 16 \text{ m}^2/\text{s}^2$$

De donde tenemos finalmente:

$$v_2 = 4 \text{ m/s}$$

Repite el ejercicio tomando el sentido positivo del eje *Y* hacia arriba. ¿Obtienes el mismo resultado?

9 Se lanza horizontalmente un cuerpo de 400 g de masa sobre una superficie rugosa, con una rapidez inicial de 4,0 m/s. Si se detiene después de recorrer 5 m, calcula el valor de la fuerza de rozamiento, supuesta constante.

Solución

El esquema de las fuerzas que actúan sobre el cuerpo es el siguiente:

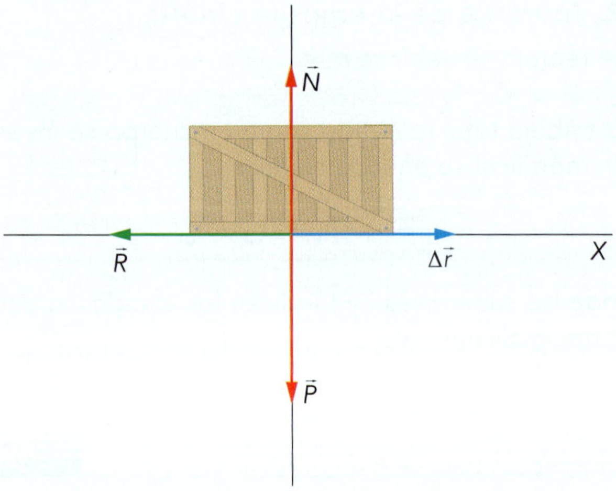

Vemos que solamente la de rozamiento puede realizar trabajo sobre el cuerpo.

Por otra parte, los valores de la energía cinética al principio y al final vienen dados por:

$$E_{c,1} = \frac{1}{2} \cdot m \cdot v_2^2 = 0{,}5 \cdot 0{,}4 \cdot 4{,}0^2 = 3{,}2 \text{ J}$$

$$E_{c,2} = \frac{1}{2} \cdot m \cdot v_2^2 = 0{,}5 \cdot 0{,}4 \cdot 0^2 = 0$$

Luego:

$$W = E_{c,2} - E_{c,1} = -3{,}2 \text{ J}$$

Como:

$$W = -R \cdot s$$

ya tenemos:

$$R = -\frac{W}{s} = \frac{3{,}2}{5} = 0{,}64 \text{ N}$$

Ejercicio resuelto

10 Un martillo de acero de 350 kg se levanta 2,5 m sobre la parte superior de una viga que se va a clavar en el suelo. Se suelta el martillo, que cae y golpea la viga, introduciéndola 10 cm en tierra. Calcula la rapidez con la que impacta el martillo contra la viga, y la fuerza media que ejerce sobre esta.

Solución

Observa la figura siguiente:

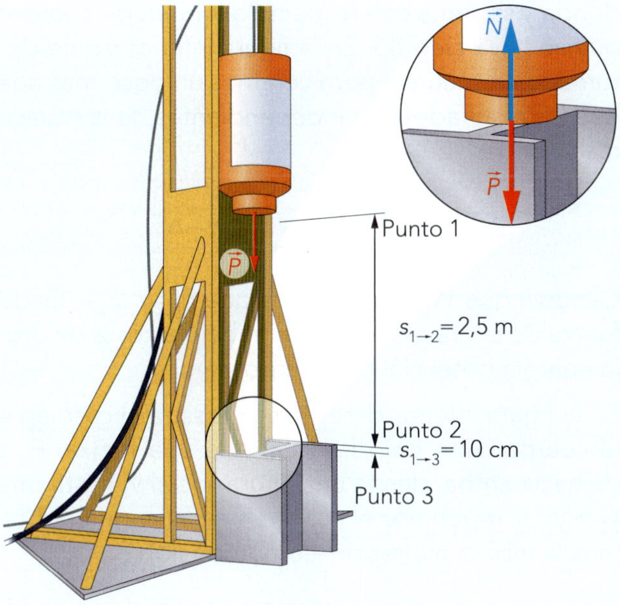

En el punto 1, el martillo se encuentra en reposo, y la única fuerza que actúa sobre él es su peso. Por tanto, entre este y el punto 2 (donde golpea la viga), el trabajo realizado viene dado por:

$$W_{1\to2} = P \cdot s_{1\to2} = m \cdot g \cdot s_{1\to2} = 350 \cdot 9{,}8 \cdot 2{,}5 = 8\,575 \text{ J}$$

Como la energía cinética inicial es cero, ya tenemos, utilizando el teorema de la energía cinética:

$$E_{c,2} = W_{1\to2} \rightarrow \frac{1}{2} \cdot m \cdot v_2^2 = W_{1\to2} \rightarrow v_2^2 = \frac{2 \cdot W_{1\to2}}{m}$$

De donde:

$$v_2^2 = \frac{2 \cdot W_{1\to2}}{m} = \frac{2 \cdot 8575}{350} = 49 \text{ m}^2/\text{s}^2 \rightarrow v_2 = 7 \text{ m/s}$$

Desde el punto 2 hasta el 3, sobre el martillo actúan su peso y la reacción normal que ejerce la viga sobre él.

Por tanto, el trabajo realizado será:

$$W_{2\to3} = (P - N) \cdot s_{2\to3}$$

Como en este caso la energía cinética inicial es:

$$E_{c,2} = 8\,575 \text{ J}$$

y la final es cero (porque el martillo se para), tenemos:

$$(P - N) \cdot s_{2\to3} = 0 - E_{c,2} \rightarrow N = P + \frac{E_{c,2}}{s_{2\to3}}$$

$$N = 3430 + \frac{8575}{0{,}1} = 89180 \text{ J}$$

Por la tercera ley de Newton, la fuerza que ejerce el martillo sobre la viga tiene el mismo módulo y dirección, y sentido contrario.

Ejercicios

8 Se lanza hacia arriba una pelota de 200 g de masa con una rapidez de 20,0 m/s. Para ello, la mano tiene que subir 40 cm. Calcula el valor medio del módulo de la fuerza aplicada sobre la pelota.

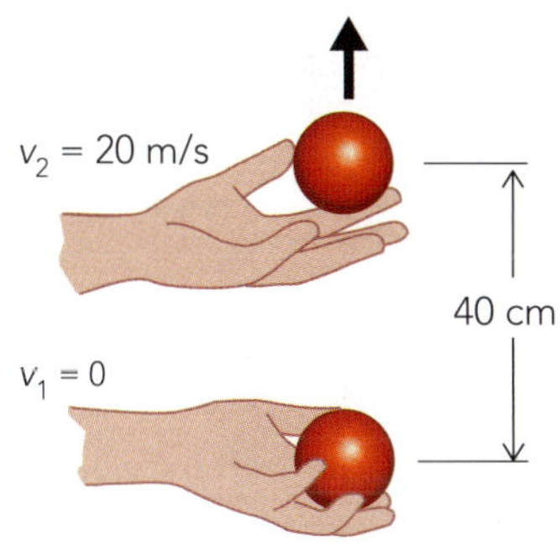

9 Demuestra el teorema de la energía cinética para el caso de un MRUA en el que la fuerza tiene sentido contrario al desplazamiento.

10 Se lanza un cuerpo hacia arriba por un plano inclinado 30°, con una velocidad inicial de 5 m/s. Sabiendo que μ = 0,2, calcula cuánto recorre el cuerpo antes de pararse.

11 Un bloque de 150 g de masa comprime 5 cm un muelle de constante elástica k = 2000 N/m. Cuando se suelta, el muelle vuelve a su posición de equilibrio. Calcula la velocidad del cuerpo en ese momento.

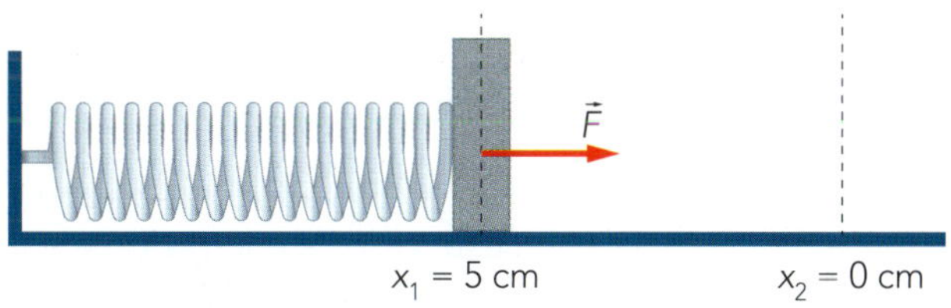

4 ENERGÍA POTENCIAL

Hemos visto, gracias al teorema de la energía cinética, que hay una relación muy directa entre el trabajo realizado sobre un cuerpo y su energía cinética. Por un lado, el trabajo total se invierte en modificarla, variando su velocidad. Pero también dicha energía puede utilizarse para realizar trabajo sobre otro objeto (esto es lo que utilizamos en el ejercicio resuelto 10).

Sin embargo, existen otras formas de tener trabajo disponible, aunque el cuerpo esté en reposo. Por ejemplo, como viste en el ejercicio 11, un muelle comprimido puede transferir trabajo al estirarse.

Concluimos entonces que hay cuerpos que tienen cierta energía acumulada, según la posición que ocupan en el espacio, y que esta puede emplearse en realizar trabajo. Esta forma de energía es, por tanto, una medida del potencial o capacidad para realizar trabajo, de ahí que reciba el nombre de **energía potencial.**

En esta unidad vamos a estudiar dos tipos de energía potencial: la gravitatoria y la elástica. Más adelante, en la unidad 12, verás que existe también una energía potencial eléctrica.

4.1. Energía potencial gravitatoria

Vamos a deducir la expresión de la energía potencial gravitatoria. Considera un cuerpo de masa m que se mueve verticalmente, a lo largo del eje Y, que tomamos con sentido positivo hacia arriba. Supongamos que el cuerpo desciende desde una altura inicial, y_1, hasta otra final $y_2 < y_1$ por efecto de la gravedad (ver figura inferior izquierda).

El trabajo realizado por el peso será:

$$W_g = \vec{P} \cdot \Delta\vec{r} = -m \cdot g \cdot (y_2 - y_1) =$$
$$= m \cdot g \cdot y_1 - m \cdot g \cdot y_2$$

Esto nos permite proponer la siguiente definición:

> La **energía potencial gravitatoria** de un cuerpo de masa m situado a una altura y viene dada por:
>
> $$E_p = m \cdot g \cdot y$$

donde y se toma con respecto al origen de coordenadas que se haya elegido. En la figura inferior izquierda se ha tomado en el suelo, pero veremos un poco más adelante que los resultados son independientes de la situación de dicho origen. Entonces:

$$\boxed{W_g = E_{p,1} - E_{p,2} = -\Delta E_p}$$

Observa que W_g es positivo y que $E_{p,2} < E_{p,1}$. Es decir, la fuerza de la gravedad realiza trabajo a costa de disminuir la energía potencial del cuerpo.

En la figura inferior derecha se muestra el caso en el que el cuerpo sube bajo la acción de una fuerza, $\vec{F}$, dirigida hacia arriba, desde una altura inicial y_1 hasta otra final $y_2 > y_1$. Si repetimos el procedimiento anterior obtendremos la misma expresión (compruébalo):

$$W_g = E_{p,1} - E_{p,2} = -\Delta E_p$$

Pero como ahora $E_{p,1} < E_{p,2}$, W_g es negativo.

Energía potencial gravitatoria

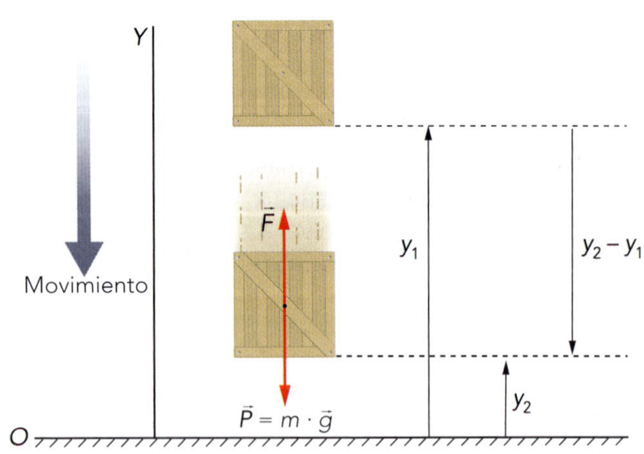

Un cuerpo cae, por efecto de la gravedad, desde una altura y_1 hasta otra menor, y_2. En este caso, la energía potencial del cuerpo disminuye.

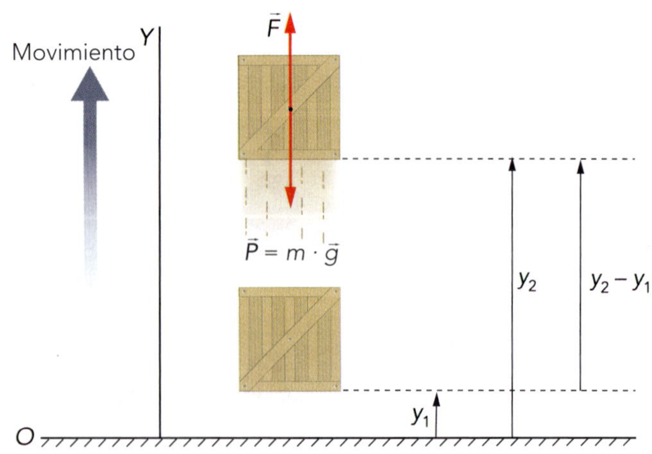

Si el cuerpo sube debido a la acción de una fuerza dirigida hacia arriba, la energía potencial del cuerpo aumenta. Esto es, adquiere la capacidad de generar trabajo.

4.2. Trabajo realizado por una fuerza que se opone a la gravedad

Considera de nuevo la situación mostrada en las figuras de la página anterior. Supongamos que hay una fuerza exterior, $\vec{F}$, que permite que el cuerpo ascienda o descienda a velocidad constante. Entonces tendrá el mismo módulo y dirección que el peso, pero sentido contrario (estará dirigida hacia arriba):

$$\vec{a} = 0 \rightarrow \vec{F} = -m \cdot \vec{g}$$

El trabajo realizado por esa fuerza será:

- Cuando el cuerpo desciende ($y_2 < y_1 \rightarrow s = y_1 - y_2$):

  $$W = -F \cdot s = -m \cdot g \cdot (y_1 - y_2) = -E_{p,1} + E_{p,2} = \Delta E_p = -W_g$$

  Es decir, negativo.

- Cuando el cuerpo asciende ($y_2 > y_1 \rightarrow s = y_2 - y_1$):

  $$W = F \cdot s = m \cdot g \cdot (y_2 - y_1) = \Delta E_p = E_{p,2} - E_{p,1} = -W_g$$

  En este caso, el trabajo realizado por la fuerza es positivo, y se invierte en aumentar la energía potencial de la masa.

Como vemos, el trabajo realizado por una fuerza externa contra la gravedad es siempre igual a la variación de energía potencial.

4.3. Propiedades de la energía potencial gravitatoria

- Como ocurría con el trabajo y la energía cinética, la energía potencial gravitatoria es una magnitud escalar, pero, a diferencia de esta última, ahora puede tomar valores positivos y negativos.
- La energía potencial gravitatoria de un cuerpo aumenta con su altura.
- Más adelante, en la unidad 11, veremos que la expresión que hemos obtenido es aproximada, válida solamente para alturas pequeñas, donde la aceleración de la gravedad permanece constante.
- La expresión:

  $$W_g = -\Delta E_p$$

  es válida con independencia de dónde hayamos tomado el origen de coordenadas.
- Veremos un poco más adelante que esta expresión continúa verificándose aunque el cuerpo siga una trayectoria complicada, no rectilínea, como hemos considerado hasta ahora: la variación de energía potencial depende únicamente de la masa, la aceleración de la gravedad, y la diferencia de alturas.

Ejercicios

12 Una masa de 5 kg se eleva a velocidad constante hasta una altura de 20 m mediante una fuerza. Calcula el trabajo realizado por dicha fuerza y por el peso.

13 Un cuerpo de 4 kg de masa está sujeto por una cuerda en el centro de un plano inclinado 30° y describe una trayectoria circular de 1 m de radio. Calcula el trabajo realizado por la fuerza de la gravedad cuando el cuerpo se mueve desde *A* hasta *B*.

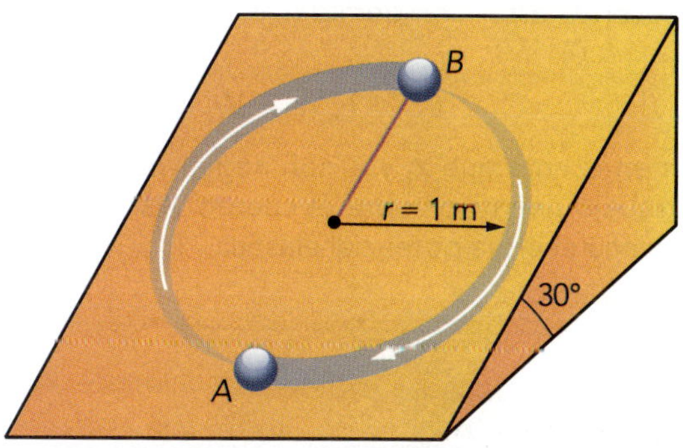

14 Un péndulo de 250 g de masa y 1,5 m de longitud oscila con una amplitud de 30° (ver la figura). Calcula el trabajo que realiza la fuerza de la gravedad sobre el cuerpo durante el trayecto que va desde el punto 1 hasta el punto 2.

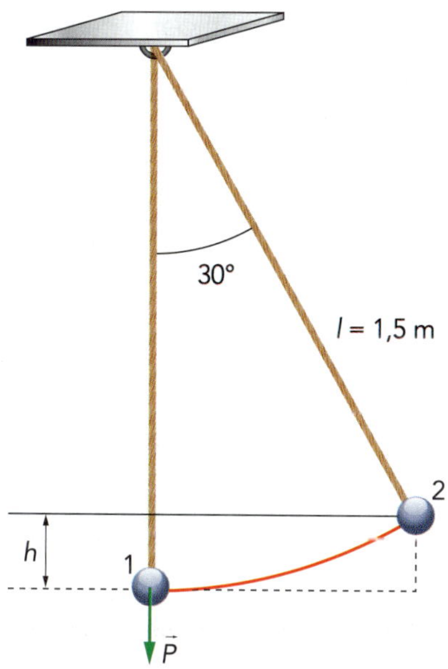

4.4. Energía potencial elástica

Ya hemos estado trabajando antes con esta energía potencial, aunque no la hayamos definido explícitamente. En efecto, habíamos obtenido que el trabajo realizado por la fuerza elástica de un muelle de constante k, desde su posición de equilibrio $x_0 = 0$ hasta otra x, es:

$$W_e = -\frac{1}{2} \cdot k \cdot x^2$$

donde x puede ser positiva (alargamiento) o negativa (compresión).

Vamos a estudiar ahora una situación un poco más general, en la que el muelle se alarga desde una posición arbitraria, $x_1 > 0$, hasta otra, $x_2 > x_1$.

El trabajo realizado por la fuerza elástica será igual al área bajo la recta $F_e(x)$, con el signo cambiado. Esta área es la de un trapecio, aunque se puede obtener también restando las de los triángulos *ABC* y *ADE* (figura inferior izquierda).

$$W_e = -\left(\frac{1}{2} \cdot k \cdot x_2^2 - \frac{1}{2} \cdot k \cdot x_1^2\right) =$$

$$= -\frac{1}{2} \cdot k \cdot x_2^2 + \frac{1}{2} \cdot k \cdot x_1^2$$

Definimos entonces:

La **energía potencial elástica** de un muelle que tiene un alargamiento x viene dada por:

$$E_p = \frac{1}{2} \cdot k \cdot x^2$$

Y de nuevo obtenemos el siguiente resultado:

$$W_e = -E_{p,2} + E_{p,1} = -\Delta E_p$$

Aunque la hemos deducido para el caso de un resorte que se estira desde una posición inicial x_1 hasta otra final $x_2 > x_1$, esta expresión es válida siempre. A la derecha puedes ver un resumen de los casos posibles para un muelle.

Trabajo de la fuerza elástica, F_e (x)

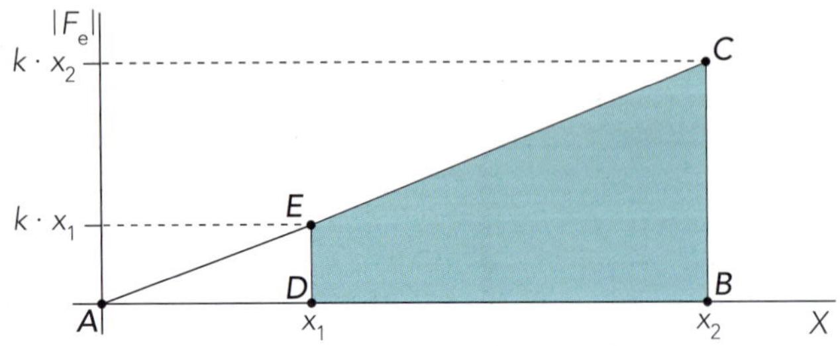

La energía potencial elástica es el área del trapecio *DBCE*, cambiada de signo.

Situaciones posibles de un muelle

1.er caso:

El resorte está estirado, y se estira más aún ($x_2 > x_1 > 0$):

$$E_{p,2} > E_{p,1} \rightarrow W_e < 0$$

El muelle realiza un trabajo negativo sobre el cuerpo y $\Delta E_p > 0$; esto es, se almacena energía potencial elástica.

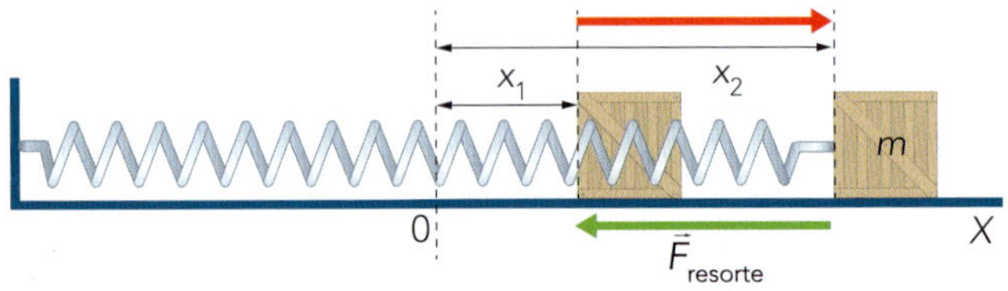

2.º caso:

El resorte está estirado y se comprime ($x_1 > x_2 > 0$):

$$E_{p,1} > E_{p,2} \rightarrow W_e > 0$$

El muelle realiza un trabajo positivo sobre el cuerpo y $\Delta E_p < 0$; esto es, se pierde energía potencial elástica.

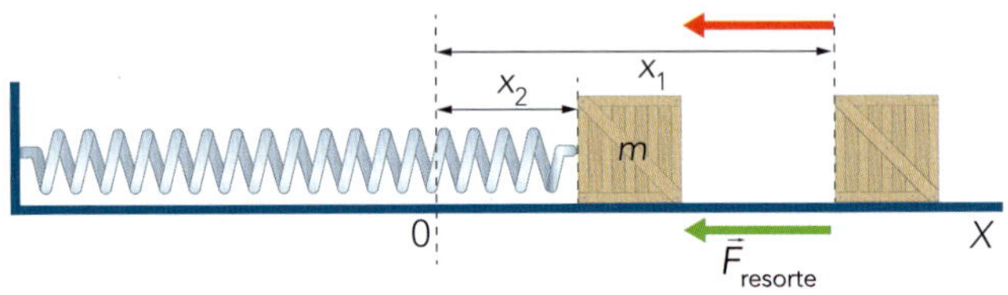

3.er caso:

El resorte está comprimido y se estira ($x_1 < x_2 < 0$):

$$E_{p,1} > E_{p,2} \rightarrow W_e > 0$$

El muelle realiza un trabajo positivo sobre el cuerpo y $\Delta E_p < 0$; esto es, se pierde energía potencial elástica, realizando trabajo.

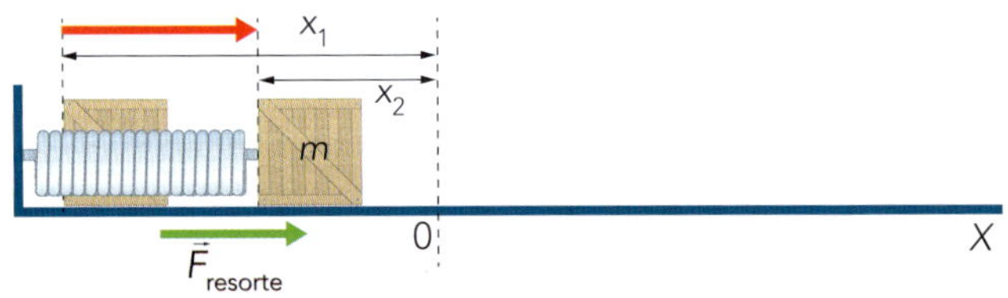

4.º caso:

El resorte está comprimido y se comprime aún más ($x_2 < x_1 < 0$):

$$E_{p,2} > E_{p,1} \rightarrow W_e < 0$$

(Ten en cuenta que x_1 y x_2 son negativos). El muelle realiza un trabajo negativo sobre el cuerpo y $\Delta E_p > 0$; esto es, se almacena energía potencial elástica.

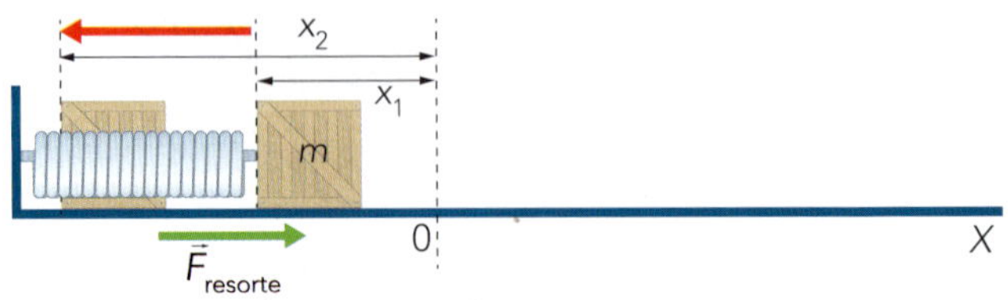

4.5. Trabajo realizado por una fuerza que se opone a la fuerza elástica

Considera de nuevo la situación mostrada en las figuras de la página anterior. Si hay una fuerza exterior, $\vec{F}$, que estira o comprime el muelle de manera que el movimiento se realiza a velocidad constante:

$$\vec{a} = 0 \rightarrow \vec{F} = -\vec{F}_e$$

Por tanto, el trabajo que realiza tendrá siempre signo opuesto al realizado por la fuerza elástica:

$$W = -W_e = \Delta E_p$$

4.6. Propiedades de la E_p elástica

- Es una magnitud escalar, pero ahora toma valores siempre positivos, puesto que el muelle acumula energía potencial, bien se estire o se comprima respecto de su posición de equilibrio.
- El origen se sitúa en el punto de equilibrio del muelle, es decir, en $x = 0$. La forma de la curva es una parábola.
- Como en el caso de la energía potencial gravitatoria, el trabajo realizado por una fuerza que deforma un muelle tiene signo opuesto al de la fuerza elástica.

4.7. Fuerzas conservativas

Hemos visto que tanto la fuerza gravitatoria como la elástica originan energía potencial (también lo hace la fuerza eléctrica), pero no todas las fuerzas son capaces de esto.

Una fuerza se dice que es **conservativa** si es capaz de generar energía potencial.

A las demás se las llama **no conservativas.** Un ejemplo de fuerza no conservativa es la de rozamiento.

Propiedades de las fuerzas conservativas

- El trabajo que realizan sobre un cuerpo depende solamente de las posiciones inicial y final, y no de la trayectoria seguida. Ya lo hemos visto para el caso de la gravedad.
- Equivalentemente, el trabajo realizado por una fuerza conservativa a lo largo de una trayectoria cerrada es siempre cero (ver figura inferior derecha).
- El trabajo realizado por una fuerza conservativa es igual a la variación de la energía potencial asociada a dicha fuerza, cambiada de signo:

$$W_{1\rightarrow 2}(\text{fuerza conservativa}) = -\Delta E_p$$

En **anayaeducacion.es** puedes trabajar con el muelle oscilante y el movimiento armónico simple.

Representación gráfica de la E_p elástica

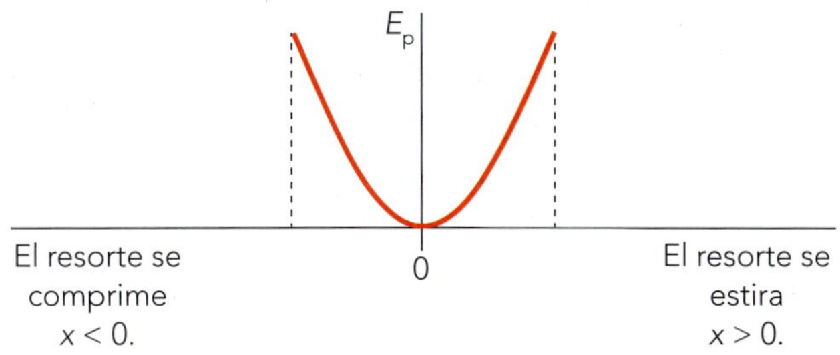

Gráfica de la energía potencial elástica frente a la distancia respecto a la posición de equilibrio.

Trabajo de una fuerza conservativa

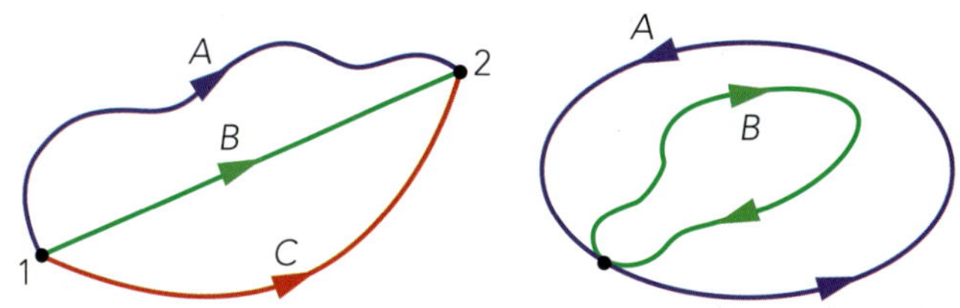

$$W_{1\rightarrow 2} = W_A = W_B = W_C$$
$$W_{1\rightarrow 2} = E_{p,1} - E_{p,2}$$
$$W_{ciclo} = W_A = W_B = 0$$

Trabajo realizado por una fuerza conservativa a lo largo de un camino cerrado.

Ejercicios

15 **¿Qué te hacer decir eso?** Comprueba que la energía potencial gravitatoria y la elástica tienen las mismas dimensiones que el trabajo.

16 De un muelle vertical de constante elástica k = 500 N/m se cuelga un cuerpo de 150 g de masa. Una vez alcanzado el equilibrio, se estira 1 cm más. Calcula el trabajo necesario para ello.

17 **Cabezas pensantes.** Se cuelga un cuerpo de 10 kg de masa de un muelle vertical. Una vez que alcanza la posición de equilibrio es necesario realizar un trabajo de 10 J para estirarlo 5 cm. Calcula la constante elástica del muelle y cuánto se había estirado inicialmente.

5 ENERGÍA MECÁNICA. CONSERVACIÓN DE LA ENERGÍA

Una vez vistos los conceptos de trabajo, energía cinética y energía potencial, podemos abordar el punto más importante de esta unidad: la conservación de la energía mecánica.

5.1. Conservación de la energía mecánica

Comencemos introduciendo el siguiente concepto:

> Se define la **energía mecánica** como la suma de las energías cinética y potencial:
>
> $$E_m = E_c + E_p$$

La energía potencial incluye por ahora a la gravitatoria y a la elástica. En la unidad 12 veremos que también hemos de considerar la eléctrica.

Vamos a comprobar que si sobre un objeto actúan únicamente fuerzas conservativas, entonces su energía mecánica se conserva; esto es, será la misma al principio y al final:

$$\boxed{\Delta E_m = 0 \leftrightarrow E_{m,i} = E_{m,f} \quad \text{(fuerzas conservativas)}}$$

En efecto, hemos visto que, de forma general, el trabajo realizado sobre un cuerpo es igual a la variación de su energía cinética:

$$W = \Delta E_c$$

Pero, por otro lado, el trabajo realizado por las fuerzas conservativas (en este caso, todas las que actúan) se invierte en variar la energía potencial:

$$W = -\Delta E_p$$

Por tanto, tenemos:

$$\Delta E_c = -\Delta E_p \rightarrow E_{c,f} - E_{c,i} = E_{p,i} - E_{p,f} \rightarrow$$

$$\rightarrow E_{c,i} + E_{p,i} = E_{c,f} + E_{p,f} \rightarrow \boxed{\Delta E_m = 0}$$

5.2. Variación de la energía mecánica: fuerzas no conservativas

Supongamos ahora que sobre el cuerpo actúan tanto fuerzas conservativas como no conservativas. Por ejemplo, puede estar sometido a la gravedad y a la acción de un muelle, y también haber rozamiento (en la figura inferior se muestra cómo se producen estas fuerzas). Las primeras estarán asociadas a algún tipo de energía potencial, mientras que las segundas, no.

Entonces podemos separar el trabajo en dos términos, uno debido a la acción de las fuerzas conservativas y otro debido a las fuerzas no conservativas:

$$W = W_C + W_{NC}$$

Igual que antes, tenemos:

$$W_C = -\Delta E_p$$

Además, se sigue verificando que:

$$W = \Delta E_c$$

ya que esto es un hecho completamente general, independiente del tipo de fuerzas que actúen.

Así pues, uniéndolo todo, tenemos:

$$W = W_C + W_{NC} = -\Delta E_p + W_{NC} = \Delta E_c \rightarrow$$

$$\rightarrow W_{NC} = \Delta E_c + \Delta E_p \rightarrow$$

$$\rightarrow \boxed{W_{NC} = \Delta E_m}$$

> El trabajo realizado por las fuerzas no conservativas se invierte en variar la energía mecánica del cuerpo.

Origen de la fricción entre dos superficies diferentes

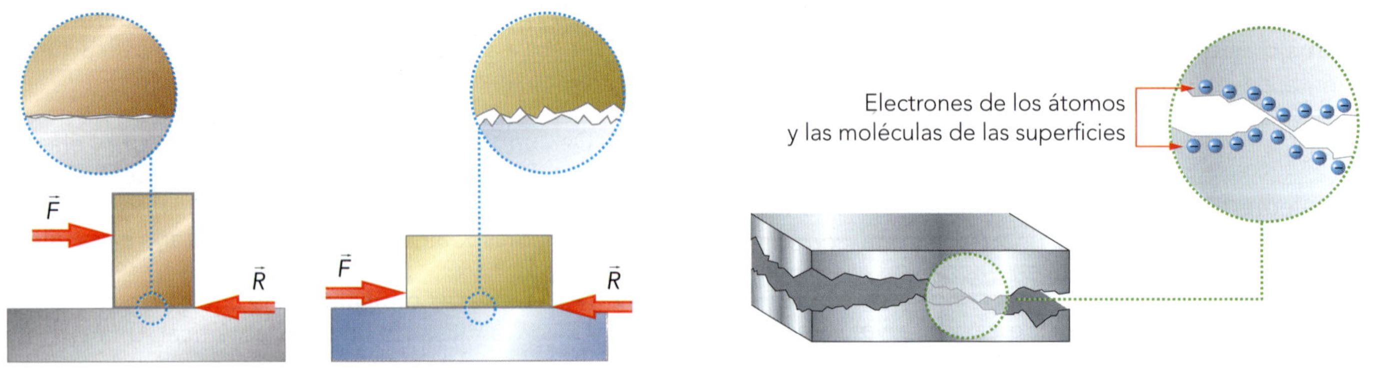

El área de contacto entre dos superficies, aunque estén muy pulidas, constituye solamente una fracción muy pequeña del área macroscópica de ambas.

La fuerza de rozamiento aparece como consecuencia de la repulsión entre los electrones de los átomos que se encuentran en las superficies de los dos cuerpos.

En **anayaeducacion.es** tienes un vídeo sobre el rozamiento en una pista de patinaje.

Ejercicios resueltos

11 Se lanza una pelota verticalmente hacia arriba con una rapidez de 20 m/s. Calcula la altura máxima que alcanzará.

Solución

Vamos a describir detalladamente los pasos que hay que seguir en este tipo de ejercicios:

1. En primer lugar, hay que definir un sistema de coordenadas. Se suele tomar el eje *Y* hacia arriba y se elige el punto donde $y_0 = 0$; esto es, el origen de la energía potencial gravitatoria. En nuestro caso lo tomamos en el punto desde el que parte la pelota, como se muestra en la figura siguiente:

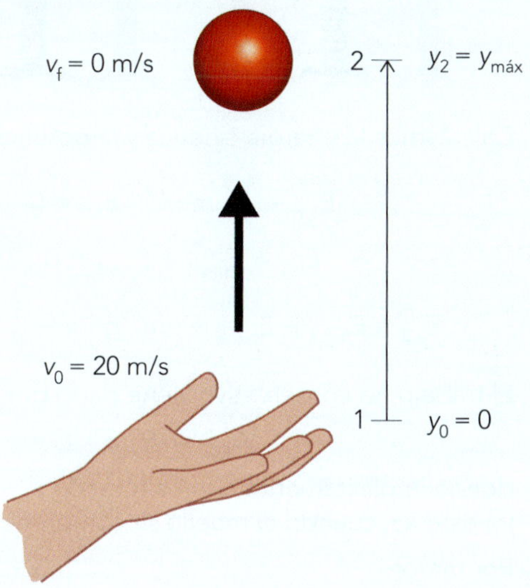

Nota: Fíjate que el subíndice 0 indica el nivel de referencia, y no tiene nada que ver con las posiciones inicial y final; estas se indican por 1 o i, y por 2 o f, respectivamente.

2. Identificamos las fuerzas conservativas y no conservativas que realizan trabajo. En nuestro ejemplo, la única fuerza que actúa es la gravedad, que es conservativa, por lo que usaremos la expresión:

$$\Delta E_m = 0$$

3. Calculamos la energía cinética y potencial en los puntos inicial (1) y final (2):

$$E_{c,1} = \frac{1}{2} \cdot m \cdot v_1^2; \quad E_{c,2} = \frac{1}{2} \cdot m \cdot v_2^2 = 0$$

$$E_{p,1} = m \cdot g \cdot y_0 = 0; \quad E_{p,2} = m \cdot g \cdot y_{máx}$$

4. Igualamos:

$$E_{c,1} + E_{p,1} = E_{c,2} + E_{p,2}$$

$$\frac{1}{2} \cdot m \cdot v_0^2 = m \cdot g \cdot y_{máx}$$

$$y_{máx} = \frac{v_0^2}{2 \cdot g} = \frac{20^2}{2 \cdot 9{,}8} = 20{,}4 \text{ m}$$

12 Mario baja en patinete por una rampa curva sin rozamiento, describiendo un cuarto de círculo de 4 m de radio. Calcula la rapidez y el módulo de la fuerza normal en el punto más bajo de la rampa, sabiendo que la masa total es de 50 kg.

Solución

1. El esquema del movimiento es:

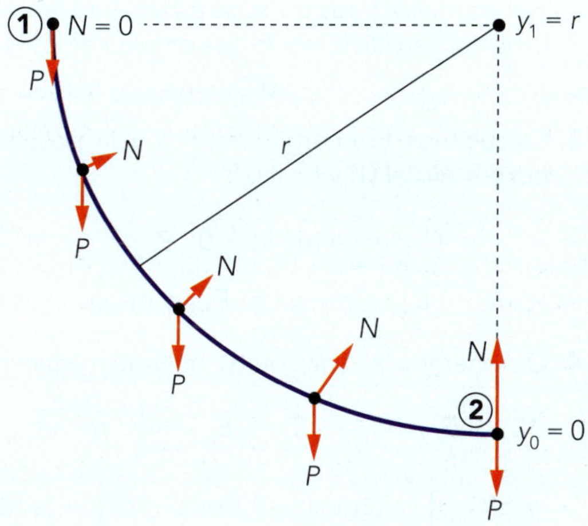

El nivel de referencia $y_0 = 0$ lo tomamos en el punto más bajo de la rampa (2). Por tanto: $y_1 = r = 4$ m e $y_2 = 0$ m.

2. Las fuerzas que intervienen son la gravedad y la fuerza normal. La primera es conservativa, mientras que la segunda no realiza trabajo por ser en todo punto perpendicular a la trayectoria, como se puede observar en la figura anterior. Por tanto, usaremos:

$$\Delta E_m = 0$$

3. Calculamos la energía cinética y la potencial en los puntos inicial (1) y final (2):

$$E_{c,1} = \frac{1}{2} \cdot m \cdot v_0^2 = 0; \quad E_{c,2} = \frac{1}{2} \cdot m \cdot v_2^2$$

$$E_{p,1} = m \cdot g \cdot r; \quad E_{p,2} = m \cdot g \cdot y_0 = 0$$

4. Igualamos:

$$E_{c,1} + E_{p,1} = E_{c,2} + E_{p,2}$$

$$\frac{1}{2} \cdot m \cdot v_2^2 = m \cdot g \cdot r$$

$$v_2 = \sqrt{2 \cdot g \cdot r} = 8{,}9 \text{ m/s}$$

5. Calculamos la fuerza normal. Usamos la 2.ª ley de Newton para la componente vertical del movimiento en el punto 2:

$$\sum F_y = m \cdot a_n \rightarrow N - P = m \cdot \frac{v_2^2}{r}; \quad \left(\frac{v_2^2}{r} = 2 \cdot g\right)$$

$$N = P + 2 \cdot m \cdot g = m \cdot g + 2 \cdot m \cdot g = 3 \cdot m \cdot g =$$

$$= 3 \cdot 50 \text{ kg} \cdot 9{,}8 \text{ m/s}^2 = 1470 \text{ N}$$

Ejercicios resueltos

13 Supongamos que en el ejercicio anterior la rapidez en el punto más bajo de la rampa es solamente de 7 m/s. Calcula el trabajo realizado por la fuerza de rozamiento.

Solución

1. En este caso tomamos el origen igual que antes.
2. Las fuerzas que intervienen son la gravedad, la normal y la fuerza de rozamiento. La primera es conservativa, la normal no realiza trabajo y la de rozamiento realiza un trabajo no conservativo, por lo que emplearemos la expresión:

$$W_{NC} = \Delta E_m$$

3. Calculamos la energía cinética y la potencial en los puntos inicial (1) y final (2):

$$E_{c,1} = \frac{1}{2} \cdot m \cdot v_1^2 = 0; \quad E_{c,2} = \frac{1}{2} \cdot m \cdot v_2^2$$

$$E_{p,1} = m \cdot g \cdot r; \quad E_{p,2} = m \cdot g \cdot y_0 = 0$$

4. Obtenemos la variación de energía mecánica:

$$\Delta E_m = E_{c,2} + E_{p,2} - E_{c,1} - E_{p,1} = \frac{1}{2} \cdot m \cdot v_2^2 - m \cdot g \cdot r =$$

$$= 50\,\text{kg} \cdot \left[\frac{1}{2} \cdot (7\,\text{m/s})^2 - 9{,}8\,\text{m/s}^2 \cdot 4\,\text{m}\right] = \boxed{-735\,\text{J} = W_{NC}}$$

14 Un ascensor de 2000 kg de masa con los cables rotos cae con una rapidez de 4 m/s justo cuando toca un muelle de constante elástica k = 10600 N/m que hay al fondo. Durante el movimiento, el sistema de seguridad aplica una fuerza de rozamiento constante de 17000 N. Calcula cuánto se comprimirá el muelle.

Solución

1. El esquema del movimiento es como se muestra en la figura adyacente, con el eje Y positivo hacia arriba. El origen se toma en el punto donde el ascensor toca el muelle:

$$y_1 = 0\,\text{m} \quad ; \quad y_2 = -x < 0$$

donde x es la distancia (positiva) de compresión del muelle.

2. Las fuerzas que intervienen son la gravedad, la fuerza elástica y la de rozamiento, por lo que utilizaremos:

$$W_{NC} = \Delta E_m$$

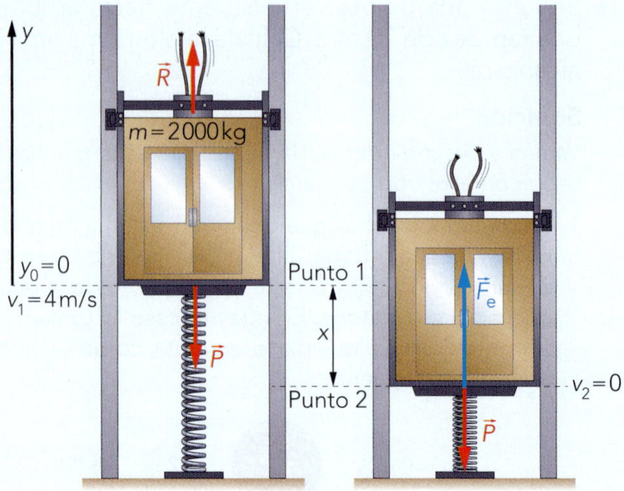

3. Calculamos la energía cinética y la potencial en 1 y 2:

$$E_{c,1} = \frac{1}{2} \cdot m \cdot v_1^2; \quad E_{c,2} = 0$$

$$E_{p,1} = E_{p,g,1} + E_{p,e,1} = 0$$

$$E_{p,2} = E_{p,g,2} + E_{p,e,2} = -m \cdot g \cdot x + \frac{1}{2} \cdot k \cdot x^2$$

El trabajo no conservativo viene dado por:

$$W_{NC} = -R \cdot x$$

donde implícitamente hemos tomado $x > 0$ hacia abajo; esto es, cuando el muelle se comprime.

4. Por tanto:

$$-R \cdot x = -m \cdot g \cdot x + \frac{1}{2} \cdot k \cdot x^2 - \frac{1}{2} \cdot m \cdot v_1^2 \rightarrow$$

$$\rightarrow \frac{1}{2} \cdot k \cdot x^2 + (R - m \cdot g) \cdot x - \frac{1}{2} \cdot m \cdot v_1^2 = 0$$

$$5300 \cdot x^2 - 2600 \cdot x - 16000 = 0$$

5. Obtenemos dos soluciones:

$$\boxed{x = 2\,\text{m}} \quad ; \quad x = -1{,}5\,\text{m}$$

La que nos piden es la primera, que corresponde a una compresión. La segunda está asociada a un estiramiento del muelle. En ese punto, el ascensor tendrá la misma rapidez, 4 m/s, pero se estará moviendo hacia arriba.

Ejercicios

18 Si en el ejercicio resuelto 14 no hubiera rozamiento, ¿cuánto se comprimiría el muelle?

19 Se lanza un cuerpo de 2 kg verticalmente hacia arriba con una velocidad de 25 m/s. ¿Hasta qué altura subirá? Si se comprueba que solamente sube hasta 20 m, ¿cuál es el valor de la fuerza de rozamiento con el aire?

20 Un objeto de 0,5 kg de masa cae desde una altura de 10 m por un plano inclinado 45°, partiendo del reposo. En la parte inferior de dicho plano hay un muelle de constante elástica k = 80 N/m. Calcula a qué velocidad llega el cuerpo al muelle y cuánto se comprime este, considerando que no hay fricción con el plano inclinado.

En **anayaeducacion.es** encontrarás vídeos relacionados con la conservación de la energía y sus transformaciones.

5.3. Oscilador armónico simple

Como viste en la unidad 9, un movimiento armónico simple es un movimiento en el que la aceleración y la distancia al origen de coordenadas están relacionadas por:

$$a = -\omega^2 \cdot x$$

Suelen estar generados por una fuerza elástica:

$$F = -k \cdot x$$

donde estamos considerando que *x*, *a* y *F* son las componentes de los correspondientes vectores, y ω es la frecuencia angular, relacionada con la frecuencia, ν, y el período, *T*, por:

$$\omega = 2 \cdot \pi \cdot \nu = \frac{2 \cdot \pi}{T}$$

Además, existe otra relación, esta vez con la constante elástica y la masa de la partícula:

$$k = m \cdot \omega^2$$

Se denomina **oscilador armónico** (OA) a cualquier sistema que realice un movimiento armónico simple.

En todos los OA, la energía potencial viene dada por:

$$E_p = \frac{1}{2} \cdot k \cdot x^2 = \frac{1}{2} \cdot m \cdot \omega^2 \cdot x^2$$

En este caso es muy fácil comprobar que la energía mecánica del oscilador es constante. En efecto, como viste en la unidad 8, la velocidad en un MAS viene dada por:

$$v = \pm\omega \cdot \sqrt{A^2 - x^2}$$

donde *A* es la amplitud del movimiento.

Por tanto, la energía cinética será:

$$E_c = \frac{1}{2} \cdot m \cdot v^2 = \frac{1}{2} \cdot m \cdot \omega^2 \cdot (A^2 - x^2)$$

Así pues, la energía mecánica vendrá dada por:

$$E_m = E_c + E_p = \frac{1}{2} \cdot m \cdot \omega^2 \cdot (A^2 - x^2) + \frac{1}{2} \cdot m \cdot \omega^2 \cdot x^2$$

$$\boxed{E_m = \frac{1}{2} \cdot m \cdot \omega^2 \cdot A^2}$$

y, por tanto, depende únicamente de la amplitud y la frecuencia del movimiento y de la masa de la partícula.

Energía mecánica de un oscilador armónico, E_m (*x*)

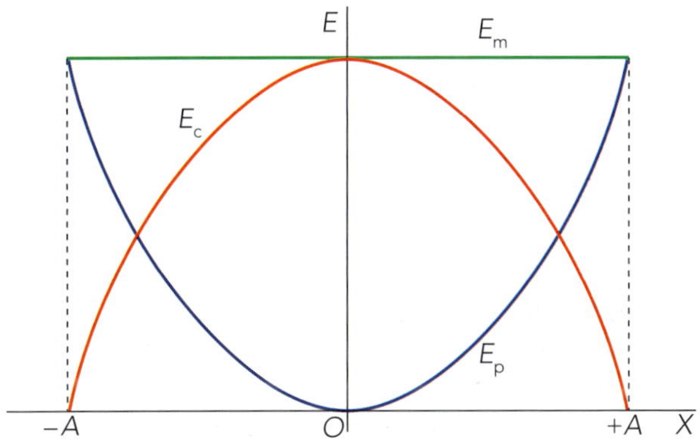

En rojo se representa la energía cinética, y en azul, la potencial. Observa que la suma de ambas es la línea verde, que es horizontal (esto es, constante).

Ejercicios

21 Un cuerpo de 200 g está unido a un muelle horizontal de constante elástica *k* = 200 N/m. Se separa de su posición de equilibrio 20 cm. Calcula el período y la energía mecánica del movimiento oscilatorio.

22 Un cuerpo de 1,5 kg está unido a un muelle horizontal. Se separa de su posición de equilibrio 10 cm. Sabiendo que la rapidez en *x* = 0 es de 2 m/s, calcula la celeridad en *x* = 3 cm. Representa gráficamente E_c, E_p y E_m en función del tiempo.

23 Una masa de 250 g está unida a un muelle de constante elástica 150 N/m. Se le da un empujón y adquiere, instantáneamente, una rapidez de 1,5 m/s. Calcula la frecuencia y la amplitud de la oscilación y representa gráficamente E_c, E_p y E_m en función del tiempo.

24 Deduce la expresión más general de la energía cinética, la energía potencial y la energía mecánica en función del tiempo, para un oscilador armónico.

25 Un péndulo de 3 m de longitud y 150 g de masa realiza oscilaciones pequeñas, de 10°.

a) Halla una expresión de $v_{máx}$ en función de *g*, *L* y de la amplitud angular de la oscilación, θ.

b) Comprueba que, para ángulos muy pequeños, se tiene, con muy buena aproximación:

$$v_{máx} \cong \omega \cdot A \quad ; \quad A \cong l \cdot \theta \quad ; \quad h \cong l \cdot \theta^2/2.$$

c) Calcula la energía mecánica del péndulo.

5.4. Colisiones

Ya hemos visto que el tratamiento energético de los sistemas constituye una herramienta muy potente para la resolución de problemas inabordables mediante las leyes de Newton. Tal es el caso, por ejemplo, de trayectorias muy complejas, como la de un vagón de una montaña rusa.

Ahora vamos a ver que también podemos analizar problemas más complejos de colisiones entre cuerpos. En la unidad 8 estudiaste que en todo sistema se tiene que conservar la cantidad de movimiento, por lo que, si dos partículas *A* y *B* chocan, ha de verificarse:

$$m_A \cdot \vec{v}_{0_A} + m_B \cdot \vec{v}_{0_B} = m_A \cdot \vec{v}_A + m_A \cdot \vec{v}_B$$

Vamos a clasificar los choques según si se conserva la energía cinética del conjunto o no (ver figura inferior):

- Una **colisión elástica** es aquella en la que se conserva la energía cinética del sistema:

$$\frac{1}{2} \cdot m_A \cdot v_{0_A}^2 + \frac{1}{2} \cdot m_B \cdot v_{0_B}^2 = \frac{1}{2} \cdot m_A \cdot v_A^2 + \frac{1}{2} \cdot m_B \cdot v_B^2$$

- Una colisión es **inelástica** si no se conserva la energía cinética (parte de esta se pierde).

$$\frac{1}{2} \cdot m_A \cdot v_{0_A}^2 + \frac{1}{2} \cdot m_B \cdot v_{0_B}^2 > \frac{1}{2} \cdot m_A \cdot v_A^2 + \frac{1}{2} \cdot m_B \cdot v_B^2$$

- Diremos que es **totalmente inelástica** si los dos cuerpos, al final, se quedan pegados, y, por tanto, tienen la misma velocidad final.

$$\frac{1}{2} \cdot m_A \cdot v_{0_A}^2 + \frac{1}{2} \cdot m_B \cdot v_{0_B}^2 > \frac{1}{2} \cdot (m_A + m_B) \cdot v^2$$

Ejercicio resuelto

15 Las dos pelotas de la figura sufren una colisión elástica. Calcula sus velocidades después del choque.

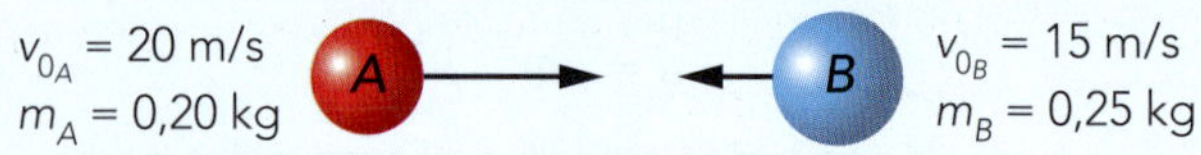

Solución

Vamos a trabajar con componentes, y usaremos la conservación de la cantidad de movimiento y de la energía:

$$\left.\begin{array}{ll} (1) & m_A \cdot v_{0_A} - m_B \cdot v_{0_B} = m_A \cdot v_A - m_B \cdot v_B \\ (2) & 0{,}5 \cdot m_A \cdot v_{0_A}^2 + 0{,}5 \cdot m_B \cdot v_{0_B}^2 = \\ & = 0{,}5 \cdot m_A \cdot v_A^2 + 0{,}5 \cdot m_B \cdot v_B^2 \end{array}\right\}$$

$$\left.\begin{array}{ll} (1) & 0{,}2 \cdot 20 - 0{,}25 \cdot 15 = 0{,}2 \cdot v_A + 0{,}25 \cdot v_B \\ (2) & 0{,}5 \cdot 0{,}2 \cdot 20^2 + 0{,}5 \cdot 0{,}25 \cdot 15^2 = \\ & = 0{,}5 \cdot 0{,}2 \cdot v_A^2 + 0{,}5 \cdot 0{,}25 \cdot v_B^2 \end{array}\right\}$$

$$\left.\begin{array}{ll} (1) & 0{,}2 \cdot v_A + 0{,}25 \cdot v_B = 0{,}25 \\ (2) & 0{,}1 \cdot v_A^2 + 0{,}125 \cdot v_B^2 = 68{,}125 \end{array}\right\}$$

De la primera ecuación obtenemos:

$$v_A = 1{,}25 - 1{,}25 \cdot v_B$$

Sustituyendo en la segunda, y operando, tenemos la siguiente ecuación:

$$0{,}281 \cdot v_B^2 - 0{,}313 \cdot v_B - 67{,}969 = 0$$

Sus soluciones son:

$$v_B = -15 \text{ m/s} \rightarrow v_A = 20 \text{m/s}$$

$$v_B = 16{,}1 \text{ m/s} \rightarrow v_A = -18{,}9 \text{ m/s}$$

La primera se descarta porque corresponde a la ausencia de choque: las partículas siguen como iban al principio. En la segunda, vemos que $v_B > 0$; esto es, ha rebotado hacia la derecha, y $v_A < 0$, ha rebotado hacia la izquierda.

Tipos de colisiones

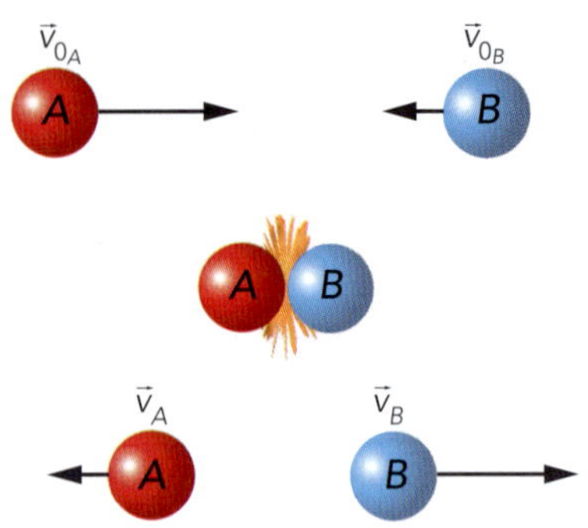

En una colisión elástica se conserva la energía cinética total de las dos partículas.

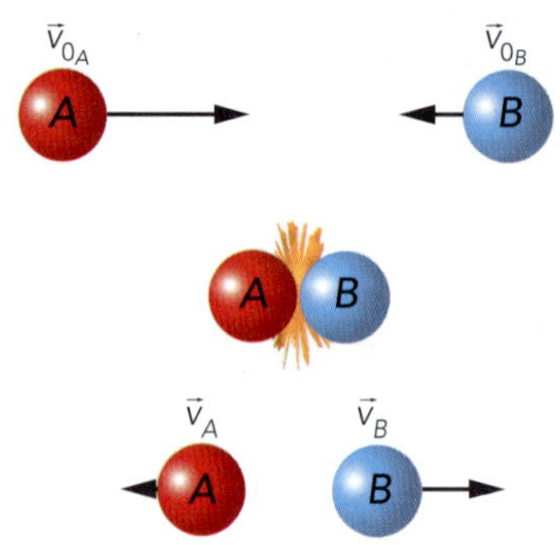

En una colisión inelástica se pierde parte de la energía cinética debido a la presencia de fuerzas no conservativas.

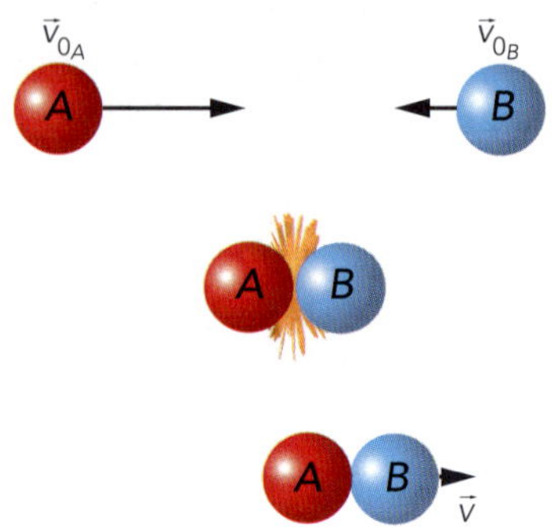

En una colisión totalmente inelástica tampoco se conserva la energía cinética, pero las dos partículas se quedan pegadas.

5.5. Conservación de la energía

¿Qué ocurre cuando se pierde energía mecánica? En esta unidad solamente hemos considerado fuerzas mecánicas y la energía cinética, potencial gravitatoria y potencial elástica. Pero existen otros muchos «tipos» o «formas» de energía. Por ejemplo:

- **Energía interna:** se debe a la energía cinética y potencial de los constituyentes de un cuerpo macroscópico.
- **Energía química:** es la contenida en los enlaces de las moléculas. Interviene en las reacciones químicas.

Cuando en un proceso parece que parte de la energía desaparece, en realidad no ocurre así: simplemente se ha transformado en otros tipos ya que **la energía siempre se conserva.**

Por ejemplo, cuando una canica cae al suelo y rebota, vemos que no llega hasta la altura inicial: su energía mecánica ha disminuido. Sin embargo, ese déficit se ha invertido en deformar ligeramente la esfera y el suelo, en generar ondas sonoras, en aumentar la temperatura, etc. Estas otras formas de energía no pueden volver a aprovecharse para aumentar de nuevo la de la pelota, y, por tanto, se dice que la energía se ha **degradado** (hay menos energía útil disponible).

Recuerda que ya vimos en la unidad 4 que este hecho está relacionado con la entropía de un sistema y con la irreversibilidad de los procesos.

Ejercicios

26 ODS Explica cómo se cumple el principio de conservación de la energía en una central solar fotovoltaica. ¿Crees que una central de este tipo cumple las **metas 9.1** y **9.a** de los objetivos de desarrollo sostenible?

27 La figura muestra un choque elástico entre dos discos que se desplazan sin fricción. Después de la colisión, el disco *A* se mueve en una dirección α desconocida. Calcula los valores de v_B, α y β.

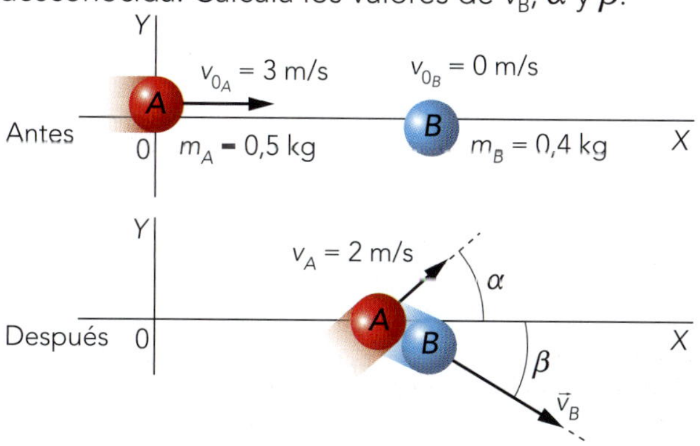

Ejercicio resuelto

16 Un péndulo balístico que consta de una masa colgante de 1 kg recibe el impacto de una bala de 5 g que se mueve a 100 m/s y que se incrusta en el bloque. ¿A qué altura subirá después de la colisión?

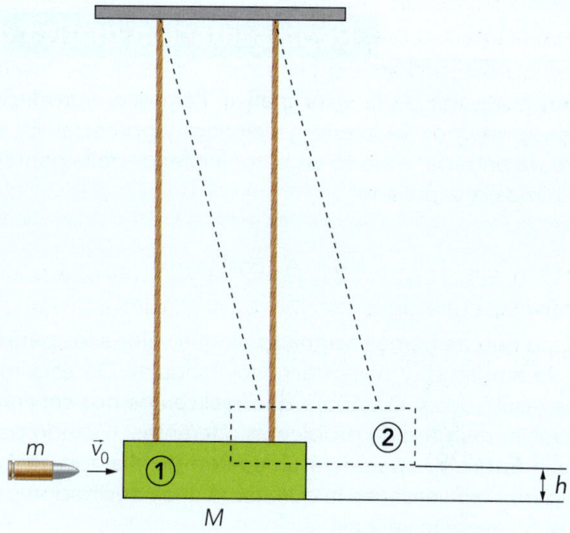

Solución

Usemos, en primer lugar, la conservación de la cantidad de movimiento en el punto (1):

$$m \cdot v_0 + M \cdot 0 = (m + M) \cdot v \rightarrow v = \frac{m}{m + M} \cdot v_0$$

Luego en el punto más bajo, después de la colisión, la rapidez del conjunto es: $v = 4{,}53$ m/s.

Elegimos justamente ahí el origen de alturas, por lo que:

$$y_1 = 0; \quad y_2 = h$$

Igualamos la energía mecánica en (1) y en (2):

$$\left.\begin{array}{l} E_{c,1} = \frac{1}{2} \cdot (m + M) \cdot v^2; \quad E_{c,2} = 0 \\ E_{p,1} = 0; \quad E_{p,2} = (m + M) \cdot g \cdot h \end{array}\right\}$$

$$\frac{1}{2} \cdot (m + M) \cdot v^2 = (m + M) \cdot g \cdot h \rightarrow$$

$$\rightarrow h = \frac{v^2}{2 \cdot g} = \frac{m^2 \cdot v_0^2}{2 \cdot (m + M)^2 \cdot g}$$

Sustituyendo:

$$h = 0{,}013 \text{ m} = 1{,}3 \text{ cm}$$

Se trata, como vemos, de un choque totalmente inelástico durante el cual no se conserva la energía cinética. Comprueba que:

$$\Delta E_c \text{ (colisión)} = -\frac{M}{m + M} \cdot E_{c,\text{bala}}$$

Manejo de funciones y resolución de ecuaciones con Geogebra

Ya hemos utilizado el programa Geogebra para representar funciones; en concreto, el ciclo de Carnot. Sin embargo, aún podemos seguir explotando su enorme capacidad algebraica y explorar algunas utilidades avanzadas para representar la energía de un oscilador armónico y resolver más tipos de ecuaciones. Verás como resultará una herramienta muy útil para simplificar el trabajo cuando tratamos de analizar un problema que puede llegar a ser bastante complejo y tedioso.

Representación gráfica de la energía de un oscilador armónico

Vamos a partir de la vista gráfica. Para ello, introduciremos las expresiones de la energía cinética y potencial. En el cuadro de entrada, situado en la zona inferior de la pantalla, escribimos la expresión:

$$f(x) = A \cdot \cos^2 (w \cdot x)$$

Fíjate que no hemos asignado ningún valor a los parámetros *A*, la amplitud, y *w*, la frecuencia angular. De esta manera, los resultados y el trabajo que realicemos nos servirán para resolver multitud de problemas diferentes. Cuando pulses la tecla **Enter,** te aparecerá un cuadro de diálogo en la parte superior izquierda, en la que habrá unos deslizadores para *A* y *w*. Su aspecto será así:

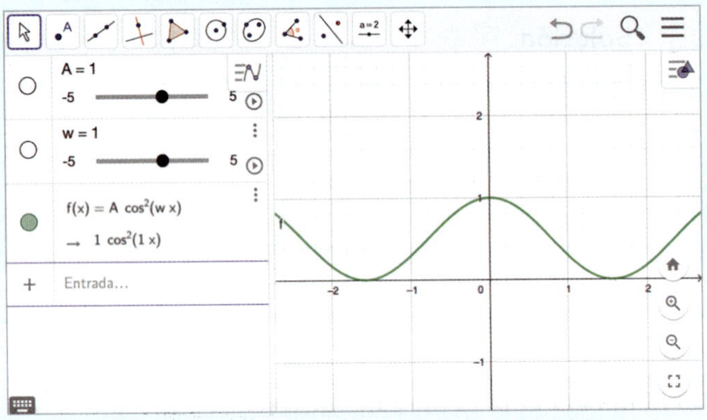

Como puedes comprobar, un deslizador es una herramienta que permite manejar variables en **Geogebra.** Si haces doble clic en **A = 1,** situado a la izquierda, podrás modificar su valor. Vamos a introducir los datos correspondientes al ejercicio 22 de la unidad. Borra el valor «1» e introduce «3». Verás como cambia la forma de la función. Otra manera de hacer esto consiste en pinchar en el punto del deslizador que aparece en la ventana y mover el ratón hasta que aparezca el valor deseado.

Haciendo lo mismo con «*w*», y cambiando «1» (como puedes comprobar, siempre toma este valor por defecto) por «20», ya tendremos representada la energía potencial del *OA*. Por supuesto, al haber aumentado la frecuencia de oscilación, la gráfica no puede apreciarse adecuadamente (figura superior derecha).

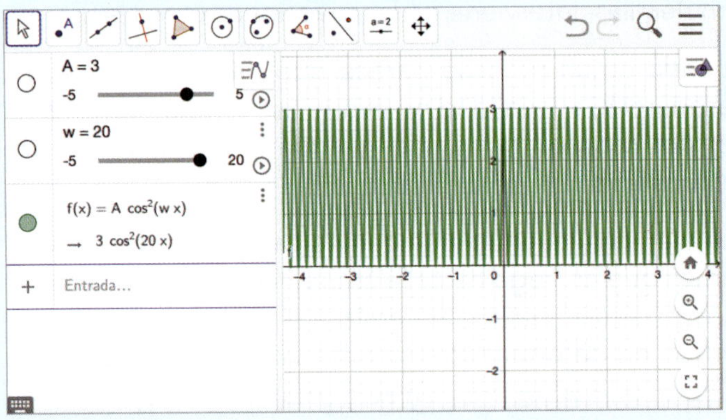

Para ello, vamos a cambiar el *zoom:* pincha con el botón derecho del ratón en la vista gráfica, y en **Eje X: Eje Y** elige 1:50. Ahora, ya sí podemos ver la función claramente:

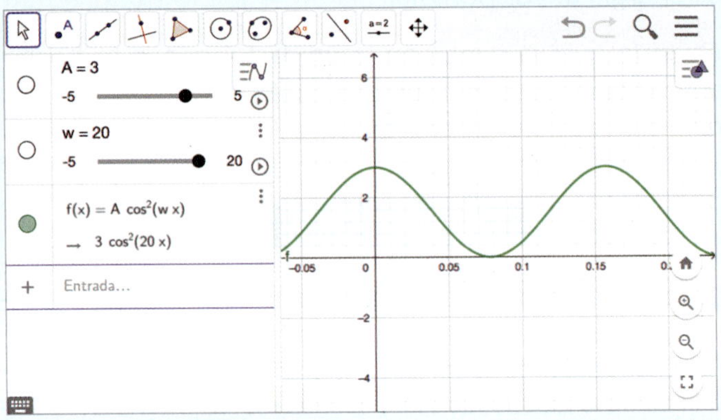

Pinchando con botón derecho del ratón en la curva podremos cambiar sus propiedades; en concreto, el color. Elegiremos el azul, por ejemplo.

A continuación, repetiremos los pasos anteriores para representar la energía cinética. Introduciremos la función:

$$g(x) = A \cdot \operatorname{sen}^2 (w \cdot x)$$

Observa que el programa ya toma los valores de *A* y *w* que habíamos elegido anteriormente. Si desplazas los deslizadores, verás como se modifican las dos funciones simultáneamente.

Y si por último introducimos:

$$h(x) = f(x) + g(x)$$

tendremos representada la energía total del *OA*. Para distinguir las tres funciones, tomaremos el color rojo para *g*(*x*) y el verde para *h*(*x*) (figura superior derecha).

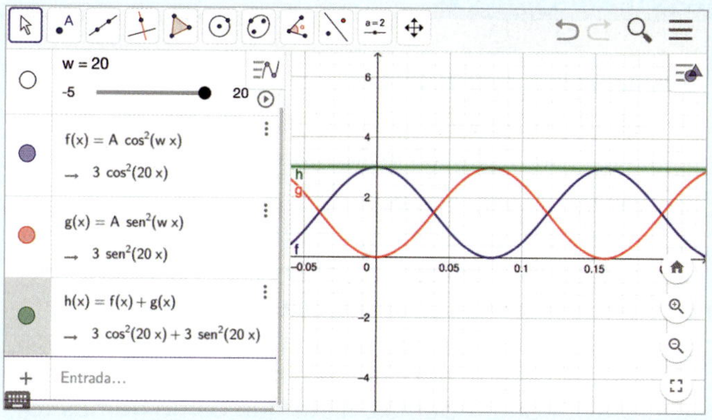

Con objeto de mejorar aún más la visibilidad de nuestra gráfica, podemos introducir etiquetas. Pinchando en la utilidad **Texto,** y después en cualquier lugar de la ventana, puedes escribir cualquier tipo de texto y fórmulas:

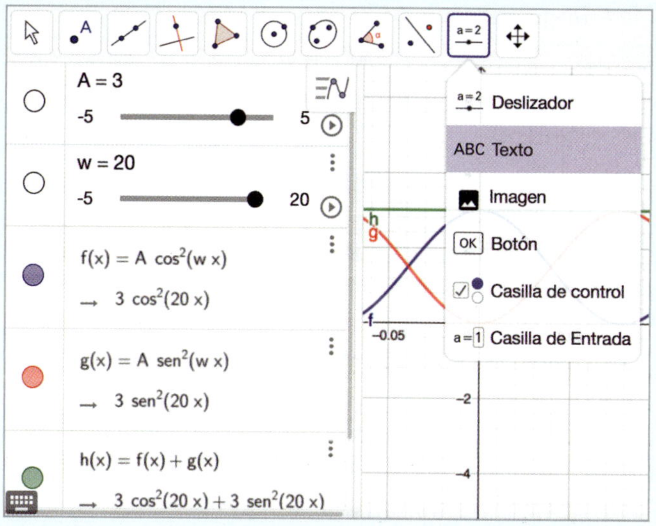

El aspecto final que muestra la gráfica es el siguiente:

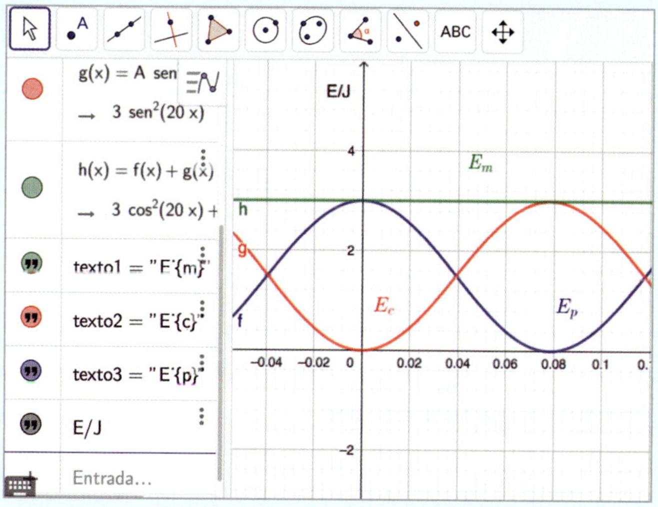

Resolución de ecuaciones

Ahora, vamos a obtener todos los puntos en los que se igualan las energías cinética y potencial.

Pincha en **Vista → Cálculo simbólico (CAS):**

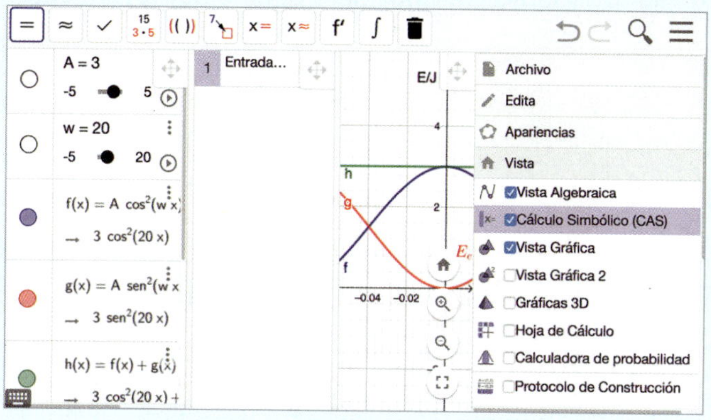

Te aparecerá otra vista más a la izquierda de la ventana. Introduce, en el recuadro numerado como «1» la expresión:

$$f(x) = g(x)$$

Como ves, lo que pretendemos es igualar los valores de la energía cinética y potencial, y obtener los instantes de tiempo en los que se cumple esta ecuación.

Pincha en la fila «2», y después, en la ecuación trigonométrica de la fila «1», y, por último, en el icono siguiente:

x =

Verás que te aparece la siguiente ecuación:

$$x = \frac{1}{40} \cdot k_1 \cdot \pi + \frac{1}{80} \cdot \pi$$

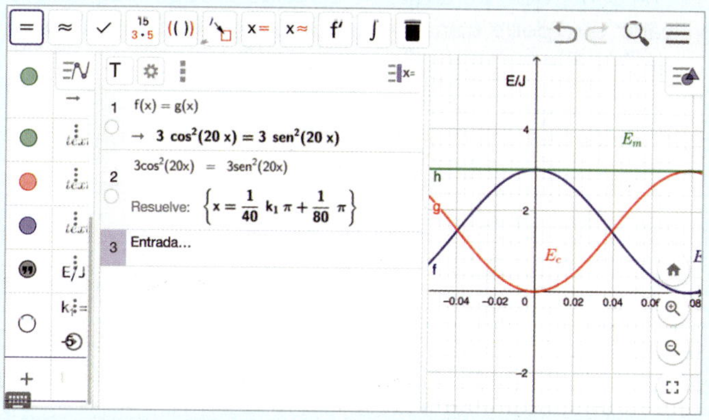

Observa que esta ecuación admite infinitas soluciones. El programa las ha calculado todas. Para distintos valores de k_1 obtendremos diferentes puntos de corte.

Conservación de la energía mecánica

1 Una montaña rusa tiene un rizo de 5 m de radio. Un vagón de masa *m* se deja caer desde una altura *h*. Determina cuál debe ser el mínimo valor de *h* para que el vagón no se caiga al pasar por el punto más alto del rizo (punto *C*). Considera que no hay rozamiento.

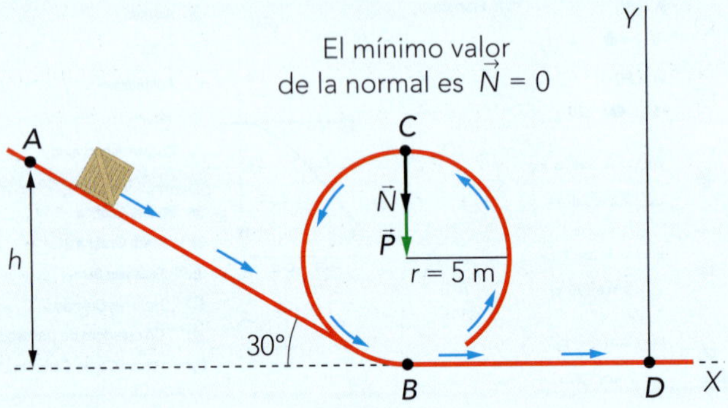

Planteamiento y resolución

1 El esquema del movimiento es como se muestra en la figura, con el eje *Y* positivo hacia arriba. Tomamos el nivel de referencia $y_0 = 0$ a la altura del punto *B* (o *D*), por lo que:

$$y_A = h \; ; \; y_C = 2 \cdot r$$

2 Las fuerzas que intervienen son la gravedad y la fuerza normal. La primera es conservativa, mientras que la segunda, como siempre, no realiza trabajo. Por tanto, usaremos:

$$\Delta E_m = 0$$

3 Calculamos la energía cinética y potencial en los puntos inicial (*A*) y final (*C*):

$$E_{c,A} = 0 \; ; \; E_{c,C} = \frac{1}{2} \cdot m \cdot v_C^2$$

$$E_{p,A} = m \cdot g \cdot h \; ; \; E_{p,C} = m \cdot g \cdot 2 \cdot r$$

Podemos determinar la velocidad en el punto *C* teniendo en cuenta que, para que no se caiga el vagón, el mínimo valor que debe tomar la fuerza normal en ese punto es de 0 N. Por tanto, en *C* se ha de verificar:

$$\sum F_y = m \cdot a_n \rightarrow -N - P = -m \cdot \frac{v_C^2}{r}$$

Observa que a_n es negativa porque está dirigida hacia abajo. Para $N = 0$:

$$m \cdot g = m \cdot \frac{v_C^2}{r} \rightarrow v_C^2 = g \cdot r \rightarrow E_{c,C} = \frac{1}{2} \cdot m \cdot g \cdot r$$

4 Igualamos:

$$E_{c,A} + E_{p,A} = E_{c,C} + E_{p,C}$$

$$0 + m \cdot g \cdot h = \frac{1}{2} \cdot m \cdot g \cdot r + 2 \cdot m \cdot g \cdot r$$

$$h = \frac{5}{2} \cdot r = \boxed{12{,}5 \text{ m}}$$

ANÁLISIS DEL PROBLEMA

En este tipo de ejercicios es muy importante seguir la secuencia de pasos indicada:

En primer lugar, es necesario elegir el sistema de coordenadas de forma que tengamos claro en adelante cuál es el origen de alturas. El resultado final del problema no dependerá de esta elección, pero si no llevamos a cabo este paso previo, podremos equivocarnos a la hora de calcular la energía potencial gravitatoria. Además, fíjate que como hemos tomado el eje *Y* positivo hacia arriba, las componentes de la normal, el peso y la aceleración centrípeta han de ser negativas.

Hay que analizar qué fuerzas son las que intervienen, y, en particular, si son conservativas o no. Según sea el caso, tendremos que emplear la conservación de la energía mecánica:

$$\Delta E_m = 0$$

o la ley de la conservación de la energía en su forma más general:

$$W_{NC} = \Delta E_m$$

Se calcula la energía cinética y potencial en los puntos inicial y final, así como cualquier otra magnitud que haga falta para resolver el problema (en este caso, la velocidad en el punto *C*).

Se igualan las energías y se despeja el resultado pedido.

Como puedes comprobar, esta herramienta nos permite resolver problemas inabordables mediante el uso solamente de las leyes de Newton.

DISCUSIÓN DE RESULTADOS

Comprueba que la energía mecánica toma los mismos valores en *A*, *B* y *C*.

2 Si en el problema anterior hubiera una fuerza de rozamiento constante de módulo:

$$R = \frac{1}{16} \cdot m \cdot g$$

calcula la altura que sería necesaria, y la distancia $\overline{BD}$ que recorrería el vagón hasta detenerse.

Planteamiento y resolución

1 Vamos a tomar el sistema de coordenadas y los puntos inicial y final como antes, por lo que seguiremos teniendo:

$$y_A = h \; ; \; y_C = 2 \cdot r$$

$$v_C^2 = g \cdot r$$

$$E_{c,A} = 0 \; ; \; E_{p,A} = m \cdot g \cdot h$$

$$E_{c,C} = \frac{1}{2} \cdot m \cdot g \cdot r \; ; \; E_{p,C} = 2 \cdot m \cdot g \cdot r$$

2 Ahora hay una fuerza no conservativa, la de rozamiento, luego:

$$W_{NC} = \Delta E_m = E_{c,C} + E_{p,C} - E_{c,A} - E_{p,A}$$

El trabajo no conservativo viene dado por:

$$W_{NC} = -R \cdot s$$

donde s es la distancia recorrida:

$$s = \overline{AB} + \overline{BC} = \frac{h}{\text{sen } 30°} + \pi \cdot r$$

Teniendo en cuenta que sen 30° = 0,5:

$$W_{NC} = -\frac{1}{16} \cdot m \cdot g \cdot (2 \cdot h + \pi \cdot r)$$

3 Igualando tenemos:

$$-\frac{1}{16} \cdot m \cdot g \cdot (2 \cdot h + \pi \cdot r) =$$

$$= \frac{1}{2} \cdot m \cdot g \cdot r + 2 \cdot m \cdot g \cdot r - m \cdot g \cdot h$$

$$\frac{7}{8} \cdot h = \left(\frac{5}{2} + \frac{\pi}{16}\right) \cdot r$$

$$\boxed{h = 15{,}4 \text{ m}}$$

Como vemos, es necesario que la altura de partida sea mayor. Para calcular ahora la distancia $\overline{BD}$ recorrida, aplicamos la conservación de la energía entre los puntos C y D:

$$W_{NC} = \Delta E_m = E_{c,D} + E_{p,D} - E_{c,C} - E_{p,C}$$

$$E_{c,C} = \frac{1}{2} \cdot m \cdot g \cdot r \; ; \; E_{p,C} = 2 \cdot m \cdot g \cdot r$$

$$E_{c,D} = 0 \; ; \; E_{p,D} = 0$$

Ahora la distancia recorrida es:

$$s = \pi \cdot r + \overline{BD}$$

Igualando:

$$-\frac{1}{16} \cdot m \cdot g \cdot (\pi \cdot r + \overline{BD}) = -\frac{1}{2} \cdot m \cdot g \cdot r - 2 \cdot m \cdot g \cdot r$$

$$\frac{1}{16} \cdot (\pi \cdot r + \overline{BD}) = \frac{5}{2} \cdot r \rightarrow \overline{BD} = (40 - \pi) \cdot r = \boxed{184{,}3 \text{ m}}$$

ANÁLISIS DEL PROBLEMA

En este caso hemos aprovechado parte de los cálculos realizados en el ejercicio anterior. En particular, como hemos tomado el mismo sistema de coordenadas que antes, las expresiones de la energía cinética y potencial en los puntos A y C se mantienen igual. También la de la velocidad en el punto C, ya que esta viene impuesta por una condición dinámica: el hecho de que se anule la fuerza normal.

La diferencia está fundamentalmente en la presencia de fuerzas no conservativas: la de rozamiento. Vemos que el resultado del problema es coherente con lo que esperamos: puesto que se pierde energía mecánica, es necesario que el vagón parta desde una altura mayor. En efecto, podemos calcular los valores de la energía mecánica en A y en C:

$$E_{m,C} = \frac{5}{2} \cdot m \cdot g \cdot r = 12{,}5 \cdot m \cdot g$$

$$E_{m,C} = 15{,}4 \cdot m \cdot g$$

por lo que la diferencia:

$$\Delta E_m = -2{,}9 \cdot m \cdot g$$

es igual al trabajo realizado por la fuerza de rozamiento:

$$s = 2 \cdot h + \pi \cdot r = 46{,}5 \text{ m}$$

$$W_{NC} = -2{,}9 \cdot m \cdot g$$

Con respecto a la segunda parte del problema, también podemos ver que la variación de la energía mecánica:

$$\Delta E_m = E_{m,D} - E_{m,C} = 0 - E_{m,C} = -12{,}5 \cdot m \cdot g$$

es igual al trabajo realizado por la fuerza de rozamiento entre los puntos C y D:

$$s = \pi \cdot r + \overline{BD} = \pi \cdot r + (40 - \pi) \cdot r$$

$$s = 40 \cdot r = 200 \text{ m}$$

$$W_{NC} = -R \cdot s = -\frac{1}{16} \cdot m \cdot g \cdot 200$$

$$W_{NC} = -12{,}5 \cdot m \cdot g = -E_{m,C}$$

Es decir, toda la energía mecánica se pierde cuando llega al punto D y el vagón se para.

Conservación de la energía mecánica y del momento lineal

3 Dos masas idénticas se encuentran en el hueco de una semiesfera de radio r sin rozamiento, como se muestra en la figura.

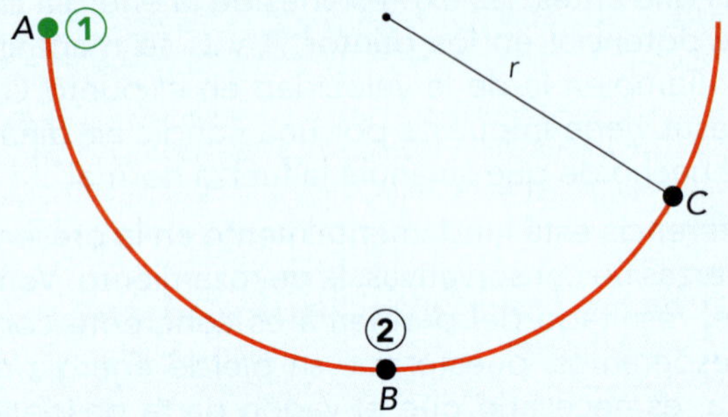

Una de ellas se suelta desde el punto A, mientras la otra está en el fondo (punto B). Cuando chocan, se quedan unidas.

¿Hasta qué altura subirán?

ANÁLISIS DEL PROBLEMA

En este problema hay que utilizar simultáneamente la conservación del momento lineal y de la energía mecánica, por lo que se ha añadido una complicación adicional. Sin embargo, puede observarse que se resuelve aplicando las mismas técnicas que has estudiado a lo largo de la unidad.

Lo hemos dividido en dos partes: en primer lugar analizamos lo que sucede desde que se suelta la partícula 1 en A hasta la colisión con 2 en B, que es completamente inelástica. En segundo lugar estudiamos el comportamiento de ambos cuerpos, que han quedado unidos, desde B hasta C.

Para poder resolver la primera parte, utilizamos las dos leyes de conservación ya conocidas. Por un lado, la energía mecánica inicial, igual a la energía potencial de la partícula 1 en A, es igual a la energía cinética de 1 en B antes de la colisión. De esta manera podemos calcular su celeridad justo antes del impacto. Por otro lado, aplicamos la conservación de la cantidad de movimiento antes y después del mismo. Para ello tenemos en cuenta que la velocidad, en el punto más bajo de la trayectoria, es horizontal.

Aunque puede parecer un problema complejo, en realidad no lo es tanto. Simplemente hay que seguir el procedimiento ya varias veces descrito en esta unidad, y ser rigurosos con la notación empleada.

Planteamiento y resolución

1.ª parte:

Tenemos que calcular la velocidad con la que los dos cuerpos salen despedidos. Para ello, utilizamos la conservación de la cantidad de movimiento. Observa la siguiente figura, donde se muestran ambas masas justo antes y justo después de la colisión. Como la velocidad es tangente a la semiesfera, la partícula 1 se moverá en ese instante horizontalmente:

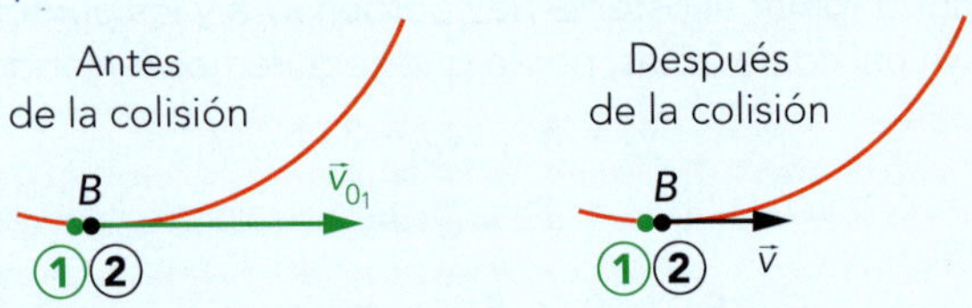

Por tanto:

$$m \cdot v_{0_1} + m \cdot v_{0_2} = 2 \cdot m \cdot v$$

Puesto que $v_{0_2} = 0$, tenemos:

$$m \cdot v_{0_1} = 2 \cdot m \cdot v \rightarrow v = \frac{v_{0_1}}{2}$$

Y ambos cuerpos, justo en ese momento, comienzan su movimiento también horizontalmente.

Falta por determinar el valor de v_{0_1}. Para ello, aplicamos la conservación de la energía mecánica entre los estados inicial (justo cuando se suelta la partícula en A) y final (justo antes de la colisión, en B). Seguimos la secuencia de pasos ya conocida:

1 Tomamos como origen de alturas el fondo de la semiesfera (punto B), como se muestra en la figura, por lo que:

$$y_{1_A} = r; \quad y_{2_B} = 0$$

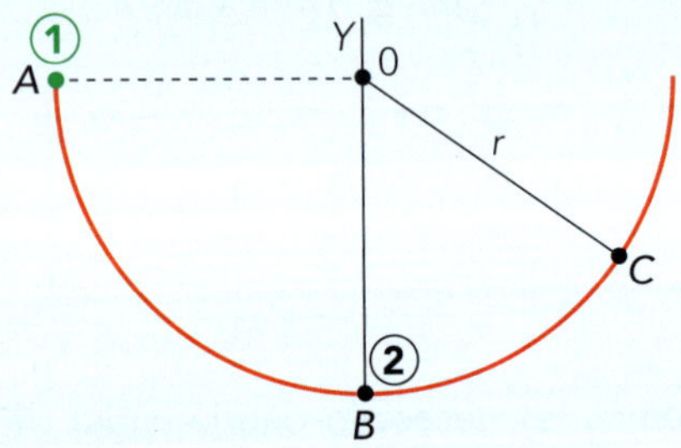

2 Las fuerzas que intervienen son la normal, que no realiza trabajo, y la gravedad, por lo que usaremos:

$$\Delta E_m = 0$$

3

$$E_{m,i} = E_{c,1_A} + E_{p,1_A} + E_{c,2_B} + E_{p,2_B} = E_{p,1_A} = m \cdot g \cdot r$$

$$E_{m,f} = E_{c,1_B} + E_{p,1_B} + E_{c,2_B} + E_{p,2_B} = \frac{1}{2} \cdot m \cdot v_{0_1}^2$$

donde hemos utilizado que:

- $E_{c,1_A}$, es la energía cinética de la partícula 1 en A, y, por tanto, es igual a cero.
- $E_{p,1_A} = m \cdot g \cdot r$ es la energía potencial de la partícula 1 en A.
- $E_{c,2_B}$ y $E_{p,2_B}$, son, respectivamente, las energías cinética y potencial de la partícula 2 en B, por lo que ambas valen cero.

4 Igualando la energía mecánica inicial con la final, obtenemos la celeridad de la partícula 1 en *B*:

$$v_{0_1}^2 = 2 \cdot g \cdot r \rightarrow v = \frac{v_{0_1}}{2} = \sqrt{\frac{g \cdot r}{2}}$$

2.ª parte:

Con esta información ya podemos obtener la altura a la que ascienden los cuerpos 1 y 2, que han quedado unidos, por lo que ahora, la masa total es $2 \cdot m$. Para ello, igualamos las energías en *B* y en *C*:

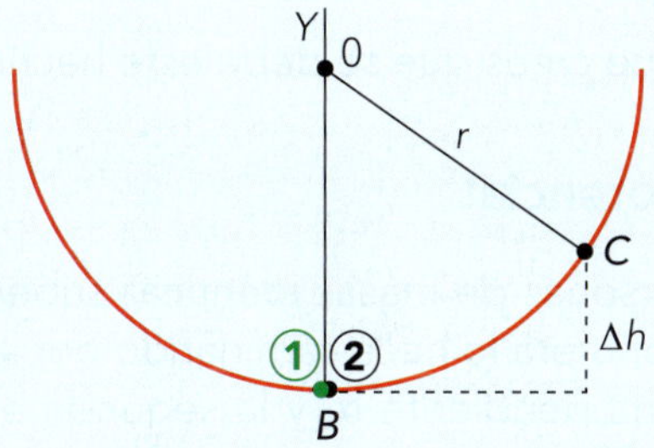

$$E_{m,B} = E_{c,B} + E_{p,B} = \frac{1}{2} \cdot (2 \cdot m) \cdot v^2 = m \cdot v^2$$

$$E_{m,C} = (2 \cdot m) \cdot g \cdot \Delta h$$

Por tanto:

$$E_{m,B} = E_{m,C} \rightarrow m \cdot v^2 = 2 \cdot m \cdot g \cdot \Delta h$$

$$\Delta h = \frac{1}{2 \cdot g} \cdot v^2$$

Por último, utilizamos el valor de *v* que habíamos obtenido en la primera parte:

$$v = \frac{v_{0_1}}{2} = \sqrt{\frac{g \cdot r}{2}} \rightarrow \Delta h = \frac{1}{2 \cdot g} \cdot \frac{g \cdot r}{2} = \frac{r}{4}$$

Así, ambos cuerpos suben hasta una atura *r*/4 sobre el fondo del recipiente.

ANÁLISIS DEL PROBLEMA

La segunda parte se trata realmente de un problema consistente en calcular la altura a la que asciende una partícula de masa $2 \cdot m$, conocida su celeridad inicial.

Fíjate en la potencia de los métodos que hemos desarrollado, ya que permiten resolver un problema complejo en el que, no solo la celeridad no es constante, sino que además la trayectoria es curvilínea, y hay colisiones. Hubiera sido imposible tratarlo utilizando solamente las leyes de Newton.

Y podemos complicarlo todo lo que queramos. ¿Te atreves a repetir el ejercicio considerando una cierta fuerza de rozamiento?

DISCUSIÓN DE RESULTADOS

Observa que la energía cinética antes de la colisión es mayor que después de esta:

$$E_{c,\text{antes}} = \frac{1}{2} \cdot m \cdot v_{0_1}^2 = m \cdot g \cdot r$$

$$E_{c,\text{después}} = \frac{1}{2} \cdot (2 \cdot m) \cdot v^2 = m \cdot \frac{g \cdot r}{2} = \frac{1}{2} \cdot E_{c,\text{antes}}$$

Como corresponde a un choque completamente inelástico.

Degradación de la energía

4 Las figuras muestran dos rampas distintas sin fricción en las que los puntos *A* y *B* tienen la misma altura. Un bloque se suelta desde el reposo, partiendo de la posición más alta. ¿Cuál de ellos llega a *B* con mayor celeridad? ¿Y en el caso de que hubiera rozamiento?

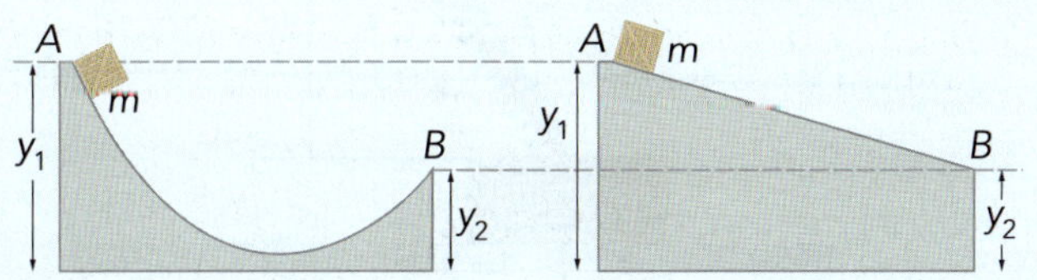

Planteamiento y resolución

1 En ambos casos, el cuerpo parte del reposo, desde la misma altura, y_1. Además, llegan hasta la misma altura, y_2, aunque recorran caminos distintos.

Debido a la conservación de la energía, tenemos para los dos cuerpos:

$$v_B = \sqrt{2 \cdot g \cdot r}$$

y por tanto llegan con la misma celeridad.

Si hubiera rozamiento, tendríamos disipación de la energía. Además, esta sería mayor en el caso de la izquierda, ya que la distancia que recorre el cuerpo en esa rampa es mayor. Por tanto, llegaría al final de la rampa con mayor celeridad el de la derecha.

TRABAJA CON LO APRENDIDO

Trabajo

1 Calcula el trabajo total realizado por la fuerza variable que se muestra en la gráfica siguiente, sobre un cuerpo que se mueve a lo largo del eje *X*, desde $x = 2$ m hasta $x = 7$ m.

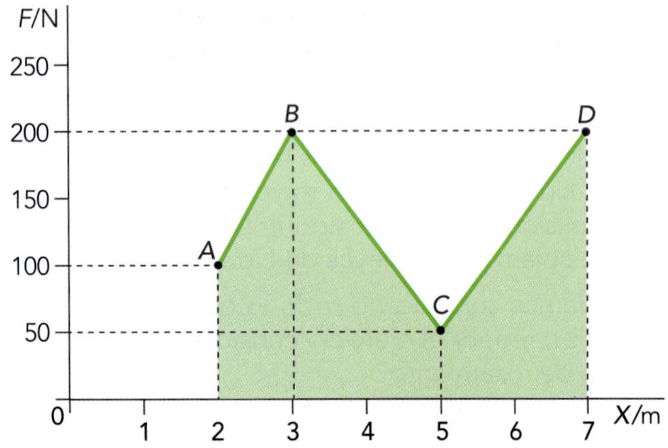

2 Una fuerza constante $\vec{F} = (-7 \cdot \vec{i} + 4 \cdot \vec{i})$ N actúa sobre una partícula que realiza un desplazamiento dado por: $\Delta\vec{r} = (4 \cdot \vec{i} + 7 \cdot \vec{j})$ m. Calcula el trabajo realizado por la fuerza sobre el cuerpo. ¿Qué podemos concluir del resultado obtenido?

3 Un cuerpo de 10 kg de masa se desplaza 20 m por una superficie horizontal sometida a una fuerza de 200 N que forma 40° con la dirección de movimiento. Calcula el trabajo total realizado por todas las fuerzas que actúan sobre el cuerpo, sabiendo que el coeficiente de rozamiento es $\mu = 0{,}3$.

4 Para estirar un muelle una distancia de 10 cm es necesario realizar un trabajo de 125 J. Calcula la constante del muelle y la fuerza elástica cuando el alargamiento es de 5 cm.

Energía cinética

5 Si el cuerpo del ejercicio 1, de 2 kg de masa, tenía inicialmente, en $x = 2$ m, una rapidez de 20 m/s hacia la derecha, calcula su rapidez en $x = 7$ m.

6 Un vehículo de 750 kg se desplaza horizontalmente con una rapidez de 60 km/h. Calcula la fuerza de frenado si se detiene en 200 m.

7 Demuestra la siguiente expresión para la energía cinética de un cuerpo de masa *m* que tiene una cantidad de movimiento *p*:

$$E_c = \frac{p^2}{2 \cdot m}$$

8 Sobre un cuerpo de 500 g de masa que realiza un MRUA actúa una fuerza de rozamiento constante de 10 N. Si la rapidez inicial es de 40 km/h, calcula el espacio recorrido antes de pararse, utilizando razonamientos energéticos.

9 ODS Según los datos del **objetivo 7** de los ODS sabemos que a nivel mundial y en los últimos años, más del 20 % de la energía se generó a través de fuentes renovables.

a) Investiga y cita dos fuentes renovables que utilicen la energía cinética y explica brevemente cómo funcionan.

b) Piensa y responde: ¿cuál crees que es la fuente de energía renovable más utilizada en España? Ahora busca información y contrasta tu respuesta. ¿En qué parte de España es más utilizada dicha fuente?

c) ¿A qué crees que se debe este hecho?

Energía potencial

10 Dos personas de masas idénticas suben una montaña. La primera lo hace caminando por su ladera, que tiene una pendiente α, y la segunda escalando por un acantilado que hay por su parte posterior, como se muestra en la figura. Determina:

a) El cociente entre las fuerzas que han de realizar si ambos suben a velocidad constante.

b) El trabajo que han de realizar en ambos casos. Interpreta el resultado usando argumentos energéticos.

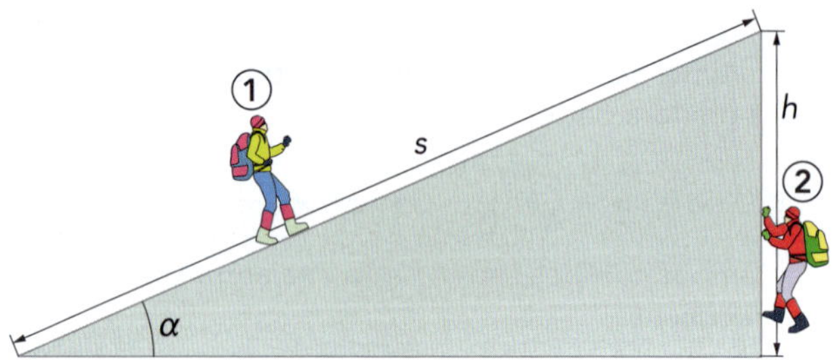

11 Un muelle se alarga 5 cm cuando se cuelga de él un cuerpo de 100 g de masa. Calcula qué trabajo hay que realizar para estirar ese muelle otros 5 cm más.

12 El cuerpo de la figura está unido a un muelle de constante elástica *k*, y se fuerza, mediante unos rieles, a moverse horizontalmente. La longitud natural del muelle es y_0, por lo que cuando $x = 0$, el muelle no está estirado.

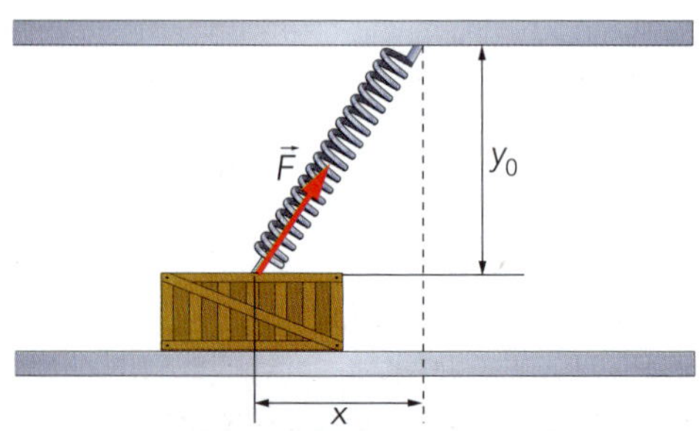

Recuerda que dispones de las soluciones de todas las actividades numéricas en **anayaeducacion.es**.

a) Demuestra que la energía potencial acumulada en el muelle, en función de la distancia x viene dada por:

$$E_p = \frac{1}{2} \cdot k \cdot y_0^2 \cdot \left(\sqrt{\frac{x^2}{y_0^2} + 1} - 1\right)^2$$

b) Sabiendo que para valores de z muy pequeños se verifica la siguiente aproximación:

$$\sqrt{z+1} \approx 1 + \frac{1}{2} \cdot z$$

demuestra que para valores de x mucho menores que y_0 la energía potencial es, aproximadamente:

$$E_p \approx \frac{1}{8} \cdot k \cdot \frac{x^4}{y_0^2}$$

Energía mecánica. Conservación de la energía

13 Se lanza verticalmente hacia arriba un cuerpo de 2 kg de masa con una rapidez de 25 m/s.

a) ¿Hasta qué altura subirá, si no hay rozamiento?

b) Sin embargo, se observa que cuando llega de nuevo al suelo lleva una celeridad de 20 m/s. Calcula la fuerza de rozamiento con el aire, y la altura máxima alcanzada.

14 Se le da un empujón a una caja de 12 kg de masa, proporcionándole una rapidez inicial de 5,0 m/s, para que suba por un plano inclinado 30°. Calcula qué distancia recorrerá si μ = 0,34. Cuando está en el punto más alto, vuelve a caer. ¿Con qué velocidad llega al punto desde el que partió?

15 Un ascensor de 1 500 kg de masa cae libremente, al romperse los cables que lo sostienen, desde una altura de 20 m. En ese instante se activa el sistema de seguridad, que ejerce una fuerza de rozamiento constante de 12 000 N. Al fondo del hueco hay un muelle de constante elástica k = 30 000 N/m.

a) Calcula la celeridad con la que el ascensor llega al punto en el que toca el muelle.

b) Calcula cuánto se comprime este.

c) Determina el trabajo realizado por la fuerza de rozamiento.

d) El muelle vuelve a su posición de equilibrio, por lo que el ascensor rebota. Calcula la altura a la que sube. Recuerda que, en todo momento, sigue actuando la fuerza de rozamiento.

16 Un objeto de 0,5 kg de masa cae desde una altura de 10 m por un plano inclinado 45°, partiendo del reposo. En la parte inferior de dicho plano hay un muelle de constante elástica k = 800 N/m. Calcula a qué velocidad llega el cuerpo al muelle y cuánto se comprime este, considerando que el coeficiente de rozamiento entre el plano y el objeto es μ = 0,2.

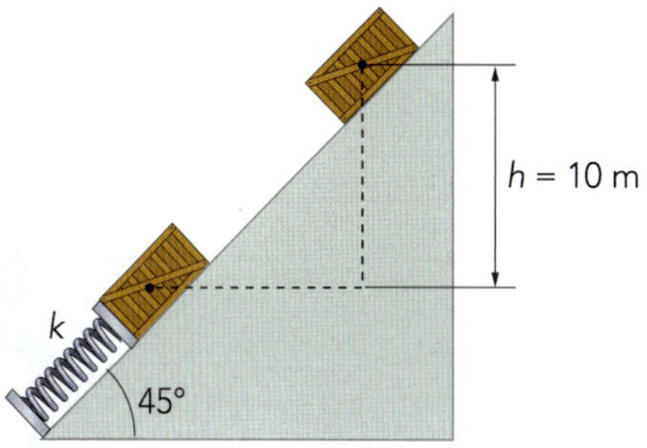

17 Repite el ejercicio anterior suponiendo que inicialmente se empuja el cuerpo hacia abajo, imprimiéndole una celeridad de 12 m/s, siendo el coeficiente de rozamiento el mismo. Si el muelle se estira de nuevo y el objeto rebota hacia arriba, ¿hasta qué altura subirá?

18 Un vagón de una montaña rusa, de 50 kg de masa, parte del reposo desde el punto más alto, a una altura h = 20 m, y describe un *loop* de radio r = 2 m. La fuerza de rozamiento con las vías es constante e igual a 250 N. Calcula:

a) La celeridad en el punto más alto del rizo.

b) La distancia entre los puntos B y D que recorre antes de pararse.

c) Determina la altura mínima desde la que empezará a moverse el vagón, con objeto de que no se caiga al hacer el rizo. Calcula, en ese caso, la distancia $\overline{BD}$ que recorrerá antes de pararse, y el trabajo total realizado por la fuerza de rozamiento.

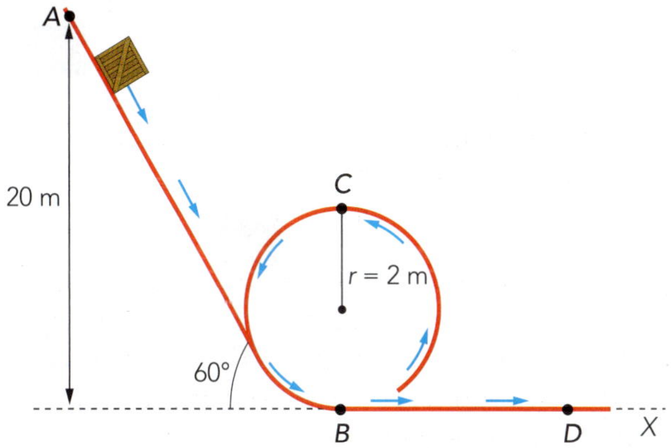

TRABAJA CON LO APRENDIDO

19 Considera ahora una montaña en la que el vagón parte de una cierta altura *h*, pero se mueve en el punto *A* con una celeridad de 7 m/s y describe un rizo de radio $r = 3$ m, sin que haya rozamiento. Calcula el mínimo valor que debe tener *h* para que el vagón no se caiga, y la rapidez en el punto *B*.

20 Un esquiador comienza a deslizarse, sin rozamiento y con velocidad inicial nula, en la parte superior de una enorme bola de nieve esférica de radio *r*. Calcula el ángulo α en el que pierde contacto con la nieve y sigue una trayectoria tangente a esta.

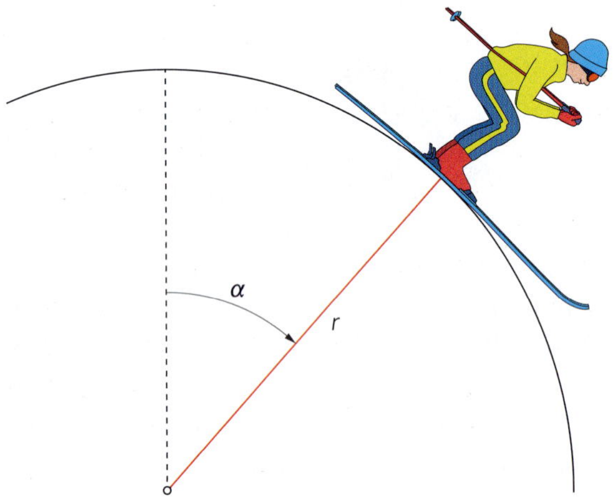

21 Un muelle se comprime 10 cm cuando sobre él se coloca un cuerpo de 2 kg de masa. Se comprime el muelle 8 cm más y se suelta. Calcula:

a) La altura hasta la que sube el cuerpo, medida respecto a la posición de equilibrio del sistema objeto-resorte.

b) Su celeridad cuando pasa de nuevo por dicho punto de equilibrio.

c) Se observa que el cuerpo sube solamente 5 cm por encima del punto de equilibrio. Calcula el módulo de la fuerza de rozamiento del objeto con el aire.

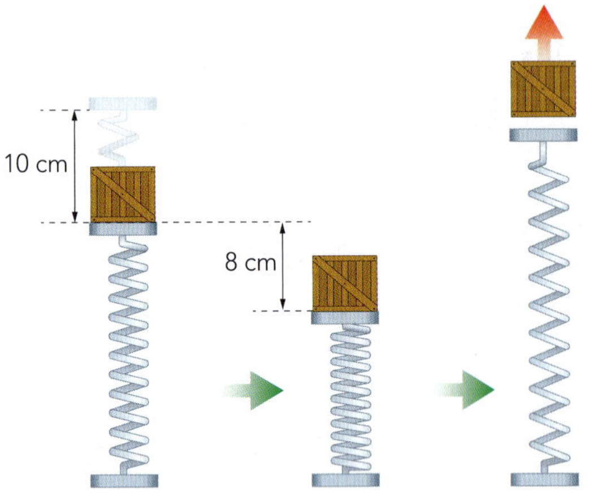

22 Una bala de 5 g golpea un bloque de 1,5 kg de masa y se queda unida a él. El bloque está en una superficie horizontal sin rozamiento, sujeto a un muelle de constante elástica $k = 50$ N/m, que se comprime 12 cm a causa del impacto. Calcula la rapidez inicial de la bala y la celeridad del bloque justo después de la colisión.

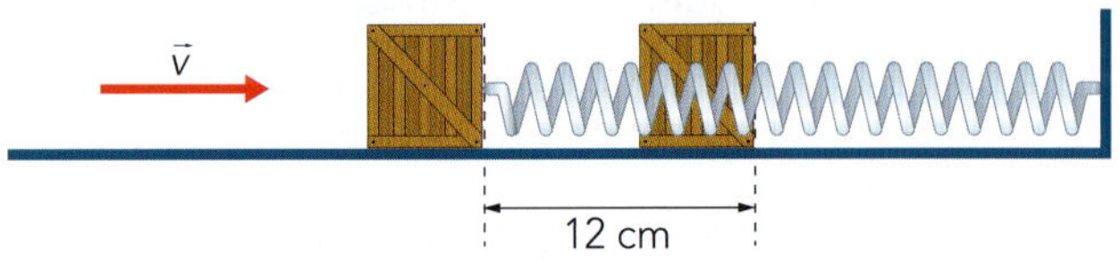

23 Se dispara una bala de 2 g de masa con una rapidez de 800 m/s. Esta choca contra el bloque de la figura, de 1 kg de masa y se incrusta en él. Sabiendo que la constante elástica del muelle es de 100 N/m, calcula cuánto se comprimirá como máximo a causa del impacto.

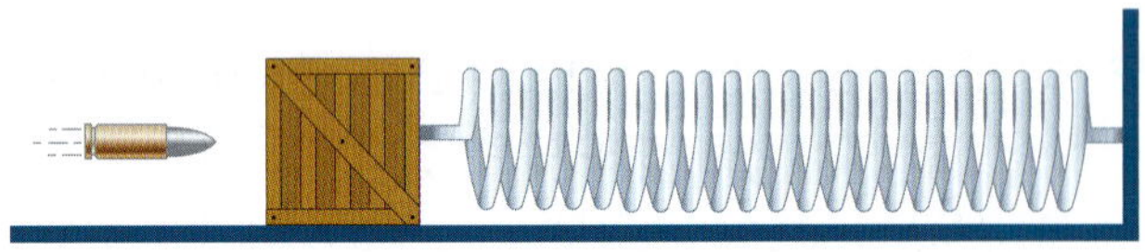

24 Un cuerpo de 200 g está unido a un muelle de constante elástica $k = 100$ N/m colocado horizontalmente sobre una superficie sin rozamiento. Se separa de su posición de equilibrio una distancia de 20 cm y se suelta. Calcula el período de oscilación y la celeridad que tendrá cuando pase por su posición de equilibrio. Representa gráficamente E_c, E_p y E_m en función del tiempo.

25 Supongamos que en el sistema del ejercicio anterior está actuando la fuerza de rozamiento. Si $\mu = 0{,}2$, calcula cuánto se comprimirá el muelle después de haberlo soltado.

26 El carrito de la figura, de 1,5 kg de masa, está unido a un muelle horizontal. Su movimiento es un MAS de 10 cm de amplitud y $v_{máx} = 2{,}5$ m/s. Calcula la constante elástica del muelle y la velocidad del carrito cuando $x = A/2$. Utiliza únicamente razonamientos de conservación de la energía.

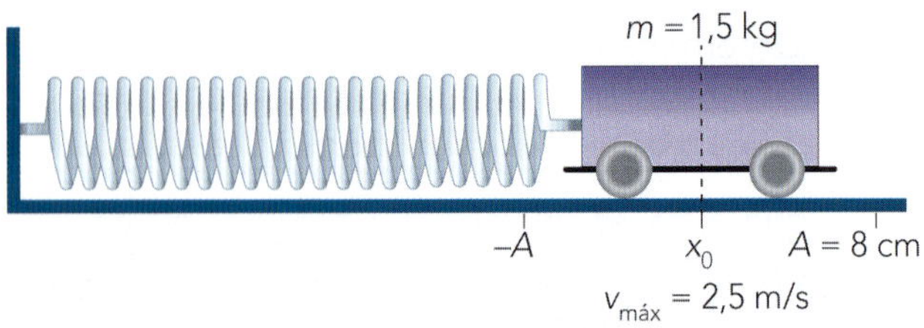

anayaeducacion.es Consulta el apartado «Para estudiar» en el banco de recursos.

27 Un platillo de 200 g está sujeto a un muelle vertical, estirándolo una distancia de 2 cm. Se deja caer sobre el platillo un trozo de plastilina de 400 g de masa desde una altura de 15 cm.

a) Calcula la constante elástica del muelle.

b) Calcula la celeridad con la que la plastilina llega al platillo.

c) Determina la rapidez con la que el platillo junto con la plastilina comienza el movimiento posterior a la colisión.

d) Calcula la distancia máxima a la que baja el platillo respecto a su posición de equilibrio.

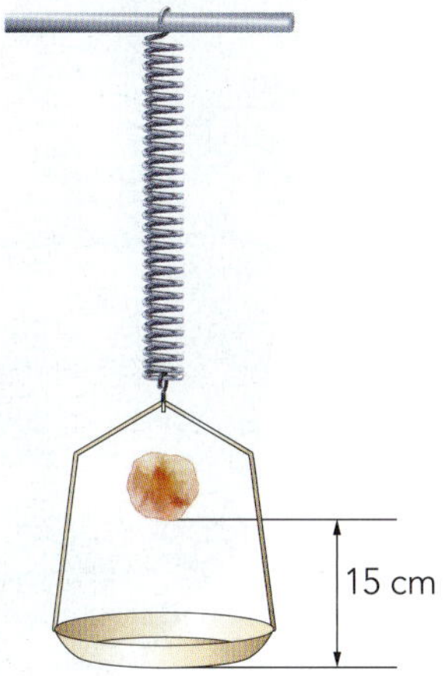

28 Dos cuerpos tienen unos muelles adosados, ambos de constante elástica k = 150 N/m, como se muestra en la figura. Se mueven uno hacia el otro, de manera que experimentan un choque elástico. Si se supone que los dos muelles, durante la colisión, se comprimen en la misma cantidad, calcula el valor de dicha compresión. Halla la rapidez con la que salen despedidos ambos cuerpos después del choque.

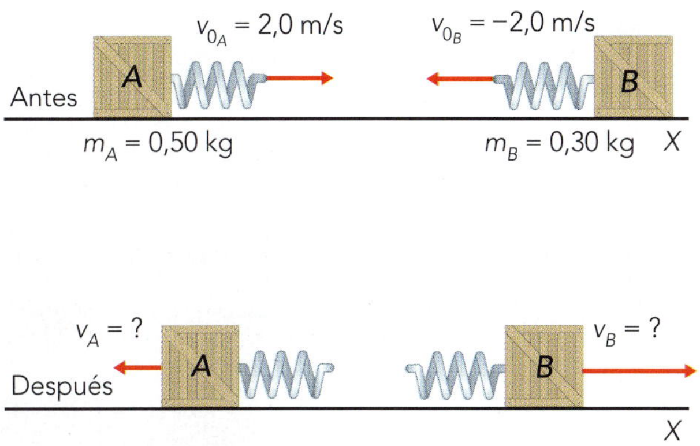

Ciencia, tecnología y sociedad

Conservación de la energía y la mujer en la ciencia

Los físicos del siglo XX descubrieron que ciertas leyes de conservación son producto de simetrías en la naturaleza. Una simetría es un rasgo de algún objeto o sistema que no se modifica bajo transformaciones o movimientos. Por ejemplo, una esfera tiene simetría porque siempre se ve igual, independientemente del ángulo desde donde se mire. Y un cilindro es simétrico bajo cualquier rotación alrededor de su eje.

Pues bien, E. Noether demostró un teorema según el cual la conservación de ciertas magnitudes son consecuencia de que las leyes físicas son independientes del tiempo, del lugar en el que nos encontremos o del ángulo desde el que se estudie un sistema. En particular, el hecho de que dichas leyes se mantengan inalteradas a lo largo del tiempo da lugar a que la energía se conserve. Es decir, que si en algún proceso parte de la energía desaparece de nuestro universo, podríamos concluir que en algún lugar de este han cambiado las leyes físicas.

Lo que quizá mucha gente no sabe es que E. Noether fue una mujer (nombre completo: Amalie Emmy Noether 1882-1935). Expulsada en 1933 de la Universidad de Gottinga, donde daba clases, debido al ascenso al poder de Adolf Hitler, emigró a EE. UU. Sin embargo, en la Universidad de Princeton no fue bien recibida, porque era una insitución «de hombres, donde no se admitía a ninguna mujer».

ODS ¿Crees que siguen existiendo estudios o profesiones que sean solo de hombres o solo de mujeres? Como sabes, en la ciencia siempre ha sido más mencionada la aportación de los hombres frente a la de las mujeres. Explica cómo se podría garantizar el cumplimiento de la **meta 5.5**.

11

INTERACCIÓN GRAVITATORIA

Nuestro lugar en el universo

Desde la Antigüedad, el ser humano se ha posicionado en un lugar privilegiado del universo, llegando a considerarse su propio centro. Sin embargo, la historia de la astronomía fue ampliando el conocimiento acerca de lo que queda fuera de los límites de nuestros sentidos y, poco a poco, fue relegando a la humanidad a un segundo plano.

Debe enorgullecernos el trabajo que hemos hecho para llegar al conocimiento que hoy tenemos del universo, de cómo hemos utilizado la tecnología para ampliar nuestras miras y de cómo la comunidad científica ha utilizado los métodos de la ciencia para conseguir todos estos avances. Hoy creemos conocer, desde la perspectiva científica, de dónde venimos y adónde vamos.

Aunque debemos ser humildes y reconocer que no lo sabemos todo, que hay problemas sin resolver y que es probable que existan vacíos tan grandes en nuestra física que nuevos avances nos obliguen a reformular el concepto de gravitación o que, quizás, algún día corroboren que estamos en el buen camino.

COMPROMISO ODS

ODS

Haced estas actividades en grupos:

1 Elaborad un escrito con los puntos a seguir para conseguir tecnologías de la comunicación sostenibles en aquellos países que se encuentran en vías de desarrollo y alcanzar la **meta 11.3**.

2 Investigad en qué situación se encuentra España, en cuanto a los recursos que se destinan a I+D, en especial, al desarrollo de tecnologías de la información y las comunicaciones. Relacionad vuestras respuestas con algunas de las **metas del objetivo 9** y proponed alternativas.

3 Buscad información sobre la contaminación espacial e idead un proyecto que permita disminuir la generación de residuos y reducir que los desechos sean liberados al espacio. Así como dar solución al problema de la cascada de ablación o síndrome de Kessler. Estableced como objetivo del proyecto la **meta 11.4** y defended cómo puede lograrse.

Antes de empezar a estudiar esta unidad, consulta la presentación «Qué necesitas saber» en anayaeducacion.es.

LOS RECURSOS EN LA WEB DE ESTA UNIDAD

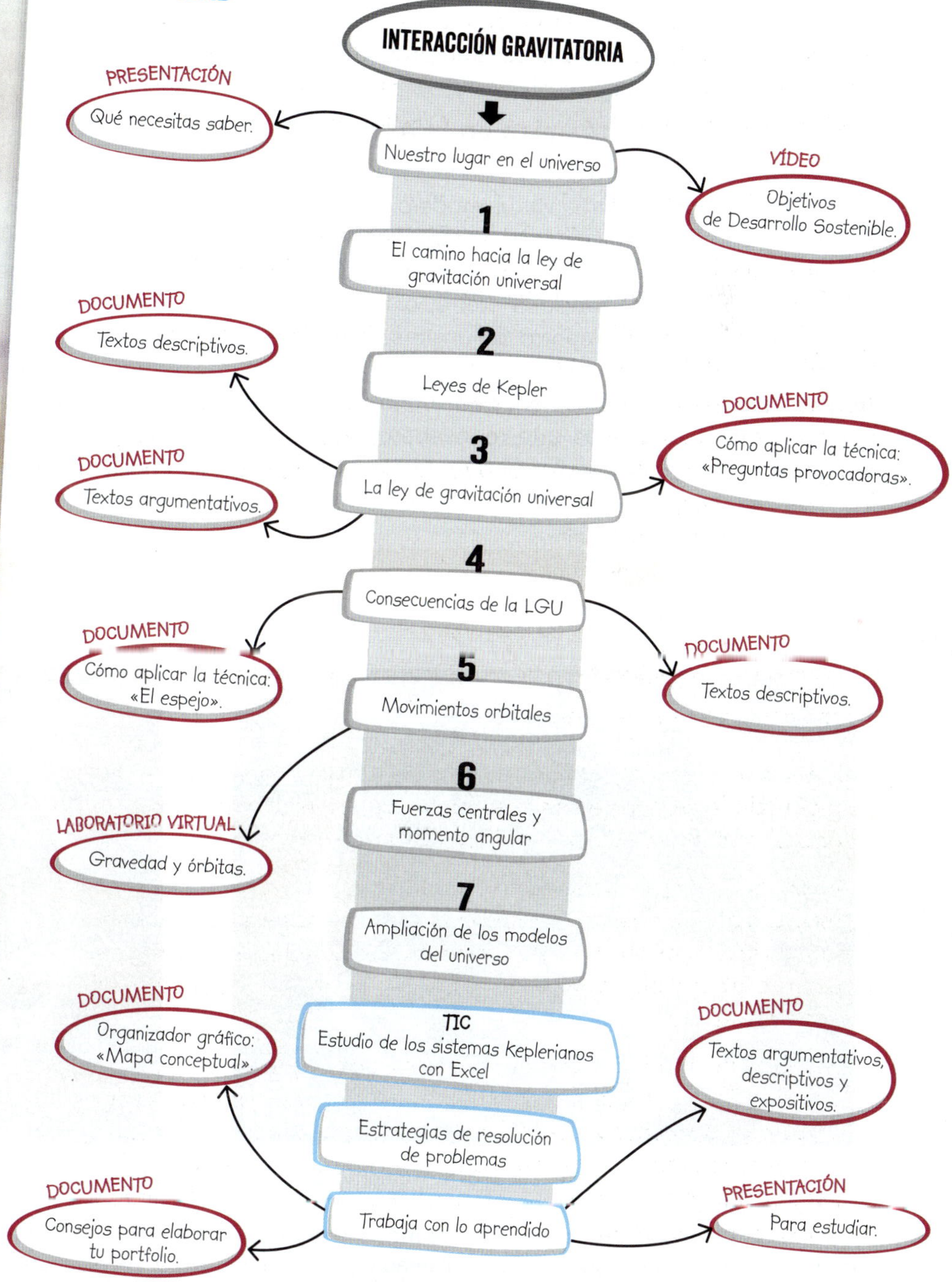

Y ADEMÁS... Soluciones de todas las actividades numéricas

1
EL CAMINO HACIA LA LEY DE GRAVITACIÓN UNIVERSAL

El hecho de poder explicar los movimientos celestes a través de la **ley de gravitación universal** (LGU), propuesta por Newton, no ha sido algo fortuito en la historia de la astronomía. Por el contrario, es el resultado de una serie de acontecimientos concatenados que han hecho evolucionar nuestra comprensión del universo a lo largo de la historia.

Aunque la astronomía nunca haya sido una ciencia experimental, sino observacional, para enunciar la LGU se han seguido una serie de pasos que coinciden elegantemente con las fases del método científico: observación, formulación de hipótesis, experimentación, extracción de conclusiones mediante el desarrollo de leyes y teorías, y difusión de los resultados, basados en pruebas.

1.1. La observación cósmica en la Antigüedad

La observación del firmamento realizada por los antiguos filósofos griegos fue conformando un modelo de universo antropocéntrico. Las aportaciones de **Aristóteles** (siglo IV a. C.) a este modelo fueron contundentes en el desarrollo de la teoría geocéntrica, donde la Tierra, esférica e inmóvil, se constituía como el centro del universo. Un universo también esférico, finito y globalmente inmutable, formado por esferas concéntricas encajadas entre sí con movimiento eterno sobre las que reposaban los planetas, la Luna y el Sol, y las estrellas fijas en la última de ellas.

Para Aristóteles no existía el vacío entre esferas y todo estaba ocupado por materia celeste, el éter. Sin embargo, el modelo geocéntrico no conseguía explicar las observaciones que los astrónomos de la época hacían sobre el movimiento retrógrado de los planetas.

Claudio Ptolomeo (siglo II d. C.) quiso resolver el problema, así que añadió epiciclos y deferentes a las trayectorias de los planetas, obteniendo una composición muy complicada que resultaba difícil de entender (figura inferior izquierda). Aún así, el modelo ptolemaico fue admitido durante catorce siglos.

1.2. Formulación de la hipótesis heliocéntrica

Pero todo cambiaría a partir del siglo XVI, cuando **Nicolás Copérnico** (1473-1543) formuló una hipótesis heliocéntrica que revolucionó la astronomía. En 1543, se publicó su obra póstuma, *De Revolutionibus Orbium Coelestium*, que explicaba que el Sol se encontraba en el centro del universo y la Tierra, junto al resto de los planetas, giraban a su alrededor en órbitas circulares (figura inferior derecha). Además, la Tierra giraba sobre sí misma, y la Luna en torno a ella. Este nuevo modelo desplazaba a la Tierra del centro de las órbitas. Esto molestó a la Iglesia católica, que acusó al heliocentrismo de ir en contra de las Sagradas Escrituras. La Santa Inquisición se opuso al modelo y persiguió a sus defensores.

Fases del método científico en la astronomía (I)

Observación geocentrista de Ptolomeo

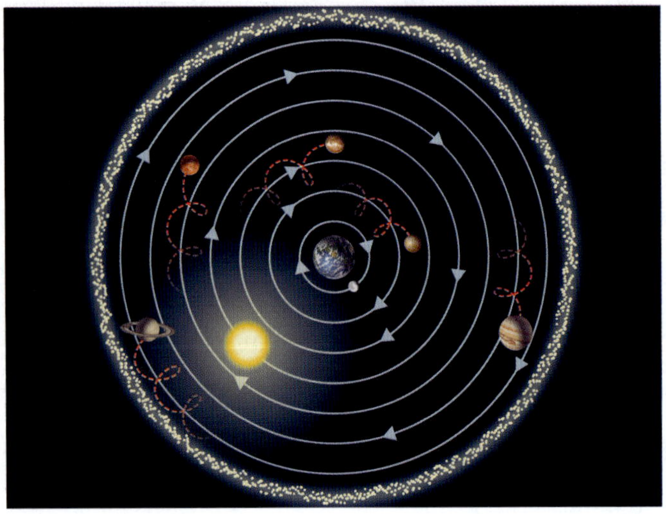

Ptolomeo, en un intento de explicar el movimiento de vaivén de los planetas, situó a la Tierra en el centro, y los astros en circunferencias o epiciclos, cuyo centro se movía, a su vez, en torno a la Tierra en una órbita circular llamada deferente. El resultado era una trayectoria llamada epicicloide.

Hipótesis heliocéntrica de Copérnico

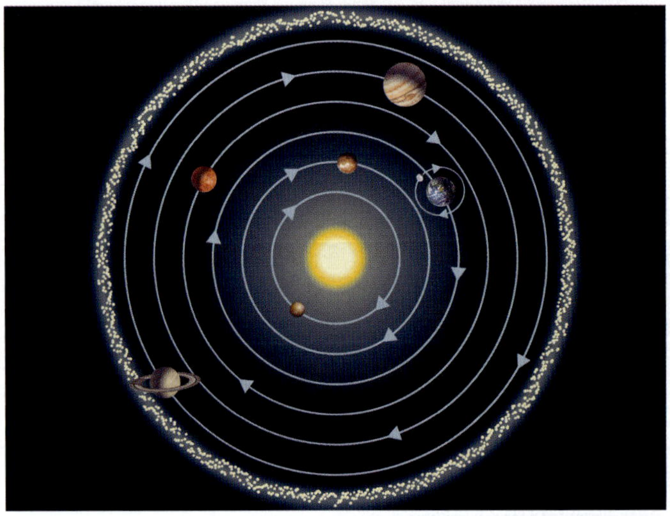

La necesidad de encontrar un modelo menos complejo que el ptolemaico, capaz de explicar el movimiento retrógrado, hizo que Copérnico situase el Sol en el centro del universo y los planetas girando en torno a él. Las estrellas estarían a distancias enormes comparadas con el Sol.

1.3. Las mediciones como base de la investigación experimental

Galileo Galilei (1564-1642), inmerso en el Renacimiento científico del siglo XVII, demostró que todos los cuerpos caen con la misma aceleración, y defendió las ideas copernicanas, queriendo demostrarlas a través del método científico. Además, perfeccionó el telescopio, convirtiéndolo en su principal arma en la lucha contra el geocentrismo. En 1633, la Inquisición lo juzgó por hereje y le obligó a retractarse de sus ideas.

En el siglo XVI, antes de la invención del telescopio, **Tycho Brahe** (1546-1601) ya había trabajado en las mediciones astronómicas, realizando mapas muy precisos de distribución de estrellas y planetas. Su trabajo ilustra las bases de la investigación del firmamento a través de la observación. Pero no fue capaz de convertir sus datos en un modelo matemático, y se conformó con una teoría híbrida entre los modelos geocéntrico y heliocéntrico.

1.4. Análisis de datos y enunciado de leyes

Johannes Kepler (1571-1630) trabajó como ayudante matemático de Brahe y tras la muerte de este, en 1601, tuvo acceso a sus tablas astronómicas. Kepler las analizó y enunció tres leyes totalmente empíricas capaces de describir los movimientos planetarios a la perfección, aunque no explicaban las causas de esos movimientos.

1.5. Desarrollo y publicación de la teoría general

Finalmente, **Isaac Newton** (1643-1727), en 1687, enunció la LGU en su obra maestra *Philosphiae naturalis principia mathematica,* que daría una explicación de la caída de los cuerpos sobre la superficie de la Tierra, del fenómeno de las mareas y de los movimientos orbitales en el firmamento.

La LGU unificaba la gravedad terrestre con la gravedad celeste en una teoría general de la gravedad que daría paso a la astronomía moderna. Puede resumirse así:

- **Todos los cuerpos materiales son focos de atracción gravitatoria y se atraen entre sí;** esto implica que ni la Tierra ni el Sol pueden ser el centro del universo.
- **El efecto gravitacional es instantáneo;** esto supone que, si el Sol explotase, la perturbación se propagaría inmediatamente a través de todo el universo.
- El universo de Newton es **eterno e infinito, isótropo** (mismas propiedades en todas las direcciones) **y homogéneo** (mismas propiedades en todos los puntos), y se encuentra ocupado por un gas invisible llamado éter. El éter sería el sistema de referencia respecto del cual se podrían medir todas las velocidades y en el que se apoyaría la fuerza gravitatoria para actuar a distancia. La gravitación de Newton necesitaba la teoría del éter para subsistir.

Fases del método científico en la astronomía (II)

Mediciones y datos empíricos recopilados por Brahe

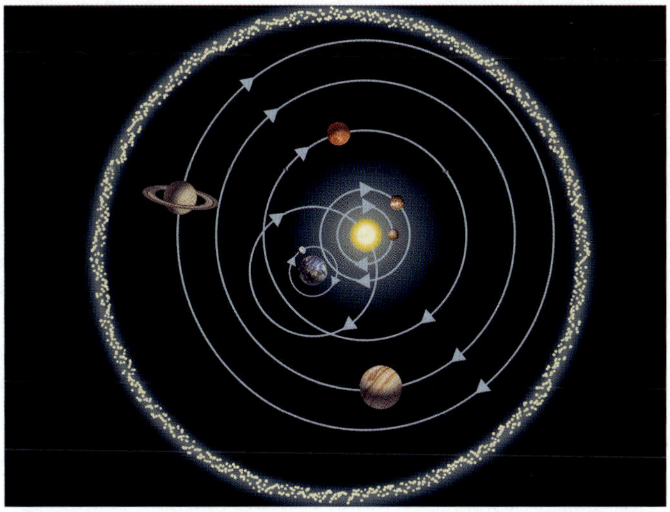

El modelo híbrido de Tycho Brahe consideraba la Tierra el centro universal y la Luna y el Sol giraban en torno a ella. A su vez, los planetas girarían en torno al Sol. Pero el modelo no se sostenía y se hizo imposible seguir manteniendo la Tierra en el centro del universo.

Análisis de datos y formulación de las leyes de Kepler

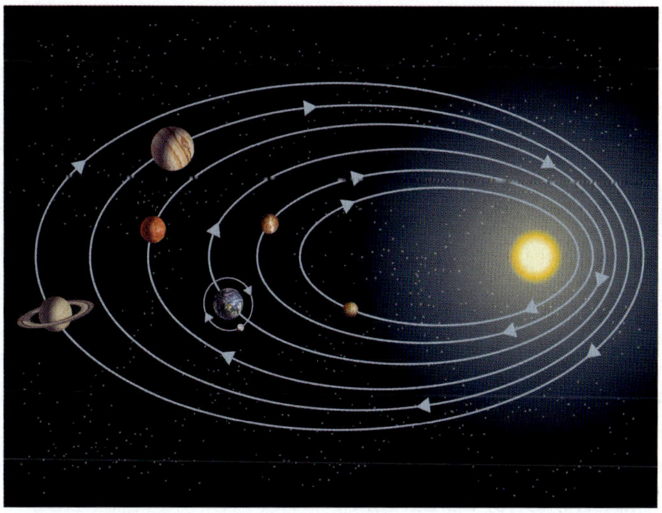

Cuando Kepler desarrolló las tres leyes del movimiento planetario, inició una forma reducida de describir los fenómenos mediante leyes matemáticas e hizo comprender a la comunidad científica que toda descripción debía ajustarse a datos experimentales. La perfección del círculo fue desplazada por la elipse.

2
LEYES DE KEPLER

2.1. Las leyes de Kepler

Las leyes de Kepler fueron deducidas a partir de las observaciones y de la multitud de datos que Brahe recopiló en sus mediciones sobre el cosmos. Kepler enunció sus tres leyes del movimiento planetario, totalmente empíricas y válidas para la descripción cinemática de los movimientos orbitales.

Aunque son leyes generalizables para cualquier sistema planetario del universo, no son capaces de explicar las causas de las regularidades encontradas. Tendría que llegar Newton, más tarde, para realizar una descripción dinámica del fenómeno.

1.ª ley de Kepler. Ley de las órbitas

Los planetas describen órbitas elípticas en torno al Sol, que se encuentra en uno de los focos de la elipse.

Representamos por $\vec{r}$ al **radio vector** del planeta, que aplicado en el Sol dibuja una elipse. La distancia del Sol al planeta es variable y se llama **radio orbital.** Esto hace que los planetas se acerquen y se alejen del Sol en su trayectoria.

El punto de máximo alejamiento se denomina afelio y el de máximo acercamiento perihelio (imagen superior derecha).

No obstante, la excentricidad de las elipses que describen los planetas es muy pequeña, por lo que son, prácticamente, círculos descentrados.

2.ª ley de Kepler. Ley de las áreas

El vector de posición de cada planeta respecto al Sol, o radio vector, barre áreas iguales en tiempos iguales.

Esto hace que la velocidad areolar, o velocidad a la que se barren las áreas, sea constante:

$$A_1 = A_2 \rightarrow v_{\text{areolar}} = \frac{\Delta A}{\Delta t} = \text{cte.}$$

Así, si en un intervalo de tiempo Δt el radio vector barre un área A_1 en su paso por el perihelio, en ese mismo tiempo barrerá la misma área A_2 al pasar por el afelio (imagen inferior derecha).

En las proximidades del perihelio, el radio vector se acorta, por lo que el planeta tiene que ir más rápido para poder cubrir la misma superficie que en las cercanías al afelio, región en la que el radio vector se alarga y el planeta tiende a ralentizarse.

1.ª Ley de Kepler

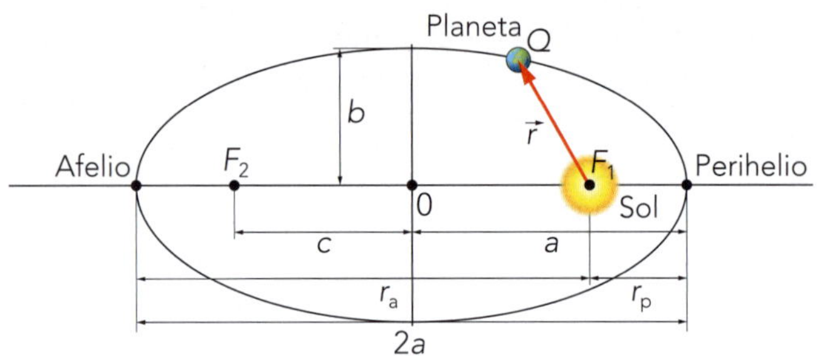

Una elipse es el lugar geométrico de los puntos del plano cuya distancia a dos puntos fijos y equidistantes entre sí llamados **focos,** F_1 y F_2, es constante: $QF_1 + QF_2 = 2a$.

Los elementos que conforman la elipse, además de los focos, son:

- ***a*** es el semieje mayor y ***b*** el semieje menor de la elipse.
- **O** es el centro de la elipse o lugar en el que se cortan los semiejes.
- ***c*** es la distancia entre un foco cualquiera y el centro de la elipse.
- ***e*** es la **excentricidad** y se visualiza como el achatamiento de la curva:

$$\boldsymbol{e} = \frac{c}{a} \; (0 \le e \le 1)$$

2.ª Ley de Kepler

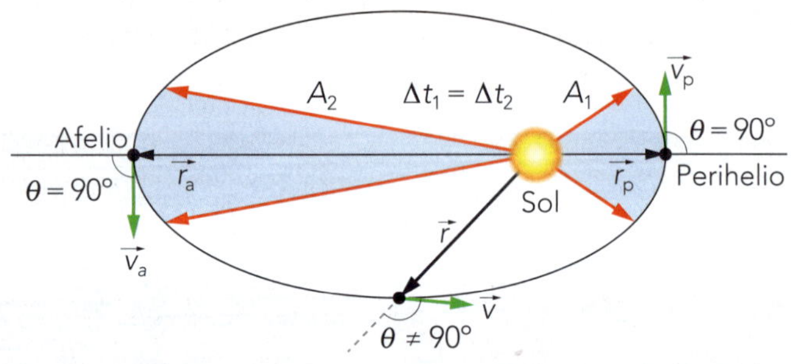

La constancia de la velocidad areolar requiere un equilibrio en el movimiento planetario. Las magnitudes que describen el movimiento del planeta, el **radio orbital** y la **velocidad orbital** o de desplazamiento deben compensar sus valores de tal forma que el producto $\boldsymbol{r \cdot v \cdot \text{sen}\, \theta}$ permanezca constante a lo largo de la trayectoria, siendo θ el ángulo que forman los vectores **r** y **v,** como se observa en la imagen.

Si aplicamos dicha constancia a dos posiciones de la órbita, el afelio, r_{afelio}, y el perihelio, $r_{\text{perihelio}}$, donde $\theta = 90°$, se cumple que:

$$r_{\text{afelio}} \cdot v_{\text{afelio}} = r_{\text{perihelio}} \cdot v_{\text{perihelio}}$$

Como $r_{\text{perihelio}} < r_{\text{afelio}}$, obliga a que $v_{\text{perihelio}} > v_{\text{afelio}}$ para mantener constante la velocidad areolar.

3.ª ley de Kepler. Ley de la armonía o de los períodos

Si relacionamos el cuadrado del período de revolución de un planeta en torno al Sol, T^2, con el cubo del semieje mayor de su órbita elíptica, a^3, resulta un valor que permanece constante independientemente del planeta del que se trate.

Por tanto, para cualquier planeta del sistema solar tenemos que:

$$\frac{T^2}{a^3} = \text{cte.}$$

Si, además, suponemos que las órbitas son aproximadamente circulares, podemos considerar el semieje mayor, **a,** aproximadamente igual a la distancia media del planeta al Sol o **radio orbital medio, r;** entonces, $a \approx r$.

Así, se tiene que:

$$\frac{T^2}{r^3} = \text{cte.}$$

Esta ley descrita por Kepler, aplicable a todos los planetas, ha permitido conocer las dimensiones del sistema solar a partir de los períodos de revolución de los planetas que lo conforman.

3.ª Ley de Kepler

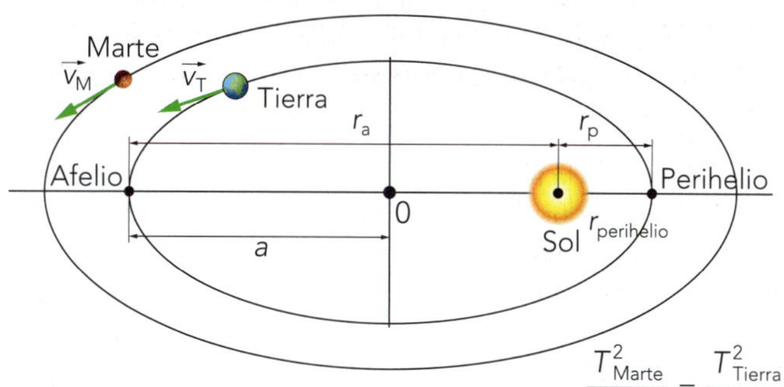

$$\frac{T^2_{Marte}}{a^3_{Marte}} = \frac{T^2_{Tierra}}{a^3_{Tierra}}$$

En el caso del sistema solar, como el Sol se sitúa en el foco de la elipse, se cumple que:

$$r_{perihelio} + r_{afelio} = 2 \cdot a$$

El semieje mayor a de la elipse de cada planeta puede conseguirse, así, a partir de las distancias a las que se encuentran el afelio y el perihelio:

$$a = \frac{r_{perihelio} + r_{afelio}}{2}$$

Podemos decir que, cuanto mayor es a, mayor es el tiempo que tarda en recorrer la órbita. Además, si comparamos las velocidades de los distintos planetas, se puede comprobar que son más lentos en su viaje cuanto más alejados están del Sol:

$$a_{Tierra} < a_{Marte} \rightarrow T_{Tierra} < T_{Marte} \rightarrow v_{Tierra} > v_{Marte}$$

Ejercicio resuelto

1 A partir de los datos recogidos en la siguiente tabla (excentricidad de las órbitas, período en años terrestres y semieje mayor de la elipse en ua), demuestra analítica y gráficamente que se cumple la tercera ley de Kepler en el sistema solar.

Planeta	e	T/años	a/ua
Mercurio	0,2056	0,24	0,39
Venus	0,0068	0,62	0,72
Tierra	0,0167	1,00	1,00
Marte	0,0934	1,88	1,52
Júpiter	0,0484	11,86	5,20
Saturno	0,0542	29,46	9,54
Urano	0,0444	84,02	19,19
Neptuno	0,0086	16 4,79	30,06

1 ua = $1{,}5 \cdot 10^{11}$ m (distancia media de la Tierra al Sol)

Solución

Con los valores de la tabla de datos, obtenemos para cada planeta, en el orden que aparecen, que el cociente T^2/a^3 vale, respectivamente, 0,97; 1,03; 1,00; 1,01; 1,00; 1,00; 1,00; 1,00.

Confirmamos, así, que se cumple la 3° ley:

$$\frac{T^2_{planeta}}{a^3_{planeta}} \approx 1$$

Si representamos gráficamente T^2 frente a a^3, obtendremos una recta de pendiente 1:

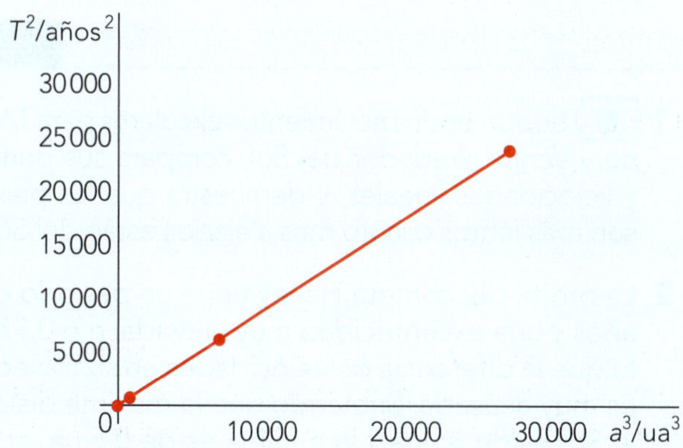

La ecuación de la recta $y = m \cdot x + n$ que corta en el (0, 0) tiene $n = 0$, y pendiente $m = 1$, entonces $y = 1 \cdot x + 0$. Por lo que podemos comprobar que se cumple la 3.ª ley:

$$T^2_{planeta} = 1 \cdot a^3_{planeta}$$

Ejercicios resueltos

2 Dos satélites artificiales A y B, de distinta masa, $m_A > m_B$, se encuentran orbitando en torno a la Tierra en órbitas circulares del mismo radio: $r_A = r_B$. ¿Cuál de los dos satélites se moverá con mayor celeridad?

Solución

Aplicando la tercera ley de Kepler para los satélites A y B, puede deducirse que tienen el mismo período:

$$\frac{T_A^2}{r_A^3} = \frac{T_B^2}{r_B^3} \rightarrow \text{ y como } r_A = r_B = r \rightarrow T_A = T_B$$

Sabemos sobre los movimientos circulares y uniformes que el tiempo que se tarda en recorrer una circunferencia de radio r y longitud $2 \cdot \pi \cdot r$ a una velocidad constante, v, puede expresarse como:

$$T = \frac{2 \cdot \pi \cdot r}{v}$$

Como los dos satélites tienen el mismo período, igualamos:

$$T_A = T_B \rightarrow \frac{2 \cdot \pi \cdot r}{v_A} = \frac{2 \cdot \pi \cdot r}{v_B} \rightarrow v_A = v_B$$

Encontrándose que ambos se moverán con la misma celeridad. Deducimos, por tanto, que **la masa del satélite no influye en la velocidad orbital.**

3 El radio orbital medio del planeta Neptuno es unas 30 veces mayor que el de la Tierra; ¿cuántos años terrestres tarda Neptuno en completar su órbita?

Solución

Por la 3.ª Ley de Kepler, suponiendo que $a \approx r$, y como $r_{Neptuno} = 30 \cdot r_{Tierra}$, tenemos que:

$$\frac{T_{Tierra}^2}{r_{Tierra}^3} = \frac{T_{Neptuno}^2}{30^3 \cdot r_{Tierra}^3} \rightarrow T_{Neptuno} = \sqrt{30^3 \cdot T_{Tierra}^2}$$

Sustituyendo el período de la Tierra, en años, obtenemos:

$$T_{Neptuno} = 30^{3/2} \text{ años terrestres} \approx 164 \text{ años}$$

4 La distancia mínima de la Tierra al Sol es de $1,47 \cdot 10^{11}$ m y la distancia máxima es de $1,52 \cdot 10^{11}$ m.

a) Sabiendo que la órbita terrestre tiene una excentricidad $e \approx 0,02$, compara la velocidad de la Tierra en el perihelio y en el afelio.

b) Si el período de Marte alrededor del Sol es de 1,88 años terrestres, calcula su distancia media al Sol.

Solución

a) Aplicando la 2.ª ley de Kepler al afelio (distancia máxima al Sol) y al perihelio (distancia mínima al Sol):

$$r_A \cdot v_A = r_P \cdot v_P \rightarrow \frac{v_P}{v_A} = \frac{r_A}{r_P} = \frac{1,52 \cdot 10^{11}}{1,47 \cdot 10^{11}} = 1,03$$

$$v_P = 1,03 \cdot v_A$$

Es decir, la velocidad en el perihelio es prácticamente la misma que en el afelio; al ser la excentricidad tan pequeña, $e \approx 0,02$, podemos suponer que la Tierra realiza un MCU.

b) La 1.ª ley de Kepler nos permite calcular el semieje mayor de la trayectoria, que necesitaremos a continuación:

$$a_{Tierra} = \frac{r_A + r_P}{2} = 1,495 \cdot 10^{11} \text{ m}$$

Según las conclusiones obtenidas podemos suponer que $a \approx r$. Aplicando la 3.ª ley de Kepler:

$$\frac{T_{Tierra}^2}{r_{Tierra}^3} = \frac{T_{Marte}^2}{r_{Marte}^3}$$

Sustituyendo y despejando:

$$r_{Marte}^3 = (1,495 \cdot 10^{11} \text{ m})^3 \cdot \frac{(1,88 \text{ años})^2}{(1 \text{ año})^2}$$

Por tanto, el radio orbital medio es $r_{Marte} \approx 2,28 \cdot 10^{11}$ m.

Ejercicios

1 Suponiendo movimientos circulares para Mercurio y Venus alrededor del Sol, compara sus períodos y velocidades lineales, y demuestra que los planetas son más lentos cuanto más alejados están del Sol.

2 La órbita del cometa Halley tiene un período de 76 años y una excentricidad muy elevada, $e = 0,97$, por lo que la diferencia de velocidades en su trayectoria es muy acusada. Sabiendo que la máxima distancia al Sol es de 35 ua y la mínima es de 0,6 ua, aproximadamente, calcula:

a) La relación entre las velocidades en esos puntos.

b) El valor del semieje mayor y del semieje menor de la elipse que describe la órbita y la distancia del centro al foco.

3 Utilizando los valores de la tabla, construye una gráfica en la que se observe el decrecimiento kepleriano de la velocidad orbital frente al radio orbital medio de los planetas.

Planeta	e	T/años	a/ua
Mercurio	0,2056	0,24	0,39
Venus	0,0068	0,62	0,72
Tierra	0,0167	1,00	1,00
Marte	0,0934	1,88	1,52
Júpiter	0,0484	11,86	5,20
Saturno	0,0542	29,46	9,54
Urano	0,0444	84,02	19,19
Neptuno	0,0086	164,79	30,06

Consulta las soluciones de todas las actividades numéricas en **anayaeducacion.es**.

3 LA LEY DE GRAVITACIÓN UNIVERSAL

3.1. Gravitación universal

La fuerza gravitatoria siempre es atractiva, actúa a distancia y mantiene a los cuerpos ligados a la Tierra sin que exista contacto físico. Si se les deja en libertad a una determinada altura, caen sobre su superficie con MRUA. Newton predijo que esta fuerza es universal y la misma que mantenía a los planetas girando alrededor del Sol y a los satélites en torno a sus planetas. Es la responsable de que se conformen los sistemas planetarios. Y, a su vez, hace que el Sol y el resto de las estrellas se mantengan unidas formando la Vía Láctea, y las galaxias se unan formando cúmulos de galaxias.

Newton pensó en el Sol como el astro que generaba las fuerzas que gobiernan el movimiento de los planetas en el sistema solar, que todas esas fuerzas eran radiales y convergían en el Sol. Y enunció así la **ley de gravitación universal, LGU,** que proporciona una explicación racional al comportamiento planetario:

Todas las partículas materiales del universo se atraen entre sí con una fuerza, dirigida según la línea que las une, directamente proporcional al producto de sus masas e inversamente proporcional al cuadrado de la distancia que las separa:

$$F_g = G \cdot \frac{m_1 \cdot m_2}{r^2}$$

Deducción de la LGU

Newton diseñó la ley de gravitación universal tomando como modelo el sistema solar. Para ello, hizo las siguientes consideraciones:

1. Las enormes distancias que separan al Sol de sus planetas permiten considerarlos como masas puntuales.
2. El Sol se considera fijo, como origen de un sistema de referencia inercial, y los movimientos planetarios son, aproximadamente, MCU.
3. La dirección de la velocidad del planeta, de masa m_P, variará debido a la aceleración centrípeta:

$$a_c = \frac{v^2}{r} = \frac{\left(\frac{2 \cdot \pi \cdot r}{T}\right)^2}{r} = \frac{4 \cdot \pi^2 \cdot r}{T^2}$$

Si multiplicamos la expresión anterior por r^2, y tenemos en cuenta que el cociente T^2/r^3 es constante, nos queda:

$$a_c \cdot r^2 = \frac{4 \cdot \pi^2 \cdot r}{T^2} \cdot r^2 \rightarrow a_c \cdot r^2 = \frac{4 \cdot \pi^2 \cdot r^3}{T^2} = \text{cte.}$$

$$a_c = \frac{\text{cte.}}{r^2}$$

4. Según la segunda ley de Newton, toda aceleración es causada por una fuerza, y, como esa fuerza es la gravitatoria, se obtiene que:

$$F_g = m_{\text{planeta}} \cdot a_c = m_{\text{planeta}} \cdot \frac{\text{cte.}}{r^2}$$

5. Según la tercera ley de Newton, las fuerzas aparecen por pares. Si el Sol atrae al planeta, el planeta atrae al Sol con la misma intensidad. Newton pensó que si en la expresión obtenida aparecía la masa del planeta, también debía aparecer la masa del Sol, por lo que descompuso la constante en el producto: cte. = $G \cdot M_{\text{sol}}$. En consecuencia:

$$F_g = m_{\text{planeta}} \cdot \frac{G \cdot M_{\text{Sol}}}{r^2}$$

6. Generalizando los resultados se obtiene la LGU:

$$F_g = G \cdot \frac{m_1 \cdot m_2}{r^2}$$

Representación vectorial de la LGU

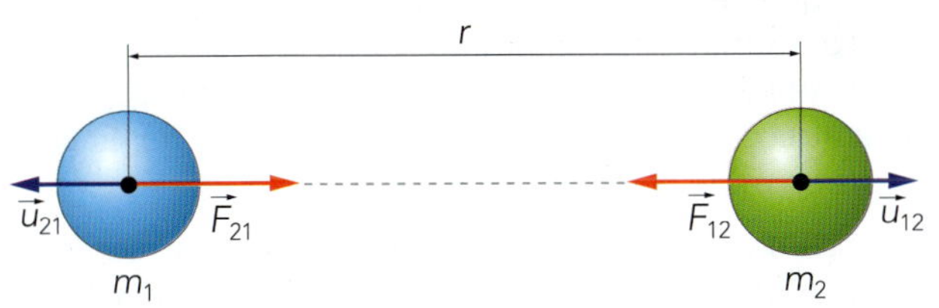

Como se observa en la imagen, las fuerzas gravitatorias entre partículas son interacciones mutuas: $\vec{F}_{12} = -\vec{F}_{21}$. Son vectores de la misma dirección e intensidad $F_{12} = F_{21}$ y sentido contrario, aplicados en cada partícula.

- $\vec{F}_{12}$ es la fuerza que ejerce la partícula 1 sobre la 2:

$$\vec{F}_{12} = -G \cdot \frac{m_1 \cdot m_2}{r^2} \cdot \vec{u}_{12}$$

$\vec{u}_{12}$ es el vector unitario que indica la dirección del vector de posición de la partícula 2 vista desde la 1.

- $\vec{F}_{21}$ es la fuerza que ejerce la partícula 2 sobre la 1.

$$\vec{F}_{21} = -G \cdot \frac{m_2 \cdot m_1}{r^2} \cdot \vec{u}_{21}$$

$\vec{u}_{21}$ es el vector unitario que indica la dirección del vector de posición de la partícula 1 vista desde la 2.

El signo negativo de la expresión indica que $\vec{F}$ y $\vec{u}$ tienen sentido contrario, lo que implica que F es atractiva.

3.2. El experimento de Cavendish y el valor *G*

Una vez establecida la validez de la LGU para nuestro sistema solar, la siguiente cuestión que se plantea es saber si se cumple esta ley más allá de él. Si observamos la imagen del cúmulo globular de estrellas M13, situado en la constelación de Hércules, a miles de años luz, podremos imaginar la gravitación actuando y agrupando las estrellas hacia su centro.

Y, aunque esto es solo una imagen estática que pudiera confundirnos, no estaríamos faltos de razón. Las últimas mediciones realizadas por los astrónomos en los sistemas de estrellas dobles confirman definitivamente que se mueven según las exigencias de la ley gravitacional.

Así, la gravitación es realmente universal y se extiende a distancias enormes. Pero también actúa a pequeñas distancias como las que separan tu bolígrafo del libro que estás leyendo. Sin embargo, no se aprecia la fuerza de la gravedad entre ellos, como ocurre en la imagen del M13. La gravedad debe ser extremadamente pequeña para cuerpos poco masivos, contrarrestándose fácilmente con otras fuerzas que se opongan a ella, como las comunes fuerzas de fricción.

En cualquier caso, la ley de la gravitación es universal, existe entre todos los cuerpos materiales y su constante, **G,** debe ser válida para cualquier punto del universo, por lo que se la denomina **constante de gravitación universal.**

Newton no fue capaz de determinar el valor de *G*. Para ello, había que medir la fuerza entre dos masas, *m* y *M*, separadas una distancia, *r*. Pero, al ser la gravedad una fuerza tan débil, esto se hacía muy complicado.

Idear un experimento que pudiera conseguirlo no era tarea fácil. Sin embargo, en 1789, **Henry Cavendish** (1731-1810) ideó una experiencia que le permitió salvar ese obstáculo. Utilizó una balanza de torsión, como la que se muestra en la figura de la derecha, para medir la fuerza entre masas y, así, calcular el valor de *G*, que lo utilizaremos en los cálculos de resolución de muchos problemas de la unidad:

$$G = 6{,}67 \cdot 10^{-11}\ \text{N} \cdot \text{m}^2/\text{kg}^2$$

A partir de la LGU, despejamos *G* y obtenemos sus dimensiones:

$$G = \frac{F \cdot r^2}{M \cdot m}$$

$$[G] = \left[\frac{F \cdot r^2}{M \cdot m}\right] = \frac{\text{M} \cdot \text{L} \cdot \text{T}^{-2} \cdot \text{L}^2}{\text{M}^2} = \text{M}^{-1} \cdot \text{L}^3 \cdot \text{T}^{-2}$$

Cúmulo globular M13

Balanza de torsión de Cavendish

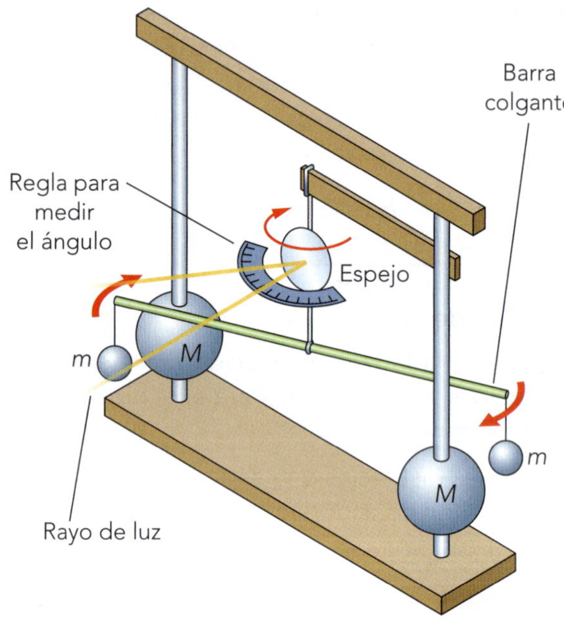

La balanza de torsión consiste en dos esferas fijas, de masas iguales *M*, que atraen a una barra colgante con dos esferas más pequeñas en sus extremos, de masas iguales, *m*. Evitando perturbaciones externas y fricciones, la barra colgante puede girar libremente debido al par de fuerzas que se crea por la atracción entre cada par de masas (*M* y *m*). El ángulo de torsión mide la fuerza y el valor de *G*.

La constante *G* es una de las que se conocen con menor precisión en la física. Gracias al cálculo de *G*, se pudo determinar la masa de la Tierra por primera vez; igualmente se determinaron la masa del resto de los planetas, de la Luna y del Sol.

El pequeño valor de *G* obtenido por Cavendish confirmó la debilidad de las fuerzas gravitatorias, que solo se ponen de manifiesto para cuerpos muy masivos.

3.3. Fuerzas gravitatorias en un sistema discreto de masas

Puesto que las fuerzas gravitatorias poseen carácter vectorial, siempre que queramos sumar fuerzas aplicaremos la operativa vectorial.

Recuerda que no será suficiente con sumar los módulos de las fuerzas, sino que también debemos tener en cuenta sus direcciones.

Supongamos un sistema discreto de partículas formado por *n* masas puntuales distribuidas en el espacio. Si introducimos otra partícula en ese sistema, aparecerá sobre ella una fuerza neta que podremos calcular aplicando el **principio de superposición.**

Este principio enuncia que la fuerza neta que se ejerce sobre la masa introducida en el sistema es la suma de cada una de las fuerzas que ejercen las *n* masas sobre ella, como si cada partícula del sistema estuviese aislada del resto. Así, la fuerza resultante puede expresarse como:

$$\vec{F}_{g_{resultante}} = \sum_{i=1}^{n} \vec{F}_{g_i}$$

En el ejercicio resuelto se ejemplifica su aplicación.

3.4. Fuerzas gravitatorias entre cuerpos extensos

Aplicar la LGU requiere considerar, como vimos al estudiar el modelo del sistema solar, que los planetas estén lo suficientemente alejados para considerarlos masas puntuales, despreciando sus dimensiones.

Sin embargo, existen situaciones donde no podemos considerar los cuerpos que interactúan como puntuales.

En tal caso, habría que tratar el problema por parejas de partículas de cada cuerpo y utilizar el cálculo integral para sumar todas estas interacciones. Pero como este procedimiento se vuelve muy complejo, lo más acertado será realizar la siguiente hipótesis:

> La fuerza gravitatoria que ejerce una esfera homogénea de radio *R* y masa *M* es la misma que ejercería una partícula puntual de la misma masa situada en su centro de gravedad.

El centro de gravedad de un cuerpo es el punto de aplicación de la resultante de todas las fuerzas de gravedad que actúan sobre sus partículas. En el caso de cuerpos con alta simetría y densidad uniforme, el centro de gravedad se sitúa sobre su centro de simetría o centro geométrico.

Ejercicio resuelto

5 Sea un sistema discreto de masas formado por m_1, m_2 y m_3, donde $m_1 = m_2 = m_3 = 1$ kg, y en el que las posiciones de las partículas, medidas en metros, son: (0, 0); (1, 0): (1, 1), respectivamente, tal y como se indica en el diagrama de masas:

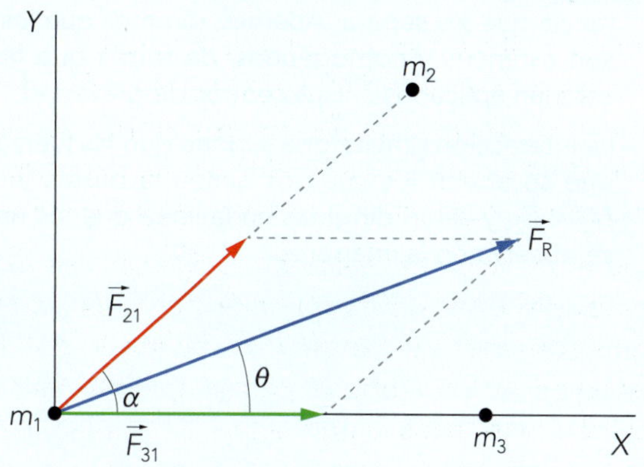

Calcula la fuerza neta aplicada sobre la masa m_1.

Solución

La fuerza neta sobre m_1 será la resultante de la fuerza que ejerce cada masa como si no existieran las restantes. Por tanto, no se tendrán en cuenta las interacciones mutuas entre las masas m_2 y m_3. En nuestro caso:

$$\vec{F}_R = \vec{F}_{21} + \vec{F}_{31}$$

Donde $\vec{F}_{21}$ es la fuerza gravitatoria que ejerce la masa 2 sobre la 1, y $\vec{F}_{31}$ la que ejerce la 3 sobre la 1. Para sumar vectorialmente $\vec{F}_{21}$ y $\vec{F}_{31}$, tendremos en cuenta que:

- Necesitamos saber las distancias entre las masas:

$$r_{31} = 1\text{ m} \;\; ; \;\; r_{21} = \sqrt{1^2 + 1^2} = \sqrt{2}\text{ m}$$

- La intensidad de cada una estas fuerzas se calcula mediante la LGU:

$$F_{21} = 6{,}67 \cdot 10^{-11} \cdot \frac{1 \cdot 1}{(\sqrt{2})^2}$$

$$F_{31} = 6{,}67 \cdot 10^{-11} \cdot \frac{1 \cdot 1}{1^2}$$

- Conocer las posiciones de las masas nos permite calcular los ángulos que forman las fuerzas con el eje *X*.

Para m_2: $\alpha = \arctan 1/1 = 45°$; para m_3: $\beta = 0$

Expresamos cada fuerza en sus componentes:

$$\vec{F}_{21} = F_{21} \cdot \cos\alpha \cdot \hat{i} + F_{21} \cdot \text{sen}\,\alpha \cdot \hat{j}$$

$$\vec{F}_{31} = F_{31} \cdot \cos\beta \cdot \hat{i} + F_{31} \cdot \text{sen}\,\beta \cdot \hat{j}$$

- Sumando las componentes y sustituyendo valores, tenemos:

$$\vec{F}_R = 9{,}03 \cdot 10^{-11} \cdot \hat{i} + 2{,}36 \cdot 10^{-11} \cdot \hat{j}$$

$F_R = 9{,}33 \cdot 10^{-11}$ N; dirección y sentido: $\theta = 14{,}65°$.

Ejercicios resueltos

6 Conocido el valor de G, calcula con qué fuerza se atraerían dos cuerpos de 1 kg de masa cada uno, situados a 1 m de distancia.

Solución

Consideraremos los cuerpos poco extensos, de forma que sus dimensiones sean despreciables frente a la distancia que los separa. Además, diremos que los cuerpos son esféricos y homogéneos, de forma que las fuerzas estarían aplicadas en sus centros de gravedad.

La interacción gravitatoria supone que las fuerzas con las que se atraen los cuerpos tienen la misma intensidad: $F_{12} = F_{21}$ y están dirigidas en la línea que los une, como se observa en la imagen:

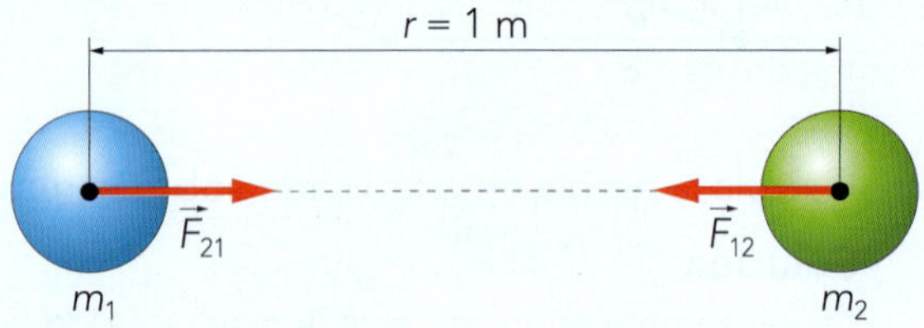

Aplicamos la LGU para el cálculo de la fuerza:

$$F_{12} = F_{21} = G \cdot \frac{m_1 \cdot m_2}{r^2} = 6{,}67 \cdot 10^{-11} \cdot \frac{1 \cdot 1}{1^2} =$$
$$= 6{,}67 \cdot 10^{-11}\ \text{N}$$

El valor de la fuerza calculada coincide con el valor de la constante G. Esto permite definir G como la fuerza con la que se atraen dos cuerpos de 1 kg separados 1 m de distancia. Su valor tan pequeño confirma que las fuerzas gravitatorias son extremadamente pequeñas.

7 Calcula la fuerza de atracción gravitatoria que ejerce la Tierra sobre la Luna. ¿Cuál sería la fuerza que ejerce la Luna sobre la Tierra?

Datos: $M_T = 5{,}97 \cdot 10^{24}$ kg; $M_L = 7{,}35 \cdot 10^{22}$ kg; $d_{TL} = 3{,}84 \cdot 10^8$ m; $G = 6{,}67 \cdot 10^{-11}\ \text{N} \cdot \text{m}^2/\text{kg}^2$.

Solución

Aplicaremos la LGU tratando los astros como esferas homogéneas, suponiendo que tuviesen toda la masa concentrada en su centro y siendo r la distancia que separa dichos centros, d_{TL}. Calculamos la fuerza con que la Tierra atrae a la Luna, que estará aplicada en el centro de gravedad de la Luna y estaría dirigida hacia el centro de la Tierra. Sustituyendo los datos en la LGU:

$$F_{TL} = G \cdot \frac{M_T \cdot M_L}{d_{TL}^2}$$

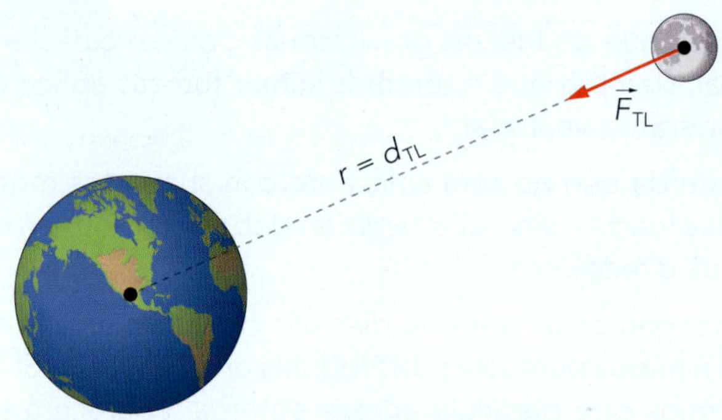

$$F_{TL} = 6{,}67 \cdot 10^{-11} \cdot \frac{5{,}97 \cdot 10^{24} \cdot 7{,}35 \cdot 10^{22}}{(3{,}84 \cdot 10^8)^2}$$
$$F_{TL} \approx 2 \cdot 10^{20}\ \text{N}$$

Apoyándonos en la tercera ley de Newton, aseguramos que la fuerza que ejerce la Luna sobre la Tierra tiene la misma intensidad aunque esté aplicada esta vez en la Tierra y dirigida hacia la Luna: $F_{LT} \approx 2 \cdot 10^{20}$ N.

8 ¿A qué distancia de la Tierra, sobre la recta que une la Tierra con la Luna, tendría que situarse un cuerpo para que la fuerza neta que ejercen ambos astros sobre él se anulase?

Datos: $d_{TL} = 3{,}84 \cdot 10^8$ m; $M_T = 5{,}97 \cdot 10^{24}$ kg; $M_L = 7{,}35 \cdot 10^{22}$ kg.

Solución

Buscamos el punto x, medido desde el centro de la Tierra al cuerpo, donde las fuerzas que sobre él ejercen la Tierra y la Luna se anulan:

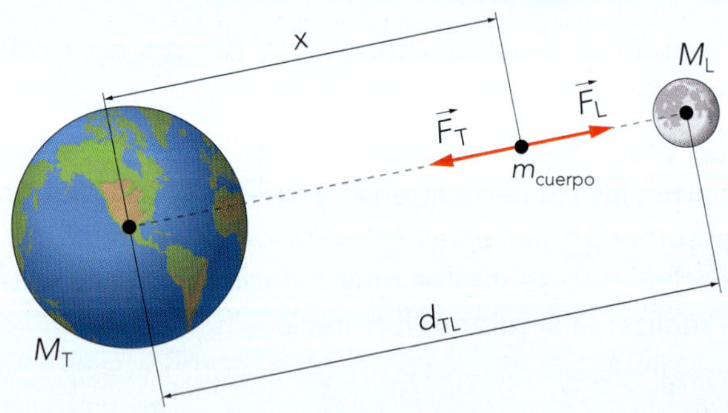

Para ello, las fuerzas deben tener la misma intensidad, la misma dirección y sentido opuesto. Igualaremos los módulos de dichas fuerzas y despejaremos el valor del punto x buscado:

$$\sum \vec{F} = 0 \rightarrow \vec{F}_T = -\vec{F}_L \rightarrow \text{En módulos: } F_T = F_L$$
$$G \cdot \frac{M_T \cdot m_{cuerpo}}{x^2} = G \cdot \frac{M_L \cdot m_{cuerpo}}{(d_{TL} - x)^2}$$
$$M_T \cdot (d_{TL} - x)^2 = M_L \cdot x^2 \rightarrow x = 0{,}9 \cdot d_{TL} \approx 3{,}46 \cdot 10^8\ \text{m}$$

Ejercicios resueltos

9 Encuentra la relación que existe entre la fuerza gravitatoria que el Sol ejerce sobre la Tierra y sobre el planeta Mercurio. Para ello, dispones de las siguientes relaciones: la masa de Mercurio es 0,055 veces la masa de la Tierra, y la distancia media del Sol a Mercurio es 0,39 veces la distancia del Sol a la Tierra.

Solución

Utilizaremos la LGU aplicada a cada pareja de astros:

– La fuerza gravitatoria entre la Tierra y el Sol es:

$$F_{TS} = G \cdot \frac{M_S \cdot M_T}{d_{TS}^2}$$

– La fuerza graviatoria entre Mercurio y el Sol es:

$$F_{MS} = G \cdot \frac{M_S \cdot M_M}{d_{MS}^2}$$

$$F_{MS} = G \cdot \frac{M_S \cdot 0{,}055 \cdot M_T}{0{,}39^2 \cdot d_{TS}^2}$$

– Dividiendo ambas expresiones y simplificando:

$$\frac{F_{TS}}{F_{MS}} = \frac{1}{0{,}055/0{,}39^2} \approx 2{,}77$$

10 Dos cuerpos esféricos se encuentran separados una distancia de 1 km medida de centro a centro. Uno de ellos tiene una masa de 1000 toneladas; el otro posee una densidad de 2000 g/L y un diámetro de 100 m. Calcula la fuerza de atracción gravitatoria que existe entre ellos.

Datos: $G = 6{,}67 \cdot 10^{-11}$ Nm^2/kg^2.

Solución

El cuerpo 1 tiene una masa $M_1 = 1\,000$ t $= 10^6$ kg.

El cuerpo 2 tiene una densidad $\rho = 2000$ g/L $= 2000$ kg/m^3 y un radio de $R = 50$ m, con el que calcularemos el volumen del cuerpo:

$$V = \frac{4}{n} \cdot \pi \cdot R^3 \approx 5{,}24 \cdot 10^5 \text{ m}^3$$

Y con ello la masa del cuerpo 2: $M_2 = \rho \cdot V = 1{,}05 \cdot 10^9$ kg.

Mediante la LGU y sustituyendo valores:

$$F_{12} = G \cdot \frac{M_1 \cdot M_2}{d_{12}^2} \approx 0{,}07 \text{ N}$$

El pequeño valor obtenido da cuenta de la debilidad de las fuerzas gravitatorias.

Ejercicios

4 Enuncia la LGU y comenta el significado físico de las magnitudes que aparecen en su expresión matemática.

5 Recuerda el concepto de inercia y explica por qué la masa que aparece en la segunda ley de Newton se denomina masa inercial.

6 **Preguntas provocadoras.** Si la LGU solo es aplicable a masas puntuales, ¿por qué la utilizamos para cuerpos extensos como los planetas?

7 En la figura adjunta se representa un diagrama del experimento de Cavendish. Según los datos que aparecen en la imagen, encuentra la fuerza de atracción entre la esfera grande y la pequeña en el momento del contacto.

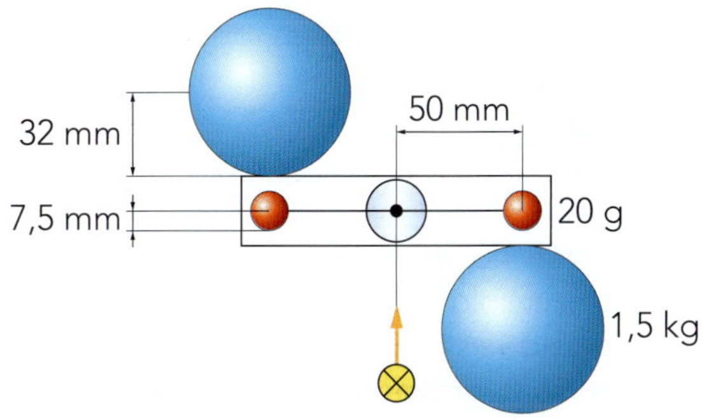

8 **Asamblea de ideas.** Según la LGU, la fuerza que ejerce la Tierra sobre un cuerpo depende de la masa del cuerpo, de forma que existe más atracción sobre cuerpos más masivos. Sin embargo, sabemos que todos los cuerpos caen desde una misma altura con la misma velocidad. Explica por qué los cuerpos más pesados no caen más rápidos.

9 Explica en qué consiste el principio de superposición aplicado a un sistema discreto de masas.

10 Calcula la distancia existente entre un meteorito de 900 kg y el planeta al que se dirige, si la fuerza gravitatoria que ejerce el planeta sobre el meteorito a esa distancia es 250 N.

Datos: $G = 6{,}67 \cdot 10^{-11}$ N $\cdot$ m^2/kg^2; $M_{planeta} = 5 \cdot 10^{23}$ kg.

11 En los puntos (0, 10) y (10, 0), en metros, de un sistema de referencia cartesiano se encuentran situadas dos partículas de igual masa, $m_1 = m_2 = 10$ kg. Si situamos una tercera partícula, de masa $m_3 = 10$ kg, en el origen de coordenadas (0, 0), calcula la fuerza gravitatoria neta que aparece sobre esta tercera masa.

Datos: $G = 6{,}67 \cdot 10^{-11}$ N $\cdot$ m^2/kg^2.

4 CONSECUENCIAS DE LA LGU

4.1. La aceleración de la gravedad

Los cuerpos caen libremente sobre la superficie terrestre con una aceleración que no depende de su masa. Galileo así lo demostró, la aceleración de caída es la misma para cualquier cuerpo siempre que las fricciones con el aire sean despreciables. Calculemos dicha aceleración.

Sea M_T la masa de la Tierra y R_T su radio, sea m la masa del cuerpo que cae, considerado de dimensiones despreciables y situado a una altura h sobre la superficie terrestre. En el proceso de caída, la única fuerza aplicada es la gravitatoria y viene dada por la LGU:

$$F_g = G \cdot \frac{M_T \cdot m}{r^2} = G \cdot \frac{M_T \cdot m}{(R_T + h)^2}$$

Asimismo, debe cumplirse la ley fundamental de la dinámica en el movimiento de caída:

$$F_g = m \cdot a$$

Si igualamos ambas expresiones, obtenemos la aceleración de caída del cuerpo:

$$m \cdot a = G \cdot \frac{M_T \cdot m}{(R_T + h)^2} \rightarrow a = G \cdot \frac{M_T}{(R_T + h)^2} = g$$

Esa aceleración no depende de las características del cuerpo que cae; solo depende de la masa y del radio de la Tierra. Su causa es la fuerza gravitatoria y se denomina **aceleración de la gravedad,** o simplemente **gravedad.** Se representa por $\boldsymbol{g}$. Su valor en la superficie de la Tierra es g_0, y se puede calcular haciendo $h = 0$ y sustituyendo los valores de G, M_T y R_T en unidades del SI:

$$g_0 = G \cdot \frac{M_T}{(R_T)^2} = 6,67 \cdot 10^{-11} \cdot \frac{5,97 \cdot 10^{24}}{(6,37 \cdot 10^6)^2} = 9,8 \text{ m/s}^2$$

Generalizando, podríamos calcular la gravedad sobre la superficie de cualquier astro con solo conocer su masa y su radio y haciendo $h = 0$ en la expresión:

$$g_{astro} = G \cdot \frac{M_{astro}}{(R_{astro} + h)^2}$$

4.2. El peso de los cuerpos

El peso, P, como manifestación de la gravitación universal, es la fuerza de atracción que un astro ejerce sobre un cuerpo de masa m que se encuentra a una altura h sobre su superficie y puede calcularse como:

$$P = F_g = G \cdot \frac{M_{astro} \cdot m}{(R_{astro} + h)^2} = m \cdot g_{astro}$$

El peso puede causar dos efectos:

- Hace caer los cuerpos, con MRUA, sobre la superficie de un astro con una aceleración:

$$g_{astro} = \frac{P}{m}$$

- Mantiene a los planetas y los satélites en órbita, puesto que actúa como una fuerza centrípeta, imprescindible para describir una trayectoria cerrada.

Además, según la ley de acción y reacción, las fuerzas aparecen por pares. La Tierra atrae a los cuerpos con la misma intensidad con la que estos atraen a la Tierra. Siendo estas fuerzas iguales en intensidad, sus vectores se encuentran aplicados en cuerpos diferentes y poseen sentidos contrarios, $\vec{R} = -\vec{P}$, como se observa en la imagen inferior.

Esta fuerza P es suficiente para acelerar un cuerpo poco masivo según: $P = m_{cuerpo} \cdot g$. Sin embargo, esa misma fuerza, ahora R, aplicada sobre la Tierra de masa $M_T >> m_{cuerpo}$, le produce una aceleración inapreciable, $a_T << g$.

Carácter vectorial de la gravedad y del peso

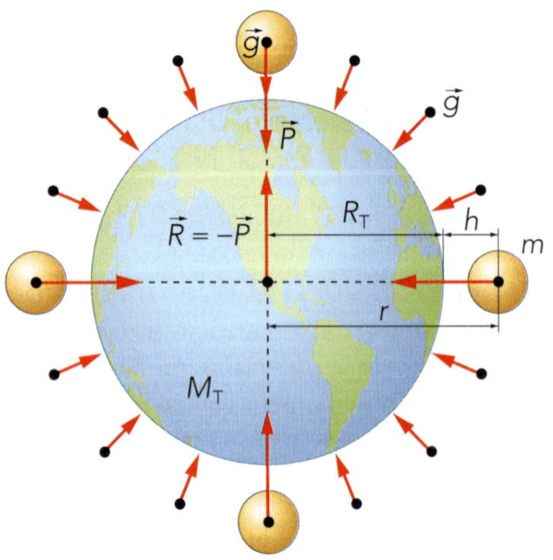

Los vectores $\vec{P}$ y $\vec{g}$ son proporcionales:

$$\vec{P} = m \cdot \vec{g}$$

Poseen igual dirección y sentido, y están dirigidos hacia el centro de la Tierra.

Los vectores P y g son radiales. La dirección radial del peso hace que en cada punto de la superficie la gravedad nos atrape hacia el centro de la Tierra. Así, el concepto de verticalidad se vuelve relativo, dependiendo del sistema de referencia de cada cuerpo. Estas son las expresiones vectoriales para g y P:

$$\vec{g} = -G \cdot \frac{M_T}{(R_T + h)^2} \cdot \vec{u}_r$$

$$\vec{P} = -G \cdot \frac{M_T \cdot m}{(R_T + h)^2} \cdot \vec{u}_r$$

4.3. Variación de la gravedad y del peso

El peso de un cuerpo no es una propiedad intrínseca como lo es su masa. El peso es una fuerza de atracción que depende de la localización del cuerpo. Como el peso y la gravedad son directamente proporcionales, $P = m \cdot g$, sufrirán las mismas variaciones al modificarse la localización del cuerpo.

■ Variación de la gravedad superficial según el astro

Para el caso de la Tierra, vimos que la aceleración de la gravedad en su superficie toma el valor g_0 = 9,8 m/s^2. Para el resto de los planetas, la gravedad superficial toma los siguientes valores, en unidades SI (m/s^2):

Mercurio	Venus	Marte	Júpiter	Saturno	Urano	Neptuno
3,7	8,9	3,7	24,8	10,4	8,8	11,0

■ Variación de la gravedad con la latitud

La Tierra no es totalmente esférica ni homogénea, y esto hace que la gravedad varíe localmente de unos puntos a otros. El valor de la aceleración de la gravedad (en m/s^2)varía con la latitud, siendo mayor en los polos que en el ecuador:

Localización	Ecuador 0°	Latitud 45°	Polos 90°	Media
Ecuador 0°	9,78	9,807	9,83	9,81

■ Variación de la gravedad con la altitud

La gravedad terrestre depende de la distancia, de tal forma que cuando nos alejamos de la Tierra la gravedad disminuye. A cualquier altura h sobre la superficie terrestre, la gravedad valdrá:

$$g = G \cdot \frac{M_T}{(R_T + h)^2}$$

Si dividimos esta expresión entre g_0, obtenemos otra expresión que nos muestra cómo la gravedad varía en relación inversa al cuadrado de la altura:

$$\frac{g}{g_0} = \frac{R_T^2}{(R_T + h)^2} \rightarrow g = g_0 \cdot \left(\frac{R_T}{R_T + h}\right)^2$$

A pequeñas alturas, en torno a unos 10 km, podemos considerar que la gravedad se mantiene constante e igual a la superficial. Para alturas superiores, g varía significativamente:

h (km)	10	150	1 500	15 000	150 000
g_h (m/s^2)	g_0	$0{,}955 \cdot g_0$	$0{,}655 \cdot g_0$	$0{,}089 \cdot g_0$	$0{,}002 \cdot g_0$

■ Variación de la gravedad con la profundidad

Al adentramos en las profundidades de la Tierra, comprobamos que la gravedad disminuye mediante una dependencia lineal, hasta hacerse cero en su centro. La máxima gravedad terrestre se alcanza en la superficie (imagen inferior).

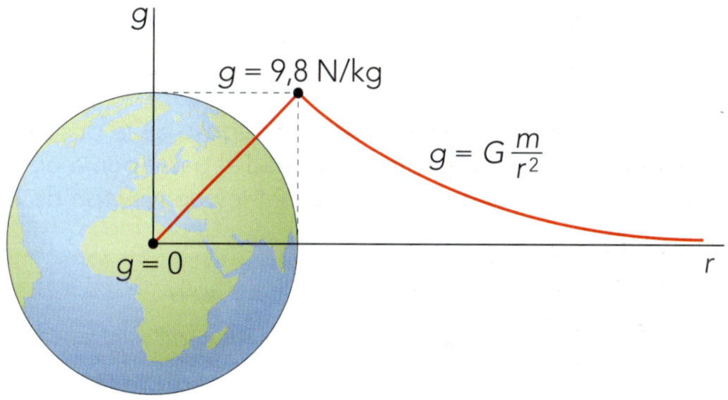

Gráfica que muestra la relación entre g y r.

Ejercicio resuelto

11 La ISS se encuentra orbitando a 415 km de altura. Razona si la pérdida de gravedad es la responsable del estado de ingravidez que soportan sus tripulantes.

Dato: R_T = 6 371 km.

Solución

La ingravidez es un estado de aparente gravedad cero debida al movimiento de permanente caída libre de los cuerpos que orbitan, provocado por la fuerza gravitatoria que se comporta como una fuerza centrípeta.

La tendencia del cuerpo es la de seguir un movimiento rectilíneo que lo sacaría de su órbita, pero la fuerza de la gravedad se lo impide en cada momento, tirando de él hacia la Tierra, manteniéndolo atrapado en un MCU indefinido.

Estudiemos cuál es la pérdida de gravedad que sufre la ISS:

$$g = g_0 \cdot \left(\frac{R_T}{R_T + h}\right)^2$$

$$g = g_0 \cdot \left(\frac{6{,}37 \cdot 10^6}{6{,}37 \cdot 10^6 + 4{,}15 \cdot 10^5}\right)^2 = g_0 \cdot 0{,}88 \text{ m/s}^2$$

$$\frac{g}{g_0} \cdot 100 = 88\,\% \rightarrow 100 - 88 = 12\%$$

Lo que supone una pérdida de gravedad del 12%, insuficiente para justificar un estado de gravedad cero que soportan los tripulantes.

Ejercicios resueltos

12 ¿Cómo calcularías la gravedad en cualquier lugar de la Tierra, utilizando un péndulo simple?

Solución

Hemos visto cómo la aceleración de la gravedad varía localmente en la Tierra, dependiendo tanto de la altitud como de la latitud.

Una forma de medir la gravedad en cualquier lugar de la Tierra es construir un péndulo simple y medir su período de oscilación.

Un péndulo simple consiste en un hilo inextensible de masa despreciable y longitud L, del que cuelga una masa m que realiza pequeñas oscilaciones en torno a la posición de equilibrio.

Si dibujamos un diagrama de fuerzas, como el que se muestra en la figura inferior, podemos ver que las únicas fuerzas que existen sobre la masa del péndulo son el peso P y la tensión T.

En cada posición, la tensión que ejerce el hilo se contrarresta con la componente normal del peso:

$$T = P_n = m \cdot g \cdot \cos\theta$$

La componente tangencial del peso es:

$$P_t = m \cdot g \cdot \text{sen}\,\theta$$

Que acelera el péndulo, desde el reposo en la posición más alta hasta su máxima velocidad al pasar por la posición de equilibrio. Aplicando la 2.ª ley de Newton de la dinámica, obtenemos:

$$\sum \vec{F} = m \cdot \vec{a} \rightarrow P_t = m \cdot a \rightarrow$$

$$-m \cdot g \cdot \text{sen}\,\theta = m \cdot a \rightarrow -g \cdot \text{sen}\,\theta = a$$

Puesto que el movimiento del péndulo es un MAS, su aceleración puede expresarse en función de su desplazamiento respecto de la posición del equilibrio:

$$a = -\omega^2 \cdot x$$

Sustituyendo en la expresión anterior:

$$-g \cdot \text{sen}\,\theta = a \;\rightarrow\; -g \cdot \text{sen}\,\theta = -\omega^2 \cdot x$$

A partir la expresión encontrada, realizamos las aproximaciones que se detallan en la imagen inferior:

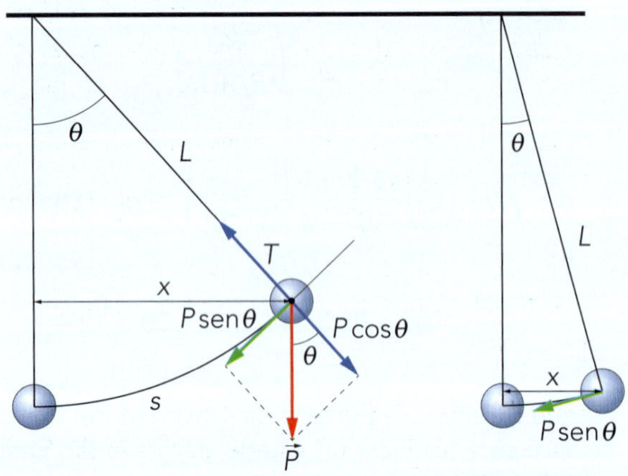

Las pequeñas oscilaciones del péndulo para ser un MAS implican que el ángulo de separación respecto de la vertical deba ser muy pequeño comparado con la longitud del hilo, así el movimiento será prácticamente rectilíneo en torno al equilibrio:

$$\text{sen}\,\theta \approx \theta \;\rightarrow\; s \approx x$$

El arco s se relaciona con el ángulo θ a través de la relación:

$$s = \theta \cdot L \rightarrow \theta = \frac{s}{L} \approx \frac{x}{L}$$

Es decir:

$$g \cdot \theta = \omega^2 \cdot x \rightarrow g \cdot \frac{x}{L} = \omega^2 \cdot x \rightarrow \frac{g}{L} = \omega^2 \rightarrow \omega = \sqrt{\frac{g}{L}}$$

Siendo el período:

$$T = \frac{2 \cdot \pi}{\omega} \rightarrow T = 2 \cdot \pi \cdot \sqrt{\frac{L}{g}}$$

Despejando la aceleración de la gravedad y midiendo experimentalmente el período del péndulo con un cronómetro, se obtiene:

$$g = \frac{4 \cdot \pi^2 \cdot L}{T^2}$$

13 Demuestra que la densidad de la Tierra tiene un valor 5,5 veces superior a la densidad del agua.

Datos: $G = 6{,}67 \cdot 10^{-11}\ \text{N} \cdot \text{m}^2 \cdot \text{kg}^{-2}$; $R_T = 6371$ km; $g_0 = 9{,}8\ \text{m/s}^2$.

Solución

Considerando la Tierra una esfera homogénea y utilizando el concepto de densidad, tenemos que:

$$\rho = \frac{M_T}{V_T} = \frac{M_T}{\frac{4}{3} \cdot \pi \cdot R_T^3}$$

Por otro lado:

$$g_0 = G \cdot \frac{M_T}{R_T^2} \rightarrow M_T = \frac{g_0 \cdot R_T^2}{G}$$

Sustituyendo la expresión de la masa en la expresión de la densidad:

$$\rho = \frac{M_T}{\frac{4}{3} \cdot \pi \cdot R_T^3} = \frac{\frac{g_0 \cdot R_T^2}{G}}{\frac{4}{3} \cdot \pi \cdot R_T^3} = \frac{g_0}{\frac{4}{3} \cdot \pi \cdot G \cdot R_T}$$

$$\rho \approx 5506\ \frac{\text{kg}}{\text{m}^3}$$

$$\rho = 5{,}5\ \frac{\text{g}}{\text{cm}^3}$$

Cada dado de 1 cm^3 de la Tierra contiene una masa de 5,5 g. Comparándola con la densidad del agua, de valor $\rho_{agua} = 1\ \text{g/cm}^3$, obtenemos la relación:

$$\rho_{Tierra} = 5{,}5 \cdot \rho_{agua}$$

4.4. Concepto de campo gravitatorio

Una masa crea a su alrededor una perturbación en el espacio que le rodea y que se pone de manifiesto en forma de fuerza gravitatoria al colocar otra masa en su cercanía. A esta perturbación del espacio se la denomina **campo gravitatorio** y se representa por ***g***.

El valor de dicho campo en un punto del espacio se define como la fuerza gravitatoria que se ejercería sobre una masa de 1 kg situada en ese punto. Se trata de una fuerza por unidad de masa, y en el SI se mide en N/kg:

$$\vec{g} = \frac{\vec{F}_g}{m} = -\frac{G \cdot \frac{M \cdot m}{r^2} \cdot \vec{u}_r}{m} = -G \cdot \frac{M}{r^2} \cdot \vec{u}_r$$

Esta expresión es idéntica a la que obtuvimos para la aceleración de la gravedad producida por un astro a su alrededor.

La aceleración de la gravedad y el campo gravitatorio son conceptos totalmente equivalentes.

De forma que si introducimos una masa en un punto en el que existe un campo gravitatorio, *g*, esa masa se verá perturbada adquiriendo una aceleración de la misma intensidad, dirección y sentido que dicho campo. Ambos conceptos se representan por *g* y sus unidades son las mismas, como puede comprobarse:

$$g = \frac{F}{m} \rightarrow \frac{N}{kg} = \frac{kg \cdot m/s^2}{kg} = \frac{m}{s^2}$$

4.5. Velocidad de escape

Las fuerzas gravitatorias que ejercen los astros sobre los cuerpos impiden que estos escapen del campo gravitatorio que generan.

Este campo es más intenso en las proximidades del astro y se va debilitando conforme nos alejamos de él, terminando por anularse.

Se llama **velocidad de escape** a la velocidad mínima que habría que imprimir a un cuerpo para que escapase del campo gravitatorio del astro.

Esta velocidad es mayor cuanto mayor es la masa del astro. Sin embargo, disminuye cuando aumenta el radio, no dependiendo de la masa del cuerpo que pretende escapar.

En la tabla de la derecha se muestran los valores para algunos astros del sistema solar.

Astros	Radio /km	Radio /R_T	Masa /kg	Masa /M_T	Velocidad de escape /(km/s)
Mercurio	2400	$0,38 \cdot R_T$	$3,3 \cdot 10^{23}$	$0,055 \cdot M_T$	4,3
Venus	6052	$0,95 \cdot R_T$	$4,9 \cdot 10^{24}$	$0,815 \cdot M_T$	10,3
Tierra	6371	$1 \cdot R_T$	$5,97 \cdot 10^{24}$	$1 \cdot M_T$	11,2
Marte	3397	$0,53 \cdot R_T$	$6,4 \cdot 10^{23}$	$0,107 \cdot M_T$	5,0
Júpiter	71492	$11,2 \cdot R_T$	$1,9 \cdot 10^{27}$	$318 \cdot M_T$	60
Saturno	60268	$9,45 \cdot R_T$	$5,7 \cdot 10^{26}$	$95 \cdot M_T$	36
Urano	25559	$4,01 \cdot R_T$	$8,7 \cdot 10^{25}$	$14,5 \cdot M_T$	22
Neptuno	24764	$3,88 \cdot R_T$	$1,0 \cdot 10^{26}$	$17 \cdot M_T$	24
Luna	1737	$0,27 \cdot R_T$	$7,35 \cdot 10^{22}$	$0,012 \cdot M_T$	2,3

Ejercicios

12 Utilizando los datos que aparecen en la tabla de datos planetarios de esta página, calcula:

a) La gravedad en la superficie del planeta Neptuno.

b) El campo gravitatorio creado por Neptuno a una altura que sea tres veces su radio.

Dato: $G = 6,67 \cdot 10^{-11}$ N · m² · kg⁻².

13 Calcula el peso de un astronauta de 82 kg de masa que se encuentra orbitando junto a la estación ISS a 415 km de altura.

Datos: $g_0 = 9,8$ m/s²; $R_T = 6371$ km.

14 **El espejo.** Explica las diferencias entre *g* y *G*.

15 ¿A qué altura sobre la superficie terrestre el campo gravitatorio se reduce un 90 % en relación con su valor en la superficie?

16 Calcula la densidad de la Luna sabiendo que la gravedad sobre su superficie es 0,16 veces la gravedad sobre la superficie terrestre y que el radio de la Tierra es 3,7 veces el lunar.

Dato: $\rho_{Tierra} = 5,5$ g/cm³.

17 Explica cómo varía la aceleración de la gravedad de un astro en función de la distancia a su centro. ¿Y cómo varía en función de su latitud?

18 Calcula la relación que existe entre la gravedad en la superficie de Mercurio g_0 y la gravedad g a una altura de un diámetro sobre su superficie.

19 Utilizando los datos de la tabla superior, encuentra la gravedad en la superficie del planeta Urano.

Dato: $g_0 = 9,8$ m/s².

20 ¿A qué altura sobre la superficie de un planeta de radio *R* debes situarte para que tu peso se reduzca a la mitad?

5 MOVIMIENTOS ORBITALES

5.1. Dinámica del MCU

Como sabemos, los movimientos planetarios son movimientos de trayectorias elípticas, aunque su excentricidad es tan poco acusada que pueden considerarse movimientos circulares y uniformes, MCU. Recordemos la dinámica de estos movimientos:

1. Su trayectoria es una circunferencia de radio *r*, por lo que la dirección del vector velocidad varía en cada punto. Existiendo una aceleración centrípeta constante.
2. Son movimientos de rapidez constante, por lo que su aceleración tangencial es nula.
3. Pueden describirse mediante magnitudes angulares, como la velocidad angular, ω, que se relaciona con la velocidad lineal o de desplazamiento, *v*, a través del radio de giro, *r*:

$$v = \omega \cdot r \;\rightarrow\; \omega = \frac{v}{r}$$

4. Son movimientos periódicos, es decir, que se repiten cada cierto tiempo, llamado período *T*:

$$T = \frac{2 \cdot \pi}{\omega} = \frac{2 \cdot \pi \cdot r}{v}$$

Todo lo expuesto implica que el **vector velocidad varía,** sufriendo cambios en su dirección, aunque no en su módulo. Por tanto, se trata de un **movimiento acelerado,** en el que:

$$a_t = \frac{dv}{dt} = 0 \text{ y } a_c = \frac{v^2}{r} = \omega^2 \cdot r$$

Según la ley fundamental de la dinámica, el único modo de cambiar el movimiento de un cuerpo es aplicando una fuerza. A esta fuerza se la denomina centrípeta y es siempre perpendicular a la velocidad del MCU; por eso, modifica su dirección y no su módulo.

A partir de dicha ley, obtendremos la expresión de la fuerza centrípeta:

$$\vec{F}_c = m \cdot \vec{a}_c \;\rightarrow\; F_c = m \cdot a_c$$

$$F_c = m \cdot \frac{v^2}{r} = m \cdot \omega^2 \cdot r = m \cdot \left(\frac{2 \cdot \pi}{T}\right)^2 \cdot r$$

$$F_c = m \cdot \frac{4 \cdot \pi^2}{T^2} \cdot r$$

La fuerza centrípeta es un vector paralelo al vector aceleración centrípeta (imagen superior derecha), por lo que podemos trabajar con sus módulos en la resolución de problemas.

Carácter centrípeto de la fuerza gravitatoria

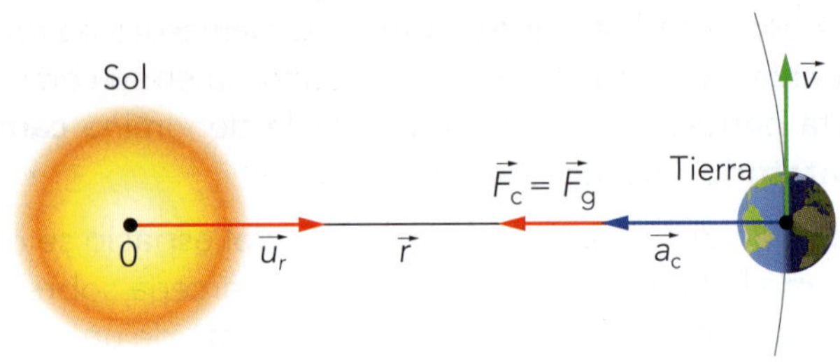

- El vector de posición o radio vector, $\vec{r}$, marca la posición de la Tierra vista desde el Sol.
- El vector unitario, $\vec{u}_r$, indica la dirección y sentido del radio vector.
- El módulo del radio vector es la distancia entre el Sol y la Tierra o radio orbital.

El vector $\vec{F}_g$ y el vector unitario $\vec{u}_r$ tienen sentidos contrarios. Esto indica que la fuerza gravitatoria es atractiva e impide que el cuerpo escape de la órbita. La fuerza gravitatoria actúa, por tanto, como una fuerza centrípeta, cumpliéndose que:

$$F_g = F_c \;\rightarrow\; F_g = m \cdot a_c \;\rightarrow\; F_g = m \cdot \frac{v^2}{r}$$

Ejercicios

21 Representa, en las siguientes situaciones, la fuerza centrípeta que mantiene a estos cuerpos en movimiento circular:

a) Un coche toma una curva plana.

b) Un coche toma una curva peraltada.

c) Un péndulo cónico.

d) Un martillo gira en la prueba de lanzamiento de martillo.

22 Elabora y escribe un argumento científico que dé explicación al hecho de que la Luna no caiga sobre la superficie terrestre.

23 Responde a las siguientes preguntas:

a) ¿Cuál es la aceleración a la que se ve sometido el planeta Tierra en su traslación alrededor del Sol?

b) ¿Qué fuerza hace que la Tierra se mantenga en órbita?

24 Calcula el período de traslación de un satélite artificial que orbita en torno a la Tierra a una altura de 15 000 km y con una velocidad lineal de 7 500 km/h.

Dato: R_T = 6 371 km.

25 ¿Cuál es la velocidad de desplazamiento de la Luna alrededor de la Tierra, sabiendo que su período es de 27,3 días?

Dato: $d_{T\text{-}L}$ = 384 400 km.

5.2. Velocidad orbital

Como hemos visto, los planetas orbitan en torno al Sol siguiendo órbitas elípticas de escasa excentricidad. Este mismo movimiento es el que realizan los satélites, ya sean naturales o artificiales, alrededor de sus planetas. Para describir las características de estos movimientos, supondremos, por simplicidad, que se trata de movimientos circulares y uniformes. Con esto:

La velocidad orbital es la velocidad con la que se desplazan los cuerpos en una órbita de radio *r*, de manera que esta permanezca estable.

Deduciremos la velocidad orbital para un satélite artificial que orbita en torno a la Tierra con MCU, expresión que se podrá generalizar para cualquier cuerpo que orbite en torno a un astro. Basándonos en el carácter centrípeto de la fuerza gravitatoria y, siendo M_T la masa de la Tierra; R_T, su radio; *m*, la masa del satélite que orbita en torno a la Tierra, y *r*, el radio orbital; si el satélite se encuentra a una altura *h* sobre la superficie terrestre, $r = R_T + h$, se cumple que:

$$F_g = F_c \rightarrow F_g = m \cdot a_c \rightarrow G \cdot \frac{M_T \cdot m}{r^2} = m \cdot \frac{v_0^2}{r}$$

Despejando la velocidad orbital:

$$v_0 = \sqrt{\frac{G \cdot M_T}{r}} = \sqrt{\frac{G \cdot M_T}{(R_T + h)^2}}$$

Puede observarse que la velocidad orbital no depende de la masa del cuerpo que orbita, sino de la masa del astro que lo hace orbitar; en este caso la Tierra.

En el caso de no conocer las constantes *G* y M_T, se puede escribir la velocidad orbital; en función de g_0 y R_T.

A partir de la gravedad en la superficie, buscamos una relación entre las constantes y sustituimos en v_0:

$$g_0 = G \cdot \frac{M_T}{R_T^2} \rightarrow g_0 \cdot R_T^2 = G \cdot M_T$$

$$v_0 = \sqrt{\frac{G \cdot M_T}{r}} = \sqrt{\frac{g_0 \cdot R_T^2}{r}}$$

5.3. Período orbital

Otra magnitud interesante en los movimientos orbitales es el **período orbital** o período de revolución, *T*, definido como el tiempo que tarda un astro o satélite en describir una órbita completa. Cuando los movimientos orbitales puedan tratarse como MCU, tendremos:

$$T = \frac{2 \cdot \pi}{\omega} = \frac{2 \cdot \pi \cdot r}{v_0}$$

En **anayaeducacion.es** podrás encontrar una simulación donde ver los vectores del movimiento orbital.

Velocidad orbital

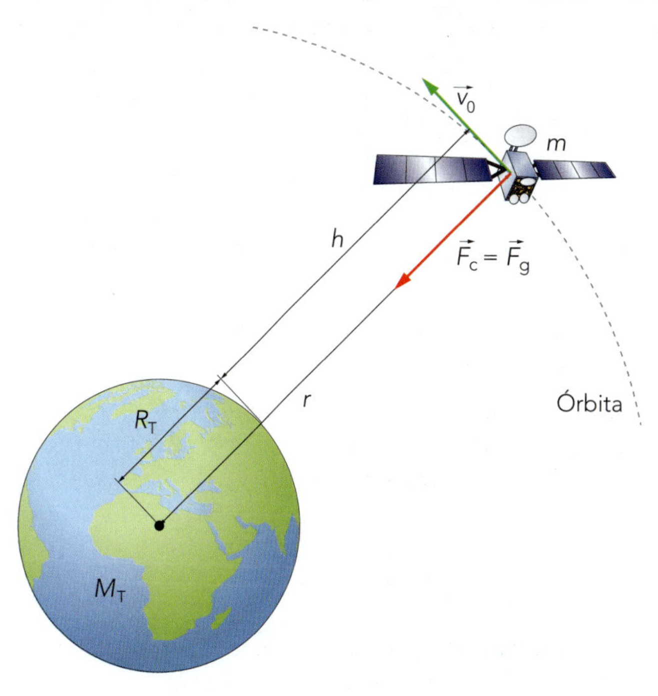

Ejercicio resuelto

14 ¿Qué son los satélites geoestacionarios, y a qué altura orbitan?

Datos: $T = 86400$ s; $G = 6{,}67 \cdot 10^{-11}$ N · m^2 · kg^{-2}; $M_T = 5{,}97 \cdot 10^{24}$ kg; $R_T = 6{,}37 \cdot 10^6$ m.

Solución

Los satélites artificiales son artefactos que orbitan la Tierra, en trayectorias aproximadamente circulares y uniformes, y que han sido construidos por el hombre para hacernos la vida más fácil.

Los satélites geoestacionarios, o síncronos, tienen una velocidad angular igual a la de la rotación terrestre y un período de revolución de 24 h, lo que supone que siempre se encuentran situados en el mismo punto sobre el ecuador de la Tierra. Estos satélites se utilizan en la difusión de datos meteorológicos y en emisiones de telefonía y televisión, principalmente.

Sabiendo que la fuerza gravitatoria es una fuerza centrípeta, se deduce la velocidad orbital:

$$v_0 = \sqrt{\frac{G \cdot M_T}{r}} = \sqrt{\frac{G \cdot M_T}{(R_T + h)^2}}$$

Supuesto el movimiento MCU, se cumple:

$$T = \frac{2 \cdot \pi \cdot r}{v_0} \rightarrow v_0 = \frac{2 \cdot \pi \cdot r}{T} = \frac{2 \cdot \pi \cdot (R_T + h)}{T}$$

Igualando ambas expresiones de v_0, sustituyendo y despejando la altura *h*, se obtiene: $h \approx 35800$ km.

Todos los satélites geoestacionarios orbitan a la misma altura, independientemente de la masa que tengan.

Ejercicios resueltos

15 En torno a la Tierra gira un satélite artificial de masa m en una órbita circular de radio $2 \cdot R_T$, siendo R_T el radio terrestre.

a) Deduce la velocidad lineal con la que orbita.

b) Determina su velocidad angular y el período de revolución del satélite en torno a la Tierra.

Datos: $G = 6{,}67 \cdot 10^{-11}\ N \cdot m^2 \cdot kg^{-2}$; $M_T = 5{,}97 \cdot 10^{24}\ kg$; $R_T = 6{,}37 \cdot 10^6\ m$.

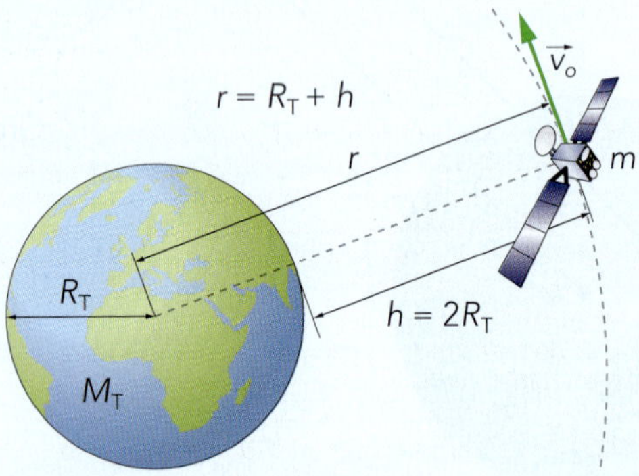

Solución

a) La fuerza gravitatoria actúa como una fuerza centrípeta, y al ser el radio orbital dos veces el radio terrestre, $r = 2 \cdot R_T$, tenemos que:

$$F_g = F_c \rightarrow G \cdot \frac{M_T \cdot m}{r^2} = m \cdot \frac{v^2}{r} \rightarrow v_0 = \sqrt{\frac{G \cdot M_T}{r}} =$$

$$= \sqrt{\frac{G \cdot M_T}{2 \cdot R_T}} = \sqrt{\frac{6{,}67 \cdot 10^{-11} \cdot 5{,}97 \cdot 10^{24}}{2 \cdot 6{,}37 \cdot 10^6}}$$

$$v_0 \approx 5590\ m/s$$

b) Suponiendo un MCU, tenemos que $v = \omega \cdot r$; entonces:

$$\omega = \frac{v}{r} = \frac{v_0}{2 \cdot R_T} = \frac{5590}{2 \cdot 6{,}37 \cdot 10^6} \approx 4{,}40 \cdot 10^{-4}\ rad/s$$

Así, ya calculamos el período orbital:

$$T = \frac{2 \cdot \pi}{\omega} = \frac{2 \cdot \pi}{4{,}40 \cdot 10^{-4}} = 14\,279{,}97\ s \approx 4\ h$$

16 La Luna, en su movimiento de traslación, recorre una trayectoria elíptica de excentricidad $e = 0{,}05$. Su radio orbital medio es de $3{,}84 \cdot 10^5$ km y su período orbital es de 27,3 días. Calcula la masa de la Tierra.

Dato: $G = 6{,}67 \cdot 10^{-11}\ N \cdot m^2 \cdot kg^{-2}$.

Solución

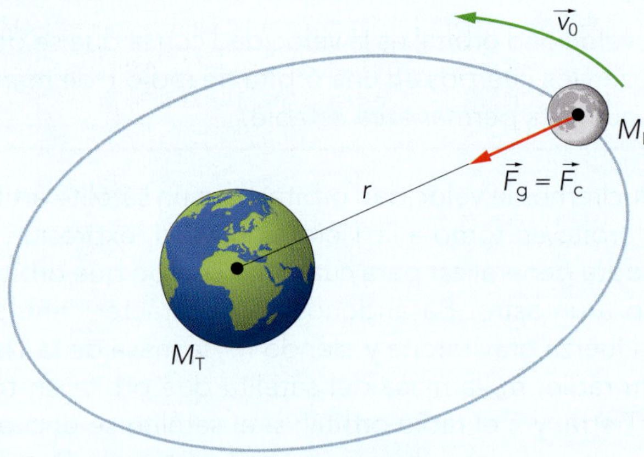

Partimos de que la fuerza gravitatoria que ejerce la Tierra sobre la Luna actúa como una fuerza centrípeta:

$$F_g = F_c \rightarrow G \cdot \frac{M_T \cdot M_L}{r^2} = M_L \cdot \frac{v^2}{r} \rightarrow v_0 = \sqrt{\frac{G \cdot M_T}{r}}$$

Puesto que la excentricidad es muy pequeña, podemos considerar la órbita prácticamente circular y el movimiento como un MCU. Su período vendrá dado por:

$$T = \frac{2 \cdot \pi \cdot r}{v_0} \rightarrow v_0 = \frac{2 \cdot \pi \cdot r}{T}$$

Igualando ambas expresiones de la velocidad orbital, despejando la masa terrestre y sustituyendo en unidades SI:

$$\sqrt{\frac{G \cdot M_T}{r}} = \frac{2 \cdot \pi \cdot r}{T}\ ;\ M_T = \frac{2 \cdot \pi^2 \cdot r^3}{G \cdot T^2} \approx 6 \cdot 10^{24}\ kg$$

Como sabes, el valor de la masa de la Tierra es algo inferior al que has calculado. ¿Por qué puede ser esto? ¿Qué habría sucedido si hubieras tenido en cuenta el valor de la excentricidad de la órbita?

Ejercicios

26 Un satélite artificial orbita en torno a la Tierra con una velocidad orbital de 6554 m/s. Considerando que la órbita que describe el satélite es circular, calcula la distancia de la superficie terrestre a la que este se encuentra.

Datos: $G = 6{,}67 \cdot 10^{-11}\ N \cdot m^2 \cdot kg^{-2}$; $M_T = 5{,}97 \cdot 10^{24}\ kg$; $R_T = 6371$ km.

27 Calcula la masa de la Tierra sabiendo que los satélites geoestacionarios orbitan a una altura sobre la superficie terrestre de 35 800 km, aproximadamente. ¿Cuál es la velocidad lineal de estos satélites? ¿Y su velocidad angular?

Datos: $G = 6{,}67 \cdot 10^{-11}\ N \cdot m^2 \cdot kg^{-2}$; $R_T = 6371$ km.

6.1. Fuerzas centrales

Se denominan fuerzas **centrales** aquellas que cumplen los siguientes requisitos:

- Siempre apuntan hacia un mismo punto, denominado centro de fuerzas. Son, por tanto, fuerzas radiales.
- Dependen exclusivamente de la distancia, *r*, que las separa del punto al que se dirigen, pudiendo expresarse en la forma: $\vec{F} = F(r) \cdot \vec{u}_r$.

Las fuerzas eléctricas, las elásticas y las gravitatorias son fuerzas centrales. Estudiaremos las fuerzas gravitatorias como caso particular de fuerza central.

La LGU, enunciada por Newton, establece que las fuerzas gravitatorias son fuerzas atractivas que dependen de la distancia entre partículas materiales según la expresión:

$$\vec{F}_g(r) = -G \cdot \frac{M \cdot m}{r^2} \cdot \vec{u}_r = -F(r) \cdot \vec{u}_r$$

En el caso del sistema solar, los planetas se mantienen en órbita gracias a la fuerza gravitatoria, aplicada en su centro y dirigida hacia el Sol, que actúa como el centro de fuerzas de todos los planetas. Esta fuerza tiene la misma dirección y sentido contrario que el vector de posición, respecto al centro de fuerzas, del planeta que se desplaza.

Como consecuencia, es una fuerza centrípeta que produce trayectorias cerradas estables, como las circulares o elípticas.

6.2. Momento de una fuerza

En los movimientos de traslación, las fuerzas son los causantes de los cambios que se producen en el estado de movimiento de los cuerpos. Pero en el caso de la rotación en torno a un eje, o de movimientos circulares, no todas las fuerzas, *F*, producen giro. Esto depende de otras variables: la distancia al eje de giro, *r*, y el ángulo con el que se aplica la fuerza, θ (ver imagen de la derecha).

Por ejemplo, si queremos abrir una puerta, debemos aplicar una fuerza, *F*, en el extremo de ella, ya que, si aplicáramos la fuerza sobre la bisagra, no conseguiríamos abrir la puerta. Además, el ángulo con el que se aplica la fuerza es importante, ya que, si se aplica paralela al plano de la puerta, la fuerza tampoco produciría giro.

La magnitud que mide la capacidad de una fuerza para producir un giro en torno a un eje se denomina momento de una fuerza:

$$\vec{M} = \vec{r} \times \vec{F}$$

Donde $\vec{F}$ es la fuerza aplicada al cuerpo que gira y $\vec{r}$ su vector de posición respecto al origen elegido.

Momento de una fuerza, $\vec{M}$

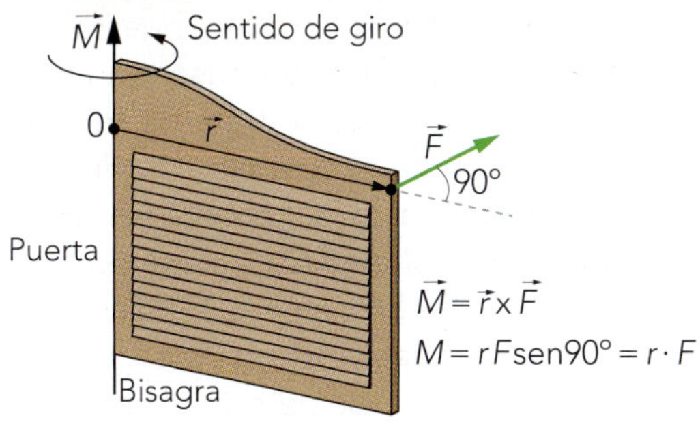

La magnitud que mide la capacidad de una fuerza para producir un giro en torno a un eje es una magnitud vectorial que se denomina momento de una fuerza:

$$\vec{M} = \vec{r} \times \vec{F}$$

- **Dirección:** $\vec{M}$ es perpendicular al plano que contiene $\vec{r}$ y $\vec{F}$.
- **Sentido:** el que marca la regla de la mano derecha (véase la figura inferior).
- **Módulo:** $M = r \cdot F \cdot \text{sen}\, \theta$, siendo θ el ángulo que forman los vectores $\vec{r}$ y $\vec{F}$. Sus unidades SI son m · N.

Regla de la mano derecha

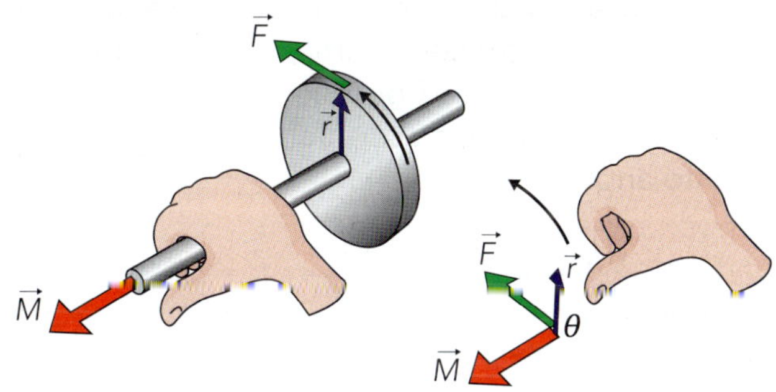

Para determinar la dirección del vector resultante de un producto vectorial usamos la regla de la mano derecha.

Por ejemplo, en el producto vectorial de $\vec{M} = \vec{r} \times \vec{F}$, el sentido de $\vec{M}$ está marcado por el pulgar, colocando nuestra mano derecha de modo que los dedos giren en sentido antihorario del primero al segundo vector del producto vectorial.

Ejercicios

28 Demuestra que las fuerzas centrales tienen un momento de la fuerza nulo.

29 Una partícula de masa 100 g con un vector de posición: $\vec{r} = 3 \cdot t \cdot \vec{i} + 2 \cdot \vec{j} - 5 \cdot t \cdot \vec{k}$ m, respecto al origen de coordenadas, se ve impulsada por una fuerza $F = -500 \cdot i$ N. Calcula el momento de la fuerza en el instante $t = 2$ s.

6.3. Momento angular de los planetas

Para estudiar los movimientos de traslación, utilizamos la cantidad de movimiento, $\vec{p} = m \cdot \vec{v}$, puesto que esta magnitud permanece invariable en ausencia de fuerzas externas. Sin embargo, cuando se trata de movimientos de rotación en torno a un eje, como los movimientos orbitales, esta magnitud deja de ser constante. Se recurre, entonces, a otra magnitud que bajo ciertas condiciones permanece invariable. Es el momento angular o cinético, $\vec{L}$, respecto a un origen determinado. Esta magnitud no es intrínseca al cuerpo, depende del sistema de referencia:

$$\vec{L} = \vec{r} \times \vec{p} = \vec{r} \times m \cdot \vec{v}$$

Donde $\vec{p}$ es la cantidad de movimiento del cuerpo que gira y $\vec{r}$ su vector de posición respecto al origen elegido.

6.4. Conservación del momento angular

Para entender el significado de la invarianza de $\vec{L}$, derivaremos dicha magnitud respecto del tiempo:

$$\frac{d\vec{L}}{dt} = \frac{d}{dt} \cdot (\vec{r} \times m \cdot \vec{v}) = \frac{d\vec{r}}{dt} \times m \cdot \vec{v} + \vec{r} \times m \cdot \frac{d\vec{v}}{dt}$$

$$= \vec{v} \times \vec{p} + \vec{r} \times m \cdot \vec{a} = 0 + \vec{r} \times \vec{F} = \vec{M}$$

El momento angular, $\vec{L}$, de un cuerpo varía cuando actúa sobre él una fuerza externa, $\vec{F}$, que produce un momento, $\vec{M}$. En el caso de que no exista momento de una fuerza podemos asegurar que se conserva el momento angular:

$$\frac{d\vec{L}}{dt} = \vec{M}, \text{ si } \vec{M} = 0 \rightarrow \vec{L} = \text{cte.}$$

Para el sistema solar, las fuerzas gravitatorias son fuerzas centrales, por lo que no originan momento, $\vec{M}$, ya que el radio vector del planeta, $\vec{r}$, y la fuerza gravitatoria que ejerce el Sol, $\vec{F}_g$, son paralelos:

$$\vec{M} = \vec{r} \times \vec{F} \rightarrow M = r \cdot F \cdot \text{sen } 180° = 0$$

Por tanto, si no existe momento externo, $\vec{M}$, actuando sobre un planeta, su momento angular, $\vec{L}$, permanece constante, en módulo, dirección y sentido, a lo largo de toda la órbita planetaria.

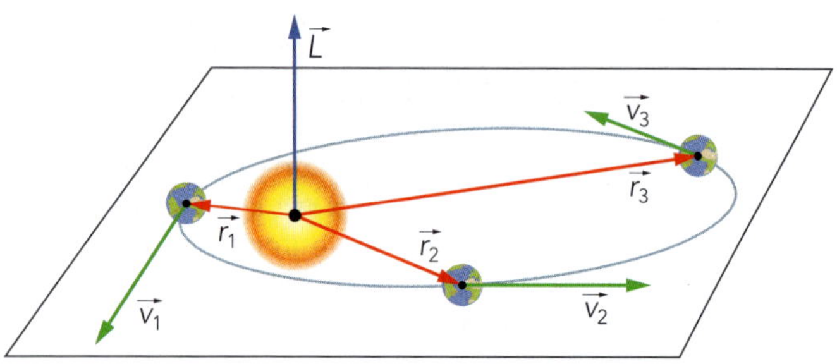

Momento angular o cinético, $\vec{L}$

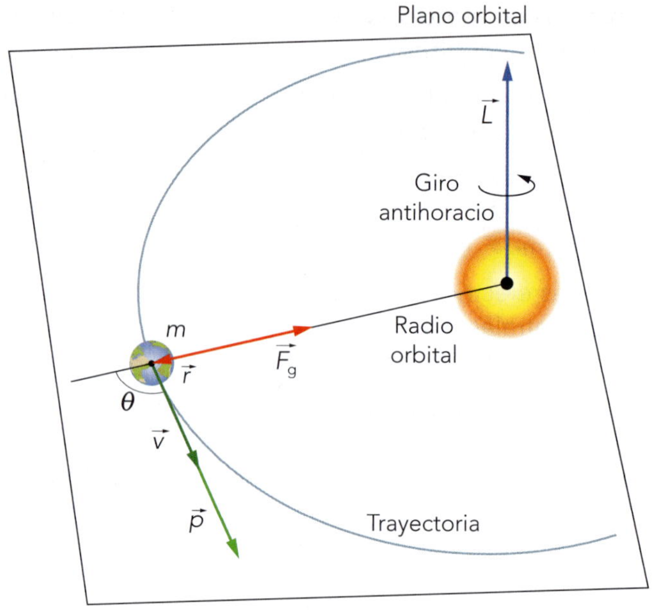

El momento angular es una magnitud vectorial ya que es el resultado de un producto vectorial:

$$\vec{L} = \vec{r} \times m \cdot \vec{v}$$

Dirección: $\vec{L}$ es perpendicular al plano de $\vec{r}$ y $\vec{v}$.

Sentido: viene dado por la regla de la mano derecha.

Módulo: $L = r \cdot m \cdot v \cdot \text{sen } \theta$, siendo θ el ángulo que forman entre sí los vectores $\vec{r}$ y $\vec{v}$. Sus unidades SI son kg · m²/s.

Ejercicios

30 En torno a la Tierra gira un satélite artificial en una órbita circular de radio orbital $2 \cdot R_T$. Demuestra que la trayectoria del satélite se encuentra siempre en un mismo plano.

31 Calcula el momento angular L de un satélite artificial de masa 1 100 kg, que se encuentra orbitando la Tierra en una órbita circular geoestacionaria del plano ecuatorial.
Datos: $M_{Tierra} = 5{,}97 \cdot 10^{24}$ kg;
$G = 6{,}67 \cdot 10^{-11}$ N · m²/kg².

32 Busca información y explica, basándote en el principio de conservación del momento angular, por qué la Luna se aleja inexorablemente de la Tierra.

33 Una masa puntual de 50 g pasa por el punto (1,1,0) en el instante $t = 1$ s con una velocidad que viene dada por la expresión: $\vec{v} = -5 \cdot t \cdot \vec{i} + (2 \cdot t^2 - 2) \cdot \vec{j}$ m/s. Determina el momento angular de la partícula en el instante $t = 1$ s, medido respecto del centro del sistema de referencia (0,0,0).

6.5. Demostración de las leyes de Kepler

Acabamos de ver que los planetas conservan su momento angular en el movimiento de traslación alrededor del Sol. El vector $\vec{L}$ permanece constante en módulo, dirección y sentido. Esto nos va a permitir demostrar las dos primeras leyes de Kepler y extraer importantes conclusiones.

Demostración de la primera ley de Kepler

El momento angular, $\vec{L}$, es constante en dirección y perpendicular a los vectores $\vec{r}$ y $\vec{v}$, simultáneamente, obligándolos a ser coplanarios. Esto implica que:

- Las órbitas de los planetas son planas y, al ser producidas por fuerzas centrales, generan órbitas circulares o elípticas. Se denomina **plano de la eclíptica** al plano orbital de la Tierra.
- El Sol es el centro de las fuerzas y, por tanto, el foco de la elipse.

El momento angular, $\vec{L}$, es constante en sentido; esto implica que todos los planetas giran en torno al Sol en el mismo sentido, llamado **sentido directo.**

Observados desde el polo norte solar seguirían un movimiento de traslación en sentido antihorario.

Demostración de la segunda ley de Kepler

El momento angular, $\vec{L}$, es constante en módulo; esto implica que la velocidad areolar también es constante.

Como se demuestra en la figura inferior:

$$v_{areolar} = \frac{L}{2 \cdot m}$$

Como consecuencia, si aplicamos la conservación del módulo de $\vec{L}$ al afelio y al perihelio, se tiene que los planetas viajan más rápido en las cercanías del Sol:

$$L = m \cdot v \cdot r \cdot \text{sen}\, \theta = \text{cte} \rightarrow L_a = L_p$$

$$m \cdot r_a \cdot v_a \cdot \text{sen}\, 90° = m \cdot r_p \cdot v_p \cdot \text{sen}\, 90°$$

$$r_a \cdot v_a = r_p \cdot v_p$$

Como $r_p < r_a$ se tiene que $v_{perihelio} > v_{afelio}$

Demostración de la tercera ley de Kepler

Esta ley, a diferencia de las anteriores, no trata con un único planeta, sino que relaciona unos planetas con otros. Podemos demostrarla a partir de la LGU, aplicada al movimiento circular de un planeta, donde $a \sim r$, y considerando la fuerza gravitatoria como centrípeta:

$$F_g = F_C \rightarrow G \cdot \frac{M_{Sol} \cdot M_{planeta}}{r^2} = M_{planeta} \cdot \frac{v^2}{r} \rightarrow$$

$$\rightarrow G \cdot \frac{M_{Sol}}{r^2} = \frac{\left(\frac{2 \cdot \pi \cdot r}{T}\right)}{r}$$

$$\frac{T^2}{r^3} = \frac{4 \cdot \pi^2}{G \cdot M_{Sol}}$$

Si nos fijamos en la última expresión obtenida, podemos comprobar que todas las magnitudes del segundo miembro son constantes, por lo que se puede asegurar que el cociente T^2/r^3 también lo es, tal y como se enuncia en la tercera ley de Kepler.

Demostración de la segunda ley de Kepler

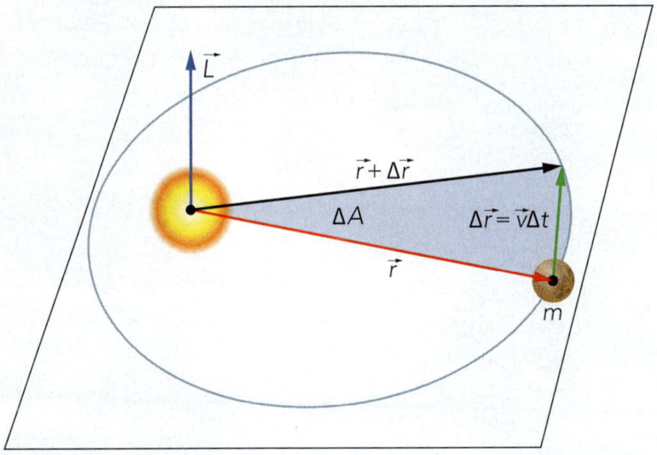

El planeta realiza un desplazamiento Δr sobre la órbita en un tiempo Δt.

Durante ese tiempo Δt, el radio vector $\vec{r}$ barre un área ΔA (superficie sombreada de la imagen) que podemos considerar aproximadamente un triángulo de base el radio orbital, r, y altura Δr.

La superficie ΔA de ese triángulo es:

$$\Delta A = \frac{\text{base} \cdot \text{altura}}{2} = \frac{r \cdot \Delta r}{2}$$

Y si dividimos ambos miembros de la expresión por Δt, y multiplicamos y dividimos por la masa del planeta m, obtendremos la expresión de la velocidad areolar en función del módulo de $\vec{L}$, como puede verse a continuación:

$$v_{areolar} = \frac{\Delta A}{\Delta t} = \frac{r \cdot \Delta r}{2 \cdot \Delta t} = \frac{1}{2} \cdot r \cdot v = \frac{1}{2} \cdot r \cdot v \cdot \frac{m}{m}$$

$$v_{areolar} = \frac{L}{2 \cdot m}$$

7

AMPLIACIÓN DE LOS MODELOS DEL UNIVERSO

7.1. La teoría general de la gravedad de Einstein

Una teoría deja de ser fiable cuando a la luz de un nuevo descubrimiento se vuelve incapaz de explicarlo. Como veremos, una serie de acontecimientos llevarían a poner en duda la teoría de la gravedad de Newton.

En 1676, Romer (1644-1710) fue capaz de **medir la velocidad de la luz, *c*,** ayudándose de los eclipses de las lunas de Júpiter. Se demostraba que la velocidad de la luz no era infinita.

En 1848, Fizeau (1819-1896) descubrió que una onda de luz puede modificar aparentemente su frecuencia y, con ello, su color, debido al movimiento relativo entre el emisor y el receptor, pasando a tonalidades rojizas si se alejan entre sí o a colores azulados si se acercan. Se descubría el **efecto Doppler** para la luz.

En 1887, Michelson (1852-1931) y Morley (1838-1923) diseñaron un experimento en el que comprobaron que la luz viajaba a la misma velocidad en cualquier dirección. Para Newton, el éter debía modificar la velocidad de la luz en su movimiento. Sin embargo, el experimento reveló que esto no era sí, la velocidad de la luz siempre era la misma.

Esta evidencia hizo que se desechara totalmente la teoría del éter, haciendo tambalear la gravitación de Newton.

En 1900 no se sabía realmente qué era el universo, cuán grande era o qué contenía. Y las preguntas acerca de su origen pasaban al plano metafísico. Sin embargo, Albert Einstein (1879-1955) fue capaz de convertir en física nuestro origen. En 1905, desarrolló su **teoría de la relatividad especial.** Demostró que **c** era una constante universal, siendo la velocidad más alta alcanzable en el universo. Por tanto, una perturbación en el Sol no sería descubierta instantáneamente, sino que tardaría unos 8 minutos en llegarnos.

Este hecho contradecía totalmente la teoría de Newton y llegaría a limitar su campo de aplicación definitivamente.

En 1915, Einstein desarrolló la **teoría de la relatividad general,** con la que pudo describir **una nueva visión de la gravedad.** Imaginó un universo deformable como si de una gran sábana tensa se tratara, sobre la que descansaban las estrellas, curvando dicha sábana en sus proximidades.

Si un cuerpo más pequeño, como un planeta, se lanzara en las cercanías de una estrella, acabaría girando en torno a ella describiendo círculos sobre la sábana. En un universo así, la luz se curvaría, en su camino, en la cercanía de las estrellas, siguiendo la deformación del propio espacio (figura inferior).

En 1919, el astrofísico Arthur Eddington (1882-1944) pudo observar cómo la luz procedente de otra estrella se curvaba en las cercanías del Sol, demostrando el diseño de la gravedad de Einstein.

Curvatura del espacio-tiempo de Einstein

Teoría especial de la relatividad

- El espacio y el tiempo no son absolutos ni inmutables.
- El espacio se contrae y el tiempo se dilata cuando nos movemos a velocidades cercanas a *c*.
- La materia y la energía son dos caras de una misma realidad: $E = m \cdot c^2$.

Teoría general de la relatividad

- El espacio y el tiempo forman un sistema de 4 coordenadas espacio-temporales (*x*, *y*, *z*, *t*). Son el escenario pasivo en la dinámica del universo.
- La curvatura del espacio-tiempo es producida por la presencia de materia-energía.
- La fuerza gravitatoria no es más que un efecto de la geometría curvada del espacio-tiempo.

El universo de Einstein es un modelo estático, curvado hacia dentro que se cierra sobre sí mismo y que solo contiene las estrellas observables. Así, toda la materia, analizada a gran escala, se encuentra distribuida de forma homogénea e isotrópica, según el **principio cosmológico.**

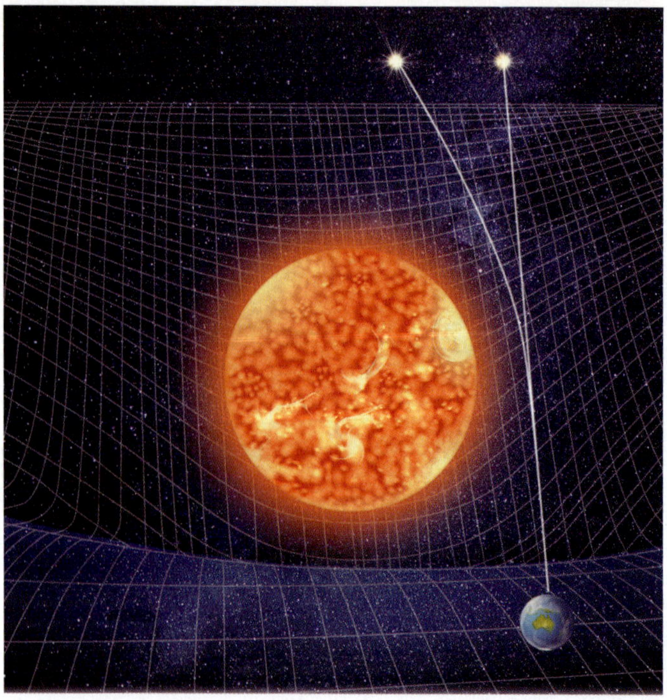

7.2. Teorías sobre el universo

En 1923, Edwin Hubble (1889-1953) descubrió la primera galaxia distinta a la nuestra, Andrómeda. Hasta entonces, se pensaba que el universo era solo aquello que se podía ver, pero este descubrimiento hizo ampliar sus límites. Hubble fue capaz de compilar la distancia y la velocidad de decenas de galaxias. Y, mientras las observaba, detectó en ellas un cambio de color, el llamado **corrimiento al rojo** del que hablaba el efecto Doppler. Esto demostraba que las galaxias se estaban alejando. En 1929, Hubble enunció la ley que lleva su nombre: cuánto más lejos se encuentran las galaxias, más rápido se alejan. Como consecuencia:

El universo se encuentra en expansión, siendo el propio espacio-tiempo el que crece.

En 1927, Georges Lemaître (1894-1966) promovió el modelo del **huevo cósmico** como explicación del origen del universo. La mente de Lemaître dio marcha atrás en el tiempo y, por simetría a la expansión, adivinó galaxias acercándose cada vez más hasta un punto remoto en el que toda la materia estuviera contenida en un pequeño espacio, un estado inicial de densidad y temperatura indefinidamente altas. Este estado acabaría en una **gran explosión o *big-bang*** que generaría el universo.

La onda expansiva de la gran explosión aún podemos recibirla, y se denomina **radiación cósmica de fondo de microondas** (correspondiente a una temperatura de 2,7 K), y ha permitido datar el origen del universo en unos 13 800 millones de años.

En 1933, las observaciones de Fritz Zwicky (1898-1974), la medida de las velocidades radiales de algunas galaxias pertenecientes al cúmulo de galaxias Coma, le hicieron deducir la existencia de una **materia oscura** desconocida que no emitía luz y cuya elevada gravedad estaba evitando la disolución del cúmulo.

Pero los cosmólogos siguieron explorando el universo. Estudiando el corrimiento al rojo de las supernovas, encontraron que el universo no solo se expande, sino que lo hace de forma acelerada. Algo desconocido se oponía a la gravedad. Para explicarlo, idearon una nueva clase de energía que provocaba esa aceleración, llamándola **energía oscura.**

El futuro del universo depende de estas dos variables: la expansión producida por una **energía oscura** que acelera las galaxias y la **materia oscura,** que genera la atracción gravitatoria y las frena. Si la expansión supera a la atracción, tal y como parecen evidenciar los últimos estudios, el destino de nuestro universo sería la **muerte térmica**. Las galaxias se alejarían tanto unas de otras que vaciarían el espacio y las estrellas acabarían su combustible, apagándose por siempre y desapareciendo del firmamento. **El universo se iría enfriando y oscureciendo lentamente hasta morir térmicamente.**

Teoría del *big-bang*

La teoría actual sobre el origen del universo es el producto de las investigaciones, con sus errores y aciertos, de numerosos científicos que han dedicado su vida a ello. La teoría del *big-bang* es aceptada hoy en día por toda la comunidad científica.

Según la información recogida sobre la radiación de fondo por los satélites COBE y WMAP de la Nasa, transcurridos 10^{-36} s de la gran explosión, a una temperatura de 10^{28} K, se confirma un universo inflacionario de crecimiento extremadamente acelerado, aumentando 10^{30} veces su tamaño en un ínfimo intervalo de tiempo de 10^{-34} s. Tras la inflación, el crecimiento del universo continúa, pero abandona su extrema aceleración, y a los 10^{-6} s del origen se crean ya los primeros bariones: protones y neutrones.

Entre 1 s y 3 min después, baja la temperatura a 10^{10} °C y los protones y neutrones comienzan a formar núcleos de H y He.

Unos 300 000 años más tarde, al bajar la temperatura a 3 500 °C, los electrones son capturados por los núcleos y se forman los primeros átomos de H y He.

Finalmente, tras un millón de años del origen, comienzan a formarse las primeras estrellas y resto de cuerpos celestes.

Estudio de los sistemas keplerianos con Excel

La estación espacial internacional, ISS, orbita la Tierra a unos 415 km de altura y tarda unos 92 min en rodearla. Esto quiere decir que, un astronauta que se encuentre en la estación podrá observar unos 16 amaneceres diarios con sus correspondientes puestas de Sol. Pero ¿qué ocurriría si la estación se alejara del planeta y orbitara a alturas mayores?, ¿verían los astronautas las mismas puestas de Sol?

Para resolver preguntas como estas, para la ISS o cualquier otro cuerpo orbital, debemos utilizar la LGU. Esta ley nos permite calcular la velocidad orbital, el período de revolución o la frecuencia en la órbita para cualquier sistema kepleriano.

Un sistema kepleriano está formado por un astro central en torno al que orbitan otros cuerpos que cumplen la tercera ley de Kepler en su movimiento: T^2/r^3 = cte, siendo *T* el período orbital y *r* el radio medio orbital.

El Sol y sus planetas forman un sistema de este tipo, al igual que cada uno de los planetas con el conjunto de sus satélites naturales. También lo sería el sistema formado por la Tierra y el conjunto de satélites artificiales que orbitan a su alrededor a diferentes alturas.

Trabajar con una hoja de cálculo nos permitirá estudiar estos sistemas, sistematizando el proceso del cálculo de las magnitudes del movimiento orbital que necesitemos conocer. Si representamos gráficamente estas magnitudes frente al radio medio de las órbitas que describen, tendremos una idea de cómo funcionan estos sistemas.

Elaborar una base de datos

Proponemos diseñar una base de datos que contenga información de los sistemas keplerianos que conforman el sistema solar, utilizando la aplicación Excel. El diseño de esta base de datos requiere varios pasos.

- Diseñaremos una tabla de datos en la **HOJA1** de **Excel,** que permita ordenar y filtrar la información que utilizaremos para realizar cálculos. La tabla estará constituida por datos del Sol y de sus planetas, y por datos de los satélites naturales estables más importantes de estos planetas.
- En las columnas de la tabla se escribirán: los nombres de los astros, sus masas y los radios y el radio orbital medio en torno al astro que orbitan. Todo ello, en la primera fila de la tabla, junto con las unidades en las que se expresarán los datos. En la última columna de la tabla escribiremos el nombre del astro en torno al que orbitan, con un código que nos permitirá después realizar filtrados y obtener los componentes de los sistemas keplerianos. Por ejemplo, Marte se nombraría como un satélite del **Sol Marte,** los satélites Fobos y Deimos se nombrarían como satélite de **Marte** (imagen superior derecha).
- En las filas de la tabla, donde se relacionarán los astros que constituyen el sistema solar: el Sol, sus ocho planetas y sus cinco planetas enanos, ordenados de menor a mayor distancia al Sol. A continuación, en las siguientes filas, se escribirán los satélites naturales de los planetas.
- Buscaremos en Internet la información que queremos incluir en nuestra base de datos y la introduciremos en las celdas correspondientes.
- Una vez introducida la información, marcaremos todas las celdas ocupadas y, en el menú principal, cliquearemos **Insertar → Tabla.** Aparecerá, entonces, una tabla donde la primera fila contendrá los campos y la primera columna el nombre de los astros (imagen superior derecha).

	A	B	C	D	E	F
1	Astros	Masa / kg	Radio / km	Radio orbital medio / km	Satélite de...	
2	SOL	1,99E+30	6,95E+05	Centro	Sol	
3	MERCURIO	3,30E+23	2,44E+03	5,97E+07	Sol Mercurio	
4	VENUS	4,87E+24	6,05E+03	1,08E+08	Sol Venus	
5	TIERRA	5,97E+24	6,37E+03	1,50E+08	Sol Tierra	
6	MARTE	6,42E+23	3,40E+03	2,28E+08	Sol Marte	
7	CERES	9,43E+20	4,73E+02	4,14E+08	Sol Enano	
8	JÚPITER	1,90E+27	7,15E+04	7,78E+08	Sol Júpiter	
9	SATURNO	5,69E+26	6,03E+04	1,43E+09	Sol Saturno	
10	URANO	8,69E+25	2,56E+04	2,87E+09	Sol Urano	
11	NEPTUNO	1,02E+26	2,48E+04	4,50E+09	Sol Neptuno	
12	PLUTÓN	1,25E+22	1,19E+03	5,90E+09	Sol Enano	
13	HAUMEA	4,20E+21	8,00E+02	6,50E+09	Sol Enano	
14	ERIS	1,67E+22	1,16E+02	9,87E+09	Sol Enano	
15	MAKEMAKE	4,00E+21	7,10E+02	6,85E+11	Sol Enano	
16	LUNA	7,35E+22	1,74E+03	3,84E+05	Tierra	
17	FOBOS	1,07E+16	1,10E+01	9,38E+03	Marte	
18	DEIMOS	1,48E+15	6,20E+00	2,35E+04	Marte	
19	METIS	3,60E+16	2,00E+01	1,28E+05	Júpiter	
20	ÍO	8,94E+22	1,82E+03	4,22E+05	Júpiter	
21	EUROPA	4,80E+22	1,57E+03	6,71E+05	Júpiter	
22	GANÍMEDES	1,48E+23	2,63E+03	1,07E+06	Júpiter	
23	CALISTO	1,08E+23	2,40E+03	1,88E+06	Júpiter	
24	MIMAS	3,75E+19	1,96E+02	1,86E+05	Saturno	
25	ENCÉLADO	1,08E+20	2,50E+02	2,38E+05	Saturno	
26	TETIS	6,18E+20	5,30E+02	2,95E+05	Saturno	
27	DIONE	1,10E+21	5,60E+02	3,77E+05	Saturno	
28	REA	2,32E+21	7,65E+02	5,27E+05	Saturno	
29	TITÁN	1,35E+23	2,58E+03	1,22E+06	Saturno	
30						

- Posteriormente, para obtener los datos de un sistema kepleriano determinado, nos situaremos sobre la celda E1 y filtraremos según el astro central. Por ejemplo, para filtrar el sistema marciano, seleccionaremos las celdas que contengan la palabra **Marte** (ver imagen inferior).

	A	B	C	D	E	F
1	Astros	Masa / kg	Radio / km	Radio orbital medio / km	Satélite de...	
6	MARTE	6,42E+23	3,40E+03	2,28E+08	Sol Marte	
17	FOBOS	1,07E+16	1,10E+01	9,38E+03	Marte	
18	DEIMOS	1,48E+15	6,20E+00	2,35E+04	Marte	
30						
31						
32						

Elaborar una hoja de cálculo

Una vez tengamos diseñada la base de datos, elaboraremos una hoja de cálculo que nos permita operar con los datos almacenados y calcular algunas magnitudes orbitales. Los resultados que obtengamos, representados gráficamente, nos darán una visión de cómo funcionan los sistemas keplerianos.

Crearemos la hoja de cálculo en la **HOJA2** de **Excel,** utilizando los datos del sistema formado por Júpiter y algunos de sus satélites naturales.

Para ello, recurrimos a la base de datos creada en la **HOJA1** y, situados sobre la celda **E1**, filtramos el sistema kepleriano de Júpiter: **Sol Júpiter** y **Júpiter.**

	A	B	C	D	E
1	Astros	Masa / kg	Radio / km	Radio orbital medio / km	Satélite de...
8	JÚPITER	1,90E+27	7,15E+04	7,78E+08	Sol Júpiter
19	METIS	3,60E+16	2,00E+01	1,28E+05	Júpiter
20	ÍO	8,94E+22	1,82E+03	4,22E+05	Júpiter
21	EUROPA	4,80E+22	1,57E+03	6,71E+05	Júpiter
22	GANÍMEDES	1,48E+23	2,63E+03	1,07E+06	Júpiter
23	CALISTO	1,08E+23	2,40E+03	1,88E+06	Júpiter
30					
31					
32					

Seleccionamos la tabla filtrada, sin la columna E, y la copiamos en la celda **A1** de la **HOJA2.** Una vez copiada, insertaremos dos nuevas columnas, una tras la columna C, que llamaremos **Radio (m)** y, otra, tras la nueva D, que llamaremos **Radio orbital medio (m).** En ellas,escribiremos una fórmula que permitirá pasar a metros los datos, siguiendo estos pasos:

En la nueva celda **D3** escribimos **"=C3*1000"** y en la nueva **E3** **"=F3*1000"**. En ambos casos, arrastramos hacia abajo para copiar la fórmula al resto de filas. El resultado puede verse en la web de **anayaeducacion.es**.

Decidimos las magnitudes orbitales que calcularemos para los 5 satélites de Júpiter de nuestra base de datos: la velocidad orbital en m/s y en km/s, el período orbital en s y en días, y la frecuencia del movimiento en vueltas por día. Necesitaremos 5 nuevas columnas, tras la **F.** Serán las columnas **G, H, I, J** y **K.**

Nos posicionamos en la celda **G1** y creamos el campo v_0 (m/s), correspondiente a la velocidad orbital. En **G3** escribimos la fórmula para su cálculo. Luego, en **H1** creamos el campo v_0 (km/s) y en **H3** pasamos a km/s la velocidad obtenida. Para el cálculo del período nos situamos en **I1** y creamos el campo ***T* (s)** y en **I3** escribimos la fórmula para su cálculo. En **J1** creamos el campo ***T* (días)** y en **J3** pasamos el período a días. Para la frecuencia, medida en vueltas por días, usaremos la columna **K.** Todas las fórmulas a las que hemos hecho referencia aparecen resumidas en la siguiente tabla.

Magnitud orbital	Expresión matemática	Fórmula Excel
Velocidad orbital, v_0	$v = \sqrt{\frac{G \cdot M_J}{r}}$	G3 "=RAIZ(6,67E-11*1,9E+27/E3)" H3 = "G3/1000"
Período orbital, T	$T = \frac{2 \cdot \pi \cdot r}{v}$	I3 "=2*PI()*E3/G3" J3 "=I3/86400"
Frecuencia, f	$f = \frac{1}{T}$	K3 "=1/J3"

Por último, comprobaremos que el sistema estudiado es kepleriano, demostrando que se rige por la tercera ley de Kepler. El cociente $\mathbf{T^2/r^3}$ debe ser el mismo para todos los satélites de Júpiter. Para ello, en **L1**, escribiremos $\mathbf{T^2/r^3}$ como enunciado de campo y en **L3** la fórmula: **"=I3^2/E3^3".**

Finalmente, arrastramos hacia abajo el rango **G3:L3** y copiamos al resto de filas.

Para obtener la visión general de cómo funcionan estos sistemas, podemos insertar un gráfico de dispersión, como el de la imagen inferior, donde se ve cómo la velocidad de los satélites disminuye conforme estos se alejan de Júpiter.

Radio / m	Radio orbital medio / m	Radio orbital medio / km	v_0 / (m/s)	v_0 / (km/s)	T / s
		7,78E+06			
2,00E+04	1,28E+08	1,28E+05	3,15E+04	31,5	2,55E+04
1,82E+06	4,22E+08	4,22E+05	1,73E+04	17,3	1,53E+05
1,57E+06	6,71E+08	6,71E+05	1,37E+04	13,7	3,08E+05
2,63E+06	1,07E+09	1,07E+06	1,09E+04	10,9	6,17E+05
2,40E+06	1,88E+09	1,88E+06	8,21E+03	8,21	1,44E+06

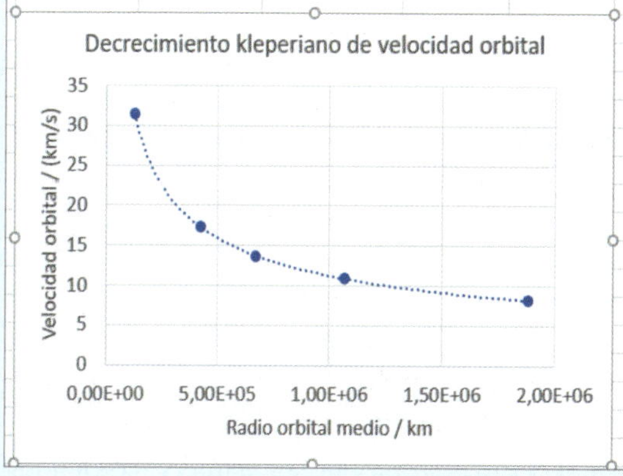

Cuestiones

1 Representa gráficamente ***T*/días** frente a ***r*/km** y obtén conclusiones. Para ello, sigue los pasos aprendidos en estas páginas. ¿Qué observas?

2 Elabora esta misma hoja de cálculo para cada uno de los sistemas keplerianos que puedas formar con la hoja de datos que hemos confeccionado.

Momento angular de los planetas

1 Ceres es un planeta enano de unos 950 km de diámetro que se encuentra entre las órbitas de Marte y Júpiter, en el cinturón de asteroides del sistema solar. Su plano orbital tiene una inclinación de 10,6° respecto de la eclíptica, y su órbita, una excentricidad $e = 0{,}08$. La distancia al afelio es de $446{,}4 \cdot 10^6$ km y al perihelio de $380{,}9 \cdot 10^6$ km. Calcula la relación entre las velocidades de Ceres en el afelio y en el de perihelio. ¿Cuál es la masa solar sabiendo que el período de revolución de Ceres en torno al Sol es de 1 682 días?

Dato: $G = 6{,}67 \cdot 10^{-11}\ \text{N} \cdot \text{m}^2 \cdot \text{kg}^{-2}$.

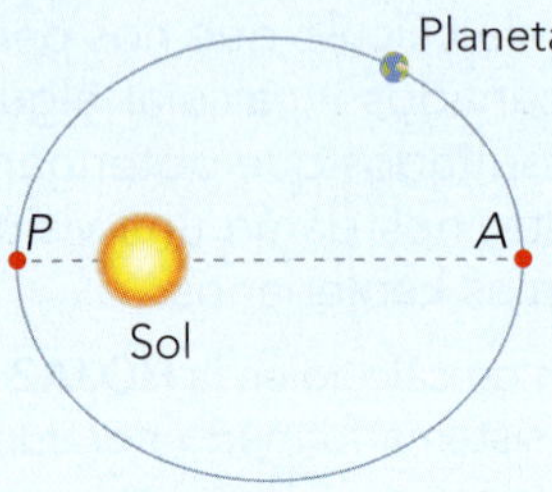

ANÁLISIS DEL PROBLEMA

Para resolver cualquier problema de física, se hace imprescindible realizar un diagrama de la situación, sobre el que situaremos todos los datos que aporta el problema. Tendremos en cuenta que todos los datos deben ir en unidades SI, y que solo pueden utilizarse los datos y constantes que se aportan.

Las fuerzas gravitatorias son fuerzas centrales aplicadas sobre los planetas y con origen en el Sol. Estas fuerzas son antiparalelas al radio vector que describe el recorrido del planeta, por lo que el momento que producen es nulo:

$$\vec{M} = \vec{r} \times \vec{F} \rightarrow M = r \cdot F \cdot \text{sen } 180° = 0$$

Esto hace que se conserve el momento angular de los planetas en su recorrido en torno al Sol, por lo que aplicaremos el teorema de conservación de L:

$$M = 0 \rightarrow M = \mathrm{d}L/\mathrm{d}t \rightarrow L = \text{cte.}$$

Elegimos dos puntos para aplicar dicho teorema, que serán el afelio y el perihelio. En ellos se da la circunstancia de que el ángulo que forman el radio vector del planeta y su velocidad es de 90°. Dado que el seno de 90° vale 1:

$$\Delta L = 0 \rightarrow L_{\text{afelio}} = L_{\text{perihelio}}$$

Para encontrar la masa del Sol, debemos suponer la órbita circular, cosa que puede hacerse si tenemos en cuenta la escasa excentricidad de la elipse de Ceres, $a \approx r$. Para ello, necesitamos el radio medio, r, que se obtiene como:

$$a = \frac{r_{\text{afelio}} + r_{\text{perihelio}}}{2} \approx r = 4{,}14 \cdot 10^{11}\ \text{m}$$

Para aplicar la LGU sobre Ceres, supondremos que es esférico y homogéneo, con toda su masa concentrada en el centro. Admitiendo que la única fuerza aplicada es la gravitatoria, esta se comporta como una fuerza centrípeta, lo cual nos permitirá calcular la masa del Sol.

Planteamiento y resolución

La segunda ley de Kepler enuncia que la velocidad areolar de los planetas es constante; esto es debido a que las fuerzas gravitatorias son fuerzas centrales y, por tanto, el momento angular se conserva en sus trayectorias alrededor del Sol. Esto hace que, al ser órbitas elípticas, la velocidad del planeta varíe a lo largo del recorrido:

$$\vec{L} = \vec{r} \times \vec{p} = \vec{r} \times m \cdot \vec{v} = \text{cte.} \rightarrow L = m \cdot r \cdot v \,\text{sen}\, \theta = \text{cte}$$

Si aplicamos la conservación de L al afelio y al perihelio de Ceres, obtendremos:

$$L_{\text{afelio}} = L_{\text{perihelio}} \rightarrow$$

$$\rightarrow m_{\text{Ceres}} \cdot r_{\text{afelio}} \cdot v_{\text{afelio}} = m_{\text{Ceres}} \cdot r_{\text{perihelio}} \cdot v_{\text{perihelio}}$$

$$r_{\text{afelio}} \cdot v_{\text{afelio}} = r_{\text{perihelio}} \cdot v_{\text{perihelio}}$$

$$\frac{v_{\text{afelio}}}{v_{\text{perihelio}}} = \frac{r_{\text{perihelio}}}{r_{\text{afelio}}} \rightarrow \frac{v_{\text{afelio}}}{v_{\text{perihelio}}} = \frac{0{,}3089 \cdot 10^8\ \text{m}}{0{,}4464 \cdot 10^8\ \text{m}} = 0{,}69$$

La velocidad en el afelio es 0,69 veces la velocidad en el perihelio.

Si examinamos la excentricidad de Ceres, podemos ver que su órbita está poco achatada, pudiendo considerarse su movimiento circular y uniforme. Esto implica que su período de revolución pueda expresarse como:

$$T = \frac{2 \cdot \pi \cdot r}{v}$$

Entonces se tiene que:

$$v = \frac{2 \cdot \pi \cdot r}{T}$$

donde r es el radio medio de Ceres al Sol.

Y como la fuerza gravitatoria del Sol actúa como una fuerza centrípeta sobre Ceres, se tiene:

$$F_g = F_c \rightarrow G \cdot \frac{M_S \cdot M_{\text{Ceres}}}{r^2} = M_{\text{Ceres}} \cdot \frac{v^2}{r} \rightarrow v = \sqrt{\frac{G \cdot M_S}{r}}$$

Igualando ambas expresiones de la velocidad orbital de Ceres:

$$\frac{2 \cdot \pi \cdot r}{T} = \sqrt{\frac{G \cdot M_S}{r}}$$

Sustituyendo datos y depejando la masa solar: $M_S \approx 2 \cdot 10^{30}$ kg.

Fuerzas gravitatorias

2 Dos masas puntuales, $m_1 = 10^3$ kg y $m_2 = 2 \cdot 10^3$ kg, se encuentran fijas en dos de los vértices de un triángulo de 5 m de base y 5 m de altura, como se indica en la imagen. Calcula la fuerza a la que se vería sometida una tercera masa puntual, $m_3 = 0{,}5 \cdot 10^2$ kg, situada en el tercer vértice del triángulo y el campo gravitatorio en dicho vértice.

Planteamiento y resolución

Primero, dibujamos el esquema de la distribución de masas. Después, aplicamos el principio de superposición sobre la masa m_3 y llamamos $\vec{F}_{R_3}$ a la fuerza neta sobre ella:

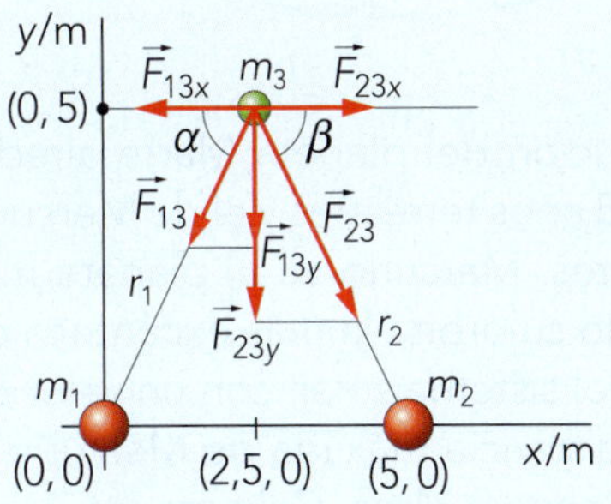

$$\vec{F}_{R_3} = \vec{F}_{13} + \vec{F}_{23}$$

Descomponemos cada fuerza en sus componentes x e y, como muestra la imagen. Sumamos por componentes para obtener la fuerza resultante sobre m_3:

$$\vec{F}_{13} = F_{13x} \cdot (-\vec{i}\,) + F_{13y} \cdot (-\vec{j}\,) = F_{13} \cdot \cos\alpha\,(-\vec{i}\,) + F_{13} \cdot \operatorname{sen}\alpha\,(-\vec{j}\,)$$

$$\vec{F}_{23} = F_{23x} \cdot (+\vec{i}\,) + F_{23y} \cdot (-\vec{j}\,) = F_{23} \cdot \cos\beta\,(+\vec{i}\,) + F_{23} \cdot \operatorname{sen}\beta\,(-\vec{j}\,)$$

Para calcular los módulos de las fuerzas, F_{13} y F_{23}, necesitamos la distancia r_1 entre las masas m_1 y m_2 y la distancia r_2 entre m_2 y m_3. Luego, calculamos los ángulos α y β que forman las fuerzas con el eje X. Con todo, construimos los vectores de las fuerzas que sumaremos para obtener la fuerza resultante:

- Distancias: $r_1 = r_2 = \sqrt{5^2 + 2{,}5^5} = 5{,}59$ m
- Módulos de las fuerzas:

$$F_{13} = G \cdot \frac{m_1 \cdot m_3}{r_1^2} = 6{,}67 \cdot 10^{-11} \cdot \frac{10^3 \cdot 0{,}5 \cdot 10^2}{5{,}59^2} = 1{,}1 \cdot 10^{-7}\ \text{N}$$

$$F_{23} = G \cdot \frac{m_2 \cdot m_3}{r_2^2} = 6{,}67 \cdot 10^{-11} \cdot \frac{2 \cdot 10^3 \cdot 0{,}5 \cdot 10^2}{5{,}59^2} = 2{,}1 \cdot 10^{-7}\ \text{N}$$

- Ángulos: $\alpha = \beta = \arctan(5/2{,}5) = 63{,}4°$
- Vectores: $\vec{F}_{13} = -4{,}9 \cdot 10^{-8} \cdot \vec{i} - 9{,}8 \cdot 10^{-8} \cdot \vec{j}$ N
- Vectores: $\vec{F}_{23} = 9{,}4 \cdot 10^{-8} \cdot \vec{i} - 1{,}9 \cdot 10^{-7} \cdot \vec{j}$ N
- Fuerza resultante sobre m_3: $\vec{F}_{R_3} = 4{,}5 \cdot 10^{-8} \cdot \vec{i} - 2{,}9 \cdot 10^{-7}\,\vec{j}$ N
- Módulo: $F_{R_3} = 2{,}93 \cdot 10^{-7}$ N
- Dirección y sentido: $\theta = -81{,}2°$

El campo gravitatorio, *g*, es un vector que lleva la dirección y el sentido de la fuerza resultante, ya que $\vec{F} = \vec{m} \cdot \vec{g}$, y tiene de módulo la fuerza por unidad de masa:

$$g = \frac{F}{m} = \frac{1{,}28 \cdot 10^{-7}}{0{,}5 \cdot 10^2} = 2{,}56 \cdot 10^{-9}\ \text{N/kg}$$

ANÁLISIS DEL PROBLEMA

Para resolver un problema de este tipo es necesario realizar un esquema de la situación. Puesto que las fuerzas son vectores, las representaremos en un sistema de referencia cartesiano.

Sobre él situaremos todos los datos que aporta el problema, convertidos en unidades SI.

Se dibujan las fuerzas aplicadas sobre m_3 y se descomponen en el eje X y el eje Y.

Para descomponer las fuerzas se puede utilizar el siguiente procedimiento:

- La componente x de la fuerza se obtiene del producto de su módulo por el coseno del ángulo que forme con el eje X; este ángulo se tomará positivo.
- Se añadirá el versor $\vec{i}$, con un signo negativo si lleva el sentido del eje –X.

La componente y de la fuerza se obtiene del producto de su módulo por el seno del ángulo que forme con el eje X, tomado positivo.

- Se añadirá el versor $\vec{j}$, con un signo negativo si lleva el sentido del eje –Y.
- Luego se suman las fuerzas por componentes.

Para el cálculo del campo gravitatorio en el tercer vértice, se tiene en cuenta que es un vector paralelo al vector fuerza resultante y de módulo $g = F/m_3$

Junto al resultado final, es importante mostrar un esquema en el que aparezcan representados la fuerza resultante y el campo gravitatorio:

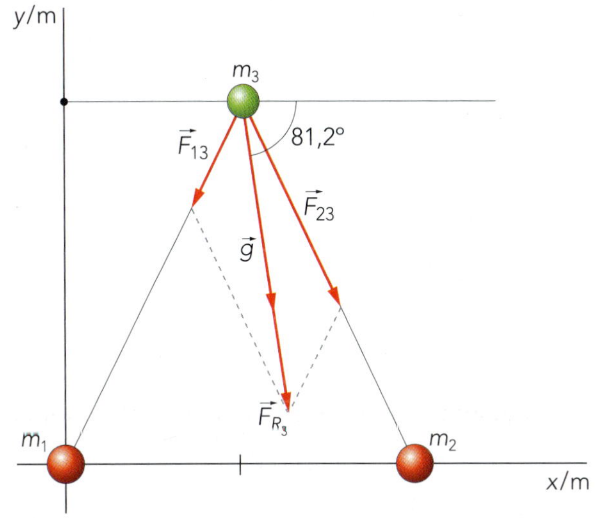

Recuerda seleccionar el material de trabajo de esta unidad para tu **portfolio.**

TRABAJA CON LO APRENDIDO

El camino hacia la LGU

1 Elabora un **mapa conceptual** en el que relaciones las fases del método científico con los pasos seguidos a lo largo de la historia de la astronomía para desarrollar la teoría de la gravitación de Newton.

2 Realiza una tabla en la que resumas las diferencias y las semejanzas entre los modelos del universo desarrollados por Ptolomeo, Copérnico, Brahe y Kepler.

3 Busca información en Internet y explica qué significado tiene y a quién se le atribuye la frase: «*E pur si muove...*».

4 A pesar de que Tycho Brahe no consiguió elaborar un modelo matemático sobre los movimientos planetarios, sus aportaciones fueron imprescindibles para el desarrollo de la LGU. Argumenta este hecho.

Leyes de Kepler

5 Enuncia la segunda ley de Kepler y explica cómo varía la velocidad de un planeta a lo largo de su trayectoria alrededor del Sol.

6 Los valores aproximados de la distancia media de Urano al Sol y del período de revolución de Venus alrededor del Sol son $2{,}9 \cdot 10^9$ km y 225 días, respectivamente. Asimismo, la distancia entre la Tierra y el Sol es de 1 ua y el período de revolución de la Tierra en torno al Sol es de 365,25 días. Calcula:

a) La distancia entre Venus y el Sol en ua.

b) La duración, en días, de una vuelta completa de Urano en torno al Sol.

7 Los dos únicos planetas que carecen de satélites naturales en el sistema solar son Mercurio y Venus. Por el contrario, Júpiter tiene hasta 69 satélites naturales. Los más importantes, por ser los de mayor masa, son cuatro: Ío, Europa, Ganímedes y Calisto. Fueron descubiertos en 1610 por Galileo, por lo que también se les denomina lunas galileanas. Sabiendo que Ío tarda 1,7 días terrestres en completar una vuelta en torno a Júpiter, calcula el período de revolución de los principales satélites de Júpiter. Utiliza los datos que aparecen en la siguiente tabla:

Satélites	Ío	Europa	Ganímeles	Calisto
Radio orbital (km)	421 600	671 100	1 070 400	1 882 700

8 Dos satélites artificiales orbitan la Tierra en órbitas circulares de radios r_1 = 7 500 km y r_2 = 9 500 km. Calcula la relación que existe entre sus períodos de revolución alrededor de la Tierra.

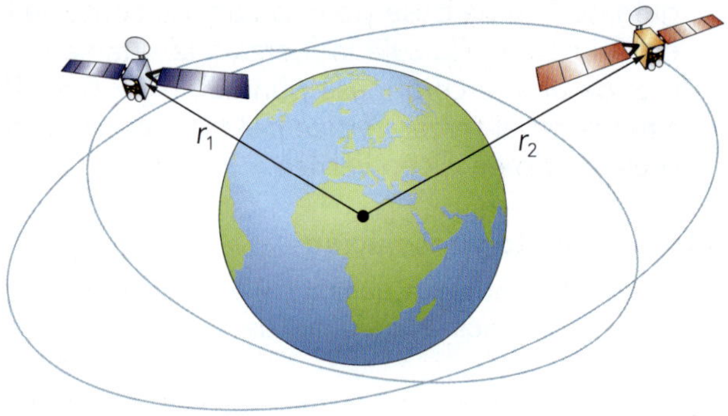

9 El período de revolución del planeta Marte alrededor del Sol es de 1,88 años terrestres y el de Mercurio de 0,24 años terrestres. Mercurio es el planeta más cercano al Sol, siendo su órbita la más excéntrica de todos los planetas del sistema solar, con un valor de 0,2056. Además, la distancia máxima de Mercurio al Sol es 0,47 ua y la mínima 0,31 ua. Calcula:

a) La relación que existe entre las velocidades de Mercurio en su perihelio y su afelio.

b) El semieje mayor, *a*, de la trayectoria elíptica que recorre Mercurio en torno al Sol.

c) La distancia media de Marte al Sol.

Ley de gravitación universal

10 Describe las características de la interacción gravitatoria entre dos masas puntuales. ¿En qué circunstancias se puede utilizar la LGU para cuerpos extensos?

11 Una sonda de 2 000 kg de masa es lanzada al espacio en dirección a la Luna. Cuando la sonda se localiza a $2 \cdot 10^8$ m de la superficie terrestre se encuentra totalmente alineada con la Tierra y la Luna. ¿Qué fuerza gravitatoria neta se ejerce sobre la sonda en ese momento? Extrae conclusiones sobre el resultado obtenido.

Datos: $G = 6{,}67 \cdot 10^{-11}$ N · m²/kg²; R_T = 6 371 km;
$M_T = 5{,}97 \cdot 10^{24}$ kg; $M_L = 7{,}35 \cdot 10^{22}$ kg;
$d_{TL} = 3{,}84 \cdot 10^8$ m.

12 Supuesta la Luna como una esfera homogénea de radio $R_L = 0{,}27 \cdot R_T$ y masa $M_L = 0{,}012 \cdot M_T$, calcula la densidad del satélite terrestre.

Datos: g_0(Tierra) = 9,8 m/s²; R_T = 6 371 km;
$G = 6{,}67 \cdot 10^{-11}$ N · m²/kg².

Consulta las soluciones de todas las actividades numéricas en **anayaeducacion.es**.

13 Calcula la fuerza neta a la que se vería sometido un cuerpo de masa 500 kg, situado sobre la recta que une los centros de la Tierra y la Luna, a una distancia de la Tierra de $0,9 \cdot d_{TL}$. Dibuja un diagrama de fuerzas.

Datos: $G = 6,67 \cdot 10^{-11}$ N · m²/kg²; $M_T = 5,97 \cdot 10^{24}$ kg; $M_L = 7,35 \cdot 10^{22}$ kg; $d_{T\text{-}L} = 3,84 \cdot 10^8$ m.

14 Busca información en Internet y, utilizando la LGU, escribe un informe en el que expongas cómo se produce el fenómeno de las mareas.

15 Dos partículas m_1 y m_2, una con el doble de masa que la otra ($m_1 = 2 \cdot m_2$), se encuentran separadas una distancia $d = 1$ m. Calcula en qué punto del segmento que las une, medido desde la masa m_1, se anula la fuerza gravitatoria resultante sobre una tercera masa puntual $m_3 = 0,5 \cdot m_2$ colocada en dicho punto.

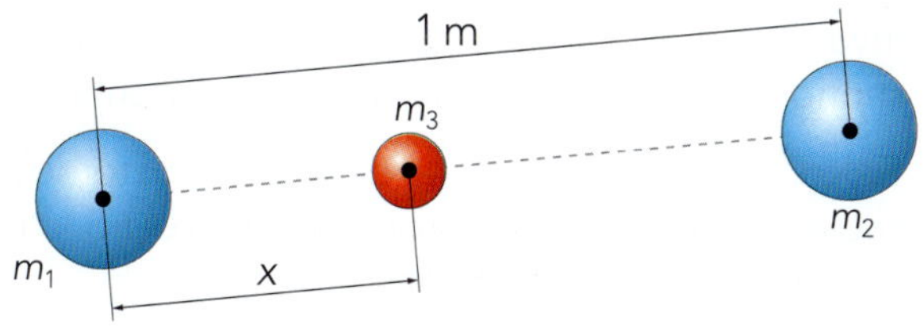

16 Calcula la fuerza gravitatoria resultante sobre una masa $m = 1$ kg, situada en el punto (0,0) de un sistema de referencia cartesiano, debida al sistema de partículas formado por tres masas puntuales iguales de 1 kg, m_1, m_2 y m_3, distribuidas en los puntos (0,1), (1,1), (1,0), respectivamente, medidos en metros.

La gravedad y el peso de los cuerpos

17 Si dejamos caer dos cuerpos de diferente masa sobre la superficie de la Tierra, razona si lo harán con la misma aceleración.

18 Calcula el valor de la gravedad en una órbita situada a 5000 km de altura sobre la superficie de la Tierra. Si a esa altura hacemos orbitar un satélite artificial de 1200 kg, ¿cuál será su peso?

Datos: g_0(Tierra) = 9,8 m/s²; R_T = 6371 km.

19 Si dejamos caer un cuerpo sobre la superficie lunar desde una altura h igual al radio del satélite lunar, R_L; ¿en qué proporción habrá aumentado su peso al llegar a la superficie respecto del que tenía momentos antes de la caída?

20 Calcula qué relación existe entre la aceleración de la gravedad en la superficie de cualquiera de los planetas del sistema solar y la gravedad a una altura $h = 2 \cdot R$. Siendo R el radio del planeta.

21 ¿A qué altura tiene que orbitar un satélite de 590 kg sobre la superficie de Marte para que su peso se reduzca a la mitad respecto del que tendría en la superficie marciana?

Dato: R_{Marte} = 3397 km.

22 Puesto que la gravedad en la superficie lunar es una sexta parte de la gravedad terrestre, si midiéramos el valor de la constante de la gravedad G utilizando la balanza de Cavendish en la Luna, ¿cuál sería el valor encontrado para G en la superficie lunar?

23 Si el planeta Tierra redujese su radio a la mitad manteniendo su misma masa, ¿en qué proporción se vería afectada la gravedad sobre la superficie de la nueva Tierra?

24 Si la Luna duplicase su volumen y modificase su masa de tal forma que la gravedad en su superficie siguiera siendo la misma, ¿en qué factor variaría la densidad del satélite?

25 Si la gravedad en la superficie de la Tierra es 2,6 veces mayor que la gravedad en la superficie de Marte, ¿cuánto pesaría un cuerpo de 200 kg sobre la superficie marciana?

Datos: g_0(Tierra) = 9,8 m/s².

26 Se deja caer un cuerpo desde una altura de 300 m sobre la superficie de la Luna. Calcula la velocidad con la que impactaría al llegar al suelo lunar, sabiendo que la Luna tiene una masa 0,012 veces la de la Tierra y su radio es 0,27 veces el terrestre.

Dato: g_0(Tierra) = 9,8 m/s².

27 Calcula el período de oscilación de un péndulo de 1 m de longitud situado en la superficie de Marte.

Datos: $M_{Marte} = 0,107 \cdot M_T$; $R_{Marte} = 0,53 \cdot R_T$; g_0(Tierra) = 9,8 m/s².

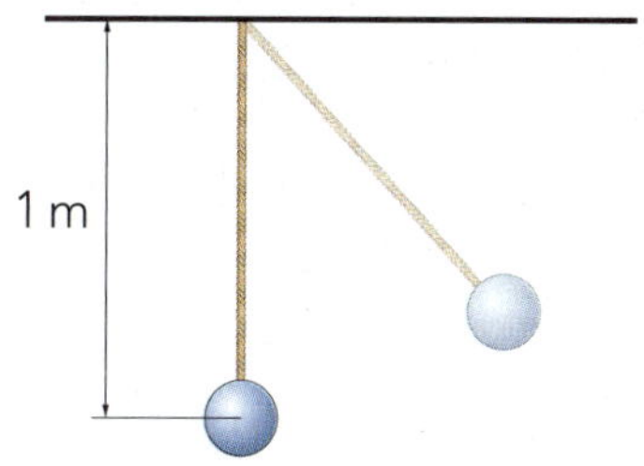

28 Explica qué es la velocidad de escape. ¿Qué ocurriría si lanzáramos un cuerpo desde la superficie de la Tierra hacia el espacio con una velocidad mayor a la velocidad de escape? ¿Y si lo lanzáramos con una velocidad menor que la de escape?

Movimientos orbitales

29 La masa del Sol es $2 \cdot 10^{30}$ kg, y la de la Tierra, $6 \cdot 10^{24}$ kg, aproximadamente. Si la aceleración centrípeta con la que se desplaza la Tierra en torno al Sol tiene un valor de 0,0059 m/s^2, y suponiendo el movimiento orbital circular y uniforme, calcula la distancia que separa ambos astros, medida de centro a centro.

Dato: $G = 6{,}67 \cdot 10^{-11}$ N · m^2/kg^2.

30 Deduce la expresión de la velocidad orbital de un satélite artificial que describe una órbita circular alrededor de la Tierra y explica qué significado tiene.

31 Calcula la velocidad y el período orbital de la Luna en su movimiento alrededor de la Tierra.

Datos: $g_0 = 9{,}8$ m/s^2; $R_T = 6\,371$ km; $d_{T\text{-}L} = 384\,400$ km.

32 Calcula el período de revolución de un satélite alrededor de la Tierra, si sabemos que orbita a una altura de 1000 km sobre la superficie terrestre.

Datos: $M_T = 5{,}97 \cdot 10^{24}$ kg; $R_T = 6\,371$ km;
$G = 6{,}67 \cdot 10^{-11}$ N · m^2/kg^2.

33 Si conocemos las características del movimiento de un satélite artificial que orbita la Tierra, es decir, su velocidad, período y radio orbital, ¿podríamos calcular con estos datos la masa del satélite? ¿Y la masa de la Tierra? Razona tu respuesta.

34 ¿Qué radio orbital medio debe tener la trayectoria de un satélite artificial que gira en torno a la Tierra con una velocidad lineal de 4550 m/s?

Datos: $M_T = 5{,}97 \cdot 10^{24}$ kg; $G = 6{,}67 \cdot 10^{-11}$ N · m^2/kg^2.

35 Saturno tiene más de 60 satélites con órbitas estables. El más grande se llama Titán, tan grande como el planeta Mercurio. Titán gira en una órbita de $1{,}22 \cdot 10^6$ km y tarda 15,9 días en dar una vuelta alrededor de Saturno. Calcula la masa de Saturno.

Dato: $G = 6{,}67 \cdot 10^{-11}$ N · m^2/kg^2.

36 Como sabes, la Estación Espacial Internacional, ISS, se encuentra a una altura de unos 415 km sobre la superficie terrestre y posee una masa de unas 400 toneladas. Calcula el período orbital de la ISS y el valor del campo gravitatorio a esa altura. ¿Cuál sería su energía potencial?

Datos: g_0(Tierra) = 9,8 m/s^2; $R_{Tierra} = 6\,371$ km.

37 Calcula la altura sobre la superficie de la Tierra a la que tiene que orbitar un satélite para que su velocidad orbital sea 3,5 km/s.

Datos: $g_0 = 9{,}8$ m/s^2; $R_T = 6\,371$ km.

38 ¿Cuál será el radio orbital de un satélite que gira en torno a la Tierra con un peíodo orbital de 6 h? Expresa el resultado en función del radio terrestre.

Dato: $g_0 = 9{,}8$ m/s^2.

39 El planeta Marte orbita en torno al Sol con un período de 1,88 años terrestres y a una distancia de 1,52 ua. Calcula:

a) La fuerza centrípeta a la que se ve sometido Marte.

b) La aceleración tangencial y la aceleración centrípeta que le genera dicha fuerza.

Datos: G = $6{,}67 \cdot 10^{-11}$ N · m^2/kg^2; $M_{Marte} = 6{,}4 \cdot 10^{23}$ kg;
$M_{Sol} = 2 \cdot 10^{30}$ kg.

Fuerzas centrales

40 Investiga qué planetas no giran sobre sí mismos en sentido directo. ¿A qué se debe esta anomalía?

41 Calcula la velocidad areolar de la Tierra en torno al Sol, sabiendo que su radio orbital medio es $1{,}5 \cdot 10^{11}$ m, y su período, de 365,25 días.

42 Utilizando el principio de conservación del momento angular, encuentra la relación entre las velocidades máximas y mínimas de los planetas en su órbita elíptica en torno al Sol.

43 Explica qué son fuerzas centrales y pon varios ejemplos de fuerzas que lo sean, razonando tu decisión.

44 Explica por qué las fuerzas centrales conservan el momento angular o cinético.

45 Infórmate en Internet sobre la inclinación del plano orbital de los planetas del sistema solar respecto de la eclíptica y del sentido de giro de estos en torno al Sol. Elabora una tabla de datos al respecto.

46 Busca información sobre el concepto de fuerzas conservativas y explica por qué las fuerzas centrales son conservativas. Explica qué son fuerzas centrales y pon varios ejemplos de fuerzas que lo sean, razonando tu decisión.

47 Demuestra que los planetas aumentan su momento angular respecto del Sol al alejarse de este. Siendo r_1 y r_2, $r_2 > r_1$, los radios orbitales de dos satélites artificiales de igual masa $m_1 = m_2$ que orbitan la Tierra con MCU, demuestra la siguiente relación entre sus momentos angulares, L_1 y L_2, respecto de la Tierra:

$$\frac{L_2}{L_1} = \sqrt{\frac{r_2}{r_1}}$$

48 Demuestra que la relación que existe entre el momento angular de la Tierra en el afelio y en el perihelio es $L_{perihelio}/L_{afelio} = 1$.

49 Calcula el momento angular de la Tierra en su movimiento de traslación con respecto al Sol, supuesto este circular y uniforme.

Datos: $M_T = 5{,}97 \cdot 10^{24}$ kg; $d_{T\text{-}S} = 1$ ua; $T = 1$ año.

50 La Luna describe una órbita de 384 400 km de radio medio en torno a la Tierra. Calcula el área que barre por segundo el radio vector que posiciona la Luna respecto de la Tierra.

Datos: $M_T = 5{,}97 \cdot 10^{24}$ kg; $G = 6{,}67 \cdot 10^{-11}$ N · m^2/kg^2.

Modelos del universo

51 Explica, según la teoría de la gravitación de Einstein, cómo la luz puede desviarse al pasar cerca de una estrella masiva.

52 **Sumamos.** Explicad las diferencias entre materia oscura y energía oscura.

53 ¿Qué otras alternativas a la muerte térmica han barajado los científicos para explicar al destino del universo?

54 Documéntate y realiza un informe sobre las aportaciones que ha hecho el físico Stephen Hawking al desarrollo de la teoría de los agujeros negros.

Ciencia, tecnología y sociedad

Agujeros negros

Los agujeros negros son estructuras predichas por las ecuaciones de Einstein en su teoría de la relatividad. En la década de 1970 S. Hawking y R. Penrose, entre otros astrofísicos, realizaron grandes avances en el estudio teórico de estos objetos físicos.

Se trata de cuerpos que, aun emitiendo luz, provocan una atracción gravitatoria tan extremadamente grande que dicha luz no puede escapar de ellos y un observador lejano no conseguiría verlos. Una estrella podría llegar a convertirse en un agujero negro mediante un proceso llamado colapso gravitatorio.

Para comprender qué son los agujeros negros, debemos conocer cómo ha sido la vida de una estrella. Todo parte de una nube masiva de gas hidrógeno del tamaño de varios sistemas solares que se comprime debido a las fuerzas gravitatorias internas. Esta compresión hace que el gas se caliente hasta alcanzar millones de kelvin. A estas temperaturas, los átomos de hidrógeno colisionan entre sí con tal energía que fusionan en helio, una reacción nuclear que libera enormes cantidades de energía. Se ha formado una estrella. Se trata de un delicado equilibrio entre las fuerzas gravitatorias de compresión y las fuerzas nucleares de expansión que la hace explotar y brillar como billones de bombas H.

Cuando se acaba el hidrógeno, todo el combustible se ha transformado en helio residual. Entonces, la gravedad supera a las fuerzas nucleares y la estrella vuelve a comprimirse y, con ello, a aumentar la temperatura.

Las colisiones se desatan y las fuerzas nucleares vencen, fusionando el helio en elementos más pesados, hasta acabar por completo con el combustible nuclear.

Si esta estrella fuera tan masiva como varios soles, la gravedad seguiría comprimiéndola hasta llevarla a un diámetro de algunos kilómetros, llegando al colapso final como un agujero negro. La elevada densidad impide a la luz escapar de su campo gravitatorio.

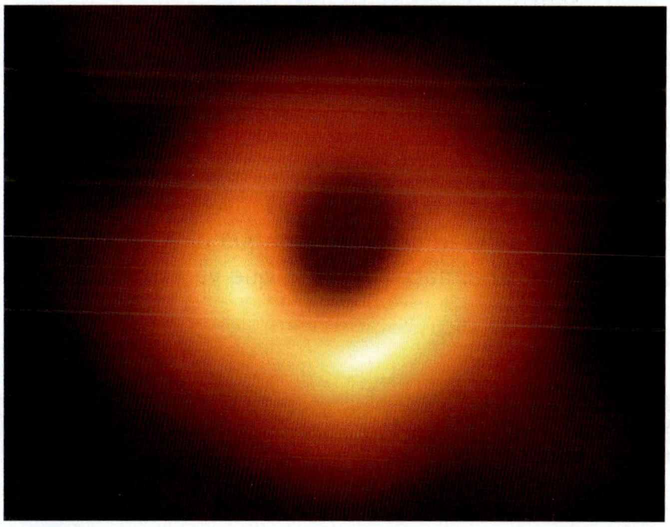

Existe un campo muy amplio de profesiones que requieren de un conocimiento de los principios de la dinámica y la fuerza gravitatoria. Por ejemplo, los **geofísicos** utilizan la constante G para estudiar la estructura y la composición de la Tierra. Y también es esencial en campos como la **física de partículas** y la **cosmología,** la parte de la **astronomía** que estudia el origen y el futuro del universo.

Identifica varios estudios y profesiones en las que pueda ser clave la aplicación de algunos de los conceptos que has estudiado en la unidad.

En **anayaeducacion.es** Consulta el apartado «Para estudiar» en el banco de recursos.

12

ELECTROSTÁTICA

Almacenamiento de la energía eléctrica

Nuestra sociedad necesita energía para funcionar, y más del 96% de la energía utilizada es eléctrica, sobre todo por tres razones:

- Se puede transportar con facilidad. Para ello, utilizamos el tendido eléctrico repartido por todo el país, incluso entre continentes.
- Se transforma muy fácilmente en otras formas de energía, y viceversa. Mediante el alternador, el movimiento se transforma en electricidad, y con el motor eléctrico, la electricidad se convierte en movimiento.
- Es la forma de energía necesaria para hacer funcionar todos los aparatos electrónicos que nos rodean: móviles, ordenadores, televisores, etc.

Sin embargo, la electricidad tiene un enorme problema; aunque sabemos almacenarla a pequeña escala en pilas, baterías o condensadores, a gran escala no se hace de manera eficiente. Es decir, que al mismo ritmo que se produce la electricidad en las centrales eléctricas, la tenemos que consumir. Esto conlleva una gran dificultad, pues se deben realizar previsiones de consumo.

Entonces, ¿qué ocurre si producimos más energía de la que se está consumiendo? En general, se desperdicia, aunque parte se recupera mediante centrales hidroeléctricas reversibles, en las que con el exceso de electricidad se bombea agua al embalse. Además, existen otras formas de almacenamiento que ya están en fase de investigación y desarrollo.

COMPROMISO ODS

ODS

Contestad a las siguientes preguntas en grupo:

1 A pesar de la existencia de fuentes de energía renovables, la producción de energía sigue siendo el principal causante del calentamiento global. A partir de las **metas 7.2**, **7.6** y **13.5**, elaborad una lista sobre qué pasos se deberían consensuar entre los diferentes países para pasar de la situación actual a otra en la que las fuentes de energía no renovables sean solo historia.

2 Teniendo en cuenta la **meta 7.1**, ¿crees que podría fabricarse un sistema para enviar la energía eléctrica sobrante a los lugares menos desarrollados? Expresad vuestras ideas al respecto.

Antes de empezar a estudiar esta unidad, consulta la presentación «Qué necesitas saber» en anayaeducacion.es.

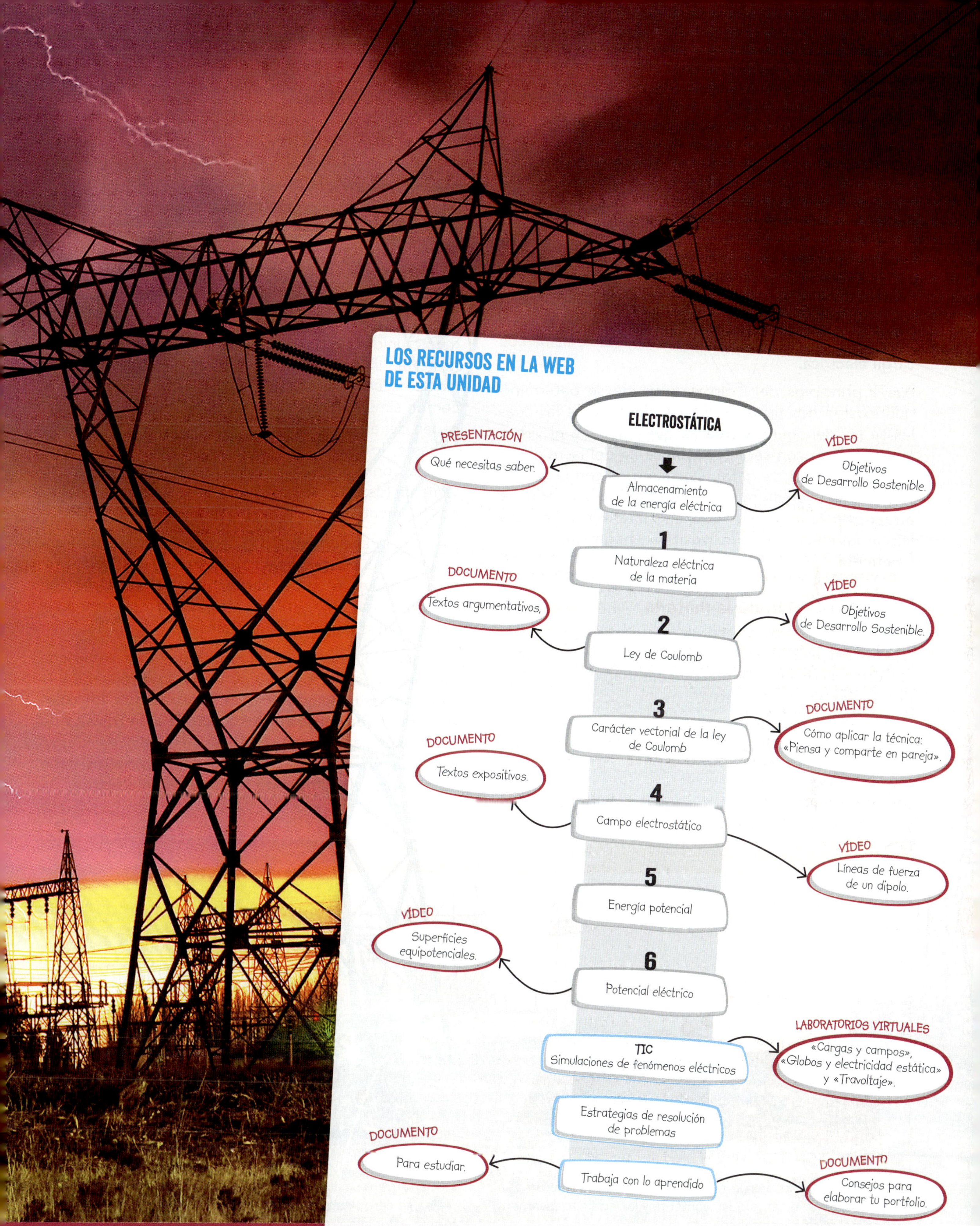

LOS RECURSOS EN LA WEB DE ESTA UNIDAD

ELECTROSTÁTICA

- Almacenamiento de la energía eléctrica
  - PRESENTACIÓN: Qué necesitas saber.
  - VÍDEO: Objetivos de Desarrollo Sostenible.
- 1 Naturaleza eléctrica de la materia
- 2 Ley de Coulomb
  - DOCUMENTO: Textos argumentativos.
  - VÍDEO: Objetivos de Desarrollo Sostenible.
- 3 Carácter vectorial de la ley de Coulomb
  - DOCUMENTO: Cómo aplicar la técnica: «Piensa y comparte en pareja».
- 4 Campo electrostático
  - DOCUMENTO: Textos expositivos.
  - VÍDEO: Líneas de fuerza de un dipolo.
- 5 Energía potencial
- 6 Potencial eléctrico
  - VÍDEO: Superficies equipotenciales.
- TIC Simulaciones de fenómenos eléctricos
  - LABORATORIOS VIRTUALES: «Cargas y campos», «Globos y electricidad estática» y «Travoltaje».
- Estrategias de resolución de problemas
- Trabaja con lo aprendido
  - DOCUMENTO: Para estudiar.
  - DOCUMENTO: Consejos para elaborar tu portfolio.

Y ADEMÁS... Soluciones de todas las actividades numéricas

NATURALEZA ELÉCTRICA DE LA MATERIA

1.1. Carga eléctrica

Se tiene constancia de que en la antigua Grecia (500 a. C.) ya se conocían algunos fenómenos eléctricos. Básicamente, sabían que ciertos materiales, al ser frotados con otros, adquirían una propiedad por la cual podían atraer cuerpos ligeros como hojas secas, pelos, etc. La palabra **electricidad** deriva de *élektron*, que en griego significa 'ámbar', ya que este material era conocido por su facilidad de electrizarse al ser frotado. A esta propiedad que adquieren los cuerpos al frotarlos, hoy día la llamamos **carga eléctrica.**

Fue a principios del siglo XVIII cuando se determinó que existen dos tipos de cargas eléctricas, a las cuales se las denominó **vítrea** (la que adquiere el vidrio al ser frotado con seda) y **resinosa** (la del lacre al ser frotado con piel de gato). Dos cuerpos con la misma carga se repelen entre sí, y si son de tipo contrario, se atraen. Posteriormente, Benjamin Franklin renombró las cargas eléctricas como **positiva** y **negativa,** respectivamente.

1.2. Electrización de la materia

Durante el siglo XVIII, existieron dos teorías que explicaban los fenómenos de la electrización. Ambas suponían la existencia de unos fluidos que pasaban de unos cuerpos a otros alterando el estado neutro inicial.

En la actualidad, sabemos que los fenómenos de electrización hay que buscarlos en la propia constitución de la materia formada por átomos, y estos por protones, neutrones y electrones.

La carga eléctrica es una propiedad intrínseca de las partículas, igual que la masa. Los **protones** tienen carga eléctrica **positiva;** los **electrones, negativa,** y los neutrones no tienen esta propiedad. La carga de un protón es igual a la de un electrón, pero positiva. En principio, los átomos tienen carga eléctrica neta cero ya que tienen el mismo número de protones que de electrones, y sus cargas se cancelan unas con otras.

Mientras que los protones y los neutrones están fuertemente unidos formando el núcleo atómico, los electrones están ligados débilmente al átomo en los orbitales. No se necesita mucha energía, que se puede conseguir con un simple frotamiento, para que los electrones escapen del átomo y este quede con un defecto de electrones o, lo que es lo mismo, **carga neta positiva.** Un cuerpo con átomos que han quedado cargados positivamente (defecto de electrones) será un cuerpo cargado positivamente.

De manera análoga, pueden llegar nuevos electrones a un átomo, quedando este con un exceso de carga eléctrica negativa, es decir, **carga neta negativa.** Así, un cuerpo cargado negativamente (exceso de electrones) tiene átomos cargados negativamente.

Por ejemplo, cuando se frota una barra de vidrio con un paño de seda, el vidrio se carga positivamente y la seda lo hace negativamente. En consecuencia, **los cuerpos adquieren carga eléctrica debido a un tránsito de electrones** de uno a otro (del vidrio a la seda, en nuestro ejemplo). Además, la carga eléctrica de un cuerpo debe ser siempre un **múltiplo de la carga de un electrón.**

Naturaleza eléctrica de la materia

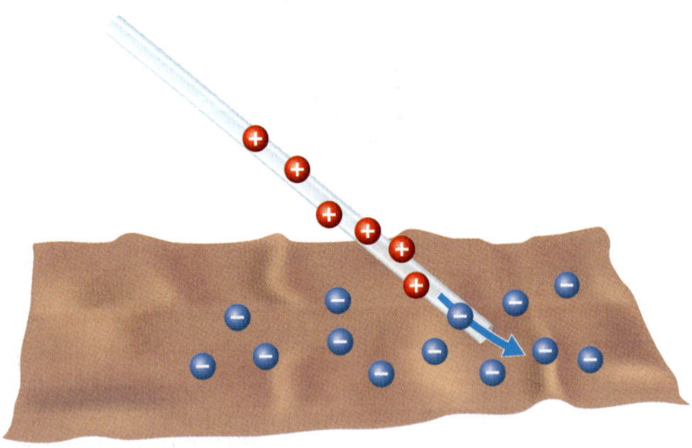

La barra de vidrio pierde electrones, que se transfieren a la seda: el vidrio se carga positivamente y la seda negativamente, con el mismo valor absoluto.

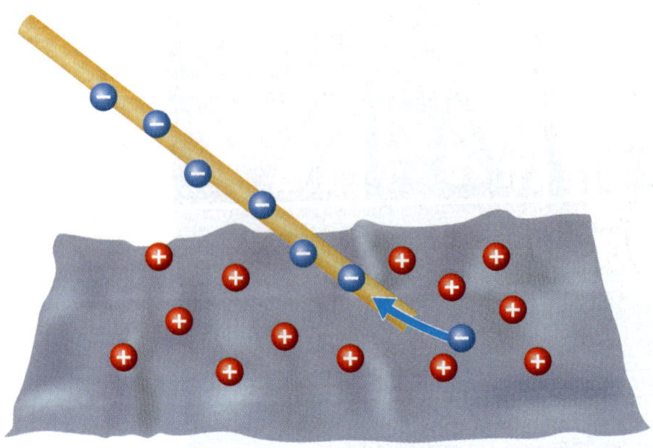

La barra de resina gana los electrones que pierde la piel: la resina se carga negativamente y la piel positivamente, con el mismo valor absoluto.

1.3. Unidad de carga eléctrica

En el SI, la unidad de carga eléctrica es el culombio, C. Un electrón tiene una carga de, aproximadamente, $-1{,}6 \cdot 10^{-19}$ C, y el protón tiene la misma carga, pero positiva. Este valor se representa como:

$$e = 1{,}6 \cdot 10^{-19}\ \text{C}$$

1.4. Modelo estándar

En el **modelo estándar** de la materia se establecen las partículas fundamentales que forman la materia y sus propiedades. Según este modelo:

- Los electrones son partículas fundamentales (no están formadas por otras), a los que se les asigna una carga de –1 *e* (en el sistema de unidades atómicas).
- Los protones tienen una carga +1 *e*, que, igual que los neutrones, no son fundamentales, pues están formados por **quarks.**
- En estas unidades atómicas del modelo estándar, los **quarks *up* (*u*)** tienen una carga +2/3 *e*, y los **quarks *down* (*d*),** –1/3 *e*.
- Dos quarks *up* junto con un quark *down* forman un protón, con carga: +2/3 + 2/3 – 1/3 = +1 *e*.
- Dos quarks *down* unidos a un quark *up* forman un neutrón, sin carga: –1/3 – 1/3 + 2/3 = 0.
- Los quarks no se transfieren de unos cuerpos a otros, puesto que están muy fuertemente unidos; por tanto, no contribuyen a la electrización de la materia.

Partículas fundamentales según el modelo estándar

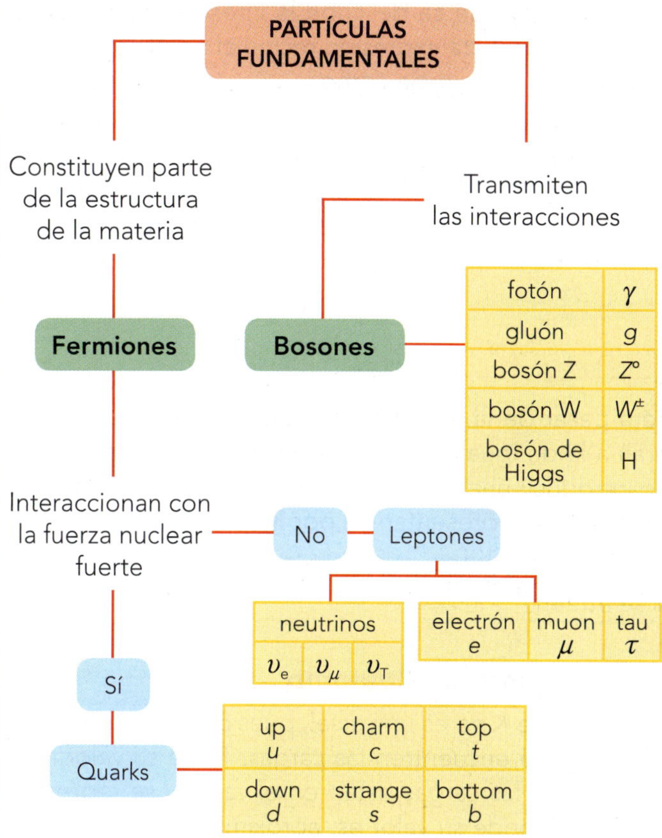

En el esquema se observa una clasificación de las partículas fundamentales. Si buscas en Internet información sobre el modelo estándar, encontrarás que los fermiones se dividen en tres generaciones, o familias, según su masa. Por otro lado, se cree en la existencia de otro bosón, el gravitón, responsable de la interacción gravitatoria, pero aún no se ha encontrado. Por otro lado, en la figura inferior se muestran las partículas fundamentales que forman el neutrón y el protón.

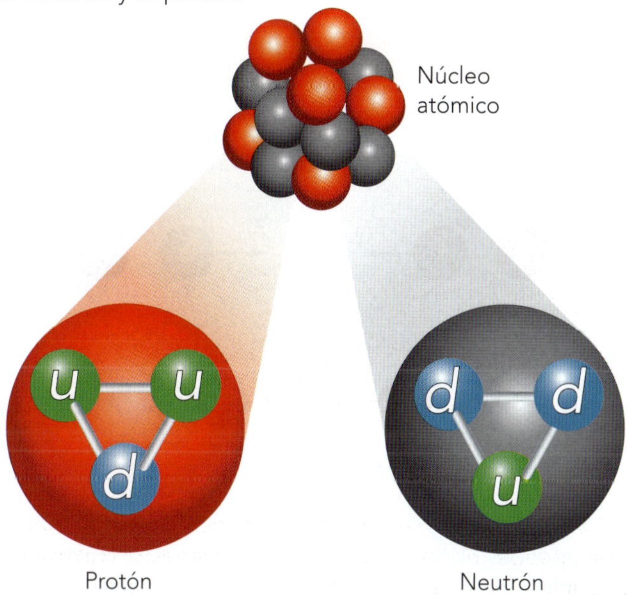

Ejercicios

1 Determina cuántos electrones debe perder un cuerpo para quedar cargado con una carga de 1 C.

2 ¿Cuántos electrones ha ganado un cuerpo que tiene una carga de –2,5 pC?

3 Si por un cable pasa una corriente eléctrica de intensidad un amperio, 1 A, significa que pasa un culombio cada segundo. ¿Cuántos electrones pasarán por una sección del cable en una milésima de segundo si la corriente eléctrica es de 1 mA?

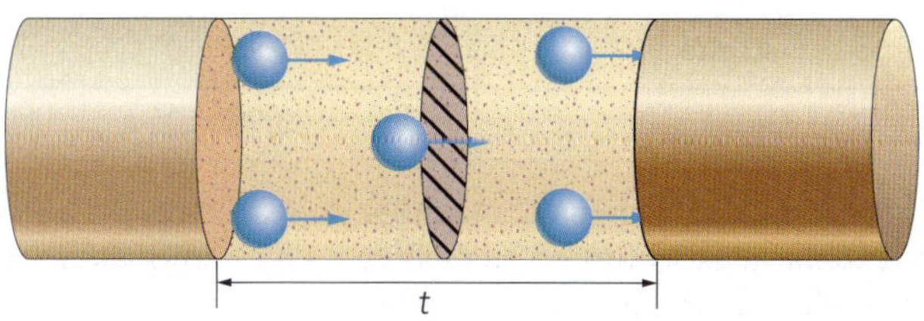

Consulta las soluciones de todas las actividades numéricas en **anayaeducacion.es**.

2
LEY DE COULOMB

En el siglo XVIII, el físico francés Charles-Augustin de Coulomb encontró experimentalmente una expresión matemática con la que se describe la interacción entre cuerpos cargados. Esta expresión recibe el nombre de **ley de Coulomb,** y se enuncia como:

> La fuerza con la que interaccionan dos cargas eléctricas, q y q', es directamente proporcional al producto de las cargas e inversamente proporcional al cuadrado de la distancia que las separa:
>
> $$F = K \cdot \frac{q \cdot q'}{r^2}$$

Para pasar de la relación de proporcionalidad (lenguaje oral) a la de igualdad (lenguaje matemático), es necesario introducir una constante, que llamamos **constante de Coulomb,** y representamos por ***K.***

La fuerza será positiva si las cargas se repelen y negativa si se atraen.

2.1. Constante de Coulomb

La constante K no es universal, pues depende del medio en el que se encuentren las cargas. Toma su valor máximo cuando las cargas están en el vacío y se representa como K_0, donde su valor es, aproximadamente, $9{,}0 \cdot 10^9$ en unidades del SI (ejercicio resuelto 1).

La constante K está relacionada con otra constante denominada **permitividad** (o **constante dieléctrica**) **del medio,** representada por ε, mediante:

$$\boxed{K = \frac{1}{4 \cdot \pi \cdot \varepsilon}}$$

Si el medio es el vacío:

$$K_0 = \frac{1}{4 \cdot \pi \cdot \varepsilon_0}$$

donde $\boldsymbol{\varepsilon_0}$ es una constante universal denominada **permitividad** (o **constante dieléctrica**) **del vacío,** cuyo valor es, aproximadamente, $8{,}85 \cdot 10^{-12}$ en unidades SI. Al cociente $\boldsymbol{\varepsilon/\varepsilon_0}$ se lo denomina **permitividad relativa.**

2.2. Valor de la fuerza eléctrica

Para demostrar que el culombio es una unidad muy grande, imaginemos que hemos cargado dos cuerpos con un culombio cada uno, y que los separamos un metro, ¿con qué fuerza se repelen?

Utilizamos la ley de Coulomb para el caso de que el medio sea el aire, $K_{aire} = 8{,}99 \cdot 10^9$, unidades SI:

$$F_e = K \cdot \frac{q \cdot q'}{r^2} = 8{,}99 \cdot 10^9 \cdot \frac{1 \cdot 1}{1^2} = 8{,}99 \cdot 10^9 \text{ N}$$

Esta fuerza es igual al peso de una masa de:

$$F = m \cdot g \;\rightarrow\; m = \frac{F}{g}$$

$$m = \frac{8{,}99 \cdot 10^9}{9{,}8} \approx 9{,}17 \cdot 10^8 \text{ kg}$$

Es decir, la fuerza con la que se repelen estas dos cargas es igual al peso de un cuerpo de más de novecientas diecisiete mil toneladas, equivalente, aproximadamente, a cinco grandes transatlánticos. En nuestra vida cotidiana no existen estas fuerzas eléctricas tan grandes, lo que quiere decir que los cuerpos no se pueden cargar con valores tan altos.

Ley de Coulomb

Atracción y repulsión

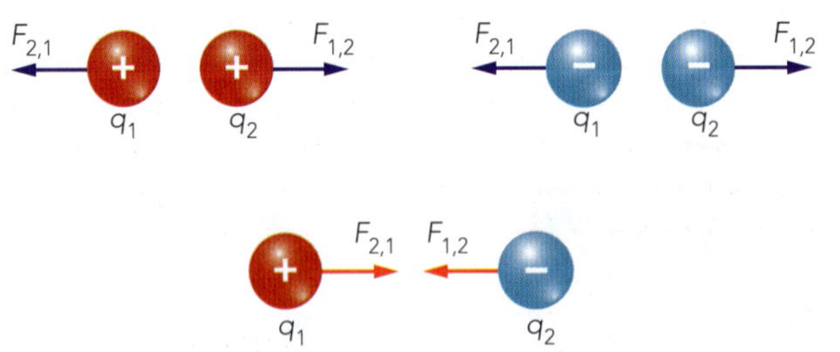

Como puedes observar, las cargas que tienen el mismo signo se repelen, y las que tienen signo contrario se atraen.

Valores de la constante dieléctrica

Medios materiales	Valores de K/(N · m²/C²)
Vacío	$9{,}00 \cdot 10^9$
Aire	$8{,}99 \cdot 10^9$
Agua	$1{,}10 \cdot 10^8$
Vidrio	$2{,}00 \cdot 10^9$
Aceite	$1{,}95 \cdot 10^9$
Gasolina	$3{,}90 \cdot 10^9$

En la tabla se recogen las constantes de Coulomb para diferentes materiales. Fíjate en sus valores y en cómo varían dependiendo del medio en el que estén las cargas.

Ejercicios resueltos

1 Determina la ecuación de dimensiones de la constante *K*, y su unidad en el SI.

Solución

Las dimensiones de la fuerza son:

$$F = m \cdot a \rightarrow [F] = [m] \cdot [a] = M \cdot L \cdot T^{-2}$$

La intensidad eléctrica, cuya unidad en el SI es el amperio (*A*), se define como la carga que pasa por una sección de un cable por unidad de tiempo; por tanto:

$$I = \frac{Q}{t} \rightarrow Q = I \cdot t \rightarrow [Q] = [I] \cdot [t] = I \cdot T$$

Despejamos *K* de la ley de Coulomb:

$$F = K \cdot \frac{q \cdot q'}{r^2} \rightarrow K = \frac{F \cdot r^2}{q \cdot q'}$$

Y sustituimos:

$$[K] = \frac{[F] \cdot [r]^2}{[q] \cdot [q']} = \frac{(M \cdot L \cdot T^{-2}) \cdot L^2}{(I \cdot T) \cdot (I \cdot T)} = M \cdot L^3 \cdot T^{-4} \cdot I^{-2}$$

Una vez que tenemos las dimensiones de *K*, su unidad en el SI, *u* (*K*), es:

$$u(K) = u(M) \cdot u(L)^3 \cdot u(T)^{-4} \cdot u(I)^{-2} = \frac{kg \cdot m^3}{s^4 \cdot A^2}$$

Que pueden rescribirse como:

$$u(K) = \frac{N \cdot m^2}{C^2}$$

Que es como se utiliza normalmente.

2 Una carga de –2,5 nC se repele con otra de valor desconocido con una fuerza de 12 N cuando están separadas una distancia de 20 cm. Calcula el valor de la carga desconocida.

Solución

Cuando no se mencione en el enunciado cuál es el medio, supondremos que es el vacío.

Llamaremos *q* a la carga conocida y *q'* a la desconocida. Puesto que las cargas se repelen, la fuerza la pondremos positiva; si se atrajeran, sería negativa. Despejamos nuestra incógnita de la ley de Coulomb:

$$F = K \cdot \frac{q \cdot q'}{r^2} \rightarrow q' = \frac{F \cdot r^2}{q \cdot K} = \frac{12 \cdot 0{,}20^2}{-2{,}5 \cdot 10^{-9} \cdot 9{,}0 \cdot 10^9}$$

$$q' \approx -2{,}13 \cdot 10^{-2}\ C = -21{,}3\ mC$$

3 ¿Qué distancia separa a dos cargas de 3 µC y –3 µC si se atraen con una fuerza de 1 N en el vacío?

Solución

La fuerza es de atracción, luego la pondremos negativa. Despejamos la distancia de la ley de Coulomb y sustituimos:

$$F = K \cdot \frac{q \cdot q'}{r^2} \rightarrow r = \sqrt{K \cdot \frac{q \cdot q'}{F}}$$

$$r = \sqrt{9{,}0 \cdot 10^9 \cdot \frac{3 \cdot 10^{-6} \cdot (-3 \cdot 10^{-6})}{-1}} \approx 0{,}285\ m = 28{,}5\ cm$$

Ejercicios

4 Dos cuerpos cargados se atraen cuando están separados una cierta distancia. ¿Con qué fuerza se atraerán si los situamos al doble de distancia?

5 Dos cuerpos cargados se encuentran separados una distancia r_0. ¿A qué distancia tendremos que separarlos si queremos que se repelan con un 10 % de la fuerza con la que lo hacen ahora?

6 En un átomo de hidrógeno, la distancia entre el protón y el electrón en su estado fundamental es de $5{,}26 \cdot 10^{-11}$ m. Calcula la fuerza eléctrica con la que se atraen, y compárala con la fuerza gravitatoria que se ejercen.

Dato: $m_p = 1{,}67 \cdot 10^{-27}$ kg; $m_e = 9{,}1 \cdot 10^{-31}$ kg.

7 Un cuerpo colocado en el suelo tiene un carga de 0,2 C. Por encima colocamos una bola de 200 g de masa y con una carga de 2 µC. ¿A qué altura quedará suspendida la bola?

8 Una carga de 2 µC hace contacto con un cuerpo, inicialmente neutro, y le comunica parte de su carga eléctrica. Cuando ambos se separan 25 cm, se repelen con una fuerza de 0,1 N. ¿Cuál es la carga final de cada uno?

9 A partir del valor de la constante de Coulomb, *K*, en el agua, deduce el valor de la constante dieléctrica, ε, en este medio. Relaciona este resultado con la permitividad en el vacío.

10 En la tabla de la página anterior, se recogen los valores de las constantes de Coulomb en diferentes medios. ¿En cuál de esos materiales crees que se atraerán con más fuerza eléctrica dos cuerpos cargados? ¿Por qué? Explica tu respuesta haciendo referencia a la permitividad del medio. Busca el valor de esta constante en otros medios y comenta lo encontrado con el resto de la clase.

11 **Grupo nominal.** ¿Por qué crees que la electricidad se transporta en hilos de cobre, aluminio o acero? Las redes eléctricas causan un gran impacto medioambiental difícil de controlar. Por grupos, realizad una búsqueda de lugares en los que las redes eléctricas hayan supuesto un problema en el entorno y si ha podido subsanarse. ¿Qué soluciones se proponen desde asociaciones o gobiernos? Redactad un informe con lo que hayáis encontrado y con vuestras propias propuestas.

12 ODS A partir de las ideas recogidas en el ejercicio anterior, ¿qué soluciones proponéis para lograr la **meta 7.1**? Buscad proyectos reales que se estén llevando a cabo como *Smiling Through Light* en Sierra Leona y comentadlos en clase.

3 CARÁCTER VECTORIAL DE LA LEY DE COULOMB

Como la fuerza es una magnitud vectorial, para describirla completamente necesitamos especificar, además de su módulo, su dirección y su sentido.

El procedimiento para determinar el vector fuerza que se ejerce sobre una carga, q', debido a la acción de otra carga, q, es el siguiente: calculamos las coordenadas del vector, $\vec{r}$, que une q con q' (imagen superior izquierda); hallamos el vector unitario en la dirección y sentido de $\vec{r}$, al que denominamos $\vec{u}$. Por último, se calcula el valor de la fuerza, utilizando la ley de Coulomb, F, que será multiplicada por $\vec{u}$. En lenguaje matemático:

$$\vec{F} = F \cdot \vec{u}, \text{ donde } \vec{u} = \frac{\vec{r}}{r}$$

Si en lugar de tener una carga hay más de una, aplicaremos el **principio de superposición,** según el cual, la fuerza neta es igual a la suma vectorial de todas las fuerzas que actúan (imagen inferior izquierda).

3.1. Fuerza eléctrica y fuerza gravitatoria

La expresión matemática de la ley de Coulomb es semejante a la ley de la gravitación universal de Newton. Aunque la fuerza eléctrica está creada por **cargas** y la gravitatoria por **masas,** ambas interacciones son **directamente proporcionales al producto de estas propiedades.** Además, ambas fuerzas son **inversamente proporcionales al cuadrado de la distancia que las separa.**

Pero, también, podemos indicar tres grandes diferencias. La principal es que mientras que **la fuerza gravitatoria es siempre una fuerza atractiva, la eléctrica puede ser también repulsiva.** Esto es debido a que existen dos tipos de cargas, positivas y negativas, y, sin embargo, solamente hay un tipo de masa.

La segunda es que mientras que la constante de proporcionalidad de la ley de Coulomb, K, no es universal, puesto que depende del medio en el que se hallen las cargas, la constante de la ley de gravitación, G, sí lo es; su valor es siempre el mismo.

Por último, debemos recalcar que **las fuerzas gravitatorias son extremadamente débiles;** es necesario que, al menos, uno de los dos cuerpos que interaccionan sea muy masivo. Esto no ocurre con **las fuerzas eléctricas, que son muy intensas.** Por este motivo, las fuerzas gravitatorias no juegan ningún papel en el comportamiento de las partículas subatómicas en los átomos. Sin embargo, a nivel macroscópico, las fuerzas eléctricas son despreciables debido al efecto de apantallamiento entre las cargas positivas y negativas que forman la materia. Esto no ocurre así con la fuerza gravitatoria, ya que cuanto mayor sea la cantidad de masa, mayor es su interacción gravitatoria, llegando a ser la fuerza que gobierna el comportamiento de los cuerpos masivos en el universo.

La fuerza como magnitud vectorial

Fuerza entre dos cargas

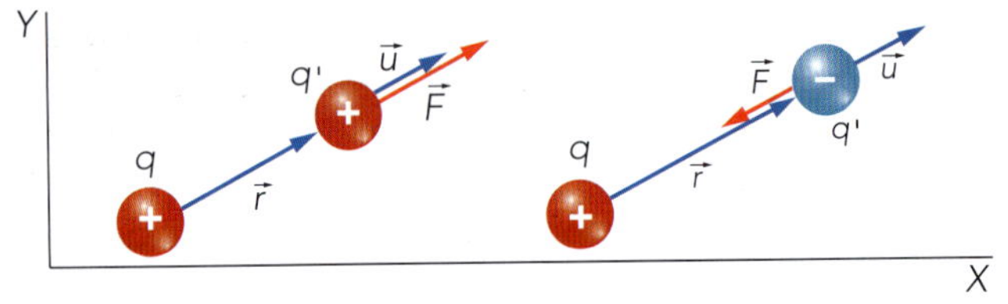

La fuerza entre dos cargas del mismo signo es repulsiva; si son de signo contrario, es atractiva.

Principio de superposición

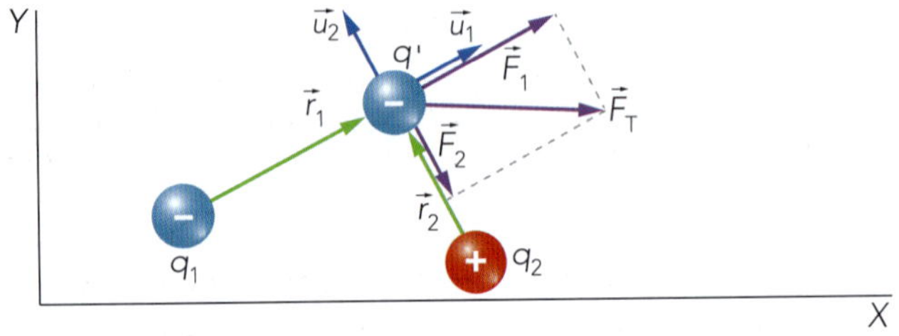

Este tipo de esquemas de fuerzas nos ayudan a resolver problemas al visualizar los vectores que intervienen.

Comparación entre fuerza eléctrica y fuerza gravitatoria

	Campo eléctrico	Campo gravitatorio
¿Qué crea la fuerza?	Dos tipos de cargas	Un tipo de masa
Tipo de fuerza	Atractiva y repulsiva	Atractiva
Constante de proporcionalidad	K, depende del medio	G, es universal
Fuerza del campo	Intensa a nivel atómico	Intensa a nivel astronómico
Expresión matemática	$F_e = K \cdot \frac{q_1 \cdot q_2}{r^2}$	$F_g = G \cdot \frac{m_1 \cdot m_2}{r^2}$

Ejercicios resueltos

4 Calcula la fuerza que actúa sobre $q' = -4\ \mu C$, situada en (–4, 0) cm, debida a las cargas $q_1 = 1$ mC en (2, 2) cm y $q_2 = -0{,}5$ mC en (–2, –1) cm.

Solución

La situación es la siguiente:

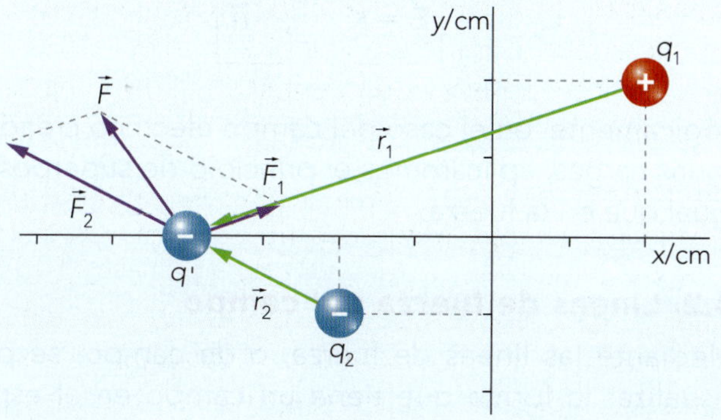

Inicialmente, calculamos los vectores de posición $\vec{r}$, y sus respectivos vectores unitarios, $\vec{u}$:

$$\vec{r}_1 = (-4, 0) - (2, 2) = \left(-6 \cdot \vec{i} - 2 \cdot \vec{j}\right) \text{ cm}$$

$$r_1 = 2 \cdot \sqrt{10} \text{ cm}$$

$$\vec{u}_1 = \frac{-6 \cdot \vec{i} - 2 \cdot \vec{j}}{\sqrt{(-6)^2 + (-2)^2}} = \frac{-6 \cdot \vec{i} - 2 \cdot \vec{j}}{2 \cdot \sqrt{10}}$$

$$\vec{r}_2 = (-4, 0) - (-2, -1) = \left(-2 \cdot \vec{i} + \vec{j}\right) \text{ cm}$$

$$r_2 = 2 \cdot \sqrt{5} \text{ cm}$$

$$\vec{u}_2 = \frac{-2 \cdot \vec{i} + \vec{j}}{\sqrt{(-2)^2 + 1^2}} = \frac{-2 \cdot \vec{i} + \vec{j}}{\sqrt{5}}$$

A continuación, determinamos el valor de cada fuerza:

$$F_1 = K_0 \cdot \frac{q_1 \cdot q'}{r_1^2} = 9{,}0 \cdot 10^9 \cdot \frac{10^{-3} \cdot (-4 \cdot 10^{-6})}{40 \cdot 10^{-4}} = -9000 \text{ N}$$

$$F_2 = K_0 \cdot \frac{q_2 \cdot q'}{r_2^2} = 9{,}0 \cdot 10^9 \cdot \frac{-0{,}5 \cdot 10^{-3} \cdot (-4 \cdot 10^{-6})}{5 \cdot 10^{-4}} =$$

$$= 36000 \text{ N}$$

Y las expresamos vectorialmente:

$$\vec{F}_1 = F_1 \cdot \vec{u}_1 = -9000 \cdot \frac{-6 \cdot \vec{i} - 2 \cdot \vec{j}}{2 \cdot \sqrt{10}}$$

$$\vec{F}_1 \approx (8538 \cdot \vec{i} + 2846 \cdot \vec{j}) \text{ N}$$

$$\vec{F}_2 = F_2 \cdot \vec{u}_2 = 36000 \cdot \frac{-2 \cdot \vec{i} + \vec{j}}{\sqrt{5}}$$

$$\vec{F}_2 \approx (-32199 \cdot \vec{i} + 16100 \cdot \vec{j}) \text{ N}$$

Así, la fuerza neta será la suma de estas dos fuerzas:

$$\vec{F} = \vec{F}_2 + \vec{F}_2 = 8538 \cdot \vec{i} + 2846 \cdot \vec{j} - 32199 \cdot \vec{i} + 16100 \cdot \vec{j}$$

$$\vec{F} = (-23661 \cdot \vec{i} + 18946 \cdot \vec{j}) \text{ N}$$

Ejercicios

13 Un cuerpo con una carga de 10 mC está situado en el origen de coordenadas. Calcula la fuerza que se ejercerá sobre otra carga de 4 μC colocada en el punto (85, 20) cm.

14 Una carga de –5 mC está colocada en la posición (0,10) cm. Calcula la fuerza que se ejercerá sobre otra carga de 2 nC colocada en el punto (5, –6) cm.

15 Calcula la fuerza que se ejerce sobre una carga $q' = 5\ \mu C$ en (0, 3) cm debida a las cargas $q_1 = 0{,}1$ mC en (1, 4) cm, $q_2 = -5{,}0$ mC en (–5, 2) cm y $q_3 = -4{,}5$ mC en (6, 5) cm.

16 Dos cargas, $q_1 = 4$ mC y $q_2 = 8$ mC, están separadas un metro. ¿En qué punto podremos colocar una carga q' para que quede en equilibrio?

17 Una carga $q' = -1$ nC colocada en el origen de coordenadas es atraída por otra carga $q_1 = 3$ mC situada en (–10, 1) cm. ¿Dónde colocamos una carga $q_2 = 9$ mC para dejar a q' en equilibrio?

18 Tres cargas de 2 C están colocadas en los vértices de un triángulo equilátero de medio metro de lado. Determina la fuerza que se ejercerá sobre una carga testigo de –1 pC colocada en la mitad de uno de los lados.

19 La carga $q_1 = 0{,}4$ mC está separada un metro de la carga $q_2 = -1{,}2$ mC. Encuentra el punto en el que podremos colocar una carga testigo y que quede en equilibrio.

20 **Piensa y comparte en pareja.** Dos cargas de 8 mC cada una se encuentran separadas 80 cm. Calcula la fuerza que se ejercerá sobre una tercera carga testigo de 1 μC situada a 1 m de una de las cargas y 1,5 m de la otra.

21 Además de las fuerzas gravitatoria y eléctrica, también existe otra fuerza importante que se puede apreciar a simple vista llamada fuerza magnética, que, en combinación con la eléctrica, se denomina electromagnética. Uno de los ejemplos naturales de esta fuerza son las auroras polares, fenómenos que se producen en los polos terrestres en determinadas épocas del año en los que el cielo nocturno toma colores muy llamativos. Busca la explicación científica a este hecho e ilústralo con imágenes.

22 La distancia que hay entre los protones en un núcleo es del orden de 10^{-15} m. Compara la fuerza de repulsión eléctrica con la de atracción gravitatoria. Datos: $m_p = 1{,}67 \cdot 10^{-27}$ kg.

4
CAMPO ELECTROSTÁTICO

Uno de los grandes enigmas a lo largo de la historia, ha sido intentar explicar cómo es posible que los cuerpos cargados se puedan atraer o repeler sin tocarse. En el siglo XIX, el físico británico Michael Faraday sugirió la manera en la que los cuerpos cargados pueden interaccionar a distancia. Pensó que una carga crea a su alrededor un efecto que es invisible para el ojo humano, pero que se manifiesta como una fuerza cuando colocamos otra carga en sus cercanías. A esta perturbación en el espacio la llamó **campo eléctrico,** y si las cargas están en reposo, **campo electrostático.**

4.1. El campo eléctrico como magnitud vectorial

Una carga eléctrica crea a su alrededor un campo eléctrico. Su valor en un punto se define como **la fuerza por unidad de carga que se ejerce sobre una carga testigo que se coloque en este punto.** Por tanto, es una fuerza por unidad de carga:

$$\vec{E} = \frac{\vec{F}}{q'}$$

Como vemos, el campo eléctrico es una magnitud vectorial que existe en cada punto del espacio que rodea a una carga. Su unidad en el SI es N/C.

La expresión para calcular el campo eléctrico de una carga en cualquier punto de su alrededor es:

$$\vec{E} = \frac{\vec{F}}{q'} = \frac{K \cdot \frac{q \cdot q'}{r^2} \cdot \vec{u}}{q'} = K \cdot \frac{q}{r^2} \cdot \vec{u}$$

$$\boxed{\vec{E} = K \cdot \frac{q}{r^2} \cdot \vec{u}}$$

Lógicamente, en el caso del campo eléctrico creado por varias cargas, aplicaremos el principio de superposición, igual que en la fuerza.

4.2. Líneas de fuerza del campo

Mediante las líneas de fuerza, o de campo, se puede visualizar la forma que tiene un campo en el espacio. Se dibuja mediante líneas que son tangentes en todo punto al vector del campo. De esta forma, sabremos hacia dónde será empujada una carga positiva que esté colocada en cualquier punto del espacio (imágenes inferiores).

Campo electrostático

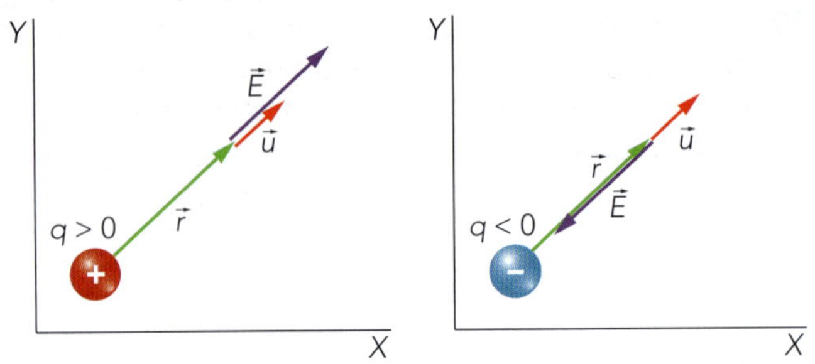

El campo creado por las cargas es radial, hacia afuera o hacia adentro, dependiendo del signo de la carga. A estos campos se los denomina centrales.

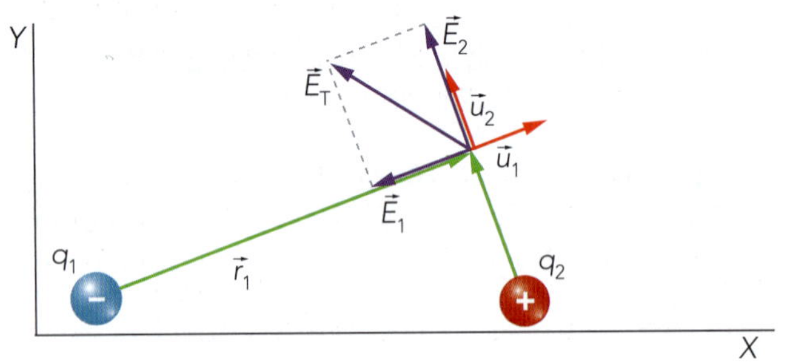

En el caso de que el campo lo creen varias cargas, calcularemos el campo que crea cada una de ellas y los sumaremos teniendo en cuenta su carácter vectorial.

Líneas de campo

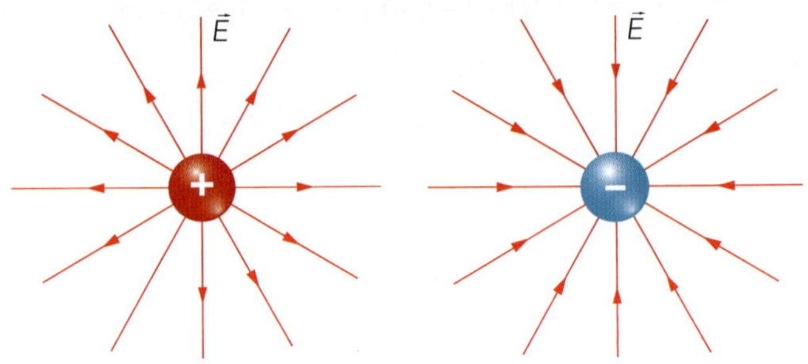

Las líneas de fuerza de una carga son radiales. Si es positiva, va hacia afuera de la carga, y si es negativa, hacia adentro de la carga.

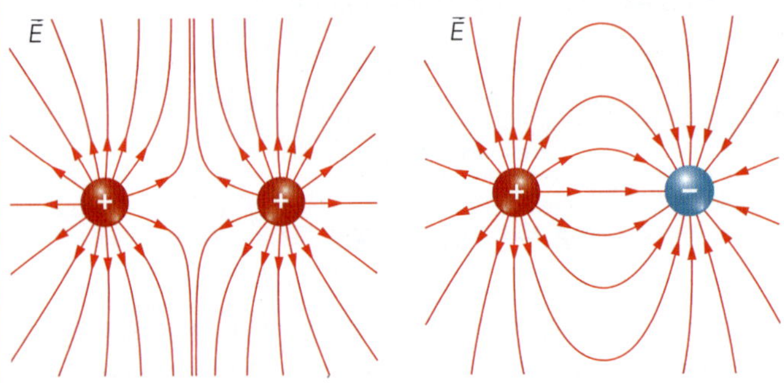

Cuando hay más de una carga en el espacio, las líneas del campo dejan de ser radiales, y toman distintas formas dependiendo de la distribución espacial de las cargas.

En la web **anayaeducacion.es** puedes ver un vídeo sobre las líneas de campo que crea un dipolo.

Ejercicio resuelto

5 Cuatro cargas de 2 μC están colocadas en los vértices de un cuadrado de lado 60 cm. Calcula el campo eléctrico en un punto *P* situado en la mitad de uno de los lados.

Solución

La situación de las cargas y el punto *P* es:

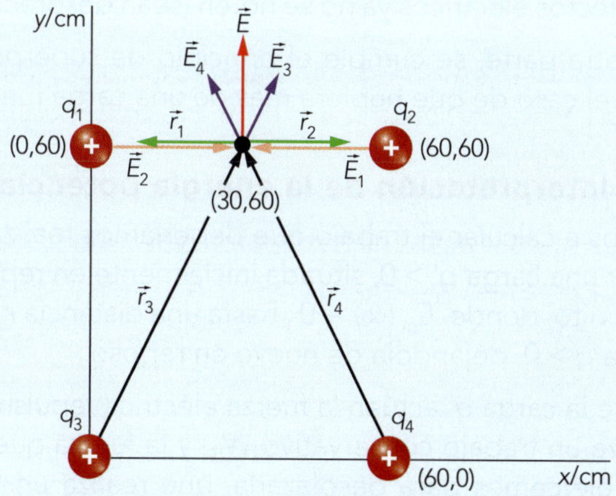

Los vectores de posición y sus vectores unitarios son:

$$\vec{r}_1 = (30, 0)\text{ cm; } \vec{u}_1 = \frac{\vec{r}_1}{r_1} = (1, 0)$$

$$\vec{r}_2 = (-30, 0)\text{ cm; } \vec{u}_2 = \frac{\vec{r}_2}{r_2} = (-1, 0)$$

$$\vec{r}_3 = (30, 60)\text{ cm; } \vec{u}_3 = \frac{\vec{r}_3}{r_3} = (0{,}447, 0{,}894)$$

$$\vec{r}_4 = (-30, 60)\text{ cm; } \vec{u}_4 = \frac{\vec{r}_4}{r_4} = (-0{,}447, 0{,}894)$$

Como las cuatro cargas tienen el mismo valor, podemos calcular los campos que crean de esta forma:

$$E_1 = E_2 = \frac{K_0 \cdot q_2}{r_2^2} = \frac{9{,}0 \cdot 10^9 \cdot 2 \cdot 10^{-6}}{(30 \cdot 10^{-2})^2} = 2 \cdot 10^5\text{ N/C}$$

$$E_3 = E_4 = \frac{K_0 \cdot q_4}{r_4^2} = \frac{9{,}0 \cdot 10^9 \cdot 2 \cdot 10^{-6}}{[(-30)^2 + 60^2] \cdot 10^{-4}} = 4 \cdot 10^4\text{ N/C}$$

La expresión vectorial de cada campo eléctrico es:

$$\vec{E}_1 = E_1 \cdot \vec{u}_1 = 2 \cdot 10^5 \cdot (1, 0) = (2 \cdot 10^5, 0)\text{ N/C}$$

$$\vec{E}_2 = E_2 \cdot \vec{u}_2 = 2 \cdot 10^5 \cdot (-1, 0) = (-2 \cdot 10^5, 0)\text{ N/C}$$

$$\vec{E}_3 = E_3 \cdot \vec{u}_3 = 4 \cdot 10^4 \cdot (0{,}447, 0{,}894)$$

$$\vec{E}_3 \approx (1{,}79, 3{,}58) \cdot 10^4\text{ N/C}$$

$$\vec{E}_4 = E_4 \cdot \vec{u}_4 = 4 \cdot 10^4 \cdot (-0{,}447, 0{,}894)$$

$$\vec{E}_4 \approx (-1{,}79, 3{,}58) \cdot 10^4\text{ N/C}$$

Aplicamos el principio de superposición:

$$\vec{E} = \vec{E}_1 + \vec{E}_2 + \vec{E}_3 + \vec{E}_4 = (0, 7{,}16) \cdot 10^4\text{ N/C}$$

Ejercicios

23 El campo eléctrico en el punto *P* es $(1, 2) \cdot 10^5$ N/C. ¿Qué fuerza se ejercerá sobre una carga de –3 mC colocada en dicho punto?

24 Sobre una carga de –6 μC se ejerce una fuerza electrostática de (–0,060, 0,012) N. ¿Qué valor tiene el campo electrostático en ese punto?

25 Disponemos de tres cargas: $q_1 = -5$ nC en (–20, 30), $q_2 = -1$ nC en (10, –5) y $q_3 = 15$ nC en (–40, –20). Determina el campo eléctrico creado en el punto *P* = (0, 0). ¿Qué fuerza se ejercerá sobre una carga de –5 mC colocada en el punto *P*?

Nota: todas las coordenadas se expresan en cm.

26 El campo eléctrico en el punto *P* = (5, 10) cm es (250, –451) N/C. Si colocamos una carga de 0,2 nC en el punto (0, 0), ¿qué valor tendrá ahora el campo en el punto *P*?

27 Disponemos de tres cargas: $q_1 = 6$ μC en (15, 40), $q_2 = -2$ μC en (5, –20) y q_3 en (–10, 30). Si el campo creado por estas tres cargas en *P* = (12, 22), es $(-1{,}992, -3{,}093) \cdot 10^6$ N/C, ¿qué valor tendrá la carga q_3?

Nota: todas las coordenadas se expresan en cm.

28 El campo eléctrico en un punto *P*, creado por una carga en el punto *A*, es (–860, 1320) N/C. ¿Qué valor tendrá el campo si nos alejamos una distancia tres veces mayor a *AP* y en la misma dirección?

29 La idea de campo eléctrico es muy complicada de entender, ya que requiere de una abstracción muy grande respecto a todo lo que conocemos. ¿Alguna vez has visto las líneas de campo? Para entender su importancia, busca ejemplos de la vida cotidiana en donde el campo eléctrico sea clave en su funcionamiento. Explica con un póster lo que has encontrado y compara tus hallazgos con los del resto de compañeros y compañeras.

30 Nuestro cuerpo es una fuente de energía eléctrica. Piensa en los calambres que sufres al tocar a otras personas u objetos, o en cómo se transporta la información entre las neuronas. Busca más ejemplos y relaciónalos con lo que has aprendido hasta ahora. A continuación, puedes ir a la sección TIC del final de esta unidad y ejecutar una aplicación que reproduce y explica alguno de estos fenómenos.

5
ENERGÍA POTENCIAL

5.1. Trabajo realizado por la fuerza electrostática

El campo electrostático es un campo de fuerzas centrales, al igual que el campo gravitatorio. Al estudiar la unidad sobre la interacción gravitatoria, vimos que todo campo de fuerzas centrales es conservativo, y en consecuencia, genera una energía potencial, tal y como quedó explicado en la unidad de energía.

Una propiedad muy importante de las fuerzas conservativas es que el trabajo que realizan entre dos puntos no depende de la trayectoria seguida para ir de uno a otro. O lo que es lo mismo, el trabajo a lo largo de cualquier recorrido cerrado es cero.

5.2. Expresión de la energía potencial

El teorema de la energía potencial nos dice que el trabajo realizado por una fuerza conservativa es igual a la disminución que experimenta la energía potencial:

$$\boxed{W_C = -\Delta E_p}$$

Aunque el cálculo es demasiado complicado para el nivel de este curso, cuando se calcula el trabajo que realiza la fuerza eléctrica ejercida por una carga puntual, q, sobre otra carga, q', que se desplaza desde r_1 hasta r_2, se obtiene (imagen inferior izquierda):

$$W_C = K \cdot \frac{q \cdot q'}{r_1} - K \cdot \frac{q \cdot q'}{r_2} = -\Delta\left(K \cdot \frac{q \cdot q'}{r}\right)$$

Por tanto, el trabajo es igual al menor incremento de una función que depende de r. Comparando con la expresión anterior, concluimos que esta función tiene que ser la energía potencial asociada a la fuerza electrostática.

Así, la energía potencial electrostática de una carga, q', situada a una distancia, r, de otra carga, q, es:

$$\boxed{E_p = K \cdot \frac{q \cdot q'}{r}}$$

La energía potencial puede ser positiva o negativa dependiendo del producto de las cargas, y es cero únicamente si q' se encuentra a una distancia infinita de la carga q, es decir, a una distancia tan grande como para que los efectos eléctricos ya no se noten (sean despreciables).

Por otra parte, se cumple el principio de superposición para el caso de que hubiera más de una carga fuente.

5.3. Interpretación de la energía potencial

Vamos a calcular el trabajo que deberíamos realizar para llevar una carga $q' > 0$, situada inicialmente en reposo en el infinito, donde $E_p(\infty) = 0$, hasta una distancia r de una carga $q > 0$, dejándola de nuevo en reposo.

Sobre la carga q' actúan la fuerza eléctrica repulsiva, que realiza un trabajo conservativo W_C, y la fuerza que nosotros ejercemos para desplazarla, que realiza un trabajo W_{ext} en contra del campo electrostático. En virtud del teorema de la energía cinética, el trabajo total es cero, ya que no se incrementa la energía cinética. Por tanto:

$$W_T = W_C + W_{ext} = 0 \rightarrow \boxed{W_{ext} = -W_C = \Delta E_p}$$

$$W_{ext} = E_p(r) - E_p(\infty) = E_p(r) - 0 = E_p(r)$$

Vemos que la energía potencial, $E_p(r)$, de una carga q' a una distancia r de otra carga q, representa la energía que se ha tenido que suministrar a q', mediante trabajo, para llevarla desde el infinito hasta la distancia r de q.

Trabajo de la fuerza electrostática

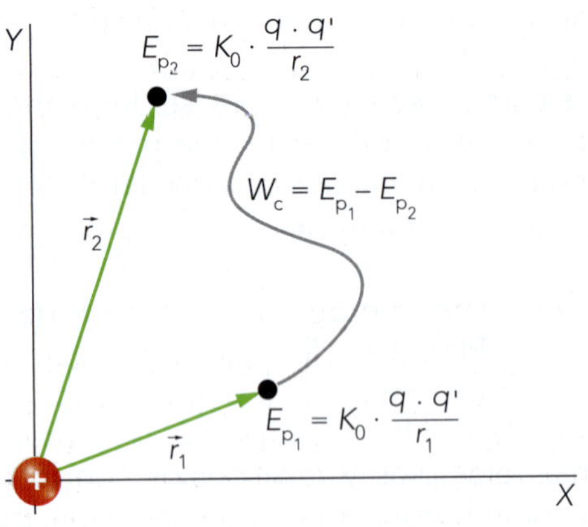

El trabajo realizado por el campo sobre una carga solo depende de los puntos inicial y final, y no del camino que recorre (fuerza conservativa).

Energía potencial electrostática

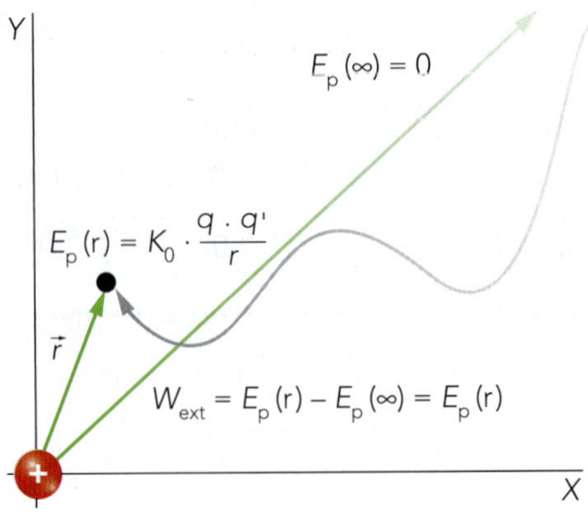

Para una carga puntual, el trabajo necesario para mover la carga desde el infinito hasta un punto P coincide con el valor de su energía potencial en dicho punto P.

5.4. Trabajo del campo y trabajo externo

En general, cuando una carga eléctrica q' se desplaza por el espacio en el seno de un campo eléctrico, actúa sobre ella la fuerza eléctrica del campo, que realiza un trabajo sobre dicha carga que representamos por W_C, y que como sabemos, no depende del recorrido. Además, es igual a la disminución que experimenta la energía potencial:

$$W_C = -\Delta E_p$$

De ello debemos entender que el campo utiliza la energía potencial de la carga para desplazarla hasta otro punto, donde quedará con una energía potencial menor; esto es así, suponiendo que el trabajo del campo es positivo, es decir, a favor del campo.

Pero, además, sobre la partícula pueden estar actuando otras fuerzas externas mientras realiza el desplazamiento. Podemos denominar $\vec{F}_{ext}$ a la fuerza neta de todas las fuerzas externas y W_{ext} al trabajo que realiza que, en general, dependerá de la trayectoria porque la fuerza externa no es conservativa.

Sabemos, por la unidad de energía estudiada en este libro, que el trabajo realizado por las fuerzas no conservativas, que ahora denotamos por W_{ext}, es igual al aumento que experimenta la energía mecánica:

$$W_{ext} = \Delta E_m$$

Es decir, solo las fuerzas externas pueden modificar la energía mecánica de una carga q'. Si estas fuerzas no realizan trabajo, entonces, la energía mecánica permanece constante:

$$\text{Si } W_{ext} = 0 \;\rightarrow\; \Delta E_m = 0$$

Como vemos, llegamos al denominado **principio de conservación de la energía mecánica,** estudiado anteriormente.

Carga que se desplaza sin variación de la energía cinética

Es muy común el estudio energético de una carga q' que, estando en reposo en un punto, se desplaza a otro, donde queda también en reposo. En estas situaciones, puesto que no se incrementa la energía cinética, en virtud del teorema de la energía cinética:

$$W_T = \Delta E_c$$

se cumple que el trabajo total es cero, y concluimos que el trabajo externo es igual al del campo, salvo por su signo:

$$W_{ext} = -W_C$$

Deberemos tener presente que esta relación es únicamente cierta para el caso mencionado, ya que si hay incremento de energía cinética, deja de ser cierta.

Ejercicio resuelto

6 Se dispone de tres cargas: $q_1 = 5\ \mu C$ en (20, –5); $q_2 = 9\ \mu C$, en (–10, –8), y $q_3 = -15\ \mu C$, en (3, 6). Determina el trabajo que deberemos ejercer a una carga $q' = 10\ \mu C$ infinitamente lejos para llevarla al punto (–5, 5).

Nota: las coordenadas están en cm y consideramos las cargas situadas en el vacío.

Solución

El trabajo que hay que realizar para llevar la carga es precisamente la energía potencial que tiene la carga q' en dicho punto. Así que es esto lo que hay que calcular.

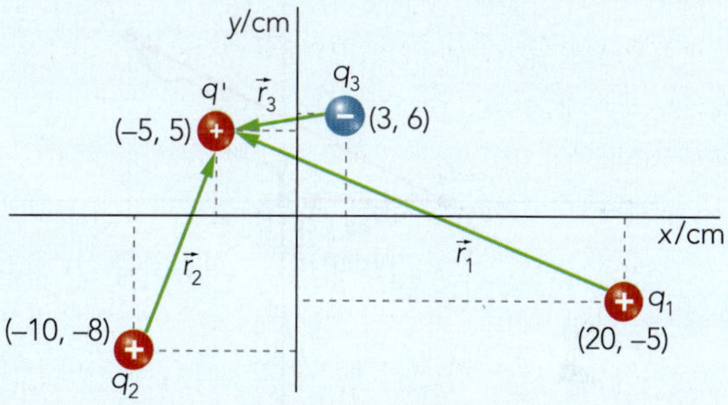

Calculamos los vectores $\vec{r}$:

$$\vec{r}_1 = (-5, 5) - (20, -5) = (-25, 10)\ \text{cm}$$

$$\vec{r}_2 = (-5, 5) - (-10, -8) = (5, 13)\ \text{cm}$$

$$\vec{r}_3 = (-5, 5) - (3, 6) = (-8, -1)\ \text{cm}$$

La energía potencial debida a cada carga fuente es:

$$E_{p_1} = K_0 \cdot \frac{q_1 \cdot q'}{r_1} = 9 \cdot 10^9 \cdot \frac{5 \cdot 10^{-6} \cdot 10 \cdot 10^{-6}}{\sqrt{(-25)^2 + 10^2} \cdot 10^{-2}} \approx 1{,}67\ \text{J}$$

$$E_{p_2} = K_0 \cdot \frac{q_2 \cdot q'}{r_2} = 9 \cdot 10^9 \cdot \frac{9 \cdot 10^{-6} \cdot 10 \cdot 10^{-6}}{\sqrt{5^2 + 13^2} \cdot 10^{-2}} \approx 5{,}82\ \text{J}$$

$$E_{p_3} = K_0 \cdot \frac{q_3 \cdot q'}{r_3} = 9 \cdot 10^9 \cdot \frac{-15 \cdot 10^{-6} \cdot 10 \cdot 10^{-6}}{\sqrt{(-8)^2 + (-1)^2} \cdot 10^{-2}} \approx -16{,}74\ \text{J}$$

Aplicamos el principio de superposición. Es decir, la energía potencial total es la suma de cada una de ellas:

$$E_p = E_{p_1} + E_{p_2} + E_{p_3} = 1{,}67 + 5{,}82 - 16{,}74 = -9{,}25\ \text{J}$$

Por tanto, el trabajo externo es:

$$W_{ext} = \Delta E_p = E_p(r) - E_p(\infty) = -9{,}25 - 0 = -9{,}25\ \text{J}$$

Que el trabajo externo sea negativo significa que la fuerza externa se opone al desplazamiento. Es decir, que, de manera natural, la carga se movería desde el infinito hasta el punto final gracias al campo eléctrico creado por las tres cargas, y la fuerza externa tiene que ir «frenando» q' para dejarla en reposo en el punto final. Sin la fuerza externa, q' se movería desde el infinito hasta el punto final, pero no llegaría en reposo.

Ejercicio resuelto

7 Una carga $q = 15\ \mu C$ está fija en el punto *A* (–1, 0). Calcula el trabajo que nos costará alejar una carga $q' = -2\ \mu C$ desde el punto *B* (0, 0) hasta *C* (1, 1).

Nota: las distancias están en metros.

Solución

La situación es la siguiente:

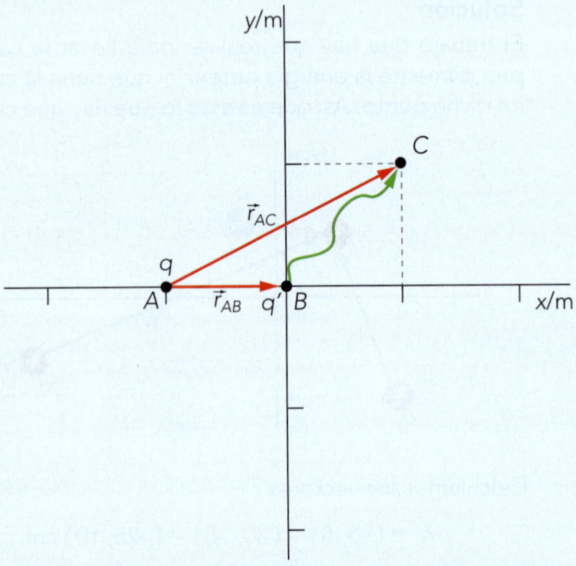

Se nos pregunta por el trabajo de una fuerza externa para llevar *q'* desde *B* hasta *C*. Puesto que no hay más información, presuponemos que la carga *q'* estará en reposo inicial y finalmente. En esta situación, sabemos que:

$$W_{ext} = -W_C$$

Y, teniendo en cuenta el teorema de la energía potencial, concluimos con:

$$W_{ext} = \Delta E_p = E_p(C) - E_p(B)$$

Así, procedemos al cálculo de estos valores:

$$\vec{r}_{AB} = (0,\ 0) - (-1,\ 0) = (1,\ 0)\ \text{m}$$

$$\vec{r}_{AC} = (1,\ 1) - (-1,\ 0) = (2,\ 1)\ \text{m}$$

$$E_p(B) = K_0 \cdot \frac{q \cdot q'}{r_{AB}} = 9 \cdot 10^9 \cdot \frac{15 \cdot 10^{-6} \cdot (-2) \cdot 10^{-6}}{1} = -0{,}27\ \text{J}$$

$$E_p(C) = K_0 \cdot \frac{q \cdot q'}{r_{AC}} = 9 \cdot 10^9 \cdot \frac{15 \cdot 10^{-6} \cdot (-2) \cdot 10^{-6}}{\sqrt{2^2 + 1^2}} \approx -0{,}12\ \text{J}$$

Por tanto, el trabajo necesario para alejar ambas cargas es:

$$W_{ext} = -0{,}12 - (-0{,}27) = 0{,}15\ \text{J}$$

El trabajo externo es positivo, luego la fuerza externa empuja a la carga *q'* forzándola para ir en contra del campo. El trabajo del campo sería –0,15 J, que al ser negativo nos indica que la partícula no se mueve a favor del campo eléctrico.

8 Una carga $q = -10\ \mu C$ está fija en el punto *A* (1, –1) m. Se desplaza una carga $q' = -1\ \mu C$ mediante una fuerza externa, que inicialmente está en reposo, para moverla desde *B* (0, 1) m hasta *C* (–2, 0) m a través de la trayectoria cualquiera. Determina el trabajo que realiza la fuerza eléctrica de *q* sobre *q'*. ¿Tendrá energía cinética en el punto *C*?

Solución

La situación es la mostrada en la imagen:

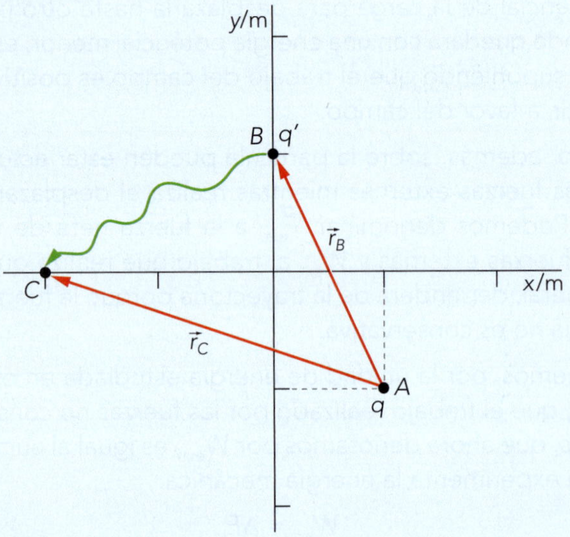

Debemos calcular el trabajo que realiza el campo, que sabemos que es:

$$W_C = -\Delta E_p = E_p(B) - E_p(C)$$

Pasamos a calcular estas energías potenciales:

$$\vec{r}_B = (0,\ 1) - (1,\ -1) = (-1,\ 2)\ \text{m}$$

$$\vec{r}_C = (-2,\ 0) - (1,\ -1) = (-3,\ 1)\ \text{m}$$

$$E_p(B) = K_0 \cdot \frac{q \cdot q'}{r_B} = 9 \cdot 10^9 \cdot \frac{-10 \cdot 10^{-6} \cdot (-1) \cdot 10^{-6}}{\sqrt{(-1)^2 + 2^2}} \approx 0{,}040\,2\ \text{J}$$

$$E_p(C) = K_0 \cdot \frac{q \cdot q'}{r_C} = 9 \cdot 10^9 \cdot \frac{-10 \cdot 10^{-6} \cdot (-1) \cdot 10^{-6}}{\sqrt{(-3)^2 + 1^2}} \approx 0{,}028\,4\ \text{J}$$

Por tanto, el trabajo será:

$$W_C = 0{,}0402 - 0{,}0284 = 0{,}0118\ \text{J} = 11{,}8\ \text{mJ}$$

Puesto que el trabajo que realiza el campo es positivo, significa que la carga *q'* se mueve a favor del campo. Únicamente, se necesita una fuerza externa para conducirla por la trayectoria que deseemos, y que también realizará trabajo.

Dependiendo de cuánto sea el trabajo que realiza la fuerza externa, la partícula quedará con más o menos energía cinética en el punto *C*, ya que recordemos que el trabajo total se invierte en incrementar la energía cinética. Para el caso particular de que $W_{ext} = -0{,}5$ mJ, la partícula quedaría en reposo en *C*.

Ejercicio resuelto

9 ¿Cuánta energía costará colocar en reposo tres cargas eléctricas de 2 mC en línea recta separadas un metro cada una con su vecina?

Solución

La energía potencial eléctrica que se almacena en este sistema de tres cargas es igual al trabajo que habrá que realizar para llevarlas desde el infinito (en reposo) hasta las posiciones finales (también en reposo).

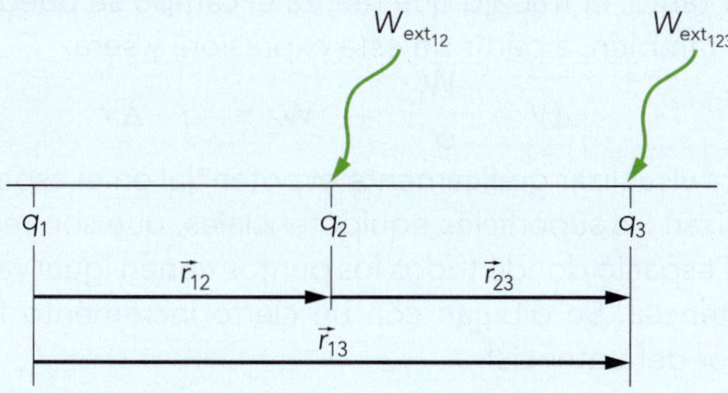

Recordemos que la energía potencial de una carga es el trabajo externo que hay que realizar para llevarla al punto que ocupa.

Así, supondremos, por ejemplo, que la carga de la izquierda está ya desde el inicio, y vemos cuánta energía nos costará acercar la carga de en medio:

$$W_{ext_{12}} = E_{P12} = K_0 \cdot \frac{q^2}{r_{12}} = 9 \cdot 10^9 \cdot \frac{(2 \cdot 10^{-3})^2}{1} = 36\,000 \text{ J}$$

Así, calculamos cuánta energía nos cuesta acercar la carga de la derecha a las dos que están en la recta:

$$W_{ext_{123}} = E_{P23} + E_{P13} = K_0 \cdot \frac{q^2}{r_{23}} + K_0 \cdot \frac{q^2}{r_{13}} =$$
$$= 9 \cdot 10^9 \cdot \frac{(2 \cdot 10^{-3})^2}{1} + 9 \cdot 10^9 \cdot \frac{(2 \cdot 10^{-3})^2}{2} = 54\,000 \text{ J}$$

Por consiguiente, podemos decir que se necesita una energía total de 90 000 J para dejar las cargas en reposo en las posiciones que ocupan. Este trabajo externo ha proporcionado energía potencial las cargas, que es la que ahora almacenan, y que, por tanto, es la energía del sistema formado por las tres cargas.

Este problema se puede hacer en el orden que se quiera para llevar las cargas desde el infinito hasta la posición final, y el resultado no dependerá de ello. Demuéstralo repitiendo este problema llegando a la solución por otro camino.

Ejercicios

31 Calcula la energía potencial que tiene la carga $q' = -5\ \mu$C en (5, 10) cm debido a las cargas: $q_1 = 2$ mC en (90, 50) cm y $q_2 = -5$ mC en (–10, –30) cm.

32 Disponemos de dos cargas, $q_1 = -5\ \mu$C en (–90, 100) y $q_2 = 6\ \mu$C en (10, 30). Calcula el trabajo que habrá que realizar para desplazar una carga $q' = 2$ mC que inicialmente está en reposo en (0, 50) hasta dejarla en reposo en (–10, –60). ¿Qué trabajo realiza la fuerza eléctrica del campo creado por las cargas fuente, q_1 y q_2?

Nota: todas las coordenadas se expresan en cm.

33 Tres cargas de 1 nC están colocadas en los vértices de un triángulo equilátero de 30 cm de lado. Calcula la energía necesaria para colocar una carga de 10 mC en el centro del triángulo.

34 Calcula la energía necesaria para colocar dos cargas de –1 mC a una distancia de un metro.

35 Una carga q' de 20 g, inicialmente en reposo, tiene una energía potencial de 3 J en un punto *P*, y de 8 J en otro punto, *A*.

a) ¿Cuál es la energía mínima necesaria para llevarla desde *P* hasta *A*?

b) ¿Cuál sería la velocidad de la partícula en *A* si utilizáramos 10 J para desplazarla de *P* a *A*?

36 Dos cargas, $q_1 = 60$ nC y $q_2 = 25$ nC, están separadas 10 cm. Calcula el trabajo que realiza la fuerza eléctrica cuando lleva una carga de 2 mC desde el punto medio de las dos cargas hasta situarla a 2 m de cada una de las cargas fuente. ¿Con qué energía cinética llega la carga a ese punto?

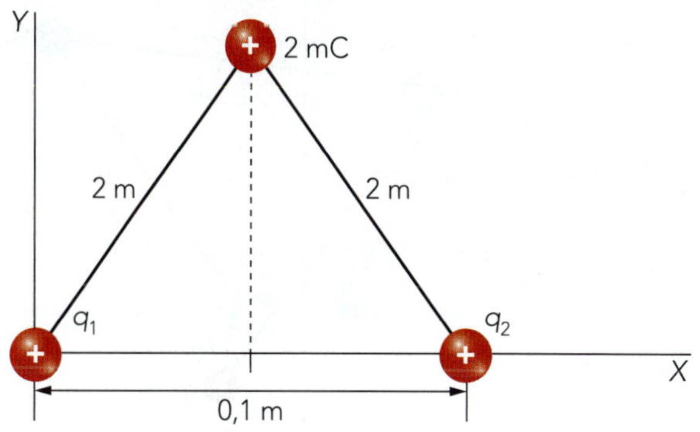

37 Una carga en reposo de 2 g de masa tiene una energía potencial en el punto *P* de 0,5 J, y en el punto *B*, de –2,8 J. Si mediante una fuerza externa se realiza un trabajo de 5 J para llevar la carga desde *P* hasta *B*. ¿Qué velocidad tendrá la carga?

6
POTENCIAL ELÉCTRICO

6.1. Potencial eléctrico

Sabemos que cuando colocamos una carga, q', en las inmediaciones de otra carga, q, q' adquiere energía potencial. De manera análoga a como razonamos al explicar el campo eléctrico, se piensa que la carga q debe perturbar el espacio de su alrededor, independientemente de que pongamos una carga testigo o no. Decimos entonces que la carga q crea un campo escalar (porque, en este caso, su valor es un escalar), denominado **potencial eléctrico,** o simplemente **potencial, *V*.**

Así pues, una carga, q, crea a su alrededor un campo escalar, V, aparte del campo vectorial, $\vec{E}$.

Se define el potencial como **la energía potencial por unidad de carga.** Es decir, la energía potencial que adquiere cada culombio de la carga testigo:

$$\boxed{V = \frac{E_p}{q'}}$$

La expresión del potencial de una carga puntual, q, a su alrededor es:

$$V = \frac{E_p}{q'} = \frac{K_0 \cdot \frac{q \cdot q'}{r}}{q'} = K_0 \cdot \frac{q}{r} \rightarrow \boxed{V = K_0 \cdot \frac{q}{r}}$$

La unidad del potencial es J/C, denominada voltio, V. La diferencia de potencial entre dos puntos cualesquiera del espacio (ΔV) también se denomina **voltaje** o **tensión:**

$$\Delta V_{AB} = V_B - V_A = \frac{\Delta E_p}{q'}$$

Por tanto, el trabajo que realiza el campo se puede definir, también, a partir de esta expresión, y será:

$$\Delta V = \frac{-W_C}{q'} \rightarrow W_C = -q' \cdot \Delta V$$

Para visualizar gráficamente el potencial en el espacio, se utilizan las superficies equipotenciales, que son regiones del espacio donde todos los puntos tienen igual valor del potencial. Se dibujan con un cierto incremento fijo del valor del potencial.

Ejercicio resuelto

10 Se dispone de tres cagas: $q_1 = -6$ pC en (15, 10), $q_2 = 12$ pC en (5, –10) y $q_3 = -20$ pC en (–3, –5).

a) Calcula la diferencia de potencial entre los puntos $A = (-8, 7)$ y $B = (4, -5)$.

b) Si colocáramos en reposo una carga de –1 pC en A, y el campo la lleva hasta B, ¿con qué energía cinética llegará?

Nota: las coordenadas se expresan en cm.

Solución

a) La situación planteada es:

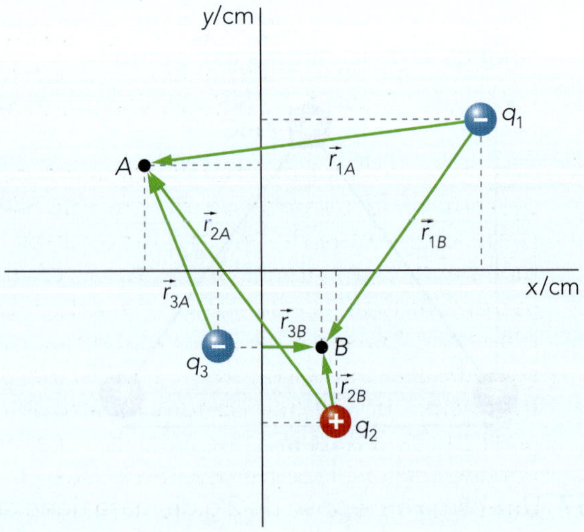

Calculamos los vectores de posición para cada carga:

$\vec{r}_{1A} = (-23, -3)$ cm; $\vec{r}_{2A} = (-13, 17)$ cm; $\vec{r}_{3A} = (-5, 12)$ cm

$\vec{r}_{1B}(-11, -15)$ cm; $\vec{r}_{2B} = (-1, 5)$ cm; $\vec{r}_{3B} = (7, 0)$ cm

Y, ahora, el potencial en cada punto:

$$V_{1A} = K_0 \cdot \frac{q_1}{r_{1A}} = 9{,}0 \cdot 10^9 \cdot \frac{-6 \cdot 10^{-12}}{\sqrt{(-23)^2 + (-3)^2} \cdot 10^{-2}} \approx -0{,}233 \text{ V}$$

$$V_{2A} = K_0 \cdot \frac{q_2}{r_{2A}} = 9{,}0 \cdot 10^9 \cdot \frac{12 \cdot 10^{-12}}{\sqrt{(-13)^2 + 17^2} \cdot 10^{-2}} \approx 0{,}505 \text{ V}$$

$$V_{3A} = K_0 \cdot \frac{q_3}{r_{3A}} = 9{,}0 \cdot 10^9 \cdot \frac{-20 \cdot 10^{-12}}{\sqrt{(-5)^2 + 12^2} \cdot 10^{-2}} \approx -1{,}385 \text{ V}$$

$$V_{1B} = K_0 \cdot \frac{q_1}{r_{1B}} = 9{,}0 \cdot 10^9 \cdot \frac{-6 \cdot 10^{-12}}{\sqrt{(-11)^2 + (-15)^2} \cdot 10^{-2}} \approx -0{,}290 \text{ V}$$

$$V_{2B} = K_0 \cdot \frac{q_2}{r_{2B}} = 9{,}0 \cdot 10^9 \cdot \frac{12 \cdot 10^{-12}}{\sqrt{(-1)^2 + 5^2} \cdot 10^{-2}} \approx 2{,}118 \text{ V}$$

$$V_{3B} = K_0 \cdot \frac{q_3}{r_{3B}} = 9{,}0 \cdot 10^9 \cdot \frac{-20 \cdot 10^{-12}}{7 \cdot 10^{-2}} \approx -2{,}571 \text{ V}$$

Aplicamos el principio de superposición:

$$V_A = V_{1A} + V_{2A} + V_{3A} = -0{,}233 + 0{,}505 - 1{,}385 = -1{,}113 \text{ V}$$

$$V_B = V_{1B} + V_{2B} + V_{3B} = -0{,}290 + 2{,}118 - 2{,}571 = -0{,}743 \text{ V}$$

Por tanto, la diferencia de potencial, es:

$$\Delta V_{AB} = V_B - V_A = -0{,}743 - (-1{,}113) = 0{,}370 \text{ V}$$

b) El trabajo que realiza el campo es:

$$W_C = -\Delta E_p = E_p(A) - E_p(B) = q' \cdot V_A - q' \cdot V_B$$

$$W_C = -q' \cdot \Delta V_{AB} = 10^{-12} \cdot 0{,}370 = 3{,}7 \cdot 10^{-13} \text{ J}$$

Puesto que este es también el trabajo total, aplicamos el teorema de la energía cinética:

$$W_C = W_T = \Delta E_c = E_c(B) - E_c(A) = E_c(B) - 0 = E_c(B)$$

$$E_c(B) = 3{,}7 \cdot 10^{-13} \text{ J}$$

Potencial eléctrico

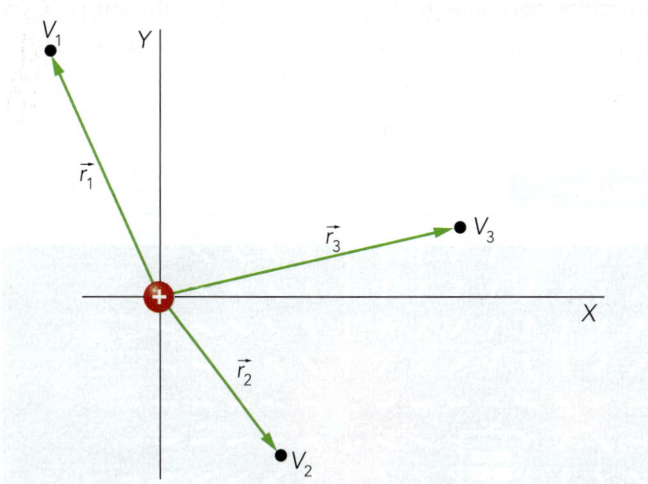

En cada punto del espacio que rodea la carga existe una magnitud escalar, denominada potencial eléctrico.

Superficies equipotenciales

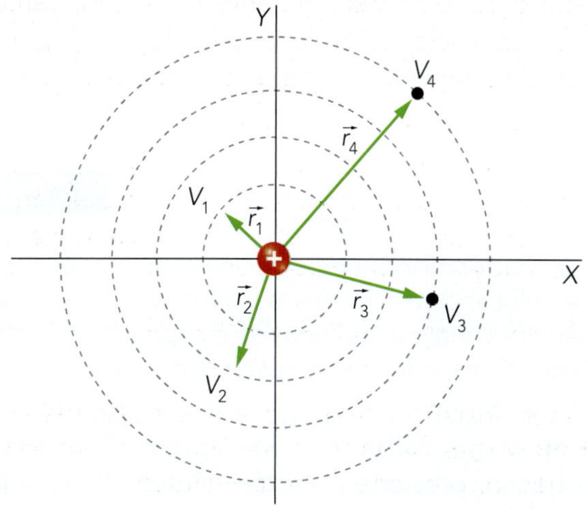

Las superficies equipotenciales de una carga son esferas centradas en la carga, y las líneas son circunferencias.

Ejercicios

38 Disponemos de tres cargas: q_1 = 3,5 pC, en (–8, 10), q_2 = –5,1 pC en (12, 4) y q_3 = –14,4 pC en (–2, 5). Determina el potencial en el punto *P* = (4, 5) y la energía potencial de una carga de –2 C colocada en ese punto.

Nota: todas las coordenadas se expresan en cm.

39 Dos cargas q_1 = 4 nC y q_2 = –12 nC están separadas 60 cm. Encuentra un punto en el segmento que las une donde el potencial sea cero. ¿Hay más puntos donde se anule el potencial?

40 Calcula la diferencia de potencial entre los puntos *A* y *B* situados a 50 cm y 100 cm, respectivamente, de una carga *q* = 4 pC.

41 Dos puntos *A* y *B* están separados 1 m de distancia. Sobre la recta que los une, ¿a qué distancia de *A* tendremos que colocar una carga de –6 nC para que la diferencia de potencial ΔV_{AB} sea de 30 V?

42 Calcula el valor de una carga *q* < 0, situada a 3 m y 1 m de dos puntos cuya diferencia de potencial es de –200 V.

43 A partir del ejercicio resuelto 10, calcula el trabajo mínimo que habrá que realizar sobre una carga *q'* = 5 mC para llevarla desde *B* hasta *A*. ¿Qué significa el signo del trabajo que has obtenido?

44 Dos cargas de –4 nC y 8 nC están separadas 40 cm. ¿Qué trabajo mínimo tendríamos que hacer para llevar una carga de –1 mC desde el punto medio que las une hasta el infinito? Explica este resultado.

45 El trabajo mínimo que hay que realizar para llevar una carga de 7 mC desde el infinito hasta un punto *P* es de 21 J. Determina el potencial en el punto *P*. ¿Qué trabajo realizará el campo si dejáramos que llevara, nuevamente, la carga al infinito? ¿Con qué energía cinética llegaría?

46 El potencial en un punto *A* es de 2 V, y en un punto *B*, de 6 V. Hacia dónde desplazará el campo una carga de –1 nC, ¿de *A* a *B* o de *B* a *A*? Razona tu respuesta.

47 Uno de los principales objetivos de los gobiernos es la generación de energía eléctrica a partir de fuentes de energía renovables, pues su uso implica un menor impacto ambiental y un incremento de la esperanza de vida de nuestro planeta y los seres que lo habitamos. Las redes sociales son un buen lugar de intercambio de información, por lo que puedes encontrar miles de referencias sobre las medidas que se están llevando a cabo y las que quieren aplicarse en el futuro. En grupo, cread un usuario en una red social con el que podáis compartir los proyectos más destacados y todo aquello que podáis hacer a nivel individual y colectivo para ayudar en la mejora del medioambiente.

En la web **anayaeducacion.es** puedes consultar un vídeo sobre superficies equipotenciales.

Simulaciones de fenómenos eléctricos

Para trabajar todo lo visto durante la unidad, vamos a utilizar tres aplicaciones de la Universidad de Colorado. En la web de **anayaeducacion.es** puedes encontrarlas y practicar con ellas todo lo aprendido hasta ahora. Cuando termines, serás capaz de contestar a todas las cuestiones y de entender mejor lo que has estudiado.

Cargas y campos

En la simulación disponemos de un espacio en el que podemos colocar cargas positivas y negativas. La aplicación nos permite visualizar las líneas de campo y las superficies equipotenciales, además de medir distintas magnitudes.

En primera instancia, te proponemos que lo manipules tú mismo y veas todas las posibilidades. Cuando ya lo hayas hecho, presiona el botón inferior derecha para limpiar el espacio.

Primera propuesta

Ahora, puedes hacer la siguiente experiencia: vamos a colocar dos cargas positivas separadas unos 320 cm. La carga de la derecha será de 1 nC, mientras que la de la izquierda queremos que sea de 3 nC. Para ello, situaremos tres cargas de 1 nC, una encima de la otra. Mediante el sensor, busca en qué punto el campo eléctrico total es cero.

Podrás verificar que solo existe un punto en el que se anula el campo. Mide a qué distancia de la carga de 3 nC está el punto buscado. Por último, comprueba que el potencial eléctrico en este punto no es cero.

Para finalizar, haz los cálculos necesarios para verificar los resultados obtenidos mediante esta simulación.

Segunda propuesta

De manera análoga a la experiencia anterior, coloca una carga positiva a la izquierda y otra a la derecha de valor doble pero negativa. Busca los puntos en los que el potencial es cero, dibujando la línea equipotencial correspondiente.

Coloca un sensor y verifica que en los puntos donde el potencial es cero, el campo no lo es. Después, dibuja algunas líneas más a intervalos de, aproximadamente, 5 V para que visualices la distribución de este campo escalar.

Tercera propuesta

Sitúa tres o cuatro cargas distribuidas en el espacio como quieras. Coloca el dispositivo diseñado para medir voltajes, en un punto cualquiera del espacio, y pulsa el botón con forma de lápiz para que dibuje la línea equipotencial del valor que se está midiendo. Después, con un sensor, dibuja el campo eléctrico encima de cualquier punto de la línea equipotencial. Haciendo click sobre el sensor, arrástralo a lo largo de toda la línea equipotencial observando que siempre es perpendicular a ella.

Puedes distribuir las cargas de diferentes formas, y dibujar tantas líneas equipotenciales como quieras. Utiliza tantos sensores como quieras dejándolos en distintos puntos de la línea equipotencial, verás que el campo es siempre perpendicular a estas líneas apuntando hacia donde disminuye el potencial.

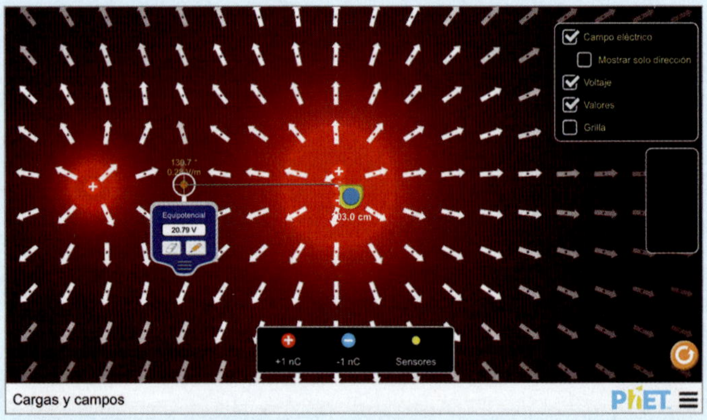

Primera propuesta.

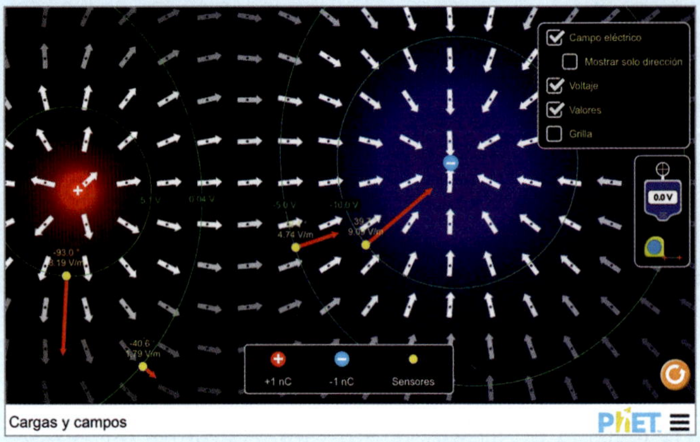

Segunda propuesta.

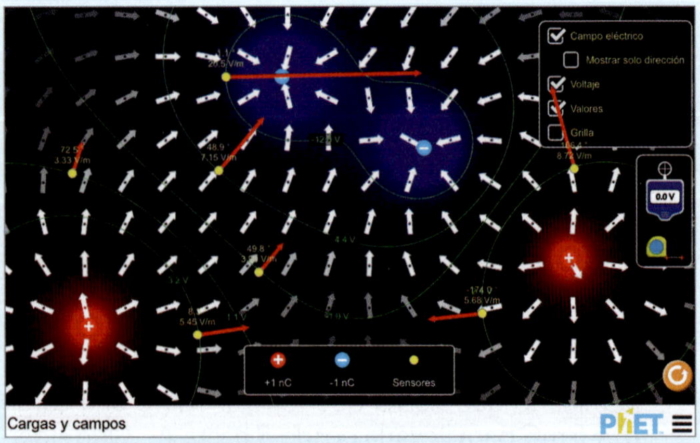

Tercera propuesta.

Globos y electricidad estática

En esta misma web tienes a tu disposición otra aplicación titulada **Globos y electricidad estática.**

Se trata de una simulación en la que se puede observar cómo se carga un globo al frotarlo con un jersey, cómo es atraído por este, y qué ocurre cuando acercamos el globo cargado a un objeto neutro, como la pared, y se queda pegado.

El programa te ofrece la posibilidad de mostrar todas las cargas; no mostrar ninguna carga, que sería la situación en nuestra vida real, y mostrar la diferencia de carga. Manipula esta aplicación prestando atención a todas sus posibilidades.

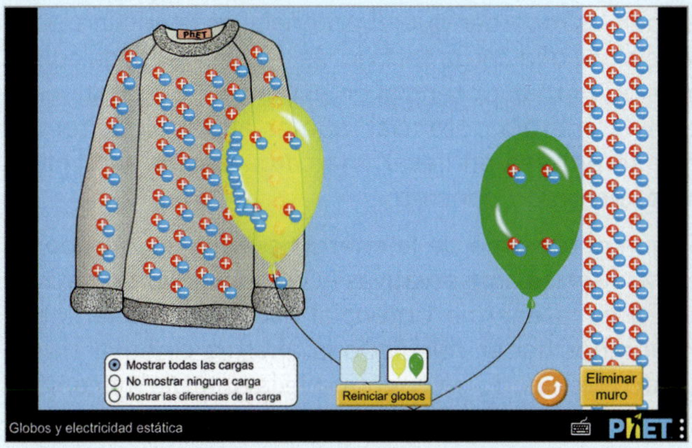

Travoltaje

Además de las dos anteriores, dispones de una curiosa aplicación que te ayudará a comprender mejor qué nos ocurre cuando tocamos un cuerpo y nos produce una desagradable descarga eléctrica.

Busca la aplicación titulada **Travoltaje,** y ejecútala.

Mueve la pierna del personaje y luego su brazo, y observa la fácil explicación del origen de estas descargas.

Una vez que hayas experimentado varias veces con la aplicación, escribe varias líneas en las que se explique el fenómeno observado. Utiliza lo que has aprendido durante la unidad. ¿En qué otras situaciones de tu vida cotidiana se observan descargas eléctricas de este tipo?

Cuestiones

1 En la primera propuesta para la aplicación **Cargas y campos**, busca la línea equipotencial de 20 V y dibújala. ¿Eres capaz de justificar su forma?

2 En la segunda propuesta de la misma aplicación, ¿es el valor del módulo del campo constante a lo largo de una línea equipotencial? Compruébalo.

3 ¿Has observado qué ocurre cuando colocamos una carga negativa en la misma posición donde hay una positiva? Esta observación te puede servir para explicar por qué los cuerpos son neutros en su estado natural; ¿puedes hacerlo?

4 Cuando se carga un globo, ¿qué otro cuerpo también se carga? ¿Lo hará con una carga mayor, igual o menor que la del globo? Cuenta el exceso de carga en cada cuerpo.

5 Cuando el globo se carga negativamente, ¿puede tener cargas positivas en su interior? Compruébalo.

6 Cuando el globo se pega a la pared, ¿deja la pared de ser neutra?

7 En la aplicación de **Travoltaje**, el muñeco se carga negativamente. ¿Crees que habrá otro cuerpo que se cargue positivamente? ¿Podría haberse cargado el muñeco positivamente?

8 Coloca la mano del personaje de la aplicación **Travoltaje** cerca del pomo de la puerta, pero no lo más cerca. Mueve la pierna para que se cargue, pero no demasiado. Verás que, en este caso, no se descarga. Sin mover el brazo, mueve la pierna del personaje para que se cargue aún más. ¿Qué ocurre? ¿Por qué?

Energía en el campo electrostático

1 Dos cargas eléctricas de valores, $q_1 = 2$ pC y $q_2 = 5$ pC, se sitúan en (0,5, 1,3) m y en (–1,0, 0,4) m, respectivamente.

a) Calcula el potencial eléctrico en $P = (-0{,}3,\ 0{,}6)$ m.

b) ¿Qué energía potencial tendrá una carga $q' = -5$ mC situada en el punto P.

c) Calcula el trabajo realizado por la fuerza eléctrica para llevar la carga q' desde el infinito hasta el punto P y la energía cinética con la que llega.

Planteamiento y resolución

La disposición de las cargas en el eje de coordenadas es:

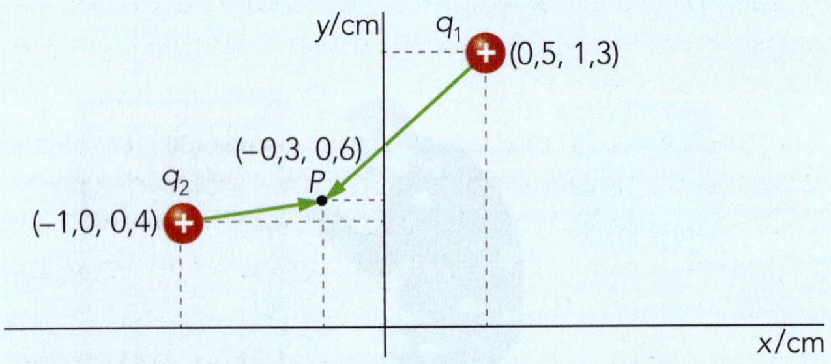

a) Calculamos los vectores de posición de cada carga:

$$\vec{r}_1 = (-0{,}3,\ 0{,}6) - (0{,}5,\ 1{,}3) = (-0{,}8,\ -0{,}7)\ \text{m}$$

$$\vec{r}_2 = (-0{,}3,\ 0{,}6) - (-1{,}0,\ 0{,}4) = (0{,}7,\ 0{,}2)\ \text{m}$$

Y hallamos los potenciales de cada carga fuente:

$$V_1 = K_0 \cdot \frac{q_1}{r_1} = 9{,}0 \cdot 10^9 \cdot \frac{2 \cdot 10^{-12}}{\sqrt{(-0{,}8)^2 + (-0{,}7)^2}}$$

$$V_1 \approx 0{,}017\ \text{V} = 17\ \text{mV}$$

$$V_2 = K_0 \cdot \frac{q_2}{r_2} = 9{,}0 \cdot 10^9 \cdot \frac{5 \cdot 10^{-12}}{\sqrt{0{,}7^2 + 0{,}2^2}}$$

$$V_2 \approx 0{,}062\ \text{V} = 62\ \text{mV}$$

Así, el potencial total creado en ese punto es:

$$V_P = V_1 + V_2 = 17 + 62 = 79\ \text{mV}$$

b) El potencial es la energía potencial por unidad de carga. Por tanto:

$$E_p(P) = q' \cdot V_P = -5 \cdot 10^{-3} \cdot 79 \cdot 10^{-3} = -3{,}95 \cdot 10^{-4}\ \text{J}$$

c) Aplicando el teorema de la energía potencial:

$$W_C = -\Delta E_p = E_p(\infty) - E_p(P) = 0 - q' \cdot V_P = -(-5 \cdot 10^{-3}) \cdot 0{,}079$$

$$W_C = 3{,}95 \cdot 10^{-4}\ \text{J}$$

Para calcular la energía cinética, aplicamos el teorema de las fuerzas vivas:

$$W_T = \Delta E_c = E_c(P) - E_c(\infty) = E_c(P) - 0 = E_c(P)$$

Por otra parte, el trabajo total es el trabajo de la fuerza eléctrica, ya que no hay más fuerzas sobre la carga testigo. Por tanto:

$$W_C = W_T = E_c(P) \rightarrow E_c(P) = 3{,}95 \cdot 10^{-4}\ \text{J}$$

ANÁLISIS DEL PROBLEMA

En estos ejercicios, el primer paso es realizar un esquema de la situación de las cargas.

Una vez calculados los vectores de posición, $\vec{r}$, podríamos calcular su módulo (la distancia de las cargas fuente al punto de estudio), pero no vamos a calcularlo. Introduciremos su expresión matemática en la fórmula del potencial de cada carga para cometer menos errores de redondeo.

Para calcular el potencial total creado en el punto P, utilizamos el principio de superposición. En el caso del potencial o la energía potencial, los valores son escalares que hay que sumar.

Debemos recordar que el potencial es la energía potencial de una carga testigo de 1 C. Por ello, calculamos primero el potencial en el punto P y, a continuación, la energía potencial, que es el trabajo externo que se emplea en llevar una carga desde el infinito hasta un punto concreto.

Según el teorema de la energía potencial, el trabajo de las fuerzas conservativas (y la fuerza electrostática lo es) es la energía potencial inicial menos la final. Podríamos haber calculado la energía cinética en el punto P teniendo en cuenta que la energía mecánica permanece constante.

Tendremos en cuenta que el trabajo total es el mismo que el de la fuerza eléctrica, y aplicaremos el teorema de la energía cinética.

Y ADEMÁS...

Recuerda expresar todas las variables en el SI para no escribir las unidades en las fórmulas. Así, el resultado también lo obtendrás en unidades SI.

En otros ejercicios que piden el trabajo que realiza una fuerza externa, nos fijaremos en que normalmente se coge la carga testigo del punto inicial en reposo, y se deja en el punto final, también en reposo. Así, no se incrementa la energía cinética, pues, según el teorema de la energía cinética, el trabajo total es cero. De ahí se obtiene que el trabajo de la fuerza externa es el opuesto al que hace el campo.

Campo y fuerza electrostática

2 Dos cargas, $q_1 = -4\ \mu C$ y $q_2 = 9\ \mu C$ están separadas 25 cm. Calcula el campo eléctrico en un punto P situado 20 cm por encima de su mediatriz.

ANÁLISIS DEL PROBLEMA

Es imprescindible dibujar la situación de las cargas y del resto de los puntos. Puesto que no se proporcionan las coordenadas de los puntos, tenemos la libertad de asignarlas. El resultado final no puede depender de qué coordenadas utilicemos para resolver el ejercicio.

En este esquema, situamos todos los vectores implicados, e, incluso, en el punto P, la dirección y sentido de los vectores del campo eléctrico.

En función de las coordenadas que hayamos escogido, calcularemos las coordenadas de los vectores r, y los unitarios, *u*. Para calcularlos, no es necesario que *r* y su módulo estén en el SI; únicamente debemos asegurarnos de que estén en la misma unidad, ya que el vector *u* es adimensional.

El siguiente paso será calcular los valores de los campos; recordemos que no se trata del módulo del campo, sino que va acompañado de un signo. También, si el ejercicio no dice lo contrario, supondremos que las cargas se encuentran en el vacío.

Por último, aplicamos el principio de superposición, que consiste en sumar los campos creados por cada carga, con la precaución de que son vectores y, por tanto, hay que sumar sus coordenadas, no sus módulos.

Planteamiento y resolución

La situación de las cargas y el campo que crean es la que se muestra en la gráfica de la derecha. A partir de este esquema, calculamos los vectores de posición, $\vec{r}$, y sus correspondientes vectores unitarios, $\vec{u}$:

$$\vec{r}_1 = (12{,}5,\ 20) - (0,\ 0) = (12{,}5,\ 20)\ \text{cm}$$

$$\vec{u}_1 = \frac{\vec{r}_1}{r_1} = \frac{(12{,}5,\ 20)}{\sqrt{12{,}5^2 + 20^2}} \approx \frac{(12{,}5,\ 20)}{23{,}585}$$

$$\vec{r}_2 = (12{,}5,\ 20) - (25,\ 0) = (-12{,}5,\ 20)\ \text{cm}$$

$$\vec{u}_2 = \frac{\vec{r}_2}{r_2} = \frac{(-12{,}5,\ 20)}{\sqrt{(-12{,}5)^2 + 20^2}} \approx \frac{(-12{,}5,\ 20)}{23{,}585}$$

Los módulos de los campos creados por cada carga son:

$$E_1 = K_0 \cdot \frac{q_1}{r_1^2} = 9{,}0 \cdot 10^9 \cdot \frac{-4 \cdot 10^{-6}}{(12{,}5^2 + 20^2) \cdot 10^{-4}}$$

$$E_1 \approx -647{,}2 \cdot 10^3\ \frac{\text{N}}{\text{C}}$$

$$E_2 = K_0 \cdot \frac{q_2}{r_2^2} = 9{,}0 \cdot 10^9 \cdot \frac{9 \cdot 10^{-6}}{((-12{,}5)^2 + 20^2) \cdot 10^{-4}}$$

$$E_2 \approx 1456{,}2 \cdot 10^3\ \frac{\text{N}}{\text{C}}$$

Que, expresados vectorialmente:

$$\vec{E}_1 = E_1 \cdot \vec{u}_1 = -647{,}2 \cdot 10^3 \cdot \frac{(12,\ 5,\ 20)}{23{,}585}$$

$$\vec{E}_1 \approx (-343,\ 0,\ -548{,}8) \cdot 10^3\ \frac{\text{N}}{\text{C}}$$

$$\vec{E}_2 = E_2 \cdot \vec{u}_2 = 1456{,}2 \cdot 10^3 \cdot \frac{(\ 12,\ 5,\ 20)}{23{,}585}$$

$$\vec{E}_2 \approx (-771,\ 8,\ 1234{,}9) \cdot 10^3\ \frac{\text{N}}{\text{C}}$$

Aplicando el principio de superposición, calculamos el valor del campo eléctrico en el punto P:

$$\vec{E} = \vec{E}_1 + \vec{E}_2 = (-343{,}0,\ -548{,}8) \cdot 10^3 + (-771{,}8,\ 1234{,}9) \cdot 10^3$$

$$\vec{E} = (-1114{,}8,\ 686{,}1) \cdot 10^3\ \frac{\text{N}}{\text{C}}$$

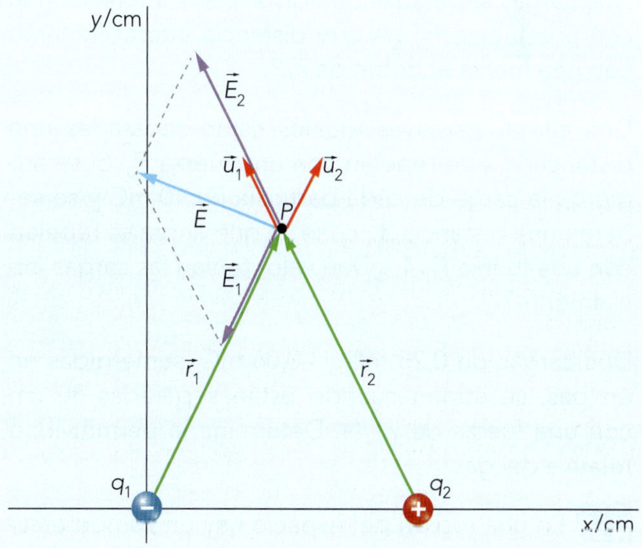

DISCUSIÓN DE RESULTADOS

Aunque las líneas de campo de una carga son siempre radiales, porque el campo eléctrico apunta hacia la carga o en sentido opuesto, cuando se encuentran varias cargas cercanas, las líneas de campo dejan de ser radiales. En el ejercicio, vemos que en el punto P el campo apunta en una nueva dirección, que sería la dirección de la línea de campo en el punto P.

Recuerda seleccionar el material de trabajo de esta unidad para tu **portfolio.**

TRABAJA CON LO APRENDIDO

Carga eléctrica y ley de Coulomb

1 Dentro de la gran cantidad de hadrones que existen (partículas formadas por quarks), hay uno, denominado delta doble positiva, formado por tres quarks *up*. ¿Qué carga eléctrica tiene esta partícula?

2 Calcula la fuerza eléctrica con la que interaccionan dos quarks *up* en un protón si se encuentran separados una distancia de $2 \cdot 10^{-16}$ m. ¿Qué masa, en la superficie de la Tierra, tendría un peso igual al valor de esta fuerza eléctrica?

3 Dos bolitas cargadas con 0,6 mC y –0,3 mC se atraen con una fuerza de 495 N cuando están sumergidas en agua y separadas 20 cm. Calcula la constante dieléctrica del agua. Compara este valor con la permitividad en el vacío.

4 Si la constante dieléctrica del etanol a 25 °C es 24 veces mayor que la del vacío (permitividad relativa), calcula la proporción que existe entre las fuerzas eléctricas en el vacío y en el etanol entre cargas iguales.

5 Un hilo inextensible puede soportar una tensión máxima de 300 N hasta romperse. Si en cada extremo del hilo colocamos dos bolitas con la misma carga de 3 mC, ¿cuál será la longitud mínima del hilo para no partirse?

6 Dos cargas separadas una distancia r_0 interaccionan con una fuerza F_0. ¿A qué distancia interaccionarán con una fuerza el doble de F_0?

7 Dos cargas positivas iguales están separadas una distancia r_0 y se repelen con una fuerza F_0. Si se aumenta la carga de cada partícula en 10 mC y se separan una distancia $3 \cdot r_0$, se ve que ahora se repelen con una fuerza $F_0/4$. ¿Qué valor tenían las cargas inicialmente?

8 Dos cargas de 0,25 mC y –0,06 mC, sumergidas en un gas, se atraen cuando están separadas 80 cm con una fuerza de 21 N. Determina la permitividad relativa del gas.

9 En una región del espacio hay un campo eléctrico vertical. Una pequeña gotita de aceite de 2 μg se ioniza mediante la captura de un millón de electrones, aproximadamente. ¿Qué valor debe tener el campo, y con qué sentido, para que la gotita de aceite levite? Este experimento fue muy relevante para calcular la carga del electrón. Busca información sobre su descubridor y cómo se llevó a cabo.

10 Tenemos una bolita sujeta en un punto que está cargada con 0,5 mC. ¿Con qué aceleración saldrá repelida otra bolita cargada con 2 nC y 5 g de masa que coloquemos a 40 cm de la primera bola?

11 Una carga q_1 = 1 mC está situada en el origen de coordenadas. En la posición (2, 0) m, se encuentra q_2 = 2 mC. Calcula en qué punto sobre el eje *X*, y a la derecha de q_2, se debe colocar una carga q' = 0,5 μC para que sea repelida con una fuerza de 10 N. Puedes utilizar algún programa matemático para resolver el polinomio de cuarto grado que obtendrás.

Carácter vectorial de la fuerza y del campo

12 Una bolita con una carga de 9 μC y una masa de 40 g cuelga de un hilo de longitud *L*. ¿Qué ángulo se desviará de la vertical si colocamos una carga de 20 nC en el eje *X*, a 20 cm de distancia?

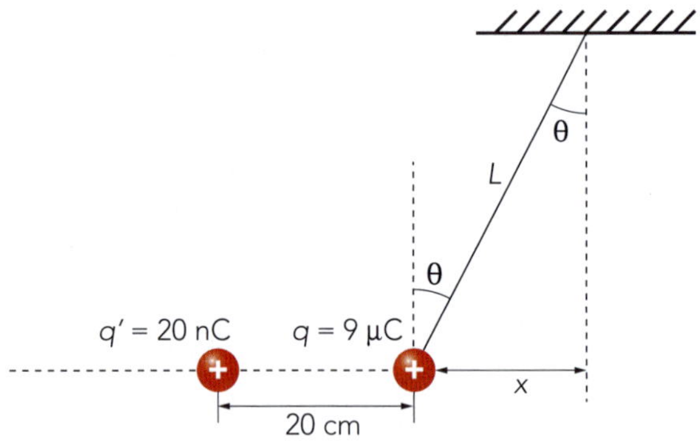

13 Una carga eléctrica q = 68 nC está fija en el punto (12, –7) cm.

a) Calcula el campo eléctrico que crea en el punto *P* = (–4, 2) cm.

b) ¿Qué fuerza se ejercerá sobre una carga testigo de –7 mC colocada en *P*?

14 Una carga de –6 μC está en (1,2, 2,5) m.

a) Calcula el campo que crea en *P* = (0,1, –0,2) m.

b) Si colocamos una segunda carga en (–1,0, 1,0) m de 4 μC, ¿qué cambio experimentará el campo eléctrico en *P*?

15 El campo eléctrico en *P* es $\vec{E}$ = (200, –600) N/C.

a) Calcula el módulo de la fuerza que se ejercerá sobre una carga testigo de –3 mC colocada en dicho punto.

b) Indica qué ángulo tiene el vector fuerza con respecto al eje *X*.

Recuerda que dispones de las soluciones de todas las actividades numéricas en **anayaeducacion.es**.

16 Una carga $q' = 2{,}2\ \mu C$ está en $P = (5, 5)$ cm, mientras es empujada por una fuerza eléctrica de módulo 86 N formando un ángulo de 30° sobre el eje *X*. Determina la expresión vectorial del campo eléctrico en *P*.

17 Se dispone de dos cargas: $q_1 = -2\ \mu C$ en (0, 5) cm y $q_2 = 8\ \mu C$ en (–10, 0) cm.

a) Calcula el campo eléctrico en el punto $P = (0, -8)$ cm.

b) Determina la fuerza que se ejercerá sobre una carga $q' = 3\ \mu C$ colocada en el punto *P*.

18 En una región del espacio donde hay un campo eléctrico uniforme de 500 N/C horizontal y hacia la derecha, se coloca, bien fijada para que no se desplace, una carga eléctrica de 1,5 μC. ¿En qué punto se formará un campo nulo?

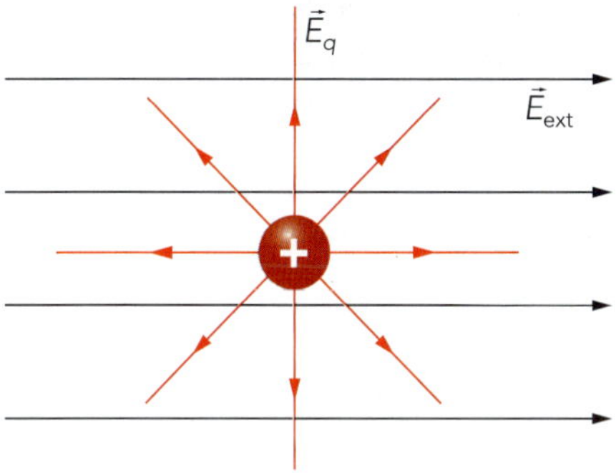

19 Tres cargas están fijas en las siguientes posiciones: $q_1 = -5$ mC en (–20, 5) cm, $q_2 = -6$ mC en (10, 2) cm y $q_3 - 8$ mC en (3, –9) cm.

a) ¿Qué valor tiene el campo eléctrico en el punto $P = (12, -10)$ cm?

b) Si en dicho punto hay una carga *q'* que tiende a alejarse en la dirección y sentido del campo con una fuerza de 100 N, ¿qué valor tiene esta carga?

20 Tenemos dos cargas $q_1 = 14{,}2$ nC y $q_2 = 6{,}9$ nC situadas en (–10, 9) cm y (9, 12) cm, respectivamente. ¿Qué carga, q_3, deberemos colocar en el punto $P = (3, 5)$ cm para que se ejerza sobre ella una fuerza de $(-3{,}696,\ 15{,}152) \cdot 10^{-6}$ N?

21 En el punto A (2, 1) m hay una carga eléctrica de $q_1 = 20$ nC, ¿qué carga eléctrica, q_2, habrá que poner en el punto *B* (8,4) m para que el campo eléctrico en el punto *P* (4, 2) m sea cero?

22 Una carga eléctrica de –2 mC está en la posición (1, 0) m. Determina el valor del campo eléctrico en el punto (–1, –1) m. Expresa el resultado indicando el módulo y el ángulo con el eje *X*.

Energía potencial electrostática y trabajo

23 Una carga positiva *q'* inmersa en un campo eléctrico es desplazada bajo la acción de una fuerza externa desde *A* hasta *B* efectuando un trabajo de 30 J. Si la carga estaba en reposo en *A*, y se deja en reposo en *B*:

a) ¿Qué trabajo habrá realizado la fuerza eléctrica?

b) ¿Se ha movido la carga *q'* en contra de la fuerza eléctrica o a favor?

24 Una carga $q' = 2\ \mu C$ está en reposo a una distancia r_0 de una carga fuente $q = -6\ \mu C$. La energía potencial de *q'* es de –2,4 J.

a) ¿Cuál es el valor de r_0?

b) Si mediante una fuerza externa se lleva *q'* desde el punto inicial hasta una distancia $r_0/2$, dejándola en reposo, ¿qué trabajo se ha hecho?

25 Una carga $q = 2$ mC está situada en el punto (20, –10) cm.

a) ¿Qué energía potencial tendrá una carga $q' = 80\ \mu C$ colocada en (–5, 10) cm?

b) Si la carga *q'* se aleja hasta el infinito, ¿qué trabajo realizará el campo? ¿Con qué energía cinética llega?

26 Imaginemos dos cargas de 1 C en reposo y separadas infinitamente.

a) ¿Cuánta energía necesitaríamos para dejarlas en reposo separadas un metro de distancia?

b) Si dejáramos que el campo vuelva a separar las cargas, ¿llegaríamos a la misma situación inicial?

27 Calcula la energía electrostática de tres cargas: $q_1 = 5\ \mu C$, $q_2 = -1\ \mu C$ y $q_3 = 7\ \mu C$ en los puntos (0, 0), (15, 0) y (–5, 5) cm, respectivamente. Comprueba que la energía de las tres cargas es indiferente al orden en el que se coloquen las cargas.

28 Una carga $q = 12\ \mu C$ está colocada en $A = (8, 8)$ cm.

a) ¿Qué trabajo externo habrá que realizar sobre una carga $q' = -4\ \mu C$ para llevarla desde el infinito hasta el punto $P = (0, -4)$ cm, dejándola en reposo?

b) Si *q'* se hubiera desplazado sin la acción de la fuerza externa, ¿llegaría al punto *P* en las mismas condiciones que con la fuerza externa anterior?

29 Una carga $q_1 = 10$ mC está en (–20, 10) cm y q_2 en (5, 10) cm. Determina qué energía sería necesaria para colocar una carga $q' = -2$ mC en (0, 0). Interpreta el resultado.

30 Se tiene una carga $q = 6\ \mu C$ en el punto $P = (10, 10)$ cm. Mediante una fuerza externa, se realiza un trabajo a $q' = 5\ \mu C$, que inicialmente está en reposo en «el infinito», de 3 J, hasta llevarla al punto $Q = (1, 2)$ cm.

a) ¿Qué trabajo ha realizado el campo?

b) ¿Se queda la carga q' en reposo en el punto Q?

31 Se tienen dos cargas, $q_1 = -139\ \mu C$ en (–11, –21) cm y $q_2 = 860\ \mu C$ en (10, 1) cm.

a) ¿Qué energía potencial tendrá $q' = -9$ nC en el punto $P = (-2, -1)$ cm.

b) ¿Qué trabajo realizará el campo si se lleva q' hasta una distancia infinita?

c) ¿Qué trabajo tendría que realizar una fuerza externa si quisiéramos dejar la carga en reposo?

32 Una carga $q = -50\ \mu C$ se encuentra en (30, 8) cm.

a) ¿Qué energía mínima será necesaria para mover una carga $q' = -5\ \mu C$ desde (0, 0) hasta (20, 8) cm?

b) ¿Qué trabajo total se realiza?

Potencial electrostático

33 Si una carga q crea un potencial V_0 a una distancia r_0, ¿qué potencial creará otra carga de valor la mitad en un punto a una distancia el doble del caso anterior?

34 ¿A qué distancia de una carga $q > 0$ el valor del módulo del campo es numéricamente igual al del potencial?

35 Una carga $q = 52$ mC está en (2, 5) m.

a) Determina el potencial en el punto (–2, 1) m.

b) ¿Qué energía potencial tendrá una carga de 1 μC en este punto?

36 Se tienen dos cargas, $q_1 = -140$ pC en (–1, –2) cm y $q_2 = 590$ pC en (0, 1) cm.

a) ¿Qué potencial producen en el punto $P = (2, 0)$ cm.

b) ¿Qué energía potencial tendrá en este punto una carga de $q' = 50\ \mu C$?

37 Se dispone de tres cargas eléctricas, $q_1 = 5\ \mu C$ en (–15, 5) cm, $q_2 = -8\ \mu C$ en (8, –12) cm y $q_3 = -7\ \mu C$ en (–1, 10) cm.

a) Calcula el potencial que crean en el punto (–5, –5) cm.

b) Si una carga q' está en este punto con una energía potencial de –10 J, ¿de qué valor es la carga?

38 El potencial que una carga $q = -50$ pC crea en (1, 2) m es de –5 V. Si la carga está sobre el eje Y, ¿en qué punto se encuentra?

39 En la gráfica se muestran dos curvas, una representa la variación del módulo del campo que crea una carga, y la otra el potencial eléctrico. Justifica cuál es cada una.

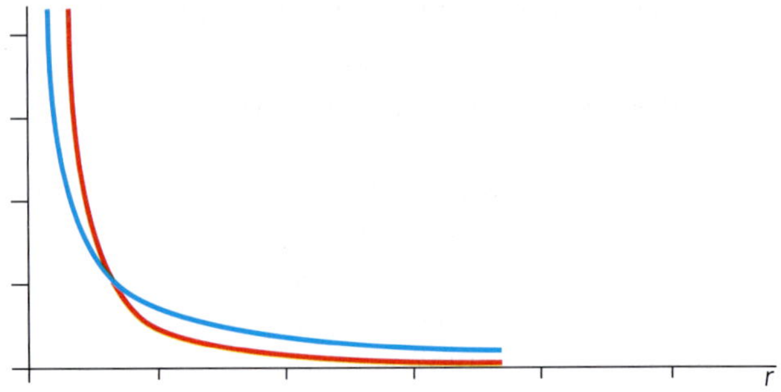

40 Una carga q' está en reposo en el punto A cuyo potencial es de 1 000 V. El campo eléctrico la desplaza, «de manera natural», por la trayectoria 1 hasta B, con un potencial de 500 V, realizando un trabajo de 80 J.

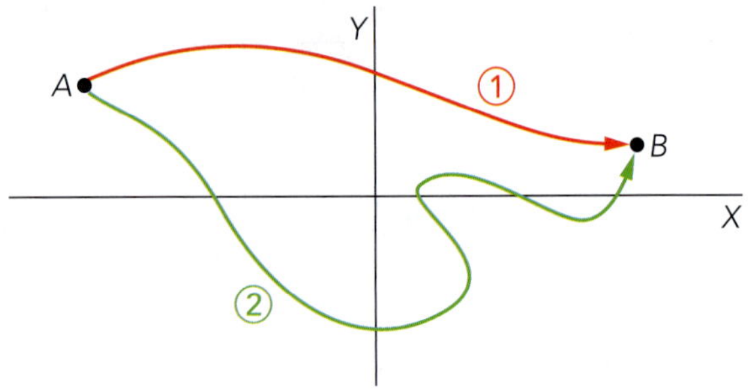

a) ¿Qué valor tiene la carga q'?

b) ¿Tendrá q' energía cinética en el punto B?

c) Si mediante fuerzas externas se hubiera obligado a la carga q' a ir desde A hasta B por el camino 2, ¿qué trabajo habría realizado la fuerza eléctrica? ¿Tendría la misma energía cinética en el punto B que en el caso anterior?

41 El trabajo mínimo realizado para llevar una carga de 3 mC desde una distancia de 5 cm de una carga fuente q hasta el infinito es de 21 J.

a) ¿Qué potencial eléctrico había en la posición inicial?

b) Si el valor del trabajo fuera de 21 J, ¿qué diferencia habría?

42 Una carga q', en reposo, a una distancia de 60 cm de una carga fuente de 22 mC experimenta una repulsión con una aceleración de 200 m/s^2.

a) Determina el valor de la carga de q' si sabemos que su masa es de 50 g.

b) ¿Con qué velocidad llegará al infinito?

43 La función matemática que describe cómo cambia el potencial en el vacío de una carga *q* con la distancia es:

$$V(r) = -\frac{1{,}8 \cdot 10^5}{r}$$

a) ¿Cuál es el valor de la carga *q*?

b) Calcula el valor del campo eléctrico a 50 cm de la carga *q*.

c) Encuentra la relación que existe entre *V* y *E*.

44 A una cierta distancia de una carga *q*, el valor del campo es 432 N/C, mientras que el potencial es 108 V. Encuentra el valor de la carga y la distancia a la que se están midiendo estos valores.

45 Una bolita de 5 g de masa y con una carga de 2 mC, que inicialmente estaba en reposo en el infinito, donde el potencial es cero, se lleva, mediante la acción de una fuerza externa, hasta el punto *P*, cuyo potencial es de 2500 V, quedando con una velocidad de 100 m/s. Determina el trabajo que ha realizado la fuerza externa.

46 Se puede demostrar que las expresiones matemáticas utilizadas para calcular el campo y el potencial de una esfera uniformemente cargada en su exterior son exactamente las mismas que las que se utilizan cuando la carga total está colocada en el centro de la esfera. Calcula el campo y el potencial de una esfera de 10 cm de radio a 5 cm de su superficie, sabiendo que la densidad de carga es de 0,6 nC/cm^3.

Nota: la densidad de carga expresa la cantidad de carga por unidad de longitud, superficie o volumen. En nuestro caso, por ser una esfera, será por unidad de volumen. Su expresión matemática es:

$$\rho = \frac{Q}{V}$$

47 El campo eléctrico más grande que puede aguantar el aire antes de producir una descarga es del orden de $3 \cdot 10^6$ N/C.

a) ¿Cuánto podría cargarse, como máximo, la esfera metálica del ejercicio anterior?

b) ¿A qué potencial eléctrico quedaría el aire que está tocando la esfera?

Ciencia, tecnología y sociedad

Descargas eléctricas

Aunque el aire es un aislante eléctrico, no soporta campos eléctricos con valores por encima de los $3{,}0 \cdot 10^6$ N/C. Cuando se alcanza este valor, el aire experimenta la llamada ruptura dieléctrica, y se transforma momentáneamente en conductor, produciéndose una descarga violenta de los cuerpos cargados y haciendo que el campo tome valores menores.

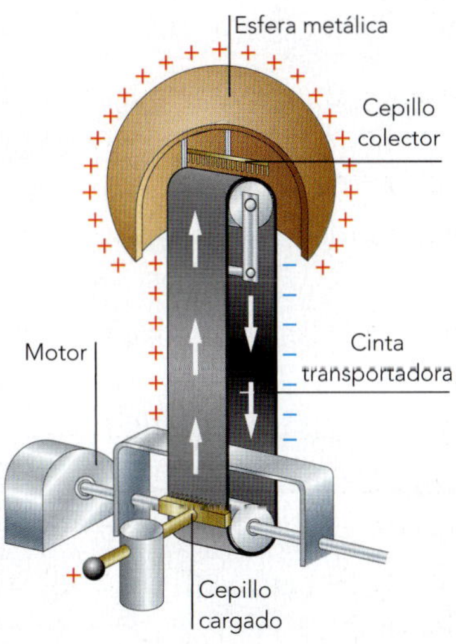

Este fenómeno es fácilmente observable con un generador de Van de Graaff. Básicamente, consiste en una cinta no conductora que va circulando entre dos poleas.

La cinta se carga por el rozamiento con un cepillo colocado junto a la polea inferior. La cinta transporta esta carga hasta la parte superior, donde la descarga en la superficie de la esfera.

Al acercar progresivamente un objeto a la esfera, se va induciendo una carga eléctrica cada vez mayor en este, lo que hace que aumente el valor del campo eléctrico en el aire. Cuando alcanza el valor de ruptura dieléctrica, salta una chispa.

En nuestro planeta ocurren descargas de este tipo de manera natural en las tormentas. No se conoce perfectamente el mecanismo que sucede en el interior de las nubes de tipo cumulonimbos, pero se piensa que debido a los violentos vientos que hay en su interior, se producen fricciones entre los granizos y los cristales de hielo, cargándose cada uno de ellos con cargas opuestas. Debido a que los cristales de hielo son menos densos, ascienden, de tal forma que aparece una separación de cargas dentro de la nube. Cuando se alcanza el valor crítico para el campo, tiene lugar la descarga eléctrica (el rayo), que puede ocurrir entre la nube y el suelo, o entre nubes.

anayaeducacion.es Consulta el apartado «Para estudiar» en el banco de recursos.

PRÁCTICAS DE LABORATORIO

•

FORMULACIÓN

1 CONSERVACIÓN DE LA MASA

OBJETIVO

Comprobar experimentalmente la ley de conservación de la masa y determinar la densidad de un gas.

MATERIAL

- Matraz Erlenmeyer.
- Pipeta.
- Bicarbonato de sodio.
- Vinagre (ácido acético al 6 %).
- Agua destilada.
- Globo.
- Balanza electrónica.

FUNDAMENTO TEÓRICO Y PROCEDIMIENTO EXPERIMENTAL

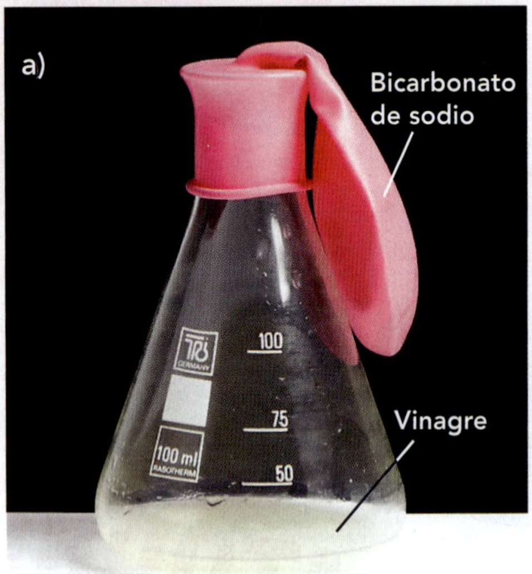

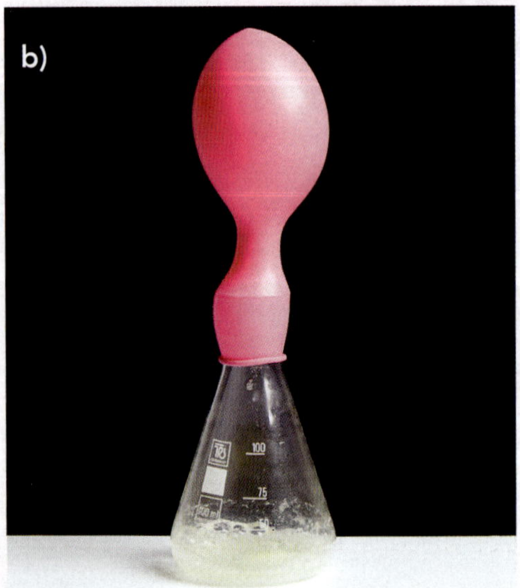

Aunque parezca que en una cierta reacción química desaparece material, o que aparece de la nada, lo cierto es que la materia no se crea ni se destruye. La sustancia que «aparece» ya estaba ahí, solamente que no la habíamos tenido en cuenta. Igualmente, la que «desaparece» simplemente se ha transformado en otras sustancias, por lo que se habrán modificado sus propiedades y quizás no la veamos. Lo cierto es que **en todo sistema cerrado la masa permanece constante.** Comprobémoslo.

Pesa en la balanza el globo vacío. Anota su masa. Más adelante utilizaremos este dato.

Coloca 20 mL de agua destilada en el matraz y añádele 20 mL de ácido acético. Por otro lado, vierte en el globo el bicarbonato de sodio. Después, tapona el matraz con la boca del globo, con cuidado de que no caiga polvillo dentro del matraz. Debe quedar como se muestra en la figura a).

Pesa todo el sistema y anota el resultado. Ahora, levanta el globo de manera que su contenido caiga dentro del matraz. Verás que se produce una reacción química, y que el globo se hincha (figura b). ¿A qué crees que se debe? ¿Se ha llenado de aire, o de otra sustancia? ¿Cómo ha aparecido ese gas?

Pesa de nuevo el conjunto y anota el resultado. ¿Es el mismo que antes, o ha variado la masa?

Por último, quita con mucho cuidado el globo y anúdalo, de manera que siga inflado. Pésalo en la balanza. Al estar lleno de gas, la masa de este debe ser igual a la que has obtenido ahora menos la que obtuviste para el globo vacío. Mide el diámetro del globo. ¿Se te ocurre alguna forma de hacerlo (directamente no se puede)? Podemos suponer que su volumen es, aproximadamente, el de una esfera con el mismo radio. Calcula dicho volumen.

Con la masa del gas y el volumen, calcula su densidad. Consulta alguna tabla de densidades de gases comunes. ¿Puedes identificarlo?

Busca cuál es la reacción que ha tenido lugar entre el bicarbonato de sodio y el ácido acético. Anótala en tu cuaderno. ¿Qué gas se forma? ¿Coincide con el que pensabas a partir del dato de la densidad?

2 DESCENSO CRIOSCÓPICO

OBJETIVO

Preparar disoluciones a varias concentraciones. Comprobar experimentalmente el descenso crioscópico en el caso del agua.

MATERIAL

- Agua y sal común.
- Pipeta.
- Vasos de precipitados.
- Varillas.
- Cubiteras.
- Congelador.
- Termómetro.

FUNDAMENTO TEÓRICO Y PROCEDIMIENTO EXPERIMENTAL

Masa de agua =			M (NaCl) =		
m/(mol/kg)	0,54	1,08	2,69	5,38	8,06
n_s/mol					
m_s/g					
ΔT_c/°C (teórico)					
ΔT_c/°C (valor experimental)					

Recuerda el procedimiento para preparar mezclas.

Como has estudiado, la temperatura de solidificación de una sustancia se modifica cuando se le añade un soluto no volátil. La expresión que relaciona el descenso crioscópico con la concentración es:

$$\Delta T_c = K_c \cdot m$$

donde K_c es la constante crioscópica que, en el caso del agua, vale 1,86 °C · mol^{-1} · kg, y m es la molalidad.

Vamos a preparar varias disoluciones de sal común (NaCl) en agua con las siguientes molalidades: m = 0,54; 1,08; 2,69; 5,38; 8,06 mol/kg. Es conveniente que a la hora de preparar las distintas disoluciones utilices la misma masa de agua (por ejemplo, 100 g o 250 g), a fin de no complicar el procedimiento.

Como ya sabemos, la densidad del agua varía con la temperatura, por lo que el volumen podría cambiar. ¿Habría que tener en cuenta ese factor para conseguir las molalidades deseadas?

Calcula qué cantidad de sal tendrás que disolver en cada caso para conseguir las concentraciones pedidas. Una vez hecho eso, rellena en tu cuaderno las dos filas de la tabla de la izquierda correspondientes a n_s (cantidad de sustancia soluto) y m_s (masa de soluto).

Ahora prepara las cinco disoluciones siguiendo el procedimiento habitual. Cuando las tengas, coloca una etiqueta a cada una con el valor de su concentración; así siempre las tendrás organizadas.

Rellena la última fila de la tabla, usando la fórmula anterior, para calcular el descenso crioscópico teórico.

Introduce todas las disoluciones en el congelador y déjalas allí un día. Pasado ese tiempo puedes sacarlas. ¿Se han congelado todas? Si no es así, averigua cuál es la temperatura mínima que alcanza el congelador y trata de explicar qué ha ocurrido.

Vamos a dejar que las demás se descongelen. Cuando veas que va teniendo lugar el cambio de fase en cada una de ellas, introduce un termómetro para medir la temperatura de fusión; ¿es la misma que la de congelación?

Compara los resultados que has obtenido con los que habías calculado teóricamente, y discute a qué pueden deberse esas diferencias.

3 RIQUEZA DE UNA MUESTRA

OBJETIVO

Determinar la riqueza de una muestra; en concreto, la proporción de carbonato de calcio en una muestra de pastillas antiácido.

MATERIAL

- Pastillas antiácido.
- Mortero.
- Balanza.
- Vasos de precipitados y varilla.
- Bureta.
- Matraz Erlenmeyer.
- Pesa sustancias.
- Indicador ácido-base (fenolftaleína).
- Disolución de concentración conocida de HCl.

FUNDAMENTO TEÓRICO Y PROCEDIMIENTO EXPERIMENTAL

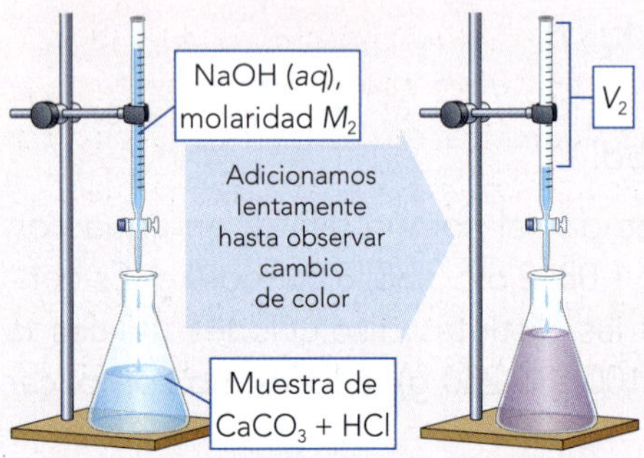

Utilizaremos NaOH (*aq*) de concentración conocida, M_2, para que reaccione con el exceso de HCl (n_E), según la reacción:

$$NaOH + HCl \rightarrow NaCl + H_2O$$

Observamos que la relación n_{NaOH}/n_{HCl} es 1:1 (observa que n_{HCl} es igual a n_E que buscamos), por tanto: $n_E = n_{NaOH}$.

Cuestiones

1. Busca información sobre el uso de los indicadores de pH; en concreto, sobre la fenolftaleína.
2. Busca un ejemplo de volumetría ácido-base para la determinación de un reactivo en exceso.
3. Elabora un esquema con las etapas que se han de seguir en los análisis 1 y 2 .
4. Compara los resultados de ambos análisis y valora si es necesaria la repetición de alguno de ellos.

El carbonato de calcio se utiliza como antiácido, por lo que reaccionará con sustancias de carácter ácido; por ejemplo, el HCl:

$$CaCO_3\ (s) + 2\ HCl\ (aq) \rightarrow CaCl_2\ (aq) + CO_2\ (g) + H_2O\ (l)$$

Podemos determinar la riqueza en $CaCO_3$ de la muestra por dos procedimientos, como veremos a continuación.

Primer análisis. Determinación de la masa de CO_2 producida

Prepara la muestra de pastillas antiácido moliéndolas en un mortero, determina su masa y transfiérela a un vaso de precipitados. En otro vaso de precipitados, mide una masa de disolución de HCl de concentración conocida y adiciona unas gotas de fenolftaleína (debe permanecer incolora). Mezcla el contenido de ambos vasos y observa el color de la disolución. Si la disolución es de color rosa, se ha consumido todo el ácido y puede quedar carbonato sin reaccionar; en ese caso, hay que añadir una cantidad adicional de ácido (midiendo previamente su masa).

Una vez que nos hemos asegurado de que el carbonato ha reaccionado completamente, medimos la masa del conjunto; la diferencia respecto a la masa inicial de todos los reactivos corresponde a la masa de CO_2 que se ha producido, que será la magnitud observable a partir de la cual se calculará la masa de $CaCO_3$ presente en la muestra y la riqueza de esta.

Segundo análisis. Determinación de la cantidad de HCl sobrante

Sigue el procedimiento del primer análisis para hacer reaccionar la muestra de pastillas antiácido con un volumen V_1 (L) de la disolución de ácido clorhídrico, de molaridad conocida, M_1 (mol/L). El HCl debe quedar en exceso (pH ácido); por tanto, la adición de gotas de fenolftaleína debe darnos una mezcla incolora, no de color rosa.

La cantidad total de ácido clorhídrico que utilizamos será:

$$n_{total} = n_R + n_E = V_1 \cdot M_1$$

donde n_R es la cantidad de HCl necesaria para que reaccione con el carbonato de la muestra y n_E es la cantidad de HCl en exceso.

Determinamos n_E haciendo una volumetría ácido-base, como se indica en la figura de la izquierda. Como resultado, obtenemos la cantidad de HCl en exceso: $n_E = n_{NaOH} = V_2 \cdot M_2$, y con ello disponemos de los datos necesarios para determinar la cantidad de $CaCO_3$ en la muestra de pastillas.

4 TEMPERATURA DE EQUILIBRIO

OBJETIVO

Determinar experimentalmente la temperatura de equilibrio después de poner en contacto térmico dos sustancias a distinta temperatura.

MATERIAL

- Agua.
- Vaso de precipitados.
- Material aislante (p. ej. poliespán).
- Vaso de precipitados de 400 mL.
- Matraz Erlenmeyer de 250 mL.
- Matraz Erlenmeyer de 100 mL.
- 2 termómetros.
- Mechero de gas.
- Guantes.
- Cronómetro.

FUNDAMENTO TEÓRICO Y PROCEDIMIENTO EXPERIMENTAL

Vamos a determinar la temperatura de equilibrio de dos masas de agua después de haberlas puesto en contacto térmico.

Aísla térmicamente el vaso de precipitados de 400 mL. Puedes rodearlo, por ejemplo, de poliespán (el «corcho» blanco de numerosos embalajes) o algún otro material aislante. Recorta un trozo con forma circular para crear una tapadera que ajuste bien. Ha de tener dos agujeros: uno en el centro y otro hacia un lado, para poder introducir los dos termómetros.

Llena el matraz de 100 mL con agua a temperatura ambiente. Anótala, y colócalo dentro del vaso de precipitados, bien centrado, sin que se toquen sus paredes.

Llena ahora el matraz de 250 mL. Caliéntalo con el mechero hasta que marque una temperatura de 80 °C (para ello has de introducir el termómetro). En ese momento, apágalo.

Cogiéndolo con unos guantes, y con mucho cuidado, vierte su contenido en el vaso de precipitados, con cuidado de que no caiga agua dentro del matraz pequeño. Ciérralo e introduce los termómetros. Todo debe quedar aproximadamente como se muestra en la figura inferior izquierda.

Mide la temperatura del agua fría y la de la caliente para varios instantes de tiempo. Rellena en tu cuaderno una tabla como la de la izquierda.

Tiempo/min	*T* del agua fría/°C	*T* del agua caliente/°C
0		80
0,5		
1		
1,5		
2		
2,5		
3		
4		
5		
10		
15		

Cuando veas que la temperatura se ha estabilizado y no cambia más, anota su valor.

Ahora podemos comprobar si la temperatura de equilibrio corresponde a la que hemos aprendido a calcular en la unidad 4. Para ello, ten en cuenta que:

$$Q_c + Q_f - 0 \quad \rightarrow \quad m_c \cdot (T_{final} - T_{0,c}) = m_f \cdot (T_{0,f} - T_{final})$$

donde los subíndices c y f hacen referencia al agua caliente y a la fría, respectivamente.

Analiza el resultado: ¿Se obtiene el mismo valor que has obtenido experimentalmente? ¿A qué crees que puede deberse la diferencia observada? Anota todas las posibles fuentes de error que han podido influir en dicha discrepancia.

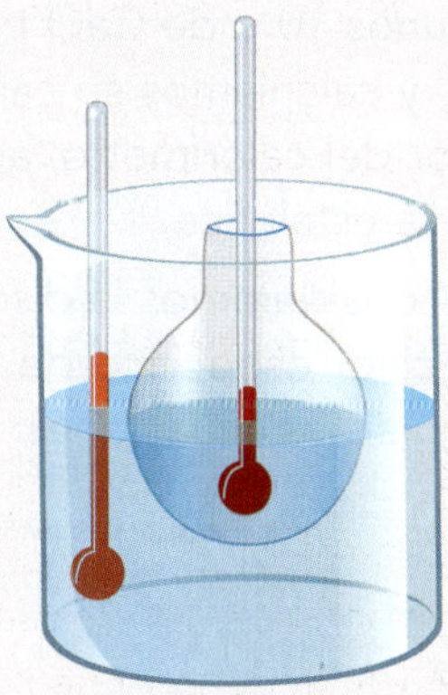

5 DETERMINACIÓN DEL CALOR DE REACCIÓN

OBJETIVO

Determinar el calor de reacción para el proceso:

$$CaO\ (s) + H_2O\ (l) \rightarrow Ca(OH)_2\ (s)$$

MATERIAL

- Probeta.
- Vaso de precipitados.
- Placa calefactora.
- Termómetro.
- Calorímetro con agitador.
- Mortero.
- Vidrio de reloj.
- Balanza.
- Óxido de calcio.
- Agua destilada.

FUNDAMENTO TEÓRICO Y PROCEDIMIENTO EXPERIMENTAL

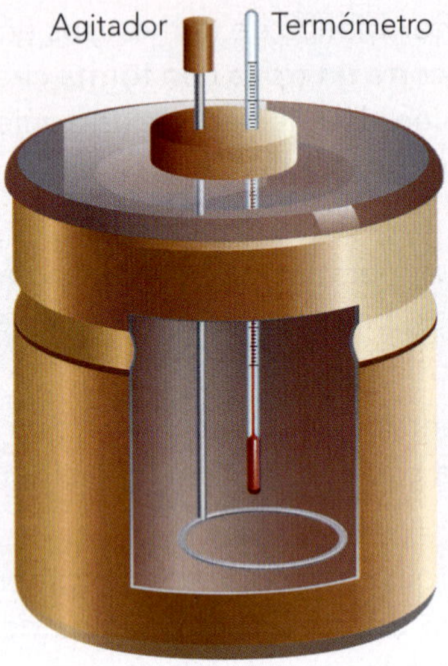

Calorímetro.

Un calorímetro es un instrumento con el que se mide el calor liberado o absorbido en una reacción química gracias a la medición del cambio de temperatura que provoca en cierta masa de agua de temperatura conocida.

$$Q_{\text{absorbido por el agua}} = -Q_{\text{liberado por la reacción}}$$

Siendo $Q_{agua} = m \cdot c_{agua} \cdot \Delta T$; $c_{agua} = 4186\ J \cdot kg^{-1} \cdot K^{-1}$.

Equivalente en agua del calorímetro

Si no disponemos del equivalente en agua del calorímetro (m_{eq}), tendremos que determinarlo para que el calor absorbido por las paredes interiores del calorímetro no provoque un error sobre la determinación del calor de reacción. Medimos unos 100 mL de agua destilada a temperatura ambiente en una probeta, se apunta su volumen y se introduce en el calorímetro. Se calcula su masa, m_F. Medimos la temperatura, T_F, de esa agua en varias ocasiones hasta que ya no varía. Mientras, se calientan unos 150 mL de agua destilada en un vaso de precipitados sobre la placa calefactora hasta alcanzar unos 60 °C. Se miden en una probeta unos 100 mL del agua caliente, apuntando su volumen para calcular su masa, m_C. Rápidamente se mide su temperatura, T_C, se introduce en el calorímetro y se agita. Se recoge la temperatura cada pocos segundos hasta llegar a una temperatura final constante, T.

El equivalente en agua del calorímetro se determina considerando que la densidad del agua es 1 g/mL y despejando m_{eq} de la siguiente ecuación:

$$(m_F + m_{eq}) \cdot c_{agua} \cdot (T - T_F) = -m_C \cdot c_{agua} \cdot (T - T_C)$$

Calor de reacción

Medimos 200 mL de agua destilada en una probeta, determinamos su masa, m_{agua}, la añadimos al calorímetro y medimos su temperatura una vez que esta se estabilice, T_{agua}. Cogemos unos 10 g de CaO molido. Lo pesamos sobre en un vidrio de reloj, m_{CaO}, y calculamos su cantidad de sustancia, n_{CaO}. Añadimos el polvo al interior del calorímetro, agitamos y controlamos la temperatura hasta que esta se estabilice, T.

Para hacer el cálculo del calor de reacción consideramos la disolución lo suficientemente diluida como para que el calor específico de la mezcla coincida con el del agua y aplicamos las siguientes ecuaciones:

$$(m_{agua} + m_{CaO} + m_{eq}) \cdot c_{agua} \cdot (T - T_{agua}) = -Q_{\text{liberado por la reacción}}$$

$$Q_{\text{reacción}} = \frac{Q_{\text{liberado}}}{n_{CaO}}$$

6 IDENTIFICACIÓN DE GRUPOS FUNCIONALES

OBJETIVO

Determinar el tipo de grupo funcional de una disolución problema con métodos de reconocimiento de grupos funcionales.

MATERIAL

- Tubos de ensayo.
- Gradillas.
- Cloruro de cinc.
- Agua destilada.
- Ácido clorhídrico al 37 %.
- Ácido sulfúrico concentrado.
- $AgNO_3$.
- Disolución de NaOH 10 %.
- NH_4OH 2 M.
- Yoduro de potasio.
- Yodo.
- Etanol.
- Propan-2-ol o isopropanol.
- 2-metilpropan-2-ol o *tert*-butanol.
- Acetona.
- Metanal.

FUNDAMENTO TEÓRICO Y PROCEDIMIENTO EXPERIMENTAL

Para la realización de la práctica prepararemos distintos reactivos.

Reactivo de Lucas

Se disuelven 68 g de $ZnCl_2$ en 42,5 mL de ácido clorhídrico concentrado enfriando la mezcla resultante para evitar la pérdida de HCl gaseoso.

Reactivo de Tollens

Constituido por una disolución de 2,5 g de $AgNO_3$ y una disolución al 10% NaOH. Cuando se vaya a utilizar se mezclan en un tubo de ensayo 2 mL de cada disolución y se añade NH_4OH 2 M gota a gota hasta que se disuelva el precipitado.

Disolución de KI/I_2

En un matraz aforado de 100 mL se disuelven 20 g de yoduro de potasio y 10 g de yodo en 100 mL de agua.

Reconocimiento de tipos de alcoholes

El reactivo de Lucas reacciona con los alcoholes para dar haluros de alquilo, que son insolubles en agua y enturbian la disolución.

En tres tubos de ensayo distintos añadiremos 0,5 mL de etanol, 0,5 mL de propan-2-ol y 0,5 mL de 2-metilpropan-2-ol, respectivamente. Agregar 3 mL de reactivo de Lucas a cada uno de ellos, tapar, agitar unos segundos, dejar reposar y observar.

Los alcoholes terciarios reaccionarán rápidamente volviendo turbia la disolución, los alcoholes secundarios tardan más tiempo y los primarios lo hacen muy lentamente.

Reconocimiento de aldehídos o cetonas

Se preparan dos tubos de ensayo con 4 mL aproximadamente de reactivo de Tollens. Se añade gota a gota, acetona o metanal, según corresponda.

El ensayo es positivo cuando la plata precipita en forma de espejo en las paredes del tubo. Un resultado positivo indica la presencia de aldehído.

En un segundo ensayo añadiremos unas gotas de acetona a un tubo de ensayo con 2 mL de agua destilada para posteriormente añadir 1 mL de disolución de NaOH al 10%. A continuación, se añadirá gota a gota con agitación la disolución de KI/I_2 hasta que el color persista. Será positivo para cetonas cuando se forme un precipitado. Se repite el proceso con el metanal.

7 ESTUDIO DEL MRUA

OBJETIVO

Verificar experimentalmente la validez de las ecuaciones deducidas para el MRUA.

MATERIAL

- Raíl con ranura en forma de U, de longitud superior a 2 m.
- Bolas de acero o de vidrio de diferentes tamaños.
- Soporte metálico, barra, nuez y varilla.
- Cronómetro.
- Cinta métrica.

FUNDAMENTO TEÓRICO Y PROCEDIMIENTO EXPERIMENTAL

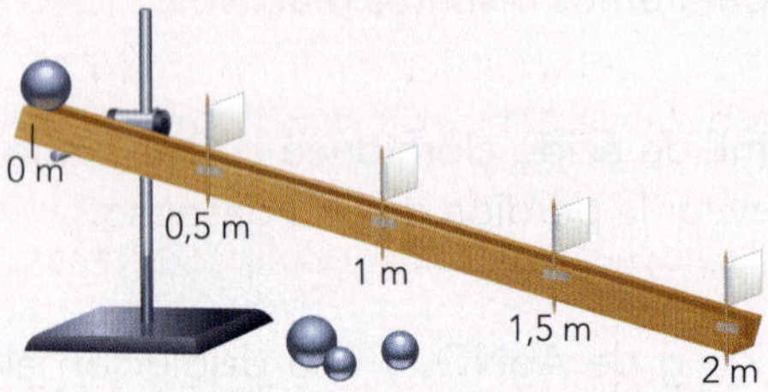

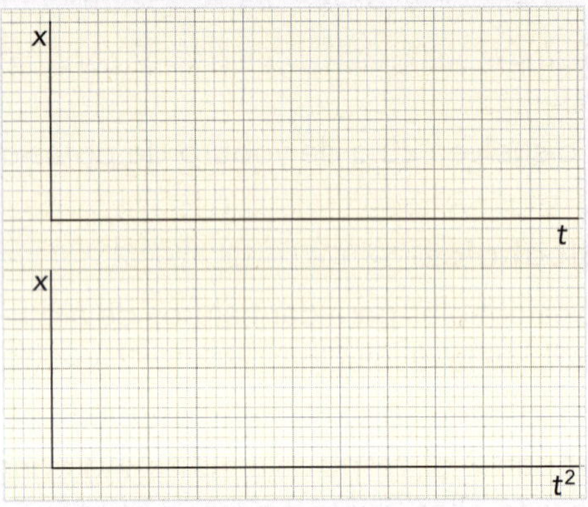

1 Marca el raíl cada 50 cm, y pega un trozo de folio en cada marca. La intención es poder registrar el instante en que pasa la bola, pero sin detenerla.

2 Apoya el raíl en la varilla como muestra la figura de la izquierda.

3 Deja caer la bola, sin velocidad inicial. Para ello, sujeta la bola con una varilla y levántala suavemente en cada medida.

4 Apunta el instante en el que pasa la bola por cada marca. Repite el proceso 5 veces y calcula la media aritmética. El resultado será el valor del tiempo en cada posición.

5 Copia en tu cuaderno la siguiente tabla y anota en ella los resultados obtenidos:

x/m	t/s	t^2/s^2	x/t^2 (m/s²)
0,5			
1			
1,5			
2,0			

6 A partir de estos valores, representa las gráficas *x*-*t* y *x*-t^2.

7 Repite la experiencia para cada bola, al menos con dos ángulos de inclinación del raíl.

Cuestiones

1 ¿De qué tipo son las gráficas *x*-*t* y *x*-t^2?

2 A partir de la expresión:

$$x = \frac{1}{2} \cdot a \cdot t^2$$

¿con qué aceleración baja la bola por el raíl? Calcula su valor a partir de la pendiente de la gráfica *x*-t^2 para cada experiencia.

3 ¿Existe alguna relación entre la aceleración de bajada y la masa de la bola? ¿Qué puedes deducir de ello?

4 ¿Cómo se ve afectada la aceleración de bajada de la bola, si variamos la inclinación del raíl? ¿Qué puedes concluir?

5 Responde de forma razonada: ¿Qué resultado obtendríamos en los dos valores límite del ángulo de inclinación (raíl horizontal y vertical)?

8 EL OSCILADOR ARMÓNICO

OBJETIVO

Comprobar la relación que existe entre la masa de un oscilador armónico y el período de oscilación.

MATERIAL

- Un muelle de constante recuperadora pequeña o un dinamómetro.
- Bolas de acero con gancho, de masas conocidas, o portapesas con pesas.
- Barra con soporte, nuez y varilla con gancho.
- Regla con soporte y correderas.
- Cronómetro.

FUNDAMENTO TEÓRICO Y PROCEDIMIENTO EXPERIMENTAL

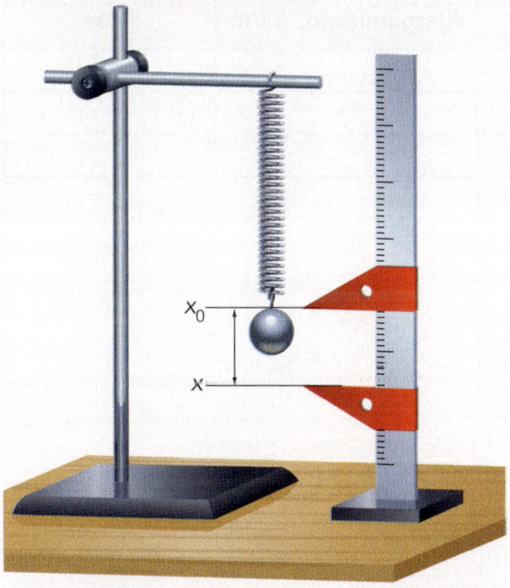

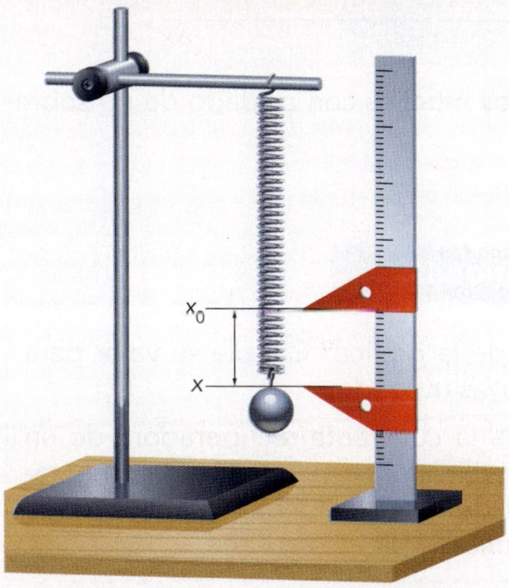

1. Suspende el muelle de la varilla tal y como se aprecia en la figura, cuelga de su extremo inferior una bola de acero de masa conocida y espera a que alcance el reposo.
2. Mide la distancia entre la primera corredera, a la altura del portapesas, y la segunda, un poco más abajo.
3. Estira del portapesas hasta llegar a la altura de la segunda corredera y suéltalo. Comprueba que el portapesas comienza a oscilar con una amplitud igual a la separación entre las correderas.
4. Tomando como referencia la corredera inferior, mide el tiempo que tarda en realizar 10 oscilaciones completas.
5. Repite cuatro veces cada medida y toma como valor del tiempo la media aritmética de cada una de ellas. Repite las medidas para tres amplitudes distintas, modificando, en cada ocasión, la posición de la segunda corredera.
6. Cambia la pesa y mide el período de las oscilaciones que realiza cada una para tres amplitudes distintas.
7. Construye una tabla con los valores de la amplitud, *A*, y del período, *T*, que hayas obtenido para cada pesa. Añade a la tabla una columna con el valor de la masa suspendida, *m*; y otra con el cuadrado del período, T^2.
8. Representa en una gráfica los valores de T^2 frente a los de *m*.

Cuestiones

1. Si mantenemos constante la masa suspendida y aumentamos la amplitud de las oscilaciones, ¿qué ocurre con el período de las oscilaciones? ¿ Y con su frecuencia?
2. A partir de la gráfica T^2-*m*, deduce la relación que existe entre la masa suspendida, m, y el período de las oscilaciones, *T*.
3. Analiza qué sucede con el período, la frecuencia y la amplitud de las oscilaciones, si aumentamos la masa del oscilador.

9 LA LEY DE HOOKE

OBJETIVO

Comprobar experimentalmente la ley de Hooke y calcular la constante recuperadora de un muelle.

MATERIAL

- Distintos muelles.
- Portapesas y varias pesas diferentes, o cuerpos con masas diferentes.
- Barra con soporte, nuez y varilla con gancho.
- Regla graduada con soporte y correderas.

FUNDAMENTO TEÓRICO Y PROCEDIMIENTO EXPERIMENTAL

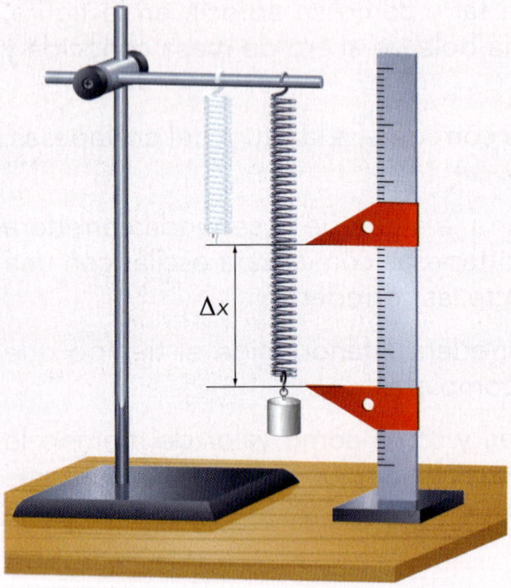

1 Realiza el montaje siguiente: coloca el muelle de la varilla situando la corredera superior a la altura del gancho inferior del muelle.

2 Cuelga el portapesas del gancho del muelle y coloca pesas en él. Puedes colgar distintos cuerpos midiendo previamente su masa en una balanza.

3 Sitúa la corredera inferior de forma que señale la nueva posición del gancho del muelle.

4 Mide el alargamiento del muelle en cada caso.

5 Copia y completa la tabla en tu cuaderno:

Masa, *m*/kg	Fuerza, *F*/N	Alargamiento, Δx/m	$F/\Delta x$

6 Representa la gráfica F-Δx.

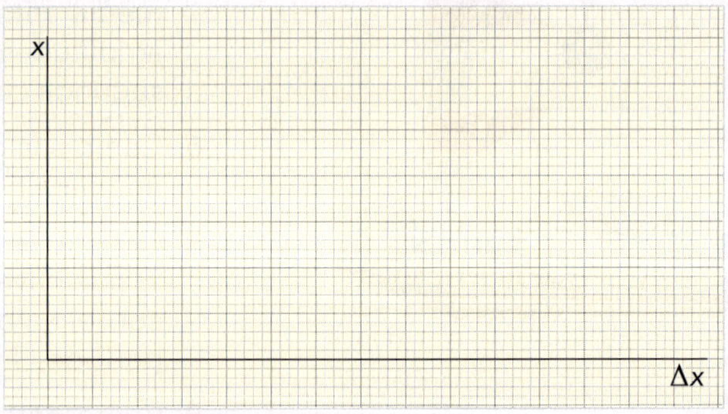

7 Repite la experiencia con distintos muelles con cuidado de no sobrepasar su límite de elasticidad.

Cuestiones

1 ¿Qué representa la pendiente de la gráfica? Calcula su valor para cada uno de los muelles que hayas utilizado.

2 ¿Cuál es el significado físico de la constante recuperadora de un muelle? Para una misma fuerza aplicada, ¿qué muelle experimentará un mayor alargamiento, el que tenga un valor bajo o el que tenga un valor alto de constante recuperadora?

10 CONSERVACIÓN DE LA ENERGÍA (I)

OBJETIVO

Comprobar el principio de conservación de la energía mecánica.

MATERIAL

- Muelle (has de conocer el valor de la constante elástica).
- Bola de acero.
- Mesa o tablero horizontal.
- Papel de calco y cartulina.
- Raíl de aluminio de 1 m de longitud, con tope de madera en un extremo.
- Regla graduada o cinta métrica.

FUNDAMENTO TEÓRICO Y PROCEDIMIENTO EXPERIMENTAL

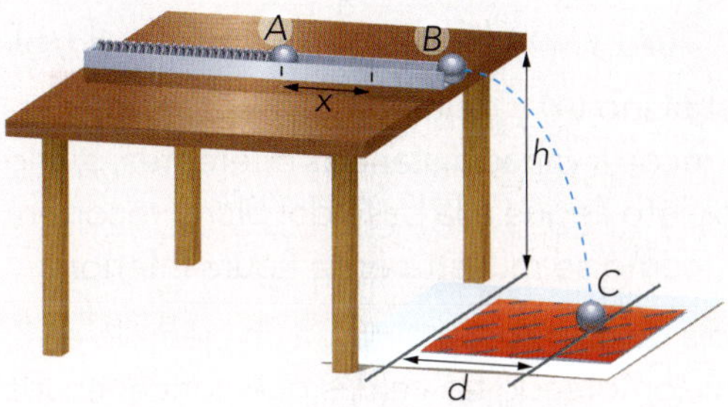

1 Mide la longitud del muelle sin comprimir, la masa de la bola, *m*, y la altura, *h*, de la mesa.

2 Situamos el raíl sobre la mesa, como en la figura. Fija un extremo del muelle al tope de madera y señala en el raíl la posición del extremo libre.

3 Coloca la bola delante del muelle, comprímelo sujetando la bola. Señala en el raíl la posición que ocupa el extremo del muelle y mide la distancia que se ha comprimido, *x*.

4 Suelta la bola, y deja que se deslice por el raíl hasta llegar al extremo abierto (punto *B*), desde donde realizará un tiro horizontal con velocidad inicial, v_0.

5 Mide la distancia horizontal, *d*, desde el punto de impacto (punto *C*) hasta la línea situada en la vertical del punto de lanzamiento.

6 Repite el proceso varias veces para la misma compresión del muelle y halla la media aritmética de los valores medidos.

7 Calcula la velocidad inicial del tiro horizontal (velocidad en el punto *B*):

$$v_0 = \frac{g \cdot d^2}{2 \cdot h}$$

8 Calcula la energía cinética de la bola en *B:*

$$E_c = \frac{1}{2} \cdot m \cdot v_0^2$$

9 Calcula la energía potencial elástica del muelle cuando está comprimido una distancia *x:*

$$E_p = \frac{1}{2} \cdot k \cdot x^2$$

10 Repite la experiencia para distintas compresiones del muelle.

11 Copia la tabla en tu cuaderno y completa con los valores de compresión del muelle, *x;* velocidad de la bola en *B*, energía potencial elástica del muelle en *A* y energía cinética de la bola en *B*.

Comprensión x/m	Velocidad v_0/(m/s)	E_p/J	E_c/J

Cuestiones

1. Tomando el suelo como origen de coordenadas. ¿Qué forma de energía tiene el cuerpo en los puntos *A*, *B* y *C*?
2. Cuando el muelle recupera su longitud inicial, ¿cuánto varía su energía potencial elástica?
3. ¿Cuánto varía la energía cinética de la bola entre los puntos *A* y *B*? ¿A qué es debida esta variación?
4. Calcula la energía mecánica de la bola en *A* y *B*.
5. ¿Coinciden ambos valores? ¿Por qué?

11 CONSERVACIÓN DE LA ENERGÍA (II)

OBJETIVO

Calcular el coeficiente de rozamiento de un cuerpo con una cierta superficie.

MATERIAL

- Plancha que sirva de plano inclinado (madera, metal, etc.).
- Medidor de ángulos.
- Cinta métrica.
- Un pequeño bloque de cualquier material.

FUNDAMENTO TEÓRICO Y PROCEDIMIENTO EXPERIMENTAL

s/m	α	$s \cdot$ sen α/m	cos α	d/m
0,5	30	0,25	0,87	0,77
0,5	45	0,35	0,71	2,12
0,5	60	0,43	0,50	3,33
0,75	30	0,38	0,87	2,02
0,75	45	0,53	0,71	3,89
0,75	60	0,65	0,50	5,50

Vamos a ver cómo podemos medir el coeficiente de rozamiento entre dos cuerpos utilizando el teorema de la energía.

Necesitaremos una superficie que haga de plano inclinado. Nos interesa que podamos ajustar su inclinación, de modo que tengamos dos variables independientes: el ángulo y la distancia que va a recorrer el cuerpo a lo largo del plano (ver figura inferior). Esto se debe a que tenemos dos coeficientes de rozamiento distintos cuyos valores tendremos que determinar: con el plano (μ_1) y con la superficie horizontal (μ_2).

Seleccionamos una inclinación del plano (α) y dejamos caer el cuerpo desde distintas alturas, de modo que recorra varias distancias diferentes, *s*, a lo largo de la superficie. Cuando el objeto llegue a la base del plano recorrerá una distancia, *d*, antes de pararse, como se muestra en la figura inferior.

Anota los valores de *s* y *d* en una hoja de cálculo. Se muestra un ejemplo en la tabla de la izquierda, donde se han sombreado las celdas que contienen los datos experimentales. Repite este procedimiento para diferentes ángulos.

Si aplicamos el teorema de la energía entre los puntos 1 y 2, y entre 2 y 3, obtendremos la siguiente expresión (compruébalo):

$$W_{NC} = \Delta E_m \quad \rightarrow \quad \mu_1 \cdot \cos\alpha + \mu_2 \cdot d = s \cdot \text{sen}\,\alpha$$

Se trata, pues, de realizar una regresión lineal múltiple; es decir, queremos ajustar los datos experimentales a la forma:

$$y = m_1 \cdot x_1 + m_2 \cdot x_2 + b$$

donde m_1 y m_2 son las pendientes asociadas a las variables x_1 y x_2. En nuestro caso:

$$m_1 = \mu_1 \quad ; \quad m_2 = \mu_2 \quad ; \quad x_1 = \cos\alpha \quad ; \quad x_2 = d$$

Selecciona las celdas F2 y G2, y en la barra de fórmulas introduce:

=ESTIMACION.LINEAL(C2:C7;D2:E7)

En nuestro ejemplo, tras pulsar la combinación de teclas **Ctrl** + **May** + **Enter** obtendríamos los valores 0,1 en la celda F2, y 0,2 en G2. Estos son los coeficientes de rozamiento buscados. Tal como hemos organizado los datos, por tanto, nuestro resultado sería:

$$\mu_1 = 0{,}2 \quad ; \quad \mu_2 = 0{,}1$$

Si cambias el material del plano inclinado, pero no el de la superficie horizontal (por ejemplo, podría ser el suelo), deberías obtener diferentes valores del coeficiente μ_1, mientras que μ_2 debería permanecer constante. Compruébalo y compara los resultados obtenidos cuando utilizas madera, una plancha de metal, o una superficie a la que le has echado aceite.

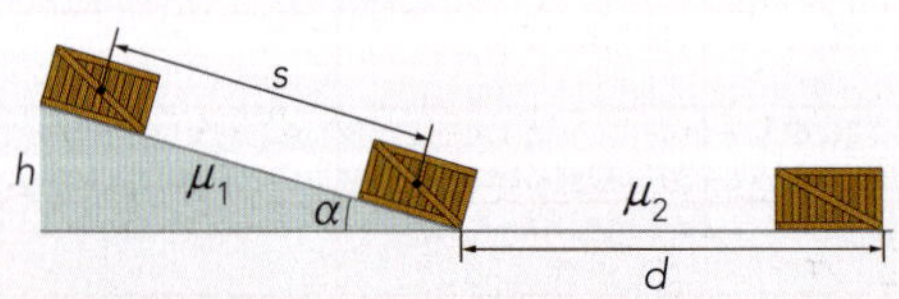

12 PROPIEDADES DEL PÉNDULO SIMPLE

OBJETIVO

Comprobar algunas propiedades de un péndulo simple y estimar el valor de la gravedad en el laboratorio.

MATERIAL

- Tablero o pizarra vertical.
- Soporte para colgar los péndulos.
- Hilo ligero no elástico.
- Regla o cinta métrica y cronómetro.
- Varias bolas, con gancho, de materiales diferentes (corcho, vidrio, acero, etc.).

FUNDAMENTO TEÓRICO Y PROCEDIMIENTO EXPERIMENTAL

1 Construye tres péndulos de 1 m de longitud con bolas diferentes. Sepáralos unos 5° de la vertical al colgarlos del soporte, suéltalos a la vez y anota el orden de parada de cada péndulo.

2 Separa la bola 10 cm de la vertical con cada uno de los tres péndulos, suéltala al poner en marcha el cronómetro, anota el tiempo que tarda en completar diez oscilaciones. Repite la medida tres veces y toma el valor medio para cada péndulo. Compara los tres valores medios.

3 Construye un péndulo de unos dos metros de longitud, con la bola más pesada de que dispongas. Mide cuánto tarda en hacer veinte oscilaciones completas y haz la media. Repite la medida y compara los resultados para separaciones de 5 cm, 8 cm, 10 cm, 50 cm, y compara los resultados.

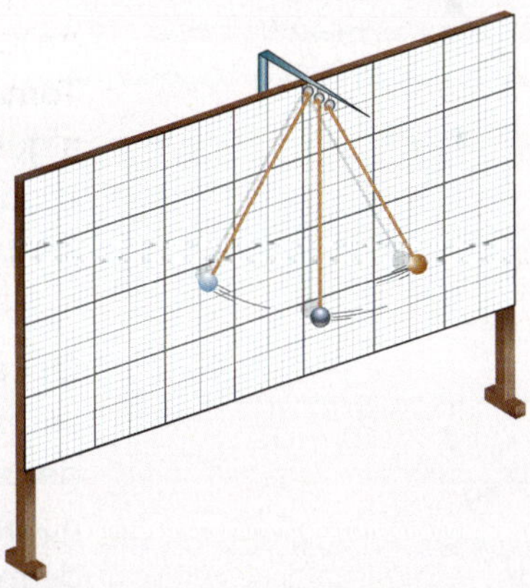

4 Construye cuatro péndulos de longitud variable entre 50 y 200 cm, con la bola más pesada. Mide la longitud desde el punto de suspensión al centro de la bola. Realizando dos series de veinte oscilaciones para cada uno, toma el valor medio del tiempo y calcula el período. Copia la tabla en tu cuaderno y complétala.

l/cm				
T^2/s^2				

5 Representa en una gráfica T^2 frente a l. Calcula la pendiente de la recta obtenida que pasa por el origen de coordenadas.

6 Con la pendiente obtenida en el punto anterior calcula el valor de la gravedad a partir de la siguiente expresión propia del péndulo simple:

$$T = 2 \cdot \pi \cdot \sqrt{l/g}$$

Actividades

1 Si cuelgas bolas de diferente masa del péndulo y lo haces oscilar siempre con la misma amplitud inicial, ¿cuál se detiene antes? ¿Sucedería igual en la superficie de la Luna?

2 Representa el diagrama de fuerzas propio de la bola en oscilación y razona por qué conviene que el hilo no sea elástico.

3 Con los resultados obtenidos en el segundo paso justifica si la masa de la bola influye en la velocidad de movimiento de péndulo.

4 Según lo obtenido en el punto 3, ¿cómo influye la longitud del péndulo en el valor del periodo?

5 ¿Se conserva la energía en el movimiento del péndulo? Razona tu respuesta.

13 DETERMINACIÓN DE LA GRAVEDAD

OBJETIVO

Conocida la constante recuperadora de un muelle, calcular la contante de la gravedad sobre la superficie terrestre, a partir de la fuerza aplicada en el muelle y la deformación producida en este, utilizando la aplicación Excel en el análisis gráfico para hallar la relación entre magnitudes.

MATERIAL

- Un muelle de constante $k = 20$ N/m.
- Un soporte con una regla graduada incorporada de sensibilidad 1 mm, que permita colgar el muelle y tomar medidas de los alargamientos producidos.
- Varias pesas de diferentes masas:10 g, 20 g y 30 g.

FUNDAMENTO TEÓRICO Y PROCEDIMIENTO EXPERIMENTAL

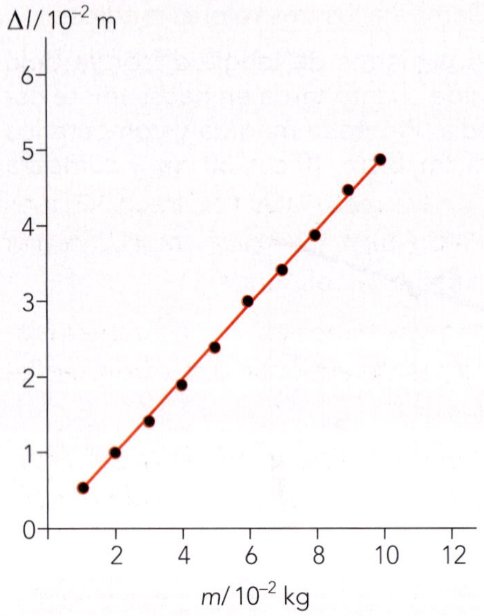

En muchos materiales, como ocurre con los muelles, la deformación que se les pueda producir es recuperable, siempre que no se sobrepasen ciertos límites. Esta deformación puede considerarse directamente proporcional a la fuerza que la está produciendo: $F = k \cdot \Delta l$, siendo k una constante que depende de la rigidez del muelle; Δl, el alargamiento producido por una fuerza externa, F, encargada de deformarlo.

Para calcular la gravedad, g, experimentalmente, necesitamos conocer el valor de la masa que vamos a colgar del muelle y medir el alargamiento que sufre este desde su longitud original. Al quedar el muelle en equilibrio se cumplirá que el peso de la masa coincide con la fuerza deformadora:

$$F = m \cdot g \rightarrow k \cdot \Delta l = m \cdot g$$

Toma de datos: Anota la posición del extremo del muelle sin colgar masa alguna. Coloca una primera masa de 10 g y anota cuánto se ha alargado desde su posición original. Repite la operación aumentando la masa. Toma 10 parejas de valores (m, ΔL) y elabora una tabla de datos con las masas expresados en kilogramos y los alargamientos, en metros.

Obtención de *g*: Al calcular el valor de g, de forma experimental, nos arriesgamos a cometer errores en las medidas y desviarnos del valor verdadero. Si hiciéramos una sola medida para calcular el valor de la gravedad, nos sería imposible corregir este error. Por ello, cuanto mayor sea el número de medidas que realicemos, más cerca nos encontraremos del valor real.

Si construimos una gráfica con las parejas de valores medidas, situando la masa en el eje X y el alargamiento en el eje Y, obtendremos una línea muy irregular. Para encontrar la recta que más se ajusta y cuya pendiente coincide, de forma muy aproximada, con el valor g/k, abriremos una hoja de Excel y crearemos una tabla con las parejas de valores. Posteriormente, insertaremos un gráfico de dispersión con recta de regresión adjunta:

$$y = a \cdot x + b$$

En el ejemplo de la imagen: $y = 0{,}4952 \cdot x - 0{,}0003$ (en unidades del SI).

Y por comparación: $m \cdot g = k \cdot \Delta l \rightarrow \Delta l = g/k \cdot m + 0$

Las constantes a y b serán: $a = g/k$; $b \approx 0$

Despejando en a, obtenemos el valor de g:

$$a = g/k = 0{,}4952 \rightarrow g = 0{,}4952 \cdot k = 0{,}4952 \cdot 20 = 9{,}9 \text{ m/s}^2$$

Actividades

1. Realiza un informe de la experiencia.
2. ¿Por qué no es cero el valor de b en la recta de regresión?
3. ¿En qué proporción se modificaría la gravedad si utilizáramos otro muelle con $k' = 2 \cdot k$?

14 CARGA ELÉCTRICA

OBJETIVO

Comprobar que, al menos, existen dos tipos de cargas eléctricas.

MATERIAL

- Electroscopio (no es imprescindible).
- Barras de distintos materiales como vidrio, ebonita, hule, acrílico, PVC, etc.
- Distintas tiras de materiales flexibles como polietileno, piel de conejo, paño de franela, paño de seda, etc.

FUNDAMENTO TEÓRICO Y PROCEDIMIENTO EXPERIMENTAL

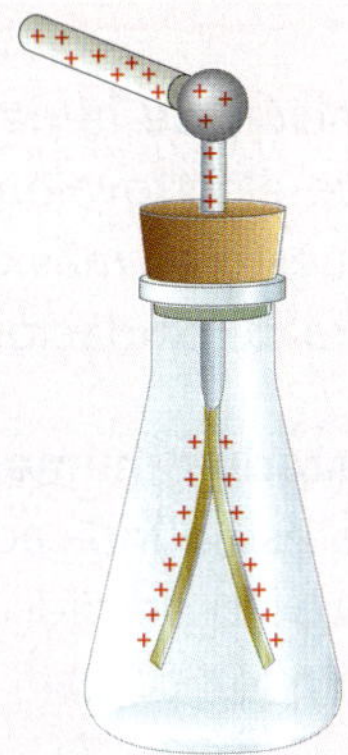

Prepararemos una bolita poco pesada; por ejemplo, de poliestileno expandido (corcho blanco), forradas con papel de aluminio. La colgaremos de un soporte vertical mediante un hilo aislante.

Las barras van a ser frotadas con los diferentes materiales flexibles para cargarlas eléctricamente. Si disponemos de un electroscopio nos serviría para comprobar si la barra se ha cargado o es necesario frotarla más.

Tomaremos una de las barras y uno de los materiales flexibles. Después de frotarlos, tocaremos con la barra la bolita; así quedará cargada con el tipo de carga de la barra. Esta será la carga de referencia.

Seguidamente, iremos frotando las distintas barras con los diferentes materiales flexibles, y comprobaremos cómo interaccionan con la bola cargada; hay que acercar la barra, sin tocarla.

En una tabla como la mostrada, en la que se añadirán más filas, debemos especificar la barra y el material flexible utilizado y si se ha atraído o repelido con la bola de referencia.

Barra de referencia	Material flexible de referencia	
Barra rígida	**Material flexible**	**Interacción**

Antes de volver a cargar cada barra, deberás tocar el suelo con ella y también con el material flexible, para descargarlos.

Actividades

1. ¿Hemos comprobado con esta experiencia que solamente hay dos tipos de cargas?
2. ¿Alguna barra se ha cargado de diferente manera al frotarla con distintos materiales flexibles?
3. ¿Cómo podrías verificar si dos cargas del mismo tipo se atraen o se repelen?

1 CAPACIDAD DE COMBINACIÓN DE LOS ELEMENTOS

En cursos anteriores, hemos estudiado que las sustancias puras están formadas por átomos del mismo tipo (sustancias simples o elementales) o por átomos diferentes (compuestos) y que todas ellas se representan mediante fórmulas químicas. En este anexo revisaremos cómo determinar las fórmulas de las sustancias puras (formulación) y cómo nombrarlas (nomenclatura).

La **valencia química** de un elemento es su capacidad de combinación y corresponde al número de enlaces que forma al unirse con otro u otros átomos.

En función de la naturaleza iónica o covalente de los enlaces, hablaremos de electrovalencia o covalencia, si bien para formular y nombrar un compuesto es más útil emplear los conceptos de estado de oxidación y número de oxidación (*n. o.*).

El **estado** o **número de oxidación** de un átomo en una especie química es un indicador del número de electrones que el átomo habría ganado o perdido si todos los enlaces de la especie fueran perfectamente iónicos, sin participación covalente.

Mientras que la valencia es un número entero sin signo, el estado de oxidación puede ser positivo, negativo o cero, y se representa con números arábigos precedidos de su signo.

1.1. Asignación del número de oxidación

Las siguientes indicaciones permiten determinar los estados de oxidación:

- El *n. o.* de un átomo en una sustancia elemental es cero. Así, en las sustancias Li, Cl_2 y P_4, el *n. o.* de los átomos de Li, Cl y P es 0.
- El *n. o.* de los iones metálicos es siempre positivo. El de los alcalinos y Ag es +1, el de los alcalinotérreos, Zn y Cd es +2 y el de Al es +3.
- El *n. o.* del oxígeno en todos sus compuestos es –2, excepto en los peróxidos, que es –1, y en las combinaciones con halógenos, que se trata como si fuera +2.
- El *n. o.* del hidrógeno es siempre +1, salvo en los hidruros metálicos, que es –1 (por ejemplo: KH, MgH_2).
- El *n. o.* del flúor es siempre –1. El del resto de halógenos (Cl, Br, I) solo es –1 cuando se combinan con metales (haluros metálicos).
- El *n. o.* de los iones monoatómicos coincide con su carga. Por ejemplo, en los iones Be^{2+} y Br^-, el *n. o.* del Be es +2 y el del Br es –1.
- En una especie química neutra, la suma algebraica de los productos de los *n. o.* de los átomos por sus subíndices es cero. En un ion poliatómico, dicha suma ha de ser igual a la carga del ion.

NÚMERO DE OXIDACIÓN (*n. o.*)

El estado de oxidación de un elemento en una especie química puede indicarse mediante un número de oxidación (*n. o.*), escrito como un superíndice a la derecha en números romanos. El estado de oxidación cero puede indicarse (como 0), pero suele omitirse.

El *n. o.* designa por tanto el estado de oxidación de un elemento y puede formar parte del nombre de un compuesto, mientras que el estado de oxidación no.

En la mayoría de las ocasiones, el estado de oxidación y el *n. o.* son numéricamente iguales, por lo que se intercambian, y el *n. o.* se asume que puede expresarse con números arábigos.

HALÓGENOS Y OXÍGENO

Las normas de la IUPAC de 2005 establecen que los elementos halógenos son más electronegativos que el oxígeno. Por ello, las combinaciones de halógenos y oxígeno no se consideran óxidos de halógenos sino halogenuros de oxígeno. Por ejemplo, no sería correcta la fórmula Cl_2O_3, sino O_3Cl_2.

Ejercicios resueltos

1 Calcula el *n. o.* de todos los elementos de las siguientes especies químicas:

a) $Mg(ClO_3)_2$ b) SO_4^{2-}

Solución

a) Los *n. o.* que son fijos en este compuesto son:

n. o. (Mg) = +2 y *n. o.* (O) = –2

Así:

$1 \cdot (+2) + 2 \cdot [n.\,o.\,(Cl) + 3 \cdot (-2)] = 0 \rightarrow$
$\rightarrow n.\,o.\,(Cl) = +5$

b) En este caso, *n. o.* (O) = –2. Como la carga global del ion es –2:

$n.\,o.\,(S) + 4 \cdot (-2) = -2 \rightarrow$
$\rightarrow n.\,o.\,(S) = +6$

La tabla recoge los *n. o.* más frecuentes de los elementos químicos:

H																	**He**
–1, +1																	
Li	**Be**											**B**	**C**	**N**	**O**	**F**	**Ne**
+1	+2											+3	–4, +2, +4	–3, +1, +2, +3, +4, +5	–1, –2	–1	
Na	**Mg**											**Al**	**Si**	**P**	**S**	**Cl**	**Ar**
+1	+2											+3	+4	–3, +3, +5	–2, +2, +4, +6	–1, +1, +3, +5, +7	
K	**Ca**	**Sc**	**Ti**	**V**	**Cr**	**Mn**	**Fe**	**Co**	**Ni**	**Cu**	**Zn**	**Ga**	**Ge**	**As**	**Se**	**Br**	**Kr**
+1	+2	+3	+3, +4	+2, +3, +4, +5	+2, +3, +6	+2, +3, +4, +6, +7	+2, +3	+2, +3	+2, +3	+1, +2	+2	+3	+4	–3, +3, +5	–2, +4, +6	–1, +1, +3, +5, +7	
Rb	**Sr**	**Y**	**Zr**	**Nb**	**Mo**	**Tc**	**Ru**	**Rh**	**Pd**	**Ag**	**Cd**	**In**	**Sn**	**Sb**	**Te**	**I**	**Xe**
+1	+2	+3	+4	+3, +5	+6	+7	+4	+2, +3, +4	+2, +4	+1	+2	+3	+2, +4	–3, +3, +5	–2, +4, +6	–1, +1, +3, +5, +7	
Cs	**Ba**	**La**	**Hf**	**Ta**	**W**	**Re**	**Os**	**Ir**	**Pt**	**Au**	**Hg**	**Tl**	**Pb**	**Bi**	**Po**	**At**	**Rn**
+1	+2	+3	+4	+5	+6	+7	+4	+2, +3, +4, +6	+2, +4	+1, +3	+1, +2	+3	+2, +4	+3, +5	+4, +6	–1, +5, +7	

1.2. Clasificación de las sustancias inorgánicas

Las sustancias inorgánicas se clasifican, en función de la cantidad de elementos diferentes que las componen, en sustancias simples o elementales y compuestos.

En este anexo estudiaremos las sustancias simples, así como los compuestos binarios, ternarios y cuaternarios.

Tipos de sustancias inorgánicas
- Simples
  - Gases nobles
  - No metales
  - Metales
  - Iones (monoatómicos y homopoliatómicos)
- Compuestos
  - Binarios
    - Óxidos
      - Metálicos (O + metal)
      - No metálicos (O + no metal)
      - Peróxidos (O_2^{2-} + elemento)
    - Hidruros
      - Básicos (O + metal)
      - No metálicos (O + no metal)
  - Ternarios
    - Hidróxidos (metal + OH)
    - Oxoácidos (H + no metal + O)
    - Oxosales neutras (metal + no metal + O)
    - Sales ternarias ácidas (metal + H + no metal)
  - Cuaternarios
    - Oxosales ácidas (metal + H + no metal + O)

2 NORMAS GENERALES

Para poder estudiar la formulación y la nomenclatura de las sustancias inorgánicas, nos será muy útil tratar de establecer unas normas generales.

Las tres nomenclaturas fundamentales para nombrar sustancias inorgánicas son las de composición, sustitución y adición.

Tanto la nomenclatura de sustitución como la de adición requieren conocer la constitución de la especie que se va a nombrar, mientras que para emplear la de composición, que también se conoce como estequiométrica, solo es necesario conocer la estequiometría o composición de la especie.

En algunas ocasiones puntuales, utilizaremos también la nomenclatura de hidrógeno. Las nomenclaturas de Stock y la tradicional están en desuso, si bien numerosos compuestos aún se conocen por su nombre tradicional.

RECOMENDACIONES IUPAC

La IUPAC (*International Union of Pure and Applied Chemistry*) establece las normas para la formulación y la nomenclatura de química inorgánica y orgánica.

Las recomendaciones de la IUPAC de 2005 para la nomenclatura de sustancias inorgánicas presenta cambios notables y su traducción y adaptación completa al castellano se recoge en el *Libro Rojo*.

2.1. Normas para compuestos binarios

En general, consideraremos que estos compuestos están formados por dos partes unidas entre sí. La primera, a la izquierda, que puede ser un metal o un no metal, y presenta *n. o.* positivo, y la segunda, un no metal, con *n. o.* negativo, a la derecha.

- Así, si el compuesto está formado por dos no metales, escribiremos los símbolos de los dos átomos que lo componen sin espacios, colocando a la izquierda el símbolo del elemento que se encuentre primero en la siguiente lista:

  B, Si, C, Sb, As, P, N, H, Te, Se, S, At, O, I, Br, Cl, F

- En cada símbolo se coloca como subíndice el menor número natural posible, de modo que la suma del producto de estos subíndices por los respectivos números de oxidación sea cero. Así se muestra en los siguientes ejemplos:

$\overset{+2}{Fe}\overset{-2}{O}$

$1 \cdot (+2) + 1 \cdot (-2) = 0$

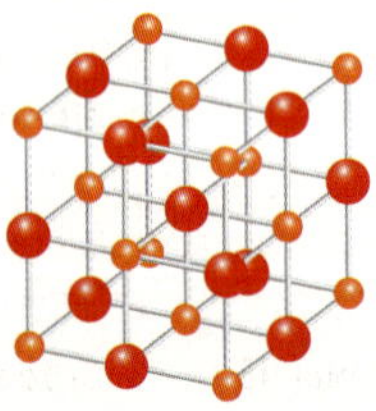

$\overset{+3}{Fe_2}\overset{-2}{O_3}$

$2 \cdot (+3) + 3 \cdot (-2) = 0$

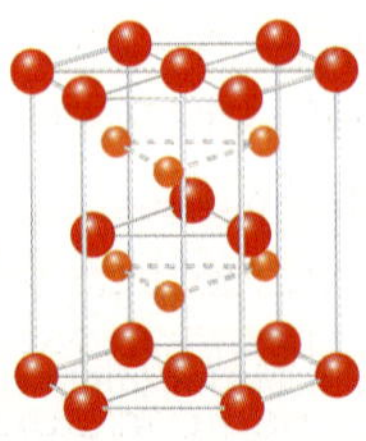

NÚMEROS DE CARGA Y NÚMEROS DE OXIDACIÓN

En la nomenclatura, es preferible el uso de los números de carga, ya que a veces determinar el *n. o.* resulta ambiguo.

- Para nombrar los compuestos binarios se cita primero el elemento de la derecha, haciéndolo terminar en *-uro* (excepto en el caso del oxígeno). Después, se añade la preposición *de* y, por último, el nombre del elemento de la izquierda. Para hacer referencia a la estequiometría, emplearemos la nomenclatura de composición, mediante:
  a) **Los prefijos multiplicadores** (*mono-, di-, tri-*, etc.), antepuestos a los nombres de los elementos.
  b) **Los números de carga.** Este método es válido solo para compuestos iónicos. Como el número de carga de los aniones suele ser único en cada caso, normalmente solo se indica el número de carga del catión, seguido del signo, sin dejar espacio y entre paréntesis. No se escribe si es único, como en el caso de los metales alcalinos y Ag (siempre es +1), alcalinotérreos, Zn y Cd (+2) o el Al (+3).
  c) **Los números de oxidación.** Al método general de nomenclatura se le añade el *n. o.* del elemento más electropositivo en número romano, entre paréntesis y sin espacio. Este *n. o.* se omite en los mismos casos que los citados en el apartado anterior.

Ejemplos de compuestos binarios	
Fórmula	**Nombres posibles**
$NiCl_2$	Dicloruro de níquel, cloruro de níquel(2+) o cloruro de níquel(II)
$NiCl_3$	Tricloruro de níquel, cloruro de níquel(3+) o cloruro de níquel(III)
NO_2	Dióxido de nitrógeno u óxido de nitrógeno(IV)

NOMENCLATURA DE STOCK

En las recomendaciones de la IUPAC de 2005 se describen varios sistemas para desarrollar la nomenclatura de composición, entre los que podemos encontrar el de números de oxidación, que podría asociarse a la nomenclatura de Stock, antiguamente empleada.

2.2. Normas para compuestos ternarios y cuaternarios

Los compuestos **ternarios** son los **hidróxidos,** los **oxoácidos,** las **oxosales neutras** y las **sales ácidas ternarias.** De los compuestos **cuaternarios** en este anexo solo estudiaremos las **oxosales ácidas.**

Para formular y nombrar estos compuestos podemos considerar, como en caso de los compuestos binarios, que están integrados por dos partes unidas entre sí, una positiva a la izquierda y otra negativa a la derecha.

- Para los **hidróxidos,** las recomendaciones de la IUPAC corresponden al empleo de la nomenclatura de composición, usando prefijos multiplicadores, números de oxidación y números de carga para indicar las proporciones de los constituyentes.
- Para la nomenclatura de los **oxoácidos,** la IUPAC recomienda utilizar los nombres vulgares admitidos (con los prefijos *hipo-* y *per-*, y los sufijos *-oso* e *-ico*). Además, también pueden emplearse las nomenclaturas de hidrógeno y de adición.
- En la nomenclatura de las **oxosales,** la IUPAC recomienda los nombres vulgares admitidos, incluyendo permanganatos, cromatos y dicromatos, oxosales ácidas e hidratadas. Para las oxosales también se pueden introducir las nomenclaturas de composición y adición.
- Para los **iones monoatómicos** se utiliza la nomenclatura del número de carga y para **iones heteropoliatómicos,** los nombres vulgares admitidos, aunque también se puede utilizar la nomenclatura de adición.

Ejemplos de compuestos ternarios	
Fórmula	**Nombres posibles**
$Cu(OH)_2$	Dihidróxido de cobre, hidróxido de cobre(II) o hidróxido de cobre(2+)
HNO_3	Ácido nítrico o hidrogeno(trioxidonitrato)
$Fe_2(SO_4)_3$	Sulfato de hierro(3+), sulfato de hierro(III), tris(tetraoxidosulfato) de hierro, tetraoxidosulfato(2−) de hierro(3+)
$K_2Cr_2O_7$	Dicromato de potasio, heptaoxidodicromato de dipotasio, heptaoxidodicromato(2−) de potasio
$Na(HS)$	Hidrogeno(sulfuro) de sodio

3 SUSTANCIAS SIMPLES

Sustancias no moleculares

Son las estructuras metálicas, algunos cristales covalentes y los gases nobles. En las redes metálicas, los átomos están unidos por enlace metálico, y en los cristales covalentes, por enlaces covalentes. Los gases nobles son especies monoatómicas.

Todas estas sustancias se caracterizan por que están integradas por átomos de un mismo elemento químico y, normalmente, se nombran igual que este, aunque cuando un elemento puede presentar diferentes formas estructurales (alótropos), como en el caso del carbono, empleamos nombres distintos para cada una de ellas. Algunos ejemplos son:

- Estructuras metálicas: Na (sodio), Au (oro), Hg (mercurio).
- Cristales covalentes: C (diamante), C (grafito), B (boro).
- Gases nobles: He (helio), Ne (neón), Ar (argón).

Observa que no todos los cristales covalentes son sustancias simples. Algunos, como el SiO_2 (cuarzo), están formados por varios elementos, por lo que son compuestos.

Cobre

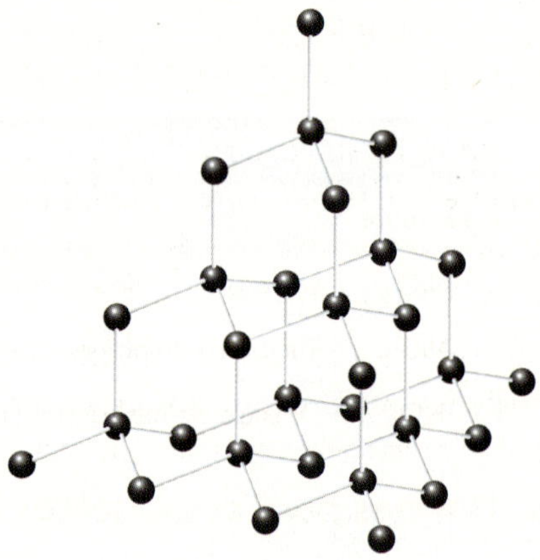

Diamante

3.1. Sustancias moleculares

Las sustancias simples moleculares son moléculas formadas por dos o más átomos del mismo elemento.

Se representan con el símbolo del elemento acompañado de un subíndice, que indica la cantidad de átomos que componen la molécula. Se les da el nombre del elemento y, para evitar confusiones, se recomienda emplear el prefijo multiplicador correspondiente. Así, por ejemplo, a la molécula de Cl_2 se le da el nombre de dicloro para diferenciarla del elemento Cl.

Ejemplos de sustancias simples moleculares		
Fórmula	**Nomenclatura tradicional (desaconsejada)**	**Nomenclatura de composición**
H_2	Hidrógeno	Dihidrógeno
O_2	Oxígeno	Dioxígeno
N_2	Nitrógeno	Dinitrógeno
Cl_2	Cloro	Dicloro
Br_2	Bromo	Dibromo
O_3	Ozono	Trioxígeno

Átomos de He

3.2. Iones monoatómicos

Un ion es una especie química cargada. Los iones monoatómicos están formados por un único átomo que ha perdido o ganado electrones.

Si un átomo pierde electrones su carga neta pasa a ser positiva y se transforma en un catión, mientras que, si un átomo gana electrones, su carga neta será negativa y la nueva especie será un anión.

Así, el ion Na^+ procede de un átomo de sodio que ha perdido uno de sus 11 electrones y un ion F^- se forma cuando un átomo de flúor, con 9 electrones, gana uno más.

Dicloro (moléculas de Cl_2)

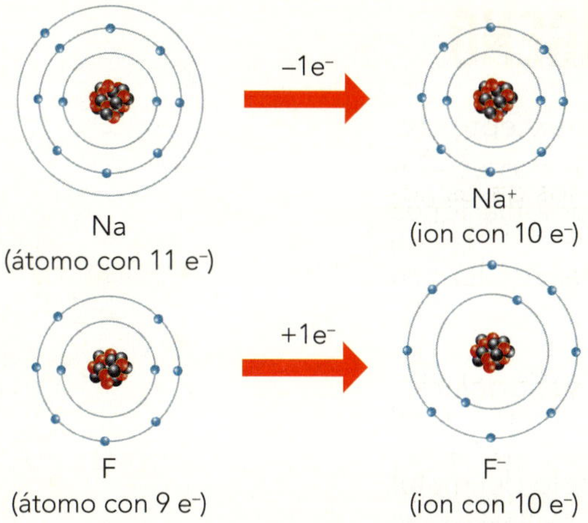

ESPECIES ISOELECTRÓNICAS

Observa que en este ejemplo los dos iones (Na^+ y F^-) tienen la misma cantidad de electrones. A este tipo de especies se las denomina isoelectrónicas.

Los iones monoatómicos se formulan con el símbolo del elemento correspondiente con un superíndice a su derecha, que indica la carga del ion mediante un número (la cantidad de electrones que ha ganado o perdido el átomo neutro del que procede el ion) acompañado de un signo, positivo para los cationes y negativo para los aniones.

Para nombrar los cationes, utilizamos el nombre del elemento seguido de su número de carga, entre paréntesis y sin separación alguna. No debe usarse la nomenclatura de *n. o.* Por ejemplo, Mg^{2+} es el ion magnesio(2+) o simplemente magnesio(2+).

Para nombrar los aniones, empleamos el nombre del elemento terminado en *-uro* (excepto en los aniones de oxígeno, que tienen nombres especiales, y el anión S^{2-}, llamado sulfuro).

Ejemplos de iones monoatómicos	
Fórmula	**Nombre**
Fe^{2+}	Ion hierro(2+)
N^{3-}	Ion nitruro(3–) o ion nitruro
As^{3-}	Ion arsenuro(3–) o ion arsenuro*
Se^{2-}	Ion selenuro(2–) o ion selenuro*

*Observa que los términos como arseniuro o seleniuro son incorrectos

3.3 Iones homopoliatómicos

A diferencia de los iones heteropoliatómicos, que están formados por átomos de más de un tipo de elemento, los iones homopoliatómicos están constituidos por varios átomos del mismo elemento.

Ejemplos de iones homopoliatómicos	
Fórmula	**Nombres posibles**
O_2^{2-}	Ion peróxido o dióxido(2–)
S_2^{2-}	Ion disulfuro(2–)
N_3^-	Ion trinitruro(–1) (o azida)
C_2^{2-}	Ion dicarburo(2–) (o acetiluro)

4 COMPUESTOS BINARIOS DEL OXÍGENO

Las combinaciones del oxígeno con cualquier otro elemento, excepto con los halógenos, se denominan óxidos. El *n. o.* del O en los óxidos es –2 y en los peróxidos es –1, pero es diferente en el caso de las combinaciones con halógenos.

4.1. Óxidos metálicos

Son combinaciones del oxígeno con un metal. En general, sus disoluciones en agua tienen carácter básico.

Para formular estos compuestos, se escribe primero el símbolo del metal y después el del oxígeno. Para determinar sus subíndices, aplicamos el proceso ya descrito.

Para nombrarlos se utiliza la nomenclatura de composición con prefijos multiplicadores, números de carga o números de oxidación. Cuando el metal actúa con número de oxidación elevado, el óxido no tiene carácter iónico y se recomienda no emplear el sistema de números de carga.

Ejemplos de óxidos metálicos

Fórmula	Prefijos multiplicadores	Números de carga	Números de oxidación
Li_2O	Óxido de dilitio	Óxido de litio	Óxido de litio
MgO	Óxido de magnesio	Óxido de magnesio	Óxido de magnesio
PbO	Monóxido de plomo	Óxido de plomo(2+)	Óxido de plomo(II)
Al_2O_3	Trióxido de dialuminio	Óxido de aluminio	Óxido de aluminio

Ejercicios resueltos

2 Formula o nombra, en cada caso, los siguientes compuestos:

a) Óxido de estaño(II).

b) Óxido de níquel(3+).

c) MnO_2

d) Co_2O_3

Solución

a) En el óxido de estaño(II), el *n. o.* del Sn es +2, por lo que:

$$1 \cdot (+2) + 1 \cdot (-2) = 0 \rightarrow SnO$$

b) En el óxido de níquel(3+), el *n. o.* del Ni es +3, de modo que:

$$2 \cdot (+3) + 3 \cdot (-2) = 0 \rightarrow Ni_2O_3$$

c) En el MnO_2, como el O tiene *n. o.* = –2, el Mn tiene que tener *n. o.* = +4 para que el compuesto sea eléctricamente neutro. El compuesto se llamará dióxido de manganeso en la nomenclatura de prefijos multiplicadores, óxido de manganeso(+2) en la de números de carga y óxido de manganeso(IV) en la de números de oxidación.

d) En el Co_2O_3, como el O tiene *n. o.* = –2, el Co tiene que tener *n. o.* = +3 para que el compuesto sea eléctricamente neutro. El compuesto se llamará trióxido de dicobalto en la nomenclatura de prefijos multiplicadores, óxido de cobalto(+3) en la de números de carga y óxido de cobalto(III) en la de números de oxidación.

4.2. Combinaciones de oxígeno con no metales

Son combinaciones del oxígeno con un no metal, *X*. Tradicionalmente, se han llamado óxidos ácidos por el comportamiento químico de muchas de sus disoluciones acuosas, que tienen carácter ácido.

Para formular estos compuestos, se escribe primero el símbolo del no metal y luego el del oxígeno, excepto en el caso de los halógenos, pues son más electronegativos que el O. Después, se determinan los subíndices.

Para nombrarlos se utiliza la nomenclatura de composición de prefijos multiplicadores o la de números de oxidación, pero no la de números de carga, porque no son compuestos iónicos. Las **combinaciones de oxígeno con halógenos** se nombran utilizando el nombre del halógeno terminado en *-uro* seguido de la preposición *de* y la palabra *oxígeno*, empleando los prefijos multiplicadores que correspondan.

Ejemplos de óxidos no metálicos			
Fórmula	**Prefijos multiplicadores**	**Números de oxidación**	**Tradicional (no se utiliza)**
CO	Monóxido de carbono	Óxido de carbono(II)	Anhídrido carbonoso
CO_2	Dióxido de carbono	Óxido de carbono(IV)	Anhídrido carbónico
O_7Br_2	Dibromuro de heptaoxígeno	---*	Anhídrido perbrómico

*Antiguamente se utilizaba la fórmula Br_2O_7, y el nombre óxido de bromo(VII), pero ya no deben emplearse.

NOMENCLATURA TRADICIONAL

En la nomenclatura tradicional, los compuestos de oxígeno con no metales se nombraban con el término anhídrido seguido de la raíz del nombre del no metal con los prefijos hipo- y per- y los sufijos -ico y -oso para indicar su estado de oxidación.

Aunque desde 2005 ya no debe emplearse, la vamos a revisar, pues nos será muy útil para nombrar los oxoácidos a los que dan lugar al combinarse con agua.

ÓXIDOS DE NITRÓGENO

Los óxidos de nitrógeno son: monóxido de dinitrógeno (N_2O), monóxido de nitrógeno (NO), trióxido de dinitrógeno (N_2O_3), dióxido de nitrógeno (NO_2) y su dímero tetraóxido de dinitrógeno (N_2O_4) y pentaóxido de dinitrógeno (N_2O_5).

4.3. Peróxidos

Son combinaciones del ion peróxido, O_2^{2-}, con cualquier otro elemento, *X*. En este curso estudiaremos los peróxidos de metales alcalinos y alcalinotérreos, H y Ag.

En la fórmula escribimos a la izquierda el elemento *X* seguido de O_2 y después se determinan los subíndices de *X* y del grupo O_2 para que el compuesto sea eléctricamente neutro. Estos compuestos se nombran con el término *peróxido* o *dióxido*(2–), seguido de la preposición *de* y del nombre del elemento distinto del oxígeno.

Ejemplos de peróxidos			
Fórmula	**Nombres posibles**	**Fórmula**	**Nombres posibles**
Na_2O_2	Dióxido de disodio Peróxido de sodio Dióxido(2–) de sodio	MgO_2	Dióxido de magnesio Peróxido de magnesio Dióxido(2–) de magnesio

ANIÓN PERÓXIDO O DIÓXIDO(2–)

El anión peróxido o dióxido(2–) es un anión integrado por dos átomos de O, cuyo conjunto tiene una carga de 2–.

A efectos de formulación, podemos considerarlo como $(O_2)^{2-}$, aunque el paréntesis nunca se escribe.

Ejercicios resueltos

3 Formula o nombra, según corresponda, los siguientes compuestos:

a) Óxido de selenio(IV).

b) Dióxido de berilio.

c) Peróxido de hidrógeno.

d) O_3Cl_2

e) Ag_2O_2

Solución

a) El óxido de selenio(IV) es SeO_2.

b) El dióxido de berilio es el peróxido de berilio, luego su fórmula es BeO_2.

c) El peróxido de hidrógeno es H_2O_2.

d) El O_3Cl_2 es el dicloruro de trioxígeno.

e) El Ag_2O_2 es el dióxido de diplata, peróxido de plata o dióxido(2–) de plata.

5 COMPUESTOS BINARIOS DEL HIDRÓGENO

Los compuestos de hidrógeno con otros elementos se llaman **hidruros.**

5.1. Hidruros de metales y no metales de los grupos 13-15

En las combinaciones del hidrógeno con metales y con elementos de los grupos 13-15, el hidrógeno presenta *n. o.* = –1. Se formulan según las reglas generales, escribiendo el símbolo del H a la derecha. Su estequiometría se expresa con prefijos multiplicadores, con el número de oxidación o con número de carga del elemento más electropositivo (si solo hay uno posible, no se indica).

Ejemplos de hidruros con elementos de los grupos 1-15	
Fórmula	**Nomenclatura de composición**
NaH	Hidruro de sodio
FeH_3	Trihidruro de hierro, hidruro de hierro(III) o hidruro de hierro(3+)
N_2H_4	Tetrahidruro de dinitrógeno

5.2. Hidruros de no metales de los grupos 16 y 17

En las combinaciones del hidrógeno con elementos de los grupos 16 y 17, el hidrógeno presenta *n. o.* = +1. Para nombrarlos, excepto el de oxígeno, se cita primero el elemento más electronegativo terminado en *-uro* seguido de la preposición *de* y, después, *hidrógeno*, añadiéndole el prefijo multiplicador correspondiente.

Ejemplos de compuestos de hidrógeno con elementos de los grupos 16 y 17	
Fórmula	**Nomenclatura de composición**
HF	Fluoruro de hidrógeno
H_2S	Sulfuro de dihidrógeno o sulfuro de hidrógeno
H_2Se	Selenuro de dihidrógeno o selenuro de hidrógeno

Las combinaciones de hidrógeno con halógenos, S, Se y Te, se han nombrado como ácidos hidrácidos con la terminación *-hídrico.* Sin embargo, los nombres como ácido clohídrico o ácido sulfhídrico corresponden a las disoluciones acuosas de HCl y H_2S que tienen carácter ácido y son mezclas, por lo que el uso de estos nombres no está admitido en las normas de nomenclatura de la IUPAC.

NOMBRES TRADICIONALES ACEPTADOS

Algunos de los nombres tradicionales de este tipo de compuestos están aceptados por la IUPAC, como los del agua (H_2O), el amoníaco (NH_3) o la hidrazina (N_2H_4).

CIANURO DE HIDRÓGENO

Aunque no es un compuesto binario, el HCN, cianuro de hidrógeno, puede considerarse un compuesto similar a los haluros. Es la combinación del grupo ciano, CN^-, con H^+. Su disolución acuosa genera el ácido cianhídrico.

5.3. Nomenclatura de sustitución para los hidruros de los elementos de los grupos 13-17

Los hidruros de los elementos de los grupos 13-17 se utilizan como compuestos progenitores, ya que la sustitución en ellos de átomos de hidrógeno genera sus derivados, que no estudiaremos en este curso.

La nomenclatura de estos hidruros toma la raíz del nombre del elemento distinto del hidrógeno, y le añade el sufijo *-ano* salvo en los de carbono.

Ejemplos de nomenclatura de sustitución de compuestos de H con elementos de grupos 13-17					
Fórmula	**Nombre**	**Fórmula**	**Nombre**	**Fórmula**	**Nombre**
BH_3	Borano	NH_3	Azano	H_2S	Sulfano
AlH_3	Alumano	PH_3	Fosfano*	H_2Se	Selano
CH_4	Metano	AsH_3	Arsano*	H_2Te	Telano
SiH_4	Silano	SbH_3	Estibano*	HF	Fluorano
SnH_4	Estannano	BiH_3	Bismutano	HCl	Clorano
PbH_4	Plumbano	H_2O	Oxidano	HBr	Bromano

*Se suprimen los nombres antiguamente empleados de fosfina, arsina y estibina.

6 OTRAS COMBINACIONES BINARIAS

6.1. Metal con no metal

En este apartado vamos a estudiar los compuestos formados por la combinación de un metal con S, Se, Te, F, Cl, Br o I, que se denominan **sales binarias.**

Las **sales** son compuestos que se obtienen por la **sustitución** total o parcial por parte de uno o varios metales de los átomos de **hidrógeno** de los compuestos que este forma con los elementos de los grupos 16 y 17 (excepto el oxígeno). En este curso, estudiaremos las **sales neutras** derivadas de estos compuestos por sustitución total de sus átomos de hidrógeno por un único metal, de modo que estas sales serán compuestos binarios.

La formulación y la nomenclatura de estos compuestos siguen las normas generales que hemos visto. Veamos cómo se deduce la fórmula de una sal binaria utilizando como compuesto de partida el H_2S.

- Primero, intercambiamos los átomos de H por el metal; por ejemplo, el Al:

$$H_2S \rightarrow Al_xS_y$$

- A continuación, calculamos los subíndices *x* e *y*, de modo que el compuesto sea eléctricamente neutro:

$$\overset{+3}{Al} \text{ y } \overset{-2}{S} \rightarrow \textbf{dos}\ Al \cdot (+3) + \textbf{tres}\ S \cdot (-2) = 0 \rightarrow Al_2S_3$$

Ejemplos de sales de ácidos hidrácidos	
Fórmula	**Nombres posibles**
$PbCl_2$	Dicloruro de plomo, cloruro de plomo(2+) o cloruro de plomo(II)
Fe_2Se_3	Triselenuro de dihierro, selenuro de hierro(3+) o selenuro de hierro(III)
KBr	Bromuro de potasio

6.2. No metal con no metal

En este tipo de compuestos no consideraremos el H y el O, por formar compuestos ya estudiados anteriormente.

Al formular estos compuestos se colocan los elementos según las reglas estudiadas. Para nombrarlos, se cita primero el elemento de la derecha con la terminación *-uro* y después la palabra *de* seguida del nombre del otro elemento. No se emplean los números de carga, puesto que estos compuestos no son iónicos.

Ejemplos de sales de compuestos formados por no metales	
Fórmula	**Nombres posibles**
CCl_4	Tetracloruro de carbono, cloruro de carbono(IV)
P_2S_5	Pentasulfuro de difósforo, sulfuro de fósforo(V)
IBr_3	Tribromuro de yodo, bromuro de yodo(III)

7 OXOÁCIDOS

Los oxoácidos son sustancias que se caracterizan por estar compuestas por hidrógeno, oxígeno y otro elemento con *n. o.* positivo siempre. Generalmente, ese otro elemento es un no metal, aunque ciertos metales de transición, como Cr y Mn, cuando emplean *n. o.* elevados también forman oxoácidos.

Su fórmula general es $H_aX_bO_c$ y normalmente el subíndice *b* es 1.

En estos compuestos, la carga del átomo central se determina del modo habitual:

$$\overset{+1}{H_2}\overset{x}{S}\overset{-2}{O_4} \rightarrow 2 \cdot (+1) + x + 4 \cdot (-2) = 0 \rightarrow x = +6$$

Nomenclatura tradicional

Para nombrar estos compuestos no se pueden utilizar ni la antigua nomenclatura sistemática ni la de Stock. En la nomenclatura tradicional (nombres vulgares aceptados), los prefijos *per-* e *hipo-* y los sufijos *-ico* y *-oso* y sus combinaciones se utilizan para indicar el estado de oxidación del átomo central, como en la nomenclatura tradicional antiguamente empleada para los óxidos no metálicos de los que derivan.

Los prefijos *meta-*, *piro-* y *orto-*, tradicionalmente se han asociado al grado de hidratación del compuesto. Así, *meta-* se referiría a la adición de una molécula de agua; *piro-*, de dos, y *orto-*, de tres (dependiendo del caso). Por otro lado, el prefijo *di-* correspondería a la condensación de dos moléculas de ácido con eliminación de una molécula de agua.

La IUPAC indica que se deje de utilizar *orto-* para los ácidos de B, Si, P, As y Sb, ya que no es necesario, y que el prefijo *piro-*, que se empleaba antes, ahora se sustituya por *di-* en todos los casos.

Nomenclatura de hidrógeno

Esta nomenclatura se puede emplear para los compuestos e iones que contienen hidrógeno. El nombre comienza con la palabra *hidrogeno* sin tilde y con un prefijo multiplicador que indica cuántos átomos de este hay; a continuación, se abre paréntesis y después sigue otro prefijo multiplicador para indicar el número de oxígenos, seguido del término *oxido;* por último, se nombra el átomo central acabado en *-ato* y se cierra el paréntesis. Por ejemplo, en el caso del HNO_3:

HNO_3
hidrogeno(trioxidonitrato)

Nomenclatura de adición

Para poder utilizarla se debe conocer la fórmula estructural del ácido, lo cual resulta complejo. El curso que viene podrás comprender mejor el desarrollo de la fórmula estructural y entenderás el porqué de esta nomenclatura. Recuerda que este nuevo formato de fórmula no tiene ningún significado químico, solo indica cómo estarían unidos los átomos. Aunque no es necesario estudiar esta nomenclatura este curso, en la tabla puedes ver algunos ejemplos.

OXOÁCIDOS

En este anexo consideraremos solo los ácidos inorgánicos, ya que los ácidos orgánicos o carboxílicos ya los hemos estudiado.

A los oxoácidos se les dan, normalmente, nombres no sistemáticos, que contienen la palabra *ácido.* Esto es excepcional en la nomenclatura moderna, puesto que, con este término, se describe una propiedad química particular de estos compuestos, mientras que los nombres sistemáticos hacen referencia únicamente a la composición y a la estructura de las sustancias.

A todos estos ácidos se les pueden dar nombres sistemáticos con las nomenclaturas de adición y de sustitución; sin embargo, los nombres que incluyen el término *ácido* están tan generalizados que reemplazarlos sería poco práctico y la IUPAC los admite.

Ejemplos de oxoácidos				
Fórmula	**Fórmula estructural**	**Nombre vulgar**	**Nomenclatura de hidrógeno**	**Nomenclatura de adición**
H_3BO_3	$[B(OH)_3]$	Ácido bórico	Trihidrogeno(trioxidoborato)	Trihidroxidoboro
H_2CO_3	$[CO(OH)_2]$	Ácido carbónico	Dihidrogeno(trioxidocarbonato)	Dihidroxidooxidocarbono
H_4SiO_4	$[Si(OH)_4]$	Ácido silícico	Tetrahidrogeno(tetraoxidosilicato)	Tetrahidroxidosilicio
HNO_2	$[NO(OH)]$	Ácido nitroso	Hidrogeno(dioxidonitrato)	Hidroxidooxidonitrógeno
HNO_3	$[NO_2(OH)]$	Ácido nítrico	Hidrogeno(trioxidonitrato)	Hidroxidodioxidonitrógeno
H_3PO_3	$[P(OH)_3]$	Ácido fosforoso	Trihidrogeno(trioxidofosfato)	Trihidroxidofósforo
H_3PO_4	$[PO(OH)_3]$	Ácido fosfórico	Trihidrogeno(tetraoxidofosfato)	Trihidroxidooxidofósforo
$H_4P_2O_7$	$[(HO)_2P(O)OP(O)(OH)_2]$	Ácido difosfórico	Tetrahidrogeno(heptaoxidodifosfato)	μ-Óxido-bis(dihidroxidooxidofósforo)
H_3AsO_3	$[As(OH)_3]$	Ácido arsenoso	Trihidrogeno(trioxidoarsenato)	Trihidroxidoarsénico
H_3AsO_4	$[AsO(OH)_3]$	Ácido arsénico	Trihidrogeno(tetraoxidoarsenato)	Trihidroxidooxidoarsénico
H_3SbO_3	$[Sb(OH)_3]$	Ácido antimonioso	Trihidrogeno(trioxidoantimonato)	Trihidroxidoantimonio
H_3SbO_4	$[SbO(OH)_3]$	Ácido antimónico	Trihidrogeno(tetraoxidoantimonato)	Trihidroxidooxidoantimonio
H_2SO_3	$[SO(OH)_2]$	Ácido sulfuroso	Dihidrogeno(trioxidosulfato)	Dihidroxidooxidoazufre
H_2SO_4	$[SO_2(OH)_2]$	Ácido sulfúrico	Dihidrogeno(tetraoxidosulfato)	Dihidroxidodioxidoazufre
$H_2S_2O_7$	$[(HO)S(O)_2OS(O)_2(OH)]$	Ácido disulfúrico	Dihidrogeno(heptaoxidodisulfato)	μ-Óxido-bis(hidroxidodioxidoazufre)
H_2SeO_3	$[SeO(OH)_2]$	Ácido selenoso	Dihidrogeno(trioxidoselenato)	Dihidroxidooxidoselenio
H_2SeO_4	$[SeO_2(OH)_2]$	Ácido selénico	Dihidrogeno(tetraoxidoselenato)	Dihidroxidodioxidoselenio
H_2TeO_3	$[TeO(OH)_2]$	Ácido teluroso	Dihidrogeno(trioxidotelurato)	Dihidroxidooxidoteluro
H_2TeO_4	$[TeO_2(OH)_2]$	Ácido telúrico	Dihidrogeno(tetraoxidotelurato)	Dihidroxidodioxidoteluro
$HClO$	$[O(H)Cl]$	Ácido hipocloroso	Hidrogeno(oxidoclorato)	Clorhidridooxígeno
$HClO_2$	$[ClO(OH)]$	Ácido cloroso	Hidrogeno(dioxidoclorato)	Hidroxidooxidocloro
$HClO_3$	$[ClO_2(OH)]$	Ácido clórico	Hidrogeno(trioxidoclorato)	Hidroxidodioxidocloro
$HClO_4$	$[ClO_3(OH)]$	Ácido perclórico	Hidrogeno(tetraoxidoclorato)	Hidroxidotrioxidocloro
$HBrO$	$[O(H)Br]$	Ácido hipobromoso	Hidrogeno(oxidobromato)	Bromhidridooxígeno
$HBrO_2$	$[BrO(OH)]$	Ácido bromoso	Hidrogeno(dioxidobromato)	Hidroxidooxidobromo
$HBrO_3$	$[BrO_2(OH)]$	Ácido brómico	Hidrogeno(trioxidobromato)	Hidroxidodioxidobromo
$HBrO_4$	$[BrO_3(OH)]$	Ácido perbrómico	Hidrogeno(tetraoxidobromato)	Hidroxidotrioxidobromo
HIO	$[O(H)I]$	Ácido hipoyodoso	Hidrogeno(oxidoyodato)	Yodhidridooxígeno
HIO_2	$[IO(OH)]$	Ácido yodoso	Hidrogeno(dioxidoyodato)	Hidroxidooxidoyodo
HIO_3	$[IO_2(OH)]$	Ácido yódico	Hidrogeno(trioxidoyodato)	Hidroxidodioxidoyodo
HIO_4	$[IO_3(OH)]$	Ácido peryódico	Hidrogeno(tetraoxidoyodato)	Hidroxidotrioxidoyodo

Los oxoácidos de la tabla siguiente no tienen nombre vulgar aceptado, por lo que es conveniente que conozcas sus nombres según la nomenclatura de hidrógeno en estos casos.

Fórmula	Nomenclatura de hidrógeno
H_2CrO_4	Dihidrogeno(tetraoxidocromato)
$H_2Cr_2O_7$	Dihidrogeno(heptaoxidodicromato)
$HMnO_4$	Hidrogeno(tetraoxidomanganato)

8 OXOSALES

Se denominan **oxosales neutras** a las sales de los oxoácidos en los que se han **sustituido todos los átomos de hidrógeno** del oxoácido por átomos de un metal (o por grupos catiónicos, como el ion amonio, NH_4^+).

8.1. Oxoaniones

Para formular las oxosales podemos considerar el oxoácido de partida como un compuesto binario formado por un **oxoanión** y **cationes H^+.**

Por tanto, la fórmula del **oxoanión** se obtiene si al oxoácido correspondiente le quitamos todos sus H^+, de modo que la especie que queda, tiene carga negativa; por ello, se le da el nombre genérico de oxoanión.

Para nombrar los oxoaniones de los oxoácidos con nombre vulgar aceptado por la IUPAC, se cambia la palabra *ácido* por *ion*, los prefijos *hipo-* y *per-* se mantienen y las terminaciones *-oso* e *-ico* se sustituyen por *-ito* y *-ato*, respectivamente. También se puede emplear la nomenclatura de adición.

OXOANIONES ESPECIALES

Hay tres oxoaniones que tienen nombres vulgares aceptados aunque los ácidos de los que proceden no los tienen. Se trata de los oxoaniones:

CrO_4^{2-}, cromato

$(Cr_2O_7)^{2-}$, dicromato

MnO_4^-, permanganato

Ejemplos de oxoaniones

Oxoácido de origen	Fórmula	Nombre vulgar aceptado	Nomenclatura de adición
H_3BO_3	$[BO_3]^{3-}$	Ion borato	Trioxidoborato(3–)
H_2CO_3	$[CO_3]^{2-}$	Ion carbonato	Trioxidocarbonato(2–)
H_4SiO_4	$[SiO_4]^{4-}$	Ion silicato	Tetraoxidosilicato(4–)
HNO_2	$[NO_2]^-$	Ion nitrito	Dioxidonitrato(1–)
HNO_3	$[NO_3]^-$	Ion nitrato	Trioxidonitrato(1–)
H_3PO_3	$[PO_3]^{3-}$	Ion fosfito	Trioxidofosfato(3–)
H_3PO_4	$[PO_4]^{3-}$	Ion fosfato	Tetraoxidofosfato(3–)
H_2SO_3	$[SO_3]^{2-}$	Ion sulfito	Trioxidosulfato(2–)
H_2SO_4	$[SO_4]^{2-}$	Ion sulfato	Tetraoxidosulfato(2–)
$H_2S_2O_7$	$[S_2O_7]^{2-}$	Ion disulfato	μ-Óxido-bis(trioxidosulfato)(2–)*
H_2SeO_3	$[SeO_3]^{2-}$	Ion selenito	Trioxidoselenato(2–)
H_2SeO_4	$[SeO_4]^{2-}$	Ion selenato	Tetraoxidoselenato(2–)
H_2TeO_4	$[TeO_4]^{2-}$	Ion telurato	Tetraoxidotelurato(2–)
$HClO$	$[OCl]^-$	Ion hipoclorito	Clorurooxigenato(1–)*
$HClO_2$	$[ClO_2]^-$	Ion clorito	Dioxidoclorato(1–)
$HClO_3$	$[ClO_3]^-$	Ion clorato	Trioxidoclorato(1–)
$HClO_4$	$[ClO_4]^-$	Ion perclorato	Tetraoxidoclorato(1–)
$HBrO$	$[OBr]^-$	Ion hipobromito	Bromurooxigenato(1–)*
$HBrO_2$	$[BrO_2]^-$	Ion bromito	Dioxidobromato(1–)
$HBrO_3$	$[BrO_3]^-$	Ion bromato	Trioxidobromato(1–)
$HBrO_4$	$[BrO_4]^-$	Ion perbromato	Tetraoxidobromato(1–)
HIO	$[OI]^-$	Ion hipoyodito	Yodurooxigenato(1–)*
HIO_2	$[IO_2]^-$	Ion yodito	Dioxidoyodato(1–)
HIO_3	$[IO_3]^-$	Ion yodato	Trioxidoyodato(1–)
HIO_4	$[IO_4]^-$	Ion peryodato	Tetraoxidoyodato(1–)

*Observa que estos nombres son diferentes a los del resto.

8.2. Oxosales neutras

La fórmula general de una oxosal neutra es $M_a(X_bO_c)_d$, donde M es el metal o un grupo catiónico, como el ion amonio, NH_4^+.

Veamos como ejemplo las sales que se obtienen a partir del ácido sulfúrico con ion amonio y del ácido nítrico con potasio.

- En primer lugar, cambiamos todos los H^+ del ácido por el catión, escribiendo primero el símbolo del catión y luego el del oxoanión:

$$H_2SO_4 \xrightarrow{NH_4^+} (NH_4)_2SO_4 \qquad HNO_3 \xrightarrow{K^+} KNO_3$$

- A continuación, determinamos los subíndices del catión y del oxoanión, para que el compuesto sea eléctricamente neutro:

$$NH_4^+ \, (SO_4)^{2-} \rightarrow \textbf{dos}\ NH_4^+ \cdot (+1) + \textbf{un}\ SO^{2-}{}_4 \cdot (-2) = 0 \rightarrow (NH_4)_2SO_4$$

$$K^+ \, (NO_3)^- \rightarrow \textbf{un}\ K^+ \cdot (+1) + \textbf{un}\ NO_3^- \cdot (-1) = 0 \rightarrow KNO_3$$

La formulación de estas oxosales es análoga a las sales binarias. Se escribe, primero, el catión con su subíndice correspondiente y, después, el anión con el suyo. Como ya sabes, cuando los subíndices son 1, no se escriben.

Cuando se puede utilizar la nomenclatura de nombres vulgares para las oxosales, se cita primero el oxoanión y después el catión, indicando el estado de oxidación con el número de carga. También, se pueden emplear las nomenclaturas de composición (con los prefijos *bis-*, *tris-*, *tetrakis-*, etc., si la especie ya contiene otros) y de adición:

OXOANIONES ESPECIALES

Observa que la fórmula de la sal se puede obtener al sumar el catión y el oxoanión, con los subíndices necesarios para que el compuesto sea eléctricamente neutro:

Catión	Oxoanión	Fórmula
Ca^{2+}	CO_3^{2-}	$CaCO_3$
Mg^{2+}	ClO_3^-	$Mg(ClO_3)_2$

Ejemplos de oxosales neutras

Fórmula	Nombre vulgar aceptado	Nomenclatura de composición	Nomenclatura de adición
$Ca_3(PO_4)_2$	Fosfato de calcio	Bis(tetraoxidofosfato) de tricalcio	Tetraoxidofosfato(3–) de calcio
$Co_2(SO_4)_3$	Sulfato de cobalto(III) o Sulfato de cobalto(3+)	Tris(tetraoxidosulfato) de dicobalto	Tetraoxidosulfato(2–) de cobalto(3+)
$NaNO_3$	Nitrato de sodio	Trioxidonitrato de sodio	Trioxidonitrato(1–) de sodio
$K_2Cr_2O_7$	Dicromato de potasio	Heptaoxidodicromato de dipotasio	Heptaoxidodicromato(2–) de potasio
Li_2CO_3	Carbonato de litio	Trioxidocarbonato de dilitio	Trioxidocarbonato(2–) de litio

Ejercicios resueltos

4 Formula las siguientes sales:

a) Clorato de magnesio.

b) Sulfito de plomo(II).

c) Permanganato de potasio.

Solución

a) El clorato de magnesio está formado por el catión Mg^{2+} y el oxoanión ClO_3^-. Para que el compuesto sea eléctricamente neutro, debe haber un catión y dos aniones, por lo que la fórmula será $Mg(ClO_3)_2$.

b) El sulfito de plomo(II) está integrado por el catión Pb^{2+} y el oxoanión SO_3^{2-}. Para que el compuesto sea eléctricamente neutro, debe haber un catión y un anión, por lo que la fórmula será $PbSO_3$.

c) El permanganato de sodio está formado por el catión Na^+ y el oxoanión MnO_4^-. La fórmula de la sal será $KMnO_4$.

9 SALES ÁCIDAS

Las sales ácidas son aquellas en las que solo se ha sustituido por un grupo catiónico (metal o grupos como NH_4^+) una parte de los átomos de hidrógeno del oxoácido del que proceden. Por tanto, las sales ácidas contienen átomos de hidrógeno.

9.1. Sales ácidas derivadas de compuestos de hidrógeno con anfígenos

Aunque son compuestos ternarios, estudiamos estas sales aquí por su analogía con las oxosales ácidas, que son compuestos cuaternarios.

La fórmula general de estos compuestos es $M_n(HX)_m$, por lo que puede tratarse como la combinación de un anión ácido $(HX)^{n-}$ y un catión metálico (M^{m+}) o el grupo amonio (NH_4^+).

Ejemplos de sales ácidas derivadas de compuestos de hidrógeno con anfígenos	
Fórmula	**Nomenclatura de adición**
$Na(HS)$	Hidrogeno(sulfuro)(1–) de sodio
$Mg(HSe)_2$	Hidrogeno(selenuro)(1–) de magnesio

9.2. Oxosales ácidas

Las oxosales ácidas contienen un metal, hidrógeno, un no metal y oxígeno, escritos en este orden.

Estos compuestos pueden considerarse un oxoanión ácido y un catión, en general metálico, o el grupo amonio (NH_4^+). Veamos cómo se formulan y nombran oxoaniones ácidos para poder formular y nombrar después las oxosales ácidas.

Ejemplos de oxoaniones ácidos			
Oxoácido de origen	**Fórmula**	**Nombre vulgar aceptado**	**Nomenclatura de hidrógeno**
H_3BO_3	$H_2BO_3^-$	Dihidrogenoborato	Dihidrogeno(trioxidoborato)(1–)
H_2CO_3	HCO_3^-	Hidrogenocarbonato	Hidrogeno(trioxidocarbonato)(1–)
H_3PO_3	HPO_3^{2-}	Hidrogenofosfito	Hidrogeno(trioxidofosfato)(2–)
H_3PO_4	$H_2PO_4^-$	Dihidrogenofosfato	Dihidrogeno(tetraoxidofosfato)(1–)
H_2SO_3	HSO_3^-	Hidrogenosulfito	Hidrogeno(trioxidosulfato)(1–)
H_2SO_4	HSO_4^-	Hidrogenosulfato	Hidrogeno(tetraoxidosulfato)(1–)

Ahora, veremos algunos ejemplos de oxosales ácidas, obtenidas por la combinación de alguno de estos oxoaniones ácidos con un catión. Para indicar la cantidad de aniones que tiene la sal, emplearemos los prefijos *bis-*, *tris-*, *tetrakis-*, etc.

Ejemplos de oxosales ácidas			
Fórmula	**Nombre vulgar aceptado**	**Nomenclatura de composición**	**Nomenclatura de adición**
$Ni(HCO_3)_2$	Hidrogenocarbonato de níquel(2+)	Bis[hidrogeno(trioxidocarbonato)] de níquel	Hidrogeno(trioxidocarbonato)(1–) de níquel(2+)
NaH_2PO_4	Dihidrogenofosfato de sodio	Dihidrogeno(tetraoxidofosfato) de sodio	Dihidrogeno(tetraoxidofosfato)(1–) de sodio

10 HIDRÓXIDOS

Son compuestos ternarios que derivan de la unión del grupo hidróxido, OH^-, que presenta carga de –1, con un catión metálico o el grupo amonio (NH_4^+).

Para formular estos compuestos, se escribe el símbolo del metal o el grupo amonio y el grupo hidróxido a continuación.

El subíndice del metal o el grupo amonio será 1 (como la carga del grupo OH^-) y el subíndice del grupo hidróxido será la carga del metal o del amonio sin signo:

$$\overset{+2}{Ca} \text{ y } \overset{-1}{OH} \rightarrow \textbf{un}\ Ca \cdot (+2) + \textbf{dos}\ OH \cdot (-1) = 0 \rightarrow Ca(OH)_2$$

Cuando el subíndice del grupo OH^- es 1, se suprimen los paréntesis.

Como en el caso de las sales, podemos considerar los hidróxidos como la combinación de un catión con el anión hidróxido:

Formulación de hidróxidos		
Catión	**Grupo OH-**	**Fórmula**
Mg^{2+}	OH^-	$Mg(OH)_2$
NH_4^+	OH^-	NH_4OH

Estos compuestos se nombran con el término genérico *hidróxido* seguido de la palabra *de* y, a continuación, el nombre del metal o del grupo catiónico. Si es necesario, se indicará la carga del catión mediante prefijos multiplicadores, números de oxidación o números de carga.

Nomenclatura de hidróxidos			
Fórmula	**Prefijos multiplicadores**	**Números de carga**	**Números de oxidación**
NaOH	Hidróxido de sodio	Hidróxido de sodio	Hidróxido de sodio
$Fe(OH)_2$	Dihidróxido de hierro	Hidróxido de hierro(2+)	Hidróxido de hierro(II)
$Fe(OH)_3$	Trihidróxido de hierro	Hidróxido de hierro(3+)	Hidróxido de hierro(III)

CARGA DEL GRUPO OH^-

Cuando nos referimos a un ion heteropoliatómico, como el OH^-, no podemos emplear el concepto de *n.o.* para el grupo completo. Así, hablaremos de la carga del ion, como grupo.

Ejercicios resueltos

1 Formula los siguientes compuestos:

a) Hidróxido de bismuto(III).

b) Trihidróxido de níquel.

c) Hidróxido de cinc.

Solución

a) La fórmula de este compuesto es $Bi(OH)_3$.

b) Este compuesto se formula como $Ni(OH)_3$.

c) La fórmula es, en este caso, $Zn(OH)_2$.

ACTIVIDADES

1 Determina los *n.o.* de cada uno de los elementos de las siguientes especies:

a) V_2O_5
b) ZnO
c) Ag_2O_2
d) MgO_2
e) H_2O
f) $ZnBr_2$
g) O_3
h) $Ca_3(PO_4)_2$
i) H_2CrO_4
j) $HMnO_4$

2 Indica cuáles de estas fórmulas o nombres no son correctos según las recomendaciones de la IUPAC, justifica por qué y escríbelos correctamente:

a) Cloruro de carbono(4+).
b) Seleniuro de hierro(III).
c) Pentacloruro de fósforo.
d) Óxido de cobalto(3+).
e) Cl_2O_3
f) H_2Se
g) KCl
h) O_2Cl_3

3 Formula o nombra los siguientes iones:

a) Ion cobalto(3+).
b) Ion antimonuro(3-).
c) Ion nitruro.
d) Ion dimercurio(2+).
e) Al^{3+}
f) Fe^{3+}
g) Br^-
h) H^-

4 Formula los siguientes óxidos y peróxidos:

a) Óxido de platino(IV).
b) Óxido de antimonio(III).
c) Óxido de hierro(2+).
d) Dióxido de calcio.
e) Pentacloruro de oxígeno.
f) Dióxido de dilitio.
g) Óxido de manganeso(VII).
h) Óxido de titanio(IV).
i) Óxido de mercurio(I).
j) Peróxido de potasio.

5 Nombra los siguientes óxidos y peróxidos, según las nomenclaturas estudiadas en cada caso:

a) V_2O_3
b) Rb_2O
c) ZnO
d) Au_2O_3
e) SrO
f) PdO_2
g) Ti_2O_3
h) H_2O_2
i) Ag_2O_2
j) SrO_2

6 Formula los siguientes compuestos binarios del hidrógeno:

a) Hidruro de bario.
b) Hidruro de cobre(II).
c) Yoduro de hidrógeno.
d) Fluoruro de hidrógeno.
e) Tetrahidruro de dinitrógeno.
f) Silano.
g) Fosfano.
h) Oxidano.
i) Estannano.
j) Metano.

7 Nombra los siguientes compuestos binarios del hidrógeno de todas las formas aceptadas por la IUPAC, incluidas las vulgares:

a) FeH_2
b) H_2Se
c) SnH_2
d) NH_3
e) HBr
f) BH_3
g) SiH_4
h) AgH
i) H_2Te
j) AlH_3

8 Formula o nombra, según corresponda, las siguientes combinaciones binarias:

a) Bromuro de sodio.
b) Cloruro de estroncio.
c) Fluoruro de calcio.
d) Pentacloruro de fósforo.

e) Fluoruro de bromo(I).
f) Hexafluoruro de azufre.
g) Selenuro de calcio.
h) Sulfuro de níquel.
i) HgCl
j) CaS
k) Fe_2Se_3
l) $NiCl_3$
m) NBr_3
n) IF_7
o) NH_4Cl
p) FeS
q) $SnBr_2$
r) NiS

9 Formula o nombra (de todas las formas posibles), según corresponda, los siguientes oxoácidos:

a) Ácido nitroso.
b) Ácido antimónico.
c) Ácido disulfuroso.
d) Hidrogeno(oxidobromato).
e) Dihidrogeno(trioxidotelurato).
f) Clorhidridooxígeno.
g) Tetrahidroxidosilicio.
h) $H_2Cr_2O_7$
i) $HMnO_4$
j) H_2CrO_4
k) H_2SO_4
l) $HClO_3$
m) $HBrO_4$
n) H_2CO_3

10 Formula o nombra (de todas las formas posibles), según corresponda, los siguientes oxoaniones:

a) Hidrogeno(trioxidofosfato)(2–).
b) Hidrogeno(trioxidosulfato)(1–).
c) Trioxidoselenato(2–).
d) Dihidrogenoborato.
e) HSO_4^-
f) $[TeO_4]^{2-}$
g) CrO_4^{2-}
h) $[SO_3]^{2-}$

11 Formula o nombra (de todas las formas posibles), según corresponda, las siguientes oxosales:

a) Nitrato de potasio. KNO_3
b) Carbonato de calcio. $CaCO_3$
c) Fosfito de plata. Ag_3PO_3
d) Perbromato de sodio. $NaBrO_4$
e) Trioxidonitrato(1–) de rubidio. $RbNO_3$
f) Tetraoxidosulfato(2–) de cobalto(3+). $Co(SO_4)_3$
g) Tetraoxidosulfato(2–) de níquel(3+). $Ni_2(SO_4)$
h) $NaBrO_2$ Bromito de sodio
i) KIO_3 Yodato de potasio
j) $Ca_3(PO_4)_2$
k) $SnSO_3$ Trioxidosulfato de estaño
l) $Li_2Cr_2O_7$ tetraoxidodicromato de dilitio
m) $Cu_3(PO_4)_2$
n) $Sr(ClO_3)_2$

12 Formula o nombra (de todas las formas posibles), según corresponda, las siguientes sales ácidas:

a) Hidrogenosulfito de litio.
b) Hidrogenocarbonato de calcio.
c) Dihidrogeno(tetraoxidofosfato)(–1) de hierro(2+).
d) Hidrogenosulfuro)(–1) de litio.
e) Dihidrogenofosfato de rubidio.
f) Bis[hidrogeno(trioxidocarbonato)] de hierro.
g) Dihidrogeno(trioxidoborato)(1–) de sodio.
h) Dihidrogenofosfato(1–) de aluminio.
i) Hidrogeno(trioxido)(3–) de hierro(2+).
j) Bis[dihidrogeno(tetraoxidofosfato)] de bario.
k) $LiHCO_3$
l) $Fe(HCO_3)_2$
m) $Na(H_2PO_4)$
n) $NaHSO_4$
o) $KHCO_3$
p) $Ca(HSO_3)_2$
q) $Mg(HBO_3)_2$
r) $Fe(HSO_4)_2$
s) $CuHSO_4$
t) KH_2PO_4

13 Formula o nombra (de todas las formas posibles), según corresponda, los siguientes hidróxidos:

a) Hidróxido de potasio.
b) Hidróxido de plomo(II).
c) Hidróxido de hierro(3+).
d) Hidróxido de magnesio.
e) Hidróxido de mercurio(II).
f) $Ca(OH)_2$
g) AgOH
h) NH_4OH
i) $Cu(OH)_2$
j) CsOH

Suma Piezas es un proyecto educativo de Anaya para Bachillerato.

En la realización de esta obra han intervenido:

EQUIPO DE EDICIÓN: Manuel Gil, Margarita Marcos, María Ferrond y Sergio Gutiérrez.

FORMULACIÓN Y NOMENCLATURA QUÍMICA: Rocío Medina.

DISEÑO, GRÁFICOS Y CARTOGRAFÍA: Patricia G. Serrano, Juan Carlos Quignon, Julio Vázquez, Miguel Ángel Díaz-Rullo y Miguel Ángel Castillejos.

ILUSTRACIÓN: M.ª Carmen Fuente y Pablo Vázquez.

MAQUETACIÓN: Coral Muñoz.

CORRECCIÓN: Sergio Borbolla.

EDICIÓN GRÁFICA: Beatriz Gutiérrez.

FOTOGRAFÍA: AGE fotostock (ARNOLDO MONDADORI EDITORE S.P., Bridgeman Images, IBM RESEARCH, MAISANT Ludovic, Michael Abbey, NYPL, Ruddy Gold, Science Museum/SSPL, SCIENCE PHOTO LIBRARY, Science Source, The Print Collector, WLADIMIR BULGAR/SPL), Alamy/Cordon Press (Colport, dotted zebra, dpa picture alliance, Rapt.Tv, Science History Images, Stephen Lloyd Singapore), Archivo Anaya (Candel, C.; Cosano, P.; Hernández Moya, B.; Nosti, N.; Osuna, J.; Padura, S.; Rivera Jove, V.; Steel, M.; Sánchez, J.), Dreamstime/Quick images (Chelsdo), Getty images (tirza pijnenburg), Istock/Getty images (3DSculptor, Denys Yelmanov, HASLOO, imagephotography, jaboo2foto, Jag_cz, Joe Hay, jose1983, mdesigner125, Motortion, promicrostockraw, Remains, Solarseven, tanuha2001, thinkomatic, vuk8691, Zhao-jiankang), NASA (Adam Block, Mt. Lemmon SkyCenter, U. Arizona; Event Horizon Telescope Collaboration), Trevillion images (Ollie Taylor), 123RF y colaboradores.

Fundación Bertelsmann *Por el empleo juvenil*

ORIENTACIÓN ACADÉMICA Y PROFESIONAL: elaborada con el asesoramiento de la Fundación Bertelsmann. Coordinación: Juan José Juárez Calvo. Colaboración como expertas: Sara Lozano Santiago, Belén Pérez Castro y Pilar Vázquez Hernández.

COMPROMISO ODS

Nuestras publicaciones mantienen el rigor en el uso y en la selección de los contenidos, en las imágenes y en el lenguaje, para cumplir con la **no discriminación** por razón de género, cultura u opinión.

Grupo Anaya considera la **responsabilidad social** y **medioambiental** uno de sus valores fundamentales. Por ello, se compromete a:

- mejorar nuestros resultados en materia de medioambiente,
- reducir nuestras emisiones de carbono,
- hacer uso de los recursos naturales de manera responsable y
- eliminar cualquier impacto negativo de nuestra actividad en los bosques en peligro.

Dichos compromisos, entre otros, hacen que **el 100 % del papel utilizado** en nuestros libros tenga el sello **PEFC.**

Importante:

Las **actividades** propuestas en este libro deben ser realizadas en cuadernos u hojas sueltas; nunca en el propio libro.

Los **enlaces** a las páginas web que aparecen en este libro han sido revisados en la fecha de su impresión. La editorial no se hace responsable de las modificaciones o las anulaciones que se produzcan en ellos con posterioridad a dicha fecha.

ISBN: 978-84-698-6102-8 - Depósito Legal: M-8930-2020 - Printed in Spain.

ET035505/1E1I - 8460046